“广州律智”法律服务系列丛书

广州律师业务成果奖优秀案例汇编

广州市律师协会　编

上册

中国法制出版社
CHINA LEGAL PUBLISHING HOUSE

“广州律智”法律服务系列丛书
总编辑委员会

序　言

广州是中国改革开放的前沿阵地，是中国经济最活跃、法律服务最完善的地区之一。改革开放40多年来，广州律师勇立潮头、开拓进取，从最初只有几十名发展壮大到如今超过2万人，主动融入发展大局，服务高质量发展、高水平对外开放，为国家战略实施和经济社会发展保驾护航，已经成为法治中国、法治广东、法治广州建设的重要力量。

特别是近年来，广州律师坚持党建引领，践行执业为民，积极履职尽责，勇于担当作为，在各自的执业领域精耕细作，开拓创新、敢于攻坚，不断提升执业素能和专业化水平，为经济社会发展提供优质高效法律服务，努力做党和人民满意的律师。为鼓励和引导广州律师深入专业化，不断提高法律服务质量和水平，广州市律师协会每年会在广州律师经办的业务案例中，评选出优秀业务成果进行表彰。经过层层筛选，最终获奖的案例，都是广州律师在法律实践中的优秀作品，体现了广州律师在理解和运用法律，为当事人提供专业法律服务过程中，所进行的探索和创新。

本书共收录广州市律师协会评选的2020年度优秀案例171篇。全书以律师业务专业领域为标准划分为五章，即民商事、金融证券及资本市场、行政及知识产权、涉外、刑事五个部分。在民商事部分，进一步细分了民事、房地产与建设工程、公司法、劳动人事四个专业。全书案例专业覆盖面较广，同时，在所涉领域中典型性较强。

为了增强案例的可读性和实用性，本书的案例统一按照内容提要、案情简介、争议焦点（非诉部分为“业务难点”）、案例评析和专家点评五个部分撰写和编排。内容提要，即提炼出某一具体案例所指向的类型化事实，并指出成文法关于类型化事实的处理结果，结合法律适用的实际情况，提出本案例重点解决的问题。案情简介，即简明扼要描述案情，明确案件所包括的个案事实（相对类型化事实而言）、处理过程、裁判理由与结果。争议焦点（业务难点），即案例核心争议问题或办案难点。案例评析，即结合最新法律法规，对案例的法律适用给出评价，并分析其与成文法、法理、立法目的之间的关系，以及律师从个案事实和裁判中抽象出可以推广的规则和方法。专家点评，邀请行业专家从理论与实践价值、社会意义、行业影响、示范、引领、规范作用等维度对案件结果和办理过程进行评价。

本书案例由作者按照前述标准反复打磨，经编委会多次审改后定稿。可以说，本书的每一篇案例，都是律师智慧和经验的总结与提炼。其价值是多维的，成文法的理解与适用、律师办案技巧、与各方主体沟通的技巧、文书与证据的组织方法等等，都能从这些案例中找到对应的路径。我们希望打开本书的读者，都能够从中得到启发。同时，我们也欢迎读者批评指正，多提宝贵意见，帮助我们改进工作。衷心感谢为本书编写辛勤付出的每一位案例作者和每一位编审人员，感谢中国法制出版社为本书编写提供的指导。

奋进新征程，建功新时代。广州律师将胸怀“国之大者”，厚植为民情怀，自觉把习近平法治思想贯彻落实到工作全过程和各方面，把个人的价值追求同党和国家事业的发展紧紧相接，积极投身全面依法治国的伟大实践，不断开创律师事业发展新局面，为全面建成社会主义现代化强国提供更加优质法律服务、作出更大法治贡献。

黄　山

广州市律师协会会长

2022年10月11日

目　　录

第一章　民商事

第一节　民　　事

第三节 公司法

第四节 劳动人事

第二章 金融证券及资本市场

第一章
民商事

第一节 民 事

因产品质量问题导致的合同可得利益损失如何确定

李伟年 谈凌 方洵莹*

【内容提要】

因产品存在质量问题引起的合同可得利益损失赔偿诉讼中，可得利益损失的确定是难题。《最高人民法院关于当前形势下审理民商事合同纠纷案件若干问题的指导意见》第10条规定，人民法院在计算和认定可得利益损失数额时，应当综合运用可预见规则、减损规则、损益相抵规则以及过失相抵规则等，从非违约方主张的可得利益赔偿总额中扣除违约方不可预见的损失、非违约方不当扩大的损失、非违约方因违约获得的利益、非违约方亦有过失所造成的损失以及必要的交易成本。本案为承揽合同违约赔偿之诉，水泥公司主张的损失是生料磨机质量问题导致其减产、停产的可得利益损失。为此，法院在判断违约方是否需承担该违约责任时，存在两个层次的认定：首先认定守约方是否因违约方的违约而导致了可得利益损失；其次如果存在损失，还需进一步认定该可得利益损失的数额是多少。

* 李伟年，广东君信律师事务所高级合伙人；谈凌，广东君信律师事务所高级合伙人；方洵莹，广东君信律师事务所专职律师。

【案情简介】

2003 年 10 月 18 日，水泥公司与设计院签订《工程设计及技术服务合同书》。同年 11 月 30 日，水泥公司与广州某集团签订《订货合同》，约定由广州某集团按设计院设计的 2500t/d 新型干法回转窑水泥熟料生产线进行生产回转窑和生料磨机。《订货合同》中约定：如果广州某集团生产的合同项下的设备不符合约定要求，应当更换有缺陷的零件、部件和设备，或修理缺陷部分，以达到合同约定的规格、质量和性能，承担一切费用和风险并负担水泥公司遭受的一切直接损失，同时应相应延长更换部件或设备的质量保证期。

《订货合同》签订后，广州某集团生产了合同约定的机械设备回转窑和生料磨机，因广州某集团没有完全按照设计图纸生产制造，出现无法安装情形，后经广州某集团技术人员现场改造后才完成安装工作。2006 年 4 月，水泥公司使用该生产线点火投产。2008 年 11 月，水泥公司发现生料磨机的尾部中空轴定位板与端盖板焊接处产生部分裂纹，遂采用单面补焊用钢板加强，暂时控制了裂纹发展速度。随后，由于水泥公司与广州某集团、设计院就生料磨机端盖板裂纹问题存在争议无法解决，水泥公司遂于 2009 年 11 月提起诉讼，请求广州某集团、设计院支付修复费用。

2013 年 5 月 30 日，一审法院判决广州某集团承担涉案生料磨机修复费用 1312642. 44 元；设计院承担涉案生料磨机修复费用 562561. 05 元。判决后，广州某集团不服提出上诉。2013 年 9 月 27 日，二审法院驳回上诉，维持原判。

2014 年 4 月 23 日，水泥公司以设计院设计、广州某集团生产不合格生料磨机造成减产、停产损失为由向一审法院起诉，请求广州某集团、设计院赔偿损失 1452 万元（其中因不合格磨机造成的减产损失暂计为 990 万元，因不合格磨机造成的停产损失暂计为 462 万元，两项损失以评估机构确定的数额为准）、检测费 8000 元、维修费 6800 元并承担本案一切诉讼费用。诉讼中，一审法院根据水泥公司的申请，于 2014 年 12 月 12 日委托某评估公司对案涉生料磨机因质量问题减产损失、对生料磨机现场勘验取证停机损失、生料磨机维修期限 60 天停产损失进行评估。2016 年 1 月 16 日，某评估公司以粤京资评报字〔2016〕第 021 号《资产评估报告书》

作出评估结论：通过评估，一审法院为执行案件而涉及的水泥公司于委托评估范围内因水泥生产线上生料磨机质量而造成的减产及停产损失价值评估值为人民币1460.2793万元（其中：2008年11月至2012年7月因质量问题减产、停产损失1055.9982万元；勘验取样五次40小时停产损失3.9631万元；生料磨机维修期限60天停产损失400.318万元）。水泥公司为此变更诉讼请求为广州某集团、设计院赔偿损失1543.4593万元（包括检测费0.8万元、维修费0.68万元、评估费5.8万元、设计院赔偿30%设计费75.9万元）。

一审法院认为，广州某集团和设计院设计、承揽案涉生料磨机质量不合格已经生效法律文书确定，根据原《合同法》第113条的规定，可得利益是指合同履行以后可以获得的利益。可得利益损失，是指受害人因违约方违约而遭受的上述预期纯利润的损失，包括生产利润损失、经营利润损失、转售利润损失。本案中，水泥公司可得利益损失属于生产利润损失。水泥公司向广州某集团定做的是2500t/d水泥熟料生产线进行生产回转窑和生料磨机，广州某集团和设计院作为设计、生产、加工该设备的专业部门，在订立合同时，明知道该设备用于水泥公司的水泥生产，是水泥生产流水线上不可或缺的重要组成部分，应该预见到一旦生料磨机设计图纸存在缺陷、制造过程出现质量问题将会使作为定作人的水泥公司遭受重大经济损失。因此，水泥公司的可得利益损失是广州某集团、设计院应当预见到因违反合同可能造成的损失，该损失由案涉生料磨机出现质量问题时间段减产损失、停机勘验采样损失及停产维修期限60天损失三部分组成。关于如何确认水泥公司的可得利益损失问题。一审法院委托具有相关资质的某评估公司就案涉可得利益损失进行评估，其评估程序、评估结论并无不妥。从案涉生料磨机发生质量问题起，水泥公司可得利益损失并不止于2012年7月，水泥公司请求计算可得利益损失至此是其自行处分诉讼权利的行为。对于案涉生料磨机停产维修期限60天的损失，因该维修期限来源于生效法律文书确认的某水泥机械厂的修复方案中的最大值，水泥公司的此项请求理据充分，依法予以采纳。至于水泥公司最终选择更换案涉生产设备而放弃维修案涉生料磨机，其中所耗费的时间及生产成本与停产维修60天的可得利益损失相比有过之而无不及，也就是说，水泥公司客观上可得利益损失远不止于此。水泥公司请求按60天维修期限计算可得利益损失符合法律规定，予以支持。至于案涉生料磨机发生质量问题期间，水泥公司为配合勘验采样停产40小时的可得利益损失问题，根据案涉质量鉴定报告书所载内容，结合现场勘验取样的客观存在，一审法院酌情确认停机三次，每次停产 6 小时，合计 18 小时，可得利益损失为 17833.95 元。

综上所述，水泥公司请求广州某集团和设计院赔偿损失，理据充分，予以支持。但应减除已经超过诉讼时效的维修费、检测费及部分勘验取样停机损失。水泥公司可得利益损失总额为 1458.0995 万元，广州某集团、设计院按照 70%、30% 的比例承担赔偿责任。

一审判决后，广州某集团、设计院均不服并提起上诉。二审法院认为关于《资产评估报告书》应否予以采信，应首先解决广州某集团、设计院关于可得利益损失范围的异议。在司法实践中，可得利益损失类型的界定通常取决于交易的性质、合同的目的等因素，包括生产利润损失、经营利润损失和转售利润损失等主要类型。法院注意到，本案属履行生产设备买卖合同争议，因出卖人违约而造成买受人的可得利益损失属于生产利润损失。人民法院应当根据所延误的生产期限与平均经营利润或通常市场条件下利润率等可比利润率对相关损失范围确定计算。一审法院根据水泥公司的申请，委托某评估公司对减负生产及停产造成的损失予以鉴定，符合法律规定。《资产评估报告书》相关内容齐备，鉴定意见具体明确，某评估公司亦具备相应的鉴定资质，鉴定程序合法。广州某集团、设计院对《资产评估报告书》提出异议，在法院通知某评估公司相关人员出庭作证时，某评估公司出庭人员已经就广州某集团、设计院在计算损失的方式、计算损失的项目构成及依据等方面提出的质疑作出了说明。广州某集团、设计院均未能依法提交具体的证据对其相关异议主张予以证实。因此，《资产评估报告书》可以予以采信，并作为本案认定水泥公司损失数额的依据。原审判决依据《资产评估报告书》确定水泥公司的损失数额，并无不当，二审法院予以维持。

再审中，法院确认本案再审审理的争议焦点为：能否支持水泥公司主张停产 60 天和 40 小时，以及减产损失的赔偿请求。

再审法院认为，广州某集团及设计院因案涉生料磨机质量不合格已分别承担了生料磨机的修复费用 1312642.44 元及 562561.05 元。因此本案中，水泥公司如主张其还存在因案涉生料磨机的质量不合格而遭受了其他直接损失，即其在本案中所主张的停产 60 天和 40 小时，以及减产而造成的直接损失，其则应举证证明其确实存在停产60天和40小时，以及确因广州某集团、设计院造成的生料磨机质量不合格而导致存在实际减产和实际减产的数量。

某评估公司出庭人员再次明确："在报告中，减负生产是假设的条件，如果最后条件不成立，所有的结论都不成立，评估报告并没有得出减负生产的结论；从年产量数据上是无法得出涉案设备出现问题后企业有减产、停产，我方作报告的前提是设定设备问题是企业减产、停产的利润损失的唯一原因而作出的，其他就不是评估方能得出的结论。损失数额是根据法院提供的财务报表测算出来的"，"被评估企业在涉案年度的年产量呈现线性上升趋势，其中产能最低年度出现在2008年，该年为涉案设备出现问题的第一年，而产能最高年度出现在2012年，2007年涉案设备尚未出现问题而该年产能水平处于各统计年度的中下游，因此仅从产能上难以说明涉案设备出现问题后对产能的影响及对企业造成的损失"，因此仅依据案涉《资产评估报告书》并不能得出水泥公司确有因案涉生料磨机的质量问题导致企业停产和减产。而另案中，某水泥机械厂就涉案生料磨机的质量问题出具了维修方案分项报价：现场施工工期45—60天，但水泥公司在该案中并未要求维修，而是径自要求广州某集团及设计院直接赔付维修费用，本案再审中，水泥公司也明确其实际并未维修案涉生料磨机，该磨机也从未完全停产过，在水泥公司未能进一步举证证明其确有因案涉生料磨机的质量问题有引发企业停产60天，也未能进一步举证证明其确有因案涉生料磨机的质量问题有导致企业实际减产以及实际减产数量的情况下，一、二审法院以水泥公司最终选择更换案涉生产设备而放弃维修案涉生料磨机，其中所耗费的时间及生产成本与停产维修60天的可得利益损失相比有过之而无不及为由，径自以某评估公司出具的《资产评估报告书》为依据支持了水泥公司主张的停产60天的可得利益损失和减产的可得利益损失，证据不足，亦不符合合同有关赔偿直接损失的约定，故此，再审法院予以纠正。

在前案中，广东省质量监督机械检验站《质量鉴定报告》记载了生料磨机现场勘验情况明确了鉴定当时确有停机取样即停产的客观存在，在此情况下，一、二审法院酌情确认当时的现场勘验停机三次，每次停产6小时，合计18小时，损失为17833.95元并无不当，予以维持，水泥公司的上述停产损失，由广州某集团、设计院按照确定的70%及30%比例承担，最终再审法院判决广州某集团承担12483.77元，设计院承担5350.18元。

【争议焦点】

1. 在前案已判决广州某集团及设计院因案涉生料磨机质量不合格已分别承担了生料磨机的修复费用后，本案中能否支持水泥公司主张停产 60 天和 40 小时以及减产损失的可得利益损失赔偿请求？

2. 可得利益的损失如何计算？

【案例评析】

本案中，对于可得利益损失的确定，一审法院、二审法院根据《资产评估报告书》认定，到再审法院认为仅依据案涉《资产评估报告书》并不能得出水泥公司确有因案涉生料磨机的质量问题导致企业停产和减产，究其原因，在于法院在判断违约方是否需承担该违约责任时，存在两个层次的认定：首先认定守约方是否因违约方的违约而导致了可得利益损失；其次如果存在损失，还需进一步认定该可得利益损失的数额是多少。

原《合同法》第 113 条（现为《民法典》第 584 条）规定，“当事人一方不履行合同义务或者履行合同义务不符合约定，给对方造成损失的，损失赔偿额应当相当于因违约所造成的损失，包括合同履行后可以获得的利益，但不得超过违反合同一方订立合同时预见到或者应当预见到的因违反合同可能造成的损失”。《最高人民法院关于当前形势下审理民商事合同纠纷案件若干问题的指导意见》第 10 条规定，“人民法院在计算和认定可得利益损失数额时，应当综合运用可预见规则、减损规则、损益相抵规则以及过失相抵规则等，从非违约方主张的可得利益赔偿总额中扣除违约方不可预见的损失、非违约方不当扩大的损失、非违约方因违约获得的利益、非违约方亦有过失所造成的损失以及必要的交易成本”。

具体到本案中，虽然发生产品质量问题，但水泥公司并未停产；根据水泥公司的生产数据，出现质量问题后只有一年的产量是下降的，其他年度的产量均是上升。但鉴定机构不是根据产量下降作为鉴定依据，而是接受水泥公司的意见，以生产设备出现质量问题导致生产费用增加，将整个公司各年度生产费用的增加额作为其损失。一、二审法院并未认识到仅依据案涉《资产评估报告书》并不能得出水泥公司确有因案涉生料磨机的质量问题导致企业停产和减产，即认定可得利益损失的前提并不存在。

因此在实践中，要主张可得利益损失，首先应当证明守约方因违约方的违约而导致了可得利益损失；其次根据《最高人民法院关于当前形势下审理民商事合同纠纷案件若干问题的指导意见》第10条规定进一步认定该可得利益损失的数额是多少。

【专家点评】

合同违约情形下可得利益损失的认定，一直是司法审判工作中的痛点、难点之一。根据认定可得利益损失的标准和计算方式不同，得出的审判结论可能失之毫厘，谬以千里。对于可得利益损失的误判所影响的不仅仅是个案当事人之间的利益平衡，更可能导致一套错误评判标准在其他相似案件中继续沿用，从而产生更加严重的后果。

本案代理人突破性地厘清了民法的逻辑链条，将较为模糊的可得利益损失的认定拆分成了清晰的两个层面：其一，应当证明守约方因违约方的违约而导致了可得利益损失；其二，在前述证明的基础上，再根据《最高人民法院关于当前形势下审理民商事合同纠纷案件若干问题的指导意见》第10条的相关规定确认损失的数额。

一审、二审法院在裁判过程中忽略了损失认定的前提，最终导致了判决的偏差。在两审法院判决败诉的压力下，本案代理人毅然提起再审，最终在再审法院的支持下实现了关键性的逆转，将停产损失的赔偿金额从1458万元降至17833.95元；不仅维护了当事人的合法权益，更维护了司法实践的权威和公正。本案的再审改判，一方面从法律规则的角度阐述了合同违约情形下可得利益损失的认定原则，为司法实践中更多相似的案件提供了参考；另一方面也给广大的诉讼参与人打了一针强心剂，在审判结果不尽如人意时，勇于坚持己见，作出充分的努力维护自己的合法权益，也许终能迎来转机。

（点评人：廖焕国，暨南大学法学院教授）

新旧规定交替期间证据规则如何适用

——林某与张某、李某申请执行人执行异议之诉再审案

钟　炜*

【内容提要】

《最高人民法院关于人民法院民事执行中查封、扣押、冻结财产的规定》（已被修改，以下简称《查封扣押冻结规定》）第17条和《最高人民法院关于人民法院办理执行异议和复议案件若干问题的规定》（以下简称《执行异议复议规定》）第28条规定均是旨在设定审查当事人是否具有阻却执行合法权益的法定要件。在新规定和旧规定交替期间，当事人主张其享有排除强制执行的民事权益并就前述法律适用存在争议。根据相关证据规则，当事人对其享有排除强制执行的民事权益或者反驳对方的，应提供证据予以证明，未能提供证据的，由负有举证证明责任的当事人承担不利后果。对于当事人逾期提交证据的，但该证据与基本事实相关的，人民法院应当予以采纳，对逾期提交证据的当事人予以训诫、罚款。

本案重点在于解决前述法律适用和证据规则适用的问题。

【案情简介】

申诉人（案外人）林某因与被申诉人（申请执行人）张某、一审第三人（被执行人）李某申请执行人执行异议之诉一案，不服×市中级人民法院（2017）×

* 钟炜，北京大成（广州）律师事务所争议解决专业组牵头人、合伙人。

民再95号民事判决，向检察机关申诉。×省检察院向×省高级人民法院提出抗诉。

李某是某小区1801房、1803房（以下简称案涉房屋）的登记产权人。

2011年6月27日，李某与张某签订了《房地产买卖合同》，约定：李某将案涉1801房屋、1803房屋以300万元转让给张某或张某指定或授权的第三方，房屋建筑面积分别为359.9427平方米、359.7487平方米；签订合同时，张某交付李某定金76万元，余款在2011年7月27日前分期付清给李某。

2011年8月22日，李某与林某、房屋中介A公司三方分别签订两份关于案涉房屋的《存量房买卖合同》，约定林某分别以540万元、540万元购买案涉1801房、1803房；签约时林某向李某支付54万元作为购房定金（首次支付房款时自动转为房款的一部分）；林某应在成功办理产权转移登记当天向李某支付270万元；林某应在完税当天向李某支付房款270万元；交房日期为李某收齐楼款当日，双方应于备齐资料五个工作日内向房地产登记机构申请办理产权转移登记；本次交易涂销抵押和交易一并办理等。

2011年8月22日，林某及李某双方到房管部门办理案涉房屋产权转移登记手续。林某另向税务部门缴纳了交易契税等。

2011年9月9日，一审法院根据张某的诉前财产保全申请，以（2011）×法诉保字第215号民事裁定书查封案涉房屋。2011年9月16日Y人民法院轮候查封，2012年9月17日解封。2011年9月20日Z法院轮候查封，后于2013年11月21日解封。2014年9月25日Z法院再次查封案涉房屋。

2011年9月21日，×市房屋管理局向李某、林某、某银行出具《不予登记决定书》，载明：你们于2011年8月22日申请办理案涉房屋的产权登记手续，因案涉房屋已于2011年9月9日被法院查封，根据《×市城镇房地产登记办法》的相关规定，我局作出不予登记决定。

2011年9月21日，张某以李某作为被告，向一审法院提起诉讼［案号（2011）×法民四初字第2106号］，要求解除其与李某于2011年6月27日签订的《房地产买卖合同》，李某双倍返还购房定金152万元，返还已付购房款224万元等。该案中李某为公告送达，未到庭应诉。一审法院追加林某作为第三人参加诉讼。2012年11月23日，一审法院作出（2011）×法民四初字第2106号民事判决，判令李某返还张某300万元及利息，驳回张某的其他诉讼请求。林某不服该判决，并提起上诉。2013年10月28日，二审法院作出（2013）×中法民五终字第1503号民事裁定书，认为林某在一审系无独立请求权的第三人，而一审法院并未判决林某承担民事责任，因此林某无上诉权，故裁定驳回林某的上诉。

2011年12月21日，林某向一审法院提起另案诉讼求为：确认其与李某签订的《存量房买卖合同》有效，李某协助其办理案涉房屋的产权过户手续。李某在上述案件为公告送达，未到庭应诉。2012年9月28日，一审法院作出（2012）×法民四初字第30号、31号民事裁定，认为案涉房屋处于查封/轮候查封状态，依据上述法律规定，林某应依照《民事诉讼法》第204条（现已修正为第227条）的规定主张权利，不得在执行/查封异议诉讼终结前另行提起普通民事诉讼，故裁定驳回林某的起诉。林某不服上述裁定，提起上诉。二审法院于2013年3月8日作出（2013）×中法民五终字第535号、536号民事裁定：驳回上诉，维持原裁定。

2014年4月16日，张某以李某没有履行生效的（2011）×法民四初字第2106号民事判决确定的付款义务为由，向一审法院申请强制执行，一审法院立案受理［案号（2014）×法执字第3291号］。一审法院在该执行案中继续查封案涉房屋。林某在该执行案中根据《查封扣押冻结规定》第17条规定，提出执行异议，要求一审法院停止对案涉房屋的执行并解除查封。2014年5月30日，一审法院作出（2014）×天法执异字第50号执行裁定书，认为林某在一审法院查封案涉房屋之前已经付清全部房款并实际占有案涉房屋，没有办理过户的过错不在林某，故裁定林某的异议成立，解除对案涉房屋的查封。张某不服上述裁定，于2014年6月11日提起本案诉讼。在（2014）×天法执字第3291号案执行过程中，张某于2014年9月11日到庭表示同意一审法院对该案作终结本次执行处理，以后有条件再恢复执行。

一审法院认为，《查封扣押冻结规定》第17条规定房地产买受人要阻止执行，需符合三个要件：一是已支付全部价款，二是在法院采取执行措施前已经实际占有执行标的，三是对未办理过户登记没有过错。对此查明，其一，林某明确表示与李某之间只签订了2011年8月22日的两份存量房买卖合同。但根据林某的举证，林某实际付款的数额比合同约定多出5275257元（合同约定是1080万元）。在实际付款金额远远高于合同约定金额、付款时间也明显与合同约定不一致的情况下，林某称其与李某除上述两份合同外，未签订其他书面协议约定合同总价款及付款方式，明显不合常理。其二，林某在买卖合同最重要的交易价款的问题上陈述前后相差甚远，有悖基本交易常理和日常生活逻辑，无法确定案涉房屋的实际总成交价，也无法认定林某已经付清案涉房屋的购房款。其三，林某提供的证据未能证实其与李某曾办理过交接手续，无法认定实际占有时间。故，一审法院认定林某要求解除案涉房屋的查封不符合《查封扣押冻结规定》第17条规定，于2015年1月13日作出（2014）×法民四初字第1784号民事判决：1. 撤销第50号执行裁定书；2. 确认李某为1801房、1803房的合法产权人；3. 许可1801房、1803房作为李某的财产予以执行；4. 驳回张某的其他诉讼请求。

林某不服一审判决，上诉请求：撤销一审判决，依法改判或将本案发回重审，并由张某承担一、二审诉讼全部案件受理费用。

二审另查明：据查册时间为2015年8月24日的《房地产登记簿查册表》记载，对案涉1801房，房管部门已于2015年3月23日收到一审法院（2014）×法执字第3291号解除冻结查封通知书及执行裁定书。二审诉讼中，林某、张某均确认一审法院已经解除对案涉1801房的查封；林某不是L公司的法定代表人或股东。林某还确认：1. 其与李某之间除了案涉两套房屋及上述车位的买卖关系之外，没有其他经济往来；2. 其是L公司的经理；3. 其将案涉房屋出租给L公司签订了租赁合同，该合同在其申请执行异议时曾提交过，但在本案中没有提交，原因是其认为所提交的证据足以证明其使用案涉房屋的事实，没有必要再提交房屋租赁合同作为本案证据。

二审法院认为，1. 林某对多付的金额不能提供证据证明，依据不足；2. 林某至今没有提交其与李某办理房屋交接手续的直接书面证据。故，二审法院于2015年10月23日作出（2015）×中法民五终字第2317号民事判决：驳回上诉，维持原判。

林某不服二审判决，向×省高院申请再审。×省高院于2016年9月30日作出（2015）×高法民一申字第1909号民事裁定，裁定本案由原二审法院再审。

原二审法院再审确认了一审、二审判决查明的事实。另查明：1. 林某在再审庭审中自认是L集团有限公司的股东；提供了企业信息网的查询结果。张某对此质证表示：不予确认，不清楚L集团有限公司自成立以来股东的变更情况，且案涉房屋的使用人是L公司而非L集团有限公司。林某述称L集团有限公司与L公司是关联公司。2. 再审诉讼期间，原二审法院在卷宗材料中发现一份 2011 年 8 月 18 日李某与林某签订的《房屋买卖合同》，约定：林某购买的 1801 房、1803 房，总建筑面积 719.6914 平方米，总金额为 16552902 元，首期房款 960 万元，给李某赎契涂销抵押；二期房款 6125257 元，于办理房产交易手续取得回执时支付；三期尾款 827645 元，于使用权交接完成后当日支付。在交楼时间和交接手续中约定：该房地产交付使用时间为本合同签订后的 20 天内，双方应在交楼当天一起到场查验房屋，查验后双方签妥房地产交接确认书，即视为房屋交付使用。林某在原再审庭审中对《房屋买卖合同》不予确认，称其仅签订了两份《存量房买卖合同》。但庭审后，林某却又向二审法院提交了《房屋买卖合同》，并解释称之前不承认该合同系因时间太久记忆不清，庭审后其在他人处找到了该合同。

原二审法院再审认为，根据《查封扣押冻结规定》第 17 条规定，其一，虽林某于庭审后提供了《房屋买卖合同》，但该证据材料在原一、二审时已经存在，并不符合再审程序中的新证据情形，对该证据不予采信。另外，该买卖合同能印证林某并未支付全部房款的事实。其二，再审中，林某自认是 L 集团有限公司的股东，与其在原二审陈述不一致，不能认定其已实际占有执行标的。故，原二审法院于 2017 年 11 月 9 日作出（2017）×民再 95 号民事判决：维持（2015）×中法民五终字第 2317 号民事判决。

林某不服（2017）×民再 95 号民事判决，向×省检察院申诉，×省检察院向×省高院提出抗诉，×省高院裁定对本案再审并提审。×省高院再审认为，1.《执行异议复议规定》自 2015 年 5 月 5 日施行，该规定是对《查封扣押冻结规定》相关制度的完善，根据新规定优于旧规定的法律适用原则，二审法院应参照适用《执行异议复议规定》第 28 条的规定，依法审查林某是否具有足以排除强制执行的民事权益，但原二审法院仍然适用《查封扣押冻结规定》第 17 条规定处理本案，属于适用法律不当；2. 关于林某对案涉房屋是否享有足以排除强制执行的权益问题。其一，林某在房屋查封之前已签订合法有效的书面买卖合同。林某在原再审期间才逾期提交《房屋买卖合同》，但因该证据与基本事实相关，根据《最高人民法院关于适用〈中华人民共和国民事诉讼法〉的解释》（以下简称《民事诉讼法解释》）第 102 条规定，应采纳双方真实交易的合同作为认定案件事实的依据，但同时对逾期提交证据的当事人予以训诫、罚款。其二，林某已提供证据证明在查封之前已合法占有该不动产，根据《民事诉讼法解释》第90条规定，张某未能提出反驳证据，应当承担举证不能的法律后果。其三，林某已按照合同约定支付部分价款，且已将剩余房款按照法院要求交付执行。其四，本案非因买受人林某自身原因未能办理过户登记。故，×省高院依照《民事诉讼法》第207条第1款、第170条的规定，参照《执行异议复议规定》第28条的规定，判决如下：

1. 撤销×市中级人民法院（2017）×民再95号民事判决、（2015）×中法民五终字第2317号民事判决和×市×区人民法院（2014）×法民四初字第1784号民事判决；

2. 驳回张某的全部诉讼请求。

【争议焦点】

1. 本案应否适用《执行异议复议规定》第28条规定？

2. 林某对案涉房屋是否享有足以排除强制执行的民事权益？

【案例评析】

一、关于《查封扣押冻结规定》和《执行异议复议规定》法律适用的衔接

《执行异议复议规定》在本案二审期间施行，《执行异议复议规定》第28条规定对《查封扣押冻结规定》第17条规定进行了修改和补充，从立法背景、目的而言，基于对不动产买受人物权期待权的优先保护，以及实践中相当一部分不动产买卖合同所涉金额巨大，当事人之间多约定分期付款，案外人虽仅支付部分款项，但如其将剩余价款按照人民法院指定的期限交付执行，不影响债权受偿，自然没有拒绝保护的道理，故《执行异议复议规定》第28条规定体现出执行权作为公权力对被执行人与第三人之间的民事权利进行适当的干预，在被执行人与第三人之间进行了适当的利益平衡。在二审法院还未作出二审判决前，执行异议裁定仍属于效力未定的状态，若当事人主张排除强制执行满足《执行异议复议规定》第28条规定的，应当依法适用该条规定。

二、关于林某对案涉房屋是否享有足以排除强制执行的民事权益

《执行异议复议规定》第28条规定了排除强制执行的四个法定要件：（一）在人民法院查封之前已签订合同有效的书面买卖合同；（二）在人民法院查封之前已合法占有该不动产；（三）已支付全部价款或者已按照合同约定支付价款且将剩余价款按照人民法院的要求交付执行法院；（四）非因买受人自身原因未办理过户登记。本案主要争议点在于前述（一）（二）（三）要件，具体分析如下：

其一，本案涉及网签备案合同和当事人实际履行的合同，对于该等“阴阳合同”的问题，由于《房屋买卖合同》是林某和李某双方当事人的真实意思表示，且内容不违反法律行政法规的效力性强制性规定，该合同是合法有效的。在司法实践中，当事人在房屋买卖交易中以实际价格签订房屋买卖合同后，又以其他目的签订虚假价格合同用于网签备案，该行为并不导致当事人实际履行的房屋买卖合同无效。

其二，林某已提供相关证据证明其占有不动产，但对方未能提供相应的反驳证据。一审、二审、再审法院对《民事诉讼法解释》第90条规定理解不当，认定林某承担举证不利后果。根据该条规定，反驳对方诉讼请求的事实应当提供证据证明，否则应承担举证不利的后果。

其三，当事人在数次庭审就买卖合同签订情况和是否支付了全部购房款存在反复矛盾的表述，且逾期提交证据。对于当事人相互矛盾的陈述和逾期证据的采信问题，根据《民事诉讼法解释》第102条关于“当事人因故意或者重大过失逾期提供的证据，人民法院不予采纳。但该证据与案件基本事实有关的，人民法院应当采纳，并依照民事诉讼法第六十五条、第一百一十五条第一款的规定予以训诫、罚款”[①] 的规定，对逾期提供的证据，但与案件基本事实有关的，人民法院应当采纳。人民法院可根据其查明的案件事实要求当事人支付剩余购房款给法院执行，同时按照证据规定对当事人逾期举证的行为予以训诫、罚款。

---

① 《民事诉讼法解释》（2022修正）第102条已作出修改：“当事人因故意或者重大过失逾期提供的证据，人民法院不予采纳。但该证据与案件基本事实有关的，人民法院应当采纳，并依照民事诉讼法第六十五条、第一百一十五条第一款的规定予以训诫、罚款。当事人非因故意或者重大过失逾期提供的证据，人民法院应当采纳，并对当事人予以训诫。当事人一方要求另一方赔偿因逾期提供证据致使其增加的交通、住宿、就餐、误工、证人出庭作证等必要费用的，人民法院可予支持。”

【专家点评】

本案在审判内容上体现为执行异议之诉审查标准的确立，但其本质在于人民法院在面对基于物权登记公示公信效力基本原则之下，如何回应由债权关系所驱动的物权期待权，并兼顾债权人（申请执行人）的权利保护。从这个角度而言，执行异议之诉的审查标准需要在物权登记、债权请求以及债权强制三个价值体系中寻找最佳结合点、平衡点。《执行异议复议规定》第 28 条实际围绕该三个价值体系确立了三部分审查标准，一为产生物权期待权的债权状态；二为权利状态对执行的阻却程度；三为执行权力对剩余债权价值的干预。相较于《查封扣押冻结规定》第 17 条，《执行异议复议规定》第 28 条更为全面地考虑了上述价值体系平衡，兼顾了执行异议程序中全部相关主体的利益。虽然在司法实践中仍存在对《执行异议复议规定》第 28 条所规定的“符合下列情形且其权利能够排除执行的”中“权利能够排除执行”标准如何确立以及其与该条所列四种情形的关系如何认定的争议，但人民法院在新审查规则确立后，理应适用新规则对案件进行实质审查，并依相关证据规则对影响审查标准确立的基本事实予以认定。该案的处理结果对于执行异议审查标准的规范化、体系化、实质化具有较大的实践意义。

（点评人：许永盛，广州仲裁委员会专家咨询委员会成员、
广州市律师协会财税法律专业委员会主任）

职业放贷人签订的借款合同无效

——兼论民间借贷纠纷案担保人责任

吴让军　刘　欢*

【内容提要】

本案属于民间借贷纠纷，原告（债权人李某）要求被告一（借款人）、被告二（连带担保人）、被告三（连带担保人）共同偿还2.3亿元左右的借款及高额利息。本案无明显导致合同无效的事由，在此情况下，担保人被告二、被告三的代理律师创新性地以“职业放贷人”作为切入口，从理论和实践两层面对主合同和担保合同的效力展开辩护，案件经历一审、二审、再审三个阶段最终尘埃落定，最大限度地减少了当事人的损失。法院主要聚焦案涉《借款合同》的效力、《保证担保合同》效力及担保人责任等问题展开审理，对以个人名义开展金融借贷扰乱市场经济秩序的行为予以规制，协调各方主体的责任关系，对类案具有较大的参考价值。

【案情简介】

一、一审阶段

2018年7月16日，原告李某向一审法院提起诉讼称，被告一与其签署《借款

* 吴让军，北京市立方（广州）律师事务所合伙人，广东省律师协会知识产权专业委员会秘书长，广州市律师协会版权法律专业委员会副主任；刘欢，北京市立方（广州）律师事务所律师，广州市律师协会电子竞技与网络游戏业务专业委员会委员。

合同》，约定被告一向原告李某借款，借款期限为12个月。同时，被告二、被告三李某签署《保证担保合同》，约定被告二、被告三为上述债务提供连带责任保证担保。此外，原告、被告一与被告四签署了《股票账户监管协议》，约定上述借款用于股票投资，为了对上述借款进行风险控制，原告、被告一共同委托被告四代为持有股票，原告作为协议的监管方；另还约定了股票账户资产的运作与管理、平仓、变现。后该股票市值低于补仓线，也低于平仓线，被告四擅自更改了上述代管股票账户密码，在没有告知李某的情况下，其手机也已设置来电提醒功能（呼叫被转移），语音提示后即被挂断。因此，原告请求法院判令被告一偿还逾期借款本金与相应的利息、违约金；判令被告四立即履行平仓变现义务，在代管股票市值范围内向原告返还代管的借款（股票变现款），对不足部分承担赔偿责任；被告二、被告三作为连带担保人，应当承担连带保证责任，共同偿还借款人被告2.3亿元左右的借款及利息。

（一）创新点一：引入“职业放贷人”

担保人被告二、被告三的代理律师，在接受案件委托后，立即展开了论证和检索。首先审查的便是合同效力，通过否定涉案合同的效力来免除或减少担保人承担的不利后果。但经充分梳理案件材料后发现，本案未见明显的导致《借款合同》或《保证担保合同》无效的情形。在此种情况下，代理律师针对原告进行了周详的调查，并做了大量的案件检索，发现原告存在众多数额巨大的民间借贷纠纷，考虑到原告大额且多笔的放贷行为，必然会影响到金融秩序，可能会有相关法律规定进行规制，因此，代理律师针对该行为进行了法律分析和案例检索。检索后发现，原告的行为可能被认定为“职业放贷人”。

当时《全国法院民商事审判工作会议纪要》还未出台，又恰逢国家严厉打击私人放贷行为，因此，作者另辟蹊径从“职业放贷人”入手，通过论证原告属于“职业放贷人”来否定案涉《借款合同》的效力，主合同无效，担保合同自然无效，从而最大限度为担保人争取权益。但没有相关法律规定直接对“职业放贷人”进行认定，也没有对“职业放贷人”放贷行为效力进行定性。因此，本案论证包括两个部分：第一，原告是职业放贷人；第二，职业放贷人签订的借款合同无效。

首先，代理律师向法院申请调取了原告银行账户流水，并提交了在公开平台查询到的原告涉及大量大额借贷纠纷诉讼的汇总结果，分析原告的借贷纠纷多约定为仲裁管辖，而仲裁案件一般无法通过公开渠道查询，为了充分查明事实，代理律师还同步向法院申请调取了原告所涉仲裁情况，以证明原告曾对外向不特定的主体借出过多笔高额借款，引发大量借款合同纠纷，其借款行为具有反复性、经常性，应当被认定为“职业放贷人”。其次，为了进一步增强说服力，代理律师大批量检索了全国各地具有代表性的民间借贷纠纷案件，尤其是多个最高人民法院的判例，均认为借款行为具有反复性、经常性，应当被认定为“职业放贷人”。再次，通过检索发现，浙江、江苏、山东诸省，当时已经出台了相关规定，通过规定放贷笔数、放贷金额等情况，将构成“职业放贷人”的情况进行了法律认定。最后，将法律法规、司法解释、部门规章、地方性法规、司法政策与案例梳理成册，更结合了最高人民法院的司法判例，以充分论证原告个人从事职业放贷业务所签订的《借款合同》应属无效，故本案《借款合同》也应无效。

（二）创新点二：独立保函的效力论证

当时《全国法院民商事审判工作会议纪要》还未出台，并未针对独立保函的效力进行明确。因此，代理律师从最高人民法院判例、司法裁判规则等方面入手，充分论证独立保函的效力问题。最高人民法院的审判实务也明确表明：独立担保只能在国际商事交易中使用，不能在国内市场交易中运用，因此被告二、被告三所签订的《独立担保合同》亦无效。最终，法院支持了该观点。

一审法院立案后，分别于 2019 年 7 月 3 日、2019 年 8 月 9 日组织开庭审理本案。庭审中法官主要就案涉《借款合同》的效力、被告一应偿还的本息数额、被告二和被告三应承担的责任、被告四的责任等问题进行审理。通过梳理整合原、被告各方的转账支付记录，代理律师发现原告向被告一转出的款项实际包含了“砍头息”，真正的借款金额为 2 亿元，而且据被告一在庭审中的描述，其已经向李某偿还了绝大部分款项，因此向法院提出原告李某主张的债权基数及主张担保责任的范围均存在严重错误，应重新认定，最终法院根据双方实际出借金额、还款金额，重新计算出欠款金额。

庭审阶段，原告又提出其并非实际出借人，真正的出借人是案外人某公司。对此，担保人的代理律师认为原告存在为诉讼刻意伪造材料的嫌疑，向法院提出鉴定申请，最终法院综合考虑各种因素，并没支持原告这一主张。经担保人代理律师的据理力争，最终说服法官认定了原告“职业放贷人”的身份。

2019年8月26日，一审法院对本案依法作出判决。法院判决被告一返还借款本息，担保人被告二和被告三在被告一不能清偿上述债务部分的三分之一范围内承担清偿责任，并驳回了原告李某的其他诉讼请求。经过担保人代理律师的积极争取，在案件实施层面不占据优势的情况下，最终为担保人减少了三分之二的巨额损失，最大限度维护了当事人权益。

二、二审阶段

2020年1月7日、2020年6月30日，广东省高级人民法院两次组织审理本案。第一次开庭时，原告李某又向法院提出，实际出借人是案外投资人。对此，担保人的代理律师向法官指出，原告在庭审过程中至少变更过三次关于出借人身份的表述，其变更没有任何事实依据，不能成立，且从实际履约情况、已有证据材料和原告主张的款项来源多方面分析，多方证据都明确指向原告才是本案实际出借人。且无论原告是实际出借人还是隐名代理人，其职业放贷人的身份都会导致《借款合同》无效，即使原告确非实际出借人，则李某不具有原告资格，本案应该驳回起诉。

随后，原告又在第二次庭审中提出，担保人才是实际借款人。对此，担保人的代理律师从诉讼程序、合同相对性、款项用途、客观证据等方面全方位驳斥原告混淆客观事实的说法，一针见血地指出原告企图通过混淆出借人规避“借款合同无效”的事实不成后，又主张本案实际借款人是担保人，试图通过混淆借款人以规避“借款合同无效，担保合同无效”的客观事实，且原告这一主张从性质上已经属于对诉讼请求的变更，根据民事诉讼法司法解释，应当驳回其起诉。此外，代理律师从法律认定和客观事实两个层面进一步分析证明担保人不需要、也没有必要承担任何责任。

综合开庭情况，为进一步说服法官确认原告“职业放贷人”的身份以及合理协调各方权责，被告二和被告三的代理律师从法理依据、法律规定和裁判趋势多方面入手，并搜集了大量类似的裁判案件，向法院提交了进一步的代理意见。经过多轮交锋，广东省高级人民法院最终对本案依法作出终审判决，驳回上诉，维持原判。

三、再审阶段

2021年2月24日，原告向最高人民法院提起再审申请。原告再次主张担保人是案涉款项的实际用款人，并强调自身是受案外人某公司运营的投资平台上约万名投资者委托所签订的借款合同，试图将本案定性为群体性案件，通过社会舆论制造压力倒逼法官作出有利于自身的判决。

对此，担保人的代理律师做了大量的梳理工作，用扎实的材料准备和严密的论证逻辑，层层反驳原告的陈述，揭露其观点漏洞百出的事实。代理律师进一步向法院指出，原告李某主张被告三是实际用款人、被告一为名义出借人，且其在一审、二审、再审申请中多次变更主张，有悖诚信原则，应当对其行为予以处罚。最后，最高人民法院发布裁定驳回了李某的再审申请。

【争议焦点】

本案历经一审、二审和再审三个阶段。在一审阶段，法院主要就案涉《借款合同》的效力、被告一应偿还的本息数额、被告二和被告三应承担的责任、被告四的责任等问题进行审理。

在二审阶段，法院认为本案争议的焦点，一是案涉《借款合同》是否有效，二是本案担保合同效力及责任问题，三是原告与被告四之间的关系是否属另一法律关系。

再审阶段，法院认为本案争议的焦点，一是二审判决认定案涉《借款合同》无效是否有误，二是二审判决对被告三的责任认定是否有误，三是是否有新的证据足以推翻二审判决。

【案例评析】

本案在无其他明显导致合同无效的情况下，承办律师通过认定原告为职业放贷人的方式，对合同效力展开多层次的质疑。最终说服法院接受了本方观点，认定案涉《借款合同》无效，当事人仅在借款人不能清偿部分的三分之一范围内承担责任，成功为客户减少了高达1.6亿余元的清偿责任。

1. 创新思路，组织多方面证据资料，准确适用法律法规及司法案例，为当事人争取最大的权益保护。

本案争议焦点在于借贷担保合同效力的认定，承办律师在无其他明显导致合同无效理由的情况下，通过案件检索、调查取证、律师调查令等多种方式收集证据资料，证明原告借款人的出借行为具有反复性、经常性，向不特定主体进行推介并联系提供大量贷款，以及交易频繁且金额巨大等特征，其行为违背了民间借贷诚实守信、自愿互助的特点，应当被认定为“职业放贷人”，案涉《借款合同》应属无效。

为证明前述观点，承办律师准确引用了《银行业监督管理法》第19条、《非法金融机构和非法金融业务活动取缔办法》第5条等法律法规，以及最高人民法院司法政策、判例，各地指导意见等，最终使法院采纳了该观点，为当事人减少了高达1.6亿余元的清偿责任。

2. 本案法院正确认定事实，准确适用法律，综合考量法律条文和立法宗旨，严格把握对合同效力和担保合同从属性的认定，对类似案件的处理具有很强的参考意义。

本案法院认定原告出借行为具有反复性、经常性，借款目的明显具有营业性，出借资金并非属于原告个人自有，构成非法从事金融业务活动，根据《银行业监督管理法》第19条、《非法金融机构和非法金融业务活动取缔办法》第5条等法律法规，认定案涉《借款合同》无效。

另外，本案法院准确适用了原《担保法》第5条第1款规定，在认定案涉《借款合同》无效的情况下，认定《保证担保合同》亦无效。法院判决依据充分，说理透彻，且与法律条文及立法宗旨高度契合，为以后类似案件的处理提供了借鉴。

3. 本案对于事实的认定和法律的适用，是对最高人民法院、最高人民检察院等多部门打击非法放贷案件的精神的积极响应。

本案审理期间，最高人民法院、最高人民检察院、公安部、司法部印发《关于办理非法放贷刑事案件若干问题的意见》，明确了非法放贷行为的特征和要素，本案原告的行为，正是该意见打击的对象。因此，本案裁判积极响应、贯彻了最高人民法院、最高人民检察院等多部门的精神，对打击非法放贷行为具有重要推动作用。

【专家点评】

一般审查合同效力时，大部分律师会局限于原《合同法》第52条规定的情况，部分律师可能会从合同其他相关规定去综合考虑，很少会结合司法政策以及司法裁判指引等来判断合同效力。本案担保人律师创新性地引入“职业放贷人”这一审查要素，从而为减轻当事人责任奠定了基础。

在诉讼过程中，承办律师对于案件事实的把握、案件思路的创新以及诉辩策略的选择具有典型意义；对于类似案件中职业放贷人、与职业放贷人所签订的合同效力及担保从属性的认定也具有重要借鉴意义。

此外，本案判决明确了职业放贷人和非法放贷行为的判断标准，与国家打击职业放贷人、规范金融市场的目的保持高度一致，对于今后借贷诉讼案件和企业合规方面均有重要的启发意义。

（点评人：刘延喜，广州市律师协会公平贸易法律专业委员会主任）

恶意处分被监护人生前财产的民事法律行为效力认定

苏 萍*

【内容提要】

夫妻一方作为另一方监护人，并非为被监护人利益，恶意处分被监护人财产，如何认定处分行为的效力？在继承纠纷中，尽了主要赡养公婆义务的丧偶儿媳处于相对弱势地位时，如何保护其第一顺序继承人的合法权益？子女在父母年老患病时，如何尽孝道，哪些行为属于违背公序良俗，为法律否定之行为？以上问题的解答均在本纠纷中有所体现。

【案情简介】

纪某与钟某为夫妻关系，两人生育了A、B和C三个儿子。甲是C的妻子，乙是C与甲的婚生女儿，C早年去世，丧偶儿媳甲与孙女乙一直与纪某和钟某共同生活，相处和睦并照顾两位老人长达17年，两位老人生病住院多数由甲照顾。而A、B并没有与两位老人共同生活，A在外国定居，B在外地生活。

2016年5月31日，钟某以纪某第二次中风丧失民事行为能力为由，向法院申请宣告纪某（A为纪某的代理人）为无民事行为能力人，庭审笔录记载：钟某回复

* 苏萍，北京市盈科（广州）律师事务所律师。

法官起诉原因为“因为不知道什么时候需要帮他（纪某）办事，而帮他办事的话需要确定监护人，我们想着确定监护人需要一定时间，所以我们想着先走这个程序，为免以后着急起来不能及时帮他办事”。法院根据病历资料于2016年6月14日作出判决宣告纪某为无民事行为能力人，同时指定配偶钟某为其监护人。

第二天，A、B（买方）与钟某（卖方）签订《广州市存量房买卖合同》并递件过户，约定“房屋总金额为90万元，买方应在2016年5月31日前一次性向卖方支付，双方同意房屋交付使用时间为卖方收齐楼款当天，双方应在2016年5月17日向房地产登记机构申请办理产权转移登记，各付各税等卖方保证所填写和提供的有关该房地产的权属情况真实，保证对上述房地产享有完整产权，保证上述房地产不存在任何未向买方说明的其他情况，且没有侵犯第三人权益，否则承担相应法律责任”。同时，钟某向房地产登记机构出具《声明书》，内容为：“纪某是房屋的权属人，钟某为纪某的法定监护人，现声明人代表纪某将上述房屋出售给A、B，并声明保证将出售所得款项作为纪某日后生活所需的费用，不挪作他用，若日后由此产生任何纠纷均由本人自行负责解决，并愿意为上述行为承担相应的法律责任。”广州市房管局档案馆资料显示案涉房屋为房改房，《广州市职工按成本价补交房价款申请书》载明钟某工龄计算了38年，配偶纪某工龄计算了39年。

2016年6月22日，即房屋递件后7日纪某死亡。2016年6月28日，登记在钟某名下属于纪某与钟某夫妻共有的房改房转移登记至A、B两儿子，房屋份额为A、B各自50%。

纪某去世后，A、B两人不准甲、乙再踏入房屋。随后钟某入院，三个月后钟某死亡。钟某去世后甲、乙才得知房屋被转移。

2017年3月29日，甲、乙以分家析产纠纷提起诉讼，请求法院判决甲、乙与A、B共同分割纪某、钟某的死亡抚恤金和丧葬费。经一审、二审审理后，二审法院认为，根据原《继承法》第12条规定：丧偶儿媳对公婆，丧偶女婿对岳父、岳母，尽了主要赡养义务的，作为第一顺序继承人，支持甲作为丧偶儿媳参与分配抚恤金和丧葬费的请求。判决纪某的抚恤金和丧葬费由甲、乙、A、B各分得1/5份额；钟某抚恤金和丧葬费由甲、乙、A、B共同取得，各占有1/4份额。

2017年9月14日，甲、乙提起合同纠纷诉讼，甲、乙认为因A、B两被告与钟某的恶意转让行为，侵害纪某的合法权益，也导致了甲、乙原本合法继承的财产被A、B侵占了。请求法院确认钟某与A、B之间买卖房屋的民事法律行为无效，所签订的房屋买卖合同无效；同时认为钟某作为纪某的监护人擅自处分夫妻共有房屋的民事法律行为无效，损害被监护人纪某的合法权益，要求恢复房屋原状。一审法院庭审中释明：所案涉房屋中有部分房产是钟某所有的，其转让房产给A、B是其行使处分权，问甲、乙是否坚持要求确认钟某与A、B之间就买卖案涉房屋的行为无效。甲、乙表示知悉法律后果，认为案涉房屋不是按份共有，应该是共同共有，任何一方都不能单独处分自己的一部分，故坚持要求确认钟某与A、B之间就买卖案涉房屋的行为无效。一审判决驳回甲、乙诉讼全部请求。

甲、乙不服提起上诉，二审发回重审。重审后，一审判决钟某与A、B关于房屋中属于纪某的二分之一产权的房屋买卖行为无效，判决恢复登记至钟某名下。A、B不服提起上诉。最后，二审维持原判。

综上，本系列纠纷中的甲作为丧偶儿媳与两位老人共同生活了17余年，履行了主要的赡养义务，法院认定其为第一顺序的合法继承人，孙女乙为代位继承人，也为合法继承人，经过一审、二审发回重审、一审、二审多场诉讼，历经3年多时间，法院最终认定了两原告的第一顺序法定继承人身份，具有合法的诉讼主体资格，并认定了监护人钟某擅自处分被监护人纪某房屋产权份额的买卖行为无效，损害了纪某的合法利益，最后判决房屋恢复原状。

【判决结果】

一、一审判决情况

合同纠纷一审法院认为：钟某出售案涉房屋给A、B两被告时，钟某既是案涉房屋的原登记产权人，同时又是纪某的监护人，即钟某将案涉房屋出售给A、B两被告既包括处分自己所占案涉房屋的份额，又包括作为纪某监护人处理纪某所占的案涉房屋的份额。甲、乙两原告认为钟某与A、B两被告恶意串通，损害了纪某的合法权益，即便该主张成立，也应是案涉房屋中纪某所占份额的买卖行为无效。甲、乙两原告在本案中提供的证据未能证明钟某在出售案涉房屋时处分其自己所占份额的行为侵害了纪某的权利，且甲、乙两原告在本院释明相应的法律关系及风险后，仍坚持要求确认钟某与A、B两被告就买卖案涉房屋的民事行为全部无效，故甲、乙两原告的该项主张，依据不足，本院不予支持。甲、乙两原告据此要求将案涉房屋恢复登记，本院也予以驳回。甲、乙两原告收到一审判决后不服提起上诉。

二审法院认为一审应对钟某作为纪某监护人出售纪某所占案涉房屋的份额的行为是否有效进行审查并确认其效力，将本案发回一审重审。

二、一审重审情况

合同纠纷重审法院认为：本案中，现有证据均未能反映就是纪某本人同意出售案涉房屋，也不能反映钟某出售案涉房屋是为了纪某的权益对纪某的财产进行管理或保护，而A、B两被告在明知纪某的身体状况下与钟某签订房屋买卖合同且未能提交证据证实其已实际支付房款，鉴此，钟某与A、B两被告之间关于案涉房屋中属于纪某的二分之一产权份额的房屋买卖行为无效。因案涉房屋由钟某和纪某共同共有，钟某有权处分属于其的产权份额，故甲、乙两原告认为钟某处分属于钟某所有的产权份额的行为也无效的请求，缺乏理据，本院不予支持。综上，判决如下：1. 钟某与被告A、B的房屋买卖合同涉及属于纪某的二分之一产权份额的房屋买卖行为无效；2. 被告A、B在本判决生效之日起10日内协助甲、乙两原告案涉房屋恢复登记。A、B两被告收到一审判决后不服提起上诉。

三、二审判决情况

合同纠纷二审法院认定：根据本案查明事实，本案二审关键的争议焦点在于，钟某与A、B之间关于案涉房屋中属于纪某产权份额的买卖行为是否有效。

首先，A、B在本案中未能提供确切证据证明纪某生前确有表示将案涉房屋出售给其二人，而其在二审提供的证人并未出庭接受质询，仅凭其书面证言不足以证明A、B的主张。其次，从付款情况来看，买卖合同约定的房屋价款为90万元，但A、B在二审中提交的银行凭证仅能反映其于2016年6月29日支付了45万元，对于余下房款并无证据证明确有支付。最后，从交易过程来看，双方签订合同及办理过户手续的时间为2016年6月15日，而合同中约定的付款时间为2016年5月31日。在A、B尚未付清房款的情况下，双方仍订立上述条款及办理过户登记手续，难以认定该交易方式可确保取得房款和实现合同目的。

由于钟某出售案涉房屋中属纪某产权份额部分不能认定是为被监护人的利益所作处分，其与A、B订立的涉案买卖合同应系超越此种法定限制的无权代理行为。鉴于该行为致使经过生效判决认定已尽主要赡养义务的法定继承人甲和乙不能通过继承获得房屋份额，不符合社会公序良俗，且考虑到A、B在明知纪某为无民事行为能力的情况下于极短时间内与钟某完成交易且未能提交证据证实其已实际付清房款，难以认定其二人属于善意，故一审认定钟某与A、B之间关于案涉房屋中属于纪某产权份额的房屋买卖行为无效，并无明显不当，本院予以认可。综上所述，一审判决认定事实清楚，处理并无不当，应予维持。

【争议焦点】

1. 夫妻一方患病并处于无行为能力的状态下，配偶作为监护人擅自处分夫妻共有房屋的法律效力问题。2. 法定继承人发现被继承人生前财产被恶意处分，是否有权提起主张房屋买卖行为无效的诉讼。

【案例评析】

1. 夫妻一方患病并处于无行为能力的状态下，配偶作为监护人擅自处分夫妻共有房屋的法律效力问题。

夫妻一方患病并处于无行为能力的状态，配偶作为监护人，其处分夫妻共有财产是否合法有效，应从被监护人的利益出发，考虑该处分行为是维护被监护人的利益还是损害了被监护人的合法利益。

首先，笔者认为从本案情况分析，如果监护人是为了被监护人的利益而出售房屋，应以市场利益最大化为前提，以获取房屋最大价值，而本案中市场价值为400万元房屋却被签订90万元的买卖合同转让两被告，显然远低于正常市场价值。而两被告称已支付45万元的房款也是在被监护人死亡后支付并非生前支付。由此可见，难以认定低价出售房屋是征得被监护人同意，也难以认定监护人低价出售房屋是为了被监护人的利益。相反可以看出，低价出售房屋会损害被监护人的合法利益。

其次，两被告作为买受人虽称被监护人患有严重疾病需花费巨额医疗费，因监护人承受不了巨大的经济压力，才决定将房屋出售，但事实上，有证据证明监护人与被监护人大部分医疗费能够报销，未有证据证明到出售房屋换取医疗费地步。从另一角度分析，若被监护人真陷入经济困难，两被告同时作为儿子，有赡养年老父母义务，理应直接支付两老人的医疗费，而非逼着两老人以低价格出售房屋换取医疗费。显然，本案中两被告不属于购买房屋的善意相对方。

最后，原《民法总则》和现行的《民法典》第35条第1款规定："监护人应当按照最有利于被监护人的原则履行监护职责。监护人除为维护被监护人利益外，不得处分被监护人的财产。"夫妻一方虽然作为另一方监护人，但应以被监护人利益最大化为前提条件，不能损害被监护人合法利益，也不能将个人想法强加于被监护人意志上。日常中为被监护人消费支出、管理支出等为有必要有限度的支出，属于法律允许范围，但超过必要限度或非必要的大额支出、房产处分等就需要进行综合分析，从该处分行为目的、效果、必要性、财产管理或后续开销等方面出发分析是否有损害被监护人利益，若该处分行为并不是为了维护被监护人利益进行，是可以被认定为无效的，处分人应当承担法律责任。

同时，笔者认为，敬老慈幼为人伦之本，应为法律所倡导，也是我国《老年人权益保障法》的规定。赡养老人是法律规定子女的义务，子女不但具有经济上供养、生活上照料和精神上慰藉的义务，还有保障患病的老年人及时得到治疗和护理，对经济困难的老年人，应当提供医疗费用，妥善安排老年人的住房，子女不得侵占，不得擅自改变产权关系。本案中，我们可以看到，除监护人无权代理致使房屋买卖合同无效外，两被告作为房屋购买人同时也是两老人的儿子，并非善意第三人，若认定两被告的购房行为合法有效，有变相鼓励子女不赡养年老父母的嫌疑。父母无私养育子女成年，若最终陷于生活及经济之困境，还需要靠低价出售自己的房屋给子女，才能获得子女的医疗救助，实属有违敬老之应有道义，破坏社会公序良俗。从本案中，法院通过司法判决对此违背公序良俗的行为给予了否认，是非常正确的。

2. 法定继承人发现被继承人生前财产被恶意处分，是否有权提起主张房屋买卖行为无效的诉讼。

监护人处分房屋时，被监护人仍在世，但案发时，监护人、被监护人均已离世。因此被原一审法院认为房屋属于被监护人生前已处分的财产，被监护人已被处分的财产不属于遗产，两原告仅作为继承人，不属于买卖合同的任意一方主体，因此认为两原告主张撤销案涉房屋的民事转让行为、恢复至未转让的原状并依照继承法的有关规定分配该房屋在法律上并无明确的法律支持，从而驳回了两原告主张。两原告不服提起二审，经过发回重审，最终认定了两原告主体资格身份，并认为虽然被监护人已死亡，但被监护人生前的财产被擅自处分，是属于侵害其生前合法权利，进而认定了两原告作为法定继承人具有合法的诉讼主体资格，可以作为原告身份主张提起本案诉讼，主张房屋买卖行为无效。这不只是对丧偶儿媳作为第一顺序继承人的身份肯定，也是对被监护人所享有的财产权利的保护，在被监护人财产受到侵害时，无论其是否在世都受到法律保护。被监护人即便离世了，作为受侵害的财产的合法继承人，仍可以其权利受到侵害提起诉讼，充分体现了我国对合法财产保护的法律制度。

最后，笔者认为，本案的终审判决既是维护了尽主要赡养公婆义务的丧偶儿媳作为第一顺序继承人的合法权益，避免了在婚姻法与继承法中处于相对弱势地位且尽了主要赡养义务的丧偶儿媳或丧偶女婿的合法权益被其他第一顺序继承人侵害，也是通过司法判例鼓励并肯定丧偶儿媳或女婿赡养老人的行为，鼓励儿媳或女婿照顾老人的生活，尽孝道，该行为是中国的优良传统和习俗，正如二审判决书中直接写明“已尽主要赡养义务的法定继承人不能通过继承获得房屋份额，不符合社会公序良俗”。司法判决再一次在法律上给予肯定和支持丧偶儿媳获得相应的继承权，与立法本意一致，这是社会主义核心价值观的体现。

【专家点评】

本案的亮点有三个方面，一是弘扬社会主义核心价值观，传播正能量。家庭是社会的基本细胞，我国法律历来重视家庭文明建设。《民法典》也再次强调了树立优良家风，弘扬家庭美德的法律精神。同时也进一步明确家庭成员应当敬老爱幼，互相帮助，维持平等、和睦、文明的婚姻家庭关系。本案的两位原告，特别是甲作为丧偶儿媳，在先生去世后长达 17 年的时间里，与公婆共同生活，履行了主要的赡养义务，依法取得继承公婆遗产的权利，符合民事法律中权利与义务相一致的基本原则。本案的裁判，是对上述法律原则和精神的良好诠释，起到了积极的正向引导作用。

二是探讨了监护人权利的边界。我国正加速步入老龄化社会，成年人监护的问题将会越来越凸显。监护人的权利边界在哪里，何种情况下可以代为处置被监护人的财产，都是司法实践当中非常值得探讨的问题。

三是充分体现了国家对公民个人财产的保护力度。案发时财产权利人均已经离世，法院经过审理，最终支持了法定继承人提出的财产保护主张。

本案的代理过程颇多曲折，历经一审、发回重审、二审等多个法律程序，最终维护了当事人的合法权利，为公正处理案件的法官以及付出辛苦努力的代理人点赞。

（点评人：李小非，广东五美律师事务所主任、广州市律师协会婚姻家事法律专业委员会主任）

通过多种诉讼方法从复杂案件中准确界定出真实的法律关系

杜玉明　邝晓君*

【主题摘要】

A 公司与 B 公司于 2017 年 1 月签订《空气能热泵热水器区域代理商协议书》，约定 B 公司授权 A 公司为某地的总代理经销商，A 公司如完成年度销售任务，B 公司返利 5% 给 A 公司。协议书还约定，B 公司在某市全部“煤改电”产品的销售额均属于 A 公司，由 B 公司按 5% 返利给 A 公司。此后，双方又于 2017 年 6 月签订《空气源热泵煤改电工程合作协议》，就已中标的某“煤改电”工程的合作履约进行了约定，并约定利益分配模式为利润分成。

中标的“煤改电”工程项目验收结算后，A 公司认为该 6000 万元是其代理销售业绩，应当返利 5%。B 公司认为该金额不是 A 公司代理销售业绩，不应支付返利。A 公司遂起诉至法院。本案历经一审、二审、再审，法院最终驳回 A 公司的诉讼请求。

《空气能热泵热水器区域代理商协议书》对应的是买卖合同关系，《空气源热泵煤改电工程合作协议》对应的是合作关系，两者关于交易流程、成本费用、利益分配等的约定明显不同，法律性质亦不同。对于关联法律事实对应的不同法律关系，且同一主体有多重身份，律师办案时须条分缕析，抽丝剥茧，仔细进行甄别。

* 杜玉明、邝晓君，北京市盈科（广州）律师事务所律师。

【案情简介】

A公司、B公司在2017年1月签订《空气能热泵热水器区域代理商协议书》（以下简称《代理协议》），B公司授权A公司为其“煤改电”产品在某地的总代理经销商。A公司如完成年度1500万元的销售任务，B公司返利5%给A公司。协议书还约定，B公司在某市全部“煤改电”产品的销售额均属于A公司，由B公司按5%返利给A公司。

此后，适逢某市进行“煤改电”工程项目招标，双方以B公司名义投标并中标。双方在2017年6月又签订了《空气源热泵煤改电工程合作协议》（以下简称《合作协议》），约定B公司负责中标项目机组的研发设计、生产和采购工作，并承担水箱生产采购费用以及平摊地推预留减价费用、税费，A公司则负责机器安装、维修、报销、营销策划、项目管理、售后服务等费用及平摊地推预留减价费用、税费，双方按50%分配利润。但《合作协议》未就如何处理《代理协议》及返利作出约定。

中标的“煤改电”工程完工并验收后，经与招标人结算，B公司累计收到约6000万元销售安装款。A公司认为该6000万元是其代理销售业绩，B公司应当返利5%。B公司认为6000万元不是A公司代理销售业绩，不应支付返利。A公司遂起诉至法院。

笔者代理本案被告B公司。A公司认为：《合作协议》是《代理协议》的补充，在某市发生的“煤改电”销售额均应视为A公司的代理销售业绩，均应当适用返利条款。B公司认为：《合作协议》与《代理协议》是两份互不关联的协议，就本次中标的“煤改电”工程项目，B公司只适用《合作协议》，不适用《代理协议》。《合作协议》基于其内在的工程总承包关系、股东合作关系、买卖合同关系、工程分包关系，已与原《代理协议》下的代理关系完全不一致，其销售额已不能适用返利条款。

B公司代理意见如下：

1. 双方签订的《代理协议》约定A公司为某地“煤改电”总代理经销商，A公司需要向B公司采购“煤改电”设备的，应当预先向B公司提出采购计划，并向B公司支付全额货款，B公司收到全额货款后向A公司发货。从以上约定可知，《代理协议》本质属于买卖合同，这与双方之间《合作协议》的性质具有本质的不同。而处理两个性质不同协议在履行中的纠纷，应当采取与协议性质相一致的不同的权利义务界定方式，而不能将两个协议等同或者混为一谈。

2.《代理协议》约定了在特定的情况下发生的销售额算入A公司的销售业绩，并在A公司自主完成销售任务后，由B公司返利5%作为促销利益。换言之，在买卖合同关系下，特定情形下发生的区域内销售业绩均属于A公司的销售业绩，并在其完成年度销售任务1500万元时可纳入其自主完成的销售业绩并要求B公司返利5%。该特定情形应界定为如下三种：（1）A公司自行再销售产品的业绩；（2）在B公司不参与的情况下，A公司以自己的名义作为投标人使用B公司生产的产品进行“煤改电”项目投标，并在中标后，以A公司名义与招标单位签订供货合同，B公司基于《代理协议》向A公司供应“煤改电”产品而产生的销售业绩；（3）B公司原来在区域内的其他经销商的销售业绩。除以上三种情形外，其他情形都属于脱离总代理关系产生的销售业绩，都不应算入A公司基于总代理关系产生的销售业绩，更不能依据《代理协议》要求返利。

3.双方签订的《合作协议》本质是总包与分包的合作合同关系，即B公司在对“煤改电”项目投标并中标后，将项目中的推广销售、上门安装、售后维修工作分包给A公司具体实施，而B公司自己负责项目中的“煤改电”产品的设计制造、设备运输、用户现场技术支持等工作。因此，《合作协议》的本质是B公司将部分工作内容分包给A公司，性质是双方合作完成“煤改电”项目，并按扣除全部成本后净利润的各占50%比例分配。由此可见，《合作协议》与《代理协议》具有显而易见的区别，《合作协议》显然已完全脱离了总代理关系，不能与《代理协议》性质相提并论。签订《合作协议》的原因是本次投标的“煤改电”项目不符合《代理协议》约定的情况，只能通过签订新的《合作协议》以确定双方的权利义务。

4.《代理协议》约定的“煤改电”工程与《合作协议》约定的“煤改电”工程具有本质的区别，两者并非同一性质。《代理协议》约定的“煤改电”工程是针对不特定的基于A公司独立的推广、销售行为而产生的新的销售业绩，因此B公司才会有返利5%作为奖励。但《合作协议》约定的“煤改电”工程是B公司投标并已中标的项目，该项目业绩已由B公司中标行为产生，并已由B公司与A公司签订的新的《合作协议》进行了约定。因此，基于《合作协议》完成的“煤改电”销售额不能算入《代理协议》的“煤改电”销售额。

5.《代理协议》与《合作协议》是两份独立互不关联的协议，前者是买卖合同关系，后者是总包分包合作关系。双方实际履行的是《合作协议》，A公司企图通过混淆法律关系获取不正当利益，没有任何事实和法律依据。而A公司获取不正当利益的行为，亦应受到法律的谴责。

6.《代理协议》一直未得以实际履行，约定的返利条件自始未成就。A公司与B公司签订《代理协议》后的一年时间里，A公司从未向B公司提交任何订货计划，更未向B公司支付过任何代理销售款，未产生任何代理销售业绩。因此，《代理协议》虽经签订，但并未得到实际履行，A公司无权主张返利款项。

7. 双方在合作过程中已多次明确案涉项目是合作关系，不是代理关系，A公司主张将非代理关系下的“煤改电”销售额算入《代理协议》的销售任务中，显然没有依据。这也体现在双方的微信聊天记录中。在双方长达一年多的《合作协议》履行过程中，A公司从未向B公司提及过本项目需要支付返利5%，相反A公司在聊天记录中多次出现损失分担、利益共享的内容，且明确表述本项目是合作，不是代理。这足以说明《代理协议》与《合作协议》是两份独立互不关联的协议。

8. 双方履行的是《合作协议》，但A公司却要求B公司向A公司返利5%，对B公司明显不公平，亦不是双方签订《合作协议》的本意和目的。

9. 要求B公司返利5%，亦不符合财务计算的基本规律和要求，与财务管理规律完全相悖。经过财务计算，如果A公司在本项目中执行返利5%，将导致A公司只要参与本项目，B公司就会直接产生亏损，这完全不符合一个有经验的市场主体参与市场经营的正常财务理念。

本案历经一审、二审、再审。一审法院由于未能准确认定本案法律关系，未能正确查明事实，判决支持了A公司的诉讼请求。B公司不服，提起上诉。二审法院经过审理，在抽丝剥茧中正确查明认定了本案的事实法律关系，依法改判，驳回A公司的全部诉讼请求。A公司不服二审判决，申请再审，广东省高级人民法院裁定驳回再审申请。

二审法院、再审法院均认为，案涉《代理协议》与《合作协议》关于双方权利义务、交易流程、产品价格组成及分担、盈亏风险承担及利益分配等的约定均不相同，应认定两份协议本质上属于性质不同的协议。即便按照A公司主张，将《合作协议》视为《代理协议》项下的具体项目合作方案，涉及《合作协议》约定项目的利益分配方式，也应当优先适用《合作协议》的特别约定。《合作协议》明确了案涉项目每台机器设备的预留利润金额，同时明确了在扣除成本后有盈余的，由B公司、A公司各占50%的利益分配方式，没有约定任何返利条款。且签订在后的《合作协议》没有约定是《代理协议》的补充条款或者补充协议，也没有约定与《代理协议》存在关联。A公司主张《合作协议》中的项目应按照《代理协议》约定支付返利及返利款利息，缺乏事实与法律依据，不予支持。

【争议焦点】

1. 对6000万元的大标的额工程项目，《合作协议》与《代理协议》的约定内容却非常简单，尤其是利益分配方式、返利方式约定不明，导致合同认定出现重大分歧。

2. 本案案由虽为合同纠纷，但其中却包含了工程总承包关系、代理关系、买卖关系、工程分包关系、股东合作关系的五重法律关系。由此，A公司的身份也有工程承包人、总代理经销商、设备购买方、分包实际施工人、合作股东五个身份，而B公司则兼具工程发包人、产品制造商、设备出售方、分包人、合作股东五个身份。正是这种多重法律关系和多重身份关系的存在，让本案结构关系十分复杂。

3. 《代理协议》明确约定某市全部“煤改电”产品销售额均属于A公司，B公司按5%返利给A公司。而本案销售的6000万元“煤改电”产品均在某市发生，且均由A公司销售。即《合作协议》下的销售业绩始终被《代理协议》的框架套住，突破《代理协议》十分困难。

4. 《合作协议》与《代理协议》约定B公司的主要任务均是生产并向A公司提供“煤改电”产品，A公司的主要任务均是销售并安装“煤改电”产品，履行方式、交易方式高度相似，非常容易误认为《合作协议》与《代理协议》属于同样的合作方式，《合作协议》仅是《代理协议》的补充。

【案例评析】

1. 代理律师首先从本案各类复杂法律关系入手，抽丝剥茧，深入分析本案《代理协议》属买卖合同关系，而《合作协议》属于工程总承包与分包合同关系，两份协议独立存在、互不关联。在“煤改电”工程项目上，双方履行的是《合作协议》，《合作协议》之下的销售业绩不应套用《代理协议》的返利条款。将复杂法律关系厘清，准确界定并有效提取出真实法律关系，这考验代理律师的法理基础及专业水平。

2. 代理销售关系和工程总承包关系中，B公司的主体地位、履行方式、成本承担、利润分配、资金回笼属性、财务制度、经营风险等，各自均具有鲜明的行业属性和独特的交易习惯，将两种法律关系下的不同行业属性和独特的交易习惯通过罗列多组表格、统计复杂数据的形式展现，以此证明《合作协议》不是《代理协议》的补充，而是一份独立协议。这项工作考验代理律师对代理行业、工程行业的行业属性和交易习惯的理解与总结能力，需要代理律师善于将抽象的合同条款及法律语言转化为通俗易懂的生活常识、行业特性，让法官看懂两个行业的本质区别。

3. 由于本案涉及的是利润分配问题，代理律师还列举出多个例子，并从多个角度进行论证，即如果强加5%返利条款到《合作协议》中，将导致合同目的落空，B公司产生严重亏损，双方利益严重失衡，这将明显违反商业逻辑，不合常理，以此证明《代理协议》和《合作协议》互不相关。这对代理律师的数字转化能力、逻辑分析能力及推理能力均是考验。

4. 双方实际履行的是工程项目的《合作协议》，工程项目周期长、事实多、人员多，在两年多时间里产生了数千页微信聊天记录，聊天记录对B公司有利有弊。代理律师需要不畏烦琐、细心分析并筛选有用的微信聊天记录。代理律师最终筛选出几处能体现双方履行的是《合作协议》的有利证据。借助微信聊天记录反映双方合作的真实初衷及目的，从只言片语中论证分析为什么不能适用《代理协议》。此项工作亦对代理律师的责任心、细致度、勤奋度、风险把控能力提出考验。

【专家点评】

本案的法律关系错综复杂，同一主体在不同法律关系中身份不同。在合同条款不利于委托人的重重障碍下，代理律师迎难而上，准确地识别法律关系，界定主体身份，最终成功揭开真相，为委托人守住千万巨资。

一项民事权利究竟是处于A法律关系之中，还是处于B法律关系之内，此判断将影响该民事权利的法律适用，影响其生效条件、实现条件、权利归属的认定。若民事权利被张冠李戴地放置于错误的法律关系之中，必将导致民事权利的认定偏离正确方向。

本案中，《合作协议》是一份独立协议，还是《代理协议》的补充协议，当事人并没有明确约定。在《代理协议》明确约定某市全部“煤改电”产品销售额均属于A公司，B公司按5%返利给A公司，而本案销售的6000万元“煤改电”产品均在某市发生，且均由A公司销售的情况下，B公司显然是被动的。但代理律师采取多种诉讼方法，准确界定出真实法律关系，并最终得到法院认可，这体现了代理律师对本案法律关系的准确把握能力。

（点评人：王瀚，广州市律师协会建设工程法律业务专业委员会主任）

胚胎提供者对冷冻胚胎享有保管权及处置权

王朝阳*

【内容提要】

随着人们的生活质量和经济水平的提升，人们对于孕育生命的方式有了其他选择，冷冻胚胎移植就是其中一种方式。这种方式不仅有利于女性对于怀孕时机的控制，而且是治疗不孕不育的有效医疗手段，进行冷冻胚胎的人也逐渐增多。目前我国法律并未对冷冻胚胎的法律属性有明确规定，但是现行法律及行政法规并未明文禁止医疗机构向患者返还胚胎，对于通过胚胎移植手术保存的冷冻胚胎，患者仍然有权依据医疗服务合同的法律关系，要求医疗机构返还冷冻胚胎。至于相关部门的规定，是对医疗机构及其工作人员行为的规范，并不能排除患者对胚胎行使监管和处置的权利，应当遵循私法自治原则。

【案情简介】

一、案件情况

原告张某、李某夫妻因计划妊娠在被告某医院就诊。2016 年 6 月 8 日，两原告签署《体外受精－胚胎移植知情同意书》，同意接受某医院生殖医学中心的辅助生殖技术助孕治疗。2016 年 6 月 18 日，两原告签署《超声引导下经阴道卵巢穿刺取卵术知情同意书》，自愿选择该手术治疗方式。同日，因不适合行鲜胚移植，两原

* 王朝阳，广东伯方律师事务所律师。

告签署《取消移植知情同意书》，同意取消鲜胚移植，并同意行全胚冷冻。2016 年 6 月 24 日，两原告签署《胚胎冷冻保存知情同意书》，在被告处冷冻囊胚 1 个。2016 年 9 月 4 日，两原告再次签署《胚胎冷冻保存知情同意书》，在被告处另行冷冻卵裂期胚胎 1 个。2016 年 8 月 22 日，两原告还签署《未受精卵子、未成熟卵子、剩余精子及剩余胚胎处理知情同意书》，该知情同意书对于剩余胚胎的处理，其中列明冷冻保存的胚胎，若患者因多种原因无须再使用者，经医学方法处理后丢弃。两原告因身体状况不适合生育，先后多次要求被告返还冷冻胚胎，被告以卫生部门相关规章规定人体冷冻胚胎不能进行转让、赠送为由拒绝返还。

二、原告观点

原告认为：本案为医疗服务合同纠纷，原告有权依据法律的规定，要求被告返还冷冻胚胎，且原告的诉请未违反公序良俗，被告主张的行政法规仅适用相关医疗机构和工作人员，不能对抗原告的私权利。

1. 本案为医疗服务合同纠纷，应当适用《民法总则》《合同法》（现适用《民法典》），两原告有权要求被告返还冷冻胚胎。

依据《民法总则》第 3 条（现为《民法典》第 3 条）“民事主体的人身权利、财产权利以及其他合法权益受法律保护，任何组织或者个人不得侵犯”之规定，案涉胚胎属于原告的其他合法民事权益，被告仅因接受原告委托而对案涉胚胎进行保管，但不享有任何其他权利，原告在不违反法律禁止性规定的前提下，有权依法享有其合法民事权益。

本案案由为医疗服务合同纠纷，被告现阶段具体为原告保管冷冻胚胎。依据《合同法》第 377 条（现为《民法典》第 900 条）“保管期间届满或者寄存人提前领取保管物的，保管人应当将原物及其孳息归还寄存人”之规定，原告作为医疗服务合同的订立者与权利人，有权要求被告返还冷冻胚胎，原告诉请符合《合同法》（现适用《民法典》）中保管合同的规定，也不违反法律的禁止性规定。

2. 被告提交的《未受精卵子、未成熟卵子、剩余精子及剩余胚胎处理知情同意书》为格式合同，第 4 点第 3 项内容不适用本案情形，不应作为被告拒绝返还冷冻胚胎的依据。

依据《合同法》第 41 条（现为《民法典》第 498 条）“对格式条款的理解发生争议的，应当按通常理解予以解释。对格式条款有两种以上解释的，应当作出不利于提供格式条款一方的解释”之规定，《未受精卵子、未成熟卵子、剩余精子及剩余胚胎处理知情同意书》为格式合同，在第4点第3项内容有两种以上解释的，应当作出不利于被告的解释。

《未受精卵子、未成熟卵子、剩余精子及剩余胚胎处理知情同意书》第4点第3项内容不适用本案情形，本案中原告不存在无须再使用的情形，恰恰相反，冷冻胚胎对原告有特殊意义，原告再使用被告不能根据第4点第3项内容单方面处置案涉胚胎。

《未受精卵子、未成熟卵子、剩余精子及剩余胚胎处理知情同意书》第4点第3项内容对冷冻胚胎的处理作出了限定性的设置，事先未与原告协商沟通；事中未依据《合同法》第39条（现为《民法典》第496条）“采取合理的方式提请对方注意免除或者限制其责任的条款”之规定，提请原告注意。该条款内容不仅未尊重原告对胚胎所享有的合法权益，还加重了原告的责任，剥夺了原告的协商权利与自主意思的充分表达，损害了原告的合法权益，依法不应当成为被告拒绝返还冷冻胚胎的依据。

3. 被告主张原告后续利用冷冻胚胎将违反公序良俗毫无事实根据，不能成为被告拒绝返还冷冻胚胎的理由。

被告主张原告后续可能将冷冻胚胎进行不当使用的行为将违反公序良俗，属于被告单方面的主观臆测，不能成为被告不予返还保管物的理由。同时，原告一是因身体原因而暂时不方便生育，想为冷冻胚胎先提供一个更好的物质条件进行保管，且已咨询过有更为专业、优质的第三方为原告提供前期专业、优质的身体调理与冷冻胚胎保管。

另外，被告主张系冷冻胚胎的后续合理利用问题，依法不属于本案的审理范围内，更不应以此为由拒绝返还冷冻胚胎。

4.《卫生部关于修订人类辅助生殖技术与人类精子库相关技术规范、基本标准和伦理原则的通知》等文件仅适用于医疗机构及医疗服务人员，被告不得基于部门规章的行政管理规定对抗原告基于私法所享有的正当权利。

被告提交的《卫生部关于修订人类辅助生殖技术与人类精子库相关技术规范、基本标准和伦理原则的通知》《人类辅助生殖技术规范》《人类精子库基本标准和技术规范》等部门规范性文件，仅适用相关医疗机构和工作人员，被告不可以此对抗公民的私权利。从调整本案法律关系看，应当适用民法之规定。

5. 原告庭审中提交了如下证据予以佐证：

（1）《体外受精－胚胎移植知情同意书》

（2）《超声引导下经阴道卵巢穿刺取卵术知情同意书》

（3）《取消移植知情同意书》

（4）《胚胎冷冻保存知情同意书》

（5）病历本

（6）保管费收据

三、被告观点

被告辩称，冷冻保存的胚胎如确定无须再使用，属于诊疗过程中产生的人体废弃物，应当按照卫生部门颁发的相关规定进行处理，不可以进行转运。

原告于2016年6月至2016年9月在本院生殖中心因“不孕症”就诊，采用IVF（体外受精）助孕，经过三个IVF周期获得2个可用胚胎并在生殖中心冷冻保存。由于原告自诉身患疾病，自身身体条件不适合再移植冷冻胚胎，于2019年2月向本院生殖中心口头提出要求取走剩余2个冷冻胚胎。本院的诊疗行为符合法律法规和诊疗规范的要求，不存在任何过错，依法不应向原告返还冷冻胚胎。由于胚胎的特殊属性，原告在本院生殖中心进行助孕时均签署知情同意书，授权生殖中心医务人员在原告知情同意的情况下对剩余胚胎进行处置。原告冷冻保存的胚胎如确定无须再使用，属于诊疗过程中产生的人体废弃物，应当由医院按照《医疗废物管理条例》的相关规定处理。根据2003年6月27日颁发的《卫生部关于修订人类辅助生殖技术与人类精子库相关技术规范、基本标准和伦理原则的通知》中实施技术人员的行为准则和伦理原则明确规定，医疗机构和医务人员不得实施代孕技术和不得实施胚胎赠送助孕技术。另外，每次生殖中心的校验中，业界专家意见是生殖中心之间不可以进行配子和胚胎的相互转运，以防止胚胎取出生殖中心后用于代孕或赠送助孕。

四、法院观点

法院认为，未明文禁止医疗机构向患者返还胚胎。本案系因医疗服务引发的纠纷。关于胚胎的法律属性，我国现行法律尚无明文规定。胚胎含有两原告的DNA等遗传物质，与原告的生命伦理有着密切的关联性，具有潜在的生命特质。虽然胚胎不同于普通的物，但现行法律及行政法规并未明文禁止医疗机构向患者返还胚胎。被告辩称的卫生部门的规定，是对医疗机构及其工作人员行为的规范，并不能排除原告对胚胎行使监管和处置的权利。并且，胚胎是否用于代孕和赠送助孕，属于行政管理部门的事后监管问题。被告以上述理由拒绝返还胚胎依据不足，对原告主张被告返还2枚冷冻胚胎的诉讼请求，本院予以支持。

五、判决结果

法院依照原《民法通则》第5条、《民事诉讼法》第64条第1款的规定，判决如下：

被告某医院于本判决生效之日起10日内向原告张某、李某返还2枚冷冻胚胎。案件受理费50元，由被告某医院负担。如不服本判决，可在判决书送达之日起15日内，向本院递交上诉状，并按对方当事人的人数提出副本，上诉至某中级人民法院。

【争议焦点】

1. 冷冻胚胎的法律属性是什么？
2. 原告是否有权要求返还冷冻胚胎？

【案例评析】

本案是法院对当事人对胚胎的监管权和处置权的确认，在我国现行法律对胚胎的法律属性没有明确规定的情况下，结合本案实际，应考虑以下因素以确定涉案胚胎的相关权利归属：一是伦理。施行体外受精－胚胎移植手术过程中产生的受精胚胎，具有潜在的生命特质，不仅含有胚胎提供者的DNA等遗传物质，而且含有提供者两个家族的遗传信息，具有生命伦理上的密切关联性。二是特殊利益保护。胚胎是介于人与物之间的过渡存在，具有孕育成生命的潜质，比非生命体具有更高的道德地位，应受到特殊尊重与保护。两原告作为胚胎提供者，是唯一关心胚胎命运的主体，而且亦应当是胚胎之最近、最大和最密切倾向性利益的享有者。综上，判决两原告享有案涉胚胎的监管权和处置权于情于理是恰当的。当然，权利主体在行使监管权和处置权时，应当遵守法律且不得违背公序良俗和损害他人之利益。

根据民法典，民事权益受法律保护，民事主体从事民事活动应当遵循自愿原则，按照自己的意思设立、变更、终止民事法律关系，应当遵循守法与公序良俗原则，不得违反法律，不得违背公序良俗。本案被告提出将案涉冷冻胚胎交付给原告，可能存在胚胎买卖、代孕等违反法律和伦理道德的风险问题，这是可能的概率，不是实际发生或必然发生的事实，法院应当尊重当事人的权利，不应主观判定其行为，原告主张取回案涉冷冻胚胎的行为本身并未违背社会伦理道德以及公序良俗，理应获得法院的支持。

根据卫生部门的相关规定，胚胎不能买卖、赠送和禁止实施代孕，但并未否定权利人对胚胎享有的相关权利，且这些规定是卫生行政管理部门对相关医疗机构和人员在从事人工生殖辅助技术时的管理规定，医院不得基于部门规章的行政管理规定对抗当事人基于私法所享有的正当权利。这是对于部门规章适用对象的明确，以行政管理规定限制私法中的民事正当权利，显然有违私法自治原则。

【专家点评】

近年来随着科技的发展与个人需求的多样化催生了人工生殖辅助技术这项产物，但由此衍生出的冷冻胚胎的法律属性和地位目前未有定论，我国现行法律在人体冷冻胚胎技术领域亦存在滞后及立法空白，由此引发的新型法律问题不断增多，也潜藏着巨大的伦理争议。根据民法典，民事权益受法律保护，民事主体从事民事活动应当遵循自愿原则，按照自己的意思设立、变更、终止民事法律关系，应当遵循守法与公序良俗原则，不得违反法律，不得违背公序良俗。冷冻胚胎具有潜在的生命特质，应受到特殊尊重与保护。本案中，医疗机构以防范买卖胚胎、违规实验等理由拒绝移交胚胎，固然具有一定的合理性，但在相关法律法规未限制夫妻双方对胚胎权利的情况下，不宜因此而否定夫妻双方对胚胎享有的监管及处置权利。本案判决支持将冷冻胚胎返还胚胎提供者，无疑是为此类纠纷提供了更加具体明确的解决思路。

（点评人：赵学丰，广东伯方律师事务所主任、二级律师）

综合运用多个证据和线索，攻破虚假诉讼难关

王国安　朱琼华　杜剑慧*

【内容提要】

2012 年 3 月，当事人就第二期债权向法院申请恢复执行时被拒之门外。经当事人申请并由法院采取查封措施的被执行人名下的土地及地上建筑物的权属和去向一度成谜。作为代理人，我们穷尽了几乎所有的执行异议、复议和异议之诉等法律程序，都不得解决。但我们并没有放弃，而是不停地找法律、找问题、找证据，经检察机关依法监督，最终拨开迷雾。2019 年 12 月，由被执行人法定代表人罗某某主导的这宗款额达 1200 万元的民间借贷虚假诉讼被司法机关揭穿，两份虚假的民事调解书被依法撤销，相关涉案人员被依法追究刑事责任。2020 年 12 月，通过执行回转，为当事人追回执行款 338 万元，挽回了当事人的重大经济损失，也捍卫了法律的尊严和权威。

【案情简介】

广州 M 公司注册地在 B 区，由于行政区域调整，其所建的 8 万多平方米厂房被划到了 L 区。

2008 年 8 月，M 公司资金链断裂，上百名债权人向 M 公司起诉维权。我们代

---

* 王国安，广东谨然律师事务所律师；朱琼华，广东伯方律师事务所律师；杜剑慧，广东广信君达律师事务所律师。

理了部分债权人，依法向 M 公司追讨货款。其中有九名当事人数额较大，为了防止财产流失，这九名当事人向 L 法院申请对 M 公司名下 8 万多平方米的土地及土地上所有建筑物采取了诉前保全措施。随后当事人向 B 法院起诉。同年 12 月，M 公司法定代表人罗某某提出债权打折、和解方案，原、被告双方达成和解后在 B 法院调解结案，当事人的债权共分两期履行：第一期付货款总额的 50%，第二期于 2012 年 2 月 1 日前付货款总额的 35%。

2009 年 1 月 15 日，L 法院立案受理了当事人的执行申请。2009 年 3 月，L 法院将政府清退 M 公司名下 63150.28 平方米土地及地上建筑物而支付的退地补偿款、企业拆除补偿款合计 3000 多万元用于清偿 M 公司的债务，当事人的第一期债权执行完毕。

2010 年 7 月、2011 年 7 月，当事人前后两次申请对 M 公司名下剩余土地及地上建筑物（“未清退的面积为 21789.86 平方米”）继续查封，L 法院分别于 2010 年 8 月、2011 年 8 月两次发出《已采取财产保全措施告知书》，告知当事人已查封上述土地，查封期限至 2012 年 8 月 4 日。

2012 年 2 月 1 日，当事人的第二期债权履行期限届满。但在联系 L 法院、询问恢复执行事宜时，当事人被告知“M 公司无财产可供执行了，L 法院不再受理 M 公司的执行案件”。M 公司名下的剩余土地“神秘”消失了。自此，当事人开始了艰难而漫长的维权之路，包括向人大、上级法院投诉和反映情况。2014 年 8 月，当事人向政府部门申请信息公开获批，才得知在 2011 年下半年政府已清退了 M 公司名下的剩余 2 万多平方米土地及地上建筑物，M 公司获得退地补偿款、企业拆除补偿款合计 2300 万元。应 L 法院的要求，当地政府拆迁办将 M 公司的补偿款全部划付到 L 法院账户上。直到 L 法院作出《关于 M 公司执行情况的说明》，我们才得知 M 公司的上述补偿款全被 L 法院执行到其他案件中了。当时仍在该土地的查封期限内，L 法院未制订财产分配方案，亦未通知保全申请人。

申请政府信息公开，是突破该案的关键环节。据此，我们代理当事人先后向 L 法院提出执行异议、执行复议及执行异议之诉，均被法院以不具备提起异议或者起诉的资格而驳回。虽然如此，我们在此过程中也发现了一些新的问题，尤其是 L 法院将 M 公司获得的补偿款 2300 万元用于执行的那些案件大部分都是有问题的，尤其是陈某某与 M 公司之间的两单民间借贷纠纷案件最为典型，具有虚假诉讼的重大嫌疑，主要表现在：1. 依据陈某某与 M 公司之间的民事调解书，陈某某出借款项的时间是2008年6月9日，金额为595万元。然而，2009年M公司案执行时，执行法官多次召集M公司法定代表人罗某某核对M公司的债权债务，经反复核对，M公司债权人列表近100个，其中并无陈某某民间借贷一项。也就是说，在2009年3月第一批债权分配时，根本没有此债务。2. 依据其另一份民事调解书，陈某某出借款项的时间是2010年10月25日，金额为150万元。但2008年7月，M公司倒闭、停产。2010年下半年，M公司搞了形式上的复工仪式，但实际上根本没有复工生产，不可能产生新的债务。据查询工商资料，自2008年后M公司的营业执照一直处于被吊销状态。3. 第一次借款本金为495万元，利息按每月2%计算。第二次借款本金150万元是在前面借款本息分文未还的情况下继续出借，二次借款都没有任何抵押或保证，明显不符合借贷惯例。而且，M公司已倒闭、停产，借这些钱干什么，陈某某是否有出借能力，是否有付款、收款的凭证，用于何处等，都存疑。4. 两个借贷案件的利息都是计至2011年10月28日，也就是说，这两个案件的起诉时间应该是2011年11月，而这个时间恰好是L法院给当地政府拆迁办发出协助执行通知、要求协助划扣土地补偿款的时间。5. 这两个民间借贷案件在L法院从起诉立案（2011年11月）到执行立案（2012年1月），时间都非常“快”，“快立案、快审理、快调解、快执行”。法院是否真正审查过证据材料的真实性和合法性？还是完全以当事人双方的确认、匆匆调解结案？6. 从数额来看真“凑巧”，这两个借贷案件标的总额正好是L法院当时收到的1200万元。上述两案当事人达成调解，自愿在2011年11月29日前支付本金及利息共计1200万元，正是当地拆迁办与M公司签订第二期企业拆除补偿协议的时间，进款1200万元。而且，其他小案子都打折执行，这两宗巨案却全额执行，这是机缘巧合还是合谋诈骗，足以令人怀疑。7. 欠款本金595万元，利息高达495万元，是否合理？本金150万元，利息30万元，两案加起来执行标的共计1200万元，而L法院共支付执行款12286189.83元，已经超过执行标的金额。可是执行异议裁定书中还称：“根据2012年7月9日本院所作执行笔录，陈某某表示对于剩余不足的利息部分，由其本人自行向M公司追偿，同意本院作结案处理。”剩余不足的利息部分是指哪些？实在让人疑惑。

于是，当事人以此为突破口，向检察机关申请监督、提出控告。为了贯彻落实最高人民法院、最高人民检察院关于虚假诉讼案件的司法解释，H区检察院作为全省打击虚假诉讼的重点单位，对我们的材料立案受理。H 检察院高度重视，对我们提出的虚假诉讼线索认真核查，并与公安部门联手，通过调查银行流水，查询执行款项的流向，很快取得突破。

2019 年 12 月，由 H 检察院对被告黄某某、陈某某依法提起公诉，H 法院作出刑事判决，认定被告人黄某某、陈某某犯妨害作证罪；追缴被告人退出的违法所得，退回至 H 法院执行代管款账户；公安机关查封的 M 公司负责人罗某某名下的房产作拍卖或变卖处理，对拍卖价款予以追缴，退回至 H 法院执行代管款账户。随后，H 检察院提请市检察院对 L 法院的两份民事调解书提出抗诉，市中院作出再审判决，依法撤销 L 法院的两份民事调解书。再审判决认定 M 公司与陈某某恶意串通进行虚假诉讼，损害了当事人的合法权益，导致当事人的债权未能得到清偿。

调解书依法被撤销，实施虚假诉讼行为的被告人也被依法追究刑事责任，同时司法机关追缴了违法所得（338 万元），退回到法院代管账户。2020 年 12 月，法院执行回转，债权人在春节前收到了这 300 多万元执行款。当事人超过 10 年的合法债权终于得以实现！执行款“失而复得”，是律师和司法机关共同努力、依法办案的结果，既揭穿了虚假诉讼犯罪行为，捍卫了法律的尊严和权威，也挽回了债权人的重大经济损失。

【争议焦点】

本案的争议焦点主要集中在以下几个方面：

1. 该案土地的补偿款已经在法院执行过一次，剩余未清退的部分也已经采取了查封、续封措施，为什么在申请执行时，该执行财产却消失不见？

2. 在得知执行财产被执行到其他案件后，当事人提起执行异议及执行异议之诉一审、二审，均被法院以不具备主体资格而驳回异议和起诉，未能解决。

3. 在前述执行异议及执行异议之诉过程中，我们虽然发现了不少问题和疑点，但因无侦查权，拿不到直接证据，而据以执行的是生效的民事调解书，当事人是案外人，要撤销调解书，难度很大。

【案例评析】

虚假诉讼之所以破解难，就在于他们往往披着“合法”外衣，利用诉讼方式，取得了生效的法律文书；要撤销这些法律文书，难度、阻力很大。该案最终得到解决，是律师与检察机关共同攻破虚假诉讼难关的一个典型案例。

（一）律师要发挥桥梁作用，把当事人的诉求变成司法机关的具体行动

在办理此案过程中，我们有一个深刻体会，在当事人和司法机关之间，律师发挥好桥梁和纽带作用，对案件成功至关重要。法律条文是抽象的，每个案件却是具体生动的；规定是死的，人却是活的。律师要像医生那样，首先查明“病因”，对症下药，找到相对应的法律规定，运用到自己代理的案件中去，将抽象的法律条文具体化、生动化；要运用自己的专业知识，根据当事人的愿望、诉求，找到相关证据和线索，提供给司法机关，为他们所采信，成为司法机关的实际行动，案件就成功了。

（二）律师要发挥向导作用，正确引导当事人依法维权

这个案件历时 8 年之久。在此过程中，怎样正确引导当事人依法维权，是一个值得注意的问题。一个有水平的律师要善于引导当事人依法维权，按照正当的合法途径去反映诉求，而不是简单的“上访”、举牌闹事。客户听从我们的意见，始终通过合法途径向中院执行庭、人大常委会反映和检察院申请抗诉。这样做，产生了两个方面的效果：一方面，他们在此过程中，受到了依法办事的教育，增强了依法办事的自觉性；另一方面，理性反映诉求的行为，得到有关上级机关的支持和赞许，有利于维护社会稳定，形成依法办事的良性循环好风气。

回首此案 8 年维权之路，虽然漫长而曲折，但最终迎来了光明，看到我们的行为得到法律的认可和当事人的赞扬，甚为欣慰。最高人民法院、最高人民检察院、公安部、司法部也发布了《关于进一步加强虚假诉讼犯罪惩治工作的意见》（自 2021 年 3 月 10 日起施行），要求依法从严打击通过虚假诉讼妨害司法秩序或者严重侵害他人合法权益的行为。我们坚信，正义可能会迟到但不会缺席，真相可能被掩盖但终会大白，国家正在重拳出击打击虚假诉讼，会更加有力地维护司法权威和司法公信力，真正让人民群众在每一个司法案件中感受到公平正义。

【专家点评】

这个案件，前后经历达8年之久，实在叫人感慨万千。

首先，要点赞代理律师坚持的“恒心”。对我国的法治建设，一定要有“三心”，即不仅要充满信心，下定决心，还要有坚持到底的恒心。其次，我们还要点赞他们坚持一直走正道。在错综复杂的社会现实中，面对重重困难，他们坚持走正道，为营造“法正风清”的良好社会环境作出了榜样。最后，我们还要为律师检察成功合作点赞。以调解方式搞虚假诉讼，“成本低，获利大，破解难”，但天下无难事，只怕有心人。此案便是律师与检察机关通力合作，成功打击虚假诉讼的典范。

随着法治的进步，司法程序中的一些漏洞正在被一一堵上，那些靠钻法律空子、搞虚假诉讼牟取暴利、危害社会的人，终将会得到法律的制裁。

（点评人：王仲兴，中山大学法学院原院长、教授）

纠正法院以执代审否定抵押权案例剖析

刘丰茂　袁健洋*

【内容提要】

本案系纠正法院以执代审行为的案例。A银行对B公司享有抵押权业经生效判决确认，因案外人C公司以其与B公司关于抵押物的房屋预售合同已解除提出不予执行主张，在前述生效判决未被撤销的情况下，法院支持了案外人申请并作出终结本次执行裁定，存在以执代审的行为，侵害了A银行的抵押权益。D公司受让债权后，笔者代理D公司分别向该法院、某中级人民法院申请执行异议和复议，均被驳回。笔者代理D公司继续向某高院申请执行监督，成功纠正了法院以执代审的行为。本案是落实“审执分离”的典型案例，实现了法律效果、社会效果的有机统一，维护了司法权威。

【案情简介】

案件系原申请执行人A银行申请执行E公司、B公司一案，A银行对B公司提供的抵押物享有优先受偿权业经生效判决确认，案外人C公司主张其与B公司关于抵押物的房屋预售合同已被生效判决确认解除，要求不予执行案涉房屋，在前述生效判决未被撤销情况下，执行法院某法院告知A银行因抵押物的房屋预售合同已解除且无其他财产可供执行，并对案件作出终结本次执行裁定，A银行予以同意。

---

* 刘丰茂、袁健洋，广东法盛律师事务所律师。

后D公司受让本案债权，委托笔者作为代理人推进本案，笔者经审查案卷认为某法院的终本裁定（法院执行过程中的终结本次执行程序的简称）实质上系以执代审，预售合同的解除不代表D公司丧失抵押权，不应就此否定D公司就抵押物的优先受偿权，案外人C公司若因抵押物被依法执行而遭受损失，理应向B公司依法主张赔偿，与D公司就抵押物优先受偿的法律关系不同；且E公司已吊销多年，B公司也早已注销，若不能就抵押物优先受偿，本案执行回收的可能性极其低微，如可恢复执行抵押物，抵押物价值足以覆盖债权本息，两种结果可谓天差地别，笔者据此判断本案执行的核心在于能否处置抵押物，故本案代理的重点在于确认D公司可就抵押物优先受偿，继续推动抵押物的执行，遂向某法院就终结本次执行的行为提出执行异议，请求恢复执行，继续处置抵押物。

执行异议阶段，笔者提出，在D公司对抵押物的优先受偿权已被生效判决所确认的情况下，D公司作为善意抵押权人有权继续执行抵押物并优先受偿；且民事权利的放弃必须采取明示的意思表示才能发生法律效力，默示的意思表示只有在法律有明确规定及当事人有特别约定的情况下才能发生法律效力，不宜在无明确约定或者法律无特别规定的情况下，推定当事人对权利进行放弃。原申请执行人A银行及现申请执行人D公司从未以任何行为明示放弃抵押权，虽涉案房产的预售合同已解除，但并未导致抵押权的灭失。某法院经审查裁定D公司异议成立，撤销本案终本裁定。案外人C公司向某中级人民法院申请复议，某中级人民法院撤销某法院异议裁定，发回某法院重新审查。

2019年4月12日，某法院重新审查D公司执行异议后作出346号《执行裁定书》，认为在民事判决判令中予以解除《房地产预售契约》，案外人C公司提出异议后，某法院将该事实以及两被执行人分别注销和被吊销营业执照、无其他可供执行财产的现状告知本案的原申请执行人A银行，A银行表示无法提供被执行人可供执行的财产线索，同意终结本案的本次执行程序，某法院因此裁定终结该案的本次执行程序符合法律规定。现D公司虽经某法院裁定变更为本案的申请执行人，但A银行将其在该案的债权转让给D公司的行为发生在某法院裁定终结本次执行程序之后，A银行上述关于同意终结本次执行的意思表示的效力及于D公司，遂裁定驳回D公司所提执行异议。

执行异议复议阶段，D公司不服某法院作出的346号《执行裁定书》，遂委托笔者代理D公司向某中级人民法院申请执行异议复议。

2019年6月26日，某中级人民法院作出376号《执行裁定书》，认为在某法院于2013年7月17日告知A银行，某商铺相关情况以及B公司被注销、E公司被吊销营业执照的情况后，A银行明确表示无其他可供执行的财产线索提供，同意本案终结本次执行。据此，某法院对本案作出终结本次执行的处理，并无不当。此后，A银行将本案债权转让给D公司，在本案案件情况未发生变化的情形下，某法院346号《执行裁定书》认定A银行作出上述意思表示的效力及于D公司，并无不当。另外，B公司现已清算完毕，且于2000年被工商部门注销，其主体资格已不存在，即不可能仍有财产登记于B公司名下。法院亦认定相关商铺的《房地产预售契约》并未实际履行。D公司坚称B公司名下有商铺可供执行，应对相关商铺采取执行措施，其主张明显与上述事实相悖。如D公司对于B公司清算以及注销持有异议的，可以另循法律途径主张权利。此外，D公司认为本案应恢复执行，对此并未提交其他可供执行的财产线索。本案目前尚不存在可恢复执行的条件。遂裁定驳回D公司复议申请。

执行监督阶段，D公司不服某中级人民法院作出376号《执行裁定书》，遂委托笔者代理D公司向某高级人民法院申请执行监督。

2020年4月28日，某高级人民法院作出29号《执行裁定书》，法院认为：首先，本案是否可以恢复执行的问题。鉴于B公司与A银行签订了《抵押合同》，约定由B公司提供以其所有的位于某区的商铺作为A银行与E公司签订的《承兑协议》项下的借款本息及其他一切相关费用的抵押物，且已办理抵押登记，本院已发生法律效力的民事判决书判决A银行对B公司提供抵押的上述案涉房屋享有优先受偿权，D公司主张对上述涉案抵押商铺优先受偿权有事实和判决依据，其可向某法院申请恢复执行。某中级人民法院376号执行裁定关于本案没有恢复执行条件的认定错误，应予纠正。其次，案外人C公司权利救济问题。虽然某中级人民法院在已发生法律效力的民事判决中判决解除B公司与C公司签订的《房地产预售契约》，但该合同的解除并未直接确认涉案商铺的产权，亦不导致D公司抵押权的灭失。如C公司提出其对商铺所享有的实体权利，主张排除D公司的抵押权对涉案商铺的执行，应当向某法院提起案外人执行异议，通过执行异议及其诉讼程序依法处理。

最终，某高级人民法院虽然裁定驳回D公司申诉请求，但在裁定中明确说明某中级人民法院认为本案无恢复执行条件的认定错误，D公司就抵押物优先受偿具有事实和判决依据，可向某法院申请恢复执行，实现了D公司提出执行异议的目的。

【争议焦点】

1. D公司基于受让债权合法承继对抵押物即涉案商铺的抵押权，若涉案商铺预售合同解除，是否必然导致D公司在该抵押物上抵押权灭失？

2. 在执行程序中，执行法院能否直接或间接否定D公司经另案生效法律文书确认的优先受偿权，即执行法院能否以执代审？

【案例评析】

本案系以执代审的典型案例，受D公司委托，笔者穷尽救济路径目的在于撤销终本裁定中对本案无财产可供执行的认定，继而恢复。本案中，案涉抵押物的预售合同的解除不代表D公司丧失抵押权，案外人C公司提供的生效判决仅针对其与B公司之间的法律关系，并未涉及D公司与B公司之间的抵押权法律关系，C公司与B公司签订的《房地产预售契约》虽经解除，但D公司已善意取得抵押权且经生效法律文书确认，无论C公司与B公司之间法律关系如何，D公司仍可以行使抵押权，因D公司行使抵押权而导致C公司权益受损的，C公司应依法向B公司主张，与D公司行使抵押权并不相悖；且E公司已吊销多年，B公司也早已注销，若不能就抵押物优先受偿，本案执行回收的可能性极其低微，如可恢复执行抵押物，抵押物价值足以覆盖债权本息，两种结果可谓天差地别。笔者据此判断本案执行的核心在于能否处置抵押物，故本案代理的重点在于确认D公司可就抵押物优先受偿，继续推动抵押物的执行，遂向某法院就终结本次执行的行为提出执行异议，请求恢复执行，继续处置抵押物，并历经执行异议、执行异议复议、执行监督程序，最终顺利纠正某法院关于本案无财产可供执行的认定，D公司可继续执行抵押物。

鉴于D公司就抵押物享有优先受偿业经生效判决确认，法院在未被依法撤销的情况下作出终本裁定，存在明显以执代审的行为。某高级人民法院在本案中通过纠正某中级人民法院376号《执行裁定书》关于本案没有恢复执行条件的错误认定，纠正了某法院以执代审的行为，有效落实了《最高人民法院关于深化执行改革健全解决执行难长效机制的意见》中“审执分离”的执行体制，实现法律效果、社会效果有机统一，维护了司法权威。

因此，在执行程序中，执行法院应当遵循既判力原则及执行程序中的形式审查原则，在另案生效法律文书未被撤销或变更之前，不得直接否定利害关系人经另案生效法律文书确认的优先受偿权。同时，法院应当严格遵循“审执分离”，执行法院在执行程序中任何以执代审的执行行为是违法的，依法应予以纠正。

【专家点评】

党的十八届四中全会提出“完善司法体制，推动实行审判权和执行权相分离的体制改革试点”，最高人民法院为贯彻党中央决策部署发布了《最高人民法院关于深化执行改革健全解决执行难长效机制的意见》，旨在推动审判权和执行权合理分离，形成审判权与执行权互相监督制约的执行体制模式。在司法实践中，以执代审往往直接损害当事人的诉讼权益或改变已生效判决的判决结果，法院必须严格执行“审执分离”。

具体到本案，执行法院将抵押物预售合同的解除与D公司不能行使抵押权画上等号，在无法定程序撤销D公司抵押权的情况下，客观上否决了已经生效判决所确认的D公司就抵押物享有的优先受偿权，是典型的以执代审行为，某中级人民法院作出的执行异议复议裁定仍认为本案无财产可供执行，不具备恢复执行条件同样属于事实认定错误，代理律师通过执行异议、复议及监督程序最终纠正了某法院在本案中以执代审的行为，有效维护了代理当事人的合法权益。同时，某高级人民法院认可了代理律师观点，裁定确认D公司仍可恢复执行抵押物并就抵押物优先受偿，是贯彻落实“审执分离”司法规则的结果，实现了法律效果、社会效果的有机统一，维护了司法权威。

（点评人：姚志伟，广东财经大学法学院教授）

叶某诉汪某抵押合同纠纷案

——未行使的抵押权因主债权诉讼时效的届满而消灭

陈远彬*

【内容提要】

广州居民叶某于2008年1月将自己房屋作为抵押物向汪某借款38万元人民币，借款期限为3个月，双方办理了抵押登记手续。直至2020年1月，叶某仍未偿还该笔借款，汪某也未向叶某主张过债权。叶某于2020年1月向广州市海珠区人民法院起诉，诉请要求抵押权人汪某协助原告解除房屋抵押登记。本案争议的关键问题在于原告、被告的借款已超过了诉讼时效的情况下，相关抵押权是否仍受人民法院保护的问题。审理法院于2020年9月作出判决，认为原告向被告借款，被告作为抵押权人应当在主债权的诉讼时效期间内行使抵押权，而原告、被告之间涉案的借款已过诉讼时效，被告汪某未行使的抵押权因主债权诉讼时效的届满而消灭，故判决被告汪某协助原告叶某办理抵押登记解除的相关手续，本判决已生效。

【案情简介】

原告叶某向广州市海珠区人民法院起诉被告汪某，诉称原告与被告于2008年1月29日签订了《借款合同》，约定原告向被告借款38万元，借款期限为3个月。

* 陈远彬，广东法制盛邦律师事务所执业律师，广州市律师协会执行与资产处置业务专业委员会委员。

同月31日双方签订了《房地产抵押合同》，约定了原告提供其名下广州市某街某号房屋作为向被告借款38万元的抵押物，同日双方办理了上述房屋的抵押登记手续，抵押期限自2008年1月31日起至2008年4月30日止。抵押期限届满后，被告未办理解除案涉房屋的抵押登记手续。原告自2008年7月至2020年一直无法联系上被告，故起诉要求：1. 判令被告办理解除案涉房屋的抵押登记手续；2. 判令被告承担本案受理费。

被告汪某未到庭参加诉讼以及提交证据。

法院审理查明：据《广州市不动产登记查册表》记载广州市某区某街某号房屋权利人是原告叶某。2008年1月29日，原告与被告签订《借款合同》记载：原告同意将上述房屋作为抵押物向被告汪某借款人民币38万元，借款期限为3个月。原告若在3个月内未还款给被告38万元，被告直接执行案涉房屋。2008年1月31日双方签订了《房地产抵押合同》，同年2月2日，原告与被告在房管部门办理了上述案涉房屋的抵押登记手续。

原告当庭陈述双方原是借贷关系，原告向被告借款38万元，用案涉房屋抵押，但被告实际汇款少7600元。并称涉案的借款，原告没有直接归还，是被告委托其代办某大楼消防验收合格证，产生委托的代理费，该代理费是被告认可与借款抵消。原告对该陈述没有提供证据支持。

法院认为：原告主张双方原是民间借贷关系，原告将案涉房屋抵押给被告，提供了《借款合同》《房地产抵押合同》《广州市不动产登记查册表》为证，并陈述已经收到相应借款，被告一直没有向其主张还款，被告没有到庭提出反驳意见，不利的风险应由被告自行承担，故本院对原告主张的上述事实予以确认。《借款合同》中约定，借款期限为3个月，故被告请求保护民事权利的诉讼时效按照原《民法通则》应该为2008年4月29日至2010年4月28日，被告作为抵押权人应当在主债权的诉讼时效期间内行使抵押权。被告在本案中未提交任何证据证明诉讼时效曾发生中断，被告应承担举证不能的法律后果，故现原告、被告之间涉案的借款已过诉讼时效。我国原《物权法》第202条规定：抵押权人应当在主债权诉讼时效期间行使抵押权，未行使的，人民法院不予保护。抵押权的性质属从物权，不属于债权，不适用诉讼时效的规定，但物权法之所以规定抵押权的行使期限的重要目的之一在于促使抵押权人积极地行使抵押权，迅速了结债权债务关系，维系社会经济秩序的稳定，现被告长期怠于行使权利，使抵押财产的归属长期处于不稳定状态，使原告的义务处于不确定状态中，不仅不利于原告的合法权益，也不利于物之使用和流通效能的发挥。既然被告对自身权利都不重视并怠于行使，法律对之也无特别加以保护的必要，故“人民法院不予保护”应理解为未行使的抵押权因主债权诉讼时效的届满而消灭。鉴于该抵押权本院认定已经消灭，故原告主张关于解除案涉房屋的抵押登记手续，本院予以支持。

关于原告陈述的涉案借款与委托代理费已经抵消的问题。对于该陈述原告没有提供必要的证据证明，且该事实的认定对本案的处理结果影响不大，故对该事实本院不作审查处理，双方可另寻途径解决。

遂法院作出判决：被告汪某在本判决生效之日起 10 日内协助原告叶某办理广州市某区某街某号房屋抵押登记解除的相关手续。

【争议焦点】

本案的争议焦点集中在三个方面。其一，原告与被告之间是否存在借贷关系；其二，如借贷关系成立，被告享有的主债权是否已经超过诉讼时效；其三，如主债权已经过了诉讼时效，则涉案的抵押权是否已经消灭。

关于争议焦点一，法院认为原告、被告之间的借贷法律关系成立。原告主张双方是民间借贷关系，原告将案涉房屋抵押给被告，提供了《借款合同》《房地产抵押合同》《广州市不动产登记查册表》为证并陈述已经收到相应借款，被告没有到庭提出反驳意见，不利的风险应由被告自行承担。因此，应当认定原告、被告之间的借贷法律关系成立。

关于争议焦点二，在借贷法律关系成立的前提下，法院认为被告汪某享有的债权已经超过诉讼时效。原告、被告于 2008 年 1 月 29 日签订《借款合同》，约定借款期限为 3 个月，同日被告提供借款给原告。被告请求保护民事权利的诉讼时效按照原《民法通则》规定为 2 年，即 2008 年 4 月 29 日至 2010 年 4 月 28 日，被告作为抵押权人应当在主债权的诉讼时效期间内行使债权，事实上被告并没有在前述期间内行使权利。因此，应当认定被告汪某享有的债权已经超过诉讼时效。

关于争议焦点三，在主债权已过诉讼时效的前提下，法院认为被告汪某的抵押权已消灭，抵押人叶某主张解除抵押登记的请求应予支持。根据原《物权法》第202条规定："抵押权人应当在主债权诉讼时效期间行使抵押权，未行使的，人民法院不予保护。"抵押权的性质属从物权，不属于债权，不适用诉讼时效的规定，"人民法院不予保护"应理解为未行使的抵押权因主债权诉讼时效的届满而消灭。因此，应当认定涉案的抵押权已经消灭。

【案例评析】

本案因抵押权人出借借款后，未在诉讼时效内行使债权，根据原《物权法》第202条（现《民法典》第419条）规定："抵押权人应当在主债权诉讼时效期间行使抵押权，未行使的，人民法院不予保护"，未行使的抵押权因主债权诉讼时效的届满而消灭。债权是主权利，抵押权为从权利，在主权利已经丧失国家强制力保护的状态下，抵押物上所负担的抵押权也应消灭方能更好地发挥物的效用，有利于维系社会经济秩序的稳定。在法律已设定抵押权的行使期限，抵押权人仍长期怠于行使权利时，法律对之也无特别加以保护的必要，应使抵押权消灭。本案中，审理法院判决支持原告解除案涉房屋抵押登记的请求，法院的判决终结涉案抵押财产的归属长期处于不稳定的状态，有利于保护当事人的合法权益及物之使用和流通，判决准确理解法律条文，评理清晰，符合客观实际。

【专家点评】

本案是债务人在清偿债务的情况下起诉抵押权人，诉请抵押权人协助办理房屋抵押登记解除手续。法律并不保护长期处于"睡眠"的权利，权利不及时行使，致相关方的社会关系处于不稳定状态。既然权利人怠于行使自己权利，法律无必要加以保护。本案是通过司法途径将抵押权人长期怠于行使权利的抵押权解除抵押的案例，是践行《民法典》第419条"抵押权人应当在主债权诉讼时效期间行使抵押权，未行使的，人民法院不予保护"的规定。有观点认为抵押权属于从物权，不属于债权，办理抵押登记起到向债务人催告的法律效果，且抵押保证的内容为主债权全部清偿，不适用诉讼时效的规定。司法裁判对未清偿债务情况下解除抵押权持谨慎态度，以往本案类案的裁判并不多见。本案代理人诉讼中侧重举证抵押权人长期怠于行使抵押权，不利于物的使用和流通，不利于维系社会经济秩序稳定的事实，获得法庭采纳。本案裁判结果对该类法律的纠纷案件具有借鉴意义。

（点评人：蔡若波，广州市律师协会并购重组业务专业委员会副主任）

一波三折的夫妻共同借款案

——以朱某诉邱某、黄某、江西某公司民间借贷案为例

唐犀　吴艺*

【内容提要】

借款案件中对夫妻共同借款认定，以《最高人民法院关于审理涉及夫妻债务纠纷案件适用法律有关问题的解释》① 生效的时间点作为明显分界线。在司法解释生效之前，夫妻关系存续期间的债务，即便只有夫妻一方签字，在没有反证的情况下，通常会被认为是夫妻共同债务。

但司法解释生效之后，在不能证明符合司法解释认为应当认定为夫妻共同债务的情况下，法院倾向于核查夫妻双方共同签字的真伪性以判断是否具有共同举债的意思表示。另外，如果夫妻公司也作为借款的连带担保人，不但与夫妻共同债务的认定密切相关，并且涉及关于《公司法》第16条第2款导致合同无效的“效力性强制性规定”和《全国法院民商事审判工作会议纪要》中裁判要旨的适用问题。

* 唐犀，广州商学院法学院副院长、副教授，广东法制盛邦律师事务所兼职律师；吴艺，广东法制盛邦律师事务所律师。

① 该解释已被2020年12月23日最高人民法院审判委员会第1823次会议通过的《最高人民法院关于废止部分司法解释及相关规范性文件的决定》废止，现为《民法典》第1064条。

【案情简介】

一、个案事实

邱某与黄某于2013年2月25日办理结婚登记，2014年12月23日邱某与黄某办理了离婚登记。江西某安全设备科技有限公司（以下简称江西某公司）于2012年3月27日成立。邱某和黄某是江西某公司仅有的两名股东，黄某持有60%的股份，邱某持有40%的股份。黄某担任江西某公司执行董事兼总经理，且是江西某公司法定代表人，邱某担任该公司监事。

2013年12月2日，在婚姻关系存续期间，黄某经由邱某介绍，认识了邱某的老乡朱某，并在罗某、王某、肖某等案外人的见证下，邱某和黄某共同签署了一份《借条》，向朱某借款400万元用于周转。同日，朱某向黄某的账户分两笔转账400万元，黄某当日内将款项转出，用于支付江西某公司经营的相应支出。此后黄某归还了100万元借款本金和利息，因黄某是邱某的丈夫，朱某多次与邱某沟通借款与还款事宜，有两笔利息是通过邱某的账户偿还的。自2014年10月之后黄某未再清偿过本息。2015年1月30日，2015年11月5日，黄某两次向朱某出具《借据》与《补充协议》确认借款和还款的事实，但邱某未在后续这几份借款及担保合同上签字。

2016年1月31日，黄某再次与朱某达成一份《借款及担保合同》。在该份合同中，将黄某、邱某作为共同借款人，承诺在2016年2月29日前还清全部借款本息。江西某公司对借款本息债务承担连带责任保证。黄某在借款人及江西某公司法定代表人处签名并加盖指模，也在保证人处加盖江西某公司的印章，约定如发生诉讼，在借款合同签订地广州市越秀区人民法院管辖，且包括律师费在内的为实现债权的费用由借款人和保证人承担。邱某未在上述文件中签字。

二、处理过程

（一）原审一审过程

2016年3月，朱某依法委托代理律师，向一审人民法院起诉邱某、黄某及江西某公司，诉请归还剩余本金300万元及利息，由被告支付律师费，并向法院提出了财产保全申请，查封了邱某和江西某公司名下的不动产。黄某提出管辖权异议，收到裁定后上诉，最终确定本案由一审法院管辖。

在一审的庭审过程中，经办法官曾向邱某询问是否了解借款的情况，以确认借款是否为夫妻共同意思表示，邱某仅承认对于还款情况是清楚的，但为了逃避债务，其对2013年12月2日《借条》上本人的签名真实性予以否认，并提出司法鉴定申请。庭后法官通过电话再次联系，邱某在电话中表示对还款是清楚并且了解的。另外邱某认为，江西某公司担保未召开股东会决议，不能进行对外担保。

由于当时关于夫妻共同债务的新司法解释还未颁布，一审法院认为，借款本息债务的真实性根据现有证据足以证明。邱某虽否认其在《借条》上的签名，但在其陈述中也知悉了黄某对本案进行了还款，且当时有案外人在场见证。因此邱某对借款不知情明显不足采信，其所提出的该借条签名鉴定申请更无必要。该债务发生于黄某、邱某的夫妻关系存续期间，又因黄某和邱某共同经营江西某公司且借款用途用于公司经营，故可认定该债务为夫妻共同债务。故判令邱某和黄某共同承担本案300万元借款本金、利息及律师费。至于江西某公司的连带责任，江西某公司仅有黄某、邱某两名股东，而黄某、邱某也是借款的共同借款人，即江西某公司所有股东对该借款知情。另外黄某是江西某公司的法定代表人，其在《借款及担保合同》及其他书面借款材料中均认可为黄某、邱某共同借款。黄某在《借款及担保合同》保证人处更是以法定代表人身份签字并加盖江西某公司公章，故可以认定代表行为有效。未召开股东会决议的意见不能以之对抗善意第三人。最终判决黄某、邱某返还原告朱某借款本金300万元及利息，江西某公司对上述本息承担连带清偿责任。

（二）原审二审过程

邱某不服提起上诉，二审期间，最高人民法院颁布了《最高人民法院关于审理涉及夫妻债务纠纷案件适用法律有关问题的解释》①，明确了夫妻共同债务需要共签共债的认定。邱某以此抗辩并再次提出笔迹鉴定申请。二审法院以未查明《借条》上邱某签名的真实性，重要事实认定不清为由，裁定将该案发回重审。

（三）发回重审一审过程

在案件发回重审一审的过程中，一审法院另组合议庭审理，并经摇珠依法委托广东某文书司法鉴定所对邱某在《借条》上的签字进行鉴定。在法院和鉴定机构的

---

① 现为《民法典》第1064条。

主持下，邱某亲自到场签下多个比对笔迹样本，并同意以借条出具时间前后的番禺区婚姻登记处存档的签字笔迹作为另一比对样本。最终，鉴定机构经过多方面比对，确定是邱某亲笔所写。据此，一审法院再次依法判决邱某和黄某共同承担本案的借款和本金。江西某公司对债务本息承担连带清偿责任。

（四）发回重审二审过程

邱某不服判决，并在上诉后在二审的过程中突发疾病死亡。根据朱某申请调取的继承人信息，许某是邱某的继承人。二审法院根据《最高人民法院关于适用〈中华人民共和国民事诉讼法〉的解释》第322条第1款的规定，“上诉案件的当事人死亡或者终止的，人民法院依法通知其权利义务承继者参加诉讼”，依职权追加邱某法定继承中的第一顺序继承人许某参加诉讼。

朱某的代理律师依据《民事诉讼法》第151条①及《继承法》第33条②规定，主张邱某的被继承人许某，应当在邱某的遗产范围内承担本案的债务。

三、代理意见

在二审中，朱某的代理律师最终提出了如下的代理意见：

（一）被告一黄某是本案的借款人，理应向原告朱某偿还本案的借款本金和利息

被告黄某是本案的借款人，直接在借条、借据、补充协议、借款及担保合同上签字确认其与邱某共同向原告借款的事实、利率的确认、还款时间、保证责任等内容，并且本案借款汇入的账户是被告黄某的银行账户，因此被告黄某应向原告偿还剩余人民币借款本金以及自2014年10月后的利息。

（二）被告二邱某是本案的共同借款人，同时本案借款也是邱某和黄某的夫妻共同债务，依法应承担借款的本金及利息

1. 被告邱某和黄某一起在借条上的借款人一栏签字，并且司法鉴定结论最终证明，借条上的签字确系邱某本人亲笔书写，则邱某是本案的共同借款人。当时在场见证的还有案外人罗某、肖某、王某。这些见证人均和被告邱某是四川老乡，均在借条上签字见证两名被告签下借条的真实性。

---

① 2022年1月1日，《民事诉讼法》（2021年修正）实施，该条现为第154条。

② 《继承法》已于2021年1月1日废止，该条现为《民法典》第1161条。

2. 被告邱某促成本案借款的发生并用于夫妻共同经营的公司，其不仅清楚知晓本案借款的存在，更通过银行账户向原告朱某偿还借款利息。

3. 本案借款发生在被告黄某和邱某夫妻关系存续期间，原告朱某一直不知道二人离婚，是善意的相对方。

（三）江西某公司应对借款本金及利息依法承担连带担保责任。

1. 江西某公司在《借款及担保合同》上真实意思表示其愿意成为连带担保人。

《借款及担保合同》的条款是被告黄某、邱某一直拖延不偿还本案借款，原告与被告黄某、邱某多次协商后一致达成的。江西某公司作为一家依法设立并存在的独立法人，有独立从事民事行为能力，而黄某既是本案的借款人，也是江西某公司的控股股东，执行董事兼总经理，法定代表人，有权代表江西某公司对外从事民事法律行为。根据《全国法院民商事审判工作会议纪要》会议精神，“法定代表人未经授权擅自为他人提供担保的，构成越权代表，人民法院应当根据《合同法》第50条[①]关于法定代表人越权代表的规定，区分订立合同时债权人是否善意分别认定合同效力：债权人善意的，合同有效；反之，合同无效”。原告朱某作为善意的合同相对人，根据与被告黄某及邱某的多次沟通协商，足以相信江西某公司在《借款及担保合同》上加盖了公司的公章以及骑缝章，是其真实意思表示，表明其接受《借款及担保合同》的条款约束。

2. 本案借款用于江西某公司的生产经营，依法应当对本案借款承担连带责任。

根据《最高人民法院关于审理民间借贷案件适用法律若干问题的规定》第23条第2款[②]规定，企业法定代表人或负责人以个人名义与出借人签订民间借贷合同，所借款项用于企业生产经营，出借人请求企业与个人共同承担责任的，人民法院应予准许。

而在本案中，江西某公司有且仅有邱某和黄某两个股东，本案借款在原告朱某支付到黄某账户的当天，就已经分笔转到江西某公司的账户，可以证明用于江西某公司的生产经营，而且被告邱某也在事后通过其个人账户作为偿还，足以证明本案借款是用于邱某和黄某两个股东的夫妻共同生产经营江西某公司，因此，江西某公

---

① 现为《民法典》第504条。

② 2021年1月1日，《最高人民法院关于审理民间借贷案件适用法律若干问题的规定》（2020年第二次修正）实施，该条现为第22条第2款。

司应对本案借款承担连带责任。

3. 江西某公司在借款发生时是有实际经营的，另外，经营状况的好坏是商业风险，不能作为承担法律责任的抗辩事由。

（四）关于上诉人邱某死亡，其继承人许某承担借款本金、利息及律师费的问题

根据《民事诉讼法》第151条[①]规定，被告死亡，没有遗产，也没有应当承担义务的人，终结诉讼。又根据《继承法》第33条[②]规定，继承遗产应当以遗产实际价值为限，清偿被继承人依法应当缴纳的税款和债务。

本案中发回重审的原一审判决认定事实清楚，证据充分，适用法律正确，程序正当，理应维持。但是上诉人邱某为逃避债务，在判决后提起上诉，却在二审过程中因疾病死亡。被上诉人朱某向二审法院提供了邱某的继承人许某的信息。二审法院将本案的全部诉讼材料送达许某。而且，本案中朱某在起诉时已经对邱某的房产申请了财产保全措施，充分举证其有与本案相关的遗产待处理，本案并不属于终结诉讼的情形。

另外，上诉人邱某的继承人许某在收到合法送达的本案诉讼材料后，缺席本案庭询，放弃自身的诉讼权利，应当用邱某生前的财产偿还其生前的债务，在其遗产的实际价值范围内，向被上诉人朱某偿还本案的借款本金、利息及律师费。

四、裁判理由与结果

二审法院经审理后认定：黄某、邱某存在按月向朱某支付固定金额的行为，符合民间借贷按月支付利息的规律，且部分金额为邱某账户支付，可以认为黄某、邱某与朱某之间实际存在按月利率3.3%支付利息的约定；邱某的继承人许某在继承遗产的范围内承担借款本息的清偿义务。二审法院终审判决内容主要有：

1. 黄某、许某应在本判决生效之日起5日内返还朱某借款本金300万元及利息（利息以300万元为基数，按年利率24%从2014年10月1日开始计算利息至还清之日止），其中许某承责金额以继承邱某遗产范围为限。

2. 黄某应在本判决生效之日起5日内返还朱某律师费。

---

① 2022年1月1日，《民事诉讼法》（2021年修正）实施，该条现为第154条。

② 现为《民法典》第1161条。

3. 江西某公司对上述借款本金、利息及律师费债务承担连带清偿责任。

【争议焦点】

本案争议焦点的判定与《最高人民法院关于审理涉及夫妻债务纠纷案件适用法律有关问题的解释》① 关于夫妻共同债务的判断和《全国法院民商事审判工作会议纪要》关于公司对外担保的新规定联系密切，在判定的规则上有新的变化，具体集中在四个方面：第一是借款本息债务的真实性；第二是涉案借款是否为黄某、邱某的夫妻共同债务，黄某、邱某是否应当承担借款本息的清偿责任；第三是江西某公司是否应该对涉案借款本息承担连带责任；第四是邱某死亡的情况下，其继承人是否应当承担涉案借款本息的清偿责任。

【案例评析】

一、夫妻共同债务的认定

最高人民法院在2018年1月16日颁布《关于审理涉及夫妻债务纠纷案件适用法律有关问题的解释》。该司法解释中对夫妻共同债务的规定出现了较大转变，扭转了之前配偶一方的债务被统统认定为夫妻共同债务的局面，增加了举债配偶和债权人的举证责任。又根据《最高人民法院关于办理涉夫妻债务纠纷案件有关工作的通知》第1条："正在审理的一审、二审案件，适用《解释》的规定"。

因此，本案原二审过程中，法院认为一审未查明被告二在借条上签名的真实性、重要事实认定不清，故撤销一审判决，裁定发回重审。而在发回重审的过程中，最终通过司法鉴定明确了被告二签名的真实性。同时，基于邱某账户有过汇款还债行为，加强认定邱某对借款、还款事实的了解和对支付利息的事实。

二、夫妻公司作为借款担保人的问题

根据《公司法》相关规定，公司为公司股东或者实际控制人提供担保的，必须经股东会或者股东大会决议，且关联股东须回避表决。

---

① 现为《民法典》第1064条。

但在本案中，公司仅有被告一、被告二两名自然人股东，而被告一、被告二也是借款的共同借款人，被告三所有股东对该借款知情。即便未提交股东会决议，不能以之对抗作为善意第三人的原告。

在《全国法院民商事审判工作会议纪要》中已经明确《公司法》第16条第2款对法定代表人进行担保行为有法定限制，需要通过区分定理担保合同时债权人是否善意来判断法定代表人订立担保合同的行为是否构成越权代表，进而确定担保合同的效力。债权人善意的，担保合同有效。债权人恶意的，担保合同无效。

三、关于继承人参与诉讼的问题

由于本案中邱某在发回重审二审的审理过程中因疾病死亡，是法律事实的变化。但朱某在起诉时已经对邱某的房产申请了财产保全措施，且向法院提供了邱某的继承人许某的信息，法院也合法送达了本案的全部诉讼材料给许某。许某继承了本案的被采取财产保全措施的房产，但却缺席本案庭审，放弃本案债务的诉讼权利。

根据《民事诉讼法》第151条①和《继承法》第33条②规定，许某为本案债务中邱某的继承人，应当以其继承的遗产实际价值为限，清偿被继承人邱某在本案中应当向朱某承担的还款义务。

【专家点评】

本案具有相当的理论和实践价值，案由虽然是常见的民间借贷诉讼。但因为涉及夫妻共同债务的认定、公司法定代表人未经相应程序即擅自对外签署担保合同效力的认定，诉讼当事人死亡后继承人参与诉讼的多种复杂情况，使得本案成为一波三折的典型夫妻共同借款的民间借贷案件。

首先，案件历时近5年。代理律师通过孜孜不倦的努力，将民间借贷的常见案件办成了典型案件，这种认真仔细的态度值得表扬。

其次，代理律师在论证本案涉及的借款属于夫妻共同债务以及在证明夫妻公司

---

① 2022年1月1日，《民事诉讼法》（2021年修正）实施，该条现为第154条。

② 现为《民法典》第1161条。

作为借款担保人承担连带责任的问题上，进行了大量的工作。既结合新的规定进行了深入的理论分析，又尽可能整理提交了翔实的证据材料论证观点。包括被告邱某账户还款的事实，包括公司经营情况和财产情况的内档，最终获得了法院的认可。

最后，通过案件材料所见，代理律师还通过调查，对邱某所有的房屋及夫妻公司名下的土地使用权及时进行了财产保全及续保，最终圆满地维护了当事人的合法权益及法律的公平正义。

（点评人：赵家琪，广州商学院教授、法学院院长）

新冠肺炎疫情特殊背景下的口罩机买卖合同纠纷案

向 劲*

【主题摘要】

本案属于疫情特殊背景下发生的口罩机买卖合同纠纷案。2020 年年初，口罩及其生产设备口罩机作为重要的医疗防疫物资，需求和价格均暴增，受限于隔离政策，不少买家通过中间人与卖家对接进行交易。由于交易的不透明性，加之防疫物资在疫情初期炙手可热，为了抢占“商机”，买卖双方未仔细考量交易风险，交易便草草达成。在我国高效地抗疫下，口罩产能大幅增加，口罩机价格开始下行，买家此时对口罩机质量质疑，继而引发了错综复杂的合同纠纷。律师在处理该类案件中，立足于合同约定的权利与义务的同时，需要结合疫情特殊背景，抓住交易过程中的真实意思表示和存在代理交易的问题，全方位地将事实真相呈现给法庭，促使法院作出公平公正的判决，实现法律效果和社会效果的统一。

【案情简介】

一、个案事实

2020 年 3 月，正值新冠肺炎疫情暴发的严峻时期，口罩及其生产设备口罩机供

* 向劲，广东广信君达律师事务所律师。

不应求。A 公司向 B 公司采购口罩机，双方均通过中间人李某与对方联系。李某利用了在疫情的限制下交易过程中存在不便的条件，向双方谎称自己是对方公司人员。在李某的诱骗之下，A 公司误认为李某是 B 公司的销售员，B 公司误认为李某是 A 公司的采购员，双方一直通过李某与对方交易。

2020 年 3 月 28 日，李某告知 B 公司其已经安排 A 公司转款 120 万元，要求 B 公司签署合同及发货，后 B 公司将盖好章的《购销合同》文本交给李某，李某表示拿回 A 公司盖章后回传。《购销合同》约定 A 公司采购 4 台口罩机，每台口罩机单价为 30 万元，合计 120 万元。后李某又与 B 公司口头协商将原本《购销合同》上约定的 4 台口罩机变更为 3 台口罩机，单价从 30 万元/台重新协议变更为 20 万元/台，合计 60 万元，剩余款项 60 万元按退款处理并要求打入李某个人账户。B 公司对李某的身份深信不疑，遂将 60 万元退款直接汇入了李某个人账户，未按照原支付账户退回，并向 A 公司实际交付了 3 台口罩机。

然而，2020 年 4 月 28 日，陶某、黄某二人持 A 公司委托书，直接将 4 台均由 B 公司生产的口罩机拖到 B 公司厂房，以 B 公司曾发出召回口罩机的《联络函》及机器存在质量问题要求退货退款，A 公司方称向 B 公司购买了 4 台口罩机，已支付了 120 万元货款，现要求将 4 台口罩机全部做退货处理，并要求 B 公司返还 120 万元的货款。B 公司在发现供货数量及款项金额均与当初所了解到的情况不符后察觉事情蹊跷，遂与 A 公司协商，双方重新签订补充协议，约定 B 公司按实际售价 20 万元/台的八折回收 3 台机器，合计向 A 公司支付 48 万元；同时 B 公司已经退给李某 60 万元货款，在补充协议中约定 B 公司需协助 A 公司处理其与李某的纠纷问题，对于并非 B 公司实际交付给 A 公司的第四台口罩机，双方一直未进行实质性处理。补充协议签订后，B 公司按照补充协议的约定将 48 万元支付至 A 公司要求的收款账户，该账户是陶某的个人账户。

2020 年 7 月 21 日，A 公司就后续事宜与 B 公司及李某沟通未果后，遂将 B 公司和李某诉至法院，请求：（1）解除与被告 B 公司签订的《购销合同》（含补充协议）；（2）判令 B 公司和李某共同返还 72 万元货款，支付逾期利息 14783 元；（3）判令两被告赔偿原告损失 21398. 54 元。

二、处理过程

本案的案件背景和法律关系错综复杂，代理人代理被告 B 公司，介入本案后，代理律师及时梳理整个交易过程和法律关系，全面搜集、整理证据材料，最终形成充分、专业的代理意见。

首先，针对合同的履行情况，代理律师提出，双方签订的《购销合同》及《补充协议》已经全部履行完毕，不存在任何解除事由，B 公司无须再返还任何款项。

1. 购销合同的洽谈、订立及履行：2020 年 3 月，正值疫情严峻时期，李某实地前往 B 公司工厂处，代表 A 公司向 B 公司洽谈采购“半自动叠片成型机 + 料架”。2020 年 3 月 28 日，李某告知被告 B 公司其已经安排自己公司转款 120 万元，要求 B 公司签署合同及发货，后 B 公司将盖好章的合同文本交给李某，李某表示回公司盖章后回传。协议事宜敲定后李某在 B 公司仓库对货物进行检测、验收，根据购销合同约定，机器属于非标定制，合同不可撤销，机器经验收合格出货后不可退款。李某在 B 公司对 3 台机器进行了验收，在验收机器不存在任何质量问题的情况下自行安排车辆将机器提走（2020 年 3 月 29 日提走 2 台、2020 年 3 月 30 日提走 1 台，合计 3 台机器）。至此，购销合同的洽谈、订立、履行已经全部完成。

购销合同的洽谈、订立和履行全部是由李某出面与 B 公司完成，李某也一直表示 A 公司是他的公司。李某安排 A 公司打款后，B 公司才让李某将货物提走。在购销合同订立后，李某提出只提走 3 台机器，多余的 60 万元要求转回给其个人账户，基于信赖，B 公司将多出的 60 万元转回给李某。李某作为 A 公司当时唯一与 B 公司洽谈、订立、履行购销合同的人员，B 公司作为善意的合同相对人完全有理由认为李某的意思表示就是 A 公司意思表示，因此 B 公司应李某要求将多出的 60 万元转回给了本人。从法律意义上来说，即便 A 公司现在起诉不认李某是其代理人的身份，但在当时李某的行为也构成表见代理，其行为权利外观上就是代表 A 公司，因此代理行为的后果由 A 公司承担，B 公司没有必要再向 A 公司返还此 60 万元。

2. 补充协议的洽谈、订立及履行：2020 年 5 月 8 日，陶某、黄某二人持 A 公司的委托书，要求 B 公司退货退款，经协商后，B 公司与 A 公司达成补充协议，补充协议约定 B 公司八折回收 3 台口罩机，并且要协助 A 公司处理与李某的纠纷，但补充协议未约定在 A 公司未向李某收回 60 万元的货款的情况下 B 公司需要对此承担退款的责任。

其次，针对口罩机的质量问题，代理律师提出，机器不存在质量问题，B 公司从未向A公司承诺过无条件全额退款。2020年3月底李某将货物提走之后，A公司从未向B公司主张过机器质量不合格，哪里质量不合格，也没有要求B公司派人指导及维修；2020年4月10日，海关总署发布了53号公告，没有取得医疗器械产品证书，无法通过海关法检出口；2020年5月初，口罩行情也出现断崖式大跌，B公司作为一家生产口罩机及有关配件的企业，开始不断碰到多起前期炒作囤积口罩机的买主无理要求退货的事情，而此时陶某和黄某在不事先通知B公司的情况下将4台机器拉到B公司处要求退货，其行为极大可能是以质量问题作为退货退款的借口。B公司也从未向A公司发出过联络函作出无条件全额退货退款的承诺，召回机器《联络函》所指的机器设备与本案的机器设备并不是同一型号设备。

最后，从民法的基本原则“诚实信用原则”与“公平原则”出发，代理律师提出，A公司的主张既违反双方已经签订的补充协议，也没有任何法律依据，无理要求B公司承担责任违反诚实信用原则；同时，除了B公司以外，A公司及李某都已经获取了大量利益，若还判决B公司承担责任既无法律依据，也将违反公平原则。

第一，根据补充协议的条款内容，A公司对于补充协议的事实是予以确认的，也认可李某是A公司的代理人。B公司从未胁迫A公司签署补充协议，该协议是双方真实的意思表示，未违反法律的强制性规定，系合法有效。A公司签署补充协议应当视为对事实的确认以及权利与义务的追认，相应的法律后果应当由A公司承担。A公司以违反补充协议的条款起诉B公司，完全违背了诚实信用原则。

第二，本案为何发生退款60万元的行为，全因为A公司在没有订立买卖合同之前就转了120万元的款项，但最终实际只提货3台机器（另外1台机器来源不清楚），并且要求B公司开120万元的发票。李某称A公司用更多的流水及发票是为了申请政府补贴，该行为B公司没有参与也没有任何利益驱使去参与。在A公司提货后的长达一个多月的时间内，A公司一直在使用机器，在此期间也从未向B公司要求退货退款，此时口罩价格高昂，产生了巨额的利益，除此以外A公司还可能已经获取到了“政府补贴”。A公司前期要求退款到私人账户“李某”和后期要求退到私人账户“陶某”，交易行为本身存在一致性，因李某在庭审中披露A公司要“申请政府补贴”，因此A公司两次都不要求B公司退款到公账的行为也得到了合理的解释，A公司及李某的行为已经获取了大量利益，不应再判决B公司承担退款的民事责任。

此外，在庭后补充提交的代理意见中，代理律师再次强调，A 公司没有任何证据证明 B 公司应当承担责任，至于李某与 A 公司之间的争议，交由法院判决。B 公司在整个买卖合同及补充协议履行过程中始终遵守合同义务。在庭审过程中，经代理律师提出疑问，法院查明 A 公司除了委托李某向 B 公司采购口罩机以外，李某还代 A 公司向其他公司采购了零部件及原材料，A 公司与李某内部之间的约定 B 公司未参与。签订合同、履行合同、提货、付款、退款整个交易过程均是与李某作为 A 公司代理人完成，A 公司没有任何证据证明买卖交易过程中与 B 公司有过直接对接，因此从权利外观上 B 公司完全有理由相信李某是 A 公司的代理人，在疫情导致交流受限的大背景下 B 公司根本无法分辨每一名交易对象的真实身份。在 B 公司已经完成退款行为并且得到了 A 公司确认或者追认的情况下，A 公司不得再次主张 B 公司承担退款责任。

代理律师的代理观点环环相扣、有理有据，将案件事实在法庭上清晰明了地呈现出来，最终，法院作出了公正合理的判决。

三、裁判理由与结果

裁判理由：原告 A 公司与被告 B 公司在签订《购销合同》后，经协商又于 2020 年 5 月 8 日签订了《补充协议》，并在上述协议中就实际供货数量、款项的支付等事实进行了明确，并对退货、退款及合同解除后的权利义务等问题进行约定，故上述协议系双方真实意思表示，其内容并无违反法律、行政法规的强制性规定，合法有效，双方均应恪守履行。

根据《补充协议》的约定，被告 B 公司向原告 A 公司退回货款 48 万元以后，A 公司放弃追溯被告 B 公司的连带责任，且协议未明确需以被告李某返还 60 万元货款作为被告 B 公司完成配合义务的评判标准；同时，原《购销合同》已因上述协议的签订及履行而解除，无须再行判决解除，故原告 A 公司现要求解除《购销合同》及《补充协议》，并要求被告 B 公司返还货款的诉讼请求于法无据，法院对此不予支持。

由于被告 B 公司的联络函所涉设备与原告 A 公司采购的设备并非同一型号，故原告 A 公司据此主张涉案设备存在质量问题缺乏理据，法院对此不予确认。基于此，原告 B 公司现主张其他损失缺乏事实及法律依据，法院对此亦不予认定支持。

由于被告李某实际领取了被告B公司向原告A公司退还的60万元货款，且其提交的证据不足以证实其主张的曾在涉案合同签订前向被告B公司订购设备并预付货款的事实，故法院对其上述主张不予采纳。基于此，被告李某收取被告B公司向原告A公司退还的货款60万元缺乏合法依据，故法院对原告A公司要求被告李某返还上述款项并支付逾期付款利息的诉讼请求予以支持，但利息应自2020年3月29日开始按照全国银行间同行业拆借中心公布的贷款市场报价利率计算至全部清偿之日止。至于原告A公司与被告李某之间的其他合同关系，双方当事人可另行主张，本案对此不予处理。

裁判结果：（1）被告李某返还原告货款60万元及利息；（2）驳回原告其他诉讼请求。

【争议焦点】

1.《购销合同》及补充协议的效力如何？

2. 原告解除合同的理由是否成立？

3. B公司与李某存在其他经济往来，在2020年3月29日B公司向李某支付的60万元款项的法律效力如何认定？

4. B公司是否应当向A公司退还货款支付利息及损失？

【案例评析】

新冠肺炎疫情刚暴发时，口罩行业乱象频发，由此产生了大量疑难棘手的法律纠纷。本案属于疫情期间比较频发的关于口罩机的买卖合同纠纷，既具有一般买卖合同纠纷的普遍性，也存在疫情期间合同签订和履行过程中不可避免的一些特殊性。在处理没有参考判例的法律纠纷时，律师既要掌握民法中关于合同的法律规定，也要注重民法基本原则的运用。

首先，关于本案中合同能否解除的问题，根据案发时所适用的《合同法》的相关规定，本案中《购销合同》及补充协议是双方真实的意思表示，已经履行完毕，不存在行使合同法定解除权的五种事由，原告提出解除合同的诉讼请求不成立。

其次，在处理合同纠纷时，律师也要注意民法基本原则的有效运用。第一，关于本案中原告的行为是否违反诚实信用原则的问题。民事主体在从事民事活动时应当遵循诚信原则，秉持诚信，恪守承诺。原告A公司和李某在与被告B公司作出意思表示并达成合意之后，并没有重合同、守信用、正当地行使权利、履行义务，而企图背信弃义、擅自毁约，与诚信原则背道而驰。第二，民事主体在从事民事活动的过程中，应当本着公平的理念去从事民事活动，在行使权利和履行义务的过程中，适当兼顾他人的利益及社会公共利益。同时，代理律师要引导司法机关公平合理地去处理民事纠纷。本案中，代理律师层层相扣还原事实真相，原告A公司及李某已经获得了大量的利益，在口罩机热度过后，原告A公司又希望以口罩机不合格为由，从B公司处再次谋取巨额利益，司法机关不支持原告的诉讼请求，是公平的、正义的。

再次，律师在处理本案时，详细阐明了交易行为是否构成表见代理的问题。表见代理是指虽然行为人没有代理权，但第三人在客观上有理由相信其有代理权而与其实施民事法律行为，该行为的法律后果由被代理人承担。本案中，李某的行为权利外观上就是代表原告，构成表见代理，因此代理行为的后果由原告承担。

最后，律师在办案过程中，也要紧跟时事，注意本案特殊的案件背景及其影响。2020年4月底至5月初因口罩行情断崖式下跌，此后开始不断有口罩机买家以各种理由主张退货退款，本案实际上根本没有直接证据证明口罩机设备存在达到解除合同程度的严重质量问题。因此在口罩行情大不如前的情况下，类似原告、李某等口罩机买家或者中间人在开始不断找理由要求设备厂商承担责任，如本案一旦判决口罩机厂家承担责任，则给予了这些蠢蠢欲动的“炒家”“投机者”“倒爷”更多的理由起诉口罩机厂商，如此一来，必将造成整个交易市场的不稳定。

处理复杂疑难的案件时，律师要立足于案件的相关证据，从所能收集到的证据中梳理出有利因素并将相关证据作为自身的观点支撑，同时找准案件的重点和难点。针对交易过程错综复杂不透明、合同约定与实际履行不一致、口罩机是否有质量问题、B公司不按原支付账号退款行为的效力、B公司与中间人李某还存在其他干扰本案认定的经济来往等难点，都要求律师一一做好充足准备，在法庭上完整还原案件事实，维护司法的权威公正。

【专家点评】

本案是一起交易过程复杂、涉案关系众多且处于新冠肺炎疫情这一特殊社会背景下产生的合同纠纷。2020 年年初，突如其来的新冠肺炎疫情在全球暴发。一时间，口罩成为极度紧俏的医护用品，口罩及相关生产设备的交易行为极不规范，由此产生了大量疑难棘手的法律纠纷亟待司法机关通过正确适用法律予以解决。在还原事实真相、帮助司法机关实现公平正义的过程中，律师无疑发挥着十分重要的作用。

本案特殊性在于，被告李某利用疫情严峻时期双方交易信息不对称、沟通途径受限等因素，分别代表原告和被告与交易对方磋商采购事宜并完成订立合同的全过程，甚至要求销售商将货物退款直接汇入了自己的个人账户。待合同履行完毕、口罩紧缺的行情反转之后，原告又以口罩机存在质量问题为由提出解除合同诉求，意图全身而退。

本案从理论和实践操作层面上提出了几个疑难问题，其一，在交易信息不透明的特殊状态下如何区分多元交易主体的法律地位？其二，“诚实信用原则”在公共健康危机情形下的具体适用？其三，合同解除权的行使及其判断条件？

被告律师经过认真梳理案情和案涉法律关系，在没有参考范例的情况下，立足于案件的相关证据，依托民法基本理论，准确查找案件的重点与难点，向法官展现了合同真实有效——双方依约履行——质量异议未及时主张——补充协议履行完毕的逻辑进路，完整还原了案件事实，最终维护了司法的权威公正，对于维护社会公平、促进社会正义起到了积极的作用。案件的圆满解决不仅凸显了承办律师所拥有的较高业务能力和精湛水平，也为业界解决此类案件梳理了行业标杆，因而是一个非常优秀的成功范例。

（点评人：安雪梅，广东金融学院法学院副院长、教授，
第三届广东省十大优秀中青年法学家）

行为保全制度在我国民商事诉讼领域适用之范例

喻 玲*

【内容提要】

行为保全制度是我国2012年《民事诉讼法》确立的一项新制度，是弥补财产保全不足的创举。但我国司法实践中极少有对“行为”的保全，即便有少量的适用也仅限定在知识产权或侵权行为领域，基本没有针对民商事活动中的违约行为采取“行为保全”措施的先例。本案为上下游的代理合同纠纷，因下游违反层级代理规定违规采购、销售引发矛盾，原告除了向被告主张违约金赔偿之外，另一重要诉讼请求是要求被告在代理关系解除后一定期限内禁止销售同品牌产品。为防止被告在诉讼过程中继续违约导致原告损失进一步扩大，也为避免因诉讼程序所耗时间而导致诉讼请求即便被支持也失去执行意义，最终“赢了官司输了市场”，原告在本案中提出了行为保全申请，并获法院支持。本案为行为保全制度在民商事领域的适用树立了先例，印证了行为保全制度不仅适用于因绝对权受到侵犯而产生的诉讼中，也适用于因相对权受侵犯而产生的如合同纠纷等诉讼中。

【案情简介】

本案委托人ZP贸易公司系意大利某公司直接授权在中国华南地区销售某品牌

* 喻玲，广东广信君达律师事务所律师。

燃烧器的独家一级代理商，在大中华地区深耕多年，行业内享有盛誉。DF 设备公司系 ZP 贸易公司授权的非独家二级代理商，双方在 2005 年签订了《代理合同》，该合同参照我国香港地区代理合同的模板订立，对于销售区域的限制、进货渠道、同业禁止、代理权期限及条件等作了明确约定，有完善的代理层级管理机制。根据双方代理合同约定，在 DF 设备公司达到销售指标的 80% 情况下，ZP 贸易公司同意 DF 设备公司作为独家二级代理销售商。按照双方的上下级销售商关系，ZP 贸易公司是 DF 设备公司的唯一进货途径，DF 设备公司在享受独家市场优势和价格优惠的同时，必须依约完成当年度销售任务；ZP 贸易公司作为上级享有监督销售的权利，若有理由相信 DF 设备公司在协议期间未完成销售任务的，有权提出警告甚至取消 DF 设备公司代理权。为此，双方以每年度签订《购货条件协议》的方式确定当年度的销售指标。

2013 年下半年，DF 设备公司因 2012 年度、2013 年度均无法完成销售指标，ZP 贸易公司依据《代理合同》宣布取消其独家二级代理销售权。双方的矛盾就此产生，并展开了长达七年的诉讼马拉松。在此期间，意大利厂家与 ZP 贸易公司的分销代理合同被厂家单方终止。根据代理协议约定，除非 ZP 贸易公司自愿放弃该产品的代理权，否则 DF 设备公司“不得以任何其他形式直接或间接代替 ZP 贸易公司成为该产品在‘该地区’的代理商，以保证 ZP 贸易公司的经营权及经济利益不受侵害。期限为自甲方终止代理权之日起两年”。据此，ZP 贸易公司于 2015 年 12 月致函通知 DF 设备公司停止销售该产品。

但此后在一个 ZP 贸易公司诉 DF 设备公司返还折扣款的案件中，因 ZP 贸易公司对 DF 设备公司的仓储货物申请了财产保全措施，在查封仓库登记货品标识条码时，ZP 贸易公司发现 DF 设备公司的仓储货物并非来自 ZP 贸易公司（货物条码具有唯一性），而是华东地区的某一级代理，且部分还是生产于 2015 年 12 月之前的。即 DF 设备公司在代理权终止前已存在跨区域进货、代理权终止后仍继续销售该产品的多重违约，其连续两年达不到销售指标“事出有因”，DF 设备公司早已有跳脱代理层级关系自行发展的苗头。

由于在财产保全中获得了充分证据，ZP 贸易公司于 2016 年向 DF 设备公司发起本案诉讼，以其违反《代理合同》中关于代理关系终止后两年内不得经销产品的约定为由，要求其根据合同约定禁止在 2015 年 10 月 20 日至 2017 年 10 月 19 日以任何形式经销代理产品并赔偿 500 万元违约金。

在诉讼过程中，为防止DF设备公司继续违约销售导致ZP贸易公司损失进一步扩大，也为避免终审判决作出时可能已经临近甚至超过禁止期的最后期限，而导致诉讼请求即使被支持也失去实质意义，ZP贸易公司向法庭提交了行为保全申请，要求法院裁定DF设备公司即日起至2017年10月19日停止销售本代理产品。通过反复向合议庭申辩原告请求的迫切性，最终获得法院支持而作出了保全裁定。此后，DF设备公司立即提出复议，也提出以不动产作反担保的方式要求解除行为限制。面对这种新型的保全措施，一审法院慎重地召开了两次复议听证。ZP贸易公司提出了以下重要观点：第一，民事诉讼法并未限定行为保全制度的适用范围，申请人只要有初步证据证明被申请人正在进行的行为属于不可回转性的违约行为，抑或将使将来的判决落空的，可以申请法院先行制止被申请人的行为；第二，行为保全是一种程序保护，对实体权利与事实的查明则是诉讼审查的任务与功能，复议程序并不能越俎代庖地过多涉及与复议无关的实体权利与事实查明，法院在审查过程中只要认为被申请人的行为有可能造成将来法院判决无法执行或造成申请人其他损害有进一步扩大的可能性即可作出保全裁定。最终，一审法院接受上述意见，驳回DF设备公司复议申请。

本案一审法院经审理认为：双方关于ZP贸易公司丧失对产品代理权时，DF设备公司同意终止《代理合同》且自终止起两年内不得在合同约定的“双方同意的范围”以外经销产品的约定，实际是将两级销售“捆绑”在一起两年，即ZP贸易公司代理权被剥夺的同时DF设备公司的销售资格也被剥夺，DF设备公司在两年禁售期内自行经销产品违反上述约定，故判决其自本案起诉之日起至2017年10月19日停止销售产品并依约向ZP贸易公司赔偿违约金500万元。值得注意的是，一审判决作出的时间为2017年9月12日，这也充分印证了先行裁定行为保全在本案中的必要性、准确性和及时性。

中级法院在二审时进一步指出，ZP贸易公司与DF设备公司作为两级销售，其权利义务具有一致性。意大利厂家终止对ZP贸易公司产品代理权行为的效力应及于DF设备公司，DF设备公司在涉案合同解除后两年内理应按照合同约定不再经销同品牌产品，一审对DF设备公司采取在一定期限内禁售该产品的行为保全措施有事实和法律依据，DF设备公司不因此而免除应承担的违约责任，判决驳回DF设备公司上诉，维持原判。

【争议焦点】

本案主要争议焦点在于：行为保全制度在我国是否可适用于合同纠纷领域。我国司法实践中几乎没有在违约之诉的合同纠纷中适用行为保全措施的先例，虽2012年《民事诉讼法》第100条第1款提出了“行为保全”的概念，但可操作性不强。而司法实践中此前更多观点认为，判决前临时制止侵害行为是为了制止侵害的发生、继续、扩大而采取的措施，主要适用于因绝对权受到侵犯的诉讼中，如侵犯物权、知识产权、人身权等。但对于违约行为而言，当事人的请求权基础是合同法，依照民法理论，相对权和形成权不存在被侵害的可能，也就不存在停止侵害的必要，故行为保全不适用于相对权如合同纠纷案件。同时，一审法院还顾虑，若批准该项申请，间接等同于认可了原告的诉讼请求，可能遭到“未审先判”的微词。

本案代理人从保全制度立法原意，民法基本原理、域外有关行为保全的规定等方面着手全面分析了行为保全制度适用于金钱请求权以外的请求权的必要性和可行性，并在此基础上分析了本案中制止被告违约销售行为的紧迫性，指出唯有通过行为保全措施立即制止其销售行为才能防止危害的进一步扩大，否则将导致将来判决的落空。同时，本案像财产保全措施一样提供了一定金额的担保和自愿承担错误保全风险的承诺。最终，代理人的意见成功被法院采纳，并通过最终的判决结果反证行为保全措施的有效性和必要性。

【案例评析】

在本案中采取“行为保全”措施首先得益于当事人的启发。本案最初并不在ZP贸易公司计划的诉讼范围内，但因为在其他诉讼中发现了重大情况和相关线索，ZP贸易公司对DF设备公司早已“暗度陈仓”的极度不诚信行为非常愤怒，向代理人询问：“难道看着DF公司明目张胆向另一家公司进货和继续在市场销售，我们一点办法也没有吗？我们虽然索赔违约金500万元，但他可能在诉讼期间依靠这种违约交易赚几千万元，这个官司对他来说违约代价远低于收益。难道内地没有类似香港‘禁止令’这样的制度来制止他吗?”原告 ZP 贸易公司作为一家我国香港地区的公司，向代理人介绍了当地普遍适用的“禁制令”。

受此启发，代理人找到了《民事诉讼法》在 2012 年修订后的一个重大理论突破，即第 100 条第 1 款规定：“人民法院对于可能因当事人一方的行为或者其他原因，使判决难以执行或者造成当事人其他损害的案件，根据对方当事人的申请，可以裁定对其财产进行保全、责令其作出一定行为或者禁止其作出一定行为；当事人没有提出申请的，人民法院在必要时也可以裁定采取保全措施。”这一制度类似于英美法中的“禁止令”或“禁制令”，但在我国司法实践中，大部分实践中的保全行为仍限定在“财产”，而鲜有对“行为”采取保全措施的先例。即便有少量的适用也仅限在商业秘密侵权纠纷、通行权纠纷、专利侵权纠纷、侵犯名誉权纠纷等案件中，因需要法院及时对当事人一方的行为予以临时限制的情形，这类案件更容易体现“紧迫性”和“必要性”。至于行为保全制度针对违约行为是否具有可适用性在我国司法实践中则长期无从考究。

在本次案例汇编稿件整理前，作者再一次以“行为保全”“违约”为关键词对全国范围内的公开裁判文书进行了检索，搜索到 1 个指导性案例、1 个公报案例和 31 个经典案例，遗憾的是，这些案例仍仅限于知识产权与竞争纠纷中，而鲜有民商事案件中成功适用行为保全措施。可见，我国建立该项制度虽已 10 年，但适用的范围仍是有限的。虽然我国的法律体系日渐完善，法院的审理程序和审期管理日趋规范，但不得不承认合同法、侵权法等民事法律对民事权利或权益的保护具有事后性，而行为保全对民事权利或权益的保护则具有前瞻性、预防性，与财产保全异曲同工，是确保行为之债得以切实履行的有力补充措施。行为保全制度设计的目的在于保障当事人的合法权益免受不法行为的继续侵害和保障诉讼进程有因性和有意性。民事责任针对的违法行为往往具有紧迫性、危害的即时性和危险的即时性，一般需要立即制止才能够防止危害的出现或者损害的进一步扩大。在尚未确定一方需要承担的民事责任时，另一方当事人只要有初步证据可以证明对方当事人正在进行的涉讼行为属于侵权行为或者属于违约行为，抑或者将使将来的判决落空的，应当可以申请法院先行制止对方的行为。故此，启动行为保全的原因行为系“违法行为”，行为保全制度不仅限定在知识产权或侵权行为领域，理应涵盖违约行为，这对于倡导和维护诚实信用的营商环境有重要意义，在一个成熟和健全的经济环境中，参与者应当对契约精神有足够的认同感和敬畏感，不随意违约、不任意违约、不对违约成本过低抱有侥幸心理，这样才能全面发挥法的社会性效果。

本案属于行为保全制度在违约领域适用的一个成功案例。本案作为整个系列案件中的一个重要环节，阻断了违约侵害的持续发生，代理人借此协助 ZP 贸易公司完成证据搜集，帮助当事人完成了在巴黎国际仲裁院应对意大利厂家的维权诉讼，大胆而精准的诉讼措施完美衔接了域外诉讼的要求，最终 ZP 贸易公司取得了全部诉讼的胜诉战果。

【专家点评】

行为保全制度入律是 2012 年《民事诉讼法》修改的亮点之一，2007 年版的《民事诉讼法》只规定了财产保全措施，虽然对给付金钱和标的物的请求的保护是有效的，但对正在进行的侵害行为本身很难产生制止或者排除的作用，对财产的查封扣押和冻结并不能有效地制止侵害行为的继续。本人在 2012 年编著的《新民事诉讼法条文精释》一书中曾提出过："没有行为保全的规定，权利人必须得忍受侵害行为的继续，即使可能遭受难以弥补的损害也无法获得法律上的救济。听任损害的发生，固守事后救济的模式，不仅违背了对权利应有的保护之道，而且有违公平正义之理，还会造成社会资源的极大浪费。"

好的案例不仅是经验的总结，也是以后诉讼实践的指南和向导。除了数字之外，法律上的所有理论、概念都是抽象的。抽象的理论、概念需要阐释，案例源于真切的实践，是最好的，最具有亲和力的阐释。本案的重大意义在于将行为保全制度成功应用于合同纠纷中的违约之诉。从原告的诉讼请求来看，其所针对违约行为正是具有紧迫性、危害的即时性和请求的时效性，若不能通过合理的诉讼程序进行保障，原告的权益确实存在即便胜诉也会落空的不利后果。行为保全在对于要求对方承担的纯粹行为方式的民事责任的案件中有着其他制度所不能替代的作用。所以，行为保全的本质在于阻断侵害，这里的侵害是指民事上的违法行为，理应包括侵权行为和违约行为。

本案的成功离不开代理律师和经办法官在理论和实践问题上的敢于尝试和突

破，体现了律师办案的智慧和专业技能。只有对专业自信、对理论自信，才能更好地共同推动法治进步。示范案例的作用也希望能促进行为保全制度更广泛的适用，这是我国与境外法律制度更多衔接、契合的一个表现。

（点评人：张卫平，清华大学教授、博士生导师，中国法学会民事诉讼法学研究会会长）

违约责任与侵权责任竞合之案例分析

杨 莉*

【内容提要】

本案为违约责任与侵权责任竞合的典型案例。根据《合同法》第122条（现已为《民法典》第186条所承继）“因当事人一方的违约行为，侵害对方人身、财产权益的，受损害方有权选择依照本法要求其承担违约责任或者依照其他法律要求其承担侵权责任”的规定，作为受损害方的一方享有选择权，但只可二选一。如受损害方已选择违约之诉，或已选择侵权之诉，生效判决对各方过错程度、损失金额等已作出认定的，任何一方当事人对此不服，只能依法申请再审，通过再审程序解决，而无法再另行选择违约之诉或侵权之诉救济，否则就违背了“一事不再理”原则，构成重复起诉。

【案情简介】

2013年11月，甲公司向A保险公司投保财产保险一切险，保险客户名称包含乙公司，标的地址为丙仓库，保险期限自2013年12月1日0时起至2014年11月30日24时止。

2014年8月1日，甲公司与丁公司签订《仓储服务合同》，约定甲公司承租上述丙仓库，合同期限为12个月。随后，甲公司与乙公司签订《仓储保管合同》，乙

* 杨莉，广东知恒（广州）律师事务所律师。

公司以总包形式委托甲公司进行仓储货物管理，甲公司遂将乙公司的物资（向B保险公司投保了财产综合险）存放至丙仓库内。

2014年9月12日3时许，甲公司租赁使用的丙仓库发生火灾，火灾烧损该仓库存放的酒类、厨具、空调、电机等家电物品，过火建筑面积为6720平方米。

2014年12月2日，当地公安消防大队出具火灾事故重新认定书，对起火原因进行了如下认定：起火时间为2014年9月12日3时，起火部位为丙仓库东北角配电箱和北墙桌子处，起火点为起火部位东北墙处配电箱下方，起火原因为起火点处电气线路短路引燃附近纸箱等可燃物。火灾发生后，损失经勘查人员查勘定损，核定本次事故被保险人受损存货的全部损失金额为28464891.11元、全部受损存货的残值合计为62000元。

随后，甲公司、丁公司、A保险公司、B保险公司、多名上述丙仓库的租户（包括戊公司）等之间发生了多起诉讼纠纷。其中：1. A保险公司支付甲公司事故赔偿款13654041.86元后，代位被保险人甲公司向丁公司行使求偿权，安徽省某市中级人民法院认为因案涉火灾事故的发生导致甲公司所承租库区内货物的毁损，丁公司理应承担相应的赔偿责任，现A保险公司依约向甲公司履行了赔偿责任，依法可在赔偿金额范围内代位行使甲公司对丁公司请求赔偿的权利。并认定就案涉火灾事故，丁公司应当承担80%的责任，因而丁公司向A保险公司承担赔偿责任的金额应当为A保险公司已支付赔偿金13654041.86元的80%，即为10923233.488元。安徽省某市中级人民法院对此于2018年4月28日作出民事判决，判令丁公司向A保险公司支付赔偿款10923233.48元。2. 甲公司就保险理赔后剩余损失12069360.14元请求丁公司予以赔偿，安徽省某市中级人民法院于2018年4月28日作出民事判决，认定丁公司承担80%的责任，判令丁公司赔偿甲公司9655488.08元。3. 戊公司依据其与丁公司签订的《仓库服务合同》诉请法院判决丁公司赔偿其代为保管案外人货物的损失，河南省某市中级人民法院作出民事判决，判令丁公司向戊公司支付赔偿款304365.01元。

2019年1月，丁公司针对前述三案其已支付的赔偿金及诉讼费用，向河南省某区人民法院提起诉讼，以甲公司构成侵权为由，请求法院判令甲公司赔偿给其造成的经济损失21188345.29元、利息及律师代理费600000元。河南省某区人民法院经审理，对于甲公司关于本次火灾事故丁公司应当承担主要责任的主张，认为由于本案系侵权引起的追偿纠纷，而安徽省某市中级人民法院审理的案件系合同纠纷案件，与本案不属于同一法律关系，甲公司与丁公司之间的合同纠纷，不属于本案的审理范畴，故对甲公司该辩称不予采信。河南省某区人民法院还认定，甲公司对本案火灾事故的发生存在重大过失，应对火灾造成的货物损失承担主要责任，故应承担70%的赔偿责任；丁公司对本案火灾事故的发生也存在一定过错，应对本案中货物损失承担次要责任，故应承担30%的赔偿责任。该法院于2019年12月26日作出民事判决，判令：1. 甲公司于判决生效后十日内赔偿丁公司损失14618160.60元及利息（计息自2018年3月8日起以213055.51元为基数计算至2018年10月31日止；自2018年10月31日起以6971897.16为基数计算至2018年11月27日止；自2018年11月27日起以14618160.6元为基数计算至履行完毕之日止。2019年8月19日之前的利率均按中国人民银行同期同类贷款利率计付；自2019年8月20日起按照同期全国银行间同业拆借中心公布的贷款市场报价利率计付）。2. 驳回丁公司的其他诉讼请求。

甲公司不服上述一审判决，向河南省某市中级人民法院提起上诉。河南省某市中级人民法院经审理认定，本案与安徽省某市中级人民法院审理的案件的当事人诉求基于同一事实而产生，皆因火灾事故造成甲公司租赁丁公司丙仓库代为保管案外人乙公司货物损毁事实而引起诉讼，不同的是前案的当事人甲公司（代位权人A保险公司）以丁公司违约为由诉至法院，而本案则是丁公司就前案判决其赔偿甲公司的经济损失20872020.56元后，以甲公司构成侵权为由诉至法院。依据原《合同法》第122条："因当事人一方的违约行为，侵害对方人身、财产权益的，受损害方有权选择依照本法要求其承担违约责任或者依照其他法律要求其承担侵权责任"之规定，甲公司有权选择要求丁公司承担违约责任或者要求丁公司承担侵权责任。在已有生效判决对违约责任进行了划分的情况下，即便丁公司对违约责任划分承担的比例不服，可依法申请再审，而不是另行选择提起侵权之诉。丁公司提起本案诉讼违反了我国法律对于责任竞合情况处理的规定。并认定上述一审法院判决在丁公司赔偿甲公司货物损失后对甲公司享有追偿权，属于适用法律错误，应予纠正。河南省某市中级人民法院还认定了甲公司应对于丁公司赔偿戊公司的304365元承担70%（213055.51元）的赔偿责任，遂于2020年6月16日作出民事判决：1. 撤销河南省某区人民法院民事判决及诉讼费负担部分。2. 甲公司于判决生效后十日内赔偿丁公司损失 213055.51 元及利息。

【争议焦点】

已发生法律效力的安徽省某市中级人民法院民事判决，已依据本案双方的仓储服务合同关系、合同履行情形及双方的过错程度对丁公司应对甲公司（A 保险公司）承担赔偿损失责任的比例、数额进行了认定，在此情况下，丁公司是否还能另行提起诉讼以甲公司构成侵权为由对甲公司就前述赔偿款项进行追偿？本案是否属于重复诉讼？

【案例评析】

在本案甲公司与丁公司的仓储服务合同法律关系中，丁公司是仓库出租人，甲公司是仓库承租人，在仓库租赁期间发生火灾事故致甲公司仓储货物毁损，这明显属于违约责任与侵权责任的竞合。由于甲公司是案涉仓储货物保管人，是受损害方，根据《合同法》第 122 条（现已为《民法典》第 186 条所承继）“因当事人一方的违约行为，侵害对方人身、财产权益的，受损害方有权选择依照本法要求其承担违约责任或者依照其他法律要求其承担侵权责任”的规定，甲公司既有权向丁公司主张违约责任，也有权向丁公司主张侵权责任。究竟是以违约之诉还是以侵权之诉予以救济处理，作为受损害方的甲公司享有选择权，但只可二选一。而丁公司为货物焚毁损失的致害方，其只能根据甲公司的选择而应诉，并不能选择诉的类型，因为致害方在责任竞合时不享有诉的类型选择权。

本案中，由于甲公司已选择追究丁公司的违约责任，这意味着，本案双方之间关于案涉火灾事故造成的损失金额的负担，只能依据双方之间的《仓储服务合同》通过违约责任予以确定；这也意味着，依据该违约之诉而作出的生效判决，依据双方的仓储服务合同关系、合同履行情形及双方的过错程度，对损失金额的分担比例和数额是终局的，不可再行起诉。丁公司若对此不服，只能依法申请再审，通过再审程序解决。因此，本案一审判决对此适用法律错误，二审法院认定丁公司提起本案诉讼违反了我国法律对于责任竞合情况处理的规定正确。

【专家点评】

责任竞合，是指一个违反义务的行为产生两个以上的法律责任，行为人承担不同的法律责任，将导致不同的责任后果。而各类民事责任的竞合中，以违约责任与侵权责任的竞合最为典型，也最为重要。已实施的《民法典》第186条几乎全文照搬了本案例中引用的《合同法》第122条的表述，说明我国法律承认、规定了违约责任与侵权责任竞合制度，并充分尊重受损害方意愿，通过赋予受损害方选择权来最大限度保障受损害方利益。

本案为违约责任与侵权责任竞合的典型案例，突出反映了法律并未赋予致害方诉的类型的选择权，在受损害方已进行选择，且法院已据此作出责任认定的情况下，致害方无权再另行选择违约之诉或者侵权之诉反过来进行追偿，否则明显违反了我国法律对于责任竞合情况处理的规定，也明显违背了上述法律规定的立法目的和宗旨。

（点评人：张小伟，广州市律师协会民事法律专业委员会副主任）

委托合同纠纷之隐名代理问题

庄丹丹 陈翠花[*]

【内容提要】

本案中，笔者所代理的广州某集团有限公司货物运输分公司（以下简称运输分公司）基于谢某庚的委托，以自己的名义向张某出具《结算声明》，并向其作出代付款承诺，由此被牵扯进本案诉讼纠纷。从维护运输分公司合法权益角度出发，本案的焦点问题为在付款条件成就时，运输分公司是否应按《结算声明》向张某履行付款义务？对此，笔者援用《合同法》第402条（现为《民法典》第925条）的规定当庭解除委托关系，同时强调根据《合同法》第410条（现为《民法典》第933条）之规定，涉案《结算声明》直接约束谢某庚、谢某新，其可直接向谢某庚、谢某新主张付款义务。

【基本案情】

一、案情简介

原告张某与被告谢某庚、谢某新在某某药业有限公司上海分公司（以下简称药业公司）有合作业务，被告运输分公司与被告谢某庚、谢某新在药业公司有合作业务，运输分公司是被告广州某集团有限公司（以下简称集团公司）的分支机构。

运输分公司于2018年3月5日向张某出具加盖公章的《结算声明》，并告知因

---

* 庄丹丹，广东国智律师事务所高级合伙人，广州仲裁委员会仲裁员，广州市律师协会未成年人保护专业委副主任；陈翠花，广东国智律师事务所高级合伙人，广东省律师协会公司法律专业委员会委员。

受谢某庚、谢某新所托，在张某将2017年未交割退货交还药业公司后，运输分公司将代谢某庚、谢某新向张某支付2017年的垫资运作费用余款54784.2元及三名雇佣人员工资13300元。后因张某未收到上述垫付款，向法院提起诉讼，要求四被告连带返还其代为垫付的款项。

二、案件处理思路

在本案中，笔者作为运输分公司的代理人，全程参与了一审及二审的诉讼过程。在立足于法律法规的基础上，笔者从维护运输分公司合法权益的角度出发，结合案件事实基础、各方提交的证据资料，综合分析本案的法律关系及诉讼过程中碰到的法律问题，厘清本案的以下问题：

（一）焦点问题

问题一：运输分公司向张某出具加盖公章的《结算声明》，是否导致其应向张某支付代为垫付的款项或对该笔款项承担连带清偿责任？

问题二：张某明确本案案由从“合同纠纷”变更为“委托合同纠纷”，案由的变更会对运输分公司产生怎样的影响？

问题三：张某上诉主张：1. 其与运输分公司是直接的委托关系，且已完成委托事项，运输分公司理应支付垫付款；2. 运输分公司出具的《结算声明》是对委托事项完结及垫付款的确认；3. 运输分公司在一审庭审中当庭行使任意解除权造成其损失，且委托事项已完成，委托关系已终止，任意解除权因客观事实已无法行使。张某上诉提出的一系列新主张及观点是否会令二审法院重新定义运输分公司在本案中的责任认定？

（二）办案思路及经过

针对本案上述问题，笔者在经过多次与当事人联系、沟通，了解案件基本情况后，着眼于事件发生时各方当事人的真实意思表示，综合考量当事人在本案中涉及的法律关系及法律行为，通过采集、整理、组织证据予以分析、佐证，并查阅大量相关生效判例进行综合比较，提取类似裁判观点，在此基础上形成抗辩意见，从而进行有效的答辩、辩论，并向法院提出有利于当事人的代理意见。

（三）探讨焦点问题

在结合本案案情、证据材料的基础上，笔者现就案件几个焦点问题作如下分析：

关于问题一：运输分公司在《结算声明》中已载明是受谢某新、谢某庚的委托而向张某作出该份附条件的代付款声明。在委托关系存续期间，因所附条件尚未成就即张某在未向运输分公司提交其已垫付款项的证据的情况下，运输分公司有权拒绝履行代付款义务。

关于问题二：张某当庭变更本案案由，即将案件重点引向追究运输分公司在没有履行委托事项时可能面临的法律责任及风险，直接将本案关注焦点转至运输分公司。在此情况下，笔者基于维护当事人合法权益角度出发，依据《合同法》第410条“委托人或者受托人可以随时解除委托合同……”之规定，当即行使任意解除权，向法院明确表示运输分公司解除与谢某新、谢某庚之间的委托关系。至此，在委托关系被解除之后，张某再基于《结算声明》要求运输分公司向其支付垫付款或就该笔款项承担连带返还责任已无事实及法律依据。

关于问题三：首先，根据张某在二审中补充提交新证据、提出新主张的观点可知，张某一审诉请被法院全部驳回之后，其在上诉请求中再次将本案焦点引至运输分公司。对此，笔者再次结合案情新情况，通过采集、整理、组织证据后，向二审法院提交谢某庚出具的《个人连带责任保证书》《委托书》，用以证明与运输分公司存在委托关系的是谢某庚、谢某新，并非张某，运输分公司亦非该笔货款的付款方或保证人。其次，因运输分公司仅为受托人，其仅需根据委托人的委托在代付款条件成就时向第三人即张某支付垫付款。也就是说，垫付款的数额并非运输分公司确认，运输分公司亦无权确定。最后，行使任意解除权是法律赋予委托人/受委托人的权利，且从《结算声明》的内容亦可知，张某是知悉运输分公司与谢某新、谢某庚之间的代理关系。在运输分公司未代谢某庚、谢某新支付款项或解除委托关系的事实发生后，张某理应直接向委托人即谢某庚、谢某新主张权利。

综上，笔者从案件事实角度出发，在法律适用上选择引用有利于运输分公司的法律条文，有效保障其合法权益，并最终获得法院支持的生效判决。

（四）经办法院裁判结果

1. 一审法院裁判理由

首先，根据被告运输分公司出具的《结算声明》内容，运输分公司是受谢某庚、谢某新的委托代付相关款项给原告，现被告运输分公司当庭表示不同意继续履行《结算声明》的代付义务，根据《合同法》第410条的规定：“委托人或者受托人可以随时解除委托合同……”，即被告运输分公司（受托人）已当庭解除了委托合同，故原告要求被告二运公司承担清偿责任没有事实依据及法律依据。其次，原告在本案中主张的是要求被告运输分公司返还原告已代垫的款项，但原告在本案中并没有提交其已向案外人代垫款项的证据，故原告要求被告运输分公司承担责任的请求不予支持。

关于原告要求被告二运公司承担责任的问题，由于被告运输分公司在本案中无须承担责任，故被告二运公司也无须承担补充清偿责任。

关于原告要求被告谢某庚、谢某新承担责任问题，由于谢某庚、谢某新没有在《结算声明》中签字，原告要求谢某庚、谢某新承担责任没有事实依据。

一审判决结果：驳回原告张某的全部诉讼请求。

2. 二审法院裁判理由

关于《结算声明》对谢某庚、谢某新的约束力问题。签订《结算声明》的主体是运输分公司及张某，该声明实有结算的意思表示，对付款金额，付款条件进行了约定，带有付款协议的性质。《结算声明》在平等自愿基础上签订，系双方当事人真实意思表示，且不违反法律、行政法规的强制性规定，合法有效。从签订主体来看，运输分公司虽在落款处加盖印章，但在《结算声明》中已经明确告知张某，其是受谢某庚、谢某新父子所托，即运输分公司是受托人，谢某庚、谢某新才是委托人，且明确了接受谢某庚、谢某新委托，运输分公司支付款项的金额。原《合同法》第402条规定，受托人以自己的名义，在委托人的授权范围内与第三人订立的合同，第三人在订立合同时知道受托人与委托人之间的代理关系的，该合同直接约束委托人和第三人，但有确切证据证明该合同只约束受托人和第三人的除外。结合本案事实，运输分公司为受托人，张某为第三人。与运输分公司之间签订《业务分包协议》及《补充协议》的是谢某新，谢某庚又是出具《委托书》委托运输分公司向张某支付款项的主体，是以运输分公司提出谢某庚、谢某新是共同的委托人合理，本院予以采纳。显然，运输分公司在订立合同之时已经告知张某是接受谢某庚、谢某新委托订立的《结算声明》。则根据前述原《合同法》第402条规定，《结算声明》直接约束谢某庚、谢某新及张某。运输分公司未予代为支付款项的事实发生之后，张某应当直接向谢某庚、谢某新主张。该法律效果与张某提出选择委托合同关系主张责任亦无矛盾。虽然在已经完成的交易中，是由运输分公司向张某支付了60000元，但该笔费用支付情况与本案不同，不能仅根据该笔款项的支付来认定运输分公司是担责主体。故此，张某要求运输分公司及二运公司承担责任在委托合同项下理据不足。

关于张某有无实际完成垫资运作费用，其主张的付款条件是否成就的问题。结合《委托书》及《结算声明》内容可见，谢某庚向运输分公司出具的《委托书》确认其欠张某垫支运作费用余额为54784.2元以及未付工资13300元，并表示委托运输分公司支付给张某。因此，上述金额张某有权主张可予以确认。关于付款条件是否成就的问题。《结算声明》中写有“2017年未交割退货交还药业公司后”“请在5月7日前将2017年未交割退货交还药业公司”等内容，约定了付款条件。为证明退货已经交付给药业公司，张某二审提交了《情况说明》、王某身份证复印件，拟证明张某已经将全部退货交付给药业公司，不存在有未交接完毕的情形。该等证据虽有原件，但证人王某未到庭接受交叉询问，该证据不能单独作为认定事实的依据。根据《结算声明》的约定，张某应在2018年5月7日前完成退货。截止到2020年7月29日，本案一审立案之时，已经超出约定时间两年有余，没有证据显示药业公司就没有收到退货向运输分公司提出异议，结合张某二审提交的证据，张某提出已经完成退货的主张更具高度可能性，则可认定张某主张的付款条件成立，其有权要求谢某庚、谢某新支付拖欠的款项54784.2+13300=68084.2元。谢某庚、谢某新拖欠张某款项未付，其后果类似占用张某资金未付，给张某造成了利息损失，张某要求按照年利率6%支付利息合理，予以支持。关于利息起算时间点的问题，张某主张自《结算声明》订立之日起算，但约定的是先退货给药业公司再付款，张某没有提交有效证据证明在订立《结算声明》之时已经退货，其要求从该日起算利息理据不足，故酌定从2018年6月1日起计利息。

二审判决结果：

1. 撤销一审人民法院民事判决；2. 被上诉人谢某庚、谢某新于本判决生效之日起十日内向上诉人张某支付款项68084.2元及利息（利息以68084.2元为基数，自2018年6月1日起按照年利率6%计至款项付清之日止）；3. 驳回上诉人张某的其他诉讼请求。

【争议焦点】

1.《结算声明》是否仅对张某和运输分公司产生约束力，对谢某庚、谢某新有无约束力？

2. 张某有无实际完成垫资运作费用的义务？其主张的付款条件能否成立？

【案例评析】

一、厘清各方之间的法律关系，吃透案情，以应变对方当事人随时变更法律关系的可能。

首先，本案原告基于《结算声明》以合同纠纷提起本案诉讼，并要求运输分公司对欠付货款承担连带责任。笔者根据法律规定，从合同相对性原则角度出发，答辩思路侧重于阐释运输分公司与张某不存在任何合作业务关系，更未与其签订任何合同，其要求运输分公司履行付款义务无事实基础，更无法律及合同依据。

其次，张某在一审庭审中变更本案处理的法律关系为委托代理关系，并再次基于《结算声明》要求运输分公司履行付款义务。对此，笔者当庭援用《合同法》第410条“委托人或者受托人可以随时解除委托合同”之规定（现为《民法典》第933条），当庭解除运输分公司与谢某庚的委托关系，令张某要求运输分公司履行付款义务丧失事实及法律基础；同时通过引用《合同法》第402条“受托人以自己的名义，在委托人的授权范围内与第三人订立的合同，第三人在订立合同时知道受托人与委托人之间的代理关系的，该合同直接约束委托人和第三人”（现为《民法典》第925条）之规定，再次强调因运输分公司已在《结算声明》载明受谢某庚委托代为付款，在运输分公司未付款时，张某可直接向谢某庚、谢某新主张权利。

最后，在本案中，原告张某的主要目的是力争法院判决认定运输分公司需为涉案欠款承担连带责任，并通过将本案变更为处理委托代理关系，以提高获得法院支持的胜算率。而笔者在本案开庭前，通过熟悉案件、双方提交的证据材料以及分析本案所涉及的法律关系，并收集、熟悉与案情有关的法律规定，解读法律条文的含义、了解立法目的，并通过运用法律规定及说理相结合的方式辩驳张某的主张，并最终得到法院的支持。

二、透过案件本质，结合办案经验，分享建立本案类似委托代理关系时可运用的小技巧。

委托代理关系在我们的日常生活中随处可见，如请亲朋好友帮忙购物等。但正因习以为常，大多数人有时往往忽略其中可能潜在的法律风险。根据本案此类委托代理关系的特征，结合相关法律规定，笔者在此提出如下几点建议：

1. 委托人在委托他人处理具体事务时，应确保授权范围及委托内容的明确性、具体性，以避免因受托人开展委托事项产生纠纷时可能面临需要承担连带责任的风险。

2. 受托人接受委托后，在授权范围内开展委托事项时，建议尽量向第三人披露其与委托人之间的代理关系，避免在办理委托事项发生非因自身原因引发的纠纷时增加自身承担法律责任的风险。

3. 第三人在已知悉履行义务主体为受托人的情况下，在受托人未履行或未完全履行委托事项时，应积极向委托人主张权益，并要求其履行有关责任或义务，以避免由此产生不必要的损失。

【专家点评】

社会经济的发展催生委托代理关系产生，伴随着市场交易活动日新月异，间接代理、转委托、隐名代理等民事委托代理的新类型、新特点应运而生，在此背景下民事委托代理关系引发的纠纷亦呈现出由简单到复杂的演变过程，给司法实务中如何准确识别和判断此类新型民事委托代理关系带来困惑与挑战。本案所涉标的额虽小，却是委托代理关系中隐名代理的典型性例证。

本案的要点是如何认定运输分公司向张某出具的《结算声明》的性质。在原告以《结算声明》主张其与运输分公司存在委托关系时，运输分公司代理人巧妙地以隐名代理作为切入点，并在二审中补充提交了谢某庚向运输分公司出具的《委托书》，这与《结算声明》相互印证，证实运输分公司与谢某庚、谢某新之间的隐名代理关系。代理人提出的观点具有较强的逻辑性和体系性，提交的证据充分、完整，且契合《民法典》第925条之立法目的，即赋予委托人享有介入权的同时，也约束了委托人应承担受托人与第三人所订合同约定的义务。有鉴于此，二审法院采纳了代理人的意见，认定运输分公司并非该笔货款的付款主体。

面对错综复杂的民事法律关系，如何在个案中正确援引法律、列举证据，寻找恰当的切入口则显得尤为重要。而本案中运输分公司的代理人，跳出了常规的思维定式，揭开了《结算声明》背后各方主体资格关联性的“面纱”，二审法院遂结合上述意见作出了合理、合法的判决，充分彰显了法律效果和社会效果的辩证有机统一。由此可见，该案既有引领示范作用，也有较强的指导借鉴价值，应该说是一起非常典型的成功案例。

（点评人：姬新江，广东警官学院法律系教授）

调解纠纷有效化解矛盾

——某金融借贷合同纠纷和解结案纪实

关婷允*

【内容提要】

本案是一宗涉及金融借贷合同的经济纠纷。根据国家及央行业务开发的政策，银行以通过手机和互联网操作签订合同的方式向中小企业提供贷款，与目标企业签订《小微企业快贷借款合同》，签约模式和签约工具具有互联网时代的特殊性质，该合同不以纸质版正式经双方签字盖章的合同为必要条件，指向的贷款对象是企业法人。企业法人按银行规定提出申请后由法定代表人通过手机完成借款手续，银行则将贷款全额发放到企业法人名下的银行账户，完成放款程序。自银行放款次月起借款人每月按固定金额向银行偿还利息，贷款期限届满借款人一次性向银行偿还本息。当借款人无法如期向银行偿还借款时，企业法人及其法定代表人个人同时成为借款合同纠纷的共同被告。

【案情简介】

该案属借款合同纠纷，原、被告之间签订了《小微企业快贷借款合同》，原告为某银行支行，广州某知识产权有限公司以及其法定代表人何某个人则被列为共同被告。涉案的债权为本金 861000 元 + 利息 + 罚息 + 滞纳金 + 违约金 + 为实现债权

* 关婷允，广东海际明律师事务所高级合伙人。

产生的一切费用。

经分别与原、被告沟通了解基本事实以及对案情进行分析得出情况如下：1.《小微企业快贷借款合同》是该行根据国家以及央行政策开发的新业务，通过手机和互联网操作签订的合同，鉴于签约模式和签约工具的特殊性质，该合同不以纸质版正式经双方签字盖章的合同为必要条件；2. 贷款的对象是企业法人；3. 款项直接发放到企业法人名下的银行账户，已全额发放；4. 信用额度本金为 861000 元，借款期限为 1 年，每月 25 日前支付当月利息，借款期限届满之日连本带息一起归还；5. 2019 年 8 月 30 日借款期限届满，借款人未归还本金，有上期利息未付等。

被告同意律师作为调解员介入进行调解，被告确认：1. 广州某知识产权有限公司确向原告借款 861000 元；2. 被告一直都如期支付每月利息，后因公司资金周转出现问题，最后那期利息无法支付，借款期限届满亦暂无能力偿还本金和利息。同时被告指出：1. 该合同是企业借款，与何某本人无关，所借款项全部用于公司日常经营运作开销与支出；2. 何某本人从未向原告借款，更未与原告签订任何借款合同，不应被列为共同被告。被告承认短期没有还款的能力，如果能还钱也不愿意拖，同时何某表示虽企业法人暂时欠缺一次性向原告清偿所欠款项的能力，但企业目前仍在正常运营，愿意承担还款义务，希望原告给予一定的宽限。另外原告却基本上不同意笔者的建议，不接受调解。

笔者经分析判断企业法人的确没能力一次性偿还所欠债务，但被告态度良好，能坦然承认欠款的事实且有还款诚意及逐步还清贷款及利息的能力。那么就有沟通的空间和调解的基础。虽然因各种原因与银行之间的借款合同纠纷尚未有能达成和解的先例，但笔者认为能否攻破壁垒的成功关键点在于银行方面的决策，若能把工作做到位、做充分，使银行接受调解员提出的观点和法律依据，就有调解成功的机会，只要有一线希望，就要努力把机会变成可能，才无愧于当调解员的初心。

【争议焦点】

1. 原、被告双方签订借款合同的形式不同于常规线下“面对面沟通”签约的形式，而是通过手机、网络等电子电信设备以线上媒介签订的借款合同，该合同没有合同双方当事人的任何签名和盖章。合同在没有双方当事人的任何签名和盖章的情况下，该合同是否成立？这种线上签约的模式是否存在瑕疵？2. 双方是否均已实际履行合同条款约定的内容？完全履行还是部分履行？是否存在违约的事实？双方均有违约还是单方违约？3. 该合同为小微企业贷款，顾名思义借款人就是企业法人，企业违约把企业的法定代表人列为共同债务人，承担连带法律责任是否有法律依据？4. 当企业法人欠债后，将法定代表人个人列为共同被告，法定代表人何某是否能成为适格的被告主体？5. 双方有没有调解意愿？该案调解成功的概率有多大？

《小微企业快贷借款合同》是根据国家以及央行政策开发的新业务，通过手机和互联网操作的模式签订合同，基于其签约模式和签约工具的特殊性质，笔者认为经办此类案件时应多关注新型贷款合同方面的法律法规、政策以及涉及互联网应用、安全与监管等领域的法律法规。

从此类《小微企业快贷借款合同》的模式分析，笔者认为其模式设计具有必然合理性和优势，同时亦存在着某些天然缺陷。一方面，小微企业快贷具有信用贷的性质，其区别于个人信用贷的不同点之一在于该信用贷款的对象不是面向自然人，而是针对小微型企业法人；另一方面，因应互联网时代科技的进步及互联网的广泛应用，使其订立合同的模式更为简化、便捷，而更为简化便捷的模式就如同一把双刃剑，优势突出，但缺点亦同样明显。信用贷也称为信用贷款，指的是借款人不需要提供担保，仅以其信誉为依托发放的贷款；其特征就是债务人无须提供抵押品或第三方担保，仅凭自己的信誉就能取得贷款，并以借款人信用程度作为还款保证的一种借贷模式。基于其特殊而明显的特征必然会使该类借贷业务风险比常规的抵押贷款或提供担保的贷款业务风险要大；因此，此类业务一般对借款方，也就是小微企业法人的经济效益、经营管理水平、发展前景等情况须进行详细的考察以降低金融机构的放贷风险。然而在现实操作中，受到银行为满足业绩考核要求等各种客观因素的影响，在考察和审核借款人经济效益、发展前景、还款能力等指标时未必能严格按照风险防控和风险管理的要求执行，从而导致原已偏高的风险指数继而上升。与此同时，企业法人的经营状况、经济效益除了受企业自身的机制、经营能力及管理水平等因素影响之外，亦必定会受外部营商环境、经济发展大趋势和大环境所左右。本案的纠纷发生在2019年下半年，当时被告因企业同时有数个项目陆续竣工却一直被拖欠工程款导致企业资金周转不济，最终出现资金链断裂的情况而无法如期支付最后一期借款利息及到期本金，在银行催收的压力下，一时感觉无法面对亦无法理解银行的不近人情而采取了逃避、拒绝接听银行催收电话等消极的对抗态度；后来随着新冠肺炎疫情的暴发，该企业势必面临更为严峻的生存挑战……但并不等于没有了生存的空间和平稳过渡逐步谋求发展的可能。而站在银行的角度，欠债还钱天经地义，被告的逃避态度以及抵触行为更加深了银行方面认为企业存在故意拖欠还贷的误解；加之银行基于其财务制度、业绩考核制度等机制制度的影响，超过一定期限未能成功追收的借款宁愿做坏账处理亦不愿意继续挂账的惯性思维，使促成争议双方协商沟通，最终达成共识，和平化解矛盾的设想举步维艰。

从法律的角度回归到本案的几个争议焦点，原、被告双方签订借款合同的形式不同于常规线下“面对面沟通”签约的形式，而是通过手机、网络等电子电信设备以线上媒介签订的借款合同，该合同没有合同双方当事人的任何签名和盖章，那么该合同是否成立？这种线上签约的模式是否存在瑕疵？该合同是小微企业的贷款，借款人就是企业法人，法人违约把企业的法定代表人列为共同债务人，承担连带法律责任是否有法律依据？将法定代表人个人列为共同被告，法定代表人何某是否能成为适格的被告主体？针对这系列问题，根据整个借贷业务的操作流程，结合双方当事人对事实的陈述与承认，依据法律就合同成立要件的相关规定，笔者认为本《小微企业快贷借款合同》虽然其签订的环节与常规线下面对面签约的模式相比较存在合同不完整的瑕疵，但不能掩盖合同双方当事人已达成共识，自愿订立借贷合同的真实意思表示，且银行已履行全部合同义务以及被告亦实际履行了绝大部分支付借款利息的合同义务的事实，故本合同依法应已成立且发生效力，双方当事人均应受本借款合同的约束。但是，对于把法定代表人个人亦列为共同债务人，成为本案的共同被告，笔者认为欠缺有力的法律依据，作为原告方的银行此做法值得商榷。企业法人与自然人具有独立的法律地位，均为独立的法律主体，具有独立的法律资格。本案中借款人是企业法人，而其法定代表人作为自然人从未就此借款项目向银行提出借款的意向，未与银行签订借款合同，本案所贷款项全部由银行直接发放到指定的企业名下银行账户，未曾进入法定代表人个人名下的任何银行账户，更没有证据证明法定代表人私自从企业账户提取所贷款项供个人使用，法定代表人个人与涉案所借款项无因果关系，将法定代表人视为共同债务人，直接列为共同被告，笔者认为没有事实根据，亦无法律依据，法定代表人个人不是适格的被告主体。

有鉴于此，与坚持以诉讼方式解决本案争议做比较，笔者认为通过从中调停斡旋，打破双方对峙态势，搭建起让原、被告双方进行协商沟通的桥梁，以调解的方式，促成双方重建信任，达成共识最终使双方的矛盾得以和平化解的模式更符合本案实际情况的需求，是本案有效定分止争的最佳选择。

于是，围绕着本案的客观事实与合同模式的特殊性，笔者根据对实际掌握的情况进行分析后，向何某解释了相关的法律规定并阐明了调解的利弊后，根据被告的调解意愿和还款计划初步起草了一个调解方案。2020 年 2 月，原告提出要将调解方案变更为从原来 9 个月的还款期限缩短为 6 个月内全部还清本金、利息以及要求借款人承担全部的维权成本，包括但不限于律师费、诉讼费、保全费等费用的意见。原告认为，既然被告同意调解就应接受他们的全部要求。但很明显新的调解方案变相变更了诉讼请求并加重了被告的负担，有违通过调解化解矛盾和争议的初衷，不符合调解止争的本意，这次调解被迫搁置。2020 年 3 月，经笔者多次斡旋沟通，双方同意并登录多元化解平台在笔者主持下进行了视频调解。因原告的一再坚持，双方在首次视频调解中依然未能达成协议。20 多天后，本案经视频开庭进行庭审，原告、被告就本案事实进行陈述、就现有证据进行质证、辩论后双方当庭同意调解，并在诉讼程序中将该案引调到多元化解平台由笔者继续担任调解员进行调解。根据有关规定，诉中调解的机会只有一次，期限为 15 天且不得延期。于是笔者努力不懈地就调解方案细节，反复分别对当事人双方进行说服工作，受银行自身的体制和机制的限制与影响，在诉中 15 天调解期限届满后，原、被告双方仍未能达成调解方案，按正常程序，该案将会被重新回调到广州互联网法院的诉讼平台按诉讼程序推进，调解步入了绝境。但笔者依然不放弃，将调解进度以及对调解成功可能性的判断向法院反馈，争取得到了广州互联网法院的大力支持，最终在调解期限届满后，经办法官在不违反法律规定以及不超出审限的前提下同意暂缓将该案转入诉讼程序，给与本案最大限度的调解空间。

笔者继续就促成本案调解进行说服工作，包括说服银行省行法务部总监最终采纳了笔者根据双方的实际情况和长期协商沟通的结果调整至对双方来说都相对合理、公平、具有执行可行性的调解方案，在诉中调解期限届满后的第 23 天，2020

年4月末原、被告双方最终达成共识，签订了《调解协议书》，约定：1. 2020年5月25日被告归还本金10万元；2. 6月25日及7月25日每月归还本金10万元；3. 余款从8月25日起至10月25日每月平均归还本金187000元，在还清本金的同时清偿利息；4. 诉讼费6236元由被告承担并于5月25日归还第一期本金时一并支付给原告的调解方案。

经过长达200天的调解工作，在笔者不懈努力与锲而不舍的坚持下，最终促成本案达至调解结案，原、被告双方在广州互联网法院多元化解平台共同签署《调解协议书》，经调解员签名确认后《调解协议书》经司法确认并出具了《民事调解书》，该调解书具有强制执行效力。本案最终以民事调解结案，节省了法院大量司法资源。

【案例评析】

作为律师调解员除要认真仔细了解案情事实外，还要对双方当事人的心态、意愿、所处的立场有充分的分析和把握。要与双方当事人、律师、法院进行积极有效的沟通，争取促进调解力量的最大化；充分发挥各方智慧，均衡各方利益，争取做到优先调解，更好地化解当事人处于地位及信息不对等案件中的矛盾。

多元化解民事纠纷，诉前及诉中调解制度是我国目前备受关注且被大力倡导的解决争议、纠纷的有效方式。律师担任调解员介入法院的调解程序是未来司法程序中解决纠纷的趋势，其符合我国依法治国和完善中国特色社会主义法律体系的精神，未来律师调解员将成为多元化纠纷解决机制的组成部分，本案例的成功调解鼓舞及激励更多优秀律师加入调解员的行列，未来也将涌现更多由律师调解员调解成功的案例，可以节省更多司法资源，对维护社会和谐与稳定提供广泛及深厚的助力。

同时本案的调解成功践行了为促进粤港澳大湾区互联网经济发展、营造法治化营商环境提供公正、高效、便捷法律服务与保障的使命，充分发挥了三级解纷机制的积极作用。

【专家点评】

高质量发展与解纷便利度息息相关，在世界银行营商环境的评价指标体系之中商事合同诉讼效率与成本就是考察全球190多个经济体的重要指标之一。就本案而言，法律关系非常清晰，案件事实争议也不大，但是合同的订立与履行都以互联网为依托，更重要的是纠纷解决是否便捷高效，而非仅仅就事论事。正是这样，各地均将ADR作为进一步优化法治化营商环境的重要举措，本案调解员所做的尝试及最终获得成功的价值正在于此。关婷允律师作为调解员进行历时长达将近200天的调解工作，在不懈努力与锲而不舍的坚持下，最终促成本案达至调解结案，把不可能实现的调解变成了事实，身体力行以非诉讼、多元化解矛盾的方式平息了纠纷，开创了银行借款合同纠纷调解结案的先河，成功建立了银行借款合同可以通过调解化解纠纷的里程碑。以诉前调解、民事调解等非诉讼多元方式化解社会矛盾，从而减轻法院诉讼工作的压力、减少诉累、节省了司法资源，为优化法治化营商环境，为促进高质量发展贡献了应有的力量。

（点评人：朱义坤，暨南大学法学院院长、教授、博士生导师，
广东省法学会副会长）

委托拆迁合同下公租金承担义务主体之争

许光玉　许晓冰*

【内容提要】

2020 年我国颁布了《中华人民共和国外商投资法》，意在更大范围开放，更多维度保护外资企业作为市场主体的合法权利。本案在如何保护外资企业合法权利方面，有较大的参考、警示和教育意义。

【案情简介】

某广公司是广州市某广场 A、B、C 地块的土地使用权人和开发商，某广公司原与广州市某源总公司（以下简称某源公司）合作，由某源公司作为上述地块拆迁人解决地块历史遗留拆迁问题，后因某源公司未能完成拆迁工作，故某广公司与广州市荔湾某公司（以下简称荔某公司）于 2009 年 9 月 22 日签订案涉《委托合同》，委托荔某公司继续完成拆迁，荔某公司负责与本地块拆迁人某源公司及被拆迁人/代管人就该等房屋的拆迁补偿方式及相关事项协商，促成签署该等房屋的《广州市城市房屋拆迁补偿协议书》，并办理上述协议书的公证及广州市城市房屋拆迁管理办公室的签证备案手续、负责提供评估报告、及时支付有关为完成该等房屋拆迁补偿工作的一切费用，承诺于合同签署之日起 90 个日历天内完成委托工作，如不能

* 许光玉，广东省律师协会海事海商法律专业委员会副主任，广东海建律师事务所主任；许晓冰，广东海建律师事务所律师。

在限期内完成仍须继续与有关单位协商及完成上述委托工作。该合同总价为包干性质，某广公司已向荔某公司全额付清案涉《委托合同》约定的合同价款。

因被拆迁房未完成产权调换手续，故房管局持续向拆迁人收取房屋公租金，以往应缴纳的案涉房屋租金均由某广公司中的某南公司支付。在此期间，某广公司也多次发函荔某公司催促尽快履行合同义务并赔偿已产生的租金损失。最终，荔某公司确认尚有16间被拆迁房未完成产权调换手续，并表示无法确定何时可完成产权调换手续，同时明确表示不同意另行向房管部门提供20个门牌号被拆迁房的产权调换房。

2019年某广公司向广州市越秀区人民法院起诉，要求荔某公司支付16间拆迁房屋公租金15041716.5元及利息，为未办妥产权调换手续的16间拆迁房提供合适的产权调换房。本案代理律师主要从两个方面主张观点：

一、荔某公司是否构成违约

（一）荔某公司是否有交付合适产权调换房的义务

《委托合同》载明某广公司是地块实际权益拥有者/开发商，某源公司是合作开发该地块的拆迁人，某广公司负担所有的拆迁费用。由于该地块面积大，涉及拆迁的房屋多，直到2009年某源公司仍未完成全部拆迁工作。某广公司为加快拆迁进度，委托具有资质的荔某公司完成剩余的拆迁工作。《委托合同》签订后虽然某源公司名义上为拆迁人，实际上所有拆迁补偿工作由荔某公司进行，荔某公司在收取委托费用后包干完成所有的拆迁相关工作，并支付一切拆迁费用。《委托合同》中约定的门牌号中有大量的广州市越秀区房管局代管房，需要以提供调换房方式进行补偿，故签订合同的目的之一就是要被告购买符合规定的调换房，并协调房管局接收。合同中也明确约定荔某公司有义务提供调换房、保证调换房产权及质量，并最终获得房管局接收调换房的文件。由此可见，拆迁补偿的全流程（购买调换房→保证产权及质量→协调签署《拆迁补偿协议书》→房管局接收调换房并出具证明文件）。荔某公司称其仅负责协调、付款，不负责提供调换房的说法，毫无合同依据，只是逃避责任的说辞。

另荔某公司在与某广公司来往函件中一直承认购买调换房、协调房管局验收调换房、办理移交手续等都属其合同义务，且一直在“努力履行”。因此，荔某公司负有交付合适产权调换房的义务。

（二）荔某公司是否未履行完提供调换房的合同义务

2009年9月22日双方签订合同时，某广公司委托荔某公司完成57个门牌拆迁，虽然荔某公司协调越秀区房管局于2010年签署了一批《房屋拆迁补偿协议》，但时至今日越秀区房管局明确仍存在19个门牌未完成提供调换房，并罗列调换房的产权及质量问题，且该局仍每半年向某广公司发出《催缴房租通知》，就其中的16个门牌追收公租金。显然，荔某公司未履行完其合同义务，已经构成违约。

二、荔某公司是否应赔偿损失及赔偿金额的问题

本案中《委托合同》涉及的57个门牌的房屋大部分是房屋管理局的代管房，拆迁代管房就应向房管局交付公租金，直到提供合适的调换房被房管局接收，公租金才停止产生。荔某公司未能在合同约定的履行期限内向房管局提供合适的调换房，导致原应因产权调换完成而停止缴交的公租金一直在持续产生。

荔某公司辩称某源公司是拆迁人因此公租金缴纳的义务主体是某源公司，而某广公司同意代某源公司支付公租金，因此不能向其主张，该说法没有依据。某广公司与荔某公司订立《委托合同》之目的，就是委托荔某公司作为实际拆迁人，包干完成剩余拆迁补偿工作，支付房屋拆迁补偿工作的一切费用，某广公司无须再支付任何形式的拆迁补偿费用。某源公司是名义上的拆迁人，与荔某公司履行合同项下的支付义务无关。某广公司多次催促荔某公司与房管局完成产权交接手续，并交公租金，但荔某公司既拖延提供调换房，也不缴纳公租金。某广公司为减少因荔某公司违约行为造成损失的扩大，只能代为向房管局缴纳公租金。缴纳公租金是某广公司在荔某公司违约情形下迫不得已的选择，何况某广公司在来往函件中多次提及公租金，从未放弃追索公租金的权利。

所以，因荔某公司违约导致某广公司缴纳的16个门牌号的公租金15041716.5元及利息应获得赔偿。

越秀区人民法院一审认定案涉《委托合同》为包干性质，即由某广公司支付合同价款，委托荔某公司包干完成广州市某广场A、B、C地块的拆迁补偿工作。对于采用异地产权调换补偿方式的被拆迁房屋，确保房屋产权调换手续完成是荔某公司在案涉《委托合同》项下合同义务的应有之义，因荔某公司未能提供证据证明其已完成案涉16间被拆迁房屋的产权调换，已经构成违约。荔某公司未能如期完成被拆迁房屋的产权调换手续，导致房管部门持续向某广公司收取租金，故某广公司主张荔某公司应偿付租金及利息合理合法。一审判令荔某公司自本判决发生法律效力之日起十日内向某广公司赔偿租金 1504716.5 元及利息。

荔某公司不服判决向广州市中级人民法院提起上诉，广州市中级人民法院认定上诉请求不成立，驳回上诉，维持一审判决。

【争议焦点】

2009 年 9 月 22 日，某广公司与荔某公司签署《委托合同》，约定 90 日内完成广州市某广场 A、B、C 地块的拆迁及补偿工作，但至今仍有 16 间被拆迁房未办妥产权调换手续，而荔某公司声称已完成合同约定的拆迁补偿问题，合同义务不包含提供合适的产权调换房，那荔某公司是否构成违约？因未能提供合适的调换房，房管所持续收取这些房屋的公租金而导致某广公司遭受损失是否应获得赔偿？

【案例评析】

一、本案特殊历史背景造成本案争议

本案地块征拆始于 1988 年，经历了近 20 年的曲折过程。港资（恒某集团）进入内地房地产业与国有企业（某源公司）合资合作成立开发公司并由某源公司控股，项目地块的拆迁由此某源公司作为拆迁人。虽然合作中约定拆迁人负责组织并完成拆迁，但某源公司拿到巨额合作款项后久拖不完成拆迁，项目面临烂尾危机的情况下恒某集团无奈自救，再斥巨资另行委托第三方（本案被告荔某公司，原为国企）辅助拆迁。然而，荔某公司依然未能完成拆迁，导致被拆迁人之一——房管局连续收取被拆迁的公租房租金近十年，造成港资方重大损失，港资方两次巨额出资拆迁，还另行遭受损失约 2000 万元。

作为港资方的代理律师，从何处为港资方挽回损失，应选择哪一个法律关系作为本案切入点至关重要。代理人经过审阅全部材料并再三斟酌，选择港资方与荔某公司的委托合同作为切入点。

二、本案的争议较大

本案起诉后双方陷入重大争议：

1. 公租金损失，应由“法律上的拆迁人”承担，还是“实际处理拆迁的辅助人”承担？

代理律师的思路是：应当合理区分对外、对内两组关系。外部关系是法律上的拆迁人—被拆迁人之间的合同关系，在此关系中，某源公司对被拆迁人承担责任。对内关系是某广公司—荔某公司之间的委托关系，在此关系中，荔某公司对某广公司承担责任，担保某广公司无损。而本案诉争的焦点是“内部关系”，不应当与外部关系的权利义务相混淆。

2. “拆迁结案”是否等同于“完成拆迁”？

荔某公司认为本项目已经“拆迁结案”，项目获得土地使用权证，其委托义务也全部完成。

代理律师的思路是：需要区分“拆迁结案”与“完成拆迁”。主管部门对拆迁的态度是，凡被拆迁人全部签署拆迁补偿协议或有拆迁补偿安排，就视为该地块已“拆迁结案”并批复结案文件，不审查该协议或安排是否能落实到位。而“完成拆迁”是指拆迁协议、安排的内容全部履行完毕。例如，已经按约定为被拆迁人提供所有的置换房。本案公租金是因房屋置换未完成而起，荔某公司委托义务明显未完成。

某广公司因荔某公司未完成委托义务而导致支付巨额公租金的索赔获得一审、二审法院的支持。

【专家点评】

本案存在“合作开发关系”“拆迁补偿协议关系”“委托拆迁关系”等多个法律关系，存在“法律上的拆迁人”“实际拆迁人”的不同主体。本案委托代理人准确选择“委托拆迁关系”作为案件的切入点，准确锁定“实际拆迁人”的权利义务，最终明确公租金由实际拆迁人承担，为委托人解决了十余年来困扰企业发展的问题，为企业挽回了重大损失，实现了为企业排忧解难的目的。本案对建设粤港澳大湾区法治化营商环境起到一些推动作用。

某广公司与荔某公司委托合同纠纷案主要涉及因产权调换房未到位造成的公租金损失由谁承担的问题，这主要涉及“法律上的拆迁人”以及“实际处理拆迁事务人”两个主体，而究竟由谁承担，需要解决以下两个方面的问题：一是本案争议的法律关系是什么；二是在确定的法律关系下，荔某公司是否负担及完成了合同约定义务。

本案存在多重法律关系，包括拆迁补偿合同关系、合作开发合同关系、委托拆迁合同关系等。其中，委托拆迁合同关系是某广公司与荔某公司（实际拆迁人）之间的内部关系，拆迁补偿合同关系是某源公司（法律上的拆迁人）与被拆迁人之间的外部关系。在厘清上述法律关系的基础上，代理律师准确地选择了“委托拆迁关系”作为案件切入点，并基于合同相对性原理，要求荔某公司履行义务。

在委托拆迁合同关系下，荔某公司是否负担并履行完合同义务？根据双方之间的约定，荔某公司负责包干完成所有的拆迁相关工作……获得房管局接收调换房的文件。据此，交付调换房是其应尽之义务，荔某公司有无履行完这一义务？争议焦点在于“拆迁结案”是否等于“拆迁完成”。“拆迁结案”是指房屋拆迁主管部门在被拆迁人全部签署拆迁补偿协议的情况下，出具《拆迁结案函》，这也标志着拆迁活动在行政管理程序上的终结，但“拆迁结案”并不以拆迁协议约定内容履行完毕为前提。而“拆迁完成”，从委托合同的约定看，不仅意味着拆迁结案，还应包括协议约定内容全部履行到位，如完成提供调换房义务。代理律师通过对“拆迁结案”与“拆迁完成”概念的区分，认定荔某公司并未完全履行委托合同约定之义务，进而需承担给守约方造成的损失，可谓有理有据。

本案的胜诉不仅为公司成功追回数十年的损失，也树立了我们契约严守、依法治国的良好形象，优化了大湾区法治营商环境建设，为粤港澳大湾区建设起到保驾护航的作用。

（点评人：龚军伟，广州市律师协会房地产与城市更新专业委员会主任）

浅析名誉权网络侵权纠纷实务中证据的组织和运用

袁　雨*

【内容提要】

本案例所涉纠纷为名誉权网络侵权纠纷，原、被告双方均为人气主播，粉丝数量总和超过52万人。袁雨律师代理原告肖某就被告周某通过某直播平台、微博等网络平台侵犯原告名誉权的行为主张侵权责任，对侵权责任四要件进行证明。袁雨律师克服了网络侵权证据固定的困难，制作了完整的证据链，并重点就被告行为造成的原告社会评价降低的损害结果进行了充分的论证和说理。最终法院基本采信了我方主张的事实，判令被告承担精神损害赔偿、诉讼维权费用并向原告进行书面道歉以及通过多个网络平台进行公开的道歉，道歉形式新颖全面且达到了恢复原告名誉的良好效果，案涉诉讼思路及举证技巧可堪借鉴。

【案情简介】

一、案件事实

原告肖某、被告周某均为某直播平台的主播。2019年5月25日，被告周某在其直播间发布直播，直播间名称突出原告肖某“专场”，直播内容为对原告外貌、

* 袁雨，广东金桥百信律师事务所律师。

私人生活、直播事业等的评论，且其多次使用贬损性用语称呼原告。次日，被告使用其个人微博账户先后发表微博正文，转载其百度贴吧个人账户发表的言论，内容主要为不后悔给原告开专场，被告还在微博评论区向网络用户强调被原告“欺负”。被告周某在直播间、微博等平台的言论内容意图引导公众对原告产生“打胎”“整容”“有那种视频”“通过不正当手段抢夺资源”等不良揣测，引发了网络热议。以上事实均由法院认定。

此外，原告方主张的事实还有：在直播结束后的数天内，被告在多个人数众多的微信群中散布未露面女子裸体的色情淫秽视频，并大肆宣称视频中的女性即为原告。但由于客观原因难以取证，法院未认定该事实。

二、处理过程

（一）确定被告为侵权网络用户

实践中，名誉权网络侵权的被告一般有网络用户与网络服务提供平台，一般来说，可以选择将侵权信息的发布平台作为共同被告予以列出，但目的可能是要求此类平台在诉讼中提供侵权人实名认证的注册信息。在本案中，网络用户为主播周某，网络服务提供平台为某直播平台、微博平台。在承办案件时，袁雨律师积极与法院沟通，在起诉阶段申请到了律师调查令向某直播平台调取了被告的身份信息，节省了司法资源，因此本案只起诉了网络用户周某。

（二）申请不公开审理

本案中，袁雨律师考虑到我方委托人肖某作为主播的职业特点以及该案为网络侵权的特点，为了最大限度维护我方委托人的利益，并向法院申请了不公开审理。

在申请书中，袁雨律师首先提出，原告提供了原告经常居住地具体地址、原告与友人就该侵权事件的私聊记录、个人微信及手机号码等证据及个人信息，其均属个人隐私，如公开审理和质证将会搅扰原告日常生活。其次被告周某捏造的许多不实情节涉及个人私密话题，且被告周某在本案审理期间仍在继续诽谤原告，具有较大的主观恶性，举证质证的过程极易被人断章取义以误导不了解实情的网友，有二次损害原告作为一名主播的名誉的危险。

经过袁雨律师对上述事实的举证和论证，主审法官形成了内心确信，并最终认定本案涉及当事人隐私，法院同意了我方不公开审理的请求。

（三）证据的固定

本案中，侵权的信息在某直播平台、微博、贴吧多个渠道传播，被告周某可以在任意的时间删除和修改个人账户中的侵权信息。原告如不能及时固定证据，极有可能导致案件基础证据缺失甚至无法立案的困境。对此类案件，最好采取公证的方法及时固定证据。

由于我方委托人不愿承担公证的成本，袁雨律师充分发挥自身的专业素养，尽可能全面地搜集散见于一些视频网站、侵权人微博、贴吧、媒体新闻报道、与第三人微信聊天记录等各处的证据，及时使用专业手法进行录屏、截图，并通过视频中的侵权言论、新闻报道中的描述、贴吧中网友的反应等信息进行一一对应，最大限度组织了证据链对案涉侵权行为进行充分举证。

（四）证据的组织

根据民事诉讼法及其相关解释，名誉权网络侵权纠纷的原告负担侵权责任四要件的证明责任，即危害结果、违法行为、因果关系与主观过错。其中，危害结果是首要证明责任，即法院首先会考察被侵权人的社会评价是否降低。作为原告，应当要通过举证和证据链的组织，让法官形成“原告的社会评价确有降低”的内心确信，如果原告举证不能就会承担败诉风险。

本案中，在侵权行为的证明上，袁雨律师通过在庭审时展示某视频网站上保存的被告贬损原告的直播视频画面、被告发表微博进一步侮辱原告的截图，直接证明了被告的侵权行为。在危害结果与因果关系的证明上，通过多篇新闻报道、自媒体文章以及网友在各个社交媒体平台上的评论内容等侧面突出被告在直播平台、微博和贴吧等平台网络言论传播对原告名誉的严重损害结果，法院最终也采纳了袁雨律师的上述观点。在主观过错的证明上，被告周某开直播专场以及发布直接针对原告本人的微博言论，不难看出其行为的主观故意。同时，袁雨律师在承办案件后第一时间发出了律师函要求对方立即停止侵权并承担侵权责任。律师函不仅起到了防止损害结果扩大的作用，同时被告在收到律师函之后的回应方式也作为了我方证明其主观恶意的证据。

此外，本案的特殊之处还在于必须证明被告侵害名誉的行为指向原告。被告周某抗辩其在直播间和微博的言论中并未提到原告的真实姓名，而是使用了原告直播的艺名或者艺名的代称，但袁雨律师在法庭辩论中提出，原告与被告之前就已相识，且均为同一平台的主播，被告尽管没有提到原告真实的名字，但被告在其网络言论中提到的艺名或者代称与原告的联系具有高度盖然性，此观点亦被法院采纳。

（五）侵权损害赔偿请求

一般来说，名誉权的权利人可以主张的损失有经济损失、精神损害赔偿以及合理支出。

关于经济损失，法院普遍要求原告承担证明其存在直接经济利益损失及相应金额的举证责任。在本案中，原告肖某认为主播收益涉及个人隐私不愿意作为证据公开，导致法院认为原告不能证明其因被告侵权行为导致直播资源、粉丝用户减少等收益损失。但是，只要案件原告有证据体现其直播收益发生以及因侵权减少的全过程，同类案件仍有获得经济损失赔偿的可能性。在名誉权网络侵权责任主张经济损失时，尽管不能证明具体的经济损失数额，原告方也应尽量对存在经济损失这一点进行举证，增加判赔的可能性。

关于精神损害赔偿，袁雨律师就被告的主观恶意严重、不实信息传播的广度、其言论对我方委托人作为一名女性的社会生活的长远影响进行了论述，突出了我方委托人受到了极大的精神折磨和痛苦。最终法院支持了我方主张的精神损害抚慰金请求。

（六）刑事控告的选择

我国立法对诽谤罪采取了以自诉为主，以公诉为补充的制度设定。刑事控告的优势是公检机关介入，可以弥补名誉权网络侵权中原告取证困难的不足，同时通过公检机关的立案及调查情况在网络平台上的通报，对恢复权利人的名誉也起到了民事赔礼道歉之外的特别作用。

在本案中，袁雨律师在代理我方委托人提起民事诉讼的同时，也曾就行为人在微信群中传播淫秽视频并造谣画面中女子为我方委托人、在直播平台和微博平台发表言论对我方委托人进行侮辱和诽谤等多项事实主张向公安机关报案，并提供了初步的证明材料。但是最终由于客观原因，我方单凭民事主体的私人之力确实无法举证查明淫秽视频发布者的身份信息，公安机关未予立案，继而转为提起民事诉讼，但刑事控告也是一条维护自身合法权益的路径，不应忽视。

三、裁判理由与结果

（一）本案中被告于直播平台、微博发布的案涉直播视频、微博言论已构成对原告名誉权的侵害

第一，尽管原告的艺名并非真实姓名，但从被告的直播内容、社交平台正文来

看，可以认定被告评论的对象系原告，其言论系指向原告本人。第二，被告发表案涉网络言论时多处使用贬损性用语，并意图令公众对原告产生不良揣测，不论所述是否属实，均不影响对原告名誉权侵权的实质认定。第三，从网络用户发布的相关视频、文章的浏览量看，案涉事件已通过互联网快速、大范围传播，引发了公众对事件的负面讨论，产生了名誉权侵权的事实，被告对此具有过错。

（二）根据《侵权责任法》（现为《民法典》侵权责任编）原告要求被告承担相应的侵权责任具有法律依据

第一，被告侵权行为给原告带来精神痛苦，原告主张被告向其出具书面道歉声明于法有据。第二，关于赔偿损失问题，根据相关部门公布的律师收费标准，酌定支持相应费用；综合案涉侵权行为的方式、传播范围、用户浏览量、被告主观过错程度等因素，酌定支持原告精神损害抚慰金。第三，原告提交的证据不足以证明因被告侵权行为导致直播资源、粉丝用户减少等收益损失，故对原告有关经济损失20万元的主张不予支持。

综上所述，法院判决：（1）被告周某于本判决发生法律效力之日起十日内向原告肖某出具书面道歉声明，声明内容不少于100字，须事先经法院审查；（2）被告周某于本判决发生法律效力之日起十五日内，使用被告周某注册的某平台微博账户发表上述道歉声明并保留不少于240小时；（3）被告周某于本判决发生法律效力之日起十五日内，使用被告周某注册的主播账号于直播平台发布直播并向原告赔礼道歉，为原告消除影响、恢复名誉；（4）被告周某于本判决发生法律效力之日起十日内向原告肖某赔偿律师费×万元；（5）被告周某于本判决发生法律效力之日起十日内向原告肖某赔偿精神损害抚慰金10000元。

【争议焦点】

1. 被告发布案涉直播、微博内容是否侵害原告名誉权？被告言行是否属于侵权行为，其行为是否指向原告，是否对原告造成了侵权损害结果，是本案作为网络空间侵权案件认定的特点与难点。

2. 被告应否承担侵权损害赔偿责任？被告侵权行为与原告的经济损失、精神损害是否存在因果关系，若存在因果关系，被告应如何对原告作出赔偿，消除对原告的侵权影响，是本案在侵权损害赔偿责任认定上的焦点。

【案例评析】

肖某诉周某名誉权网络侵权纠纷案件是名誉权网络侵权纠纷的一个成功维权案例，双方当事人均为某直播平台主播，也是泛娱乐化与网络数字化时代名誉权纠纷的经典案例。

名誉权在网络社交活跃的时代背景下产生了新的特点：（1）侵权主体的匿名性；（2）侵权主体组成的复杂性；（3）侵权内容传播快；（4）侵权结果危害严重且侵权行为较难举证。网络社交的发展给名誉权的保护带来了新难点，在处理利用信息网络侵害名誉权的案件时，应当要考虑信息网络传播的特点，才能更充分地保护权利人的名誉权。

本案可以获得如此良好的结果的关键是，通过袁雨律师全面的举证和严密的逻辑论证，承办法官对我方委托人的名誉受损这一事实有了内心确信。法院在判决书中直接认定了不论被告所述是否属实，均不影响对原告名誉权侵害的实质认定。尽管在淫秽视频发布者的证明责任上，我方确实因为客观原因而举证不能，但是袁雨律师通过尽力举证被告在先的直播内容及其传播后果，形成了完整证据链，突出了被告周某的恶意与原告因此受到的经济与精神上的严重损害。虽然判决书中并未对淫秽视频发布者为被告这一事实作出认定，但从判决结果可以推断法官对淫秽视频的发布者也有了内心确信。以上结果得益于袁雨律师在接受委托后及时固定了证据以及庭审组织证据时的严密论证，袁雨律师在庭审时展示了某视频网站上保存的被告贬损原告的直播视频画面、被告发表微博进一步侮辱原告的截图，直接证明了被告的侵权行为。更重要的是，袁雨律师通过多篇新闻报道、自媒体文章以及网友在各个社交媒体平台上的评论内容等侧面突出被告在直播平台、微博和贴吧等平台网络言论传播对原告名誉的严重损害结果，法院最终也采纳了袁雨律师的上述观点。判决生效后，侵权人也通过多个网络平台向我方委托人道歉，道歉形式新颖且效果良好。

另外，经过法院审核的被告书面道歉稿也突出了其发表关于我方委托人的言论为“不实言论”，这是袁雨律师在判决生效后多次努力与承办法官交流的结果。袁雨律师为我方委托人最大限度地恢复了名誉，督促被告在其发布不实言论的平台均进行了公开赔礼道歉，极大地挽回了我方委托人作为一名主播受到的名誉损害，也为其以后长期的正常社会生活和情感生活消除了不良影响，本次办案结果受到了我方委托人及其亲友的一致认可。

【专家点评】

此案例是网络平台名誉权侵权维权的成功案例，互联网不是法外之地，这个案例，对直播行业的规范、网络空间的依法管理起到了正向引领作用。

在网络空间中，名誉权网络侵权行为的特点是易删除、范围广、传播快，证据的收集与保全从案件立案到举证论证都发挥着关键作用。

在本案办理过程中，原告及其代理人袁雨律师全面及时地固定证据形成有效的证据链，为其后续说理奠定了基础。本案的另一特殊之处在于双方都是直播平台的主播，拥有可观的粉丝量。在道歉方式上，除了书面道歉之外，法院还支持了原告要求被告在网络平台上的道歉，尤其是直播道歉，是创新有效的帮助原告恢复名誉的方式，值得点赞！

名誉权作为人身权利，虽然通常难以直接造成经济损失，但名誉权受损往往影响权利人的财产获得。本案支持了原告的精神损害赔偿，既是对受害人的精神抚慰和心理补偿，也是对侵权人的教育和惩罚。随着互联网和新兴产业的发展，利用网络侵害他人名誉权的行为逐渐增加，且产生了更难以逆转的损害后果。

我国《民法典》将人格权独立成编，强化了对人格尊严的维护。对于名誉权在网络时代面临的各种挑战，还需更多理论与实践的探索，本案在证据组织和说理思路上则为类案提供了有益借鉴。

（点评人：陈永忠，广东省律师协会经济犯罪业务专业委员会副主任、广东省法学会法律风险管理研究会常务副会长）

网约顺风车维权案

严惠升*

【内容提要】

本案是广州互联网法院审理的第一个网约车纠纷案，即使放眼全国，相似案例也是寥寥无几。主要原因是该类纠纷具有争议标的小、传统诉讼流程烦琐、司法程序时间冗长、人力物力成本大等特点，因此，当事人往往会选择息事宁人。

在本案之后，经过大众传媒的多次报道和社会舆论的发酵，同类案件开始出现递增趋势。越来越多的群众明白，原来网约车服务纠纷这种随处可见但又微不足道的事情，是完全可以通过诉累较低的方式依法维权的。这正是本案对社会最大的积极作用，体现了法的指引作用。

【案情简介】

2019 年 9 月 20 日，原告使用某出行 APP（运行主体是上海钧某网络科技有限公司，以下简称钧某公司）网上预约顺风车，选择“不拼座”服务，并预付车费 149. 8 元。原告和两位同行友人上车后，司机提出取消订单、线下交易、现金加价、路上拉客等一系列无理要求。遭到拒绝后，司机将乘客们拉至偏僻之处，并恶语相向驱赶三人下车。

于是，原告联系出行平台客服寻求帮助。然而，客服既未对投诉进行处理，也

---

* 严惠升，广东连越律师事务所律师。

未按照原告要求提供司机的姓名、联系方式等相关信息，对原告等三人的困境亦未提供任何实质性解决方案。在偏僻之处等候许久后，原告无奈之下更换了网约车平台。两日后，原告收到出行平台的短信，显示案涉订单已由系统自动完成。

为此，原告将钧某公司诉至广州互联网法院，要求返还车费149.8元、支付利息，并赔偿1元。

2019年12月，广州市互联网法院经审理，裁判如下：

一、本案是财产权纠纷还是合同纠纷的问题

法院认为，本案立案案由是财产权纠纷，但原告按照其与钧某公司达成的《协议》，发布乘车信息，接受平台信息服务，支付车费给钧某公司，符合《消费者权益保护法》第44条第1款“消费者通过网络交易平台购买商品或者接受服务，其合法权益受到损害的，可以向销售者或者服务者要求赔偿”的规定，案由应该调整为网络服务合同纠纷。

二、关于出行APP中《服务协议》的仲裁条款是否有效的问题

《协议》第13条第1款约定，本协议之解释与适用，以及与本协议有关的争议，均应依照中华人民共和国法律予以处理，双方同意提交上海国际经济贸易仲裁委员会/上海国际仲裁中心仲裁，并按照申请仲裁时该会有效的仲裁规则仲裁解决。

首先，该条款是钧某公司为了重复使用而预先拟定，并在订立合同时未与乘客协商的条款，属于格式条款。《合同法》（已废止）第39条规定，“采用格式条款订立合同的，提供格式条款的一方应当遵循公平原则确定当事人之间的权利和义务，并采取合理的方式提请对方注意免除或者限制其责任的条款，按照对方的要求，对该条款予以说明”。钧某公司对条款内容未标黑加粗，未尽到格式条款提示义务。

其次，原《合同法》第40条规定，“格式条款具有本法第五十二条和第五十三条规定情形的，或者提供格式条款一方免除其责任、加重对方责任、排除对方主要权利的，该条款无效”。钧某公司作为合乘信息服务提供者，乘客遍布全国各地，将争议解决方式定为上海国际经济贸易仲裁委员会/上海国际仲裁中心仲裁，属于排除消费者主要权利、免除自身主要义务的条款，不合理地加重了消费者的负担，应属于无效条款。

最后，本案中原告的诉请金额只有100多元，为了100多元的车费让居住在广州的原告去千里之外的上海申请仲裁，既增加了诉讼成本，也让维权过程更加复杂和困难。消费者积极维权有利于规范经营者行为，推动消费环境改善，在鼓励消费者勇于维权的背景下，如果让消费者受阻于复杂漫长且成本高的维权过程，不利于消费者维权意识的培养，也会助长侵权者的气焰。并且，采用互联网法院网上审理的方式也不会增加钧某公司负担。

因此，某出行 APP 中《服务协议》的仲裁条款无效。

三、关于钧某公司是否应返还车费的问题

首先，当事人双方均确认司机未完成订单，在原告已举证证明仅搭乘该车 2 公里，后另行通过其他方式出行的情况下，该平台未提供任何证据证实司机完成大部分线路或原告主动下车，故对原告主张的司机违约、服务未完成的事实，法院予以采信。

其次，根据《消费者权益保护法》第 44 条规定，该平台作为合乘信息服务的提供者，应当承担协助义务，在未能及时提供司机的姓名、联系方式等相关信息的情形下，原告有权要求该平台承担责任，该平台也应当向原告赔偿车费及利息损失。

四、关于钧某公司是否应赔偿原告 1 元的问题

法院认为，根据《消费者权益保护法》第 11 条规定，该平台的司机无正当理由未完成订单，造成原告需另行约车出行，原告诉请该平台赔偿 1 元，合法合理，法院予以支持。

该 1 元虽数额不高，但反映出原告积极维护自身合法权益、理性参与网约车平台治理的意愿，支持该请求具有重要象征意义。规范网约车平台的发展需要充分发挥社会共治，而消费者的维权监督无疑是重要的一环，支持原告 1 元的诉请，不仅体现了司法对消费者合法维权意识的呵护，也体现了人民法院推动消费环境改善的司法努力和价值取向。故法院对原告要求该平台赔偿 1 元的诉讼请求，予以支持。

【争议焦点】

1. 本案是财产权侵权纠纷还是合同纠纷？
2. 某出行 APP 中《服务协议》的仲裁条款是否有效？

3. 某出行平台是否应返还车费？

4. 钧某公司是否应赔偿原告 1 元？

【案例评析】

本案作为广州互联网法院审理的第一个网约车纠纷案，被广泛刊登于主流传媒，产生了积极的法治影响。

本案巧立案由，先以财产权纠纷立案，经法院在审理过程中主动释明，后变更为服务合同纠纷，避免了在千里之外的上海国际仲裁委管辖本案的诉累，大大节省了维权成本。在审理过程中，原告创造性地要求被告赔偿损失人民币 1 元，体现维权初心。本案是小额诉讼，一审终审，高效快捷，最后通过网络查控被告银行账户，执行秒到位，处处细节都可以体现出维权的专业性。

本案全程线上处理：网上立案、网上调解、网上开庭、网上执行，相对于传统法院，互联网法院具有耗时短、效率高的优势。原告充分体会到了“科技创新”“互联网 +”等技术给司法实践带来的积极推动力。科技与法律相互结合，人民群众足不出户就能解决纠纷，这就是司法进步的新颖亮点。

被告作为网约车平台，管理平台司机确实会存在一定难度，但作为一个成熟的企业，应具备完善的经营管理制度及服务质量保障制度，对使用其产品的司机、乘客负责。一个成熟并且积极向上的企业，不应当忽视每一个客户意见。另外，在网约车市场经历多次行业洗牌、烧钱补贴之后，网约顺风车已经成为人们出行的主要方式之一。但由于缺乏足够力度的监管，引发了越来越多的司乘纠纷，这也是司法实践亟须解决的现实问题。因此，如果这个小小的个案，能够给如今需求量巨大的网约车市场带来些许反思，那就不枉此番了。

【专家点评】

这是一个以小见大的典型案例，有两个亮点：一是审理法院为互联网法院，充分凸显了互联网法院的创新、便捷、高效的司法特征，展示了人民法院坚持与时俱进、勇于创新，将先进的互联网科学技术引入司法层面，让科技照亮法律生活。同时，广州互联网法院通过对微小案件的公正处理，体现了“人民法院努力让人民群众在每一个司法案件中都能感受到公平正义”的司法理念，彰显了“人民法院为人民、我为群众办实事”的司法立场。二是原告身为律师，利用自己掌握的法律知识，突破被告格式化约定的仲裁管辖约束，将案件诉之法院，促使被告敬畏法律、坚持合法合规营运。

公民法律意识的强弱，是现代国家的文明标志之一。只有每个公民、商事主体和其他组织不断地增强法律意识，把法律作为行事的准则，才能有效地促进国家的法治建设，使《民法典》成为社会秩序和我们日常生活的标配。从这意义上来说，本案具有较强的普法意义和价值。

（点评人：李鸿鹄，广东省律师协会民事法律专业委员会副主任）

诉讼中请求权基础选择的意义

何 宇 赵东亮*

【内容提要】

请求权的基础即请求所依据的法律关系。在诉讼中，法律关系不仅决定着权利义务的内容，还影响着权利义务证明的程度以及证明责任，而后者常常易为我们所忽视。作为诉讼律师，在厘清法律概念和事实概念的基础上，不仅需全面了解案件所涉法律依据，还需善于梳理法律关系，进而选择适当的法律依据去诉讼。请求权基础的选择往往是一个案件成功的关键，本案以民间借贷关系为据提出一审诉请，以股票转让关系为基提起二审上诉，而一审、二审判决截然相反的结果恰恰说明选对请求权基础的重要意义。

【案情简介】

2007 年 5 月 26 日，柯某出具《确认及担保函》，其专此向唐某确认以下事实：其作为我国香港地区某上市公司的主要持股人（占公司股份的 57%）和董事会主席，将安排并确保转让公司 5.5 亿股给唐某，其确认截至 2007 年 5 月 26 日之前实际收到唐某股票转让款人民币 800 万元整。柯某同时承诺如下：将尽一切努力确保股票 2007 年 6 月 30 日前复牌，无论复牌情况如何，其将在 2007 年 6 月 30 日前将股票 5.5 亿股（折合每股约 0.015 元）转让至唐某账户或名下。如其不能完成上述

* 何宇、赵东亮，广州连越律师事务所律师。

约定，将在2007年7月3日前，一次性向唐某归还全部股权转让款。不能按期归还的，每日按照已付款项的百分之一支付滞纳金。

2009年2月28日，柯某出具《欠款单》，确认其欠唐某本息合计人民币2400万元。2012年1月8日，柯某出具《还款计划书》，确认共欠唐某2400万元人民币，确保在2012年1月22日前归还1000万元，如实际有困难，最少也归还唐某500万元人民币，其余欠款2012年3月30日前归还。

2013年6月14日，唐某委托律师向柯某发律师函，要求柯某于2013年6月21日前向唐某偿付2400万元及其从2009年3月1日起的利息，否则将循法律途径追究柯某的所有法律责任。

2014年1月7日，柯某出具《还款计划保证书》，确认共欠唐某人民币2400万元，现保证在2014年1月25日前归还200万元，2014年2月30日（注：此日期应为笔误）前归还1000万元，2014年3月30日前归还500万元，余款700万元在2014年4月30日前还清。

因柯某未按承诺期限还清款项，唐某于2014年3月4日向广州市某区人民法院以民间借贷纠纷提起诉讼，请求判令柯某偿还借款2400万元及自2009年3月1日起至偿还日，按中国人民银行同期同类逾期贷款利率计算的利息。后因发现柯某已经取得香港地区永久居民身份，根据涉港商事案件的级别管辖规定，案件被移送至某中级人民法院审理。

因款项支付时间距离起诉时间有7年之久，且跨越内地与香港地区，唐某仅能找到2006年3月28日的200万元、116万元、100万元，合计416万元的支付凭据。

本案一审法院认为：第一，唐某与柯某之间的民间借贷关系合法有效。第二，关于涉案借款的本金、利息及是否实际履行的问题。作为民间借贷，出借人对借款关系的成立和履行承担举证责任。唐某仅提交了向柯某账户存入人民币416万元的凭据，未能举证证明已将剩余384万元借款实际支付给柯某，据此认定唐某实际出借给柯某的借款只有人民币416万元。至于利息，因未有证据证明双方有约定利息，借款期间依法视为不支付利息，故仅支持自起诉日起按贷款利率计算的利息。据此，一审法院判决，柯某自判决发生法律效力之日起10日内向唐某偿还借款本金416万元及利息，利息自2014年3月4日起，按中国人民银行同期同类贷款利率计算至实际清偿日止。

委托人不服一审判决，向广东省高级人民法院提出上诉，要求撤销一审判决，改判柯某立即归还欠款2400万元及利息（利息以2400万元为本金，按中国人民银行同期同类逾期贷款利率计算，从2009年3月1日起计算至其实际支付之日止）。上诉所提出的理由有：1. 一审法院按照纯粹民间借贷关于严审“资金直接交付证据”的处理方式，仅支持有存取款凭证的416万元作为借款本金，未支持全部欠款2400万元，源于其错误地认定了唐某在本案所主张的请求权基础。唐某所主张的实际上是柯某不能如期交付股票而应承担的违约责任，而非不能如期清偿借款所应承担的还本付息责任。2. 唐某主张的2400万元的构成和来源有着合理的解释以及充分的证据，其主张的基础是柯某2007年5月26日出具的《确认及担保函》。一审法院简单按照民间借贷纠纷处理本案，未采纳柯某关于“已收齐股权转让款”的多个书证，这不仅与本案实际法律关系不符，也与本案事实不符，从而造成了与柯某多次亲笔承诺的事实相冲突的不公正的裁判结果。3. 根据《最高人民法院关于审理民间借贷案件适用法律若干问题的规定》第15条的规定，一审法院应当依据查明的案件事实，按照基础法律关系审理案件。《确认及担保函》是本案当事人实体权利义务的基础，股票转让关系是本案基础法律关系。一审法院忽视了《确认及担保函》的重要法律意义，按照民间借贷纠纷处理方式仅支持有存取款凭证的416万元，属于适用法律错误。

二审广东省高级人民法院补充查明：2006年10月8日，柯某出具《收据》，记载：今收到唐某50万元港币，用途为购买某股票，每股按0.02元计算，在10月底前将2500万股的股票转入唐某的账户，或将股票直接交给唐某。

2007年5月22日，柯某出具《承诺书》，记载：其承诺并确认愿意将原始股的1.75亿股，按每股0.01元，转让给唐某，其愿意以150万元的代价成交。当其收到该笔款项人民币150万元后，其承诺在复牌（约2007年6月）前将该股票转入唐某账户内。

2007年5月22日，柯某出具《欠条》，记载：今欠到唐某共计股票3.25亿股，复牌前转入唐某的股票户口。2007年5月25日，柯某出具《借条》，记载：兹借到唐某50万元港币，此款作价5000万股票。2007年11月20日，柯某向唐某出具一份《股票托管书》，记载：柯某受唐某的委托，代为保管唐某的股票总计5.5亿股。

柯某向唐某承诺，其在代为保管期间，不得擅自将该批股票买卖，除该批股票的表决权授权托管给柯某外，股票权益全部归唐某所有。唐某如需解除本托管书，柯某在接到唐某开具解除托管的书面通知的10个工作日内，无条件将该5.5亿股股票划入唐某账户内，否则柯某愿意赔偿因此给唐某造成的全部经济损失（该股票复牌上市后，由唐某指定任一香港股市交易日该批股票的交易价格之总市值的两倍）。2007年11月20日，柯某向唐某出具了另一份《股票托管书》，内容同上。同年12月13日，柯某又于该份《股票托管书》的空白处手写：唐总，由于公司尚在复牌中，为了不让阁下蒙受经济损失，待公司合股后，再按规定股数即5.5亿股转给阁下。

2009年9月26日，柯某出具《欠条》，记载：其欠唐某股票8亿股，保证于该股票复牌上市之日起7天内，通过香港某证券公司的合法交易手续全数过户给唐某。2011年1月21日，柯某在2009年9月26日的欠条空白处承诺，其保证在2011年3月30日前完成兑现。

另查明：香港某公司股票于2011年1月19日复牌，复牌前的价格为港币0.025元，复牌当天的收盘价为港币0.570元，2011年11月21日的收盘价为0.590元，2011年3月29日的收盘价为港币0.640元。

广东省高级人民法院经审理认为，二审的争议焦点是：双方当事人之间的合同关系，柯某是否存在违约行为，柯某应向唐某支付款项的金额。

关于双方当事人之间的合同关系。二审法院认为，合同关系应根据当事人的意思表示、所约定权利义务的内容予以认定。本案中，柯某称其为某公司的主要持股人，并认可收到了唐某支付的款项。一审、二审查明的事实显示，在全面记载双方之间交易情况、权利义务的主要证据《确认及担保函》中，柯某确认唐某向其支付的款项为“股票转让款”；柯某曾先后出具了多份书面文件，确认其所收款项的金额及对应的股票数量，当中包括2006年10月8日《收据》载明港币50万元对应2500万股的股票，2007年5月22日《承诺书》载明港币150万元对应1.75亿股的股票，2007年5月25日《借条》载明港币50万元作价5000万股的股票等；柯某在不同时间还出具了多份关于确认所欠股票数量的书面文件，其中2007年5月22日《欠条》载明尚欠股票3.25亿股，2007年5月26日《确认及担保函》载明转让股票数量为5.5亿股，2009年9月26日《欠条》载明尚欠股票8亿股，上述文件均承诺在股票复牌上市后全部过户给唐某；此外，柯某在《股票托管书》中确认相应股票在过户前由其代为保管，股票权益全部归唐某所有。以上事实足以证明，唐某向柯某支付款项的目的在于买入股票，柯某同意卖出，故双方之间成立股票买卖合同关系，柯某为出卖人，唐某为买受人。双方就股票买卖达成的一致意思表示合法有效。唐某应支付价款，柯某在约定条件成就即股票复牌，能够正常交易时将相应数量的股票过户给唐某。一审法院认定双方之间为民间借贷关系与事实不符，不能成立。

关于违约主体及应支付的款项。二审法院结合查明事实，根据《最高人民法院关于〈适用中华人民共和国民事诉讼法〉的解释》第108条第1款“对负有举证证明责任的当事人提供的证据，人民法院经审查并结合相关事实，确信待证事实的存在具有高度可能性的，应当认定该事实存在”的规定，认定唐某为履行股票买卖合同，已在2007年5月26日前向柯某付清转让款人民币800万元。柯某在股票2011年1月19日复牌，客观上已经具备过户条件，但至今未将约定数量的股票过户给唐某，构成违约。

按照《欠款单》《还款计划书》《还款计划保证书》的约定，柯某应向唐某付款人民币2400万元，柯某未履行全部付款义务，仅支付折合人民币419.228万元的款项。

二审法院撤销一审判决，判令柯某向唐某支付欠款本金人民币1980.772万元及相应的利息。

【争议焦点】

1. 唐某与柯某之间究竟存在何种法律关系？
2. 唐某作为付款人，是否已经履行完毕付款义务？
3. 柯某是否构成违约，应向唐某支付款项的金额及利息几何？

【案例评析】

借款是一个法律概念，而欠款是一个事实概念，生活中很多人不太注意这两个概念的区别。法律界也可能有同行没有重视正确区分借款和欠款的法律意义。生活中经常出现基于不同的法律原因产生欠款这一事实，对于追索欠款的诉讼，正确选择诉因即请求权基础尤其重要。

本案委托人一审以民间借贷纠纷为由提起诉讼，法院也以此案由审理，根据民间借贷纠纷的证明标准和举证责任，委托人主张柯某偿还借款2400万元本息，需要证明出借资金的实际交付以及利息计算依据。但由于委托人向柯某交付款项的形式多样，既有在境内也有在境外，既有转账也有现金，且交付款项至案件起诉已有七八年之久，委托人很难提供全部的支付凭证。而即使委托人提供了多份柯某出具的书面确认文件，一审法院依然没有采纳委托人的观点。这其中的缘由是民间借贷纠纷这个案由限制了法院审查的范围和内容，没看到凭据法院不支持。

如果仍以“出让人出具的书面确认文件足可证明欠款事实”，按照民间借贷纠纷的思路提起上诉的话，二审凶多吉少。二审代理必须另辟蹊径。

眼光拉长，代理律师看到柯某多份书证背后的法律缘由——股票买卖。当事人不懂法律，在生活中也不区分事实概念与法律概念，而在当事人往来的令人眼花缭乱的收据、借据、欠款等文书的背后，存在一个基本的法律动因，即一切来源于股票买卖。至此，二审代理律师认为二审关键的争议焦点应该是本案的法律关系，应说服法官认可本案为股票买卖关系，进而按照股票买卖合同双方权利义务的证明程度和证明标准予以认定案件事实。

代理律师按照股票买卖中买受人的证明标准，将柯某收款与股票数量、股票价格对应，将柯某承诺交付的股票价值与欠款金额相对应，再结合柯某的身份以及股票交易上市的事实，最终成功说服二审法官。二审法官以买卖合同纠纷的思路重新界定了买受人唐某与出卖人柯某的权利义务，不再纠结于买受人是否有真凭实据证实其究竟实际支付了多少款项，而是通过出卖人不同时期的多份确认及承诺认定买受人已经履行完毕付款义务，进而着重于审查出卖人是否依约履行了交付股票的出卖义务。二审法官参照买卖合同纠纷的举证责任和证明标准，认可了代理律师的意见，二审成功实现改判。

【专家点评】

请求权基础，事实与法律的区分，是民法研习者的基本功。请求权基础的辨别、筛选乃至正确适用是一个综合、交互的复杂过程，考验着律师对于法学理论、法律条款以及司法实践的掌握功底。事实与法律的区分，也是法律思维的基本要求。唐某与柯某合同纠纷一案一审、二审律师代理案件的思路，完美地阐释了以上内容。

欠款是一个事实概念，借款是一个法律概念。生活中两个概念常常混用，普通人分不清倒无所谓。但作为律师，如果没有正确地界定事实与法律，可能会导致代理目标无法实现。

一审代理律师看到了“借款”这一静态结果，从而以民间借贷纠纷作为诉请的依据，法官则按照民间借贷司法解释以及实践，严格审查出借款项是否交付，利息是否约定，从而按照查实的出借资金认定借款本金。二审代理律师则放宽眼界，看到“欠款”的演变过程，以买卖合同纠纷作为上诉的依据，着重从出卖人不同时间反复确认“股权交付”义务入手，论证双方之间实为买卖关系，买受人已经履行完毕付款义务，出卖人应当履行交付股票义务，但未履行从而构成违约，进而淡化支付款项凭据不足的问题。

该案例的一审、二审过程，凸显了作为案件代理人的律师，不仅需厘清事实与法律，还需善于梳理法律关系，选择适当的法律依据即请求权基础。

（点评人：朱虎，中国人民大学法学院教授、博士生导师）

虚假行为和隐藏行为效力

——以“名为买卖实为借贷”为例

钟国才 高 蔚 潘俊杰*

【内容提要】

医药公司与广州某粮所签订78份《购销合同》，约定医药公司向广州某粮所供应稻谷，但广州某粮所未支付货款，故医药公司提起仲裁，后经鉴定仲裁条款上的公章是伪造的，故仲裁委驳回医药公司的仲裁申请。医药公司遂以“买卖合同纠纷”向法院起诉，法院经审理后认为本案仅有资金的流转而无真实的货物交易，故本案的法律关系是借贷合同法律关系而非买卖合同法律关系。由于部分《购销合同》是虚假的，故无法确认广州某粮所是否收到全部78份《购销合同》对应款项，进而驳回了医药公司的全部诉讼请求。医药公司不服遂提起上诉。二审法院认为，根据《民法典》第146条认定《购销合同》属于“虚假表示”，应当按照“隐藏行为”即“借贷合同法律关系”进行审理，不论《购销合同》是否真实，“隐藏行为”均有效，并最终支持医药公司的主要诉讼请求。

【案情简介】

医药公司与广州某粮所共签订78份《购销合同》，约定医药公司向广州某粮所供应稻谷等货物，但广州某粮所收到货物后，未依约支付货款，故产生纠纷。医药

* 钟国才、高蔚、潘俊杰，广东南国德赛律师事务所律师。

公司根据双方签订的仲裁条款提起仲裁，后经鉴定，仲裁条款上的公章是伪造的，故仲裁委驳回医药公司的仲裁申请，医药公司遂以“买卖合同纠纷”向一审法院提起诉讼，开庭后知悉“名为买卖实为借贷”，经法院释明后变更诉讼请求。

一审法院经审理后认为：“1. 关于本案的法律关系。虽医药公司与 A 公司、B 公司与广州某粮所及广州某粮所与医药公司分别签订多份《购销合同》，但各方之间并无真实的货物交易，仅有资金的流转，签署《购销合同》的真实目的是广州某粮所从医药公司获得借款，故本案的法律关系实际系借贷合同法律关系，医药公司与广州某粮所之间的买卖合同行为无效。2. 关于广州某粮所是否应当向医药公司返还借款。本案的款项流转系医药公司将款项支付给 A 公司（之前部分款项是支付给 C 公司），A 公司再支付给 B 公司，最后由 B 公司支付给广州某粮所。虽然医药公司表示其在 2015 年 2 月 6 日至 2017 年 7 月 15 日依据 78 份《购销合同》向 A 公司、C 公司支付款项合共 84222000 元，但依据前述的款项流转过程，现有证据无法显示 A 公司收到医药公司的款项后，最终由 B 公司将其收到 A 公司的款项全部支付给广州某粮所。另外，广州某粮所仅确认其与医药公司存在 62 份《购销合同》，广州某粮所已就剩余 16 份《购销合同》涉嫌被伪造公章案为由向公安机关报案，公安机关予以立案，现仍在侦查中，故本院暂无法确认广州某粮所与医药公司是否真实存在上述 16 份《购销合同》，也无法确认广州某粮所是否实际收到上述 16 份合同项下的款项。本案合同项下的货款金额包含在医药公司与广州某粮所确认的 62 份《购销合同》中，医药公司与广州某粮所亦确认上述 62 份《购销合同》的合同金额合计为 70761665 元，而广州某粮所已向医药公司支付款项合共 77372525 元，超额支付 6610860 元，故依据现有证据，医药公司要求广州某粮所支付本案合同项下货款的诉讼请求，依据不足，本院不予支持。”故一审法院驳回医药公司全部诉讼请求。

医药公司不服，遂提起上诉。二审法院经审理后认为：“首先，关于本案法律关系。根据现有证据和医药公司、广州某粮所的陈述，可以认定本案的法律关系名为买卖实为借贷。医药公司与 A 公司、A 公司与 B 公司、B 公司与广州某粮所、广州某粮所与医药公司分别签订多份购销合同，但各方之间并无真实的货物交易，仅有资金的流转，其真实目的是由广州某粮所从医药公司处获得借款，故本案按照企业间借贷合同法律关系处理。其次，关于尚欠款项。1. 医药公司与广州某粮所自 2015 年 2 月 6 日至 2017 年 7 月 15 日存在借款关系，交易模式为医药公司按照其与

C公司、A公司之间签订的采购合同所载明的金额将出借款项支付给A公司，A公司支付给B公司，B公司再支付给广州某粮所，最后由广州某粮所按照其与医药公司之间签订的购销合同所载明的金额还款。广州某粮所虽仅确认其与医药公司存在62份购销合同，否认其他16份合同的真实性，并就该16份合同中的公章造假一事向公安机关报案，但本案法律关系的实质为借贷关系，审查的重点在于出借和偿还款项的事实。现有证据可充分证明医药公司已按照其与C公司、A公司之间签订的采购合同交付款项，实际交付款项为84222000元。2. 广州某粮所自认从B公司收款85373675元，A公司、B公司的实际控制人卢某于2020年5月16日在公安局询问笔录中陈述：'医药公司向A公司支付了8400万元款项，B公司向广州某粮所支付了约8300万元款项。'一方面，广州某粮所虽主张其所收款项中仅有76700225元为医药公司的借款，其余款项均为其与B公司的其他交易往来，但因其不能提交与B公司存在相应交易往来的证据，故本院对其关于仅收到医药公司76700225元借款的主张不予采信；另一方面，现有证据虽不能直接证明B公司最终交付给广州某粮所的出借款项具体金额，但在无相反证据的情况下，广州某粮所实际收到的借款金额应约在83000000元至84222000元。因此，且不论医药公司能否按照前述78份合同载明的总金额85730165元收回借款，即便按照83000000元的出借款计算，与双方确认的已还款金额77372525元之间亦有5627475元的尚欠金额。广州某粮所未对本案以及其余三个案件所涉合同的真实性提出异议，医药公司在该四案中所主张的总金额为3561840元，未超出上述5627475元尚欠款额范围，故医药公司在本案中请求广州某粮所归还欠付本金的主张成立，本院予以支持。最后，关于利息。医药公司主张自广州某粮所逾期还款之日即2017年11月23日按照同期同类贷款基准利率上浮50%计算利息损失，于法无据，本院不予支持。但基于广州某粮所占有并使用了涉案款项，其须依公平合理原则支付相应的资金使用费，故本院按中国人民银行公布的一年期同期同类贷款基准利率计算自2017年11月23日至2019年8月19日的资金使用费，按全国银行间同业拆借中心公布的一年期贷款市场报价利率计算2019年8月20日至实际清偿之日的资金使用费。"

【争议焦点】

1. 本案的法律关系为"买卖合同法律关系"还是"借贷合同法律关系"？

2. 本案所涉“《购销合同》”是否有效?

3. 本案所涉“借贷合同法律关系”是否有效?

【案例评析】

本案涉及买卖合同法律关系与借贷合同法律关系两个法律关系，需要对“虚假表示效力”以及“隐藏行为效力”进行认定。医药公司在提起仲裁、一审后才知悉本案“名为买卖实为借贷”，经法院释明后及时变更诉讼请求。

根据《民法典》第146条（原《民法总则》第146条）规定：“行为人与相对人以虚假的意思表示实施的民事法律行为无效。以虚假的意思表示隐藏的民事法律行为的效力，依照有关法律规定处理。”法院认为各方签署的《购销合同》属于“虚假表示”，故认定《购销合同》无效，应当按照“隐藏行为”即“借贷合同法律关系”进行审理，最终通过认定“隐藏行为效力”有效并依据医药公司实际的出借款项、全部78份《购销合同》约定的应收款项以及广州某粮所已还款数额，综合判定广州某粮所应当承担还款责任并支付逾期付款利息，最终取得较好的判决结果。

【专家点评】

医药公司与广州某粮所“买卖合同纠纷”案是关于“名为买卖实为借贷”“虚假行为和隐藏行为效力”的典型案例，本案的审理关键在于甄别法律关系为“买卖合同法律关系”还是“借贷合同法律关系”，法院最终依据《民法典》第146条规定认定“虚假行为”即“买卖合同”无效、“隐藏行为”即“借贷行为”有效，进而以“借贷合同法律关系”审理本案，并最终依据出借方实际出借款项、借款方已还款情况作出裁判，具有一定的指导意义。

（点评人：张继承，华南理工大学法学院副教授）

服务合同纠纷验收是否合格的举证责任分配

张杨莉　赵倩倩*

【内容提要】

咨询服务合同，交付的系专业化的智力成果，服务质量和验收标准因知识构成的差异、利益立场的不同，极容易引发争议。本案一审法院认为证明服务符合“服务验收标准”的责任在服务方，并依据“服务委托方在合理期内提出异议”和“服务方在对方提出异议后表态全力做好深化调整”两个点，根据双方沟通的形式流程，认定服务方未能证明提供的服务达到服务标准及验收标准，驳回服务方的全部诉讼请求，还支持了服务委托方的反诉请求，判定服务方承担违约责任。二审法院则认为“服务方已对委托方的异议作出合理解释，服务委托方仅以粗浅方式否认服务方的报告过于随意，服务方已经提供终期报告，委托方无相反证据证明报告不符合验收标准应当承担举证不能责任”，将验收标准不符合约定的举证责任倒置给了委托方并由其承担举证不能的不利后果，二审最终支持了服务方主张全额服务费及违约金的全部诉讼请求，驳回委托方的全部反诉请求。

【案情简介】

义乌 A 公司（委托方）与广东 B 公司（服务方）因服务合同发生争议，广东 B 公司按照合同约定向义乌 A 公司提供服务，并如期提交了中期报告、完整版终期

* 张杨莉、赵倩倩，广东金桥百信律师事务所律师。

报告，义乌 A 公司反馈了修改意见，广东 B 公司对意见作出了解释说明并重新提交了终期报告。但义乌 A 公司以服务不专业、质量不合格、报告不符合约定验收标准为由要求解除合同，拒不支付服务费，并要求广东 B 公司承担违约责任，双方为此引发诉讼。

广东 B 公司向一审法院起诉请求：1. 义乌 A 公司支付服务费首期款 36 万元，并支付自 2019 年 11 月 20 日起至实际给付完毕之日的滞纳金（滞纳金以 36 万元为基数，按逾期每日万分之五计算）；2. 义乌 A 公司支付服务费尾款 24 万元，并支付自起诉之日起至实际给付完毕之日的滞纳金（滞纳金以 24 万元为基数，按每日万分之五计算）。义乌 A 公司向一审法院提出反诉请求：判令广东 B 公司支付违约金人民币 12 万元。

一审法院认为，广东 B 公司、义乌 A 公司签订的《合作协议》系双方当事人的真实意思表示，不存在协议无效或可撤销的情形，应确认为有效，双方应按协议约定的内容全面履行自己的义务。根据双方诉请的理由及答辩理由，争议焦点主要有以下两点：1. 广东 B 公司是否按约完成了应尽的服务及据此请求的服务费应否予以支持。根据谁主张谁举证的诉讼原则，广东 B 公司在本诉中向义乌 A 公司提出了支付服务费的请求，则其必须举证证明其已按约提供了符合合作协议要求的服务。双方在案涉协议中约定，义乌 A 公司有权审查广东 B 公司为本协议服务提交的工作成果并提出修改意见或建议；广东 B 公司收到义乌 A 公司反馈意见后 5—10 个工作日提交修改版服务报告，并提供相应依据或解释说明。该约定在于保障服务质量及广东 B 公司所提供的服务对于义乌 A 公司是否具有价值，双方必须严格遵循。但在本案中，针对广东 B 公司数次提交的服务报告，义乌 A 公司均在合理期限内提出了异议，广东 B 公司也表示“将全力配合做好报告的深化调整”。可见，广东 B 公司提交的报告内容未能达到协议约定的标准及义乌 A 公司的验收标准。因广东 B 公司未能充分举证证明其提供了符合协议要求的服务，故其要求义乌 A 公司支付服务费缺乏事实依据，不予支持。2. 关于广东 B 公司应否承担违约责任的问题。为保障报告质量，义乌 A 公司在 2019 年 11 月 16 日《致 B 公司网函》的邮件中将服务报告的提交时间延长至 2019 年 11 月 29 日，对此广东 B 公司未提出异议，该院认定双方对报告的提交期限进行了协商变更。故应按变更后的合作期限来计算广东 B 公司迟延交付报告的时间。根据双方的邮件往来，广东 B 公司于 2019 年 12 月 4

日提交了终期报告，该报告虽然仍未达到义乌 A 公司的验收标准，但按照变更后的交付期限，广东 B 公司迟延提交报告未达 15 日，故其无须按协议约定承担总额 20% 的违约金。但根据协议“乙方分包或转让协议的，甲方有权要求乙方承担合同总价款 20% 的违约金”的约定，广东 B 公司将合同项下的部分内容分包给案外公司，该行为构成违约，其应承担合同总额 20% 的违约金即 12 万元。综上，广东 B 公司的诉请缺乏事实依据，不予支持。义乌 A 公司的反诉请求合法有据，予以支持。依照《合同法》第 8 条、第 60 条、第 107 条（现为《民法典》第 465 条、第 509 条、第 577 条），《民事诉讼法》第 64 条（现为 2021 年修正的《民事诉讼法》第 67 条），《最高人民法院关于适用〈中华人民共和国民事诉讼法〉的解释》第 90 条的规定，判决：1. 广东 B 公司于判决生效后十五日内支付义乌 A 公司违约金人民币 12 万元；2. 驳回广东 B 公司的诉讼请求。

二审法院认为，广东 B 公司与义乌 A 公司签订的《合作协议》系双方真实意思表示，未违反法律法规的强制性规定，合法有效，双方均应按协议约定全面履行自己的义务。根据双方的诉辩主张，本案二审争议焦点有二，分别评析如下：

1. 广东 B 公司要求义乌 A 公司支付涉案服务费能否成立

双方签订的《合作协议》关于服务费明确约定系分二期支付。首先，关于首期服务费 36 万元，双方约定于协议签订后、在广东 B 公司开具发票后十五个工作日内支付。案涉协议在履行过程中，义乌 A 公司在听取了广东 B 公司于 2019 年 10 月 22 日提报的中期报告后，向广东 B 公司提供开票信息并表示同意其对首期 36 万元进行请款，表明广东 B 公司与义乌 A 公司对首期服务费支付的期限变更达成了合意，且义乌 A 公司亦表示同意支付，故义乌 A 公司在收到该 36 万元发票后应予支付。其次，关于剩余服务费 24 万元，综合双方在协议履行过程中的沟通往来情况记载，义乌 A 公司在 2019 年 10 月 22 日听取中期报告后向广东 B 公司提供开票信息表示同意首期费用付款，可认定义乌 A 公司对于中期报告持认可态度；在 2019 年 11 月 5 日收到广东 B 公司发送的项目报告完整版后，义乌 A 公司提出修改意见，后双方最终确定于 2019 年 12 月 4 日进行了终期报告提交。在收到终期报告后，义乌 A 公司即提出因为商业定位不同、租金差异过大、市场推广费变化很大，以终止协议并拒付服务费。广东 B 公司针对义乌 A 公司提出的问题作出了详细的回复，并明确在已提交的报告中均有据可查，在此情况下，义乌 A 公司将问题再次指向商业定位、租金差异、数据失真。本院认为，《合作协议》对于报告的验收标准明确约定为四项内容，义乌A公司未按约定的验收标准进行分析确认，而仅从字面表达上简单地主张报告不符合合同约定，且广东B公司针对义乌A公司所提问题能结合报告进行逐一答复，义乌A公司在收到报告后仅以粗浅的方式否认报告，显然过于随意，亦缺乏说服力，难以成立。故在广东B公司已向义乌A公司提交终期报告，义乌A公司未有充分证据证明报告不符合验收标准的情况下，义乌A公司应按协议约定支付剩余服务费24万元。当然广东B公司在收到款项后仍应按约定向义乌A公司开具增值税专用发票。综上分析，义乌A公司应向广东B公司支付案涉服务费共计60万元，逾期未付应按合同约定承担违约责任。关于首期服务费36万元滞纳金的起算时间，因广东B公司未有充分的证据证明义乌A公司系在2019年10月29日收取发票，故本院以义乌A公司自认收取发票的日期2019年11月4日确定，首期服务费36万元应于2019年11月25日前支付，逾期未付，则应承担相应的违约责任；剩余服务费24万元，广东B公司主张自起诉之日计算滞纳金，本院予以支持。广东B公司主张按照双方协议约定的滞纳金标准日万分之五计算，本院予以确认。

2. 广东B公司是否应向义乌A公司承担违约责任

根据《合作协议》第6条的约定，广东B公司在未能按约交付全部成果或在合同履行过程中提前终止合同、分包、转让本协议的，应承担合同总价款20%的违约金。结合双方协议附件明确样本采集可与多家国内领先的在线样本库合作，且广东B公司向其他公司购买的系数据分析，该数据分析并非系直接向义乌A公司提交的成果汇报，故一审认定广东B公司存在分包行为，确有不妥，本院予以纠正。同时，根据双方达成的变更合意，广东B公司亦不存在延期提交报告的情形。

综上，义乌A公司关于因广东B公司存在延期交付报告而应向其承担违约责任的主张，不能成立。依据《合同法》第60条、第77条第1款、第107条、第360条①，《民事诉讼法》第170条②第1款第2项之规定，判决如下：1. 撤销浙江省义乌市人民法院（2020）浙0782民初1543号民事判决；2. 义乌A公司于本判

---

① 现为《民法典》第509条、第543条、第577条、第882条。

② 现为《民事诉讼法》（2021年修正）第177条。

决生效后十五日内向广东 B 公司支付服务费 60 万元，并支付滞纳金（以 36 万元为基数自 2019 年 11 月 26 日起、以 24 万元为基数自 2020 年 2 月 14 日起，均按日万分之五计算至实际履行完毕之日止）；3. 驳回广东 B 公司其他诉讼请求；4. 驳回义乌 A 公司的反诉请求。

【争议焦点】

一审法院总结争议焦点为：

1. 广东 B 公司是否按约完成了应尽的服务及据此请求的服务费应否予以支持?

2. 广东 B 公司应否承担违约责任?

二审法院总结争议焦点为：

1. 广东 B 公司要求义乌 A 公司支付涉案服务费能否成立?

2. 广东 B 公司是否应向义乌 A 公司承担违约责任?

【案例评析】

本案一审法院以“服务委托方在合理期内提出异议”和“服务方在对方提出异议后表态全力做好深化调整”两个点为依据，认定服务方提供的服务未能达到委托方约定的服务标准及验收标准，驳回服务方的全部诉讼请求，还支持了服务委托方的反诉请求，判定服务方承担违约责任。代理律师一审代理意见主要如下：1. B 公司按照《合作协议》完整履行了合同义务，义乌 A 公司应当足额支付服务费，并承担逾期支付服务费的违约责任。其一，B 公司在约定的服务期限内提交了服务报告；其二，B 公司按照约定的服务内容和验收标准提交了服务报告；其三，义乌 A 公司应当足额支付首期服务费 36 万元，并自 2019 年 11 月 19 日起按照每日万分之五承担滞纳金；义乌 A 公司应当足额支付服务费尾款 24 万元，并自起诉之日起按照每日万分之五承担滞纳金。2. 义乌 A 公司的反诉没有任何事实和法律依据，应当予以全部驳回。其一，关于义乌 A 公司反诉声称 B 公司提交服务成果不合格，完全是单方主观偏见；其二，关于义乌 A 公司反诉声称 B 公司延迟提交服务成果而主张违约责任，是故意曲解《合作协议》的真实约定。

二审中律师重新排列组合证据，梳理案涉合同时间轴、制作合同约定事项与服务报告的对应表、统计研究方法等，以新颖直观的证据呈现方式，结合代理词的法律观点，引导二审法院查清本案事实，大胆支持服务方的诉讼请求。在律师的清晰引导下，二审法院最终认定“服务委托方仅以粗浅方式否认服务方的报告过于随意，服务方已经提供终期报告，委托方无相反证据证明报告不符合验收标准应当承担举证不能责任”，将验收标准不符合约定的举证责任倒置给了委托方，并由其承担举证不能的不利后果。二审法院最终支持了服务方主张全额服务费及违约金的全部诉讼请求，驳回服务委托方的全部诉讼请求，跟一审判决相比，实现了全方位180度大逆转。代理律师二审代理意见主要如下：1. 义乌A公司无权单方解除《合作协议》，义乌A公司既无约定解除权，也无法定解除权，其2019年12月5日及2020年1月17日的解除告知行为不发生法律效力。2. 义乌A公司无权依据一己意见夸大报告瑕疵并无理提出单方解除合同，相反，义乌A公司在B公司通知后合理期限内未提出具体调整意见，应当认定B公司交付的报告已经完全符合合同约定，完成服务工作。3. 本案B公司根本不存在任何分包或转让协议的行为，B公司在履行合同过程中确有委托第三方公司进行线上问卷调查，向第三方专业数据公司购买数据，但该行为均是履行合同约定服务的必须行为和必要行为。B公司合法购买数据的行为，并非数据分析工作，B公司自身承担了合同中约定的全部数据分析工作。

【专家点评】

义乌A公司与广东B公司服务合同纠纷案件，经过一审判决驳回广东B公司诉讼请求、支持义乌A公司反诉请求，到二审完全改判支持广东B公司诉讼请求、驳回义乌A公司反诉请求，涉案最大的争议焦点就是服务方是否完成了约定服务，其中最关键的就是关于交付是否符合验收标准的举证责任分配。一审法院根据“谁主张，谁举证”的原则，认为服务方必须举证证明其已按约提供了符合合作协议要求的服务；但二审法院则认为，在服务方已向义乌A公司提交终期报告，义乌A公司未有充分证据证明报告不符合验收标准的情况下，义乌A公司应按协议约定支付服务费，即关于交付是否符合验收标准的举证责任，二审法院分配给了接收服务的一方。

可见关于智力成果的交付，不同于房子、车子等实体物的买卖交付，在交付标准的约定上存在一定困难，对交付结果确实会存在可能完全相反的理解，本案也给智力服务行业一个提醒，签约时尽量把验收标准客观化，实施中做好沟通留痕，巩固己方劳动成果。

两位代理律师在一审败诉的压力下，二审中通过重新排列组合证据、梳理案涉争议时间轴、制作合同约定事项与服务报告的对应表、统计研究方法等，以新颖直观的证据呈现方式，结合代理词的法律观点，引导二审法院进一步查清本案事实，最终改判支持了服务方的诉讼请求，律师代理工作可圈可点。作为律师同行，也可参考在代理工作中尝试用不同的方式更图文并茂、条理清晰地进行律师代理工作。

（点评人：苏文卿，广州市律师协会公司法律专业委员会主任）

体育运动猝死案的法律思考

——以某市体育中心篮球场猝死案为视角

林慕清　钟宇明*

【内容提要】

安全保障义务是有合理限度范围的，应当根据安全保障义务人所从事的经营，考虑与其相适应的必要性和可能性。不是所有的事故都要追责，对于意外事件，是不能以合理成本预防的。对于运动中出现的意外人身伤亡事故，体育场馆的管理者如果尽到合理限度内的安全保障义务，不应承担赔偿责任。

【案情简介】

2019 年 3 月 16 日下午，两原告陈某某、梁某某之长子陈某到某市体育中心（以下简称体育中心）篮球场购票入场打球期间，先后突然两次晕厥倒地，体育中心采取各项应急救助措施，120 救护车也到场，但陈某最终因抢救无效死亡，经法医鉴定为心源性猝死。

经调解，两原告与体育中心于 2019 年 4 月 3 日签订《调解协议书》，体育中心向两原告支付了 5 万元作为慰问金。但两原告认为体育中心及某市体育局（以下简称体育局）应就陈某的死亡承担民事赔偿责任。在协商无果后，两原告诉至法院。

两原告诉称：体育中心作为专业经营公众体育场馆的事业单位，对突发事故反

* 林慕清、钟宇明，广东启源律师事务所律师。

应迟钝，危险预防措施不到位，放任危险发生，没有尽人道救助，未配备经过急救训练的卫生管理人员，未提供急救设备自动体外除颤仪（AED），陈某在昏厥后的“黄金4分钟”抢救时间内未得到专业的胸外按压和AED除颤是其死亡的主要原因，未尽到安全保障义务存在重大过错。某市体育局作为体育中心的设立机关，负有管理和监督职责，但监管不当，放任安全隐患存在，导致伤亡事故发生。据此要求体育中心赔偿包括死亡赔偿金、丧葬费、被扶养人赡养费及扶助费等各类费用按比例承担数额合计约109万元，体育局赔偿178088.20元，并确认体育中心已支付的慰问金5万元为精神抚慰金，同时，要求两被告承担本案律师代理费、诉讼费。

体育中心辩称：两原告所述部分内容与实际不符，体育中心一直以积极态度处理事件，持续采取应急措施救助，并已在合理限度内尽到安全保障义务，目前尚无强制性法律法规或行业规则，要求全民健身的篮球运动场所必须配备AED、制定针对心搏骤停的应急处置预案并配备掌握急救技能的专业人员，亦无证据证实体育中心的急救应对与陈某死亡之间存在因果关系，以及对两原告提出的具体费用有相关异议。

体育局亦辩称：其不是篮球场的经营和管理者，其与陈某之间不构成消费关系，没有因消费关系而产生的义务。体育中心是独立的法人机构，而非体育局的分支机构，两者之间仅存在行政管理关系，故体育局并非本案适格被告，其没有法定或约定义务，两原告主张没有事实和法律依据。

一审法院认为：从司法裁判的法律依据来看，篮球场在事发时未配备AED急救设备，并不能成为直接认定体育中心存在过错的法定事由；体育中心在发现险情后，已经及时开启了应急处置方案，也采取了相应的处理措施，尽到了一定的安全保障义务，但考虑到体育中心所面向的消费群体，所拥有的人力、物力条件，发生的类似事件概率等情形，在应急处置的专业性方面仍存在提升空间，据此酌情确定体育中心在10%的份额内对陈某的死亡后果承担民事责任，即在抵扣已支付的5万元慰问金后，赔偿共计46255.92元，同时，驳回两原告的其他诉讼请求。

两原告不服一审判决提出上诉，称体育中心存在明显的过错行为，一审事实认定错误，没有保护弱势群体的利益，要求二审法院依法改判。体育中心称基于对两原告痛失爱子的理解及构建和谐社会的需要，予以退让并接受，并无提出上诉。

二审法院认为：陈某系在剧烈运动过程中发生猝死，是无法预见，难以预防，属于意外事件，体育中心在现有条件下已尽到合理限度范围内的安全保障义务，不应承担赔偿责任。一审法院考虑到体育中心在应急处置的专业性方面仍存在提升空间，酌情确定体育中心在10%的份额内对陈某的死亡后果承担民事责任，鉴于体育中心未上诉提出异议，予以维持。对于医疗费、死亡赔偿金、丧葬费、处理丧葬事宜费用、被扶养人生活费、鉴定费等损失，一审法院的认定合法合理。对于两原告主张体育中心依据涉案《调解协议书》支付的5万元应全部作为精神损害抚慰金的问题，因该主张与《调解协议书》的约定不相符，不予采纳。

据此，二审法院判决驳回上诉，维持原判。

【争议焦点】

（一）体育中心作为经营性活动场馆方，有无尽到合理的安全保障义务

安全保障义务的关键在于合理性的判断，应根据现有相关规定、结合当时的具体情境进行评价，同时应适当考虑事故发生的概率、可能采取的合理改善措施等方面，综合予以判断。这包括运动场地是否存在缺陷，体育中心在事前是否尽到了风险提示义务，体育中心在专业人员配备上是否存在问题，体育中心的应急处理措施是否得当，未配备自动体外除颤仪（AED）是否应当视为具有过错等问题。

（二）体育局有无过错

体育局作为行政机关，对体育中心履行的是行政管理职责，两者系独立的法人组织。本案系平等民事主体之间发生的侵权责任纠纷，体育局在履行行政管理职责中是否存在过错，如果存在过错，该过错行为与陈某的死亡后果之间是否存在因果关系，都决定了体育局是否承担责任。

【案例评析】

（一）体育中心有无尽到合理的安全保障义务

一般而言，经营者对服务场所的安全保障义务包括如下几个方面：（1）建筑物及配套设施（设备）质量及安全符合要求；（2）配备足够的安全保障人员；（3）尽力消除不安全因素；（4）有效制止来自外界或第三人对消费者的侵害；（5）对可

能发生的危险的提示、说明、劝告和协助，对于已经或正在发生的危险，经营者应进行积极的救助，以避免损害的发生或减少损失。①

在本案的审理中，法院基本是在前述框架下，予以综合认定。

1. 运动场地是否存在缺陷，体育中心在事前是否尽到了风险提示义务

篮球场场地及配套设施的质量及安全符合要求，不存在要及时排除的安全隐患，对篮球场内运动可能发生的危险，体育中心亦已作出必要的提示、说明、劝告和协助，包括：在篮球场入口处的信息公开栏公告张贴了《入场须知》，当中明确指出："篮球运动具有较强的对抗性和激烈性，患有心脏病、高血压、哮喘、癫痫等不宜剧烈运动的人士，不要进场活动，否则责任自负。入场者要注意安全，如有意外受伤，本场不承担任何责任。"篮球场内也有广播不断滚动播放，提示入场者应根据自身健康情况参与篮球运动，避免产生意外。同时，在篮球场售票处服务中心，体育中心长期配备了篮球运动常见的应急药物，球友们一直知悉和使用。此外，佩戴工作证的工作人员频繁巡查场地，尽可能消除和有效制止各种不安全因素。

2. 体育中心在专业人员配备上是否存在问题

除游泳等高危的体育项目外，目前尚无强制性法律法规或行业规则要求全民健身的运动场所必须配备专业医务人员。根据原国家质量监督检验检疫总局及国家标准化管理委员会于 2017 年 9 月 7 日发布的《体育场所开放条件与技术要求》，强制要求高危的体育项目（如游泳）适用具体标准，并相应配备专业救生员和医务人员；除此以外，对于非高危的体育项目（如篮球），并不强制适用《体育场所开放条件与技术要求》所规定的标准，更未强制要求配备专业医务人员。因此，根据相关国家标准，涉案篮球场馆不属于必须配备专业急救医务人员的范畴，体育中心未在篮球场配备专业医生，并不违反任何法律法规或行业规则。

3. 体育中心的应急处理措施是否得当

法院认定：从事后救助的情况来看，陈某突然倒地后，体育中心现场工作人员及时拨打 120 急救电话，同时通过广播寻找医护志愿者、疏散围观群众、及时汇报险情，已采取了相应的应急处理措施。现场亦有球友及志愿人员对陈某进行心肺复

① 参见韩勇：《体育与法律——体育纠纷案例评析（二）》，人民体育出版社 2017 年版。

苏按压，120 医务人员到达现场的时间也未超出合理范围，体育中心对于发生的突发事件，其已进行了积极的救助。

4. 未配备自动体外除颤仪（AED）是否应当视为具有过错的问题

两原告认为，陈某晕厥后，体育中心未提供急救设备自动体外除颤仪（AED），是陈某死亡的主要原因，业内有“黄金 4 分钟”抢救时间的说法，超过 10 分钟，生存概率几乎为零。

体育中心强调，目前尚无强制性法律法规或行业规则规定，全民健身的篮球运动场所必须配备自动体外除颤仪、制定针对心搏骤停的应急处置预案并配备掌握急救技能的专业人员。

对此，法院认定，我国目前无明确规定要求室外篮球场馆须配备自动体外除颤仪等急救设备，故不能以涉案场地缺乏专业急救医务人员及急救设备认定体育中心存在过错。

5. 安全保障义务的合理限度范围问题

体育中心是实行免费和低收费的公益性露天全民健身场所，不同于一般的健身服务机构或其他收费高的室内篮球场馆。根据《最高人民法院关于审理人身损害赔偿案件适用法律若干问题的解释》第 6 条第 1 款的规定：“从事住宿、餐饮、娱乐等经营活动或者其他社会活动的自然人、法人、其他组织，未尽合理限度范围内的安全保障义务致使他人遭受人身损害，赔偿权利人请求其承担相应赔偿责任的，人民法院应予支持。”显然，安全保障义务是有合理限度范围的，应当根据安全保障义务人所从事的经营，考量与其相适应的必要性和可能性。本案中，陈某是交纳了 5 元/人的费用进场消费的，体育中心所承担的安全保障义务应与其经营情况及收费标准相适应。陈某系在剧烈运动过程中发生猝死，更是无法预见，难以预防，属于意外事件。从应急处置的角度看，体育中心在现有条件下已尽到合理限度范围内的安全保障义务，不应承担赔偿责任。同时，在推进建设体育强国和全民健身的大背景下，运动伤害的风险随之增加，广大民众应理性科学地参与健身活动。一般来讲，成年人对其要参加的体育运动中潜在的风险具有一定判断能力，其自愿参与其中，应视为其自愿承担体育运动中出现的正当危险后果。

（二）体育局应否承担责任

体育局作为行政机关，对体育中心仅履行行政管理职责，并不属于法律上的公共场所管理人。两原告亦未能提供证据证实体育局对于陈某的死亡存在过错，故其要求体育局承担责任的理由不成立。

本案件的启示是：

（一）自动体外除颤仪（AED）普及的局限性问题

AED，是自动体外除颤仪（Automated External Defibrillator）的简称，是一种便携式、易于操作，可被非专业人员使用的用于抢救心源性猝死的医疗设备。有别于传统除颤器，AED 可以自动识别、分析患者是否需要进行点击除颤。除颤过程中，AED 的语音提示和屏幕显示使操作更为简便易行。

不少职业体育俱乐部与国际接轨，都主动配备 AED。然而，AED 在我国的普及，仍存在多方面、多层面、多维度的局限性问题。首先，AED 在国内的配置尚未普及。其次，AED 的购置和后期维护都需要一定的费用，这些费用有的地方暂时还没有专项经费保障。再次，救助人员对实施救助的责任仍存在忧虑，由于突发的疾病以及各人身体情况不同，涉及急救等专业行为一般由专业医生完成。最后，虽然我国已有多个城市在一定范围内推广 AED 的使用，但对 AED 强制配置和使用仍未达到立法的层面。

正如本案一审法院提到的："随着近年来越来越多的猝死事件发生，除采用传统人工心肺复苏急救措施外，自动体外除颤仪逐渐开始被重视和寄予厚望。有不少条件允许的公共场所配备了该急救设备，以备不时之需，这自然是极好的。但囿于经济成本、管理维护、操作运用和技能普及等方面因素的制约，其尚未被广泛配备，应用价值和具体操作也有待进一步被公众认知。"

（二）本案的裁判结果对于体育场馆行业的规范运营具有较好的指引作用

某市作为开展了大量全民健身活动的一线城市，每年都会出现类似本案的纠纷并由此衍生出一系列的法律、行政管理方面的问题。例如，对开展全民健身群体性运动的公益性、低收费体育场馆甚至经营性收费运动场馆，面对运营过程中的突发意外事件，应当采取哪些救助措施？如何施救？是否需要配备自动体外除颤仪？是否制定针对心搏骤停的应急处置预案并配备掌握急救技能的专业人员？公共场所管理人的安全保障义务的界限是什么？本案的判决从情理法的多个角度，细致全面地进行了分析说理，对于体育运动场馆和相关行业的规范运营具有较好的指引作用。

（三）法院在本案中通过释法说理平衡了法律的保护界限与个体的权利义务之间的冲突与张力，体现了良好的社会价值导向

如果法院突破法律界限，要求体育中心承担侵权赔偿责任，过度加重体育场馆的责任，将体育运动内在的、固有的风险过度转移至场馆方，这不仅仅是对体育中心个案的判决，更将严重打击国内其他全民健身运动场馆及健身运动机构的积极性，严重制约并阻碍全民健身运动的发展，为社会带来消极影响与负能量。二审法院终审判决权衡了受害方的利益和场馆方的利益，作出了很好的价值导向：不是所有的事故都要追责，无过错的责任，让风险停留在原地。

【专家点评】

这是一起因在体育场馆中参加体育运动猝死的事件引发的案件。一审法院认为，体育中心相对于其所面向的消费群体，其所拥有的人力、物力条件，以及在其处发生的类似事件概率而言，尚不足以认定其在安全保障方面没有尽到合理义务。在这种情形下，要求体育场馆方面承担责任，实质上是在现有法律法规的框架下苛求不可能达到的理想状态，是跳出了运动场馆自身有限的资源和条件的现实局限性所要求的完美状态。

与以往类似的案例不同，二审法院对本案的处理没有“和稀泥”，没有出于“人道主义”或“公平原则”而判决场馆方承担赔偿责任，而是最终有理有据地清晰阐明了体育中心已尽到了合理限度内的安全保障义务，不应承担赔偿责任，值得点赞。这既合乎常理，也符合法律内在的公平精神。本案对法院处理同类案件有一定的指引作用。

（点评人：陈建华，广东启源律师事务所律师、广东省律师协会副会长、第九届广州市律师协会公司法律专业委员会主任）

披荆斩棘，步步为营，最终逆势翻盘

——江某与刘某、付某采矿权转让合同纠纷案

彭赫威　卢俊鹏*

【内容提要】

合同解除权的行使将导致合同权利义务消灭的法律后果，该权利的行使应遵循诚实信用等民法基本原则。对于当事人解除合同的主张，基于维护交易安全、信赖利益保护原则，裁判者应根据合同履行状态、合同义务分配及当事人违约程度等因素进行综合判断。鉴于《民法典》合同编的立法本意有促成当事人达成交易的目的，为维护交易安全及合同稳定性，继续履行本应是违约方承担责任的首选方式。在一方当事人存在违约事由，对方当事人在长时间未提出异议的情况下，合同履行应已形成稳定状态，此时一方当事人单方主张对方早已违约并要求解除合同有违诚信原则，解除也应无效。

【案情简介】

一、基本案情

委托人江某与刘某一（刘某胞弟）系多年好友，刘某一称自家有矿且未开采，双方曾就矿场承包经营达成合作意向，约定以江某名义从刘某、付某手上取得矿场的采矿权及全部财产后展开承包经营。

---

* 彭赫威、卢俊鹏，广东胜伦律师事务所律师。

2011年11月27日，江某与刘某、付某签订承包开采合同，约定江某以2000万元受让矿山全部资产和采矿权，转让款分两期付清。因在合作之前江某与刘某一存在借款往来，各方口头同意由江某支付第一期转让款400万元，余下1600万元合同款项由刘某一拖欠的借款互相抵销。江某付首款后取得了采矿权并进行矿场经营。

合作期间，刘某一继续向江某借款，后无力还款并逃至海外，江某多次向包括刘某在内的刘家兄弟催款无果。在此情形下，2019年，刘某、付某在矿场采矿权交付8年后以江某未支付剩余转让款为由提起诉讼，请求解除涉案承包开采合同，返还矿场采矿权及财产，诉讼请求得到一审法院全部支持。

后江某不服一审判决提起上诉，并委托经办律师代理本案二审阶段诉讼。

二、处理过程

1. 在接受委托后，经办律师迅速成立专项小组，及时向当事人了解事实背景，向当事人剖析一审败诉的深层次原因。

涉案采矿权转让事实发生在8年前，由于委托人法律意识不强，没有注意保留往来沟通的材料，可供直接使用的书面证据不足，委托人的举证难度极大，加之一审判决对委托人的认定极其不利，案件二审阶段面临着较高的败诉风险，案件代理难度极大。经洽谈，经办律师了解到委托人在长达8年的经营过程中为矿场的生产付出了巨大的心血及金钱，而刘某、付某在此期间却从未向委托人主张过任何款项或提出过异议，明显不符合常理。

接受委托后，经办律师对案件事实进行了梳理及分析。一审败诉原因既存在证据薄弱，也存在法律观点不够充分的问题，二审必须转变思路，抓住主攻点，在代理过程中引导法庭对本案多项不合常理的事实进行关注。

2. 代理初期，经办律师决定从程序方面入手，以解除权消灭为由作为本案二审的主要切入点，谋求“釜底抽薪”的诉讼效果。

经仔细研究案件，经办律师认为承包开采合同已经履行完毕。刘某、付某主张江某存在根本违约，但在长达8年时间内既未要求江某支付剩余款项，也未行使合同解除权明显有悖常理，其合同解除权理应归于消灭。

解除权作为形成权的一种，应当有明确的行使期限约束。如果享有解除权的当事人一直不行使权利却始终享有解除权，必然会使合同关系长期处于不确定的“悬空”状态，不利于合同关系的确定和稳定，严重影响当事人权利的享有和义务的履行，也与解除权的法律性质相违背。然而，由于原《合同法》并没有明确规定解除权的行使期限，一审判决认定刘某、付某的解除权没有消灭亦有其合理之处。

在代理案件的过程中，经办律师留意到，当时还未实施的《民法典》第564条第2款已对《合同法》第95条第2款作出了修订，对于法律没有规定或者当事人没有约定的解除权行使期限明确为自解除权人知道或者应当知道解除事由之日起一年或经催告后在合理期限内没有行使的。根据“新法优先于旧法，特别法优先于一般法”的基本准则，在本案基础证据明显薄弱的情况下，若本案能够适用《民法典》的条款，可以从根本上否定刘某、付某合同解除的主张依据，起到釜底抽薪的诉讼效果。

在确定代理思路后，经办律师及时以面谈的方式阐明诉讼思路的构建及推进的可能性，并进行了相应的风险披露，得到了委托人的认可。

3. 在代理过程中，新发布的司法解释对既定诉讼策略产生不利影响。出于对委托人负责的态度，经办律师第一时间向委托人披露重大诉讼风险，提出后续应对策略。

2020年12月29日，最高人民法院就《民法典》适用衔接问题出台了《关于适用〈中华人民共和国民法典〉时间效力的若干规定》（以下简称《若干规定》）并于2021年1月1日起施行，其中第25条规定：“民法典施行前成立的合同，当时的法律、司法解释没有规定且当事人没有约定解除权行使期限，对方当事人也未催告的，解除权人在民法典施行前知道或者应当知道解除事由，自民法典施行之日起一年内不行使的，人民法院应当依法认定该解除权消灭；解除权人在民法典施行后知道或者应当知道解除事由的，适用民法典第五百六十四条第二款关于解除权行使期限的规定。”

根据《若干规定》，最高人民法院就《民法典》施行后的解除权的行使问题再给予当事人一年的宽限期。刘某、付某已于2019年12月向委托人主张合同解除，且起诉要求解除的承包开采合同是在《民法典》施行前成立，故可以明确刘某、付某合同解除主张未超司法保护期限。如此，若仍继续沿用先前的代理思路以推进本案将直接面临不利的诉讼风险，换言之，经办律师原本选择的主攻思路已被完全封堵。

鉴于司法解释的出台对原定诉讼策略产生的巨大不利影响，出于对客户负责的态度，经办律师第一时间与委托人联系并当面解释新司法解释为本案带来的诉讼风险，并在之后向委托人出具书面的《诉讼风险提示书》，提出相应的应对建议和策略。

4. 经办律师迅速调整诉讼策略，在当事人证据匮缺的情况下，通过深挖既有材料还原案件真相，放大对方提起本案诉讼的不合理之处。

经调整后的诉讼策略，经办律师决定将二审代理重心放在实体层面，通过深挖现有材料反映刘某、付某提起本案诉讼不符合基本商业逻辑，谋求通过有限的案件材料向二审法院准确还原案件真实情况。

具体而言：（1）对于1600万元的巨额转让款，刘某、付某在长达8年时间内从未进行主张和催收，始终认可江某正常经营涉案矿场，而在江某与刘某就刘某一的借款交涉产生纠纷且刘某、刘某一表现出逃避债务的恶意后，刘某、付某才提起本案诉讼主张合同解除。这一情况明显不符合商业逻辑及生活常识，也与刘某等当事人签订合同的目的不符。（2）各方此前从未就案涉矿场的承包开采经营产生任何异议，涉案合同早已履行完毕。刘某、付某在时隔8年后提出解除合同，有违诚信原则。（3）在刘某等人与江某及其家人的电话录音中，不仅透露出刘某知悉江某与刘某一存在借款往来，更在沟通中作出其愿意归还款项的表述，足以证明刘某一与刘某等人存在密切的往来，更凸显出其提起本案诉讼的恶意性。

5. 经办律师与经办法官保持积极、顺畅的沟通，在极为有限的庭审时间内紧紧围绕争议焦点、案件事实等发表多层次意见，成功影响法官的内心确信，最终力挽狂澜获得胜诉。

诉讼期间，经办律师除了积极协助委托人准备诉讼材料之外，还与经办法官始终保持着积极、顺畅的沟通。针对委托人证据较为薄弱的问题，经办律师提出并存债务承担的观点，围绕刘某加入刘某一债务的观点重新梳理了相应证据，主张委托人有权行使法定抵销权。

在极为有限的庭审时间里，经办律师展示了重新调整后的证据内容，从多个角度剖析刘某、付某提起本案诉讼的不符合常理之处，引起了合议庭对涉案当事人达成的商业安排内容的关注，成功影响了法官的内心确信。庭审结束后，代理人结合庭审情况，进一步补充代理意见。

三、判决结果及理由

二审法院采纳了经办律师的意见，二审判决撤销一审判决，改判驳回刘某、付某的全部诉讼请求。委托人的诉讼目标全部达成，案件获得全面胜诉。

二审判决认为，1. 刘某、付某明确主张江某未支付剩余承包款1600万元，这属于原《合同法》第94条第1款第4项可行使法定解除权的情况，但涉案合同是否可按刘某、付某主张解除，需根据涉案合同履行状态、合同义务分配及当事人违约程度等因素综合判断；2. 原《合同法》第107条规定，合同履行过程中违约情况发生时，为维护交易安全及合同稳定性，继续履行应是违约方承担责任的首选方式；3. 鉴于涉案采矿权转让中除剩余1600万元尾款是否支付有争议外，其他交易行为已经履行完毕，刘某、付某确认从2011年11月27日签订合同至2019年11月21日律师函寄送期间合同一直处于履行的稳定状态，故没有必要解除合同；4. 即便江某存在迟延履行情况，刘某、付某以实际行动允许在此情况下继续履行合同，其提起诉讼主张合同解除忽略了合同处于持续稳定履行状态的事实，主张解除有违诚信原则，解除也应无效。

【争议焦点】

当事人主张合同解除，是否应基于维护交易安全、保护信赖利益原则，受合同履行状态、合同义务分配及当事人违约程度等因素综合判断。

【案例评析】

本案核心争议问题，为刘某、付某解除涉案承包开采合同的主张应否得到支持。因涉案纠纷事实发生在8年之前，委托人法律意识不强，可供使用的书面证据不足，委托人的“剩余款项因由刘某一代为支付而结清”抗辩主张并无强有力证据支撑。加之《若干规定》明确就《民法典》施行后的解除权的行使问题给予当事人一年的宽限期，因此，在撇除本案重重疑点，仅仅考虑解除权行权条件的基础上，刘某、付某确有权主张合同解除。

但本案不合理之处，在于刘某、付某在2011年11月27日签订合同至2019年

11 月 21 日律师函寄送期间从未就剩余转让款进行任何催收。而在江某就刘某一借款向刘某进行协商催收的过程中，刘某在多次推搪江某的基础上，转而抓住江某法律意识淡薄，双方在采矿权转让过程中书面留痕不足的法律漏洞，起诉要求解除涉案采矿权合同。

为修补一审判决机械适用法条导致判决实质不公的情况，二审判决综合合同签订情况、合同履行情况、合同义务分配等方面，基于维护交易安全、保护信赖利益原则判断刘某、付某解除合同的诉讼请求应否得到支持。简要而言，二审判决认为原《合同法》第 107 条约定的违约责任承担包括“继续履行、采取补救措施或者赔偿损失”等内容，继续履行合同应系令违约方承担责任的首选方式，结合原《合同法》第 109 条的规定，若刘某、付某认为江某未依约结清转让款构成违约，其应直接要求对方支付价款，而非直接要求解除合同。而刘某、付某自 2011 年 11 月 27 日签订合同至 2019 年 11 月 21 日律师函寄送期间合同一直处于履行稳定状态，这种稳定状态已足以让理性的市场主体对合同可以持续履行产生合理信赖，刘某、付某单方主张合同解除以破坏合同履行稳定性，有违诚信原则，解除亦应无效。即便刘某、付某不认同双方就 1600 万元款项已经结清，但在长达 8 年时间未进行催收，已经足以体现认同江某的“迟延履行”情况，不影响合同履行。

合同解除权作为形成权，其行使将直接导致合同权利义务的消灭，实质性影响当事人之间的法律关系。二审法院回归原《合同法》的立法本意乃至民法体系的维护交易秩序，保护合同当事人合法权益，彰显诚实信用原则的立法原意，通过朴素的法律思维，综合合同义务分配、合同履行状态、当事人违约程度以判断其是否享有合同解除权，避免因机械适用法条以致保护“躺在权利上睡大觉的人”的不当情况出现。

本案虽然胜诉，然而因《民法典》及相应司法解释的影响，在案件证据薄弱的基础上导致了本案只能以一种相对“迂回”的判决以保障委托人免受恶意诉讼的影响。由此，希望司法机关日后继续秉承“以事实为依据，以法律为准绳”的诉讼原则，避免机械化裁判思维及法律适用。

【专家点评】

本案标的额大、案情复杂、委托人证据材料有限，代理难度极大。代理律师在与委托人保持良性且及时的沟通基础上，凭借过硬的专业水平冷静应对诉讼过程中出现的各种问题，而在新司法解释出台对原诉讼策略的“封堵”情况下，经办律师及时调整诉讼策略，在有限的证据材料中尽力还原事实真相，并在庭审的过程中见招拆招、据理力争。本案代理过程一波三折，如履薄冰，但经办律师恪尽职守，步步为营，最终力挽狂澜，向委托人交出一份超预期的答卷。

二审法院通过详细剖析案情，并基于维护交易安全、保护信赖利益原则，结合合同履行状态、合同义务分配及当事人违约程度等因素综合判断评析刘某、付某的解除合同主张能否得到支持，为合同解除权的行使提供了可供参考的裁判说理标准。

本案能够取得比较良好的诉讼结果，既离不开主审法官的尽心尽责，也离不开经办律师的高度责任心。在此由衷希望越来越多的法律同仁，能和本案主审法官、主办律师一样，恪尽职守，坚持不懈地为中国特色社会主义法治体系建设而努力。

（点评人：吴飞飞，西南政法大学经济法学院副教授）

直播平台非法外之地，违约赔偿追究到底

陈凯佳*

【内容提要】

本案主要系围绕知名直播平台发生的案件争议、产生的诉争矛盾，是近几年广东地区为数不多的诉争标的超过 100 万元的艺人违约案件。从案件裁判的方向来看，本案审查的核心还是围绕经纪公司与合作艺人之间纠缠不清、错综复杂的利益分配问题，在此层面上，各方是否遵守诚实守信原则以及遵守程度，是法院判断一方是否存在违约行为的基本尺度。

时代在发展，技术在进步，合作在更新，但永恒不变的一定是对“诚信”精神内核的追求和践行。在国内娱乐经济快速发展的时代，只有形成艺人守信、公司良心的运作环境，才会源源不断迸发涌现出行业发展活力，只有所有人都依法依规行事，才能形成良好的社会氛围，促进社会和谐。

【案情简介】

一、纠纷由来

佛山某文化传媒有限公司（以下简称甲公司）是一家经营艺人经纪代理等相关业务的公司，于 2018 年 11 月 1 日与艺人廖某签订《互联网演艺经纪书》，约定甲公司为廖某提供网络主播培训及宣传推广，廖某成为甲公司旗下成员。

---

* 陈凯佳，广东威法律师事务所律师。

合同履行期内，艺人廖某因不满双方约定分成比例，在没有事先告知且未与甲公司协商的情况下，裹胁甲公司专用的某平台账号跳槽至其他公司，导致双方合作中断。在甲公司多次向廖某声明违约后果的情况下，该艺人仍坚持不返回公司。因对廖某不顾诚信、违约行为不满，甲公司遂委托笔者向佛山市某区人民法院提起诉讼，以维护自身合法权益。

二、法院判决结果

（一）本案一审法院支持原告部分诉讼请求，即判决：

1. 甲公司与廖某 2018 年 11 月 1 日签订的《互联网演艺经纪书》和 2018 年 11 月 7 日签订的《补充协议》于 2019 年 8 月 8 日解除。

2. 廖某应于判决发生法律效力之日起十日内支付违约金 100 万元给予甲公司。

3. 廖某应于判决发生法律效力之日起十日内支付律师费 1 万元、公证费 6000 元给予甲公司。

4. 注销廖某在某平台注册的账号。

（二）本案二审判决变更、维持、撤销一审判决结果如下：

1. 维持广东省佛山市某区人民法院民事判决第一项。

2. 撤销广东省佛山市某区人民法院民事判决第三项、第四项、第五项。

3. 变更广东省佛山市某区人民法院民事判决第二项为廖某于本判决发生法律效力之日起十日内向甲公司赔偿损失 100 万元。

三、法院说理

2020 年 3 月 12 日，佛山市某区人民法院作出《民事判决书》。2020 年 11 月 17 日，佛山市中级人民法院作出《民事判决书》，判决书采纳了笔者的部分代理意见。法院认为：

首先，甲公司、廖某签订《互联网演艺经纪书》《补充协议》是双方真实意思表示，没有违反法律禁止性规定，对双方具有约束力。廖某在合同履行期间擅自离开甲公司与第三方合作，构成违约。根据原《合同法》第 93 条第 2 款、第 97 条（现为《民法典》第 562 条第 2 款、第 566 条）的规定，甲公司有权解除合同并主张廖某赔偿损失。

其次，《合同法》第 97 条（现为《民法典》第 566 条）规定："合同解除后，尚未履行的，终止履行；已经履行的，根据履行情况和合同性质，当事人可以要求恢复原状、采取其他补救措施，并有权要求赔偿损失。”本案中，因廖某违约，甲公司主张廖某赔偿损失，符合上述法律规定，在本案中甲公司主张廖某赔偿其损失1973358元（包括包装推广生活支持投入20万元，律师费、公证费、差旅费等10万元，预期收益损失1673358元），但是除律师费1万元、公证费6000元外，甲公司未提交证据予以证明其具体损失。鉴于甲公司的预期收益来源于廖某的某平台账号收益，某平台公司函复一审法院廖某的账号2018年11月1日至2019年8月1日共提现185次金额为360715.9元，北京某科技有限公司函复一审法院廖某的账号2019年5月1日至7月1日结算订单五笔，总收入134000元（月均67000元）。并且廖某与甲公司签订的《互联网演艺经纪书》第19.3.d条约定“乙方（廖某）不完全履行、拒绝履行或单方解除本协议的，需向甲方（甲公司）承担100万元的赔偿责任”，根据原《合同法》第113条第1款“当事人一方不履行合同义务或者履行合同义务不符合约定，给对方造成损失的，损失赔偿额应当相当于因违约所造成的损失，包括合同履行后可以获得的利益，但不得超过违反合同一方订立合同时预见到或者应当预见到的因违反合同可能造成的损失”（现为《民法典》第584条）的规定，一审判决认定廖某因违约造成甲公司损失100万元并无不当，但是一审判决在认定甲公司的损失为100万元的情况下，其判决廖某向甲公司支付违约金100万元不当，本院予以纠正，即廖某应向甲公司赔偿损失100万元。此外，甲公司与廖某在《互联网演艺经纪书》第193条约定廖某承担的赔偿责任包括甲公司的预期收益、律师费、公证费等，即上述甲公司的损失100万元包括甲公司因本案实际支付律师费1万元、公证费6000元，故本院对甲公司主张律师费、公证费不予支持。

【争议焦点】

1. 廖某在本案是否存在违约行为？
2. 如廖某存在违约行为，廖某在本案应否赔偿甲公司损失及损失计算标准？

【案例评析】

本案是一起涉及直播行业的合同纠纷案件，表现出案件证据复杂、违约责任认定角度多样的司法审判态势；对于守约方，亦面临取证难、证据灭失率高的诉讼困境。

有鉴于此，笔者作为案件的承办律师，为争取案件胜诉进行了如下代理工作：

一、全面重视案件起诉前后的证据收集工作

对于起诉前的调查取证工作，考虑到某平台视频、直播数据证据所具有的频繁变动、极易灭失的特点，首要的一步就是对关键证据如“短视频直播数据”“微信聊天记录”等进行公证。

对于起诉后的案件证据收集，考虑到证据保管渠道原因，笔者在诉讼期间申请法院调取直播平台后台经营数据，之后认定违约数额的主要依据，就是以平台方提供的各项数据为准，可以说，申请法院调取的相关工作，是最终取得满意结果的关键制胜环节之一。

二、厘清双方履行合同的关键时间点及异常行为，帮助法院确定违约依据

本案某平台账号的持有人是廖某，按照正常双方合作协议内容，在什么时候或什么场合，配合什么样的人进行直播演绎，都是依托剧本、既定时间严格推进，作为账号的保管方，在没有预兆的情况下，停止直播，应当负有行为解释的义务。依据此，对于本案艺人停止正常直播活动的日期及行为事实的审查，就成了本案法院认定违约行为产生的关键依据，该审查方向的确定，即基于短视频平台操作规律及行业合作惯例而产生，也是代理律师把握案件有利代理方向的主要判断内容，更是法院确定判决结果的关键指引。

三、围绕双方合作协议约定内容，提炼辅助说辞，争取审判人员对守约方的良好印象，引导审判人员对相应事实作出合理性的推断及采信力度

我方在本案中的一个举证行为就是对廖某“跳槽”到其他公司后从该公司再次“跳槽”到其他公司的举证。对此，我方提供了相当数量的举证素材，并提炼举证说辞，目的就是影响审判人员对于被诉方行为表现的评判，争取审判人员对守约方的良好印象，引导审判人员对相应事实作出合理性的推断及采信力度。这一步工作的最终诉讼效果或许不明显，但一定是必要的、必需的，是律师代理工作应当注意的事项。

【专家点评】

在当今的时代背景下，陈凯佳律师所办该案对经纪公司及艺人均具有一定的警示意义。对于艺人而言，要争做时代的弄潮儿，那就必须遵守规则，诚信履约，否则面临的不仅是巨额的违约赔偿，更将导致个人信誉扫地，最终泯然于众人。而对于经纪公司，则必须尽心尽责为艺人提供发展平台，所谓“一荣俱荣，一损俱损”，只有艺人发展，公司的影响力才会与日俱增，才会打出品牌和知名度，形成规模效应。

值得注意的是，陈凯佳律师在办理该案期间多次申请调查取证及财产保全的行为，折射出目前司法实践重证据、重调查的良性审判倾向，也从微观角度反映了青年律师在办理案件及维护当事人合法权益方面应具有的基本态度和作风，希望能谨此引起共鸣。

（点评人：唐秀琼，广州市律师协会劳动与社会保障法律专业委员会副主任）

商业诋毁的不正当竞争法律规制

陈 峰 黄春媚*

【内容提要】

互联网的飞速发展与普及，使网络成为商业舆论的主要阵地，网络舆论环境的法律规制对于规范新兴业态的竞争，营造诚实守信的市场竞争秩序，优化创新环境和营商环境具有重要意义。

然而，网络言论的特殊性也带来了众多法律问题，对于商业评论与商业诋毁的法律界限、虚假性内容与误导性内容的法律认定、侵权与不正当竞争行为的构成要件，在司法实践中仍是难点。

本案案例回应了前述司法实践中的法律难点，对通过互联网实施商业诋毁行为的法律规制提供了重要的参考，对营造公平有序的竞争环境、良好的创新创业环境起到积极的推动作用。

【案情简介】

原告H公司与被告D公司是国内网络直播领域最主要的公司，且互为竞争对手。

被告D公司在其微博官方账号中，引述了某大学发布的《网络“黑公关”研究报告》，报告中引用了D公司的陈述指称H公司为“黑公关”幕后推手。H公司

* 陈峰、黄春媚，广东蕴德律师事务所律师。

就此向某大学提出投诉后，某大学即澄清更正了该部分报告内容。但D公司又通过其微博发布并突出研究报告更正前后的内容对比，质疑该报告更正行为，并通过转发第三方撰写的文章间接指称某大学澄清更正报告也可能是H公司“黑公关”的结果。

此外，被告D公司通过其官方微信公众号发表《向黑公关SAY NO!》的文章，文章内容虽然没有点名H公司，表面上泛指网络上存在的“黑公关”行为，但其配图却都是第三方指称H公司实施“黑公关”的文章内容截图。

原告H公司认为，被告D公司的上述行为属于编造、传播虚假信息及误导性信息，严重损害了原告H公司的商业信誉，已构成不正当竞争，并以此为由向法院提起诉讼。

被告D公司则辩称其微博发布某大学《网络“黑公关”研究报告》时并未对研究报告进行编造或修改，其微信公众号发布的《向黑公关SAY NO!》也仅表明立场，本案中其他涉及原告H公司的内容均来源于第三方，D公司只是转载，因此被告D公司认为其不具备侵害原告H公司商业信誉的主观故意和客观行为。此外，被告D公司认为，涉案内容没有造成原告H公司的经济损失，因此D公司认为其不应承担法律责任。

经审理，一审法院认为《反不正当竞争法》规定的商业诋毁行为需综合认定，一是争议主体间是否存在竞争关系；二是经营者是否实施编造、传播虚假信息或误导性信息行为；三是该行为是否损害竞争对手商业信誉、商品声誉，一审法院作出评析如下：

关于第一点。H公司与D公司已共同确认双方存在竞争关系，二者均是国内网络直播领域最主要的公司，且互为竞争对手。故一审法院认定H公司与D公司是反不正当竞争法所规定的存在竞争关系的经营者。

关于第二点。被告D公司的微博账号在某大学的《网络“黑公关”研究报告》澄清更正后，仍然发布并突出研究报告修改前的指称原告H公司为“黑公关幕后推手”的内容，指向性非常明显，就是意图向公众宣称原告H公司为“幕后推手”，且被告D公司没有证据证明原告H公司就是“幕后推手”，故被告D公司的该行为属于传播虚假信息或误导性信息。

被告D公司的微信公众号发布的《向黑公关SAY NO!》文字上虽然并未明确

指出“黑公关”的具体名称，但结合配图内容，完全会使读者产生读后的感官和认知，认为令被告D公司一直备受骚扰的“黑公关”就是原告H公司，故被告D公司的该行为属于传播误导性信息。

被告D公司转载的第三方文章中，存在多处使用指向性非常明显的分析和结论，直指原告H公司为“黑公关的幕后推手”。被告D公司通过转发第三方文章间接表达自己的相同观点，属于传播虚假信息或误导性信息。

关于第三点。反不正当竞争法关于商业诋毁行为的成立并未规定应以造成实质性损害为构成要件，只要该被控侵权行为存在足以造成损害竞争对手的商业信誉、商品声誉的可能性，即可认定为反不正当竞争法所规定的商业诋毁行为。

综上，一审法院对于H公司主张判令D公司公开向H公司赔礼道歉、消除影响并赔偿损失的诉讼请求予以支持。

一审宣判后，D公司提起上诉，二审法院审理后认为一审判决认定事实清楚，适用法律正确，驳回上诉维持原判。

【争议焦点】

本案的业务难点与核心争议主要有三个方面：

1. 如何从法律的角度界定商业诋毁？
2. 当事人通过网络转载第三方网络信息是否应当承担法律责任？
3. 商业诋毁的不正当竞争行为是否需要以造成实质性损害为构成要件？

【案例评析】

网络的普及改变了商业言论的发表方式。在互联网环境中，除了直接发布自己的观点以外，还可以采用转载第三方信息的形式间接表达观点。为了规制网络转载行为的责任，最高人民法院于2014年6月23日通过了《最高人民法院关于审理利用信息网络侵害人身权益民事纠纷案件适用法律若干问题的规定》（已于2020年12月23日被最高人民法院修改），对于网络转载行为的法律责任作出了规定。

网络的普及也让商业言论的类型变得更为复杂，传统情境下的商业诋毁多采用编造、传播虚假信息的方式进行，但庞杂的网络信息中除了虚假信息之外，还存在大量的误导性信息。误导性信息虽未直接形成结论，但会误导公众产生错误感知，实质上造成商业信誉损害。因此，2017 年 11 月 4 日全国人民代表大会常务委员会修订的《反不正当竞争法》，将编造、发布误导性信息纳入了法律的规制范围。

本案的处理符合国家的立法精神与发展方向，对通过互联网实施商业诋毁行为的法律规制提供了重要的参考，体现出下列几个方面的法律适用规则：

1. 对于商业诋毁的法律界定

依据《反不正当竞争法》，编造、传播虚假信息或者误导性信息，损害竞争对手的商业信誉、商品声誉，构成商业诋毁。

对于虚假信息认定，本案体现了认定虚假信息的证据标准，在商业诋毁案件中，无证据证明商业诋毁信息的真实性，即可推定该信息为虚假信息。

对于误导性信息的认定，除采用上述证据标准外，在本案中还形成了“信息指向”与“公众感知”的判断标准，即信息指向特定主体且可能造成公众感知错误的，可认定为误导性信息。

2. 转载网络信息的法律责任认定

本案采用了主客观相统一的规则判断网络转载的法律责任，行为人客观上实施了转载第三方网络信息的行为，主观上通过转载行为间接表达自己观点，应当对转载网络信息的行为承担法律责任。

3. 实质性损害对于不正当竞争的构成影响

本案明确了商业诋毁行为的不正当竞争不需要以造成实质性损害作为构成要件，商业诋毁行为存在损害商业信誉、商品信誉的可能性，即构成不正当竞争。

除上述规则外，在本案释法析理的过程中，还确立了商业评论的审慎、客观、真实原则，对于营造公平有序的竞争环境、良好的创新创业环境起到积极的推动作用。

【专家点评】

随着互联网技术的飞速发展，互联网巨头公司之间的竞争态势愈加火热，网络商业诋毁是在激烈竞争过程中诞生的畸形产业，作为不正当竞争的手段之一，应当受到法律规制及严厉处罚。

当遭遇网络商业诋毁时，商业公司该如何启动法律维权工作，以最大限度减少舆论危机影响，保护公司的良好市场声誉，维护公司商业形象，避免竞争对手的不法侵害，民事法律及刑事法律均对前述问题进行了相应法律规制，前者通过民事侵权及不正当竞争维护企业合法权益弥补损失，后者通过侵害商业信誉及商品信誉罪对损害企业商品商誉造成严重后果的行为予以严厉的刑事惩罚。

言论自由与舆论监督是现代法治的基石，网络空间言论自由的限度更是现代社会存在的一个非常复杂的问题。但值得赞扬的是，目前我国司法机关正努力通过及时且具备公信力的司法裁判，为促进互联网领域形成公平竞争、规范有序的市场体系，推动互联网经济发展提供更加有力的司法服务和保障。

[点评人：苏丽云，上海兰迪（广州）律师事务所主任、广州市律师协会普通犯罪刑事法律专业委员会副主任]

债权平等原则在执行异议之诉中的具体适用

冀高智*

【内容提要】

债权具有相容性和平等性，在同一标的物上同时并存数个债权，或数个债权人对同一债务人主张数个债权时，无论债权成立先后，其效力一律平等，且在债权实现上也是平等的。然而，债权平等原则并非绝对，对于某些特殊债权，法律予以特别保护。

本案的案外人以被执行人名义投资受让一块土地使用权，未办理确权登记亦未领取土地使用权证。其后，因被执行人债务问题，申请执行人依据2005年1月1日实施的《最高人民法院关于人民法院民事执行中查封、扣押、冻结财产的规定》（法释〔2004〕15号）（以下简称《查、扣、冻规定》）第2条第2款①规定，将涉案土地作为被执行人名下的财产查封。案外人对涉案土地主张权利与申请执行人主张的权利相互冲突。在此情况下，依据《民事诉讼法》（2017年修正）第227条①规定，通过执行异议和执行异议之诉，对双方之间的实体权利及其优先性进行比较，从而确定谁的权利优先，以确定案外人所享有的实体权利能否排除对执行标的的执行。

---

* 冀高智，广东正高律师事务所律师。

① 2021年1月1日，《最高人民法院民事执行中查封、扣押、冻结财产的规定》（2020修正）（法释〔2020〕21号）实施，该条仍为第2条第2款。

① 2022年1月1日，《民事诉讼法》（2021修正）实施，该条现为第234条。

【案情简介】

一、涉案土地属于特殊历史背景下遗留的产权问题

二十世纪九十年代初，省人民政府为吸引外资加快土地开发，批准省原国土厅设立A公司。A公司的经营范围和公司章程均规定，按授权办理土地使用权出让前期开发，并为获取土地使用权的投资者提供信息和法律咨询服务。

1992年，在省原国土厅支持下，B公司与A公司签订《合作征地协议》。约定由B公司出资，以A公司名义征用、受让某村200多亩土地（以下简称涉案土地），收益和投资风险全部归B公司，A公司不出资、不承担风险、只提供购地服务且在完成相关服务后按每亩地11000元收取固定费用。经国土厅批复同意并抄送某县政府及国土、规划部门后，A公司以自己名义与某县原国土局签订《土地使用权出让合同》，并领取《建设用地许可证》和《建设用地规划许可证》。A公司利用B公司支付的全部购地费用，支付了涉案土地全部土地出让金和土地补偿费。1994年市政府临时决定将危险品仓库迁至涉案土地附近，限制涉案土地开发，导致B公司未能申请办理涉案土地登记并领取土地使用权证。

其后，涉案土地因A公司债务问题被法院查封。2011年4月1日经仲裁委员会《仲裁裁决书》确认：B公司与A公司之间的《合作征地协议》真实、合法、有效；A公司与某县国土局签订的《土地使用权出让合同》项下的合同权益全部归B公司所有；由A公司协助变更《土地使用权出让合同》的受让人为B公司或其设立的公司。

2013年3月，首封法院针对B公司依据仲裁裁决书提出的异议，裁定解除对涉案土地的查封。之后，同一申请执行人C公司以另外两笔同样性质的金钱债权分别申请另一区法院和中级人民法院对涉案土地查封和轮候查封。对此，B公司提出异议，认为生效仲裁裁决书已确认涉案土地《土地使用权出让合同》项下的合同权益全部归B公司所有，首封法院解除查封后，轮候查封失去转为正式查封的实体权利依据，不产生查封的效力。B公司申请复议被驳回后，向最高人民法院申请执行监督。

2017年最高人民法院针对本案同一申请执行人申请三家法院对涉案土地的查

封和轮候查封，分别下达了三份《执行裁定书》，指出法律并不禁止当事人通过仲裁解决双方之间的合同纠纷，但是，鉴于仲裁的封闭性，不能替代执行异议之诉的功能，本案应依据《民事诉讼法》（2017 年修正）第 227 条[①]的规定，由 B 公司（案外人）向轮候查封转为正式查封的区人民法院提出异议，通过执行异议之诉，“将当事人之间的实体权利义务关系导入规范的案外人异议及异议之诉程序进行厘清定性和正本清源。通过该正当程序，可以对 B 公司和 C 公司双方之间的实体权利及其优先性进行比较，从而确定 B 公司对涉案土地使用权究竟是否享有可以排除执行的实体权利”。

2018 年 B 公司按照最高人民法院执行裁定书指引，向转为正式查封的区人民法院提出异议被裁定驳回后，提起案外人执行异议之诉，请求不得执行涉案土地。经一审、二审过程中对双方之间的实体权利及其优先性反复进行比较，人民法院一致认为 B 公司对涉案土地所享有的实体权利，优先于 C 公司的金钱债权，判决不得执行。

二、裁判理由

（一）关于涉案土地权属问题

依据《物权法》第 9 条[②]不动产物权的设立、变更、转让和消灭，经依法登记发生效力；未经登记，不发生效力的原则，因涉案土地尚未完成初始登记，《建设用地许可证》并非土地使用权证，C 公司主张涉案土地权属人是 A 公司依据不足。

（二）关于《合作征用土地协议》的效力问题

该协议并不违反《城镇国有土地使用权出让和转让暂行条例》第 3 条[③]关于境内外公司、企业、其他组织和个人均可依照本条例规定取得土地使用权，进行土地开发、利用、经营的规定，加之 A 公司具有土地使用权出让的前期开发，按授权办理土地使用权出让的具体业务，为获取土地使用权的投资者提供信息和法律咨询服务的职能，其与 B 公司签订的《合作征用土地协议》并不违法，而合法有效。

---

① 现为《民事诉讼法》（2021 修正）第 234 条。

② 该条现为《民法典》第 209 条。

③ 2020 年 11 月 19 日，《中华人民共和国城镇国有土地使用权出让和转让暂行条例》（2020 修订）发布实施，该条仍为第 3 条。

（三）关于 B 公司对涉案土地是否享有民事权益，能否排除执行的问题

1. B 公司对 A 公司及涉案土地享有合同履行利益的民事权益

首先，B 公司依据《合作征地协议》支付了征地款、青苗补偿费、土地出让金，A 公司取得国土厅批复同意与 B 公司合作征地，并已与某县国土局签订《土地使用权出让合同》，领取《建设用地许可证》和《建设用地规划许可证》，如果《合作征地协议》继续履行，B 公司对涉案土地享有可期待的投资收益，即合同履行利益，投资利益是 B 公司合同履行利益的主要内容，依法应当获得保护。

其次，涉案土地并没有使用 A 公司的资金，未确权登记给 A 公司，不属于 A 公司的资产，不能成为 A 公司向 C 公司承担债务责任的财产。

2. B 公司对涉案土地享有的合同履行利益符合物权期待权的部分特征

根据《最高人民法院关于人民法院办理执行异议和复议案件若干问题的规定》（法释〔2020〕21 号，以下简称《异议和复议规定》）第 28 条[①]规定的异议成立的四个条件，涉案土地在法院查封之前已签订《合作征地协议》；支付全部价款；非因 B 公司的原因，而是政府修建危险品仓库临时变更规划的原因，导致没有申请土地登记发证，未交付土地开发建设，责任不在 B 公司。

基于此，涉案土地由 B 公司实际投资而来，在未进行物权权属登记的特定情况下，B 公司的合同履行利益与涉案土地的物权归属和项目建设紧密相连，对涉案土地有期待利益。其民事权益符合物权期待权的部分特征，因而具有物权期待权的部分属性。物权期待权有别于一般债权，能得到法律的优先保护，对执行标的能够排除一般金钱债权的执行。

（四）通过对双方之间所享有的民事权益及其优先性比较，相对于 C 公司的金钱债权，B 公司享有的民事权益具有优先性

1. 本案 B 公司对涉案土地享有合同履行利益，具有与 C 公司享有的金钱债权相比对的地位，有为民事法律所保护的价值。虽然 B 公司对涉案土地所享有的合同履行利益仍然属于债权，依照现行法律赋予特定债权人的债权的相对优先性保护规定，认定 B 公司所享有的债权具有优先性，但并非否定债权平等原则，而是在特定

① 2021 年 1 月 1 日，《最高人民法院关于人民法院办理执行异议和复议案件若干问题的规定（2020 修正）》实施，该条仍为第 28 条。

的情形下，维护特定债权人的合法权益，从而实现法律公平正义的价值。

2. 由于涉案土地尚未登记，B 公司对涉案土地享有的合同履行利益属于民事权益，具有物权期待权的法律属性，物权期待权不同于一般债权。而 C 公司对 A 公司的债权属于金钱债权，而且与涉案土地无法律上的直接联系，是一般债权。

3. 涉案土地是《合作征用土地协议》履行的唯一标的物，对实现 B 公司的合同利益具有不可替代性，对涉案土地的强制执行将严重损害该利益。涉案土地来源于 B 公司投资，根据“谁投资，谁收益，谁所有”的市场经济基本准则和产权划分标准，B 公司对涉案土地享有合同履行利益应当受到优先保护。而 C 公司的债权来源于低价购买金融机构对 A 公司的不良债权，目的在于查封执行涉案土地以获取更大的商业利益，具有投机性，对于涉案土地的来源无原因力，其申请查封涉案土地阻却了 B 公司与 A 公司之间合同的正常履行和合同履行利益的实现，不利于对投资者合法投资权益的保护和经济发展。

4. 从债权形成的时间先后顺序来看，B 公司投资取得涉案土地权益的时间远远早于 C 公司通过债权转让方式取得的金钱债权产生的时间。《最高人民法院关于审理涉及国有土地使用权合同纠纷案件适用法律问题的解释》第 10 条①规定，在同一土地使用权存在多份有效出让合同的情况下，遵循登记在先、占有在先、付款在先、合同成立在先等顺序确定优先权。《最高人民法院关于审理买卖合同纠纷案件适用法律问题的解释》第 10 条②规定，在特殊动产“一物多卖”的情况下，遵循交付在先、登记在先、合同成立在先等原则确定优先权。参照上述司法解释，B 公司的权益具有合同成立在先、付款在先的特点，也应得到优先保护。

5. 从权利取得的历史背景和目的来看，在改革开放初期，为支援内地经济建设，B 公司根据招商引资政策，基于对省政府批准省国土厅所设立的 A 公司的信赖，以及 A 公司具有按政府授权办理土地使用权前期开发职能，并为获取土地使用权的投资者提供信息和法律咨询服务的经营范围，经省国土厅批复同意，签订了《合作征用土地协议》，才以 A 公司的名义投资征用、受让了涉案土地。B 公司的缔

① 2021 年 1 月 1 日，《最高人民法院关于审理涉及国有土地使用权合同纠纷案件适用法律问题的解释（2020 修正）》实施，该条现为第 9 条。

② 2021 年 1 月 1 日，《最高人民法院关于审理买卖合同纠纷案件适用法律问题的解释（2020 修正）》实施，该条现为第 7 条。

约和投资并未违反法律规定，由此产生的信赖利益，应当获得适当的保护。

6. 关于B公司的“可期待的投资利益”债权是否优先于C公司的一般债权的问题，省高院再审《民事裁定书》认为：“一般而言债权是平等的。但在某些情况下，为更好地维护诚实信用原则和公平正义原则，法律赋予了某类债权更为优先的地位以便对债权的清偿顺序和履行顺序进行排位。”B公司的民事权益与涉案土地有更为密切的关联性。“当B公司的民事权益与C公司的普通金钱债权执行发生冲突时，结合具体案件实际进行价值衡量，对成立在先，与涉案土地有更密切关联性且享有‘可期待的投资利益’的B公司的信赖利益作出优先保护，更符合公众朴素的法律情感。”

基于此，B公司对涉案土地享有的民事权益，与C公司所主张的普通金钱债权相比较，具有优先性，足以排除对涉案土地的执行。

【争议焦点】

本案争议焦点：一是，B公司对涉案土地是否享有实体权利？二是，B公司对涉案土地享有的实体权利能否排除执行，即B公司对涉案土地是否享有足以排除C公司申请强制执行的民事权益？

【案例评析】

自2006年涉案土地被查封后，B公司历经异议、诉讼、仲裁、再异议、复议、执行监督程序，根据最高人民法院针对本案所作出的《执行裁定书》指引，通过本案执行异议之诉，在查明事实和尊重历史的基础上，对双方之间的实体权利及其优先性进行比较，从而得出B公司对涉案土地享有的民事权益具有优先性，足以排除对涉案土地执行的最终结论，维护了公平正义。2020年该案终审民事判决书被最高人民法院评为全国优秀判决书，对执行异议之诉案件的审判具有示范意义。

一、本案通过对比双方间实体权利及其优先性，确定权利优先保护顺位，具有司法示范意义

原则上债权具有平等性，但是，我国《海商法》《民用航空法》《担保法》《合

同法》[①]《税收征收管理法》，以及《企业破产法》第 113 条、《公司法》第 186 条均赋予特定债权人的债权具有相对优先性。在执行异议之诉案件中，因权利冲突双方的实体权利性质、类型和具体情况不同，进而需要对双方间的实体权利及其优先性进行比较，确定权利保护顺位，从而得出能否排除执行的结论。

然而，对比双方实体权利及其优先性，并非简单地对权利优先性进行比较。需要从双方实体权利（权益）保护价值、实体权利（权益）的性质、实体权利（权益）产生的时间和来源、权利产生的历史背景、对社会的影响力和价值取向等方面，进行全面分析和评价。本案从涉案土地来源、B 公司对涉案土地享有的合同履行利益、物权期待权属性、对政府的信赖、权利的不可替代性和唯一性及投资目的的实现等各个方面，与 C 公司所享有的普通金钱债权来源、目的和债权实现的效力相比较，对前者优先保护，对保障外商投资和交易安全，促进经济发展有利。

二、本案强调对历史产权的司法保护，符合时代要求

对政府在招商引资过程中，因政府原因产生的历史产权遗留问题，应适用政策和法律双重调整和保护。B 公司基于对政府的信赖，与 A 公司合作投资征用、受让涉案土地。但因政府行为导致未能申领土地使用权证，属于历史产权遗留问题。本案判决结果标志着人民法院审判理念与时俱进的变化，尊重客观历史事实，根据《中共中央、国务院关于完善产权保护制度依法保护产权的意见》（中发〔2016〕28 号）和《最高人民法院关于充分发挥审判职能作用切实加强产权司法保护的意见》（法发〔2016〕27 号）及《最高人民法院关于依法妥善处理历史形成的产权案件工作实施意见》（法发〔2016〕28 号），依法认定外商与 A 公司签订的《合作征用土地协议》合法、有效，并确认 B 公司对涉案土地享有合同履行利益，优先受到保护，价值保护取向明确，为境外投资者的合法投资财产提供了司法保障，有利于促进广东地区社会稳定和经济发展。

三、本案通过执行异议之诉在程序上补漏，维护了申请执行人的诉讼利益

本案《仲裁裁决书》不仅确认《合作征用土地协议》合法、有效，而且确认《土地使用权出让合同》项下的合同权益归 B 公司所有。然而，仲裁裁决不具有替代案外人和当事人执行异议之诉的功能和效力，不能直接依据仲裁裁决结果排除对

---

① 《民法典》自 2021 年 1 月 1 日起施行，《担保法》《合同法》同时废止。

涉案土地的执行。通过本案执行异议之诉，由申请执行人C公司作为当事人参加诉讼，弥补程序上的缺失，维护C公司的诉权，确保程序公正、合法。

本案一审、二审《民事判决书》并没有将已生效的《仲裁裁决书》作为排除涉案土地执行的依据，而是根据本案基本事实，依法认定《合作征地协议》并未违反当时的法律强制性规定、合法有效；并认定B公司对涉案土地享有合同履行权益和期待权，与《仲裁裁决书》确认《土地出让使用权出让合同》项下的合同权益全部归B公司所有的裁决结论基本一致，通过“一案双裁”，维护了公平正义。由于本案仲裁与诉讼的当事人不同，诉讼请求不同，并不构成重复诉讼。本案经最高人民法院执行监督程序审查之后，2018年3月1日施行的《最高人民法院关于人民法院办理仲裁裁决执行案件若干问题的规定》（法释〔2018〕5号）第9条、第18条，规定了仲裁案外人可以申请不予执行仲裁裁决书的司法救济程序，弥补了仲裁程序的不足，并维护了仲裁案外人的合法权益。

四、本案执行异议之诉民事判决书对轮候查封案件的处理具有指导意义

本案案外人依据执行异议之诉民事判决书，在解除对涉案土地的正式查封之后，依据该民事判决书，向轮候查封转为正式查封的执行法院直接申请解除了对当事人主体相同、案外人相同，只是执行依据不同的涉案土地的轮候查封。不必再向轮候查封法院重复异议和诉讼。本案经最高人民法院作出的《执行裁定书》指出：“在此情况下，允许案外人在不同法院同时、独立提起案外人异议并无必要，待通过正式查封案中的案外人异议及异议之诉程序得出是否能够排除执行的结论后，轮候查封的法院可根据上述结论径行判断是否应当解除轮候查封措施。”

本案轮候查封法院根据案外人依据执行异议之诉民事判决书提出的异议，解除了对涉案土地查封之后，C公司提出复议。省高级人民法院经复议后作出《执行裁定书》，裁定认为“轮候查封的法院根据正式查封案中案外人异议及异议之诉程序的结论径行判断是否应当解除查封，符合执行效率优先原则，而且，查封作为执行措施，法律并未限制执行法院可根据案件的实际情况适时对执行措施进行调整”。

五、执行异议之诉中，对未登记的土地使用权排除执行的判断标准和依据

（一）对被查封尚未登记的土地使用权不宜直接请求确认土地使用权权属，应依据合同和相关证据请求确认合同项下的合同权益归属，以便确定对被查封土地使用权享有民事权益依据《物权法》第9条[①]规定，对于未登记的土地使用权，当事人只享有对合同履行利益的请求权。根据司法权不能代替行政权的原则，如果直接请求确认土地使用权，不会得到法院支持。

2005年1月施行的《查、扣、冻规定》第2条第2款[②]规定只是查封、扣押、冻结的程序性规定《物权法》第16条、第17条[③]规定，土地登记簿和土地使用权证是确认土地物权归属的依据。

（二）物权期待权具有排除对未登记的土地使用权查封执行的物权对抗效力

物权期待权不是一个法律概念，对于物权期待权的性质和作用还存在理论上的争论。物权期待权是介乎于物权和债权之间的一项独立、现实的权利，具有准物权的性质，只要合同继续履行，经过登记，当事人即可获得物权权利人的法律地位。因此，法律选择对物权期待权特别保护。

最高人民法院《异议和复议规定》第28条[④]规定虽然从法律上承认了不动产买受人对已签约付款还未登记的不动产享有排除执行的物权期待权，但是该规定是对案外人提出异议是否成立的外观判断标准，属于程序性规定。“由于执行程序需要贯彻已生效判决的执行力，因此，在对执行异议是否成立的判断标准上，应坚持较高的、外观化的判断标准。这一判断标准，要高于执行异议之诉中原告能否排除执行的判断标准。”当事人若对执行裁定书不服，仍可以提起执行异议之诉。在诉讼过程中，法院不能完全依据该规定所列条件作出异议是否成立的判断，“符合《异议和复议规定》第25条至第28条规定所列条件的，执行异议能够成立；不满足这些规定所列条件的，异议人在执行异议之诉中的请求也未必不成立。是否成立，应根据案件具体情况和异议人所主张的权利、申请执行人债权实现的效力以及被执行人对执行标的的权利做出比较和综合判断，从而确定异议人的权利是否能够排除执行”。

本案民事判决书引用最高人民法院（2015）民一终字第150号《民事判决书》

---

① 该条现为《民法典》第209条。

② 2021年1月1日，《最高人民法院民事执行中查封、扣押、冻结财产的规定》（2020修正）（法释〔2020〕21号）实施，该条仍为第2条第2款。

③ 现为《民法典》第216条、第217条。

④ 2021年1月1日，《最高人民法院关于人民法院办理执行异议和复议案件若干问题的规定（2020修正）》实施，该条仍为第28条。

中的上述裁判观点，认定B公司对涉案土地享有的合同履行利益，虽然并不完全符合《异议和复议规定》第28条[①]规定的排除执行的外观化的判断标准，但根据本案实际情况判断，B公司对涉案土地所主张的权利享有与C公司金钱债权相比对的地位，具有物权期待权的属性和为民事法律所保护的价值，B公司对涉案土地享有的实体权利具有优先性，足以排除对涉案土地的执行。

综上，根据债权平等原则，当多项债权指向同一被执行标的物发生权利冲突时，通过执行异议之诉对双方之间的实体权利及其优先性比较，从而确定谁的权利优先。法律选择对特殊债权优先保护。对招商引资过程中因政府原因未办理土地登记产生的具有物权期待权属性的历史产权，应根据政策和法律进行全面分析和比较，优先保护投资者的合法财产，维护公平正义。

【专家点评】

民事案件执行中，既要对申请执行人的债权有效执行，又要保护案外人的合法民事权益。《民事诉讼法》第227条[②]规定执行异议之诉，对双方权利进行实体审查，以确认案外人是否享有足以排除对查封标的执行的合法民事权益，实现程序公正和当事人民事权利的平等保护。

然而，本案中涉案土地由境外投资人出资以内地政府所办企业名义受让而来，因政府临时调整规划未能申请土地登记发证，属于历史遗留产权问题。在涉案土地被法院查封，案外人与申请执行人均主张权利的情况下，境外投资人提起案外人执行异议之诉，由人民法院对双方之间实体权利及其优先性进行比较，依据相关法律规定，确定案外人所享有的实体权利具有优先性，排除了对涉案土地的执行。

保护投资者的合法民事权益，维护政府信誉和司法公信力，是人民法院认真落实《中共中央、国务院关于完善产权保护制度依法保护产权的意见》（中发〔2016〕28号），切实加强产权司法保护，依法妥善处理历史形成的产权案件，使人民群众在每一个案件当中切实感受到公平正义的重要体现。本案代表了广东法院

---

① 2021年1月1日，《最高人民法院关于人民法院办理执行异议和复议案件若干问题的规定（2020修正）》实施，该条仍为第28条。

② 现为《民事诉讼法》（2021修正）第234条。

民事审判能力与专业水准，受到最高人民法院表彰，增强了投资者对其财产受法律保障的安全感，对促进广东地区社会稳定、经济发展与营商环境的优化，具有非常现实的司法示范意义。

（点评人：董皞，中国行政法学研究会副会长，北京师范大学特聘教授、博士生导师）

债务加入与适格主体的裁判：一宗再审案的处理

钟扬飞[*]

【内容提要】

本篇案例的主题，一是原告、被告双方是否适格，二是法院对债务加入的理解与认定。本案经申请再审后，湖南省高级人民法院采纳笔者对原告、被告双方已经建立权利义务关系的观点，并明确了债务人承诺即为债务加入的情形之一的观点，重点解决了当时司法实践中对“债务加入”的理解与认定。在申请民事再审成功率较低的情况下，本案通过申请民事再审维护了当事人的合法权益。

【案情简介】

广州某印刷有限公司（以下简称印刷公司，唐女士系唯一股东及法定代表人）与广州市某文化传播有限公司（以下简称文化传播公司，左女士系控股股东，并任法定代表人；左女士的丈夫易先生系该公司业务经理）双方存在多年的印刷（承揽）合同关系。截至 2016 年 4 月，文化传播公司累计欠印刷公司印刷费共计 65 万元。左女士及其丈夫易先生自愿于 2016 年 4 月 13 日向唐女士出具《还款计划》，确认文化传播公司欠唐女士印刷费 65 万元，而左女士及易先生自愿承担上述债务，

---

* 钟扬飞，广东中天律师事务所律师。

并承诺两人将于2016年6月起逐步归还文化传播公司欠付的印刷费。此后唐女士多次催告要求还款，但左女士及易先生并未实际履行约定的义务，而文化传播公司早已人去楼空、名存实亡，没有偿还能力。唐女士遂依据《还款计划》，向长沙市某区人民法院对左女士及易先生提起诉讼。

唐女士提出要求判令左女士及易先生偿还欠款65万元，并按照年利率24%的标准计付自2016年6月1日起至实际清偿之日止的债务利息的诉讼请求。而左女士、易先生在一审开庭时辩称，上述债务是印刷公司与文化传播公司之间的债权债务，应当由印刷公司主张，并由文化传播公司向印刷公司偿还，唐女士与左女士、易先生之间并无真实的债权债务关系，左女士曾经在其私人账户向唐女士账户汇款的行为是代表文化传播公司付款的行为，不代表其个人，左女士、易先生没有义务帮文化传播公司偿还债务。唐女士在庭后向一审法院提交了四份材料，分别为：1.《追加被告申请书》，唐女士申请追加文化传播公司为本案被告；2.《追加第三人申请书》，唐女士申请将印刷公司列为本案第三人参加诉讼；3.《确认书》，印刷公司确认对文化传播公司的所有债权早已转让给唐女士。4.《参加诉讼申请书》，印刷公司申请作为第三人参加诉讼。但一审法院没有追加被告或追加第三人，也没有对唐女士提交的证据进行实际的审查，径行于2017年2月作出民事裁定书，以《民事诉讼法》第119条、第154条第1款第3项以及《最高人民法院关于适用〈中华人民共和国民事诉讼法〉的解释》第208条第3款规定，认为本案诉争标的系印刷公司与文化传播公司之间因合同纠纷所形成的，并基于合同相对性的原则，认定唐女士与左女士、易先生之间并无真实的债权债务关系。而唐女士依《还款计划》要求左女士、易先生还款的诉讼请求，缺乏法律依据。从而裁定驳回原告唐女士的起诉。

唐女士及申请人收到该民事裁定书后，决定提起上诉。申请人在二审期间，再次强调本案的争议焦点及己方的观点：第一，原告相关的申请文件在一审期间提出，符合法律规定，原审法院没有履行审查的法定义务，反而对此只字不提。第二，原审法院程序严重失当，在印刷公司与文化传播公司均没有参加诉讼的情况下，直接认定上述两公司之间的民事法律行为，剥夺了第三人的诉讼权利。第三，左女士及易先生自愿出具《还款计划》以及付款的行为，均系两人作为自然人对债务承担的真实意思表示，其出具的《还款计划》及付款的行为不可能代表公司，易先生更不具备代理公司的任何外观要件和实质要件，因此，两人的行为已经构成了债务加入，应当对涉案债务承担连带的清偿责任。但某中级人民法院仍然坚持一审法院的意见，并适用《民事诉讼法》第170第1款第1项及《最高人民法院关于适用〈中华人民共和国民事诉讼法〉的解释》第232条的规定，于2017年11月作出民事裁定书，认定唐女士要求左女士、易先生依据《还款计划》还款的请求，缺乏法律依据，裁定驳回上诉，维持原裁定。

二审败诉后，申请人立即启动申请再审工作，撰写《再审申请书》，再次明确提出本案的争议焦点以及原审法院在事实认定和法律适用上的错误。

第一，在印刷公司与文化传播公司均没有参加诉讼的情况下，即两个直接的利害关系人缺席的情况下，原两审法院直接认定上述两公司之间的民事法律行为，即在他人不能行使诉讼权利的情况下直接认定他人的行为性质，导致上述两公司的诉讼权利包括起诉、抗辩、质证、申请回避、提起上诉等均无法行使；这样裁判显然剥夺了上述两公司的诉讼权利。

二审裁定现已生效，产生既判力，即使唐女士或印刷公司另行提起诉讼，也可能受到该裁判的影响，这样对唐女士或印刷公司都是极不公平的。

第二，唐女士在一审期间提出的相关申请以及提交的相关证据均符合法律规定，但一审法院对此未加审查，未予理会。而二审法院引用了一审判决的依据，裁定认为逾期，并以此来支持一审法院的裁定，剥夺了唐女士和印刷公司的诉讼权利。笔者认为，第三人申请参加诉讼以及追加被告不属于证据范畴，不应受到举证期限的限制，不能套用举证期限，况且法律没有规定第三人参加诉讼以及追加被告的期限，因此申请人及印刷公司提交申请文件符合程序。二审法院引用民事诉讼法解释第232条规定而认为逾期，但该法条仅系针对诉讼请求的处理，并非第三人申请参加诉讼以及追加被告的期限问题，故其引用法律明显错误，认定逾期缺乏依据。

第三，“债务加入”，是指第三人加入债的关系中，与原债务人一起向债权人承担责任。债务加入的构成要件为：债务具有可转移性，债务加入合意成立（该合意可以是三方合意、两方合意、第三人单方承诺等）。涉案债务虽然是两个公司之间形成的债务，但左女士及易先生通过以个人名义付款及以个人名义出具还款计划的方式加入债的关系中，与原债务人一起向债权人承担责任。这种行为完全具备“债务加入”的法律特征，构成“债务加入”，应对涉案债务承担连带清偿责任。

左女士及易先生出具还款计划以及付款的行为均不能代表公司，两人是以自然人的名义出具还款计划及付款，指向的对象也是自然人，均没有提及或涉及两个公司，因此，两人的行为属于“债务加入”。

左女士及易先生的行为证明其知道债权已经转让。左女士及易先生向唐女士出具还款计划及付款，表明其知道印刷公司的债权已转让给唐女士，否则其出具还款计划的对象应为印刷公司而非唐女士，左女士的还款行为应该从文化传播公司的账户向印刷公司的账户支付，而不应是两个自然人账户之间的收付。因此左女士及易先生的上述行为已经表明，其知道债权已转让并曾经向作为受让人的唐女士履行过部分债务。

第四，唐女士与左女士、易先生订立的《还款计划》属于合同，双方（三人）之间构建了合同相对性，形成了直接的债权债务关系。原一审、二审法院没有区分两种不同的合同相对性，反而混淆了印刷公司与文化传播公司之间、唐女士与左女士、易先生之间的合同关系。

综上，2017 年 12 月，申请人代唐女士向湖南省高级人民法院申请再审。

经过一系列的审查工作，湖南省高级人民法院认为本案符合《民事诉讼法》第 200 条第 2 项、第 6 项规定的情形，并以《民事诉讼法》第 204 条、第 206 条的规定，于 2018 年 6 月 25 日作出民事裁定书，裁定本案符合再审申请的情况，并由湖南省高级人民法院进行提审。

湖南省高级人民法院经过提审，全部采纳了申请人提出的观点，包括适格主体、债权转让与债务加入、应当追加被告而没有追加、唐女士的诉讼权利被剥夺等主张。湖南省高级人民法院经审理认为：首先，本案系因印刷公司与文化传播公司之间的印刷合同结算后的欠款引发的纠纷，并非单纯的民间借贷纠纷，而原审法院将案由定为民间借贷纠纷实属不当。其次，唐女士在一审、二审时申请追加文化传播公司为被告，一审、二审法院应当追加文化传播公司为被告而没有追加的行为，剥夺了唐女士的诉讼权利。最后，印刷公司将其债权转让给唐女士的行为，符合法律规定，因此唐女士有权以自己名义起诉文化传播公司。而左女士及易先生自愿出具《还款计划》的行为即表示愿意加入对债务的偿还，据此，唐女士有权要求左女士及易先生履行还款的承诺。现左女士、易先生未履行偿还义务，唐女士理当要求其履行承诺。左女士、易先生是适格被告。最终，在2018年11月7日，湖南省高级人民法院认定原审事实不清、程序违法，按照《民事诉讼法》第207条及第170条第1款第4项[①]规定，作出民事裁定书，裁定撤销一审和二审民事裁定，并裁定将本案发回某区人民法院重审。

发回重审后，某区人民法院首先明确了本案的基础法律关系应当为合同纠纷，而非民间借贷纠纷。其次确认了本案印刷公司对文化传播公司享有债权，且印刷公司将债权转让给唐女士的行为合法有效，应当予以支持，因此认定唐女士是本案的适格原告。而左女士及易先生由于出具《还款计划》明确表达其本人向唐女士支付印刷款的合意，亦应当与文化传播公司一同承担偿还款项的责任。即便左女士及易先生辩称其行为仅系履行职务的行为，但法院认为该主张与《还款计划》的内容并不相符，不予采信。最后法院依据《还款计划》的内容，确认欠款金额为65万元，但对于唐女士主张按年利率24%计算利息没有法律依据，酌情支持了欠款自2016年6月1日起至实际清偿之日止的资金占用利息，该部分的利息按中国人民银行同期同类贷款利率进行计算。最终，某区人民法院于2019年6月12日作出民事判决书，以《民事诉讼法》第60条第1款、第107条以及第253条[②]为依据，判令由左女士、易先生及文化传播公司向唐女士支付65万元的印刷费以及资金占用利息。

对方不服该一审判决，向某中级人民法院提起上诉，某中级人民法院认为对方的上诉意见不成立，对对方提出左女士及易先生作为自然人不需要承担偿债义务的上诉意见不予支持，同时，鉴于本案一审法院作出民事判决书，依照《民事诉讼法》第170条第1款第1项的规定，判决驳回上诉，维持原判。至此，本案历时四年多，终于得到圆满的解决。

【争议焦点】

本案的争议焦点涉及适格主体的认定、债权转让与债务加入的区别、债务加入的认定以及第三人诉讼权利是否被剥夺等问题，但最重要的是对“债务加入”的理

① 2022年1月1日，《民事诉讼法》（2021年修正）实施，该条现为第214条、第177条第1款第4项。

② 2022年1月1日，《民事诉讼法》（2021年修正）实施，该条现为第63条、第110条及第260条。

解与认定。在民法典出台之前，当时的《合同法》并没有规定有关并存债务（债务加入等）的内容，导致实践中容易出现不同的理解。本案之所以历时四年才得以处理完毕，不单单因为案件复杂，还因为我国当时对债务加入、并存债务的相关法律法规尚不明确和完善。

【案例评析】

这宗合同纠纷案，原一审、二审法院对适格主体、债权转让、债务加入、代表行为、诉讼权利是否被剥夺等问题的理解存在误区，导致当事人的诉累，历时四年多才得以解决。所幸当事人及申请人的坚持并申请民事再审，最终由法院作出了正确的判决。

在此类案件中，有限责任公司作为债务人已经没能力偿还其所欠的债务，其法定代表人及股东应当是知情的。而本案的其中一名自然人被告左女士，不仅作为文化传播公司的法定代表人知悉相关情况，还自愿与其丈夫对所涉债务承担连带清偿责任。但当原告唐女士提起诉讼时，两自然人被告左女士与易先生却又以合同相对性为由予以抗辩。原一审、二审法院也以合同相对性为由驳回原告唐女士的起诉，这无疑是对合同相对性这一原则的错误适用；且原一审、二审法院也没有认识到双方构建的另一个合同相对性。因此在涉及对于适格主体认定的案件中，必须明确合同双方的法律关系，而并非刻板地使用合同相对性这一原则予以驳回债权人或债务人的起诉。

而针对债务加入这一问题，被告文化传播公司既然享受了获得印刷服务的权利，就理应承担支付印刷费的义务，而作为被告文化传播公司的法定代表人及其丈夫既然自愿出具文书表示愿意一同偿还相关费用，则应当视为加入该项债务，他们是适格的被告。当时《民法典》尚未颁布，《合同法》对此并没有规定。现在《民法典》第522条、最高人民法院的司法解释等相关的法律法规及规范性文件都有了规定，但实务中对债务加入的认定标准仍可能存在难以定夺的情况。而且，由于作为非法律人的当事人对债务加入及债务转让的概念并不明确，亦可能导致合同约定的内容并不清晰，进而致使在诉讼中债权人处于不利的地位。因此，笔者认为，若在实务中遇到债务加入的问题，首先应当明确是否属于债务加入的情况，在明确后则应当制定对应的诉讼策略，以便更好地提出己方的诉讼请求和主张。

【专家点评】

本篇案例的作者作为一方当事人的代理人，能够准确地为委托人确定最有利的诉讼请求及诉讼策略，并始终坚持自己的观点，做到了最大限度地维护委托人的合法权益。案例争议的主要焦点，一是原告、被告双方是否适格，二是法院对债务加入的理解与认定。对于前者，一审、二审法院均以合同相对性为由，认定原告、被告双方不存在真实的债权债务关系，驳回原告的起诉。笔者认为原告受让债权，而被告承诺偿还债务，双方建立了权利义务关系，因此诉讼主体适格，案经申请再审后，笔者的主张为湖南省高级人民法院采纳。

对于债务加入的争议焦点，当时《民法典》尚未颁布，合同法也没有规定有关并存债务（债务加入等）的内容，导致实践中出现不同的理解。代理人坚持认为债务人承诺即为债务加入的形式之一，申请再审获得成功。本篇案例的作者穷尽途径维护当事人的合法权益，让当事人见证了司法的正能量，增强了对法律的信赖。

（点评人：潘斌，广东金领律师事务所合伙人、二级律师）

在维护双方最大利益且能兼顾良好社会效果前提下如何合法合理解除部分合同内容

董　方　郑家文*

【内容提要】

根据《合同法》第 94 条“当事人一方迟延履行债务或者有其他违约行为致使不能实现合同目的，另一方可以解除合同”（现为《民法典》第 563 条）的规定，民事主体间履行合同过程中，若存在“违约行为”并导致“不能实现合同目的”的，原则上另一方当事人有权解除合同。在本案“某花园项目”出现规划等硬性规定问题，“在事实上根本不具备商业经营的条件”并导致“无法施工、不能实际经营的主要问题并衍生出计费经营面积、室内商铺实际测量面积、客流量等次要问题”的情况下，要重点解决的问题是，如何在维护各方最大利益且能兼顾良好社会效果的前提下，合法合理地解除部分合同内容。

【案情简介】

某出版集团公司（以下简称出版公司，A 股上市公司，其整体资产规模巨大）是本仲裁案件的申请人。

某机场公司（以下简称机场公司，其股东为 A 股上市公司），是本仲裁案件的

* 董方、郑家文，广州金鹏律师事务所律师。

被申请人。

2018 年，出版公司获得某机场整体项目（该项目位于安检区出发必经区域，区域总面积约 6800 平方米，是某机场最核心的商业区）的经营权，但在实际经营过程中，出版公司与机场公司对整体项目中的某花园项目可实际使用的商业经营面积、计费经营面积、室内商铺实际测量面积、客流量等方面出现争议，在双方协商沟通后仍无法解决，导致某花园项目出现停滞、停工，给出版公司造成了一定程度的损失。

出版公司委托广州金鹏律师事务所代理该案，代理律师在实地勘察、查阅资料、与涉案人员交谈、检索网络资料和新闻，了解案件事实后判断案件争议核心及起因在于某花园项目是否具备商业经营的条件、消防卷帘门所占面积是否应计算租金。同时按照双方的合同约定，及时向广州仲裁委员会提起了仲裁申请，提出解除合同约定的整体项目中关于某花园部分面积、退还某花园项目、剔除租金的仲裁请求；提出解除合同约定的整体项目中关于消防卷帘门所占面积、剔除租金及其他损失赔偿的仲裁请求。

1. 代理律师的主要处理过程

（1）根据出版公司与机场公司之间合同约定、文件来往、会议纪要、设计方案等资料均可充分证明，某花园项目 20% 的经营面积是机场公司出租给出版公司并允诺出版公司用于商业经营的，而具体的经营内容和形式是出版公司品牌店、书店、主题餐厅向外（某花园项目）的空间延伸，该空间延伸是多层次的、立体的且必需的，并明确需要搭建阳光天顶、亲水区等构筑物，但根据代理律师依法向规划部门申请调取的建设工程规划许可证及其存档图来看，某花园项目部分的规划用途仅为“室外花园”，并不是如“餐饮”“商业”等的规划用途，进一步佐证某花园项目 20% 的经营面积部分不具备商业经营条件，不符合合同约定，且导致无法实现合同目的，出版公司的请求合法、合情、合理。

（2）首先，根据代理律师查阅涉及消防卷帘门的规定和规范，包括《消防法》《人员密集场所消防安全管理》《火灾自动报警系统设计规范》《机关、团体、企业、事业单位消防安全管理规定》等，确定消防卷帘门本身所占位置及其两侧各 0.5 米范围内是不能堆放物品的，该面积实际上并不能用于商铺的经营。其次，代理律师实地考察并调研了中国各地机场针对机场商铺防火卷帘门的情况，包括北京大兴机场、首都机场、上海虹桥机场、上海浦东机场、广州白云机场、西安机场、厦门机场、海口机场、杭州机场、福州机场、大连机场、郑州机场、重庆机场、乌鲁木齐机场、呼和浩特机场等，并附上高清照片制作了《中国各地机场商铺防火卷帘门实地考察的情况说明》提交给仲裁庭。实地考察资料均显示，各地机场商铺的防火卷帘门或其他消防防火设施均未安装在商铺内（涉案商铺除外）。最后，代理律师根据该类案情况检索到同类判决，均依法支持剔除消防卷帘门所占面积相关租金和管理费。综上，在出版公司租赁的商铺根本无法使用该以备消防用途的面积作为经营用途的情况下，机场公司不应当收取租金、管理费、经营费用等，出版公司的请求合法、合情、合理。

2. 案件的裁判理由与结果

（1）解除了某花园项目的全部约定，机场公司不得就某花园项目收取包括租赁费、经营权转让费、综合管理费等一切费用，出版公司将某花园项目的经营权完整退还被申请人。

（2）机场公司配合出版公司将商铺消防卷帘门调整至与租赁线一致，并在商铺改造围蔽期间免收出版公司的经营费用。

【争议焦点】

1. 整体项目中关于某花园项目是否能够达到合同约定的使用目的，机场公司是否存在违约行为且导致不能实现合同目的？

2. 出版公司商铺内被消防卷帘门所占面积，能否正常使用？是否可用于经营用途？是否应当计算租金？

【案例评析】

本案的主要争议在于整体项目中的某花园项目基于建设规划、使用安全等客观原因，达不到商业经营的条件，并且因前述核心争议问题衍生出了其他如计费经营面积、室内商铺实际测量面积、客流量等次要争议问题，涉案的争议金额约 1.68 亿元人民币。

从宏观层面来看，本案不同于一般的合作合同纠纷，鉴于本案的主体特殊，涉及两家A股上市公司及国有资产问题，其背后实际上涉及众多股民利益等问题，而且涉案金额巨大，若处理不慎将会导致双方损失并产生严重的合作裂痕，不利于市场经济的和谐发展。从微观层面来看，出版公司与机场公司已存在较为深入的合作关系，本次争议若处理不慎，将会辐射到双方之间所涉及的其他合作领域，并可能直接影响其未来的发展与合作经营。

因此，为彻底、妥善解除本次争议及矛盾，代理律师在认真仔细分析后认为应当首要考虑双方主体的社会影响力问题，即首要考虑是否会影响社会稳定以及是否会造成社会影响的问题。经多次商议，最终决定采取以“以进为退，从中斡旋，互利共赢”为原则的诉讼思路和方向。

代理律师经过不懈的努力，搜集了大量有力证据（如全部往来文件、招商文件、会议纪要、核心人员的对话记录、走访全国各地机场取证等行动），并及时向相关规划部门申请调取某花园项目的规划设计等图纸，并加以利用专家证人出庭的形式，成功证明某花园项目因规划问题无法具备商业经营的条件。在此情况下，代理律师并不是“穷追猛打”，而是利用该有利形势，耐心与机场公司沟通，积极与仲裁庭解释、沟通，在维护社会稳定、减少社会影响、合理维护当事人权益、继续合作、互利共赢的原则下，积极“以打促调”，使双方往调解的方向前进，促成双方达成基本调解意向，最终成功让仲裁庭在尊重双方基本调解意向的前提下作出让双方满意的仲裁裁决，最大限度减少了双方的损失与不良影响，为双方继续合作打下了良好基础，实现互利共赢。

该案最终以双方都能够接受的结果结案，代理律师在本案中的诉讼思路和方向起了重要和关键性作用。双方在结案后均发布了上市公司重大事项公告，代理律师成功降低出版公司在A股舆情上的不利影响，同时亦为委托人出版公司挽回巨额损失，对出版公司的经营产生积极影响，而对机场公司的生产经营亦未产生实质性影响。该处理结果受到出版公司的感谢以及主流媒体报道，具有良好的社会影响和示范意义。

从该案可知，无论是超大型企业集团，抑或超大型国企，均应该在从事民事活动时加强事前法律审查，避免引发纠纷，因为其背后不止出资人的利益，还涉及大量的股民利益，加强法律审查是对公司、出资人、股民的保障，更是对社会稳定的保障。另外，对于这种超级大体量公司之间的纠纷，应当首先结合双方的主体、背景情况，以及优先考虑社会效果问题，再制定诉讼策略，如在本案中，无论裁决结果如何，双方仍存在商业经营和其他商业合作，在该情况下，应当采取“以打促调”的策略，在彻底、妥善解决双方争议和问题之后双方能真正“握手言和”，还能继续友好合作，是最佳的结局，但这也非常考验律师的业务水平和能力。

综上，本案例提供了一个良好的示范和指引，充分说明了在重大疑难诉讼案件中，代理律师的专业能力、决断能力、调查能力和思维方式，对于案件的走势产生了至关重要的影响，案件的办理最终取得了良好的社会效果。代理律师希望可以为律师办案参考作出积极贡献。

【专家点评】

本案是一起具有重大社会影响力的合作合同纠纷之案，代理律师充分发挥精通法律的专业优势和中立客观的职业优势，以“共赢”的路径最大限度化解了双方之间的纠纷，维护了社会的稳定，取得了良好的社会影响。代理律师通过查阅分析相关法律法规、实地走访调研，从法律和实践两个方面分析确定本案整体项目中的某花园项目不符合商业经营的条件，不能够达到合同约定的使用目的，机场公司存在违约行为且导致不能实现合同目的。然而，合同解除是“契约必须严守”原则的例外，即使证明存在不能实现合同目的的情形也不能动辄使合同面临被解除的危险，进而危及交易安全与市场信心。代理律师考虑到双方当事人之间的合作关系以及社会影响等因素，采取以“以进为退，从中斡旋，互利共赢”为原则的诉讼思路和方向，积极促进双方的沟通调解，合法合理地解除部分合同，最终获得双方都满意的结果。这一案件的成功办结对合同纠纷类案件的处理带来了很大的启示。律师办案要以化解矛盾为中心，综合考量合同解除后的法律效果和社会效果，在维护好当事人利益的前提下实现最大限度的互利共赢，助力企业持续健康发展，为维护社会稳定、优化营商环境发挥律师力量。

（点评人：南玉梅，武汉大学法学院副教授）

保险公司拒赔后顺风车平台的责任承担问题

——熊某根与某滴公司、北京某运达等公司居间合同纠纷

林闻娥*

【内容提要】

现今网约车已成为人们生活中不可缺少的一种出行方式，其中顺风车更是很多人的选择，但由于相关的法律法规尚未完备，对于顺风车车主与平台公司之间的法律关系性质的认定，顺风车多次接单发生交通事故导致保险公司拒赔，平台公司是否应承担责任，都没有明确的认定。本案根据案件事实及相关的法律规定，从居间合同纠纷的角度，紧扣平台公司的过错，成功判决平台公司承担相应的赔偿责任，为同类案例指明了方向，保障了社会大众的合法权益。

【案情简介】

2018年3月3日0时43分许，熊某根驾驶的小型轿车在广州市南沙区东涌镇市南路的石排村小桥路段临时停车，客户下车时，车辆尾部左侧与胡某美饮酒后驾驶的搭载了陈某玲、胡某想的普通二轮摩托车发生碰撞，胡某美、陈某玲经送医院抢救无效死亡。经交警支队勘验后认定熊某根承担此次交通事故的同等责任，胡某美、陈某玲无责任。后胡某美、陈某玲家属诉至广州市南沙区人民法院，法院判决熊某根赔偿陈某玲家属46万余元，赔偿胡某美家属55万余元。但因为事故发生在

* 林闻娥，国信信扬（南沙）律师事务所律师。

熊某根正在履行顺风车订单任务期间，且当天熊某根持续接单已超过两单，被认定为运营性质，构成非法运营，被保险公司拒赔商业保险，法院也因此判决保险公司不承担商业险的赔付责任。

熊某根家庭困难，无力承担该两笔赔偿款，且认为事故发生在顺风车接单期间，平台有为所有车主购买保险，应由平台公司或者保险公司承担。但熊某根无力承担律师费用及诉讼费用。后来在南沙区法律援助处指派下，国信信扬（南沙）律师事务所律师林闻娥代理该案件。接受委托后，为了节省出差北京的成本，林闻娥律师把顺风车平台北京某运达公司、某滴公司、某滴广东分公司列为共同被告诉至某区人民法院。

某区人民法院经审理后认为：顺风车平台 APP 软件的运营主体是北京某运达公司，熊某根与运达公司之间是居间合同关系，运达公司在本案中仅作为居间合同的相对方，而非承运人，无须承担承运人责任。另外，运达公司并非涉案车辆保险合同的相对人，对熊某根未购买营运商业险而导致保险公司拒赔的过程中不存在过错，而且运达公司只提供居间服务，将乘客的信息在平台推送后，选择接单或者拒绝接单是车主的权利，运达公司对派单过程不存在过错。所以，某区人民法院判决驳回了熊某根的全部诉讼请求。

一审判决后，熊某根心灰意冷，无力继续上诉。林闻娥律师在充分分析案件及查阅各地判例后，说服熊某根继续上诉至广州市中级人民法院，并为其申请缓交二审诉讼费用。二审期间，林闻娥律师根据某区人民法院对于熊某根与顺风车平台公司是居间合同关系的认定，及时调整诉讼方向，紧抓平台公司的过错，因为平台公司明知熊某根已接顺风车订单超过两单的情况下却仍然继续派单，未尽审查和合理提醒义务，明显具有过错。而所谓“尽合理”的提醒义务，应是在车主接顺风车订单超过两单后，及时弹出提醒窗口，明确告知车主再次接单将会被认定为运营性质，发生事故后保险公司不予理赔，或者直接禁止该车主当时接顺风车订单，而不是在注册时将诸多繁杂的条款糅杂在一份文件中过分要求作为普通人的车主进行研读后再点击同意。所以，平台公司在明知熊某根接顺风车超过两单后却无任何作为，任由车主继续接单，明显未尽到合理提醒义务，导致车主得不到保险公司的理赔，具有明显的过错，应承担相应的过错责任。

广州市中级人民法院采纳了林闻娥律师的观点，认为顺风车平台掌握着合乘信息的发布、合乘路线的匹配、合乘费用的计算，车主几乎没有任何介入的空间，且平台公司作为顺风车模式的设计者、启动者及获益主体，在顺风车运营的过程中处于显而易见的优势地位，应当对每日每车的合乘信息尽到监管义务，在其为车主提供的合乘服务的次数超过合理限制的情况下，继续提供出行信息并进行费用结算，违反法定义务，存在过错，理应承担相应的赔偿责任。最终改判了一审的判决结果，酌定平台公司对熊某根因保险公司拒绝理赔而产生的损失承担60%的责任。

【争议焦点】

1. 熊某根与运达平台公司之间的法律关系性质：案涉 APP 软件的运营主体是北京某运达公司，熊某根与其是居间合同关系。

2. 对于熊某根因保险公司拒赔而产生的损失应如何承担，某滴公司以及某滴广东公司是否需要承担赔偿责任。本案中，某滴公司以及某滴广东公司不是居间合同的任何一方主体，无须承担责任，而运达公司对熊某根的派单数量未尽监管责任，具有明显的过错，应承担相应的责任。

【案例评析】

顺风车车主与平台之间的法律关系认定以及车主提供顺风车服务超过两单被认定为运营性质无法获得保险公司理赔时，平台公司是否应当承担过错责任，本案提供了新的思路。

1. 顺风车不同于网约车，平台公司与车主之间是居间合同关系，而非承运关系。

根据相关规定，顺风车的目的在于互助而非运营，故顺风车平台与乘客之间的关系，不是网约车平台与乘客之间的承运关系。实际上，本案的所涉交易的运营模式是通过平台公司促成乘客和车主进行信息匹配，由乘客支付出行成本，平台公司从中收取费用，与《民法典》第 961 条规定的中介合同的性质相符。

2. 在确定顺风车平台过错时，应综合考虑其是否对派单数量尽到监管义务，从而确定相应的责任承担。

对于顺风车合乘信息的发布、合乘线路的匹配还是合乘费用的计算，均是由平台公司主导，而且平台公司能依据双方协议对车主违约等情况进行管控并采取相应惩罚措施，客观上也是行使监管职能的体现，所以平台公司作为专业的顺风车平台，知悉行政监管方面存在合乘次数的限制，却在为车主提供的合乘次数超过合理限制的情况下，继续提供出行信息并进行费用结算，违反法定注意义务，未能及时发挥监管作用，存在较大的过错，应承担相应的责任。

3. 平台公司的过错导致保险公司拒绝理赔，对当事人的损失存在因果关系，应承担相应的过错责任。

顺风车平台具有部分治理与监管职能，其是服务合同内容的制定者和实施者，能对车主违约等情况进行管控并采取相应的惩罚措施，故应承担更高的注意义务。本案中平台公司未尽到监管义务，在熊某根当日提供超过两次合乘出行之后依然继续派单，导致保险公司不予理赔，二者存在因果关系，根据《民法典》第 1165 条以及第 1173 条之规定，平台公司应对当事人这部分损失承担相应的过错责任。

4. 平台公司应发挥更大的责任与担当，积极履行监管义务，保障车主的合法权益。

现今无论是网约车还是顺风车，均已成为人们生活中不可缺少的一种出行方式，平台公司作为大企业应体现更多的责任与担当。以广州的顺风车服务为例，根据相关规定，若车主提供超过两次的合乘，将会被认定为营利性的营运行为，保险公司可免赔。所以，平台公司在车主当日提供超过两次合乘出行后，可直接禁止车主当日再提供合乘或者及时弹窗提醒车主：超过两单将会被认定为营运性质，若发生交通事故保险公司将会不予理赔，以此来发挥自身的监管责任，保障车主的合法权益。

【专家点评】

网约车作为新事物，相关的法律法规尚未完备，车主与滴滴平台的法律关系比较混乱，以往的案例中平台公司一般无须承担赔偿责任。本案却以新颖的角度，将居间合同关系作为主要突破口，紧抓平台公司的过错，成功让平台公司承担相应的赔偿责任，维护了当事人的合法权益，彰显了公平正义。

法律本应为人民服务，律师提供的法律服务是人民获得正义、维护正义的途径之一。此案中经办律师处处为当事人着想，巧设被告，减少了当事人的成本，体现了法律工作者的责任心与职业素养，更体现了法律为民的理念。

现今无论是网约车还是顺风车，均已成为人们生活中不可缺少的一种出行方式，而其中的平台公司作为大企业，更应该发挥其责任与担当。本案的成功办理既督促了平台公司要不断完善管理制度，也让平台更加关注和保障注册车主的权益，发挥企业更多的责任与担当，也为类似案件起了一个很好的开头，为同类案例指明了方向，保障社会大众的合法利益。

（点评人：林泰松，广州市律师协会副会长，国信信扬律师事务所主任、高级合伙人）

第二节 房地产与建设工程

预约合同未限期订立本约的不承担违约责任

——置业公司诉房产公司等合同纠纷案

陈 铭 段博今*

【内容提要】

根据《民法典》施行前的《最高人民法院关于审理买卖合同纠纷案件适用法律问题的解释》第2条规定，预约合同约定在将来一定期限内订立买卖合同，一方不履行订立买卖合同的义务，对方可请求其承担预约合同违约责任或者要求解除预约合同并主张损害赔偿。但是，预约合同履行只是发生签订本约的行为，本身并无任何交易，没有生成任何经济利益；如预约合同未约定订立本约的期限，因缺乏确定性和期限性要求，不予支持一方以对方不签订正式合同为由主张违约责任。《民法典》第495条第2款规定："当事人一方不履行预约合同约定的订立合同义务的，对方可以请求其承担预约合同的违约责任。"这也未突破确定性和期限性作为预约合同违约责任的前提。

* 陈铭、段博今，北京德恒（广州）律师事务所合伙人、律师。

【案情简介】

一、基本案件事实

（一）相关合同签订和履行情况

2001 年 6 月起，陈父以案外人工程公司名义承建置业公司项目。

2005 年 1 月 15 日，因置业公司拖欠工程款，置业公司和陈父签订《协议书》，约定：（1）陈父出资经营并持股 90%、置业公司持股 10% 但不参与利润分配和亏损分担，共同成立房产公司对 E 幢地块开发经营。（2）置业公司将该地块作价办证至房产公司名下；土地款支付方式为先以陈父应付土地款抵扣置业公司需支付的另案商铺回购款；其余土地款由陈父承建的甲项目工程款抵扣并多退少补。（3）本案争议的《协议书》第 6 条第 2 款为陈父同意将案涉房产出售给置业公司，且约定了坐落和单价，并约定“具体见《商品房买卖合同》”。

2005 年 7 月，房产公司登记成立，并投资兴建 E 幢商住楼，置业公司也已将该地块过户至房产公司名下。同年 12 月，房产公司取得预售许可证。

2006 年 2 月 19 日，陈父向置业公司发出《催告函》，催告置业公司交付案涉房产定金及签订商品房买卖合同。2 月 20 日，置业公司签收《催告函》，但一直未答复，也未缴纳定金或签订正式合同。

2007 年 1 月 5 日，置业公司向陈父、房产公司发函，要求于 2007 年 2 月 5 日前履行合同义务。另外，就《协议书》中与本案无关的 8 套回迁房，双方曾另行签订《商品房认购书》并约定定金，后又签订《补充协议》约定回迁房款由土地款抵扣。

2009 年 6 月，房产公司对外公告拟转让案涉房产。

（二）第一轮诉讼情况

2009 年 6 月，置业公司以房产公司、陈父为被告提起诉讼，请求判令《协议书》有效并继续履行、被告交付案涉房产并确认置业公司为权属人。2010 年 5 月，L 法院一审判决确认《协议书》合法有效；但认为双方未按《协议书》第 6 条第 2 款签订《商品房买卖合同》，是否履行应由双方自行协商，遂驳回置业公司诉讼请求。

2010 年 11 月，Q 中院二审判决驳回置业公司上诉，维持原判。

（三）第二轮诉讼情况

2011 年 1 月，置业公司以房产公司、陈父为被告提起诉讼，请求判令被告支付土地价款、将案涉房产转让至置业公司名下。2012 年 5 月，Q 中院判决房产公司和陈父支付土地价款，置业公司支付案涉房产购房款、工程款和另案 8 套回迁房款，各方继续履行《协议书》并协助置业公司办理案涉房产过户手续。

2012 年 11 月，广东高院二审认为涉及案涉房产的请求违反“一事不再理”，且置业公司请求购买案涉房产超过诉讼时效，遂撤销了置业公司支付案涉购房款、房产公司和陈父协助过户的判项。

2013 年 10 月，最高人民法院指令广东高院再审。其间，因陈父死亡，由法定继承人陈甲等 3 人参加诉讼。2014 年 5 月，广东高院再审维持二审判决，并论述了置业公司诉请案涉房产过户属于重复起诉、《协议书》未约定以置业公司应付的案涉房款抵扣房产公司应付的土地款、陈父曾发函催告订立买卖合同和交付房款但置业公司未予回复、置业公司诉讼请求已超过诉讼时效；但提出置业公司如认为依《协议书》第 6 条第 2 款需重新签订《商品房买卖合同》或承担违约责任只能另循途径解决。

（四）第三轮诉讼情况

广东高院二审判决后、再审发生前，房产公司将案涉房产以 1350 万元出售给陈甲。2016 年 10 月，陈甲又以 2380 万元价格对外转售。

2017 年 2 月，置业公司起诉要求判令房产公司和陈甲等 3 人赔偿损失 1583 万元。同年 5 月，置业公司增加请求解除《协议书》第 6 条第 2 款。2018 年 3 月，L 法院作出一审判决驳回置业公司全部诉讼请求。

2018 年 12 月，Q 中院认为原审认定事实不清、实体处理不当，裁定撤销一审判决并发回重审。

L 法院重审认为：(1) 解除权不适用诉讼时效。(2) 因案涉房产已转让，故置业公司有权解除《协议书》。(3) 房产公司和陈父未交付案涉房产存在违约；被告应付的土地款足以冲抵置业公司应付房款，且双方就另案 8 套回迁房约定以土地款抵扣房款，故支付方式的交易习惯变更为款项冲抵，陈父要求支付款项阻碍了双方磋商。(4) 虽然广东高院认定案涉房产因交付条件不具备且超过诉讼时效，但置业公司仍享有自然之债；房产公司违反诚实信用原则以1350万元价格出售，应赔偿与《协议书》约定单价计算的797万元的差额553万元。（5）陈甲等3人在遗产范围内承担赔偿责任。2019年7月12日，L法院作出重审判决，解除《协议书》第6条第2款、房产公司赔偿553万元、陈甲等3人在继承陈父遗产范围内承担赔偿责任、驳回置业公司其他诉讼请求。

置业公司不服重审判决赔偿金额提出上诉；房产公司和陈甲等3人在重审阶段委托我所也提出上诉。

二、处理过程

二审过程中，代理律师代表房产公司、陈甲等3人提出代理意见如下：

1.《协议书》第6条第2款的性质为预约合同。该条约定“具体见《商品房买卖合同》”，且广东高院判决认定仅为意向性约定，故置业公司主张《协议书》第6条第2款为本约合同违反生效判决认定。

2. 前案判决已经否认置业公司对案涉房产的实体权利，其在本案请求解除《协议书》第6条第2款没有司法保护的必要和诉的利益。

该预约合同目的仅为在符合约定条件下签订本约；而交易案涉房产、办理房产过户属于本约的交易目的。因生效判决否认了置业公司交付房产的实体权利，即明确无须通过司法强制力保护本约交易目的，所以置业公司起诉要求解除该条款不具有诉的利益。

3. 房产公司等对《协议书》第6条第2款不满足违约责任构成要件；置业公司未按《协议书》约定及房产公司催告签订正式合同或缴纳房款，不存在损失；广东高院指导意见规定该类情形不应支持违约责任。

当事人承担违约责任需同时满足存在合同约定、当事人具有违约行为、违约行为不具有阻却事由三个构成要件。本案中房产公司不应承担违约责任。

第一，关于“合同约定”要件。《协议书》第6条第2款未约定一定期限内必须签订房屋买卖合同；广东高院再审判决已经认定未约定履行期限，且未约定违约责任。根据广东省高级人民法院《关于审理房屋买卖合同纠纷案件的指引》第1条规定，“当事人通过缴纳诚意金、签订意向书等方式，仅表达房屋买卖意向，未约定在将来一定期限内签订买卖合同，一方以对方不签订买卖合同为由主张对方承担违约责任的，不予支持”，不应判决房产公司等承担违约责任。

第二，关于“违约行为”及“阻却事由”要件。首先，陈父于2006年书面催告置业公司签订商品房买卖合同并交付房款，但置业公司签收后没有作出回复。因此，房产公司等已履行通知签约义务，未违反诚实信用原则；反而置业公司未缴纳定金、未签订房屋买卖合同，违反《协议书》条款的明确约定及催告内容。其次，生效判决已经驳回交付案涉房产的诉讼请求，且房产公司与陈甲是在广东高院二审判决生效后签订买卖合同，故未侵犯置业公司的权利。最后，一审法院判决和置业公司主张的损失是针对生效判决确认归房产公司的案涉房产价格上涨带来的可得利益损失；但最高人民法院的裁判观点认为预约合同中不存在基于本约履行后的可得利益损失。

第三，双方不存在交易习惯，房产公司要求交付定金未阻碍磋商。首先，《协议书》约定抵扣土地款的是工程款，而非案涉房款。其次，《协议书》第3条明确约定了“款项多退少补”，证明结算前不能确定哪方应继续支付。最后，双方就另案8套回迁房签订《补充协议》不涉及案涉房产，且《补充协议》依附的《商品房认购书》也约定了定金条款，故不存在“案涉房款与土地款抵扣的交易习惯”，反而证明各方另行签订合同和缴纳定金的交易习惯。

三、裁判理由与结果

Q中院经审理认为：

1. 关于应否解除《协议书》第6条第2款的问题

广东高院再审判决认定该条款不具备商品房买卖合同的性质，只是意向性协议。置业公司享有要求陈父签订《商品房买卖合同》的权利；而房产公司已将案涉房产出卖给陈甲并再转售，故已不具备继续履行条件，应予以解除。

2. 关于房产公司和陈甲等3人应否向置业公司赔偿1583万元的问题

第一，《协议书》第6条第2款仅是双方对将来合同事项的初步确定，而商品房买卖合同主要条款需要进一步协商。因而该意向性协议履行行为本身没有发生任何交易，没有产生任何经济利益，其未能履行对当事人仅丧失一次订立合同的机会，并无可得利益。第二，该条款未约定在将来一定期限内签订商品房买卖合同，也没有约定其他违约责任。陈父已发函催告置业公司缴纳定金和签订合同；但置业公司没有作出任何回复，双方未能签订正式合同。置业公司其后发函要求履行，但双方仅就解决案外8套回迁房签订补充协议，就案涉房产买卖问题仍未达成一致意见。第三，房产公司在广东高院二审判决生效后将案涉房产出售给陈甲，是对自身财产的处分，未违反诚实信用原则，置业公司不享有自然之债，要求房产公司赔偿损失没有事实和法律依据。

2020 年 3 月 18 日，Q 中院作出终审判决：维持一审判决解除《协议书》第 6 条第 2 款的判项，撤销一审判决的赔偿判项、驳回置业公司其他诉讼请求。

【争议焦点】

本案争议焦点是：1.《协议书》第 6 条第 2 款是否应予解除？2. 房产公司是否应赔偿置业公司损失，以及具体损失金额如何认定？

【案例评析】

代理律师扭转一审不利结果时主要考虑了以下诉讼规则：

1. 全局为先：以两轮生效判决为基础，巧用民事诉讼免证规则和既判力规则

代理律师倾向认为置业公司存在“一事二诉”的嫌疑，因为三轮诉讼的当事人实质相同；诉讼标的物均为案涉房产，本案赔偿请求否定前诉被驳回的交付房屋请求。但因广东高院指引置业公司可另循途径解决、本轮诉讼已实际受理、置业公司增加请求“解除合同”，须重在从实体上解决本案。

我方把握两轮诉讼的有利认定，如“《协议书》只是意向性约定”“双方未签订买卖合同”“交付房产超过诉讼时效”。因此，根据既判力规则和免证规则，我方否定了《协议书》第 6 条第 2 款为正式合同，奠定论述基础。

2. 法律突破：预约合同是否存在违约责任及责任范围的界定

置业公司主张按转售利益损失标准赔偿，但代理过程中法律和司法解释对“预约合同”赔偿规定仅为《最高人民法院关于审理买卖合同纠纷案件适用法律问题的解释》第 2 条（该条已删除，但《民法典》第 495 条未突破确定性和期限性作为预约合同违约责任的前提）；司法实践未绝对排除预约合同的违约责任，但要求订立本约具有确定性以及违约方具有可归责性。

最高人民法院主编的该司法解释理解与适用一书中提到：预约违约的损失总体上应相当于本约的缔约过失责任；预约合同履行只是发生签订本约的行为，其本身

并无任何交易发生，没有生成任何经济利益，若未达成本约仅丧失一次订立合同的机会，并无可得利益损失。另外，《广东省高级人民法院关于审理房屋买卖合同纠纷案件的指引》第1条规定，如果未约定将来一定期限内签订买卖合同，则不予支持一方主张不签订本约需承担违约责任。

本案中，作为预约的《协议书》未订明订立本约的期限而不具有确定性、房产公司已尽催告义务不具有可归责性、各方仅丧失缔约机会而置业公司无可得利益损失。

3. 道义反制：破除一审所述自然之债、诚实信用、交易习惯的桎梏，树立委托人诚信依约履行的正面形象

一审判决在道德层面对房产公司存在否定性评价，如认为“房产公司要求定金阻碍磋商”“置业公司享有自然之债”“房产公司违反诚信原则”。代理律师相应破除二审法院的道义疑虑，如：另案回迁房签订合同并约定定金，说明不存在土地款抵销的交易习惯；房产公司已尽告知义务；房产公司出售房产是对自身财物的处分；广东高院以“违反一事不再理”“房产公司已发函催告”“交付房产超过诉讼时效”的三重理由驳回，一审法院仅以“自然之债仍有约束力”为由判决赔偿，违反诉讼时效制度初衷。Q中院基本全部采信了代理律师前述论证作为改判理由。

【专家点评】

预约合同在我国原《合同法》中并未规定，但长期以来，实践中存在大量的此类合同纠纷，《民法典》从立法层面上认可了预约合同是一种独立合同，回应了实践的需求。依《民法典》的规定，当事人一方不履行预约合同约定的订立合同义务的，对方可以请求其承担预约合同的违约责任。本案争议的焦点即当事人预约合同中条款是否满足“约定订立合同义务”。

该案代理律师在代理过程中，在对案件事实充分掌握的基础上，娴熟运用法律规定，指出本案预约合同未约定订立合同的具体期限，仅是表明订立合同的意向，从本案讼争合同不存在可得利益损失、订立本约存在的不确定性、解除方无可归责性、合同相对方无损失等层面论证不应承担违约责任。除此以外，该案律师还准确理解与适用了《最高人民法院关于民事诉讼证据的若干规定》第10条的免证规定，将生效关联案件的有利认定充分向二审法院说明展示，从而奠定了其后续诉讼策略

获胜的基础。

该案处理结果成功扭转一审不利局面，为各方当事人十余年的纠纷画上句号，不但维护了当事人的合法权益，也对司法实践就预约合同的法律效力、违约责任范围承担的正确认定具有重要参考借鉴意义，为后续同类案件的审理具有指导作用。

（点评人：夏璇，西南政法大学法学院副教授）

发包人诉承包人建设工程纠纷案

——探究律师在建设工程纠纷相关鉴定中的作为

徐军辉　罗玉彬　吴文华*

【内容提要】

司法鉴定对于明确建设工程合同纠纷案件的相关事实起着举足轻重的作用，在一些争议较大的疑难案件中，司法鉴定甚至决定着诉讼的结果。本案是一起涉及工程质量鉴定和造价鉴定的诉讼，发包人在诉讼中自行委托鉴定，向法院提交了工程质量鉴定报告，还就质量问题造成其后续土方工程费用增加问题申请法院进行造价鉴定。在原审法院已认可质量鉴定报告且无法重新进行鉴定的不利情况下，承包人反败为胜的关键在于：善用政府公开信息收集有利证据，梳理海量工程资料，抽茧剥丝发现问题，请教专家深入研究工程专业知识，再以浅显易懂的语言讲解和揭示鉴定报告的重大纰漏，最终使法官对两份鉴定报告均不予采信。

【案情简介】

一、基本案情

2013年5月17日，珠海某房地产开发有限公司（以下简称房产公司或发包人）与广州市某地基基础工程有限公司（以下简称工程公司或承包人）签订了《珠海某商务度假中心软地基处理工程施工合同》，约定由工程公司承接房产公司

* 徐军辉、罗玉彬、吴文华，北京市炜衡（广州）律师事务所律师。

发包的珠海某商务度假中心软地基处理工程，软基处理面积为 12 万平方米。工程质量要求为：软基处理后淤泥层地基承载力≥80kpa，地基工后沉降≤20cm，须满足基坑大放坡开挖坡体稳定。施工工艺为：真空联合预压法，要求排水板插入深度须达到平均 13.9 米。

案涉工程于 2013 年 5 月 9 日开始施工。工程公司在施工过程中的真空压力观测记录、搅拌桩施工记录、塑料排水板施工记录、真空预压沉降记录，均取得监理和业主代表签字确认。案涉工程于 2013 年 12 月 25 日完工，工程公司取得了由业主代表和监理署名并加盖监理公司印章的《工程质量内部验收单》，载明“验收合格”。2014 年 1 月 20 日，房产公司向工程公司发函，称工程施工质量严重不合格，排水板插设深度严重不足，软基处理目标根本无法实现，合同予以解除，要求工程公司退回工程款，支付违约金。

因协商不成，房产公司于 2014 年 1 月 25 日向东莞市某法院提起诉讼，诉请：1. 返还已付工程款 4946840 元及利息；2. 赔偿因工期延误导致的资金占用利息损失 6262400 元；3. 赔偿鉴定费 150 万元；4. 承担本案诉讼费。工程公司亦提起反诉，请求：1. 支付剩余的工程款 5396380 元及利息；2. 支付增加的工程款 44823.76 元；3. 退还投标保证金 10 万元。

二、案件处理过程及结果

法院受理后，工程公司向法院提起管辖权异议，因施工合同约定由签订地法院管辖，而按彼时的司法解释，建设工程施工合同纠纷尚未纳入专属管辖范围，故管辖权异议未获支持。在诉讼过程中，房产公司向法院申请工程质量鉴定，后撤回鉴定申请。但在 2014 年 6 月 13 日，房产公司又自行委托东莞市某建筑规划设计院（以下简称某设计院）对案涉工程的施工质量进行鉴定，鉴定合同中约定取 20 个点进行压板载荷试验，随机抽取 4000 根排水板进行入土深度等指标的检验，鉴定费 150 万元。对于诉讼中自行委托鉴定的理由，房产公司解释：因工程公司提起管辖权异议，导致案件诉讼时间过长，为避免损失扩大，加快施工进度，无奈自行委托鉴定。

2014 年 7 月 28 日，某设计院就案涉工程出具质量鉴定意见书，其中载明该设计院委托了具备该省计量认证资质的某地质工程勘察院（以下简称某勘察院）用平板荷载试验方法检测案涉工程淤泥层的地基承载力特征值。鉴定意见为：20 个检测点的地基承载力特征值远低于合同约定的 80kpa；排水板插设深度最深为 7.5 米，远低于工艺要求的 13.9 米，案涉工程软基处理不合格，且没有任何使用价值，建议重做软基处理或改用其他施工方案完成桩基础施工及 ±00 以下结构施工。

2015 年 8 月 21 日，法院作出一审判决，采纳了某设计院的鉴定意见，判决工程公司返还工程款 4946840 元及利息，赔偿鉴定费 20 万元，除判令房产公司返还保证金 10 万元外，驳回工程公司的全部反诉请求。双方均不服一审判决，工程公司委托我们代理二审。东莞市中级人民法院以原审判决认定基本事实不清，影响案件的正确判决为由将案件发回重审。

重审期间，房产公司增加一项诉请，要求工程公司赔偿因软基处理不合格造成的增加土方工程费损失 2800 万元，并申请法院对该部分工程进行造价鉴定，法院为此摇珠确定某造价鉴定公司进行鉴定，得到结论为增加的土方工程费用约 1080 万元，增加的运输便道回填石渣、石头工程费用约 830 万元。

重审期间，工程公司申请由法院委托重新鉴定工程质量，但因基坑开挖、基坑支护、桩基础等后续工程已施工完毕，且建筑物已经封顶，完全不具备重新鉴定的条件。至此案件陷入非常危险的处境：若无有力证据推翻原审已认定的质量鉴定报告，工程公司极有可能需就工程质量不合格承担相应责任，并赔偿由此导致增加的土方工程的巨额费用。经反复研究证据和相关工程标准、规范，并请教岩土工程专家后，我们决定从以下几个方面入手。

首先，某设计院虽然是广东省高级人民法院司法委托名册上的工程质量鉴定机构，但我们仍然向广东省司法厅和东莞市住建局申请信息公开，获知某设计院既非司法鉴定机构，也没有工程质量检测资质；而通过广东省住建厅官网的数据库，我们还获知某勘察院不具备地基承载力检测资质。我们进一步通过广东省住建厅官网的厅长信箱进行咨询，获得的回复为：没有地基承载力检测资质而实施该检测的，其报告无效。随后我们立即申请法院进行网上勘验，固定证据。某设计院和某勘察院实施工程质量鉴定和检测的资格由此被否定。

其次，梳理双方提交的海量证据，整理出案涉工程所有进度节点及工程施工记录资料，逐一对比筛选，从房产公司提交的证据中查找足以推翻质量鉴定报告的证据，以彼之矛，攻彼之盾。结果发现，按某设计院 2014 年 7 月出具的质量鉴定意见，经处理后的淤泥层承载力不但没有提高，反而比处理前降低了，而 2014 年 12

月的基坑支护设计方案则描述处理后的淤泥层力学强度有较为明显的提高，后者显然推翻了前者的结论。由此使法官对质量鉴定的结论产生怀疑。

再次，以质量鉴定报告所援引的标准和规范为对照依据，用其中最显性的规定揭示某设计院存在违反强制性规范的检测措施。例如，根据国家标准，案涉工程的地基承载力检测至少应取 400 个检测点，而某设计院只取了 20 个点，比标准要求的差了 20 倍。由此使法官形成检测方法违反了国家标准的印象。

承办律师多方请教专家，并到图书馆翻阅大量软基处理方面的书籍，以通俗易懂的语言，并采取文字加图表说明的方式，向法官讲解专业性极强的地基承载力、岩土性质、淤泥孔隙比和高灵敏度、平板载荷试验等诸多工程术语，使法官确信某设计院和某勘察院的检测手段不科学，检测结果不合理。

最后，针对本案待证事实众多和证据卷帙浩繁的情况，抛弃传统的代理词撰写范式，参考尽职调查报告的撰写体例，以章节的形式论述每一个待证事实和争点，并将相应的证据摘录和列举在每一章节后边，务求以最直观的形式向法官呈现法律依据和待证事实与证据的逻辑关系。

发回重审后，经过十余次质证和开庭，东莞市某法院最终完全接受了我们的代理意见，不予采纳质量鉴定报告和造价鉴定报告，支持工程公司的全部反诉请求，驳回房产公司的全部本诉请求。东莞市中级人民法院二审维持原判，广东省高级人民法院裁定驳回房产公司的再审申请，工程公司最终获得彻底翻盘。

三、裁判理由

对本案至关重要的工程质量问题，东莞市某法院在重审中认为：其一，被告提交的案涉工程施工过程中形成的记录及材料报审表均证明被告的施工内容经原告及监理单位的人员审核确认，原告未能举证否定这些证据的真实性。其二，被告提交的分项工程质量验收记录、现场工序验收见证单及工程质量内部验收单，均由原告及监理单位的人员确认施工内容验收合格，原告未能举证否定该些证据的真实性。其三，原告为证明案涉工程存在质量问题提交的《珠海某商务度假中心软基处理工程施工质量鉴定意见书》是原告单方委托某设计院所作，某设计院及其委托进行平板荷载试验的某勘察院在鉴定资质、检测数量、检测方法等方面均存在不符合规范的情况，且其作出的鉴定意见书的结论与原告提交的证据由某勘察院出具的《某商务度假中心基坑支护设计施工图》载明的意见相矛盾，故本院对某设计院出具的

《珠海某商务度假中心软基处理工程施工质量鉴定意见书》不予采纳。其四，原告拟通过证明土方工程量增加说明被告施工的案涉工程存在质量问题，但第一，广东某工程咨询有限公司出具的鉴定意见中对土质所作的认定并无理论依据，在未能证明土质确已改变的情况下，鉴定意见中关于土方（挖运）工程费用的计算亦无依据；第二，广东某工程咨询有限公司出具的鉴定意见中所依据的计算方法和测算内容中遗漏了部分应考量的因素，故其计得的土方（挖运）工程费用并不准确；第三，广东某工程咨询有限公司出具的鉴定意见中在没有施工方案、施工图纸的情况下仅依据工程结算书作出的运输便道回填石头、石渣工程量的计算并不合理，故本院对广东某工程咨询有限公司出具的鉴定意见亦不予采纳。其五，珠海市某公共建设局向原告出具的《关于珠海市某酒店（一期）桩基础工程提前开工申请的复函》显示同意原告的桩基础项目提前开工，如被告施工的案涉工程存在严重的质量问题，原告不要求被告修复反而提前开始桩基础工程，亦不合常理。综上，本院认为原告未能举证证明被告施工的案涉软基处理工程存在质量问题，案涉工程已于2013年12月25日经竣工验收合格。

【争议焦点】

法院归纳的裁判理由虽然有五个，但归根结底争议焦点就是一个：质量鉴定报告是否应予采纳？如是，则工程公司不但要连本带利返还工程款，且需赔偿鉴定费，甚至还可能需赔偿由此导致增加的巨额土方工程费；反之，则房产公司连本带利支付剩余工程款，鉴定费自负。

【案例评析】

一、法院司法委托名录中的工程质量鉴定机构，并不当然地具备所有类型工程质量的鉴定资质

根据《全国人民代表大会常务委员会关于司法鉴定管理问题的决定》第2条的规定，目前确定由司法行政机关登记管理的鉴定人和鉴定机构只有三项：（1）法医类鉴定；（2）物证类鉴定；（3）声像资料鉴定。工程质量鉴定尚未纳入司法行政

机关登记管理。因此，无法通过司法行政机关的登记去审查工程质量鉴定机构的资质。目前各地高院、中院都建立了司法委托名录，其中不少工程造价、工程质量等工程类的鉴定机构入册，原一审法院认可质量鉴定报告的重要原因也正在于某设计院是广东省高院在册的工程质量鉴定机构。但是，原一审法院忽略了一点：工程质量鉴定机构进入了司法委托名册，不等于当然地具备所有工程的质量鉴定资格。根据住房和城乡建设部《建设工程质量检测管理办法》第 4 条和第 26 条的规定，检测机构从事地基基础工程检测、建筑幕墙工程检测等专项检测和水泥物理力学性能检验、混凝土掺加剂检验等见证取样检测，均需取得相应的资质证书；未取得相应的资质，擅自承担本办法规定的检测业务的，其检测报告无效。本案中，某设计院没有取得任何检测资质，而某勘察院则没有取得“地基及复合地基承载力静载检测”资质，法院据此认为二者在鉴定资质上均不符合规范。

二、与工程技术专家紧密配合，不厌其烦地讨教，才能说服法官

将原告提交的案涉工程的岩土工程详细勘察报告与质量鉴定报告对比，我们发现，按照质量鉴定报告，处理后的地基承载力比原状土反而下降了。专家告诉我们，这是不可能出现的情况：软基处理即便质量不合格，也不可能导致地基承载力不增反降。专家还告知，本案所涉基坑属于危险性较大的分部分项工程，开挖前应有基坑支护的设计方案，且该方案需以现场的地质情况作为依据。我们据此要求发包人提交基坑支护方案，期望从中获得对委托人有力的证据。结果有意外惊喜：质量鉴定报告的出具时间是 2014 年 7 月，基坑支护方案的出具时间是 2014 年 12 月，方案中对现场工况的描述为“淤泥经过地基处理后力学强度有较为明显的提高”。至此，在先的质量报告完全被在后的基坑支护方案击破！专家还告诉我们，淤泥属于高灵敏度土，遇到扰动时强度会大幅度下降，从鉴定报告描述的检测过程看，某勘察院的检测方法必然会扰动淤泥层，检测结果是不可信的，我们据此到图书馆查找软基处理方面的专业书籍，提交给法官。最终法官采纳了专家的意见，认为检测方法不科学，结果不可信。

没有专家的指导，我们作为工程技术的“门外汉”，不可能从专业方面对质量鉴定意见提出有力的挑战。

【专家点评】

对于绝大多数没有理工科教育背景的律师和法官而言，工程纠纷都是一个难题。在工程诉讼中，以鉴代审，以专家意见代替律师意见，由专家上庭发言代替律师发言，是非常普遍的现象。好的专家在庭上未必有好的表达，在专业技术人员看来不言自明的问题，对法官来说可能就是如听天书，无法完全搞懂专业问题的最终结果就是只能采纳鉴定机构的意见。而一个负责任的律师，其作用就在于将专家阐述的艰深的专业性问题尽可能以平时浅显的语言呈现给裁判者。本案之所以能实现反败为胜，我认为原因正在于代理律师依靠而不倚赖专家。此外，随着政府信息公开力度的加强，许多对当事人有利甚至能决定诉讼结果的信息都可以从中找到，对此善加运用，往往会有意外收获。好的律师必定也是好的文字工作者，不拘泥于传统代理词的形式，只要能打动裁判者，以新颖的方式撰写代理词，也是值得尝试的。

（点评人：杨明，北京市炜衡律师事务所合伙人、律师，

北京市律师协会房地产委员会副主任）

寻找原审程序破绽，重审实现实体逆转

——卜某某诉陈某、谢某某、杨某某房屋买卖合同纠纷案

邱才华*

【内容提要】

当事人行使权利、履行义务应当遵循诚实信用原则，委托代理人陈某应当按照委托人卜某某的指示处理委托事务，并不得损害委托人的利益。案涉房屋买卖、抵押等均系借款债权实现的担保手段，委托人与谢某某之间不存在真实的房屋买卖意思表示和支付房款的行为。委托代理人与谢某某恶意串通，签订虚假房屋买卖合同，损害了委托人卜某某的合法权益，依法认定案涉房屋买卖合同无效，案涉房屋应当返还给委托人。案涉房屋买卖合同被认定无效后，因该合同取得的财产，应当予以返还，但不得损害善意抵押权人的合法权益。

【基本案情】

原告卜某某是位于广州市某房屋的原产权人。2008 年 3 月 18 日，原告与被告陈某签订一份授权委托书并办理了《授权委托书》公证手续，明确约定原告授权被告陈某为代理人，有权办理其名下案涉房屋的出租、出售、设定抵押权等手续。2008 年 6 月 10 日，被告陈某代理原告与谢某业签订一份《房地产买卖合同》，商定房地产交易价格为 150000 元，并完成了相关税费缴纳。同日，广州市番禺区税

* 邱才华，北京市盈科（广州）律师事务所律师。

务局城区税务分局开出《销售不动产统一发票（代开）》，发票金额为150000元，收款方签章处写有“卜某某”，经鉴定该签名不是原告所签。2008年6月17日，谢某业取得案涉房屋房产证。2008年6月24日，谢某业与第三人广州某农村信用合作社联合社签订了《二手购房抵押借款合同》，约定谢某业将其购买的案涉房屋抵押给第三人，作为向第三人贷款370000元的担保，贷款发放至陈某指定的银行账户，并办理了抵押权登记。借款利息则由原告每月存入谢某业指定收款账户直至2012年4月。原告一直生活在案涉房屋中，2013年，原告得知案涉房屋已涉及第三人提起的诉讼，发现权利被侵害，遂于2014年4月22日起诉至法院，要求判决确认房屋买卖合同无效，涉诉房屋归原告所有，并责令被告谢某业协助办理房屋过户手续。被告陈某对原告主张的事实与理由不予认可，认为原告因未能偿还借款，其同意通过房屋买卖及按揭贷款偿还其所欠第三人陈某的到期借款本息。2017年4月18日，原审法院作出一审判决，判决认为：代理人在代理权限内，以被代理人的名义实施法律行为，被代理人对代理人的行为承担民事责任，故陈某将案涉房屋出售并过户给谢某业的行为后果应当由原告卜某某承担。原告主张其系受骗签订授权委托书即签署相关空白文件，出售房屋不是其真实的意思表示，原告未能提供其受骗的证据，原审法院不予采信。原告虽主张谢某业与陈某系恶意串通获得案涉房屋，但其未能提供谢某业与陈某恶意串通的证据，《销售不动产统一发票（代开）办证联》上收款方签章的签名虽然不是卜某某本人所签，但根据《授权委托书》，卜某某已经授权陈某有权出售房屋、收取售房款并办理相关手续，仅凭这条不能认定谢某业与陈某之间存在恶意串通，故卜某某要求判决陈某代理其与谢某业之间的房屋买卖案涉房屋行为无效并要求办理房屋转名过户手续的诉讼请求，没有事实和法律依据。谢某业自始缺席庭审活动，原审法院判决驳回卜某某的全部诉讼请求。

原告不服一审判决，向广州市中级人民法院提起上诉。在上诉过程中，原告另行委托笔者代理其后续诉讼。笔者认真查阅案件卷宗材料，并向原告了解案件，发现原告调取的被告谢某业《常住人口资料》显示户口状态为“注销”，但未显示注销原因，同时该证据材料页水笔画了一个大圆圈。笔者为查明被告谢某业户口注销的原因及其法定继承人情况，申请二审法院出具律师调查令，到其户籍所在地公安派出所调查，得知谢某业因交通事故于2010年12月11日死亡，被告谢某某、杨某某为其第一顺序法定继承人。二审法院根据二审提供的新证据，认为原审判决程序违法，于2018年2月23日作出裁定，撤销原审判决，发回重审。

二审法院发回原审法院重审后，笔者依法申请变更追加诉讼谢某业第一顺序继承人谢某某、杨某某为共同被告。与此同时，笔者积极主动联系某银行调取涉案房产按揭贷款档案资料（房产证、估价报告、房屋买卖合同、首付款凭证等资料）。为配合解决调取档案资料依据问题，笔者依法向原审法院申请追加该银行为第三人，同时向法院申请出具调查令，向该第三人调取了上述关键证据材料。其中，证据材料显示陈某代卜某某与谢某业签订的《购房协议书》明确约定，房屋成交价格为60万元，另外，档案资料中没有谢某业支付除了贷款37万元之外的其他任何付款凭证。故，原告代理人向原审法院调整变更原一审提出的诉讼请求为：1. 确认被告陈某与谢某业签署的《房地产买卖合同》无效；2. 判令将登记在谢某业名下的案涉房产所有权归原告所有；3. 判令被告谢某某、杨某某（谢某业法定继承人）共同承担办理上述案涉房屋过户及涂销抵押登记手续所产生的税费和垫付款；4. 判令被告谢某某、杨某某共同返还原告垫款41347.35元；5. 判决被告陈某对被告谢某某、杨某某的上述债务承担连带清偿责任；6. 本案诉讼费由三被告承担。被告方均缺席庭审。

2020年11月10日，原审法院作出一审判决，判决后双方均未上诉，现已生效。该一审判决认为，当事人行使权利、履行义务应当遵循诚实信用原则，原告虽全权委托被告陈某代理为办理案涉房屋出租、出售、设定抵押权等手续，被告陈某仍应当按照原告的指示处理委托事务，并不得损害原告的利益。案涉房屋建筑面积为125.2平方米，被告陈某于2008年6月10日代理原告以150000元的价格出售给谢某业，明显低于市场价格。同月，谢某业即把房屋抵押给第三人贷款370000元，并指定将贷款发放至被告陈某的银行账户；另外，2008年案涉房屋过户后，原告却一直居住在案涉房屋中；谢某业去世后，被告谢某某、杨某某作为法定继承人亦未主张案涉房产的权利，以上均不符合常理。原告主张出售房屋不是其真实意思表示，三被告未到庭作出合理说明，本院对原告的主张予以采信。案涉房屋买卖、抵押等均系被告陈某借款债权实现的担保手段，谢某业与原告之间不存在真实的房屋买卖意思表示和支付房款的行为，谢某业与被告陈某恶意串通，签订虚假买卖合同，损害了原告的合法权益，本院依法认定被告陈某代理原告卜某某与谢某业于2008年6月10日签订的《房地产买卖合同》无效。合同无效后，因该合同取得的财产，应当予以返还，但不得损害善意第三人利益。第三人某银行支行作为依法从事信贷业务，以合理的价格发放了贷款，并办理了抵押权登记，善意取得了案涉房屋的抵押权。庭审中，原告与第三人一致同意，由原告代为清偿第三人的抵押债权后，第三人向原告出具还清贷款的证明，协助原告办理涂销抵押手续。原告主张案涉房屋的所有权归其所有，本院予以支持，但必须以原告清偿第三人的抵押债权为前提。代理人和相对人恶意串通，损害被代理人合法权益的，代理人和相对人应当承担连带责任。谢某业已经死亡，没有证据证实被告谢某某、杨某某作为谢某业的继承人继受了谢某业的财产和权利义务，原告主张被告谢某某、杨某某共同承担办理案涉房屋过户及涂销抵押登记手续所产生的税费和垫付款及返还原告垫款41347.35 元，依据不足。原告主张被告陈某对被告谢某某、杨某某的债务承担连带清偿责任，无事实和法律基础。被告陈某、谢某某、杨某某经本院合法传唤，无正当理由未到庭，视为放弃相关诉讼权利。故判决：1. 确认被告陈某代理原告卜某某与谢某某（已去世）签署的《房地产买卖合同》无效；2. 原告卜某某清偿完毕第三人抵押权债务后，案涉房产所有权归原告卜某某所有；3. 驳回原告卜某某的其余诉讼请求。判后，各方均未上诉，已经于 2021 年生效。该案历经多年，终于尘埃落定。

【争议焦点】

1. 本案陈某代原告卜某某与被告谢某业签订的房屋买卖合同及办理产权过户的行为，双方当事人真实意思表示是房屋买卖，还是让与担保？

2. 第三人取得案涉房产的抵押权登记，是否构成抵押权的善意取得，是否受法律保护？

3. 被告谢某业与陈某是否对原告卜某某遭受的损失承担连带赔偿责任？

【案例点评】

原告卜某某因无法否认公证授权委托的法律效力，对其委托代理人陈某与相对人谢某某是否存在恶意串通，损害其合法权益的行为，客观上难于举证。

一、寻找案件程序突破口

原告卜某某上诉过程中面临双重压力，非常被动。一是二审庭审即将开庭，且上诉时没有提供任何的有利新证据，面临败诉风险；二是第三人依据生效判决向法院申请恢复执行，案涉房产面临被强制拍卖。为维护原告合法权益，一方面需要申请中止执行拍卖，另一方面必须调取影响案件审理的新证据。笔者经过对案件的梳理后发现，被告谢某业因无法送达而缺席庭审。卷宗中有关被告谢某业人口档案资料显示，户口状态为注销。为此，笔者通过裁判文书网和网络搜索谢某业，结果发现谢某业因交通事故于2010年12月10日死亡。为进一步查明该重要事实，笔者立即向法院申请律师调查令，申请调查其人口信息及法定继承人身份信息情况，经向死者所在派出所调查其人口信息，结果证实谢某业因交通事故于2010年12月10日死亡的事实，并查明其第一顺序继承人情况。根据原《民法通则》第9条（现为《民法典》第13条）的规定，可以证实被告谢某业在本案起诉前已经死亡，不是适格被告。一审法院以谢某业作为被告进行实体审理及判决，程序违法。

二、寻找案件实体突破口

本案被告陈某系经公证的授权委托代理人，其代理行为如无法定无效或可撤销事由，原则上均应推定为有效代理行为，其代理行为产生的后果均应由原告承担。故如何证实委托代理人陈某与谢某业之间存在恶意串通，签订房屋买卖合同，损害委托人的合法权益，如何证实买卖、抵押只是其借款的担保手段，房屋买卖并非双方当事人的真实表示，是解决本案的实体突破口。在案件发回重审后，笔者除申请变更追加被告外，还申请追加抵押权人为第三人。为此，向原审法院申请出具律师调查令，向该抵押权人调取到了影响本案审理的关键新证据——真实交易价格的房屋买卖合同。该新证据与原审法院已经查明的事实（如谢某业没有实际支付房款首付款、谢某某取得房产后没有实际与原告办理交房手续，银行按揭贷款本息交由原告卜某某负责偿还等），结合日常生活经验法则，均可证实房屋买卖并非买卖双方当事人真实意思表示，而是让与抵押担保手段。陈某与谢某业恶意串通，签订虚假房屋买卖合同，依法应当认定该房屋合同无效，案涉房屋应当返还给原告。

【专家点评】

本案例具有一定的社会意义、理论研究和案例指导价值。第一，本案是在中国房地产市场快速发展的情况下发生的诉讼案件，具有明显的时代烙印。第二，本案实际上系因民间借贷纠纷而衍生出来的按揭贷款房屋买卖合同纠纷，涉及民间借贷、委托代理、房屋买卖、借款担保法律关系，法律关系较为复杂。借款人对其代理人与相对人是否存在恶意串通，滥用代理权限，损害其合法权益的行为，客观上难于举证。根据“谁主张，谁举证”规则，判决结果往往导致处于弱势地位的借款人一方，除承担高利贷损失外，被担保过户的房产也难于取回的法律后果。本案原告代理人充分利用诉讼权利，围绕委托代理人与相对人是否存在恶意串通，损害委托人合法权益的行为事实展开调查取证，重点调取房屋按揭贷款银行备案的房屋买卖合同。而该关键证据的出现，有利于查明代理人与相对人是否存在真实的房屋买卖意思表示及是否存在主观恶意性等基本法律事实。本案原告代理人的做法，值得学习。第三，本案一审判决原告取回房产所有权应当以清偿善意抵押债权为前提，属于附条件判决，这在处理类案纠纷中具有一定的示范、引领作用，值得理论研究。

（点评人：彭辉，上海社会科学院教授）

国有资产转让未经审批、未经评估、未经进场交易是否影响合同的效力

刘育昌　郭凯妮*

【内容提要】

本案为建设用地使用权转让合同纠纷，案件争议焦点为国有资产转让未经审批、未经评估、未经进场交易是否影响合同的效力。关于该争议问题，司法实践中一直未有定论，不同法院在不同时期对案件的审判有所差异。本案代理律师作为建设用地使用权转让合同受让方的代理人，从法理、情理以及合同实际履行情况出发，提出涉案合同为有效合同的观点，最终获得一审、二审以及再审法院的支持，认为本案国有资产转让未经审批、未经评估、未经进场交易不影响合同的效力。

【案情简介】

一、基本案情

2003 年，国企 A 公司为尽快改革脱困，与民企 B 公司签署了《项目转让合同书》，并于 2005 年签署了《补充协议》，约定：A 公司向 B 公司转让涉案土地使用权及地上全部附着物，交易价为 1.88 亿元。合同签订后，B 公司支付了土地对价且 A 公司已将涉案土地实际交付给 B 公司控制使用，并通过地上建筑物产权转移

* 刘育昌、郭凯妮，广东法丞汇俊律师事务所律师。

登记的方式，将涉案地块权属登记在 B 公司名下，但仍有部分地上建筑物未完全交付给 B 公司，由 A 公司继续占用并对外收取租金。后来，由于土地价格自合同签订后大幅度上涨，A 公司于 2010 年开始以涉案合同未经国资部门审批、未经评估、未经进场交易为由，主张合同无效，要求 B 公司返还涉案地块。2017 年，A 公司起诉至法院。

二、处理过程

（一）A 公司的主要观点

A 公司为国有企业，涉案土地及地上建筑物属于国有资产，A 公司与 B 公司进行涉案土地及地上建筑物转让时，应当遵守有关国有资产转让的规定，应当经国有资产管理机构批准，并按照国务院《国有资产评估管理办法》等规定进行国有资产评估，以及在产权交易所公开交易。而本案双方当事人在进行涉案土地及地上建筑物转让时，并未经国有资产管理机构批准，也未按照《国有资产评估管理办法》等规定进行国有资产评估，亦未按规定在产权交易所公开交易，而是私下场外交易。在此情况下，双方签订的相关合同包括《项目转让合同书》《补充协议》均属于无效合同。因此，A 公司请求法院判令：1. 确认 A 公司与 B 公司于 2003 年签订的《项目转让合同书》以及于 2005 年签订的《补充协议》无效；2. B 公司承担本案全部诉讼费用。

（二）B 公司的主要观点

1. 涉案诉争合同未违反法律、行政法规效力性强制性规定，应为有效合同。

合同效力的认定应当严格按照《合同法》第 52 条的规定，只有在具备该条规定的情形之一的前提下，人民法院方可确认合同无效。《最高人民法院关于适用〈中华人民共和国合同法〉若干问题的解释（二）》第 14 条规定：“合同法第五十二条第（五）项规定的‘强制性规定’，是指效力性强制性规定。”根据上述规定，未经审批、未经评估、未经进场交易的国有资产转让合同的效力，取决于要求审批、评估、进场交易的规定性质。若属于效力性强制性规定，则合同无效；若属于管理性强制性规定，则并不必然无效。强制性规定包括管理性规范和效力性规范。管理性规范是指法律及行政法规未明确规定违反此类规范将导致合同无效的规范。此类规范旨在管理和处罚违反规定的行为，但并不否认该行为在民商法上的效力。效力性规范是指法律及行政法规明确规定违反该类规定将导致合同无效的规范，或者虽未明确规定违反将导致合同无效，但若是合同继续有效将损害国家利益和社会公共利益的规范。此类规范不仅旨在处罚违反的行为，而且意在否定其在民商法上的效力。

本案中，A公司引用《国有资产评估管理办法》（国务院令第91号，1991年11月16日实施）、《企业国有资产监督管理暂行条例》（国务院令第378号，2003年5月27日实施）、《国有资产评估管理办法施行细则》（国资办发〔1992〕36号，1992年7月18日实施）、《企业国有产权转让管理暂行办法》（国务院国有资产监督管理委员会、财政部令第3号，2004年2月1日实施）、《广东省土地使用权交易市场管理规定》（广东省人民政府令第79号，2002年12月1日实施）等相关规定，主张涉案合同未经审批、未经评估、未经进场交易违反上述效力性强制性规定，应认定为无效。对此，代理律师认为，A公司的主张是否具有理据，国有资产转让须经审批、评估、进场交易的规定是效力性还是管理性，应当通过综合分析来确定。

首先，区分强制性规定是效力性还是管理性的意义在于评价合同的效力。根据原《合同法》第52条规定，违反法律、行政法规强制性规定的合同无效，所以强制性规定是效力性还是管理性，只有放在法律、行政法规的层面上讨论才有法律意义。因此，A公司引用的《国有资产评估管理办法施行细则》《企业国有产权转让管理暂行办法》《广东省土地使用权交易市场管理规定》，因属于规章，即便规定没有审批、评估、进场交易的国有资产转让行为无效或者可以提起诉讼确认行为无效，亦不得直接据此认定涉案合同无效。

其次，国务院《国有资产评估管理办法》第3条规定："国有资产占有单位（以下简称占有单位）有下列情形之一的，应当进行资产评估：（一）资产拍卖、转让……"，第18条规定："受占有单位委托的资产评估机构应当根据本办法的规定，对委托单位被评估资产的价值进行评定和估算，并向委托单位提出资产评估结果报告书。委托单位收到资产评估机构的资产评估结果报告书后，应当报其主管部门审查；主管部门审查同意后，报同级国有资产管理行政主管部门确认资产评估结果。经国有资产管理行政主管部门授权或者委托，占有单位的主管部门可以确认资产评估结果。"2003年5月27日，国务院颁布的《企业国有资产监督管理暂行条例》第33条规定："所出资企业中的国有独资企业、国有独资公司的重大资产处置，需由国有资产监督管理机构批准的，依照有关规定执行。"从上述条文约束对象来看，国有资产转让审批、评估规定约束的应当是国有资产占有单位。所以在《国有资产评估管理办法》以及《企业国有资产监督管理暂行条例》相应的罚则规定中，违反国有资产转让审批、评估规定的责任是由国有资产占有单位及其责任人员承担。如果直接根据上述规定认定合同无效，则会使受让人在无义务的情况下也承担了法律后果，显然有失公平。

再次，《国有资产评估管理办法》《企业国有资产监督管理暂行条例》全文规定中并没有对合同行为本身进行规制，没有规定当事人不得就未经审批、评估的国有资产签订转让合同，更没有规定未经审批、评估的转让合同无效。

最后，未经审批或者评估转让国有资产并不必然导致国家利益或者社会公共利益受损害。如果认定有关规定是效力性，进而一概认定转让合同无效，当事人（包括受让人在资产贬值后）就可能据此恶意抗辩，违背诚实信用原则，从而危及交易安全和交易秩序。因此，从法律条文的文义和立法宗旨来看，都应当认定关于国有资产转让须经审批、评估、进场交易的规定是管理性规定，而非效力性规定。

因此，A 公司认为涉案合同未经审批、评估、进场交易，违反了效力性强制性规定而无效的理由不能成立。本案中，B 公司与 A 公司签订的涉案合同，该合同内容是各方当事人的真实意思表示，未违反法律、行政法规的效力性强制性规定，应为合法有效。而且，不能忽略的是，在合同实际履行过程中，涉案国有资产转让也经过 A 公司主管部门、国有企业改革小组、财政局严格的行政审批程序，并由 A 公司委托有资质的第三方评估公司对转让标的物进行过评估以及公开询价比价，并不存在 A 公司所述的未审批、未评估、未进场交易的情形。因此，涉案合同合法有效，并已履行了国有资产转让需要的审批、评估、进场交易程序。

2. 涉案合同未造成国有资产流失，是以合理对价购得相应房地产，应为有效。

相关法律规范之所以规定国有资产占有单位在转让国有资产时须经审批、评估、进场交易，主要是为了防止国有资产流失，避免损害国家利益的情况发生。而国有资产是否流失，最直观是看其转让价格是否低于转让时的市场价值。本案中，根据涉案合同的约定，合同转让标的物即涉案土地使用权以及地上全部附着物在转让过程中发生的一切土地出让金、土地增值税、交易费等费用均由 B 公司负担，A 公司取得的转让价款 1.88 亿元是净收入。结合由 A 公司委托有资质的评估机构对涉案转让标的物土地使用权以及部分地上建筑物、构筑物（部分无证建筑因有违合法原则，无法进行估价）在2003年10月市场价值的评估，该转让标的物用途为工业，市场价值约为1.38亿元。由此可见，相比评估价，涉案合同的转让价款足足溢价了5000万元。所以，B公司按土地及地上附着物在转让时的状态以及用途，支付高于市场评估价5000万元的转让款给A公司，是完全符合市场流通价值的，不会导致国有资产流失，造成国家利益受损。至于B公司是基于何种目的受让涉案土地及地上附着物，受让后又如何利用，均与A公司无关。

因此，A公司主张涉案合同存在国有资产流失，损害了国家利益而无效的理由不能成立。

3. B公司已完全履行涉案合同约定的义务，反而A公司存在有违诚实信用原则的行为。

关于涉案合同的履行，A公司以及B公司均确认，B公司已支付且A公司已收取合同约定的全部转让款，并办理了17个记载涉案地块土地面积的房地产权证。目前涉案土地共分为8块，A公司还有6、7、8号土地还未向B公司移交。由此可见，在涉案合同签订后，B公司已完全履行了合同义务，反观A公司存在未向B公司移交全部土地的违约行为。同时，A公司为B公司办理了涉案土地及其地上部分建筑物权属转移登记后，十几年内未就此提出异议，现又以合同无效为由，试图取回涉案土地使用权，其主张与实际行为不相符，有违诚实信用原则。

三、裁判理由及结果

一审法院、二审法院经审查，均认为A公司主张涉案合同无效的理由不能成立，涉案合同不存在无效情形，故均判决驳回了A公司的诉讼请求以及上诉请求。A公司不服向最高人民法院提起再审申请，最高人民法院持相同观点，认为A公司的再审申请不符合《民事诉讼法》应当再审的情形，依法驳回了A公司的再审申请。

【争议焦点】

涉案合同中的土地及地上建筑物属于国有资产，双方在进行涉案土地及地上建筑物转让时未经国有资产管理机构批准，也未按照《国有资产评估管理办法》等规定进行国有资产评估，亦未按规定在产权交易所公开交易，是否影响涉案合同的效力？

【案例评析】

本案是一起建设用地使用权转让合同纠纷，案件所涉利益受多年土地价格上涨的影响，利益巨大有数亿元。而案件双方当事人对于涉案地块的权属争议其实发生已久，由此引发的各类关联诉讼超过二十件，但却一直未予彻底解决争议问题。其实，涉案地块权属的归属问题，归根结底是双方签署的建设用地使用权转让合同的效力问题，而该合同效力问题，焦点在于国有资产转让未经审批、未经评估、未经进场交易是否会导致合同无效。对于该焦点问题，无论是最高人民法院，还是各地法院，一直以来都存在认识不一的情况，产生上述差异的主要原因在于相关规定中关于国有资产转让应当经过审批、评估以及进场交易是否属于效力性强制性规定未有法律明文规定而各法院对此有不同看法。这也是争议双方一直迟迟未提起合同效力之诉的原因。

面对这样的情况，代理律师在接受委托后，做了大量的研究和案例检索工作，然后通过充分的庭审说明以及提供最高人民法院、各地高级人民法院近几年的相关案例，并制成案例检索报告，向法院阐明了我方观点以及法院近几年的裁判思路，即应在法律、行政法规层面上讨论国有资产转让需经审批、评估、进场交易的规定是不是效力性强制性规定，并在剔除非法律、行政法规的规定后，按照法律解释的整体性原则及逻辑解释方法，可以看出剩余的规定仅仅是对国有资产出让者课以的义务，并非对国有资产受让者的要求，所以这些规定只是管理性规定，而非效力性规定，即使违反也不当然导致合同无效。从2020年12月修订的《最高人民法院关于审理涉及国有土地使用权合同纠纷案件适用法律问题的解释》删除了原解释第11条关于“土地使用权人未经有批准权的人民政府批准，与受让方订立合同转让划拨土地使用权的，应当认定合同无效。但起诉前经有批准权的人民政府批准办理土地使用权出让手续的，应当认定合同有效”的规定来看，亦印证了代理律师的观点。最终，代理律师的意见获得了一审、二审法院以及最高人民法院的认可，成功为当事人圆满地解决了争议多年的土地纠纷。

【专家点评】

在国有企业发展的过程中，国有资产的管理历经了从管理规范到效力规范的发展过程。因此实践中关于如何认定转让国有资产的合同效力存在着一定分歧，这也是近些年出现相同案件同案不同判的原因所在。研究未经审批、未经评估、未经进场交易转让国有资产的规定性质对厘清国有资产转让的合同效力有着重要的意义。

本案是建设用地使用权转让合同纠纷，案件先后经历了一审、二审、再审，最后法院没有支持国有企业关于未经审批、未经评估、未经进场交易转让国有资产的合同无效的诉讼请求。虽然《国有资产评估管理办法》等规定对国有资产的管理、处置作出了详细规定，但是相关法条旨在强调国有资产转让审批、评估、进场交易的必要性，并未明确如违反此规定相关行为的效力如何。本案核心观点认为国有资产转让需审批、评估、进场交易的规定为管理性强制性规定，而非效力性强制性规定，所以不能仅仅因未履行上述程序而认定转让合同无效。同时结合涉案土地和地上建筑物已办理了过户登记手续，涉案合同已履行了大部分合同义务，同时也不存在法律规定的恶意串通损害国家利益的情形，可以看出在市场经济的背景下，所有民事主体的合法权益是平等的。法律在保护国有资产不被非法侵占的同时，也会注重保护民事主体之间的意思自治。

所以，在遇到该类案件时，应综合分析国有资产转让的背景及初衷。只要国有资产转让没有违反国有资产转让交易的效力性强制性规定，符合当下转让要求，就可以认定该转让合同合法有效。

（点评人：邓敏贞，华南师范大学法学院副教授）

“三旧”改造项目合作合同可依情事变更原则请求法院予以解除

何小波　刘兴桂*

【内容提要】

委托人某有限公司与某实业有限公司数年前就某地块签署合作开发合同，但时至委托人准备提起诉讼前，该项目基本没有进展，委托人损失巨大，且权益一直悬而不决，合同利益基本落空，但对方却以政府审批迟延不属违约为由不同意解除却又无所作为。为此委托人寻求笔者以“快刀斩乱麻”的方式尽快解除协议，让该项目得以解脱出来，以便重新寻找有实力的公司完成项目建设。律师团队接受委托后，依托对法律法规的娴熟理解以及办理类似案件的经验，提出了合作合同符合解除条件的办理思路，认为《合同法》相关规定和《民法典》对于合同履行基础条件发生变化、继续履行对一方当事人不利的，该方当事人可以提出解除。一审判决采纳了律师团队的观点。对方提出上诉后因未缴纳上诉费而被视为放弃上诉，一审判决生效。为此，委托人得以重启该项目，对律师团队通过专业法律服务得以减少企业损失和协助国有资产保值增值，委托人深表感谢。

【案情简介】

某有限公司与某实业有限公司合作开发合同纠纷一案，本律师团队代理一审原

* 何小波、刘兴桂，广东法制盛邦律师事务所高级合伙人。

告某有限公司向法院起诉要求解除与被告某实业有限公司于2014年1月22日签署的《合作开发"三旧"改造项目工程协议书》(以下简称《协议书》)及要求对方支付违约金、实际损失等费用。合同投资总标的额超过人民币5亿元，协议书中对"项目概况""项目工程建设合作方式""项目利益分配""项目建设装修标准""建设期""双方责任""违约责任"等进行约定。原告认为自2014年双方签订合同以来，被告并未按照合同约定履行"三旧"项目改造的申报和办理手续，导致该"三旧"项目经历6年没有任何进展，使得原告的权益处于悬置状态，并直接影响和加大了其巨额经济损失，故诉诸法院，要求解除合同，以及要求被告承担违约赔偿责任。

一、代理意见

律师团队认为原、被告之间签订的《协议书》符合依法解除的条件。理由在于：

1.《协议书》于2014年1月22日签订，约定由被告履行"三旧"项目改造的申报和办理相关手续以及投资建设，但时隔6年直至起诉之前，合作项目不仅没有开工，而且连土地用途都没有变更，根本不具备开发的法定条件，被告所谓的积极履行皆是没有任何实质推动作用的口头说辞。

2. 在原告两次发函催告被告尽快履行合同义务后，被告一年多时间始终没有与原告沟通，其实际上已停止了相关的活动和努力，足以看出被告毫无继续履行合同的意愿。

3. 协议签订6年时间，作为持有这块土地的原告，每年负担巨额的运营成本，却看不到任何希望，原告签订合同的目的已经无法实现。

4. 合同约定项目6年完成全部建设，到起诉前已过去6年之久居然连一个批文都没有，而原告代理人经问询"三旧"办得知，涉案项目土地到2020年也不可能拿到批文，即使被告在2020年拿到批文，项目完成时间也远远超过当时签订合同双方的预期，故原告认为被告没有依约履行义务并非空穴来风，而该合同如继续履行将给原告带来无法估量的风险和损失。

5. 即使如被告所述想继续履行合同，就不会一年之久却依然毫无下文，其至少应向原告提交一个可行的履行方案和时间表，从而积极地推进履行合同，可以说被告已以其实际行动放弃履行协议书，或者拒绝履行协议书。

综上，律师团队认为，从2014年1月22日签订协议至诉讼发生前，被告始终未按合同约定履行主要义务。尽管被告在答辩中称其积极履行合同义务且仍在积极推进相关工作，并要求继续履行，但其并未提交其履行合同的相关证据材料，也没有提供切实可行的履行方案，总是一直停留在口头上。为减少双方因履行合同不能所造成的损失，避免原告损失继续扩大，根据法律的相关规定，原告诉请解除合同的请求依法应予支持。

至于解除合同的同时对违约责任的认定和索赔，律师团队也据实向委托人告知了这方面诉求的风险，考虑到被告的履行确实离不开第三方因素（政府审批）的影响，法院在违约责任的认定和处理上会比较谨慎。对此，原告表示理解，并称案件诉讼的目的就在于解除合同。

律师团队代理意见的亮点在于：1. 团队建议原告两次催告再解除合同的程序操作，为合同解除的正当性、合理性打下坚实基础；2. 更为关键的是律师团队对法律适用的系统阐述。不出代理团队所料，案件审理中法院十分审慎，并在第一次开庭后向政府相关部门发函调查，政府部门回函该地块尚未完成相关审批，仅完成标图建库等前期工作。在第二次开庭后，代理律师再次就合同解除进行法律适用问题的深入分析并补充代理意见，认为本案如不能确定政府关于涉案地块的"三旧"改造审批时间，则无疑属于情事变更，超出双方签约时的预见，对任何一方的解除请求，法院依法应当支持。原《合同法》第94条规定："有下列情形之一的，当事人可以解除合同：（一）因不可抗力致使不能实现合同目的；（二）在履行期限届满之前，当事人一方明确表示或者以自己的行为表明不履行主要债务；（三）当事人一方迟延履行主要债务，经催告后在合理期限内仍未履行；（四）当事人一方迟延履行债务或者有其他违约行为致使不能实现合同目的；（五）法律规定的其他情形。"《民法典》第563条基本援引了原《合同法》第94条，但在后面加了一款："以持续履行的债务为内容的不定期合同，当事人可以随时解除合同，但是应当在合理期之前通知对方。"

原《最高人民法院关于适用〈中华人民共和国合同法〉若干问题的解释（二）》第26条规定："合同成立以后客观情况发生了当事人在订立合同时无法预见的、非不可抗力造成的不属于商业风险的重大变化，继续履行合同对于一方当事人明显不公平或者不能实现合同目的，当事人请求人民法院变更或解除合同的，人民法院应当根据公平原则，并结合案件的实际情况确定是否变更或解除。”这实际上讲的就是情事变更原则。

《民法典》第533条基本援引了上述规定：“合同成立后，合同的基础条件发生了当事人在订立合同时无法预见的、不属于商业风险的重大变化，继续履行合同对于当事人一方明显不公平的，受不利影响的当事人可以与对方重新协商；在合理期限内协商不成的，当事人可以请求人民法院或者仲裁机构变更或者解除合同。人民法院或者仲裁机构应当结合案件的实际情况，根据公平原则变更或者解除合同。”这是《民法典》在吸收上述司法解释的基础上，对情事变更原则进行了完善。

如果法院认为被告用以推卸自身责任的、关于政府行为因素超出当事人预见的辩解可以采信，则本案协议无疑也应属于原告有权解除的范畴。首先，本案明显存在原合同法司法解释（二）第26条所述的对原告明显不公和合同利益落空的情形，此种情形下如阻却原告的解除权，无异于对原告合法权益的搁置和侵害；其次，无论政府审批部门，抑或作为当事人一方的被告，均不能明示合同履行的期限，连启动时间都无法预见，根本不存在重新协商的基础；最后，原告正是在与被告多次协商无果后才发出解除协议的通知，被告虽有意争取，但还无作为，至今不能给予原告任何实现合同利益的信心。根据法院最近的调查，相信其更加没有信心，更遑论行为！

二、判决结果

法院经审理后判决解除原告某有限公司与被告某实业有限公司于2014年1月22日签订的《合作开发“三旧”改造项目工程协议书》；驳回原告其他诉讼请求。

三、裁判文书的主要观点

某公司与某实业公司于2014年1月22日签订的《合作开发“三旧”改造项目工程协议书》是双方当事人真实意思表示，且合同内容不违反法律、行政法规的强制性规定，该合同合法有效，应受法律保护，双方当事人应严格按照合同约定全面履行各自义务。根据原《最高人民法院关于适用〈中华人民共和国合同法〉若干问题的解释（二）》第26条：“合同成立以后客观情况发生了当事人在订立合同时无法预见的、非不可抗力造成的不属于商业风险的重大变化，继续履行合同对于一方当事人明显不公平或者不能实现合同目的，当事人请求人民法院变更或者解除合同的，人民法院应当根据公平原则，并结合案件的实际情况确定是否变更或者解除。”本案中，双方当事人签订合作开发合同时，项目地块不属于“三旧”改造范围，并且已建上盖物占地面积比率也不足30%，不符合当地政府规定的申报和审批的要求。而当地人民政府出台的《“三旧”改造实施暂行办法》及《合作开发“三旧”改造项目工程协议书》是在双方当事人签订合作开发合同之后，系双方当事人签订合同时均不能预见的客观情况，非不可抗力也不属于商业风险。同时，当地“三旧”改造项目审批流程分为：1. 标图建库；2. 权属调查和审查；3. 单元规划编制和年度实施计划制定；4. 改造申请及改造方案报批；5. 改造项目用地出让和报建审批。按照当地自然资源局的《复函》，本案合作项目的地块，受上述政策因素的影响，目前仍未开展权属调查和审查，距离双方合同约定的 6 年时间完成建设，差距较大，现双方当事人的合作开发合同处于僵局状态，继续履行合作开发合同，不仅不利于保护国有资产安全，也不利于国有企业职工的安置，对原告明显不公平，也无法实现合同目的。因此，原告请求解除双方签订的《合作开发“三旧”改造项目工程协议书》符合上述规定，于法有据，应当予以支持。

【争议焦点】

律师团队接受委托后，对案件进行了全面的分析，检索了一些类案，并亲赴当地进行了地块现状和相关政策规章背景的调研。根据一些“三旧”改造比较活跃地区法院类案的处理，支持或不支持合作合同解除的案例均有，且不分伯仲。本案如果说被告什么事情也没做，也说不过去，而且“三旧”改造的审批涉及政府行为，当事人也无法控制，故被告不同意解除，认为其一直在履行，当地有关“三旧”改造政策的迟延出台是导致其未能及时履行的重要原因，其愿意继续推进履行，但原告高度质疑被告履约的能力和诚意，要求解除合同的态度十分坚决。因此，案件争议核心问题是原告关于解除合同的理据问题。

经过研判案件，鉴于司法实践中支持或不支持合作合同解除的案例均有，伯仲难分，为了增加胜诉的概率和解除合同的正当性与合理性，律师团队建议原告先发两次催告函之后再提出解除合同。

结合相关法律规定和主流司法观点，律师团队提出的代理思路得到了委托人的认可。

【案例评析】

本案的亮点是在案件处理过程中，适逢我国《民法典》颁布，代理律师团队在补充代理意见中就合同解除的法律条款和适用问题深入分析，对《合同法》及合同法司法解释与《民法典》的适用问题上进行有效衔接，大胆、果决地提出了合同应当予以解除的法律依据，而法院最终也采纳并引述了律师团队的代理意见，作出了对委托人有利的判决。

此外，本案最大的意义在于有力支持了国家的工业建设。涉案地块“三旧”改造的目的是给祖国各地长期漂泊在外的工业建设者修建职工宿舍，让他们得以安家。因为原合作开发商怠于履行合同，拖延多年毫无进展，致使众多工人心浮动，焦躁不安。通过代理律师团队对案件的分析，恰当选择诉讼请求，精心组织证据以及充分发表法律适用的意见，终于取得了解除合同、“三旧”改造项目得以顺利实施的诉讼效果。

同时本案对当地的“三旧”改造合作项目产生了重大的正面影响，案件办理取得了良好的社会效果，不少被搁置多年的土地由于得到合作各方的重视得以重新盘活，刺激了当地经济发展，更进一步维护了社会的和谐稳定。

【专家点评】

合同目的是合同订立的起点，也是合同履行的重点，对于判断合同的履行现状、合同主体的违约情况、解除权能否行使等均具有重要意义。《民法典》诸多条文都有关于合同目的的表述，如第 511 条第 1 项、第 5 项关于合同内容约定不明的处理，第 533 条关于情事变更条件下影响利益公平时一方可以请求法院或仲裁机构变更或解除合同，第 563 条第 1 项、第 4 项关于法定解除权的规定，第 580 条关于违约方解除权的规定，等等。本案涉及的问题主要关联到《民法典》第 533 条，该条来源于原《最高人民法院关于适用〈中华人民共和国合同法〉若干问题的解释（二）》的第 26 条，该条授权人民法院“应当根据公平原则，并结合案件的实际情况确定是否变更或者解除”。当然根据新旧法律规定衔接的相关司法解释，本案无疑应适用民法典颁行之前合同法的相关规定，即将情事变更对合同目的和利益公平的影响进行审查，决定是否变更或予以解除。实话实说，“三旧”改造类的合作合同，支持解除的案例确实不多，主要原因在于这类合同涉及政府和政策因素过多，法院或仲裁机构为审慎起见，不太愿意在这方面过多行使自由裁量权。代理律师必须以扎实、细致的分析研究工作为基点，辅以极具说服力的法律适用意见，方能说服法官作出有利的自由裁量。代理律师在本案中的代理思路抓得很准，可谓一语中的。从法院判决仅支持解除合同、未支持违约索赔的说理分析来看，这真是一场险胜！以案件事实证据为基础，以法律适用为突破口，是本案得以胜诉的方略。这支理论功底扎实的团队组合，值得律师同行好好学习！

（点评人：伍劲松，华南师范大学法学院教授）

土地转让合同违反管理性强制性规定是否有效

邵清龙*

【内容提要】

本案涉及几个法律关系，其中法律争议点有查封土地的房产转让、未有产权土地房产的转让、无权代理、阴阳合同、违反管理性强制性规定等，案情错综复杂。该案历经一审、二审、再审又发回重审、重审一审、二审，在代理人不懈努力下，最终电白县 A 公司（原告）的诉讼请求基本得到法院的支持，案件历时 5 年之久，最终的裁判结果得到了委托人的充分肯定，符合委托人的利益，也让委托人的内心得到了安慰。

律师在办案过程中，不仅要提供专业法学知识，而且要尽可能多地查阅相关判例，尤其是最高人民法院定期向社会公布的指导性案例，最高人民法院每年都会向社会公布多个法律领域的指导性案例，这些案例在各地基层法院进行裁判时具有重要的指导作用，如本案所涉及的查封房产是否可以转让的问题，笔者便是从最高人民法院发布的公报案例中找到了针对该问题作出解释说理的指导案例，再附上再审申请书后一并提交给广东省高级人民法院。与此同时，律师在代理案件的过程中，更要善于利用一些法律的基本原则作为说理的工具，对于实际中尚存在争议的问题，有时需要借助于法律基本原则进行说理，更有利于支持自身的主张，并最终取得法院支持。

* 邵清龙，广东广和（广州）律师事务所律师。

【案情简介】

2007 年 3 月 12 日，陈某某通过拍卖取得电白县某某管理所的土地、房产后，于同年 4 月 30 日将该土地、房产的土地使用权登记在詹某 1、詹某 2、陈某 1、陈某 2 四人名下，并取得国有土地使用权证。后陈某 1 的父亲陈某某与陈某 3、邵某某达成土地、房产转让协议，未订立书面合同。经协商后，2008 年 2 月 6 日，陈某 3 向陈某某交付了 70 万元，陈某某出具《收据》确认收到款项，《收据》载明："今收到陈某 3 交来某镇某地的房地产转让款 700000 元。"2008 年 2 月 26 日，邵某某分两笔汇款向陈某 1 交付了 142 万元，陈某 3 向詹某 1 交付了 68 万元汇款，随后陈某某出具《收条》，载明："今收到邵某某交来某镇某地（原某某管理所）的土地转让使用权等费用 2100000 元。"陈某某将《房地产权证》（权属人：电白县某某管理所）原件交付邵某某、陈某 3，案涉房产亦交由邵某某、陈某 3 占有、使用、收益。2008 年 7 月 18 日，邵某某登记成立 A 公司。2009 年 1 月 15 日，电白县 A 公司与詹某 1、詹某 2、陈某某、陈某 1 办理土地过户手续，并且在过户过程中签订了《国有土地使用权转让合同》和《土地使用权交易成交确认书》。合同约定交易价格为 196 万元，交款时间为当日等。2009 年 4 月 23 日，该县向 A 公司颁发了《国有土地使用权证》。

因信阳某公司诉某某管理所购销合同纠纷一案，河南某法院于 2002 年、2004 年、2006 年、2007 年、2008 年、2009 年及 2010 年裁定查封本案案涉房产，并将相关的《协助执行通知书》送达该县房管局；2005 年 6 月 1 日，电白县财政局因与某某管理所借款合同纠纷一案，法院作出裁定书，裁定查封某某管理所当时所有的本案案涉房屋一栋，并将相关的《协助执行通知书》送达给电白县房管局。上述司法查封于 2012 年已失效。因当时涉案房产尚处于查封状态，无法进行变更登记，故案涉房产仍登记于某某管理所名下。2013 年 8 月 24 日，某某管理所通过房管部门登报声明房产证丢失。2013 年 9 月 25 日，詹某 1、詹某 2、陈某某、陈某 1 向该县房管部门办理案涉土地上房产过户手续，并领取了《房地产权证》。

2013 年 12 月 24 日，詹某 1、詹某 2、陈某某、陈某 1 向该县法院提起行政诉讼，请求撤销原过户给 A 公司的涉案土地使用权证，法院一审判决和二审判决支持了詹某1等四人的诉讼请求。2014年7月14日，电白县A公司（原告）向一审法院提起民事诉讼，原告请求判决：1. 确认《国有土地使用权转让合同》有效；2. 请求判决上述被告履行交付《广东省房地产权证》原件给原告，并办妥电白县某镇某地土地、房产变更为原告的全部手续；3. 请求判决上述被告偿付迟延履行的违约金21000元［（按房产款700000元计算，从2013年9月26日起，按中国人民银行同期同类贷款年利率6%暂计至2014年3月25日止），其余利息计至被告办妥过户手续之日止］；4. 本案诉讼费用由各被告承担。

2015年1月29日，一审法院作出判决如下：1. 原告电白县A公司在本判决发生法律效力之日起30日内将返还电白县某镇某地土地的房屋给被告陈某2、陈某1、詹某1、詹某2；2. 被告陈某2、陈某1、詹某1、詹某2在本判决发生法律效力之日起30日内将返还转让款2800000元和700000元（700000元从2008年2月6日起至还清款之日止，2800000元从2008年2月26日起至还清款之日止，按中国人民银行同期同类贷款年利率计算）给原告A公司。3. 驳回原告电白县A公司其他诉讼请求。原告不服，向二审法院提起上诉：请求撤销上述判决书，请求支持其一审判决请求。2015年8月27日，二审法院以双方明知被司法查封的房地产不得转让及土地使用权转让价格明显低于实际交易价格而合同无效，判决：驳回上诉，维持原判。

2016年3月20日，原告向广东省高级人民法院申请再审，2016年11月23日，广东省高级人民法院作出民事裁定，提审本案。2018年3月3日，广东省高级人民法院认为，以涉案房地产在交易时处于查封状态等为由认定涉案建设用地使用权转让合同无效，缺乏法律依据。再者，涉案建设用地使用权转让的备案价格与实际价格相差14万元，如查实双方为避税目的而刻意报低转让价格，应确认该避税条款部分无效而非认定合同全部无效，以此来进行释明，超越当事人诉讼请求范围作出实体处理，存在程序不当之处，裁定如下：1. 撤销一审、二审判决书；2. 本案发回一审法院重审。2019年6月28日，一审法院经庭审，认为涉案房地产在双方签订合同期间被法院查封，且涉案土地使用权转让价格明显低于实际交易价格，合同依法属于无效，判决如下：驳回原告电白县A公司的全部诉讼请求。原告不服，向法院提起上诉。2020年9月12日，二审法院经两次开庭，认为出让未取得产权证书不影响合同的效力；陈某某的代理权有效，涉案司法查封已于2012年失效，不影响合同的履行，因《城市房地产管理法》第 61 条第 3 款只是办理房地产转让手续的管理性规定，但没有规定违反该条款导致民事合同无效。而且，双方转让价款相差 14 万元，只是价格条款无效，不影响合同其他条款的效力，遂判决如下：1. 撤销一审法院作出的判决；2. 确认 A 公司与陈某 2、陈某 1、詹某 1、詹某 2 于 2009 年 1 月 15 日签订的《国有土地使用权转让合同》除了 14 万元的土地使用权转让价格无效之外其他条款合法有效；3. 限陈某 2、陈某 1、詹某 1、詹某 2 于本判决生效之日起 60 日内协助 A 公司办理电白区某镇某地土地、房屋的变更登记手续；4. 驳回 A 公司的其他诉讼请求。

【争议焦点】

一、房地产处于查封状态，转让合同是否有效

1. 依据《最高人民法院关于审理买卖合同纠纷案件适用法律问题的解释》第 3 条规定的精神，一审、二审法院以转让人未依法登记领取权属证书、涉案房地产在交易时处于查封状态等为由认定涉案建设用地使用权转让合同无效，缺乏法律依据。

2. 涉案建设用地使用权转让人詹某 1、詹某 2、陈某 2、陈某 1 系经拍卖取得涉案房地产，而拍卖时涉案房地产就处于查封状态。况且，在本案起诉前，涉案司法查封已于 2012 年失效，詹某 1 等四人在房产处于查封状态时尚能通过拍卖取得涉案房地产的所有权和使用权，现 A 公司亦可通过与詹某 1 等四人的转让协议取得涉案房地产的所有权和使用权。

二、违反了管理性强制性规定，转让合同是否有效

本案涉有阴阳合同，涉案建设用地使用权转让的备案价格与实际支付价格仅相差 14 万元，如查实双方为避税目的而故意报低转让价格，也仅应确认该避税条款无效而非直接认定整个转让合同无效。

《城市房地产管理法》第 61 条属于管理性强制规定而非效力性强制规定，违反该规定的合同并非当然无效。具体到本案中，A 公司与詹某 1 等四人、陈某 2 为了方便涉案房地产的交易，主观上确实隐瞒了土地上有房屋的事实，确实违反了《城市房地产管理法》第 61 条第 3 款之规定，但由于该条款并非效力性强制性规定，

而是管理性强制性规定，故涉案合同有效。

三、陈某某的代理行为是否具有效力

陈某某收取了陈某3代A公司支付的70万元房产转让款，并向陈某3出具了《收据》及将拍卖时取得的案涉房屋原产权书交给陈某3收执，后詹某1、詹某2收取了邵某某代A公司支付的210万元土地使用权转让款，也由陈某某出具《收据》，詹某1等四人未对此提出异议。其四人还于2009年1月15日与A公司签订《国有土地使用权转让合同》，从上述过程分析，可以推定陈某某是有权代理詹某1等四人办理房地产转让事务，即便陈某某无权代理，根据原《合同法》第49条规定，原告有理由相信陈某某具有代理权限，陈某某的代理行为也是有效的。

【案例评析】

本案系建设用地使用权转让合同纠纷，涉及的法律争议点有查封土地的房产转让、无权代理、阴阳合同、违反管理性强制性规定等，案情错综复杂，历经了一审、二审、再审又发回重审、重审一审、二审，最终原告的诉求基本得到法院的支持，经过承办律师总结，案件的主要争议焦点有三点：

1. A公司与詹某1、詹某2、陈某2、陈某1、陈某某签订的《国有土地使用权转让合同》涉及司法查封房地产是否为无效合同的问题。

2. 违反管理性强制性规定，土地使用权转让合同是否有效。

3. 陈某某代理行为是否具有效力。

承办律师从“涉案房产处于查封状态是否直接导致双方签订的建设用地使用权转让合同无效”“《城市房地产管理法》第61条第3款是否属于效力性强制规定，违反该规定是否必然导致合同无效”“‘阴阳合同’中‘阳合同’价格虚低是否导致整个合同无效或仅导致该条款无效”等问题进行了详细论述，充分利用“举重以明轻”、同类解释等原则进行说理，同时提供了相关判例给予法院参考。

虽然我国并非判例法国家，但最高人民法院公布的指导性案例对基层法院的裁判亦具有重要的影响作用，承办律师通过专业的法学素养以及充分运用恰当诉讼技巧，披露了陈某某与陈某1是父女关系，陈某2、詹某1、詹某2与他存在亲戚关系；披露了土地拍卖时，他们四人刚成年，甚至个别还未成年，还在校园读书，并无能力购买土地，陈某某才是实际购买人。陈某某在本案中代理卖地、出收据，詹某1、詹某2收土地转让款，又是陈某某出具收据。后来詹某1等四人与原告签订《国有土地转让合同》，办理过户手续等行为，这都说明他们同意了陈某某的代理行为。后来之所以发生争议，或因土地价值暴增而引发矛盾。综合相关法律规定和本案件的具体事实情况，承办律师通过提出再审申请，争取到了广东省高级人民法院法官的认同与支持，在重审一审败诉的情况下，承办律师并未放弃主张，说服当事人提起上诉，终于在重审的二审阶段争取到了二审法院法官的认同，最终为当事人赢得了本次漫长诉讼的胜诉判决，让法律的公平和正义得到了弘扬，维护了案件当事人的合法利益。

【专家点评】

本案系建设用地使用权转让合同纠纷，法律关系较为复杂，争议焦点颇多，其中一个主要争议焦点为涉案《国有土地使用权转让合同》的效力问题。民事法律行为的有效要件之一就是不违反法律、行政法规的强制性规定，这涉及个人意思自治和国家强制的边界问题。一方面，民事法律行为是彰显意思自治、保障权利实现的主要制度，但这种自由必须限定在不损害国家利益、社会公共利益的范围之内，民事主体的民事法律行为一旦超越法律和道德所容忍的限度，构成对国家利益、社会公共利益的侵害，其效力就必须被否定。另一方面，无论从立法还是从司法角度看，法律对于民事法律行为无效的认定都应当趋于严格，以体现民法尊重意思自治、鼓励交易自由的精神。正是基于此，原《最高人民法院关于适用〈中华人民共和国合同法〉若干问题的解释（二）》中明确规定了“强制性规定”是指效力性强制性规定。但是，实践中对于如何认定效力性强制性仍有争议，需要在个案中进行分析和判断。本案律师通过大量说理和类案分析，对效力性强制性规定和管理性强制性规定的判断进行了详细论述，对类似案件的判定具有较强的指导意义。

（点评人：张宗卿，北京师范大学珠海分校法律与行政学院副教授、副院长）

无书面协议被认定房屋代持关系成立

吴寿长*

【内容提要】

在旧改房代持合同关系中，合同双方当事人基于具有对外流转属性的房屋所形成的代持合同并不违反法律的强制性规定，可以认定为有效合同。并且在无书面代持协议的情况下，可以进一步从购房款是由谁支付的、长期的房屋收益归属谁、相关房产证件由谁持有等生活经验法则、交易常理等方面进行认定代持关系。在认定代持关系成立的基础上，一方当事人基于代持关系收取的款项，除合同另有约定外，应当归还委托方，无故拒不归还的，构成不当得利。

【案情简介】

原告江某与被告一戴某是相识40多年的好友，而被告一与被告二为夫妻关系。1994年至1995年，适逢两被告所在村落旧房改造，原、被告双方商议由原告出资、以两被告名义购买了位于广州市越秀区某路某号某栋306房、608房的两套房屋并约定一人一套。后由于历史原因直至2007年房屋才建好并分配入住，双方口头协议将306房划归原告所有，以被告戴某的名义代为持有，房屋一直交由两被告代为出租与收租，代收的租金按年与原告结算。2017年7月21日，原告通过中介将房屋商定卖给案外人曾某，并由两被告亲临现场签署相关房屋买卖合同，所得价款

* 吴寿长，广东国智律师事务所律师。

1892000 元。两被告代收房款后，以“签名费”为由拒不归还售房尾款 14 万元，同时拒不转交 2016 年 5 月至 2017 年 10 月代收的房屋租金。原、被告多次协商无果后，原告向广州市越秀区人民法院起诉两被告。一审中，两被告否认双方存在代持协议，认为房产登记在被告名下，被告就属于合法的产权人。至于在 1994 年至 1995 年的购房款是属于两被告向原告的借款，本次卖房后转给原告的款项一部分是归还借款，另一部分是出借给原告的借款。原告则通过案涉房屋购房款是谁出资的，案涉房屋长期的租金收益归属谁，案涉房屋交易过程是谁主理的，相关证件原件由谁保管等方面进行综合举证，并找到被告提供的证据中有利于原告方的突破点，进而达到证明目的，最终一审法院支持了原告的全部诉讼请求，判决两被告需归还售房款 140000 元、租金 45000 元及利息。两被告不服一审判决，提出上诉，后广州市中级人民法院二审维持原判。

【争议焦点】

一、原被告之间存在的是代持房屋权属关系还是借贷关系

原、被告双方均没有任何关于案涉房屋代持的书面协议，诉讼中，被告否认代持事实，并称在 1994 年至 1995 年的购房款是属于两被告向原告的借款，且房产登记在被告名下，被告属于合法的产权人。至于卖房后转给原告的款项一部分是归还借款，另一部分是出借给原告的借款。

针对两被告的辩解，原告从购入案涉房屋资金系由原告出资；两被告对案涉房屋代管代租，并在长达近 10 年的时间内按年向原告转交代收租金的事实；案涉房屋的放盘、洽谈等交易过程均是由原告主导、被告配合签名完成的；被告多次按照《存量房买卖合同》中关于定金、首期款等约定，将卖房所得的大部分款项按时足额转还给原告的事实等，进行全面综合论述与举证，最终一审判决以“被告自认其购入案涉房屋的资金来源为原告……（被告长期以来多次支付的款项）每笔的数额不一、零整不齐，与日常还款的生活经验法则不符……（原告一直参与售房过程，且在庭审出示所有买卖房屋交易涉及的合同及文件原件等）不符合被告作为卖方的交易常理”等，认定原、被告之间属于代持关系。

综上，结合全案证据，足以采信原告关于对案涉房屋存在全额出资，由两被告

对案涉房屋代管代租并向原告转交代收的租金，以及在被告戴某的配合下由原告通过中介将房屋出卖给曾某夫妻等事实。因此，在原告对案涉房屋享有处分权、收益权等合法权益的情况下，案涉房屋出卖所得的全部款项也均应归原告所有。

二、在认定存在代持关系的情况下，双方代持协议是否有效，两被告是否应返还购房款及租金的问题

在二审过程中，上诉人（一审被告）在无法否认代持关系的情况下，进而以代持协议违反了法律的禁止性规定为由，要求认定合同无效，并向二审法院提交了《某某山庄村民宿舍分配办法》等村民规约作为新证据。被上诉人（一审原告）则以案涉房屋属于“可流转”性质，不属于“小产权房”，更不属于法律规定的不得转让或仅限于集体内部流转的宅基地房屋，被告提交的证据不属于新证据等进行抗辩。二审法院最终认定上诉人（一审被告）在二审提交的证据不属于新证据，且不足以证实其主张为由维持原判。

【案例评析】

本案涉及城中村旧改可流通房屋的性质认定，并由此引申出双方的代持房屋关系是否合法有效的问题。同时，由于本案并不存在书面协议，因此在仅有口头协议且时间久远的情况下，如何通过双方长期对房屋的处分情况、购房款是谁出的，房屋的租金收益、卖房的收益归属等重要事实节点，从而认定房屋的实际归属，继而认定被告是否构成不当得利，相应款项是否需归还等法律问题。

通过本案的判决，可以明确涉及城中村旧改的房屋代持关系并非当然无效，而应考虑房屋的性质及是否禁止外村人员购买等一系列法律问题后方可判断。本案中，案涉房屋属于可以流通的商品房，且当初购房时并未限制外来人购买，只是本村人员购买有优惠而已。因此，在房屋不涉及违反法律的强制性规定情形下，只要真实存在代持关系，且原告实际上一直享有收益处分等证据证实的，应可认定原告属于售房款的最终受益人。

本案中，原、被告均承认当初的购房款是由原告出资的，且案涉房屋在长达近十年的时间中，租金收益一直是由被告按年结算给原告，且本次卖房过程也是由原告自己独自办理，原件均掌握在原告手上，被告仅是在相关文书上签字而已。本次卖房过程中，被告在每次收到款项后，也均及时将款项足额转给原告，因此足以证实原告是房屋的实际收益人。因此，被告扣留的售房尾款明显没有法律依据，属不当得利，应予以归还。

代持关系在现实中较为常见，但在涉及不动产等较大价值物品时，双方应尽量避免代持，如确实需代持的，也应签署合法有效的书面代持协议，以作为后续权属及收益归属的证明。同时，如涉及旧改房屋时，双方仍应考虑代持关系是否涉及违反法律强制性规定等合法问题，从而避免后续的纠纷。

【专家点评】

由代持关系引发的不当得利纠纷是实务中较为常见的难点之一，本案争议的标的额虽然不大，但是属于现实中较为高发的案例。本案中涉及两个焦点问题，一个是在没有书面协议的情况下如何认定代持关系的存在；另一个是对案涉房屋性质的认定，而该认定结果将直接影响到代持关系是否有效的认定，以及被告是否需要返还售房款等问题。本案中，原告从案涉房屋购房款是谁出资的，案涉房屋长期的租金收益归属谁，案涉房屋交易过程是谁主理的，相关证件原件由谁保管等方面进行综合举证。虽然单个证据的证明力不强，但原告通过全方位的举证，使得证明力不是很强的证据之间能够形成证据链，并且能从被告的证据中找到有利于自己的突破点，进而达到证明目的，可以说是一起非常典型的成功案例。

同时，本案中的两级法院也充分运用了生活经验法则、交易常理等裁判思维，通过合理的分配举证责任，并对被告二审提交的证据是否属于新证据作出准确的判断。既体现了裁判者对老百姓长期形成的生活习惯的充分尊重，也给部分试图利用他人法律意识淡薄而心生贪念的人予以正面的回击，很好地体现了法律的公平正义，具有较强的指导意义。

（点评人：张豫侃，广州金鹏律师事务所律师，广州市律师协会企业法律顾问专业委员会主任）

买房十年未过户，如何破解抵押查封双重困局

张文智 黄煜梅*

【内容提要】

房屋交易过程中，卖方反悔，放任其他债权人执行拍卖涉案房产，并通过借款将房产抵押给第三人，在司法裁判实践中，房屋购买人可以通过执行异议阻却法院的执行。但是，面对买方的物权期待权和抵押权时，为了保护交易安全和金融秩序，法院一般会优先保护抵押权。特别是在民法典实施前，针对被抵押的房屋起诉要求卖方过户，法院一般裁定驳回起诉。如何确定诉讼请求使法院进入实质性审理，如何对抗抵押权，避免房屋被其他案件判决抵押权人对房屋拍卖款有优先受偿权，如何取证认定抵押无效等成为本案的难点。同时，防范应对卖方和抵押权人串通在二审中和撤诉，也是本案处理的重点问题。

【案情简介】

一、基本案情

2007 年，刘某向阮某购买了位于越秀区某大厦二手住宅，并入住至今。该房产是阮某因开发商欠阮某工程款抵偿给他的。因规划原因，整栋大楼多年一直未能办理房产证。2017 年 7 月，阮某将房屋权属证明办到自己名下后，无视买卖合同，对买方隐瞒办证情况，于 2017 年 8 月向第三人李某借款、并办理了抵押登记，故意

* 张文智、黄煜梅，广东环球经纬律师事务所律师。

约定管辖法院为天河法院。2018 年 3 月，该房屋因卖方其他债务被番禺法院查封，买方才知悉房产权属已“岌岌可危”。刘某在该房产已居住十多年，感情深，委托律师处理的唯一诉求就是要保住房子。

二、律师工作及裁判情况

（一）越秀区人民法院：房屋买卖合同纠纷

律师接受委托后，全面分析所面临的案件情况：委托人的目标是要房，但抵押的房产在司法实践中难以判决过户。当时能查到的抵押借款资料有限，无法查明借款抵押的真伪、效力等具体情况，卖方家属尚有其他房产。经与委托人商议，确定的诉讼策略为起诉代为偿债，涂销抵押并过户，同步查封卖方的其他资产，确保代偿安全。在诉讼过程中查证抵押情况，尽量排除抵押，取得变化后再变更请求为单纯要求过户。确定思路后，买方在越秀区人民法院立案起诉卖方阮某，将抵押权人李某列为第三人，并申请查封阮某其他房产两套。

（二）番禺区人民法院：执行异议

在推进越秀区人民法院房屋买卖纠纷过程中，因卖方阮某的其他债务导致涉案房产被番禺区人民法院执行查封，拟予拍卖。买方刘某提出执行异议，并提交买卖双方进行房产交易时的《买卖合约》、卖方收悉买方缴纳首期房款和剩余房款的手写收据、买方在长期居住使用过程中的物业维修基金缴费凭证、水电煤气费用缴费凭据、卖方承认恶意抵押查封的录音、买方长期居住使用房产的照片等证据，成功阻止了执行拍卖。通过该次执行异议，异议裁定书确定委托人刘某与卖方阮某签订《买卖合同》有效及相关买房事实，为后续诉讼打下良好基础。

（三）天河区人民法院：关联民间借贷纠纷

为避免抵押权人李某串通卖方阮某获取享有房产优先受偿权的判决，律师时刻关注借贷抵押纠纷何时在天河法院起诉，等待和布局参加借贷纠纷案件的审理。当借款抵押纠纷案在天河法院立案后，律师代理刘某申请以第三人身份参加天河案件诉讼过程。同时申请越秀区法院中止审理刘某与卖方阮某案。

经分析天河借款纠纷案件所获取的借款、抵押资料，律师发现向卖方阮某借出 700 多万元巨款的债权人、抵押权人李某年仅 24 岁，资金从深圳某岭公司广州分公司账户汇出，收取利息的账户也不是债权人李某，律师推测李某只是借名出借人。如能证实借款的真正债权人并非李某，而是深圳某岭公司广州分公司，该公司经查并无放贷资质，如该公司从事放贷业务，则该借款、抵押将因该公司从事非法金融业务而无效。

与抵押权人李某商议无果后，委托人向金融管理局、人民银行等投诉，获得了有利的书面回复。律师整理好相关证据、附上各部门的调查结果，向天河区人民法院书面说明李某并非真实出借人，真实出借人某岭公司存在非法放贷业务等情况，并申请追加某岭公司作为第三人，申请法院要求某岭公司广州分公司负责人到庭说明情况。

最后天河法院查明本案事实："涉案借贷的实际借款人是某岭公司，不是李某；李某作为公司员工只是名义上的出借人，负责签订《借款合同》、办理抵押手续。与借款人阮某商谈出借款项事宜的一直是某岭公司。"天河法院认为某岭公司存在违规从事营业性、经常性、反复性贷款业务的行为，依照《合同法》第 52 条第 5 项规定，该借款因属于违反法律、行政法规强制性规定，为无效合同。同时，判决认为："因借款合同无效，原、被告之间的抵押合同亦归于无效，原告对于被告提供的抵押房产……不享有抵押权，其要求对该抵押房产拍卖、变价所得价款享有优先受偿权缺乏法律依据。"至此，通过开拓思路、调查取证，基本解决"物权期待权不能对抗抵押权"的问题。

然而，在天河案件二审过程中，抵押权人李某见形势不妙，与阮某协商并向法院撤回上诉及起诉。不过，律师已提前预判了该可能，向二审法院递交情况说明和代理意见，并指出撤回申请损害第三人利益。二审法院采纳律师意见，裁定同意撤回上诉、不同意撤回起诉。

（四）越秀区人民法院：房屋买卖合同纠纷的处理结果

天河案件获得对委托人极其有利判决，事件重新回到越秀区诉讼当中。越秀法院依据番禺法院执行异议裁定确认的合同有效事实，以及天河法院民事判决确认的借贷无效、抵押无效事实，认定刘某与阮某之间房屋买卖合法有效，判决要求阮某、李某协助办理抵押涂销手续，支持委托人刘某要求卖方阮某办理过户登记的主张，并支持相应损失赔偿请求。阮某不服越秀法院一审判决上诉，二审维持原判。

至此，案件历经三年，走过法院起诉、金融管理局、人民银行等主管部门，执行异议、主动参与天河借款抵押案，一步一个脚印地筑起事实证据的长城，一点一点地建成胜诉的堡垒，最终帮助委托人赢得居住了十多年的住房。

三、主要代理意见

（一）关于房屋买卖合同效力及阻却执行

1. 双方《买卖合约》有效且房屋买卖已完成。

案涉房屋早在2007年已出售给了被上诉人，并于2005年签订了《买卖合约》，远远早于阮某与李某签订案涉《借款合同》时间，被上诉人刘某已经依约支付了全部购房款（48万元）。该民间借贷纠纷案中，被上诉人在该案向番禺区人民法院提出异议申诉，法院裁定刘某与阮某双方签订的《买卖合约》有效，并确认前述事实。

2. 未能办证买方没有过错，卖方阮某恶意违约，具有明显过错。

第一，最高人民法院（2019）最高法民申第3912号判决书指出："预告登记并非买受人必须履行的法定义务，网签、备案系房屋行政主管部门为规范商品房销售行为对房地产开发企业提出的管理性要求。"原《物权法》第20条（现《民法典》第221条）规定实质上是为了制约房地产开发商"一房二卖"或者将房子抵押的行为。本案中，双方的关系并非买受人与开发商，预告登记非必须要求。房屋买卖成交当时由于历史原因暂未能办理房产证，更不能办理预告登记，买方刘某因历史原因未能办理不动产变更登记手续并不存在过错。

第二，阮某在《买卖合同》具备继续履行条件情况下，恶意不办理房屋所有权转移登记，并将房屋作为抵押担保借款，其行为构成违约并且具有明显过错。

（二）关于借贷合同效力

1. 借贷主合同无效，实际出借人并非李某，而是某岭公司。

第一，在天河区人民法院开庭审理时，经法院要求法定代表人到庭，某岭公司自认李某是公司员工，涉案借贷的实际借款人是某岭公司，李某只是名义上的出借人，负责签订《借款合同》、办理抵押手续，与借款人阮某商谈出借款项事宜的一直是公司。天河区人民法院对以上自认事实向被告代理人核实并得到确认。

第二，从涉案借款合同及担保合同的形式、内容看，保证借款合同内容为格式条款，具有格式合同的法律特征，这些形式特征与民间借贷的日常经验法则和惯常做法不符。

2. 借贷主合同无效，某岭公司在没有发放贷款资质的情况下经常性、专业性地从事违法发放贷款的业务，是"以合法形式掩盖非法目的""违反法律、行政法规的强制性规定”的行为，案涉借款合同应认定为无效。

根据原《合同法》第52条规定：“有下列情形之一的，合同无效：……(三) 以合法形式掩盖非法目的；……（五）违反法律、行政法规的强制性规定。”根据《商业银行法》相关规定，信贷作为一项金融业务，依法只能由国家指定的具有金融信贷权的银行和其他金融机构专营，金融机构以外的企业不得从事吸存与放贷业务。根据《非法金融机构和非法金融业务活动取缔办法》（国务院令第247号）第4条规定：“本办法所称非法金融业务活动，是指未经中国人民银行批准，擅自从事的下列活动：……（三）非法发放贷款、办理结算、票据贴现、资金拆借、信托投资、金融租赁、融资担保、外汇买卖……”

某岭公司未取得发放贷款业务的金融特许经营资格，在没有发放贷款的资质的情况下，经常性、专业性、广泛地违法从事营业性企业放贷，因民间借贷纠纷涉诉有500余起，构成了以借贷名义向社会公众发放贷款的行为，此行为违反了前述法律、行政法规的强制性规定，也违反了最高人民法院《最高人民法院关于适用〈中华人民共和国合同法〉若干问题的解释（一)》（已失效）第10条“当事人超越经营范围订立合同，人民法院不因此认定合同无效。但违反国家限制经营、特许经营以及法律、行政法规禁止经营规定的除外”规定以及最高人民法院《关于如何确认公民与企业之间借贷行为效力问题的批复》关于企业以借贷名义向社会公众发放贷款应认定借贷行为无效的规定。因此，其利用员工李某名义签订的合同属于违反法律强制性规定的无效合同。

（三）关于担保合同效力

1. 基于主合同无效，担保合同作为从合同亦无效，案涉抵押权消灭，李某关于就案涉房屋拍卖、变价所得价款享有优先受偿权的主张不存在任何权利基础或法律依据。

2. 抵押权人与债权人一致是抵押权合法有效的前提，而案涉借贷实际出借人（债权人）为某岭公司，与登记抵押权人不是同一主体，应认定该抵押合同因主体不合格而无效。

3. 阮某用作抵押的两套房产早在十多年前就已被其出售，并已实际交付由买受人居住至今，其对该等房产不实际所有或享有任何财产性权利，案涉抵押合同因内容不合格而无效。

【争议焦点】

1. 针对被抵押的房屋起诉要求卖方过户能否顺利立案并进入实质性审理?

2. 买房人如何举证在执行异议程序中阻却法院的强制执行?

3. 买房人的物权期待权与抵押权法律优先保护哪个权利?

4. 抵押是否有效? 真实抵押权人是谁? 基础债权（借贷）是否有效?

5. 一审判决借款合同、抵押合同无效情况下，二审中原、被告协商一致申请撤回上诉、撤回起诉，是否可行? 如何应对?

【案例评析】

本案虽为房屋买卖合同纠纷，但涉及问题领域广、关联案件多、案中有案，程序复杂，实体法律问题复杂。特别是其中的抵押权障碍，如果不是有心参与，周密布局，借款抵押案件基本会按普通民间借贷支持抵押权，那本案恐怕难以帮助买方取得房产。

诉讼案件万象纷呈，相应的处理方案不一而足，并非所有诉讼都是程序走完"尽人事"即可，更非所有诉讼的目的都是"胜诉"。律师处理案件往往需要专业的眼光和对案件关联方面的统揽把控，依靠严密的逻辑思维及丰富的执业经验对案件进行整体走向初判，并通过对案件材料细致梳理分析再深入研判具体案件处理步骤，谋篇布局，才能最终达成目的。

具体到本案的办理中，除了既定的房屋买卖纠纷的法律程序之外，代理律师开拓思路，立足当事人根本需求，为当事人提供了包括向主管部门投诉、关联诉讼处理等全面、多层次的解决方案。为了避免出现抵押权与买方物权期待权优先直接冲突，积极通过与对方领导沟通及走访主管部门进行投诉举报固定非法放贷和借名借款的事实。

本案启发我们，律师诉讼业务工作应当着眼于委托人利益和根本需求，抓准各方利益痛点及对立关系之所在，灵活运用诉讼与非诉讼的手段，通过建立本案与他案（既包括关联案件，也包括同类判例）的有利联系，为当事人提供多维度的解决方案，才能打破案件僵局、获取胜诉。

【专家点评】

本案是房屋买卖纠纷，买方维权希望能过户房产，却遭遇房产将被法院执行拍卖、卖方故意设立抵押权等障碍。本案涉及近年不动产交易纠纷领域、民间借贷领域比较高发的复杂疑难法律问题，如阻却执行（执行异议成立）事由、物权期待权与抵押权哪个优先保护、职业放贷人认定、企业违法放贷和相应抵押效力等热点问题。本案对律师开展不动产交易纠纷案件、民间借贷纠纷案件代理业务有非常高的示范价值，如何布局诉讼策略，多渠道、介入多种司法程序的综合统筹，如何取证、举证，如何进行准确的法律适用和论证等。同时，本案也为当下高发的不动产交易过程中卖方恶意设置法律障碍，买方如何维权提供了多层面的有效解决思路。

（点评人：陈贤凯，暨南大学法学院副教授、院长助理）

以行贿犯罪方式承租农村集体土地的合同效力认定

李 立 许 壮*

【内容提要】

经村民集体民主程序后，某股份经济合作社与某村民签订了《承包合同》，约定由某村民向某股份经济合作社承租某地块，某村民承租后随即加价转租。此外，某村民向时任某股份经济合作社的董事等行贿，并受到刑事处罚。

此种情形下，某村民加价转租承包土地是否构成“恶意串通”？是否损害集体利益？《承包合同》的效力是否会受到某村民加价转租、行贿行为的影响？

对此，实务中遵循合同相对性原则和意思自治原则，认定加价转租的行为不构成“恶意串通”；同时，对董事行贿的行为，虽然损害了工作人员的廉洁性这一法益，但存在行贿受贿行为也并不必然构成“恶意串通”，并不必然损害集体利益，并不必然导致集体决议内容的无效。据此，《承包合同》有效，各方应依约履行。

【案情简介】

一、个案事实

2012 年 4 月 8 日，某股份经济合作社通过股东表决决议，拟采取发包、转包、

* 李立、许壮，广东经纶君厚（黄埔）律师事务所律师。

出租、转租或者合作开发等形式将涉案地块交予某公司（以下简称第三人）开发利用，并由第三人负责开发及办理地块相关手续和费用。

某股份经济合作社对外公示发包信息后，某村民随即报名，且当时仅有某村民报名。经过村民集体民主程序后，双方于 2012 年 8 月 30 日正式签订《承包合同》，某村民当日即与次承租人（第三人）签订合同将涉案地块加价转租。

同年底，某村民为向时任某股份经济合作社的董事等表示感谢而行贿，并于 2014 年被判“对非国家工作人员行贿罪”而受到刑事处罚。

2018 年 6 月 30 日，某股份经济合作社同某股份经济联合社突然向某村民发出解除（终止）合同《通知》，要求“无偿”收回涉案土地。

二、处理过程、裁判理由与结果

收到《通知》后，某村民随即向某区人民法院提起诉讼，请求继续履行合同。而某股份经济合作社也以某村民为被告，提起反诉。

一审中，某村民败诉，理由是某村民存在行贿的犯罪行为，故承租合同无效。某村民不服一审判决后上诉。

二审中，广州市中级人民法院认为：原审法院认定涉案《承包合同》及补充协议无效，主要依据是某村民在承租涉案地块过程中，为谋取不正当利益，向非国家工作人员行贿，而原审法院认定前述事实的证据为某刑事判决书，但该判决书未在法庭上出示，亦未经当事人质证，不得作为认定案件事实的根据。且某村民向非国家工作人员行贿，并不必然导致涉案《承包合同》及补充协议无效，原审法院仅依据该事实认定合同无效，依据不足。最终，广州市中级人民法院裁定撤销原审判决，发回原审法院重审。

重审的一审中，法院认定的争议焦点为：（1）某村民与某股份经济合作社签订的涉案《承包合同》及补充协议的效力如何；（2）合同效力认定后的后果。

关于第一个争议焦点，首先，某股份经济合作社的《公示》刚刚发布，同日，某村民即以自己名义报名参加，并在签订《承包合同》当日即与第三人签订《地块租赁合同》，在没有对土地任何投入的情况下，将刚刚承包的涉案地块加价转租给第三人；其次，签订合同的参与人员存在行贿、受贿行为；再次，某村民为谋取不正当利益向某股份经济合作社的董事、监事、股民代表以及股东送了“好处费”，并因此构成了对非国家工作人员行贿罪；最后，现有证据不能显示某股份经济合作社对外发包或出租土地存在内外有别的限制性规定。综合上述事实及分析，一审法院认为，某村民在承包涉案场地时与时任某股份经济合作社董事、监事、股民代表以及股东等存在恶意串通严重损害某股份经济合作社集体利益的行为，根据《民法总则》第8条（现为《民法典》第8条）、《合同法》第52条（现为《民法典》第146条、第148条、第150条、第153条、第154条相关内容）的规定，认定某村民与某股份经济合作社签订的《承包合同》及补充协议依法应属无效合同。

关于第二个争议焦点，根据原《合同法》第56条、第58条（现为《民法典》第155条、第156条、第157条）的规定，某村民的全部诉讼请求，均是基于合同有效基础上的诉求，因已认定合同无效，故某村民的全部诉讼请求，均没有事实与法律依据，一审法院不予支持。至此，某村民重审的一审仍败诉。某村民不服判决再次上诉。

重审的二审中，法院认定的争议焦点为：1. 原审法院认定涉案合同无效的事实理由是否成立；2. 涉案合同是否有效；3. 基于对第二个争议焦点的认定，涉案合同如何处理的问题。

关于第一个争议焦点，广州市中级人民法院认为原审法院关于涉案合同损害某股份经济合作社集体利益的事实理由不能成立，理由如下：（1）涉案合同承包费价格属于意思自治的范围，可以由当事人协商确定，某村民承租后再转租而与第三人签订的合同不影响其与某股份经济合作社所签订的合同中确定的承包费价格，用两个合同承租价格差推论出损害集体利益，既不符合市场经济规律，又违反了合同相对性原则；（2）至于涉案土地承租主体不存在社内社外有别，说明不论某股份经济合作社选择的承租主体是否属于社内，均不因此而影响合同的效力，如强迫某股份经济合作社与第三人签订合同，则违反了合同自由原则；如果非要将两个合同差价归于利益损害的话，损害的也是第三人的利益，而非某股份经济合作社的集体利益。

同时，广州市中级人民法院对于原审法院对某村民与时任某股份经济合作社董事等构成恶意串通的认定亦不予认同。理由如下：（1）签约时间是单纯事实问题，合同签订前当事人之间进行磋商是签订合同的常规行为，在同一天签订两个相关的合同亦属正常，原审法院对合同签订时间专门论述似乎认为有恶意串通嫌疑，未免过于主观牵强；（2）对于在签约过程中行贿受贿行为，不作具体的分析论证，不区分侵害的法益，笼统推断构成了损害集体利益的恶意串通，将不正当利益简单等同于损害集体利益，未抽离出法律基本事实，过分依赖生活事实经验，其裁判方法偏离了法律规范，缺乏法律逻辑性和说服力。

关于第二个争议焦点，广州市中级人民法院认为，根据《公示》和《决议》，某股份经济合作社可以与第三人直接签订承租合同，也可以与其他人签订附条件的承租合同，所附条件就是要通过转租或共同开发的方式将涉案地块交由第三人开发利用。第三人选择了后者，没有与某股份经济合作社直接签订合同，而是选择了与之前有交易关系的某村民通过签订承租合同以转租的方式取得涉案地块的使用权。至于第三人为何选择后种方式，为何愿意付出合同差价，由于商业因素的复杂性，属于其意思自治的范围，受合同自由原则的规制，法律不应对此过问。对于某村民而言，虽其分别与某股份经济合作社和第三人签订的合同针对同一涉案地块，但对于合同权利义务的确定，应分别对应不同的合同，这是由合同的相对性决定的。

此外，对于某村民在签订《承包合同》及补充协议的过程中对非国家工作人员行贿是否对于合同效力有影响。广州市中级人民法院认为，某村民行贿的对象为某股份经济合作社的董事会成员，其依法负有实现集体经济组织意志的管理职能。在受贿犯罪的保护法益问题上，我国刑法理论存在单一法益说与双重法益说，在实务中主要持廉洁性说，即公职的不可谋私利性。某村民等人的行为本身，损害了其作为具有管理集体实务职权的非国家工作人员的廉洁性，但该行为侵害的是管理行为，并未直接损害到体现集体意志的民主决议行为的性质和内容，而后者才是构成涉案合同的交易条款。所以存在行贿受贿行为与损害某股份经济合作社集体利益不能直接画等号。

至此，广州市中级人民法院最终判定某村民与某股份经济合作社 2012 年 8 月 30 日签订的《承包合同》有效，双方应予遵照履行各自的合同义务。

三、律师代理意见

本案焦点问题的争议大，且经历了一审、二审和发回重审之一审、二审，程序烦琐且时间跨度长。通过对证据的不断搜集和完善，针对案件争议焦点问题，代理人从多个角度提出了如下代理意见：

（一）某村民承租涉案土地后再转租的行为，经过了民主公示程序

1. 某股份经济合作社于 2012 年 5 月 14 日发布涉案地块的招租《公示》时写明

涉案地块的单价为每月每平方米 3. 2 元，且当时仅有某村民报名参加。对此，全体村民均是清楚的。

2. 某股份经济合作社经民主程序通过的发包决议，明确写明某股份经济合作社采取的开发形式包括“转包、转租”。故某村民转租给第三人承租，是某股份经济合作社村民都清楚知道并同意的。

（二）某村民将涉案土地转租给第三人并加价，不违反任何强制性规定

1. 某村民转手加价 25% 出租给第三人，是有历史原因的。因为自 2001 年开始，本案第三人就向某村民的配偶承租土地用于经营加油站。而该地块也是某村民的配偶先向某股份经济合作社承租后再转租给第三人的。2011 年加油站已确定需要就近另选址搬迁扩建，某村民的配偶才与某股份经济合作社及第三人协商选址事宜。

2. 因加油站当时使用的土地，就是某村民的配偶承租后转租给第三人的。故如果第三人直接将加油站搬迁并解除与某村民配偶的土地租赁合同，必然使得某村民的家庭利益受损。所以，经过商讨，各方从五个地块中选定涉案地块的同时，同意仍然采取“村民承包土地，第三人承租使用土地”的模式，使得某村民一家能够享有土地租金收入，确保家庭整体利益不减损。

3. 基于上述情况，加之某村民承租涉案土地时的单价已经过了公示并且决议通过，所以某村民转租土地并获利，完全是某村民与第三人之间的内部关系，是双方都同意的真实意思表示。况且，我国现行的法律法规并未禁止转租土地，也并没有规定转租前必须对土地进行投入。

（三）某村民承租、转租涉案土地并获利，没有损害某股份经济合作社的集体利益

1. 某股份经济合作社发布招租《公示》时，已经写明了该地块的单价为每月每平方米 3. 2 元，双方签订的《承包合同》也约定初始租金为每月每平方米 3. 2 元，其后还要逐渐增加。

2. 而某股份经济合作社于 2013 年 2 月 6 日（在《承包合同》签订后）与案外人签订《土地使用权租赁合同》出租的另一地块，租金仅为每月 3 元/平方米，还低于《承包合同》约定的租金标准。

3. 因此，某村民虽被判犯有行贿罪，但《承包合同》完全是依照当时的土地

租赁行情确定的租金价格，不仅租金价格正常，而且没有在合同内设定不平等的条款或增加某股份经济合作社的义务、剥夺某股份经济合作社的权利，根本不存在某村民与某股份经济合作社时任的董事等人进行“恶意串通”，更没有牟取不法利益或损坏国家、集体或第三人的利益。因此某村民被判行贿罪，并不必然导致《承包合同》的无效。

【争议焦点】

1. 承租人为签订土地承租合同而行贿，并已被刑事处罚，是否将必然导致土地租赁合同的无效？

2. 承租人在与某股份经济合作社签订租赁合同后，立即转租给第三人，从而赚取差价，是否损害了某股份经济合作社村民的集体利益？是否导致土地租赁合同无效？

【案例评析】

本案是农村集体土地承租后转租纠纷中，探讨合同效力认定的典型案件，同时，案件涉及另一刑事案件判决结果，且经历了一审、二审，发回重审后又经历了两审，原审法院和二审法院对合同效力的认定作出相反的结论，反映出本案的争议性和复杂性。

在案件办理过程中，我们认为有以下几点值得继续保持和深入研究：

第一，清楚地认识到合同相对性原则和意思自治原则的重要性。在民商事活动中，仍然要尊重市场经济规律，防止法律对民间商事交易进行过度、不当的干预。

第二，“恶意串通”需谨慎认定。过度主观或法条僵化适用，而忽略每个案件的法律基本事实，必然造成不利影响。一方面，当事人提前进行磋商是签订合同的常规行为，在同一天签订两个相关的合同亦属正常，不宜以此作为认定恶意串通的理由；另一方面，虽然某村民在签约过程中存在行贿的犯罪行为，但仍应结合案件其他事实作具体的分析论证，区分侵害的法益，严密推断是否构成了损害集体利益的恶意串通，而不宜将不正当利益简单等同于损害集体利益，更不能将存在行贿受贿行为与损害集体利益直接画等号。

该生效判决不仅保护了某村民当事人的合法权益，也维护了交易相关方关系的稳定和发展，更重要的是树立了审判参考标准，避免类似的错误裁判再次发生。

【专家点评】

该案件具有较高的理论与实践价值：该案件涉及的主体和法律事实、法律关系相对复杂，没有明确的法条直接对应，应对案件事实进行挖掘整理并结合法学理论进行多角度、深层次的梳理和分析。民事法律行为有效条件有三个方面：1. 行为人具有相应的民事行为能力；2. 意思表示真实；3. 不违反法律、行政法规的强制性规定，不违背公序良俗。本案主体民事行为能力没有争议，意思表示也真实，经济合作社经过公示和集体决议，关键是第三点的理解，签署承包合同这一民事法律行为本身也不违反法律、行政法规的强制性规定，不违背公序良俗。只有一人报价，成交价是公告价符合商业惯例，不存在“恶意串通”并损害集体利益情形。

该案件还可以结合案情从合同相对性、意思自治原则、市场经济法律规则、无效合同构成、司法干预民商事活动有限性等多角度进行分析和论证。代理律师的思路清晰，维护了当事人的合法权益。同时，该案件也为今后出现的类案提供了代理思路和判例范本。

（点评人：苏祖耀，广东经纶君厚律师事务所董事长，法学博士、一级律师、高级经济师、多家高校兼职教授）

诉讼逆转：建设用地权益纠纷案二审反败为胜

聂卫国*

【内容提要】

自改革开放以来，我国土地管理制度经历了深刻的变革，特别是我国逐步确立、完善了招标、拍卖、挂牌出让国有土地使用权制度。但是在个别地区，仍存在少量未经招标、拍卖、挂牌程序而直接取得土地使用权或参与分配土地公开出让的出让金等现象。但因此类合同法律效力上存在重大瑕疵，开发主体的“可得利益”将无法获得法律的保护。

本案中，亚某公司就是希望通过签订土地使用补偿协议书的方式，以获取国有土地使用权。

【案情简介】

一、个案事实

2004年6月，亚某公司与某阳光第一经济合作社（以下简称阳光一社）签订了土地使用补偿协议书。阳光一社将约180亩的涉案土地使用权转让给亚某公司后，经A镇政府同意，由C实业公司以建设商业住宅项目为由申请相关的农转用指

---

* 聂卫国，广东金桥百信律师事务所律师。

标等手续，得到B市以及省相关主管部门批准征收为国有用地，最后由B市原国土资源局同意协议出让作土地储备用地（用途为商业住宅）与C实业公司签订国有土地使用权出让合同，并于2008年9月将涉案土地使用权出让及办证到C实业公司名下。

2019年年初，亚某公司以C实业公司为被告，A镇人民政府、A镇建设发展公司为第三人向B市第二人民法院提起诉讼，请求法院判决涉案建设用地属于亚某公司所有。在诉讼过程中，亚某公司增加诉讼请求：确认建设用地的用地权益由亚某公司享有。一审法院认为，涉案土地的征收安排系基于亚某公司发展需要，且相关征地补偿款、税费、借用资金产生的利息等均由亚某公司实际支付，因此确认涉案建设用地的权益实际属于亚某公司。

二、处理过程

在一审判决败诉的情况下，本律师接受A镇人民政府、C实业公司、A镇建设发展公司委托，立即对案情、证据材料及本案相关背景情况进行充分研究，整理出了以下代理意见：

（一）涉案土地的性质为土地储备用地，亚某公司不能具备储备用地主体资格

在一审提交的证据“《房地产权登记发证审批表》《供地意向书》《建设用地审批表》”中，均有注明涉案土地的性质为土地储备用地。2008年涉案土地出让时，国家已实行土地招拍挂政策。原《物权法》第137条（现为《民法典》第347条）规定，建设用地使用权应采取招标、拍卖或者挂牌等方式出让。非经上述法定程序不得出让。根据《土地储备管理办法》的规定，储备用地是指政府根据国家储备用地管理办法规定，依法完成了收购的土地，再转化为国家储备用地的政府行为。管理办法对于储备用地的主体、对象、程序均有严格要求，只有政府或事业单位才能作为储备用地的主体，对于土地开发利用要符合总体规划和详细规划的要求。而亚某公司作为一般用地主体，不能具备储备用地主体资格。亚某公司作为一般用地主体只能以政府招拍挂的方式签订土地出让合同取得用地使用权。由于亚某公司不具备土地储备主体资格，即使双方同意以C实业公司名义出面代亚某公司取得政府出让的土地，也因双方规避土地招拍挂政策而无效。

（二）C实业公司系A镇申报镇属土地储备公司，其作为涉案土地的合法使用权人，主体适格且手续合法、齐全

根据《土地储备管理办法》第 1 条第 3 款规定，土地储备机构应为县级（含）以上人民政府批准成立、具有独立的法人资格、隶属于所在行政区划的国土资源主管部门、承担本行政辖区内土地储备工作的事业单位。C 实业公司系 A 镇申报镇属土地储备公司，且 C 实业公司以自己的名义提出用地申请并办理了用地审批手续，土地管理部门核发了土地使用权证书，其作为涉案土地的合法使用权人毋庸置疑。

（三）亚某公司从 2004 年 12 月 22 日至今一直处于吊销状态，其救济权利已经丧失，亚某公司不具备经营资格

根据《行政复议法》相关规定，公司如不服吊销营业执照的处罚决定，可在知道行政处罚之日起 60 日内向上一级工商部门或本级人民政府申请行政复议，也可以自收到本处罚决定之日起 6 个月内直接向人民法院提起行政诉讼。亚某公司直至庭审时仍然是吊销状态，其代理人在庭审中说亚某公司的救济权利仍然存在，显然是不可能的。

此外，依据原《民法通则》第 40 条、第 46 条（现为《民法典》第 68 条、第 69 条、第 72 条）和国务院颁布的《企业法人登记管理条例》第 20 条、第 33 条规定，企业法人被吊销营业执照后，应当由企业上级主管部门或者由企业自行组织清算组进行清算。清算程序结束至工商部门注销前，仍可以自己名义或清算组名义从事清算范围内的活动，包括起诉、应诉等。但是，必须终止一切经营与经营业务有关的活动，否则就是非法经营。所以，对于 C 实业公司和亚某公司在 2012 年 9 月 7 日之后关于本案讼争土地的处置方案和批示，无论从国家土地政策还是亚某公司的主体资格，都不具备合法基础。尤其是 2013 年 8 月 6 日亚某公司提交的《关于完善亚某汽车城 114.69 亩用地办证结算及招拍挂手续的请示》，其在被吊销营业执照的前提下，依然打着汽车城扩建项目的成本不断增大，经营模式已稍作调整等谎言欺骗政府，非法经营，并且试图非法交易讼争土地，亚某公司这一系列与经营有关的行为均为非法且无效的行为。

（四）亚某公司取得土地使用权的基础应是《土地使用补偿协议书》

本案中，亚某公司取得土地使用权的基础是其与 A 镇阳光某村民委员会、阳光一社签订的《土地使用补偿协议书》。亚某公司将权利的基础错误归于其缴纳了相关税费、出纳金及协助办理手续。

（五）亚某公司的权利基础因违法犯罪而无效，基于无效法律关系而支付的相关费用不属于物权请求权

法院认定："2004年6月8日，阳光一社在未经相关土地主管部门批准的情况下，以牟利为目的，违反土地管理法规，由被告人陈某根等人作为代表，与亚某公司及A镇阳光某村民委员会签订《土地使用补偿协议书》，约定将位于阳光一社约180亩农村集体土地（后经实测面积为181.27亩），以每亩3.6万元的补偿价格给亚某公司使用……被告单位B市A镇阳光一社、被告人陈某身为单位直接负责的主管人员，无视国家法律，以牟利为目的，违反土地管理法规，非法转让土地使用权，情节特别严重，其行为已构成非法转让土地使用权罪，应依法惩处。"判决："被告单位B市A镇阳光一社犯非法转让土地使用权罪，判处罚金十万元。"亚某公司与A镇阳光某村民委员会、阳光一社的转让行为被认定为非法行为，根据原《合同法》（现可参见《民法典》第153条）相关规定，恶意串通，并损害国家、集体利益的合同是绝对无效的合同。在此情况下，双方当事人因该合同所取得的财产，应当收归国有或者返还集体或者个人。亚某公司基于无效合同而支付的对价，在不被收缴的情况下，其可享有返还请求权，但该项权利不是对物的权利即物上请求权。原审法院将对人的债权认定为对物的物权，适用法律错误。

（六）原审第三人A镇人民政府根本无权对涉案土地征收审批

原审第三人A镇人民政府根本无权对涉案土地征收审批，且其在2004年6月8日与亚某公司和阳光一社签订的土地使用补偿协议书中的签字并非审批作出。其所作出的同意由亚某公司征用集体土地、同意C实业公司名下涉案土地归亚某公司所有不具有决定性效力。此外，C实业公司在诉前文件中的认可不具有自认效力。C实业公司虽然在相关报告中表示了涉案土地归亚某公司所有，但其自认因违反了物权法定原则、违反了土地管理法禁止非法转让集体土地、违反了土地招拍挂等强制性规定而无效。

2019年11月，本案二审于B市中级人民法院开庭审理，我方在法庭上充分发表了代理意见。同时，为了夯实案件事实基础，我方将判决阳光一社与亚某公司违法转让土地的刑事生效判决文书提交法庭，进一步印证了亚某公司因不具有合法有效的基础关系而不享有对涉案土地使用权益。

最终二审法院经集体讨论后，采纳了我方的代理意见，判决撤销一审判决并驳

回亚某公司诉讼请求。本案在经历了一审法院判决败诉的挫折后，最终取得了二审诉讼大逆转的胜果。

三、判决理由与结果

法院认为，首先，亚某公司并非涉案土地使用权的物权人，也不享有请求办理物权变更登记的权利，即亚某公司对涉案土地使用权不具有物的相应权利。其次，涉案土地从亚某公司与阳光一社等签订协议、亚某公司与A镇政府及C实业公司的内部文件、C实业公司受让土地使用权的过程等，可以证实亚某公司在均不符合法律、法规和政策规定可以受让和转让涉案土地的情形下，通过A镇政府、C实业公司以建设商业住宅项目为由申请农转用指标等手续及以出让土地储备用地（用途为商业住宅）事由办理了相关征地、受让土地事宜，其后再由A镇政府、C实业公司与亚某公司内部之间确认上述建设用地权益归亚某公司所有。上述约定实质是规避了国家对土地管理的法律、法规和政策，损害了国家利益，使亚某公司在不符合受让和转让涉案土地使用权条件情形下，通过不进行土地变更登记的方式，获得了涉案土地的使用权益、应属无效。亚某公司认为按照其与C实业公司等的内部约定和承诺，请求确认涉案土地用地权益归其享有的主张，依据不成立，不能支持。最后，根据已经发生法律效力的广东省B市第二人民法院刑事判决认定的事实以及判处结果，足以证明阳光一社等与亚某公司签订《土地使用补偿协议书》，将涉及土地使用权非法转让给亚某公司，违反土地管理法律法规，已经构成非法转让土地使用权的犯罪行为。根据原《合同法》第52条（现为《民法典》第153条）的规定，应当认定《土地使用补偿协议书》无效，亚某公司就此也具有过错。故此，亚某公司通过履行《土地使用补偿协议书》最终获得C实业公司等作出承诺其拥有涉案建设用地的权益，不具有合法有效的基础和因由关系。亚某公司请求确认涉案土地用地权益归其享有的主张，也不应据此得到支持。练上所述，一审法院判决支持亚某公司请求确认涉案建设用地的权益实际由其享有的主张认定有误，法院予以纠正，至于亚某公司就涉案建设用地纠纷与C实业公司等引起的其他债权债务关系，亚某公司可另行主张。

上诉人C实业公司的上诉请求成立，应予支持。依照原《物权法》第6条、第9条（现为《民法典》第208条、第209条），《城市房地产管理法》第39条第1

款，原《合同法》第52条以及《民事诉讼法》第170条第1款第1项[①]规定，判决如下：1. 撤销广东省B市第二人民法院民事判决；2. 驳回B市亚某公司的诉讼请求；3. 一审案件受理费359119元（B市亚某公司已向一审法院预交），由B市亚某公司负担；二审案件受理费359119元（B市C实业公司已向本院预交），由B市亚某公司负担（B市亚某公司于本判决发生法律效力之日起七日内迳付B市C实业公司）。

【争议焦点】

1. 亚某公司在与阳光一社签订土地补偿协议并支付了土地补偿款之后，为规避国有土地建设使用权有关规定，而将土地使有权登记到C实业公司名下。亚某公司主张C实业公司仅是代为持有土地使用权，其应当享有涉案建设用地使用权用地权益的诉求能否得到支持？

2. 亚某公司与阳光一社签订的土地补偿协议是否有效？

3. 案涉土地作为储备用地登记在C实业公司名下，其权利是否应得到支持？

【案例评析】

从亚某公司与阳光一社签订协议、亚某公司与C实业公司的内部文件、C实业公司受让土地使用权的过程等，可以证实亚某公司在不符合法律、法规和政策规定可以受让和转让涉案土地的情形下，意图规避国家对土地管理的法律、法规和政策，使亚某公司在不符合受让和转让涉案土地使用权条件情形下，通过不进行土地变更登记的方式，获得涉案土地的使用权益，严重损害国家的利益。

原《物权法》关于经营性土地使用权应采用“招拍挂”等公开竞价方式出让的规定，应属于效力性强制性效力规定。这是因为我国国有土地属于“全民所有”，在此意义上，国有土地代表着“国家利益”。国有土地“招拍挂”制度既是一项民事法律制度，也是具有明显的土地市场监管公法性质的法律制度。国有土地“招拍

---

① 2022年1月1日，《民事诉讼法》（2021年修正）实施，该条现为第177条第1款第1项。

挂”制度，代表着公平、公开、公正的土地出让法律秩序，在此意义上，也代表了国家、其他竞买主体利益在内的社会公共利益。

因此，未经“招拍挂”制度而直接取得土地使用权或参与分配土地公开出让的出让金，这种行为本身就已经构成对土地出让市场法律秩序的严重损害，即该等行为的发生绝对地损害了国家利益或者社会公共利益，进而不应认可此类行为的效力。

更深层次的原因在于，经营性土地“招拍挂”出让方式的建立是关系到公共利益的一项重要法律制度和政策。其对于规范土地市场，提高政府对城市土地的管理水平，促进房地产市场的有序发展等方面具有重要意义。因此，非常有必要予以严格规范。

【专家点评】

本案二审的胜诉，挽回了委托人的巨额损失。除此之外，在现有国家依法行政、严禁国有资产流失的大背景下，本案能够取得胜诉结果，纠正违法行为，对受害人权益保障、经济活动的稳定和安全均具有重大意义，对同类案件的审理也极具参考价值。

（点评人：陈永忠，广东金桥百信律师事务所律师、高级合伙人，广东省律师协会经济犯罪业务专业委员会副主任，广东省法学会法律风险管理研究会常务副会长）

诉讼保全中反担保的适用

林俊男[*]

【内容提要】

诉讼中被保全人的财产被法院查封、冻结后，被保全人如何进行解封？《最高人民法院关于适用〈中华人民共和国民事诉讼法〉的解释》（法释〔2015〕5号）第167条[①]及此后出台的《最高人民法院关于人民法院办理财产保全案件若干问题的规定》（法释〔2016〕22号）第22条[②]均规定了在提供充分有效担保的情况下，被保全人可以申请解除保全。但实践中，在申请保全人不同意解除保全的情况下，除非被保全人提供全额现金进行反担保，否则法院基本不会同意进行解封。本案在被保全人提供保函（非现金）进行担保的情况下，法院裁定准许解除保全，实属首例，实现了此类案件的重大突破。

【案情简介】

委托人（被告）名下有土地一块，曾就该土地与原告签署土地合作开发协议一份，后协议因履行不能，委托人单方发函解除合同，原告未提异议，合同解除数十

---

* 林俊男，广东连越律师事务所律师。

① 2022年4月10日，《最高人民法院关于适用〈中华人民共和国民事诉讼法〉的解释》（2022年修正）实施，该条现为第167条。

② 2021年1月1日，《最高人民法院关于人民法院办理财产保全案件若干问题的规定》（2020年修正）实施，该条现为第22条。

年后该土地被政府收储。在涉案土地收储的关键时期，原告提起本案诉讼，要求委托人赔偿其各项损失总计约5亿元，同时申请财产保全，并实际轮候查封了登记范围案涉涉案土地的三处房产（该三处房产实际上已灭失，但因历史遗留问题遗漏进行注销登记），导致收储无法进行。彼时若涉案土地无法顺利收储或判决委托人承责将致使土地收储所得利益归于原告，则委托人公司的重组计划将无法进行，数百在职及退休员工的切身利益将受损。

代理本案后，通过对案件进行全面的分析，我们认为原告提起本案诉讼是醉翁之意不在酒，其目的不在于赢得本案诉讼，而是意图通过本案诉讼查封涉案地块进而阻碍涉案地块的收储，以此迫使委托人跟其妥协。故而办理本案，有两个重点：第一是如何进行解封，保证收储的顺利进行；第二是如何争取有利的诉讼结果。

对于第一个重点：原告在本案起诉后申请查封申请人名下1.2亿元财产，并提供了担保。在此情况下，法院裁定查封我们委托人名下价值1.2亿元的财产，并实际查封了委托人名下银行账户（账户余额为0元），同时轮候查封了委托人名下三处房产。该三处房产登记的土地范围包含了被收储的地块，当地开发中心在大确权时亦通知了委托人需要注销该三处房产才可继续推进收储工作，故而虽然三处房产已经灭失不具有任何价值，但委托人仍需解封该三处房产以便完成收储工作。在代理后，我们的第一项工作就是申请解封。我们首先检索了相关法律法规，寻求法律依据。我们发现此类情况下当时主要适用的法律条文为《最高人民法院关于适用〈中华人民共和国民事诉讼法〉的解释》（法释〔2015〕5号）第167条“财产保全的被保全人提供其他等值担保财产且有利于执行的，人民法院可以裁定变更保全标的物为被保全人提供的担保财产”及《最高人民法院关于人民法院办理财产保全案件若干问题的规定》（法释〔2016〕22号）第22条“财产纠纷案件，被保全人或第三人提供充分有效担保请求解除保全，人民法院应当裁定准许。被保全人请求对作为争议标的的财产解除保全的，须经申请保全人同意”的规定。

前述两个条文，给我们指出了办案思路，即委托人要提供充分有效且更有利执行的担保。同时《最高人民法院关于审查知识产权纠纷行为保全案件适用法律若干问题的规定》（法释〔2018〕21号）第7条第2项至第3项的规定“（二）不采取行为保全措施是否会使申请人的合法权益受到难以弥补的损害或者造成案件裁决难以执行等损害；（三）不采取行为保全措施对申请人造成的损害是否超过采取行为保全措施对被申请人造成的损害”也给了我们一定的灵感。

接下来的主要工作就是围绕上述有关法条进行。首先，我们让委托人公司员工陪同我们到现场进行实地考察，拍摄了现场有关照片，以证明涉案三处房产已经灭失，不具有任何可变现的价值。其次，我们告知委托人需提供充分有效的担保。彼时在担保这块，有两种意见：第一种是委托人提出可委托其全资母公司，用母公司的物业进行担保；第二种则是委托其母公司向银行申请出具现金保函给到法院。为避免原告在担保的财产是否更有利于执行方面做文章，我们更倾向于第二种。委托人同意了我们的意见，委托其全资母公司向银行申请出具保函进行置换。最后，我们到委托人公司进行了详细访谈调查，全方位了解被查封后，委托人的生产经营受到了哪些影响。

在准备完全后，我们向法院提交了置换申请书，申请书中我们表明被查封的三处房产已经灭失不具有任何价值，而且从查封现状上讲属于轮候查封，不利于执行。而我们愿意提供银行 1.2 亿元的不可撤销保函作为担保，相比被保全标的物，我们所提供的置换物明显价值更高，更有利于执行，恳请法院解除原有查封。同时我们也做好了原告不同意置换的心理建设。果不其然，原告马上做出书面回应，坚决不同意置换。原告反复强调，置换需征得其同意，若未征得其同意而置换，将会激化社会矛盾。在此情况下，法院组织双方进行了听证。在听证过程中，我们牢扣法条，抓住用以置换的标的比起被查封的标的更具有价值，更有利于判决执行这一点，态度鲜明地向法官强调原告申请查封具有其他不正当目的，属于恶意查封。在听证发问过程中，我们更是直截了当地询问原告其申请保全是为了保障判决得到执行还是有其他目的？如果是为了保障判决得到执行，那么我们提供银行的保函比被查封的标的物价值更高，更有利于执行，为何不同意置换？对于我们发问，原告不敢正面回答，只是坚称不同意置换，其保全恶意昭然若现。我们趁机向法庭阐述进行置换并不会损害到原告的合法权益（反而更有利于保障），但不进行置换将对我们委托人造成不可弥补的损害。故而不论从双方利益平衡的角度，还是从社会利益的角度出发，都应该准许进行置换。

法院在听证后让我们提供了委托人与银行间的担保合同进行审核，在详细审查后，最后采纳了我方意见，同意对保全标的物进行置换。至此我方免除后顾之忧，赢得了充分时间应对本案诉讼。

对于第二个重点：首先，我们对案涉法律关系进行梳理，指出本案应为土地使用权转让合同纠纷，而非合资合作开发房地产合同纠纷。进而主张在土地使用权转让合同中，转让方不承担项目无法开发的风险，法院应当驳回原告关于该部分损失的诉请。其次，我们通过对法律条文的解读，并提供大量案例进行佐证，对公司法定代表人入狱不属于诉讼时效中断或不能行使民事诉讼权利的情形进行了充分说理，指出本案已过诉讼时效。为使得法院采纳我方关于诉讼时效的抗辩，我们还专门就诉讼时效问题向法院提供了一份说明，说明中我们梳理了《最高人民法院关于审理民事案件适用诉讼时效制度若干问题的规定》第 20 条、原《民法总则》第 194 条的规定，指出要造成诉讼时效中止，需要满足两个条件：第一，存在有法律规定的客观障碍（具有法定事由）；第二，因为该客观障碍，导致权利人不能行使请求权。我们在说明中指出法定代表人因罪入狱、被采取强制措施本身就不属于诉讼时效中止的法定情形之一，同时我们提供了检索到的原告法定代表人入狱后仍然参与诉讼的证据，证明客观上亦不存在不能行使请求权的情况。最后，我们还前往广州中院、广东高院查阅了与涉案土地有关的其他案件的卷宗，从中发现两个特别有利于我们的事实：1. 对于合同的解除，原告曾在另案的答辩中称是第三方的原因，其与我们的委托人均不具有过错；2. 生效的法律文书亦认为委托人对合同解除及合同解除后退还保证金都不具有过错。

广州中院审理后，认为根据《最高人民法院关于审理涉及国有土地使用权合同纠纷案件适用法律问题的解释》第 24 条的规定，案涉纠纷应为建设用地使用权转让合同纠纷。广州中院结合有关生效判决认定的事实，详细梳理了案涉合同的履行情况，认为在案涉大部分土地被政府有关部门收回的情况下，涉案合同目的已不能实现，此时满足了合同约定的终止条件，且我方委托人亦发函表示解除合同，故而根据《合同法》第 91 条第 7 项的规定，涉案合同因出现当事人约定终止的情形，合同权利义务终止。换言之，广州中院在梳理了整个合同履行过程后，是认为我方委托人对合同解除并不具有过错的。随后法院进一步指出原告在本案诉讼中关于系我方委托人恶意违约造成合同目的不能实现的主张与其在另案答辩意见的表述不一致。同时一审法院从诉讼时效的角度认为，涉案合同经 2008 年最高人民法院判决处理，涉案合同已经解除。原告参与了该案件审理，对于涉案合同解决及解除后的法律后果，原告应当依照判决指引及时提起诉讼予以处理。但该案终审至今已超过数年，原告均未对此主张过权利，其所提大股东被刑事羁押，并不构成不能行使诉讼权利或诉讼时效中断的正当抗辩，故原告的请求已超过诉讼时效。

最终广州中院驳回了原告的全部诉请，并判定诉讼费200多万元全部由原告承担。该案不仅在诉讼保全中，开创了以银行保函进行置换的先河。在案件的处理上，公平公正，是对他人滥用司法资源，假借司法诉讼名义谋求不正当利益的行为的极大震慑。

【争议焦点】

本案主要争议焦点有三个方面：

1. 在原告不同意置换的情况下，被告以银行保函进行置换，能否得到支持？
2. 涉案合同解除是否系被告恶意违约所致？
3. 被告关于诉讼时效的抗辩能否成立？

【案例评析】

在办理本案时，笔者经检索未发现有银行保函置换的先例。对于置换，当时主要适用的法律条文为《最高人民法院关于适用〈中华人民共和国民事诉讼法〉的解释》（法释〔2015〕5号）第167条“财产保全的被保全人提供其他等值担保财产且有利于执行的，人民法院可以裁定变更保全标的物为被保全人提供的担保财产”及《最高人民法院关于人民法院办理财产保全案件若干问题的规定》（法释〔2016〕22号）第22条“财产纠纷案件，被保全人或第三人提供充分有效担保请求解除保全，人民法院应当裁定准许。被保全人请求对作为争议标的的财产解除保全的，须经申请保全人同意”。

可以发现法律依据是比较充分，然而实践中如何打消经办法官疑虑，让法官在申请保全人坚决不同意的情况下进行置换，是个难点。此类案件，申请置换我认为可以从“1个前提，2个角度”入手，最后再回归到社会公共利益。

“1个前提”是指：进行置换需要提供充分有效担保，且更有利于执行（至少执行难度与原先保全标的的执行难度相当）。“2个角度”是指：从原告角度，考虑进行置换是否会损害原告的合法权益；从被告角度，考虑不进行置换是否会对被告造成难以弥补的损失。回归社会公共利益是指：要考虑置换行为对社会公共利益的影响。只有满足了前提条件，才有进一步讨论置换成功的空间。满足了前提，代理律师就可以从原、被告两个角度深入论述解封与否对双方的利益影响，并最终从社会公共利益方面对是否应该解封作出最后的判断。

【专家点评】

被保全人或第三人请求解除保全所提供的反担保一般是有形财产，但本案中，被保全人以银行不可撤销保函作为担保。此类反担保形式在司法实践中情形较少。本案代理律师在申请置换时紧紧围绕法律依据，将进行置换对申请保全人的利益影响及不进行置换对被保全人的利益影响进行了详细分析，并结合公共利益进行了论证说理。法院最终同意采用这种担保方式，以银行保函进行置换，解除了对其委托人的查封，将保全对其委托人带来的影响降至最小。代理人为企业排忧解难，一定程度上免除了企业对于被保全风险的担忧，为律师参与优化粤港澳大湾区的营商环境带来了新视野。

（点评人：朱虎，中国人民法学法学院教授、博士生导师）

把握基本法律特征是区分合作开发房地产合同及租赁合同的关键

肖挺俊　姚伟铄*

【内容提要】

司法实践中，存有大量“因一方提供基础建筑物，另一方投入资金对建筑物进行翻修改建，并约定建筑物翻修改造后由双方共同使用获取收益而产生的争议”，此类争议的法律关系较为模糊，既可能是合资合作开发房地产合同关系，亦可能是租赁合同关系，该两种法律关系有一定的交融，如无法清晰认定，定会折损当事人权益。本案是一宗典型的房屋征收拆迁背景下，承租人出资翻修改建租赁物后供出租人、承租人共同使用获取收益的争议案件。在办理过程中，代理人精确把握法律关系，通过论证案件双方不具备合作开发房地产合同关系中“共同投资、共享利润、共担风险”的基本法律特征，促使案件回归普通租赁合同纠纷之范畴，最终以调解方式结案，极大地压缩了承租人所涉的拆迁补偿利益。

【案情简介】

一、基本案情

2005 年 8 月 10 日，A 公司与 B 公司签订了《协议书》，约定 A 公司提供场地，

* 肖挺俊、姚伟铄，广东胜伦律师事务所律师。

B公司出资，双方合作将涉案场地改建翻修为二层永久性建筑；翻修后第一层归B公司使用，期限为25年，但B公司须每年支付36万元的使用费；第二层归A公司使用；同时，协议第17条明确约定了拆迁补偿款的归属："在25年的使用期限内，如涉案场地被拆迁或征收，应当根据谁投资谁受益的原则，建筑物（土建工程）的拆迁/征用赔偿金额按每年4%递减后归B公司所有，递减赔偿金额部分归A公司所有，25年后的土建赔偿全部归A公司，用地赔偿归A公司所有。"

2006年，经B公司翻修后，涉案场地使用面积从2863.68平方米变为5192.97平方米，B公司翻修改造后新增建筑面积2329.2892平方米，极大地扩大了涉案场地的商业价值，涉案场地从一个老旧的历史建筑，演变成一个有近百家店铺（B公司分租）入驻经营的繁华商业城。同时，B公司一直依约交付场地使用费，从未出现任何违约行为。

2017年，A公司得知涉案场地拟被征收，鉴于双方的友好合作关系，遂第一时间发函告知B公司，以商谈后续场地使用及腾退事宜。因A公司是在2009年转企改制的国有企业，必须依靠涉案场地收益来填平600多名事业单位身份离退休人员的待遇差及过渡性医疗保险等转企改制成本，因此A公司无法选择拆迁货币补偿，只能选择了房屋产权回迁。但涉案协议书只对拆迁补偿款的分配进行了约定，未对拆迁时房屋产权回迁的补偿等进行约定，为此，双方矛盾逐渐激化。后因双方无法对场地的后续使用及拆迁补偿问题达成一致，A公司于2017年6月向B公司发出《解除合同通知书》，解除了双方之间的合同关系，而B公司则以A公司违法解除合同、选择回迁房屋且不支付拆迁补偿款违反协议约定为由，提起了标的额为1.2亿元的巨额赔偿诉讼，就此拉开了本连环系列案的序幕。

二、案件处理过程及裁判理由

1. 2018民初975号案（B公司起诉被驳回）

原告B公司，被告A公司，原告诉请被告赔偿征收拆迁补偿款合计122499625元。

案件结果：在B公司主张双方成立合作开发合同关系的情况下，法官全盘采纳了代理律师的本案系租赁合同纠纷的意见，以B公司主张的法律关系与法院实际认定不一致，不宜对诉讼请求作出实体判决为由，驳回B公司起诉。

2. 2019民初9064号案（A公司起诉，B公司反诉，B公司上诉后又撤回）

原告A公司，被告B公司，原告诉请被告腾退场地（B公司自行处理次承租人腾退交接事宜）、并支付场地占有使用费；B公司就此反诉，主张房屋货币补偿款1.1亿元、建筑物补偿款162.0688万元、搬迁费及线路补偿款1.2万元、设施设备补偿费956.4974万元、停产停业损失8320.3707万元、搬迁限时奖励1197.0432万元，合计224203479.76元。

案件结果：法院全盘支持A公司诉讼请求，判决B公司限期腾退场地，并支付场地占有使用费；同时认定B公司反诉申请并不满足反诉的要件，不予受理其反诉申请。后B公司在上诉后，主动撤回上诉。

3. 2020民初1234号案（B公司撤回起诉）

原告B公司，被告A公司，原告诉请被告支付房屋价值补偿7000万元、支付停产停业损失补偿3281760元。

案件结果：B公司撤回起诉。

三、案件最终结果

A公司与B公司签署和解协议书，双方权利义务关系就此终结：

（1）A公司在收到相关拆迁部门支付的建筑物补偿款643.349万元后，仅需向B公司支付建筑物的补偿款308.87万元。

（2）A公司在收到相关拆迁部门支付的停产停业损失补偿款710.5228万元后，仅需向B公司支付停产停业损失195.91万元。

（3）A公司在收到相关拆迁部门支付的搬迁时限奖励1049.7274万元后，支付给B公司。

（4）A公司在每年收到相关部门支付的停产停业损失的，按照其新建设的2329.2892平方米支付停产停业损失。

（5）双方权利义务关系终结。

【争议焦点】

1. 涉案A公司与B公司之间是合资、合作开发房地产合同关系，还是租赁合同关系？

2. B公司提起反诉是否符合法定受理条件？

3. 租赁物遇征收拆迁，出租人（产权人）和承租人应如何分配拆迁补偿利益？

【案例评析】

1. 合作开发房地产合同关系必须具备“共同投资、共享利润、共担风险”的法律特征，否则，即便承租人与出租人约定进行翻修改建，并共同使用建筑物获取收益，仍应定性为租赁合同关系。

《最高人民法院关于审理涉及国有土地使用权合同纠纷案件适用法律问题的解释》第12条规定：“本解释所称的合作开发房地产合同，是指当事人订立的以提供出让土地使用权、资金等作为共同投资，共享利润、共担风险合作开发房地产为基本内容的合同。”依据前述规定，合作开发房地产合同的基本特征为“共同投资、共享利润、共担风险”。就本案而言，依据双方订立的《协议书》，B公司负责投资翻修改造原有建筑物，建好后的建筑物之产权全部归A公司所有，而B公司将以36万元/年享有对修建后物业的使用权，期限为25年，可见B公司对原有建筑物翻修改造的投资，实际上换取的是改建后物业的使用权。同时在双方订立的《协议书》中，并没有“共同投资、共享利润、共担风险”的相关约定，根本不满足合作开发房地产合同关系的法律特征。因此，涉案《协议书》符合租赁合同的特征，应认定双方间成立租赁合同关系，而非合作开发房地产合同关系。

2. 租赁合同项下，租赁期限超过20年的，超过部分无效；对于拆迁补偿利益，租赁物原有建筑及加建建筑必须予以明确区分；租赁合同因政府拆迁等不可归责于双方的原因导致无法履行的，双方均不负赔偿责任。

（1）租赁期限超过20年部分无效，B公司应以剩余租赁期限作为主张权利的基础。

《合同法》（《合同法》现已失效，该条对应《民法典》第705条）第214条规定，“租赁期限不得超过二十年。超过二十年的，超过部分无效”。如上文所述，双方所建立的法律关系应属于租赁合同关系，依据前述法律规定，租赁期限超过二十年的，超过部分无效。就本案而言，涉案建筑物翻建工程于2006年5月30日竣工并交付给B公司使用，因此使用期限应当从该交付日起算，由此可知最终使用期限为2026年5月30日，那么以2018年12月31日为B公司交还场地给A公司的日期，这意味着B公司还有8年6个月使用期限。换言之，B公司应以剩余使用期限为8年6个月为基础主张相应的权利，不应以协议约定的25年作为主张权利的期限。

（2）在计算补偿款时，涉案原有建筑及加建建筑必须予以明确区分。

涉案建筑面积2863.68平方米属于A公司原有产权的面积，该产权面积对应的任何补偿款均属于A公司单独所有，故B公司以该产权面积为基数推算的补偿款缺乏依据，依法不应支持。

依据A公司提供的《房地产权证》及双方订立的《协议书》，可知涉案建筑的原建筑面积已有2863.68平方米，并不是B公司投资建设的建筑物，故该部分产权面积的补偿（含产权置换、临时安置费等）应属于A公司单方所有，与B公司无关。

双方订立《协议书》后，B公司对原建筑物进行翻修改造，最终将实际使用面积加建至5192.9706平方米，超过2863.68平方米部分由B公司之后投资建设的，该超过部分如有补偿，则可以按合同约定比例分配，但超过部分中1900平方米已被认定为违法建设，且政府征收部门对该超过部分（2329.2906平方米）也已作出补偿，补偿款为3028077.78元，因此，B公司主张分配赔偿金的基数应为3028077.78元，与原有2863.68平方米的补偿不存在任何关系。

总而言之，A公司原有产权面积已有2863.68平方米，即便是没有B公司的改建，A公司也能获取相应的补偿，故B公司依法不能就此提出权利主张。

（3）涉案协议书无法继续履行原因在于政府征收行为，并非A公司违约。

涉案建筑征收拆迁是因政府的市政规划所致，因此涉案协议书无法继续履行原因在于政府征收行为，双方对此均不存在任何过错，故A公司无须对B公司进行赔偿，仅需结合租赁合同的约定及所获取的补偿对B公司作出相应的补偿，但目前政府对A公司的补偿尚未确定，故此不具备向B公司作出补偿的参考依据。换言之，B公司目前主张缺乏依据，依法应驳回其起诉。

3. 反诉必须与本诉的诉讼请求基于相同法律关系、诉讼请求之间具有因果关系，或者反诉与本诉的诉讼请求基于相同事实，否则不应予以受理。

《最高人民法院关于适用〈中华人民共和国民事诉讼法〉的解释》第233条第2款规定："反诉与本诉的诉讼请求基于相同法律关系、诉讼请求之间具有因果关系，或者反诉与本诉的诉讼请求基于相同事实的，人民法院应当合并审理。”

上述案件中，A公司基于涉案《协议书》已于2017年6月解除、B公司无权再占用涉案场地，诉请B公司腾退场地（B公司自行处理次承租人腾退交接事宜）、并支付场地占有使用费；B公司则依据涉案《协议书》中有关拆迁补偿利益的约定提起反诉，主张房屋货币补偿款、建筑物补偿款等其他各类损失。对此，首先，A公司依据诉请B公司腾退场地，在本质上属于物权侵权关系，而B公司诉请支付各类补偿则依据合同约定，本质是合同关系，可见双方诉讼请求并非基于法律关系；其次，B公司反诉主张的各类拆迁补偿利益是因房屋拆迁而引起，并非因A公司诉请其腾退或因腾退行为而引起，可见双方诉讼请求并无因果关系；最后，A公司诉请B公司腾退场地是基于B公司无权占用A公司场地，而B公司反诉主张各项补偿则依据涉案场地被征收拆迁，因此双方诉讼请求并非建立在相同事实基础上。由此，法院不予受理B公司反诉请求并无不妥。

4. 非住宅房屋在拆迁背景下，出租人（产权人）与承租人对于拆迁补偿利益的分配，依照有约定按约定，无约定按公平合理原则予以分配。

《国有土地上房屋征收与补偿条例》第2条规定：“为了公共利益的需要，征收国有土地上单位、个人的房屋，应当对被征收房屋所有权人（以下称被征收人）给予公平补偿。”按此原则上，因房屋征收所涉的全部补偿利益，应属被征收房屋所有权人专有。但实践中，存有大量的附带租赁合同关系的房屋被征收拆迁，对于此，如出租人（产权人）与承租人于合法有效的租赁合同中明确约定了拆迁补偿利益的分配，则双方意思自治的内容应得到法律支持，应按合同约定分配拆迁补偿利益。

对于出租人（产权人）与承租人未约定或约定不明时，结合前述《国有土地上房屋征收与补偿条例》及《广州市国有土地上房屋征收与补偿实施办法》第12条、第31条的规定，被征收房屋价值的补偿（是指与房屋产权调换并列的另一种补偿方式）归属于出租人（产权人）；承租人一般可取得部分停产停业损失、搬迁费、临时安置费及搬迁补助和奖励，至于其具体分配比例，法院往往在参考租赁合同剩余期限、约定的租金标准、实际各项补偿金额等因素后，依据公平原则予以分配。

本系列案系由房屋征收拆迁引发，B公司为了取得协议书约定的拆迁补偿款及其他费用，可谓无所不用其极。本案除法律关系模糊、诉讼程序庞杂、标的额高达

2 亿多元外，还牵扯多方利益。在前述背景下，代理律师通过细致地研究，精准地把握了本案法律关系；通过多方走访调查、有效的证据策划，精准地还原案件事实，分割了征收补偿款计算金额与基数；通过“以诉促调，以调战诉”诉讼策略，精准地把握对方的意图及心理，促使案件最终以调解结案，极大地压缩了 A 公司需负担的补偿金额，终结了没完没了的连环系列案，并取得了良好的结果。

【专家点评】

众所周知，房屋拆迁往往会涉及巨大的利益，各利益相关方一开始一般较难通过协商解决争议，各方当事人在协商不成情况下需及时启动法律程序，以“法律途径，法治思维”推动解决纠纷争议。本案便是经过多轮诉讼程序、逐渐厘清法律事实与依据后，最终及时促成双方达成和解方案，具有较高的实践价值，具体体现如下：

一是案件经办人精准定性双方法律关系为租赁合同关系并就此组织证据及进行论证，最终获得法院的支持，打消了场地使用方拟通过房地产合作开发法律关系以“投资权益方”身份获取高额补偿的念头，为双方和解打下基础。

二是案件经办人基于对租赁合同关系的准确判断，及时建议当事人主动出击、依法维权，通过起诉场地使用方要求收回场地，使得场地使用方丧失继续占用场地谋求更大利益的基础，同时也降低了委托人因无法向政府拆迁部门交付场地而需承担违约责任的法律风险。

三是案件经办人投入较多时间精力走访调查，层层摸清涉案合同订立背景，逐步还原和全面掌握了案件原本事实，为各个诉讼案件的应对提供坚实的事实基础和依据，使得各个案件均能取得胜诉的结果。

四是案件经办人全面分析、把关各方面风险，不为诉而诉。在充分保障当事人利益的前提下，案件经办人积极努力、及时促成双方达成和解，以快速解决各方争议，避免因长期诉讼程序而导致合法拆迁受阻等不良情况的发生，以及取得了良好的法律效果和社会效果。

（点评人：刘晓军，广东省律师协会房地产与建筑工程法律专业委员会副主任、广州市律兴律师业务研究院院长）

异议登记在善意取得中的作用与制度价值

——八年漫漫维权路：岑某一物权保护纠纷案中的思考

徐 驰 郭伟钊 胡 磊*

【内容提要】

善意取得制度源于日耳曼法“以手护手”原则，是突破传统物权法所调整的静态归属边界转而保护财产动态流转关系，适用善意取得须满足规定构成要件。本案为涉不动产纠纷，案涉房屋实际权利人与名义权利人不一致，法院保护实际权利人合法利益，房屋未能重新登记在实际权利人名下且在法院再审期间无法对房屋采取查封保全措施时，如何通过“异议登记”制度有效阻却后手善意取得房屋，充分发挥“异议登记”制度价值成为本案关键法律问题。本案争议焦点涉及异议登记行政行为是否应在民事诉讼程序中直接评价，异议登记在再审审理期间的效力期限，以及受让人在交易时一旦知悉存在异议登记客观情况并签署自担风险承诺书时，受让人是否存在善意取得的法律认定。

【案情简介】

本案为物权保护纠纷，原告为岑某一，被告为岑某二、岑某三、董某、郭某。

1994 年，委托人岑某一单独出资为其父母岑某四、吴某购买位于广州市白云

* 徐驰，广东信德盛律师事务所律师；郭伟钊，广东为峰律师事务所律师；胡磊，广东信德盛律师事务所律师。

区某房屋（以下简称案涉房屋）供其父母居住使用，案涉房屋以吴某名义与广州市解决住房困难办公室共同签署《统建解困（固定开间）住宅合同（一）》，其中共同申请该解困房的家庭成员还包括岑某二、司徒某、岑某五、岑某六、潘某等人。后于1997年，包含岑某一及各共同申请人在内的家庭成员共同签署了内部协议，约定案涉房屋由岑某一出资购买，在三年后由其父母转让给岑某一。2010年9月1日，在岑某一不知情的情况下，岑某一的母亲吴某以买卖方式将房屋转让给其儿子岑某二、孙子岑某三（岑某二之子），买卖双方没有实际支付转让对价。

委托人岑某一知悉其母亲吴某的转让行为后，协商未果，于2014年3月27日，起诉至广州市A区人民法院（以下简称A法院），诉请确认吴某与岑某二、岑某三签署的房屋买卖合同无效并要求将案涉房屋过户至岑某一名下。A法院于2014年5月30日作出民事判决（以下简称363号判决），以吴某未经岑某一同意出售案涉房屋属单方无权处分行为为由，确认吴某与岑某二、岑某三之间的房屋买卖合同无效，并判令将案涉房屋过户至岑某一名下。岑某二、岑某三对363号判决不服，上诉至广州市中级人民法院（以下简称广州中院），广州中院于2015年11月11日作出民事判决（以下简称3575号判决），以家庭内部协议违反解困房政策规定为由认为岑某一不能取得案涉房屋物权，判决撤销363号判决，驳回岑某一的诉请。

岑某一不服3575号判决，遂向广东省高级人民法院（以下简称广东高院）申请再审，广东高院指令广州中院再审，广州中院于2017年8月24日作出了民事判决（以下简称民再25号判决），认为原363号判决裁判正确，遂改判撤销3575号判决，维持363号判决。在民再25号判决再审审查期间，委托人岑某一向案涉房屋所在地房管局申请了对原登记权属人岑某二、岑某三的异议登记，异议登记效力持续至再审民事判决书生效日。

民再25号判决再审审理期间法院出判前，案涉房屋原登记权属人岑某二、岑某三于2017年2月恶意与董某、郭某签署案涉房屋的买卖合同，将案涉房屋出售给董某、郭某。案涉房屋于2017年5月19日登记至董某、郭某名下，同时某住房公积金管理中心作为按揭借款的抵押权人。因案涉房屋已过户至董某、郭某名下，造成25号判决无法执行。

得知这一几乎无法被接受的消息后，岑某一于2017年9月30日，在A法院对岑某二、岑某三、董某、郭某再次提起诉讼，请求确认岑某二、岑某三与董某、郭某之间的房屋买卖合同无效并要求将案涉房屋过户至岑某一名下，A 法院于 2018 年 5 月 30 日作出民事判决（以下简称 13179 号判决），认为前述异议登记之日起十五日内岑某一不起诉，异议登记失效，认定董某、郭某构成善意取得，判决驳回岑某一的全部诉请。岑某一不服 13179 号判决提出上诉，广州中院于 2019 年 3 月 27 日作出民事裁定（以下简称 16621 号裁定），裁定撤销 13179 号判决，发回 A 法院重审。

2019 年 6 月 24 日，A 法院重审立案，并根据上级法院的裁定及岑某一的申请追加某住房公积金管理中心为共同被告，明确诉请为确认房屋买卖合同无效、公积金中心协助涂销抵押以及各被告协助将案涉房屋过户至岑某一名下。A 法院于 2019 年 12 月 31 日作出民事判决（以下简称 23500 号判决），认定董某、郭某对案涉房屋不构成善意取得，岑某二、岑某三构成恶意转让；判决由岑某二、岑某三代为清偿尚欠公积金中心的欠款后，公积金中心协助涂销抵押以及各被告协助将房屋过户登记至岑某一名下。判后，双方均提出上诉，广州中院于 2020 年 7 月 14 日作出判决，维持 23500 号判决，以此结束岑某一长达八年的漫漫维权路。

【争议焦点】

1. 本案系合同无效之诉还是物权保护之诉？这将直接影响本案诉讼请求是否得以被全部支持。

2. 董某、郭某取得案涉房屋所有权的行为是否构成善意取得，其权属登记行为是否应予排除？

3. 公积金中心设定在案涉房屋上的登记抵押权是否构成善意取得，其抵押权登记行为是否应予排除？

【案例评析】

委托人岑某一取回房屋所有权，本案证据起了不可磨灭的关键作用。

一、家庭内部书面协议：确凿证明了岑某一享有对案涉房屋所有权

当事人往往因没有或丧失了佐证过去发生的法律事实的证据，面临败诉法律后果。涉及大宗资产交易、涉及多方交易主体在内的交易，我们仍建议各方签署内部协议，既保障了己方权利，也是对交易各方的尊重。本案中，虽案涉房屋以岑某一母亲吴某名义与广州市解决住房困难办公室共同签署《统建解困（固定开间）住宅合同（一）》，但家庭内部协议载明了实际出资人为委托人岑某一，该事实也得到解困房共同申请人岑某二、司徒某、岑某五、岑某六、潘某等确认；面对吴某与岑某二、岑某三之间转让案涉房屋时，家庭内部协议起到了确凿证明案涉房屋应归岑某一所有的作用。

二、异议登记：弥补了再审法院不予查封房屋的不足，证明后手受让人受让房屋不构成善意取得

民再25号案在2016年年末2017年年初期，在《最高人民法院关于人民法院办理财产保全案件若干问题的规定》出台前后，再审阶段能否查封案涉房屋颇受争议。再审审查、审理阶段人民法院不予受理财产保全申请，且有初步证据证明案涉房屋权属登记人存在错误时，考虑对案涉房屋登记权属人提出异议登记，有效阻却后手受让人善意取得案涉房屋，为实际权利人取回案涉房屋奠定基础。

三、人民法院在民诉程序中不应实质审查异议登记这一具体行政行为的效力

异议登记是房屋行政主管部门根据现有证据综合判断房屋登记的权属状态可能与真实权利状态不符时、对可能的真实权利人予以保护所作出的具体行政行为，异议登记持续的效力应由房管行政主管部门在异议登记中加注；若登记权属人认为该异议登记存在错误（包括异议登记持续期间错误），应通过行政复议或行政诉讼解决；异议登记效力的持续期间未经行政程序变更或否认，民事审理程序应只做形式审查，不宜实质性否定异议登记及其有效期间。

具体到本案，13179号判决认定“在异议登记之日起十五日内不起诉，异议登记失效”（异议登记自2016年4月7日起十五日内至2016年4月22日止不起诉，在2016年4月23日起异议登记失效），明显与房管行政主管部门加注的“异议登记持续至法院判决生效日”（再审判决生效日2017年8月25日后异议登记才失效）相违背；未经行政程序确认的房管部门所加注的异议登记有效期间存在错误，人民法院在民诉程序中应予认可异议登记的有效期间，即应认可异议登记有效期间持续至2017年8月25日的法律事实。13179号判决的错误认定在案件重审阶段得到纠正。

【专家点评】

本案涉及的案情复杂，审理过程更是曲折漫长，从民法法理上看，其涉及的根本问题是不动产物权权属的实际状态与登记外观状态的冲突问题。因政策原因由原告购买的房屋登记在其母亲名下，由此也就出现了实际所有权人与登记的名义所有权人不一致的情形，进而导致了后续的无权处分行为。系列案件的争议焦点在于，实际所有权人的权利是否能够突破登记的外观效力而得到保护，其中具体又涉及债之合同效力（买卖合同）、无权处分行为的效力、善意取得的适用，以及异议登记的效力等问题。

法院裁判最终基于原告与登记权利人及其他家庭成员之间的内部协议而确定原告为实际所有权人，而该内部协议的效力正是解决整个案件的基础和关键。一旦确认了原告的实际所有权，那么无权处分自然成立，进而只需要判断是否存在善意取得之适用可能。在第一次无权处分中，通过内部协议足以证明受让人的恶意；而在第二次无权处分中，异议登记的功用即在于排除受让人的善意。根据公示公信原则，一方面，不动产登记仅具有证权的推定效力而非设权效力；另一方面，在特定情形下未经登记的实际所有权可以经由异议登记获得过渡性保护。

另外尚有与本案相关的两点需要指出：一，本案的焦点是物权归属的认定，按照物债划分的基本思路，实际上并不需要关注作为债之发生原因的买卖合同效力问题。二，在本案中，登记的名义所有权人与第三人侵害了实际所有权人的合法权益，从物权保护的角度，实际所有权人可向恶意行为人主张侵权损害赔偿救济。

法律价值需要通过法律技术构建的体系化规则予以贯彻。本案的重要意义就在于，其充分体现了民法基本概念的逻辑运用，以及相关规则的体系化效应，而这也正是司法的生命力所在。

（点评人：韩光明，中山大学法学院副教授、博士生导师）

农村集体建设土地租赁期限可以超过20年

黄早松*

【内容提要】

《民法典》第705条第1款规定："租赁期限不得超过二十年。超过二十年的，超过部分无效。"而2020年1月1日起施行的《土地管理法》第63条第4款的规定："集体经营性建设用地的出租，集体建设用地使用权的出让及其最高年限、转让、互换、出资、赠与、抵押等，参照同类用途的国有建设用地执行。具体办法由国务院制定。"因《土地管理法》是特别法，且该法修改的目的之一是适应社会的发展需要，破除集体经营性建设用地入市的法律障碍，实现同地同价，提高农村土地资源的配置效率，故对集体经营性建设用地租赁期限超过20年但不超过同类国有建设用地使用年限的合同效力应当适用《土地管理法》的规定认为有效。

【案情简介】

1999年8月1日，广州某农村经济合作社（以下简称村合作社）与政府招商引资引入的某公司（以下简称A公司）签订了《租用土地协议书》，合同约定A公司租用村合作社的自留地（集体建设用地）用于建设厂房，租赁期限为50年（2049年7月31日租赁期届满），租赁期届满后，厂房等上盖物的所有权归村合作社所有。该租赁合同经村合作社所在地的开发区管委会备案，并经原国土局及市政

* 黄早松，广东正大方略律师事务所律师。

府批准。上述协议签订后，A 公司在租赁土地上建设厂房及办公楼，并以村合作社的名义进行报建验收。尔后，A 公司投资设立了 B 公司，开发区管委会作出《关于成立 B 公司的批复》：“一、同意成立 B 公司；批准该公司可行性研究报告、合同、章程生效……四、公司经营期限 50 年。”A 公司将租赁土地上建设的厂房作为出资的一部分注入 B 公司，同时租赁合同的权利义务概括转让给 B 公司。2019 年（合同履行了 20 年后），村合作社认为租赁合同约定租赁期限 50 年过长，低廉的租金无法与社会发展适应，也损害了村民的利益，便向法院提起诉讼，诉请判令租赁合同超过 20 年部分的租期无效，要求 B 公司返还出租的土地以及地上建筑物。

一审法院认为，《租用土地协议书》是合同各方当事人的真实意思表示，案涉土地的用途也已批准为建设用地，村合作社将案涉土地出租给 B 公司使用符合法律规定。但《租用土地协议书》约定租赁期限 50 年，违反了原《合同法》关于租赁期限不得超过 20 年的强制性规定，故超过 20 年的部分应属无效。《租用土地协议书》于合同法实施之日即 1999 年 10 月 1 日前签订，当时的法律对租赁期限没有规定，故应当认定《租用土地协议书》约定的 1999 年 10 月 1 日前的租赁期限有效，对于《租用土地协议书》约定的 1999 年 10 月 1 日后的租赁期限，则应当适用《合同法》第 214 条第 1 款（现为《民法典》第 705 条）关于租赁期限不得超过二十年的规定，故认定自 1999 年 10 月 1 日起剩余期限，超过 20 年的部分无效。综上，《租用土地协议书》约定的案涉土地自 2019 年 10 月 1 日至 2049 年 7 月 31 日的租赁期限，应属无效。故判决：1. 确认原告村经济合作社与 B 公司于 1999 年 8 月 1 日签订的《租用土地协议书》中关于租赁期限在 2019 年 10 月 1 日至 2049 年 7 月 31 日的部分无效；2. B 公司将案涉土地及地上建筑物交还给原告村经济合作社；3. 驳回原告村经济合作社其他诉讼请求。

B 公司不服，提出上诉。二审法院认为，2019 年 8 月 26 日修订、2020 年 1 月 1 日起施行的《土地管理法》第 63 条第 4 款规定：“集体经营性建设用地的出租，集体建设用地使用权的出让及其最高年限、转让、互换、出资、赠与、抵押等，参照同类用途的国有建设用地执行。具体办法由国务院制定。”目前，国务院尚未出台上述具体办法。在法律、行政法规没有授权性或禁止性规定的情况下，司法实践应注意探寻规范效力层级次之的部门规章和地方政府规章，作为认定合同效力的依据。农村集体土地的出租、出让等属于国家宏观政策调整的范围，也属于《民法典》第

153 条第 2 款所规定的公序良俗。只要当事人的民事法律行为符合有关规章规定，不违反法律、行政法规的强制性规定，不违背公序良俗，就应认定民事行为合法。

国务院 1990 年 5 月 19 日发布的《城镇国有土地使用权出让和转让暂行条例》（已被修改）规定了有偿使用国有土地的方式包括土地使用权出让、转让、出租和抵押，并规定了不同用途土地的使用权出让最高年限。原国土资源部于 1999 年 8 月 1 日颁布的《规范国有土地租赁若干意见》第 4 条规定：“国有土地租赁可以根据具体情况实行短期租赁和长期租赁。对短期使用或用于修建临时建筑物的土地，应实行短期租赁，短期租赁年限一般不超过 5 年；对需要进行地上建筑物、构筑物建设后长期使用的土地，应实行长期租赁，具体租赁期限由租赁合同约定，但最长租赁期限不得超过法律规定的同类用途土地出让最高年期。”该规章系在《土地管理法实施条例》已将国有土地租赁规定为国有土地有偿使用的一种方式的前提下制定的，对于国有土地租赁的最高年限具有相应的约束力，是现行有效的关于国有建设用地租赁期限的规定。广东省人民政府 2005 年 5 月 17 日颁布的《广东省集体建设用地使用权流转管理办法》第 13 条第 2 款规定：“集体建设用地使用权出让、出租的最高年限，不得超过同类用途国有土地使用权出让的最高年限。”上述规章规定，国有土地最长租赁期限不得超过法律规定的同类用途土地出让最高年期，集体建设用地使用权租赁的最高年限，不得超过同类用途国有土地使用权出让的最高年限。

案涉土地属于集体建设用地，B 公司申请立项过程中，有关经营场所、用地规模等已经开发区管委会同意，案涉的《租用土地协议书》亦经 × × 市国土局、× × 市计划局以及 × × 市人民政府批准同意，因此，案涉集体经营性建设用地租赁期限应参照同类用途国有土地使用权出让的最高年限确定。工业用地的国有土地使用权出让的最高年限为 50 年，案涉土地为集体经营性工业建设用地，参照上述工业用地国有土地使用权出让的最高年限，最高租赁年限应当为五十年。案涉的《租用土地协议书》约定租赁年限为 50 年，从 1999 年 8 月 1 日起至 2049 年 7 月 31 日止，没有违反上述关于集体经营性建设用地租赁期限应参照同类用途国有土地使用权出让的最高年限确定的规定，应认定合法有效。

集体经营性建设用地租赁合同，虽然可以适用《民法典》合同编的一般规定，但鉴于涉案租赁合同的标的物具有特殊性，《民法典》第 361 条规定：“集体所有的土地作为建设用地的，应当依照土地管理的法律规定办理。”该条沿用原《物权法》的规定，以条款转介的方式将集体建设用地的流转划归《土地管理法》等法律进行规制。因此，当《土地管理法》和《民法典》就集体经营性建设用地的租赁合同有关问题的规定发生不一致时，应当适用作为特别法的《土地管理法》的特殊规定。一审法院适用《合同法》关于租赁期限不得超过20年的规定，认定案涉《租用土地协议书》超过20年部分无效，是适用法律错误，本院予以纠正。综上，B公司的上诉请求依法成立，应予支持。故改判：撤销一审判决，驳回村合作社的全部诉讼请求。

【争议焦点】

农村集体建设土地租赁合同租赁期超过20年部分是否有效?

【案例评析】

对于租赁期限超过20年的集体建设用地纠纷案件，2010年广东省高级人民法院《关于集体建设用地使用权租赁期限适用法律问题的批复》（粤高法民一复字〔2010〕17号）明确，“目前我省法院的民事案件不审查具体行政行为的合法性，只要政府或土地主管部门允许、同意出让、出租、转让的，法院则可认定当事人之间的出让、出租、转让集体建设用地使用权的合同有效。因此，对于出让、出租年限问题，也可参照该原则予以处理。即如政府或土地主管部门同意农村集体经济组织出租集体建设用地使用权的年限为50年的，法院可认定当事人的租赁合同有效”。但这系地方高院的指导意见，效力层级较低。

2015年2月27日，第十二届全国人民代表大会常务委员会第十三次会议通过了《关于授权国务院在北京市大兴区等232个试点县（市、区）、天津市蓟县等59个试点县（市、区）行政区域分别暂时调整实施有关法律规定的决定》，会议决定调整《土地管理法》以及《城市房地产管理法》关于集体建设用地使用权不得出让等的规定，在符合规划、用途管制和依法取得的前提下，允许存量农村集体经营性建设用地使用权出让、租赁、入股，实行与国有建设用地使用权同等入市、同权同价。上述授权决定还明确：对实践证明可行的，修改完善有关法律。2018 年 12 月 29 日，第十三届全国人民代表大会常务委员会第七次会议将上述调整期限延长至 2019 年 12 月 31 日。2019 年 8 月 26 日，第十三届全国人民代表大会常务委员会第十二次会议总结了农村集体建设用地开发利用的现状及试点的经验，为适应社会发展的需要，破除集体经营性建设用地进入市场的法律障碍，将《土地管理法》第 63 条的内容全部修改，在第 63 条第 4 款新规定了“集体经营性建设用地的出租，集体建设用地使用权的出让及其最高年限、转让、互换、出资、赠与、抵押等，参照同类用途的国有建设用地执行。具体办法由国务院制定”。规定土地租赁合同不得超过同类用途土地出让最高年限系考虑到土地租赁的特殊性，如案涉建设用地的出租，承租人需要在承租土地建设建筑物才能物尽其用。而上盖建筑物一般为永久性建筑物才符合《民法典》规定的民事活动应当有利于节约资源、保护生态环境的“绿色原则”。反之，如果土地租赁期限过短，租赁人的投入与产出不成正比，就会限制土地的合法开发利用，限制农村集体土地的租赁等流转改革措施，更不利于社会经济发展。

【专家点评】

近年来，珠三角地区大力推广城市更新战略，战略的重点在于存量土地的升级利用和旧城镇、旧厂房、旧村庄的“三旧”改造，但在存量土地优化和“三旧”改造的过程中，因为涉及的土地上的承租关系复杂，租赁合同年代久远，法律法规变动较大导致法律问题与历史问题相互牵扯，在城市更新不断推进的大背景下，不可避免地会产生大量此类纠纷并涌入法院，如果简单地适用当时的《合同法》第 214 条第 1 款（现为《民法典》第 705 条）关于租赁期限不得超过 20 年的规定，将会导致利益失衡，也不利于交易的稳定。二审判决通过《民法典》第 361 条“集体所有的土地作为建设用地的，应当依照土地管理的法律规定办理”引致的规定，适用《土地管理法》审理本案，当《土地管理法》和《民法典》就集体经营性建设用地的租赁合同有关的问题规定不一致时，适用作为特别法的《土地管理法》的特殊规定，实现了个案中的公平与正义。

（点评人：蒋石平，广东财经大学法学院教授）

土地使用权中标资格转让合同并不当然无效

陈 军 张 棣*

【内容提要】

国有建设用地使用权在通过“招拍挂”等公开方式进行出让时，土地使用权竞得人将该土地使用权中标权予以转让，并由受让方与出让方签订出让合同，对前述土地使用权中标权转让行为，我国《民法典》《土地管理法》《城市房地产管理法》《城镇国有土地使用权出让和转让暂行条例》等法律、行政法规均未明确作出禁止性规定，本案从最高人民法院既有判例出发，进一步明确了土地使用权中标资格转让的效力问题，即在不侵犯国家、集体和第三人利益的前提下，满足一定条件的土地中标权资格转让行为应属有效，据此签订的土地使用权出让合同也应认定为有效合同。

【案情简介】

一、案件主要事实

浙江某交通工程有限公司（以下简称交工公司）系湖南省某县（以下简称该县）政府通过招商引资方式引进当地的浙商企业，交工公司拟在该县开发房地产项目。2007 年 2 月 12 日，交工公司按挂牌出让程序依法取得 69.56 亩国有建设用地使用权。经该县县委县政府同意，交工公司与其关联企业怀化市某房地产开发有限

---

* 陈军、张棣，广州金鹏律师事务所律师。

公司（以下简称房开公司）签订《国有土地使用权挂牌中标权转让协议》，约定交工公司将挂牌中标权转让给房开公司。

2007 年 9 月 28 日，房开公司与该县自然资源局签订《国有土地使用权出让合同》（以下简称《出让合同》），约定：该县自然资源局将案涉 46373 平方米（折合约 69.56 亩）国有土地使用权出让给房开公司。2008 年 8 月 28 日，该县县政府向房开公司颁发上述出让宗地其中 25 亩的国有土地使用权证，另有 44.56 亩挂牌出让地未办理土地使用权证。随后，房开公司在前述已办理土地使用证的 25 亩地块中的 10.96 亩土地上完成了第一期项目建设，剩余 14.04 亩土地准备在满足开发条件后进行第二期开发建设。因该县自然资源局一直未完成出让宗地范围内拆迁安置工作，房开公司就此多次向该县县政府提交报告要求尽快解决，但始终未予解决。

2015 年 2 月 9 日，该县自然资源局公开挂牌出让涉案房开公司未办理土地使用权证的土地，本案第三人怀化某公司（以下简称开发公司）竞买成交，双方签订了《拍卖成交确认书》。2017 年 1 月，房开公司发现开发公司建设项目地块涵盖了房开公司依法取得的土地范围。2017 年 7 月 18 日，该县自然资源局通知房开公司，以房开公司至今未缴纳土地出让价款、未取得国有土地使用权证等为由，要求解除所签《出让合同》。经房开公司申请委托鉴定，鉴定结论认定案涉未开发土地交付开发可实现利润为 19590.46 万元，2017 年 9 月 7 日案涉未开发土地市场总价为 6658.16 万元。

基于上述情况，房开公司向怀化市中院起诉该县自然资源局及开发公司，诉讼请求解除案涉已办证但未交付房开公司的 14.04 亩土地《出让合同》并返还土地出让金，同时赔偿房开公司因此遭受的损失及利息。

二、本案审理情况

（一）一审阶段

2018 年 12 月，湖南省怀化市中级人民法院作出民事判决，该判决认为，《出让合同》系房开公司与该县自然资源局双方当事人真实意思表示，内容未违反法律的强制性规定，合法有效。该县自然资源局应当依约承担在 2007 年 12 月底前完成拆迁及向房开公司交付 46373 平方米土地的义务。房开公司第一期建设项目已建设完毕，剩余土地 14.04 亩为第二期建设项目所预留，现因该县自然资源局未按约交付土地，致使房开公司在客观上难以在剩余的 14.04 亩土地上完成原整体规划项目。

故对房开公司要求解除其已取得的14.04亩土地的《出让合同》，并返还土地出让金365.04万元的请求予以支持。

根据案件具体情况，综合房开公司已实际出现的损失，酌情确定该县自然资源局的赔偿责任。对于房开公司已取得土地购买权的44.60亩土地：一审法院认为该县自然资源局未按约做好征拆安置工作，房开公司未缴纳剩余出让土地价款，双方均有一定过错，酌定由房开公司自负60%的损失，该县自然资源局承担40%的赔偿责任。

综上，一审法院判决：1. 房开公司与该县自然资源局所签《出让合同》予以解除；2. 该县自然资源局退还土地出让金365.04万元；3. 该县自然资源局赔偿房开公司（已取得土地使用权证14.04亩土地）经济损失1549.5928万元；4. 该县自然资源局赔偿房开公司（房开公司已取得购买权，该县自然资源局又出让给开发公司的44.6亩土地溢价款3748.184万元，按40%计算）经济损失1499.2736万元；5. 驳回房开公司的其他诉讼请求。

（二）二审阶段

一审判决作出后，原告房开公司与被告该县自然资源局均不服本案一审判决，提起上诉。2019年6月21日，湖南省高级人民法院作出二审判决。二审法院认为，我国法律、行政法规对国有建设用地使用权出让作出了详细规定，有严格的要求。因此，国有土地使用权的中标权、签约权具有专属性、不能再让与他人，中标权的转让行为实际上达到了土地使用权出让的目的，并逃避了土地二级市场依法转让所应当缴纳的税费。交工公司与房开公司转让中标权的行为客观上扰乱了“招拍挂”出让国有建设用地使用权市场秩序，使这一程序形同虚设，若认可该种行为的法律效力，将不利于促进和保障我国房地产市场健康有序的发展。因此交工公司与房开公司签订的《中标权转让协议》、房开公司与该县自然资源局签订的《出让合同》均无效，在合同无效后仅存在财产返还及赔偿直接损失问题。

综上，二审法院判决：1. 撤销一审判决；2. 认定交工公司与房开公司的《中标权转让协议》及房开公司与该县自然资源局的《出让合同》无效；3. 该县自然资源局退还房开公司土地出让金365.04万元并支付资金占用费。

（三）再审阶段

二审判决作出后，房开公司不服二审判决，委托广州金鹏律师事务所陈军、张棣律师代理本案再审阶段，陈军、张棣律师从案涉合同有效性、二审判决超出当事人诉讼请求、该县自然资源局违约行为违反诚信原则、侵害房开公司信赖利益等角度，提出再审申请。

最高人民法院再审认为，本案是建设用地使用权合同纠纷再审案件，根据当事人再审阶段的诉辩主张，本案审理的焦点问题主要为：1. 案涉《出让合同》的效力问题；2. 该县自然资源局的违约责任问题。

1. 案涉《出让合同》是双方的真实意思表示，不存在违反法律、行政法规强制性规定，损害社会公共利益以及恶意串通损害国家或第三人利益情形，应当认定有效。具体理由如下：

其一，2007 年 2 月 12 日，交工公司作为竞买人按公开挂牌出让程序依法成为案涉土地的竞得人。经该县县委、县政府同意，交工公司与房开公司签订《中标权转让协议》，约定因交工公司的法定代表人为房开公司的股东，自愿将案涉土地的挂牌中标权无偿转让给房开公司。2007 年 4 月 20 日，该县县委、县政府与房开公司签订《开发建设投资协议书》，确认由房开公司取得案涉土地使用权。2007 年 9 月 28 日，房开公司与该县自然资源局签订《出让合同》，约定将案涉 69.56 亩国有土地使用权转让给房开公司。因此，该县自然资源局辩称其从未同意和追认交工公司转让案涉土地竞得权，与事实不符。2008 年 8 月 28 日，该县县政府向房开公司颁发其中 25 亩的国有土地使用权证。其中的 10.96 亩土地已经由房开公司开发完毕。该县自然资源局在履行合同过程中，直至 2016 年 12 月 31 日作出《闲置土地调查通知书》时也从未对由房开公司代替交工公司签订《出让合同》提出异议。该县自然资源局在 2015 年将案涉 44.56 亩土地使用权另行公开挂牌出让，本案应诉过程中才主张交工公司与房开公司恶意串通取得案涉土地竞得权，没有事实依据。其二，2007 年 2 月 12 日，交工公司按挂牌出让程序依法取得案涉土地使用权，2007 年 2 月 25 日与房开公司签订《中标权转让协议》。根据当时施行的《城市房地产管理法》第 13 条规定："土地使用权出让，可以采取拍卖、招标或者双方协议的方式。商业、旅游、娱乐和豪华住宅用地，有条件的，必须采取拍卖、招标方式；没有条件，不能采取拍卖、招标方式的，可以采取双方协议的方式。采取双方协议方式出让土地使用权的出让金不得低于按国家规定所确定的最低价。"《最高人民法院关于审理涉及国有土地使用权合同纠纷案件适用法律问题的解释》第 3 条第 1 款规定："经市、县人民政府批准同意以协议方式出让的土地使用权，土地使用权出让金低于订立合同时当地政府按照国家规定确定的最低价的，应当认定土地使用权出让合同约定的价格条款无效。”前述法律规定并未禁止土地使用权可以以协议方式进行出让。此外，交工公司已依法通过参加公开挂牌出让程序取得案涉土地使用权的竞得权，根据《招标拍卖挂牌出让国有土地使用权规范（试行）》第10.2（6）条的规定，申请人可以组建新公司与出让人签订《国有土地使用权出让合同》。本案中，房开公司虽然不是交工公司组建的新公司，但交工公司与房开公司的实际控制人均为徐某，在该县县委、县政府知情且同意的情形下，由房开公司作为土地使用权受让人签订案涉《出让合同》，并未扰乱招拍挂出让国有建设用地使用权市场秩序，也并未违反法律、行政法规的强制性规定。其三，房开公司代替交工公司与该县自然资源局签订案涉《出让合同》，征得了该县县委、县政府的同意，没有证据证明房开公司与交工公司存在恶意串通逃避税费的故意。即便交工公司和房开公司之间签订《中标权转让协议》，可能存在违反税收征管法律规定的情形，也应由税收征管部门予以查处，不能因此否认房开公司与自然资源局之间自愿签订的案涉《出让合同》的效力。

综上，二审判决认定《出让合同》无效，适用法律错误。此外，房开公司提起本案诉讼未就其与交工公司之间《中标权转让协议》的效力提出诉讼请求，二审法院亦未追加交工公司作为案件当事人，二审判决第二项判决交工公司与房开公司之间签订的《中标权转让协议》无效，超出了本案诉讼请求。

2. 关于该县自然资源局的违约责任问题。本案中，该县自然资源局在未依法解除《出让合同》前，即将案涉《出让合同》项下的44.56亩土地出让给开发公司，另行出让之后才向房开公司发送《关于解除未付价款部分国有土地使用权出让合同的通知》，要求解除44.56亩土地对应的《出让合同》，违反合同约定。房开公司同意解除该部分土地对应的《出让合同》，根据原《合同法》第97条的规定，其有权要求赔偿损失。《合同法》第113条第1款规定：“当事人一方不履行合同义务或者履行合同义务不符合约定，给对方造成损失的，损失赔偿额应当相当于因违约所造成的损失，包括合同履行后可以获得的利益，但不得超过违反合同一方订立合同时预见到或者应当预见到的因违反合同可能造成的损失。”根据原审查明的事实，该县自然资源局另行出让44.56亩土地的均价为110.37万元/亩，房开公司取得案涉土地的单价为26万元/亩，各方对此均未提出异议，则该县自然资源局另行出让44.56亩土地的溢价收益约为3759.53万元［（110.37万元/亩－26万元/亩）×44.56亩］，此属合同履行后可获利益范畴。房开公司至今未交纳44.56亩土地的出让金，亦没有取得国有土地使用权证和进行开发建设。一审法院结合本案的具体情况以及过错程度，酌定该县自然资源局按获得利益40%的范围承担违约赔偿责任，并无不当，本院予以维持。故，该县自然资源局对于解除44.56亩土地部分对应的《出让合同》存在过错，应向房开公司赔偿损失为1503.81万元（3759.53万元×40%）。

综上所述，房开公司的再审请求部分成立，最高人民法院再审判决：1. 撤销湖南省高级人民法院民事判决；2. 撤销湖南省怀化市中级人民法院民事判决；3. 该县自然资源局于本判决生效之日起十日内向房开公司赔偿损失1503.81万元；4. 驳回房开公司的其他诉讼请求。

【争议焦点】

综合本案一审、二审、再审阶段，本案争议焦点在于国有土地使用权公开出让程序中土地使用权中标权利的转让行为是否当然无效，中标权受让人与土地使用权出让人签订的出让合同效力该如何认定。同时，本案也在一定程度上体现了土地出让合同签订后，对于土地出让人的根本违约行为该如何处理的问题。

【案例评析】

本案作为建设用地使用权出让合同纠纷，案情复杂，牵涉面广，是极具代表性的民事与行政交叉司法案例。具体而言，从法律适用角度来看，2007年2月，交工公司按挂牌出让程序依法取得案涉土地使用权，并与房开公司签订《中标权转让协议》。根据当时施行的《城市房地产管理法》《最高人民法院关于审理涉及国有土地使用权合同纠纷案件适用法律问题的解释》等规定，法律并未禁止土地使用权可以以协议方式进行出让，在《出让合同》关于土地出让价格并未存在低于国家规定最低价的情况下，该出让行为有效。此外，根据《招标拍卖挂牌出让国有土地使用权规范（试行）》第10.2（6）条的规定，土地受让人可以组建新公司与出让人签订《国有土地使用权出让合同》。本案中，房开公司虽然不是交工公司组建的新公司，但交工公司与房开公司的实际控制人均为同一人，在该县县委、县政府知情且同意的情形下，由房开公司作为土地使用权受让人签订案涉《出让合同》，本质上与组建新项目公司进行项目开发相同，并未扰乱“招拍挂”出让国有建设用地使用权市场秩序，未违反法律、行政法规的强制性规定。最高人民法院在本案审理过程中，认可并接受了上述观点。通过本案，进一步明确了我国土地管理相关法律适用过程中土地使用权中标资格转让的效力问题，即在不侵犯国家利益、社会公共利益、集体和第三人利益的前提下，满足一定条件的土地中标权的资格转让应属有效，据此签订的土地使用权出让合同也应认定为有效合同。此外，本案也涉及了建设用地使用权出让合同纠纷中作为土地出让方的政府方面违约时的赔偿处理问题，具有较强的指导意义。

【专家点评】

本案作为建设用地使用权出让合同纠纷案件，争议的核心焦点在于建设用地使用权中标权的转让是否损害了国家与社会公共利益而当然无效的问题。对此，笔者认为，关于合同或民事法律行为效力的认定，尤其是对于“损害社会公共利益/违反公序良俗”这一条款的理解，应当严格做限缩解释，即对于公共利益范围的理解应当是客观的，非机械的。如城市环境脏、乱、差，侵害的是人们对于整洁的环境、水和土壤等需求，而该利益并非仅仅属于该区域的特定的某群体或集体，无疑是公共利益的范畴。这与仅发生在出让人与受让人之间的土地出让合同纠纷，不应当混淆，虽然土地出让方在一定程度上作为国家和公共利益的代表行使国家土地管理职能，但本案作为个案纠纷，仍属于当事人之间合同纠纷的范畴，不应以案件可能对案涉几十亩土地的出让秩序造成影响来推定受损害对象即为国家土地出让整体秩序或全体社会公共利益，该种推定不具备法律法规依据，亦不符合维护社会公共利益的立法本意。

（点评人：邹阳，广东省律师协会执行与不良资产处置法律专业委员副主任）

城市更新律师助力重点改造片区成功招选合作企业

龙劲韬　麦理艳　郑智辉*

【内容提要】

为广州市某旧村全面改造项目的招商阶段提供专项法律顾问服务，依据《广州市城市更新办法》《广州市旧村庄更新实施办法》《广州市人民政府关于提升城市更新水平促进节约集约用地的实施意见》《广州市某区人民政府关于印发广州市某区旧村庄更新改造公开引入合作企业指导意见的通知》《广东省农村集体经济组织管理规定》等规章、政策与村级重大事项决策“四议两公开”工作机制，辅导联合改造的各村集体经济组织（改造主体），配合城市更新领导小组、主管部门与街道办，通过法定程序为项目成功引入市场主体实施改造，全程提供招商文件编制、规则制定、宣讲答疑、文书审核与具体工作事务协办等服务，确保招商程序、民主表决流程合法合规。

【案情简介】

（一）项目概况

该旧村全面改造项目涉及多村联合改造，改造范围巨大，问题较多、难度与复

* 龙劲韬、麦理艳、郑智辉，北京市盈科（广州）律师事务所律师。

杂性高。项目位于某区功能核心片区，是广州市内具备科学布局总部经济、综合服务组团与打造高质发展融合区等战略意义的重点项目，其全过程与成效结果备受社会关注。

本律师团队自2018年10月起担任招商阶段顾问，于2020年12月完成服务，包括：编制招商文件，不少于二十稿；全流程所有法律文件制作、修订与审查；与区府、城市更新领导小组、城市更新局、街道办等沟通对接，落实工作；多轮专项宣讲与答疑、培训；协助“四议两公开”工作、文件成员大会表决、挂网招商、资格审查、选定合作企业成员代表联合会议表决等程序工作；提供政策调整与施行建议与共改规则创新；协助合作框架协议与相关文件的签署及监督履行；为项目公司设立及后续事务提供顾问意见等。

在整个服务过程中，本律师团队能做到坚持政治引领与落实组织意图，从服务大局、服务社会、注重质量的角度出发，尽职勤勉地运用法律专业知识与房地产、村务政务、城市更新业务技能，为项目推进取得预期成果，律师所做工作获得较为普遍的肯定。

（二）律师办案思路与工作重点

1. 结合行业思维与当地因素，确定工作思路与方法。

城中村改造涉及问题众多，尤其是重点项目背后经济利益、合作各方关系、社会因素等更为复杂，要顺利办理本项目并为预期结果服务，需跳出传统律师思维，改变办案方式，更多地从组织意图与大环境角度深入研究行业知识与结合当地情况，采取更“接地气”的综合的服务举措，并将各项措施分阶段完成，争取循序渐进，逐一解决，如对联合改造可能涉及的问题提前做好梳理准备，对项目除旧改外所涉及的历史遗留问题与关联事项也要一并了解；对本阶段各方关注却无法一揽子解决的部分重大敏感内容，暂不体现于招商环节；争取有利招商条件之余，又考虑与确保各方主体能有序参与，均能共享土地增值收益；实地走访各村，包括村干部与各村村民代表、党员等，与各村分别多次会谈，多轮宣讲并配合政府设置、指导驻村组，下沉与辅导各村推进旧改，并将矛盾点尽量限缩，争取落实最大共识，集体利益为重；全流程提供咨询意见，列席重大会议，及时披露动向与政策指引，便于村民透明化地了解事项，组织村内有威望群体深化旧改理念，并与个别重点人士真诚对话，尽量求同存异，共谋大计；等等。

2. 为当时缺乏旧改经验与实际参考案例的委托人梳理并执行引入合作企业的流程。

本项目属于广州市及该区较早启动全面改造、合作改造的项目，当时委托人，乃至街道办、主管部门与区政府均缺乏实践经验，实际参考案例不足，整个流程也在不断动态调整的过程中，有鉴及此，本律师团队主动为项目梳理流程图并辅导执行落实其中重点工作。主要流程包括：（1）村集体经济组织为改造主体，应负责项目招商文件的总体编制工作，可委托第三方代为起草；招商文件应包含合作企业资格条件、保证金金额、改造对象的基本情况、合作协议（或框架协议）、评审办法及标准等主要内容；必要时还需要有产业引入、公建配套、税收效益等要求规定；合作协议内容应当包括但不限于项目情况、合作模式、合作程序、双方权利义务、资金监管、建设工期、项目公司、保密条款、违约责任等，并将招商文件约定的相关权利义务等内容纳入合作协议中；（2）招商文件应按程序征求街道办、区城市更新局、区政府城市更新领导小组的意见，区应从规划、产业、政策等方面进行指导，并抄报市；（3）招商文件定稿后，村集体经济组织按照《广东省农村集体经济组织管理规定》，落实“四议两公开”民主流程后，组织招商文件表决、公示；招商文件，由成员大会/股东大会进行表决，一般由 18 周岁以上村民成员/在册股东的半数或三分之二以上户的代表参加，表决需经到会人员的半数以上通过；（4）在街道办协助下，村集体经济组织委托广州市公共资源交易中心公开招商，初次不少于 45 日；（5）符合招商文件要求的企业均可报名参加公开招商，按照招商文件的要求缴纳竞选保证金；（6）村集体经济组织指派代表加入资格审查组，组织对报名企业资格审核，确认候选合作企业名单；（7）村集体经济组织按照《广东省农村集体经济组织管理规定》，落实“四议两公开”民主流程后，组织现场宣讲、竞选与选取表决，确定合作企业，由成员代表会议/股东代表会议进行表决，由三分之二以上的成员代表/股东代表参加，表决需经到会代表的三分之二以上通过，确定竞得合作企业；（8）村集体经济组织发出《合作改造通知书》，与竞得合作企业签订合作框架协议与相关法律文件，并将招商结果公布；合作企业（实施主体）配合村集体经济组织（改造主体）在当地设立项目公司、在区城市更新局名下设立复建安置资金监管账户。

3. 为首个联合改造项目创设联合表决规则，并运用于实践。

根据项目实际情况，多角度分析与结构，突破现有政策规定，在招商文件表决、资格审查组组建、选取合作企业代表会议表决等机制上，创设联合表决规则，并辅导村集体经济组织结合“四议两公开”等程序，将该规则逐步落实于实际招商中，更受邀主持了联合表决会议，协助委托人成功引入合作企业，为此后广州多村联合改造提供范本与参考依据。

4. 为项目改造主体制定突出有利的招商条件并获得区城市更新领导小组会议审批认可。

在本项目招商方案中，从保障村集体、村民角度出发，在确保项目顺利推进与政府大局考虑等基础上，制定突出有利的招商条件，并通过多次列席会议发表意见，争取认可，具体内容包括但不限于：（1）创设复建住宅与集体物业的交付总期限的招商规定，为村集体与村民筑建对项目回迁的强信心；（2）为确保改造期间的集体收益与土地利益保障，为各村争取到额外补偿项目设定，同时为平衡参与各方利益，补充规定扣减规则，让市场主体与政府部门最大限度接受；（3）提高履约担保保证金额度，以现金加见索即付的银行保函的复合形式落地，各村各自设立保证金监管账户；（4）突破性罚则设置，若逾期交付复建住宅的，除继续支付临时安置费外，加倍支付临时安置费；若逾期交付复建物业的，以经具有法定资格的第三方评估机构评估所得当时市场租金的标准向各村另支付逾期租金；（5）村集体物业复建的全部费用支出由合作企业承担，复建后与合作企业按比例分配权益，并要求合作企业整体包租与经营，承诺满足区里产业布局与税收强度要求；（6）其他保障村的权利举措：完善“见索即付”保函兑付条件与实操指引；明确后续律师、公证等费用由合作企业承担；明确对于无理拒迁户，村配合以合法合规方式处理；若村已积极采取措施，仍存在拒迁户的，企业不得顺延交楼或扣减费用，以体现合作诚意与分工担责等。

5. 在一定程度上起到政策建议作用。

在服务过程中，总结项目经验，综合全区特点，多次参与城市更新局组织的内部交流研讨，就引入合作企业等旧改政策提出建议，包括：（1）根据市场房企业绩特点，提出允许直接或间接持股比例达50%以上的关联企业的规划验收或竣工验收面积业绩累计入数据范围；（2）针对二次招商项目，提出缩短招商公告期限；

（3）提出参照市级文件，补充对复建安置资金的管理要求，并希望能实现履约保证金及其利息在实施方案批复后经村集体同意可部分或全部转为安置资金，以减少企业资金占压，确保项目友好合作与有序推进等。

综合上述律师思路与工作，最终协助项目完成阶段性目标，配合委托人及各方使项目事务产生良好的总体社会效果，推动城市新运营，维护社会稳定与可持续发展。

【业务难点】

基本无可供直接参考的案例，各村诉求不一致，此前也缺乏联合表决机制；启动招商时，所属区只有少量项目完成招商，且还没有项目进入批复实施阶段，办事规程不完善，经验不足，各方只能“摸着石头过河”。

此外，基于村民对旧改的较高期望值，村集体提出多个高于一般项目要求的招商条件，而项目又恰恰涉及限违控高、留用地指标兑现、用地不足、安置计划不确定、村情复杂等诸多遗留问题，对项目推进产生了较大的实质性阻力。

【案例评析】

城市更新法律服务，属于新兴领域，具备广阔的服务市场开拓空间与律师广泛参与的可能。其中，重大的旧村改造项目基本采取全面改造、合作改造的模式，即基本每个项目都需引入合作企业，属于行业刚需，也是由此衍生的法律服务的刚需。然而，整个城市更新领域，目前仍全面缺乏上位法支持，在项目执行过程中，依据的主要都是地方的规章与政策，许多涉及的问题暂无明确的法律解决路径，甚至连“招商”也并非法律概念，这就需要服务的律师团队能做到准确理解规章、政策，并灵活地在现有制度框架下，依法合规处理相关事项，必要时还要运用解释、创新等技巧，推动项目实质推进。

本项目意义重大，本律师团队自提供服务以来，一直严格遵照规章、政策，并发挥了充分的专业优势与灵活、针对性的服务策略，为项目提供专业助力，最终取得了良好的效果，收获委托人好评，政府部门表示高度认可工作成效，并对整个过程作为案例经验予以详细记录。随着广州市各区旧村改造项目的不断推进，科学地、系统地对城市更新进行更高层级的立法与政策完善是必然的进程，在新时期，旧改将迎来更完善的法治环境，本项目也荣幸能为此提供正面的现实素材与经验累积。

同时，城市更新法律服务属于在传统房地产、村务业务领域外开拓的新型服务，作为与行业密切相关、有充足服务案例的律师，更应竭尽全力从个案事实和项目成果中，抽象出可以推广的规则和方法，即“产品化”。本律师团队通过服务本项目，已为“旧村改造招商阶段法律服务产品”的开发建立了基础，构建了“产品的基本情况 + 价值、优势及创新性”“目标客户群体 + 市场环境 + 竞品分析”“产品明细 + 后台团队 + 成功案例 + 风险指引 + 报价”“拓展计划 + 使用、升级及推广需求 + 交付清单 + 标准化内部指引”的体系，随着业务的不断扩充与深入，相信在将来，它将成为市场上具备充分竞争力的法律服务产品，更好地服务于广州市、粤港澳大湾区乃至全国的城市更新、旧村改造项目。

【专家点评】

城市更新，是党的十九届五中全会重要决策部署，是“十四五”规划和 2035 年远景目标纲要明确的重大项目。本人自担任广州市人民政府兼职法律顾问以来，持续关注我市城市更新的阶段成效与各个项目的节点进程，尤其是城中村改造，其背后错综复杂的历史背景、社会因素、法律关系等，衍生出无数值得深入研究的课题，也欣慰地看到中山大学法学院校友龙劲韬及其律师团队积极投身实践。新时期法律工作者，更应为实施城市更新行动保驾护航，以专业服务大局，服务社会，坚持正确的政治站位，体现组织意图，不负人民所望。同时，国家科学治理与城市有机发展要始终秉承法治、廉洁理念，要确保整个旧村改造流程合法合规，让旧改经得起历史考验，这一切离不开专业律师团队的参与，市场与行业必然对律师提出更高的要求。

龙劲韬、麦理艳、郑智辉三位律师深耕城市更新行业法律服务多年，曾带领团队辅助多个华南地标性旧改项目而取得了优秀成果。经本人审阅，本次成果案例也是为广州市某旧村改造提供专项服务，龙律师团队对此项目可谓是“驾轻就熟”之余，更添了一分创新细化的“匠心”，为我市城中村改造提供了一个新鲜而可参照的案例，将法学理论，结合房地产与城市更新领域的核心知识，准确理解与灵活运用地方的规章与政策规定，为项目提供了可落地执行的实操建议与专业助力，也为政策体系的完善乃至立法方向提供了支持，兼有理论与实践价值。在社会意义上，本项目属于广州三年行动计划的重点推进范围，通过龙律师团队前期招商环节的有效服务，为项目后续发展奠定了坚实的基础，充分彰显律师在重大城市建设项目与公共事务中的优势价值，是对城市更新行业与律师行业的“双赋能”。希望广大律师均能在此基础上，继续深化服务内容，提升服务质量，更好地规范旧改，引领行业。

（点评人：张亮，中山大学法学院院长、教授、博士生导师）

关于政府土地收储工作中的法律尽职调查服务

章　勋　黄晓芸　胡颖怡　何继义　凌菁华*

【内容提要】

土地收储是相关政府部门的重要工作，往往涉及巨额资金、复杂的历史情况和法律关系。根据《土地储备管理办法》的规定，土地储备机构应对土地取得方式及程序的合规性、经济补偿、土地权利（包括用益物权和担保物权）等情况进行审核。在政府土地收储工作中，通过法律尽职调查，有助于明晰所涉土地的取得方式、债务、用益物权、担保物权等情况，有助于发现和分析当中的法律风险，有利于提前做好风险防范措施，对收储的决策和实施提供法律帮助。

【案情简介】

某单位拟收储广州市某处地块，因该地块涉及多名物权人、债务等情况复杂、收储金额巨大，为防范和降低相关的法律风险，特委托律师对收储项目开展法律尽职调查。

（一）尽职调查工作的开展

完成土地收储的关键之一，是明确地块的物权人。为此，首先应当厘清地块的物权情况。此外，如所涉地块的物权人存在无法履行债务的情况，可能会导致所涉地块出现被抵押、查封、拍卖等的风险。经办律师需要掌握地块的实际使用情况和

---

* 章勋、黄晓芸、胡颖怡、何继义、凌菁华，广东广信君达律师事务所律师。

物权人的债务情况，以尽量披露相关风险。

为完成本次尽职调查，经办律师采用如下基本方法和工作方式开展尽职调查工作。

1. 前往工商行政管理部门、不动产登记部门查询和调取相关资料；

2. 审阅了出具尽调报告所需查阅的文件，包括但不限于拟被收储方提供的文件、记录和相关资料，以及有关政府部门、机构出具的文件、记录和相关资料等；

3. 就有关事项听取了拟被收储方有关管理人员的陈述和说明，并进行笔录记载；

4. 到现场实地查看目标地块；

5. 通过网络及其他公开渠道查询拟被收储方的相关资料；

6. 参阅政府部门的公开信息；

7. 根据相关法律、法规、规范性文件对收储项目进行法律风险分析。

此外，为按期在短时间内完成委托工作，多名律师参与本次尽职调查，加快推进尽调工作的开展与完成。

（二）尽职调查发现的主要风险

经办律师对所涉地块物权人的主体情况、债务和担保情况、诉讼和仲裁情况以及所涉地块的土地使用权情况、建筑物情况、抵押及查封情况进行了法律尽职调查工作，并对相关情况进行了披露。

经调查发现：

1. 所涉地块已被分割成若干地块并且办理了相应的物权登记，有多个对应的不动产权证书，并且地块已被抵押，涉及多名抵押权人。抵押权的存在对土地收储造成了实质性的法律障碍。

2. 所涉地块的多个物权人均涉及巨额债务，部分物权人涉及巨额诉讼，存在债权人可能为主张债权而对土地采取保全措施的风险。

3. 部分地块原抵押的地上建筑物已被拆除，抵押财产价值减少，不排除抵押权人为主张债权而对地块采取保全措施，影响收储的进行。

（三）提出收储建议

在充分调查了解情况的基础上，经办律师有针对性地对收储所涉地块的法律风险进行提示并提供相应建议。

1. 争取抵押权人对涂销抵押的配合、消除抵押对收储的障碍。在债务人不履行债务时，抵押权人对抵押物拍卖、变卖所得的价款有优先受偿权。因此，抵押权人对抵押的涂销一般要求在债权得到保障的前提下进行。为了顺利解决抵押障碍问题，建议要求相关物权人就抵押权涂销与收储补偿款偿债安排问题与所涉地块的抵押权人进行充分协商，争取形成能平衡保障各方利益的可行性方案，以取得抵押权人对涂销抵押的配合。

2. 最大限度排除产生查封的法律障碍。虽然土地收储的目标是土地，但因物权人的债务问题，可能随时会出现债权人主张债权、对土地进行查封。为了最大限度避免该等情形的出现，建议要求物权人与债权人（包括但不限于抵押权人等）协调解决债务问题，尤其是已经到期的债务、已在诉讼中的债务，最大限度排除法院查封的出现，避免新的查封影响收储。

3. 要求所涉地块物权人履行必要的前置手续，因所涉地块物权人涉及港资企业，其内部治理机构与内资企业相比有一定的区别，因此需要根据实际情况履行必要的前置手续。

4. 安排好收储具体步骤，保障收储补偿款的安全。建议考虑以下方式以保障收储安全、顺利进行。

（1）在收储前对土地登记情况进行再次查询、掌握最新的登记信息情况，避免新的障碍出现影响收储进行；

（2）安排和设定好收储补偿款的支付条件和前提，保障收储补偿款的安全；

（3）与拟被收储土地的物权人或其债权人（包括但不限于抵押权人等）签订有关协议，由抵押权人负责配合办理涂销抵押；

（4）要求先行涂销地块的抵押和完成权属注销手续后再支付收储补偿款，或在地块未查封的情况下，将收储补偿款直接支付至被收储方、抵押权人共同确认的账户，在付款时同步办理地块的涂销抵押及权属注销手续；

（5）可以考虑通过资金托管等方式保障收储补偿款的支付安全。

（四）案件结果

在完成紧张而有序的尽职调查工作后，以收集取得的尽调材料为依据，经办律师根据有关法律法规，按照律师行业公认的业务标准、道德规范和勤勉尽责精神，按时向委托人出具尽职调查报告，提出风险防范和操作建议，使得该收储最终顺利完成。

【业务难点】

1. 所涉地块涉及多个物权人，且涉及巨额国有企业债务，土地存在他项权利登记。收储的进行需要设计好具体实施步骤和风险防范措施。

2. 委托人希望在两周内完成对所涉地块的法律尽职调查，但所涉地块材料繁杂，经办律师需在短时间内掌握所涉地块的关键信息并发现风险、根据情况提出收储建议。

3. 由于所涉地块的物权人涉及港资企业，需要考虑与内资企业相比，是否会因此给土地收储带来不同的法律风险以及有何应对方案。

【案例评析】

（一）现场核查工作的重要性

在本案的尽调报告出具时，《物权法》仍然有效，其中第 174 条规定："担保期间，担保财产毁损、灭失或者被征收等，担保物权人可以就获得的保险金、赔偿金或者补偿金等优先受偿。被担保债权的履行期未届满的，也可以提存该保险金、赔偿金或者补偿金等。"第 193 条规定："抵押人的行为足以使抵押财产价值减少的，抵押权人有权要求抵押人停止其行为。抵押财产价值减少的，抵押权人有权要求恢复抵押财产的价值，或者提供与减少的价值相应的担保。抵押人不恢复抵押财产的价值也不提供担保的，抵押权人有权要求债务人提前清偿债务。"

在本案中，所涉地块连同地上建筑抵押给抵押权人，而在经办律师对土地进行现场调查时发现，所涉地块的部分建筑已被拆除，相关抵押权人有权要求提前清偿债务，如债务人未能按时清偿，不排除抵押权人对所涉地块采取保全等措施，这将对收储带来障碍。

在该次尽调中，我们总结发现现场核查工作是该类尽职调查工作的重要环节。在本案中，如忽视现场核查工作，可能无法获知建筑物的实际使用情况，从而导致无法发现相应的潜在风险。因此，在对土地进行法律尽职调查时，除应关注不动产的登记情况外，还应当进行实地调查，了解土地的实际使用情况，这样才能更全面地掌握可能涉及的法律风险。

（二）政府法律业务需求的多样化

土地收储存在多种方式，并不限于征收的形式，也可以通过收购土地的方式进行土地储备。土地收储虽然有规定的程序，但因土地不同，收储所面临的情况也会有所差异，不同的收储项目会面对不同的复杂情况，因此需要决策的事宜和采用的措施将会有所区别。

在土地收储过程当中，聘请专业机构对建筑物、土地价值进行评估等，是常态化的操作；但在以往，甚少出现聘请律师对土地收储进行法律尽职调查的情况。而通过对收储项目进行法律尽职调查，有利于提前预判风险、采取相应的防范措施、为决策提供法律参考，为落地实施的安全、顺利进行提供法律保障。

随着政府事务的发展，法律服务的空间也随之拓展。因此，在未来，可能会有更多不同形式的法律服务能够应用于政府事务中，律师也有更多的机会为社会主义法治建设添砖加瓦。

【专家点评】

在企业收购中，法律尽职调查并不罕见，但在以往的政府部门土地收储项目中，却甚少聘请律师提供法律尽职调查服务。有别于常见的民事诉讼、行政诉讼、常年法律顾问服务等政府法律业务，本案例是较为新型的政府法律业务，为律师参与政府法律业务工作提供了新的思路，律师参与尽职调查有利于发现风险、提出降低和防范收储风险的法律建议，为政府土地收储工作顺利开展保驾护航。

通过本案例，可见为政府部门提供法律服务，并不囿于民事诉讼、行政诉讼、常年法律顾问的形式，政府部门的法律需求也逐渐趋于多样化，本案例能帮助广大律师开拓思路，发掘出客户的更多需求。

（点评人：邓传远，广州市律师协会副会长、二级律师、高级经济师）

法财税融合对投资并购中焦点问题的解决思路与成效

——以某片区三旧改造项目为例

马晓艳　吴文林　郭　敏　郑敬维　邓奕羿　胡　柳*

【内容提要】

本项目属于广东省城市更新典型的“政府主导”之“合作改造模式”。与传统房地产相比，城市更新项目特点鲜明，包括土地权属、性质和类型复杂多元，涵盖供地前土地整理全流程，法规政策地方特色性强且频繁更新，委托人投资收益与整理成本挂钩、对律师法财税综合能力要求较高等。我们变通传统尽调方法，组建经验丰富并拥有法律、财务和税务复合背景的律师组成尽调团队，在委托人限定的七个工作日内完成尽调，为项目向前推进赢得了时间。我们与会计师相互配合发现的整理成本风险，为委托人提供了充分的谈判筹码，迫使原股东调减合作对价。律师团队高效、专业、极致的法律服务，获得了委托人的高度认可。

【基本案情】

（一）案情简介

委托人系一家深耕城市更新业务的民营企业，拟通过受让土地整理人 HY 公司

---

* 马晓艳、吴文林、郭敏、郑敬维、邓奕羿、胡柳，广东广悦律师事务所律师。

原股东90%股权的方式，参与佛山南海区某项目前期土地整理及后续开发。本项目自2010年起分期分批纳入佛山南海区“三旧”改造/城市更新年度计划，土地面积约830亩，其中，拟出让地块约680亩，其余地块拟保留集体性质代建返租。

交易双方合作逻辑为：HY公司完成土地整理后，将土地交由政府收储并公开出让，政府按出让地块最终成交价款的一定比例返还给土地原权属人，原权属人按约定分取固定保底收益和土地溢价的70%，HY公司获得整理成本返还并加计15%的利润和土地溢价的30%。委托人拟向HY公司原股东支付固定合作价款以控股HY公司，由此享有HY公司剩余利润。

（二）经办过程

1. 项目特点

与传统房地产项目相比，本项目体现了大湾区城市更新项目的鲜明特点。

（1）土地性质和类型多元，土地性质包括国有用地、集体用地，土地类型涉及集体农用地、集体建设用地和集体未利用地，此类复杂的土地现状在一般房地产项目中并不多见。

按照《控制性详细规划》，项目范围内分为1号至13号地，包括住宅、商业和教育。按土地原权属划分，土地原权属人共7家（包含经济联合社及下辖6个经济社），合计64宗地块。由于各地块整理进度不同，64宗地块中既存在集体农用地、集体建设用地、集体未利用地，又存在国有建设用地，需要对每个地块的性质和类型现状进行逐一核查。更为关键的是，委托人实际关注的是《控制性详细规划》中1号至13号地的土地整理进度，因其关系到土地能否分期交政府收储并供地，以尽早取得土地返还收益并参与后期开发。因此需要将不同口径统计下的数据有机整理，即64宗地块与1号至13号地进行比对，围绕委托人的商业目的，将杂乱的基础数据归纳为对委托人直接可用的尽调资料。

（2）涵盖土地整理全流程，如农转用、完善历史用地手续、地块租约补偿和清退、地上物清拆及土地平整、集转国、收储、供地及村集体民主表决程序，与一般房地产项目以供地为起点相区别。

大多数律师对房地产二级开发比较熟悉，对供地前土地一级整备则相对陌生，但后者却是城市更新项目尽调的重头戏。HY公司作为土地整理人需要承担的工作包括前期土地调查和土地整理，其中，前期土地调查包括控规编制、交评、环评和重大风险评估等，土地整理包括完善历史用地手续、项目地块租约补偿和清退、地上物清拆及土地平整、集转国手续、收储手续、供地手续等。这要求律师对法律法规、城市更新政策以及与村集体经济组织管理相关的规定和村规民约非常熟悉，按法定流程分别核查64宗地块各项手续的完成节点和相关表决程序，并汇总为1号至13号地的整理进度，便于委托人提前评估供地时间，据此进行经济测算。

（3）项目适用法规政策具有地方性，且随城市更新发展逐步完善，涉及新老规定溯及力问题。

由于本项目至今已逾十年，且正值“三旧”改造/城市更新高速发展的黄金时期，相关政策不断更替，需要律师在有限时间内快速更新知识储备，对不符合现有政策的在先行为，必须对其合法合规性发表准确意见。例如：

HY公司是否已合法取得土地整理人资格。根据2015年实施的《佛山市南海区关于推进城市更新（三旧改造）工作的实施意见》（南府办〔2015〕53号，以下简称53号文）第26条第1款第2项的规定：“选取土地前期整理合作方。……经本集体经济组织成员大会（经济联合社一级集体经济组织的，也可由成员代表会议）2/3以上表决同意后，通过镇（街道）集体资产交易平台公开选取。”即土地前期整理合作方需要通过镇（街道）集体资产交易平台公开选取。但HY公司与村集体签订《合作开发合同》且村集体表决同意的时间在53号文实施前，本项目并未按照上述规定公开选取整理人。HY公司是否已合法取得土地整理人身份，是委托人最关注的问题之一，也是交易的先决条件。

项目土地出让金返还比例存在政策适用风险。在土地出让金返还政策上，HY公司法定代表人表示应适用53号文。但根据本所律师前往项目所在地招商和三旧改造局的走访情况，该局工作人员答复按《佛山市南海区城市更新“三旧改造”实施办法》（南府〔2019〕9号，以下简称9号文）对过渡期政策的规定执行。换言之，如本项目无法在2020年12月31日前公开出让（以签订《土地成交确认书》日期为准），则不能适用53号文，应按照9号文执行。因53号文和9号文对土地出让金返还增值收益的计算和分配规定不同，且结合委托人向HY公司原股东支付的合作价款为固定值，即委托人实际需承担政策变化导致实际收益变动的风险。

（4）委托人投资收益与整理成本挂钩，本项目对尽调律师在法律、财务和税务方面的综合能力要求较高。

根据双方合作条件，在HY公司获得整理成本返还并加计15%的利润和土地溢价的30%后，委托人向HY公司原股东支付的合作价款（税后）是固定值，即项目风险全部由委托人自行承担。因此，除房地产情况外，项目对成本费用及其税负的核查至关重要，将直接影响委托人商业目的最终实现。例如：

HY公司已支出成本中存在40735022.70元尚未经各权属人对账确认，暂未纳入整理成本。暂未被确认的费用具体问题包括：

第一，咨询费问题。根据HY公司提供的财务资料和本所核实的情况，截至2020年6月30日，HY公司就项目累计已支付资金合计127019744.76元，包含以咨询费名义支付的金额合计960万元，该咨询费支出未获得项目土地相关权属人的确认。上述支付的咨询费当中支付给某合伙企业的居间服务费用450万元，仅取得对方开具的收据，没有取得合法凭证，且该合伙企业已注销，无法再取得合法凭证入账，HY公司账载该咨询费为其他应收款。根据上述情况，一是960万元咨询费未经土地相关权属人确认，且所咨询的事项未能提供相关的咨询服务成果，存在土地权属人不确认上述咨询费为土地整理成本的可能性。二是由于960万元咨询费支出，HY公司未能提供相关的服务成果体现，且支付给合伙企业的咨询费合计450万元没有合法有效凭证，根据企业所得税税前扣除的成本费用需要符合真实性、相关性、合法性的规定，HY公司已支付的上述咨询费存在不能在企业所得税税前扣除的可能性。

第二，临时管理费问题。在HY公司共支付合作社保障性租金金额18980885.78元中，包含了HY公司向经济社支付的临时管理费合计217500元，没有取得合法有效的凭证，HY公司因未取得合法有效的凭证，存在临时管理费无法税前扣除的风险。

另外，保障性租金支付以个人名义代付，相关合作社系向个人开具收据，而并非向HY公司开具，存在个人代付的保障性租金无法在税前扣除的可能性。

2. 律师工作思路

我们接受尽调委托时，本项目《土地前期整理方案》规定的整理期限即将到期，HY公司亟须加快整理进度，加大向土地权属人拆迁补偿款的支付力度，以推动村集体对续期表决通过。HY公司要求尽快引入合作方，委托人设定的尽调周期仅为七个工作日。对此，我们调整了常规尽调方法，在有限时间内高效达成了如下工作成果：

（1）对于64宗权属不一、土地性质和类型各异的地块，如采用常规的直接调查方式，必然无法在规定的尽调期限内完成。据此，我们突破了以往惯例，围绕委托人商业目的，由尽调律师先拟订《土地情况统计表》和《土地权属明细表》格式交HY公司填写，再通过审查权属证书、政府批文、村集体民主表决程序等文件，核实表格内容是否真实准确。

（2）对于1号－13号地的土地整理进度，我们采取了“访谈＋台账”的方式提高尽调效率，先通过访谈初步了解各地块工作进度，然后由尽调律师根据相关法律法规整理出台账格式（横轴为地块编号，纵轴为土地整理流程节点），交HY公司填写，再通过审查合同原件、评估报告原件、权属证书、政府批文、村集体民主表决程序资料等，核实表格内容是否真实准确。

通过上述两项方法，我们不仅在规定时间内完成工作，还高效、准确地提炼出对委托人具有高度商业价值的信息。

（3）对于HY公司是否已合法取得土地整理人资格，尽调律师对项目历史沿革进行了全面梳理并按时间排序，同时，检索了广东省、佛山市乃至所在区政策规定，在发现现有政策可能影响土地整理人资格认定后，我们并没有轻率地下结论。本着为委托人负责和实事求是的态度，我们进一步走访了当地城市更新主管部门，并最终通过申请公开方式取得了地方政府以书面形式同意《项目土地前期整理方案》、同意该项目不上交易平台、确认HY公司为该项目整理人的文件。据此，我们为委托人出具了专项法律意见书，顺利解决了委托人最为关注的交易先决条件问题。

（4）我们未局限于委托人划定的尽调范围，而是选派了熟悉城市更新并拥有财税复合专业优势的律师组成尽调团队，与同时进场的会计师紧密配合，对整理成本进行了重点审查。整理成本包括拆迁补偿费用、评估费、测量费、确权费、指标用地费、违法罚没支出、厂房租金补偿、咨询费等。其中，对于拆迁补偿费用，我们对全部154份租赁合同逐一审查，整理成台账并现场抽查物业拆除和钉子户情况，以校验台账准确率。另经审查，发现项目支出中存在4073余万元尚未经土地权属人对账确认；600余万元厂房租金补偿由个人代垫，个人而非整理人取得了集体组织收据；存在450万元咨询费支出无法获取合法有效发票等问题；上述合计约5000

余万元可能无法正常纳入整理成本并在企业所得税税前扣除。

【业务难点】

1. 项目涉及的土地性质和类型多元，涵盖土地整理全流程。复杂的土地现状与一般房地产项目以供地为起点相区别。

2. 法规政策地方性强且涉及新老规定溯及力，律师需快速更新知识储备以核查合法合规风险。

3. 前期整理成本（含税费）与委托人投资收益直接挂钩，对律师业法财税综合能力及与会计师协同程度要求较高。

4. 标的金额高且时间紧、任务重。委托人要求律师在七个工作日内完成约 830 亩土地（共 64 宗地块、7 个权属主体）尽调工作，将杂乱无章的资料整合为可供商业决策的信息。

【案例评析】

（一）关于整理人身份认定及评析

53 号文第 26 条第 1 款第 2 项规定："选取土地前期整理合作方。……经本集体经济组织成员大会（经济联合社一级集体经济组织的，也可由成员代表会议）2/3 以上表决同意后，通过镇（街道）集体资产交易平台公开选取。"即土地前期整理合作方需要通过镇（街道）集体资产交易平台公开选取。53 号文第 54 条规定："为维护农村发展与稳定，在未取得镇（街道）同意的前提下，禁止村（居）集体经济组织私自与意向开发商签订土地转让协议或合作开发协议，并且不允许开发商私自出资为村（居）集体经济组织垫付拆迁补偿安置款和办理土地整理等事项……"

根据上述规定，由于 HY 公司与村集体签订协议的行为发生在上述 53 号文实施前，且已经村集体经济组织民主表决同意，在 53 号文实施后又取得了南海区政府的书面同意，故 HY 公司不存在 53 号文第 54 条规定的禁止情形，作为土地前期整理人的资格合法有效。

（二）关于村集体经济组织表决程序及评析

53 号文第 7 条规定："项目改造的表决方式城市更新项目改造过程中，凡涉及村民切身利益的重大事项（包括旧村居改造、土地前期整理、集体建设用地转为国有建设用地、国有土地收回、土地出让时的货币及物业补偿分配方案等事项），开展前应按《广东省农村集体经济组织管理规定》的程序要求，由村（居）集体经济成员大会进行表决，并取得 2/3 以上通过。经济联合社一级集体经济组织的重大事项，也可由成员代表会议进行表决，并取得 2/3 以上通过。"

根据上述规定及《村民委员会组织法》第 24 条、《广东省高级人民法院关于审理建设用地使用权合同纠纷案件的指引》第 19 条等，《统筹合作协议》约定的部分合作社可以授权指定的成员代表，在不超越《项目土地前期整理方案》所确定内容的前提下，所涉及的土地转功能、出让土地的收回和入储、《提前解除租赁合同补偿办法》的签订、土地前期整理成本的确认、合同履约保证金的返还事项进行统筹表决确定。该等约定部分内容与上述规定不一致，如对出让土地收回，除经济联合社一级集体经济组织可由成员代表会议进行表决外，其他集体经济组织应以全体成员会议进行表决。据此，建议委托人在出让土地收回等事项表决时，采取相对安全的表决机制，因不涉及经济联合社一级集体经济组织，建议按其他集体经济组织以全体成员会议进行表决，以确保程序合法合规。

【专家点评】

房地产行业是国民经济的支柱性产业。近年来，在土地资源的日益稀缺、宏观调控和金融干预措施逐渐强化、城镇化率不断提高的影响下，房地产市场走向了饱和竞争、存量竞争的阶段，随之而来的是各类城市更新项目的蓬勃发展。

本项目是广东省城市更新典型的"政府主导"之"合作改造模式"，城市更新项目的特点鲜明，土地原始状况、性质和类型复杂多元，涵盖供地前土地整理全流程，法规政策频繁更新且具有地区特性，尽调律师需同时具备业法财税综合能力和城市更新项目实践经验并能够有机整合，最终运用法税综合视角给予客户具有商业价值的交易建议和谈判筹码。随着中介服务机构数量不断增多，为契合各类城市更细项目的全方位需求，我们相信，法与税的综合考量和衔接处理，将会成为城市更新项目中权衡合法合规及风险收益的关键要素。

根据2021年中央经济工作会议传递的精神，我国仍要不断深化供给侧结构性改革，稳中求进，促进房地产企业的稳步发展。在业财法税融合、国企逐渐进场的大趋势下，城市更新项目在法律、税务等方面的合规性要求必将越来越高。只有立足实践，不断更新自我对城市更新项目发展规律的认知，跨越项目存在的各项障碍，才能更好地为客户推进城市更新项目中的各项工作。

（点评人：黄山，广东省律师协会副会长、广州市律师协会会长、
广东广悦律师事务所主任）

发挥律师专业优势，参与立法成效显著

——《河源市农村村民住房建设管理办法》立法起草项目

陈晓朝　丁家平　冯艳艳*

【内容提要】

河源市司法局于2019年9月委托广东国智律师事务所（以下简称国智所），由陈晓朝、丁家平律师组成立法起草团队（以下简称国智起草团队），负责《河源市农村村民住房建设管理办法》（以下简称《管理办法》）的起草工作。

国智起草团队在拟定初稿后，先后参与市直部门、县区政府的专题调研座谈会，赴东源县、镇、观塘村、结游草村等实地走访座谈，与司法局、住建局等部门代表组成联合调研组远赴湖南省郴州市、资兴市和浙江省嘉兴市开展调研工作，并主持召开省级专家立法论证会。经向社会广泛征求意见和多次审查修改，按期完成并交付草案及配套材料。

【案情简介】

（一）本项目的代理过程概述

针对河源市农村住房建设混乱无序的状况，为加强对河源市农村宅基地和村民住房建设的监督管理，规范农村宅基地用地和村民住房建设审批程序，维护村民合法权益，改善农村人居环境，河源市政府将《管理办法》列为2019年政府规章的

* 陈晓朝、丁家平、冯艳艳，广东国智律师事务所律师。

正式立法项目，并确定河源市司法局作为该项目的起草单位。国智所通过政府采购程序受托组建由陈晓朝、丁家平律师带领的国智起草团队，与市司法局共同组成立法起草小组开展工作。

《管理办法》是国智所及首次全程实施拟稿、调研、征求意见、修订流程的立法项目。在起草过程中，国智起草团队收集相关立法资料形成该办法初稿，并为进一步补充和完善办法内容，多次在河源市及当地县区、镇、农村实地调研、召开座谈会议，认真听取行政机关代表、基层管理人员及村民代表的意见；与市司法局、住建局、自然资源局代表组成联合调研组，由副市长带队远赴湖南、浙江，以考察当地农村村民建房规划审批管理经验为重点，开展考察工作。

按照立法程序的有关规定，《管理办法》全文通过市政府门户网站、普法网、河源司法行政微信公众号向社会公众广泛征求意见，同时国智起草团队邀请立法专家召开专家论证会进行研讨，以充分听取专业人士意见。在汇总、对比、分析及确定各方意见的采纳情况之后，国智起草团队就该办法前后易稿十余次，参加多场起草单位组织的改稿会，最终在规定期限内交付全部工作成果（草案修改稿、注释稿、起草说明、调研报告、法律汇编及其他有关材料），得到起草单位的好评并顺利通过 2019 年 12 月 18 日河源市政府第七届 81 次常务会议。《管理办法》于 2020 年 4 月 24 日正式发布，2020 年 6 月 1 日施行。

（二）本项目的代理思路

本项目的代理思路在于需明确立法目的和具体要求，合理安排项目进度和人员分工，设计制度框架及基本内容后，重点征求相关部门和立法咨询专家意见，并严格按照制定地方政府规章的法定程序执行。

第一，本项目的立法目的是加强和规范农村村民住房建设许可审批管理，切实破解农村村民建房混乱无序现状，通过政府立法规范农村村民建房秩序，提升农村人居环境，推动乡村振兴战略实施。由于本项目要求 2019 年年底完成起草工作，2020 年颁布实施，故受托律师应自启动项目之日起 3 个月内完成全部草案和配套材料。

第二，本项目的实施具体分为三个阶段：

1. 前期准备、拟稿阶段。签订委托合同，组成起草团队，拟定立法工作方案，收集文件、资料。拟出管理办法初稿，国智所内部论证，征求主管部门意见，修改并确定初稿。

2. 征求意见、调研、论证阶段。选择若干个县（区）、镇、村，采取走访和座谈会形式征求意见和建议，调研对象为市、县（区）相关部门、基层管理单位人员（执法人员）、村干部、村民代表；将意见建议进行汇总、分类、整理，形成立法调研报告。

3. 修改、完成阶段。根据调研论证意见对文本初稿作进一步修改，形成草案修改稿；撰写起草说明并将相关文件汇编成册；将草案修改稿、起草说明、规章草案注释稿、立法资料汇编一并报送起草单位。

第三，在实施方式方面，国智起草团队律师负责搜集立法资料、文献，参与调研、现场走访、研讨会、论证会、座谈会等，其形式包括前往实地、电话或视频沟通、邮件及文书通知等。

（三）本项目相关法律规定解读

第一，在立法依据方面，主要包括：《城乡规划法》《土地管理法》《建筑法》《土地管理法实施条例》《村庄和集镇规划建设管理条例》《建设工程质量管理条例》《中央农村工作领导小组办公室、农业农村部关于进一步加强农村宅基地管理的通知》等。

第二，河源市在农村宅基地和村民建房管理方面曾先后出台了《河源市区村民建房用地规划建设管理办法》《河源市区村民宅基地审批管理暂行办法》《关于加强河源市区农村建房管理的意见》等规范性文件，《管理办法》将上述文件作为参考，同时也就相关内容进行完善以适应本地需要，如《河源市区村民建房用地规划建设管理办法》第 2 条有关适用范围的规定较为狭窄，而《管理办法》规定适用范围为："本市行政区域内农村村民在农民集体土地上新建、改建、扩建、重建住房（以下统称村民建房）及其管理，适用本办法。"与之前相比，进一步扩大了村民住房建设管理的覆盖面，并对"农村村民""村民住房""村民建房"等概念进行明确界定。

第三，在起草过程中，农业农村部、自然资源部于 2019 年 12 月 12 日发布《关于规范农村宅基地审批管理的通知》，在《管理办法》送审之前，起草团队将办法内容与新政策进行比对、梳理和对照修正。

第四，《管理办法》严格遵守相关法律法规和规范性文件等，与国家法律、行政法规和省、市的地方性法规、政府规章和政策规定保持一致。

（四）本项目的工作成果

国智起草团队具有丰富的行政立法方面的专业经验。该团队多年来为广东省人民政府、广东省发展和改革委员会、广东省邮政管理局、阳江市人民政府、韶关市人民政府等政府及其工作部门提供常年法律顾问服务，审查修改了大量法规、规章、规范性文件，完成多个地方政府规章、地方性法规的立法审查、论证、修订事务。而且，带队律师有在行政机关的工作经历，熟悉政府立法流程，以上都为国智所受托承接本次立法起草项目提供了有利且重要的先决条件。

国智起草团队制定并交付的《管理办法》草案修改稿分为总则，规划、选址及用地标准，用地建房审批，建设管理，监督管理，法律责任，附则共七章五十条。河源市政府最终发布实施的办法，经团队后续协助审查、修改，精简为六章四十五条，说明团队所设计的办法框架和安排的主要内容都较为贴合当地实际情况和立法要求。

2021 年 2 月 2 日，河源市政府主要领导在河源市第七届人民代表大会第八次会议上做的《河源市政府工作报告》中提到，“出台《河源市农村村民住房建设管理办法》，形成了以‘一户一宅’为基础的农房管控制度和乡村风貌提升‘1 + N’政策体系”；中共广东省委农村工作办公室于 2020 年 5 月在“广东乡村网”发布《河源：以点带面统筹推进农房管控风貌提升》，称赞“该管理办法的发布是河源市农房管控风貌提升工作向深入推进的标志性行为，使各县区农房管控风貌提升激励措施更有针对性，可操作性更强，有效加强了对农村村民住房建设的监督管理，规范了村民住房建设行为”。这些评价都说明国智起草团队成功完成了首次承办的非诉讼法律服务事务，形成的工作成果受到了河源市政府、起草单位的认可。

【争议焦点】

1. 草案规定的适用范围是否应包括宅基地管理和村民建房管理两个方面内容？还是只规范后者？是否还应包括农民公寓建设管理，应如何规范？

2. 草案规定的各级政府及政府各部门的职责分工是否明晰、具体，是否具有可操作性？市县农业农村主管部门在宅基地管理方面与自然资源主管部门的职责应如何规定？

3. 草案关于宅基地用地审批和建房审批的办理流程规定是否合法、明晰、可行？可否进一步优化、应如何优化？

4. 草案规定关于市和县（区）住建行政主管部门在建设管理的分工是否合理？村民建房通用设计图集应当由市级还是县级住建主管部门组织编制？

5. 草案规定村民建造一层住房是否需要有设计图？

6. 镇政府的管理职责和执法职能规定是否合法、合理？镇政府与镇土地管理机构的职责应如何划分？

【案例评析】

第一，河源市在《管理办法》制定前，农村村民住房建设无规划、无审批、无监管的“三无”问题仍较为突出，农村村民随意占用农地甚至耕地建房的情况仍较普遍。河源市虽出台了一系列相关规范性文件，但时效性较短、效力低，在村民个人建房的申请条件及审批程序上规定亦不够全面、具体，难以有效遏制农村违法建房的现象蔓延。因此，河源市政府急需通过政府规章的形式，建立和完善本地农村宅基地和村民住房建设管理制度。国智起草团队启动该立法起草项目后，通过完成立法项目的前期准备和拟稿阶段，按照立法目的和本地实际情况，成功建议将原定的《河源市农村村民建房规划建设管理办法（暂定名）》标题变更为《河源市农村村民住房建设管理办法》。

第二，通过在省内外的实地调研工作，国智起草团队根据各地发展的成功经验，将一些好的、有益的，又适合河源市的经验吸收进《管理办法》，提高了立法的针对性，同时还进一步整理、汇总了调研成果，通过《立法工作调研报告》的形式来强调工作重点和推广有关措施，如“强化乡镇一级的施工和专业监管”“推动地方民居特色建设，编制及落实免费建房标准图集”“充分发挥建房管理委员会、理事会或议事会自治监管作用”“切实发挥村规民约的约束作用”等，为推动河源市农村村民建房规范化管理，提高监管工作效能，提供了参考和借鉴作用，也为日后继续加强和完善农村宅基地和村民住房建设制度奠定了基础。

第三，国内其他省市如北京、上海等地，在近年来已先后出台了农村宅基地、村民住房建设管理办法或规定，但广东省在这方面的法规规章还是空白，制定《管理办法》对推动我省农村宅基地和村民住房建设立法都具有开创性和示范性的意义。国智起草团队本次为河源市政府制定的《管理办法》，由于缺乏省级直接的上位法依据，为起草工作带来一定的难度，而且在定稿过程中新发布宅基地政策也带来额外的工作量。团队通过以往在政府立法方面所积累的专业经验和收集的大量立法资料，以相关法律、国家和省的政策为依据，并参考其他省市的立法实践，对当地农村宅基地和村民住房建设管理拟定出较全面、具体、操作性强的规定。该办法不但成为广东省首部率先制定和实施的关于农村宅基地以及村民住房建设具有法律性质的规范（政府规章），在立法上有创新性，填补我省该领域的立法空白，对今后我省相关立法项目具有较大的借鉴和参考价值。

第四，国智起草团队所制定的《管理办法》，是目前在广东省较为少见完全由律师事务所来主导和具体负责地方政府规章的起草工作，突破了以往律师限于政府立法咨询、立法审查的业务局限，充分发挥律师参与立法的专业优势，属传统行政和政府法律顾问业务领域的一大创新，也打破了委托立法由高等院校的立法基地“一统天下”的局面。《管理办法》的成功出台标志着律师事务所深入参与政府立法项目的良好开端。

【专家点评】

律师参与地方立法的优势在于，作为法律实操方面的专家，律师具有丰富的实践经验，熟悉法律内容及法律规则的应用，也因其服务大众的职业特点，清楚了解人民群众所需、所求，懂得如何平衡各方利益的方式、方法。律师因其独立性、中立性及专业性的属性，在一定程度上能减少地方保护主义、部门保护主义及各方利益争端问题，既保证立法程序的公正性，也能增强立法成果的可操作性。在目前的地方立法活动中可以看到，政府及其工作部门越来越重视律师参与立法工作的必要性，创设多元化参与形式，已从过往向律师界征求立法修改意见而扩大到委托起草、审查、论证等立法全过程。

该政府规章的立法起草项目是在 2019 年委托律师事务所来实施的，在当时是广东省内较少见全程由律师主导完成的立法项目，河源市政府为律师参与立法工作创造了条件，也为今后充分发挥律师参与地方立法方面的作用，推进地方立法科学化、专业化、民主化，提供了较为成功的成果实例。期待更多的律师事务所和律师充分发挥自身优势，注重理论与实践相结合，与其他法学工作者一道共同推动国家法治的建设和发展。

（点评人：朱最新，广东外语外贸大学、法学院教授）

第三节 公司法

对赌协议解除的认定应以当事方合意为标准

刘继承 杨 畅*

【内容提要】

本案涉及投资方对目标公司实际控制人主张回购股权的纠纷。《全国法院民商事审判工作会议纪要》（法〔2019〕254号）提出："对于投资方与目标公司的股东或者实际控制人订立的'对赌协议'，如无其他无效事由，认定有效并支持实际履行，实践中并无争议。"本案中，目标公司实际控制人的股权回购承诺及其实现条件清晰，但该公司上市时所作公开招股说明、第三方机构编写的《法律意见书》等文件都表示该公司与股东之间、股东与股东之间的业绩对赌协议均已解除，在此情况下投资方是否还能根据业绩对赌协议的股权回购承诺主张权利？这是本案最大的难点所在。经办律师充分利用策划思维，庭前指导当事人挖掘和固定有利证据，一一化解对方当事人的应诉和答辩思路，最终取得全盘胜诉。

【案情简介】

2014年6月，某上市公司（以下简称A公司）与某软件公司（以下简称B公

* 刘继承，北京大成（广州）律师事务所合伙人；杨畅，北京大成（广州）律师事务所律师。

司）及B公司当时的全体股东签订《投资合同书》，约定由A公司在2014年7月15日前向B公司投资2000万元，A公司成为B公司的第二大股东。该协议第8条约定："8.1 原股东承诺，在本合同签订日，向投资方提供以下人员（以下简称承诺人）出具的承诺书：[马某（注：B公司实际控制人）]。8.2 前述8.1条所指的承诺书应至少包括以下内容：承诺人同意，在公司上市或被并购前，不兼职，不离开公司，亦不以任何方式从事与公司业务相竞争的业务。"按照约定，A公司委派时任副总经理牛某担任B公司董事。

2014年6月30日，B公司实际控制人马某单独向A公司出具《实际控制人承诺》，除《投资合同书》第8.2条约定的内容外，马某还承诺："接受投资后，从投资到位日下一月开始计算，每12个月公司收入、扣除非经常性损益后净利润指标如下：（1）2014年8月1日至2015年7月31日，公司主营业务收入不低于5000万元，扣除后净利润不低于1500万元；（2）2015年8月1日至2016年7月31日，公司主营业务收入不低于7000万元，扣除后净利润不低于2500万元；（3）2016年8月1日至2017年7月31日，公司主营业务收入不低于9000万元，扣除后净利润不低于5000万元；若上述任一时间段B公司扣除后净利润低于承诺业绩的90%，投资方有权要求本人购买投资方持有的B公司股权。在投资方书面提出退出股权要求后90天内，本人承诺无条件购买投资方持有的B公司股权，购买价格为投资方投资本金+利息，年利率按8%计。"

2014年7月4日，A公司向B公司账户转入投资款2000万元。

2015年、2016年，B公司又分别经历两次增资扩股，四家投资机构成为B公司的新股东，两份《增资扩股协议》均约定："原股东是目标公司的现有股东，原股东合共持有目标公司出资额比例100%，并且是该股权的实益拥有人。该权益占目标公司注册资本比例100%，由原股东各方拥有，该权益并不附带任何留置权、产权负担、担保安排、选择权、索赔、抵押权及管制。"

2016年12月9日，B公司工作人员朱某向A公司副总经理牛某发送主题为"终止协议说明函"的电子邮件，言明为了B公司能够顺利通过审核，早日挂牌成功，需终止原先签订的《投资合同书》中的对赌条款。该邮件附有《情况说明》《终止协议》等附件，《终止协议》的主要内容就是终止A公司与投资时B公司全体股东之前的对赌条款。

同时，因B公司上市需要，A公司应要求在名称为《B公司股东持股情况说明》的文件上盖章，该文件载明：“本企业/本公司持有公司股份不存在质押、锁定、特别转让安排等转让限制情形。本企业/本公司持有B公司不存在来自第三方的担保权或其他追索权，也不存在与任何第三方争议的情形。”

随后，案外人某律师事务所就B公司上市事宜发表《法律意见书》，该意见书载明B公司在2015年、2016年进行的增资过程中，投资机构与实际控制人、自然人股东签订有《补充协议》，就B公司的业绩承诺和补偿事项达成一致；2016年，上述各方共同签署协议，约定解除原补充协议中的对赌及股权回购条款。该律师事务所认为，截至本法律意见书出具之日，公司股东之间的业绩承诺及对赌事项已经终止，各股东之间不存在业绩对赌、上市对赌及股权回购的情形及潜在风险。

与此同时，某证券公司出具的《B公司公开转让说明书（申报稿）》也载明：“A公司以1500万元投资B公司，本次增资入股所签署的相关协议不涉及与公司或公司实际控制人之间的业绩承诺或对赌事项。”“截至本公开转让说明书签署之日，公司股东之间不存在业绩对赌、上市对赌及股权回购的情形及潜在风险。”时任A公司副总经理的牛某在《公开转让说明书（申报稿）》董事签名处签名确认。

2017年，B公司成功在“新三板”挂牌上市。从B公司在公开网站公布的年度审计报告了解到，2014年至2017年，B公司一直处于亏损状态，该公司2014年至2017年的净利润分别为－948023.83元，－18084638.25元，－798674.16元，－248603.99元。

2019年3月，A公司决定要求马某回购A公司持有的B公司全部股权，遂委托经办律师协助策划并代理本案。在研究案情时，经办律师下载了B公司在公开网站发布的全部公告，要求A公司提供了其投资B公司以来签署的全部书面合同，通过研究，发现委托人要主张的诉求面临诸多的不利条件，包括《法律意见书》《公开招股说明书》中提到全部股东之间的业绩对赌已经解除、《公开招股说明书》有A公司时任副总经理即现任法定代表人牛某签字、《增资扩股协议》对原股东持有股权状态的约定等对A公司也存在不利等，如何从现有事实中寻找突破实现委托人的目的，律师工作面临巨大的挑战。

随后，经办律师通过与A公司相关人员的多次深入沟通和深入研究，逐渐形成了诉求思路和策划方案。首先确定了A公司与B公司之间的各个沟通渠道，并收集了A公司时任法定代表人白某与马某的微信聊天记录，发现在2018年1月，马某曾经主动联系白某，提出因B公司连年亏损，希望以投资金额回购A公司持有的B公司全部股权，而当时，白某回复“以市价回购可以接受”。经办律师在排查A公司工作人员与B公司工作人员的邮件往来和短信记录等材料时发现，因B公司上市需要，曾要求A公司签署多个文件，对于B公司提出的签署终止业绩对赌承诺的要求，A公司并没有回复任何邮件，但因为A公司对接人员变更，现工作人员也无法确认当时A公司是否有根据B公司的要求签署《终止协议》。经办律师分析后认为《终止协议》的签订主体为A公司投资时B公司的全体股东，并且其内容主要是针对各方共同签署的《投资合同书》的约定，经办律师的思路是将《实际控制人承诺》视为基于《投资合同书》约定而出具，但独立于《投资合同书》之外的文件，即便万一签署了《终止协议》，《投资合同书》部分条款的失效和终止也不影响《实际控制人承诺》的效力。但为了稳妥起见，经办律师建议A公司在提起诉讼之前先固定《实际控制人承诺》依然合法有效的事实。因此，2019年3月15日，A公司以公司审计要求为由，要求马某就B公司的经营情况作出说明，经办律师协助审核了该说明，强调了马某应当承诺“本人名下有价值超过2000万元的资产足以覆盖A公司的前期投资金额”，经过几次与马某的沟通，马某最终出具了《关于B公司经营情况说明》，并按照经办律师事先强调的要求，作出自身资产足以覆盖投资金额的承诺。

2019年5月8日，A公司正式向法院提起诉讼，要求马某在90天内按《实际控制人承诺》约定回购A公司持有的B公司全部股权。

在确认诉讼立案及财产保全已经完成的情况下，2019年5月28日，为了更明确A公司行使股权回购请求权的事实，在经办律师指导下，A公司向马某身份证地址及B公司的注册登记地址发送《关于催促履行股权回购义务的函》，要求马某按照《实际控制人承诺》的约定，回购A公司持有的B公司的全部股权。

案件立案后，马某提出管辖权异议、诉讼财产保全复议申请等试图拖延庭审进度。在此过程中，经办律师进一步确认了马某一方的举证和答辩思路，并且提前做好相应的反驳证据准备。

经审理，一审法院支持了A公司的全部诉讼请求，在审理期间驳回了马某提出的管辖权异议、诉讼财产保全复议申请。

马某对一审判决结果不服，提起上诉，并提供了有 A 公司盖章的《B 公司股东持股情况说明》的扫描件等证据，该文件记载："本企业/本公司持有公司股份不存在质押、锁定、特别转让安排等转让限制情形。本企业/本公司持有 B 公司不存在来自第三方的担保权或其他追索权，也不存在与任何第三方争议的情形。"

对此，两级法院均认为：

第一，马某作出的《实际控制人承诺》仍然合法有效，《实际控制人承诺》是马某在《投资合同书》之外愿意履行的义务，其内容包括但不限于"承诺人同意，在公司上市或被并购前，不兼职，不离开公司，亦不以任何方式从事与公司业务相竞争的业务"等内容，马某在《实际控制人承诺》中加上股权回购和业绩对赌的内容，并未违反《投资合同书》第 8.2 条的约定。本案没有证据显示，马某出具《实际控制人承诺》不是其真实意思表示，《实际控制人承诺》未违反法律、行政法规的强制性规定，不存在无效、被撤销的情形，已依法成立，合法有效。

第二，《实际控制人承诺》尚未解除，对马某仍产生法律约束力，主要理由是：1.《承诺》是马某对 A 公司作出的承诺，该承诺的解除必须得到 A 公司的同意或认可，但 A 公司自始至终并未认可任何终止股权回购承诺的事项，其他主体的意见并非对赌协议的双方当事人，其无权替代 A 公司作出任何解除决定。2. 证券公司出具《公开转让说明书》记载的是解除原股东与后引入的其他投资方之间的涉及业绩对赌及股权回购的条款，并未涉及马某与 A 公司之间通过《实际控制人承诺》约定的业绩承诺及股权回购；且《公开转让说明书》上牛某是以 B 公司董事的身份签名而非代表 A 公司作出任何意思表示。3. 律师事务所出具《法律意见书》只是第三方中介机构出具的法律意见，其所记载的内容不能达到解除 A 公司、马某之间《实际控制人承诺》的法律效果。4. 白某对马某以原价回购股权的回应并不能证明双方不存在对赌协议。5. 马某签署的《关于 B 公司经营情况说明》并不能否认马某之前出具《实际控制人承诺》的事实，且马某在情况说明中确认其本人名下有超过价值人民币 2000 万元的资产足以覆盖 A 公司的前期投资金额，也说明马某当时对存在对赌协议及其负有股权回购义务仍是认可的。

第三，根据《实际控制人承诺》约定，在 2014 年 8 月 1 日至 2015 年 7 月 31 日、2015 年 8 月 1 日至 2016 年 7 月 31 日、2016 年 8 月 1 日至 2017 年 7 月 31 日，B 公司的主营业务收入及净利润应当达到一定数额，若有任一时间段净利润低于承诺业绩的90%，股权回购条件即成就。上述承诺书约定的业绩承诺区间虽横跨不同年份，但在公司年年亏损的情况下，也足以认定相应承诺区间的净利润未能达到业绩承诺的数额，对此，马某并无任何相反证据可以反驳该事实，因此，一审法院认定承诺书约定的股权回购条件已经成就。

第四，《实际控制人承诺》并未约定A公司行使股权回购权的具体期限，反而约定在A公司书面提出退回股权要求后90天内，马某无条件购买股权，A公司于2019年5月8日提起本案诉讼，请求马某履行回购义务，并未超过诉讼时效。

二审审理过程中，马某向法院提出调查取证申请，要求法院依职权调取B公司申请上市挂牌的申报材料及工作底稿。法院认为本案诉争的《实际控制人承诺》是否解除，应审查A公司、马某之间是否达成解除《实际控制人承诺》的合意，若公司为上市目的向中介机构、监管部门作出某些承诺，并非合同一方向合同相对人作出，也不产生变更合同双方之间权利义务关系的法律后果，马某所申请调取的材料与本案处理并无关联，因此不予准许。

最终，二审法院判决驳回马某上诉，维持原判。

【争议焦点】

1. 涉案《实际控制人承诺》是否合法有效？
2. 如果《实际控制人承诺》有效，该实际控制人承诺是否已经解除？
3. A公司的诉讼请求是否有部分已超过诉讼时效？

【案例评析】

尽管《全国法院民商事审判工作会议纪要》对于投资方与目标公司实际控制人之间的业绩对赌纠纷的处理意见非常清晰，但是在实际履行过程中，却并非简单地只看双方的约定就可以进行处理。比如，在实践中，因监管要求，同时也为了顺利挂牌上市，许多公司在上市时都会让股东签署各类文件，确认股东与股东之间、股东与目标公司之间的业绩对赌协议已经解除，证券公司、律师事务所等第三方机构也会基于目标公司所提供的此类文件对各方之间的业绩对赌情况进行说明。在民事案件处理中，不可否认的是，第三方提供的事实说明相对当事人双方的自述有更高的证明力，对于公众而言，律师事务所、证券公司等机构发表的意见也具有很高的公信力。

本案正是出现了第三方机构均称“目标公司与股东之间、股东与股东之间不存在业绩对赌”的情况，在这种情况下，投资方与目标公司实际控制人之间的业绩对赌约定是否还有效？投资方能否继续请求实际控制人履行股权回购义务？本案中，结合案涉目标公司上市时发布的各类文件，初步看来似乎投资方与目标公司实际控制人之间的业绩对赌协议已经解除，但经办律师仔细分析对比之下，发现上述第三方发表的意见中所引用的文件信息均未涉及目标公司实际控制人对案涉投资方单独作出的股权回购及业绩对赌承诺，自然也没有提及该单独作出的承诺的解除问题。经办律师恰好抓住了这一漏洞，充分利用策划思维，在诉前指导客户挖掘有利证据，通过要求目标公司实际控制人出具情况说明、在起诉同时向实际控制人发函要求回购股权等动作，分别从当事人双方的角度正面及侧面固定了双方仍然存在股权回购和业绩对赌约定的事实；在诉讼中，分别通过数据分析、文字可视化对比等方式，揭露《法律意见书》《公开转让说明书》遗漏马某作出的《实际控制人承诺》的事实，并且提前做好对方举证思路预测的充分准备，当马某及其代理人在开庭前5分钟突然提交20多份证据时，尽管经办律师可以提出延期质证或延期开庭等要求，但作为原告方的代理人，经办律师也希望尽快了结此案，恰好对方提交的绝大部分证据都是经办律师早已预见到的证据材料，因此充足的庭前准备使得经办律师一一化解对方所出的招数，最终取得全盘胜诉。

经办律师在本案中展示了诉前善于策划、诉中抓住时机固定事实、确认对方举证和答辩思路等诉讼策略，最终将看似已经被第三方确认的事实成功排除，将整个诉讼转化为对己方有利的局面，并最终维护了当事人的权益。

【专家点评】

本案一审审理时恰逢《全国法院民商事审判工作会议纪要》通过，有关股东与目标公司之间、股东与实际控制人之间的业绩对赌和股权回购事项的明确意见在本案中得到了适用。本案作为投资方要求目标公司实际控制人回购股权的案件，在案件审理过程中，通常作为客观、中立的第三方机构如证券公司、律师事务所在目标公司上市挂牌期间编写或发表的意见能否成为判定客观事实的主要标准，答案并非完全肯定，第三方机构出具的意见等文本局限于当事人所提供以及第三方所能搜集到的证明材料所体现的范围，本案的关键证据《实际控制人承诺》恰好未在第三方机构所获取的材料范围内，而本案经办律师恰好抓住这一点，并利用策划思维强化己方证据，最终取得全盘胜诉成果。在同类纠纷中，股东之间股权回购与业绩对赌协议权利义务的终止是以各方当事人的意思表示为准还是以第三方的公示文件为准，本案给出了明确的答案。同时，对于律师来说，如何抓住有利的事实点，并进一步进行诉讼策划、证据搜集、事实固定、庭审应对，本案对同类案件也具有较高的参考价值。

［点评人：卢旺盛，北京大成（广州）律师事务所高级合伙人、
广州市律师协会证券法律业务委员会主任］

通过破产重整程序化解民营企业巨额债务风险

——广州南沙某仓储有限公司破产重整案

郑飞虎 赵以敏 谭日兴 陈联书 何肖洁*

【内容提要】

广州南沙某仓储有限公司（以下简称南沙某仓储公司或债务人）因长期不能清偿到期债务且明显缺乏清偿能力，只能维持基本的运营，在诉讼缠身且自救无望的情况下，广州市中级人民法院裁定受理了对该公司的破产清算申请并指定南沙法院管辖，广东金轮律师事务所依法担任该公司的联合体管理人。

在管理人的努力下，该公司由破产清算转重整，历时七个月即重整成功，执行期限为两年的重整计划提前一年执行完毕，投资人全盘接收了该公司全部职工，保障了职工队伍的稳定，社会反响极好。该案作为南沙自贸区的首宗破产重整成功案例，也是广东首宗负债约百亿的成品油仓储类企业破产重整成功案例，有效维护了地方金融和社会稳定，树立了通过破产重整程序化解民营企业集团巨额债务风险的标杆，凸显了破产审判的制度功能与经济、社会价值，创造了拯救自贸区重要民营企业的经典案例。

【案情简介】

（一）案件受理及监管债务人自主经营

由于南沙某仓储公司作为经营石油仓储业务的企业，安全生产任务严峻，且其

* 郑飞虎、赵以敏、谭日兴、陈联书、何肖洁，广东金轮律师事务所律师。

在被债权人申请破产清算前一直处于正常生产经营状态并有近两百人的职工队伍，甚至依靠其毗邻港澳，连接深圳、中山、佛山、东莞、珠海等许多珠三角经济发达地区的码头资源优势，正为建设成为广州地区首个百万吨级 LNG 储气调峰站而规划布局。但囿于南沙某仓储公司受到为关联企业巨额债务提供担保的影响，被债权人申请破产清算。为了监管南沙某仓储公司经营、及时接管债务人的财产及资料、同时审慎指定本案管理人，南沙法院通过竞选方式指定了本所及某会计师事务所两家编入《广东省破产案件管理人名册》的一级管理人机构担任该案联合管理人。

在法院见证下，管理人接受法院指定的当日即正式入驻和接管南沙某仓储公司。接管期间，管理人派驻律师、会计师专责工作组一起入驻债务人办公场地现场办公，连续数日马不停蹄推进债权审查、清产核资、财务审计、债权人会议筹备等各项工作；决定债务人公司继续经营的日常开支和内部管理事务，采取“企业内部审批流程不变，财务收支及用章向管理人报备，债务人自主进行生产经营决策，定期报告”的监管总体方案监管南沙某仓储公司的自主经营。

同时，管理人在接受法院指定后的短短四天内即成功召开了第一次债权人会议，经梳理，债务人欠付的债权金额近 80 亿，其中普通债权 59 亿余元，金融机构债权人众多。但考虑到负债情况、资产情况、经营资质和公司现状，管理人分析判断债务人具有重整的必要性和可行性。为此，管理人积极与金融机构等关键债权人进行沟通，分析说明债务人的基本情况和拟采取的重整路径。

第一次债权人会议上，管理人根据接管工作及调查研究情况，提出了《关于继续债务人营业的分析报告》和重整申请，经债权人会议审议及表决，决定南沙某仓储公司继续营业，南沙法院亦在审查后裁定受理了债务人的重整申请。最终，南沙某仓储公司于法院指定管理人的当月即正式由破产清算程序转为重整程序。

（二）做好安全生产监管工作，保障债务人安全生产

考虑到南沙某仓储公司系经广州市安监等政府部门核准的危化品仓储企业，常年保有危险货物库存量 20 万吨至 50 万吨，其中含汽油、柴油、燃料油以及经核准储存的石油化工品，属于一级石油库等实际情况，在充分考虑保障公共安全管理工作的需求和南沙法院的指导下，管理人制定了《管理人处理突发事件应急预案》《管理人工作规程》《管理人债权审核原则》《管理人财务收支制度》《管理人档案管理制度》《公章管理及使用制度》《管理人收发文管理制度》，并向南沙法院报备。

同时管理人在重整期间协助南沙某仓储公司完成参加安全生产会议、例行安全检查和监督、消防演习等工作，进一步落实安全生产工作，包括但不限于：根据省应急管理厅下发关于危险化学品企业主要负责人和安全管理人员的相关要求，协助南沙某仓储公司就安全生产第一责任人整改计划上报区应急管理局；根据广州市应急管理局的要求，协助举行火灾事故的安全学习、全公司安全大检查以及消防演习等。

通过上述工作，管理人确保债务人日常生产安全监管工作的有序开展，保障企业的稳定运营和价值创造，维持企业的核心竞争力，为后续重整工作的顺利开展打下了坚实基础。

（三）监管期间为重整所做的努力

1. 解除资产的查封、冻结措施

在南沙某仓储公司进入重整程序前，因到期债务不能偿还，许多债权人通过诉讼寻求解决途径，导致南沙某仓储公司诉讼缠身，并且土地使用权、厂房、油罐、设备和银行账户被采取了查封、冻结等保全措施。为保障南沙某仓储公司后续资产处置工作的顺利开展，维持南沙某仓储公司继续营业和安全生产，维护债权人的合法权益，管理人向法院报送了相关申请，请求尽快协调解除对南沙某仓储公司的查封、冻结措施，中止案件审理和执行程序。特别是针对外省法院对南沙某仓储公司的查封、冻结措施，通过南沙法院向外省法院递交商请函等方式高效、快速地依法完成了对南沙某仓储公司查封、冻结措施的解除。

2. 保障股东利益，依法进行信息披露和解释说明

管理人通过对南沙某仓储公司重整价值的迅速判断，认为其具备的商务部仓储经营许可资质是重要的重整价值所在，且该资质不能转让，若成品油经营企业歇业或终止经营，应当到发证机关办理经营资格暂停或注销手续。为此，管理人一是迅速申请南沙法院裁定对出资人持有的南沙某仓储公司的股权进行保全，以顺利促成协商引进重整投资人，高效启动重整程序，保证重整程序的顺利进行以及将来重整计划的执行。二是及时联系南沙某仓储公司的外方股东和中方股东，特别是落实外方股东的送达事宜，向其披露重整受理、债权申报、重整进展、出资人权益调整方案等一系列事项。向股东解释说明出资人权益调整方案的内容，得到了股东的理解和认可。

3. 维护职工稳定，引导和监控舆情

在本案中，管理人除了设立综合事务组、债权审核组、资产管理组、重整计划组分工协作之外，还专门成立了舆情维稳组，专责负责维护职工队伍的稳定和处理重大舆情问题。

为保障职工队伍的稳定，管理人通过解除对南沙某仓储公司银行账户的冻结措施、筹措资金等方式，保障职工每月工资按时发放。重整程序中应付职工的工资和社会保险费用等共益债务，由公司财产随时清偿、优先清偿。同时，将愿意继续聘用南沙某仓储公司的所有现有职工作为招募重整投资人的考核条件之一。

为加强司法舆情的监测、评估、引导和处置，除了监测南沙某仓储公司的舆情之外，亦将对于公司占有股比较大的对外投资企业的舆情维稳作为管理人工作的侧重点之一。本案中，管理人通过与区金融局、市地方金融监管局保持联络沟通，及时协调了由债务人绝对控股的对外投资企业所涉及的某交易平台重大涉稳舆情事件。

（四）公开招募重整投资人，积极争取债权人支持

自南沙法院裁定南沙某仓储公司重整以来，管理人进行了大量的公司资产核查、审计、评估及行业发展调研等工作，特别是针对债权人主要为金融机构债权人的特点，先后与金融机构债权人、意向投资者召开关于交流协商南沙某仓储公司后续破产方向的会议，解答了债权人关于重整程序的咨询。根据《企业破产法》及相关规定的要求，管理人在向南沙法院报备后拟定了南沙某仓储公司重整投资人招募方案，通过面向社会公开招募的方式招募南沙某仓储公司意向重整投资人，并根据南沙某仓储公司的实际情况要求重整投资人应具备与债务人重整相适应的经营和管理能力，如在油气能源行业持续经营10年以上且近三年曾入围“中国能源企业500强”、重整投资人或其参、控股企业有危险化学品经营许可证及成品油批发经营批准证书。

为达到广泛通知和征集意向投资人的目的，管理人根据债务人的实际情况，分别在全国企业破产重整案件信息网、省内知名媒体、境外影响力较大报刊、石化类行业会刊、管理人公众号等境内境外媒体、微信公众号、法院网站上刊载了《广州南沙某仓储有限公司意向重整投资人招募公告》（以下简称《招募公告》）。

最终，管理人根据《招募公告》公示的“重整投资人基本条件”的标准和报

名情况，通过竞争性遴选的方式确定了本案的重整投资人，并及时开展了缴纳尽调保证金、尽职调查、重整计划草案拟制的相关工作。

（五）成功化解巨额债务，债务人轻装再上阵

南沙某仓储公司企业单体规模大、具备完整的生产体系和较高的行业技术能力，而且位于珠三角区域几何中心，业务辐射能力强，如果债务人进行破产清算，考虑到设备分拆后的贬值和资产处置的高额费用，59 亿元普通债权的清偿率将不足 1.3%；通过破产重整则可以焕发新生，将使生产资源发挥巨大的市场价值。

2019 年 12 月 31 日，南沙某仓储公司重整计划依法获得法院裁定批准，南沙某仓储公司历时七个月即重整成功。

2020 年 12 月 11 日，南沙某仓储公司经法院裁定确认重整计划执行完毕，至此，执行期限为两年的南沙某仓储公司重整计划顺利提前一年执行完毕，债务人恢复自主经营管理。该案的顺利办结，帮助债务人排除了近 80 亿元的债务困扰，使得该案普通债权的清偿率提高至 2%，并因应环保能源产业的拓展趋势，积极筹备和打造天然气仓储的新业务，不仅盘活了债务人闲置的 400 余亩土地，用于打造、建设 LNG 接收站，还在 2020 年新冠肺炎疫情暴发、严格防控的严峻形势中保持稳健的经营，未发生一起安全事故，持续保持每月主营业务收入在一千万元以上，取得了可喜的成绩。投资人亦全盘接收了南沙某仓储公司全部职工队伍，保障了两百余名职工及家庭的和谐，取得了良好的社会效果，有力地维护了地方金融安全和社会稳定。

【业务难点】

在南沙某仓储公司破产案中如何通过重整程序提高债权人的偿债率、如何在不影响职工队伍稳定的前提下实现“破产不停产、重整再升级”以及破产资产的“清偿不贬值”。

【案例评析】

2018 年最高人民法院在《全国法院破产审判工作会议纪要》中对破产审判的提出四个总体要求，其中就包括“着力服务构建新的经济体制，完善市场主体救治

和退出机制”的要求。一年后，最高人民法院颁布了《关于适用〈中华人民共和国企业破产法〉若干问题的规定（三）》《全国法院民商事审判工作会议纪要》，都有大量条文涉及破产重整的价值识别、市场主体救治、企业信用恢复等。2020 年，国家发改委发布我国营商环境评价领域首部国家报告《中国营商环境报告 2020》，报告指出我国营商环境评价已实现对 31 个省区市全覆盖，累计已有 98 个城市参与营商环境评价改革实践。报告显示，我国优化营商环境取得积极成效，企业和群众的获得感明显提升。

而南沙某仓储公司破产重整从 2019 年办理至 2020 年年底结案，可以说是我国优化营商环境政策和法院完善市场主体救治审判机制的一个小小缩影。

从办案经验总结来看，该案的顺利办结首先得益于积极利用府院联动机制，管理人在重整期间多次就重整计划草案的制订与法院、政府部门沟通，特别是在投资人招募、重整计划草案拟定环节中，强调了职工队伍稳定、安全生产两个重要遴选标准，以及债务人未开发土地后续开发项目的发展规划落实。

其次得益于管理人对企业重整价值的迅速判断——管理人通过对南沙某仓储公司重整价值的迅速判断，认为其具备的商务部仓储经营许可资质是重要的重整价值所在，且该资质不能转让，仅能通过重整程序才能实现债务人企业核心价值的最大化，提高债务人资产的偿债率。

最后在重整价值迅速识别判断的基础上，管理人多管齐下，从资产解封、保障股东知情权、积极沟通债权人、“对症下药”境内外招募符合条件的投资人、监控和引导舆情等几个方面着手，依法严格履行各项职责，为企业重整成功付出了极大的努力，通过管理人丰富的工作经验和预判力，最终成功化解了南沙某仓储公司近 80 亿元金融债务，顺利实现债务人涅槃重生，轻装再上阵。

本案意义重大，不仅是南沙自贸区第一件破产重整案，而且同时入选了广州市中级人民法院破产信息公开平台的典型案例库，体现了本所作为广东省破产案件一级机构管理人在大型、复杂企业破产案件中的综合能力。

【专家点评】

广东金轮律师事务所在担任广州南沙某仓储有限公司破产重整案联合体管理人

的过程中，积极作为，树立了一个通过破产重整程序化解民营企业集团巨额债务风险的标杆案件，充分展现出广东金轮律师事务所在破产重整领域的专业性、高效性和创新性。

在专业性方面，管理人作为《广东省破产案件管理人名册》中的一级管理人机构，在接受法院的指定后立即入驻债务人办公场地现场办公，严格按照《企业破产法》《全国法院破产审判工作会议纪要》《全国法院民商事审判工作会议纪要》等法律法规的相关要求，有条不紊地迅速推进债权审查、清产核资、财务审计、债权人会议筹备等各项工作。

在高效性方面，管理人在迅速制定“企业内部审批流程不变，财务收支及用章向管理人报备，债务人自主进行生产经营决策，定期报告”的监管总体方案和一系列日常运营、安全管理制度的基础上，准确判断出债务人只有通过重整程序才能实现债务人企业核心价值的最大化，提高债务人资产的偿债率。在管理人的积极作为下，债权人由破产清算转重整，历时七个月即重整成功，执行期限为两年的重整计划提前一年执行完毕。

在创新性方面，管理人立足于职工队伍稳定、安全生产两个基本标准，充分利用府院联动机制，多次就重整计划草案的制订与法院、政府部门沟通，并积极请求各地法院协调解除对南沙某仓储公司的查封、冻结措施，中止涉及南沙某仓储公司的案件审理和执行程序，开展信息披露和解释说明、公开招募重整投资人以争取债权人支持，体现出管理人在协调各方诉求方面的创新性。同时，管理人十分注重舆情对本案的影响，专门成立了舆情维稳组，专责负责维护职工队伍的稳定和处理重大舆情问题，很好地缓解了各方情绪、社会舆论等可能带来的负面影响。

据悉，该案件为南沙自贸区的首宗破产重整成功案例，也是广东首宗负债约百亿的成品油仓储类企业破产重整成功案例，展现了广东金轮律师事务所在破产重整案件中的卓越能力，助推了破产审判制度的经济、社会功能与价值，保障了地方金融、行业、社会的稳定。

（点评人：蒋悟真，华南理工大学法学院教授、华南理工大学法学院院长）

房地产企业破产重整成功，保障购房人居住权

谭日兴　赵以敏　陈联书　郑飞虎　马学信*

【内容提要】

实际控制人相同，股东不同的两家关联房地产企业进入破产重整程序后，面临着购房消费者与担保物权人优先受偿权产生冲突，工程款、担保债权多种债权申报等困境。管理人结合《民法典》对合同纠纷中优先受偿的相关规定和保护消费者人身基本权利的立法原则，着重保护购房消费者的住房生存权，尊重工程款项和担保物权的优先受偿权，合理协调多个债权之间的清偿顺位与清偿比例，制订了优质资产项目企业与烂尾楼项目企业“捆绑重整”方案，本案房地产企业成功破产重整。

【案情简介】

（一）基本案情

2017年，广东省茂名市某实业集团有限公司由于资金链断裂，其名下100多亩土地及已建成“某利新城”项目700多套在建工程均被司法查封，未能正常办理预售许可证。与此同时，该公司实际控制人全某经营的另一家房地产企业——某利公司也陷入同样的困境，在建工程“某利家园”项目全面停工停建，迫使其近600户业主走上维权之路，多次群体性事件给当地造成维稳压力。经相关部门介入引导，其中300余户业主联名向法院申请某利公司破产重整，某实业集团有限公司也因资

* 谭日兴、赵以敏、陈联书、郑飞虎、马学信，广东金轮律师事务所律师。

不抵债主动提出破产重整申请。

2019 年 4 月，茂名市某区人民法院分别对两案裁定予以受理，并摇珠选定本市两家二级管理人分别担任两案的破产管理人。此后，因该做法不符合广东省高级人民法院印发《关于规范企业破产案件管理人选任与监督工作的若干意见》的要求，2019 年 6 月，茂名市某区人民法院重新在一级管理人名册中摇珠选定了广州、深圳的两家一级机构管理人分别担任两案的破产管理人。

2019 年 7 月 23 日，茂名市某区人民法院作出《指定管理人决定书》，指定广东金轮律师事务所担任某实业集团有限公司管理人，负责人为谭日兴。

（二）处理经过

管理人接受法院指定后，在时间紧、任务重的情况下，及时入驻企业，接管债务人财产，连续奋战，垫资开展了大量而艰苦的前期工作，高效推进债权申报、债权审查、财务审计、资产评估、投资人引进、出庭应诉等工作，其中共接收债权申报 38. 2 亿元，经审查确认债权 21. 4 亿元，涉诉未决暂缓确认债权 10. 9 亿元，不予确认债权约 5. 9 亿元。

1. 保基本民生，府院联动推“捆绑重整”

“一个是没人敢接的‘烫手山芋’，一个是众人争抢的‘香饽饽’。”本案“某利新城”楼盘项目尚未开盘，不乏投资人青睐，而另“某利家园”烂尾项目已严重资不抵债，银行抵押债权人 3. 6 亿元优先受偿权与近 600 户业主的购房期待利益存在冲突，多次性群体性事件一直困扰着当地党委、政府部门。

两案管理人一到位，破产受理法院和市、区两级党委政法委员会、市政府部门多次召集管理人召开专题会议，组建联动办案微信工作群，定期通报案件进展，及时疏导购房者债权人，研究保障“某利家园”近 600 户小业主债权人收楼的民生问题。

我方作为某实业集团有限公司的管理人，对“某利新城”楼盘项目做了充分的调查评估，对各申报债权开展谨慎审查，并积极配合破产受理法院及听取债权人的意见。鉴于本案某实业集团有限公司与另案某利公司是实际控制人相同的关联企业，破产受理法院与管理人经过反复研究，最终共同确定了通过盘活优质资产“某利新城”从而解决“某利家园”启动资金难题的重整方案。

2. 勤勉尽责、推动各方利益均衡保护

“只有盘活‘新城’，才能救‘家园’。”作为优质资产一方的管理人，面临着前所未有的严峻考验，一方面需要在短短数月梳理查清数十亿错综复杂的关联债权、民间借贷纠纷，另一方面顶着“须提供启动资金解决他案烂尾楼盘复建”的外部压力，引进重整投资人，与两案件同一抵押债权人充分协商谈判。我方作为某实业集团有限公司的管理人，勤勉尽责，本着实事求是、保障本案债权人公平受偿利益最大化，同时兼顾协调解决他案小业主民生问题的工作态度和重整前提，反复法律论证和协商谈判，立场鲜明地否定“某利公司对某实业集团有限公司关联普通债权优先清偿”的解决路径，保障本案其他普通债权人公平受偿的利益。在引进投资人推介本案优质资产项目时，充分披露他案关联项目亟须处理的社会民生问题，积极介入债务人与投资人、有财产担保债权人、工程款债权人就本案重整工作、妥善处理“某利新城”及关联项目“某利家园”的遗留问题等展开了十多轮的磋商、谈判会议，最终在法律规定的时间内如期提交重整计划草案，并高票获得通过。

3. 加强监管、创新组建重整管理委员会执行重整计划

受“某利家园”项目的“捆绑重整”影响，本案截至重整计划提交期限届满日，仅有 1 家重整投资人在债务人协商引进下，愿意提供 3 千万元的启动资金和利用项目商品房销售回款提供 8 亿元的偿债资金的重整计划草案，执行期限为 30 个月。

管理人抓住了主要债权人对投资人的实力和重整计划执行的顾虑、又想快速回收资产的心理，解决优质项目捆绑重整启动难题。在仅有 1 家重整投资人的现实条件下，协商牵制重整投资人，落实执行监管、创新组建重整管理委员会执行重整计划的方案，提出由投资人、债务人、债权人会议主席、担保物权人、世茂品牌管理方 5 方主要权利人组成重整管理委员会，通过各利益相关方相互制约，群策群力，在管理人的监督下，按照《重整计划》和《重整管理委员会执行管理办法》的规定，管理和监控房地产项目的日常经营，执行重整计划。这一创新举措得到了主要债权人和投资人的支持，最终两个案件重整计划在同一天得以顺利表决通过，此举也大大减轻了各方对投资人实力不足的顾虑，有效降低了再次出现第二个“某利家园”烂尾项目的潜在风险。

本案“某利新城”项目和他案“某利家园”项目能够实现实质上的“捆绑重

整”以及重整计划草案得以顺利表决通过，除了投资人的资金支持之外，主要是两个项目共同担保物权人、共同工程价款债权人也作出了巨大的权利让渡，适当放弃在本案和他案的优先受偿权利，从而保障了近600多户小业主的住房期待利益需求，负有高度的企业责任感。同时在本案重整计划草案设计上，制定了抵押权>工程款债权>普通债权的清偿顺位安排，在销售回款的清偿时间和清偿比例上比工程款债权和普通债权优先全额安排，满足了抵押权人快速回笼资金、工程款债权人继续承接续建工程的基本利益需求。

（三）案件结果

2020年4月13日，受新冠肺炎疫情影响，某实业集团有限公司管理人通过现场+网络线上会议方式召开债权人会议对重整计划草案进行分组表决，其中有财产担保债权组、职工债权组、税收债权组、出资人组100%表决通过，普通债权人组表决同意债权人35家（1家反对），占该组到会人数的97.22%，所代表债权额占债权总额的78.25%，重整计划草案获各表决组高票通过。当日，某利公司的重整计划草案亦获得各表决组高票通过。

2020年4月28日，茂名市某区人民法院裁定批准某实业集团有限公司重整计划，终止重整程序。

2020年5月21日上午，停工多时的“某利新城”项目复工复建正式启动。

【业务难点】

实际控制人相同，股东不同的两家关联房地产企业，在不符合实质合并破产的适用标准下，如何在不损害各案债权人利益的前提下，利用破产重整程序，实现优质资产项目企业与烂尾楼项目企业“捆绑重整”，为烂尾楼项目提供续建资金，妥善解决其600户购房者的交楼诉求。

【案例评析】

本案遇到的一大难题是要解决本案与他案两个项目的共同担保债权人的优先受偿权与购房者之间的利益冲突。

第一，消费者购房人的超级优先权是最优先的，原则上来说这种超级优先权不是债权，而是物权，是为了保护消费者购房人的居住权而设置的。《最高人民法院关于人民法院办理执行异议和复议案件若干问题的规定》第29条规定更加明确和细化，消费者购房人需要满足：（一）在人民法院查封之前已签订合法有效的书面买卖合同；（二）所购商品房系用于居住且买受人名下无其他用于居住的房屋；（三）已支付的价款超过合同约定总价款的百分之五十。《全国法院民商事审判工作会议纪要》第125条进一步放宽消费者购房人的认定条件，在案涉房屋同一设区的市或者县级市范围内商品房消费者名下没有用于居住的房屋，或者商品房消费者名下虽然已有1套房屋，但购买的房屋在面积上仍然属于满足基本居住需要的，商品房消费者支付的价款接近于百分之五十，也可以认定为消费者购房人。

第二，建设工程款优先权是仅次于消费者购房人的超级优先权的优先权，来源于《民法典》第807条，《最高人民法院关于审理建设工程施工合同纠纷案件适用法律问题的解释（一）》第36条进一步规定其优于抵押权和其他债权。

两案重整计划草案设计上，针对他案存在的商品房预售不规范现象，为保护消费者生存权，管理人决定继续履行合同后，势必动摇他案抵押权优先性的基本权利。因此两个项目共同担保物权人主张出售项目房产，以清偿债权。但如此一来，项目楼盘复工无望，购房消费者的生存居住权将受到巨大威胁。在此情况下，为保障消费者的基本生存权和推进重整项目的进行，管理人说服两个项目共同担保物权人做出了巨大的权利让渡，管理人也充分尊重共同担保物权人的优先受偿权。

在本案“某利新城”项目和他案“某利家园”项目能够实现实质上的“捆绑重整”以及重整计划草案得以顺利表决通过，除了投资人的资金支持和优先债权人巨大的权利让渡之外，离不开地方政府和人民法院“府院联动”协同机制的政策支撑，也离不开一级管理人的业务水平和专业能力经验的技术支撑，在短短数月，盘活了两家停工数年的房地产企业，克服重重困难，高效推进重整程序，最终两案件在同一天高票表决通过重整计划草案，在当地法院、政府部门获得高度肯定和大力宣传。

该案的顺利推进，有利于实现各方主体利益最大化，有利于促进茂名市房地产市场稳定和发展，大大提高了“某利新城”“某利家园”楼盘的使用率和附加值，可满足茂名市周边及本地不同收入层次购买者的需要。

【专家点评】

广东金轮律师事务所在担任本案管理人的过程中，勤勉尽责，积极履行《企业破产法》规定的管理人各项工作职责，专业、高效地完成了债权审查、财产清查、召开债权人会议等工作，推动本案重整计划草案获得高票表决通过。

“一个是没人敢接的‘烫手山芋’，一个是众人争抢的‘香饽饽’。”在两个重整案件中，实际控制人相同，股东不同的两家关联房地产企业，在不符合实质合并破产的适用标准下，如何在均衡保护各案债权人利益的前提下，利用破产重整程序，实现优质资产项目企业与烂尾楼项目企业“捆绑重整”，为烂尾楼项目提供续建资金，妥善解决其600户购房者的交楼诉求，成为各方关注的重点。

重整计划通过“府院联动”机制为两项目复工复建、信用修复提供政策支持和保障，通过重整投资人提供“点火资金”对两项目复工复建，使得项目资产增值保值，提高清偿率和提前清偿的时间；通过抵押权人和工程价款债权人的特别优先权利的适当让渡，从而使得不满足消费者购房人破产保护的600多户小业主实现继续履行合同和交楼过户诉求。除此以外，管理人还创新性提出了建立重整管理委员会，由债权人会议主席、抵押权人、投资人、原股东、品牌管理方共同组建，相互促进、共同监督，群策群力，确保某兴公司重整计划顺利执行。

广东金轮律师事务所在本重整案件中全面展现了在企业破产重整领域内的专业性、创新性和社会责任感，在完成本职企业破产重整的同时还积极配合解决社会民生问题，使该案成为茂名市房地产企业成功破产重整的范例。

（点评人：朱义坤，暨南大学法学院教授、暨南大学法学院院长）

殚精竭虑，助力特殊资产交易项目引入百亿战略投资

卢跃峰　黎志凌　凌永琴　陈　诺*

【内容提要】

某地产开发公司旗下A公司于2017年通过公开拍卖竞得包括某信托投资公司持有的对B公司100%投资者权益及债权、某信托投资公司持有的对C公司100%投资权益等主要交易标的在内的“某资产包”，成交价为551亿元，被各大媒体报道称为“史诗级交易”。2020年，某地产开发公司宣布将A公司50%股权转让给以某四大资产管理公司为首的七家战略投资者，同时收回前期股东投入390.4亿元，交易完成后，某地产开发公司将继续担任某资产包所涉相关项目的操盘方，共同推进项目建设。北京大成（广州）律师事务所卢跃峰律师团队接受委托，对本项目进行了全面尽职调查，并为客户提供相关法律咨询服务。

【案情简介】

（一）本次交易前期工作

2019年8月、12月，在卢跃峰律师团队的协助下，B公司和C公司分别完成改制，从全民所有制企业改制为有限责任公司，至此A公司完成了引入合作方的前

---

* 卢跃峰、黎志凌、凌永琴、陈诺，北京大成（广州）律师事务所律师。

期准备工作。

（二）本次交易基本情况

2020 年 6 月，某地产开发公司宣布将 A 公司 50% 股权以人民币 70.4 亿元的价格转让给包括某四大资产管理公司等在内的 7 家战略投资者，同时收回前期向 A 公司或某资产包提供的股东投入人民币 320 亿元，该次股权转让后，共计可收回人民币 390.4 亿元资金。然而，某资产包作为历史超过 20 年的不良资产，其资产情况十分复杂。

1. 可建设面积存在不确定性

一方面，某资产包核心资产之一某地块，其现行城市控制性详细规划、历史修建性详细规划方案批复、国有土地出让合同的约定与某资产包拍卖时评估报告陈述的权益可开发计算容积率建筑面积（以下简称拍卖评估建设量）存在不一致。拍卖评估建设量是预估数，单宗地实际能实现的建设量均存在不确定性，部分项目有增加可能性，部分项目有减少可能性。另一方面，某地块的历史融资合作情况复杂，拍卖完成后，部分历史合作单位仍要求按签署的历史协议条款继续履行融资合作。因各方诉求存在争议，融资合同所涉及的面积权属存在较大的不确定性。

2. 诉讼和债务风险

虽然某资产包项下所涉部分执行案件已经结案，仍有多宗执行案件和外部债务待解决。未解决的诉讼和债务可能会引起土地查封、抵押、失信、房屋与地块占用以及存款冻结等问题。

3. 部分地块清收时间不确定

某资产包项下部分地块因涉及与历史融资单位的合作、与村集体的权属红线重叠以及历史遗留的征地复建问题尚未解决，地块清收时间暂无法确定。

（三）律师工作情况

1. 沟通项目需求，制订尽调工作方案

本团队在接受委托后，与 A 公司负责本项目的法务、财务人员团队就项目需求进行了初步沟通，以落实本次并购项目的核心交易情况、法律尽职调查工作重点。团队负责人在与委托人进行充分沟通后，带领团队成员研究尽职调查工作方案，从复杂的项目交易架构中迅速抓住工作重点，为本项目“量体裁衣”，制定了个性化的初步尽职调查清单。

在正式进场工作前，为更高效地与委托人进行沟通，本团队采取书面工作沟通函的形式，将初期尽调计划、工作需求发送给客户指定的项目总对接人。这一工作形式，既便于委托人总对接人与其内部其他项目组成员协调工作，也利于系统展示律师工作计划、统一反馈团队律师工作需求。

2. 正式进场，制定尽调工作进度表、尽调报告格式

在本团队正式进场开展尽调工作后，团队现场负责律师组织核心工作成员与委托人项目团队进行了再次沟通，进一步明确了本项目的尽调范围、尽调方式和尽调内容，并对初步尽调计划中的部分内容进行了澄清。

随后，团队现场负责律师根据上述沟通情况，对初期尽调工作计划进行了修正，按照委托人的时间节点需求制定了尽调工作进度表，并初步确定了尽调报告格式。

3. 科学分工、高效合作，书面工作与现场踏勘双管齐下

由于委托人对本项目的完成时限要求高，团队负责人及现场负责律师根据尽调报告整体体系，对团队成员进行了科学的分工。其中，团队负责人考虑到法律尽职调查作为一项“系统工程”的特性，要求团队成员在科学分工的基础上，还应做到高效合作，如遇特殊情况，需将相关情况告知其他团队成员，避免尽调报告中出现矛盾、错漏，保证尽调工作有条不紊地开展。此外，由于本项目的重点工作内容之一是项目所涉不动产情况的核查，团队负责人委派了具备丰富经验的项目现场负责人、团队成员分头前往多个项目地块现场进行踏勘。通过制定书面工作与现场踏勘双管齐下的工作策略，较大程度地提高了团队工作效率，充分保障项目时间进度。

4. 关注历史遗留问题，重点排查诉讼与债务风险

如前所述，本项目所涉的某资产包存续时间长、资产情况十分复杂。因此，本团队在确定尽调方案、尽调报告相关内容时，作出了具有针对性的工作安排。一方面，在进行尽调工作时，特别关注各项目地块从始至今所涉用地许可、规划报建、建设销售情况，在尽调报告中清晰地展示相关历史沿革；对与各地块项目有关的融资或合作合同，从签订、权利义务、履行等方面进行了详细核查。另一方面，对各地块项目所涉诉讼、仲裁情况以及查封或权利负担情况进行了重点排查，在尽调报告法律意见部分对可能存在的法律风险进行了综合分析与提示。在尽调报告正文部分已包含与项目地块相关的重大诉讼、仲裁情况的基础上，本团队还将与项目地块

非相关的重大诉讼、仲裁情况整理为表格，在突出重点的前提下，保证尽调报告内容的全面性、法律风险提示的充分性。

5. 提炼项目地块信息重点，优化尽调报告内容展示方式

为充分展示各项目地块的重点信息，本团队除在尽调报告正文详细描述各项目地块的用地许可、规划报建、建设销售历史沿革情况外，还在尽调报告附件部分，以表格的形式将各地块的前述信息进行提炼，使相关重点内容一目了然。对尽调报告内容进行多样化展示，有利于提升委托人及其他中介机构的阅读体验与效率，便于相关阅读者在第一时间获取关键信息。

6. 按日提交工作简报，定期反馈尽调相关问题

本团队在正式进场尽调后，坚持每日向委托人提交工作简报，汇报当日工作完成情况及下一日工作计划。此外，还应定期以书面形式定期向委托人反馈、汇总尽调资料相关问题。通过采取前述工作形式，委托人可及时了解律师工作进度与规划，律师也可定期就尽调工作相关问题与委托人进行精准沟通，进一步节约了沟通成本，提高了沟通效率，同时，也有助于提升委托人对法律服务的满意度。

综上，某资产包中涉及的项目地块众多且存在复杂历史遗留问题，本团队在对项目情况进行高效、全面梳理的基础上，对各项目地块的历史、交易结构、主要法律风险及重大涉诉案件进行了详细的分析和建议，就该项目提供了相关法律咨询服务。在尽调工作过程中，本团队在精准把握委托人需求的基础上，科学制订尽调工作方案，优化工作策略，创新工作方式，较大程度地提升了律师工作效率及委托人对法律服务的满意度。

【业务难点】

本团队在接受委托后，迅速组织团队律师对项目情况进行摸排，抓住项目的核心与重点，在短时间内形成了正确的尽职调查方案。除对 B 公司、C 公司基本情况进行全面的调查外，还重点对两公司及其关联公司名下所持地块及物业从用地许可、规划报建、建设销售、融资合作情况，以及所涉诉讼仲裁情况等方面进行了深入的核查、分析及建议，并就该项目提供了相关法律咨询服务。

【案例评析】

本项目所涉工作量大、材料繁多、时间紧迫，团队负责人在科学规划尽职调查报告内在逻辑、核查重点的基础上，科学、高效地组织团队成员进行分工与合作，最终形成了一份客观、专业、翔实的尽职调查报告。

某资产包的核心资产为位于广州市核心区域的 16 宗可开发土地，该等地块的剩余权益可开发计容积率建筑面积预计约 211 万平方米。多年来，部分地块存在烂尾闲置、低效使用、影响市容市貌等问题。某资产包成功引入战略投资者，某地产开发公司共计收回人民币 390.4 亿元资金，可加速某资产包盘活，提升某资产包资产价值，优化公司资源配置。此外，通过对烂尾、闲置地块进行重新开发，一方面将增加市区核心区域新房的供应量，另一方面也将较大地提升周边居民的生活环境。据悉，根据某地产开发公司近期披露的情况，某资产包推出的首个项目自 2021 年 10 月 1 日开盘以来，其销售金额、销售套数已创造了广州市中心五区、近十年来的新纪录。

【专家点评】

本项目为超大标的股权交易项目，涉及的资产来自不良资产包，该不良资产包有超过 20 年的历史，导致标的资产现状、法律适用等方面均发生了较大变化，大大增加了尽职调查的难度。为应对各种历史遗留问题和法律疑难问题，尽调律师团队科学安排工作，勤勉尽职，最后顺利完成委托人委托的事项，充分展现了当代律师的法律专业能力和认真负责的精神风貌。同时，该尽职调查项目的顺利完成，对委托人引进战略投资者、回笼资金、加快不良资产包的处置进程起到积极推动作用。

（点评人：李伯侨，暨南大学法学院教授）

广州某带钢厂破产清算案

揭 利 陈文婷*

【内容提要】

破产管理人在开展对关停近三十年企业的破产清算过程中，在企业的资料丢失严重、无法掌握企业财产线索的情况下，依据《企业破产法》等规定，竭尽全力、克服各种困难并穷尽各种合法手段查清该企业复杂的财产，通过管理人的不懈努力，最终顺利处置该企业的全部破产财产，共清偿税款债权 34433683.34 元，清偿率高达 94.3%，为税务部门追回九成多的税款，避免了国有资产流失，保障了债权人的合法权益。

【案情简介】

本案破产人广州某带钢厂（以下简称带钢厂）成立于 1988 年 12 月 14 日，注册资金为人民币 260 万元，经济性质为全民所有制，经营方式为制造、加工、运输，经营范围为主营制造、加工彩色涂层钢带、钢板、发蓝打包铁皮、冷轧镀锌钢带及钢材加工；加工瓦楞板、扣板、夹心板、家具；兼营冶炼设备制造（铁合金）、加工机械、粉末喷涂、汽车货物运输。带钢厂已关停近三十年，其在关停期间曾以自有物业与开发商共同开发房地产。2006 年 4 月 27 日，经税务稽查局立案调查，发现带钢厂拖欠税款，直至 2017 年 9 月 7 日，共欠税款 36494924.50 元。因此，税

* 揭利、陈文婷，广东金桥百信律师事务所律师。

务稽查局向广州市中级人民法院（以下简称广州中院）申请对带钢厂进行破产清算。同日指定广东金桥百信律师事务所担任带钢厂管理人。本案工作开展情况具体如下：

（一）依法刊登公告及接受债权人的债权申报

管理人就广州中院出具的公告向羊城晚报和人民法院报办理刊登手续。将本案的受理情况、管理人指定情况、债权申报期限以及第一次债权人会议召开信息依法进行公告。并依法对债权人税务稽查局申报的债权进行审查，并据此编制了债权表提交第一次债权人会议核查，广州中院已依法裁定确认上述无异议债权。

（二）接管工作

管理人根据从工商部门调取的带钢厂工商档案资料前往带钢厂登记的注册地查看现场，但到达后发现带钢厂不在该注册地址经营，无法找到带钢厂及任何工作人员。在走访注册地的过程中，管理人和周围群众攀谈以及查阅工商档案信息，了解到带钢厂的资料档案由上级主管企业（以下简称托管单位）进行保管管理。后管理人与托管单位取得联系并开展接管工作。

（三）调查带钢厂财产状况

因为带钢厂自十多年前起至破产受理时止的财务账册遗失，实际上多年前的账册已经不具有审计价值。管理人决定以尽调工作为主、审计报告为辅的方法确定债务人的破产财产，从而得出债务人是否资不抵债的结论。在调查工作中，发现带钢厂的主要财产为不动产，状况比较复杂，有些尚未办理过户，只有预售合同；有些尚在带钢厂名下，但已经办理房改；还有不动产登记错误的问题。而这些问题已经超过三十年，给管理人寻找证据造成了很大的困难。

1. 不动产

（1）关于仍登记在带钢厂名下的职工宿舍情况，管理人首先通过接管的材料进行筛查出已办理房改但未办理过户的单元，并在广州市住房保障办公室查询底档，确认房改事项后，向债权人和人民法院汇报，按照司法解释的规定，决定把这部分从破产财产中排除。因房产部门回复的登记情况和实际不符，存在职工已经办理了单个单元房的房产证，但查册时仍登记在带钢厂名下而且没有备注。管理人为排除各种可能性避免遗留问题，在实地张贴告示，配合未过户职工过户，依法维护了职工权益。

（2）对于未办理房改的职工宿舍的问题，管理人经调查发现，带钢厂就这些房产与某公司存在拆迁补偿协议，但拆迁公告多次失效。管理人经实地勘察，证实这些房产仍然存在，并不在拆迁红线图内，在相关部门查询到的材料确定拆迁补偿协议并未履行完毕，某公司对于管理人的调查和债权申报通知均无回复，无证据证实某公司接管相关房产，相关房产仍然登记在债务人名下。按照企业破产法和相关司法解释的规定，这些房产应被认定为债务人财产，某公司作为已知债权人，经管理人通知不申报债权，是对自身权利的处分。管理人确定该批房产可以上市交易后决定以拍卖方式处置。按照经债权人会议通过的变价方案执行，但拍卖公告发出后，某公司提出异议，并提出取回权要求。管理人审查其资料后，认为目前存在的证据只能证明某公司与破产企业存在债权关系，而某公司未占有房屋，按照相关规定，无须继续履行合同。同时争议财产登记在带钢厂名下，而房产未被拆迁，没有损毁，某公司不能证明其享有所有权，故管理人驳回其取回权请求并再次通知其申报债权，某公司并未起诉和申报债权。后管理人将房屋成功拍卖并按人民法院裁定的分配方案进行分配。

（3）对于存在的六套登记在带钢厂名下的预售商品房，管理人除查册资料外没有其他资料，而且查册的地址是预售地址且不详。管理人在交易中心调取了 20 年前的预售合同，凭着合同图纸标准地址附近的多个小区物业和居委会查询，最终确定了目标六套房屋所在地址。这些商品房进行了预售合同备案，并且在房管部门的系统和档案上显示带钢厂为所有权人，物业管理处登记的业主亦为带钢厂，管理人认为根据物权法和司法解释的规定，此六套房屋应认定为债务人的财产。管理人经过和物业管理公司协调，经过当地居委、派出所协助，最终开出地址确认书，解决了预售合同地址和标的门牌地址不一致的问题，完善了这些商品房的拍卖条件，并处理好与占有人的关系后，房屋按照变价方案成功拍卖。

（4）对于原与带钢厂存在租赁关系的承租人，管理人根据法律规定与承租人达成合意，继续履行双方的租赁合同，前提是承租人承认租赁关系为不定期租赁合同，同意在拍卖该房产前通知，若有意愿参与竞买，将在拍卖系统中设置其享有优先购买权参与竞买；若放弃竞买，租赁合同则从房屋被处置之日起解除。达成合意后，承租人均按时向管理人交纳租金，管理人向税务部门申请特事特办，为已经停业多时的债务人增加了相应的经营范围。另外，债务人还具备了开具租金发票的资格。此后，存在租赁关系的商铺和住宅均顺利被拍卖处置。

（5）对于带钢厂名下商铺和第三人同层商铺房产证上的面积存在重叠的“一房两证”的问题。管理人在调查中发现了“一房两证”的问题后，经房管部门指引，同时考虑到行政登记行为已超过20年，因此，提起了所有权确权之诉，但人民法院认为该案属于对房屋登记机构的房屋登记行为不服，不属于人民法院民事诉讼受理范围，驳回了起诉。考虑到行政诉讼的诉讼时效问题和带钢厂与第三人对各自占有的部分没有争议的事实，管理人通过作为历史遗留问题向自然资源局的信访部门申诉，最终纠正了房产登记错误。

2. 银行存款

（1）管理人经调查发现，带钢厂名下基本存款账户存有余款，已及时接收统一管理。

（2）管理人经调查发现，带钢厂名下的住房基金户存有200多万元的住房基金款项，对于住房基金的提取，住房保障办公室在实务中的通常做法是全部移交上级单位，基本不允许破产企业统筹使用。根据《广州市房改办关于单位住房基金有关问题的通知》第2条的规定，单位住房基金按售房收入25%留作已售公有住房共用部位、设施维修基金后，余下75%用于向未享受过购房优惠政策的职工发放住房货币补贴。重组或兼并的企业，其住房基金由重组或兼并后的企业管理、使用；关闭、破产的企业，其住房基金首先用于向本企业符合住房货币分配条件的职工发放住房货币补贴，剩余资金可由企业统筹安排使用；撤销的单位，其住房基金由上级主管部门管理、使用。根据上述的规定和最高人民法院的相关批复，管理人认为可由企业统筹安排使用的剩余资金依法应认定为债务人财产，该意见也得到了人民法院的认可，但是实践中该剩余资金的提取却困难重重。资金的控制人住房保障办公室要求管理人提供资料证明破产企业已经解决全部职工住房问题，否则不能提取。因为带钢厂资料的缺失，而且资料的规定过于抽象，基本上不可能提供。管理人转变思维，多次上门和经办人员沟通资料不全情况下的变通办法。达成共识后，管理人向托管单位分析了案情、法律关系和利弊后，获得了支持，上级托管单位决定接收破产人的维修基金，并承诺承担职工宿舍维修责任，如职工住房问题未妥善解决，由托管单位负责解决。在此前提下，住房保障办公室批准管理人提取住房基金。

（四）选定审计机构并开展审计工作

管理人委托广州中院摇珠选定的审计机构对带钢厂开展审计工作，审计机构经审计出具《广州某带钢厂破产清算专项审计报告》。根据该审计报告，并结合带钢厂无法清偿到期债务，且资产不足以清偿全部债务的状况，广州中院作出生效裁定，宣告带钢厂破产。

（五）选定评估机构并开展评估工作

管理人委托广州中院摇珠选定的评估机构对带钢厂名下的不动产进行评估工作。

（六）管理人根据由债权人会议表决通过的带钢厂破产财产变价方案对带钢厂名下需变价的破产财产变现；管理人根据由广州中院依法裁定认可的带钢厂破产财产分配方案执行分配。

本案中，管理人通过处置带钢厂名下的破产财产，对破产债权共进行四次分配，最终清偿了税款债权 34433683.34 元，清偿率高达 94.3%，管理人仍为国家税收追回了近九成的本金损失，难能可贵。

【业务难点】

带钢厂关停近三十年，资料丢失严重，名下财产十分复杂，调查难度极大。其名下登记有房改房，有已房改，有已房改后又拆迁，但拆迁未最终完成的情况；有六套未办证仅有预售合同的商品房，而预售合同中地址与现址不符；登记有一套商铺，与另一企业的房产面积重叠，出现“一房两证”情况，而且出证超过二十年等历史遗留问题。另外，带钢厂名下住房基金账户中有 200 多万元余额，控制资金的行政部门对破产程序缺乏了解，管理人缺乏提取该资金的资料。管理人需要在缺失资料的情况下制订尽调方案将财产情况调查清楚，按照既有事实和法律、司法解释、法理、政策判断这些财产哪些属于破产财产，哪些不属于破产财产，并对于破产财产制订可行性处置方案。

【案例评析】

本案不同于一般破产清算案件之处有：1. 本案是因破产企业欠缴3600多万元税款，而税务稽查局在10年内只强制执行到53757元而后执行不能的情况下申请该企业破产清算；2. 本案破产企业属于关停近三十年的僵尸企业，企业资料丢失严重，无在职职工，现任企业法定代表人对企业的过往情况不清楚，管理人能从企业了解的情况或线索不多，给管理人开展工作带来了巨大困难；3. 本案破产企业的财产十分复杂，存在历史遗留问题，财产调查及处置都困难重重。

本案办理重点体现在带钢厂名下财产的状况，需厘清带钢厂名下的财产，方能顺利完成本案清算工作。带钢厂名下不动产的产权情况十分复杂，包括已经房改未过户的房产，涉及拆迁又无拆迁资料的房产，预售未办证的房产。这些不动产的占有情况也十分复杂，有租赁，有回迁，有不明身份占有。管理人通过查阅房改资料，房产内档，申请预售合同信息公开，走访房改办，多次走访现场，和托管单位和占有人沟通，调查占有人的资料，多次现场贴告示，向不动产的物业单位了解情况，多次发函，向拆迁人、占有人了解情况，经常遇到阻挠和不配合，管理人穷尽了一切合法手段履行职责，经过一年时间的努力，所有不动产的基本情况查清。情况清晰后，需要认定其中的破产财产，管理人综合法律规定、最高人民法院个案回复、政策法规、历史情况认定了破产财产的范围，制定财产状况报告和变价方案，得到债权人和人民法院的认同。其后，管理人按照变价方案把文件资料补充备齐，和占有人、出租人达成共识，同意公开拍卖财产。进入拍卖程序时多次发函未回复的拆迁人又发来异议函和主张取回权，管理人依法不支持其取回权，财产最终成功处置。另外，提取住房基金是破产实务中“不可能完成的任务”。因为一般关停多年的僵尸企业无法获取广州市住房保障办公室要求的企业的住房货币分配方案或已解决职工住房情况证明。管理人在企业宣告破产后长达一年多的时间里多次走访住房保障办公室据理力争，并取得破产企业上级托管单位对破产工作的支持，终于让住房保障办公室同意在托管单位承诺对职工住房问题兜底的情况下允许管理人提取170多万元的法定份额用于清偿债权。

通过本案实践，管理人总结出以下几个工作方法。

1. 破产企业的破产财产关系到最终实现清偿破产债权并减少债权人损失的保障，故管理人应全方位查清破产企业的财产状况，在调查中遇到阻碍或者困难，应全局思考，制定多个路径进行。多换位思考相对方不配合的顾虑，有的放矢。及时向相关部门反映情况、多作沟通，及时向破产企业及托管单位甚至人民法院反映情况听取相关意见或建议，尽职尽责。

2. 在事实清楚的情况下，作出决定前应以法理充分论证，但不能因怕承担责任而犹豫不决，对于定性问题，尤其财产相关的定性问题，在破产法理尚不完善的情况下，还要充分的获得债权人的支持和人民法院的认可，减少执业风险。

3. 在办案过程中要立足企业破产法，并根据案件实际情况灵活运用行政法等其他多种法律，同时要考虑相关的行政法规、行业规定等保障案件顺利完成。

【专家点评】

《企业破产法》自 2007 年 6 月 1 日起施行以来，已有十几年的时间，随着中国各种市场要素的变化，这部法律已经不能完全满足需要，很多的实务问题不能在法律上找到直接依据。在法律修订前，需要管理人从《企业破产法》公平清理债权债务、保护债权人和债务人的合法权益、维护社会主义市场经济秩序的立法目的出发，运用破产法的基本原则制订实施方案解决实务问题。本案的管理人遇到了实务中不常见的债务人财产形态，但其能果断和清晰的分析这些财产在法律上的性质并制订恰当的处置方案，坚持依法灵活操作——将难题化解，实现破产人财产的处置变价，而且在此过程中未激化与财产的利害关系人和控制人等的矛盾，最终使债权人获得较高的受偿率，这表明管理人除了勤勉之外，还具备较高的专业素养。

（点评人：白峻，华南理工大学法学院副教授）

法商思维创造市场，律师促成股权高溢价转让

陈　默　陈涵涵*

【内容提要】

代理律师接受某国有房产公司（以下简称房产公司）的委托，作为其挂牌转让下属某物业管理有限公司（以下简称物业公司、标的企业）100%股权项目（以下简称本项目）的专项法律顾问，针对项目存在时间紧、任务重、员工安置难度大、评估价格低等种种困难因素，利用自身的法律专业优势和商业思维，在妥善解决员工安置问题、维护社会稳定的同时，挖掘企业的潜在价值，助力物业公司带着历史遗留问题进行挂牌转让，最终物业公司股权以653.55万元成交，溢价高达25倍。

律师办理公司股权挂牌转让业务，往往作为“法律代理人”角色，以按照规定程序合法合规走完挂牌流程终案了事，但实践证明，律师若能在保障委托人达到交易目的的基础上，努力挖掘和发现转让标的的市场价值，更凸显律师工作的效果。

【案情简介】

代理律师接受房产公司的委托，担任本项目的专项法律顾问。律师进场后发现，本项目存在诸多不利因素：时间紧（自代理律师接受委托至项目正式挂牌，仅

---

* 陈默、陈涵涵，分别为广东连越律师事务所合伙人、律师。

有30多个工作日时间）、任务重（标的企业设立于90年代初期、历史遗留问题多）、员工安置难度大（安置方案涉及55名员工、不少员工因未足额缴纳社保和住房公积金而抵触情绪强烈）、评估价格低（因考虑潜在风险及历史遗留问题、评估价仅为24.55万元）等。针对本项目“先天不足”的情况，如何在妥善解决员工安置问题、维护社会稳定的前提下，在规定的期限内顺利将物业公司100%股权挂牌转让，是衡量本项目成功与否的重要标准，也是代理律师专业能力的体现。

在本项目中，代理律师为项目提供了全方位的法律服务，从方案的设计、到与员工的沟通、到市场的调研、再到风险揭示和风险处置，为本项目顺利完成打下坚实的基础。项目主要的问题和解决过程如下。

（一）标的企业前身是设立于90年代初期的全民所有制企业，企业存续时间长，员工的身份构成较为复杂，历史上并没有为全体员工足额缴纳社保和住房公积金。在起草员工安置方案的初期，不少员工提出身份置换的补偿要求、补缴社保和住房公积金的要求。按照目前国有企业股权转让的相关规定，如员工大会不能表决通过员工安置方案，企业将无法进入挂牌转让程序。因此，如何在短时间内促使员工放下疑虑和担心、表决通过员工安置方案，是推动整体工作的前提和关键。

代理律师于2020年3月2日正式接受委托，基于评估报告的有效期的考虑，项目必须在2020年4月30日前完成挂牌，考虑各个环节的审批流程及与产权交易中心的沟通反馈时间，留给代理律师处理员工安置问题的工作时间仅有十几个工作日。对于物业管理公司而言，管理队伍的稳定对于公司的股权价值至关重要，如何打消员工心中的顾虑、在短时间内促使员工大会通过员工安置方案、并完成股权转让前后的平稳过渡，对代理律师而言是一个巨大的挑战。

代理律师认真查阅了物业公司自成立以来的历史沿革资料，以及历史上各个不同时期关于社会保险、住房公积金、经济补偿金的相关规定；前往社会保障部门、住房公积金中心了解现行政策及后续可能的解决方案；与标的企业的人力资源部门沟通，列出未足额缴纳社保和住房公积金的人员名单，了解其背后的原因，包括企业和员工的实际情况；与物业公司的骨干员工、有疑虑或有抵触情绪的员工进行了多轮的、一对一的交流，了解其心中的疑虑和诉求。

在前述工作的基础上，代理律师重点做好下述工作：第一，针对部分员工的合理诉求（如未足额缴纳的社保、住房公积金问题），结合标的企业的实际情况予以回应，提供切实可行的解决预案和途径；针对其不合理的诉求（如经济补偿金），明确告知法律的相关规定、已生效的司法案例，让其消除误会，转变态度。第二，针对员工顾虑的、股权交割后可能大规模裁员的问题，代理律师协助起草了《员工安置方案（初稿）》，除按照现行法律法规的规定进行安置外，还要求股权受让方“自标的企业股权变更至新股东名下之日起一年内，标的企业不得降低届时在职员工及《劳务合同》期内的退休返聘人员的待遇。如存在《劳动合同》《劳务合同》在该一年内到期的员工，除该等员工主动要求离职外，标的企业有义务将该等员工的合同期限延长到该一年期满”。第三，在《产权转让方案》的其他应披露内容和附件中列出存在员工未足额缴纳社保和住房公积金的情况，一方面如实披露企业的潜在风险、避免日后与股权受让方产生法律纠纷，另一方面也给员工“定心丸”，表明本次股权转让不会掩盖问题，且不会阻碍后续的解决途径。第四，为保障标的企业员工利益，确保标的企业股权转让后顺利平稳过渡，对拟报名的意向受让方提出一定的要求，要求其必须承诺实收资本及净资产均不低于人民币 120 万元（含 120 万元），并于转让信息披露期间提交最近一期审计报告及验资报告或财务报表及验资报告。

通过上述的安排，大部分的员工都转变了态度，代理律师同时协助委托方对本次股权转让的必要性进行宣讲，引导员工积极配合推进股权转让的相关工作。2020 年 3 月 25 日，标的企业召开员工大会，两位代理律师也全程参加会议并进行了耐心的解答，最后员工大会顺利表决通过了员工安置方案。

（二）在股权挂牌转让的过程中，标的企业的历史遗留问题和风险将影响投资人对企业价值的判断，进而影响股权转让价格的高低。如员工的社保和住房公积金的补缴问题、小区物业管理中存在着部分不规范的行为、历史上遗留较大金额的应付未付款项等。如何准备问题的解决预案，最大限度展示标的企业的核心价值，提升投资人对标的企业的价值判断，体现股权真实的市场价格进而提升股权成交价格，是代理律师工作的重点。

《产权转让方案》作为国有产权挂牌转让的核心文件，产权交易中心对其披露的格式和内容都有着非常严格的标准。产权交易中，真实、准确、完整的信息披露是最基础的原则，但是在如实揭露法律风险、避免未披露重要信息而致使日后纠纷发生的同时，也容易导致国有产权的价格过低，难以体现真实的市场价格。

代理律师在认真审阅标的企业的相关资料（包括但不限于资产情况、重大合同、财务报表、审计报告、评估报告等），在对标的企业的整体情况已有全面、充分了解的基础上，实地走访标的企业下属管理的七个居民小区，与标的企业的经营层多次讨论，了解各小区的实际经营情况，包括小区物业管理、物业费收取的情况等，通过调研了解标的企业的市场潜力，发掘企业的核心价值。

在前述工作的基础上，代理律师按照国有产权交易的法律法规起草了《产权转让方案》等相关的一系列配套文件，并出具供其挂牌转让使用的法律意见书。在《产权转让方案》中，代理律师结合以往经办项目的经验，重点做到：第一，如实披露企业历史遗留问题和法律风险，同时提出了法律解决预案，为股权受让方后续解决问题指出合法合规的解决途径；第二，在方案中进行适当的标的企业情况描述，尽可能地展示标的企业的核心价值和优势，如标的企业具有良好的现金流、拥有较多的现金储备、目前管理的小区面积较大、物业管理费用相比同一地段的其他小区有较大的提升空间等；第三，协助委托方与产权交易中心的经办人员进行沟通，取得他们的理解和支持，也同时希望产权交易中心向潜在交易方推荐。

2020 年 4 月，标的企业以评估价 24. 55 万元为底价在广东联合产权交易中心挂牌，共有十六家单位报名参与竞价，最终标的企业股权以 653. 55 万元成交，溢价高达 25 倍！2020 年 6 月 8 日，转让方与受让方正式签署《产权交易合同》，受让方依照合同的约定支付了股权转让款，并在 2020 年 8 月进行了工商变更，顺利完成了产权的交割，标的企业的原有人员也得到平稳过渡。

【业务难点】

1. 标的企业前身是全民所有制企业，存续时间长，员工身份复杂，历史上没有为全体员工足额缴纳社保和住房公积金，员工安置难度大。如何让员工在短时间内放下疑虑、顺利表决通过安置方案，是推动股权转让整体工作的关键因素。

2. 因考虑历史遗留问题和潜在风险，标的企业股权评估价格较低，无法体现其真实的市场价值。如何运用法律与商业相结合的思维，提升市场对标的企业的价值评估，从而提升转让价格，是法律服务的工作重点。

【案例评析】

首先，在本专项法律服务中，物业公司作为国有全资公司，股权挂牌转让涉及《公司法》《国有资产法》《企业国有资产交易监督管理办法》《企业国有资产评估管理暂行办法》《国务院办公厅转发国资委关于进一步规范国有企业改制工作实施意见的通知》等国有产权转让、国有资产评估、员工安置等领域的法律法规及政策性文件；主营业务性质涉及《物业管理条例》等物业管理和服务领域的法律法规，其历史遗留问题涉及《劳动合同法》《劳动合同法实施条例》《社会保险法》《住房公积金管理条例》等劳动用工、社保及住房公积金领域的法律法规。因此，项目要求代理律师需要同时熟悉上述多个法律专业领域的规定、历年来政策的变化更替以及实际操作中的具体业务和流程，才能在短时间内推进工作。

其次，本项目还要求代理律师应具备股权投资的专业知识，了解投资人的投资逻辑，挖掘标的企业的核心价值和优势，预测投资人的关注重点，并能结合投资人的需求和项目的实际情况设计方案，针对潜在的风险和问题提出切实可行的解决途径。

最后，在与产权交易中心经办人员充分沟通和论证的基础上，代理律师在《产权转让方案》《产权交易合同》等系列配套文件中进行技巧性的安排，在真实、准确、完整披露企业真实情况和历史遗留问题的同时，尽可能地展示标的企业的核心价值和优势。

“法律创造价值”，这一理念在本案例中得到验证，律师是为当事人解决实际问题的，除尽力促成交易、保证交易的合法合规外，若能运用商业的思维，则可进一步体现法律的附加价值。

【专家点评】

一个传统的物业管理公司、一个带着历史遗留问题的改制企业、一个通过产权交易中心挂牌出让的国有股权，最后以溢价 25 倍成功转让，在国有股权挂牌转让的案例中并不多见。

在本案例中，代理律师并非只是简单地按照产权交易中心的指引制作法律文件，而是善于运用法律与商业相结合的思维方式，从投资人的投资逻辑出发，挖掘标的企业的核心价值，结合企业的实际情况提出历史遗留问题的解决方案，使投资人充分认识到企业的市场价值和未来发展空间，促使更多的投资人参与竞拍并提出更高的报价。

员工安置问题往往是国有企业股权转让中最容易引发纠纷的环节。代理律师耐心且细致，多次与员工一对一的交流，协助起草员工安置方案，全程参加员工大会并提供咨询，最后促使员工放下疑虑和抵触情绪，表决通过员工安置方案，顺利扫除股权挂牌转让前的“障碍”，也体现了代理律师具有较好的把控和化解风险的能力。

在本案中，代理律师运用开创性的法商思维，提升市场对于标的企业的价值重估，最后协助委托人以高溢价顺利完成股权转让，交易各方都实现目标，取得较好的社会效果和经济效益，体现了律师运用法律创造价值，对律师参与股权交易市场法律业务有着非常积极的示范效应。

（点评人：蔡镇顺，广东外语外贸大学法学院教授）

国有企业合规内控体系精细建设方法

——以某供电企业合规体系建设项目为例

彭 玥 梁智刚 黄欣欣 李 巧 陈 依*

【内容提要】

随着国有企业改革外部监管政策深入，完善中国特色的有效合规管理体系成为国有企业改革的重要任务。

例如，合规管理体系建设与现代企业制度建设密不可分。2019 年，国务院印发了关于《改革国有资本授权经营体制方案》的通知，国有企业开始全面加快实现从管企业到管资本，加大授权放权力度。随后的《国有企业三年改革行动方案（2020－2022 年）》，首要改革方向即完善中国特色现代企业制度，厘清党委（党组）、董事会、经理层等治理主体的权责边界，加快建立有效制衡的公司治理机制。

在此背景下，国有企业进一步深化建立合规内控体系建设，进一步完善以党的领导为基础、嵌入公司治理体系的合规管理组织结构，建设全面风控内控合规一体化融合管理体系。

【案情简介】

根据《企业内部控制基本规范》《中央企业合规管理指引（试行）》《关于加强中央企业内部控制体系建设与监督工作的实施意见》国家标准 GB/T 35770—2017

---

* 彭玥、梁智刚、黄欣欣、李巧、陈依，广东金鹏律师事务所律师。

《合规管理体系指南》和《合规管理体系要求及使用指南》等有关要求，国有企业需系统建立有效的合规内控管理体系。

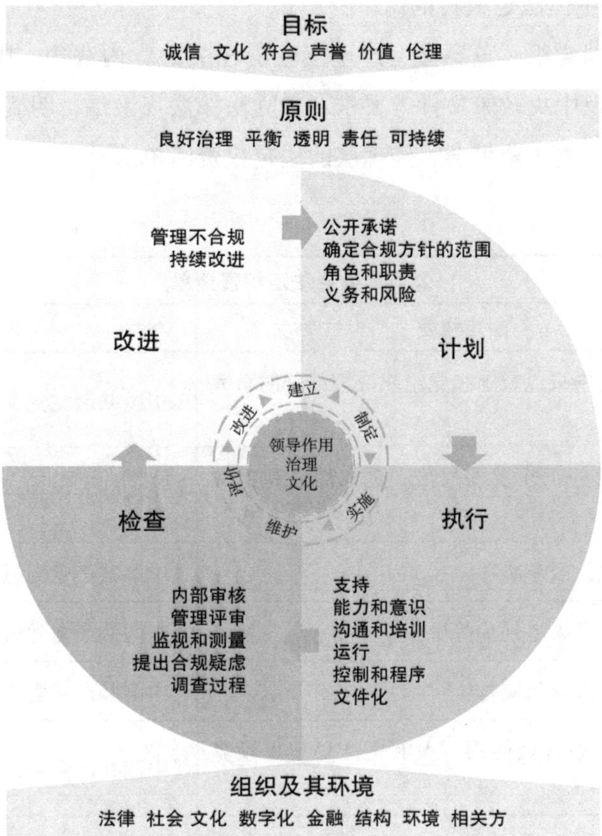

（一）建立国有企业合规管理组织架构

合规内控体系建设的其中一项重要工作内容系完善控制环境，建立合规管理体系下的国有企业合规管理治理主体的职责。

以党的领导为基础建立国企特色合规管理体系。在本项目中，根据客户公司内部治理主体的实际情况，按照建设中国特色社会主义国有企业制度的总体要求，按照提升公司治理能力、完善党组、董事会、经理层职权划分的目的，以加强党的领导、依法合规、机构与权责匹配、与时俱进为原则，在项目中为国企客户公司梳理公司治理主体议事决策清单，建立董事会向经理层授权的清单，研究党委前置研究方式，协助客户公司推动建立各司其职、各负其责、协调运转、有效制衡的法人治理体系。

具体开展工作的思路如下：

1. 梳理治理主体法定权责的清单

系统梳理公司党组、董事会、经理层职责相关的党内法规，国内法律、法规、规章、司法解释及中央政策文件等要求，建立法律法规汇编，明确公司治理主体的法定权责，形成党委、董事会、经理层的法定权责清单。

示例如下：

公司党委会法定权责清单		
序号	法定权责	依据
1	贯彻落实党中央以及上级党组织决策部署的重大举措	《中国共产党党组工作条例》等
2	研究讨论业务工作发展战略、重大部署和重大事项	《中国共产党党组工作条例》等
3	研究讨论重大改革事项	《中国共产党党组工作条例》等
4	研究讨论重要人事任免等事项	《中国共产党党组工作条例》等
5	研究讨论重大项目安排	《中国共产党党组工作条例》等
6	研究讨论大额资金使用、大额资产处置、预算安排	《中国共产党党组工作条例》等
7	研究讨论职能配置、机构设置、人员编制事项	《中国共产党党组工作条例》等
8	研究讨论审计、巡视巡察、督查检查、考核奖惩等重大事项	《中国共产党党组工作条例》等
9	研究讨论重大思想动态的政治引导	《中国共产党党组工作条例》等
10	研究讨论党的建设方面的重大事项	《中国共产党党组工作条例》等
11	研究讨论安全生产、维护稳定、职工权益、社会责任等重大事项	《中国共产党国有企业基层组织工作条例（试行）》等
12	研究讨论其他应当由党组讨论和决定的重大问题	《中国共产党党组工作条例》等

公司董事会法定权责清单		
序号	法定权责	依据
1	决定公司的经营计划和投资方案	《公司法》等
2	制订公司的年度财务预算方案、决算方案	《公司法》等
3	制订公司的利润分配方案和弥补亏损方案	《公司法》等
4	制订公司增加或者减少注册资本以及发行公司债券的方案	《公司法》等
5	制订公司合并、分立、解散或者变更公司形式的方案	《公司法》等
6	决定公司内部管理机构的设置	《公司法》等
7	制定公司的基本管理制度	《公司法》等
8	决定公司的重大投资、资产转让、大额捐赠等事项	《企业国有资产法》等
9	决定公司章程规定的其他职权	《公司法》等
10	贯彻执行党的方针、政策，向国务院及有关部门请示、报告工作	《公司章程》
11	组织制定和实施公司发展战略、发展规划、重大固定资产投资项目和重大资本运营项目	《公司章程》
12	组织制订和实施公司的年度投融资计划	《公司章程》
13	提出修改公司章程的建议	《公司章程》
14	审批子企业章程和重大决策方案	《公司章程》

2. 梳理治理主体在合规管理体系中的权责事项

基于公司治理的合规管理主体，“三道防线”实际决议事项繁杂，散落于公司不同业务事项的管理制度中，结合公司管理制度规定，梳理治理主体的管理制度权责事项，建立管理制度权责事项与法定权责事项的对应关系，“法定权责不授权”的原则，明确在实际合规管理以及经营决策过程中，具体管理事项是否需要保留在相应治理主体的权责清单中。

同时，根据公司既往治理主体决策会议的历史审议议题，识别合规管理相关制度权责事项是否仍有保留的必要，以及是否有法定及合规管理制度外事项多次实际提起审议的，明确各治理主体的在合规管理组织体系中权责事项增减原则。

3. 重新拟定治理主体在合规管理中的权责清单、授权清单

依据法律法规和公司章程，针对公司治理主体权责事项存在的问题，基于党委、董事会、经理层的职能定位，重新拟定治理主体权责清单、授权清单。例如，（1）根据近三年的决议议题，梳理未实际开展决策的事项，评估相关权责事项与公司实际经营需要的关系后，进行精简合并；（2）根据公司业务发展需要，增加境外投资项目审批权责；（3）一定范围的投资项目、资产处置事项公司章程已经明确属于经理层职权，应当对投资项目及资产处置事项作进一步细分后，将一定范围的事项明确为经理层权责；针对日常经营管理中频次较高、风险较低的事项，如“修订所出资企业章程”，由董事会授权经理层决策。

4. 以权责事项为维度，建立合规管理组织体系相关的部门机构、权责关系及流程

围绕企业战略规划，结合合规管理体系的公司治理实际，完善分类、分级、分岗位授权，精简合规管理的审批流程，建立以授权基本制度为依据，以授权清单、权责清单、治理规则、部门职责、岗位标准文件等为具体行为规范，以相关制度流程及信息系统为载体，在编制权责清单和授权清单的基础上，优化公司治理主体议事规则和部门间合规管理职责及管理界面，推进公司领导授权到岗、完善法定代表人等合规管理主体的委托授权管理，做到合规管理制度、流程、业务、人员四个全覆盖，实现以授权体系建设推进合规管理体系优化提升活动深入开展，形成针对公司重大治理事项从承办到会签审核、审议/审批、签发的全过程管理。

示例如下：

公司重大治理事项审批一览表（2020 年版）

业务序号	业务事项		承办	会签审核	审核/审议/审批										签发	备注	权责部门
					部门/单位负责人	分管领导	总经理	董事长	总经理会	风委会	投委会	党委会	董事会	集团公司			
第 1 类：公司治理类审批事项																	
101 －1：章程管理																	
101 －1.1	章程有关事项	公司章程修订	风控法规部	相关部门	审核	审核		审核				审议	审议	审批		《公司章程》	风控法规部
101 －1.2		子公司章程修订	审计法规部	相关部门	审核	审核		审核				审议	审批				风控法规部
101 －2.3	重要管理制度的制定、修订	党的建设类	承办部门	相关部门	审核			审核				审批			党委书记		风控法规部
101 －2.4		其他重要管理制度	承办部门	相关部门	审核	审核	审核		审批						总经理		风控法规部

5. 完善合规管理相关制度建设

根据重新梳理确定的合规管理治理主体权责清单以及重大事项审查流程所涉各部门的职责界面，制定或修编合规管理各治理主体的议事规则，完善相关事项所涉管理制度。一是将法律法规等外部监管要求转化为内部规章制度，明确重点领域和关键环节的内部控制要求和风险应对措施，二是使制度规定与实际业务流程相互衔接。同时，对所发现的内控缺陷、未充分体现法律法规等外部监管要求等情形，做好制度的“废改立”工作，确保内控体系建设要求有效贯彻到企业日常业务活动中。

6. 协助开展年度内控合规监督评价工作

根据内控合规相关管理制度的要求，采用内控测试方法，以规范流程、消除盲区、有效运行为重点，对治理主体的建设以及履行内控合规职责情况、制度建设执行情况、日常管控情况等内控体系建设运行的有效性等方面，进行全面自评，客观、真实、揭示经营管理中存在的内控缺陷、风险事件和违规事件，制定并落实改进措施，为完善内控合规体系的建设提供有效依据。

（二）搭建合规管理制度遵循的原则

1. 风险导向原则。合规制度应当根据已识别的合规风险，重点针对中、高风险领域而制定具体、明晰的政策要求。特别是注意避开“大而全”的模式，如果合规管控的在各防线之间的权责范围过于宽泛，往往会失去重点，起不到真正的风险防控作用。例如，腐败和欺诈是合规工作的重点内容之一，其中广泛关注的一个话题就是礼品和邀请的管控。

2. 公正、公开原则。在合规标准面前，不应该存在特权或例外，任何人的违规行为都应该有一致、公正的评判标准和处罚标准。本着权利义务相对等的原则，层级越高或对人、财、物、技术、机密信息有控制权的岗位，合规要求应该要求更加严格。

3. 实用有效原则。在业务活动、流程、合规风险管控环节有清晰的认识的前提下，广泛听取员工和管理层的意见，甚至邀请不同部门的员工参与到合规管理制度的制定过程中，可以有力地保证合规管理制度的有效性和实用性，更加能够得到员工的认可和遵守。

4. 适度合理原则。任何风险管理制度都很难彻底消除潜在的风险，合规风险管理制度的目的在于如何将企业的合规风险控制在一个适度、合理的范围，而不是盲目、不计成本地制定过于严苛的管控标准。

（三）搭建合规管理制度的框架

合规管理制度应当明确企业实现合规的总体原则和行为承诺，明确所要求的职责和绩效水平以及行为评估标准，合规制度不是孤立的文件，而是不同层次管理制度文件支持的一套制度体系。

通常来讲，可以从三个层次搭建合规管理制度的框架：合规纲领准则、合规管理规范、合规管理程序。

1. 合规纲领准则：主要是指公司内行为的准则，包含了公司合规经营的大政方针，规定了企业每一个员工都必须遵守的合规基本原则，是最重要、最基本的合规制度，是其他合规制度政策的基础和依据。

2. 合规管理规范：主要是为企业日常运营活动中的主要合规风险领域提供具体指导原则和标准，包括针对特定主题或特定合规风险领域制定的具体合规要求和规范。合规管理规范一般应当包含强制性法律法规的要求，而且能够体现非强制性的国际相关准则、行业标准以及商业道德标准。

3. 合规管理程序：评估一个企业的合规政策是否有效，必须要保证合规政策中的相关规定有相应的执行措施，并相应的要求和标准融入企业现有的业务流程当中。另外，必须针对企业识别出来的特定风险，在流程当中设定合理的管控。合规政策告诉员工什么是应该做的、什么是不该做的或者企业禁止做的。操作流程，则是基于公司治理及授权体系，告诉员工具体该怎么去做、标准是什么、由谁决定等。

【业务难点】

1. 建立治理主体的权责清单，需要纵向关注股东的管控要求，横向要做好党委、董事会、经理层三个治理主体之间的权责分配，以及对应不同制度规定明确各部门落实的相应职责，涉及多个层面、多项文件的交叉规定的梳理。

2. 大型国企组织架构复杂、多岗位职责交叉，各项管理体系难以到位，各个事项散落于不同的管理制度中，需要深入调研了解公司实际业务流程及职责情况，形成有效的治理工具，使公司重大事项的管控流程有效运转。

3. 实现各管理体系的融合。有效融合各项管理系统，只做“一件事”——建立风险管理、法治建设、内部控制、合规管理、违规责任“五位一体”的一体化管理模式，避免多头管理的管理浪费。

合规管理工作将坚持“有效融合、合力共治”为目标，凝聚整合优化内部控制、风险管理、合规管理、法律管理、审计管理、纪检监督相关制度和监督力量，联动人资、财务、工会、业务各部门等职能监督资源，从控制环境、风险评估、控制活动、信息沟通、监督评价五个方面，完善内控缺陷认定标准、风险评估标准和合规、法律评价标准，构建上下贯通、全面覆盖的立体化监督格局和全方位监督网络。

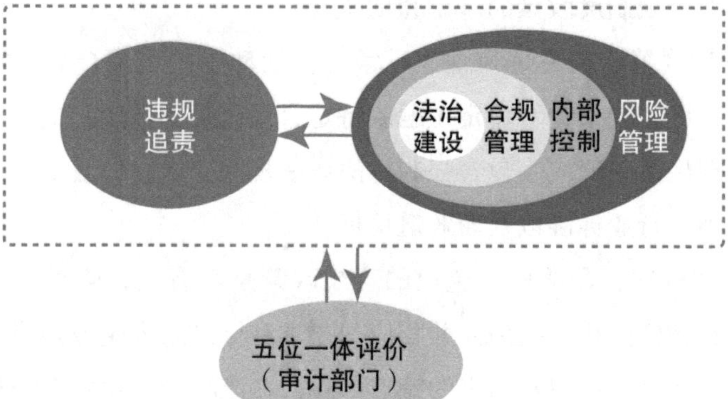

【案例评析】

本项目落实了《公司法》《国有资产法》等法律法规以及《关于进一步推进国有企业贯彻落实“三重一大”决策制度的意见》《中央企业合规管理指引（试行）》《关于加强中央企业内部控制体系建设与监督工作的实施意见》等中央文件有关国有企业公司治理及内控合规的工作要求，系国有企业改革中建立中国特色现代企业制度，建立有效制衡的公司治理机制的重要内容。

在本项目实施过程中，打磨形成了一套逻辑清晰、可复制、可推广的公司治理体系建设法律服务产品。该项目充分考虑了国有企业实际，党的领导作用通过权责清单、决策流程得到了有效体现，规范了公司各治理主体的权责界面，同时，将公司治理体系建设与内控合规体系建设工作有机融合，使治理主体在审批决策公司重大治理事项过程中，有效落实内控合规的管理职责。

【专家点评】

该项目认真落实国务院国资委的相关改革要求，以优化国有企业法人治理体系为目标，从梳理各治理主体的权责清单、梳理完善内外部合规规则库、梳理各项业务流等六方面着手，研究制订了详细可供操作的实施方案，为确保项目成果的准确性和可推广性，项目组反复研究了近百个内部管理流程，梳理出大量缺陷点，综合运用实地评价、走访座谈、查阅大量资料、调研访谈等手段，夯实项目成果。项目完成成果将准确识别出关键痛点、难点和堵点，通过搭建风险控制矩阵及合规规则库、梳理职责分工、优化冗余流程等手段，助力企业形成高质量、可持续、可迭代的内控体系，具备较高的社会意义及示范价值。

（点评人：黄伟文，博士，广东财经大学法学院副教授）

论破产重整程序中投资人的有效参与路径及系列风险化解

——以某华洲利重整投资项目为例

芮媛媛　叶文孝　卢玉桂*

【内容提要】

某华洲利实业发展（深圳）有限公司（以下简称某华洲利）因资不抵债被人民法院裁定进行重整。在重整计划经裁定批准且重整投资人已确定的情况下，根据《全国法院破产审判工作会议纪要》第19条之规定，广州资产无法通过变更重整计划以参与该重整投资项目。

故律师团队为广州资产作为实际投资人参与该重整投资项目设计了交易架构并出具、修改了项目投资合作协议等合同文件，同时就交易结构、资产抵押风险、重整计划补充申报债权清偿问题进行了法律分析。

最终广州资产与重整计划确定重整投资人通过签订合作投资协议、合伙协议等合同文件约定项目各方权利义务，以实际投资人的身份参与了该破产重整投资项目。

【案情简介】

法院于2020年4月3日裁定对某华洲利进行重整，并于2020年11月19日，

* 芮媛媛、叶文孝、卢玉桂，锦天城律师事务所（广州）律师。

裁定批准某华洲利重整计划，并终止某华洲利重整程序。重整计划约定由重整投资人支付重整投资款，对破产费用、共益债务、债权予以清偿。在重整投资人履行完重整计划的付款义务条件下，重整投资人或其指定主体即为某华洲利的唯一股东。

在重整计划经裁定批准且重整投资人已确定的情况下，根据《全国法院破产审判工作会议纪要》第 19 条之规定，仅在因出现国家政策调整、法律修改变化等特殊情况，导致原重整计划无法执行的情况下，方能申请对重整计划进行变更，故广州资产无法通过变更重整计划以参与该重整投资项目。

但根据重整计划就出资人权益部分的约定："重整投资人履行完重整计划的付款义务条件下，重整投资人或其指定主体即为某华洲利的唯一股东，某华洲利、重整投资人或其指定主体有权按本重整计划规定的内容，径行向商事登记机关申请办理某华洲利股权过户登记"，广州资产可以与重整投资人共同设立指定主体，以参与重整投资项目。

故律师团队设计了如下交易架构：广州资产（优先级 LP）与重整方案中确定重整投资人（劣后级 LP）设立有限合伙企业，有限合伙企业与重整投资人新设主体再设立项目公司成为某华洲利的唯一股东。在该交易架构下，广州资产、重整投资人分别向有限合伙企业进行实缴出资，由有限合伙企业以股东借款形式，向项目公司提供重整投资款项。

在交易架构确定后，律师团队对该重整投资项目存在风险进行梳理、释明及分析，并通过在项目合作协议、合伙协议等合同文件设置相应条款予以控制。该重整投资项目主要存在如下投资风险。

（一）补充申报债权清偿风险

重整计划对未在债权申报期限内申报债权的清偿予以约定："债权人未在债权申报期限内申报债权，但其在本方案提交债权人会议表决前申报债权并经深圳中院裁定确认的，深圳中院裁定批准重整计划后，该债权人被确认的债权可依照重整计划确定的同类债权受偿方案获得清偿。债权人未在债权申报期限内申报债权，在深圳中院裁定批准重整计划后重整计划执行完毕前补充申报债权的，管理人可接受申报并进行审查，但债权人在重整计划执行期间不得行使权利；在重整计划执行完毕后，可以按照重整计划规定的同类债权的清偿条件行使权利。"

经律师团队分析，该重整计划约定内容存在如下风险：

根据《企业破产法》第92条第2款的规定，债权人未依照本法规定申报债权的，在重整计划执行期间不得行使权利；在重整计划执行完毕后，可以按照重整计划规定的同类债权的清偿条件行使权利。债权人未依照本法规定申报债权，在重整计划执行期间不得行使权利，但该债权并不消灭，在重整计划执行完毕后，可以按照重整计划规定的同类债权的清偿条件行使权利。

重整计划就逾期申报债权的约定，着重于管理人在重整计划执行完毕后不负有接受债权申报的义务，但未设置规避《企业破产法》第92条第2款的内容。因此，若债权人在重整计划执行完毕后要求某华洲利清偿债权，某华洲利存在支付4.3亿元投资款后，额外支付用以清偿债权人逾期申报债权的费用的风险；且因重整计划未设置规避《企业破产法》第92条第2款的内容，届时某华洲利亦不存在援引重整计划相关规避约定，对债权人主张债权进行抗辩以求人民法院支持的可能。

故律师团队设置了“债权人未在债权申报期限内申报债权，在重整计划执行完毕后补充申报债权并向某华洲利主张债权，由此导致某华洲利支出的一切相关费用，由劣后级重整投资人承担”条款，以避免因债权人在重整计划执行完毕后补充申报债权后向某华洲利主张债权而产生支付额外费用的风险。

（二）重整投资人无法提供足额的担保措施

项目合作协议中，广州资产作为优先级有限合伙人，提供主要项目资金，其投资本益应当优先获得分配清偿，并存在投资本益实现后退出项目之需求。但重整投资人无法提供足额担保措施，一旦某华洲利通过对名下房地产进行开发、建设及销售等途径回收的资金，广州资产的投资本益收回不存在有效的保障措施。

基于重整计划约定：“重整计划经法院批准生效后，对全体债权人具有约束力。某华洲利债权人应当配合执行重整计划，原已申请保全或冻结某华洲利名下资产的债权人，应当申请相关法院解除对某华洲利名下资产的司法保全或冻结措施。原对某华洲利股东所持某华洲利股权和某华洲利名下资产享有抵押、质押担保权并已办理抵押、质押登记的债权人，应当配合办理注销抵押、质押登记”，律师团队设置了：1. 将某华洲利的土地房产抵押给有限合伙企业；2. 在广州资产投资本益无法收回或重整投资人违约的情况下，广州资产有权对本项目房地产降价处置”的条款，以重整企业自有的资产转化为担保措施，减轻项目的投资准入门槛，保障广州资产的投资权益。

（三）国有企业作为有限合伙人设立合伙企业应承担的责任

广州资产为作为国有控股企业属国有企业，根据《合伙企业法》第3条的规定，国有独资公司、国有企业、上市公司以及公益性的事业单位、社会团体不得成为普通合伙人，广州资产以有限合伙人的身份投资有限合伙企业符合《合伙企业法》的规定。

《合伙企业法》第68条规定，有限合伙人不执行合伙事务，不得对外代表有限合伙企业。同时规定有限合伙人的下列行为，不视为执行合伙事务：（1）参与决定普通合伙人入伙、退伙；（2）对企业的经营管理提出建议；（3）参与选择承办有限合伙企业审计业务的会计师事务所；（4）获取经审计的有限公司企业财务会计报告；（5）对涉及自身利益的情况，查阅有限合伙企业财务会计账簿等财务资料；（6）在有限合伙企业中的利益受到侵害时，向有责任的合伙人主张权利或者提起诉讼；（7）执行事务合伙人怠于行使权利时，督促其行使权利或者为了该企业的利益以自己的名义提起诉讼；（8）依法为该企业提供担保。该条法律规定明确了有限合伙执行合伙事务的除外行为类型，为有限责任与合伙企业管理权的边界划分提供了指引。

广州资产作为有限合伙人，不执行合伙事务，不对外代表有限合伙企业，按合伙协议比例享受利润分配，以出资额为限对合伙企业的债务承担清偿责任。

（四）退出路径可行性

《财政部关于进一步明确国有金融企业直接股权投资有关资产管理问题的通知》规定，国有金融企业开展直接股权投资，应当建立有效的退出机制，……按照投资协议约定的价格和条件、以协议转让或股权回购方式退出的，按照公司章程的有关规定，由国有金融企业股东（大）会、董事会或其他机构自行决策，并办理股权转让手续；以其他方式进行股权转让的，遵照国有金融资产管理相关规定执行。

依据该规定，东方资产、信达资产、长城资产、华融资产进行股权投资时均可按照投资协议约定的价格和条件、以协议转让或股权回购方式退出，据了解，粤财资产、招商平安等地方资产公司进行类似投资时亦参照该文执行，可见地方资产公司在项目实操中倾向参照四大资产公司的做法。

律师团队据此认为，虽然没有明确的规定指引地方资产公司可以适用上述规定，但亦无相反的规定、政府文件及案例表明监管层对该投资模式的反对。

就该重整投资项目，律师团队通过对重整企业状况进行全面梳理，结合重整程序流程、法律风险及各主体权利义务分配等内容，设计顶层交易架构，并自上而下制定项目交易文件，最终完成了上述重整投资项目的法律尽职调查工作，出具了法律尽职调查报告，并出具、修改、完善了项目交易文件，最终成功促成广州资产参与该重整投资项目。

【业务难点】

针对重整企业已进入破产重整程序，且裁定批准的重整计划业已确定特定重整投资人的情况下，如何对重整计划具体内容进行梳理，并结合破产重整程序相关法律规定为切入点，通过设计、调整顶层交易架构并对应拟定投资合作、合伙协议等项目交易文件，以使委托人作为实际投资人的身份参与重整投资项目。

【案例评析】

在重整计划经裁定批准且重整投资人已确定的情况下，根据《全国法院破产审判工作会议纪要》第 19 条之规定，仅在因出现国家政策调整、法律修改变化等特殊情况，导致原重整计划无法执行的情况下，方能申请对重整计划进行变更，其他主体无法通过变更重整计划以参与该重整投资项目。在重整计划就出资人权益调整事项作出具体约定的情况下，以此为切入点，其他主体即可联合已经确定的特定重整投资人，通过设计、调整顶层交易架构并对应拟定投资合作、合伙协议等项目交易文件，突破重整投资人的限定，以实际参与重整投资项目。

同时，大部分重整企业名下均具有较高价值的房产、土地，律师团队可以围绕重大资产设置强有力的担保措施，为委托人规避项目风险，灵活调整投资策略等提供了可操作的指引，大大降低项目投资的准入门槛。

【专家点评】

破产重整作为近年兴起的不良资产投资项目，因《企业破产法》中关于“同类债权统一比例清偿、重整计划具有强制执行力、债务削减对全体债权人发生效力”等方面的规定，重整企业披露信息更准确全面、收购成本较低、深度审计避免隐性债务，相对于传统的并购投资具有较大的优势，故而受到投资者的青睐。

某华洲利作为典型的以房地产、土地资产支撑重整价值的重整企业，在其重整计划业经深圳中院批准、重整投资人特定的情况下，律师能以重整计划关于出资人权益调整事项的约定为切入口，通过结合重整程序流程、法律风险及各主体权利义务分配等内容，设计顶层交易架构，并自上而下制定项目交易文件，从而突破《全国法院破产审判工作会议纪要》第 19 条的约束，使得其他主体仍能参与进重整项目投资当中。该项目的交易设计对律师在重整投资人业已确定的情况下，为其他主体参与重整项目投资提供法律服务，具有一定的示范效应。同时，后续投资人的参与，能显著降低重整计划违约风险，避免重整计划的不执行或执行不能，保障有关各方当事人的合法权益，在优化营商环境和维护社会经济稳定中起到积极正面的作用。

（点评人：黄璇，广州市律协公司破产清算专业委员会副主任）

第四节　劳动人事

从周某解除劳动合同纠纷案看如何认定变更工资数额

施洁浩*

【内容提要】

在劳动争议案件中，关于公司是否拖欠工资的纠纷屡见不鲜。本案中，劳动者主张公司拖欠工资，并以此为由主动申请解除劳动关系，随后劳动者向仲裁院申请劳动仲裁，主张高额的经济补偿金。该案二审阶段由我方代理，我方以实际履行变更劳动合同的角度着手，依据案件发生时原《最高人民法院关于审理劳动争议案件适用法律若干问题的解释（四）》第 11 条之规定、《广东省高级人民法院关于审理劳动争议案件若干问题的指导意见》（粤高法发〔2002〕21 号）第 20 条第 2 款等的规定，将仲裁阶段、一审阶段认定的拖欠工资差额事实推翻，进而无须支付经济补偿金。

* 施洁浩，广东国智律师事务所律师。

【案情简介】

一、基本案情

周某，男，原在某生物科技公司任职，2015年1月1日调至广州某化妆品厂任职，2017年11月调至广州某互联网科技有限公司任职，担任总经理。

2017年11月7日，某生物科技公司总部发布《X通知》，载明了人员人事调整及任命通知。2017年12月15日，某集团（国际）控股发布《X业务提成调整通知》，载明了自2017年11月起，原由周某其个人所负责的业务转交给新晋总经理韦某，并达成以下共识：1. 周某总经理原业务提成的60%发放给周某本人；2. 周某总经理原业务提成的40%发放给韦某。庭审期间，任职总经理职位的周某称对该通知不知情。并称公司应向其补齐发放2018年1月至4月的提成差额（发放给韦某部分），以及5月、6月的工资及提成。

2018年6月15日，周某向某生物科技公司提交《离职申请表》，离职原因是"长期未收到足额工资"。2018年6月20日，某生物科技公司向周某发出《解除劳动关系告知函》：以严重违反公司劳动纪律和规章制度为由解除劳动合同关系。

二、案件处理过程

2019年9月5日，周某向广州市从化区劳动人事争议仲裁委员会申请仲裁，主张其工资差额、经济补偿金等。该案经过仲裁、一审、二审阶段。

广州市从化区劳动人事争议仲裁委员会仲裁院认为，由于公司关于人员调动以及业务提成调整通知，并未向周某送达，故认定将周某40%提成发放给韦某的通知对周某并不生效，广州某生物科技有限公司应向周某支付工资差额（发放给韦某部分）。并于2019年10月28日作出《仲裁裁决书》，裁决广州某生物科技有限公司需一次性支付2018年1月至6月的工资差额、支付一次性经济补偿金。

广州某生物科技有限公司、周某均向法院起诉，经一审法院核算认为，周某离职前12个月平均工资是2.5万元，仲裁阶段认定的平均工资较低。一审法院判决广州某生物科技有限公司需支付工资差额、提高了支付经济补偿金金额。

二审由我方代理。关于广州某生物科技有限公司是否足额支付周某工资，我方认为周某实际领取了2018年1月至4月的业务提成，且周某在离职前对其领取的业务提成的金额从未提出过异议。根据《最高人民法院关于审理劳动争议案件适用法律若干问题的解释（四）》第 11 条之规定，“变更劳动合同未采用书面形式，但已经实际履行了口头变更的劳动合同超过一个月，且变更后的劳动合同内容不违反法律、行政法规、国家政策以及公序良俗，当事人以未采用书面形式为由主张劳动合同变更无效的，人民法院不予支持”，以及《广东省高级人民法院关于审理劳动争议案件若干问题的指导意见》（粤高法发〔2002〕21 号）第 20 条第 2 款规定：“劳动者明知工资调低而在 60 日内未提出异议的，视为劳动者同意工资调整，劳动者以此为由提出解除劳动合同并请求经济补偿金的，不予支持。”可知，广州某生物科技有限公司已明确下达通知进行业务提成调整，且劳动者从未提出异议，应认定为已实际履行变更了劳动合同的内容。一审法院认定涉案业务提成调整的通知对周某不生效，并据此认定广州某生物科技有限公司未足额支付周某 2018 年 1 月至 4 月的提成，与事实不符。

同时，我方提出以下几点补充意见以佐证周某对业务提成调整系为知情：

1. 公司除将周某擢升为广州某互联网科技有限公司总经理，公司给予了他广州某互联网科技有限公司的 5% 股份，这本身就是把属于非固定工资组成部分的提成的部分的 40% 调整为 5% 的股份，这正充分说明双方是协商一致的，否则不会无故给其 5% 的股份。

且周某热情高涨地在筹备新公司并想有一番作为，并为此向公司申请借支向广州某互联网科技有限公司的员工提前发放工资，周某若真的是被迫的或不同意调整的不可能如此热情高涨在筹备新公司及负责新公司的全面工作。

2. 根据双方之间《聘用协议》第 4 条，约定了保密条款及竞业限制义务：“甲方给予乙方的劳动付出支付了薪资、福利，乙方应遵守甲方的敬业与保密约定是获取以上回报的必要条件。为切实保护甲方的商业秘密和其他合法权益，确保乙方不与甲方竞业，根据劳动法及其他相关法律，双方协商一致约定：（1）乙方在甲方工作期间及从甲方离职之日 1 年内，不得在与甲方有竞争关系的单位任职、兼职或以任何方式为其服务，也不得自己经营与甲方有竞争关系的同类产品或业务。（2）乙方在甲方工作期间及从甲方离职后，乙方承担的其他义务包括但不限于：不泄露、不适用、不使他人获得或使用甲方的商业秘密；不传播、不扩散有损于甲方的信息或报道；不直接或间接劝诱或帮助他人劝诱甲方员工或客户离开甲方。”周某获得工资及业务提成的前提是遵守竞业约定，但经我方查证，周某在在职期间开办同类型公司，周某明显存在过错且急于离职。

3. 客观上来说周某对其业务提成调整的通知是知情的，其业务提成已调整为60%，公司已经足额发放周某1月至4月的工资及提成。关于2018年5月至6月工资及提成，由于周某于2018年6月15日就提出离职，根据约定，周某5月的工资在6月20日后才发放，在2018年6月15日其提出解除劳动关系时，公司已足额发放周某其1月至4月的工资及提成，并不存在未足额支付工资这一事实。

综上，公司将周某擢升为广州某互联网科技有限公司总经理，双方协商一致对其业务提成进行调整，公司给予其广州某互联网科技有限公司的5%股份是双方协商变更业务提成为股份的结果，也是公司行使用工管理自主权的体现，公司并未降低其工资待遇，公司亦不存在拖欠其工资的事实，周某在职期间创办与公司同类业务的公司存在过错，也是其急于离职的原因。公司并不存在拖欠周某工资及提成事实。

三、裁判结果

二审法院经审理认定，广州某生物科技有限公司并不欠付周某2018年1月至4月业务提成。且结合周某实发工资数额，可以认定广州某生物科技有限公司已经足额支付了周某2018年1月至4月的工资。结合上述查明的事实可知，广州某生物科技有限公司并不存在欠付周某2018年1月至4月工资及提成，一审法院认定广州某生物科技有限公司欠付2018年1月至4月的提成，并据此判定广州某生物科技有限公司向周某支付经济补偿金，无事实和法律依据。关于解除劳动合同的经济补偿金，本案系周某向广州某生物科技有限公司提出解除劳动合同，且周某提出离职时并不存在广州某生物科技有限公司未及时足额支付工资的情况，故周某依据《劳动合同法》第38条的规定主张解除劳动合同的经济补偿金，依据不足，二审法院不予支持。

【争议焦点】

本案争议的焦点主要为：1. 周某对人员业务提成调整的相关通知是否知悉？2. 广州某生物科技有限公司是否足额支付周某工资及提成？3. 解除劳动合同的经济补偿金应否支持？

【案例评析】

周某与广州某生物科技有限公司劳动人事争议纠纷一案，经过了仲裁裁决以及法院一审和二审。周某请求广州某生物科技有限公司支付未足额支付的工资差额，支付未签订书面劳动合同期间的两倍工资差额，并支付相应的经济补偿金。仲裁裁决及一审判决均支持支付足额工资及经济补偿金的请求。

我方在二审阶段接受广州某生物科技有限公司委托，诉请改判广州某生物科技有限公司无须支付工资差额，无须支付经济补偿金，周某应向广州某生物科技有限公司返还预支工资，最终成功生效判决支持了我方大部分上诉请求，使该案在二审阶段产生了颠覆性的改判。

本案中，周某虽提出其对关于人员调动、业务调整的通知并不知情，但二审法院认为，首先，其以实际行动履行了上述调岗调薪通知，且周某并未提供其他证据证明其到岗依据。其次，涉案业务提成与原岗位工作相关，将部分提成分给新到任的韦某具有合理性。再次，周某岗位为总经理，实际参与了公司运作，其对公司工资以及员工工资发放情况及工资构成应当是知情的。故对周某提出的主张并未采纳。最后，周某实际领取了2018年1月至4月的业务提成，并未有证据证实周某在离职前对其领取的业务提成的金额提出过异议。故认定周某知道并已经以实际行为履行了《X业务提成调整的通知》的内容。一审法院认定涉案业务提成调整的通知对周某不生效，并据此认定公司未足额支付周某2018年1月至4月的提成，与事实不符，二审法院认定公司并不欠付周某2018年1月至4月业务提成。

周某离职前尚未到工资发放时间，公司未向周某发放2018年5月、6月的工资及提成。一审法院认定公司欠付2018年1月至4月的提成，并据此判定公司向周某支付经济补偿金，无事实和法律依据。本案系周某向公司提出解除劳动合同，且周某提出离职时并不存在公司未及时足额支付工资的情况，故周某依据《劳动合同法》第38条的规定主张解除劳动合同的经济补偿金，依据不足。

【专家点评】

该案经办律师对案件研究较为透彻，能够抓住重点，抓住核心关键，结合理论与实践，打法成熟，使本案发生了颠覆性的改判，为处理该类型的劳动争议案件起到了一定的指导作用。

（点评人：蔡飞，广州金鹏律师事务所、广州市律师协会劳动与社会保障法律专业委员会主任；广东省律师协会劳动与社会保障法律专业委员会副主任）

未签劳动合同的船员
在船上突发疾病死亡的工伤认定及索赔

周崇宇　廖敏儿*

【内容提要】

2018 年 5 月 17 日，船员陈某喜在船上工作时突发疾病死亡。被告润某公司是船舶所有权人及船舶经营人。润某公司拒绝承认与陈某喜存在劳动合同关系，并拒绝工伤赔偿。

本案从确认管辖法院、确认劳动关系、确认工伤情形，再到法院判决润某公司赔偿，历经 3 年，经过了广西贵港市覃塘区人民法院、广西贵港市中级人民法院、广州海事法院审判，法院最终判决润某公司承担工伤赔偿责任。本案对指导认定船员劳动关系案件具有典型意义。

【案情简介】

2019 年 1 月 3 日，陈某喜亲属向广西贵港市覃塘区劳动人事争议仲裁委员会申请劳动仲裁，主张陈某喜与润某公司存在劳动合同关系。为此，陈某喜亲属向仲裁庭提供了陈某喜的《船员服务簿》、《适任证书》、《广州市番禺区中心医院死亡记录》、广州法院判例等材料，用以证明陈某喜与润某公司存在劳动合同关系，尤其

---

* 周崇宇、廖敏儿，广东海建律师事务所律师。

是《船员服务簿》（《船员服务簿》是用人单位向劳动者发放的“工作证”“服务证”）中盖有润某公司抬头的船章，证明陈某喜属于润某公司聘请的船员。润某公司在庭审中对此均予以否认，并提供了分包人的信息表、考核表、船员体检证明、员工培训记录、培训记录表、安全检查记录表等文件，称案涉船舶聘用的船员是罗某，而罗某聘用的船员也没有陈某喜，陈某喜与润某公司不存在劳动关系。最终仲裁委开庭后认为，从润某公司提供的材料看，润某公司聘用的是罗某，相关费用是发放给罗某，全案的证据没有显示发放工资给陈某喜，也没有相关证据显示陈某喜与润某公司存在用工管理关系，未能体现劳动关系的管理与被管理性质，对《船员服务簿》《适任证书》中有船章使用情况记录，但是该记录存在劳动关系，仲裁委认定陈某喜与润某公司不存在事实劳动关系。

裁决作出后，陈某喜家属不服，向北海海事法院提起诉讼，北海海事法院认为，根据《最高人民法院关于海事法院受理案件范围的规定》第 24 条“船员劳动合同、劳务合同（含船员劳务派遣协议）项下与船员登船、在船服务、离船遣返相关的报酬给付及人身伤亡赔偿纠纷案件”规定，船员劳动合同、劳务合同项下与船员登船、在船服务、离船遣返相关报酬给付及人身伤亡赔偿纠纷范围系海事法院管辖，陈某喜家属诉请的是确认劳动关系纠纷不属于该范围，建议向地方人民法院起诉确认劳动关系。

北海海事法院拒绝立案后，陈某喜家属转向贵港市覃塘区人民法院起诉，而覃塘区人民法院收到立案申请材料后认为，本案属于《最高人民法院关于海事法院受理案件范围的规定》第 24 条海事法院的受理范围，覃塘区人民法院也没有管辖权，法院不予登记立案。

至此，北海海事法院、覃塘区人民法院均认为其没有管辖权，案件陷入了两难的境地。鉴于此，陈某喜家属代理律师再次找到北海海事法院，要求其出具不予立案裁定。北海海事法院于 2019 年 8 月 6 日作出民事裁定书，认定本案不属于北海海事法院管辖。陈某喜家属不服向广西壮族自治区高级人民法院提起上诉，广西壮族自治区高级人民法院维持了原审法院裁定，并指定本案由贵港市覃塘区人民法院管辖。

2019 年 10 月 28 日，贵港市覃塘区人民法院受理了本案。庭审中，润某公司辩称：1. 被告未曾聘请陈某喜担任船长一职，陈某喜也没有到被告处应聘，未办理任何入职手续。2. 被告未以任何形式向陈某喜支付劳动报酬，与其不存在劳动关系。3. 陈某喜自始至终没有接受被告的管理。4. 原告提交的陈某喜的《船员服务簿》《适任证书》，有涂改痕迹，不能作为证据适用。5. 原告也未提供任何被告聘请陈某喜的相关材料，无法证明陈某喜与被告存在劳动关系。6. 2017 年 10 月 11 日至 2018 年 9 月 30 日，被告所聘请的船长为罗某，双方存在劳动关系，其间未解除过劳动关系，也未聘请过他人担任船长。为了查清诸多事实，陈某喜家属代理律师向法庭申请调查令，向番禺区公安机关调取事故发生当时其他船员的笔录，笔录中船员均陈述陈某喜是由润某公司聘请的船员，并且根据代理律师提供的线索，法院去海事部门调查，案涉船曾在 2018 年 4 月 27 日被广州海事部门进行过行政处罚，该船时任船长为李某荣，与被告主张该时间段该船的船长为罗某不相符，综合所有证据证明，案涉船的管理人员（实际承包人）很可能是樊某松，且航行日志是最能反映船长是谁的文件，在陈某喜家属要求润某公司出示航行日志，润某公司拒绝出示航行日志的行为，可以推断出陈某喜自 2018 年 5 月 17 日至 2018 年 9 月 15 日在该船担任船长职务，罗某不在担任船长职务的法律事实存在。覃塘区人民法院 2020 年 1 月 17 日作出民事判决书，确认陈某喜自 2018 年 5 月 17 日至 2018 年 9 月 15 日存在劳动关系。

润某公司不服覃塘区人民法院的判决，向广西壮族自治区贵港市中级人民法院提起上诉，广西中级法院认定，根据被上诉人在一审期间提供陈某喜的船员服务簿结合当时在该船舶上工作的其他劳动者的证言以及陈某喜的工资系通过樊某松账户支付的事实，而且上诉人也认可樊某松系其聘请的员工，根据《劳动和社会保障部关于确认劳动关系有关事项的通知》（劳社部发〔2005〕12 号）第 2 条“用人单位未与劳动者签订劳动合同，认定双方存在劳动关系时可参照下列凭证：（一）工资支付凭证或记录（职工工资发放花名册）、缴纳各项社会保险费的记录；（二）用人单位向劳动者发放的‘工作证’、‘服务证’等能够证明身份的证件；（三）劳动者填写的用人单位招工招聘‘登记表’、‘报名表’等招用记录；（四）考勤记录；（五）其他劳动者的证言等”的规定，可以认定陈某喜于 2018 年 5 月 17 日至 2018 年 9 月 15 日受上诉人聘用担任船舶的船长，上诉人润某公司并未提供陈某喜已经享受基本养老保险待遇或领取退休金的相关依据，因此一审法院根据《最高人民法院关于审理劳动争议案件适用法律若干问题的解释（三）》第 7 条的规定，认定陈某喜与上诉人润某公司自 2018 年 5 月 17 日至 2018 年 9 月 15 日存在劳动关系是正确的，应予以维持。上诉人润某公司上诉主张其并未聘请陈某喜而与陈某喜之间不存在劳动关系，依据不足，本院不予支持。上诉人润某公司以其提供的员工培训记录、培训签到表、安全检查记录表、安全生产检查表、中小型船舶安全管理专项整治自查清单、油耗检查表中均有罗某的签字而上诉主张案涉船舶的船长系罗某，罗某对此予以否认并且提供银行流水明细及航行日志证实该时间段其一直在他处担任船长，因此上诉人润某公司的该项上诉主张，与事实不符，本院不予支持，最终广西壮族自治区贵港市中级人民法院驳回了润某公司的全部上诉请求，最终确认陈某喜与润某公司在 2018 年 5 月 17 日至 2018 年 9 月 15 日存在劳动关系。

在申请确认劳动关系的同时，陈某喜家属就向广州海事法院起诉润某公司要求工伤保险待遇赔偿，广州海事法院于 2019 年 6 月 28 日立案，在起诉过程中，广州海事法院认为需要等工伤认定结论才能继续审理本案，便中止了本案的审理。在劳动关系确认后，陈某喜家属向广州海事法院起诉润某公司的工伤赔偿的案件继续审理，庭审中，润某公司认为："其与陈某喜之间不存在劳动关系；覃塘区人社局作出的认定工伤决定书，给予被告对工伤认定不服可在六个月内提起行政诉讼的权利，因此被告是否赔偿工伤保险待遇尚无最终定论，故本案应中止审理；陈某喜超过法定退休年龄，不应享受工伤保险待遇。覃某敏未提供经济状况证明，在家务农有生活来源，有子女进行赡养，陈某喜的工资不应按每月 6500 元确定。丧葬补助金应按 2017 年全国城镇居民人均可支配收入 36396 元计算；六原告请求被告承担工伤保险待遇的利息、保险费、扣除申请费于法无据。"广州海事法院判决确认陈某喜与被告之间自 2018 年 5 月 17 日至 2018 年 9 月 15 日存在劳动关系，已经发生法律效力。在被告未交相反证据足以推翻的情况下，被告主张其与陈某喜之间不存在劳动关系，缺乏依据，本院不予支持。覃塘人社局于 2020 年 8 月 12 日作出的认定工伤决定书已认定陈某喜视同工伤，赋予被告在收到决定书之日起六个月内提起行政诉讼的权利，但庭审时被告表示其尚未提起行政诉讼，至本判决作出时被告也未提交其提起行政诉讼的证据，因此被告关于本案应中止审理的主张，不符合《民事诉讼法》第 150 条第 1 款规定的中止诉讼的情形，本院不予支持。陈某喜因工作死亡被认定视同工伤，应享受工伤保险待遇。被告作为用人单位未依法缴纳工伤保险费，根据《工伤保险条例》第 62 条第 2 款关于"依照本条例规定应当参加工伤保险而未参加工伤保险的用人单位职工发生工伤的，由该用人单位按照本条例规定的工伤保险待遇项目和标准支付费用”的规定，被告应支付陈某喜应享有的工伤保险待遇……，广州海事法院最终判决润某公司对陈某喜家属承担工伤赔偿责任。最终润某公司向陈某喜家属支付了工伤赔偿款项。历时 3 年诉讼案件结束。

【争议焦点】

本案的争议焦点主要集中在以下几个方面：

1. 陈某喜与润某公司之间的确认劳动案件的纠纷是属于海事法院管辖还是基层法院管辖？

2. 陈某喜是否与润某公司之间存在劳动关系？

3. 陈某喜达到退休年龄是否能够成立劳动关系的问题。

【案例评析】

代理律师提出如下三点意见：

1. 船员劳动合同纠纷，包括确认劳动关系，应当由海事法院管辖。《最高人民法院关于海事法院受理案件范围的规定》第 24 条规定，“船员劳动合同、劳务合同（含船员劳务派遣协议）项下与船员登船、在船服务、离船遣返相关的报酬给付及人身伤亡赔偿纠纷案件”应由海事法院管辖。陈某喜在船上任职船长时死亡，属于上述规定的“人身伤亡赔偿纠纷案件”的情形，而确认劳动关系，是船员向船东索赔的前置法律程序，因此本案应当由海事法院管辖。

《最高人民法院关于海事法院受理案件范围的规定》规定的“人身伤亡赔偿纠纷案件”不仅是指“侵权责任法中的人身损害赔偿案件，不能按照劳动关系中工伤赔偿进行索赔”。劳动关系中的工伤赔偿案件应属于人身伤亡赔偿纠纷案件的一种。按照《民事案由规定》，如果是涉及侵权法相关的人身损害赔偿，其案由名称是“人身损害责任纠纷”，并不是“人身伤亡赔偿纠纷案件”，“人身伤亡赔偿纠纷案件”仅是形容的客观的一种状态，并不是特指侵权法项下的“人身损害责任纠纷”，由工作导致的伤亡也属于“人身伤亡”，因此，陈某喜因工死亡应符合《最高人民法院关于海事法院受理案件范围的规定》第 24 条规定的“人身伤亡赔偿纠纷案件"，法院也应予以受理。

2. 船员服务簿应是劳动合同关系证明。润某公司拒不提交船舶航行日志，根据民事诉讼法司法解释，应当作出对其不利的解释。根据调查事发地广州市番禺区派出所笔录对家属及当时在船船员的笔录可知，笔录中，船员承认他们是由润某公司雇请，只是工资由其中船员代为发放。润某公司列举的大量的公司入职、培训、发放工资材料以及与第三人罗某签署的承包合同，不能否认陈某喜与其存在劳动关系，相反，根据广州番禺海事处出具的《海事行政处罚决定书》上面提及的李某荣船长也未登记在润某公司名册，反向证明了润某公司所称所有船员记录在册的陈述是虚假的。

3. 关于退休人员是否能够成立劳动关系的问题。《最高人民法院关于审理劳动争议案件适用法律若干问题的解释（三）》第7条规定的"依法享受养老保险待遇或领取退休金"当中的养老保险待遇不是指新型农村社会养老保险待遇（以下简称新农保）。基本养老保险与新农保是两种不同体系的保险。基本养老保险因劳动关系而产生，以保障离退休人员的基本生活为原则，法律规定用人单位应当为职工参加基本养老保险，并由用人单位和职工共同缴费，要求累计缴纳基本养老保险费满15年，具有普遍强制性。而新农保作为新型社会保险是指通过个人缴费、集体补助和政府补贴相结合，将符合条件的农民纳入参保范围，达到规定年龄时领取基础养老待遇，具有福利性、政策性。虽然润某公司查询到陈某喜有农村社会保险记录，但是不属于基本养老保险，所以润某公司称陈某喜已达退休年龄，与润某公司无法成立劳动关系的抗辩不能成立。

【专家点评】

本案历时数年，辗转广西、广东多个地方，先经过劳动仲裁和诉讼，又经过海事法院审理，还夹杂工伤认定程序，案情疑难复杂，情节一波三折，最终胜诉结果来之不易。

本案涉及诸多疑难复杂法律问题。关于案件管辖法院问题，本案先由普通法院管辖确认劳动关系，再由海事法院管辖判决工伤赔偿责任。船舶与船员之间的纠纷，涉及很多船舶运营的特殊规定、专业知识和行业惯例，由海事法院管辖更有利于查明事实，维护当事人的合法权益。但是，由于《最高人民法院关于审理涉船员纠纷案件若干问题的规定》中关于管辖的规定不是非常清晰，不同法院理解存在差异，办案律师要有充分准备。

关于船员的劳动关系确认问题，提醒关注航行日志不但是船舶运行全过程的原始记录和船舶的法定文件，还是认定劳动关系的重要证据，如果船舶所有人拒绝提供航行日志，从举证规则来看，应当承担不利后果。

关于达到退休年龄后的农民工的工伤认定问题，参照《最高人民法院关于超过法定退休年龄的进城务工农民在工作时间内因公伤亡的，能否认定工伤的答复》以及《人力资源社会保障部关于执行〈工伤保险条例〉若干问题的意见（二）》等规定，原则上应当适用《工伤保险条例》的有关规定进行工伤认定。

总之，本案涉及较多程序和实体上的疑难复杂问题，办案律师的专业、经验和敬业精神均可圈可点，法院的判决具有一定的代表性，相信对于后续类似案件的处理会大有裨益。

（点评人：高鹏飞，广东胜伦律师事务所高级合伙人、广州市律师协会劳动与社会保障法律专业委员会副主任）

用人单位在办理审批手续过程中存在瑕疵，不影响劳动合同解除行为的法律效力

黄梦燕　胡笑笑　罗彦斌　邓楚伊*

【内容提要】

本案系因劳动者主动辞职后反悔，用人单位在办理审批手续过程中存在瑕疵，劳动者主张用人单位单方违法解除劳动合同引发的争议。

具体来看，劳动者单方提出劳动合同解除的申请后反悔，主张其是在用人单位的欺诈、胁迫之下提出劳动合同解除的申请，并以用人单位在办理审批手续过程中存在瑕疵为由主张本案系用人单位单方违法解除劳动合同。经审理，人民法院最终认定，在劳动者未举证证明欺诈、胁迫情形的情况下，其单方提出劳动合同的解除具有法律效力，而且，用人单位在办理审批手续过程中存在瑕疵，属于内部管理的范畴，并不影响解除行为的法律效力。

【案情简介】

一、基本案情

陈某于1985年12月入职某银行某地分行。2015年6月25日，陈某到银行书写并提交《解除劳动合同申请书》，内容为，其因个人原因申请解除劳动合同。落

* 黄梦燕、胡笑笑、罗彦斌、邓楚伊，广东胜伦律师事务所律师。

款日期为2015年6月16日。

2015年6月，银行启动人员审批程序，向陈某作出《终止（解除）劳动合同证明》和《解除劳动合同通知》，证明双方劳动关系已于2015年6月25日解除，但两份文件引用的法律依据不一，前者引用的是《劳动合同法》第36条，劳动者提出解除，后者引用的是《劳动合同法》第37条，劳动者提出后协商一致解除劳动合同。陈某在上述文件上签字，但经鉴定，签字后的落款日期并非陈某所书写，而是银行工作人员填写。

2015年7月6日，陈某向银行邮寄《关于撤销解除劳动合同申请书的申请》，内容为："本人于2015年6月25日向银行人事部门提交解除劳动合同申请书，是在思想意识和行为规范完全失控的情况下作出的行为，其内容并非本人的真实意思表达，已严重危及家庭、亲属和社会安定，后果难于承担。现申请撤销，敬请准允。"银行未予回复。

2016年6月13日，陈某向仲裁委申请仲裁，请求：1. 确认银行解除与陈某之间劳动合同的行为无效，银行继续履行双方签订的劳动合同；2. 银行支付陈某从2015年7月1日至2016年6月30日的工资96769.91元；3. 银行支付陈某从2016年7月1日起至裁决发生法律效力之日止的工资；4. 银行为陈某补缴2015年7月1日起至裁决发生法律效力之日止的各项社会保险费、住房公积金、企业年金；5. 银行赔偿陈某精神抚慰金100000元。

二、裁判结果和观点

（一）仲裁、一审用人单位胜诉，二审判决用人单位违法解除

2016年8月4日，仲裁委作出裁决，驳回陈某全部仲裁请求。陈某不服，向一审法院起诉。

2017年4月28日，一审法院作出判决，驳回陈某全部诉讼请求。陈某不服，向二审法院上诉。

2017年12月21日，二审法院作出判决，撤销一审判决，二审法院认为银行在二审期间主张解除劳动合同的原因是劳动者提出双方协商一致解除劳动合同，但银行并未提交证据证明双方就解除劳动合同一事的"协商"过程，而是直接出具解除劳动合同证明，属于银行单方解除劳动合同，且这一解除行为违法，应继续履行劳动合同，并应赔偿陈某各项损失共计八十余万元。

银行不服，向广东省高级人民法院申请再审。

（二）再审法院认为劳动合同系劳动者提出解除，裁定撤销一审、二审判决并发回一审法院重审

再审法院认为，银行在一审主张双方劳动合同解除的原因是劳动者提出辞职，法律依据是《劳动合同法》第 37 条规定；在二审期间主张双方劳动合同解除的原因是劳动者提出双方协商一致解除，法律依据是《劳动合同法》第 36 条规定，但无论是上述何种原因，提出解除劳动合同的一方都是劳动者，银行并未主动作出单方解除劳动合同的意思表示。而用人单位违法解除劳动合同的前提是用人单位单方解除劳动合同，因此，在本案中，即便是在解除原因和法律依据上存在争议，但并不能因此认定银行单方违法解除劳动合同。《劳动合同法》第 37 条规定，劳动者提出解除劳动合同应提前三十天通知单位，该条款并没有要求用人单位必须等到预告期满后才作出同意解除的行为。二审法院在未查明双方是否协商一致解除劳动合同的情形下，以银行在陈某提出解除劳动合同预告期未满就作出解除劳动合同的决定为由，认定银行系单方违法解除劳动合同，属于对上述法律的错误理解，属于适用法律错误。

此外，再审法院还认为，陈某在二审审理期间主张其提出解除劳动合同的申请是银行采用欺诈、胁迫的方式所为，但二审法院对欺诈事实并未进行查清和审理。从陈某提交的《解除劳动合同申请书》以及银行作出的《解除劳动合同证明书》《终止（解除）劳动合同证明》及《终止（解除）劳动合同通知书》来看，本案系陈某先向银行提出解除申请，二审法院在并未查明陈某提出解除劳动合同申请是否受到欺诈的情况下，认定现有证据无法证明陈某与银行协商一致解除劳动合同，存在认定事实明显不清。

综上，再审法院裁定撤销一审和二审判决，发回重审。

（三）重审过程中，法院认为本案系劳动者解除劳动合同，驳回陈某全部诉讼请求

在重审过程中，一审法院认为，本案中，陈某主张其提出解除劳动合同的申请是银行采用欺诈、胁迫的手段所为，缺乏有效证据予以证明，故不予支持。至于陈某主张银行在办理解除劳动合同的审批手续中存在瑕疵等问题，属于用人单位的内部管理范畴，不是导致民事行为无效的法定情形，也不能影响本案系劳动者提出解

除后双方就解除劳动合同达成合意这一行为的法律效力，判决驳回陈某的全部诉讼请求，劳动者不服重审的一审判决，继续上诉。

二审法院认为，陈某并未举证证明在提交《解除劳动合同申请书》时受到欺诈或胁迫，故该份申请足以认定是陈某提出单方解除劳动合同的意思表示。陈某主张该份申请书并非《劳动合同法》规定的“解除劳动合同通知书”，不会产生预告解除劳动合同的法律后果，但《劳动合同法》第 37 条规定，劳动者享有解除劳动合同的自主权，该规定中有关提前三十日通知的内容是为了便于用人单位及时安排人员交接工作，并不必然要求用人单位需在预告期满后才可与劳动者解除劳动合同。因此，陈某作为劳动者一方，其提交的《解除劳动合同申请书》足以引起劳动关系在一定期限后解除的法律效力。至于本案银行在离职审批过程中存在的瑕疵问题，属于用人单位内部的管理范畴，并不影响双方解除劳动合同的效力。综上，本案应当认定系劳动者提出单方解除劳动合同。二审法院维持一审判决，对陈某的诉讼请求全部不予支持。

此后，陈某再次向广东省高级人民法院申请再审，广东省高级人民法院裁定驳回再审申请。本案就此告一段落。

【争议焦点】

本案的争议焦点在于：第一，劳动者提出解除劳动合同后，用人单位能否在三十日内解除劳动合同？第二，用人单位在办理审批手续过程中存在瑕疵，是否影响劳动合同解除行为的法律效力？

【案例评析】

一、劳动者提出解除劳动合同后，用人单位能否在三十日内解除劳动合同

根据《劳动合同法》第 37 条规定，劳动者提前三十日以书面形式通知用人单位，可以解除劳动合同。这是法律赋予劳动者的义务，相对于用人单位而言则是权利，其目的是便于双方办理离职交接手续，给予用人单位一定的缓冲期，用以招聘适合劳动者原岗位的人员，以避免影响用人单位的正常经营活动。

首先，从上述规定来看，法律并不禁止用人单位在三十日内提前批准劳动者离职，在本案中，劳动者也在《解除劳动合同证明书》等离职材料上签字确认，此举相当于认可了用人单位的批准行为，并未损害劳动者的合法权益。

其次，本案中，原审二审法院对于该条文进行了错误的解读，反而认为法律规定的三十日是用人单位必须遵守的期限，期限未满，不得批准劳动者离职。这是对法律条文的误读，违背立法者的初衷，也在一定程度上违背了社会生活的基本常识。

最后，在本案中，有且仅有劳动者作出过一次解除劳动合同的意思表示，用人单位并未作出过解除的意思表示，因此，本案中并不存在用人单位单方解除劳动合同事实，从而也无法推导出用人单位违法解除劳动合同的结论。并且，在本案中，双方的劳动关系已经因为劳动者提出的《解除劳动合同申请书》解除，此后双方也并未建立新的劳动关系，同一段劳动关系无法被解除两次。因此，原审二审法院认定的用人单位单方违法解除劳动合同也并无事实依据。

《最高人民法院关于审理劳动争议案件适用法律问题的解释（一）》第 44 条规定："因用人单位作出的开除、除名、辞退、解除劳动合同、减少劳动报酬、计算劳动者工作年限等决定而发生的劳动争议，用人单位负举证责任。"根据前述规定，在因解除劳动合同问题引发的争议中，通常由用人单位负责举证证明解除劳动合同的合法性，但是用人单位并非无止境地承担举证责任。如同本案，用人单位已举证证明是陈某提出劳动合同解除的申请，已完成法定的举证责任，在此情形下，劳动者主张其解除行为是受欺诈、胁迫而作出，就应当举证证明欺诈、胁迫的情形是客观存在的，否则，应当认定其提出的解除申请是真实的意思表示，依法发生法律效力。

二、用人单位的内部审批程序瑕疵是否导致劳动合同的解除违法

本案中，用人单位在为劳动者办理离职手续时，内部审批程序存在一定的瑕疵，并导致劳动者据此主张其提出《解除劳动合同申请书》受到了欺诈、胁迫，进而认为用人单位单方违法解除劳动合同。

根据《民法典》的相关规定，已经生效的意思表示只有在重大误解、欺诈、胁迫或显失公平的情形之下，行为人才有权请求人民法院或者仲裁机构予以撤销。

具体到本案中，从劳动者提交的《解除劳动合同申请书》来看，其对于解除劳动合同的后果并没有产生误解，也并未举证证明存在欺诈、胁迫的情形，并且，由于是劳动者首先提出解除劳动合同的，其完全处于优势地位，并不存在显失公平的因素。在解除的意思表示作出并到达用人单位之后，劳动者方才通知用人单位撤销，也并没有通过人民法院或者仲裁机构行使撤销权，因此，应当认为劳动者第一次作出的意思表示真实且有效，双方的劳动关系已经解除，不存在法定的撤销情形。

此外，从解除劳动合同行为的本质上看，内部审批程序的瑕疵也并不导致用人单位违法解除。一方面，在劳动者已经提出解除劳动合同的情形下，内部审批程序的瑕疵无法证明劳动者此前的解除行为存在法定无效的情形，故不影响前述解除行为的效力；另一方面，由于解除权是形成权，只有当事人行使才能发生法律效力，而内部审批程序属于用人单位的内部管理范畴，因此，无法得出用人单位单方通知劳动者解除劳动合同的结论。

但是，从人力资源管理合规的角度而言，即便是用人单位的内部审批程序，也同样建议用人单位建设标准化、规范化、流程化的制度与程序，规范调整管理行为，实现合法、合规、和谐的劳动关系。

【专家点评】

本案历经仲裁、一审，用人单位均胜诉，然而在二审阶段，却被法院认为单位单方解除劳动者违法，并且需继续履行劳动合同。经过再审阶段的努力，成功撤销二审判决，并在案件重审的一审和二审阶段，均取得胜诉的结果。案情复杂，且程序曲折，几乎经历了劳动案件所可能经历的全部法律救济途径。

而本案争议的焦点问题在法律层面看似简单，但一旦与极其混乱的时间线和复杂的案件事实相结合，整个案件就变得错综复杂。在此情况下，代理律师通过可视化的方式梳理整个案件的时间点，并将相关法律规定、案件事实与己方观点通过可视化的方式呈现给法官，不仅能够让法官第一时间了解整个案件的情况，更有助于法官抓住案件的争议焦点、认可己方观点，这也是整个案件在代理过程中的亮点所在。

（点评人：高鹏飞，广东胜伦律师事务所高级合伙人、广州市律师协会劳动与社会保障法律专业委员会副主任）

用人单位有权合理行使调岗自主权

姚诗情　吴星宇*

【内容提要】

企业基于生存经营管理需要，不可避免地需要对部分劳动者岗位进行调整。劳动法具有社会法属性，更倾向于保护劳动者的权益，基于部分企业存在利用支配方优势地位随意调岗，侵害劳动者权益的情形，在对劳动者岗位调整的案件中，除协商一致进行岗位调整的情况外，企业采用其他方式对员工进行岗位调整的，极容易被裁判机关认定为滥用用工自主权，损害劳动者的权益，进而认定企业违法调岗。但与此同时，部分劳动者亦存在滥用法律对其的保护，不服从单位的合理调岗，严重损害企业的用工自主权。如何平衡企业用工自主权与劳动者权益保护是处理此类案件的重难点。

本案需解决的问题是：企业的多次调岗行为是否具有合法性、合理性？

【案情简介】

一、案件基本事实

李某为某公司员工。2018 年 12 月 1 日，某公司将李某由南沙某经营分部负责人调整为南洲某经营分部负责人，工作地点由南沙区调整到海珠区。2019 年 4 月 11 日，因李某口头向所属战队的队长吴某提出离职，某公司已招聘他人代替李某

* 姚诗情、吴星宇，广州金鹏律师事务所律师。

岗位，但李某事后反悔认为自己并未提出离职申请，某公司将李某由南洲某经营分部负责人调整为南洲某经营分部某速运营业点助理网点负责人，工作地点未改变。2019 年 5 月 7 日，因李某考核排名靠后，某公司根据公司制度将李某由南洲某经营分部负责人调整为竹料某速运营业点负责人。李某认为某公司在未与其进行协商且未告知的情况下，半年内对其进行了三次岗位调整，变更了其工作地点和工作内容，缺乏合理合法的调整依据，且无故降低其薪酬待遇，属于滥用用工自主权。2019 年 5 月 27 日，李某向某公司邮寄解除劳动合同通知书被迫与某公司解除劳动关系，要求某公司向其支付解除劳动合同经济补偿金。

二、仲裁裁决结果

仲裁裁决认为，关于第一次岗位调整，工作时间超过一个月，双方未对此工作岗位提出异议，说明双方对李某的工作岗位、工作内容进行了实际认可，视为双方对岗位调整进行了实际约定。关于第二次岗位调整，某公司需经双方协商一致才能调整李某的工作岗位，在双方对李某是否离职存在争议的情况下，某公司将李某岗位进行调整，虽然吴某与公司人力部门沟通李某离职事宜的邮件抄送给了李某，但李某没有明确同意调岗的意思表示，故某公司未能就双方岗位调整达成一致意见，故此次岗位调整与需协商一致的法律原则不相符。关于第三次岗位调整，在双方对第二次岗位调整存在争议的情况下对李某再次进行岗位调整的做法欠妥，而且短期内对岗位调整也不利于公司的用工管理稳定性，故李某以某公司擅自调岗为由被迫与某公司解除劳动关系，某公司应当支付经济补偿金。

三、律师办案过程及代理意见

代理律师从诉讼规则应用、事实固定、公平诚信原则适用等多方面考虑，重点论证了某公司对李某进行的三次岗位调整均属于某公司用工自主权的合法行使，并不属于《劳动合同法》第 38 条规定的情形，李某无权以此为理由解除劳动合同索要经济补偿金，具体代理意见如下：

（一）明确第一次岗位调整属于某公司生产经营的需要，经双方协商一致，且已实际履行超过一个月

首先，提供工作调整邮件等证据证明岗位调整属于某公司生产经营的需要。其次，岗位调整经双方协商一致，且李某已实际履行该岗位超过一个月，符合《最高人民法院关于审理劳动争议案件适用法律若干问题的解释（四）》第 11 条规定

（目前已废止）。

（二）明确第二次岗位调整是因李某申请离职后又拒绝进行离职交接的不诚信行为导致

为保障整个营业点的稳定运行，某公司在保证其职级与薪酬不变的情况下，仅对其系统上的名称进行变更，并未损害李某的任何权益，岗位的调整具有合理性。

1. 重点突出李某向公司申请离职，并要求公司安排新人顶替其岗位的事实，证明其知悉公司安排新人接替其岗位的事实且未提出任何异议。

李某向所属战队的战队长吴某提出离职申请，并请求公司尽快招聘新人顶替其岗位。根据李某的要求，吴某通过邮件的方式向某公司人力资源部人才发展组余某反映李某申请离职的情况，该邮件亦抄送给了李某工作邮箱。李某在收到邮件后，知悉公司安排新人接替其岗位的事实，但对此事并无异议。

2. 论证某公司因李某的不诚信行为处于被动的地位，为保证分部正常运营，基于生产经营管理的需要，不得不从系统上对李某名称进行了调整。

李某作为分部负责人负责整个南洲某分部的日常管理，若不尽快安排新的人手接替李某的岗位，分部将难以正常运行。某公司在综合考量各分部运营情况后，安排其他分部人员到岗填补李某所在岗位的空缺，与李某进行工作交接，使新到岗人员尽快熟悉分部的运作。但李某突然表示其不愿意办理离职交接手续了，其不诚信行为使某速运公司在岗位架构的安排上处于被动地位。为了稳定公司管理架构，基于生产经营管理的需要，在不影响新人正常上岗及不损害李某利益的综合考量下，某速运公司经与二人协商采取如下过渡性措施，即由新到岗员工在李某离职前先任南洲经营分部见习经营分部负责人，将李某在系统上的岗位名称调整为营业点的助理网点负责人。

（三）第三次岗位调整有事实与制度为依据，属于某公司用工自主权的合法行使

1. 制度内容合法合理，且已经履行了公示告知程序，可以作为用工管理的依据。

明确《管理办法》的制定目的在于更好地推动某公司广州区域经营管理工作的落地，促进地区组织绩效达成，为分部负责人提供一个良性竞争的平台，建立“能者上，庸者下”的任职机制，与“末位淘汰”具有实质性的差别。《管理办法》

的制定与实施均属于现代企业保持竞争实力的经营需要，司法机构理应给予认可。

2. 论证某公司对李某调岗前的考核过程合法合理。

提交制度、绩效帮扶表、绩效考核结果表等证据证明，考核的过程符合规章制度的规定，某公司针对李某绩效考核落后的状况，进行了绩效重点帮扶提升，且李某对 2019 年 1—2 月存在问题进行了自我剖析以及对绩效改进作出了相应的业绩承诺。最终考核结果显示李某符合岗位条件的情形，某公司对其进行岗位调整具有合理性。

3. 论证李某岗位的调整并未变更劳动合同的内容，且即使变更亦经过双方协商一致同意。

提交《劳动合同书》证明李某的职位均属于运营管理岗，职级亦未发生改变，其工作的调整仅仅是工作地点的变化，但该变化亦符合《劳动合同》约定。因此，李某工作的调整并不涉及对《劳动合同书》约定的工作岗位调整，并未变更劳动合同的内容。

提交绩效结果确认书证明，李某对公司的《管理办法》已知悉并对当月的考核结果负责且无异议，其服从单位根据考核结果所作的用工管理调整。基于李某对于考核制度及结果的认可，意味着双方对于达到一定条件时可对岗位和职务作出调整进行了预先的约定。某公司依据提前预设的约定，在劳动者达到相应条件的情况下对岗位做出调整，也属于《劳动合同法》第 35 条规定的“协商一致”的情形，李某应予遵守。

4. 岗位调整不具有侮辱性和惩罚性，且调整后的工资水平与原岗位基本相当，且亦并未对李某生活造成影响。

首先，本次岗位调整是制度考核结果的运用，不具有任何侮辱性和惩罚性，且李某在岗位调整后的工资与原岗位基本相当。其次，岗位调整充分考虑了工作地点与生活地点的距离，方便李某兼顾家庭，并未对其生活造成影响。

四、判决结果

一审判决结果：关于第二次岗位调整，李某否认向某公司提出离职，但某公司提交的吴某发给人力资源部门的邮件亦抄送给李某，且后续该邮箱李某一直在正常使用，其主张未查看邮件的陈述不符合常理。从工资构成来看，其岗位工资未发生变化。此外，某公司在调岗后的邮件中仍称李某为“南洲某经营分部负责人”，可知某公司在进行第三次调岗前仍视李某为“南洲某经营分部负责人”，故采纳某公司陈述，认定第二次调岗是基于李某口头向某公司提出离职后的暂时调整。关于第三次岗位调整，李某多次在绩效结果确认书以及绩效考核帮扶表签字，李某同意某公司按照制度对其进行考核，并承诺考核达成全区后20%，接受降职、降薪处理。某公司依据制度和考核机制对李某进行岗位调整未违反双方约定及法律法规。某公司对李某工作三次调整，工作地点均在广州市内，并未超出劳动合同中双方约定的工作地点，属于某公司合理经营管理。三次岗位调整合法并符合《劳动合同法》第38条规定的情形，无须支付经济补偿金。

二审判决结果：第一，从调整后的工作岗位和内容看，并未改变工作内容及降职。第二，从双方签订的劳动合同看，所调整的地点并未超出广州市，不属于改变工作地点。第三，岗位调整后工资水平与原岗位基本相当，不存在降薪情形。第四，从三次岗位调整合理性来看，对于第一次岗位调整，双方已予以确定无争议，对于第二次调岗，某公司依法享有用工管理自主权，其基于生产经营需要可以在合同约定的范围和岗位内对劳动者工作进行适当调整，该调整只要不具有侮辱性、惩罚性，且报酬与原岗位相当，亦无其他违法情形，李某应予接受。对于第三次调岗，某公司根据公司管理制度对李某进行调岗，并不存在违法情形。

【争议焦点】

本案基本争议焦点为：李某能否因某公司三次调岗而主张经济补偿金？具体来说，可分解为三个层面：某公司三次岗位调整是否合法合理？案涉的岗位调整是否属于《劳动合同法》第38条规定的情形？李某能否主张经济补偿金？

【案例评析】

在现行劳动法的框架下，除用人单位与劳动者协商一致进行岗位调整外，采用其他方式对员工调岗，极容易被裁判机关认定为用人单位滥用用工自主权对劳动者进行岗位调整，损害了劳动者的权益。在劳动合同履行过程中，如何对员工进行合法合理的岗位调整，是每一个用人单位都必须深思的问题。本案作为合法调整员工岗位的典型范本，具有下列显著特征：

一、专业性

在取证方面，代理律师在诉讼阶段及时介入为当事人提供专业指引，收集了大量有利于用人单位的证据。对于第二次岗位调整，在李某的上级主管仅出具了情况说明，无合理理由不出庭作证的情况下，代理律师通过邮件沟通截图，固定第二次岗位调整确实因李某原因导致的关键事实。同时，代理律师在庭审中充分运用诉讼手段及策略，再次重点强调李某对于岗位变动的情况明知且无异议，引导裁判者回归到理性裁判中来。对于第三次岗位调整，指导某公司收集大量能客观证明用人单位考核合理性的材料，进而引导裁判者认定岗位调整不存在恶意。在规则运用方面，代理律师对不同情况下岗位调整的裁判规则进行分析，论证岗位调整的合法性。法院最终认定某公司岗位调整的合理、合法性，用人单位合法权益得到维护，用工自主权得到保障，司法裁判的教育及指引的基本功能得以发扬。

二、导向性

1. 本案具有规则导向性。本案中的三次岗位调整涉及协商一致进行的岗位调整、用人单位基于生产经营需要进行的岗位调整以及根据规章制度约定进行的岗位调整。本案体现了不同情况下岗位调整裁判规则的适用，特别是充分运用了《劳动合同法》第35条的规定及《广东省高级人民法院、广东省劳动人事争议仲裁委员会关于审理劳动人事争议案件若干问题的座谈会纪要》（粤高法〔2012〕284号）第22条的规定。

2. 本案具有价值导向性。首先，充分尊重用人单位的用工自主权。法院作为裁判者而并非市场经营者，不宜过度介入用人单位具体生产经营和用人管理安排，在不损害劳动者基本权益的前提下，对于何为生产经营的需要应交由用人单位自主判断，以保障用人单位作为市场经济主体的活力以及用人单位经济发展权益。其次，倡导员工应当遵守诚实信用原则。本案第二次岗位调整是劳动者原因导致，仲裁委员会以某公司未能证明经过劳动者同意为由，认定违法调岗。但一审、二审法院则根据某公司提交的邮件否定了李某不知悉岗位调整原因的主张，进而认定岗位调整的合理性。

【专家点评】

本案中劳动者在半年时间内经历了三次调岗，用人单位不仅需要证明历次调岗的事实与制度依据，也需要说明频繁调动劳动者岗位的合理性和必要性。代理律师在充分了解司法解释、广州当地的裁审口径的前提下，深入案件细节，精准还原事实，取得了良好的代理效果。

劳动法属于典型的社会法，具有单保护的立法立场，但此并不意味着对于劳动者的权益要无条件无原则的保护，事实上，如果个别员工不服从合理的工作安排，表面损害公司治理权，损害的是公司的利益，但实际上也会因为损害了用人单位的整体利益而导致其他守纪员工的权益受损。因而在司法实践中，在坚持保护劳动者合法权益的前提下，也会尊重用人单位的用工自主权，保障用人单位的合法权益。

本案法院认可调岗的理由是：第一次调岗是以实际履行的方式视为双方已协商变更，第二次调岗属于用人单位用工自主权的范畴，第三次调岗是用人单位依据本单位规章制度进行调岗，且三次调岗都没有损害劳动者的基本权益。本案在《劳动合同法》规定过于刚性的情形下，聚焦劳资利益的平衡，保障了用人单位作为市场经济主体的活力以及合法权益，为类似案件的处理起到重要的示范、参考作用。

（点评人：张海燕，广州市律师协会劳动与社会保障法律委员会副主任）

企业产线转移背景下
如何妥善处理大规模员工分流安置

——以某公司人员分流安置项目案为例

姜 黎 叶 斌 曾小丽 黄艺威 林秋容 王诗雅*

【内容提要】

经济性裁员事件往往涉及众多劳动者的切身利益，如不妥善处理，极有可能引发群体性事件和导致社会不稳定因素。法律上对经济性裁员的可适用情形、不得裁减人员、履行程序、补偿标准、优先留用和优先录用人员等多个角度作出了明确严格的规定。实践中，我们需在先明确用人单位符合经济性裁员规定情形之一的前提下，严格履行经济性裁员的法定程序，同时对员工进行充分的相关法律法规宣传，引导员工理解法律、理解用人单位，充分保障员工的知情权，听取员工或工会的意见，处理和应对各种突发性案件和突出问题，根据用人单位的具体情况为用人单位制订合法合规、适当的裁减人员方案并向劳动行政部门报告，依法对可裁员对象进行经济性裁员，同时保护用人单位和劳动者的合法利益。

【案情简介】

（一）案件背景

广州某科技股份有限公司因行业产能过剩公司持续亏损，资金断层，生产经营

* 姜黎、叶斌、曾小丽、黄艺威、林秋容、王诗雅，广东国智律师事务所律师。

严重困难，转让原生产经营地的部分土地使用权及厂房产权，无法继续在该经营地进行生产经营活动，但由于该公司整机模组生产线位于该部分土地上，同时为了进一步提高设备产能，该公司拟将相应生产线整合搬迁至江苏，需对约 280 名员工进行分流安置，在前期摸查和初步了解过程中，已经有部分职工对分流安置工作不理解，曾在一定范围内出现劳动者群体性的对立情绪，如不能妥善处理，极有可能引发更大规模的矛盾冲突。为妥善处理该专项事务，公司委托我所提供专项法律服务。

（二）律师代理思路

1. 先行摸查广州某科技股份有限公司现状

我所接受委托后，指派律师迅速介入，在通过现场会议、现场调研、资料收集等多种方式全面梳理了该公司的客观情况。

（1）经济性裁员的客观背景基本符合法律规定，但该公司生产经营发生严重困难、土地及厂房产权转让、产线搬迁、经营方式调整、客观情况发生重大变化的相应证明材料尚明显不足。同时，由于各项证明材料尚未进行系统化的梳理，也未能形成清晰明确的说明材料向工会和职工进行有效说明与沟通。为此，我所律师团队详细审查了该企业近 3 年财务报表、生产经营数据、土地厂房等固定资产转让的各项交易流程和凭证等，从中提炼出开展经济性裁员具有客观合法性的有效依据。

（2）员工结构较为复杂，涉及此次裁员安置的人员部分属于关联企业员工、部分属于劳务派遣工、部分正式员工曾存在关联企业或劳务派遣公司工作工龄等。同时了解到绝大部分员工对于经济性裁员和相关劳动法律法规存在不理解，由于员工结构较为复杂，员工诉求不一致，前期已出现不稳定因素端倪，其中还潜藏着许多不稳定、不可控因素。

（3）公司现阶段生产任务尚未全部完成，需要在平稳完成裁员安置工作的同时稳定员工队伍，确保生产计划和生产任务圆满完成。

2. 制订人员安置方案

经了解，本次人员分流安置项目人数众多，高达现有员工比例的30%，我们根据该公司提出的服务需求，结合员工的合理诉求，在充分考虑前期摸查了解到的各项客观实际情况的前提下，按照逐步逐级、从易到难的方式，在法律的框架下，制订了切实可行的分类解决方案。

（1）部分人员相关企业分流安置

由于该企业在广州地区仍保留其他相关生产线，也有其他关联企业能够提供类似工作岗位。在充分征求员工意愿后，对有留用意愿，且符合留用条件的员工专门设计了留用转岗工作方案，通过生产线调岗、关联企业交流等方式，将部分人员进行分离安置。

（2）民主程序与友好协商同步进行

一方面，按照法律法规的规定，经济性裁员方案的产生，需提前三十日向工会及全体职工说明情况，充分征求工会、职工的意见，充分对员工宣传相关法律法规，解答员工的疑惑，从实质上完成民主程序的各项要求；另一方面，在完成经济性裁员中提前三十日说明情况的程序过程中，同步进行协商工作，积极听取员工意见，主动与员工友好协商，尽可能以协商一致的方式与经济性裁员名单上的部分员工签署《协商一致解除劳动合同书》，降低通过经济性裁员方式的员工数量，避免产生大规模的群体性事件。

（3）争取员工理解，分别确定解除劳动合同时间，保证生产稳定

尽可能通过反复多次的充分沟通，取得员工的理解和认可，在与员工协商一致解除劳动合同的基础上，根据员工所在岗位和企业生产需求，分别确定不同岗位员工劳动合同解除时间，保证员工可以满足该企业的生产需求，避免因人员不足出现生产困难和人员富余增加人工成本的情况。

（4）依法完成法定裁员报备手续

对于在制订经济性裁员方案过程中仍无法协商解除或变更劳动合同的员工，通过经济性裁员方式解除劳动关系，依法足额支付经济补偿金。

3. 实施人员安置方案

在我们制订的安置方案得到该公司的认可后，按照以上方案，继续细化人员安置方案落实实施的具体工作，根据实际情况选定人员安置方案中具体各个工作的实施时间节点，人员安置方案具体实施过程如下。

（1）正式启动经济性裁员民主程序前，分流人员，安置至关联企业。

在通过事先摸底已了解员工留用意愿的情况下，该企业人力资源管理团队进一步明确并充分地征求员工意愿，在确认该部分员工同意将劳动关系转移至关联企业后，双方协商解除劳动合同，由该企业的关联企业与该部分员工再建立劳动关系，

将需第一轮安置人数减少到265人。

（2）根据该企业在2020年春节前完成大部分员工的安置要求，在2020年1月初启动方案，启动经济性裁员方案民主程序。

按照法律法规的规定针对人员安置方案的产生，需要提前三十日充分征求工会、职工的意见，充分对员工宣传相关法律法规，解答员工的疑惑，从实质上完成民主程序的各项要求。律师团队首先将所有经济性裁员安置中涉及的法律法规进行汇编整理，由企业人力资源管理团队搭建平台，与企业工会、企业职工代表开展专项协商沟通会。一方面，通过律师服务团队的专业性解读，让企业工会和职工代表能够清晰准确掌握相关法律法规，了解自身所拥有的合法权益范围，也了解法律法规在企业出现经济性裁员情形时对企业的要求和对经济性裁员的规定；另一方面，也依靠协商沟通会，将企业目前面临的各种实际困难、企业下一步的生产经营计划、应对措施等向员工进行进一步详细解释与说明。在完成了法律法规对经济性裁员中规定的民主程序的同时，也进一步听取员工意见，主动与员工友好协商，充分发挥企业工会和职工代表良好的媒介作用，让企业工会和职工代表可以向上反映员工的合理需求、向下向员工传达法律规范、企业方案等，取得工会支持，进而大大减少了发生群体性事件的风险，最大限度地争取了员工对企业作出裁员安置决定的理解与支持。

（3）经济性裁员方案制订过程中，友好协商同步进行争取员工理解，化解了绝大部分矛盾。

在与员工进行沟通协商环节，律师团队充分与企业进行协商沟通，结合实际制订了详细完善的协商策略与协商工作计划。

首先，多渠道收集员工诉求和对于企业进行经济性裁员的看法，以便后续可以有的放矢地与员工协商。其次，对企业人力资源管理团队进行了协商工作内训，将企业内部参与协商人员的相关法律知识、谈判协商技巧、沟通策略等进行提升，利用企业内部管理架构的优势，实现内部妥善协商，避免因沟通不畅、不准确、不到位而产生的矛盾与误解。再次，依托各班长、线长等了解其管理下的员工各自对公司现状的理解、个人意愿、再就业难度等信息，按照员工意愿类别、岗位类别、人员结构类别等进行精准分类，以先易后难的方式开展协商工作，充分发挥员工之间相互的正向带动作用。最后，分次分批与员工进行法律法规宣讲、了解员工意向。

做好向员工宣讲和协商的准备工作后，该企业开展了数次全体员工法律法规解读宣讲会及员工现场答疑会，有律师团队、企业人力资源管理团队共同出席，以开诚布公、实事求是、依法依规的态度，向员工解读法律，解释问题，化解疑虑。法律法规解读宣讲会上介绍人员安置方案，并且详细向员工介绍公司进行人员安置的原因、背景，争取获得员工的理解，并且明确向员工传达，公司将严格依法按照经济性裁员程序执行《经济性裁员方案》以及经济性裁员的员工补偿标准，但同时表明公司还有协商一致解除劳动合同的方式以及具体的协商方案。宣讲完毕后，员工可现场或事后向公司反映提出疑义，公司逐一解答，尽可能消除员工疑虑。对于有协商解除意愿的员工，公司依法与其协商一致解除劳动合同，签署《协商一致解除劳动关系协议书》，同时协商处理好员工的保密义务或竞业限制协议；对于协商意愿虽然较弱但有可能协商一致解除劳动关系的员工，公司与其进一步一对一沟通，争取打消员工疑虑，为其解除劳动关系后领取失业保险金等提供最大帮助；对于没有协商意愿且提出不合法诉求的员工，公司再次向其解释法律法规，对其动向予以密切注意，避免其采取鼓动其他员工通过罢工、拉横幅等激进方式向公司施压，以达成其不合理的诉求。在整个协商过程的大量工作投入，最终实现了绝大部分员工对企业裁员的理解和支持，使得企业制订的裁员安置方案获得绝大部分员工的认可，项目在协商阶段就取得重大突破，超过 99.6% 的员工对安置方案满意，在制订经济性裁员方案过程中主动签署安置协议，与该企业协商解除劳动合同。

（4）依法完成法定裁员报备手续，与员工解除劳动合同。

对于极少部分在制订经济性裁员方案制定程序完成后仍无法协商解除劳动合同的员工，该企业在律师团队的协助下，严格依法征求了企业、工会、职工的意见，完成各项法定流程、依法准备翔实充分的材料后，向劳动行政部门报告经济性裁员方案，并一次性通过报备手续。随后该企业依法向企业工会通知与该少部分员工解除劳动关系的理由、时间等，工会未提出异议意见后，该企业依法与该少部分员工解除劳动合同并足额支付经济补偿。

4. 人员安置方案实施结果

最终，我们按照以上方案，通过协商变更劳动合同、协商解除劳动合同、经济性裁员等方式，最终合法、平稳、妥善完成了全部员工的分流安置工作，同时保证了该企业最后的生产需求。对于以《劳动合同法》第 41 条经济性裁员为由解除劳动合同的少部分员工，仅有一人提起劳动仲裁，因该企业提供了翔实的资料证明确属可进行经济性裁员的客观情况，且严格依法完成了经济性裁员的程序要求并足额支付了经济补偿金，企业在该起劳动争议案件中也获得胜诉。

在律师团队的帮助下，该企业顺利完成了人员安置项目，合法合规、合情合理的人员分流安置方案同时获得了用人单位和劳动者的认可，维护了劳资双方的合法权益，律师团队的专业素质也获得了该企业高度评价，该企业的人力资源管理团队也在此过程中充分理解经济性裁员对于企业的实体性和程序性要求，便于其日后开展人力资源管理工作；同时律师团队还受到行政管理部门的肯定，在我国新冠肺炎疫情防控最为关键的时期，协助该企业平稳地和员工解除劳动关系，避免了群体性事件和社会不稳定事件的发生，为社会稳定、劳资和谐均作出一定贡献。

【业务难点】

广州某科技股份有限公司本身员工人员约 840 人，现需对约 280 名员工进行分流安置，拟裁减人数众多，占现有员工的比例高达 30%，此次人员分流事件事关该公司生产经营管理、该公司员工就业问题和社会稳定，而事发突然且大部分员工对法律法规不理解，担忧自身合法权益受损，因此存在抵触心理并提出了各种质疑。如不妥善处理，极有可能引发群体性事件和导致社会不稳定因素。而事发之时又面临春节，如处置不善，持续性影响也将大大加重用人单位的负担。

【案例评析】

在本案中，从维护社会稳定、充分保障员工和该公司的利益角度出发，我们充分运用专业的法律知识，为该公司制订合适合法合规的人员分流安置方案，根据层次、梯度、难度与员工进行协商，对员工进行充分的相关法律法规宣传，在劳资协商过程中维护劳资双方的利益，依法按照经济性裁员的程序解除劳动合同，妥善地完成了该人员分流安置项目，避免在人员安置当下引发社会问题。

就业是员工安身立命之本，是影响社会稳定的重大因素之一，企业经营不可避免地会面临裁员危机，用人单位一次性裁减人员较多或裁减人员比例较高，也容易引发群体性事件，出现社会不稳定因素。而劳动法具备社会法属性，在二者利益出现冲突时，劳动法的作用就是制约和平衡，为了保障员工的合法利益，避免用人单位滥用裁员的权利，法律对适用经济性裁员解除劳动合同的要求和程序作出了明确的法律规定，但我国现行有效的法律规定只对经济性裁员的原则性和大方向作出了具体的规定，如何对法律规定的实践进行细化，如何适用经济性裁员的有关规定妥善处理企业的员工安置事宜，如在实践中如何具体制订合适的人员安置方案，如何引导用人单位依法履行经济性裁员程序，如何引导员工充分理解法律，在什么时间节点进行经济性裁员等，都是人员安置过程中的难点和痛点，需要融合专业的理论知识和丰富的实践经验，同时结合每个实际案例进行不断地研究、探讨，总结出最优方案。

【专家点评】

经济性裁员相关法律规定不多，对于用人单位的指导也较为宽泛，在实践中如何结合实际进行经济性裁员，考验着用人单位和法律从业者对法律规定的运用、经验判断、谈判能力等。本案中，该公司在律师团队的帮助下，制订出符合自身情况的人员安置方案，妥善处理员工关系，避免劳资关系恶化，实现产线转移、平稳过渡。该案例是对相关法律规定充分运用的体现，充分保护劳资双方利益，避免社会不稳定事件发生，对员工、该公司都产生良好影响，形成了良好的社会示范效果，足以展示法治社会对员工生存、用人单位发展的保障有重要意义，也充分展现了《劳动法》的社会法属性。

经济性裁员事件有增长之势，在保就业、保发展的当下，也希望法律从业者继续发挥专长，在实践中适用法律，在法律实践中总结经验，将经济性裁员项目精细化、专业化，积极引导员工和用人单位增强法律意识，在法律规范的框架下通过正确适当的方式来维护自身合法权益，充分保障员工就业和企业的发展，维护社会稳定。

（点评人：陈元刚，重庆理工大学劳动与社会保障专业教授）

第二章
金融证券及资本市场

“诱空型”证券虚假陈述责任纠纷案例实证分析

董 永*

【内容提要】

《最高人民法院关于审理证券市场因虚假陈述引发的民事赔偿案件的若干规定》(以下简称《若干规定》)① 中第 19 条规定的因果关系除外因素并不全面，从当前的司法实践来看，未能较好地涵盖行为者不应承担民事赔偿责任的情形，且仅限于损失因果关系。证券虚假陈述民事赔偿制度关乎多方利益，不仅涉及众多投资者、上市公司的利益，更与我国证券市场的健康发展密切相关，加强证券虚假陈述民事赔偿制度的立法，已具有紧迫性。从交易因果关系及损失因果关系以及区分诱空型和诱多型虚假陈述的种类和认定等角度一并完善虚假陈述民事赔偿因果关系的认定规则，方能实现公正裁判，以在保护投资者权益的过程中也兼顾上市公司和其股东的合法权益并更好地实现多方利益衡平，从法律层面促进我国证券市场向投资型市场的转型，助力我国证券市场的成熟壮大。

【案情简介】

2018 年 5 月 21 日，陶某等 5 人因“某上市公司”证券虚假陈述向某市中级人

* 董永，北京市康达（广州）律师事务所律师。

① 该规定已被最高人民法院 2022 年 1 月 21 日公布的《最高人民法院关于审理证券市场虚假陈述侵权民事赔偿案件的若干规定》废止。

民法院提起对某上市公司及其大股东和实际控制人陈某、林某证券虚假陈述责任纠纷一案。至2020年8月25日，先后又有吴某等总计49人先后向上市公司及其大股东和实际控制人陈某、林某提起系列诉讼要求赔偿损失。

1. 原告的主要诉讼请求是：（1）判令陈某、林某赔偿原告损失×元。（2）判令某上市公司与陈某、林某等承担连带赔偿责任。（3）判令某上市公司与陈某、林某等承担本案全部诉讼费用。

2. 原告起诉所依据的主要事实和理由是：（1）被告已被证监会出具的《处罚决定书》处罚，虚假陈述行为事实清楚，证据充分。（2）被告的虚假陈述行为是诱多型虚假陈述，应按照《若干规定》来认定相关事实。（3）被告的虚假陈述行为，导致原告大量买入并持有某上市公司的股票，损失巨大，且该损失与被告的虚假陈述行为具有因果关系，应当由被告全部赔偿。

3. 本案系列案件被告一方的代理人提出的主要抗辩观点是：

（1）本案被告被证监会处罚的行为属于诱空型虚假陈述行为。原告的损失与虚假陈述之间无因果关系。判断一个消息是诱多还是诱空，要从一般理性投资者的角度看消息是否符合投资者对公司经营情况的预期，进而影响投资人作出积极投资决策或者消极投资决策。一般而言，对上涨有利的信息符合投资人对企业经营状况良好的预期，促使投资人积极投资，刺激股价上涨的信息或因素，可以认定为诱多消息。但本案案涉虚假陈述是实际控制人短期内大比例减持，从一般理性投资者角度来看，当面对实际控制人短期内大比例减持时，通常会理解为实际控制人因对企业的经营状况没有信心而认为当时股价虚高或者实际控制人急于套现，应为诱空型信息，而非诱多型信息。

（2）案涉股票开始至2018年7月23日产生的损失，无论本案的虚假陈述行为最终如何定性，原告在实施日之前及基准日之后持有某上市公司股票产生的损失均与被告的行为无关，而是由股市系统性风险导致，被告不应对此承担任何赔偿责任。

（3）原告在实施日至揭露日之间买入某上市公司股票的行为及其产生的损失与被告的诱空型虚假陈述行为之间不存在因果关系。首先，诱空型虚假陈述与投资者的交易行为之间没有因果关系，即从一般理性投资者角度，不会因诱空型消息而决定买入上市公司股票。其次，诱空型虚假陈述与投资损失之间的因果关系仅在虚假信息被披露之前投资人提前卖出股票时才存在，而本案原告在披露日之前并无卖出股票的行为，因此其投资损失与案涉虚假陈述行为之间不存在因果关系。

（4）《证券市场虚假陈述民事赔偿制度》一书中第七章“投资损失与虚假陈述的因果关系”部分，明确强调《若干规定》只设计了诱多型虚假陈述的因果关系。即《若干规定》仅仅适用于“诱多型虚假陈述行为”，对于诱空型的虚假陈述行为如何认定及因果关系如何判断目前尚无相关法律依据。

鉴于本案被告的虚假陈述行为为诱空型虚假陈述，因此，并不能直接适用《若干规定》，尤其不能依据《若干规定》第18条和第19条认定本案被告虚假陈述行为与原告的投资损失之间的因果关系。

（5）综上所述，本案系争的虚假陈述行为为诱空型虚假陈述，原告所主张的损失与被告的虚假陈述行为之间无因果关系，被告不应对此承担赔偿责任，请求法院依法驳回原告的全部诉讼请求。

4. 某市中级人民法院一审判决认定的主要事实和判决理由是：（1）被告的虚假陈述是虚假减持。（2）案涉虚假减持行为不应属于诱多型虚假陈述行为。（3）原告的损失与被告的虚假陈述行为之间没有因果关系，对其诉讼请求不予支持。

5. 某省高级人民法院二审判决认定的主要事实和判决理由是：（1）一审法院查明的事实属实，本院予以确认。（2）本案被告的虚假陈述属于诱空型虚假陈述。（3）原告的损失与被告的虚假陈述行为之间没有因果关系，一审法院对此认定正确，本院予以确认，上诉人的上诉请求缺乏事实和法律依据，不应支持。一审判决认定事实清楚，适用法律准确，应予维持。（4）判决驳回上诉，维持原判。

本案在笔者代理被告某上市公司及其大股东和实际控制人陈某、林某介入诉讼后，提出了上述答辩意见和代理意见。除原告吴某两案历经一审、二审判决都支持笔者提出的代理意见而驳回其全部诉讼请求外，其余47件案件均在笔者提出的代理意见被某市中院采纳后裁定驳回原告起诉，或在与原告代理律师进行有效沟通并说服其后，由原告方自行撤诉而结案。

【争议焦点】

本案的争议焦点主要是：1. 本案被告虚假陈述的性质认定，也即被告的虚假陈述属“诱空型虚假陈述”，还是“诱多型虚假陈述”？2. 原告的损失金额是多少？3. 被告的虚假陈述行为与原告的损失是否存在因果关系？

【案例评析】

本文系列案属于证券资本市场中的证券虚假陈述责任纠纷，是近年来的典型案例。该系列案涉及原告众多，又都是中小投资者，涉及证券市场中小投资者利益保护以及上市公司及其大股东和实控人的合法权益保护。

本文所述系列案为典型的“诱空型虚假陈述”案件，完全不同于以往发生的大部分的“诱多型虚假陈述”案件。

根据证券虚假陈述行为对证券市场以及投资决策影响的不同，证券虚假陈述可分为诱多型证券虚假陈述和诱空型证券虚假陈述两类。诱多型证券虚假陈述表现为行为人违背事实真相发布虚假的重大利多信息，或者隐瞒遗漏重大利空信息，诱使投资者看多并买入或持续持股；诱空型证券虚假陈述则表现为行为人披露虚假的重大消极利空信息，或者隐瞒遗漏重大利多信息，诱使投资者在股价相对低位时卖出而遭受损失。简言之，诱多型证券虚假陈述诱导投资者买入或持有，而诱空型证券虚假陈述则诱导投资者卖出。

诱空型证券虚假陈述属于证券法明确禁止的虚假陈述行为，行为人应依法承担民事赔偿责任。但在具体操作层面，投资者是否可以依据《若干规定》索赔，在司法实践中还未形成统一认识。一般认为，从《若干规定》关于证券虚假陈述民事赔偿案件的界定、虚假陈述的定义等方面看，其并未排除诱空型证券虚假陈述的适用。但问题在于，《若干规定》第 18 条、第 19 条关于因果关系的认定条件，是基于诱多型证券虚假陈述理论模型构建，难以套用于诱空型证券虚假陈述。

由于《若干规定》未规定诱空型证券虚假陈述因果关系的认定条件，投资者举证难度极大，很难胜诉。还有一些证券虚假陈述案件由诱多型、诱空型虚假陈述行为交织混合在一起，导致案情更加复杂。

而从本案诉讼之前的法院已有判例来看，法院不会在判决书中直接以诱空型证券虚假陈述不适用《若干规定》为由驳回原告的诉讼请求，而是着重从原告的损失与被告实施的诱空型证券虚假陈述行为之间是否存在因果关系角度进行论证。但投资者于实施日至基准日期间的交易情况千差万别，哪些交易行为具有因果关系，尚无统一认识。因此从被告方的实际抗辩效果来说，大多不甚理想。

笔者在接受被告委托后，经认真梳理全案相关证据材料，提出"本案讼争的虚假陈述行为属于诱空型虚假陈述，原告买入某上市公司股票的交易决定及其所主张的损失与被告的虚假陈述行为之间无因果关系，被告不应对此承担赔偿责任"的观点得到某市中级人民法院一审判决和某省高级人民法院判决的全面支持，驳回了原告吴某等人的全部诉讼请求。

难能可贵的是，本案是近几年来由中级人民法院首次在判决书中明确分析论证并区分"诱空型虚假陈述"和"诱多型陈述"的案件，且法院明确支持了代理律师关于本案属于"诱空型虚假陈述"的全部答辩观点和代理意见，并据此驳回了原告诉讼请求。因此，本案为近年来具有典型意义和代表性的虚假陈述案件，对于后续类似案件的处理有较大参考意义。

本案其余系列案件在作者和某中院经办法官及原告多名代理律师的高效和专业沟通之下，成功说服数十名原告自行撤诉，达到了较好的案件诉讼结果和代理效果，也得到了当事人各方的一致好评和高度满意。

【专家点评】

法律法规的出台是社会经济发展推动的结果，这是法律具有滞后性这一特点决定的。证券虚假陈述赔偿制度亦不例外，《若干规定》第 19 条中规定的因果关系除外因素并不全面，从当前的司法实践来看，未能较好地涵盖行为者不应承担民事赔偿责任的情形，且仅限于损失因果关系。证券虚假陈述民事赔偿制度关乎多方利益，不仅涉及众多投资者、上市公司的利益，更与我国证券市场的健康发展密切相关，加强证券虚假陈述民事赔偿制度的立法，已具有紧迫性。从交易因果关系及损失因果关系以及区分诱空型和诱多型虚假陈述的种类和认定等角度一并完善虚假陈述民事赔偿因果关系的认定规则，方能实现公正裁判，以在保护投资者权益的过程中也兼顾上市公司和其股东的合法权益。

在本文所述系列案件的处理过程中，无论是代理律师，还是法院法官均未受限于最高人民法院的现有司法解释条文本身，而是勇于探索，不仅明确提出了诱空型虚假陈述的观点且真正适用于案件诉讼过程中。为日后发生的案件审理过程中更好地实现多方利益衡平，并从法律层面助力我国证券市场的成熟提供了参考案例。

［点评人：李云超，北京市康达（广州）律师事务所高级合伙人、二级律师］

非投保人签名之免责条款效力认定研究

张海燕 陈艳琼*

【内容提要】

在保险实务操作中，为了方便当事人订立保险合同和降低合同订立成本，大多是采用保险人提供的格式合同文本签订保险合同。因此，如何认定保险人是否履行免除保险人责任条款的提示和说明义务，成为审判的争议焦点和难点。

在过往的审判案例中，即使驾驶员出现醉驾、肇事逃逸等法律法规明令禁止行为或违法犯罪行为，只要通过笔迹鉴定认为保险公司投保单中的字迹与投保人的字迹不属于同一个人的，法院多数不会支持认定保险公司履行了《保险法》第 17 条第 2 款中的明确说明义务。而本案突破了裁判惯例，律师利用《民法典》关于委托代理的法律规定，同时结合当事人曾有多次投保、连续投保的行为，最终获得法院支持认定保险公司已履行了免责条款的提示说明义务。

【案情简介】

一、案件背景

李某驾驶机动车辆与罗某发生碰撞，后弃车逃逸，造成罗某车损人亡的交通事故。经交警认定，李某承担事故主要责任。事故发生后，李某向受害人支付了赔偿

* 张海燕，广东辩明律师事务所主任、高级合伙人，广东省律师协会第十二届保险法律专业委员会委员；陈艳琼，广东辩明律师事务所律师。

款后，要求保险公司在商业险范围赔偿损失共1006763.8元。一审庭审中，保险公司提交了事发当年2017年的投保单主张拒赔。2017年的投保单中记载：业务来源为“代理业务”，渠道来源细分为“车商”。李某抗辩2017年的投保单非其本人签字，并提出笔迹鉴定。笔迹鉴定结果显示投保单上的签字与李某的签字不属于同一人签署。

二、一审处理过程及裁判结果

1. 处理过程

一审经过笔迹鉴定，结果显示投保单上的签字与李某的签字不属于同一人签署。在得知笔迹鉴定结果为不一致后，经办律师向保险公司调取了李某往年的投保单材料。在2015年投保单中，律师通过对比发现，落款处李某的签名字迹与李某提供的检材字迹相比非常相似，同时2015年的投保单中加盖了汽车销售服务公司（车商）的印章。庭审中，律师向李某提问如何进行投保，使得李某在诉讼中承认从2015年开始通过车商为其购买车辆保险。

由此，律师找到案件的突破口并提出了新的抗辩意见，指出李某与车商形成代理关系，车商代其在投保单上签字确认收到了保险公司提供的保险条款，且知悉保险公司就保险条款中已加粗加黑处理，并对其履行了提示义务，李某缴纳保险费的行为即视为其对车商代签字或者盖章行为的追认。同时李某为续保客户，连续3年均有投保，且一直受同一份保险合同、保险条款的约束，因此，无论哪一年投保单是李某签署的，只要合同条款是连续的，即保险合同中关于免责事由的约束均应当对李某发生效力。

2. 一审法院观点

一审法院认为，虽然经司法鉴定，2017年投保单上投保人的签名并非李某本人所写，但结合李某陈述的保险购买情况与保险公司提供的投保单记载信息可证实，李某通过车商向保险公司购买上述保险，且支付了保险费，根据《最高人民法院关于适用〈中华人民共和国保险法〉若干问题的解释（二）》第3条规定，应视为其对代签名行为的追认，李某与保险公司的保险合同关系成立并生效。案涉交通事故发生时，李某为车辆向保险公司投保了机动车综合商业保险以及机动车交通事故责任强制保险等险种，其对保险标的具有保险利益，李某对保险公司享有保险金请求权。

根据《保险法》第17条规定及《最高人民法院关于适用〈中华人民共和国保险法〉若干问题的解释（二）》第10条规定，保险人将法律、行政法规中的禁止性规定情形作为免责事由的，须履行提示义务后才能免责，否则该免责条款不产生效力。本案李某在交通肇事后逃逸，确实违反了法律的禁止性规定，但2017年投保单上投保人落款签名并非李某本人所签，保险公司亦未提供其他证据证实向李某交付了《机动车综合商业保险条款（2014版）》，亦未举证以其他形式向李某告知或提示了相关免责条款。此外，保险公司提供的2015年投保单但投保人声明内容中并无明确涉及《机动车交通事故商业保险条款》的版本或者具体内容，无法证实《机动车交通事故商业保险条款》与《机动车综合商业保险条款（2014版）》内容一致，故退一步来说，即使2015年投保单落款是李某本人签名，也不能证实保险公司向李某告知或提示了《机动车综合商业保险条款（2014版）》的免责条款内容。关于保险公司提出的李某与车商之间构成委托法律关系的问题，法院认为，保险公司提供的2017年投保单明确载明该业务来源为代理业务，渠道来源细分为车商，该文意内容应理解为车商代理相关保险业务，与李某陈述的车辆保险购买情况相互印证，亦符合现实中机动车保险购买的行业惯例，保险公司未充分举证证实李某与车商之间构成委托合同的法律关系，保险公司以此抗辩即使是车商代李某在2017年投保单上签名，其行为亦视为代表委托方李某的理据不足，没有证据证实保险公司已就有关免责条款向李某履行了提示义务。

3. 一审裁判结果

2019年8月20日，一审法院作出判决，判决保险公司向李某在保险范围内支付保险金720634.43元并承担鉴定费。

三、二审处理过程及裁判结果

1. 处理过程

二审中，律师代理保险公司提起上诉，主张的上诉观点如下：

第一，一审法官已查明确认了投保单上载明了业务的渠道来源是车商，李某的车辆保险一直是由车商代其购买的，双方形成了有效的委托代理关系，车商作为其代理人在投保单上签字行为属于正常的代理范围内，其代签字的效力应及于被上诉人。李某按期缴纳了保险费，系对车商的代签字或者盖章行为进行了追认，故基于投保单产生的法律责任应由被上诉人承担。对于李某与车商构成委托合同的法律关系的事实不存在举证不能的情况。

第二，2015 年投保时，李某在投保单上已书面确认收到了上述保险条款。李某自 2015—2017 年均在同一保险公司投保续保，交通肇事逃逸系法律明文禁止的规定，李某作为一名完全民事行为能力人，且已通过机动车驾驶员考试，不可能不知道交通肇事逃逸会对社会及公众安全造成极为不利的影响。保险条款中，保险公司就上述免责事项已加粗加黑处理，足以引起投保人注意，足以证明保险公司已向李某履行了充分的提示义务。

2. 二审法院观点

二审法院审理后认为，李某从 2015 年开始通过车商在保险公司处购买车辆保险，至本案保险事故发生时已连续投保 3 年。李某作为完全民事行为能力人和多年投保的投保人，理应知晓购买商业保险应当附有保险条款。李某主张其在连续 3 年未收到保险条款的情况下，既未向车商或保险公司提出过异议，还连续向保险公司投保，并不符合常理。因此从日常生活经验来看，连续多年投保的李某应当已收到商业险保险条款或者已明知其条款内容。

李某的肇事逃逸行为经一审法院生效刑事判决认定，依照《道路交通安全法》第 70 条的规定，肇事逃逸是法律规定中的禁止性情形，且该规定在驾驶员中众所周知。根据《最高人民法院关于适用〈中华人民共和国保险法〉若干问题的解释（二）》第 10 条规定，保险公司已对肇事逃逸免责条款作出提示，故本案关于肇事逃逸的免责条款已生效，保险公司有权拒绝赔偿。

3. 二审裁判结果

2019 年 12 月 18 日，二审法院撤销了一审判决，改判保险公司无须向李某赔偿保险金。

四、再审裁判结果

1. 再审观点

李某在二审判决生效后，向广东省高级人民法院提出再审申请。再审法院审查后认为，李某通过车商向保险公司购买案涉保险，虽然 2017 年投保单上投保人的签名并非李某本人所写，但其支付了保险费，依法可视为其对代签名行为的追认，该投保单对李某发生法律效力。2017 年投保单记载：业务来源为“代理业务”，渠道来源细分为“车商”，投保人声明第 2 点内容为：“本投保人确认已收到了《机动车交通事故责任强制保险条款》《机动车综合商业保险条款（2014 版）》，且贵公司已向本投保人详细介绍了条款的内容，特别就保险条款中免除被保险人责任的条款内容和手写或打印版的特别约定内容做了明确说明，本投保人对免除保险人责任的条款的概念、内容及其法律后果，均因保险人的明确说明已完全理解，并同意投保。”另，李某从 2015 年开始通过车商在保险公司处购买车辆保险，至本案保险事故发生时已连续投保 3 年。李某作为完全民事行为能力人和多年投保的投保人，理应知晓购买商业保险应当附有保险条款。李某主张其在连续 3 年未收到保险条款的情况下，既未向车商或保险公司提出过异议，还连续向保险公司投保，该行为不符合常理，综上，二审法院认为李某应当已收到商业险保险条款或者已明知其条款内容，具有高度可能性，并无不当。《机动车综合商业保险条款（2014 版）》第 40 条约定：“在上述保险责任范围内，下列情况下，不论任何原因造成的人身伤亡，保险人均不负责赔偿：……（二）驾驶人有下列情况之一者：1. 事故发生后，在未依法采取措施的情况下驾驶被保险机动车或者遗弃被保险机动车离开事故现场……”该条款字体加黑加粗，足以引起投保人注意，二审法院认定保险公司已尽到免责条款提示义务，其有权拒付案涉保险金，并无不当。

2. 再审裁判结果

2020 年 12 月 8 日，广东省高级人民法院驳回了李某的再审申请。

【争议焦点】

本案的争议焦点主要是：1. 李某与车商之间是否形成了代理关系？2. 李某在发生交通事故后肇事逃逸，保险公司是否履行了免责事由的提示说明义务，是否应当在机动车综合商业保险范围内免责？

【案例评析】

保险法律事务中，每年保险公司涉及的车险案件数量巨大，由于现实等多个因素导致保险公司无法调取到投保单或投保单并非本人签名的情况时常发生，发生事故时法院多数认为保险公司未尽告知义务应当赔付。本案作为“投保单非本人签名”仍在商业险范围内拒赔的案例，是同类案件中的“极少数派”。如何能做到“极少数派”，是从事保险法律专业律师一直在找寻的判例，也为同类案件创新了解决思路。

在本案中，承办律师不仅主张适用《保险法》第17条规定，同时结合了《最高人民法院关于适用〈中华人民共和国保险法〉若干问题的解释（二）》第3条中关于投保代理行为追认的法律规定进行认定。在规范的保险市场中，投保人在订立保险合同时应当填写相关保险单并签字盖章，以确保保险合同的订立是投保人真实意思表示。因投保人未签章，保险合同效力必然存在一定的瑕疵，交纳保险费用是投保人负有的主要合同义务，法院通过投保人主动交纳保险费，且多年连续投保的行为，确认了投保人对本案保险合同的追认。

在司法审判案例中，多数认为，投保人或其代理人对保险合同的追认不当然及于保险合同中的免责条款，即投保人未签章的情况下通过追认的方式加以明确仅能确定投保人有意愿订立保险合同，保险人仍应就其已经履行提示和明确说明义务这一事实负举证责任。在诉讼过程中，律师通过举证往年签署的投保单，以及突出多年来投保人均受同一保险条款约束的举证思路，为本案的裁判思路也带来新的冲击。重点突出“多年连续投保”“多年均受同一保险条款”“代理投保”的辩论观点，从侧面印证出投保人多年投保不可能不知晓保险条款内容，达到从侧面举证保险公司已履行了保险条款的提示告知义务，使得案件获得胜诉，由此避免了知法犯法的当事人试图利用保险逃避承担法律责任的情形。

该案的胜诉对于同类醉驾、逃逸等违反强制法律法规的保险拒赔案件提供了裁判参考，在审查同类案件的裁判思路上也不再局限于从投保单中的签字真实性认定保险公司是否履行了提示说明义务，具有典型的参考意义。

【专家点评】

由于保险合同条款具有格式化和专业化的特征，在交易能力上处于弱势地位的被保险人只能概括地选择接受或拒绝，为了对被保险人提供一种事后的司法救济机制，保险合同疑义利益解释原则应运而生。基于此种原则，在国内多数法院将“投保单”这一证据，作为保险人是否向投保人对保险合同的免责事项作出提示及明确说明“黄金法则”。与之矛盾的是，在保险业务中，尤其随着车险业务的蓬勃发展，投保程序的简化，导致纠纷发生时，对于符合免责条款约定的案件保险人却无法免责。

本案例正是车险案件中多发的情形，驾驶人醉驾、逃逸、顶包是保险合同当中约定的免责条款，但唯独遇到的是一份并非由投保人本人签署的投保单。如认定保险人对此种恶性事故仍然承责，将会导致更多的醉驾人员有恃无恐，造成事故而不用承担经济赔偿的后果，不利于维护人民生命安全。

代理律师能够突破裁判惯例，另辟观点，主张投保人委托车商代投保险形成代理关系，投保人多次投保、连续投保从未提出异议，属于应当是收到保险条款或明知保险条款内容情形，最终达到广东省高院支持保险人免责的主张，使得案件在审理当中，不再是单一审查投保单中的签名真实性即认定了保险公司未履行到说明义务。高难度的案件考验了代理律师的专业性，对于同类醉驾、逃逸等违反强制法律法规的保险拒赔案件提供了裁判参考。

（点评人：刘玉招，广东省律师协会保险法律专业委员会主任）

船舶触碰桥梁的保险理赔与追偿

李武智　谢宜臻*

【内容提要】

东南沿海、珠三角地区是台风频发区域，受台风影响，随之带来的是路桥、物产等损失。为了应对台风带来的难以预测的影响，财产所有人、管理人往往通过保险这一重要的金融工具来应对风险，尽可能减少损失。此外，如存在第三方责任的，还需要及时地通过诉讼手段予以维权。

2017 年 8 月 23 日，受台风的影响，某高速公路公司财产损失巨大，主线路侧树木倒伏，全线标志标牌及收费站等设施损坏严重；大桥受四艘船舶撞击，导致桥梁受损严重，交通中断。作为珠三角地区高速公路交通主干道之一，公路交通受阻，影响巨大。这也是一起典型的在台风影响下，保险理赔同时需要兼顾诉讼追究责任方责任的典型案例。

【案情简介】

经办律师团队通过现场勘查以及搜集证据，结合保险合同在理赔工作上给予了大力协助，经办律师团队主要工作由以下几部分组成：

---

* 李武智、谢宜臻，广东法制盛邦律师事务所律师。

一、非诉讼方面

(一）路产、机电、房屋设施以及清理费损失赔付

受台风的影响，公路公司在路产、机电和房屋设施等方面遭受了不同程度的损失。在接受公路公司的委托后，经办律师团队迅速前往现场进行勘查、清点受损数量以及搜集证据材料。

在价格方面，根据路产综合保险合同规定，如发生本保险责任范围内的损失，保险公司将赔付受损财产恢复原状的重置费用，使之达到与原财产一致的状况。因事故发生当时的产品价格大部分与1998年标准文件制定时的价格相去甚远，同时，部分机电设施是根据高速公路特有性质进行研发和定制的，致使部分产品价格比较高且无法在市场上询查相应价格。因此在受损设施的价格部分，报损数据与公估核损数据亦差距较大。针对此情况，经办律师团队与公路公司工作人员针对估损材料中的单价部分进行核对讨论，此后亦多次前往现场，与公路公司工作人员一同搜集受损设施原始合同以及发票等证据材料，为向保险公司报损提供更全面充分的参考依据。

经办律师团队多次与公路公司、平安保险以及公估人员在现场会议室针对路产报损及核损金额等理赔问题进行了讨论。根据路产综合保险合同规定，重置的部分设施进行了变更、性能增加和改进，该性能提高部分的费用不在保险理赔范围内。且受损的机电设施大部分放置于收费站，而保险公司认为收费站属于简易建筑，不在保险理赔范围内。针对该情况，经办律师团队多次与保险公司、公估公司进行谈判，向保险公司提供司法判例以及相关法规，为公路公司争取获得最大理赔金额。

(二）营业中断的损失赔付

因大桥受船舶连续撞击导致左幅31号墩受损严重需抢险修复，月环至斗门段采取了交通管制，自2017年8月28日起实行“单幅单向限速”通行（影响61天)；随着抢险加固工作稳步推进，2017年10月28日起改为“单幅双向限速”通行（影响96天)，直至2018年2月1日恢复了正常双幅双向通行。此期间（2017年8月23日至2018年1月31日）公路公司通行费收入受到影响。

根据路产综合保险合同规定，营业中断险赔付的是毛利润损失，计算该项损失需审计人员介入，且审计费用由保险公司承担。经办律师团队在公路公司工作人员的协助下，搜集大量相关的财务数据提供给保险公司。在经办律师团队与保险公司

人员多次会谈中，保险公司派出其公司的营业中断险专业人士核对该部分损失，最终公司亦获得最大理赔金额。

（三）大桥损失赔付

大桥抢险修复方案确定先将上部结构用临时墩托梁支撑、拆除和重建31号墩。为尽快恢复双向交通，保障道路通畅，决定在引桥位置拆除砼防撞栏，采用工字钢加钢板临时设置转换车道，保证单幅双向通行。

根据路产综合保险合同规定，被保险人为防止或减少保险标的的损失所支付的必要的、合理的费用，最高不超过被施救保险标的的保险价值。保险公司认为施救费用超过了桥墩的价值，不在赔付范围内。经办律师团队认为该施救是为了防止桥梁不倒塌，其对应的保险标的应为桥梁，而不是桥墩，并向保险公司提供相关材料，会谈中据理力争，使保险公司最终同意该项赔付。

除此之外，保险公司认为左幅31号墩功能提升，采用了下部承台加薄壁墩的修复方案，重建钢筋158吨，砼1190立方米应按照原双柱墩的重置价值进行赔付。经办律师团队参与了公路公司与保险公司的多次谈判，并搜集证据材料证明在原桩位上施工进度慢，成桩风险大，工期长，整体施工费用未必减少，按照原方案修复将造成营业中断险理赔费用的增加。说服保险公司同意按照新的重置方案进行核付。

二、诉讼方面

（一）诉前财产保全

为保证后续起诉肇事船舶的索赔工作顺利进行，根据《海商法》和《最高人民法院关于人民法院办理财产保全案件若干问题的规定》等法律法规，经办律师团队代表公路公司赴法院办理申请扣押四艘肇事船舶和诉前财产保全（查封肇事船舶共计25条姐妹船舶）事宜，法院依法作出了扣船裁定。

（二）起诉船方

关于船舶触碰桥梁损害赔偿纠纷一案，一方面保障保险人后续的代位求偿权，另一方面保障公路公司的后续索赔，经办律师团队在积极地收集、整理证据材料后，即刻向法院提出立案申请，起诉各责任方。

在法院受理案件后，经办律师团队即向法院提出调查取证申请，请求法院依法调取中山海事局关于触碰事故的海事调查报告。5月30日，法院召集各方当事人安排庭前会议，针对原告的诉讼请求和被告的答辩意见进行陈述、归纳争议焦点。同日，在法院的组织下，各方当事人进行证据交换。由于本案所涉当事人较多，证据也非常多，故各方当事人均不能当庭对各方提交的证据提出质证意见。

考虑到公路公司均提出了营运损失的索赔请求，为保障公路公司的利益以及营运损失请求金额的客观性、公正性，经办律师团队申请法院对公路公司的运营损失进行司法鉴定，进而也提出延期举证和延期开庭请求。

基于我国《海商法》中海事赔偿责任限制这一特殊的制度，各责任方均向法院提出了设立海事赔偿责任限制基金请求。根据法院的安排，经办律师团队首先对各责任方所提出的设立基金请求提交了书面异议申请，结合请求人的请求和经办律师团队所提出的异议意见，法院组织召开听证会并在会上让各方当事人交换意见。

结合法院提出的意见，在与珠海公司、新会公司讨论分析后，经办律师团队同意按照法院提出的方案实施，并重新组织证据、撰写文书，落实安排债权登记和确权诉讼程序。

目前，两级法院已经就船舶触碰损害纠纷案件出具了一审、二审判决书，确定了各责任方合计承担90%责任比例。

经办律师团队所有工作旨在保障公路公司的权益，加快保险理赔的进度。通过收集的大量有力资料，精确运用法律条款，在与保险公司谈判及船舶触碰案件中起到了关键作用，助力公路公司获得保险理赔。

【争议焦点】

经过代理律师的总结和归纳，该案件涉及三大焦点：1. 保险赔偿范围的确定；2. 如何尽可能缩小委托人报损金额与保险公司定损金额的差距；3. 对事故相关责任方的追责（通过诉讼方式进行）。

在前两项争议焦点中，核心问题之一是对“营业中断保险条款”的理解，经办律师认为存在两种理解：

第一种理解，根据保险金额和费率。保险合同的保险标的是整条被保险公路段（具体路段见一切险范围，以下简称整个公路段），营业中断险收取的保险费是根据整个公路段的营业中断损失毛利润计算所缴的保险费，保险金额也是对整个公路段毛利润损失计算的最大赔偿额。因此，涉案船舶碰撞大桥所导致的营业中断，应当以公路公司所辖的大桥高速公路段为基础计算营业中断的毛利润损失。

依据：保单条件第7条约定的保险标的：被保险人在保险期限内因发生保险责任内事故导致营业中断而造成的损失。根据第16条约定，保险责任：在保险期间内，被保险人因物质损失保险合同主险条款所承保的风险造成营业所使用的物质财产遭受损失导致被保险人营业受到干扰或中断，由此产生的赔偿期间内的路费收入损失，保险人按照本保险合同的约定负责赔偿。

以上，主要是对赔偿期间作出约定，而公路公司会因为大桥遭受碰撞造成的桥体损失而发生整段公路的营业损失。

第二种理解，考虑到营业中断损失与主险损失的关联性要求，尤其结合保单条款中第3条的约定，即被保险人因物质损失保险合同主险条款所承保的风险造成营业所使用的物质财产遭受损失，导致被保险人营业受到干扰或中断，由此产生的赔偿期间的毛利润损失。那么，因涉案船舶碰撞大桥，所导致的营业中断，应当以大桥的封闭路段（封闭通行或限制通行区间）为基础计算营业中断的毛利润损失。

最后，关于营业中断的赔偿期间：根据保单约定，是自物质损失保险发生之日起，被保险人的营业结果因该物质保险损失而受到影响的期限，依据扩展条款约定，保险人的保险责任与保险期限内完全一致。

综上，考虑到公路公司损失范围大，损失项目种类多，抢修恢复通车工作紧急，同时也面临资金方面的困难。代理律师操盘整个项目，分步骤对几大块损失进行梳理，现场勘察取证，指导委托人收集证据，通过申请法院扣押船舶、提起诉讼追究责任方责任。事故影响巨大，台风是否成立不可抗力，路产、经营损失和道路碰撞损失等几大问题都是台风影响下各个案件的典型问题，广州海事法院、广东省高级人民法院分别对责任争议案件做出一审、二审判决，保险公司也做出了赔付。

【案例评析】

发生保险责任范围内的损失，同时又存在肇事方（或相关责任方）的情况下，首先应确定受损金额，清点受损标的数量（必要时还要清点未受损标的数量）和确定受损程度，采取拍照方式记录受灾现场、受灾标的的全貌，留存证据，以便向保险公司和相关责任方进行索赔。

商业保险赔偿的约定赔偿性质，即便是保险公司根据保单约定，结合公估公司与被保险人的清点损失及核算工作，依照约定赔付，但仍需注意保险条款中约定的赔偿范围与公司的实际损失之间的差距，这部分的损失差额，是不会依法转移到保险公司的代位求偿权的权利范围中，仍需向肇事方（或相关责任方）进行索赔和维权。

在向法院提起诉讼前，为防止肇事方（或相关责任方）因经济状况不良而在短期内隐匿、转移财产，应申请扣押、冻结肇事方财产，及时地向肇事方（或相关责任方）进行追偿。

【专家点评】

华南沿海地区是台风的频发区域，台风不仅给人民群众带来巨大的财产损失，其影响之下所涉及的法律问题也会成为全社会关注的热点、焦点。本案中，该台风系珠三角地区几十年一遇的强台风，给珠三角地区带来了巨大的经济损失。在本案路产损失的理赔中，路产损失范围的盘点工作量巨大，损失单价的认定标准存在较大分歧，“利润损失”如何划定损失范围以及是否符合理赔条件等，这些均构成财产保险理赔中的重大疑难问题；较之于对责任方追偿方面，台风影响下所造成的责任方对财产所有人、管理人的经济损失是否能够援引“不可抗力”免责是诉讼案件中的重点问题之一，这也是恶劣自然灾害影响下整个社会所关注点和法律争议焦点。此外，本案还涉及我国《海商法》中所相对特殊的、关于船舶所有人依法援引的“责任限制”制度和海事赔偿责任限制基金确权诉讼等制度和程序，这些都构成了本案件“特色”。该案件的成功处理，对同类案件、事故的处理具有重要参考意义。

（点评人：张静，广东敬海律师事务所合伙人、广州市律师协会海事海商与航空专业委员会副主任）

借款合同中“利率”与“费率”的区别

伍冠岳*

【内容提要】

本案是广州仲裁委首例推翻金融机构（中国某信托有限公司，央企背景非银行金融机构）利息计算方式的仲裁案件：明确区分“利率”与“费率”的计算区别，否定金融机构所制定并安排借款人签署的《还款计划表》。这家金融机构的贷款业务量相当庞大且遍布全国，本案作为首例胜诉案例，裁定借款人彭某无须按照《还款计划表》承担利息，对于广大金融消费者极具意义。

【案情简介】

彭某（以下简称委托人）向中国某信托有限公司（央企背景的金融机构，以下简称信托公司）申请借款并签订了《贷款合同》，约定：贷款本金94万元、贷款利率14.5%/年、借款期限为5年，详见《还款计划表》。同时，双方签订《还款计划表》明确：利息总额是681500元（贷款本金×贷款利率×借款期限＝940000×14.5%×5＝681500元）；然后，再直接将该利息总额摊分至各期，适用等额本息还款方式，计算每期偿还金额为27025.03元。

笔者介入后经研究与计算，发现《还款计划表》错误地使用“费率”的计算方式来计算借款“利息”，混淆了利率与费率、隐瞒贷款真实年利率高达23.97%

* 伍冠岳，广东连越律师事务所律师。

的事实，直接导致委托人实际承担的总贷款利息超出了将近一倍。

笔者在接受委托后迅速发起仲裁申请，最终得到广州仲裁委的支持，仲裁庭裁决推翻了《还款计划表》利息的计算，委托人无须按照原《还款计划表》承担利息，并成功适用正确的等额本息还款法计算本案，即利息总额应为386995.05元、每期还款金额应为22116.58元；同时，仲裁庭裁决信托公司承担本案大部分律师费及仲裁费，金融消费者维权成功。

【争议焦点】

1.《贷款合同》以及《还款计划表》的效力如何?

2. 利息的计算依据是什么?

3. “利率”与“费率”的计算区别是什么?

【案例评析】

一、需要区分“利率”与“费率”

相信大部分金融消费者，至今仍搞不清“利率”与“费率”的计算区别，而正是该知识盲区，成为本案的核心。

利率（对应“贷款利息”），是指一定时期内利息额与剩余贷款本金的比率；在分期还本付息的情况下，基于借期内每期剩余贷款本金都有变化的因素，无法直接通过本金、利率简单计算出对应的利息总额，而是需要运用专业计算器计算。如贷款10万元，2年，年利率5%，适用等额本息还款法，利息总额为5291.34元。

费率（对应“贷款费用”），是指费用总额与贷款本金的比值；由于不需要考虑剩余本金因素，所以可以通过费率直接算出总贷款费用。如贷款 10 万元，2 年，年费率 5%，可以直接用 10 万 × （2 ×5%） =10000 元，这就是费用总额。

结论：适用费率计算所产生的“费用总额”，接近适用利率计算所产生的“利息总额”的两倍。

二、本案利率“陷阱”

首先，中国某信托有限公司计算的利息总额是 681500 元；其次，再将该利息总额摊分至各期，适用等额本息还款方式，计算每期偿还金额为 27025. 03 元。至此，相信即使已经标红陷阱所在之处，但估计还是有绝大部分读者没有发现条款何处出现陷阱。

我们需要探究的是，利息总额是 681500 元这个数字，是怎么来的呢？答案是：贷款本金 94 万元 × 贷款利率 14. 5%/年 × 借款期限 5 年 = 940000 × 14. 5% ×5 = 681500 元。相信大家此时能发现问题所在了。在主合同中，双方明确约定的贷款利率（14. 5%/年），但在《还款计划表》中，中国某信托有限公司却使用了费率的计算方式。

通过银行专业贷款计算器，输入贷款本金 94 万元、贷款年利率 14. 5%，按照等额本息还款法计算本案：利息总额应为 386995. 05 元、每期还款金额应为 22116. 58 元。

然而，再根据《还款计划表》的利息总额进一步反推实际适用的年利率，竟然高达23.9691%，远远超出主合同约定的年利率14.5%。

《还款计划表》将“利率”混淆为“费率”的计算方式，最终计算得出的总贷款利息超出了将近一倍（30万元）。

三、本案难点——仲裁请求选择

（一）难点一：选择推翻《还款计划表》的请求权依据（法律适用）

本案主合同约定，还款方式详见《还款计划表》，也就意味着，《还款计划表》记载的还款方式对双方均有约束力。虽然中国某信托有限公司的利息计算方式存在明显问题，但是计算结果利息总额681500元以及每期应还金额27025.03元，却是明确记载于《还款计划表》，经借款人签字并按捺纸模确认的。所以，如何推翻或撤销《还款计划表》，是本案一大难点所在。

因此，请求权依据（法律适用）的选择尤为重要，究竟是主张违反法律行政法规的强制性规定而无效，还是以对方欺诈为由主张撤销权，还是适用格式条款等依据，都是要提前考虑清楚的。

最终，笔者综合各种因素（包括社会影响等），选择了适用原《合同法》第 54 条规定："下列合同，当事人一方有权请求人民法院或者仲裁机构变更或者撤销：……一方以欺诈、胁迫的手段或者乘人之危，使对方在违背真实意思的情况下订立的合同，受损害方有权请求人民法院或者仲裁机构变更或者撤销……"

（二）难点二：如何解释或主张利率与费率的计算区别

通过大量的检索，笔者仍然未能找到有关法律法规对利率与费率作出的法律定义。因此，笔者从以下几个方面进行举证分析：

1. 利息计算的文义依据——根据剩余本金计算

虽然采用不同的还款方式导致最终归还的总利息不同，但各种还款方式都是根据借款人剩余本金的多少计算利息的。可见，"剩余本金"才是计算利息的依据，而《还款计划表》却直接使用"贷款本金"错误地计算利息。

2. 利息计算的理论依据——等额本息还款计算公式（验算）

根据《还款计划表》载明的数据以及实际履行的情况，本案贷款显然属于等额本息（每期还款金额一致）还款方式。

中国人民银行官网公布等额本息还款方式计算公式为：每月还款额 = [贷款本金 × 月利率 × （1 + 月利率）^ 还款月数］ ÷ ［（1 + 月利率）^ 还款月数 - 1］。

每月还款额 = [940000×1.20833%×(1+1.20833%)^60]÷[(1+1.20833%)^60－1]

其中：(1+1.20833%)^60 = 2.0557788

即，**每月还款额** = [940000×1.208333%×2.0557788]÷[2.0557788－1]

= 23350.2146 ÷1.0557788

= 22116.58(元)

3. 专业计算器推算依据——银行贷款计算器（验算）

经各大银行官网公布的贷款计算器验算，适用等额本息还款方式，本案利息总额应为 386995.05 元、每期还款金额应为 22116.58 元。

综上，针对此难点，笔者主张仲裁请求之二为“请求确认每期贷款利息应当根据申请人贷款剩余本金按照年利率14.5%计算”。此仲裁请求目的在于，无论仲裁机构是否支持撤销《还款计划表》，我们都需要明确“剩余本金”才是利息计算依据，而不是“贷款本金”。

（三）难点三：后续贷款如何处理

根据本案当事人的证据及陈述，目前其还款至第44期，若按照《还款计划表》，其仍有剩余16期约43万元本息需要偿还，而且，履约过程中产生了约20万元的逾期罚息。

笔者主张撤销《还款计划表》，也就意味着原协议约定的每期还款金额无效；并且，将当事人每期多偿还近5000元的部分，主张作为提前偿还贷款本金。结合以上两点，即本案不存在逾期罚息。

再结合实际还款情况，重新计算目前剩余本金，同时安排当事人按照主合同约定一次性提前结清贷款，并送达结清通知。最后，笔者向仲裁机构主张仲裁请求之三为：办理房屋的解除抵押登记手续（主张贷款已结清）。

（四）仲裁机构及银监会处理结果

本案系首例通过仲裁裁决方式，推翻了该金融机构的利息计算方式，并且由对方承担本案大部分律师费及仲裁费，维权最终得以成功。

同时，笔者考虑到商事仲裁案件的审理以及裁决结果不对外公开等因素，因此在经办仲裁案件的同时，笔者整理材料向中国银保监会投诉举报并获得了支持。2020年11月10日，中国银行保险监督管理委员会北京监管会，就本案发文责令信托公司进行整改，本案得以公开借鉴适用于其他类案。

（五）结语和建议

金融消费者在办理贷款业务时，其天然弱势的缔约地位决定了无议价能力，只能接受金融机构安排并签订一系列的文件，但这些文件，有的利用金融消费者的非专业劣势，设置了一些“陷阱”。更让人担心的是，本案的贷款合同，绝非特别定制的合同，很有可能是适用于该金融机构经营贷款业务的格式合同（模板合同）。如果该金融机构的贷款业务，全部都是适用本案的贷款合同作为模板、对所有金融消费者（借款人）都是如此隐瞒了真实利率而收取一倍利息之多的话，不禁让人担忧。

笔者作为法律工作者，建议广大金融消费者在办理金融业务时谨慎审阅各类法律文件，必要时委托专业律师进行依法维权；同时，建议各大非银行金融机构严格按照银保监会的政策及整改要求进行深刻的自查自纠，保障金融消费者的合法权益、确保金融业界的健康秩序。

【专家点评】

近年来，国家对民间借贷纠纷进行了严格规范，通过不断完善司法解释、设置利率上限等途径，大力打击“套路贷”等非法行为，净化金融秩序。

有所区分的是，对于与持牌（金融许可证）金融机构发生的“金融借款合同纠纷”，则不属于“民间借贷纠纷”司法解释的调整范围，行业自律尤为重要。实践中，基于对国家金融系统权威与监管的信任，群众对于持牌金融机构提供的贷款合同等法律文件以及利息的计算，都不会产生过多的怀疑。而且，在银保监会的监督管理之下，绝大部分的持牌金融机构都能够保持自律规范性，违法或者不规范情形少之又少。

然而，本案涉及的当事人一方，正是一家具备金融许可证的全国性金融机构，在与借款人彭某订立《贷款合同》时，却通过“利率”与“费率”计算区别，实质多收取借款人利息将近一倍之多，不但严重损害了金融消费者的合法权益，而且与我国金融工作的方针政策背道而驰。

本案通过仲裁裁决方式推翻了该金融机构的利息计算方式取得胜诉，对该金融机构同类业务的处理极具指导意义，对维护金融消费者合法权益、金融业界健康秩序及社会稳定均产生了重大良性影响。

（点评人：彭虹，广东财经大学法学院教授）

动物疫苗精选层挂牌第一股

——某顺生物申请向不特定合格投资者公开发行股票并在全国中小企业股份转让系统精选层挂牌项目

戴　毅　姚　亮　陈晓璇*

【内容提要】

2020 年 7 月 27 日，新三板精选层设立，由广东君信律师事务所律师担任公开发行股票并在精选层挂牌专项法律顾问的广东某顺生物制药股份有限公司（以下简称某顺生物）是第一批晋层企业，也是广州市唯一一家第一批精选层挂牌企业。广东君信律师事务所律师提供了某顺生物公开发行股票并在精选层挂牌的全程法律服务工作。

2006 年，新三板首次在中关村科技园建立并试点运行。2013 年 6 月，国务院常务会议决定将全国股份转让系统试点扩大至全国，鼓励创新、创业型中小企业融资发展。2019 年 10 月 25 日，证监会启动全面深化新三板改革，提出建立挂牌公司转板上市机制，在精选层挂牌一定期限，且符合交易所上市条件和相关规定的企业，可以直接转板上市。

【案情简介】

2020 年年初，全国中小企业股份转让系统精选层挂牌规则正式出台，某顺生

* 戴毅、姚亮、陈晓璇，广东君信律师事务所律师。

物积极开展在全国中小企业股份转让系统公开发行股票并在精选层挂牌的准备工作。

某顺生物成立于2002年，深耕兽用生物制品领域，是一家集兽用生物制品研发、生产、销售、服务于一体的现代高新技术企业，是广东省重点农业龙头企业、广州市农业龙头企业、广州市清洁生产企业。

自2019年10月国务院和证监会启动全面深化新三板改革以来，本所律师一直密切关注全国股转系统发展动态并研究相关政策文件。对于此次某顺生物公开发行及在精选层挂牌项目，本所主要开展了以下几个方面的工作。

1. 参加了与本次精选层挂牌相关的历次协调会，就本次发行并在精选层挂牌涉及的法律问题与其他中介机构进行充分的探讨。

2. 积极研究精选层挂牌相关法律法规，参与了本次发行并在精选层挂牌方案的拟定，并根据法律、法规和规范性文件的规定提出了意见。

3. 了解了某顺生物的历史沿革，向某顺生物提交了本所律师出具相关法律文件所需文件的清单，并对某顺生物提交的文件进行必要的核查，察看生产厂区，确认某顺生物符合本次公开发行并在精选层挂牌的主体资格和实质条件。

4. 后期随着股转系统《全国中小企业股份转让系统精选层挂牌审查问答（一）》的推出，本所结合该审查问答的要求，对某顺生物主要重点从以下几个方面对法律相关问题进行核查。

（1）精选层入层条件

精选层进入条件与公开发行条件相衔接，主要包括市值条件、财务条件、规范性条件，以及发行完成后的股权分散度要求等方面。具体来看，精选层进入条件通过市值和财务指标组合，总体遵循了“市值和财务稳健性要求高低匹配的原则”，具体落实上位法“持续盈利能力”要求。在遴选标准上，一是着重遴选已有稳定高效盈利模式的盈利型公司，侧重财务指标，市值起辅助作用，设置“市值不低于2亿元，最近2年净利润均不低于1500万元且加权平均净资产收益率的均值不低于8%，或者最近1年净利润不低于2500万元且加权平均净资产收益率不低于8%”。二是侧重关注盈利模式清晰，业务快速发展，已初步具有盈利能力的成长型公司，设定为“市值不低于4亿元，最近2年平均营业收入不低于1亿元，且最近1年营业收入增长率不低于30%，最近1年经营活动产生的现金流量净额为正”。三是主要针对具有一定的研发能力且研发成果已初步实现业务收入的研发型企业，设定为“市值不低于8亿元，最近1年营业收入不低于2亿元，最近2年研发投入合计占最近2年营业收入合计比例不低于8%”。四是主要面向市场高度认可、研发创新能力强的创新型企业，但不对企业收入和盈利等作要求，设定为“市值不低于15亿元，最近2年研发投入累计不低于5000万元”。某顺生物结合自身市值和盈利能力选择了第一个入层条件。

（2）特殊经营模式

某顺生物作为经销商模式下的发行人，保荐机构、本所律师及申报会计师都应当对其在该模式下的收入的真实性发表明确意见，应当对经销业务进行充分核查，主要核查的事项包括但不限于：采取经销商模式的必要性及经销商具体业务模式、经销商的主体资格及资信能力；发行人报告期内经销商模式下的收入确认原则、费用承担原则及给经销商的补贴或返利情况、经销商模式下收入确认是否符合企业会计准则的规定；经销商管理相关内控是否健全并且有效执行；经销商与发行人是否存在关联关系；经销商的进销存情况、退换货情况及主要客户情况，经销商所购产品是否实现终端客户销售等方面。

发行人的保荐机构、本所律师及申报会计师最终综合利用电话视频访谈、实地走访、发询证函等多种方式对经销商进行核查，并说明发行人经销商销售模式、占比等情况与同行业上市公司是否存在显著差异及原因，对经销商业务的核查方式、核查标准、核查比例、核查证据等均应当以足够的核查结论进行支撑。实地走访过程中正值国内新冠肺炎疫情暴发期，为充分考虑核查的效果和效率，发行人的保荐机构、本所律师及申报会计师充分利用视频访谈等多种方式保质保量完成核查工作。

（3）实际控制人认定

《公司法》规定的实际控制人，是指虽不属于公司股东，但通过投资关系、协议或者其他安排，能够实际支配公司行为的人。实际控制人概念是伴随着现代公司制度与法人治理结构的发展变化产生的，为了有效地规范实际控制人的行为，防止其逃避法律监管而损害公司、股东和债权人的利益，需要对实际控制人的身份进行认定。

就某顺生物精选层挂牌工作而言，针对实际控制人的相关法律问题股转系统主要集中在有实际控制人的情况下的经营稳定性问题。

某顺生物自设立以来的主要股东一直未发生变化，控制发行人30%以上表决权的股东始终为广东省现代农业集团及广东农科院，两者单一控制的股权比例始终不超过50%且最近两年内排名未发生变化，其股权结构一直较为稳定，在报告期内股权控制结构没有发生重大的变化。发行人的主要股东均已分别承诺：自发行人本次公开发行股份并在精选层挂牌之日起十二个月内，不转让或委托他人管理其直接或者间接持有的发行人本次发行并在精选层挂牌前已发行的股份，也不由发行人回购该股份。

同时，某顺生物已制定的《章程》及《股东大会议事规则》《董事会议事规则》《关联交易管理制度》《对外担保管理制度》《对外投资管理制度》等内部制度，对重大事项的决策程序作出了明确规定，报告期内相关制度被有效执行，不存在内部人或管理层控制的情形。发行人各董事在发行人报告期内的历次董事会中均独立行使表决权，不存在委托投票、征集投票权、协议、利益安排等任何形式联合或扩大表决权的情形。发行人董事、高级管理人员已承诺：其不会通过协议、利益安排等任何形式联合其他董事、高级管理人员实际控制发行人。

发行人已经根据《公司法》《公众公司办法》《挂牌公司治理规则》等法律、法规、规范性文件以及某顺生物《章程》的规定和建立现代其他制度的要求，依法设立了股东大会、董事会、监事会等机构，确立了董事会领导下的总经理负责制，具备了健全的组织机构和有利于发行人稳定运营的法人治理体系。

（4）股份代持解除

某顺生物是伴随广东省现代农业集团和广东省生物药厂改制而诞生的一家生物制药企业。设立之初，因解决老国企职工安置问题而产生了大量的职工股，为便于管理职工股都由改制后的广东省现代农业集团持有。2016 年某顺生物新三板挂牌前，代持股行为全部均已解除，化解了某顺生物未来作为公众公司股权可能存在纠纷的风险。而且自 2016 年某顺生物新三板挂牌四年多以来，都稳步发展，未有任何股东或投资者对某顺生物股权提出过质疑。

5. 对于精选层挂牌审查问询函（反馈）的问题，本所律师进行了必要的调查，并取得农业农村部等有关政府主管部门、某顺生物及其关联方作出的答复、确认或证明，出具了补充法律意见书。

2020 年 6 月 20 日，某顺生物公开发行并在精选层挂牌经全国中小企业股份转让系统有限责任公司挂牌委员会审议通过。

2020 年 6 月 24 日某顺生物公开发行并在精选层挂牌获中国证券监督管理委员会同意核准。

2020 年 7 月 27 日，某顺生物正式登陆精选层挂牌交易，成为第一批精选层挂牌企业。

作为首批精选层挂牌企业，某顺生物是猪瘟疫苗领域龙头，也是高致病性猪繁殖与呼吸综合征活疫苗和禽流感灭活疫苗领域的优势企业。2017 年及 2018 年，某顺生物猪瘟疫苗全国市场份额占比分别达到 24.01% 和 30.12%；其中，高致病性猪繁殖与呼吸综合征活疫苗全国市场份额则分别占比 9.84% 和 11.75%，均排名行业第二；核心产品禽流感灭活疫苗市占率位列全国第六。另外，尤其值得关注的是，某顺生物猪瘟活疫苗（传代细胞源）为国内首创，由公司与中国兽医药品监察所联合研制，该产品填补了国内使用传代细胞生产猪瘟活疫苗的空白，行业内其他 18 家具备生产该产品资质的企业，其生产技术使用权均系某顺生物和中国兽医药品监察所联合授权取得。

【业务难点】

2020 年精选层设立之初，相关配套规则并不完善，缺乏可供参考案例，工作的开展只能是“摸着石头过河”，面临诸多疑难问题，外加新冠肺炎疫情影响，导致核查工作不断面临难题。就精选层挂牌实务中的实体问题而言，问题主要聚焦于发行人是否符合公开发行条件、精选层入层条件以及相关信息披露要求。其中信息披露问题及财务会计资料相关的问题在企业问询中被提及的频率最高，全国股转系统发出的问询函中对财务规范、实控人认定、业务实质性等投资人关心的问题显得尤为突出。

【案例评析】

某顺生物于 2020 年 7 月挂牌新三板精选层，是全国首批、广州市首家新三板精选层企业。某顺生物的成功晋层，在全市范围内实现了零的突破，有效引领了广州市企业在精选层挂牌乃至资本市场发展工作。

精选层（现北交所）作为中国除上交所和深交所之外的公开发行股票市场，是中国证券投资市场发展的新举措。精选层是中小企业成长的市场，未来转板制度细则出台后，将以转板的方式源源不断向上交所和深交所输送优秀的中小企业。

企业上市是一个漫长而复杂的过程，而且在上市辅导、整改过程中都会碰到一些难以解决，或短期内难以一次性妥善解决的问题。特别是涉及一些原国有企业、集体企业改制、转制而来的企业时，总是会有各式各样的历史遗留问题。某顺生物作为涉及国有股，可能同时面临监管部门在其申请上市时对股份代持历史问题的质疑和严格审查。某顺生物通过新三板挂牌进入全国股转系统基础层、晋升创新层，再转精选层，后期转入北京证券交易所（或其他主板市场）的发展上市之路，实际是某顺生物从公众公司提前走入投资者大众视野，由时间验证其股权（包括股权代持解除）无瑕疵、规范经营的曲线上市之路。目前中国证券市场分层发展、分步走实现上市的多市场阶梯进步是适合中小企业发展壮大的有效途径。

【专家点评】

精选层是衔接新三板市场和主板市场的过渡环节。精选层制度建立是对新三板乃至整个资本市场的制度创新，有利于提高挂牌企业和投资人的活跃度，引导资金流向，提高资本市场的运行效率。北京证券交易所直接在精选层基础上组建，精选层为北京证券交易所顺利设立和运转打好了坚实基础，在中国证券市场发展进程中担当了重要的历史使命。

（点评人：廖焕国，暨南大学法学院教授）

某国有商业银行系列不良资产清收专项法律服务

——金融机构债权人律师业务要点

张　剑　刘思明　谭轩盈*

【内容提要】

在不良资产清收案件中，金融机构债权往往是困境企业的最大或主要债权人，作为金融机构债权人律师，其工作贯穿于债权清收方案设计、债权确认程序、债权申报及实现的各个方面。该类型的业务具有案件办理时间长、涉及主体多、债权金额大、法律关系复杂等特征，可能涉及诉讼、仲裁、执行、破产重整等众多程序。因此，律师在办理该类型业务时既要具有整体规划意识，对各阶段的业务要点进行准确把握；又要具有解决具体法律问题的能力，针对法律未明确规定，或各方出现争议的事项进行统筹考虑，提出解决方案，推动不良资产清收案件的顺利进行。

【基本案情】

某集团的主要业务涵盖批发零售、航运、造船、仓储、房地产等多种类型。为生产经营需要，某集团及其关联方于 2014 年先后与某国有银行签订 16 份《流动资金借款合同》及补充协议。超过 20 家关联公司及自然人为某集团及其关联企业签署的借款合同提供了担保。2014 年下半年，某集团及其关联企业出现资金紧张，企业经营面临困难。后某集团与其关联企业陆续出现债务违约，涉及某国有银行的本

---

* 张剑、刘思明、谭轩盈，北京大成（广州）律师事务所律师。

金及利息超过20余亿元。

截至2015年年底，某集团及其关联企业合并总负债超过97亿元，陷入无法偿还金融借款的困境。受某国有银行的委托，本律师团队为其提供系列不良资产清收全流程的法律服务，担任其债权人律师。

2017年，我们将上述金融借款合同纠纷归类为13宗案件，先后向法院提起诉讼，要求确认债权，并要求相关主体承担担保责任。2018年至2021年，广州海事法院、宁波海事法院、广东省高级人民法院先后就该等案件作出判决，支持了某国有商业银行的诉讼请求。案件随后转入执行程序。

因某集团及其关联方陷入严重资不抵债，共有15家主体先后进入破产清算或重整程序。案件办理至今，经综合运用强制执行、重整及清算等多种司法手段，某国有商业银行共有超过4亿元的债权实现受偿。

【业务难点】

在不良资产清收案件中，如何运用多种司法途径确认并实现债权人权益，是律师在办理本案过程中应关注的核心要点。在债权确认阶段，债权人与困境企业的争议贯穿案件管辖、保全财产、争议标的额、合同依据、本金/利息/罚息的计算等几乎每一个方面；在债权实现阶段，债权人与困境企业关注的要点是债权实现方式的选择（强制执行、破产清算或重整）。可以说，在不良资产清收案件中，作为金融机构债权人律师，始终需要贯彻“债权人利益至上”视角，在不同的司法程序中选择合适方案最大限度地维护金融机构债权人利益。

【案例评析】

在办理案件过程中，针对最大程度实现债权人利益这一基本诉求，我们将该案分为债权确认、债权实现两个方面的工作。

（一）抵押物担保状况及顺位调查

金融机构债权往往是拥有多种担保的优先债权，抵押物的担保状况及债权人享有的抵押权顺位关系到获得生效判决后执行的效率及担保物权最终得以实现的金额。在识别、设计优先权的具体实现方案时，需要特别留意优先权的顺位，并对优先权冲突问题提出解决方案。优先针对拥有高顺位的抵押物行使抵押权实现追回借款及利息、罚息的效率更高。故在提起诉讼之前，债权人律师应先至各抵押权登记机关查明各个抵押合同项下抵押权的效力状况、抵押物上设立的抵押权数量、债权人的抵押权顺位等与抵押物相关的基本信息，做好提起诉讼的前期准备工作。

（二）确定最高额担保项下担保的主债权数额

最高额担保是为一段时间内连续发生的债权所提供的担保，在债权人行使最高额担保权前，应首先确定最高额担保项下的债权数额。在金融机构的授信安排中，往往会通过补充协议对部分借款的借款期限进行展期，在采取清收行动前，部分借款的清偿期限可能尚未届满。在此情况下，金融机构债权人尚不能要求借款人偿还借款。在提起债权确认的诉讼前，金融机构债权人应首先根据借款合同的相关约定，向借款人宣告未到期的借款立即到期。

（三）做好诉讼保全计划

诉讼保全关系到在取得生效裁判文书后金融机构债权能否得到有效实现。律师首先应在对财产线索进行梳理、分类的基础上，拟定合理的诉讼保全方案，根据各宗案件涉及的债权金额、管辖法院，各类财产的所在地在合适的案件中提起诉讼保全。在此过程中，需要特别留意将各类保全财产的价值与案件标的额进行比较，避免出现超额查封或冻结的情况。

此外，根据《最高人民法院关于人民法院办理财产保全案件若干问题的规定》第9条的规定，申请保全人为商业银行、保险公司等由金融监管部门批准设立的具有独立偿付债务能力的金融机构及其分支机构的，人民法院就其提出的诉讼中财产保全可以不要求提供担保。在提起诉讼保全时，需留意与法院进行沟通，确认财产保全的担保事宜，尽量为当事人节约出具财产保全保函或提供担保的费用。

（四）灵活运用多种手段应对不良资产清收中的突发情况

在取得生效裁判文书后，金融机构可以就抵押物提起强制执行程序。一方面，在强制执行程序中，被执行人可能采用执行异议程序及其他手段拖延执行程序的进展，律师在积极应诉的同时，也需要保持与执行法院的密切沟通，阐明事实，并推动相关异议程序尽快终结。另一方面，律师也需要做好金融机构与被执行人之间的“中间人”角色，在维护当事人利益的大前提下，与被执行人做好沟通阐释工作。

如本案在办理过程中，有一项被执行的房产在拍卖成交的当日下午即遭到被执行人破坏，房产大门、墙面、内装等均遭到严重损坏，买受人当即因房产状况变化表示悔拍。在此情况下，案涉房产面临无法及时获得清偿的风险，甚至产生执行程序与刑事案件交叉的相关法律问题。此时律师需要代表客户与被执行人积极进行沟通、谈判，促成被执行人与金融机构达成执行和解。最终，被执行人提出以司法拍卖成交价格承接案涉房产，有效避免了抵押物损毁后短期内难以处置、处置价值减损、无法成交等诸多不确定性因素，有利于金融机构就抵押物快速获得现金受偿，实现基于生效裁判文书的合法权益。

（五）重整投资人的遴选程序

重整计划的安排关系到困境企业是否能够走出困境，重整计划的执行情况关系到盘活困境企业从而避免因破产清算而带来的一系列经济及社会风险。而重整投资人的遴选是重整程序能否顺利推进的关键性问题。但是，我国《企业破产法》及相关司法解释中并未对重整投资人的遴选程序作出规定，导致实践中重整投资人的遴选操作各地各异，急需制度构建对现实需求进行回应。

在困境企业进入重整程序后，往往会有两个以上的意向重整投资人报名参与重整程序，需要通过遴选程序选出唯一的投资人。遴选程序系债权人会议表决事项之一，存在遴选程序表决与重整计划（草案）表决的衔接关系。而各意向重整投资人的类型也多种多样，有行业投资人、战略投资人等。重整投资人的性质不同，其参与重整程序的模式多种多样：有的重整投资人 100% 受让股权，重整价款作为受让股权的对价；有的重整投资人在受让股权的同时，还为困境企业提供债权融资。债权人律师除了需要关注遴选程序和重整计划（草案）的合法性之外，还需要分析比较重整计划（草案）之间差异和优劣，并预见可能出现的多种结果，为金融机构决策提供依据。

（六）债权人会议主席的担任要点

债权人会议是全体债权人参加破产重整程序进行权利自治的临时机构。《企业破产法》第 60 条规定："债权人会议设主席一人，由人民法院从有表决权的债权人中指定。债权人会议主席主持债权人会议。"金融机构债权数额较大，在被指定为债权人会议主席时，作为债权人律师，往往需要代行债权人会议主席职责。债权人会议主席的职责主要分为两个方面，一方面，是主持债权人会议的进程；另一方面，是对外监督管理人的工作。对于管理人提交的表决结果报告及债权核查数额报告，由债权人会议主席进行确认并宣布。

由于在破产重整案件中利益博弈明显，律师作为债权人会议主席主持会议时需要把控会议进程和会议节奏，避免出现各意向投资人之间互相攻击、提问偏离重整计划议题的失控场面，保证债权人会议的顺利召开。此外，债权人会议主席需要对表决结果进行核查，重点需要留意各家债权人提交的表决票是否符合表决规则，是否具有合法授权，如核查后的结果与管理人提交的情况不符，需及时提出异议。

【专家点评】

不良资产债权清收是一项综合性业务，涉及不良资产的保全、优先权的确定、资产的处置、债权人的利益冲突等，特别是标的额巨大、金融机构债权人多、对当地经济影响大甚至直接影到当地社会稳定的案件，更是一项持续时间久、处置风险大、各方持续博弈的工作。在本案的处理过程中，律师团队在业务上恰当地把握各个司法程序中的要点，充分保障了委托人的优先权地位，在不良债权清收的关键环节，即对该债务人的化工原料及油品质押的执行中，抓住了当地政府处理相关企业安全问题的机会点，提出相关财产的处置方案，通过与首封法院和优先权法院的积极协调，最后成功解决了财产清收执行中的程序冲突情况，这个关键点的突破，大大地推进了案件的全面解决，正是由于取得了较好的案件办理效果，中央电视台社会与法治频道《本案正在执行》节目以及最高人民法院主管的《人民法院报》先后对案件办理过程中的若干典型环节进行了报道。本案涉及金额大、债权银行众多、法律关系复杂、资产处置难度大，办理的社会效果显著，对于律师作为金融机构债权人代理人办理不良资产清收案件，具有一定的借鉴意义。

（点评人：陈默，广州市律师协会名誉总监事、广州市律师协会第九届总监事）

自然人受托人信托筹划与执行项目

谢玲丽　张晓初　赖逸凡　张东兰　胡　弯　梁嘉颖*

【内容提要】

目前中国家族信托主要集中在机构受托人的实践，且主要是1000万元以上大额现金信托，应用场景远未真正打开。

《信托法》第24条第1款规定："受托人应当是具有完全民事行为能力的自然人、法人。"自然人可以成为信托受托人这一点在信托法立法之初就是确定的，也从未且不可能受到质疑，只是基于特定的历史原因没有发展起来，自然人受托人信托在中国的发展具有必要的制度土壤。

自2001年《信托法》颁布以来，中国自然人受托人信托从未真正开展。自然人受托人信托的推动将会让更多的中国家庭享受到信托制度的价值，极大活跃中国民事信托法律服务市场，并完成中国信托制度实践与国际的全面接轨。

【案情简介】

随着近年来家族信托市场的逐步成熟，X女士对于家族信托具备一定的了解，希望成立信托进行相关的财富管理安排，但基于其拟置入的信托财产规模较小、财产类型复合（包括现金、股权及不动产）以及对信托设立的便利性的较高要求，大部分机构受托人暂时无法满足X女士的全部诉求。

---

* 谢玲丽、张晓初、赖逸凡、张东兰、胡弯、梁嘉颖，北京大成（广州）律师事务所律师。

经过与申请人团队的沟通，X 女士愿意接受由自然人担任受托人的方案，并通过信托筹划，于 2020 年完成了信托的设立及信托资产的置入。

为了解决自然人受托人相比于机构受托人存在的专业性欠缺、受托财产难以区隔等劣势，申请人团队针对自然人受托人的服务体系进行了三个方面的创新。

第一个方面为所有权结构与信托治理方面的创新，在信托结构中创设新的角色，创新性地在监察人之外新增设置了“法律监察人”的角色，针对信托中其他角色行为的法律合规性发表意见，帮助其他角色更好地行使权力、履行职责，从而维护信托效果的实现；同时，设置“专职记账人”，避免非专业受托人在账务处理时可能的混同，有效保障信托资产的独立性。

第二个方面为技术创新，在签订信托契约和财产置入环节引入公证程序进行支持，保障信托的有效性及可对抗性。

第三个方面为场景的创新，自然人受托人信托可以突破传统的现金信托，将应用场景拓展到股权、不动产、保单、艺术品等多种场景。

同时，在本案例中进行了生前信托 + 遗嘱信托的安排，除信托文件外，申请人协助起草遗嘱以及遗产管理人（遗嘱执行人）委托协议、监护协议等文件，实现遗嘱与信托文本的衔接，并协助 X 女士进行遗嘱公证、信托财产的置入，实现全周期的财富管理安排。

随着《信托法》第 13 条对于遗嘱信托的规范以及《民法典》第 1133 条对遗嘱信托的再度宣示，遗嘱信托已经全面进入人们的视野。从目前的咨询状况和前期尝试来看，遗嘱信托的需求是旺盛的。信托作为重要的继承替代制度，其主要价值是以生前信托的模式实现的，遗嘱信托事实上会对功能价值更完整的生前信托有更大的推动作用。

遗嘱信托与生前信托在同一信托结构中的打通与运用，将是遗嘱信托最重要的实践模式，本案例中也进行了此创新性的安排。

【业务难点】

1. 自然人受托人相比于机构受托人专业性欠缺、受托财产难以区隔，需通过所有权结构与信托治理方面的创新予以应对。

2. 自然人受托人信托暂缺乏系统性的信托登记制度，信托的有效性及可对抗性或受到挑战。

3. 自然人受托人信托的运用，当信托资产类型复杂、需覆盖多个应用场景时，对于信托文本的制定以及受托人的管理能力提出了更高的要求，通过自然人受托人信托实现全周期的财富管理安排也是本项目的难点之一。

【案例评析】

一个标准的中产家庭，也许有百万现金、一些住宅、商铺甚至企业的股权，这些机构受托人无法或不愿通过家族信托进行管理的财产，无疑可以通过设立自然人受托人信托来进行有效的保护、管理和传承，弥补了机构受托人信托的局限性。基于财富人士对于自然人受托人信托的迫切诉求，申请人团队创新性地进行“生前信托＋遗嘱信托＋监护信托”服务体系研发和设计，针对多类型资产（现金、股权、不动产、艺术品等）设计了生前传承和身后安排的全场景整体解决方案。

此前中国家族信托的实践依然仅仅集中在机构受托人的实践。机构作为受托人的一个重要特点在于拥有一套标准化、体系化的管理与服务安排，包括财产置入、投资、管理和分配的合规体系和系统规范，这也确保了机构受托人较低的合规风险和有效的管理能力。但也正是基于这种较高的合规要求和标准化的管理规范，导致机构受托人在信托财产的受托范围及应用场景上受到了较多限制。

因为合规要求、管理规范及利益方面的局限，很多的资产难以被机构受托人所接受。比如，机构受托人会倾向于选择资产价值高、合规程度高的准上市或者已上市公司的股权作为受托管理的资产，而大量的中小民营企业的股权很难作为受托管理的资产进入机构受托人的视野；又如，机构受托人在管理具体的不动产过程中需要耗费大量的人力成本，而且面对不同区域、不同种类的具体不动产标的需要制订个性化的管理方案，这很难符合机构受托人标准化管理的价值诉求。再加之股权、不动产在置入阶段、管理阶段需要付出高额的税务成本，股权信托以及不动产信托在中国很难进行广泛的运用。相比之下，自然人受托人虽然合规和管理的难度相对较大，面临较多挑战，但是能够更灵活、有效地管理各种类型的信托财产，可契合更为丰富的应用场景。

机构受托人与自然人受托人信托所区别的是：二者可以有不同的应用场景，家族、家庭及个人可以有不同的偏好与选择。但毫无疑问，二者是拥有同等价值与制度效果的结构性力量。

机构受托人信托与自然人受托人信托在信托治理逻辑与信托所有权安排层面需要遵从相同的逻辑和原则；他们都需要经过信托六性的检验，也都需要关注“投资、分配、权利、制约、调整、退出”信托的六大机制。

在具体的技术与实现层面上二者有所不同。例如，在机构受托人信托中，监察人往往作为家族代表发表家族的意见；而在个人受托人信托中，受托人往往是家族代表，而监察人则代表了家族成员和外部专业人士、机构的监督力量。又如，在当前的信托实践中，委托人将股权或者不动产委托给机构受托人可能面临较高的转让成本；而如果将同样的资产委托给直系血亲受托人则可以显著降低成本。

《信托法》将信托活动分为三类：民事信托、营业信托和公益信托，而在立法时，中国真正具有大规模实践经验的信托活动只有营业信托。2013 年，以家族信托为代表的民事信托才真正开始大规模实践；2016 年，慈善法颁布后，以慈善信托为代表的公益信托才如雨后春笋般冒出。

自 2015 年以来，以机构受托人为主导的家族信托实践进入高速发展期，短短几年之内，我们目睹了头部机构受托人管理的家族信托财产从十亿级到百亿级的增长，整个家族信托行业规模从百亿级到千亿级的增长——而这仅仅是“家族信托”时代到来的前兆。

但在迅猛发展的背后，也必须承认以“家族信托”为代表的民事信托面临的不足和遗憾。抛开各种制度完善的滞后和实践经验的欠缺，我们发现，目前家族信托依然仅仅集中在机构受托人的实践，且主要是 1000 万元以上大额现金信托，应用场景远未真正打开。

一些人之所以会形成家族信托仅仅是富人的选择的印象，这与中国当前家族信托的发展现状不无关系。当前中国家族信托的实践主要体现为机构受托人开展的现金信托业务，而根据中国银保监会下发的《关于加强规范资产管理业务过渡期内信托监管工作的通知》（以下简称 37 号文），此类家族信托的财产价值不得低于 1000 万元。37 号文显然是从加强机构受托人业务监督的角度考虑的，但实际上，《信托法》从未设置过对民事信托规模的要求，也不可能且不应当对非营业性信托设置规模限制。

随着自然人受托人实践的规模化出现，我们应该能够看到家族信托被更为广泛的中国家庭所运用，从而打破上述的偏见和误解。从一个较长的时期来看，机构受托人信托、自然人受托人信托的配套制度和市场成熟度都将同样有一个完善过程；但这种不足将无法在等待中得到解决，而只能在实践中寻求突破，进而升华出更为完善的制度、培育出新的市场习惯。

如果缺少了自然人受托人信托的实践，那么所谓民事信托的回归就不可能是真正意义上的回归。如何满足人民群众对美好生活的向往？就信托实践而言，就是通过信托制度扎扎实实的达成每个人最美好的意愿，进而实现社会结构的稳定。只要坚守这个价值，自然人受托人信托的实践就是脚踏实地的回归，也必然得到社会广泛的认同与尊重。

自然人受托人信托虽然在我国是全新的实践，但其具备坚实的价值基础。

1. 就非营业信托而言，自然人受托人信托的理论基础无须过多讨论。信托制度的历史源头正是从自然人受托人信托开始的，相应的信托制度理论、所有权结构理论及治理理论不仅从未将自然人受托人信托排除在外，反而为自然人受托人信托给予了完整的理论支撑。

2. 自然人受托人信托具有值得肯定的社会价值。它意味着更多基于信任与资产独立性价值的民事信托应用场景可以更完整的打开；更多普通家庭的信托诉求可以得到更充分的满足。家庭结构的稳定决定了社会结构的稳定，在更大范围的人群中能够实现财富的有序传承，对于家庭结构及社会结构的稳定具有特别的意义与社会价值。

3. 自然人受托人信托同样具有必要的制度土壤。自然人可以成为信托受托人这一点在信托法立法之初就是确定的，也从未且不可能受到质疑，只是基于特定的历史原因自然人受托人信托没有发展起来而已。

4. 中国首例遗嘱信托判例——上海市第二中级人民法院在（2019）沪 02 民终 1307 号民事裁判书中认定委托人的意愿是设立以自然人为受托人的信托，这也代表了司法界对自然人受托人信托的认识。值得肯定的是，司法系统对于信托制度的理解是到位的，甚至是非常具有前瞻性的，对鲜活生动的现实诉求做了非常有效的响应，这对相应的民事信托实践具有不可估量的价值。

5. 自然人受托人信托不仅符合效率原则，也契合中国家庭在特定场景下的迫切诉求。

6. 依托全球几百年的自然人受托人的民事信托实践，以及中国近10年机构受托人开展民事信托及家族信托业务的实践，人们对于信托制度的理解已经逐步成熟，信托文化已经初步建立，信托逻辑与技术已相对成熟，这对开展自然人受托人信托提供了必要的条件。

也有部分人士认为，中国现在开展自然人受托人信托仍然受制于制度的不完善：如配套税法制度的欠缺，信托登记制度的欠缺，受托人信义义务的不确定以及受托人行业监管的欠缺等。上述这些问题完全可以通过受托人的合理选择、围绕信托财产与信托关系多种类登记行为的安排、完善的信托治理安排及信托所有权结构设计，以及必要且充分的信托教育，并辅以专业法律人士的结构性介入等多种模式系统解决，以实现可靠的信托制度效果。

实践永远走在制度完善的前面，实践本身就是一项法律制度完善的必要过程和推动力量。自然人受托人信托不仅是一个法律结构，而且也是一个财富管理工具，对社会的关切以及法律技术顺应社会价值、法律制度及社会需要是其最重要的价值基础。可以预见，以场景应用、信托治理与所有权结构的创新实现民事信托制度的回归将会是一定时期内的常态。

【专家点评】

自2001年《信托法》颁布以来，中国自然人受托人信托从未真正开展。通过自然人受托人信托的推动，可以让更多的中国家庭享受到信托制度的价值，极大活跃中国民事信托法律服务市场，并完成中国信托制度实践与国际的全面接轨，这是中国财富管理领域的标志性事件。

自然人受托人信托的运用进一步扩大了信托的适用人群，信托不再仅仅是财富家族、超高净值人士的财富管理工具，更多的中产人群可以接触、运用自然人受托人信托来解决资产的保护、管理与传承问题。但是，当前开展自然人受托人信托业务面临诸多挑战，需要谨慎安排。虽然市场正在逐步接受“家族信托”这一概念，但我国仍然缺乏成熟的受托人文化；因此对所有担任受托人的自然人都必须有一个信义义务教育的过程；同理，对于所有信托事务的参与者（委托人、监察人、受益人等）也毫无疑问存在一个信托规则教育的过程；此外，相关法律制度（信托法、税务制度、登记制度等）也存在一个逐步完善、清晰的过程，需要进行设计以把握住合规与制度效果的边界；最后，市场对于自然人受托人信托的接受还需要一个过程，需要真正具有家族立场和专业实力的机构持续发声，以正本清源。

（点评人：杨振锋，广州市律师协会信托与财富传承业务专业委员会主任）

上市公司分拆所属子公司境内上市审核要点浅析

——以某益科技分拆某益电子至科创板上市为例

王学琛　韩思明　陈志松*

【内容提要】

2021 年 2 月，广东某益科技股份有限公司（以下简称某益科技）分拆某益电子上市，系中国证监会 2019 年 12 月 12 日发布《上市公司分拆所属子公司境内上市试点若干规定》以来中国首家成功发行上市的“A 拆 A”案例。从该案例中可以看出，审核部门重点关注了上市公司与拟分拆上市子公司之间的独立性、同业竞争、关联交易等事项。我们从相关企业的历史沿革、资产、人员、主营业务等方面与发行人的关系，以及业务是否有替代性、竞争性，关联交易的背景及价格对比情况等方面进行分析，论证发行人的独立性及相关企业与发行人不构成竞争，相关关联交易具有必要性、合理性及公允性。对重点问题的论证思路得到了监管部门的认可，为后续中国境内分拆上市项目提供重要的参考及借鉴。

【基本案情】

（一）分拆情况的介绍

某益科技系上交所上市公司，主营业务为覆铜板的研发、生产及销售。某益电子系某益科技的控股子公司，主营业务为印制电路板的研发、生产及销售。某益电

* 王学琛、韩思明、陈志松，北京市康达（广州）律师事务所律师。

子印制电路板产品定位于中高端应用市场，具有高精度、高密度和高可靠性等特点，产品按照应用领域划分主要包括通信设备板、网络设备板、计算机/服务器板、消费电子板、工控医疗板及其他板等。主要客户包括华为、中兴康讯、三星电子、IBM、浪潮信息、烽火通信、诺基亚等国内外知名企业。某益科技与某益电子位于产业链的上下游。

2019 年 12 月 12 日，中国证监会发布《上市公司分拆所属子公司境内上市试点若干规定》，允许上市公司在符合相关条件下可分拆所属子公司在境内上市。基于分拆某益电子独立上市有利于拓宽融资渠道，获得合理估值，完善激励机制，进一步增强竞争力，某益科技拟按照《上市公司分拆所属子公司境内上市试点若干规定》等相关规定将某益电子分拆至科创板上市。

1. 2020 年 2 月 27 日，某益科技董事会审议通过关于分拆某益电子在科创板上市的相关议案，并公告了初步分拆预案。

2. 2020 年 4 月 16 日，某益电子董事会审议通过公司首次公开发行股票并在科创板上市的具体方案。

3. 2020 年 4 月 16 日，某益科技董事会审议通过关于分拆某益电子在科创板上市的具体方案，并公告了具体的分拆预案。

4. 2020 年 5 月 7 日，某益科技股东大会审议通过关于分拆某益电子在科创板上市的具体方案。

5. 2020 年 5 月 8 日，某益电子股东大会审议通过关于公司首次公开发行股票并在科创板上市的具体方案。

6. 2020 年 5 月 27 日，某益电子向上交所提交了首次公开发行股票并上市的申请材料，于 5 月 28 日获得受理。在审核期间，监管部门针对某益电子的独立性及同业竞争问题进行了重点问询。

7. 2020 年 10 月 16 日，某益电子首次公开发行股票并在科创板上市获得上交所科创板上市委会议同意。

8. 2021 年 1 月 5 日，某益电子首次公开发行股票并在科创板上市获得中国证券监督管理委员会同意注册。

9. 2021 年 2 月 25 日，某益电子完成首次公开发行股票并在科创板上市，募集资金为 20.66 亿元，系 A 股分拆上市第一股，为我国首例“A 拆 A”成功案例。

（二）分拆上市重点关注问题及解决方案

如上所述，监管部门对于分拆上市重点关注上市公司与拟分拆上市子公司之间的独立性、同业竞争、关联交易等事项。具体到某益科技分拆某益电子在科创板上市案例则主要为某益电子在资产、财务、机构方面与某益科技应相互独立，双方高级管理人员、财务人员不存在交叉任职，不存在同业竞争，某益电子与某益科技存在共同客户或供应商应具有合理性，双方之间的关联交易应具有必要性、合理性及公允性等。

1. 关于独立性问题

第一，关于生产厂房等经营性资产方面，我们核查了某益电子及某益科技的生产基地所在位置，现场走访了某益电子万江厂区与某益科技万江分厂，了解到某益电子万江厂区与某益科技万江分厂虽然相邻，但两处场地之间通过围墙隔开，相互独立。某益电子与某益科技生产基地均独立使用，两者之间不存在生产场地交叉的情形。针对与某益科技之间存在的共用商号问题，我们从与某益科技的历史关系角度论证两者共用商号的合理性，再论证了某益电子与某益科技之间业务及产品的差异情况以及用于产品、服务上的宣传标识的差异性，结合某益电子的客户群体对该行业具有较高的专业性，具备对印制电路板与覆铜板、粘结片较强的识别能力，我们认为，某益电子与某益科技共用“某益”商号不会导致相关业务及产品产生混淆。针对某益电子向控股股东某益科技租赁部分房产用于厂房、宿舍、污水站、仓库问题，我们主要从租赁资产的具体用途、对某益电子的重要程度、租赁费用的公允性、计划于 2020 年 12 月 31 日进行搬迁并将相关产能逐步转移等角度进行论证，上述资产的租赁不会对某益电子资产的完整和独立性构成重大不利影响。

第二，我们从某益电子与某益科技之间均建立了独立的财务部门，建立了独立的财务核算体系，制定了规范的财务会计制度，独立开设银行账户，独立纳税等角度论证了某益电子的财务独立于控股股东某益科技及其关联方。

第三，从某益电子和某益科技各自具有健全的职能部门和内部经营管理机构等角度，论证发行人的机构独立，不存在与某益科技及某益科技控制的其他企业机构混同的情况。

第四，通过核查某益电子与某益科技的高级管理人员、财务人员、核心人员名单，以及相关人员的银行账户流水，分析论证某益科技与某益电子的高级管理人员和财务人员不存在交叉任职；发行人总经理、副总经理、财务负责人和董事会秘书等高级管理人员，以及核心技术人员均不在某益科技及其控制的其他企业担任职务和领取薪酬；发行人的财务人员未在控股股东及其控制的其他企业兼职。

第五，通过访谈某益电子高管及现场查看生产线等方式，深入了解某益电子的生产环节、采购环节、销售环节及研发环节，分析论证某益电子的生产、采购、销售及研发业务均具有独立性。

2. 关于同业竞争问题

我们分析了某益科技及其控制企业的历史沿革、资产、人员、主营业务、产品的生产工艺、核心技术、商标商号、客户、供应商等方面的内容以及与发行人的关系，结合某益科技作出的避免同业竞争的承诺，我们认为，某益电子与某益科技的主营业务和产品存在显著差异，双方不具有替代性、竞争性或利益冲突，双方拥有独立的采购和销售渠道。

3. 关于某益电子与某益科技存在共同客户/供应商的问题

我们梳理了双方共同客户、供应商的名单，分析了该等客户涉及的销售收入及该等供应商涉及的采购金额占比，向公司了解存在共同客户、供应商的原因，论证某益电子与某益科技存在共同客户、供应商的合理性。

4. 关于关联交易问题

针对报告期内某益电子向某益科技的关联采购占营业成本的比例分别为17.37%、16.69%和13.08%，占比存在较大的问题，我们主要从以下几个方面论证上述关联采购的必要性及合理性。

第一，某益电子与某益科技分别位于新型电子元器件及设备制造行业产业链的上下游，某益电子向某益科技采购的覆铜板、半固化片是生产过程中所需的关键材料，双方之间的交易属于各自的主营业务范畴，具有商业实质。

第二，某益科技系全球第二大覆铜板生产企业，某益电子对其采购具有客观必然性和不可回避性。

第三，某益电子部分客户指定某益科技为覆铜板和半固化片供应商。此外，我们对向某益科技及非关联方采购覆铜板、半固化片的价格进行比对，论证上述关联采购的价格公允性。

5. 关于客户集中度较高的问题

我们分析了下游行业的集中度情况，与同行业可比上市公司的前五大客户销售占比进行比较，我们认为某益电子客户集中度较高的情况系行业下游集中度较高引起的，某益电子客户集中度较高的情况与行业特性相符。

我们关于某益科技分拆某益电子在科创板上市重点关注问题的论证思路得到了监管部门的认可，前述分拆上市事项最终于 2020 年 10 月 16 日获得上交所科创板上市委会议同意，并于 2021 年 1 月 5 日获得中国证监会的同意注册的批复。

（三）案件结果

我们在经办项目过程中，协助某益电子规范公司治理，解决了某益电子在上市过程中的核心问题，根据尽职调查的情况充分论证了某益电子的独立性及某益电子与某益科技不存在同业竞争，上述关于独立性及不存在同业竞争的论证得到了监管部门的认可，最终协助某益电子成功实现首次公开发行股票并在科创板上市，成为 A 股分拆上市第一股。作为我国首例“A 拆 A”成功案例，监管层对该项目的关注要点以及中介机构的核查和回复思路，可以为后续分拆上市的项目提供借鉴。

经办律师对项目的办理付出了艰辛的劳动，通过提供高质量的法律服务协助客户快速顺利通过监管层的审核，在尚无成功案例可参考及借鉴的情况下娴熟运用相关业务技巧并取得预期成果。某益电子成为 A 股分拆上市第一股，该项目亦作为国内首例“A 拆 A”成功案例载入中国资本市场发展历史，具有创新性，对后续分拆上市项目具有借鉴意义。经办律师在项目中所做的工作获得了肯定，取得了实际效果。

【业务难点】

1. 上市公司与拟分拆所属子公司应在人员、资产、财务、机构、业务方面相互独立，不存在对发行人构成重大不利影响的同业竞争。因此需要充分论证某益电子的独立性以及与某益科技之间不存在同业竞争。

2. 需要充分论证某益电子与某益科技存在共同客户、供应商的合理性。

3. 需要充分论证报告期内某益科技与某益电子之间关联交易的必要性、合理性及公允性。

4. 需要充分论证某益电子客户集中度高的合理性。

【案例评析】

通过某益科技分拆某益电子在科创板上市这一案例，可以了解到监管部门对于分拆上市重点关注上市公司与拟分拆上市子公司之间的独立性、同业竞争、关联交易等事项。案例中关于上述重点关注问题的核查方式及论证思路经监管层的认可，对后续中国境内分拆上市项目具有重要的参考及借鉴意义。

对于境内分拆上市项目，我们建议可重点关注以下几点。

1. 关于独立性方面，应重点关注拟分拆上市子公司的专利技术、土地使用权、房屋所有权等主要经营性资产是否与上市公司共有，是否存在交叉使用等情形，尤其要注意生产厂房在物理上是否独立分开。如拟分拆上市子公司使用的部分资产系向上市公司租赁取得，可通过分析租赁资产的具体用途、对拟分拆上市子公司的重要程度、租赁费用的公允性、资产是短期使用而非长期使用等，从而论证上述资产的租赁不会对发行人资产的完整和独立性构成重大不利影响。如上市公司与拟分拆上市子公司内部管理使用同一软件平台、资金占用、互为担保等，应进行一定程度的整改，确保上市公司与拟分拆上市子公司在业务、资产、人员、财务、机构等各方面保持独立，以满足监管要求。

2. 关于同业竞争方面，可从上市公司及其控制企业的历史沿革、资产、人员、主营业务、产品的生产工艺、核心技术、商标商号、客户、供应商等方面与拟分拆上市子公司的关系，结合上市公司作出的避免同业竞争的承诺进行分析，论证双方的主营业务和产品存在显著差异，双方不具有替代性、竞争性或利益冲突。

3. 关于关联交易方面，可从双方所处产业链的位置、双方在市场中的规模及地位等角度论证关联交易的必要性和合理性。通过与非关联第三方的价格比对，论证关联交易价格的公允性。

4. 关于客户集中问题。可从下游行业的集中度情况进行分析，与同行业可比上市公司的前五大客户销售占比进行比较，并充分论证发行人客户集中度较高是否系行业下游集中度较高引起，是否与行业特性相符。

【专家点评】

上市公司分拆是资本市场优化资源配置和深化并购重组功能的重要手段，有利于公司进一步实现业务聚焦，提升专业化经营水平，更好地服务科技创新和经济高质量发展。2019 年 12 月 12 日，中国证监会发布《上市公司分拆所属子公司境内上市试点若干规定》，允许上市公司在符合相关条件下可分拆所属子公司在境内上市。在某益科技分拆某益电子上市过程中，康达律师运用娴熟的执业技能和法律智慧，详细分析论证了分拆上市业务中审核部门重点关注的上市公司与拟分拆上市子公司之间的独立性、同业竞争、关联交易等事项，确保了某益科技分拆某益电子上市的顺利进行。相信中国资本市场会涌现更多分拆上市的案例，从而充分发挥上市公司经济发展的孵化器和主力军作用，促进中国经济高质量发展。

（点评人：朱义坤，暨南大学法学院院长、教授）

关联方应收账款作为发行资产支持票据产品基础资产的成功实践

邓传远　赵俊峰　周若瑜*

【内容提要】

供应链应付账款资产支持票据作为中国银行间市场交易商协会较为新颖的债务融资工具，与传统的应收账款资产支持票据具有不同交易结构设计。在当时有效法律法规、部门规章规定及《非金融企业资产支持票据指引》未对基础资产债权人关联关系比例作出明确限制的前提下，论证了供应商与债务人全部为关联方的应收账款作为供应链应付账款资产支持票据的基础资产是合法合规的。

律师在提供法律服务过程中，应在满足规定的基础上，充分发挥主观能动性，结合项目主体需求，关注投资人利益，充分理解金融产品，把握产品特性，创新融资方法，助力实体经济。

【案情简介】

2020 年 3 月，广东广信君达律师事务所接受某保理公司的委托，指派邓传远律师、赵俊峰律师、周若瑜律师及其律师团队（以下简称项目律师）为某保理公司关于 A 公司 2020 年度第一期供应链应付账款资产支持票据注册与发行（以下简称本

* 邓传远、赵俊峰及周若瑜分别为广东广信君达律师事务所高级合伙人、合伙人及律师。

项目）提供全过程的法律服务。

接受委托后，项目律师与本项目的主要发起人A公司、作为发起机构的保理公司、作为主承销商的证券公司及银行、作为受托机构的信托公司及作为资金保管机构的银行就如何开展本项目进行初步讨论，重点了解A公司及下属公司拟参与本项目的主体及数量及其正在履行的应付账款的数额、形成原因、债务类别、到期日等基本信息。

经项目律师及项目其他参与方梳理A公司及A公司下属公司的应付账款发现，应付账款中建设工程项目产生的应付账款同质性高、资金体量大、周期短，可作为本项目基础资产的首要选择。此外，考虑市场上同类产品亦有发行，保理公司选择该类基础资产开展本项目成功率更高。完成对入池基础资产的初筛后，各方就交易结构的设计开展了深刻的讨论。

（一）设计交易结构

项目律师与项目其他参与方在了解到A公司及下属公司提供的应付账款均为建设工程款且债权人全部为债务人关联方的基本情况下，关注A公司及下属公司的资金需求，参考市场中同类项目的交易结构设计的基础上，就供应商参与项目的意愿、过桥资金的安排及A公司可提供的信用增进措施等细节问题进行了充分讨论。经过充分论证，本项目设计了如下的交易结构：

在本项目的交易结构中，主要的法律关系和资金流向如下。

1. 供应商/债权人因向债务人提供境内工程承包/分包服务等而对债务人享有应收账款债权。对于每一笔应收账款债权，在债务人向供应商/债权人出具《付款确认书》进行确认的前提下，共同债务人向供应商/债权人另行出具《付款确认书》，对债务人未在相应的应收账款到期日前一天清偿的应付账款差额部分承担共同付款义务。

2. 发起机构根据债权人的委托，就债权人对债务人享有的应收账款债权提供保理服务，从而受让该等未到期的应收账款债权。

3. 发起机构以该等应收账款债权委托设立财产权信托，发行载体管理机构接受委托，设立财产权信托向资产支持票据投资人募集资金，同时，代表财产权信托按照财产权信托文件的约定对财产权信托资产进行管理、运用和处分。

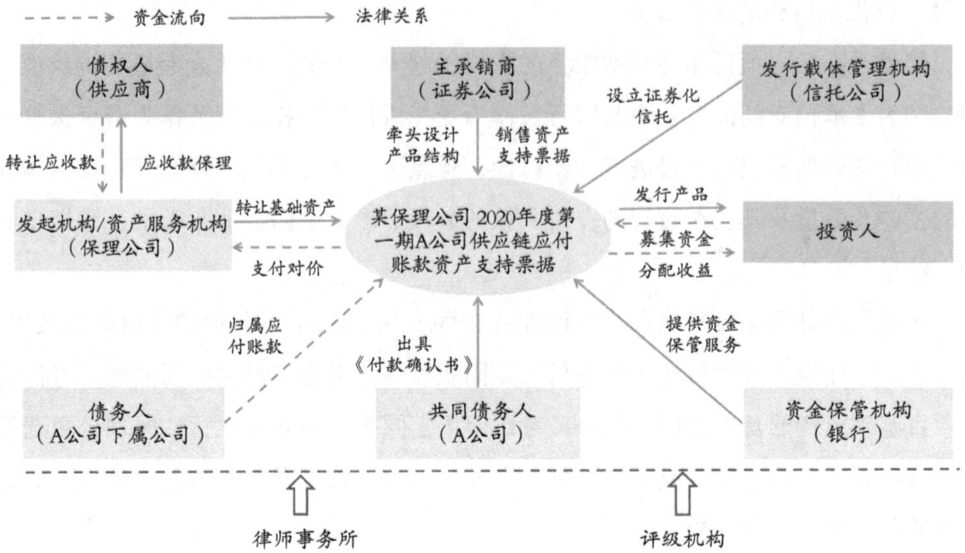

本项目的交易结构、法律框架及现金流转

4. 发行载体管理机构与资金保管机构签订《资金保管协议》，在资金保管机构开立财产权信托账户，对财产权信托资金进行保管。财产权信托设立后，资产支持票据将在上海清算所登记和托管。资产支持票据存续期内，资产支持票据将在中国银行间市场交易商协会进行转让和交易。

5. 发行载体管理机构委托发起机构作为资产服务机构，为财产权信托提供基础资产管理服务，包括但不限于基础资产筛选、基础资产文件保管、基础资产池监控、基础资产债权清收、基础资产回收资金归集等。

6. 应收账款到期后，债务人偿还全部应收账款余额至财产权信托账户，而后，发行载体管理机构按照财产权信托文件的约定将财产权信托利益分配给资产支持票据持有人。

项目律师和项目其他参与方在设计上述交易结构时，充分考虑了供应商获得应收账款提前清偿的需求，A 公司下属公司拟通过变更原持有应付账款到期日以便缓解资金压力等因素，在交易结构中加入信用增进措施等安排，最终通过本项目各参与方签署相关交易文件的形式实现。

（二）拟订交易文件

在确认交易结构的基本框架后，为完善和保障各方权利，项目律师根据各参与方的要求，草拟了包括但不限于《应收账款转让合同》《买方确认函》《付款确认书》《应收账款转让通知书》《主定义表》《信托合同》《资金保管合同》《资金服务合同》等交易文件。其中，《应收账款转让合同》《买方确认函》《付款确认书》《应收账款转让通知书》等文件是为保障供应商将拟入池基础资产转让给保理公司过程中各方的权利义务，而《主定义表》《信托合同》《资金保管合同》《资金服务合同》等文件则是为了设立发行载体管理机构及规范本项目后续运营过程中各方权利义务。为充分保护投资人利益，项目律师在《信托合同》中设计了包括但不限于不合格资产赎回、权利完善事件、提前清偿事件等特殊条款。

（三）审查基础资产

结合当时有效的《民法总则》《合同法》《信托法》及《非金融企业资产支持票据指引》等法律法规和指引文件对基础资产的规定，按照保理公司及信托公司的要求，项目律师为入池基础资产合格标准的设定做了大量基础工作。按照《主定义表》及《信托合同》的约定，以真实性、合法性、有效性、可特定化、可转让性为原则，在基础资产转让行为能够合法、有效、完整实现的前提下，项目律师及各参与方最终设定了本项目入池基础资产的合格标准。

为选择符合合格标准的基础资产，项目律师有效把握基础资产的抽样及调查方法，关注基础资产形成与转让合法性的尽职调查细节，考量基础资产池总金额、笔数、单笔金额分布等基本情况，开展了充分调查。

在审查基础资产的过程中，因为供应商对 A 公司下属公司的应收账款均为建设工程款，且供应商与全部债务人均为关联方，判断基础资产形成合法性成为本项目的关键。项目律师适用了当时有效的《招标投标法》《建筑法》《最高人民法院关于审理建设工程施工合同纠纷案件适用法律问题的解释》《最高人民法院关于审理建设工程施工合同纠纷案件适用法律问题的解释（二）》等法律及司法解释的规定，逐笔审查，充分关注基础资产中建设工程项目的建设工程模式、项目招投标程序、发包及分包的合法性等问题，厘清基础法律关系，得出供应商及债务人虽均为关联方但不影响应收账款作为本项目基础资产的结论。

最终，按照本项目入池基础资产的合格标准，项目律师与各参与方确认了本项目入池基础资产笔数、应收账款债务人户数、供应商户数。其中，债务人与供应商均为 A 公司关联方。

（四）出具法律意见书

按照当时有效的《民法总则》《民法通则》《公司法》《信托法》《合同法》《担保法》，以及中国人民银行《银行间债券市场非金融企业债务融资工具管理办法》、中国银行间市场交易商协会《非金融企业资产支持票据指引》《非金融企业债务融资工具注册发行规则》《非金融企业债务融资工具公开发行注册工作规程》、中国银保监会办公厅《关于加强商业保理企业监督管理的通知》等法律法规、部门规章及中国银行间市场交易商协会业务规则的规定，项目律师从发起机构、发行程序、发行文件、发行载体及相关中介机构、信托的基础资产、产品方案的概述、现金流归集的特殊安排、关于信用增进安排的合法性及有效性、风险隔离的效果、投资者保护机制等角度进行论证，出具了本项目的法律意见书及补充法律意见书。

（五）发行结果

中国银行间市场交易商协会出具了《接受注册通知书》后，某保理公司成功发行“某保理公司2020年度第一期A公司供应链应付账款资产支持票据”。此后，依据同类型的基础资产，该保理公司发行了第二期A公司供应链应付账款资产支持票据。

（六）项目意义

项目律师认为，本项目的成功发行有三个方面的意义。

一是创新融资模式，助力实体经济。本项目基础资产主要为建设工程类供应链应付账款，通过保理公司向供应商受让对A公司下属公司的应收账款，与信托公司签订信托合同并设计发行资产支持票据的交易结构安排，变更A公司下属公司应付账款到期日，提高A公司下属公司资金周转效率，拓宽实体企业在债券市场融资渠道，具有一定的示范效应。

二是拓宽融资渠道，降低融资成本。受自身资产实力、信用评级等因素限制，部分企业特别是中小企业难以进入债券市场融资。从本项目最终的发行利率来看，相比传统的融资方式，具有一定的成本优势。本类资产支持票据的注册与发行，在一定程度上为企业解决了“融资难、融资贵”的难题，降低市场化融资门槛，拓宽融资渠道，降低融资成本。

三是为律师服务提供新思路。本项目的成功在一定程度上体现了金融产品的创新性，体现了律师在金融领域法律服务的创新性和可能性，为更多律师投身金融领域开展法律服务提供了新思路。

【业务难点】

设计符合要求的交易结构是首要关键。本项目中，供应商如何出售资产、是否设定及如何选择共同债务人、设定何种条件的合格标准、过桥资金如何安排等均是项目交易结构设计中的难点。

判断基础资产合法性是另一关注点。本项目中，应收账款债权人与债务人之间均为关联方，界定建设工程项目发包及分包合法性问题是重中之重。除基于传统的EPC、BOT的建设工程模式发生的应收账款外，本项目涉及的基础资产中还存在基于特许经营权项下发生建设工程项目的应收账款及较早前政府鼓励社会资本进入建设工程行业形成合作型项目产生的应收账款，并且应收账款产生的合同相对方均为关联方，项目律师需充分论证在不同政策环境及政策文件下，基础资产是否符合合格标准。

【案例评析】

项目律师在基础资产的审查过程中发现，本期项目的入池基础资产是A公司下属公司与供应商之间形成的建设工程项目应收账款，且存在应收账款债权人全部为债务人关联方、应收账款同质性高、集中度较高的情形。建设工程领域作为法律实践过程中重要的专业领域，现行法律法规、规章及规范性文件内容繁多，在审查本项目涉及的建设工程合同中，项目律师尤为关注发包及分包合法性。

在本项目服务的过程中，最为艰难的是如何论证并与中国银行间市场交易商协会沟通确认可发行应收账款债权人全部为债务人关联方形成的应收账款作为基础资产的资产支持票据问题。在法律论证过程中，项目律师仔细翻阅了关于供应链类资产支持票据发行的规定，结合同期同类型产品的发行情况，发现在法律法规、部门规章及规范性文件，以及业务规则方面均未对应收账款债权人全部为债务人关联方作出禁止性规定，因此，提出在A公司作为共同债务人，注册发行文件能够充分披露基础资产情况下，债务人均为A公司下属公司的供应链应付账款资产支持票据是可行的意见。

项目律师认为，在为企业提供金融法律服务，尤其是为创新性金融产品提供法律服务的过程中，律师不仅应当积极寻求现行法律法规、部门规章及规范性文件的规定作为发表法律意见的依据，还应当充分发挥主观能动性，敢于论证未明确禁止的法律行为的合法可能性，为新生的融资产品或融资工具提供论据，提高律师对金融市场法律服务水平。

【专家点评】

资金短缺往往是影响企业发展的关键因素，解决好融资问题可促进企业良性循环。这一供应链应付账款资产支持票据的发行，为许多自身资金体量小、资金压力较大、资金流转率低、负债率偏高的企业提供了融资思路，促使他们在充分考量自身资产情况的前提下，依附母公司或集团公司的主体信用作为担保，实现利用自有应收账款或应付账款融资的需求，拓宽融资渠道，提高其市场化融资可能性及积极性，降低融资成本。

项目律师团队在完成必要性的研究分析之后，论证了未有法律法规、规章或指引文件的明确限制应收账款债权人全部为债务人关联方的应收账款作为资产支持票据的基础资产是合法的。本项目法律关系多而复杂，除了常规的法律服务之外，最值得注意的是律师团队能够以法律为依据的同时以客户的需求为导向，按照金融产品本身的逻辑参与到产品设计中，参与到风险分配结构中，最终实现供应商、A 公司及下属公司及投资人的利益最大化，诠释了律师在金融与资产市场上勤勉尽责义务的内涵，体现了律师团队扎实的法律功底，充分体现了律师的专业分析和解决问题能力。

复杂的商业模式或交易往往涉及多法律领域，律师提供法律服务需要融会贯通。该产品最终能够成功发行，是监管部门对律师团队工作的认可，最终实现了社会效益与经济效益的统一。期望这一案例能够鼓励律师行业勇于创新、敢于创新，为我国的金融与资本市场建设发挥更大更积极的作用。

（点评人：苏祖耀，广东经纶君厚律师事务所董事长、一级律师、
高级经济师，多家高校兼职教授）

自来水公司中期票据和超短期融资券案

——助力百年企业成功开拓债务融资市场

曲怀远　刘晓静　邓沛钰*

【内容提要】

2019年9月11日至2021年12月，广东南国德赛律师事务所指派曲怀远、刘晓静、邓沛钰组成工作小组，担任发行主体非金融企业债务融资工具专项顾问。

该所成功协助发行主体在改制已启动但尚未完成登记的特殊期间，在新冠肺炎疫情大环境下，妥善处理改制期间内部决策程序的衔接，及时高效地同时完成20亿元超短期融资券和25亿元中期票据的注册及发行。

【案情简介】

（一）基本案情

广州某自来水有限公司（以下简称自来水公司或发行主体）作为百年供水企业，经历不同时期的不断发展壮大，坚持以市场为导向，利用自身产业链优势，依托专业能力，已稳步发展成为以水务公共事业为核心，集建设、营运、服务一体化发展的国内一流水务综合服务商，并全面完成企业转型升级，成为一间实现可持续发展的优秀企业。

广东南国德赛律师事务所作为本次中期票据、超短期融资券注册和发行的专项

---

* 曲怀远、刘晓静、邓沛钰，广东南国德赛律师事务所律师。

法律顾问，全程参与了本项目的法律服务工作。

接受委托后，专项工作组凭借金融证券领域的丰富经验，为自来水公司提供了全面、专业、高效的法律服务。在新冠肺炎疫情期间各方共同努力，克服诸多困难，使本次发行取得巨大成功。

本次发行前，自来水公司正处于从全民所有制到有限责任公司改制的特殊阶段，其中改制虽已获得股东审批同意启动实施，但工商登记手续尚未完成。专项工作组成功协助自来水公司在全民所有制改制已经启动但尚未完成工商登记的特殊期间，妥善处理全民所有制改制期间的内部审议和决策程序的衔接，及时高效地协助自来水公司同时完成了20亿元金额的超短期融资券和25亿元金额的中期票据的注册，以及第一期超短期融资券和第一期、第二期中期票据的发行。

本次注册为发行主体首次在银行间债券市场注册非金融企业债务融资工具。其发行的第一期超短期融资券，发行利率仅为2.4%，认购倍数高达5倍。发行的第一期8亿元金额的中期票据，票面利率仅为3.09%，创近5年广东省属、市属国有企业同期限中期票据最低发行利率；发行的第二期7亿元金额的中期票据，票面利率仅为2.59%，创最近十年以来广东地区企业同期限中期票据最低票面利率。

（二）适用法规

本次非金融企业债务融资工具项目主要适用包括《全民所有制工业企业法》《公司法》《证券法》《银行间债券市场非金融企业债务融资工具管理办法》等在内的法律法规，以及中国银行间市场交易商协会制定的《银行间债券市场非金融企业超短期融资券业务规程（试行）》《银行间债券市场非金融企业中期票据业务指引》《非金融企业债务融资工具注册发行规则》《银行间债券市场非金融企业债务融资工具募集说明书指引》《银行间债券市场非金融企业债务融资工具中介服务规则》《银行间债券市场非金融企业债务融资工具信息披露规则》及《非金融企业债务融资工具注册文件表格体系》等自律规则指引。

（三）项目过程及难点

专项工作小组成员按照律师行业公认的业务标准、道德规范和勤勉尽责精神，在充分尽职调查的基础上，分别就超短期融资券和中期票据的注册和发行出具了专项法律意见书。

1. 项目过程

2019 年 9 月，接受自来水公司的委托后，经办律师向自来水公司出具了尽职调查清单及补充调查清单，自来水公司按照要求提供了本次项目所需的全部资料，包括但不限于自来水公司成立以来的全部工商资料、公司组织架构、公司关于内部审议和治理方面的规章制度、与项目有关的全部会议纪要、公司资产评估报告、公司土地房产清单、公司在建工程资料、公司 2016 年至 2018 年借款合同、公司 2016 年至 2018 年工作总结、公司 2016 年至 2018 年职工代表大会会议纪要等文件。

经办律师收到资料后，全部进行审阅，对自来水公司设立以来的历史沿革问题、企业改制以及经营现状有了初步的了解。经办律师同时查看了与本次项目有关的公司会议纪要、水投集团的批复等文件，并多次去往自来水公司与财务部、招标合同部、业务部及自来水公司的各水厂进行现场考察，与负责人员多次进行访谈，了解自来水公司历史沿革、合规性、公司治理结构、财务状况、重大债权债务、在建工程等方面的信息，特别针对自来水公司在建工程规模大、周期长等具体情况，重点了解重大在建工程涉及的审批手续是否完善、工程进度及是否存在纠纷等相关情况，在访谈的基础上，分别制作了访谈笔录和工作底稿。

经办律师在自来水公司规定的期限内，经过内部初步审核程序后，出具了《法律意见书》初稿；经与自来水公司、其他中介机构沟通后，进行多次修改，最终定稿。

2. 项目难点

自来水公司前身于 1905 年设立，后经过全民所有制企业改制，变更为有限责任公司。该公司在本次非金融企业债务融资工具发行前，正处于从全民所有制向有限责任公司改制的过渡期内。在全民所有制企业期间，自来水公司的经营决策机构为经理办公会议，公司尚不存在股东会、董事会、监事会的三会结构，但改制为有限责任公司后，自来水公司应按照公司法设置股东会、董事会（执行董事）和监事会（监事）的组织架构。

自来水公司准备就发行本次非金融企业债务融资工具作出决策的阶段，自来水公司尚未完成全民所有制企业的改制，但改制工作已在进行中，公司已按照原有的组织架构（经理办公会议）进行了内部审议流程，并已经提交控股股东进行审议。但同时，公司按照有限公司阶段设置的股东会、董事会、监事会的组织架构业已形成，只是工商登记手续尚未完成，法律上新的组织机构尚未生效，改制登记完成的时点也不确定。新的组织架构是否需要重新进行决策，存在一定的特殊性。如果在完成改制后，自来水公司重新由董事会对上述事项进行审议，势必拖延发行进程。在此情况下，经办律师就企业改制前后的决策程序出具了专项意见，建议公司向股东申请授权决策的文件同时涵盖改制前后的经理办公会议和董事会会议，避免了因授权不清导致需重新进行内部审议的情况。

（四）律师思路

接受委托后，经办律师对本次专项法律服务涉及的法律法规和规范性文件进行了更新和核对工作，确保法律意见书相关法律依据的现行有效性。

经办律师严格按照《全民所有制工业企业法》《公司法》《证券法》《银行间债券市场非金融企业债务融资工具管理办法》等法律法规和中国银行间市场交易商协会制定的《银行间债券市场非金融企业超短期融资券业务规程（试行）》《银行间债券市场非金融企业中期票据业务指引》《非金融企业债务融资工具注册发行规则》《银行间债券市场非金融企业债务融资工具募集说明书指引》《银行间债券市场非金融企业债务融资工具中介服务规则》《银行间债券市场非金融企业债务融资工具信息披露规则》及《非金融企业债务融资工具注册文件表格体系》等自律规则指引，结合自来水公司的实际情况，开展法律尽职调查工作。

经办律师对于在尽职调查过程中发现的问题，紧密结合事件的实际背景，从自来水公司的实际需要出发，在遵守法律法规和交易商协会自律指引等规范性文件的前提下，为自来水公司制订出具体可行的解决方案，对改制期间的内部决策和审议流程的衔接和效力出具了具体的法律建议，得以确保其改制期间内部决策程序的顺利过渡。同时，经办律师针对自来水公司在建工程周期长规模较大的特点，重点审核了在建工程审批情况和工程进度，并对自来水公司的重大债权债务等事项进行了详细尽职调查。

除依据自来水公司提供的资料和进行现场尽职调查外，经办律师还通过国家企业信用信息公示系统、天眼查、信用广州网站等网站查询自来水公司及其控股子公司的公开信息，多途径多渠道了解发行主体经营过程中的合法合规性，并与自来水公司提供的书面资料相互印证。

在充分尽职调查的基础上，经办律师分别获取了包括工商档案资料、公司出具的说明和承诺文件等在内的原件，基于现场走访和访谈的结果制作了访谈笔录、调查问卷、内核纪要等书面文件，并截图留存了公开查询信息，按照工作计划整理律师工作底稿，为出具法律意见书打下良好基础。

在收集全部尽职调查资料的基础上，本所律师依据现行有效的法律法规和规范性文件的规定，为发行主体本次超短期融资券和中期票据的注册和发行分别出具法律意见书，确保整个发行过程合法合规。

（五）项目成果

1. 自来水公司成功注册和发行超短期融资券产品

自来水公司本次非金融企业债务融资工具注册为发行主体首次在银行间债券市场注册非金融企业债务融资工具，共包括超短期融资券和中期票据两个产品。

2020年3月9日，自来水公司2020年度第一期超短期融资券在中国银行间市场交易商协会成功注册，注册金额为人民币20亿元。本次2020年度第一期超短期融资券由兴业银行股份有限公司担任主承销商，首期发行规模2亿元，由联合资信评估有限公司担任发行评级机构，并由广东南国德赛律师事务所为专项法律顾问。本期发行的发行利率仅为2.4%，认购倍数高达5倍。

2. 自来水公司首次成功注册和发行中期票据产品

在协助自来水公司成功注册发行2020年度第一期超短期融资券的同时，广东南国德赛律师事务所协助自来水公司在中国银行间市场交易商协会成功注册额度分别为人民币13亿元的2020年度第一期中期票据和人民币12亿元的2020年度第二期中期票据。

其中首期发行的2020年度第一期中期票据，首次发行金额为人民币8亿元，主体评级AAA，由中国工商银行股份有限公司和兴业银行股份有限公司联席担任主承销商，由联合资信评估有限公司担任评级机构，并由广东南国德赛律师事务所为专项法律顾问。最终票面利率仅为3.09%，创近5年广东省属、市属国有企业同期限中期票据最低发行利率。

2020年度第二期中期票据，首次发行金额为人民币7亿元，主体评级AAA，由中国农业银行股份有限公司和中国银行股份有限公司联席担任主承销商，由联合资信评估有限公司担任评级机构，并由广东南国德赛律师事务所为专项法律顾问。最终票面利率仅为2.59%，创最近十年以来广东地区企业同期限中期票据最低票面利率。

【业务难点】

自来水公司作为百年供水企业，公司规模巨大，拥有员工数千人，涉及经营范围广泛，在尽职调查中会发现一些历史遗留问题。并且超短期融资券发行作为自来水公司市场首发，企业内部审批流程严格，其中又有新冠肺炎疫情的影响，在发行过程中，还需要与审计机构、承销商等中介机构相互配合。

【案例评析】

本案例中，经办律师按照《公司法》《证券法》《银行间债券市场非金融企业债务融资工具管理办法》等法律法规和规范性文件要求，遵循勤勉尽责和诚实信用原则，对发行人的资质、条件进行了调查，对发行人的高级管理人员和工作人员进行了必要的询问，并对发行程序、发行文件的合法合规性进行了审查，对重大法律事项和潜在法律风险等进行了分析，最终出具了相关法律意见书。

因每个国有企业的规模、类型不同，律师在担任专项法律顾问时，会面临多方面、多类型的法律问题，所以在项目中处理问题时，要把相关法律规定与实际情况相结合，有针对性地为其提供法律意见和建议。

本次发行主体在发行前，处于由全民所有制企业改制为有限责任公司的阶段，其内部审议程序和决策的连贯性尤需注意。同时，本次发行主体为涉及基础建设的公益事业企业，参与多项规模大、周期长的在建工程，且发行主体为第一次在银行间债券市场发行非金融企业债务融资工具，发行决策前，尚未成为银行间债券市场的会员。经办律师在协助公司发行两期中期票据和超短期融资券的同时，协助公司及时申请获得了会员资格，并考虑到发行主体处于改制前后的特殊阶段，协助审阅了其内部审议决策文件，确保了内部审议权限的连续性，及时高效为发行主体完成了出具法律意见书的服务。

【专家点评】

自来水公司作为百年供水企业，同时也是一间传统的全民所有制企业。在本次发行之前，自来水公司还未在中国银行间市场和其他公开市场发行过任何非金融企业债务融资工具、资产支持票据、公司债券等融资产品。作为一间传统的公用事业企业，本次发行是自来水公司迈向公开融资市场的第一步。

自来水公司作出本次发行决策前后，公司本身也在完成从全民所有制到有限责任公司的改革期间。本次专项业务的经办律师充分考虑到自来水公司未进行过公开融资以及正处于改制期间的特殊需求，协助公司顺利完成在全民所有制改制期间发行非金融债务融资产品内部审议和决策程序的衔接，在较短时间内，分别协助自来水公司完成了超短期融资券、中期票据的注册，以及超短期融资券、两期中期票据的发行，且发行利率和认购倍数均超越同期的其他类似产品，为自来水公司进一步走向多渠道融资的公开市场打下良好基础，意义重大。

（点评人：王卫永，广州市律师协会信托与财富传承业务专业委员会副主任）

图书在版编目（CIP）数据

广州律师业务成果奖优秀案例汇编．2020．上册／广州市律师协会编．—北京：中国法制出版社，2022.8

ISBN 978－7－5216－2791－6

Ⅰ．①广… Ⅱ．①广… Ⅲ．①法律－案例－汇编－中国 Ⅳ．①D920.5

中国版本图书馆 CIP 数据核字（2022）第 128704 号

责任编辑：李宏伟　　　　封面设计：周黎明

广州律师业务成果奖优秀案例汇编（2020）上册

GUANGZHOU LÜSHI YEWU CHENGGUOJIANG YOUXIU ANLI HUIBIAN（2020）SHANGCE

编者/广州市律师协会

经销/新华书店

印刷/北京虎彩文化传播有限公司

开本/710 毫米×1000 毫米　16 开　　　　印张/30.25　字数/371 千

版次/2022 年 8 月第 1 版　　　　2022 年 8 月第 1 次印刷

中国法制出版社出版

书号 ISBN 978－7－5216－2791－6　　　　定价（上下册）：248.00 元

北京市西城区西便门西里甲 16 号西便门办公区

邮政编码：100053　　　　传真：010－63141600

网址：http：//www.zgfzs.com　　　　**编辑部电话：010－63141804**

市场营销部电话：010－63141612　　　　**印务部电话：010－63141606**

（如有印装质量问题，请与本社印务部联系。）

“广州律智”法律服务系列丛书

广州律师业务成果奖优秀案例汇编

广州市律师协会 编

下册

中国法制出版社
CHINA LEGAL PUBLISHING HOUSE

目　　录

第三章　行政及知识产权

第四章　涉外及海事海商

第五章 刑 事

第三章
行政及知识产权

平行进口行为不必然构成商标侵权和不正当竞争

张春耀　吴　坤[*]

【内容提要】

我国现行法律、行政法规和司法解释均没有明确就“平行进口”产品的规制作出具体规定。因此，相关行业和社会公众对于平行进口这种贸易方式究竟是侵权行为还是正当使用行为，一直存在较大争议，导致行为人无法对平行进口行为的合法性进行恰当衡量和准确预期。本案作为典型的平行进口知识产权纠纷案，是广东法院首次以判决形式明确，平行进口行为不必然构成商标侵权和不正当竞争。本案也成为律师同行了解平行进口案件司法裁判趋势的一个典型案例。

【案情简介】

德国某公司是在避雷器、避雷装置元件等产品上获得在中国境内核准注册的某注册商标的权利人，其通过订立排他许可使用合同的方式，许可某电气（深圳）有限公司（以下简称A公司）在中国开展相关产品销售业务。A公司作为德国某公司就涉案商标在中国的排他性被许可人，在中国境内有权单独以自己的名义进行诉讼，同时A公司也是德国某公司雷电防护系统等产品在中国的独家代理商。2018年4月，A公司发现广东某电气实业有限公司（以下简称B公司）未从其代理渠道进货，但该品牌的防雷器却被使用在中国某个大型项目配电箱中，遂起诉至南沙法

* 张春耀，北京大成（广州）律师事务所律师；吴坤，广东岭南律师事务所律师。

院，认为 B 公司的行为侵害涉案商标权且构成不正当竞争，要求 B 公司停止侵权、消除影响、赔偿损失。

本案被告 B 公司委托了张春耀律师、吴坤律师进行代理。本案原告提供了大量的证据，而被告的主要证据形成于域外，需要对域外证据进行公证和认证，举证难度非常大。另外，由于我国各地法院在司法实践中对平行进口案件的裁判思路并不完全统一，因此，本案代理难度也非常大。代理律师在办理本案的过程中，对相关法律和案例进行了大量的研究和分析。代理律师通过对典型案例进行梳理发现，只要能证明涉案产品属于合法进口的产品，且进口产品与国内产品不具有实质性差异，则本案被告不构成商标侵权及不正当竞争的可能性较大。另外，《北京市高级人民法院关于当前知识产权审判中需要注意的若干法律问题》（2016）中的商标部分也明确“平行进口”不认定构成侵害商标权。据此，代理律师围绕涉案产品属于正品这个重点内容进行了证据的收集、域外证据的取证，提交的证据材料主要包括销售合同、付款信息、商业发票、交货单、报关单、海关进口增值税专用缴费单据、原产地证明。

针对焦点问题一即 B 公司销售涉案产品的行为是否构成侵害商标权，一审法院认为需要考量两个问题：第一，B 公司销售的涉案侵权产品是否属于合法进口的正品；第二，此种将涉案产品进口至中国销售的行为是否属于商标侵权行为。

就上述第一个问题，一审法院认为，B 公司提交了涉案产品的销售合同、付款信息、商业发票、交货单、报关单据、原产地证明等证据，这些证据形式和内容均符合法律规定，且证据之间能够相互印证形成证据链，而 A 公司未能提供任何证据予以反驳，足以初步证明该产品属于经合法报关进口至我国境内的正品。

就上述第二个问题，一审法院认为，B 公司的销售行为不符合《商标法》第 57 条明确规定的侵犯注册商标专用权的行为，其进口销售的正品属于世界贸易组织（WTO）界定的“平行进口”产品，即“没有经过知识产权权利人的同意，将国外合法生产的产品进口到国内”的产品，而我国对“平行进口”产品的定义与合法性虽然尚无相关明确规定，但也没有明确的禁止性规定；B 公司在其后销售涉案产品时，没有改变产品的性状和与之附着的商标标识，亦没有对产品进行分拆、变造、破坏或在产品上附加其他标识，B 公司不存在实施任何导致或可能导致破坏商标识别功能和质量保障功能的行为，B 公司的销售行为未切断商品和商标权人之间的联系，并不会导致消费者混淆误认，商标所承载的信誉亦未受到损害。

除此之外，一审法院还结合“权利用尽”原则论证被诉侵权产品不构成商标侵权，认为若商品来源于商标权人，商标权人已经从“第一次”销售中实现了商标的商业价值，则不应再赋予其阻止他人进行“二次”销售的权利，因此，一审法院认为，涉案产品为正品，商标权人德国某公司将涉案商标首先使用在产品之上并投放市场，其在商品首次投放市场的过程中已经获得与其商标权相对应的回报，无权阻止他人进行合法的二次销售。

综上，一审法院认为，本案产品来源正当、品质相同，B 公司作为平行进口商合理履行了注意义务，不构成商标侵权。

另外，针对争议焦点二即 B 公司销售涉案产品的行为是否构成不正当竞争，一审法院认为，我国知识产权法律体系主要是由知识产权专门法与反不正当竞争法建构，反不正当竞争法只是在有限的范围内提供知识产权附加保护，凡知识产权专门法已作穷尽保护的，不能再在反不正当竞争法中寻求额外保护。反不正当竞争法适用补充知识产权专门法的保护不足，必须是必要和有益的，即所进行的补充保护是必不可少的，不予保护有悖正当竞争的目的和精神；在法律适用原则上，反不正当竞争法是对其他法律规范的兜底和补充，并非首选，在适用上应保持谦抑与克制，在有其他法律可以适用解决纠纷时，应以其他法律为先。

具体到本案而言，一审法院认为，A 公司基于相同事实向 B 公司同时主张商标侵权和不正当竞争，一审法院已经对侵害商标权的事实部分作出了评判，因此，对该部分事实不应再另行适用反不正当竞争法进行重复评判。另外，一审法院还进一步阐述，我国反不正当竞争法体现的则是公共利益、经营者利益、消费者利益“三元叠加”的保护目标，其价值追求的目标均是基于全局性的多元利益之间的协调和均衡，而并非某一利益的最大化。从司法实践角度看，适用上述法律时，应遵循宽容谦抑、审慎介入的理念，鼓励公平竞争，促进市场良性发展。

总而言之，一审法院认为，一方面，B 公司不存在违反国家公共政策、法律、商业道德，扰乱市场竞争秩序，损害消费者合法权益的主观恶意和客观行为，没有证据证实该进口行为对公共利益和消费者利益造成明显损害（并有增加利益的可能性）；另一方面，没有证据显示 B 公司主观上为与 A 公司争夺涉案产品的市场份额，采取明显低价销售等不正当竞争方式，并导致 A 公司利益遭受实质性损害，因此，A 公司现以其分销区域利益受损为由，要求 B 公司承担不正当竞争侵权责任依据不足。

综上，一审法院以 B 公司的平行进口行为不构成商标侵权，也不构成不正当竞争为由，判决驳回了 A 公司的所有诉讼请求。

A 公司不服上述一审判决，上诉至广州知识产权法院。

二审法院通过对本案双方证据的仔细分析后认为，首先，一审法院认定被诉侵权产品原产地为匈牙利，为德国某公司制造的正品，被诉侵权产品和 A 公司销售产品从标识附着情况、产品性状、质量等级等均不存在实质差异，属于具有同样质量的产品，该认定并无不当。其次，二审法院认为，被诉侵权产品来源清晰、合法，商标标识完整，产品质量、性状未经变造，系平行进口产品；B 公司未经商标权人直接授权，进口、销售由商标权人制造并投放市场的产品，实施了平行进口行为。最后，二审法院认为，A 公司主张 B 公司未经许可进口、销售被诉侵权产品，侵害涉案商标权，损害涉案商标的质量保证功能及商誉，则需对 B 公司平行进口行为是否侵害涉案商标权进行评判；另外，A 公司作为涉案商标的排他被许可人，主张其对涉案商标的使用权受损，则需对 B 公司平行进口行为是否侵害 A 公司许可使用权进行评判。

二审法院首先直接引用了《商标法》第 1 条关于《商标法》的立法宗旨和根本目的，分别从商标权保护的角度、消费者利益保障的角度和促进市场经济发展的角度论证了 B 公司平行进口行为未损害涉案商标基本功能、消费者利益，亦未扰乱市场经济的基本秩序，不构成侵害商标权。对于 B 公司平行进口行为是否侵害 A 公司许可使用权的问题，二审法院认为，A 公司作为涉案商标的排他被许可人，在许可合同约定的范围和时间内，其排他许可使用权依法受到保护。但是，由于许可使用权基于合同约定产生，与基于法律规定和行政授权产生的商标权存在本质区别，因此，许可使用权依附商标权和合同约定存在，并非单独创设的新的商标权。许可使用权受合同相对性制约，约束力指向合同相对方而非不特定第三人，无论被许可人使用商标或提起侵权诉讼，其实体权利基础仍然是商标权，其向合同外第三人提起侵权诉讼的前提是商标权受到侵害，而不是许可使用权受到侵害。A 公司主张其作为涉案商标在中国唯一使用者，实际享有对涉案商标的专用权，该主张显然忽略了商标专用权和许可使用权在权利来源和权利性质上的差异，将法定的商标权和约定的许可使用权混为一谈，B 公司作为合同外第三人未侵害商标权的前提下，不能突破合同相对性，认定 B 公司侵害 A 公司的许可使用权。

综上，二审法院认为，B 公司未侵害涉案商标权，亦不侵害 A 公司许可使用权。A 公司关于 B 公司构成商标侵权的上诉主张，于法无据，不予支持；一审法院认定 B 公司不构成商标侵权的理由虽有瑕疵，但结论正确，对其结论予以维持。

对于 B 公司是否构成不正当竞争行为，二审法院认为，平行进口行为不属于反不正当竞争法明确列举的具体不正当竞争行为，只有该行为确实对其他经营者的合法权益造成了损害，违反诚实信用原则和公认商业道德而具有不正当性，不制止不足以维护公平竞争秩序的情况下，才可以适用《反不正当竞争法》第 2 条关于违反诚实信用原则和公认的商业道德规定予以规制，因此，二审法院直接引用《反不正当竞争法》第 1 条立法宗旨和目的及第 2 条基本原则，论述了 B 公司寻求低价产品降低经营成本、追求商业利润的行为不具有《反不正当竞争法》上的可责性，行为过程未违反诚实信用原则和公认商业道德，也不构成不正当竞争。

二审法院于 2020 年 5 月 12 日公开宣判，驳回 A 公司的上诉，维持原判。此案有媒体称之为“广东首例平行进口侵权定性案”。

【争议焦点】

一审法院归纳的本案的争议焦点主要有两个方面：1. B 公司销售涉案产品的行为是否构成侵害商标权？2. B 公司销售涉案产品的行为是否构成不正当竞争？

二审法院归纳的本案争议焦点主要有三个方面：1. 被诉侵权产品是否由德国某公司制造、销售的正品？2. B 公司是否构成侵害注册商标权？3. B 公司是否构成不正当竞争？

【案例评析】

本案的案由是侵害商标权及不正当竞争，但是其本质是关于平行进口行为合法还是非法之争，以及商标法与反不正当竞争法的适用关系之争。纵观本案的一审和二审判决，可以清晰地看出，一审法院和二审法院均采用了回归立法宗旨和侵权构成要件的审理思路。

平行进口的成因在于自由贸易条件下市场主体追求经济利益最大化，在生产成本、市场发展程度和汇率浮动等因素导致不同地区相同产品出现价差的情况下，必然刺激市场主体向其他销售区域寻求低价产品进行销售，导致平行进口行为发生。本案B公司正是由于采购成本大幅度增加的情况下，为了降低生产经营成本，才向新加坡销售商进口正品产品，从而引发本案商标侵权纠纷及不正当竞争纠纷。

商标法的根本目的在于保护注册商标权，平衡商标权、平行进口商和消费者之间的利益以及平衡保护商标权与保障商品自由流通之间的关系，规范和净化市场竞争秩序。因此，知识产权的司法保护应当以维护有序规范、公平竞争、充满活力的市场环境为己任，避免过度干涉市场竞争，窒息市场活力。本案裁判通过回归商标法和反不正当竞争法的立法本意，从准确判断产品来源是否正当、核心要素是否更改，在此基础上衡量产品对商标基本功能的影响，评判行为在反不正当竞争法上的可责性，公平合理地解决纠纷。

有意思的是，关于“权利用尽”原则是否可以作为商标侵权的裁判论据，二审法院的态度则与一审法院不同。二审法院认为：平行进口纠纷中的商标侵权判定，应遵循商标法的基本目的和宗旨，不能偏离商标基本功能受损的核心要件。“权利用尽”原则作为解决平行进口问题的主流观点之一，虽然较其他观点具有更广泛的接受度，但其正当性和适用范围仍存在争议，并未成为商标法领域的通行学术观点。正因该观点无法获得一致认可，《与贸易有关的知识产权协定》（TRIPS协议）中涉及平行进口问题的第6条“权利用尽”中的规定，实际是将权利用尽问题留给各成员国国内法解决。因此，本案也进一步明确了，在我国商标法及司法解释并未明确采纳“权利用尽”原则，该原则亦未成为该领域通行学术观点的情况下，不宜直接引用该原则作为论据，论证裁判理由。

本案是广东法院第一次以判决形式明确了典型的平行进口行为不构成商标侵权和不正当竞争，具有非常重要的历史意义。本案的审理法官均具有非常丰富的审判经验，在对案件证据进行细致认真的查明之后，对本案平行进口行为不构成商标侵权和不正当竞争进行了细致的分析和论述，体现了与时俱进以及审慎的司法精神，代表了广东省的司法审判水平，对推动外贸行业繁荣健康发展具有重要且深远的意义。

【专家点评】

平行进口问题一直是商标侵权纠纷中的疑难问题和热门话题，在法律层面尚无定论的情况下，司法判决应当审慎。本案是广东法院首次对平行进口侵权定性问题作出明确回应，通过及时回应社会关切、依法划定行为边界，进一步明晰了涉平行进口案件的裁判思路，在侵权判定、法律适用和社会影响等方面具有探索和首创意义，对于同类案件的审判具有重要的借鉴作用和深远影响。

本案的典型意义在于，法院没有简单地以权利用尽原则作出判断，而是采取了回归立法宗旨和侵权构成要件的审理思路，从产品来源是否正当、品质是否相同，平行进口商是否合理履行注意义务等方面，从权利人的权益是否得到保障、消费者利益是否受到损害、是否有利于维护市场秩序、促进市场经济发展等方面分析论证，最终得出不构成商标侵权和不正当竞争的结论，是近年来少有的关于平行进口商标侵权纠纷说理透彻、论证充分的判决之一。

需要特别说明的是，个案有其特殊性，平行进口纠纷不能以个案结论，简单、机械地将该类行为认定为合法与否，应当根据案件具体事实，在严格审查产品来源、品质和标识的基础上，考察平行进口对商标基本功能的影响和行为正当性，最终作出判断。

（点评人：董宜东，广东省法学会知识产权法学研究会副会长、
广州市律师协会商标法律专业委员会主任）

行政决定违反法定程序依法应撤销

——林某诉广州市某区教育局案

蒋继元　祝志成*

【内容提要】

作为代理人在判断行政机关的行政决定、行政处罚等对当事人权利义务产生实际影响的具体行政行为合法性时，除在实体上找到有力的理由以及相应的客观证据外，还应多关注行政机关在作出具体行政行为时是否存在违反法定程序的情形，如是否缺乏法律依据、是否存在适用对象错误、是否违反了上位法、是否侵害了相对人的程序权利等，抓住关键的程序问题，以程序违法为由要求撤销具体行政行为，更有利于获得案件胜诉，更好地维护当事人合法权益。

【基本案情】

一、案情简介

林某系某区民办幼儿园的一名保育员，因该幼儿园一名教师推拽幼童被家长拍成视频后上传到互联网，而引发社会关注。某区教育局于 2019 年 1 月 23 日发布《通报》，以林某在场没有及时制止为由，对其作出停职 3 个月并记入师德档案的处理决定。林某为此委托蒋继元、祝志成律师代为提起行政诉讼，要求撤销上述通报中的行政决定。广州市铁路运输法院经依法审理，采纳了代理人的代理意见，认为

---

* 蒋继元、祝志成，北京德和衡（广州）律师事务所律师。

教育局的处理事实认定不清、证据不足，且程序违法，判决撤销该行政决定。教育局未提出上诉，一审判决生效。

二、代理人意见

（一）教育局对林某作出停职3个月进行深刻反省的处理并记入师德档案的行政决定所依据的《教育部关于印发〈幼儿园教师违反职业道德行为处理办法〉的通知》（以下简称《通知》）及《教育局关于切实加强幼儿教师师德师风建设管理工作的通知》（番教通〔2017〕218号）。这两份通知本身仅属普通规范性文件，并非部门规章，教育局依据该规范性文件对行政相对人增设义务、限制行政相对人的合法权益，缺乏法律依据。此外，教育局对林某的处理（停职并记入师德档案）超出《幼儿园教师违反职业道德行为处理办法》（以下简称《办法》）规定的处理种类，依法依理均应予以撤销。

首先，《通知》是教育部对各省、自治区、直辖市教育厅（教委），新疆生产建设兵团教育局发布的通知，不属于依据《立法法》《规章制定程序条例》规定程序制定并颁布的部门规章，教育局根据该通知对林某作出上述行政决定属于适用法律失当。

其次，林某是一名保育员，并非正式教师，教育局根据两个通知将林某视为正式教师并据此作出上述处理决定，属于适用对象错误。

《办法》的调整对象是公办及民办幼儿园的教师。根据《教师法》的规定，教师是指取得教师资格证书，在各级各类学校和其他教育机构中专门从事教育教学工作的人员，而保育员是幼儿园或托儿所里负责照管儿童生活饮食的辅助人员，非从事教育教学工作，无须取得教师资格证，只需取得保育员证。因此，保育员不属于上述《办法》中规定的教师，不受《办法》约束，教育局适用本应适用于教师的规范性文件对林某进行处理，不仅属于适用法律失当，而且构成适用对象错误。

教育局对林某作出停职3个月进行深刻反省的处理，并记入师德档案的决定，超出《办法》规定的处理种类，违反种类法定原则。根据《办法》规定，处理种类仅包括警告、记过、降低岗位等级或撤职、开除，给予批评教育、诫勉谈话、责令检查、通报批评，以及取消在评奖评优、职务晋升、职称评定、岗位聘用、工资晋级、申报人才计划等方面的资格，但不包括教育局对林某作出的停职3个月进行深刻反省，并记入师德档案的处理，因此，教育局的处理决定超出了《办法》中规定的种类，违反了种类法定的原则，应当予以撤销。

（二）教育局以林某在场目睹案外人刘姓教师粗暴推拽学生的事件发生，但没有及时制止为由对林某作出上述处理，缺乏事实与法律依据。

案发当时林某正在履行其作为保育员的职责——为全班学生准备早餐，对于刘姓教师的滥用职权的行为，林某在法律上没有强制性的阻止义务，职责上也没有主动制止作为或强制阻止的义务，教育局因林某未及时阻止肇事教师的行为而对林某作出上述处理，无异于要求林某履行园长乃至警察的法定职责，明显过于苛求，逾情逾理。

事实上，林某并无目睹整个推拽事件的发生。监控视频显示：2018 年 12 月 21 日上午 8 时 47 分，刘姓教师带着一名学生进入课室，此时，林某正背对着他们，听到声响后回头看了一眼，刘姓教师正在对学生进行口头教育，并没有推拽的行为，随后转回头继续履行保育员职责，为学生准备早餐，此后刘姓教师的推拽行为过程中，林某一直在为班上学生准备早餐，也没有察觉到涉案教师之后突如其来的推拽行为。

退一步讲，假设林某对刘姓教师的推拽行为知情，那么林某对于刘姓教师的行为是否具有法律上的强制制止义务呢？

第一，林某的岗位是保育员，其工作职责是负责照管学生的生活饮食，对学生进行教育则是教师的工作。案发当时，刘姓教师已经在履行其作为教师的教育职责，针对涉案学生在早操期间与其他学生发生争执的行为进行教育，其行为显然属于履职行为，在教育时即使存在责骂或拽拉学生的行为，也属于该教师在履行其职务过程中过度履责或者滥用职权的情形。因此，案涉事故之所以发生，不是在于所谓“不作为”或“疏于职责”，而是在于案涉刘姓教师履职时过度作为甚至滥用职权。就林某而言，其在事发当时正在履行其作为保育员的职责，为学生准备早餐，对林某而言，不存在职责缺位、不履职的行为，我们不应将林某视为像保安、警察那样负有维护治安秩序、保护他人人身安全的管理职责，也不应以林某没有像保安、警察那样履职以制止刘姓教师的过度教育或体罚行为而指责林某，更不应因此而惩罚林某。

第二，林某与案涉刘姓教师名为同事关系，各司其职，实际上林某仅仅是一个生活保姆或勤务工，其工作性质仅限于照顾学生饮食起居，在班里还要服从教师的指挥安排，也并非园长、副园长或与其案涉老师地位相同的带班教师，没有对案涉老师命令、阻止之权，因此不能苛求林某在其职责之外或履行保育职责的同时挺身而出，像警察一样动口动手制止刘姓教师的过度履责行为。

事实上，林某对案涉教师的过度教育行为并没有职责或法律上的制止义务，即使案涉教师的行为可能触及治安管理处罚的范畴，也不能苛求林某见义勇为，或充当警察的角色。林某当时已经在履行保育员的职责，教育局无权也不应该要求林某放下自己的职责去见义勇为或充当警察的角色，更无权因为林某没有见义勇为、不充当警察角色而对其进行惩罚。教育局的处理决定不仅法律上没有依据，情理上对于林某的要求也过于苛刻，于法不符、于理不通，应当予以撤销。

（三）教育局在未经过询问当事人意见，听取当事人陈述、辩解的情况下，径行作出影响林某合法权益的行政决定，违反法定的正当程序。

《幼儿园教师违反职业道德行为处理办法》第 5 条规定，幼儿园及幼儿园主管部门发现教师存在第四条列举行为的，应当及时组织调查核实，视情节轻重给予相应处理。作出处理决定前，应当听取教师的陈述和申辩，调查了解幼儿情况，听取其他教师、家长委员会或者家长代表意见，并告知教师有要求举行听证的权利。对于拟给予降低岗位等级以上的处分，教师要求听证的，拟作出处理决定的部门应当组织听证。

本案中，林某系通过朋友的告知才知道其被处理一事，教育局作出诉争行政决定前，并未听取林某的陈述和申辩，调查了解幼儿情况，听取其他教师、家长委员会或者家长代表意见，并告知林某有要求举行听证的权利，违反法定程序，依法应当予以撤销。

（四）本案是行政案件，教育局作为行政机关，应举证证明其具体行政行为合法。

在法律上，教育局在本案中的唯一正当抗辩事由是案涉通报同时具备事实依据和法律依据。为此，教育局需举证证明以下几个层面的事实，并达到充分的证明标准，否则应当认定教育局所作具体行政行为不合法，应当予以撤销：保育员可认定为教育、教学辅助人员的法律依据；案涉处理决定种类合法的法律依据；教育局在案涉行政行为作出前已询问林某，听取了林某的陈述、申辩；林某对刘姓教师的推拽行为知情；林某对刘姓教师的推拽行为需负责的法定依据。

三、案件结果

广州市铁路运输法院经审理认为，林某在事件发生时一直履行其作为保育员的职责，刘姓教师在推拽幼儿时，林某一直在低头处理食物或者派发食物，并无清晰镜头反映林某目睹知晓刘姓教师的行为，认为教育局事实认定不清、证据不足。且教育局在未经过询问当事人意见，听取当事人陈述、辩解的情况下，径行作出影响林某合法权益的行政决定，违反了《幼儿园教师违反职业道德行为处理办法》第5条的规定，为程序违法，判决撤销该行政决定。判后教育局并未提出上诉，一审判决生效。

【争议焦点】

1. 教育局的处理决定是否符合正当程序？2. 教育局的处理决定是否有事实依据？

【案例评析】

从社会影响上看，本案系受社会公众关注的事件，教育局与社会舆论在未了解全部案件事实的情况下一边倒地认为林某在场目睹了刘姓教师粗暴推拽幼童而不加制止，对其横加指责，但最终法院在通过回看现场监控视频后，认为林某在事件发生时一直履行其作为保育员的职责，刘姓教师在推拽幼儿时，林某一直在低头派发食物，并无清晰镜头反映林某目睹知晓刘姓教师的行为，认为教育局事实认定不清、证据不足。

从法律上看，程序违法是行政机关作出具体行政行为的“硬伤”。本案中，教育局在未询问行政相对人意见，听取行政相对人陈述、辩解的情况下，径行作出影响林某合法权益的行政决定，违反了《幼儿园教师违反职业道德行为处理办法》第5条的规定，属于程序违法。

因此，本案不仅从证据上推翻了教育局认定的事实，而且从程序上找到了突破点，从根本上维护了当事人的合法权益，在还原事实真相的同时，平息了社会热点纷争，也挽救了当事人的个人名誉及职业生涯，取得法律效果与社会效果的良好统一。

【专家点评】

正当程序原则是行政法的基本原则之一，其具体含义是行政机关作出影响行政相对人权益的行政行为前，必须事先告知当事人，向相对人说明行为的根据、理由，听取相对人的陈述申辩，事后为相对人提供相应的救济途径等。正当程序原则的价值不仅仅在于限制公权力、保障私权利，更重要的是在于提升行政机关依法行政的公信力。因此，正当的行政程序是现代行政法治的核心要求。听取陈述和申辩程序是确保行政程序中当事人权利与提高行政行为正确性的重要制度设计。

实践中，行政机关的一些工作人员一味追求行政效率，追求实体公正，从而忽略了程序上的公正，在作出行政决定或处罚过程中，不告知相对人享有陈述、申辩的权利，或即使告知相对人相关权利，但在权利行使期限届满前就径行作出行政行为等。

上述教育主管部门所作行政决定违反程序正当原则，违背了程序正义这一行政程序的基本价值追求，从而被依法判决撤销。本案判决对于扭转一些行政机关重实体轻程序，强化行政机关行政程序意识，规范行政执法行为具有较大的参考意义。当然，该案行政相对人的代理律师面对舆论压力，准确抓住了关键的程序问题，并达到预期的诉讼代理效果，对办理类似行政诉讼案件，具有一定的示范意义。

（点评人：苗波，中山大学法学院副教授、博士生导师）

“鉴材”的确定应以不能扩大权利范围为基础

——集成电路布图设计侵权案件辩与析

吴让军　刘　欢*

【内容提要】

原告认为被告销售的芯片侵犯其集成电路布图设计专有权，于2018年4月28日向深圳市中级人民法院提起诉讼。本案重点解决了关于集成电路布图设计的特点及如何确定布图设计的范围这一问题，以《集成电路布图设计保护条例》（以下简称《保护条例》）以及《集成电路布图设计保护条例实施细则》（以下简称《实施细则》）中的相关规定为基础，兼顾《保护条例》的立法宗旨，援引法条对布图设计保护的范围进行明确，立足于法理本身，最终确定以提交登记的布图设计载体作为确定集成电路布图设计保护范围的依据。

【案情简介】

2018年4月28日，原告向深圳市中级人民法院提起诉讼，称被告生产销售的芯片侵犯其集成电路布图设计专有权，要求：1. 判令被告立即停止复制原告的集成电路布图设计、含有该集成电路布图设计的集成电路，立即停止销售含有该集成

---

* 吴让军，北京市立方（广州）律师事务所合伙人，广东省律师协会知识产权专业委员会秘书长，广州市律师协会版权法律专业委员会副主任；刘欢，北京市立方（广州）律师事务所律师，广州市律师协会电子竞技与网络游戏业务专业委员会委员。

电路布图设计的集成电路以及立即停止销售含有前述集成电路的芯片等相关物品；2. 判令被告立即销毁侵权所使用的专用生产模具以及侵权物品，包括成品、半成品以及带有侵权产品的宣传物料；3. 判令被告赔偿原告为本案支出的合理费用，包括律师费 27.5 万元、公证费 400 元、调查取证费 49600 元、侵权鉴定报告费 68540 元。2018 年 12 月 20 日，深圳市中级人民法院依据原告的申请对被告芯片采取了证据保全措施，分别取样数颗芯片。

在深圳市中级人民法院受理案件后，被告方委托作者代为处理本案。经初步查看资料后发现，原告在立案时及举证期间内均未提交其所主张的集成电路布图设计的图样及其他登记文件，且经被告承办律师与法院沟通得知，原告以多种理由一直没有提交。被告承办律师认为集成电路布图设计的图样及其他登记文件系本案的关键证据，图样更是确定集成电路设计保护范围的文件，没有上述文件，被告根本无法进行比对、抗辩和举证。鉴于此，被告承办律师及时提出调查取证申请，申请法院依职权向国家知识产权局相关部门调取包括原告主张集成电路布图设计的含图样在内的所有登记文件。法院根据案件特点，依法同意了被告调查取证的申请，并及时调取了相关证据，确保了案件的顺利进行。

2019 年 1 月 28 日、2019 年 3 月 13 日，深圳市中级人民法院对本案进行开庭审理。因双方无法共同选定鉴定机构，2019 年 3 月 13 日，原、被告双方通过审理法院主持摇珠的方式从多家鉴定机构中选定了某知识产权司法鉴定所作为本案技术鉴定机构。此后，被告代理律师考虑到，原告已经自行单方委托某软件技术有限公司进行芯片分析，如再次委托该公司进行芯片分析，必然有失公允，故请求法院不能将本案芯片剖片拍照分析等工作委托给某软件技术有限公司，法院对被告的申请予以同意，从而为案件的公平合理、鉴定的中立客观奠定了基础。

2019 年 6 月 5 日，某知识产权司法鉴定所向法院出具《司法鉴定委托工作说明函》，称经鉴定审查，登记的集成电路布图设计相关复印件不足以体现布局细节，无法将其与原告主张具有独创性设计的部分进行对应，原因为登记布图的说明文档仅对芯片进行了简单说明，未直接体现原告所称具有独创性的七个部分的文字描述，司法鉴定机构明确表示登记图样文件不清晰无法进行鉴定。

在此情况下，原告以其自行提交的鉴定报告为依据，向审理法院主张司法鉴定机构能力不足，提出更换鉴定机构的申请。此后，被告代理律师通过对比分析原告自行鉴定的报告内容，从多个角度向法官阐明，原告自行鉴定的鉴材与司法鉴定机构的鉴材并不一致，不能据此得出司法鉴定机构能力不足的结论，再结合本案鉴材应当是向国家知识产权局相关部门调取的文件，鉴定机构的鉴材才是正确的鉴材，且鉴定机构是双方摇珠产生，鉴定专家已经就鉴定结论出庭说明情况和理由，最终说服法官拒绝了原告提出的更换鉴定机构申请，认可司法鉴定机构的结论。

对此问题，法院最终认定：第一，某知识产权司法鉴定所系法定资质的鉴定机构，且系双方以摇珠的方式选定，该鉴定机构产生程序合法；第二，原告自行委托的鉴定机构出具的布图设计分析报告的鉴材均不是从国家知识产权局专利复审委员会调取；第三，某知识产权司法鉴定所已详细、清楚地说明了无法鉴定的原因，故对于原告更换鉴定机构的要求，既无法律依据，亦没有必要。

2019 年 6 月 28 日，原告又向法院提交了调取证据申请书，申请向案外人某公司调取集成电路布图设计的工程图原图文件用于本案鉴定。原告认为：1. 由于国家对集成电路布图专有权申请文件的专有格式要求，无法要求申请文件的所有细节都是清晰可辨认的，在这种情况下，只要能够确认申请文件中的集成布图设计文件内容，该集成电路布图设计专有权就应该得到保护。2. 公开不是集成电路布图设计获得保护的前提条件。保护集成电路布图设计登记的实质在于权利宣示，而不是像专利一样以公开换保护。集成电路布图设计商业利用之后任何人皆可获得集成电路布图设计的具体内容，对集成电路布图设计而言，国家法律允许对其先商业利用再登记获得专有权的保护。3. 既然集成电路布图设计纸质图样本身并不能反映集成电路布图设计的每一个电路细节全貌，也不能反映层与层之间的连接关系，那么集成电路布图设计纸质图样本身宣示保护的不应当是纸质图样本身，而应是该纸质图样所唯一对应的集成电路版图本身。因此，原告认为有必要向案外人某公司调取集成电路布图设计的工程图原图文件。

基于此，被告代理律师从《保护条例》的相关规定入手，向法官进行了法理说明，根据《保护条例》第 8 条“布图设计专有权经国务院知识产权行政部门登记产生。未经登记的布图设计不受本条例保护”的规定，集成电路布图设计专有权是登记产生，保护的范围应当是登记的范畴，即原告在申请布图设计登记时所提交的图样或者集成电路样品，本案中，原告在布图设计登记时并未按照要求提供清晰的布图设计图样复印件或者电子版，也未提供集成电路样品，本身不满足布图设计登记的基本条件，依法应当不予保护。另外，被告律师结合大量案例进行分析论证，以阐明布图设计应当是登记产生，因此，只能以登记的布图设计作为鉴材。本案不存在鉴定的基础，原告应当承担举证不能的不利后果。

最终，法院认可了被告承办律师的观点。法院认为，这一问题涉及集成电路布图设计专有权的理解及如何确定集成电路布图设计专有权保护范围，集成电路布图设计专有权与著作权不同，著作权自作品创作完成之日起产生，是否登记不影响对作品著作权的保护，而未经登记的布图设计不享有专有权。

2019 年 8 月 27 日，深圳市中级人民法院再次组织双方开庭审理，并通知某知识产权司法鉴定所鉴定人到庭。原告针对案涉布图设计的相关"低频 LB 的功率级输出级和接地、高频 LB 的功率级输出级和接地""芯片第一级、第二级提供电源电流"是否为"E 和 D 区"等具体问题向鉴定机构进行提问，鉴定机构明确答复根据登记的布图设计均无法判断原告所提的一系列问题。

根据原、被告双方的举证和多轮抗辩、鉴定机构的《司法鉴定委托工作说明函》等依据，法院依法查明本案事实，并归纳了争议的焦点，明确了如何确定布图设计权利范围的问题。法院认为，集成电路布图设计专有权与著作权不同，未经登记的布图设计不享有专有权，且布图设计登记有形式上、时间上的特定要求。布图设计的内容应当以提交在国家知识产权局申请文件中并经公告公示的布图设计复制件或者图样确定，电子版、集成电路样品中包含了与纸件复制件或者图样所确定的布图设计时，其一致的布图设计部分也可以用来确定保护范围，但如果电子版、集成电路样品超出纸件复制件或者图样所确定的布图设计范围，其超出部分，如同未经登记的布图设计，不应得到保护。即便在布图设计过于复杂，布图设计的复制件或者图样的纸件放大到 20 倍以上，仍然不能完整、清晰地反映布图设计的内容时，仍然不能以纸件布图设计的复制件或者图样之外的文件或实物证明布图设计权利范围。

最终法院根据法律规定，以《保护条例》以及《实施细则》的相关规定为基础，兼顾《保护条例》的立法宗旨，参考被告代理人提交的答辩意见，确定以提交登记的布图设计载体作为确定集成电路布图设计保护范围的依据。2019 年 9 月 10 日，深圳市中级人民法院对本案依法作出宣判，判决驳回原告的全部诉讼请求。

2019 年 10 月 31 日，原告向最高人民法院提起上诉。2020 年 1 月 22 日，原告向最高人民法院申请撤回上诉。

【争议焦点】

本案争议焦点有三个方面：1. 本案应否更换鉴定机构？2. 本案是否应该按照原告申请向案外人调取集成电路布图设计申请的工程图原图文件，以用于鉴定？3. 根据现有证据能否作出侵权判断？

综合上述焦点可知，双方根本分歧点在于如何确定集成电路布图设计的保护范围，案涉双方围绕该问题进行了多轮博弈。原告因司法鉴定机构出具不利报告而要求更换鉴定机构，被告承办律师及时向办案法官阐述原告此举的目的及矛盾之处；此后，原告又提出从案外人某公司处调取案涉布图设计的工程图原图文件，被告承办律师从法理和法条入手，主张布图设计应当是登记产生，未经登记的布图设计不受法律保护，从而为案件胜诉埋下伏笔。

【案例评析】

承办律师接受被告方的委托，在案件处理过程中，对各环节精雕细琢，深入研究法律法规、司法政策、司法实践，并与当事人充分探讨技术问题，从理论与实践两个层面着手，聚焦案件的核心争议点，成功说服合议庭接受本方观点，驳回了原告的全部诉讼请求，并及时、有力地维护了当事人的最大利益。

（一）本案涉及集成电路设计图的比对，在确定鉴材方面，具有很高的借鉴意义

1. 在原告拒绝提交登记图样及其他登记文件的情况下，被告承办律师及时提出调查取证申请，调取了布图设计登记文件，为案件胜诉埋下重要伏笔。

在深圳市中级人民法院受理案件后，原告在立案时及举证期间均未提交其所主张的集成电路布图设计的图样及其他登记文件。且经承办律师与法院沟通得知，原告以多种理由一直没有提交。

被告承办律师认为集成电路布图设计的图样及其他登记文件系本案的关键证据，图样更是确定集成电路设计保护范围的文件。没有上述文件，被告根本无法进行比对、抗辩和举证。鉴于此，承办律师及时提出调查取证申请，申请法院依职权向国家知识产权局相关部门调取包括原告主张集成电路布图设计的含图样在内的所

有登记文件。法院根据案件特点，依法同意了被告调查取证的申请，并及时调取了相关证据，确保了案件的顺利进行。

2. 在原告因司法鉴定机构出具不利报告而要求更换鉴定机构的情况下，被告承办律师积极向法官详细阐明原告矛盾之处以及原告自行委托鉴定的鉴材问题，为案件胜诉提供有力支撑。

案件审理过程中，在司法鉴定机构明确表示登记图样文件不清晰无法进行鉴定的情况下，原告以其自行提交的鉴定报告为依据，主张司法鉴定机构能力不足，提出更换鉴定机构。此时，被告代理人通过多个方面向法官阐明，原告自行鉴定的鉴材与司法鉴定机构的鉴材并不一致，不能据此得出司法鉴定机构能力不足的结论。再结合本案鉴材应当是向国家知识产权局相关部门调取的文件，最终说服法官认可司法鉴定机构的结论。

3. 在登记图样不清时，原告又提出其他的鉴定方案，承办律师从法理入手，深度剖析法律适用和解读，为案件胜诉提供法律依据。

由于涉案布图设计登记图样不清晰，鉴定机构认为无法进行鉴定，此时，原告又提出向案外人某公司调取集成电路布图设计的工程图原图文件用于本案鉴定。基于此，被告代理律师从《保护条例》的相关规定入手，剖析集成电路布图设计的特点及保护范围，并结合相关案例进行分析，主张布图设计应当是登记产生，未经登记的布图设计不受法律保护，因此，只能以登记的布图设计作为鉴材，最终法官认可了被告承办律师的观点。

（二）本案法院准确适用法律，综合考量法律条文和立法宗旨，严格把握集成电路布图设计的保护范围，对类似案件的处理具有很强的参考意义

本案中，如何确定集成电路布图设计的保护范围是双方持续争议的焦点。承办律师根据本案实际情况，从具体法律条文出发，以《保护条例》以及《实施细则》的相关规定为基础，兼顾《保护条例》的立法宗旨，最终说服法院采纳答辩意见，确定以提交登记的布图设计载体作为确定集成电路布图设计保护范围的依据。

在此基础上法院进一步明确，对不清晰、未能显示布局细节的布图设计通过布图设计的复制件或者图样纸件之外的文件或是无证明布图设计权利范围，将不恰当地扩大布图设计保护范围，损害社会公众利益。法院判决依据充分，说理透彻，且与法律条文及立法宗旨高度契合，对以后类似案件的处理具有很好的借鉴作用。

（三）本案技术复杂度高，承办律师对于技术问题的认真钻研有效地确保了案件的胜诉结果

本案系集成电路布图设计专有权侵权纠纷，其所涉及的技术问题包括 LB、HB 电路的设计排布、PAD 组件的形状及连接方式、电源电流供给电路模块设置、MOS 管单元的构成、芯片带隙基准模块中的三极管阵列排布等，诉争设计模块区域超过 7 个，技术复杂度很高。

为准确把握相关技术比对，承办律师持续与被告技术人员保持沟通，定期开展技术问题交流；同时大量参考相关文献，包括《CMOS 射频集成电路分析与设计》教科书、IEEE 会议论文及相关论文等内容，为案件胜诉奠定了良好基础。

双方在庭审中对相关全部技术问题进行了辩论，承办律师始终坚持答辩意见，直面难题，有理有据。最终原告方在一审败诉后选择了撤回上诉。

【专家点评】

本案系集成电路布图设计专有权侵权纠纷，技术复杂度高、证据组织难度大。本案所涉集成电路布图设计系通信领域的尖端科学技术，涉案双方是国内集成电路领域的龙头企业，案件具有深远的社会影响力及十分重大的典型意义。在案件审理过程中，承办律师接受被告方的委托，对于案件事实的把握、证据材料的组织以及诉辩策略的选择具有指引作用。本案律师通过技术分析、法条解读、案例参考等多种角度，对案涉争议焦点进行了详细说理，成功说服法官驳回原告的诉讼请求，达到了预期的诉讼目标，维护了自身的合法权益。

判决中对于集成电路布图设计保护范围的说理及分析对于类似案件的处理也具有借鉴意义。当前种种原因，布图设计的复印件或图样的纸件即便放大到用该布图设计生产的集成电路的 20 倍以上，仍然不能完整、清晰地反映布图设计的内容的现实情况，建议登记机关进一步完善登记程序，明确要求权利人提交图样或者复制件的电子版本以供核对。集成电路布图设计保护的相关规定或有滞后于时代发展而亟待修缮的部分，仍可参考该判决进行考量。

（点评人：刘延喜，广州市律师协会公平贸易法律专业委员会主任）

通过调解成功一揽子化解系列知识产权纠纷

——深圳某股份公司与珠海某科技公司侵害发明、实用新型专利权系列纠纷案评析

卜小军*

【内容提要】

深圳某股份公司与珠海某科技公司在最高人民法院的主持下针对双方包括侵害发明、实用新型专利权纠纷在内的多达 11 件专利民事侵权纠纷及 8 件尚在国家知识产权局审理的专利无效宣告请求案达成一揽子和解协议，促成了双方一系列知识产权纠纷的实质性化解。本系列案汇集了发明、实用新型等多个疑难复杂技术专利诉讼及对应的无效宣告程序，同时包括恶意诋毁不正当竞争案在内多个专业复杂问题，最终通过调解成功一揽子化解了系列纠纷，不仅实现了定分止争实质性化解关联案件的效果，而且从根本上避免了后续进一步诉讼的产生和矛盾升级，也最大化地保障了案件当事人的合法权益，实现了双方当事人的共赢局面。

【案情简介】

第一批案件

上诉人（原审被告）：深圳某股份公司

被上诉人（原审原告）：珠海某科技公司

* 卜小军，北京天驰君泰（广州）律师事务所律师。

原审被告2：佛山某针车有限公司

案由：侵犯实用新型专利权纠纷

一审：广州知识产权法院（2019）粤73知民初×××号、（2019）粤73知民初×××号

二审：最高人民法院知识产权审判庭（2020）最高法知民终××××号、（2020）最高法知民终××××号

第二批案件

原告：深圳某股份公司

被告：珠海某科技公司

一审：广州知识产权法院（2019）粤73知民初××××号-××××号（共六案）

案由：侵犯发明及实用新型专利权纠纷

第三批案件

原告：深圳某股份公司

被告：珠海某科技公司

一审：珠海市香洲区人民法院（2019）粤0402民初×××××号

案由：不正当竞争纠纷

原告：珠海某科技公司

被告：深圳某股份公司

案由：侵犯实用新型专利权纠纷

一审：广州知识产权法院（2019）粤73知民初×××号

侵权诉讼期间双方向国家知识产权局提起的专利请求无效宣告案件：

请求人：珠海某科技公司

序号	无效宣告请求案件编号	专利号	专利名称
1	5W1198××	20162129××××.5	一种物料定位装置以及一种缝纫设备
2	5W1198××	20162129××××.8	一种缝纫机
3	5W1198××	20182141××××.2	一种收料装置
4	5W1198××	20162129××××.7	一种缝纫设备

续表

序号	无效宣告请求案件编号	专利号	专利名称
5	4W1100××	20171001××××.5	一种自动化车缝装置及车缝方法

请求人：深圳某股份公司

序号	无效宣告请求案件编号	专利号	专利名称
1	5W1204××	20172032××××.0	多用途可调节分体式压脚
2	5W1217××	20172032××××.0	多用途可调节分体式压脚
3	5W1217××	20172071××××.6	一种布料平整机构
4	暂无编号	20172034××××.6	一种缝纫机的取料机构

当事人深圳某股份公司（以下简称深圳公司）与另一方当事人珠海某科技公司（以下简称珠海公司）主要生产工业用缝纫机设备产品，双方当事人在各自擅长细分产品上的研发、制造水平均在业内处于领先水平，双方各自拥有该领域内的多项发明、实用新型、外观设计专利，均有一定数量的工业用缝纫机设备相关专利。

珠海公司是名称为“多用途可调节分体式压脚”、专利号为ZL20172032××××.0和ZL20172071××××.6实用新型专利权的权利人。2019年4月，珠海公司认为深圳公司制造、销售的“背扣机产品”落入这两项专利权保护范围，遂在广州知识产权法院起诉深圳公司侵害其实用新型专利纠纷，案号为（2019）粤73知民初×××－×××号，分别请求判令被告深圳公司停止侵权，并每案主张侵权赔偿及合理维权支出40万元。

深圳公司代理人在接受案件委托后通过与技术人员沟通，针对被控侵权产品与涉案专利进行侵权比对分析后初步认为被控侵权“背扣机产品”压脚部件被认定落入ZL20172032××××.0号“多用途可调节分体式压脚”专利权利要求保护范围的可能性较大，初步判断不落入ZL20172071××××.6“一种布料平整机构”专利权利要求保护范围。通过进一步检索后对涉案ZL20172032××××.0和ZL20172071××××.6实用新型专利稳定性进行分析评估，认为其中ZL20172032××××.0号“多用途可调节分体式压脚”专利无效难度较大，初步判断对于案件最终成功抗辩前景不乐观。

本案如果只是被动应诉，最终败诉的可能性较高，而深圳公司作为行业领先企业，不想也不愿背负制造侵权产品的负面影响。出于诉讼策略考虑，深圳公司代理人认为，本案要取得胜诉或者不被认定侵权结果，需通过诉讼策略另辟其他途径迫使原告珠海公司同意撤诉或和解。而要达成该案件预期结果需主动进行反击，因此，深圳公司代理人在与其技术人员深入沟通后得知原告珠海公司生产销售的一款电脑自适应文胸背扣机产品可能也涉嫌侵犯深圳公司多项发明和实用新型专利。通过对深圳公司专利分析并对比珠海公司该型号文胸背扣机产品相应技术特征进行了解比对后，初步认为珠海公司该型号文胸背扣机产品落入深圳公司ZL20171001××××.5“一种自动化车缝装置及车缝方法”发明专利以及ZL20182141××××.7“一种压料装置”、ZL20182141××××.2“一种收料装置”、ZL20162129××××.8“一种缝纫机”、ZL20162129××××.5“一种物料定位装置以及一种缝纫设备”、ZL20162129××××.7“一种缝纫设备”五项实用新型专利的权利要求保护范围。2019年8月，经过调查比对分析及前期取证后，深圳公司以珠海公司制造、销售、许诺销售的某型号文胸背扣机产品侵犯其上述六项发明、实用新型专利权为由，在广州知识产权法院提起专利侵权诉讼进行反击，案号为（2019）粤73知民初×××－××××号，为双方实现最终一揽子和解准备了充足的筹码。

同时，深圳公司发现珠海公司针对在案未审判案件在微信聊天及朋友圈发布针对其负面消息，给其经销商及行业声誉带来负面影响，故在珠海市香洲区人民法院起诉珠海公司商业诋毁不正当竞争案，案号为（2019）粤0402民初×××××号。

珠海公司在收到被控侵权应诉答辩后与深圳公司进行了第一轮的调解谈判，双方因互不让步未能达成调解方案。与此同时，双方针对涉案专利均向国家知识产权局提起了专利无效宣告请求。

2019年11月，珠海公司出于平衡案件数量考虑又以深圳公司生产、销售的前案产品侵害其专利号为ZL20172034××××.6的实用新型专利在广州知识产权法院再次提起新的诉讼，案号为（2020）粤73知民初×××号，该案经深圳公司代理人初步判断涉案专利评价报告显示为不具有创造性，被宣告无效可能性极大，且本身比对结果显示完全不落入该专利权保护范围。

2020年7月，广州知识产权法院就（2019）粤73知民初×××－×××号两案作出一审判决，均认定被告深圳公司相应部件技术特征构成侵权，分别判赔损失及合理维权支出22万元和24万元。深圳公司不服一审判决结果向最高人民法院提起二审上诉。最高人民法院知识产权庭于同年10月受理两案，案号分别为（2020）最高法知民终××××－××××号。

在等待上述案件二审开庭期间，深圳公司作为原告所起诉的六件发明、实用新型专利侵权案件也相继开庭审理完毕，双方相关无效宣告案件也陆续进行口审。双方在深圳市缝纫机协会的组织下进行了第二次调解，结果仍然是未能达成一致的调解方案。

2020年11月19日，最高人民法院知识产权庭经过前期内部讨论分析公开开庭审理了上诉人深圳公司与被上诉人珠海公司侵害实用新型专利权纠纷（2020）最高法知民终××××－××××号两案的二审。在庭审中，主审法官对双方的争议焦点、答辩意见、对比意见都进行了深入详细的调查审理，进入法庭调解阶段时，主审法官了解到双方此前的两次调解经过，获悉双方尚有19件（含本案两件二审在内）在诉的诉讼和相关专利无效宣告案件，认为双方虽然两次调解失败，但都仍有调解意愿，于是分别与双方进行调解沟通。对此，最高人民法院知识产权庭承办法官在庭审结束后立即分别组织各方当事人进行深入的沟通，充分考虑双方当事人各自的诉求，认为当事人虽当庭声称不愿意和解，但考虑各方面因素，本案仍存在和解的可能性。承办法官也分别与双方当事人进行了电话沟通。深圳公司代理人敏感地认识到最早制订的调解预想方案的预期条件已经成熟，遂配合主审法官着力对当事人进行了说服工作。而珠海公司的代理人此时也预感到案件最终可能的结果，也因此努力促使当事人尽量达成一揽子调解方案，以减少诉累。

在最高人民法院承办法官主持下，通过三方近三个小时的努力调解工作，最终促使双方当事人达成了调解意愿，积极促进双方当事人确定了一揽子调解协议的具体条款内容。最终在合议庭的主持下，双方当事人就包括该上诉两案在内的11件专利民事侵权纠纷及8件尚在国家知识产权局审理的专利无效宣告请求案达成一揽子调解协议，即各自撤回起诉及上诉，互不赔偿对方损失，相互尊重双方知识产权，公平市场竞争，双方息诉止争。

2020年11月20日，最高人民法院就（2020）最高法知民终××××－××××号两案作出裁定，同意双方各自撤回全部案件的起诉和上诉，撤销（2019）粤

73 知民初×××－×××号一审判决，准许珠海公司撤回两案一审起诉。

在双方达成一揽子调解协议后，根据协议约定各自撤回已经发起的其他全部诉讼的起诉及无效宣告申请。自此，双方当事人因缝纫机技术引发的发明、实用新型专利及专利权无效宣告请求系列专利侵权诉讼及专利无效宣告非诉案件共 19 件案件全部终结。

【争议焦点】

本案为双方发起的系列专利侵权纠纷案和专利无效宣告请求系列案，本身专利侵权系列案件的侵权比对的难点及法律适用和专利无效宣告系列案中相关的检索比对分析相对案件的整体解决来讲并非本系列案件最难解决的部分。双方作为同行均具有一定规模、具有相当竞争力并有一定影响力的行业领先企业，互不服输、互不认输才是导致双方纠纷升级无法调解的根源所在，而随着双方纠纷的白热化已经进展到了骑虎难下的局面，如何实现深圳公司代理人一早制订的诉讼调解方案的目的，即通过以诉讼制止诉讼进而实现双方息诉止争又互不失面子的双赢局面，才是本案最大的办案难点。

【案例评析】

本案双方当事人均为行业内知名企业，具有相当的研发、制造实力，各自拥有该领域内的多项技术专利，双方彼此也互相了解。本案的发起恰恰是一方意图打破现有的市场格局，通过发起专利侵权诉讼让另一方声誉遭受损失，进而获取更大的市场利益。

珠海公司作为系列纠纷的发起方，聘请了专业的代理人发起了第一批的专利侵权诉讼，而深圳公司代理人通过对案件的全盘分析及自身多年经办此类案件的经验，在个案分析的基础上结合深圳公司的诉讼结果预期，通过对双方专利情况的分析和双方产品的了解比对，精心策划制订了相应的整体诉讼方案，在此前提下，对案件最终的走向结局已经有了初步预见，并且为双方最终达成一揽子调解方案准备了充分的筹码。

双方的纠纷在诉讼过程中不断扩大，双方互诉专利侵权和专利无效宣告请求，到达成调解时已存在在诉3件二审专利民事侵权纠纷、8件一审专利民事侵权纠纷以及8件专利无效行政纠纷，并且有继续提起新诉讼的趋势。此外，双方当事人均已投入大量的人力、财力、物力，生产经营活动也受到一定影响。且由于双方本身作为行业内具有一定影响力的企业，导致当地缝纫机行业同行都对案件进展产生了高度的关注，行业协会也开始进一步介入双方调解工作。同时，随着案件的深入，双方也都开始意识到对方不会轻易认输，想要取得单方面的完胜基本上不太可能。双方也已就所涉系列纠纷案件进行过多次磋商，但始终免不了想要在调解中压对方一头的想法，所以此前都未能达成足以使双方满意的调解方案。

本系列案同时汇集了发明、实用新型等多个疑难复杂技术专利诉讼及对应的专利无效宣告请求程序，同时包括恶意诋毁不正当竞争案在内多个专业复杂问题。代理人调查取证涉及大型机械设备，取证难度大，诉讼程序繁杂等，这些都需要代理律师具有相当的专业知识和丰富的专利案件代理经验。本系列案的一揽子解决也体现了代理律师在诉讼策略制定、诉讼程序规则利用、案件通盘把握等方面的专业水平和对案件进展的预判能力，以及良好的大局观。同时需要代理人在促成一揽子调解过程中积极配合法官，具有良好的沟通能力，与当事人及对方代理人进行有效沟通，最终才能成功化解繁杂疑难系列案件纠纷。

最高人民法院知识产权庭对本系列案调解成功的典型意义予以充分肯定，在国家加强各类调解衔接联动，构建大调解工作格局背景下，本案的系列案一揽子调解结案的成功无疑是司法调解案例的成功典型。在最高人民法院的主持下，双方当事人达成和解协议，本次一揽子解决了19起专利民事及行政纠纷，真正实现了一站式纠纷解决。不仅实现了定分止争实质性化解关联案件的效果，而且从根本上避免了后续进一步诉讼的产生，也最大化地保障了案件当事人的合法权益，实现了双方当事人的共赢局面。

【专家点评】

本系列案件的代理，需要既具有知识产权法律素养，又具有理工科背景，同时又需要较高超的代理律师策划和代理技巧。在案件当事人前来咨询时，通过对前期案件的分析，基本能够得出，前期案件胜诉前景不明朗。作为同行业的龙头企业，对相关行业，以及相关行业的知识产权情况应当有基本的了解，在此情况下，代理律师通过与当事人的充分沟通，另辟蹊径，在前期案件代理应诉的同时，另行启动与前期案件数量相当的、对前案原告可能不利的专利诉讼案，用于对抗前案，抵消前案不利的影响，从而给双方案件的最终达成全面和解创造了机会。本系列案的处理，既得益于当事人在知识产权领域的专利布局，也得益于代理律师的策划和专业代理，当然更主要的是得益于当前国家知识产权局和最高人民法院大力推进便捷高效、多元畅通共赢的知识产权纠纷多元化解机制的实施。

（点评人：程跃华，广东三环汇华律师事务所高级合伙人、高级知识产权师、二级律师、广州市律师协会专利法律专业委员会主任）

抄袭网站网页设计是否构成著作权侵权和不正当竞争

——侵害著作权纠纷及不正当竞争纠纷案

刘　欢　李新月*

【内容提要】

广州某信息科技有限公司（以下简称原告）经营的网站在行业内享有较高知名度，而成都某信息技术有限公司（以下简称被告二）制作并向天津某网络科技有限公司（以下简称被告一）销售与原告网页设计基本相同的网站。原告于 2019 年 6 月 24 日将被告一、被告二诉至广州互联网法院。

司法实践中，针对抄袭网站内容是否属于著作权侵权及不正当竞争一直存在争议。本案中，法院主要针对互联网领域网站模仿行为的侵权定性和案涉争议焦点进行了探讨，认为以不正当竞争进行规制更为合理，从而厘清破坏公平竞争秩序的行为的界限，为倡导市场主体诚信经营、公平竞争提供了裁判指引。

【案情简介】

一、案件背景

原告网站是业界知名推广网站，拥有海量一手媒体资源，是较有影响力的媒体

* 刘欢，北京市立方（广州）律师事务所律师，广州市律师协会电子竞技与网络游戏业务专业委员会委员；李新月，时任北京市立方（广州）律师事务所律师。

资源交易平台。其依托国际公关集团十多年积累的丰富媒介资源而成立的 B2B 模式网站，为广告主提供媒体报价、采购、投放、效果追踪等专业媒体服务。2018—2019 年，原告发现市场上存在多个盗用其网站的情况，且侵权网站的网页前端代码与原告完全一致，经初步调查后发现，这些网站有部分来源于被告二。为此，原告委托律师通过诉讼维护权利。

二、案件经过

1. 评估启动阶段

作为原告代理人，律师在案件启动阶段做了大量的研究和检索，并与当事人进行了充分的探讨，最终确定了诉讼策略和方案。

第一，关于案由选择。侵权网站不仅网页内容与原告网站一致，而且网页前端代码也与原告网站一模一样，甚至在被诉网站的网页前端代码出现了原告员工名字。据此，本案可以考虑启动汇编作品侵权纠纷或者计算机软件著作权侵权纠纷。通过研究大量案件后发现，网页内容能否通过汇编作品进行保护，具有一定的不确定性，司法实践中存在争议。而通过计算机软件著作权保护，可能会涉及鉴定比对，且后续还需要通过证据保全的方式获取源代码，前期诉讼成本和风险都相对较高。因此，综合考虑多种因素，最终确定启动汇编作品的著作权侵权及不正当竞争纠纷，为案件最终胜诉奠定了基础。

第二，关于公证取证。首先，在原被告网站公证时间的选择上，我们先公证了原告网站，然后再公证被告网站。其次，在公证页面的选取上，充分与当事人进行了沟通，针对网站中的主页面、子页面以及各个项下页面进行了逐一对比排查，最终进行公证。最后，关于网页前端代码的公证，考虑到如果进行代码沟通，相关文件会特别多，工作量异常巨大，因此，在与原告技术人员进行充分沟通了解后，最终以保存文件的方式进行公证取证，从而加快了取证进程，降低了公证成本。

第三，关于被告二销量的取证。由于两被告侵权收入十分隐蔽，通过外围渠道很难进行取证，为此，原告及其代理人巧妙通过被告获取关键证据。被告二网站中留有联系方式，原告通过该联系方式，策略性地了解到被告二针对侵权网站的销售渠道、销售对象、销售价格，甚至还有部分销售数量，从而为最终判赔金额提供了重要参考依据。

2. 案件审理阶段

2019年6月24日，广州互联网法院受理原告起诉，2019年10月18日、2019年12月12日，广州互联网法院对本案进行开庭审理。原告在起诉时诉称，原告网站于2013年创作完成，原告为该网站的著作权人，原告及其网站在广告行业内均享有较高知名度。原告网站在版面设计、内容编排、页面视觉效果等方面均具有高度的独创性，属于著作权法意义上的作品，受我国《著作权法》保护。侵权网站登记备案在被告一名下，侵权网站网页内容与原告网站网页内容在版面设计、内容编排、页面视觉效果等方面基本相同。不仅如此，被告一在上述侵权网站上还盗用了原告员工×××的宣传照片，而且，上述侵权网站的网页源代码中也含有原告员工“×××”的名字，网页中使用了大量原告的典型案例和获奖信息。原告认为被告一的上述行为已构成著作权侵权和不正当竞争。侵权网站是由被告二与被告一共同制作，且被告二还制作了与原告的网站网页内容极其相似的侵权网站，并将其制作的侵权网站在被告二网站上进行广泛的宣传和销售，其行为同样构成著作权侵权及不正当竞争。两被告的侵权行为给原告造成巨大的经济损失，且给原告的商誉造成不良影响。故原告诉请法院：1. 判令两被告立即停止侵犯原告著作权及不正当竞争的行为。2. 判令两被告赔偿原告经济损失（含维权合理费用）100万元。3. 判令两被告在侵权网站首页及报纸显著位置连续30天登载致歉声明并消除影响。4. 判令两被告承担本案全部的诉讼费用。

被告二答辩称：1. 被告二并没有实施侵犯原告著作权的行为。2. 原告主张的网页并非《著作权法》保护的作品范围，不受著作权法的保护。3. 即便原告的网站构成了著作权法上的作品，但涉案网站并不构成相似，不构成侵权。4. 即便涉案网站在排版上相似，但网站各板块内容与被告二的网站内容均不相同，不会造成相关公众的混淆，不符合《反不正当竞争法》的规定，被告二的行为不构成不正当竞争。

被告一辩称：1. 被告一公司名下网站所使用的源码软件有合法来源，有软件购买合同、域名授权证书以及4888元支付宝转账清单作为证据，公司是合法购买取得该软件的使用权，公司是合法使用。至于是否侵权，应该是原告和软件开发者之间的关系，与其公司无关。2. 其公司名下网站使用该源码软件后，未达到使用的预期，没有任何收益。所以公司于2019年5月8日主动将该源码软件从网站中卸载。原告提交本案的日期是 6 月 20 日，被告一在一个多月前就已经停止使用该软件，并且以后再也不会使用。

三、核心内容介绍

综合上述内容可知，本案的核心焦点在于权属定性、侵权对比、损害赔偿等内容。除上述庭前准备工作外，原告代理律师还在权属定性、侵权对比等方面做了大量工作。

1. 权属定性

在案件审理过程中，法院针对涉案网站是否属于汇编作品进行了多次探讨论证，并充分听取了原、被告双方意见。原告主张，基于著作权法对于汇编作品独创性保护的研究以及以往的司法判例，应当认定涉案网页内容构成汇编作品，具有充分事实与法律依据，主要理由如下：（1）从涉案网页的创作过程看，其既包括网页各模块的架构设计，也包括各具体模块的内容设计，原告提交了网页详细创作说明所描述，每一模块的具体内容，都是基于对行业的理解，基于网站引流的目标，基于已有合作资源，经过精心设计，付出创造性劳动创作而成，如软文发稿、微信公众号、朋友圈、视频直播、短视频等各模块下面都有精心筛选的信息内容，都体现了原告独特的选择和编排。各模块内容，完全是独创而成，在市场上没有模块内容相同的在先网页内容。（2）根据已查明事实，被告等完全是抄袭、复制了原告的页面设计和模块内容，既然被告有抄袭和复制的动机和行为，也从侧面反映出涉案网页设计及模块内容具有独到之处，具有独特价值，而不是市面上公共的千篇一律的惯常设计。简言之，从被告抄袭的角度，也反映出原告的网页是具有独创性的。（3）关于作品的独创性高低以及有无，实践及理论界本身争执不下，但争议恰恰说明，关于作品独创性的要求，本身是极低的，低到有无的程度。而设计一个网页内容所付出的创造性劳动，要比拍摄一张简单的图片，撰写一篇普通的法律文书要复杂得多。事实上，正因为著作权法对于独创性的要求较低，在司法实践中，较少案例会从否认独创性的角度否定权利。（4）从原告提交的多个案例裁判内容看，判决所描述的相关网页的内容独创性甚至远不如涉案网页内容的独创性，也进一步说明，对于网页内容不宜设置过高的独创性标准。

法院认为，原告是基于大数据统计分析后进行的选择，均是为了提升商业效率，属于功能性表达，不能体现其独创性，无法获得著作权法保护。虽然法院最终没有采纳上述观点，但是在制定诉讼策略时，原告已经预先考虑到可能存在这一情况，因此，案由选择为著作权侵权及不正当竞争行为。

2. 侵权对比

第一，关于被告一侵权网站。基于原、被告网站页面内容特别多，被告在抄袭网站还进行了极小的调整，因此，原告代理律师在一审过程中制作了数百页的对比文件，针对每页相同部分进行截取、对比、整理、说明。每页的设计理念、内容选择及布局编排均进行了一一说明，从而基本可以让法官达到内心确信，即原、被告的网站几乎一模一样。

第二，关于被告一网页前端代码。原告代理律师一一进行对比，整理后发现，网页前端代码没有任何区别，被告一网站甚至还使用了原告的员工姓名。

第三，关于虚假宣传的部分。被告一网站中还使用了原告典型案例和获奖信息的地方，原告代理律师在侵权比对时也进行了明确和强调。

第四，关于被告二销售的其他网站。原告代理律师也进行了逐一对比，从颜色选择、内容选取及布局编排等各个方面进行了详细比对，基本可以确认，其他侵权网站也与原告网站几乎一模一样。

原告举证材料纷繁复杂，侵权对比的工作量巨大，原告代理律师为取得案件胜诉结果，花费一个月的时间整理上述对比材料，从而为案件胜诉奠定了基础。

四、最终审理结果

2020 年 3 月 30 日，广州互联网法院对本案依法作出判决。法院判决如下：1. 被告二于判决生效之日起立即停止虚假宣传行为。2. 被告一于判决生效之日起立即停止虚假宣传行为。3. 被告二于判决生效之日起 10 日内在涉案网站首页上连续 15 日刊登声明，向原告赔礼道歉、消除影响（内容需经法院审核）。4. 被告一于判决生效之日起 10 日内在涉案网站首页上连续 15 日刊登声明，向原告赔礼道歉、消除影响（内容需经法院审核）。5. 被告二于判决生效之日起 10 日内向原告赔偿 15 万元。6. 被告一于判决生效之日起 10 日内向原告赔偿 3 万元。至此，本案最终取得胜诉结果，且原、被告双方均未提出上诉。本案法院处理的方式代表着广东法院对类似网站侵权案件的处理方式和态度，对后续案件的处理和维权均具有较大的参考借鉴意义。

【争议焦点】

本案案涉侵权证据取证及比对存在较高技术难度，原、被告针对争议焦点进行了多轮博弈，双方主要的争议焦点在于：1. 判断网页是否属于汇编作品，被告的行为侵犯了原告何种著作权？2. 二被告的行为是否构成不正当竞争？3. 二被告的行为如果构成著作权侵权或者不正当竞争，二被告分别应当承担何种责任？

【案例评析】

本案中，法院处理方式和原告诉讼策略对于司法实践均有着极大的参考意义。在案件处理过程中，原告代理律师对各环节精雕细琢，深入研究法律法规、司法政策、司法实践，从理论与实践两个层面着手，聚焦案件的核心争议点，成功说服合议庭支持相关诉请，并且两被告对此判决结果均未提起上诉，原告方代理律师及时、有力地维护了当事人的最大利益。

（1）本案法院准确适用法律，综合考量法律条文和立法宗旨，严格把握不正当竞争行为的认定范围，对类似案件的处理具有很强的参考意义。

在本案中，广州互联网法院对反不正当竞争法具体条款适用范围的剖析，认定商业领域模仿行为若不产生混淆，则不属于《反不正当竞争法》第6条规制的行为，但如相关行为属于虚假宣传等其他不正当竞争条款规制行为，可据相应条款予以及时制止。该认定对于类案处理具有较高的参考价值。

（2）本案在案由选择方面具有一定的参考借鉴意义。

本案被告侵权行为涉及多种类型，如侵犯计算机软件著作权、盗用网站设计内容、使用原告员工肖像、使用原告案例及获奖信息等。上述行为涉嫌侵犯原告的计算机软件著作权、网页著作权，以及涉嫌构成不正当竞争行为。经过前期针对两被告的调查后发现，二被告的经营规模并不大，原告也不希望支出较高的前期成本，而计算机软件著作权侵权一般需要通过技术鉴定才能进行同一性对比，因此，诉讼成本会相对较高且司法实践中针对网站是否构成汇编作品存在一定争议，因此，综合考虑多种因素，最终确定了著作权侵权及不正当竞争这一组合案由，从而为案件胜诉埋下伏笔。

（3）案涉网站多次更新换代，被告侵权网站与原告旧版本网站内容更为近似，本案在证明著作权权属方面具有一定的借鉴意义。

权属证据的收集过程中，由于原告网站更新换代了多个版本，为了证明原告对各网站版本（尤其是被抄袭的最新版本）及其素材享有合法权利，承办律师除提供网站备案、软著证书、域名购买记录等证据，还同原告的各部门充分沟通，从多达几百张的素材中挑选出了网站主要板块的原始设计底稿，并连同底稿的创作和修改时间等信息截图一同提交给法官，综合多方面证据以充分证明网站权属。

（4）案涉侵权证据调取及比对存在较高技术难度，承办律师对侵权信息进行筛选并分类比对，向法院呈现出清晰且全面的比对结果，确保了案件的胜诉结果。

侵权证据的调取及侵权比对的过程技术难度高且较为烦琐。第一，案涉侵权网站几乎是全部复制于权利网站，除网页素材外，网站代码也基本相同，并且能体现重要侵权信息。所以在做网页公证的过程中，承办律师多次与网站开发人员联动配合，挑选出部分最有代表性的代码并成功完成代码部分的网页公证。第二，为了更清晰地呈现侵权情节，承办律师花费大量时间完成比对文件，将双方网站的单个素材、整体网站编排情况、经典案例及用户数据等网页内容选择、部分代码等做了全面的比对和呈现，借此将二被告的侵权行为全貌清晰呈现于法官面前。

（5）本案证明被告方侵权获利难度大，承办律师把握证据细节，为法官判赔提供了直接依据。

在此类案件中，证明被告通过侵权获利以及获利数额向来比较困难。承办律师结合原告工作人员与被告客服的聊天记录，将被告客服透露的侵权网站创作、销售数量及售价等情况进行整理，为法官判赔提供了直接证据。

【专家点评】

在市场经济中，网站借鉴和模仿现象较为普遍，这类商业模仿是否构成不正当竞争，为社会热度较高的问题。本案系互联网领域涉及网站抄袭模仿行为的不正当竞争纠纷，证据组织难度大。本案针对互联网领域网站模仿行为不正当竞争案件的多个争议焦点进行了探索，尤其在因权利人网页多次更新换代而权属证据收集难度较大、侵权信息调取及比对技术难度高的情况下，对权利人的举证义务提出了新的挑战，法院在判决中针对上述情况进行了充分论述，该案裁判对厘清破坏公平竞争秩序的行为的界限具有重要作用，为倡导市场主体诚信经营、公平竞争提供了裁判指引。为类似案件的审理提供了有益参考，具有十分重大的典型意义。

本案法院根据原告的诉请，从法律规定和实践两个方面出发，对于网站页面是否属于著作权作品进行深度探讨，并结合当下学者观点进行全面剖析，对类案处理提供一定的借鉴指导意义，但对于加大知识产权保护力度具有重要促进意义。

（点评人：刘延喜，广州市律师协会公平贸易法律专业委员会主任）

惩罚性赔偿在案件中的适用

——广州天某公司诉华某、刘某、安徽某公司侵害技术秘密纠纷案

伍 健 田子军*

【内容提要】

该案系最高人民法院作出判决的知识产权侵权惩罚性赔偿案。该案判决充分考虑了被诉侵权人的主观恶意、以侵权为业、举证妨碍行为以及被诉侵权行为的持续时间、侵权规模等因素，适用了惩罚性赔偿，最终确定了法定的惩罚性赔偿最高倍数（五倍）的赔偿数额，明确传递了加强知识产权司法保护力度的强烈信号。2021年3月2日，最高人民法院公布《关于审理侵害知识产权民事案件适用惩罚性赔偿的解释》正是对上述案例中惩罚性赔偿认定的最好体现。

【案情简介】

广州天某公司主要从事卡波产品技术的自主研发，九江天某公司是广州天某公司全资子公司，为卡波产品的生产基地。华某为广州天某公司员工，主要从事卡波的研发，在入职时与公司就商业秘密的保密义务、竞业限制等方面进行了约定。2012年至2013年，华某利用其卡波产品研发负责人的身份，以撰写论文为由索取了九江天某公司卡波生产工艺技术的反应釜和干燥机设备图纸，还违反广州天某公司管理制度，多次从其办公电脑里将广州天某公司的卡波生产项目工艺设备的资料

* 伍健，广东踔厉律师事务所合伙人；田子军，广东踔厉律师事务所主任。

拷贝到外部存储介质中。华某非法获取卡波生产技术中的生产工艺资料后，先后通过U盘拷贝或电子邮件发送的方式发送给安徽某公司的刘某等人。华某还分别介绍朱某、胡某担任安徽某公司生产安全、环保顾问及负责生产工艺设计。安徽某公司利用天某公司工艺设备技术生产出卡波产品并向国内外销售。2014年，广州天某公司就上述侵权行为向九江公司进行了刑事举报，2018年1月19日，江西省湖口县人民法院作出刑事判决，认定华某、刘某等人的行为构成侵犯商业秘密罪；案件经上诉后，由江西省九江市中级人民法院作出刑事判决，确认原审判决认定的事实，除改判其中一人的刑事处罚外，其余维持原判。

2017年10月，两天某公司向广州知识产权法院提起诉讼，主张华某、刘某、安徽某公司等共同侵害了两天某公司卡波配方、工艺、流程、设备的技术秘密，且侵权行为给两天某公司造成了巨大的经济损失，要求华某、刘某、安徽某公司、胡某、朱某等立即停止侵害技术秘密，销毁生产卡波的原材料、专用生产设备、配方及工艺资料，共同赔偿两天某公司经济损失及维权费用7000万元。2019年7月19日，广州知识产权法院经审理后认为：（1）由于安徽某公司自称是专业研发、生产、销售卡波产品的企业，且没有证据证明其还有其他产品，故法院认定其完全以侵权为业。（2）在认定惩罚性赔偿的倍数方面，一审法院以安徽某公司自2014年至今持续侵权。（3）生产规模巨大，销售额巨大且销售范围包括国内国外；安徽某公司侵害原告技术秘密涉及产品生产工艺、流程和设备。（4）法院责令其提供获利数据并附财务账册和原始凭证，但其拒绝提供证据导致法院无法查明全部侵权获利，构成举证妨碍为由，确定2.5倍的惩罚倍数。广州知识产权法院作出民事判决：（1）华某、刘某、安徽某公司、胡某、朱某于判决生效之日起立即停止侵害两天某公司涉案技术秘密，并销毁记载涉案技术秘密的工艺资料。（2）安徽某公司于判决生效之日起10日内赔偿两天某公司经济损失3000万元及合理开支40万元，华某、刘某、胡某、朱某分别在500万元、500万元、100万元、100万元范围内承担连带责任。（3）驳回两天某公司其他诉讼请求。

一审判决后，两天某公司和华某、刘某、安徽某公司均不服，向最高人民法院提起上诉。最高人民法院知识产权法庭经审理，于2020年11月作出民事判决：（1）维持原判第一、三项。（2）变更原判第二项为：安徽某公司于判决生效之日起10日内赔偿两天某公司经济损失3000万元及合理开支40万元，华某、刘某、胡某、朱某对前述赔偿数额分别在500万元、3000万元、100万元、100万元范围内承担连带责任。（3）驳回两天某公司的其他上诉请求。（4）驳回华某、刘某、安徽某公司的全部上诉请求。二审判决在赔偿损失方面与一审的金额相同，仍然是3000万元，但是判决的理由不尽相同。最高人民法院知识产权庭认可了一审法院根据已查明的安徽某公司的部分销售情况进行计算的安徽某公司的侵权获利和适用广州天某公司利润率的论述，但是认为在计算侵权损害赔偿额时，应考虑涉案技术秘密在被诉侵权产品生产中所占的技术比重及其对销售利润的贡献，酌情确定涉案技术秘密的贡献程度为50%，因此结合上述因素确定安徽某公司的侵权获利为600万元（取整数）。与此同时，二审法院根据查明的侵权事实确定惩罚性赔偿倍数五倍。

【争议焦点】

本案件的争议焦点主要围绕：1. 本案九江湖口法院是否有管辖权和回避等程序问题。2. 本案中相关电子邮件收集的程序性问题。3. 天某公司是否采取保密措施及上诉人华某是否具有保密义务的认定问题。4. 上诉人华某与刘某的侵权行为的认定。5. 某科技知识产权司法鉴定中心作出的鉴定意见书及广东省知识产权研究与发展中心司法鉴定所出具的鉴定意见能否作为本案证据的问题。6. 本案犯罪数额认定的问题。围绕上述争议焦点，在确定被告的侵权赔偿额方面，两审法院在认定侵权人“以侵权为业”及侵害技术秘密行为是否构成“情节严重”并应当适用惩罚性赔偿时，结合侵权人是否以侵权为业、侵权行为是否构成刑事犯罪、诉讼中是否存在举证妨碍行为、侵权受损或者侵权获利数额、侵权规模、侵权持续时间等作为考量的因素。

【案例评析】

本案中，“卡波”的配方和工艺是否构成商业秘密成为从刑事阶段到民事一审、二审阶段争议的重点，针对该争议焦点，双方从构成商业秘密各个要件、鉴定报告的合法有效性、刑事侦查程序的细节等各方面进行了辩论。但是，本案最值得关注的是对侵权赔偿额的认定。根据案件争议的焦点，代理律师将案件的重点放在以下几个方面展开论述：1. 侵犯技术秘密的事实是否成立。在这一焦点问题上，原告、被告双方经过多轮的交锋，该问题的争议也从刑事阶段到民事的一审、二审阶段均是双方争议的焦点。从刑事案件的认定中涉及技术秘密构成实质性形似，到后续原告、被告双方对被告在几审程序中提交了多份的国内及国外的技术文献，均对原告为“卡波”技术秘密的持有者及被告华某、刘某、安徽某公司构成技术秘密侵权问题得出了肯定的结论。2. 基于被告侵权的恶意性、持续性等方面的因素，侵权损失方面应当适用五倍的惩罚性赔偿。这个观点代理人在案件一审、二审均不断通过各种角度进行论证，包括通过申请法院调查取证、申请律师调查令的方式取得被告人必然在持续侵权及恶意侵权的证据，对于行业的数据进行分析以得出原告“卡波”产品的利润率，在对已有证据进行分析计算的基础上得出被告安徽某公司的确定的销售数额数据等，为一审法院在损失赔偿方面适用惩罚性赔偿打下了良好的基础。二审阶段，最高人民法院更是基于被告以侵权为业及持续侵权存在恶意的事实，适用了五倍的惩罚性赔偿，有利于保护权利人的技术秘密。

本判决值得注意的亮点是：出具生效判决时，虽然《关于审理侵害知识产权民事案件适用惩罚性赔偿的解释》（以下简称《解释》）还没有出台，但是判决中对于惩罚性赔偿的认定及构成要件完全契合了《解释》的相关规定，是《解释》最好的案例体现。

1. 适用惩罚性赔偿的主观要件：“故意。”

该案件中，判决从各侵权人的实际行为详细分析了各被告均系在知情的情况下实施了侵害行为。

2. 适用惩罚性赔偿的客观要件：“情节严重。”

该案件中，法院通过综合考虑安徽某公司：（1）以侵权为业；（2）技术秘密对于产品形成起到关键作用，给权利人造成极大的损失；（3）侵权人生产规模巨大、侵权获利极高；（4）侵权人在关联刑事案件审理期间甚至法院作出有罪生效判决后未停止侵权、持续时间长；（5）侵权人拒绝提供证据导致法院无法查明全部侵权获利、构成举证妨碍等因素，认定本案侵害商业秘密的情节极其严重进而对案件适用了五倍的惩罚性赔偿。在上述几个因素中，“以侵权为业”的认定尤为关键且对证据的要求很高。在界定企业是否完全以侵权为业时，涉案侵权人通常会提交营业执照等证据佐证其经营范围不止侵权产品的生产。但营业执照记载的经营范围系企业申请注册成立时的选择，其实际经营范围既可能大于也可能小于营业执照记载的经营范围，因此需要侵权人进一步举证来证明其除了侵权产品以外生产其他产品的事实，或根据已查明的事实，来具体判断侵权人是否有经营其他产品。界定行为人是否以侵权为业，可从主客观两个方面进行判断。从客观方面，行为人实际实施了侵害行为，并且系其企业的主营业务、构成主要利润来源；从主观方面，行为人包括企业实际控制人及管理层等，明知其行为构成侵权而仍予实施。当然，所谓的“明知”并非要求行为人熟知法律、知道其行为的准确法律评价，而是即使基于一般理性人的认知水平，也应当知道其行为是侵犯他人合法权益的。具体到该案中：（1）安徽某公司自成立以来便以生产卡波产品为经营业务，庭审中其虽辩称生产其他产品，但并未提交证据加以佐证，且所生产的卡波产品名称虽有差别，但均由同一套设备加工完成，安徽某公司也自认其除卡波产品外，并没有生产其他产品，安徽某公司也未进一步举证证明其除卡波产品外生产其他产品的事实，因此一审法院认可其提交的财务账册中的销售额均为“卡波”产品的销售额。（2）本案中，华某被诉披露技术秘密的侵权行为发生于2012年至2013年，安徽某公司利用华某从两原告公司非法获取的卡波生产工艺、设备技术生产卡波产品，并向国内外销售，侵权事件的跨度从2013年开始一直持续到二审开庭期间。（3）行为人包括安徽某公司、实际控制人刘某及管理层等，明知其行为构成侵权而仍予以实施，甚至在一审、二审的庭审期间，安徽某公司及刘某等人均对其故意的侵权行为采取否认的态度。故两审法院均确认安徽某公司属于“以侵权为业”。

3. 惩罚性赔偿的计算基数的确定。

在适用惩罚性赔偿的规定前，首先需要确定赔偿的计算基数。惩罚性赔偿的适用应当以可确定的赔偿数额为基数计算，而基数的计算和证明标准是适用的难点。《解释》第5条规定了四种确定赔偿基数的方式：以原告实际损失数额作为计算基数；被告违法所得数额或者因侵权所获得的利益作为计算基数；许可使用费的倍数作为计算基数（该基数不包括合理开支）；在人民法院依法责令被告提供其掌握的与侵权行为相关的账簿、资料，被告无正当理由拒不提供或者提供虚假账簿、资料的，人民法院可以参考原告的主张和证据确定惩罚性赔偿数额作为计算基数。在天赐案件中，两天某公司的实际损失无法查清，故一审法院根据已查明的安徽某公司的部分销售情况（根据其自行提供的利润表中的销售收入计算得出）进行计算得出其侵权获利；关于利润率的选择，安徽某公司未根据一审法院要求提供原始会计凭证、账册、利润表，二审阶段也未举证证明其卡波产品的利润率，一审法院对在案件中适用广州天某公司利润率进行了详细论述（没有采用刑事案件司法鉴定的利润率，而是选择使用了天某公司的年报中披露的精细化工行业历年利润率加权平均），二审法院予以认可。依据上述计算出了安徽某公司部分的侵权获利数额，根据确定的侵权获利数额，为后续适用惩罚性赔偿的倍数打下了良好的基础。

4. 惩罚性赔偿的倍数。

赔偿倍数的确定应与侵权人的主观过错程度及情节严重程度相适应。惩罚性赔偿的倍数应在法定倍数范围内综合考虑以下因素：侵权人的恶意程度、权利人所受损害情况、侵权人的获利情况、侵权行为对行业或社会造成的不良影响、裁量确定赔偿基数的情况等。在天某公司案件中，二审法院考虑到安徽某公司及其实际控制人刘某的侵权恶意、侵权持续时间、否认侵权等事实顶格适用了五倍的惩罚性赔偿。

2021 年 3 月 2 日，最高人民法院发布的《解释》对知识产权民事案件中惩罚性赔偿的适用范围，故意、情节严重的认定，计算基数、倍数的确定等规定正好在天某公司案件认定中得到了体现，通过明晰裁判标准，指导准确适用惩罚性赔偿以惩处严重侵害知识产权行为，彰显了人民法院全面加强知识产权司法保护的决心，对于进一步优化科技创新法治环境具有重要意义。

【专家点评】

知识产权侵权惩罚性赔偿的法律规定，在我国最早出现于 2013 年修订的《商标法》中，后在《反不正当竞争法》《专利法》《著作权法》等的修订过程中，相继增加了知识产权侵权惩罚性赔偿的法律规定，2020 年颁布的《民法典》，也对知识产权侵权惩罚性赔偿作了规定，至此，惩罚性赔偿制度在知识产权领域实现了全覆盖。知识产权侵权惩罚性赔偿制度，作为知识产权侵权赔偿制度的重要组成部分，虽然距离我国首次在法律中体现已经过去了近十年的时间，但由于惩罚性赔偿中当事人主观恶意、侵权情节严重程度、惩罚性赔偿的基数、惩罚性赔偿的倍数等适用条件，在认定方面存在着较大的困难和争议，因此，我国最终适用惩罚性赔偿的判决并不多。

本案发生在最高人民法院公布施行《关于审理侵害知识产权民事案件适用惩罚性赔偿的解释》之前，案件充分考虑了被诉侵权人的主观恶意、以侵权为业、举证妨碍行为以及被诉侵权行为的持续时间、侵权规模等因素，最终适用惩罚性赔偿，并且按照惩罚性赔偿的顶格标准（五倍）确定赔偿额倍数，既体现了法官对惩罚性赔偿案件适用条件的准确把握，也体现了代理律师娴熟的专业素质和代理技巧。该案作为最高人民法院知识产权侵权惩罚性赔偿案，对于同类案件的审理和判决具有典型的指导意义。

（点评人：董宜东，广东省法学会知识产权法学研究会副会长、
广州市律师协会商标法律专业委员会主任）

借用刑事控告手段取得胜诉的商业秘密纠纷案

孙裕广*

【内容提要】

经营者存在盗窃、披露权利人的商业秘密等行为，给权利人造成损害的，根据《反不正当竞争法》第9条、第17条，《最高人民法院关于审理不正当竞争民事案件应用法律若干问题的解释》① 第9条、第10条、第11条的规定，应当依法承担民事责任。前述法律、司法解释还对商业秘密的定义、侵权行为的范围、赔偿标准等作出了明确规定。

本案重点解决两个难题：一是如何认定商业秘密，二是针对盗窃、披露商业秘密的行为如何展开取证。代理人通过详细举证、论证，证成商业秘密应具备“不为公众所知悉”“具有商业价值”“经权利人采取相应保密措施”“商业秘密为权利人所有”四个要件；借助刑事控告的手段，可有效固定、收集经营者盗窃、披露商业秘密的证据，有利于解决取证难、论证难的问题。

---

* 孙裕广，广州市律师协会经济犯罪刑事法律专业委员会委员、广东法丞汇俊律师事务所律师。

① 该解释已被最高人民法院2022年3月16日公布的《最高人民法院关于适用〈中华人民共和国反不正当竞争法〉若干问题的解释》废止。

【案情简介】

一、个案事实

某家具有限公司（以下简称A公司）于2014年成立，是一家以互联网销售家具为主营业务的公司。该公司在经营过程中拥有属于自己的营销策略、管理方法、经营数据等商业秘密，其为保护商业秘密，颁布保密规则，与员工订立保密协议，讲授保密制度，对商业秘密采取了保密措施。

2019年4月，某网络科技集团有限公司（以下简称B集团）旗下的某电子商务有限公司（以下简称C公司）拟进军家具电商行业，C公司的销售总监刘某荣安插指使、授意黄某杰从C公司办理假离职手续，潜入A公司当客服，要求其以定期微信沟通或当面汇报的方式，披露A公司的商业秘密。2019年4月，黄某杰入职A公司，于4月至6月多次向刘某荣、C公司披露A公司的经销策略、管理方法。2019年6月，A公司发现黄某杰违反保密义务，存在披露A公司商业秘密的行为。

二、处理过程

案发后，代理人通过刑事控告的方法，及时让公安机关固定证据；在收集、整理充足的证据后，准确把握起诉时机，选取基础证据于2019年8月向某区法院起诉，请求法院判令黄某杰、刘某荣、C公司、B集团四被告立即停止对A公司实施侵犯商业秘密的行为，判令黄某杰赔偿A公司的损失20万元，承担因制止侵权行为支付的公证费、律师费等合理开销1.32万元，刘某荣、C公司、B集团承担连带清偿责任。

案件立案后，代理人向法庭补充提交了用以证明“商业秘密为权利人所有”的相关证据并申请封存，向法院提请并申请不公开审理此案，避免二次泄密。同时，权利人还向法庭申请调取公安机关查办侵犯商业秘密案的卷宗材料，作为本案的证据。

在庭审过程中，原告、被告双方就“不为公众所知悉”“具有商业价值”“经权利人采取相应保密措施”“商业秘密为权利人所有”这四个要件进行了激烈的辩论。

三、裁判理由与结果

（一）原告主张的经营信息属于商业秘密并为其所有

涉案经营信息系原告在企业经营、业务开拓的过程中花费人力、时间、资金而逐步形成，相关公众通过公开渠道难以获得，被告亦未提供证据证明涉案经营信息属于其所属领域的相关人员普遍知悉和容易获得。而且，上述信息可以为企业经营销售、决策管理提供依据及参考，有利于提升企业经营管理水平，提高员工效率及积极性，增强企业自身的竞争优势，具备商业价值。保密措施方面，原告制定有《商业秘密管理制度》，组织被告黄某杰等员工进行了公司制度的培训及考试，并进一步通过与被告黄某杰签订《劳动合同》《保密与知识产权协议》的方式将原告主张权利的经营信息约定在保密范围内，故原告已向被告黄某杰明确了公司商业秘密的内容范围及采取了相应保密措施。此外，《平台营销部工资方案》文件的抬头虽为“某家具有限公司”，但根据查明的事实，该公司与原告的法定代表人相同、股东部分相同、业务相关，属关联企业，该公司在注销前已将“××木业”的商标、专利、制度性文件、业务资源等转让给原告，并约定其全部业务及相关权利由原告承继、享有，故《平台营销部工资方案》及其衍生的12月平台营销客服新工资方案宣导、客服工资方案截图均属于原告的经营信息。综上所述，原告在本案中主张的《平合营销部工资方案》、12月平台营销客服新工资方案宣导、客服工资方案截图、《6、4月平台营销部基层+培训部基层——费用数据附件》、原告网店生意参谋界面截图、交易记录包含的上述经营信息，属于《反不正当竞争法》规定的商业秘密，并为原告所有。

（二）黄某杰存在侵害原告商业秘密的行为

被告黄某杰与原告签订的《劳动合同》《保密与知识产权协议》约定黄某杰负有遵守原告保密制度，保守原告商业秘密的义务，非为原告利益或经原告书面许可，不得使用或向任何第三方提供、泄露其在原告工作期间所了解和掌握的商业秘密。被告黄某杰明知其负有保密义务，仍将其在原告工作时知悉的客服销售售后模式、售后基金的管理方法等内容记录为《关于售后基金的补充》文件发送给被告刘某荣。该文件包含的上述内容，与原告主张的《平合营销部工资方案》、12月平台营销客服新工资方案宣导、客服工资方案截图反映的原告客服薪酬管理制度中的客服销售售后模式、售后基金的管理诀窍（包括基金用途基金额度、基金率、客服与公司分成比例等设计）实质相同。因此，被告黄某杰违反保密约定，披露其所掌握的原告客服售后基金等经营信息，已侵犯了原告的商业秘密。

（三）刘某荣存在侵害原告商业秘密的行为

法院向公安机关调取的黄某杰笔录、刘某荣笔录、微信聊天记录等证据证实，被告刘某荣作为被告黄某杰前任职公司的客服主管，为使公司承接家具电商项目时能更快熟悉业务，在黄某杰打算辞职时建议其到家具电商公司应聘，学习家具客服管理经验后9月回公司上班，之后在黄某杰的求职过程中一直跟进黄某杰的应聘情况，黄某杰亦向刘某荣汇报应聘情况、咨询意见，并将个人简历发送刘某荣检查指导；在黄某杰被原告录取后，刘某荣叮嘱黄某杰“好好学习”，并协助其办理离职手续，每月支付黄某杰补贴并承诺帮其购买社保；在黄某杰入职原告后，刘某荣多次要求黄某杰汇报在原告处的工作情况和提供原告的培训材料等公司资料，并要求黄某杰以“每周一简报、每月一详细工作报告、每月面谈一次”的方式进行汇报，在黄某杰称“培训资料都有，但不敢随便外传，害怕有监控软件”时，刘某荣便要求黄某杰多做笔记记下来，之后还打算再安排一位同事到原告处和黄某杰搭档而询问黄某杰意见。因此，被告刘某荣与被告黄某杰的行为是有预谋的，存在共同故意，刘某荣对黄某杰违反保密义务向其披露原告客服售后基金等经营秘密信息的侵权行为是明知的，但仍获取该商业秘密，故被告刘某荣、黄某杰的行为已违反了诚实信用原则和公认的商业道德，共同侵害了原告上述商业秘密。

（四）C公司存在侵害原告商业秘密的行为，B集团不存在侵害原告商业秘密的行为

根据法院从公安机关调取的黄某杰、刘某荣笔录及当事人提交的被告B集团的官网介绍、C公司被告工商信息、《社会保险参保缴费证明》等证据可知，首先，被告C公司、B集团与案外人智×公司是股东或公司主要人员重叠、业务相联、经营场所相邻的关联企业，被告刘某荣是被告B集团的客服管理中心总监，负责被告C公司的部分客服管理工作，被告黄某杰入职原告前是被告C公司的客服，被告刘某荣、黄某杰的社保均挂靠在案外人智×公司处参保。其次，被告黄某杰于2019年4月入职原告后，被告刘某荣给了黄某杰补贴及帮其继续购买社保。被告刘某荣给黄某杰的补贴是使用刘某荣在公司的经费支付，具体是通过被告C公司的账户转账到黄某杰之前的工资卡上，公司在其经费中扣除。被告黄某杰的社保则继续由案外人智×公司购买至2019年4月，上述事实与被告刘某荣在微信中关于补贴和社保的承诺，以及要求被告黄某杰“给（刘某荣）发票用来贴票报销”的内容相吻

合。综上所述，被告刘某荣作为负责被告C公司客服管理工作的人员，为了公司的业务发展，与被告C公司的前员工被告黄某杰合谋实施侵害原告商业秘密的行为，被告C公司则以公司经费支付补贴（由该公司账户转账给黄某杰）、安排关联企业继续为被告黄某杰购买社保的方式，对两人的行为给予支持、配合。因此被告C公司与被告刘某荣、黄某杰存在意思联络，明知两人实施侵权行为，仍为该行为提供资金等实质帮助，且该行为的出发点、最终受益均指向被告C公司，故三者已违反了诚实信用原则和公认的商业道德，共同侵害了原告的商业秘密。对于被告B集团，虽然被告刘某荣任职该公司，B集团与被告C公司系关联企业，但本案未有充分证据证明被告B集团与其他被告的侵权行为相关，故对原告关于被告B集团侵害原告商业秘密的主张及相应诉讼请求，一审法院未予支持。

一审判决：被告黄某杰、刘某荣、C公司于本判决发生法律效力之日起立即停止侵犯原告A公司商业秘密的行为（停止侵害的时间一直持续到该商业秘密已为公众知悉时为止）；被告黄某杰于本判决发生法律效力之日起10日内赔偿原告A公司损失30000元；被告黄某杰于本判决发生法律效力之日起10日内赔偿原告A公司为制止侵权行为支付的合理开支（公证费、律师费）13200元；被告刘某荣、C公司对被告黄某杰上述第二项、第三项金钱债务承担连带清偿责任；驳回原告A公司的其他诉讼请求。如被告黄某杰、刘某荣、C公司未按本判决指定的期间履行给付金钱义务，应当依照《民事诉讼法》第253条之规定，加倍支付迟延履行期间的债务利息给原告。案件受理费4498元，由原告A公司负担2249元，被告黄某杰、刘某荣、C公司负担2249元。

二审判决：驳回上诉，维持原判。二审案件受理费880元，由黄某杰、刘某荣、C公司承担。

【争议焦点】

1. 原告主张的经营信息是否属于商业秘密并为其所有？
2. 四被告是否存在侵害原告商业秘密的行为？
3. 如何认定被告的民事赔偿责任？

【案例评析】

一、以刑事控告方式固定证据，是代理侵害商业秘密案件证据收集的新思维

侵害商业秘密案一般具有侵害手段隐秘、被害方举证困难的特点，正因如此，绝大部分商业秘密权利人发现被侵权后，鉴于无法找到能够证明侵权人窃取、披露信息的证据，最终放弃以法律手段维权。

本案中，代理人迅速介入案件，了解到A公司的稽查部门此时正与黄某杰约谈沟通，当即建议A公司报警。民警到达现场后对黄某杰手机、办公电脑上的相关证据进行了固定，将黄某杰拘传至派出所问话，及时固定了黄某杰与刘某荣大量的关于预谋入职、发送商业秘密信息、转账补贴费用等的微信聊天记录，既避免了黄某杰在被A公司问话后删除微信聊天记录，造成证据丢失的情况，也做到了合法、有效取证。

本案起诉后，代理人申请法院向派出所调取证据，最终完成了对侵权行为的举证。

二、向法院申请封存涉密证据及不公开审理案件，是避免商业秘密信息在审理过程中二次泄密的有效手段

商业秘密案件庭前交换证据、庭审举证环节都较为容易泄密。在商业秘密案件中，商业秘密权利人需要证明商业秘密为其所有，则需要提供被侵害信息的来源，或者提供实质内容相同的其他文件。为避免二次泄密，一方面可在起诉时仅提交部分证据，案件立案后，再向法院补充提交涉密的证据，并及时申请法院对该证据进行封存，对于被封存的证据，只有在庭审时才会被出示；另一方面申请不公开审理此案。

三、详细了解涉密信息的制作背景、价值、用途等信息，方能准确到位地论证涉案信息符合商业秘密的认定标准

当前，全国范围内的侵害商业秘密纠纷案，大部分是以原告败诉告终，主要原因是涉案信息不符合商业秘密的四个认定标准：不为公众所知悉、具有商业价值、经权利人采取相应保密措施、商业秘密为权利人所有。败诉的原因，有的是信息本来就不符合认定标准，有的则是代理人未充分论证。

本案一审、二审的庭审过程中，就黄某杰撰写的《关于售后基金的补充》是否为A公司的商业秘密，双方代理人展开了激烈的辩论。被告的代理人及上诉人的代理人均认为该信息属于类似于网站的公开信息。最后A公司代理人凭借其对信息形成过程有足够的了解，对文件发送的渠道有深入的认识，成功说服了两级法院采信了关于涉案信息构成商业秘密并为A公司所有的观点。

【专家点评】

律师代理此案两审均胜诉，为侵害商业秘密纠纷案提供了可以借鉴的诉讼策略：

权利人在发现自己的商业秘密被侵害时，除了自行取证之外，还可通过公安机关或行政机关取证、法院诉前证据保全、律师取证、邀请公证机关对证据进行公证保全等手段，这样能够更好地取得侵权证据。本案以刑事控告作为固定证据的手段，是证据收集的新思路。

权利人在维权时应注意避免二次泄密。庭前交换证据、庭审举证环节，均可能会造成商业秘密二次泄密。为避免不利后果的发生，权利人可以向法院申请封存涉密证据和不公开审理案件。

商业秘密是最具竞争力的无形财富，是创新主体的“安身立命之本”。我国市场经济迈向“新长征时代”，市场竞争越发激烈，为获得竞争优势，个别市场主体选择了非法获取商业秘密的手段。此类案件取证难、论证难，大部分以败诉告终，还有更多的案件是连提起诉讼的信心都没有。每一个支持被侵权方的胜诉判决都来之不易，是法律人共同努力的成果。在当前知识产权司法“从严保护”的基本定位和政策取向之下，本案克服了“权利人举证难”的难点，正是这样一个又一个胜诉判决的累积，对于激励研发与创新、维护合法权益、营造良好营商环境，推进科技强国具有十分重要的意义。

（点评人：胡桂芬，广州市律师协会教育法律专业委员会副主任）

商标装潢对注册商标补充保护的分析及思考

罗穗芳*

【内容提要】

在知识产权领域，侵害商标权及不正当竞争纠纷是一种较为常见的诉的客观合并形式。商标本身是市场竞争的产物，又具有促进市场竞争的特性，反不正当竞争法通过规范以违反诚实信用原则等手段进行恶意竞争的经营者的不当行为，保护商业成果，实现市场竞争的自由、有序，两者存在必然联系。

反不正当竞争法保护的商品装潢是为了弥补注册商标保护的不足，对尚未达到驰名程度但具有显著性并能发挥识别功能的商品装潢所进行的有限补充保护，只能在与商标法的立法宗旨相兼容的范围内进行。因此，对商标法与反不正当竞争法之间的关系，根据两法各自的规则和原则并结合案件事实，对不同被侵权行为具体分析、准确定性，对案件双方当事人的权益给以恰当的保护。

【案情简介】

A 株式会社在中国注册了“某宏”“某格”商标，该商标核准商品为第 7 类的通用发电机、内燃机、气泵、发动机、轮船发动机等商品，商标在有效保护期内。

L 有限公司主要从事生产、销售汽油机、水泵等业务，注册了“某利”商标；Z 有限公司从事批发、零售机器设备。

* 罗穗芳，广东法制盛邦律师事务所律师。

A 株式会社从 L 有限公司处购买了两台“某利格 160”汽油发动机和一台“某宏格 160”汽油发动机，从 Z 有限公司购买了“WB20XH”水泵和“某利格 160”汽油发动机。上述商品均带有“格 160”“某宏”标识，且在 L 有限公司、Z 有限公司处获取了上述产品宣传资料以及网站宣传资料。

A 株式会社认为，上述产品侵犯了其注册商标专用权且 L 有限公司、Z 有限公司的行为构成不正当竞争，故诉至法院。

一、处理过程

1. 已有他人在汽油机商品上注册“某格”，A 株式会社注册商标核定商品没有汽油机商品。

A 株式会社提交的证据显示，A 株式会社的第 1568××号“某宏”注册商标，核定商品范围不包括汽油机，第 59585××号“某格”指定颜色注册商标注册于 2012 年，核定商品同样不包括“汽油机”。

Z 有限公司提交的公证书，第 39133××号桂祥“某格”注册商标核定商品包括“汽油机、发电机”，该商标注册日期是 2006 年，商标有效期至 2016 年。

比对第 39133××号桂祥“某格”注册商标中的“某格”与 A 株式会社在汽油机产品上使用的“某格”，两标识都是由英文大写字母 M、G 组合而成，字体均为普通字体，两标识均使用在相同的汽油机商品上。

依据商标局、商标评审委员会的《商标审查及审理标准》规定，商标由相同外文、字母或数字构成，仅字体或设计不同，易使相关公众对商品或者服务的来源产生混淆的，判定为近似商标。《商标法》第 56 条规定，注册商标的专用权，以核准注册的商标和核定使用的商品为限。

因此，A 株式会社在汽油机上使用已有注册商标“某格”的情况下，已侵犯第 39133××号桂祥“某格”注册商标专用权

2. 格 160 汽油机不是知名商品。

A 株式会社提交的证据不能证明格 160 汽油机是知名商品。《最高人民法院关于审理不正当竞争民事案件应用法律若干问题的解释》[①]（以下简称《审理不正当

① 该解释已被 2022 年 1 月 29 日最高人民法院审判委员会第 1862 次会议通过的《最高人民法院关于适用〈中华人民共和国反不正当竞争法〉若干问题的解释》废止。

竞争司法解释》）第 1 条规定，在中国境内具有一定的市场知名度，为相关公众所知悉的商品，应当认定为反不正当竞争法第 5 条第 2 项规定的“知名商品”。人民法院认定知名商品，应当考虑该商品的销售时间、销售区域、销售额和销售对象，进行任何宣传的持续时间、程度和地域范围，作为知名商品受保护的情况等因素，进行综合判断。A 株式会社应当对其商品的市场知名度负举证责任。

A 株式会社提交的证据案外人《情况说明》说明其产品不仅供给中国本土市场，还出口到全球。由此可见，A 株式会社在格 160 汽油机的年均产量不到 × ×万的情况下，还需出口全球，A 株式会社在中国年销售数量证明格 160 汽油机不具有一定的市场知名度。

此外，A 株式会社没有任何其在国内的销售区域、销售额及年纳税额、年度广告投入费用和区域等证据，证明格 160 汽油机在中国市场已具有一定市场知名度。

3. 仅有一些格 160 汽油机是白色燃料箱、发动机外罩、黑色滤清器和消音器，因此，白色燃料箱、发动机外罩、黑色滤清器和消音器的颜色和形状组合不是格 160 汽油机特有的装潢。

A 株式会社提交的部分证据显示，格 160 × ×汽油机为卧轴设计，风扇罩为红色且在汽油机的顶部，而某格 V160 × ×为水平轴设计。

A 株式会社提交的部分证据显示，A 株式会社的微耕机上的格 160 汽油机燃料箱不是白色的，而是红色的。

国家图书馆出具的《检索报告》显示，2006 年 3 月 8 日的《中国知识产权报》标题为《某格系列发动机专利实力分析》一文陈述：A 株式会社的某格系列发动机分为卧轴机、立轴机、V 型双缸卧轴机、V 型双缸立轴机、四冲程万向倾斜微型机 5 大系列、22 种机型。这些机型的外观设计差异很大。这种布局是实现相关发明目的和技术功能的必要设计，属于功能要素。

上述证据足以证明格 160 汽油机有多重颜色、多重款式的组合，白色燃料箱、发动机外罩、黑色滤清器和消音器的组合及形状并不是格 160 汽油机外观颜色组合唯一专有组合和形状，不构成特有的装潢。

4. 格 160 汽油机机身的颜色组合不能区分商品的来源。

A 株式会社提交的证据显示，格 160 汽油机为通用汽油机，而经查询网络，通用汽油机是指除车用、航空用外，具有广泛用途的往复活塞式汽油机，一般功率在

20kW 以内，大多通用性很强，有的专业性较强，所以，一般也称为小型汽油机。主要用于农林植保机械、园林机械、小型机具、发电机组、建筑机械、消防系列机具、娱乐用卡丁车、水上动力和航空模型动力等。对于背负式机动喷雾机、侧挂式割草机，小型汽油机更是不可缺少的配套动力。

结合 A 株式会社提交的证据，可知汽油机是农林植保机械、园林机械、小型机具、发电机组、建筑机械、消防系列机具、娱乐用卡丁车、水上动力和航空模型动力等机械设备的动力装置，汽油机本身并不能单独使用，是机械设备的其中一个部件，需安装在机械设备上与其他部件共同运行。因此，汽油机安装在机械设备内，为机械设备的其中一个部件时，其颜色组合并不具有区别商品来源。

退一步讲，即使汽油机单独销售时，作为购买者的其他机械设备厂家，并非一般的消费者，这些厂家在选择购买汽油机时，也并非凭汽油机的颜色组合进行购买，作为专业的机械设备生产厂家，其在购买机器设备的零部件时，会对零部件的质量有一定要求，而并非仅凭颜色外观进行购买。此外，庭审中当庭拆封的汽油机，机身上均有各自的商标、厂家名称等，随附包装有产品说明书、保修卡和纸箱外包装，纸箱外包装上还显著标示各自的商标、厂名、厂址等，这些才是区别汽油机商品来源的主要识别。

二、裁判理由与结果

1. 关于涉案“某利格 160”汽油发动机是否侵犯 A 株式会社享有对第 59585 ××号某格注册商标专用权问题。

一审法院经审理认为，涉案被控侵权汽油发动机属于 A 株式会社核定使用第 59585 ××号某格商标使用的“非陆地车辆发动机”同一种类商品，A 株式会社正品的外包装箱上使用了“格 160”标识，在发动机罩上使用了某格标识，某格标识在原告汽油发动机上已使用多年，并衍生出“格 160”“某格 V160”“某格 270”“某格 340”“某格 390”等不同型号的通用汽油机产品，L 有限公司生产销售、Z 有限公司销售的“某利格 160”汽油发动机虽然使用了“某利”商标，两者分别为红色美术“某格”和一般英文字体“MG”，但在两者读音完全相同的情况下，会让消费公众误认为“某利格 160”汽油发动机与 A 株式会社“格 160”汽油发动机具有同样的质量和性能或两者存在特定的联系，足以使消费者构成混淆。

2. 关于涉案“某利格 160”汽油发动机装潢是否构成对 A 株式会社的“格

160”发动机知名商品装潢不正当竞争问题。

一审法院经审理认为，判定A株式会社“格160”汽油发动机属于知名商品是本案的关键。从A株式会社所举证据来看，A株式会社的关联企业自2002年起在中国生产销售涉案“格160”汽油发动机，虽然其关联企业有通过杂志、农机展览会等方式推销及展览涉案“格160”汽油发动机，但在汽油发动机市场内没有达到知名的程度。再从A株式会社所举的销售时间、销售区域、销售数量来看，2002年至2012年销售“格160”汽油发动机数量为××××××台，每年的销售量约为××万台，且还需出口到其他国家和地区，因此涉案“格160”汽油发动机在中国市场的覆盖面及市场占有率并不高，难以认定涉案“格160”汽油发动机是获得一定市场知名度的汽油发电产品。对于A株式会社主张涉案“格160”汽油发动机使用红、白、黑三种颜色组合属于其特有装潢问题。产品颜色组合作为区别产品来源还需结合产品的知名度，涉案“格160”汽油发动机并非知名产品，且“某格”不同型号汽油发动机使用的颜色组合亦非固定和唯一，特别是红、白、黑三种颜色也可细化为枣红、大红、珍珠白、纯白、炭黑、象牙黑等不同的颜色组合，故A株式会社主张的红、白、黑三种颜色组合构成A株式会社涉案汽油发动机特有的装潢没有法律依据和事实依据。

一审法院判决，L有限公司立即停止生产、销售涉案侵犯A株式会社主张的第1568××号“某宏”以及第59585××号“某格”注册商标专用权的汽油发动机产品，Z有限公司立即停止销售涉案侵犯A株式会社主张的第1568××号“某宏”以及第59585××号“某格”注册商标专用权的汽油发动机及水泵产品，L有限公司、Z有限公司连带赔偿A株式会社经济损失100万元，驳回A株式会社其他诉讼请求。

A株式会社、L有限公司、Z有限公司均不服一审判决，提起上诉。二审法院驳回上诉，维持原判。

【争议焦点】

1. L有限公司、Z有限公司是否构成侵害A株式会社“某格”注册商标的侵权行为？

2. A 株式会社关于 L 有限公司、Z 有限公司构成仿冒知名商品特有装潢的主张是否成立？

【案例评析】

1. 如商品装潢的影响力、知名度不够，则缺乏反不正当竞争法保护的法益基础和规制的必要性。

本案中，由于 A 株式会社所主张的特有装潢红色发动机的正面视图内包含了 A 株式会社第 1568××号“某宏”、第 59585××号“某格”注册商标，且涉案装潢所涉的汽油机商品名称“格 160”同样包含第 59585××号“某格”注册商标的主要部分，因此 A 株式会社在结合市场知名度证明涉案装潢显著性时，应证明涉案汽油机装潢具有应受保护法益的独立性，即用于汽油机的涉案装潢的显著性在不依附汽油机上第 1568××号“某宏”、第 59585××号“某格”注册商标以及商品名称“格 160”显著性的情况下，本身已经达到足以识别商品来源的程度，才有可能在已经给予商标权保护的前提下，在与商标法立法政策相兼容的范围内对涉案装潢的权益另外给予单独保护。一审法院认定 A 株式会社“格 160”汽油机的销售时间、数量和区域以及某格系列汽油机使用的颜色组合存在多样化等事实，不足以证明相关公众在屏蔽第 1568××号“某宏”、第 59585××号“某格”注册商标以及商品名称“格 160”的情况下，仅凭涉案装潢便能识别汽油机是 A 株式会社的商品。

《反不正当竞争法》第 6 条明确规定，对于具有一定影响商品的商品名称、包装、装潢予以保护，因此，商品装潢要求保护时要具有一定识别功能是受《反不正当竞争法》保护的前提。商品装潢的识别功能是由其知名度产生的，是商品经过长期的市场销售、被大量投入广告宣传后产生的一定影响力，其代表了知名商品具备一定的竞争优势以及市场利益，以及其经营者可以禁止他人搭便车的权利。在司法实践中，法院认定商品的知名度主要取决于该商品的销售时间、销售区域、宣传实践、程度和地域范围等因素。

2. 知识产权专门法与反不正当竞争法的兼容关系。

在民法理论上保护法益的常见手段是预设权利，即法律事先规定权利取得的条件、权利的范围，使符合法定要件的利益成为权利的客体。法益内容的确定，公众可以预先知晓其范围。知识产权法保护的是基于智力成果和工商业标志产生的利益，其保护模式包含设权模式和反不正当竞争模式。与知识产权专门法对商标、专利、著作权提供专门的、静态的保护不同，反不正当竞争法对商业外观的保护是消极的、被动的，依赖于具体案件进行判定。

《最高人民法院关于充分发挥知识产权审判职能作用推动社会主义文化大发展大繁荣和促进经济自主协调发展若干问题的意见》第 24 条规定，反不正当竞争法补充保护作用的发挥不得抵触知识产权专门法的立法政策，凡是知识产权专门法已作穷尽性规定的领域，反不正当竞争法原则上不再提供附加保护，允许自由利用和自由竞争；但在与知识产权专门法的立法政策相兼容的范围内，仍可以从制止不正当竞争的角度给予保护。

【专家点评】

该案系一起典型的涉外知识产权纠纷案，其典型意义在于，一是当事人恰当地运用了公证程序收集证据、保全证据，公证证据的证明力较高且易被法院予以采信，这对律师代理知识产权案件具有突出的示范意义。二是本案中，产品颜色组合作为区别产品来源，不仅要结合产品的知名度，而且产品使用的颜色组合应是固定的、唯一的。非固定、非唯一的颜色组合如红、白、黑三种颜色，其也可细化为枣红、大红、珍珠白、纯白、炭黑、象牙黑等不同的颜色组合。三是代理律师从事实、法律方面依法维护了当事人的合法权益，体现了代理律师的高素质。

（点评人：常廷彬，广东外语外贸大学法学院教授、广东外语外贸大学华南国际知识产权研究院副院长）

游戏“作品”构成元素之侵权抗辩逻辑

——以某游戏著作权侵权及不正当竞争纠纷为例

杨 杰 李 玲*

【内容提要】

某网络游戏行业著作权侵权及不正当竞争纠纷，原告主张四被告共同开发、运营、推广的涉案游戏元素与原告开发运营游戏构成实质性相似，认为四被告行为构成对原告的著作权侵权及不正当竞争。原告向一审法院提起诉讼，要求四被告连带赔偿经济损失超过5000万元。被告三委托我们进行答辩，我们通过对原告主张侵权元素对比分析，向法官说明存在不构成侵权和不正当竞争的事实。同时结合游戏运营模式，分析被告三在四被告中的分工及关系，向法官说明了被告三应该承担的法律责任划分。经过一审法院和二审法院的审理，最终判定被告三仅就赔偿金额300万元范围内（被告一、被告二承担责任的十分之一）承担连带责任。本案代理人厘清当事人应承担的法律责任的界限，为当事人降低巨额损失。

【案情简介】

一、案件情况

原告向一审法院起诉被告一、被告二、被告三、被告四开发运营游戏涉案游戏侵犯权利游戏著作权及不正当竞争，要求四被告共同赔偿经济损失超过5000万元。

---

* 杨杰、李玲，广东广悦律师事务所律师。

原告向一审法院申请诉讼行为保全，要求四被告在案件未判决之前停止运营涉案游戏。一审法院就涉案游戏停止运营的行为保全举行听证会。

一审法院受理案件，并组织合议庭进行了证据交换和开庭审理，最终出具一审判决书，判决四被告构成对原告游戏的著作权侵权及不正当竞争行为，判令赔偿被告三仅在500万元以下的范围内承担赔偿责任。

一审判决后，三被告提出上诉至二审法院，二审法院受理案件，二审法院组成合议庭，最终出具判决书，判令被告三仅在300万元以下承担赔偿责任。该判决目前已生效。

二、处理过程

我们在接受被告三的委托后，与当事人进行详细沟通，并积极组织应诉工作如下。

1. 制定了本案详尽的答辩策略

针对原告主张涉案游戏运营构成著作权侵权及不正当竞争，同时主张四被告承担连带责任，因此我们针对性地制定了如下答辩策略：

（1）对于被诉侵权行为本身，寻找不构成侵权的事实和理由

首先，我们从原告是否对其主张元素享有著作权权利出发，因涉案游戏并非原告自主研发，是由案外第三方研发，而原告提交的证据仅有获得权利游戏软件作品的登记证明。而原告在本案中主张的为游戏的美术作品、文字作品、音乐作品。在游戏元素分割保护的模式下，原告应当对其主张的每种类型的游戏内容享有合法权利，由于软件作品与美术作品、文字作品是不同的作品类型，不能根据软件作品的登记授权推断其享有美术作品、文字作品的合法权利。原告无法依据软件登记证证明且对游戏中美术作品、文字作品、音乐作品等也享有合法权利。

其次，我们从原告权利游戏的发表时间出发，根据网络游戏行业惯例，网络游戏是一种不断更新迭代的产品，其游戏内容往往会根据运营情况调整更新，而原告主张的权利游戏公证时间晚于涉案游戏的上线时间，原告主张并未满足权利作品需要在先发表这一条件。

最后，经过我们的分析比对，原告主张的权利游戏与涉案游戏内容从文字表现、美术表现等多方面并不构成实质性相似，部分可能构成相似的内容也属于思想或公有领域的范畴，并不应受到保护。据此原告主张的构成实质性相似的内容并不

应该得到全部支持。

（2）对于被诉行为构成不正当竞争，寻找不构成不正当竞争的事实和理由

首先，原告以相同的游戏元素主张同时构成著作权侵权及不正当竞争，有重复主张的嫌疑。我们收集和整理了以往的司法判例，发现有判例认为：如果文字作品、美术作品已经在著作权范围内予以评价，如再次通过《反不正当竞争法》进行保护，存在重复保护的问题，因此涉案文字作品、美术作品不应再受到《反不正当竞争法》的保护。

其次，原告主张的很多游戏内容包含了游戏规则在内，游戏规则由于其没有具体的表达载体，应属于思想范畴，不属于作品，因而游戏规则相同或近似是思想范畴的借鉴，并不应受到法律的保护。任何一款网络游戏，给玩家带来最直观最强烈的游戏识别感受的是游戏的美术表现而非游戏规则，游戏规则的相似或借鉴并不能认定为不正当竞争。

最后，我们从构成不正当竞争的构成要件出发，构成不正当竞争的题中之义是不正当损害竞争对手的竞争优势。游戏运营行为的竞争对象为游戏玩家，因此权利游戏和涉案游戏是否造成玩家混淆就应该是判断是否构成不正当竞争的重要要件。就本案而言，权利游戏为 2D 电脑端游戏，涉案游戏为 3D 手机游戏，二者在游戏平台、游戏代码、操控方式等核心方面完全不同。对于玩家而言，体验两款游戏，无论是游戏内容还是游戏操控方式、硬件设备均有很大差别，并不会造成玩家的混淆。就此，并不会造成玩家将涉案游戏混淆为权利游戏的后果。

（3）厘清所代理被告三的涉案行为，减轻被告三承担的法律责任

首先，本案中涉案被告一共四个，在涉案游戏的运营中分工和作用并不相同，被告一为游戏著作权人，被告二为游戏发行方，被告三为某一游戏渠道运营商，被告四为游戏推广方。四被告在涉案游戏作用不同，应该承担的法律责任自然不应该相同，四被告亦不应该对全部经济损失承担连带法律责任。

其次，被告三对涉案游戏是否存在侵权行为没有审查义务也没有审查能力。涉案游戏并非被告三研发，被告三仅为涉案游戏接入方，没有义务也没有能力对海量游戏内容进行合规审查，涉案游戏内容的权利瑕疵责任应由著作权方自行承担。同时被告三在收到原告侵权通知后，已立即停止了涉案游戏的运营，原告提起诉讼后，已经停止提供可能构成侵权的内容，因此被告三对于涉案游戏可能造成的损害

没有任何主观故意。

最后，对于原告主张的多个侵权和不正当竞争行为，我们需要厘清，被告三并未实施全部涉案行为，如包括购买权利游戏名称作为关键词进行推广等行为，也没有实施任何攀附商誉、违反诚实信用原则的不正当竞争行为。

因此，即便被告三需要就涉案游戏接入行为承担法律责任，也应该在合理范围内承担法律责任，而不应该就全部承担连带责任。

2. 组织整理相关的证据准备

本案核心为原告主张的游戏元素对比是否构成实质性相似，因此代理人重点针对涉案游戏元素与权利元素是否构成实质性相似，以及相似性元素占游戏内容的比例来组织证据。

首先，针对每张游戏图片中的美术元素、动作设计、动作特效都做了详细拆分，将涉及思想表达、有限表达、在先权利等的游戏内容从原告主张实质性相似中剔除出去，通过该份证据，向法院证明思想表达、有限表达、在先权利等游戏内容并不应该作为原告主张比对的范围，同时剩余原告主张的比对内容也并不构成实质性相似。

其次，就原告主张的美术作品、文字作品等内容进行梳理汇总，整理原告主张游戏内容在涉案游戏的整体比例。通过该份证据，向法院证明，游戏文字作品和美术作品并不能代表游戏整体，其所占游戏的份额和比例是极小的，且使用也并非游戏的主要内容。即便法院认定部分游戏内容可能构成侵权，也应该酌情考虑游戏整体内容，不应按照游戏整体收入认定赔偿金额。

3. 庭审向法官说明辩论主张原告主张赔偿金额缺乏事实依据

在原告举证说明赔偿金额的计算方式的证据的情况下，代理人找出原告证明赔偿金额的逻辑漏洞，向法官说明原告主张四被告承担的全部连带赔偿责任没有事实和法律依据。

四被告对于涉案游戏运营的参与度不同，被告三仅为涉案游戏接入方，对游戏内容是否合规一一审查，对于侵权没有任何主观故意。不应承担侵权责任。即便将被告三认定为游戏运营方，被告三也仅仅是游戏众多运营方之一，且被告三的下载数量极低。涉案游戏的主要运营渠道有 12 个渠道，其中主要运营渠道并没有被告三，说明被告三并非游戏主要运营方。被告三运营行为在涉案游戏运营行为中仅占极小部分，仅仅是涉案运营渠道的十几分之一，不应当承担全部法律责任。

通过上述答辩工作，我们结合游戏运营模式及案件实际情况，采取可视化的方式向法官展示四被告的分工及关系，分析被告三应该承担的法律责任，最终通过向法院说明原告权利证据、侵权链条、赔偿责任等的证据疏漏包括原权利依据、侵权事实比对、赔偿金额依据等，最终获得了法院的认可，降低了被告三的法律责任。

三、裁判理由

1. 权利游戏的元素是否构成作品，涉案游戏与权利游戏是否构成实质性相似

关于原告主张的游戏中的文字作品。法院认为，文字作品指的是以文字形式表现的，具有独创性并能以某种有形形式复制的智力成果，文字作品的独创性体现在通过对于文字的取舍、选择以相对完整的表达作者的思想。法院认为“技能名称、装备名称、怪物名称”不构成文字作品，但装备语录的具体表达内容来看，有的语录的内容可独立地表达一个故事情节，表达一定的思想感情，构成著作权法意义上的“作品”。

关于原告主张著作权保护的游戏美术作品。法院认为，美术作品是指绘画、书法、雕塑等以线条、色彩或者其他方式构成的有审美意义的平面或者立体的造型艺术作品。原告主张的“技能图标、装备图标、怪物形象、NPC 形象、地图场景”均系以线条、色彩构成的平面美术作品。经对比，涉案游戏部分美术作品与原告美术作品构成实质性相似。

关于是否构成著作权侵权，法院认为，四被告开发、运营涉案游戏的行为，使用户可通过移动网络，在其个人选定的时间和地点获得包含上述侵权作品内容的侵权游戏，共同侵害了原告对上述作品的复制权、信息网络传播权。

2. 被诉行为是否可以适用《反不正当竞争法》第 2 条原则性的规定

关于反不正当竞争法的适用。法院认为，在被诉不正当竞争行为违反了公认的商业道德，损害了行业竞争秩序或经营者的竞争利益，又不属于其他知识产权部门法规定的侵权行为，亦不符合反不正当竞争法具体条款之规定的情况下，即可适用《反不正当竞争法》第 2 条进行规制。由于原、被告均为游戏行业，存在竞争关系，由于涉案游戏存在部分元素与原告游戏构成实质性相似，可能会吸引熟悉原告游戏的玩家，增强自身的竞争优势，挤占原告的发展空间，损害原告公司特定的商业利益，最终法院认定涉案行为构成不正当竞争。

3. 四被告是否应该承担连带责任以及责任如何划分

关于四被告的责任承担，法院最终认定，因四被告分别在案件中的地位并不相同，不应承担相同的侵权责任，被告三并未参与游戏的研发和发行，不应承担与被告一和被告二相同的法律责任，最终法院判决被告三无须承担全部连带赔偿责任。

4. 涉案行为的赔偿金额如何确定

著作权及不正当竞争行为的赔偿金额，一般依据被告侵权行为给原告造成的损失，或被告因侵权行为的获利确定。最终法官酌情调减了原告主张的赔偿金额，同时降低了被告三和被告四的赔偿金额，判决被告三仅就赔偿金额的十分之一承担连带责任。

综上，本案涉及游戏流水高达数亿元，影响的游戏玩家逾百万人数。涉及的内容包括游戏系统、玩法、角色、技能、特效、界面设计、音效等。该案件是网络游戏行业著作权侵权不正当竞争纠纷案件中涉及诉讼禁令案件先例之一。该案件举行多场专家讨论会，进行广泛的行业调查，通过法院判决，进一步厘清了网络游戏著作权侵权及不正当竞争的保护标准。

【争议焦点】

本案的争议焦点围绕涉案游戏是否构成著作权侵权及不正当竞争行为以及四被告应该如何承担相应法律责任。具体包括以下：第一，原告主张的权利游戏的元素是否构成作品，涉案游戏与权利游戏是否构成实质性相似以及被诉行为是否构成著作权侵权行为？第二，被诉行为是否构成不正当竞争行为？第三，四被告是否应该承担连带责任以及具体责任如何划分？第四，涉案行为的赔偿金额如何确定？

【案例评析】

本案需要代理人深刻理解不同游戏类型的产品特征，对游戏元素是否构成著作权作品，以及原、被告游戏元素是否构成实质性相似进行判断，同时需要对游戏行业主体的分工以及产业环节有深入的认知，才能制定恰当的答辩策略。

1. 关于游戏元素是否构成作品及是否构成著作权侵权

我们认为，本案中法院对于游戏元素采取分割保护方式，对构成游戏作品的文字、名称等如构成作品以文字作品进行保护，对游戏美术、角色、UI 界面设计等如构成作品以美术作品进行保护。

文字作品指的是以文字形式表现的，具有独创性并能以某种有形形式复制的智力成果，文字作品的独创性体现在通过对于文字的取舍、选择以相对完整的表达作者的思想。当游戏文字内容具有独创性，且能够相对完整表达作者思想的，则会对其作为文字作品保护，如本案中，游戏中的具体技能描述被认定为文字作品。

美术作品是指绘画、书法、雕塑等以线条、色彩或者其他方式构成的有审美意义的平面或者立体的造型艺术作品。法院认定，原告主张的“技能图标、装备图标、怪物形象、NPC 形象、地图场景”均系以线条、色彩构成的平面美术作品。经对比，涉案游戏部分美术作品与原告美术作品构成实质性相似。

且经比对，涉案内容与原告游戏内容构成文字作品和美术作品的内容存在实质性相似，因此法院认定涉案游戏运营行为构成对原告著作权的侵权行为。

2. 关于涉案行为是否构成不正当竞争行为

本案中，为了保护在先游戏经营者的合法竞争利益，以及维护网络游戏行业中公平、诚信的竞争秩序，对该种游戏抄袭行为必须遏制。在先游戏的经营者有权依据诚实信用原则寻求反不正当竞争法的保护。

由于原、被告均为游戏行业，存在竞争关系，并且涉案游戏存在部分元素与原告游戏构成实质性相似，可能会吸引熟悉原告游戏的玩家，增强自身的竞争优势，挤占原告的发展空间，损害原告公司特定的商业利益，最终法院认定涉案行为构成不正当竞争。

3. 关于四被告如何分工及如何承担法律责任

向用户提供了网络游戏的产品和服务的行为，都属于网络游戏的运营行为，包括：以开放网络游戏用户注册或者提供网络游戏下载等方式向公众提供网络游戏产品和服务，并通过向网络游戏用户收费或者以电子商务、广告、赞助等方式获取利益的行为；通过开放用户注册、开放网络游戏收费系统、提供可直接注册登录服务器的客户端软件等方式开展的网络游戏技术测试，以及为网络游戏产品提供用户系统、收费系统、程序下载及宣传推广等服务的行为。因此，凡是实施上述行为的主体均属于游戏的运营主体。

本案中，因被告三并非涉案游戏的主要运营方，被告三运营行为在涉案游戏运营行为中并非全部。在涉案有十几个主要运营渠道（不包含被告三）的前提下，法院最终认定被告三在合理范围内承担法律责任。

【专家点评】

游戏产业的迅猛发展，随之而来的是侵权泛滥，游戏“作品”侵权问题是热点，也是难点，在本案中，对游戏的保护采取分拆式的碎片化保护模式，以创作元素来进行保护。本案代理人娴熟地利用游戏保护的现实思路，巧妙地论证了游戏的价值元素、侵害标的和赔偿责任，从而为被告人获取了较轻的赔偿责任判决。同时，代理人专业地论述了游戏侵权行为链条的多环节性，不同环节对侵权的作用不同，有针对性地指出被告三在游戏侵权链条中只起到次要作用，此观点被裁判机关采信，从而获得了份额较小的连带赔偿责任。综合来讲，本案的律师代理工作取得了较好的效果。

（点评人：张昌倩，广州市律师协会互联网及高新技术法律专业委员会副主任）

上传“龙标”电影，不排除避风港原则的适用

安建须 马远斌*

【内容提要】

网络用户擅自上传带有龙标图案的电影，对网络服务者而言，是课以主动审查义务，依红旗原则令其承担侵权责任，还是应依据避风港原则令其不承担侵权责任，对此争议甚烈。本案对此问题有清晰的定性分析，认为网络服务提供者对网络用户擅自上传带有龙标图案的电影没有主动审查义务，不符合《最高人民法院关于审理侵害信息网络传播权民事纠纷案件适用法律若干问题的规定》（以下简称《审理侵害信息网络传播权规定》）第12条“有下列情形之一的，人民法院可以根据案件具体情况，认定提供信息存储空间服务的网络服务提供者应知网络用户侵害信息网络传播权：（一）将热播影视作品等置于首页或者其他主要页面等能够为网络服务提供者明显感知的位置的；（二）对热播影视作品等的主题、内容主动进行选择、编辑、整理、推荐，或者为其设立专门的排行榜的；（三）其他可以明显感知相关作品、表演、录音录像制品为未经许可提供，仍未采取合理措施的情形”之规定，不应将红旗原则的“红旗飘飘”标准扩大到“龙标飘飘”标准。对诉讼期间案外人再上传案涉电影的行为，与本案并非同一法律关系，不应在本案中处理，也不因案涉电影能够被案外人再上传，就认定网络服务提供者应对案涉电影网站上传承担

* 安建须、马远斌，广东国智律师事务所律师。

主动审查义务。

【案情简介】

2017 年，甲影视制作公司拍摄某电影，该电影中带有龙标标志。同年，该电影获《电影片公映许可证》，出品单位为“甲影视制作公司”。

2017 年 10 月 19 日，甲影视制作公司与北京某科技有限公司就案涉电影签订《视频合作协议》，授权北京某科技有限公司“独家全平台公开播映权及公开传播权、独家广告经营权收益权、独家单独进行维权的权利，以及上述权利转授权”，授权期限为自被授权方平台上线之日起两年。2017 年 10 月 25 日，案涉电影在北京某科技有限公司视频平台上线。

2017 年 11 月 1 日，甲影视制作公司与霍尔果斯某影业有限公司签订电影的宣传发行合同，授权后者享有案涉电影的院线发行权，授权期限为 2017 年 11 月 1 日至 2018 年 10 月 31 日，约定案涉电影首映发行放映日期为 2018 年 5 月 1 日。

2017 年 11 月，闫某在乙公司视频网站上传了该戏曲电影全剧的视频。

甲影视制作公司分别于 2017 年 12 月 26 日、2018 年 1 月 18 日、2018 年 7 月 5 日先后在乙公司视频网站全网搜索该电影名称，就搜索到的网页结果内容、乙公司视频网站上的案涉电影标题、标签、时长、点击量、广告等内容进行了网页证据保全公证。

2018 年 2 月，甲影视制作公司向开封市中级人民法院提起诉讼，诉讼请求为：1. 判令乙公司和闫某立即停止提供侵权作品信息网络传播行为并赔礼道歉，停止及删除自行上传的戏曲电影全剧在线播放服务。2. 判令乙公司和闫某赔偿甲影视制作公司经济损失 3175000 元、律师费 50000 元、公证费 640 元、调查取证 350 元（以上合计 3225990 元）并相互承担连带责任，并按照判决时点击量实时数据确定甲影视制作公司所遭受的经济损失。3. 乙公司和闫某承担本案的诉讼费用。

审理期间，开封市中级人民法院向乙公司送达应诉通知书、起诉状副本后，乙公司随即删除了闫某上传乙公司视频网站播放平台的电影，并向法院邮寄《情况说明》，说明案涉电影上传相关情况、删除情况、上传者闫某的注册信息等。

开封市中级人民法院于 2019 年 7 月 29 日作出一审判决，认定闫某擅自上传案涉电影作品，构成侵害甲影视制作公司享有的案涉电影作品信息网络传播权，案涉电影系带有“龙标”标志的电影，乙公司对闫某擅自上传案涉电影应属明知，其主观有过错，构成帮助侵权。遂判令闫某和乙公司连带赔偿甲影视制作公司经济损失及制止侵权行为所支付的合理开支共计 217.099 万元。

乙公司不服该判决，提起上诉。河南省高级人民法院以原审判决就乙公司在闫某的侵权行为中是否存在过错、是否依法履行了相关义务及案涉电影作品未能公映与闫某侵权行为是否存在因果关系等基本事实没有查清为由，裁定撤销原判，发回重审。

开封市中级人民法院对该案进行重审，甲影视制作公司另提交证据《公证书》一份，该公证书用以证明，在原一审诉讼期间的 2018 年 7 月 5 日，案涉电影作品又被其他网络用户（案外人）上传至乙公司视频网站，据此主张乙公司对案涉电影传播仍未予审核，致侵权持续发生，应承担侵权责任。

重审法院对该案进行重审后，认定闫某未经甲影视制作公司许可，上传案涉电影至乙公司视频网站，公众可通过信息网络观看案涉电影，构成侵害甲影视制作公司作品信息网络传播权。乙公司对闫某上传案涉电影无主动审查义务，乙公司不具有主观过错，本案仍应适用避风港原则，乙公司不构成帮助侵权，遂判决闫某赔偿甲影视制作公司经济损失及制止侵权行为所支付的合理费用共 25 万元，并驳回甲影视制作公司对乙公司的诉讼请求。

甲影视制作公司不服该判决，向河南省高级人民法院提起上诉。河南省高级人民法院经重审二审审理后，判决驳回上诉，维持原判。

【争议焦点】

本案主要争议焦点为：

1. 闫某擅自网上传播案涉带有龙标图案标志的电影作品，据此能否认定网络服务提供者乙公司主观上具有应知或明知的过错，应否承担帮助侵权的侵权责任？

2. 案涉电影于本案诉讼期间，被案外人再次上传至乙公司视频网站，能否据此认定乙公司对案涉电影上传未尽审核义务，应在本案承担侵权责任？

【案例评析】

针对第一个焦点问题，本案中，案涉电影与其他电影作品有所不同，其带有龙标图案，甲影视制作公司主张该带龙标的电影就如“高高飘扬的红旗”，应当适用“红旗原则”，乙公司对该类电影上传应尽主动审查义务，否则即属应知或明知的过错。该主张不应被支持。理由为：

首先，法律法规并未规定应以龙标图案作为判断网络服务提供者对网络用户侵害电影作品信息网络传播权是否属“明知”或“应知”的标准。

其次，网络服务提供者若果真以龙标图案为识别标准，从而拒绝带有龙标图案的电影作品的网上传播，则此必导致龙标电影作品的著作权人或经著作权人许可的人，在将其享有网络传播权的龙标电影作品进行网络传播时，亦同样会被拒绝上传。这样，龙标电影作品著作权人必将不能正常行使信息网络传播权，此反而不利于对龙标电影作品著作权人或其授权的人的权利保护。

最后，该种标准实质上系苛求网络服务提供者应具备识别网络用户上传龙标电影是否构成侵害信息网络传播权的判断能力，这是难以实现的。因此，《审理侵害信息网络传播权规定》第 8 条第 2 款才明确规定，网络服务提供者对网络用户侵害信息网络传播权的行为无主动审查义务。为防该规定有例外不公，《审理侵害信息网络传播权规定》第 12 条又明确规定红旗原则，将特别明显的热播剧电影传播情形作为判断网络服务提供者属明知或应知网络用户侵害信息网络传播权的例外情形，而用户上传龙标电影显然不属该条规定的例外情形。

综上，若以网络用户上传的电影有龙标图案，作为判断网络服务提供者明知或应知网络用户侵害信息网络传播权的标准或依据，必会导致将红旗原则中的“红旗飘扬”规则偷换为“龙标飘扬”规则，此明显属对现有法律规定的违法否定。

针对第二个焦点问题，首先，案涉电影的再次上传虽发生于本案诉讼期间，但乙公司作为网络服务提供者，却不可以技术手段拒绝案涉电影网络上传。因为，若因为一部电影作品被违法上传就以技术手段完全禁止该电影作品的上传，将会阻碍该电影著作权人或经著作权人许可的人对案涉电影在网络平台的合法传播，从而妨碍案涉电影著作权人的权利行使，这样，网络平台服务将失去存在的价值。

其次，在网络服务提供者无能力判断、识别哪个视频属有权传播，哪个视频属侵权传播的情形下，法律明定网络服务提供者对网络用户侵害信息网络传播权不承担主动审查义务，便属合理妥当，即便如在诉讼期间内亦是如此。

最后，依据《审理侵害信息网络传播权规定》第9条第6项之规定，乙公司对闫某再次上传案涉电影的重复侵权行为，有采合理措施防范的义务，而对除闫某外的其他人上传案涉电影则无主动审查义务。本案中，据《公证书》所载内容可知，案涉电影再上传行为并非闫某所为，故其与本案非属同一法律关系，与本案无关联，因此不宜在本案处理，乙公司不应在本案承担侵权责任。

【专家点评】

网络服务提供者对网络用户上传带有龙标图案的电影是否有主动审查义务，既牵涉着避风港原则与红旗原则在司法实践中如何运用的问题，也关乎着影视作品著作权人与网络服务提供者的利益保护平衡问题，既是法律适用问题，也是实践须明确的困惑问题。该案依据现行法律规定，结合案件事实，虑及社会价值指引，很好地解决了这个问题。其认为，“红旗标准并非龙标标准，若将红旗原则的‘红旗飘扬’适用范围扩大到‘龙标飘扬’，扩大网络服务提供者对作品的主动审查范围，势必阻碍其向社会公众传播信息的积极性，与社会公众享有获取信息自由、广泛权利的社会公共利益相悖”，即本案法律定性清晰，法律适用准确，利益平衡到位，价值导向正面的精彩之处；其认为，“案外人对案涉电影的再上传行为与本案不属同一法律关系，不宜于本案解决，不应以此认定乙公司对案涉电影上传有主动审查义务”，亦属法律关系清晰，法律适用妥当。

（点评人：朱天芳，广州市律师协会职务犯罪法律专业委员会主任）

创业者与前东家的秘密之争：权属定胜负

周清华*

【内容提要】

技术秘密是权利人劳动成果的结晶，是权利人拥有的一种无形财产，反不正当竞争法将侵犯商业秘密（技术秘密）行为作为不正当竞争行为予以禁止是十分必要的。但是，在类似本案的“创业者和前东家”之间发生的技术秘密纠纷案件中，如何既充分保护“前东家”的商业秘密权，又不过度限制创业者的自主发展和技术创新空间？本案的近四年诉讼过程以及最终判决，也许就是这个问题的一种答案。

【案情简介】

一、案件背景

2008 年，五位青年创业者（其中包括本案四名个人被告以及一名案外人）等人成立武汉若某机器人有限公司（以下简称若某公司），在成立之初便开始投入巨大人力物力研发平衡车，其产品获得行业和消费者好评。

2009 年年底，若某公司的上述五位股东与本案原告法定代表人结识，并在 2010 年年初共同出资成立东莞某机器人有限公司（本案原告），主营包括平衡车等产品的开发和销售及相关技术服务，并签订《发起人协议》，其中约定若某公司以

* 周清华，广东华进律师事务所律师。

技术入股，同时本案四名个人被告入职原告并担任其核心技术人员。

2012 年 10 月，四名个人被告从原告处离职，并另外成立了深圳某科技有限公司（本案被告一），从事平衡车研发、制造和经营。2013 年，被告一自主研发的新款平衡车产品开始销售。

2016 年 2 月，原告认为，本案三名个人被告在原告处任职时，接触、盗取了原告的技术秘密，而且从原告处离职后另外成立被告一深圳某科技公司，继续非法使用原告技术秘密并用于平衡车研发、制造、销售等经营活动，从而获得巨额非法利益，遂以涉嫌侵犯商业秘密罪为由向东莞市公安局报案，该局于同月立案调查；2016 年 8 月，原告又就同一事由，以涉嫌侵害技术秘密为由向法院对本案五名被告提起民事诉讼，诉请判令上列被告立即销毁、停用有关技术方案，并对其他技术秘密承担保密责任；判令上列被告停止生产、销售带有原告主张的技术秘密信息的产品；判令上列被告在多家媒体上刊登向原告赔礼道歉的声明；判令上列被告赔偿原告损失人民币 6000 万元。

广东华进律师事务所周清华律师团队在本案中代表被告深圳某科技有限公司及四名个人被告。

二、审理过程

（一）技术秘密谁属

被告律师团队对原告和被告之间曾存在的合作及纠纷关系进行了详细梳理，发现若某公司早在本案原告成立之前已研发完成并拥有全套平衡车技术，且从未将全套技术转移给原告，从而有力地证明了原告并不拥有本案所涉的技术秘密，不具备提起本案诉讼的主体资格。

（二）高新技术交锋

此外，本案立案审理前后，原告先后多次委托了多家司法鉴定机构对其主张的所谓“技术秘密”信息进行秘密性鉴定，以及将声称是被告产品所用程序代码与之进行同一性鉴定，并将有关鉴定结果作为其起诉被告侵害其技术秘密的重要证据。

针对以上情况，被告在律师团队协助下，聘请两家国内权威的专业机构以及平衡车领域的相关专家出具了专业技术意见，确定：平衡车的核心技术只有平衡算法、姿态控制算法、电机控制算法三种；硬件对象的底层代码并非核心代码，硬件底层文件会被上层文件频繁调用是一个常识，不能以此来说明是核心代码；原告主张为“技术秘密”信息与被告产品所用代码中都包含的代码文件，均属因为使用相同芯片带来的相同文件，不是核心技术文件，而是硬件模块或芯片生产商提供，均为行业所知，不属于商业秘密。

另外，相关刑事案件的办案机构在调查过程中也曾对原告主张的技术信息以及被告产品所使用的技术信息进行取证，并委托司法鉴定机构进行同一性鉴定，鉴定意见认定两者存在同一性，原告也将该鉴定结果作为本案重要证据提交。被告在律师团队协助下对有关刑事案件办案机构的鉴定意见进行详细比对，并另行委托符合资格的鉴定机构进行公知性鉴定，证明上述鉴定意见中被认定为相同的代码事实上均来自开源代码，软件开发人员可在互联网上轻易获得，既不属于原告公司，也不属于商业秘密的范畴。

被告也发现并向法院指出了刑事案件办案机构最初委托的鉴定机构与原告委托的鉴定机构为同一家，存在明显的利益冲突，不符合有关法律法规的要求，其司法鉴定意见缺乏合法性；经被告及律师团队积极申请和争取，刑事案件办案机关后来委托了另外一家鉴定机构进行鉴定，却仍被发现存在未依法取证、鉴材未经验证等问题，其鉴定意见不足采信。

同时，被告在律师团队协助下，对原告提供的有关鉴定结果及鉴材进行仔细研究比对，发现并向法院指出了原告历次鉴定中所用的鉴材均来自原告前工程师的硬盘，而且鉴材明显存在来历不明、内容不一致、曾被大量篡改、与原告陈述互相矛盾，甚至内容大量来源于第三方等诸多问题，从而证明原告所谓拥有“技术秘密”信息、被告非法盗取并挪用所谓“技术秘密”的主张缺乏真实性、具体性、合法性。

最后，被告在律师团队协助下另行委托符合资格的鉴定机构对原告主张为所谓“技术秘密”的程序代码与被告产品所用代码进行同一性鉴定，采用了合法、缜密的鉴定方法，证明被告产品所用代码与原告所称的“技术秘密”信息并不存在相同或等同关系，即被告从未使用原告技术信息，不构成侵害其技术秘密的客观要件，不存在实施侵犯商业秘密行为。

（三）法院审理意见

法院经审理后查明，原告主张的技术信息内容来源不明，而且载有这些内容的硬盘长期由原告保管掌控，存在数据被增减、修改的可能性；来源于该硬盘的鉴材内容、名称、形成时间等与原告的陈述明显存在多处不一致，与硬盘恢复数据的唯一性相矛盾，而原告并没有给出合理解释，从而无法证实其提交的技术信息即为其主张的“技术秘密”信息，即原告主张的技术信息不明确，法院无法确定其具体内容，更无法对其主张进行进一步审查，其他争议焦点也无从论述。因此，法院认为原告主张的技术信息不符合技术秘密的法定要件，对其主张不予支持，判决驳回原告的全部诉讼请求。此后原告曾经试图上诉，但最终撤回了上诉请求，被告在上述民事案件中获得彻底胜利。

（四）检察机关意见

同时，前述与本案民事诉讼相关的刑事案件由原办案机关移送当地检察院审查后，当地检察院也明确表示，本案被告构成侵犯商业秘密罪证据不足，不符合起诉条件，正式决定依法不对本案被告起诉。

三、裁判结果

一审法院（广州知识产权法院）驳回原告的全部诉讼请求。

该案原告东莞某机器人有限公司不服一审法院于 2019 年 9 月 9 日作出的民事判决，向最高人民法院提出上诉。该案二审立案后，在审理过程中，东莞某机器人有限公司撤回上诉，一审判决自撤诉裁定书送达之日起发生法律效力。

【争议焦点】

一、涉案技术秘密权属

涉案技术秘密权属是该案的一大争议焦点，而证明涉案技术秘密到底归谁拥有，需要对原告与被告之间曾存在的合作关系及相关事实进行详细梳理，并对相应的涉案技术信息进行完整、深入的技术鉴定，明确涉案技术信息的持有人。

二、涉案技术信息是否具备商业秘密的构成要件

该案的核心焦点在于涉案技术信息是否具备商业秘密的构成要件（即是否具有秘密性、价值性、保密性），因此需要对涉案技术信息进行详细、准确的比对。

【案例评析】

一、本案涉及刑事及民事责任的双重风险，办理难度大

本案涉及刑事及民事责任的双重风险，办理难度大。在本案中，被告先是遭受刑事立案追究，之后再被提起民事诉讼。一般而言，在公安机关经调查后初步认定构成犯罪的情况下，要证明犯罪嫌疑人（本案被告）不存在侵害技术秘密行为，推翻公安机关的原有立案难度较大，而一旦其在刑事案件被认定构成侵犯技术秘密犯罪，则将难以避免在相关民事案件中被认定构成侵害他人技术秘密。

在此情况下，被告律师团队对案件所涉及的证据进行全面分析，紧紧围绕技术秘密的权利归属、技术秘密侵权的构成，进行充分的举证和论证，经过近三年的努力，最终取得案件的全面胜利：刑事案件方面，检察机关作出不予起诉的决定；民事案件方面，法院则判决不构成技术秘密侵权，并全部驳回原告的高额索赔请求。此种结果在同类案件中较不常见，且在相关行业中影响较大。

本案的办案过程及结果，对准确判断同类民事案件中的被告（或同类刑事案件中的犯罪嫌疑人）是否构成侵害他人商业秘密具有重要借鉴意义。

二、本案涉及前沿技术领域，专业性较强，对办案人员具有较大挑战性

本案的两大争议焦点在于涉案技术秘密权属以及涉案技术信息是否具备商业秘密的构成要件（即是否具有秘密性、价值性、保密性）。前者属于多方长期合作后产生商业秘密侵权纠纷的情况，需要对原告与被告之间曾存在的合作关系及相关事实进行详细梳理，并对相应的涉案技术信息进行完整、深入的技术鉴定，明确涉案技术信息的持有人；后者则需要对涉案技术信息进行详细、准确的比对。

本案中的涉案技术信息主要为平衡车产品程序源代码，属于前沿消费电子产品的软硬件交叉领域，因此为了明确涉案技术信息的持有人以及确认涉案技术信息是否具备商业秘密的构成要件，需要对平衡车核心技术及相关源代码、算法进行技术鉴定，当中涉及大量的技术问题，而且与该新兴行业及新技术的发展紧密相关，专业性较强，在证据分析及论证方面对经办法官、双方代理律师（特别是被告的辩护律师）均具有较大挑战性。

被告律师团队通过引入专业鉴定机构及有关行业的重要技术专家，针对涉案技术信息的秘密性/公知性及其与原告主张的技术信息之间的同一性进行多次深入的、全方位的鉴定，证明原告及刑事案件另行委托鉴定机构所作的多次鉴定在真实性、合理性上存在重大瑕疵，从而否定原告的主张，本案可为日后平衡车乃至其他前沿消费电子产品领域的商业秘密侵权证据分析、论证及结果认定提供参考。

三、本案为平衡创新发展与商业秘密保护提供借鉴经验

本案涉及创新发展与商业秘密保护之间的平衡问题。经过被告律师团队的长期不懈努力，终于赢得法院驳回原告的所有诉讼请求，同时也帮助四名个人被告洗脱犯罪嫌疑以及侵犯他人技术秘密的污名，还四名优秀青年创业者以清白，也对整个平衡车行业的有序、健康发展产生积极作用；但是，本案四名个人被告因本案而面临长达数年的刑事立案追究、民事高额索赔的双重打击，虽然最终洗脱犯罪嫌疑、民事纠纷也得到解决，但其个人声誉因此受到严重影响，所创立的创新科技企业（被告深圳某科技有限公司）的正常经营和发展也受到严重挫折。

在大众创业、万众创新、青年技术人才踊跃投身前沿科技行业、竞争日趋激烈的当下，类似的商业秘密侵权纠纷势必日益增加。本案对于如何平衡创新发展与商业秘密保护、精准且有效地维护商业秘密（特别是技术秘密）以及各相关方的合法权益，具有积极的借鉴意义。

【专家点评】

技术秘密案件审理首先应当明确原告主张的涉案技术信息是否符合商业秘密的构成要件，即是否具有秘密性、价值性、保密性，因此需要对涉案技术信息进行详细、准确的比对。本案被告在律师团队协助下，对原告提供的有关鉴定结果及鉴材进行仔细研究比对，发现并向法院指出了原告历次鉴定中所用的鉴材均来自原告前工程师的硬盘，而且鉴材明显存在来历不明、内容不一致、曾被大量篡改、与原告陈述互相矛盾、甚至内容大量来源于第三方等诸多问题，从而证明原告所谓拥有“技术秘密”信息、被告非法盗取并挪用所谓“技术秘密”的主张缺乏真实性、合法性；得到了法院的采信，法院认为原告主张的技术信息不明确，无法确定其具体内容，因而导致其余争议焦点无从论述，直接导致了原告民事案件的败诉，以及刑案侵犯商业秘密罪证据不足。本案给代理商业秘密案件的律师提供了一种思路。

（点评人：程跃华，广州市律师协会专利法律专业委员会主任）

商标侵权案件中的“正当使用”抗辩

黎　叶　熊仙凤*

【内容提要】

商标侵权抗辩中，常涉及“非商标性使用”抗辩及“正当使用”抗辩，该二者具体适用条件如何，“非商标性使用”与“正当使用”的关系如何界定，注册商标专用权保护范围是否应合理界定，注册商标专用权与公共利益如何平衡。本案在抗辩中同时涉及“非商标性使用”抗辩及“正当使用”抗辩，对厘清该系列问题有一定参考意义。

【案情简介】

北京某易科技有限公司成立于2017年10月，经营教育资源网站；取得“组卷”“组卷网”注册商标专用权，“组卷”商标，经国家知识产权局核准，于2019年6月21日注册公告，核定服务项目“学校（教育）、教育、培训、教学、辅导（培训）、组织教育或娱乐竞赛、在线电子书籍和杂志的出版、电子桌面排版、提供在线电子出版物（非下载）、实际培训（示范）”；“组卷网”商标，经国家知识产权局核准，于2018年4月7日注册公告，核定服务项目为“实际培训（示范）、学校（教育）、培训、教育、教学、辅导（培训）、组织教育或娱乐竞赛、提供在线电子出版物（非下载）、电子桌面排版、在线电子书籍和杂志的出版”。

---

* 黎叶、熊仙凤，广东华进律师事务所律师。

原告北京某易科技有限公司认为被告深圳某教育股份有限公司在其经营的网站上使用“AA 组卷”“智能组卷”“手动组卷”等字样，并使用与其经营网站相似页面风格，以被告该行为构成商标侵权及不正当竞争为由，向北京市海淀区人民法院提起民事侵权诉讼，要求被告停止侵权、赔偿经济损失 50 万元，并赔礼道歉。

被告深圳某教育股份有限公司自 2006 年开始运营教育类网站，点击该网站首页菜单栏名称“AA 组卷”跳转后的新页面显示：左上角突出使用“AA 组卷平台”字样，部分菜单栏名称为“智能组卷”“手动组卷”，网页内容中有“在线组卷、如何组卷”等字样；被告在第 41 类注册“AA 组卷”商标，于 2018 年 8 月 21 日核准注册公告，核定服务项目为“教学、培训、教育信息、教育考核、电子书籍和杂志的在线出版、提供在线电子出版物（非下载）、提供在线录像（非下载）、娱乐服务、组织教育或娱乐竞赛、健身指导课程”。

据此，被告答辩认为其已取得“AA 组卷”商标专用权，在网站栏目名称命名为“AA 组卷”，在子网页上突出使用“AA 组卷平台”系对自有注册商标的合理使用；在菜单栏名称、网页内容中使用“手动组卷”“智能组卷”等系为说明其提供的产品、服务内容，其行为正当、合理，该系列使用方式不属于商标性使用，不构成商标侵权；“组卷”二字，在教育考试领域，不具有显著性，系描述具体产品服务内容名称，被告系善意使用，被告行为属于《商标法》第 59 条规定的“正当使用”；被告经营的网站系自主设计，两者在网站设计风格、排版、内容选择等方面皆差异较大，不构成不正当竞争；原告将“组卷”作为菜单栏名称，近三年没有进行实际使用。

本案一审庭审后，原告申请撤回起诉。

【争议焦点】

一、被告在涉案网站上使用“AA 组卷”“智能组卷”“如何组卷”等文字是否属于商标性使用

本案被诉商标侵权行为，共可以分为四种使用方式，不论何种方式，均系描述被告提供的产品名称、服务内容，且被告并未突出使用“组卷”二字，可见，被告的使用行为并未起到识别商品、服务来源的作用，不属于商标性使用，不构成商标侵权。

1. 在涉案网站上使用“AA组卷”“AA组卷平台”。

“AA组卷”和网站名称“AA组卷平台”实质上都是指被告的组卷产品“AA组卷”，被告是将“AA组卷”作为产品名称或者是菜单栏名称予以使用，对应被告提供的产品具体服务内容，不具有指示商品来源的作用。

2. 在被诉网站上使用“手动组卷”“智能组卷”等行为。

前述文字是进入被告网站“AA组卷”栏目后子菜单栏名称，用以描述服务内容及特点的子菜单栏、操作项名称，描述具体组卷方式内容，属于描述性使用。

3. 被诉网页中使用“zujuan”。

网页中的“zujuan”是指被告提供的“组卷”产品的网页网址，表示被告提供的具体服务内容，与网页内容一一对应，且涉案商标“组卷”专用权范围不能及于拼音形式。

4. 在被诉网站介绍及具体页面使用“AA在线组卷测试平台”。

该文字显示于“产品介绍”栏目再下一级菜单“基本介绍”中，结合上下文，可明确“AA在线组卷测试平台”是作为对产品介绍予以进行描述。

二、被告行为是否构成《商标法》第59条第1款规定的“正当使用”的情形

《商标法》第59条第1款规定：注册商标中含有的本商品的通用名称、图形、型号，或者直接表示商品的质量、主要原料、功能、用途、重量、数量及其他特点，或者含有的地名，注册商标专用权人无权禁止他人正当使用。

1. 根据被告提供的“新华字典关于‘组’‘卷’含义的解释”“中华人民共和国教育部政府门户网站关于‘组卷’的应用场景报道”“关于‘组卷’的期刊、报纸介绍”“关于‘组卷’的软件著作权”等证据，能够证明“组卷”在教育领域，含义为组合试卷，已为人所熟知并广泛应用。

2. 被告已注册“AA组卷”商标，使用“AA组卷”“AA组卷平台”系善意使用，具有合理使用权利基础。

3. 被告使用“AA组卷”“智能组卷”“如何组卷”等文字仅为描述提供的产品、服务内容，被告并不存在混淆相关公众故意且该使用行为客观上亦未出现导致相关公众混淆误认之后果。

4. 被告在被诉侵权网页中明确标注被告企业名称、使用被告自有商标，通过ICP备案信息查询、域名信息查询，均能将涉案网页与被告相联系，考虑到被告、被诉网址已具备一定知名度，被告使用“AA 组卷”作为描述其提供的组卷服务用于在被诉网站上，不会造成相关公众混淆、误认。

5. 本案原告及同行业经营者网站页面均将“组卷”一词用于描述所提供的商品名称、服务内容，被诉侵权行为系符合行业惯例，具备正当性、合理性。

综上，本案的被诉行为构成《商标法》第 59 条第 1 款规定，原告无权禁止被告继续使用。

【案例评析】

一、商标性使用系商标侵权构成前提

《商标法》第 48 条规定，本法所称商标的使用，是指将商标用于商品、商品包装或者容器以及商品交易文书上，或者将商标用于广告宣传、展览以及其他商业活动中，用于识别商品来源的行为。

商标的本质是区别商品或服务来源、保护商标权利人品牌商誉，商标性使用是指商标标识在商业活动中作为区分不同商品或服务来源的使用。商标性使用应当具有真实性和指向性，即商标性使用是使用人控制下的使用，该使用行为能够表达出该商标与特定商品或服务的关联性，能够使相关公众意识到该商标指向特定的商品或服务。构成商标性使用至少要满足以下三个条件：

（1）将商标标识用于商业活动中；

（2）使用商标标识目的是说明商品或服务的来源；

（3）该使用使相关公众识别商品或服务来源。

本案中，被诉文字行为直接包含涉案商标文字部分，且使用于被告所运营的网页中，符合“在商业活动中使用该标识”这一构成要件。然而，由于被告使用被诉文字仅为描述、说明被告提供的产品名称、网址信息，且客观上被诉文字并未起到识别服务来源的功能，无造成相关公众混淆、误认的可能，因而被诉侵权行为不满足“使用的目的是说明商品或服务的来源；使消费者识别商品或服务的来源”的构成要件，不属于“商标性使用”行为，不构成商标侵权。

二、商标正当使用的认定标准

在立法层面，《商标法》第59条第1款、第2款规定：注册商标中含有的本商品的通用名称、图形、型号，或者直接表示商品的质量、主要原料、功能、用途、重量、数量及其他特点，或者含有的地名，注册商标专用权人无权禁止他人正当使用。三维标志注册商标中含有的商品自身的性质产生的形状、为获得技术效果而需有的商品形状或者使商品具有实质性价值的形状，注册商标专用权人无权禁止他人正当使用。

以上是现行法律中关于正当使用的规定，但是可以看出上述法律仅仅列举了正当使用的两种情形，并未对正当使用的含义及构成要件作出明确规定，由此导致在司法实践中对于正当使用的认定标准意见不一。

在司法解释和指导意见层面，北京市高级人民法院2006年3月7日发布的《北京市高级人民法院关于审理商标民事纠纷案件若干问题的解答》第26条规定："正当使用商标标识的行为应当具备以下要件：（1）使用出于善意；（2）不是作为自己商品的商标使用；（3）使用只是为了说明或者描述自己的商品。"第27条规定，下列行为属于正当使用商标标识的行为：（1）使用注册商标中含有的本商品的通用名称、图形、型号的；（2）使用注册商标中直接表示商品的性质、用途、质量、主要原料、种类及其他特征的标志的；（3）在销售商品时，为说明来源、指示用途等在必要范围内使用他人注册商标标识的；（4）规范使用与他人注册商标相同或者近似的自己的企业名称及其字号的；（5）使用与他人注册商标相同或者近似的自己所在地的名称的；（6）其他属于正当使用商标标识的行为。

《四川省高级人民法院关于印发〈侵害商标权案件审理指南〉的通知》（川高法〔2018〕229号）第8条第5点规定，商标权人无权禁止他人正当使用商标。判断被诉侵权行为是否属于商标的正当使用，一般考虑如下因素：（1）使用意图。审查被告是出于描述、说明商品的目的善意使用相关标识，还是出于攀附他人商誉等不当目的恶意使用原告商标。（2）使用方式。审查被告使用相关标识的方式是否合理，是否符合一般商业惯例。将原告注册商标置于显著位置，以加大加粗等方式突出使用，不标注或不妥善标注被告商标、企业名称等信息等使用方式不宜认定为合理使用方式。（3）使用效果。被告使用相关标识，容易导致相关公众混淆的，不宜认定为商标的正当使用。

依据上述司法指导意见，“正当使用”包括商标法上的描述性使用和指示性使用，描述性使用只是对描述性标志“第一含义”使用，即对商品或服务的质量、原料、功能等特点进行直接描述，并不是为了指示商品或服务的特定来源，即没有将该标志作为商标来使用。描述性使用对应的法律规范为上述《商标法》第 59 条第 1 款、第 2 款，其本质特征为“非商标性使用”。

而指示性使用是指第三人以他人（商标注册人）的商标指示该他人（商标注册人）的商品或服务，通过这一指示他人商品或服务来源的功能来表示自己所提供商品或服务的内容或用途等。

在司法实践中，最高人民法院在（2017）最高法民申 4380 号民事裁定书中指出：“当注册商标含有描述性的要素时，其他生产者出于说明或客观描述商品特点的目的，以善意方式在必要的范围内予以标注，只要该种标注没有超出正当、合理使用的范畴，不会导致相关公众混淆商品来源，可以认定构成正当使用。”在该案中，最高人民法院认为构成正当使用需要考虑以下几点要素：（1）所使用的标识具有描述性特征；（2）出于说明或客观描述商品特点的目的；（3）以善意方式在必要的范围内予以标注；（4）不会导致相关公众混淆商品来源。

从上述司法实践中的案例可以看出，关于正当使用之描述性使用构成要件，以下几点经常适用：

（1）主观意图上：被诉侵权人应当是善意的，即不存在攀附他人商标商誉的意图。主观意图的判断方法与前述指示性使用主观意图判断一致。（2）主观目的上：被诉侵权人使用词汇的固有含义是为了描述商品或服务的特点等。（3）使用对象上：应当是公有领域的描述性词汇。例如，《商标法》第 59 条第 1 款规定的“含有的本商品的通用名称、图形、型号，或者直接表示商品的质量、主要原料、功能、用途、重量、数量及其他特点，或者含有的地名”的词汇。（4）使用性质上：非商标性使用，即使用该标识不是用来区分商品或服务的来源。

在本案中，代理律师通过提交“新华字典关于‘组’‘卷’含义的解释”“中华人民共和国教育部门户网站关于‘组卷’的应用场景报道”“关于‘组卷’的期刊、报纸介绍”“关于‘组卷’的软件著作权”等证据，证明涉案商标含义为“组合试卷”，已为人所熟知并广泛应用，结合被告仅在菜单栏名称、基本介绍等位置使用“组卷”二字，足以说明被诉侵权行为系为介绍被告提供的产品、服务内容，从而使被诉侵权行为满足“使用只是为了说明或者描述自己的商品”的构成要件。

“使用出于善意”这一构成要件属于“主观心理状态”，需要通过客观证据综合判断。本案中，涉案网页底端已有被告信息、页面使用了被告自有商标，足以使消费者识别服务提供方，可证明被告并无仿冒涉案商标、混淆服务提供主体的恶意；不仅如此，本案原告及同行业者使用“组卷”均将“组卷”二字用于描述产品、服务内容的情况，更说明了被诉侵权行为系符合行业惯例，具备正当性、合理性。

【专家点评】

商标专用权乃绝对权、对世权，其应受到尊重，但不应无限扩张，侵害他人自由空间。本案充分体现“非商标性使用”“正当使用”行为对于商标专用权的限制，进一步明确商标专用权的辐射范围及禁区。当今社会是追求秩序的社会，在司法实践中不断明确商标专用权的权利范围及限制，有利于保证经济发展始终处于法治化道路中。

（点评人：曾旻辉，广州市律师协会专利法律专业委员会副主任）

影视作品侵权案件中诉讼主体资格及损害赔偿的确定

罗 洁 余裕武*

【内容提要】

在影视作品著作权侵权纠纷案件中，有两个问题是最为常见的焦点问题：其一，合作作品有多个著作权人的情况下，任一著作权人能否以自己的名义针对侵权行为提起诉讼？其二，如何确定被告的侵权赔偿责任？

而这两个问题，也是贯穿本案例一审及二审两个阶段的争议焦点。在本案中，原告代理人从证据入手，结合现有法律法规及当时《著作权法》的最新立法动向，为作为合作作者的原告在本案中具有独立提起诉讼的主体资格进行了多方面的论证；对于赔偿责任的承担问题，代理人提出将涉案影视作品授权案外人使用的授权许可费作为确定损害赔偿数额的参考因素之一，同时使用了案例检索报告作为诉讼工具，向法院呈现同类型案件的判赔情况及趋势，以达到为当事人争取最大权益的目标。最后，一审及二审法院认可了本案原告代理人的观点，原告代理人最终为当事人争取了较为理想的诉讼效果。

【案情简介】

涉案电视剧是由某影视公司（以下简称我方或原告）与某文化传媒公司联合

* 罗洁，广东济方律师事务所律师；余裕武，广东环球经纬律师事务所律师。

投资摄制的电视剧。某影视公司作为涉案电视剧的著作权人之一，经其他著作权人授权及确认，对涉案电视剧享有著作权，依法可以以自己的名义提起诉讼，维护自身合法权益。

2019 年，某影视公司发现，某电视台（以下简称被告或电视台）未经许可及支付费用，擅自在其旗下频道公开播放涉案电视剧。为了维护自身合法权益，某影视公司向某市中级人民法院提起诉讼，要求某电视台停止侵权并向其赔偿经济损失及合理维权费用。

针对原告提出的诉讼请求，被告在一审及二审诉讼中，主要提出以下几点抗辩理由：1. 涉案作品为合作作品，原告仅仅是涉案作品的其中一个著作权人，起诉资格有瑕疵，无权以自己的名义单独提起民事诉讼；2. 被告收入少，资金紧张、财力不足，播放电视剧未获利，原告主张的赔偿金额过高。

【争议焦点】

针对被告在一审及二审提出的抗辩理由，原告代理律师在本案中提出了如下代理意见：

（一）原告是涉案作品的合作著作权人之一，经合作著作权人授权及确认，原告对涉案电视剧享有著作权，依法可以以自己的名义提起诉讼，维护自身合法权益。

我方一审阶段提交了其他著作权人的授权证明，可以证明本案的另一合作著作权人已将本案涉案作品的著作权授权某文化工作室，某文化工作室又将该涉案作品的电视播映权、信息网络传播权等权利授权我方，综上，我方是拥有上述作品的相关权利的。

虽然在一审庭审上，我方没有提交上述授权书原件供法庭核对，但我方一审阶段提交的证据《电视剧播映权许可合同》，合同的甲方为原告，该合同约定，授权方（原告）拥有涉案电视剧的电视播映权，授权乙方（某卫视）行使，某卫视作为一个省级卫视，若播放涉案电视剧未经其他合作著作权人同意授权，是相当容易被发现的。但至本案一审起诉时，该合同显然已履行完毕，但没有任何证据可以显示，本案的合作作者曾对此合同的履行提出过任何异议。

综上，原告对涉案电视剧是享有包括电视剧播映权在内的多项著作权的，可以以自己的名义针对被告侵害广播权的行为单独提起诉讼。

（二）退一步来说，即便我方提供的证据尚不足以证明我方已获得合作著作权人授权及确认可以单独针对侵权行为提起民事诉讼，但我方作为合作著作权人之一，仍然可以以自己的名义单独提起诉讼。

根据《著作权法实施条例》第 9 条规定：合作作品不可以分割使用的，其著作权由各合作作者共同享有，通过协商一致行使；不能协商一致，又无正当理由的，任何一方不得阻止他方行使除转让以外的其他权利，但是所得收益应当合理分配给所有合作作者。

1. 从字面解释及立法本意结合来看

不能协商一致，无正当理由，任何一方不得阻止他方行使转让以外的其他权利，这一规定的理解重点应当是，任何一方无正当理由不得阻止他方行使转让以外的权利。

从反面来理解，也就是只有两种情况下，合作一方可以阻止另一方行使的权利：一是有正当理由，二是行使转让的权利。而这两个条件都是为了防止其中一方在行使权利时，对著作权产生的不合理的损害。

因此，《著作权法实施条例》第 9 条第 2 部分“除转让以外的权利”其实可以理解为，不得对合作作品进行有可能导致损害其他合作作者的利益的处分。而当作品遭受侵权时，提起维权诉讼，无论是对于合作作品还是对于合作作者来说，都是一个正面的、积极的效果，对于这种权利的行使，即便没有对方同意，也是应当可以行使的，任何一方都没有任何合理理由及权利去阻止另一方行使维权的权利。“协商一致”不应该成为合作作者行使这种具有正面效应权利的限制和前提条件。如果协商成为必要的前提条件，只要其中有任何一个合作著作权人怠于行使权利，则其他著作权人均无法实行维权的权利，很容易会出现著作权人的合法权益无法得到保障的情况出现，显然不符合保护著作权的立法本意。

2. 从立法动向的角度来看

2020 年 4 月 26 日，十三届全国人大常委会第十七次会议对《中华人民共和国著作权法（修订草案送审稿）》进行了审议。在该修正案草案中，第 17 条第 4 款增加了合作作品著作权受到侵害时诉讼主体资格的内容，该款规定：“他人侵犯合作作品著作权的，任何合作作者可以以自己的名义提起诉讼，但其所获得的赔偿应当合理分配给所有合作作者。”该条文明确肯定了合作作者享有以自己名义单独提起诉讼的权利，也并未给合作作者单独提起诉讼设置任何的前提条件。因此，我方对于《著作权法实施条例》第 9 条的解释也是符合当时的立法动向的。

综上所述，我方认为，我方在被告侵害我方著作权时寻求救济，并未对其他著作权人产生不合理的损害，应当可以以自己的名义单独提起民事诉讼。

（三）一审法院判决赔偿数额合情、合法、合理，应当予以维持。

1. 涉案电视剧已经经过多轮播放，并不意味着涉案电视剧经济价值的丧失，电视台以此为由主张未导致我方任何经济损失，没有任何事实及法律依据

对于被告认为涉案电视剧因为已经在多地电视台多轮播放，不会导致原告的经济损失，是极其荒谬的说法。被告若需要播放涉案电视剧，应当取得我方的授权及支付相关的费用。但被告未经我方授权，即擅自播放了涉案电视剧，无论其是否因播放涉案电视而获益，都已侵害了我方对于涉案电视剧所享有的财产权，这个应当是无可争议的事实。应付费而未付费，也可以理解为是一种获益行为，也导致我方因此损失了应当获得的经济收益。被告作为一个专业播放电视节目的专业法人，不但应当对电视节目的合法性进行谨慎的审查，同时还负有向全社会宣传打击盗版，保护知识产权的舆论导向责任，但被告时至今日，竟然还存有因涉案电视剧多次播放，就不具有任何经济价值，其播放行为不会导致我方经济损失的错误观念，与其社会地位不相符。也由此可以看出，被告对其侵权行为仍没有一个清楚、正确的意识，没有悔意，具有侵权恶意。

2. 原告因此遭受的经济损失的计算，可以参考涉案电视剧在其他地区的授权价格进行计算

虽然我方未提交相关证据予以证明我方的实际损失及被告的获益，但被告未经我方授权即擅自播放涉案电视剧，理应支付费用，该费用是我方的可期待利益，可以视为我方的经济损失。因此，我方在一审阶段提交了证据《电视剧播映权许可合同》，该合同为授权某卫视播放涉案电视剧的授权合同，证明涉案电视剧在 2016 年的授权价格仍高达 1 万元/集。而该电视剧共计 49 集，即涉案电视剧在 2016 年的授权价格共计 49 万元。本案中，我方因被告的侵权行为导致的可期待利益的损失应当可以参考涉案电视剧的授权价格。虽然被告播放涉案电视剧的时间为 2019 年，但一审法院显然已经考虑到侵权行为的发生时间、被告电视信号的覆盖范围等因

素，以及我方为了维护自身权利，已支出了相关的合理费用，包括律师费、监测费、监测报告费、差旅费等，一审法院酌定被告赔偿我方经济损失及合理费用的金额并无任何不妥。被告以没有广告收益为由认为判赔过高，没有提供相关的证据予以证明，没有任何事实及法律依据。另外，我方在一审阶段也提交了相关的判决，包括我方兄弟企业在当地法院获得的类案判决，也高于该案的判赔金额。《民法典》及当时《著作权法（修正草案）》都明确树立了知识产权、著作权的惩罚性赔偿规则，一审法院酌定判赔也符合目前国家重点保护知识产权的立法及政策导向。

最终，原告代理人提出的多个观点获得了二审法院的支持，并在判决中予以援引，驳回了上诉人全部上诉请求，维持了一审判决。

【案例评析】

在当事人无法提供重要证据原件的情况下，原告代理律师积极运用已有的其他相关证据对有瑕疵的证据予以补强。此外，积极运用著作权的相关理论知识以及最新的立法动向对我方所持观点进行多方面、多层次的论述，在办案过程中，也积极使用包括案例检索报告等办案工具向法官呈现我方的观点，最后获得较好的办案效果，所持观点也获得了法院的支持，有效维护了当事人的合法权益。

经过当事人以及代理律师的坚持和不懈努力，本案获得较为理想的诉讼结果。在影视作品侵权纠纷案件中，由于作品本身的性质所致，基本有两个或以上数量的著作权人，若要求所有著作权人全部都参与诉讼当中，而部分著作权人又怠于行使权利，就会导致其他迫切维权的著作权人利益受损，出现诉讼困局。对此，代理律师针对同类型案件从实务操作和理论两个方面总结经验如下。

在实务操作的层面，为了避免上述的诉讼困局，在拍摄影视作品协商签订协议时，各方当事人可以对维权权利进行约定。例如，各方当事人在发现作品遭受侵权时，均可以以自己的名义提起诉讼，或者在确定某项著作权利归属于某一著作权人后，要求其余著作权人出具维权授权书，以确定该著作权人的诉讼地位，至于赔偿所得收益如何分配的问题，由各方著作权人协商确定即可。在本案中，当事人因无法找到授权书原件的问题，而遭到对方质疑证据真实性，由此也警示了权利人应当妥善保管各项权属证明，否则在未来的维权诉讼中，将会把自己置于不利的地位。

在理论探讨的层面，代理人仍然认为，对于合作作品来说，任一著作权人都可以以自己的名义提起诉讼，协商不应当成为起诉的前置条件。首先，制止侵权行为一般都具有紧迫性，而要合作作品的全部著作权人进行协商和沟通，花费的时间可短也可长，若各方对此意见不一致，就极有可能会耽误维权的进程，导致错过最佳的维权时机，扩大侵权行为的影响范围及后果。其次，对侵权行为提起诉讼，无论是对著作权人还是对被侵权的作品来说，都是一件百利而无一害的事情，任何一方没有正当理由都无权阻止另一方行使该权利。既然如此，又为何一定要将协商一致作为提起诉讼的必要前提条件。

【专家点评】

本案例围绕一起著作权侵权案展开，原告代理人对于案件所涉法律焦点的聚焦准确，针对被告提出的原告主体资格问题和损害赔偿问题，条分缕析，层次清楚，逻辑严密，不仅包括对现行法律的适当解释，而且结合最新的相关立法动向，并辅以有力的学理分析，作出了非常具有说服力的论证，最终成功达成了诉讼目的，维护了当事人的合法权益。具体点评如下：

对于当合作作品著作权被侵权时，其中一位合作作者是否以自己名义单独提起诉讼的问题，本案例分别从证据角度、相关规范性法律文件及著作权法修改草案的解释角度，论证了原告诉讼主体资格的适格性。此部分论证层次清楚，角度多元，深具说服力，如果能够再进一步结合民事诉讼法的相关规定及原理加以分析，论证将更为充分。

关于本案的损害赔偿问题，代理人建设性地提出将涉案作品许可案外人的许可使用费作为确定损害赔偿数额的参照，对于本案的胜诉至关重要。虽然本案发生及审理期间，我国《著作权法》尚未将“参照著作权许可使用费”作为确定损害赔偿的法定依据，但无疑这一辩论思路是正确的，也为最新修订的《著作权法》所确认。本案例的此部分论述，反映出代理人对于相关立法动向及意图的精准把握，并借此成功说服法官，维护了当事人的合法权益。

（点评人：赵克祥，暨南大学法学院副教授）

相同设计元素重复运用构成外观侵权

程跃华　胡　俊　戴　婷*

【内容提要】

本案被告在原告三轮童车的基础上，按照原告的设计风格主要修改了童车靠背和尾灯，将蝴蝶结形的靠背设计改为米老鼠头部的卡通形象，将涉案专利尾灯替换为米老鼠头部的卡通形象。本案在被告产品的专利权评价报告、一审判决不利的情况下，在上诉的同时申请宣告被告专利权无效，在二审败诉后及时申请再审。

最高人民法院经审理，在裁定中认为，对于儿童玩具车而言，采用卡通形象作为设计主题较为常见，其采用的卡通角色、选择的车型以及卡通形象与玩具车各部件的结合方式是形成玩具车整体外观的主要因素。本案中，涉案专利与被诉侵权产品在车型结构和部件关系、卡通形象特征元素的选择及其与部件的结合方式上存在很多共性：首先，在车型上两者设计相似。其次，在卡通形象的选择与部件的结合方式上，二者均采用了米老鼠的角色特征为设计元素，而且二者在米老鼠具体形象与部件的结合上都存在共性。在整车采用了米老鼠形象的情况下，属于对同一设计元素的重复运用，是比较常见的设计方式，并没有对被诉侵权产品的整体视觉效果产生显著影响。最高人民法院裁定撤销原二审判决，指定广东省高级人民法院重新作出判决。

本案历经民事诉讼一审、二审、申诉、最高院指定省高院再审以及行政程序有

* 程跃华、胡俊、戴婷，广东三环汇华律师事务所律师。

专利无效、行政诉讼一审、二审，共七个程序，历时前后六年。最后原告 A 公司成功维护了自己的专利权。

【案情简介】

本案被告 B 公司在原告 A 公司三轮童车的基础上，按照原告的设计风格主要修改了童车靠背和尾灯，将蝴蝶结形的靠背设计改为米老鼠头部的卡通形象，将涉案专利尾灯替换为米老鼠头部的卡通形象。诉讼中，原告从被告方提交的证据得知，被告申请了专利号为 ZL201530012884.8 的外观设计专利，并申请了专利权评价报告，认为未发现该专利不符合专利法规定的缺陷，其中现有设计包括本专利。

（一）本案涉及的程序

1. B 公司在一审、二审程序中均确认，其在本案中被诉的行为系在实施专利号为 ZL201530012884.8、名称为“儿童玩具车”的外观设计专利（以下简称 12884.8 号专利）。但由于国家知识产权局曾对 12884.8 号专利出具评价报告，认为该专利的授权符合《专利法》第 23 条第 1 款、第 2 款的规定，未发现该专利存在其他不符合《专利法》有关外观设计授权条件的缺陷。一审法院参考专利权评价报告的意见，判决原告 A 公司败诉。

二审判决维持了一审法院作出的原告败诉的判决。

2. 在一审败诉后，本团队代理原告立即向国家知识产权局专利复审委员会对 12884.8 号专利提起了无效宣告请求，且对比文件仅仅依据专利号为 ZL201430143613.1 的本案涉案专利，无效宣告请求的理由是：不符合《专利法》第 23 条第 2 款的规定。

国家知识产权局针对该专利作出第 33235 号无效宣告请求审查决定书（以下简称第 33235 号决定），以该专利与 A 公司在本案中请求保护的涉案专利相近似为由宣告该专利全部无效。在审理时，代理人当庭陈述了被告方销售的产品实际上存在着两种靠背，一种是原告款，另一种是被告款；以及提供了侵害原告本案专利权的其他与本案相近似外观设计的其他被告败诉案件（含原告款的靠背、被告款的靠背）作为案例供专利复审委员会参考。

3. 被告向北京知识产权法院提起行政诉讼，请求撤销国家知识产权局专利复审委员会第 33235 号决定，北京知识产权法院一审驳回被告诉讼请求。

被告不服，提起上诉。北京市高级人民法院作出驳回上诉、维持原判的二审判决。

4. 在无效宣告请求审查决定书基础上，原告立即对本案申请再审。再审申请人（一审原告、二审上诉人）认为，被诉侵权产品与本案涉案专利的区别点属于相同设计元素的重复使用，不会引起消费者的注意，因而属于局部细微差别，被诉侵权产品落入本案涉案专利的保护范围。一审、二审法院仅对局部进行比对，有违整体观察、综合判断的外观设计侵权判断原则，系适用法律错误，应予纠正。因而向最高人民法院申请再审。

5. 最高人民法院作出裁定，指令广东省高级人民法院再审本案，同时在裁定中明确了相关的判断原则，广东省高院再审判决再审申请人（一审原告）胜诉。

（二）关于涉案专利和被控侵权产品（自称实施专利号为 ZL201530012884.8、名称为“儿童玩具车”的外观设计专利）的比对

基于第 12884.8 号外观设计专利在专利授权后曾作出了专利权评价报告，被告 B 公司在被诉后，将其作为证据提交给了一审法院，以支持其不侵权的抗辩。

国家知识产权局评价报告，国家知识产权局第 12884.8 号外观设计专利的评价报告援引了涉案专利作为对比文件，并指出该专利与涉案专利具有以下明显区别：1. 两者车把部分的设计不同，该专利车把整体是一个直把设计，后视镜安装于车把之上，而涉案专利则是 V 形车把设计，后视镜与车把是一体式的设计；2. 两者车座靠背的设计不同，该专利车座靠背整体是模拟了米老鼠头部的卡通形象，而涉案专利车座靠背是一个蝴蝶结形的设计；3. 两者的尾灯设计明显不同，该专利的尾灯组模拟了米老鼠头部的卡通形象，而涉案专利则只有一个尾灯设计。评价报告的初步结论为全部外观设计未发现存在不符合授予专利权条件的缺陷。

一审被告、二审被上诉人、再审被申请人 B 公司认为两者不相同也不相近似，两者具有以下区别：1. 被诉侵权产品的车把整体呈直把设计，后视镜安装在车把上面，涉案专利的车把是 V 形设计，后视镜和车把是一体式设计；2. 被诉侵权产品靠背整体模拟了米老鼠头部的卡通形象，涉案专利是蝴蝶结形的设计；3. 被诉侵权产品的尾灯模拟了米老鼠头部的卡通形象，涉案专利只有一个尾灯；4. 被诉侵权产品的车座两侧的护板和覆盖件的后部标有英文字母 M 图案设计，而涉案专

利该部分没有此图设计；5. 涉案专利中的前轮覆盖件顶部有不规则的“齿”状物设计，而被诉侵权产品相应部位没有此设计；6. 被诉侵权产品前面罩大灯下方的两个转向灯为椭圆形设计，而涉案专利中该部分为圆形设计；7. 被诉侵权产品前面罩与前车轮之间的空隙较小，而涉案专利中该部分的空隙较大。

经一审法院对比，被诉侵权产品与涉案专利均为三轮式儿童车，该童车为前一后二的三轮式设计，车轮之上有车身覆盖件，为整体包裹式设计，从前轮后部延伸至后轮的后部，童车的车把部分带有左右各一个握把和一个后视镜，车把下方为前面罩，前面罩部分带有一个圆形的大灯设计，大灯下方有两个转向灯设计，前面罩和车座之间为踏板部分，车座两侧的护板上各有一个类似米老鼠的卡通图案设计，童车覆盖件后部为尾灯设计，两者存在B公司指出的上述区别点。因而一审法院均驳回了原告的诉讼请求。

最终，本案经向最高人民法院申诉，最高人民法院在裁定中纠正了原一审、二审法院的错误，同时指定广东省高级人民法院再审本案。广东省高级人民法院再审作出了原告胜诉的判决。

【争议焦点】

专利权评价报告除作为人民法院或者管理专利工作的部门决定是否需要中止侵权案件审理的参考依据，与判断被诉侵权产品是否侵权有关。

对于儿童玩具车而言，在涉案专利与被诉侵权产品在车型结构和部件关系、卡通形象特征元素的选择及其与部件的结合方式上存在很多共性，在整车采用了米老鼠形象的情况下，其车尾部使用另外图案但同属于米老鼠形象，应当如何定性？

【案例评析】

我们认为，外观设计专利评价报告所指出的区别都属于细微区别，靠背和尾灯都属于消费者不易观察的部位，所说的三点不同不影响是否侵权的判断。专利权评价报告仅是作为人民法院或者管理专利工作的部门决定是否需要中止侵权案件审理的参考依据，与判断被诉侵权产品是否侵权无关。

被诉侵权产品作为童车，具有非常大的设计空间，因此，局部细微差别不会引起消费者关注，两者构成相近似。再审申请人认为，被诉侵权产品与本专利相比，首先，作为三轮车，车前面罩、前后轮的包裹式挡泥板、整体式的脚踏板、车座下方的包裹结构等并不属于三轮车类产品的必备件，对于这些非必备件的具体造型，尤其是车前面罩、车后轮外挡板的弧形包裹方式在玩具车类产品中应存在较多样的设计形式，而被诉侵权产品与涉案专利相比，在非必备件上采用了多项相同或相近的造型设计，此时，二者在车把、后轮罩下部轮廓上的不同属于局部构件的局部造型角度和位置的细微调整，不会导致二者在三轮车车型上整体视觉效果的明显差异。其次，在卡通形象的应用上，二者均采用了“大耳朵、圆眼睛、大嘴巴”角色特征为设计元素，而且二者在具体形象分配、色彩运用上都存在共性。二者在外观形象和形状上共性的表现和表征需要运用更多的设计手法和方式，而这种表现和表征已经在本案涉案专利中体现。二者在卡通形象特征应用上的区别主要在于车后座靠背形象、尾灯造型，这两点区别均位于车的后部；从一般消费者所具有的能力以及关注度等方面来进行综合考量，在产品车头部分已经具备卡通角色的整体形象的情况下，再将该设计元素直接应用为车座靠背及尾灯造型，对于产品整体的角色化视觉效果并没有产生更大的影响，是这一形象的再次复制和应用；这种改变是一般消费者根据其对于“大耳朵、圆眼睛、大嘴巴”的卡通形象的了解、施以常见的对称以及复制式的替换设计手法即可得到的，并未超出一般消费者的能力范畴；专利复审委员会也认为本案中的被诉侵权产品（无效决定中的涉案专利）的车座靠背以及尾部的卡通角色的头部形象“属于通过常见设计手法即可以得到的改变”，其中车座的靠背造型为大众熟知的卡通角色头部剪影形状，在整车采用了卡通角色形象的情况下属于简单应用；而尾部的卡通角色头部形象亦然，被诉侵权产品这种同一设计元素的重复应用属于比较常见的设计方式。另外，卡通角色的头像这种图案还进一步出现在其两后轮挡泥板上。从整体观察的角度而言，被诉侵权产品相对本案涉案专利设计而言，改变了后靠背和尾灯的形状，这些改变相对于本专利中已有的常见部件所进行的对称式的替换以及重复是一种变化，但是这两种方式均未超出一般消费者的能力。

在广州知识产权法院及广东省高级人民法院均不支持原告（二审上诉人）诉讼请求、国家知识产权局针对被控产品使用专利的评价报告具备专利性的不利情况下，我们在本案二审期间代理原告对被告被控侵权产品使用的该专利提起无效宣告，专利复审委员会宣告被控产品使用的该外观专利无效，该决定获得北京知识产权法院和北京高院的支持；在无效决定作出后，我们向最高人民法院申诉，我们认为被控产品构成对本案涉案专利侵权的观点获得了最高人民法院的支持，并指令广东省高院再审本案，最终为外观设计专利权人争取了应有的权利。

本案对于相同设计元素重复运用的外观设计侵权判定具有一定的参考价值。

【专家点评】

在专利领域，外观设计近似的判断一直是侵害外观设计专利权纠纷案件和专利无效宣告案件中的难点，不确定性和主观性很强。虽然在外观设计的侵权判断以及无效宣告审查中均以外观设计专利产品的一般消费者的知识水平和认知能力为依据，判断外观设计是否相同、近似，在判断时坚持整体观察、综合判断的原则。但在具体个案的判断时，部分设计特征的区别是否会对整体视觉效果产生显著影响，往往成为案件的焦点问题。本案承办律师在一审、二审判决均认定不构成近似的情况下，巧妙另辟蹊径，通过对被诉侵权产品的相关专利提起无效宣告，而不是直接建议当事人申请再审。而其提出的“区别点是一般消费者常见的复制式的替换设计手法”的观点在国家知识产权局的无效宣告程序以及后续的一审、二审行政程序中均得到了采信。最后，在无效行政案件生效的情况下，向最高人民法院申请再审。最高人民法院的指令再审裁定和广东省高级人民法院的再审判决在民事侵权案件中也明确了重复运用同一设计元素的常见设计形式不对整体视觉效果产生显著影响。本案的办案思路对律师办理同类案件具有借鉴、指引的作用，而且该案在外观设计近似判断中确立了一项新的裁判规则，具有典型意义和参考价值。

（点评人：吕甲木，浙江省律师协会知识产权专业委员会主任）

新能源汽车 G 标商标侵权纠纷案

谢有林　黄冬柳*

【内容提要】

本案涉及注册商标核定商品的商品范围界定问题，在《商标法》第 56 条明确规定“注册商标的专用权，以核准注册的商标和核定使用的商品为限”，但《类似商品和服务区分表》仅记载商品/服务项目的名称，并未记载其定义、含义，因此对于有争议的商品其商品范围如何界定，也是商标侵权案件的难点之一。本案以司法认定的方式界定了“汽车”商品项目的商品范围，明确了汽车与电动汽车、新能源汽车属于上、下位概念的关系，对汽车行业厘清汽车商品分类具有极高的典型意义。

【案情简介】

一、案件情况简介

重庆某公司（以下简称原告）以被告一重庆某汽车销售公司、被告二广州某汽车集团公司、被告三广州某汽车乘用车公司在“传祺”系列车型（车型包括：燃油汽车、电动汽车、新能源电动汽车）上使用“G”标志已超出第 8131440 号商标（以下简称被诉商标）核定商品范围，侵犯了其第 5625578 号商标（以下简称涉案商标）核定商品“小型机动车”“电动车辆”的商标专用权为由，对三被告提起商

* 谢有林、黄冬柳，广东哲诚律师事务所律师。

标侵权诉讼，并要求停止使用被诉商标。

涉案商标	被诉商标
核定商品： 小型机动车，电动车辆，公共汽车，（长途）公共汽车，汽车，卧车，汽车底盘，车辆内装饰品，摩托车，三轮运货车	核定商品： 汽车，陆、空、水或铁路用机动运载器，车门，车辆减震器，车窗，陆地车辆刹车片，陆地车辆传动轴，车辆喇叭，车轮防滑装置，汽车车座，车辆防盗设备，方向盘罩，自行车打气筒，架空运输设备，等等

被诉商标是“传祺”系列汽车的产品商标，也是被告二的企业主商标，该商标自2008年启用至今荣获中国驰名商标、广东省著名商标、广州市著名商标等荣誉，并被列入2020年广东省重点商标保护名录。被告二是被诉商标的注册人，其成立于1997年，在2005年改制为由国资委参股的国有控股股份制企业集团，2021年位列世界500强企业第176名，截至2020年已累计向社会提供约1830万辆汽车、1680万辆摩托车，可见被诉商标对于被告二的重要性。

二、律师的代理意见

鉴于原告在“电动车辆”等商品上拥有涉案商标专用权，且核准注册日期早于被诉商标；而三被告使用的被诉商标的核定商品仅包括汽车、汽车零部件等，不包括“电动汽车、新能源汽车”，一旦三被告使用被诉商标的行为被认定为系超出核定商品范围的使用行为，则面临商标侵权的司法审查。

根据《最高人民法院关于审理注册商标、企业名称与在先权利冲突的民事纠纷案件若干问题的规定》第1条第2款①之规定，若认定本案是注册商标与注册商标之间的权利冲突，则应当由行政主管机关行政裁决前置，并非人民法院的立案受理范围。据此，如何举证证明被诉行为是对注册商标核定商品范围的使用是本案最核心的诉讼策略。

---

① 《最高人民法院关于审理注册商标、企业名称与在先权利冲突的民事纠纷案件若干问题的规定》第1条第2款规定：“原告以他人使用在核定商品上的注册商标与其在先的注册商标相同或者近似为由提起诉讼的，人民法院应当根据民事诉讼法第一百二十四条第（三）项的规定，告知原告向有关行政主管机关申请解决。但原告以他人超出核定商品的范围或者以改变显著特征、拆分、组合等方式使用的注册商标，与其注册商标相同或者近似为由提起诉讼的，人民法院应当受理。”

(一)三被告的商标使用行为是对注册商标的合理使用，本案不属于人民法院受案范围

笔者严谨地从商品分类、国家标准、行业标准、政府规章、学术著作以及商标标识等多角度、全方位的分析、论证汽车商品的发展和分类历史沿袭，证明在电动汽车、新能源汽车上使用被诉商标是对注册商标的合理使用，化解了承载上百亿电动汽车市场的侵权风波，经验总结如下：

第一步，通过商标权属证明，证明被告二在“汽车、电动汽车”等商品上已拥有注册商标专用权。

第二步，通过国民经济行业分类、国家标准、中国汽车工业协会的行业证明、专业学术著作以及相关公众的一般认知等角度，证明汽车是电动汽车、新能源汽车的上位概念。严密阐述、论证被诉商标在电动汽车、新能源汽车上的使用是对注册商标核定汽车商品的使用。提供国民经济分类、国家标准、全国汽车行业协会证明、政府规章、国内外书刊杂志、理论学说等材料，证明汽车是电动汽车、新能源汽车的上位概念，其商品范围包含电动汽车、新能源汽车；并提供商标局公告，证明“电动汽车”在2016年才被商标局纳入可接受的非规范商品项目。

第三步，通过相关公众的视角，从功能用途、销售渠道、消费群体分析，证明电动汽车、新能源汽车与汽车的功能用途、销售渠道、消费群体完全相同，属于相同商品。

(二)涉案商标核定商品“电动车辆、小型机动车”与被诉商品燃油汽车、电动汽车、新能源电动汽车不构成类似商品，并结合各方产品类型、消费者的注意力、商标知名度等事实证明二者共存于市不会导致混淆、误认

通过大量书证举证说明涉案商标核定商品“电动车辆、小型机动车”不属于行业术语、非大众所熟知的常用名词，证明涉案商标核定商品与被诉商品既不相同也不类似。提供历年版本的《类似商品和服务区分表》，证明商品项目“小型机动车”“电动车辆”已从规范商品项目中删除；提供国家标准、书刊文献、检索资料证明无法检索到“小型机动车”“电动车辆”的定义，证明“小型机动车、电动车辆”属于特定历史遗留的商品项目，对电动车辆并非电动汽车具有积极的指导意义。

通过涉案商标与被诉商标的实际共存时间已经超过十年且从未发生因商标误认

导致的纠纷事件，证明两商标于市场共存不会导致相关公众混淆、误认。

通过被诉商标实际使用的产品说明原、被告双方明显区分的市场实际，不存在导致消费者混淆误认的风险。本案通过提供被诉商标的资质荣誉证据，证明被诉产品的高知名度；通过提供商标使用证据，证明原、被告双方的主营产品不同、目标消费群体不同；通过结合汽车属于贵重商品的特征及消费者的选购行为反复确认特点，证明因商标误认而导致错误购买产品的情况在汽车行业的发生概率极低。

三、裁判理由及判决结果

对于三被告在被诉商品上是否超出核定商品范围使用问题，一审法院通过比对认定被诉商品上使用的标识为第8131440号G注册商标；通过国民经济行业分类、国家标准、中国汽车工业协会行业证明认定“汽车属于电动汽车、新能源汽车的上位概念，电动汽车、新能源汽车属于汽车的一类，是由电能作为动力来源之一的汽车”，从而认定三被告在新能源汽车、电动汽车上使用“G”商标属于在核定商品“汽车”上的使用，没有超出第8131440号注册商标核准使用范围。

据此，一审法院以三被告在“传祺”系列车型上使用第8131440号注册商标未超出其核定使用的商品范围，认定本案属于两个注册商标之间的纠纷，不属于法院民事诉讼的受案范围为由，裁定驳回原告的起诉。二审法院裁定驳回上诉并维持一审裁定。

【争议焦点】

争议焦点1：被诉商标的使用是否超出核定商品范围。笔者从商品分类、国家标准、行业标准、政府规章、学术著作等多角度分析、论证汽车是电动汽车、新能源汽车的上位概念，被诉商标的使用是规范的注册商标使用行为。

争议焦点2：若被诉商标使用超出商品核定范围是否侵犯涉案商标专用权。笔者通过大量书证证明电动车辆、小型机动车的商品范围定义不明，与被诉商标所使用的商品不构成相同或类似商品，二者共存不会导致相关公众混淆、误认。

【案例评析】

一、在国家倡导大力发展新能源汽车的时代背景下，本案对厘清电动汽车、新能源汽车与电动车辆、小型机动车的商品划分具有典型意义

第一，本案认定电动汽车、新能源汽车与汽车属于上下位概念的包含关系，重新定义以电动汽车为主的新能源汽车在商品分类中的法律内涵和外延，具有典型的指导意义。本案在证明汽车分类上做了大量的检索和研究工作，从国民经济分类、国家标准、行业证明、政府规章、国内外书刊杂志乃至《类似商品与服务区分表》历年修改的历史沿袭等举证，证明汽车的商品定义、汽车与电动汽车、新能源汽车的关系。

第二，本案对认定《类似商品与服务区分表》的删除商品/服务项目与商标局纳入可接受的非规范商品的关系提供实践指导意义。本案法院认定《类似商品与服务区分表》的删除商品项目“电动车辆”商品与商标局纳入可接受的非规范商品“新能源汽车、电动汽车”不构成类似商品，从而化解原告利用其在先注册的涉案商标制止被告二在传祺系列新能源汽车上使用“G”商标的重大危机。据此，本案已经入选广东知识产权保护协会2020 年度知识产权典型案例。

二、本案对解决规范商品项目之间的权利范围界定，及非规范商品项目与规范商品项目的权利范围界定提供证明标准及指引

笔者认为在处理商标侵权诉讼时，应审查涉诉的标识是否属于已注册商标，以及被诉的侵权行为是否属于在核定商品上的规范使用商标的行为。由于市场经济的快速发展，商品项目的名称也会与时俱进地发生变化、更新乃至消亡，对于新出现的非规范商品名称但在先注册商标没有涵盖，此时应当根据商品的功能、用途、销售渠道、消费对象等要素对其进行商品范围的界定，本案对于认定非规范商品项目与规范商品项目是否属于包含关系提供了一套完整的论证的证据标准，即通过：

第一步，依据分类书对新增商品项目的修改沿袭及背景，证明该名称未能及时注册的正当性；

第二步，通过国家标准、行业标准、国家行政法规、部门规章阐述新增商品的内涵及外延，论证其与上位概念商品的逻辑关系；

第三步，通过国家图书馆就专业杂志、行业学术论文及权威网络检索，从相关公众的认识层面论证对新增商品与上位概念商品已经形成稳定、唯一的认识常识；

第四步，通过《类似商品与服务区分表》对旧商品项目的删除进行补充论证，在顺应市场和消费实际的进程中，新增商品项目没有改变与上位概念商品项目的同一性。

通过上述的论证步骤，为解决涉诉商品与没有纳入或已经删除的商品项目如何认定相同或类似的司法难题提供解决思路和证据指引。

【专家点评】

注册商标专用权是一项法定的无形财产权，根据《商标法》第 56 条之规定，注册商标的专用权以核准注册的商标和核定使用的商品为限。在商标侵权案件的司法实践中，无论是注册商标的合理使用的认定还是侵犯注册商标专用权的定性，均是以商品或服务构成相同/类似为前提。

《类似商品和服务区分表》本身具有滞后性，如何界定非规范商品名称的内涵和外延是司法实践的热点和难点问题。本案代理律师在“新能源汽车 G 标”商标侵权案中，以《类似商品和服务区分表》为基础，通过国家标准、行业惯例、消费者的认知并结合商品特征，解释了汽车商品的权利边界，通过本案以司法认定的方式界定了“汽车”商品的范围，明确了汽车与电动汽车、新能源汽车的上下位概念关系，对汽车行业厘清汽车商品分类具有极高的典型意义。本案还对注册商标非规范商品名称的认定提供了一套较完整的论证方法，对认定非规范商品名称的权利边界具有积极的参考作用。

（点评人：董宜东，广东太平洋联合律师事务所主任律师，广东省法学会知识产权法学研究会副会长，广州市律师协会商标法律专业委员会主任）

住房变危房，无证重建被强制拆除如何赔偿

唐高翔*

【内容提要】

本案委托人何某某是国有土地上房屋产权人，且为唯一产权住房，其房屋被鉴定为危房后，重建时并未取得《建设工程规划许可证》。其所在地块纳入征收红线范围后，广州市某区城市管理和综合执法局（以下简称区城管局）对其作出《违法建设处理决定书》，广州市某区人民政府某街道办事处（以下简称当地街道办）拆除其房屋。广州市某区人民政府（以下简称当地区政府）始终未发布《征收决定》，当地街道办单方委托评估公司评估其房屋弃产补偿价 289 万余元，严重偏低。区城管局对何某某作出《违法建设处理决定书》，是合法行为还是应当撤销？当地街道办拆除其房屋的行为是否违法？当地街道办单方委托作出的弃产补偿评估价是否应当采信？原告如何推翻评估报告进而采用合理价格赔偿？本案经历了一审判决、二审裁定发回重审、重审后作出判决，经当地街道办协调，何某某与第三方签订转让权益协议，获得合理转让对价。

【案情简介】

何某某有两层房屋，90 年代办理了国有土地使用证。2015 年 1 月，该房屋被鉴定为危房。2016 年，何某某拆除该两层房屋，新建五层房屋，但未取得建设工程

---

* 唐高翔，北京市炜衡（广州）律师事务所律师。

规划许可证。2017 年，该地块纳入政府征收红线，拟建为道路。当地街道办多次与何某某沟通，未达成协议。2018 年 1 月，电表被拆除；2018 年 8 月，区城管局对何某某作出《违法建设处理决定书》；2018 年 9 月 30 日，当地街道办等拆除该房屋。当地区政府尚未发布征收决定，该地段已建成道路，当地街道办两次委托评估公司，评估弃产补偿价 289 万元，严重偏低。何某某不服《违法建设处理决定书》，不服拆除房屋和拆除电表的行政行为，也不同意 289 万元补偿，遂提起了一系列行政复议、行政诉讼，并就评估报告两次向省财政厅提交专业投诉，要求就评估报告予以调查并对责任人及评估机构予以处罚。

最终，原告何某某以较合理转让对价，与第三方达成转让协议。

这一批案件总计十多起诉讼，另有大量非诉讼事务。

1. 代理撤销城管局《违法建设处理决定书》案件，二审判决撤销《违法建设处理决定书》；2. 代理确认当地街道办事处强制拆除原告何某某房屋违法并主张国家赔偿一案，一审判决确认强拆违法并赔偿 289 万元，二审以主要证据发生变化为由裁定发回重审，发回重审后再次代理，确认强制拆除房屋违法并主张按《国有土地上房屋征收与补偿条例》与《广州市国有土地上房屋征收与补偿实施办法》各项目中最高标准赔偿。就评估价格问题，我们与评估专家多次交流，并深入研究，向省财政厅两次提交专业的投诉文件，申请其依法调查并作出处罚。第一次投诉直接导致二审法院裁定发回重审。在发回重审案件处理中，我们向法院提交了最高人民法院处理征收补偿的大部分同类案件，从多方阐述了评估价值的不公平、不合理，并对附近楼盘商品房价格做了公证。法官也多次与当地街道办沟通调解，未达成一致。最终，法院仍以评估价格作出判决。判决后，经当地街道办协调，何某某以相对合理权益转让价格签署转让权益协议，撤回起诉和上诉而结案。

【争议焦点】

1. 区城管局对何某某作出的《违法建设处理决定书》是否应当撤销？

2. 当地街道办单方委托评估机构作出的评估报告，原告并未参与也无法提出异议，且当地区政府并未作出征收决定，原告应如何合法否定其证据效力？

【案例评析】

对于上述第一个焦点问题，我们最初的代理思路是从区城管局未适用《广州市城镇私有危房修缮和改造管理规定》，适用法律、法规错误；区城管局作出《违法建设处理决定书》长达两年，远超法定期限，严重违反法定程序；且其依据的规划与自然资源局复函应当撤销，主要证据不足等角度主张撤销。法院判决未审查以上法律法规适用、程序问题、证据问题，二审判决以涉案地块已纳入征收范围，区城管局作出《违法建设处理决定书》属于重复处理为由，判决撤销《违法建设处理决定书》。

对于上述第二个焦点问题，我们作了两方面努力。一是对评估报告的深入研究，我们确定第一次评估报告直接违反《国有土地上房屋征收与补偿条例》的强制性规定，所以对方评估公司在被投诉前主动提前撤回了评估报告，以免被罚。第二次对方作出的《追溯性评估报告》显然准备的充分得多，我们对其定义、案例、相关评估准则做了长时间研究，并与评估专家沟通交流后，最终认为，对报告的使用范围不应当包括诉讼，在这个基础上提交了全面、专业的投诉意见、投诉材料，以便否定评估报告的证明力。二是我们提供了附近八个楼盘均价，并做了公证，在否定评估报告之后，争取法院采信公证后的楼盘价格作出判决。

最终，法官在两个悬殊的价格之间与双方沟通协调数次，无法达成一致意见，以评估价作出判决。同时，在评估公司接受调查之前，当地街道办协调第三方就权益转让与委托人何某某、曾某某签订协议，达成了一个各方均可接受的转让协议。

在办理该案过程中，我们对评估价格做了详尽的研究，并且两次提交专业投诉意见。第一次的资产评估报告直接违反《国有土地上房屋征收与补偿条例》强制性规定，资产评估机构主动撤回评估报告，第二次我们对资产评估行业的所有评估准则做了极为详尽的研究，最后提交了专业投诉意见与数百页书面投诉资料，并请求广东省财政厅成立调查组进行调查，对签字资产评估师及资产评估机构，还有报告的使用者依法予以处罚。

【专家点评】

本案是一起常见的征收拆迁纠纷。原告唯一有产权的房屋被认定为违法建设，征收评估价格亦严重偏低。在这种情况下，律师代理本案面临多重挑战。首先，是撤销《违法建设处理决定书》，为争取合理赔偿排除障碍；其次，是从法律上否定严重偏低的评估报告的证明力，为适用公平价格创造条件；最后，是通过公证附近楼盘商品房价格，以及艰辛的谈判，为委托人赢得了相对公平的转让对价。

唐高翔律师能够深入研究案件，通过新的思路和扎实的法律服务，最终为委托人赢得较为公平的结果，值得鼓励和支持。

（点评人：朱少波，广州市律师协会行政法律业务专业委员会主任）

"挂名法定代表人"可以涤除"挂名"事项

——罗某诉某公司等人变更公司登记纠纷案

张海燕　黄考文*

【内容提要】

在现实生活中，公司的老板一般为公司的法定代表人。但随着我国相关法律制度的完善，对公司案件的执行一般会对公司的法定代表人采取执行措施。为此，越来越多的公司老板不愿担任公司法定代表人，一些公司让员工、朋友担任法定代表人。如"挂名法定代表人"不愿继续担任公司的法定代表人，必须经过股东（大）会、董事会，作出相关免除原法定代表人及任命新法定代表人的决议。

现实中大多数情况下，公司股东（大）会、董事会因各种原因无法作出有效决议，进而无法将"挂名法定代表人"变更。本案处理过程中，运用了创新性思路，解决了在公司股东（大）会、董事会无法作出有效决议下，如何变更"挂名法定代表人"等登记事项。

【案情简介】

（一）案件背景

2015年，罗某作为某公司的员工，被选举为某公司的法定代表人、董事长，但实际上代表某公司行使公司权利的仍是公司股东。于是，罗某便担任了某公司的

---

* 张海燕、黄考文，广东辩明律师事务所律师。

“挂名法定代表人”。

2017 年 5 月，罗某从某公司离职并要求某公司变更法定代表人，但某公司一直不予办理法定代表人等变更手续。而后，罗某也以各种形式向某公司提出不再担任法定代表人和董事长等要求，但某公司均以各种理由拖延不予办理。

2019 年 7 月，罗某向清远市某区市场监督管理局发出《关于请求清远市某区市场监督管理局撤销公司登记的函》，请求该局协助办理法定代表人的工商变更登记事宜。同时，罗某向某公司、公司股东发出《关于要求某公司办理变更法定代表人手续的告知函》，催促某公司、公司股东办理变更法定代表人等事宜。

与某公司、公司股东沟通无果后，罗某委托律师代为处理，并向清远市某区人民法院提起诉讼，请求法院判令某公司履行法定代表人等事项的变更手续，股东予以协助。

（二）一审诉讼过程及裁判结果

一审诉讼阶段，罗某及代理人向法院提供了其已不在公司工作，并且已通过多种途径要求公司变更法定代表人等登记事项但公司均不予配合等相关证据及相关辩论意见。

《企业法人法定代表人登记管理规定》① 第 6 条规定，企业法人申请办理法定代表人变更登记，应当向原企业登记机关提交下列文件：1. 对企业原法定代表人的免职文件；2. 对企业新任法定代表人的任职文件；3. 由原法定代表人或者拟任法定代表人签署的变更登记申请书。办理公司法定代表人的变更登记是公司应当履行的义务，申请变更登记的一方应当举证证明公司已经具备了办理法定代表人变更登记的条件，公司已经制作了法定代表人变更登记所需的合法、有效的文件。而在本案中，某公司未配合出具有效变更登记文件，导致罗某无法提供该等文件。因此，一审法院认为在罗某无法提供公司有效决议文件的情况下，法院不宜以司法裁决的强制手段变更公司登记事项。

2019 年 10 月 15 日，清远市某区人民法院一审判决驳回罗某的全部诉讼请求。

---

① 《企业法定代表人登记管理规定》已因 2022 年 3 月 1 日《市场主体登记管理条例》正式实施而失效。

（三）二审诉讼过程及裁判结果

1. 二审代理律师主张观点

首先，罗某于 2017 年 5 月离职，离职后即未实际担任法定代表人职务，事实上不能也不可能履行法定代表人和董事长职务。且根据某公司的任职书，任职期限为三年，现早已届满。罗某自 2017 年 5 月起以各种形式向公司、股东提出不再担任法定代表人和董事长的要求，并且分别于 2018 年 8 月 11 日、2018 年 9 月 11 日、2019 年 1 月 9 日、2019 年 3 月 13 日通过微信进行催告，但均被各种理由拖延一直不予办理。罗某于 2019 年 7 月 20 日以书面形式要求公司配合办理变更手续。

其次，公司股东是某公司的实际控制人，罗某在某公司并无实质权力。且罗某早已离职，不可能形成变更法定代表人的有效文件。

再次，罗某此前已通过各种途径寻求解决但均无果，司法救济是罗某的最后救济途径。罗某事实上不参与公司任何管理，并明确表示不再担任法定代表人、董事长职位，如不予判决变更将使罗某丧失最后的救济途径。且某公司与案外人存在纠纷，由于某公司恶意不履行生效判决，导致罗某被限制高消费，在罗某并非某公司法定代表人的情况下，仍要罗某承担法律责任，有违公平原则。

最后，法定代表人改选和变更虽然是公司自治范畴，但在某公司明显不予配合的情况下，涉案争议无法通过公司自治程序完成。故，应当由法院判决变更法定代表人等登记事项。

二审诉讼过程中，代理律师也向二审法院提供了相应新证据，如证人证言、董事长任职书、董事任职书、监事任职书、限制消费令，以证明罗某担任公司的董事长及董事的期限已届满，并不适合再担任公司的董事长及董事，且罗某早已从公司离职，与公司不存在任何实质性关联关系，且继续担任公司的法定代表人对罗某产生了严重影响。在庭审辩论时，代理律师也从设立法定代表人制度的立法原意入手，详细阐明罗某已穷尽所有方式要求公司变更登记事项但均无果，并且罗某作为"挂名法定代表人"已与某公司不存在任何实质性关联关系，不符合《公司法》关于法定代表人制度的立法精神及立法原意。

2. 二审法院观点及裁判结果

某公司变更工商登记，涤除其董事长及法定代表人的职务，并要求两个股东协助。根据罗某提交的证据，其于 2015 年 9 月 9 日被选举为某公司董事长，任期三年。至罗某提起本案诉讼时，任职期限已经届满，并无证据证明罗某连任，故对罗某要求涤除董事长的工商登记，予以支持。

法人属于法律拟制人格，其对外开展活动主要通过法定代表人进行，这一特征要求法定代表人与公司存在实质性的关联。罗某担任董事长的任期已届满，且根据提供的证据，可以证明罗某已经长时间未参与公司的经营管理，公司由股东实际控制，罗某已不具备继续担任法定代表人的基本条件，起诉要求某公司涤除该项登记符合本案的事实，两名股东应当给予必要的协助。

此外，罗某在诉讼前已经多次向某公司的股东提出变更法定代表人的要求，股东在承诺变更后并未实际履行。法院判决涤除罗某法定代表人的登记事项后，可能引起的登记事项不完整的风险，由某公司和股东自行承担。

2020 年 3 月 31 日，二审法院作出二审判决，判决撤销原一审判决，以及判决某公司至工商登记机关涤除罗某作为公司董事长及法定代表人的登记事项，公司股东予以协助。

3. 判后执行过程及结果

二审判决生效后，罗某于 2020 年 8 月 1 日申请法院强制执行。在执行过程中，法院要求市场监督管理局协助执行，但被市场监督管理局告知，根据《企业法人法定代表人登记管理规定》等相关规定及其内部工作细则，变更公司法定代表人、董事长等事项，需具备公司股东（大）会、董事会的相关决议文件，但目前某公司不予配合及无法提供相关决议文件，市场监督管理局无法配合法院完成执行工作。

在执行工作陷入困局的情况下，代理律师积极向区级市场监督管理局、市级市场监督管理局以及省市场监督管理局沟通案件执行情况。在沟通过程中，代理律师向市场监督管理局建议如无法变更法定代表人等事项的情况下，可以尝试将法定代表人等登记事项予以屏蔽处理。最终在市场监督管理局、法院、本律师的共同努力配合下，市场监督管理局在国家企业信用信息公示系统上屏蔽了罗某作为公司法定代表人等登记事项。

【争议焦点】

在无公司股东（大）会、董事会等权力机关作出变更法定代表人、董事长等决议文件，且“挂名法定代表人”已穷尽所有途径向公司要求变更法定代表人、董事长等登记事项的情况下，是否可以用司法强制手段干涉公司的意思自治事项，以此变更公司相关登记事项？

【案例评析】

1. 本案最终能够使市场监督管理局在国家企业信用信息公示系统上屏蔽罗某为公司法定代表人等登记事项，关键在于诉讼前罗某向某公司发函，如《关于要求某公司办理变更法定代表人手续的告知函》《关于召开某公司董事会落实免去罗某担任法定代表人、董事长职务及改选的通知》，以此向法院表明已多次提出变更法定代表人的要求，某公司的股东承诺后并未实际履行；罗某在事实上已不具备继续担任法定代表人的基本条件；且罗某通过各种途径寻求解决均无果，司法救济是最后救济途径，罗某与某公司已无实际性关系。

在无明确法律规定，且未有公司股东（大）会、董事会作出有效变更公司法定代表人、董事长等事项的情况下，从《公司法》对于法定代表人制度的立法精神、不能变更登记事项造成的社会问题着手，另辟新的诉讼思路，也是本案能够取得胜诉的一大关键。

2. 同时，本案的胜诉也带来现实中执行的困难。在整个执行过程中，积极与法院及市场监督部门沟通。将由代理律师与法院的沟通模式，变为由代理律师与市场监督部门、法院多方联动沟通的模式。向市场监督管理局发函，多次请求其向上级管理部门反映问题。引导各方以创新思路执行生效判决，创新解决方法，协助法院与广东省市场监督管理局创新执行模式，以在国家企业信用信息公示系统上屏蔽罗某为公司法定代表人完成执行工作，切实解决了实践中出现的执行难题。这是解决司法与执行困境的创新实践，也是法律服务的创新。

3. 国内大多数司法判例对同类案件均采取的是以起诉不符合法定受理条件而直接驳回起诉，直至2020年最高人民法院才裁定该类案件属于法定受理事项。但法院受理后，仍会以变更事项属于公司意思自治以及不具备变更条件等为理由，驳回其请求。在实务中，市场监督管理局也往往无法主动进行干预，从而导致“挂名法定代表人”无法诉讼、投诉无门、无法维权，其只能承担挂名的后果，严重影响正常生活。

本案的胜诉，以及最终在国家企业信用信息公示系统上屏蔽当事人为公司法定代表人等登记事项，对同类型案件的审判及执行均具有典型示范意义，为广东同类型案件提供了裁判参考。

【专家点评】

近年来法院执行力度加大，常对法定代表人采取纳入失信名单、限制高消费等强制措施，导致“挂名法定代表人”应运而生，因此挂名的退休老人、员工就会被限高后诉至法院。原来法院裁判主流原则认为公司涤除原法定代表人登记事项是公司的自治事项，强制变更法定代表人会导致公司没有法定代表人的尴尬局面。针对此类案件，法院将会以起诉不符合法定受理条件直接驳回起诉了结，直至最高人民法院 2020 年曾就具体案例出具裁定认为属于法定受理事项才有所改变。但问题仍未得到彻底解决，后续法院仍以变更属于公司意思自治以及不具备变更条件等理由，驳回“涤除原法定代表人登记事项”的请求。实务中，工商局也无法干预处理，导致了“挂名法定代表人”无法诉讼、投诉无门、没有维权的途径，只能承担挂名的后果，严重影响了正常生活。

社会高速发展，法律滞后是不可避免的。本案例突破公司不能作出有效决议的局限性，在受诉法院明确表示从未审理并判决过同类案件，乃至广东省高院也未有支持同类案件的情况下，代理律师深入研究，以解决法院顾虑为突破口，创新举证模式，以“向工商部门要求变更不受理”“要求召开董事会议作出有效决议遭拒”组成矩阵式证据，充分展示公司阻碍条件成就，穷尽所有救济途径都无法合法完成变更手续，最终打动二审法院支持了涤除原法定代表人登记事项。

胜诉的判决后续还遭遇了无法执行的情况，法院、广东省市场监督管理局及代理律师三方联动，创新执行措施，以在国家企业信用信息公示系统上屏蔽当事人为公司法定代表人的形式完成了执行工作，对此类案件的审判及执行具有典型示范意义，为广东同类型的案件提供了裁判参考。

（点评人：余苏，广东省律师协会公司法律专业委员会副主任）

一场巨额土地出让金追缴博弈战

——某房地产开发公司土地行政管理纠纷案

刘育昌 郭凯妮*

【内容提要】

因历史原因，在签订之时并未对容积率进行明确约定的土地出让合同，其土地出让金计价评估时点应当如何确定？代理律师从这一关键问题入手，结合现行国家法律及相关政策规定，最终使二审法院将土地出让金计价评估时点确定为土地取得规划设计条件的时点，由此计算得出的补缴土地出让金额得到大幅度降低，维护了行政相对人的合法权益。

【案情简介】

（一）基本案情

某某市国土规划部门对某房地产开发公司（以下简称 A 公司）作出了一份函件，认为 A 公司于 2012 年通过法院协助执行方式获得的涉案地块原出让合同未约定容积率，按某某市目前政策，应按净容积率 1.8 设定原出让合同的出让建筑面积，并按国土规划部门依法受理补缴出让金申请时，新规划容积率条件下，市场评估楼面地价来计算补缴的土地出让金。经 A 公司初步核算，需要补缴的土地出让金约数亿元。

---

* 刘育昌、郭凯妮，广东法丞汇俊律师事务所律师。

对于该地块的规划容积率情况，1998 年签订的原出让合同中并未具体约定；2008 年，规划部门就该地块出具规划设计条件，显示地块容积率为≤3.0；2013 年、2016 年经规划部门批复的修建性详细规划中，也显示涉案地块容积率为 3.0。

关于调整容积率需补缴土地出让金的计算标准，国务院部门曾于 2010 年 12 月规定经依法批准调整容积率的，应按批准调整容积率时的土地市场楼面地价，核定应补缴的土地出让价款；某某市方面规定，该市国土规划部门于 2018 年出台了××号文，规定补缴土地出让金需按国土规划部门依法受理补缴出让金申请时，新规划容积率条件下市场评估楼面地价计算，该文作为某某市国土规划部门要求 A 公司补缴土地出让金的计算依据。

A 公司因不服某某市国土规划部门作出的上述要求补缴土地出让金的函件，提起了行政诉讼。

（二）处理过程

本案主要有两个重点，一是涉案函件是否具有可诉性，二是涉案函件是否具有合法性。代理律师在处理该案时着重围绕这两个重点对案件进行挖掘分析。

1. 涉案函件是否具有可诉性

《行政诉讼法》第 25 条第 1 款规定："行政行为的相对人以及其他与行政行为有利害关系的公民、法人或者其他组织，有权提起诉讼。"涉案函件是某某市国土规划部门针对 A 公司提出不需要补缴土地出让金的回复，函件中明确要求 A 公司应按规定补缴土地出让金，并明确了计收补缴土地出让金的计容建筑面积以及土地出让金的计算标准，对 A 公司的权利义务产生实际影响，属于人民法院行政诉讼的受案范围，具有可诉性。因此，某某市国土规划部门主张涉案函件对 A 公司不产生实际影响，不具有可诉性缺乏理据。

2. 涉案函件是否具有合法性

（1）按照 2018 年××号文规定的受理时点计收涉案地块补缴的出让金，违反了程序正当原则。

第一，某某市最早在 2010 年就已出台"历史上已签订出让合同未明确规划建筑面积的用地需补缴土地出让金"的政策规定（2010 年××号文）。此时涉案地块具备计收出让金的全部技术数据，但某某市国土规划部门却怠于履行职责，并未在上述政策出台后及时通知 A 公司补缴涉案地块的出让金。

本案中，涉案地块虽于1998年签订的原出让合同中未约定容积率，但规划部门于2008年已出具规划设计条件，明确涉案地块容积率为≤3.0，在之后2013年、2016年经规划部门批准的修建性详细规划中，也载明涉案地块容积率为3.0。因此，涉案地块的容积率于2008年已经得到明确且之后未发生过变化。

鉴此，从国土管理层面而言，涉案地块虽未在1998年签订的出让合同中明确容积率，但已在2008年的规划设计条件中明确了地块规划容积率为“≤3.0”。因此，如认为涉案地块属于“历史上已签订出让合同未明确规划建筑面积的用地”，需要补缴超出容积率1.8计容建筑面积以外的土地出让金，那么在2010年××号文出台时，涉案地块就已具备计算该超出容积率1.8计容建筑面积以外的出让金的条件。根据依法行政、程序正当原则，某某市国土规划部门如认为A公司需要补缴土地出让金，则应在2010年××号文出台后，及时履行土地出让金的征收职责，明确告知A公司补缴出让金。但是，A公司在涉案函件之前并未收到某某市国土规划部门有关需按照2010年××号文补缴土地出让金的通知。

第二，2012年与A公司签订涉案地块《土地利用协议》时，某某市国土规划部门也未要求A公司补缴出让金，还向A公司核发了国有土地使用权证。

2012年，A公司通过转让获得涉案地块使用权，并于2012年与国土规划部门签订《土地利用协议》。此时，某某市关于“历史上已签订出让合同未明确规划建筑面积的用地需补缴土地出让金”的政策规定于2010年已出台，某某市国土规划部门作为其辖区内负责国有土地使用权出让监督管理工作的行政机关，负有核查及追收其认为应收的土地出让金的职责，而《土地利用协议》本质上亦是原国土出让合同的补充合同，因此某某市国土规划部门如认为A公司应当补缴出让金，显然此时也应当通知A公司进行补缴。但是，某某市国土规划部门不仅未通知A公司补缴出让金，还向A公司核发了国有土地使用权证。

第三，涉案地块2012年之后陆续办理了包括预售证在内的各项开发证照，并于2016年项目房屋基本售罄，某某市国土规划部门仍未告知A公司需要补缴出让金。

涉案地块所建项目自2012年之后陆续办理了包括预售证在内的各项开发证照，并于2016年基本售罄，但是某某市国土规划部门在此过程中从未告知A公司需要补缴出让金，直至A公司在2017年办理项目确权手续时才通知需要补缴。

第四，某某市国土规划部门从2010年开始怠于履行职责，现又根据后出台的2018年××号文规定，按受理时点及新的补缴标准计收A公司巨额的出让金，程序明显不正当。

如前所述，2018年××号文的最前身是2010年××号文，2018年××号文按受理时点的市场评估价计收补缴的出让金，2010年××号文按调整时点的基准地价计收出让金，两文相比，2018年××号文大大增加了所要补缴的金额。如果认定A公司属于“历史上已签订出让合同未明确规划建筑面积的用地”需补缴出让金，某某市国土规划部门早应在2010年××号文出台时，通知A公司按照2010年××号文规定补缴出让金。但是某某市国土规划部门却怠于履行职责，现又要求按照2018年××号文规定的更高标准计收A公司巨额的出让金，显然违反了程序正当原则，所导致的结果严重不公平。

（2）按2018年××号文规定的受理时点计收涉案地块补缴的出让金，违反了信赖保护原则。

某某市国土规划部门未在2010年××号文出台后，及时通知A公司补缴出让金，又未在2012年与A公司签订《土地利用协议》时，告知A公司补缴出让金，并向A公司核发了国有土地使用权证。A公司作为行政相对人，接受某某市国土规划部门的管理，对于某某市国土规划部门在有相关政策出台后，一直未通知补缴出让金并核发土地证、配合办理项目商品房预售证等一系列行政行为，有理由相信涉案地块不属于“历史上已签订出让合同未明确规划建筑面积的用地”，无须补缴出让金。根据信赖保护原则，A公司的这种信赖应当受到保护，不应要求A公司按照受理时点的标准补缴出让金。

（3）按2018年××号文规定的受理时点计收涉案地块补缴的出让金，违反了行政法比例原则，明显不公平、不合理。

第一，计收涉案地块补缴的出让金时，应充分考虑其历史背景和行政惯例。

涉案地块1998年签订的出让合同未约定容积率，是因为当时我国容积率机制不完善所导致的历史问题，并不能归责于A公司。而且，随着容积率机制的不断完善，涉案地块也于2008年取得了合法的规划设计条件，明确了地块的规划容积率为“≤3.0”，历史上1998年出让合同的容积率已经得到完善，而实际建成的项目也未超过给定的规划容积率3.0。对于涉案地块的上述历史背景，某某市国土规划部门在处理涉案地块出让金问题上，应当予以充分考虑。

而且，2010 年 × ×号文出台后，某某市国土规划部门对于历史上已签订出让合同未明确规划建筑面积的用地，已对大部分公司按照 2010 年 × ×号文进行了主动追缴，亦有一些公司按该文进行了主动缴交，这是当时的行政惯例。这些公司缴交的标准都是按照 2010 年 × ×号文执行。因此，某某市国土规划部门要求同一时期的 A 公司按 2018 年 × ×号文规定补缴出让金，与其行政惯例不相符，将会导致不公平、不合理的结果。

第二，涉案项目如按受理时点的市场评估价计收补缴出让金，明显不公平、不合理。

就涉案地块而言，如按照受理时点的市场评估价计收需补缴的出让金，那么 A 公司所要补缴的出让金单价已经和涉案项目当时的销售单价相当，即项目所有销售收入均需用于补缴土地出让金，结果明显不公平，利益严重失衡。

（三）裁判理由及结果

一审法院认为：涉案函件具有可诉性；涉案地块在 2013 年即已批准调整容积率为 3.0，之后未发生变化，A 公司尚未申请补缴出让金，某某市国土规划部门以受理 A 公司申请补缴出让金的时点为土地估价时点违反国土资发〔2010〕 × ×号文的规定，应当以 2013 年修建性详细规划批准容积率的时间作为出让金补缴评估核定时点，遂判决撤销涉案函件。

二审法院维持一审撤销涉案函件的判决，并以涉案地块在 1998 年首次出让时并未约定容积率标准，在 2008 年的规划设计条件容积率确定为 ≤3.0，以该容积率确定时间作为评估时点计算出让金，符合相关规定及用地实际情况为由，将出让金补缴评估核定时点调整为 2008 年，即规划设计条件批准确定容积率的时间。

【争议焦点】

1. 某某市国土规划部门作出的涉案函件是否具有可诉性？
2. 某某市国土规划部门作出的涉案函件是否具有合法性？

【案例评析】

针对上述争议焦点，结合一审、二审的判决情况，评析如下。

关于某某市国土规划部门作出的涉案函件是否具有可诉性，依据《行政诉讼法》第25条第1款的规定，涉案函件不仅明确要求A公司应按规定补缴土地出让金，还对计收补缴土地出让金的计容建筑面积以及土地出让金的计算标准进行明确，显然对行政相对人的权利义务产生实际影响，依法属于行政诉讼的受案范围。

关于某某市国土规划部门作出的涉案函件是否具有合法性，我们认为涉案函件对于涉案地块土地出让金计价评估时点的确定违反了程序正当原则、信赖保护原则及比例原则。第一，某某市2010年××号文对“历史上已签订出让合同未明确规划建筑面积的用地需补缴土地出让金”有相应规定，且涉案地块在2010年已具备计收出让金的全部技术数据，某某市国土规划部门不仅未及时向A公司追缴土地出让金，还在后续追缴中依据2018年出台的政策规定错误认定土地出让金计价评估时点，以更高标准向A公司追缴土地出让金，程序明显不当。第二，由于某某市国土规划部门在有相关政策出台后，一直未通知补缴出让金并存在核发土地证、配合办理项目商品房预售证等一系列行政行为，行政相对人有理由相信涉案地块不属于“历史上已签订出让合同未明确规划建筑面积的用地”，无须补缴出让金，A公司的这种信赖理应受到保护。第三，计收涉案地块补缴的出让金时，应充分考虑其历史背景和行政惯例。涉案地块签订的出让合同未约定容积率是机制不完善的历史遗留问题，而且在2010年××号文出台后，某某市国土规划部门对于历史上已签订出让合同未明确规划建筑面积的用地，也已对大部分公司按照2010年××号文进行了追缴，现在却要求同一时期的A公司按2018年××号文规定补缴出让金，与其行政惯例不相符，亦导致行政相对人的合法利益严重受损。

因此，某某市国土规划部门要求A公司按照2018年××号文的规定，按受理补缴出让金申请时的时点作为土地出让金计价评估时点是错误的，其作出的涉案函件应当予以撤销。对此，一审、二审法院均采纳了代理人的意见，支持判决撤销某某市国土规划部门作出的涉案函件，且经上诉，二审法院纠正了一审法院认为应以2013年取得修建性详细规划的时点作为土地出让金计价时点的观点，明确A公司补缴土地出让金的时点应以 2008 年取得规划设计条件的时点为准，大幅度降低了 A 公司应补缴的出让金金额，取得了非常好的代理效果。

【专家点评】

这是一起土地行政管理纠纷案件，如何确定土地出让金计价评估时点是本案的最大的争议焦点。国土资源部于 2010 年 12 月出台的国土资发〔2010〕204 号文中对“土地出让金计价评估时点如何确定”有相应的规定，该文规定经依法批准调整容积率的，应按批准调整容积率时的土地市场楼面地价核定应补缴的土地出让价款。最终二审法院确定应以 2008 年取得规划设计条件的时点为土地出让金计价评估时点，使 A 公司应补缴的出让金金额大幅度降低，维护了行政相对人的合法权益，更符合历史背景和行政惯例。目前，行政机关要求企业补缴土地出让金的情况很常见，土地出让金计价评估时点如何确定与土地出让金补缴金额的计算有着必然联系，若行政机关错误认定评估时点，将对行政相对人的合法权益造成严重影响。本案亮点在于代理律师抓住了土地出让金计价评估时点被错误认定的这一关键点，使得土地出让金补缴金额大幅降低，不仅取得非常好的代理效果，同时对于同类型案件也具有参考意义。

（点评人：邱新，暨南大学法学院副教授）

集体经济组织成员资格认定的司法裁量标准

唐　勇　冯　劲*

【内容提要】

农村集体经济组织成员资格的确定和集体收益分配等问题，属于农村集体经济组织的自治范畴，农村集体经济组织可以自行确定其成员资格的条件，并经营管理集体资产。一般而言，农村集体经济组织的章程可以作为认定村民是否具有成员资格和享有股份分红的依据，但有违反法律规定、损害妇女合法权益的规定除外。农村集体经济组织在认定村民是否具有成员资格和享有股份分红时，应秉承尊重历史、公平合理、依法处理等原则，有利于化解农村集体经济组织自治与村民利益之间的矛盾。

【案情简介】

甲女和乙女是姐妹关系，出生时随父母入户某经济合作社，入户时户口性质为农业户口。随后，甲女和乙女在1988年随父母“就地转居”，户口性质变更为居民户口。转居后，甲女因结婚将户口迁出某经济合作社，离婚后在1996年迁回某经济合作社，迁回后某经济合作社没有再给予甲女股份分红。乙女的户口一直在某经济合作社，但其在2014年未办理结婚登记生育一个子女，生育后某经济合作社没有再给予乙女股份分红。

---

* 唐勇、冯劲，广东法制盛邦律师事务所律师。

某经济合作社2012年通过的《股份合作经济联合社章程》主要规定如下内容：1. 股东的基本资格是有本村农民、居民户籍的本社村民；2. 从户口迁出次年起，取消股份及分红，户口迁入符合本章程条件享受次年配股分红；3. 原属本村户籍的村民，户口迁出后又迁回本村的由2006年6月起，五年内不予分配股分红，五年后再给予配股分红；4. 本村男、女青年未婚先育及未达到法定结婚年龄而生育孩子的，由小孩出生之日起停止本人的股份分红，待依法办理完结婚登记手续并交清计划生育款后，次年恢复配股分红；5. 本村女青年结婚后户口迁出本村的，但因某种原因而将户口回迁本村的（含其子女），不予配股分红。

2017年9月，甲女和乙女分别向某经济合作社所在的某镇人民政府提出行政处理申请，请求确认甲女和乙女具有某经济合作社成员资格并补发2014年至2016年股份分红。某镇人民政府受理后，于2017年11月分别作出《行政处理决定书》，驳回甲女和乙女的请求。某镇人民政府驳回的主要理由为：1. 根据《广东省农村集体经济组织管理规定》第15条第3款的规定，甲女的户口虽然登记在某经济合作社，但甲女曾将户口迁出又迁回，甲女将户口迁回某经济合作社后，是否属于某经济合作社集体经济组织成员以及能否享受股份分配等待遇应根据某经济合作社章程的规定来确定。甲女因户口迁入迁出某经济合作社，根据某经济合作社章程的规定，甲女不符合章程规定的可以享受配股和分红的条件，甲女也未提供证据证明其已经过某经济合作社股东代表大会表决确定其具有成员资格，因此驳回甲女的请求。2. 根据《广东省农村集体经济组织管理规定》第15条第1款的规定，乙女是否属于某经济合作社集体经济组织成员以及能否享受股份分配等待遇的前提是其履行了法律法规和组织章程规定的义务。乙女政策外生育一个子女，未接受计生部门处理，亦没有办理结婚登记手续，不符合某经济合作社章程的规定，因此驳回乙女的请求。

甲女和乙方收到上述《行政处理决定书》后不服，向某镇人民政府所在的某区人民政府申请行政复议，请求撤销某镇人民政府作出的上述《行政处理决定书》。某区人民政府受理后，于2018年6月分别作出《行政复议决定书》，撤销某镇人民政府作出的上述《行政处理决定》，责令某镇人民政府限期重做。某区人民政府撤销的主要理由为：1. 根据《广东省农村集体经济组织管理规定》第15条第1款及第3款的规定，甲女的户口存在迁入迁出某经济合作社的情况，对于甲女出生时的户籍情况、迁出后再迁回某经济合作社时的户籍情况以及甲女何时成为居民户籍等情况，某镇人民政府未提供证据证明，仅以甲女户口存在迁入迁出情况不符合某经济合作社章程规定的配股分红条件，以及在某经济合作社股东代表大会未表决确定其成员资格之前，请求补发分红没有事实和法律依据为由驳回甲女的请求，属于事实不清、证据不足，适用法律错误。2. 乙女出生时户口登记在某经济合作社，属于农业户口，不存在变动情况，但其户口本户别栏显示其户口性质现状为居民户口家庭户，某镇人民政府未提供证据证明其已对乙女的户籍变动情况进行调查，未查明乙女户口是否符合《广东省农村集体经济组织管理规定》第 15 条规定的“户口”原则，仅以乙女政策外生育一个子女，未接受计生部门处理，未办理结婚登记手续为由，驳回乙女的请求，属于事实不清、证据不足。

2018 年 8 月，某镇人民政府分别重新作出《行政处理决定书》，仍然驳回甲女和乙女的请求。某镇人民政府驳回的主要理由为：1. 根据《广东省农村集体经济组织管理规定》第 15 条第 1 款的规定，能享有集体收益分配权的集体经济组织成员应是有农业户口的农村自然人，而不是拥有居民户口的自然人，甲女户口性质由农业户口转为居民户口，户籍地址虽然登记在某经济合作社，但其户口性质已经由农业户口改变为居民户口，在户口性质发生改变时甲女就已丧失某经济合作社集体经济组织成员资格。同时，根据《广东省农村集体经济组织管理规定》第 15 条第 3 款的规定，甲女将户口迁回某经济合作社后，甲女的成员资格需按照某经济合作社章程的规定，经社委会或者理事会审查和成员大会表决确定，甲女提供的证据不能证明其具有某经济合作社成员身份，某镇人民政府在调查取证过程中也没有调查到某经济合作社召开社委会或者理事会审查和成员大会表决确定甲女成员资格的相关证据，因此对甲女的请求不予支持。2. 关于乙女是否享有股份分红的问题，某镇人民政府认为乙女因为户口性质已改变为居民户口，已丧失某经济合作社集体经济组织成员资格，已不具有法定的集体收益分配权。同时，根据《广东省农村集体经济组织管理规定》的相关规定，某经济合作社依法享有独立自主管理本集体经济组织资产及收益分配等权利，可以自行决定是否向不具有本社集体成员资格的人员分配股份分红，可以自行决定向不具有本社集体成员资格人员分配股份分红的前提义务条件。根据《广东省人口与计划生育条例》的相关规定，未经结婚登记而生育子女属于违反计划生育政策行为，某经济合作社章程关于本社男、女青年未婚先育，由小孩出生之日起停止本人的股份分红，待依法办理完结婚登记手续并交清计划生育款后，次年恢复配股分红的规定，符合法律规定。该条规定是某经济合作社审查是否向不具有本社集体成员资格人员分配股份分红的合法依据。乙女未经登记结婚而政策外生育一个子女，未接受计生部门处理，亦没有办理结婚登记手续，违反了某经济合作社章程规定，某经济合作社依据章程规定不给予乙女股份分配的做法没有违反章程及法律规定。因此对乙女的请求不予支持。

甲女和乙女收到某镇人民政府重新作出的上述《行政处理决定书》后不服，遂起诉至广州铁路运输法院。广州铁路运输法院经审理后，分别判决撤销某镇人民政府重新作出的《行政处理决定》，责令某镇人民政府限期重做。广州铁路运输法院判决撤销的主要理由为：1. 根据《广东省农村集体经济组织管理规定》第 4 条和第 15 条的规定，农村集体经济组织成员资格的确定和集体收益分配等问题，属于农村集体经济组织的自治范畴，农村集体经济组织可以自行确定其成员资格的条件，并经营管理集体资产。甲女出生即入户某经济合作社，在 1988 年随父母“就地转居”后户籍曾迁出又迁入某经济合作社，根据前述法律规定，甲女是否具有某经济组织成员资格应当按照某经济合作社组织章程规定，经社委会或者理事会审查和成员大会表决确定。因此，某经济合作社现行有效的章程可以直接作为股东资格认定依据。根据某经济合作社章程规定，股东资格包含居民户籍性质，某镇人民政府仅以甲女户籍性质已转居为由不予认定集体经济组织成员资格，事实依据不足。2. 乙女出生时即入户某经济合作社，在 1988 年随父母“就地转居”，某经济合作社在乙女未婚生育前一直发放相关福利待遇给乙女，可见某经济合作社此前并未因乙女“就地转居”的事实而否认乙女集体经济组织成员资格。根据相关法律法规，乙女未婚生育的事实亦不能作为某经济合作社认定其集体经济组织成员资格的依据。因此，某镇人民政府以乙女户口已转居及未婚生育为由不确认乙女在某经济合作社享有的成员资格，主要证据不足，应予以撤销。

2019 年 11 月，某镇人民政府再次分别重新作出《行政处理决定》，但该处理决定仍以同一事实和同一理由，驳回甲女和乙女的请求。甲女和乙女收到后不服，再次起诉至广州铁路运输法院。广州铁路运输法院经审理后，认为某镇人民政府重新作出的《行政处理决定》仍未查明甲女是否符合某经济合作社章程规定的成员资格；未直接确认乙女的成员资格且章程规定未婚先育不给予分红违反关于保护妇女的合法权益的规定，分别判决撤销重做。该两案的一审判决发生法律效力后，某经济合作社最终同意确认甲女和乙女的成员资格并给予其相应的股份分红。

【争议焦点】

1. 农村集体经济组织表决通过的章程，能否直接作为认定村民是否具有集体经济组织成员资格的依据?

2. 农村集体经济组织表决通过的章程，如有损害妇女的合法权益的规定应如何处理?

【案例评析】

根据《广东省农村集体经济组织管理规定》第4条、第15条的规定，农村集体经济组织成员资格的确定和集体收益分配等问题，属于农村集体经济组织的自治范畴，农村集体经济组织可以自行确定其成员资格的条件，并经营管理集体资产。在不违反法律法规规定的情况下，农村集体经济组织表决通过的章程可以作为确定其成员资格和股份分红的依据。

本案中，涉及村民成员身份认定和股份分红某经济合作社章程主要可以归纳如下几点内容：1. 股东的基本资格是有本村农民、居民户籍的本社村民；2. 从户口迁出次年起，取消股份及分红，户口迁入符合本章程条件享受次年配股分红；3. 原属本村户籍的村民，户口迁出后又迁回本村的由2006年6月起，五年内不予分配股分红，五年后再给予配股分红；4. 本村男、女青年未婚先育及未达到法定结婚年龄而生育孩子的，由小孩出生之日起停止本人的股份分红，待依法办理完结婚登记手续并交清计划生育款后，次年恢复配股分红；5. 本村女青年结婚后户口迁出本村的，但因某种原因而将户口回迁本村的（含其子女），不予配股分红。

某经济合作社章程第1点至第3点内容规定了某经济合作社的股东包括了本村农民、居民户籍的本村村民，并且规定了本村村民如发生户口迁出迁入的，可在迁回后五年后给予配股分红。因此，该章程规定可以直接作为集体经济组织成员资格认定的依据，某镇人民政府以甲女的户口性质已由农业户口转为居民户口且没有证据证明甲女的成员资格已经社委会或者理事会审查和成员大会表决确定为由，驳回甲女的申请，依据不足。

根据《村民委员会组织法》第 27 条的规定，行使村民自治权的前提是不得与法律法规相抵触，不得侵犯村民各项合法权利。根据《妇女权益保障法》第 33 条第 1 款和《广东省实施〈中华人民共和国妇女权益保障法〉办法》第 23 条的规定，任何组织或个人不得剥夺未婚、结婚或是离婚、丧偶妇女在农村集体经济组织中的各项权益。

某经济合作社章程第 3 点内容的规定，蕴含着本村村民户口迁出后又迁回五年后便能获得成员资格和股份分红，其他男性村民便可适用此条款获得集体经济组织成员资格和股份分红。但上述章程第 5 点又规定“我村女青年结婚后户口迁出我村的，但因某种原因而将户口回迁我村的（含其子女），不予配股分红”，明显违反了男女平等原则，实行男女区别对待，损害妇女的合法权益。同时，第 4 点内容的规定，以乙女未婚生育为由剥夺其在农村集体经济组织中享有的股权分配权益，根据当时实施的《广东省人口与计划生育条例》第 40 条的规定，对超生人员只是暂停七年以上十四年以下不得享受农村股份合作制分红及其他集体福利，但没有规定要剥夺成员资格，对非婚生子女更是没有禁止性规定。根据当时实施的《广东省人口与计划生育条例》第 46 条第 3 项的规定，未办理结婚登记生育第一胎子女的情形只需补办结婚登记，对非婚生一个小孩的无需征收社会抚养费，对无法补办结婚登记而没有办理的不属于未履行法定义务的情形。

因此，某经济合作社章程第 4 点和第 5 点内容的规定有实行男女区别对待，损害妇女的合法权益的情形，应由乡、民族乡、镇的人民政府责令改正，不能作为某经济合作社不给予甲女和乙女股份分红的依据。

【专家点评】

随着广州市城镇化发展、城中村改制，关于申请认定集体经济组织成员资格的案件不断增加，涉及村民因自愿转居、政策性转居、结婚生育等多种原因而被剥夺集体经济组织成员资格的情况。因此，何种情况下应认定村民具有集体经济组织成员资格，何种情况下不应认定村民具有集体经济组织成员资格，目前没有较为完备的理论体系，司法实践中也存在较大争议。甲女和乙女的案件具有典型性：非婚生育一孩没有超生是否应该享受成员资格和分红？结婚后户口迁出集体经济组织后离婚又迁回的是否应当享受成员资格和分红？户口性质显示居民户口是否影响其成员资格的成立？该两案几乎涵盖了集体经济组织成员资格争议案件的焦点问题。

本案经过三次行政处理，一次行政复议撤销行政处理，二次行政诉讼撤销行政处理，历经四年时间。最终在 2020 年 11 月，法院再次判决撤销某镇人民政府的行政处理决定，责令重做。为了避免诉累，判决明确了两当事人符合集体经济组织成员资格，按照章程享受分红待遇，有效地维护了当事人的合法权益。该两案为大量类似情况的妇女被集体经济组织以各种理由挡在“门外”，不能依法享受集体经济组织成员资格以及分红的案件处理提供重要参考价值。

（点评人：朱少波，广州市律师协会立法与行政法律专业委员会主任）

通过外国在先著作权突破商标的地域性限制

——以商标权无效宣告请求行政诉讼案为例

吴　艺*

【内容提要】

本文是关于国内主体利用我国商标注册地域性限制和在先注册制度，抢注外国主体知名的商标，后被作为真正权利人的外国主体通过向商标注册管理机关提起无效宣告请求的行政裁决，国内主体不服裁决结果，对该行政裁决提起行政诉讼的案例。

本案例通过对案件基本情况作简要介绍，归纳行政裁决案及其后续的行政诉讼一审、二审案的争议焦点，对商标权无效宣告的事实和适用法律进行介绍，并且从域外商标标识图样构成在先著作权的观点着手，突破商标权保护的地域性限制，通过在先著作权的方式认定本案诉争商标注册的不正当性，从而使得诉争商标被国家知识产权局裁定予以无效宣告，经过北京知识产权法院和北京市高级人民法院的行政诉讼认定，终审生效。

【案情简介】

（一）个案事实

2002 年，韩国 A 株式会社（以下简称 A 会社），结合毛发的基本组成物质——

---

* 吴艺，广东法制盛邦律师事务所律师。

角蛋白的英语单词“KERATIN”和系列的英语单词“SYSTEM”，将两者合成并独创出“KERASYS”一词，将其定为一款新的洗护品牌名称，意为角蛋白（角质）护理系列。

经多次的设计和修改，A会社设计出“”“”“”“”“”等若干个具有独创性和新颖性的美术图形作品，于2002年5月15日在韩国注册了部分图案为商标，注册类别均为第3类，并将前述的作品图案使用在该系列的洗护产品包装上。

同年，韩国举办日韩世界杯，A会社顺势推出KERASYS系列洗发水、护发素、沐浴露、香皂等洗护产品，自推出后每年均获得韩国各大主流媒体的报道并且每年得奖无数，迅速成为韩国家喻户晓的著名洗护系列品牌，经长期宣传和使用已具有很高的知名度和影响力，是韩国口碑最好的护发品牌之一。

2006年，A会社将该系列洗护产品出口到中国。2004年开始，广州市M贸易有限公司（以下简称M公司）对A会社的“KERASYS/克拉洗丝”品牌的英文、中文和外包装的前述著作权图案持续十几年不断地注册在包括第3类在内的各个类别上。

2015年11月，M公司向商标局申请第3类“”商标（以下简称诉争商标），完全使用了A会社的著作权图案。该商标于2018年2月14日核准注册。

A会社在2016年对该图案申请了作品登记证，记载该图样作品的完成时间和发表时间是2002年5月1日。

（二）处理过程

广东法制盛邦律师事务所接受A会社的委托，指派代理律师于2018年7月向原国家商标评审委员会（现国家知识产权局）提起对诉争商标的无效宣告请求程序。在该行政裁决的评审案中，代理律师向国家知识产权局主张诉争商标的注册损害了A会社的在先著作权，并主张该商标的注册扰乱商标注册秩序，构成“以其他不正当手段注册”的情形。

1. 对于在先著作权的主张方面

根据伯尔尼公约以及《著作权法》《著作权法实施条例》《最高人民法院关于审理商标授权确权行政案件若干问题的规定》的相关规定，著作权自作品创作完成之日产生，商标注册证可以作为确定为有权主张商标标志著作权的利害关系人的初步证据。

在本案中，中国和韩国均为伯尔尼公约的成员国。A 会社是依照韩国法律成立并存续的法人。A 会社的在先创作完成作品同样受到中国的法律保护。

代理律师向国家知识产权局提交了韩国 A 会社 2016 年在中国办理的著作权作品登记证，并提交了其在 2002 年 5 月在韩国申请注册的商标证明文件，以佐证该作品的创作完成和发表时间为 2002 年 5 月 15 日韩国商标申请之日。

2019 年 5 月，诉争商标的无效宣告请求案件进行证据交换，代理律师发现 M 公司在 2015 年也对该图案办理了作品登记证，记载该图样作品的完成时间和发表时间是 2002 年 9 月 17 日。

同样的作品图样，A 会社在 2016 年办理的作品登记证，晚于 M 公司在 2015 年办理的作品登记证时间；但记载的完成时间和发表时间是 2002 年 5 月 1 日，早于 M 公司记载的 2002 年 9 月 17 日。

对此，代理律师进行了反驳，认为 M 公司在 2002 年的 5 月份尚未成立，并且根据 M 公司提供的营业执照，其主张的作品创作完成时间 2002 年 9 月 17 日，正是 M 公司成立的时间。该时间不仅晚于 A 会社韩国商标图样申请的时间，而且公司企业成立的当天马上完成企业的研发、设计、生产、创作，不符合常理。再者，M 公司也没有证据证明其在 2002 年创作诉争商标的底稿或其他证据。

从诉争商标的图样和 A 会社的在先著作权图样来看，均融入了 A 会社洗护系列产品的核心理念的英文词汇，基本组成和内容完全一样。而且 A 会社自 2006 年开始将 KERASYS 出口至中国，向商标局申请遭到 M 公司恶意异议，双方经历了将近十年的行政及诉讼纠纷，在此期间 M 公司针对 A 会社的 KERASYS 产品进行大规模公证购买，每个产品上均带有诉争商标的图案。M 公司完全清楚知道诉争商标是 A 会社独创的在先著作权美术图案。

因此，代理律师认为，A 会社在韩国在先申请注册商标可以证明其对诉争商标的图样具有在先著作权，与诉争商标构成实质性相似，且诉争商标的图案印制在 A

会社的洗护产品上早在中国市场上流通了多年，诉争商标的注册损害了 A 会社的在先著作权。

2. 对于不正当手段注册的主张方面

根据《商标法》第 44 条第 1 款，以及《最高人民法院关于审理商标授权确权行政案件若干问题的规定》第 24 条的规定，在本案中，代理律师举证 M 公司不正当注册商标行为有：

（1）公司成立前，其法定代表人囤积商标的行为

M 公司从公司设立之初，其法定代表人已经开始以自己的名义注册流星雨 F4，ARMANI 为商标。该法定代表人也是 M 公司的创始股东和控股股东。囤积商标的行为，与公司成立后的持续十几年囤积行为一致。

（2）公司成立后囤积注册商标的行为

在 M 公司设立至今，一直持续不断地囤积注册包括诉争商标在内的国内外知名商标以及知名商品特有名称、社会热点词汇、娱乐团体组合，影视作品名称为商标，其中包括"ARMANI""SK－H2O""LIOR""超级男声""超级女声""女子十二美坊""华娱""健达""农夫果园""白加黑""QQ""特仑苏""芭比""自然乐园""歌微""GOLEWELL"等。

M 公司囤积注册上述商标的时间跨越将近二十年，类别跨越几十个，涉及多个不同的在先权利主体，远超经营范围和实际生产经营所需，扰乱了商标的注册和管理秩序，损害公共利益。

（3）囤积注册后批量转让商标的行为

M 公司在本案被诉行政行为审理期间，批量转让了上述几十个商标，其中大部分商标被核准转让并公告，部分不予核准，以及部分 M 公司申请囤积注册但被驳回、异议、无效的商标。

M 公司囤积注册上述一系列超出其正常生产经营范围的国内外知名商标后，大批量转让这些商标，是谋取不正当利益的恶意行为。

（4）针对 A 会社的 KERASYS/克拉洗丝商标进行囤积注册、重复注册的行为

M 公司在 A 会社进入中国市场后又针对 A 会社，在二十多个类别上抢注和囤积注册了一系列包括诉争商标在内的 KERASYS/克拉洗丝中文英文著作权图案商标。而直到在本案诉争商标被诉行政行为过程中，还不停针对 A 会社重复注册

KERASYS/克拉洗丝中英文系列商标，在人民法院认定A会社是“克拉洗丝”的在先使用权人的前提下，特意加上A会社的企业名称，重复申请注册关联商标。

A会社在中国市场上流通多年的洗护产品上的“KERASYS”和“克拉洗丝”商标互为指代，形成唯一的对应关系。而M公司作为一家长期经营化妆品的企业，地处KERASYS产品热销地区广州，对KERASYS产品和克拉洗丝名称不可能毫无所知。M公司先是在2004年开始囤积注册KERASYS系列的第一个商标在第3类别，然后开始针对A会社的该系列进行跨二十多个类别大规模囤积注册，长达十多年的注册行为至今，包括本案诉争商标的注册，其行为违反诚实信用原则，实在难谓巧合，也难谓正当。

（5）注册后不以使用为目的，却大规模提起商标侵权诉讼索取赔偿金的行为

M公司在针对A会社的KERASYS系列商标注册后十多年，不以使用为目的，却处心积虑地针对A会社在中国的代理商经销商零售商进行深入的市场调研，专门在全国大型知名实体商超和网店公证购买，然后在全国范围内大规模提起商标侵权诉讼，索取侵权赔偿金。M公司注册诉争商标及关联商标不以使用为目的，恶意注册以谋取不正当利益，与商标法的立法宗旨不符。

（三）裁判理由与结果

2019年12月，国家知识产权局经过审查后，对该商标的无效宣告申请作出裁定，认定该商标的注册侵犯了A会社的在先著作权，并认定该商标构成“以其他不正当手段注册”，依据《商标法》第32条和第44条第1款的规定，对诉争商标裁定予以无效宣告。

M公司不服国家知识产权局对该商标的无效宣告裁定，向北京知识产权法院提起行政诉讼。2020年6月，北京知识产权法院作出一审行政判决，维持了国家知识产权局的无效宣告裁定，驳回了M公司的诉讼请求。M公司不服，遂向北京市高级人民法院提起上诉。2020年11月23日，北京市高级人民法院作出终审行政判决，维持原判。

【争议焦点】

1. 诉争商标的注册是否损害A会社的在先著作权？

2. 诉争商标的注册是否构成“其他不正当手段注册”的情形？

【案例评析】

对于争议焦点一，在先著作权主要体现在《商标法》第 32 条前半段，要求申请商标注册不得损害他人现有的在先权利，这里的在先权利包括著作权。但由于著作权的认定并不像商标权和专利权一样以登记为取得要件，所以很容易出现申请注册的商标标志和他人的在先著作权作品发生冲突的情况。

《最高人民法院关于审理商标授权确权行政案件若干问题的规定》第 19 条规定，著作权作品登记证和商标注册证均可以作为著作权归属的初步证据，但没有明确是限于中国的商标还是任何国家的商标。

本案诉争商标标志的图案，无效宣告申请人和商标注册人两个不同的主体均申请了作品登记证书。其中登记在先的一方（国内抢注者）记载的完成时间和发表时间较晚，登记在后的一方（外国原创者）记载的完成时间和发表时间相对较早。著作权的取得时间是以作品的创作完成为时间节点的，在双方都办理了作品登记证书的情况下，如何举证出作品的实际创作完成时间，成了本案的关键焦点。

作为本案第三人 A 会社的代理律师，我们注意到，登记在先的一方（国内抢注者）记载的完成时间和发表时间（2002 年 9 月 17 日），是该企业的成立日期，即其不可能举证出比该日期更早的作品创作完成时间。

代理律师通过提交经过公证认证翻译的韩国在先注册商标证明文件，主张韩国注册商标标志构成著作权法意义上的美术作品，并提交了一系列的在先新闻报道证明该商标标志在申请之日前已经公之于众，形成和作品登记证书上记载的创作完成时间的完整证据链，成功将韩国原创者登记在后的作品著作权取得时间提前到在韩国申请注册商标之日（2002 年 5 月 15 日）。

对于争议焦点二，不正当手段注册的认定，《商标法》第 44 条第 1 款是一个兜底条款。而对于这个兜底条款具体如何认定，《最高人民法院关于审理商标授权确权行政案件若干问题的规定》第 24 条作出了明确的规定。

代理律师通过多方面举证出诉争商标注册的不正当性，证明其扰乱商标注册秩序、损害公共利益、不正当占用公共资源，谋取不正当利益的行为性质。最终获得国家知识产权局、北京知识产权法院、北京市高级人民法院的认定，使得韩国在先注册商标的标志被认定为在先著作权图案，对争议商标作出无效宣告。

本案被广州市律师协会、广东知识经济发展促进会、华南国际知识产权研究院等评为“2020 广东省十大涉外知识产权案例”和“2020 岭南知识产权诉讼优秀案例”。

【专家点评】

我国的商标注册和保护制度及商标法的立法宗旨，均贯彻“在先注册原则”，对于域外注册和使用的商标，并不能在中国获得保护，使得商标抢注以及囤积商标等利用我国商标注册制度以谋取不正当利益的行为屡见不鲜。

但是，同为知识产权体系下的内容，商标权有严格的地域性限制，是著作权却是可以跨地域保护的。虽然本案中用以定案的关键证据是韩国在先注册商标，但代理律师在本案中的思路，并非主张韩国商标权在中国的保护，而是突破了商标权地域性的限制，将韩国商标的图样主张为著作权图案，并以在韩国申请注册的时间作为著作权作品完成的时间。

代理律师通过主张外国注册的在先商标为在先著作权，从而适用我国《商标法》第 32 条认定为在先权利，成功无效宣告抢注的商标。

本案的代理思路和良好的结果值得借鉴，不仅最大程度地维护了外国客户在中国的合法权益，还维护了我国正常的对外贸易秩序和法律的尊严，对不正当手段注册商标的行为进行了打击。

（点评人：张由，广东广信君达律师事务所合伙人、广州市律师协会涉外法律专业委员会主任）

先行登记保存的可诉性审查

韩欣欣*

【内容提要】

本案行政机关扣押涉案车辆，是以先行登记保全证据为名，但实际是行扣押车辆之实，属于行政强制措施。以查封、扣押方式先行登记保存行为的合法性审查，是可以独立于行政处罚行为的，不能得出不超过7日就必然合法的结论。如果行政机关的扣押行为对行政相对人的权益产生实际影响，那扣押期限不论是7日内还是超过7日，均是可复议可诉讼的行为，并不需要依附于书面的处罚决定。

【案情简介】

（一）基本情况

2018年11月26日，陈某的雇员在驾驶施工机械进行绿化带浇水作业时，由于水的冲力较大，致使绿化带的泥浆溢出，污染了近20米的城市道路。针对该行为，某市城市管理行政执法局（以下简称某市执法局）于当日出具《证据登记保存通知书》，主要内容为“根据《中华人民共和国行政处罚法》第三十七条第二款的规定，经批准，现依法对涉案施工机械采取先行登记保存措施：保存地点为某区管委会工业园区，保存期限自2018年11月27日至2018年12月3日。在此期间，任何人不得隐匿、销毁、转移证据……”2018年12月26日，某市执法局对陈某的上述

* 韩欣欣，广东广信君达律师事务所律师。

行为作出行政处罚决定，处以1000元罚款。2019年4月3日，陈某要求某市执法局退还施工器械，某市执法局出具《证据退还通知书》将施工机械退还陈某。

（二）复议机关的第一次认定

针对某市执法局长期扣押车辆以及行政处罚的行为，2019年1月9日，陈某向该市政府分别提交两份《行政复议申请书》，分别请求撤销处罚决定，确认某市执法局扣押涉案车辆的行政行为违法，该市政府予以受理，并分别编写两个立案号。在审理过程中，该市政府认为本案系基于一个事实作出的行政行为，因此要求陈某申请将两个案件合并审理，陈某应要求申请将两个案件合并审理。后该市政府作出复议决定书，认为某市执法局对涉案车辆“扣押”行为实际上是某市执法局在作出行政处罚前，为了避免证据可能灭失或者以后难以取得的风险，依据《行政处罚法》对证据采取先行登记保存措施，属于程序性行政行为，对陈某的权利义务产生实质影响的是某市执法局的行政处罚行为，故在作出复议决定时，仅撤销行政处罚决定书，未确认某市执法局的扣押行为违法。

（三）一审审理情况

陈某不服该市政府的行政复议决定，认为，第一，某市执法局扣押陈某车辆的行为严重违法。首先，某市执法局扣押陈某车辆的行为无法律依据。某市执法局根据《城市市容和环境卫生管理条例》和《广西壮族自治区实施〈城市市容和环境卫生管理条例〉办法》对某市容环境卫生管理方面进行行政处罚，该两部法规针对违反城市卫生的行为的法律责任进行规定，并无扣押车辆的相关规定，“法无授权不可为”，某市执法局扣押陈某车辆的行为并无法律依据。其次，某市执法局扣押陈某车辆长达129天，对陈某的权利产生实质影响，损害陈某权益，属于具体行政行为，具有可救济性。某市执法局自2018年11月26日对陈某的车辆进行扣押，在行政复议决定出具之前一直拒绝将车辆放行，该车辆是陈某用于日常经营赚取生活费用的工具，发生污染路面事件后，路面已经得到了及时清理，某市执法局没有必要对车辆进行扣押；在陈某进行相关的陈述申辩后，某市执法局应当及时将陈某的车辆放行，但其在2019年4月3日收到复议决定书后，才同意将车辆放行，陈某认为其扣押车辆的行为损害了自己对车辆的占有使用收益权，属于具体行政行为，针对该行为有权寻求复议或者诉讼等救济。

第二，市政府作出行政复议决定书认定事实不完全清楚，适用法律错误，且未对陈某的行政复议申请进行处理，程序违法。首先，市政府对于某市执法局扣押车辆的时间事实并未进行相关的审查，且未对该项行政复议请求进行处理。陈某的洒水车自2018年11月26日被某市执法局扣押，陈某在市政府处接受完相应调查后，其曾多次索要车辆，但某市执法局一直拒绝放车，在行政复议决定书出具之日，某市执法局仍然扣押车辆，长达4个月。市政府对于该事实并未进行调查，属于事实调查不清。陈某针对某市执法局的扣车行为向市政府申请行政复议请求确认违法，但是市政府却未对申请人的此项复议请求进行处理，严重违法。其次，市政府认为某市执法局对涉案车辆的“扣押”是依据《行政处罚法》规定对证据采取先行登记保存措施，属程序性行政行为，属于法律适用错误。我国《行政强制法》第2条、第9条对行政强制措施的定义以及种类进行了规定，其中行政机关在行政管理过程中，为防止证据损毁等情形，依法对公民的人身自由实施暂时性限制，或者对公民、法人或者其他组织的财物实施暂时性控制的行为属于行政强制行为。如果按照该规定，行政机关扣押车辆行为应当属于行政措施而非程序性行政行为。

故将某市执法局和某市政府作为共同被告，一起向当地铁路法院提起诉讼，要求确认某市政府作出的行政复议决定书违法，某市执法局扣押案涉车辆的行为违法。当地铁路法院认为本案属于复议机关改变原行政机关行政行为的复议，不应当将某市执法局作为共同被告，因此，要求陈某将市政府作为被告进行诉讼，要确认其作出的复议决定书违法。

一审法院在审理后认为根据2017年《行政处罚法》第37条第2款“行政机关在收集证据时，可以采取抽样取证的方法；在证据可能灭失或者以后难以取得的情况下，经行政机关负责人批准，可以先行登记保存，并应当在七日内及时作出处理决定，在此期间，当事人或者有关人员不得销毁或者转移证据”的规定，行政机关在证据可能灭失或以后难以取得的情况下，可能需要保全的证据先行登记保存，并应在7日内及时作出处理决定。因此，某市执法局在采取证据登记保存措施后，应当在7日内及时作出处理决定，该7日内登记保存的行为属于程序性行为，对陈某的权利义务不产生影响，但本案某市执法局保存证据超过7日的扣押行为违反了法定程序，对此陈某的权利义务产生了实质影响，该市政府复议决定对于行为评价错误，因此撤销了原行政复议决定书，责令该市政府在法定期限内重新作出行政复议决定。

（四）二审审理情况

该市政府不服一审判决，认为一审法院应当追加某市执法局为本案第三人；且根据《行政处罚法》第37条和《行政强制法》第25条的规定，扣押车辆期限一般不超过30日，情况复杂的可以延长30日，并没有限定先行登记保存的期限最长只有7日，只是要求7日内作出处理决定，如何处理则无规定；一审法院认为某市执法局的行为可以被单独评价，应当按照“一事一申请”原则判决该市政府另案审查评价，或者追加某市执法局为第三人对证据登记保存措施在本案中进行审理。而一审法院未追加某市执法局为第三人，未给其申辩机会的情况下，直接认定某市执法局采取证据登记保存措施违法，实质上剥夺了复议机关的判断权和某市执法局的申辩权利，突破了司法权与行政权的必要界限；一审判决撤销原复议决定，责令重新作出复议决定，缺乏明显必要性。因原复议决定已经撤销了某市执法局的行政处罚行为，陈某可以据此主张相应救济等理由向当地高级人民法院提起上诉。

该二审法院经审理认为，原行政复议决定书实质包含两部分内容：一是某市执法局扣押车辆的行为系程序性行政行为，对当事人不产生实质影响，这实质上是对扣押车辆行为的复议申请事项不予受理；二是认为某市执法局的处罚决定违法并撤销。本案核心在于该市政府对某市执法局扣押车辆行为的认定和处理是否合法。根据《行政强制法》第9条第3项的规定，扣押财物是行政强制措施的种类之一。2017年《行政处罚法》第37条第2款规定的先行登记保全行为，既可以通过采取调查笔录、视听资料、勘验笔录等方式进行，也可以通过查封、扣押等方式进行。询问、拍照、录像、勘验等方式对相对人的权利义务不产生实际影响的，不属于行政复议受案范围，不在处罚行为之外做单独评价；查封、扣押等方式对相对人的权利义务产生实际影响，属于行政复议受案范围，可在行政处罚行为之外做单独评价。本案中，某市执法局系根据上述规定扣押涉案车辆，虽然以先行登记保全证据为名，但实际是行扣押车辆之实，属于行政强制措施，对陈某的权利义务产生实际影响，依法具有可复议性和可诉性。具体而言，以查封、扣押等方式先行登记保存行为的合法性审查，一般从以下几个方面进行：先行登记保存的物品必须是与违法行为有直接必然关联的物品，必须具有证据客观性、关联性和合法性的基本特征；证据先行登记保存是行政执法人员收集证据时，在证据可能灭失或者以后难以取得的情况下采取的，必须具有先行登记保存的必要性；证据保存手段应当与证据保存目的相适应，采取适当的手段和方法；需要利用涉案物品的实质性特征作为证据，而又不能用其他取证手段代替时，才采用证据先行登记保存，如果可采取询问、拍照、录像、勘验等其他形式收集证明和认定行为人违法事实的证据，就不应采取查封、扣押方式进行先行登记保存。由此可见，以查封、扣押方式先行登记保存行为的合法性审查，是可以独立于行政处罚行为的，也不能得出不超过 7 日就必然合法的结论。某市执法局扣押了陈某的涉案车辆，扣押期限不论是 7 日内还是超过 7 日，均对陈某的权益产生实际影响，均是可复议可诉讼的行为，并不需要依附于处罚决定。一般而言，行政机关在行政处罚过程中会采取相应的行政强制措施，考虑多阶段行政行为的救济时机，已作出行政处罚决定的情形下，在对行政处罚决定进行复议或者诉讼时，一并审查和评价行政强制措施的合法性，有利于提高行政效率和权益保障效率，节约行政司法资源。但一并审查，不能理解为否定行政强制措施独立于行政处罚行为的可复议性和可诉性，否则在仅扣押车辆而长期未作出行政处罚决定的情形下，相对人将丧失救济途径。本案中，陈某申请复议时，分别对处罚决定和扣押车辆行为申请复议，该市政府亦分别立为 2 个复议案件，后合并审理，该合并审理本身并无不当。但是，在审理过程中，该市政府认定扣押车辆行为仅是过程性行政行为，未对其合法性进行评价，实质上是对扣押车辆行为的复议申请不予受理，该不予受理行为违反法律规定，亦将影响陈某对扣押车辆行为的救济。考虑到陈某对原复议决定撤销处罚决定的结果并无异议，且经审查，原复议决定关于撤销处罚决定这一部分的认定正确，而行政诉讼中已无维持判决，故本院对相应诉讼请求予以驳回。而处罚决定与扣押车辆行为是可分的行政行为，不应全部撤销原复议决定，而是应当由该市政府对陈某关于某市执法局扣押车辆行为的复议申请事项作出复议决定。因此，1. 撤销当地运输中级法院一审行政判决；2. 撤销该市人民政府原《行政复议决定书》关于某市执法局扣押陈某施工机械行为的内容，责令该市人民政府对该复议申请事项作出复议决定；3. 驳回陈某请求确认该市人民政府原《行政复议决定书》关于撤销某市执法局行政处罚决定的内容违法的诉讼请求。

（五）复议机关的第二次认定

在本案二审后，该市政府重新作出的行政复议决定，认为某市执法局扣押车辆，虽然以先行登记保存证据为名，但实际是行扣押车辆之实，属于行政强制措施。某市执法局未能提供充分证据证实其采取的扣押案涉车辆的先行登记保存行为具有必要性和不可替代性，其作出的先行登记保存行为不予支持，遂决定撤销原行政复议决定书中扣押施工机械的内容，并确认某市执法局扣押施工机械的先行登记保存行为违法。

【争议焦点】

行政执法机关以证据先行登记保存的方式扣押车辆的行为是否为具体行政行为，进而具有可复议性与可诉性，以及该行为是否合法?

【案例评析】

先行登记保存规定在《行政处罚法》第 56 条，属于证据收集和保全行为，而非行政强制措施，作为一种执法手段，是行政行为中的一个环节，因此在司法实践中行政机关会根据此规定采取先行登记保存将物品进行扣留保存。对于先行登记保存的行为是否具有可复议性和可诉性具有争议，法定的先行登记保存期限是 7 日，7 日内行政机关就应当作出处理。

本案判决认为，先行登记保存应当首先对其合法性进行审查，即从先行登记保存的物品必须是与违法行为有直接必然关联的物品，必须具有证据客观性、关联性和合法性的基本特征；证据先行登记保存是行政执法人员收集证据时，在证据可能灭失或者以后难以取得的情况下采取的，必须具有先行登记保存的必要性；证据保存手段应当与证据保存目的相适应，采取适当的手段和方法；需要利用涉案物品的实质性特征作为证据，而又不能用其他取证手段代替时，才采用证据先行登记保存，如果可采取询问、拍照、录像、勘验等其他形式收集证明和认定行为人违法事实的证据，就不应采取查封、扣押方式进行先行登记保存等方面。

以查封、扣押方式先行登记保存行为的合法性审查，可以独立于行政处罚行为，但不能得出不超过 7 日就必然合法的结论。只要是对行政相对人的权益产生实际影响，均是可复议可诉讼的行为，并不需要依附于处罚决定。

【专家点评】

《行政处罚法》第56条规定："行政机关在收集证据时，可以采取抽样取证的方法；在证据可能灭失或者以后难以取得的情况下，经行政机关负责人批准，可以先行登记保存，并应当在七日内及时作出处理决定，在此期间，当事人或者有关人员不得销毁或者转移证据。"实践中先行登记保存可以采用拍照、视听材料、勘验笔录等形式，也可以采用查封、扣押等措施。选择查封、扣押措施，则适用《行政强制法》规定。查封、扣押是行政机关在行政管理过程中，为制止违法行为、防止证据损毁、避免危害发生、控制危险扩大等情形，依法对公民、法人或者其他组织的财物实施暂时性控制的行为。行政执法中采用查封、扣押应当遵循《行政强制法》规定，查封、扣押行为具有可复议性与可诉性。还需注意的是，《行政强制法》对查封、扣押时限做了一般性规定，其他法律、行政法规另有规定的，则适用特别规定。

实施先行登记保存，应当将对相对人权利产生实质性影响的查封、扣押与其他对相对人权利不产生实质性影响的措施区分开来，不能笼统地认为先行登记保存是程序性行为，排除行政复议、司法审查，不得以先行登记保存之名实施查封、扣押，排除行政复议、司法审查。行政复议机关、人民法院应当针对相对人申请或起诉要求，依照《行政强制法》规定对案涉的查封、扣押进行合理性、合法性审查。

（点评人：邓世豹，广东财经大学法学院教授）

员工经医院抢救无效离院回家后去世能否认定工伤

——以陈某某与广州某贸易商行工伤认定行政纠纷案为例

曾 恺 苏耀云*

【内容提要】

工伤认定案件中，存在较多以下类似情况：职工在工作时间和工作岗位突发疾病，但送医院救治后被医生口头告知继续抢救意义不大，家属基于农村丧葬风俗接职工回家离世。虽然《工伤保险条例》第15条“在工作时间和工作岗位，突发疾病死亡或者在48小时之内经抢救无效死亡的”的规定异常明确，但实践中扑朔迷离的事实，却考验着具体的法律适用：前述情形能否认定为工伤？对此问题，司法实践中存在两种截然不同的判断。

这也是本案要重点解决的问题：医生口头告知无法救治，职工因此被家属接回家后才死亡，但医院按其风险防控流程在病例中仅记载“家属拒绝住院，要求回家”的情况，是否属于经抢救无效死亡？若属于，应如何证明？

* 曾恺、苏耀云，广东广信君达律师事务所律师。

【基本案情】

（一）基本事实

2018 年 11 月 13 日下午，陈某某的丈夫许某某在广州市番禺区某贸易商行（经营者：梁某某）从事桶装水搬运工作期间，突然晕倒昏迷路边，被紧急送往医院救治，经过抢救，许某某被诊断为左侧基底节区脑出血并破入脑室，高血压急症，建议就地抢救，医院下达《病危患者病情通知书》告知患者家属，患者出现多器官功能衰竭，生命体征不稳定，需要生命支持治疗，预后评估为随时可能出现心跳呼吸骤停，风险评估为极危险，诊断建议为：1. 就地抢救、气管插管、抽血、CT 检查；2. 转 ICU 监护治疗。患方意见记载“……我们理解并要求实施 1、2 项”陈某某签名确认，时间为 2018 年 11 月 13 日 19 时 21 分。随后该院专家医生口头告知家属许某某已经脑死亡，无法救回。家属基于农村家庭丧葬风俗要求送回家中离世，当晚由医院外救护车送回家后拔掉呼吸机离世。

基于此情况，急诊初诊病例记载“告病危，通知总值班开绿色通道。请神经外科会诊：患者无自主呼吸，存在手术禁忌症”，同时医院基于自身风控要求未明确记载脑死亡、无法救回等情况，而是记载着“家属要求拒绝继续治疗。患者生命特征不稳定，随时出现心跳呼吸骤停，充分告知疾病风险及并发症可能，患者家属表示知情并拒绝住院，要求回家，签署《拒绝治疗风险告知书》及《自动离院知情同意书》后由外院救护车送离”。

因用人单位未为许某某缴纳社保，未签订书面劳动合同，导致陈某某不能申请工伤保险基金赔付，许某某作为家庭经济和精神支柱，有年迈的双亲和两个尚在读书的未成年儿女，但用人单位却无理由拒绝支付任何赔偿款项，并告知陈某某走法律途径。陈某某除提起劳动仲裁外，同时向人社局申请认定工伤，人社局作出工伤认定后，用人单位以病例“家属拒绝住院，要求回家”的片面记载为由向广州某法院提起撤销工伤认定。陈某某作为第三人参与诉讼。广州某法院一审判决撤销人社局的工伤认定决定。陈某某提起上诉，广州某中级法院判决撤销一审判决，改判维持人社局的工伤认定决定。

（二）一审判决情况

广州某法院一审认为，我国工伤保险制度目的在于保障因工作遭受事故伤害或者患职业病的职工获得医疗救治和经济补偿，促进工伤预防和职业康复，分散用人单位的工伤风险。《工伤保险条例》的第 14 条和第 15 条明确了应当认定工伤或者视同工伤的情形。……工伤内在属性是其与工作有关联，一般情况下除了职业疾病以外的疾病不属于工伤范畴，但在特殊情况下出现的突发疾病致死的情形可视同工伤。因工伤属于通常意义上因工伤亡之外的扩大保护，故对视同工伤的判定，应当严格掌握，不宜对视同条件随意扩大解释，不合理扩大视同工伤的保护范围。上述《工伤保险条例》第 15 条第 1 款第 1 项主要是针对职工在工作时间工作岗位上，突发疾病死亡，或者是突发疾病、病情危重、不能坚持工作，需要紧急到医院进行抢救的情况而设定的，其中发病、抢救、死亡为一连续完整的不间断的过程，发病与抢救、抢救与死亡之间应当存在紧密的先后顺序和逻辑联系。

本案中，许某某在工作时间工作岗位突发疾病，送医抢救后于当晚在家中死亡的事实，各方无争议，本院予以确认。本案许某某的死亡能否视同工伤的关键在于其死亡是否为经抢救死亡。从医院下发的《病危患者病情通知书》记载来看，当时许某某“多器官功能衰竭，生命体征不稳定，需要生命支持治疗等”，且许某某回到家摘掉呼吸机就死亡。但是，诊断证明书记载病情诊断为左侧基底节区脑出血并破入脑室，建议进行抢救及手术治疗，而急诊初诊病例记载患者表示知情并拒绝住院，要求回家。综合上述事实可以得知，许某某出院是否属于抢救无效尚不明确，人社局在作出工伤认定之前应该对许某某抢救过程进一步调查核实，以明确其死亡是否属于经抢救无效死亡。许某某的死亡只有在抢救无效的情况下才能认定为工伤。因此，人社局作出的工伤认定未考虑许某某是否属于经抢救无效死亡，而直接认定许某某的死亡是视同工伤，主要事实依据不足，应予以撤销。一审法院判决撤销人社局作出的工伤认定，责令重新作出工伤认定。

（三）律师办案过程及代理意见

陈某某不服法院一审判决，委托律师提起上诉。经过认真研读案件材料和询问当事人关于许某某病发和抢救的情况，并且到许某某当时就医的医院了解当晚抢救和离院等细节。我们认为，在案事实表明许某某确实已经经过抢救，许某某脑出血严重和高血压禁忌症无法进一步进行手术治疗，并已处于脑死亡状态，在医生告知后家属基于当地风俗要求接回家中离世。

基于上述事实，我们认为二审上诉可以有两个策略：第一，证明许某某在医院已脑死亡，而脑死亡也属于《工伤保险条例》第15条所指涉的“死亡”，故构成工伤；第二，即便以许某某最终的死亡来认定，在常规抢救已无法救治的情况下，许某某离院后离世也属于“经抢救无效死亡”的情况。一审法院表面上认为“其中发病、抢救、死亡为一连续完整的不间断的过程，发病与抢救、抢救与死亡之间应当存在紧密的先后顺序和逻辑联系”，但实际上没有结合事发当天从发病、初诊、检查、诊断建议、抢救、救治无望、出院死亡的整个连贯过程来认定事实，而是片面地因不同时间医疗文书中记载的事实片段，没有认真审查医疗文书的先后顺序，从字面含义上推断“许某某仅经过初步诊断，但由于家属拒绝治疗，从而认定许某某未经抢救就出院”，进而得出“许某某是否经抢救无效死亡尚不明确”，遗漏了许某某经过抢救后无法进一步救治的事实，一审法院机械地认定事实导致本案关键事实的认定错误，应予纠正。实际上，“家属拒绝住院，要求回家”只是医院的单方记录及统一的风控标准文本，并没有许某某家属的签名确认，不能简单作为认定事实的依据。且在医疗专业知识极不对等的医患关系下，在许某某经过抢救后仍然处于随时可能死亡的状态下，家属的决定基本上是依赖医生的建议，故“家属拒绝住院，要求回家”的记载不能简单从字面来理解，而应结合整体事实情况、医生的实际建议、许某某当地丧葬风俗等实际情况综合认定。该初诊病历之所以记载“家属拒绝住院、要求回家”，很重要的原因就是当地落叶归根风俗和“死要死在家中，否则不能进门”的做法。在许某某医治无效的情况下，病危通知许某某呼吸随时可能停止，处于极其危重的情况下，实质与死亡没什么区别，考虑到当地的丧葬习俗，将许某某接回家中离世，符合人情和天理，所以，家属在抢救无效后无奈选择办理出院手续，并不是主动放弃治疗，更不可能是拒绝治疗，而是抢救无效，一审法院忽略了这一重要事实，也导致认定事实错误。

综上，结合案中《病危患者病情通知书》《诊断证明书》和《急诊初诊病例》等出具有时间先后顺序，从《诊断证明书》《病危患者病情通知书》以及治疗费用清单中可以认定当时抢救过程和抢救无效的事实，以及家属积极救治的过程，因存在手术禁忌症，且许某某脑出血严重导致脑死亡状态，无法进一步治疗，在此情况下，家属无奈之下要求出院，是情理之中，许某某一家也难以负担如此昂贵的生命支持的花费，故在当晚接许某某在家中离世，是一个连贯的过程，足以认定 48 小时内抢救无效死亡的事实。

为更好地从事实和法律角度佐证并争取二审法院采纳前述观点，除去医院等地方实地调查了解外，律师检索查阅了最高人民法院、广东省高级人民法院、广州地区法院所有的类案判决文书，制作了类案检索报告，同时咨询相关医生专家，查阅整理了脑死亡判定标准与技术规范（成人质控版）等相关规范一同提交给二审法院。

（四）二审判决情况

二审法院认为“本案争议焦点是家属将许某某带回家的行为是否影响‘在 48 小时之内经抢救无效死亡’的认定。首先，许某某在工作时间、工作岗位突发疾病，送医后于当晚在家中死亡的事实，可以认定许某某从发病到死亡并未超过 48 小时。其次，《病危患者病情通知书》《诊断证明书》等证据，显示许某某病情恶化，无法自主呼吸，存在手术禁忌症，需要生命支持治疗，随时可能死亡。且许某某回到家摘掉呼吸机半小时后就死亡。由此可见，许某某突发疾病已经无手术和急救的治疗价值，医院的治疗仅限于维持许某某的呼吸等相关指征。最后，许某某家属从当地风俗的角度考虑，将许某某带回家中属于人之常情。因此，许某某的家属决定将其带回家时，其已处于随时可能死亡的状态，抢救希望渺茫，许某某回家后死亡，是病情所致，不是家属放弃治疗或者医院未采取积极的抢救措施造成。综上，本案中许某某的死亡符合《工伤保险条例》第 15 条第 1 款规定在 48 小时内抢救无效死亡的情形。一审法院撤销人社局工伤认定不当，本院予以纠正”。

最终，二审法院撤销一审判决，维持人社局的工伤决定。

【争议焦点】

许某某离院回家后去世是否属于经抢救无效而死亡？

具体来说，可分解为三个层面：

第一，许某某是否经过充分抢救？

第二，在现代医疗水平下，医院对许某某的抢救能否认定为无效？

第三，《工伤保险条例》第 15 条所指涉的“死亡”是否涵盖“脑死亡”？

【案例评析】

司法实践中，存在不少对特定概念的解释直接影响裁判结果的疑难案件，在这类案件中，法律规定的某个概念能否涵盖特定事实尚存疑问，需通过解释对相关概念进行澄清说明，才能准确适用到具体个案中。

如本案就属于这一类的疑难案件。本案办案思路看似很简单，在工作时间、工作岗位突发疾病和48小时内死亡的认定各方均无异议的情况下，无非是证明许某某“经抢救无效死亡”。在常规工伤认定案件中，“经抢救无效死亡”主要是事实问题，即举证证明抢救过程中或抢救完立刻死亡即可，因为这是对“经抢救无效死亡”概念的通常理解，只需举证证明对应事实即可。但在本案“许某某被家属带回家后方才死亡”，且医院在病例记载“家属要求回家”的背景下，“经抢救无效死亡”能否涵盖这一事实，是存在疑问和解释空间的。比如，一审判决就明显认为“经抢救无效死亡”仅能涵盖通常所理解的“发病、抢救、死亡为一连续完整的不间断的过程”这一事实，并不包括“家属要求回家后方才离世”，进而认为是否经抢救无效尚不明确，人社局作出认定工伤依据不足。

但是，即便存在解释空间，也需回到法律最初的立法原意和立法目的的框架下，去寻求最合理公平的解释。当我们去考察《工伤保险条例》当时的立案背景及公开的立法资料，可明显发现其立法本意和价值取向在于保护职工的合法权益，目的是扩大保护将因突发疾病无法救治的劳动者纳入工伤保险范围。在此立法原意及目的框架下，一审判决仅凭医院出具的病例来判断家属放弃治疗，未考虑到患者的实际病情及抢救过程，从而将“经抢救无效死亡”仅仅理解为抢救过程中直接死亡或者抢救后立刻死亡，是非常机械的。

相反，二审法院从立法本意和常情常理出发，深刻认识到一审判决对经抢救后仅能依靠医疗机器辅助维持呼吸这一表面生命体征，但实际没有任何救治可能，一脱离辅助机器随时死亡的人是非常不公平的，因为在没有任何救治治疗价值的情况下，家属基于当地风俗之考虑从医院接回家中离世，明显应属于“经抢救无效死亡”的涵摄范围。这才真正符合《工伤保险条例》的立法目的和价值取向，真正做到司法为民，保护职工的合法权益，对同类案件具有典型的示范意义。

【专家点评】

长久以来，法律的确定性一直是人们追求的目标，是公众信仰法律和信任司法的情感基础，但由于语言自身的特征及人类认知的局限，法律相关概念无法也没必要涵盖实践中的所有相关事实。因此在纷繁复杂的司法实践中，往往容易出现两种情况：要么机械适用，要么对此类法律概念进行解释从而准确适用到具体个案。

比如本案，能否认定“经抢救无效死亡”直接决定了许某某能否享受工伤保险待遇，从而影响其家属实实在在的生活，因此，如何理解经抢救无效死亡就显得异常重要。而本案一审法院将其解释为发病、抢救、死亡为一连续完整的不间断的过程，机械地将抢救无效和离院死亡割裂对立开来，导致许某某在确实没办法抢救回来的情况下无法被认定为工伤；而二审法院从立法原意及价值取向出发，认为“经抢救无效死亡”完全可以涵盖“经过抢救但无救治价值，基于人情风俗接回家后离世”这一事实，从而依法认定该情况下仍属工伤，这扩宽了“经抢救无效死亡”涵摄范围，为审判机关依法公正适用《工伤保险条例》视同工伤制度树立了新的标杆和典范。

（点评人：蔡飞，广州金鹏律师事务所高级合伙人，广州市律协劳动与社会保障法律专业委员会主任）

律师调查令协助法院审查“醉酒”认定的合法性

李 杰*

【内容提要】

依据交警部门制作的道路交通事故认定书，及其所委托鉴定机构出具的鉴定意见书，人力资源和社会保障部门认定员工属于醉酒，从而根据《工伤保险条例》决定不予认定工伤。

根据《最高人民法院关于审理工伤保险行政案件若干问题的规定》第1条第1款的规定，需要有相反证据推翻道路交通事故认定书和司法鉴定意见书中关于员工醉酒的认定，否则应采信有权机构出具的道路交通事故认定书、结论性意见和人民法院生效裁判等法律文书。

本案原告提供了相反证据，法院撤销不予认定工伤决定书，说明人力资源和社会保障部门在工伤认定的实践中，宜全面、实质审查其他行政机关在实施行政行为时所获取司法鉴定意见书的合法性。

* 李杰，广东金轮律师事务所律师。

【案情简介】

（一）背景简介

杨某某系Z某的妻子，Z某系某某有限公司职工。

2019年12月28日，Z某陪同公司经理C某外出后，从高铁站驾车返回公司。回程途中，Z某驾驶车辆搭载C某，与L某驾驶的轿车相撞。事故发生后，C某受伤住院，Z某经医院抢救无效于次日死亡。经某司法鉴定中心鉴定，Z某血样中乙醇含量为84.42mg/100ml。某交通警察大队认定，Z某、L某负此次事故的同等责任，且属于醉酒驾驶。

2020年4月23日，杨某某向某市人力资源和社会保障局（以下简称人社局）提出对Z某的死亡事故进行工伤认定的申请。2020年5月7日，人社局以Z某属于醉酒为由作出不予认定工伤决定书。原告对该不予认定工伤决定书不服，委托律师提起行政诉讼。

（二）代理工作开展

1. 选择诉讼方案，争取主动

本案属行政案件，当地实行行政案件相对集中管辖，可由S法院管辖。另案——原告作为侵权人的继承人被起诉的机动车交通事故责任纠纷（由G法院审理）是否先行立案，对本案可能产生一定的影响：另案涉及交通事故责任划分，载明Z某醉酒的道路交通事故认定书是证据之一，其中是否醉酒也会是另案裁判的“视线”范围。但是，是否醉酒是本案的争议焦点，但不是另案的争议焦点。

因此，争取本案先行立案、先行开庭、先行判决、判决先行生效是必要的。代理律师与原告沟通后，原告认同代理律师的方案：在另案被正式立案之前，争取先行提起行政诉讼；同时原告作为被侵权人的近亲属暂缓提起民事诉讼。

2. 类案检索

初期，代理律师未发现相类似的行政案件判决书可供本案参考，以提出对原告有利的主张，但一直没有放弃检索案例。最终在本案办理过程中，裁判文书网公布了一则关于工伤认定的再审终审案例——（2020）辽行再08号案。该案对涉案多份鉴定意见书作实质审查，分析血样提取过程是否违法，最终由于血样提取程序存在瑕疵、无法确保血样同一性的原因，判定涉案鉴定意见书不能作为认定员工醉酒的证据。

3. 调取证据

根据《最高人民法院关于行政诉讼证据若干问题的规定》的规定，鉴定意见书如符合特定情形不应作为行政行为的依据。而《最高人民法院关于审理工伤保险行政案件若干问题的规定》又明确了除非有相反证据推翻，否则应采信鉴定意见书的证据规则。因此，代理律师有必要搜集相关证据，协助原告查明有关事实，以期改变不利的局面。

根据《律师法》的规定，依原告的授权，代理律师持介绍信、执业证前往交警部门调取证据，交警部门先后提供了笔录、血样登记表。代理律师关注到，血样登记表载明血样在被抽取时的体积是3ml，但鉴定意见书记录体积“约2ml”，两者存在较大差别。

根据《行政诉讼法》的有关规定，代理律师还应依法向本案合议庭请求调取Z某被抽取血样时的执法视频、保存血样的材料、受案登记表、鉴定委托书、血样检验的定性分析、定量分析过程、鉴定复核记录等证据。对于代理律师的申请，本案合议庭最终认为，所提请调取的证据属于交警部门在查处Z某酒驾时所形成的材料，原告若对该程序的行政行为或鉴定意见有异议，应该在行政处罚程序中提出或者对该部分行为另行提起复议或者诉讼，因此S法院不准许调取上述证据。

鉴于此，代理律师将目光转向审理另案的G法院，以对机动车交通事故认定结论（责任划分及认定Z某醉酒驾驶）有异议为由申请律师调查令，申请向交警部门及鉴定机构调取相关材料。G法院经审查，向代理律师出具了律师调查令。随后，交警部门及鉴定机构根据律师调查令的调查内容，依法提供全部证据，包括Z某被抽取血样时的执法视频、血样交接表、鉴定委托书等鉴定工作档案等材料。

4. 证据审查及补强

代理律师对全案调取的证据仔细审查后发现，交警部门执法时抽取的血样体积约2.8ml至2.9ml。将该情况与血样登记表、司法鉴定意见书所记载数据对比，可以发现血样体积自抽取至检验过程中发生了重大变化。基于此，对血样检材的资格（血样是否保持同一性并且未凝固）提出疑问，力图从实体上动摇具体的血液酒精含量84.42mg/100ml不准确，争取法院从《社会保险法》《工伤保险条例》立法目的出发，作出有利于Z某的认定。

经审查证据并对其补强，代理律师还发现血样送检人并非民警，而是出租车司机。根据血样交接表显示，血样被取出后的持有人为甲、乙。但根据鉴定委托书，血样的送检人为丙（Y某，电话×××）。代理律师对Y某的身份产生怀疑，便利用大数据对该电话号码进行搜索，发现本案被告的下属单位为便利民众出行，将Y某等人的姓名、电话、车牌号信息全部予以公示。据该公示信息显示，2017年Y某系一名出租车司机。顺着该线索，代理律师对该证据予以补强，最终确认Y某在送检时为出租车司机。从法院的裁判理由来看，这是本案的突破口。

此外，根据鉴定工作档案，鉴定还存在其他程序问题。首先，鉴定复核时间晚于鉴定意见书落款盖章时间，应视为未经复核即作出鉴定意见。其次，结合当地鉴定人名册公开名单，代理律师发现亲历血样酒精含量检测的两名鉴定人员仅有一位具有鉴定资格。最后，司法鉴定意见书中落款的一位鉴定人与档案中的司法鉴定复核人系同一人。

5. 参加庭审、提交代理意见

案件分两次开庭。在首次开庭前，法院向原告送达《决定书》，不准许原告关于调取有关证据的申请。首次开庭后，代理律师在法定时限内向法院邮寄《不予准许调取证据的复议申请书》，请求法院改变原决定并准许调取证据，但未收到有关答复。在通过向G法院申请律师调查令调取到相关证据后，代理律师及时向本案合议庭提交相关证据。

本案在第二次开庭审理的过程中，合议庭针对送检人身份情况进行重点发问，并且针对原告方新提交的证据组织质证；庭后，代理律师提交了较为系统、全面的代理意见，主要分为以下几个方面。

第一，在实体上无法认定Z某属于醉酒。该部分内容从《道路交通安全法》在2011年4月修订时的草案说明出发，结合行政相对人在刑事案件中被存疑不起诉后，转而提起行政诉讼请求撤销行政处罚（吊销机动车驾驶证、五年内不得重新领取）获得省高级人民法院支持的实践案例——（2019）湘行再7号、（2019）桂行申238号案，认为《道路交通安全法》的“醉酒”在行政、刑事上的认定应采用“排除合理怀疑”的证明标准，进而论证《工伤保险条例》中的“醉酒”认定亦应采用“排除合理怀疑”的证明标准。同时，对《最高人民法院关于审理工伤保险行政案件若干问题的规定》第1条第1款规定予以解释，认为“相反证据”“推翻”道路交通事故认定书和司法鉴定意见书中关于员工醉酒的认定的证明程度是，只要“相反证据”达到动摇原证据体系，使其无法排除合理怀疑即可。综合血样抽取体积（约2.8ml至2.9ml）、送检体积（约2ml）及送检人为出租车司机的情况，无法确认检材具有同一性，有理由怀疑血样未得到妥善保护，致使血样发生凝固而少于2ml，鉴定意见不能作为认定Z某醉酒的依据。

第二，鉴定程序严重违法。该部分内容从委托程序、鉴定过程、鉴定意见书作出过程三个方面入手，提出以下观点：出租车司机送检，鉴定机构不应受理，鉴定委托程序严重违法；仅具有鉴定资质的一人亲历鉴定，鉴定过程严重违法；鉴定工作档案所体现的复核时间晚于鉴定意见书盖章落款时间，应视为“未经复核而出具鉴定意见书”，且司法鉴定人之一与鉴定复核人系同一人，根据佛山市司法局的官网解读文章《8大变化解读〈司法鉴定程序通则〉》关于“修订版《通则》施行后，复核是必经程序，复核人必须在鉴定意见书上提出复核意见并签名，否则就会导致鉴定意见的效力因欠缺这一必要程序而受到重大影响，甚而无效”的观点，鉴定意见书出具过程严重违法。

第三，公安机关与人社局具有审查鉴定意见是否采信的职责。该部分主要是围绕《工伤认定办法》第3条规定的在工伤认定中应当客观、中立展开论述。

第四，本案应首先适用《社会保险法》第37条认定Z某属于工伤。《社会保险法》第37条强调员工醉酒与伤亡的因果关系。本案中，Z某并非因醉酒死亡，应属工伤。

第五，在交通事故中，Z某应负次要责任，L某应负主要责任。

（三）裁判理由及结果

一审判决采信道路交通事故认定书，认为Z某应负同等责任；同时认为原告证据可以证实交警部门在抽取血样后委托出租车司机作为送检人将血样检材进行送检，依照《公安机关鉴定规则》的规定，鉴定机构对于违反鉴定委托程序的鉴定本不应受理，在审核委托鉴定单位提交的委托鉴定材料时未对实际送检人和鉴定委托书上的送检人进行核实就予以受理并作出司法鉴定意见书，该鉴定属严重违反法定程序。根据《最高人民法院关于行政诉讼证据若干问题的规定》第62条的规定，不应采纳鉴定意见，Z某发生交通事故时不应认定为有醉酒情形，人社局作出不予认定工伤决定书的主要证据不足。

一审判决撤销人社局作出不予认定工伤决定书，责令人社局在判决生效后六十日内重新作出行政行为。

此后，原、被告双方均未上诉，一审判决书生效。

【争议焦点】

1. Z 某在发生交通事故时是否有醉酒情形?

2. 人社局作出不予认定工伤决定书是否合法?

【案例评析】

（一）本案调取证据具有必要性

法院在审理本案时认为，原告如对查处 Z 某酒驾的行政行为、鉴定意见有异议，应对行政处罚程序或者查处 Z 某酒驾时的该部分行政行为提起复议或者诉讼。代理律师认为，该观点值得商榷。

首先，Z 某在事故中丧生，行政处罚程序无法启动，Z 某的近亲属无法对行政处罚程序提起复议或诉讼。

其次，原告作为 Z 某的近亲属，可能无法对查处 Z 某酒驾时的行政行为提起复议或诉讼，理由有两点：一是 Z 某的近亲属与查处 Z 某酒驾的交警部门之间是否具有行政法上的利害关系、Z 某的近亲属是不是行政诉讼适格的原告可能有不同的观点；二是即使具有行政法上的利害关系，也需要考虑复议期限、起诉期限的问题，随着本案的推进，相关复议期限、起诉期限已届满，Z 某的近亲属陷入被动局面。

最后，人社部门需要审查其实施行政行为所对应证据的合法性，即使该证据已为其他行政机关获取。鉴定意见这一证据的真实性、合法性、关联性仍需要在行政诉讼中予以实质审查，这也是落实“证据裁判”“以审判为中心”理念的需要。

（二）鉴定委托程序是鉴定程序的关键环节

《最高人民法院、司法部关于建立司法鉴定管理与使用衔接机制的意见》规定，委托与受理是司法鉴定的关键环节，是保障鉴定活动顺利实施的重要条件。关于委托程序的规范，《司法鉴定程序通则》《公安机关鉴定规则》《公安机关办理行政案件程序规定》均有涉及，代理律师应注意审查鉴定委托程序合法与否。

（三）关于调取证据的权利实现路径

代理律师接受原告的委托，依据《律师法》持介绍信前往交警部门调取有关证据，也依法分别向审理本案的法院、审理另案（机动车交通事故责任纠纷）的异地法院申请调取证据。代理律师充分行使《律师法》所规定的调查取证权，以及有关民事、行政案件的调查取证申请权，积极协助法院查明案件事实。

（四）关于案件诉讼策略的选择

作为行政案件，本案根据当地相对集中管辖规定，选择向S法院起诉，争取本案先行立案、先行开庭、先行判决、先行生效。在S法院不同意调取有关证据时，基于同一事实，代理律师转而向审理民事案件的G法院申请调取证据，是本案能够顺利调取证据的关键。

【专家点评】

本案原告的诉讼请求得到支持，其转折点在于律师根据法院的律师调查令调取到证据，并对证据予以补强；关键点在于行政诉讼受案法院依法独立行使审判权，根据既有证据规则作出裁判。

习近平总书记指出，律师队伍是依法治国的一支重要力量。因此，在全面实施依法治国的背景下，保障律师执业权，对于加强宪法实施，推进依法行政、建设法治政府，提高司法公信力具有重大的意义。《律师法》第35条第2款规定了律师的自行调查取证权，但实践中由于各种原因往往得不到充分的重视。值得一提的是，有关省市探索实施律师调查令制度，为发挥律师调查取证作用提供了制度支撑。但是司法部在《对十三届全国人大四次会议第5444号建议的答复》中指出：目前，在行政诉讼领域中，律师调查令的适用还显得十分薄弱。因此，落实律师自行调查取证权，在行政诉讼中参照民事诉讼实施律师调查令制度，关于相反证据的有关证据规则才能保持其生命力。

（点评人：柯卫，广东财经大学法学院教授）

"技术启示"之判断要从整体上理解现有技术给出的正反两方面的教导

——某鹏"洞石专利"无效行政纠纷案

肖宇扬 温 旭*

【内容提要】

对于专利技术方案非显而易见性的判断，《专利审查指南》明确指出，在判断要求保护的发明对本领域的技术人员来说是否显而易见时，需要判断现有技术整体上是否存在技术启示。在具体的案件适用中，这不仅要求我们要考虑发明和对比文件所公开的技术方案本身，还要注意从整体上理解现有技术所给出的对解决发明实际解决的技术问题给出的正反两方面的教导。本案对于如何看待要求保护的发明对本领域技术人员是否显而易见，以及如何判断现有技术整体上是否存在技术启示具有指导意义。

【案情简介】

"洞石瓷砖"是某鹏公司于2006年研发而成的人工洞石陶瓷产品，因其成功实现人工洞石产品完全达到天然洞石的纹理和效果，一经投放市场即引爆陶瓷行业，到2007年下半年为某鹏公司带来上亿的销售额，与此同时也引发了同行的"抢

* 肖宇扬、温旭，广东三环汇华律师事务所律师。

食”，整个行业在大面积侵权，某鹏公司的市场份额也遭到严重侵蚀，其洞石产品的市场价格被严重拖累。某鹏公司在开发出“洞石瓷砖”产品之后，即申请了专利号为“2007××××6801.9、名称为“一种立体孔洞装饰陶瓷砖的制备方法及其产品”的发明专利（以下简称本专利），基于同行的侵权情况，某鹏公司不得已开展行业内大规模的、长时间的专利维权行动，某鹏公司的专利维权行为在2011年被评为当年的中国陶瓷行业十大事件之一。而作为被控侵权一方，则往往提起专利无效宣告请求作为应对和反制。

本案所涉及的无效案件为某盛公司于2014年3月26日提起，理由主要为涉案专利不具有创造性，主要证据即对比文件1为一欧洲专利申请（公开号为EP1101585A2）。事实上，本案涉案专利在本次无效之前已经被提过五次无效，也均维持专利有效，而本案所使用的对比文件实际在之前的无效案件中已经使用过，不过在无效决定作出之前请求人撤回了无效宣告请求，故专利复审委未以该证据作出审查决定，因此，该证据仍然可以在新的无效宣告请求案件中继续使用。

本案涉案专利是一种立体孔洞装饰陶瓷砖的制备方法及其产品，也就是我们目前已经习以为常的洞石陶瓷砖及其制备方法，其主要工艺就是在粉料制备中添加成孔剂，后坯体进行烧制过程中成孔剂发泡形成立体孔洞，最后抛光制得洞石抛光砖。

本专利授权公告的权利要求1的内容如下：一种立体孔洞装饰陶瓷砖的制备方法，包括以下步骤：粉料制备，包括制备面料和底料；将粉料布料干压成型，制成坯体；将成形坯体干燥；烧制坯体制成半成品；对半成品进行表面处理，制成成品；其特征在于，所述粉料制备步骤中，制备所述面料包括制备花纹面料，其中至少提供一种花纹面料为成孔剂；所述粉料布料干压成型步骤中，将所述成孔剂与其他面料和底料布料干压成型，制成坯体；所述坯体烧制步骤中，烧制温度采用1100℃—1300℃，将所述面料烧制形成立体孔洞装饰纹理。

权利要求2进一步限定了所述花纹面料中引入的成孔剂设置为石墨粉、碳粉、碳酸盐类材料、硫酸盐类材料、碳水化合物材料、低温玻璃材料中的一种或者多种的组合。

本案在无效程序中，专利权人将权利要求书中的“的一种或者”删除，保留为“多种的组合”。本专利的说明书具体实施方式中则记载了如下技术效果：上述实施例中，由于增加了成孔料，因而在陶瓷砖的高温烧成过程中，成孔料会发泡形成各种大小、形状、深浅及位置关系均随机变化的孔洞，因而使依本发明的制造方法而制造的陶瓷砖更加类似于天然石材。

而对比文件公开的是一种釉面仿古砖的制备方法，该瓷砖是在釉料中添加挥发性物质，从而在加热过程中，挥发性物质挥发后会在瓷砖表面形成坑坑洼洼的釉面表面，形成仿古效果。其说明书记载了"'挥发性材料'是指在600℃及以下温度条件下完全烧尽或升华的材料。由于该材料最迟会在炉窑烧制的第一阶段完全消失，瓷砖表面会或多或少地有气孔分布"。专利复审委的阶段，复审委从三个方面认定了本专利与对比文件1的区别，对比文件1包括施釉步骤，而本专利不含釉料层；本专利是在1100℃—1250℃烧制形成立体孔洞装饰纹理，而对比文件1是挥发性物质在低于或等于600℃就挥发形成凹坑；本专利半成品须经表面抛光，制成成品，而对比文件1是对凹坑上缘的毛边进行打磨。2014年9月29日，专利复审委作出第24092号无效宣告审查决定，在专利权人修改后的权利要求的基础上，基于该三个区别从而维持了专利权有效，认定涉案专利权利要求具有创造性。

某盛公司不服无效宣告审查决定，向北京知识产权法院提起行政诉讼，北京知识产权法院虽然对于第二个区别未认定，但是仍然从第一个、第三个区别出发，作出（2015）京知行初字第164号行政判决，维持了专利复审委的无效决定。

某盛公司不服一审判决，继续向北京高院提起上诉。在北京高院的二审中，其撇开了涉案专利与对比文件1在实际技术手段上的区别，直接从技术思路出发，认为两者基本思路都是在烧制过程中加入成孔剂或者挥发性物质，待成孔剂或挥发性物质在烧制过程中挥发后留下凹坑或者孔洞，对凹坑或者孔洞进行打磨或者抛光，形成具有类似天然孔洞的陶瓷砖。鉴于成孔剂与挥发性物质的功能相同、内涵相近，凹坑与孔洞的生成方法基本相同、效果相近，抛光与打磨均为陶瓷制造中的常用工艺，上述区别对立体孔洞等技术效果不产生明显的实质性影响。甚至认为本专利也可以包括施釉步骤。基于此，北京高院作出（2016）京行终5626号行政判决书，撤销了北京知识产权法院一审判决及专利复审委作出的无效宣告审查决定，认定涉案专利不具有创造性。

基于前几次专利无效宣告请求案件均维持了专利有效，本案在复审委及一审阶段，均进展顺利，结果也是有利于专利权人。但是，在二审程序中却被釜底抽薪，全盘推翻了一审判决和专利复审委的无效决定，这无疑给了专利权人极大的压力。

专利权人某鹏公司不服二审判决，向最高人民法院申请再审。在再审申请中，我方代理再审申请人，针锋相对地指出，首先，本专利虽然并非封闭式的写法，但是必然不包括施釉步骤，所以二审判决认定的事实基础是错误的。其次，本专利保护的立体孔洞装饰陶瓷砖与对比文件1公开的旧仿古砖属于不同生产工艺制备的，且最终成品要呈现不同效果、实现不同功能的瓷砖，故要求二者在制备过程中选用的相关物料、工艺步骤、所采用技术手段及该手段能带来的技术效果等完全不同。最后，本专利的抛光步骤与对比文件的打磨也是完全不具有可比性的。也就是说，二审判决实际上在包括对技术方案本身的理解、区别特征的认定、对比文件给出的技术启示等诸多方面均存在事实认定错误。

再审判决基本接受了我方的再审申请意见，在再审判决中，首先对涉案专利与对比文件的区别特征进行了正确的概括和认定，具体概括为：1. 本专利权利要求1没有在坯体外施釉；2. 本专利权利要求1中的成孔剂添加在坯体中而非后续施加的釉料层中；3. 本专利权利要求1通过抛光工艺而非打磨工艺进行表面处理。基于上述区别特征，本专利权利要求1实际解决的技术问题是提供一种制备具有类似于天然石材不规则孔洞和纹理的陶瓷砖的方法。本案中，对比文件1并未给本领域技术人员以教导，使其获得将所述区别特征应用于对比文件1以解决所述技术问题的启示：第一，施釉对对比文件1而言是必要的步骤，无法省略该步骤而得到本专利的方案。第二，对比文件1因在表面加入多层釉料，虽然使用了挥发性物质会形成凹坑，但是因釉料熔融会回填凹坑从而影响孔洞形成效果，所以对比文件1本身所要达到的回填凹坑效果已经对专利所寻求提升孔洞效果的启示形成了阻碍。第三，尽管抛光和打磨均是本领域在处理陶瓷砖时的常规工艺，但二者的手段和效果截然不同，适用的客体对象也有所区别。在对比文件1中，如果应用抛光这一特征，则会改变对比文件1的基本构造，将对比文件1的整个釉料层给抛除，故没有动机为了应用抛光这一区别特征而改变对比文件1的基本构造。正是基于从上述三个方面认定了对比文件1不具有技术启示，再审法院最终作出（2019）最高法行再121号行政判决书，推翻了二审判决，维持了一审判决及专利复审委无效决定书，即维持了专利权有效。

【争议焦点】

权利要求相较于对比文件是否具有创造性，尤其是对比文件1的技术方案是否整体上给出了涉案专利技术方案的技术启示?

【案件评析】

从最高人民法院的再审判决，我们可以得到启发：在判断要求保护的发明对本领域的技术人员来说是否显而易见时，需要判断现有技术整体上是否存在技术启示，这不仅要求我们考虑发明和对比文件所公开的技术方案本身，还要注意从整体上理解现有技术所给出的对解决发明实际解决的技术问题给出的正反两方面的教导。

如果某一个步骤，在对比文件中是必要的步骤，则该对比文件并不会给出省略该步骤的技术启示，正如本案对比文件的施釉步骤。如果某一个动作，在对比文件中所追求的效果恰恰与本专利是相反的，则本领域技术人员不会在该对比文件基础上去舍弃其本身追求的效果而改进成为本专利所需要追求的效果，换言之，对比文件实际上给出的是与本发明目的相悖的启示，形成了对寻求本专利技术效果启示的阻碍，正如本案对比文件在基料表面还施加了多层釉料，且是将挥发性物质添加至表面的釉料层中，而非基料中，因此没有动机去取消对比文件1的釉料层，并把挥发性物质添加至坯体。如果某一个工艺，虽然是常规工艺，但是若将对比文件所采取的常规工艺，替换为另一个常规工艺，就会破坏掉对比文件的原有结构，则本领域技术人员也没有动机替换掉对比文件的常规工艺而得到本专利的工艺手段，正如本案对比文件中为打磨工艺，如果将其替换为抛光，则会破坏掉其原有的釉料层，因此，本领域技术人员就没有动机用常规的抛光工艺去替换对比文件的打磨工艺从而得到本专利的方案。

【专家点评】

本专利无效答辩及行政诉讼案件历经专利复审委行政程序、行政诉讼一审、二审、再审四个阶段，专利无效的理由主要涉及涉案专利是否具有创造性。本案专利权人虽然在复审委阶段和一审阶段胜诉，但是二审却败诉，因而再审的难度不言而喻。本案在再审中，专利权人代理律师对涉案专利和对比文件的技术方案进行了深入的分析，准确抓住了二审判决事实认定错误、技术理解失当、论述逻辑矛盾之处，提出在判断要求保护的发明对本领域的技术人员来说是否显而易见时，需要判断现有技术整体上是否存在技术启示，这不仅要求我们要考虑发明和对比文件所公开的技术方案本身，还要注意从整体上理解现有技术所给出的对解决发明实际解决的技术问题给出的正反两方面的教导。本案再审阶段，代理律师提出的从整体上理解现有技术所给出的对解决发明实际解决的技术问题给出的正反两方面的教导的思路，对专利无效案件中如何进行创造性判断，具有指导意义。

（点评人：程跃华，高级知识产权师、二级律师、广州市律师协会专利法律专业委员会主任）

专利维权中如何利用专利授权和专利确权阶段进行有效抗辩

贾民俊　黄诗彬*

【内容提要】

美国某司指甲制品公司（以下简称某司公司）针对国内同行某蔻（天津）美容用品实业有限公司（以下简称某蔻公司）发起两起侵害发明专利权纠纷诉讼，律师方在接受某蔻公司的委托后，及时制定专利无效结合专利诉讼禁止反悔原则的诉讼策略，将专利授权、专利确权和专利维权三个阶段有机结合、全盘综合考量，最终迫使某司公司与我方达成“不侵权、不赔偿”的全面和解协议，某司公司不仅撤回了上述两起侵害发明专利权纠纷诉讼，还撤回了非我方代理的天津高院的两起侵害外观设计专利权纠纷诉讼（某司公司一审已胜诉），保障了当事人某蔻的合法权益，避免了某司公司利用上述专利起诉国内同行企业，保障了国内美甲行业的健康发展。

【案情简介】

某司公司拥有第20111015××××.9号发明专利权和第2012100 2××××.5号发明专利权，其通过对从某蔻公司处公证购买的产品以及某蔻公司在阿里巴巴平

* 贾民俊、黄诗彬，三环汇华律师事务所律师。

台上展示的产品与其专利进行比对，认为某蔻公司侵犯其专利权，且认为其具体侵权行为包括制造、许诺销售以及销售，要求某蔻公司承担相应的赔偿责任。

代理律师接受委托后，某蔻公司对第一起案件，经过对涉案专利 ZL20121002××××.5 及其审查档案的详细分析后，提出了两个层次的诉讼策略：第一个层次，通过专利无效手段使对方发明专利无效。第二个层次，在无效对方发明专利不成功的情况下，在专利诉讼阶段应用“禁止反悔”原则，主张被诉侵权产品的技术特征“多条线型狭缝延伸至可移除层的外缘”与涉案专利的“多条线型狭缝远离可移除层的外缘”不构成等同。而我方认为不构成等同的依据主要有两点：其一，专利权人在专利审查过程中，在权利要求 1 中“所述可移除层包括在其上形成并沿其表面设置的多条狭缝”的基础上增加了“所述多条新型狭缝远离可移除层的外缘”，并依据修改后的权利要求 1 获得授权，相当于专利权人通过修改放弃了“所述多条线型狭缝延伸至可移除层的外缘”的技术方案。其二，我方在专利无效中埋下了一个伏笔，专利无效的对比文件中公开了“多条线型狭缝延伸至可移除层的外缘”，如专利权人认为“多条新型狭缝远离可移除层的外缘”与上述“多条线型狭缝延伸至可移除层的外缘”存在实质性不同，具有创造性，则无法主张两者构成等同。最终，在第一层次，我方就成功击败了对手，某司公司自觉其上述核心专利被无效的风险很高（该专利的同族专利在美国、欧洲等也已获得授权），怕影响其后续的维权，与我方达成了“不侵权、不赔偿”的全面和解协议。

对第二起案件，我方经过对涉案专利 ZL20111015××××.9 及其审查档案的详细分析后，认为被诉侵权产品构成相同侵权，因此采用了无效对方专利的诉讼策略，最终成功使对方据以起诉的发明专利的 14 个权利要求无效，包括 3 个独立权利要求。

基于我方制定并采取的专利无效结合专利诉讼禁止反悔原则的诉讼策略，案件取得理想结果。某司公司（甲方）与我方当事人某蔻公司（乙方）达成“不侵权、不赔偿”的全面和解协议，主要包括：（1）甲方撤回在广州知识产权法院、天津市第二中级人民法院针对乙方提起的诉讼案件。（2）乙方撤回在国家知识产权局针对甲方提起专利无效宣告请求。（3）甲方承诺今后不再利用前述四件专利针对乙方主张专利侵权诉讼、行政投诉等任何权利，并承诺在甲方将前述四件专利的专利权转移或许可给第三方的情形下，第三方也不会利用前述四件专利针对乙方主张专利侵权诉讼、行政投诉等任何权利。（4）乙方承诺今后不再对前述四件专利提起专利无效宣告请求或支持其他第三方对前述四件专利提起专利无效宣告请求，并且不参与或支持其他第三方参与针对前述四件专利所提起的专利无效行政诉讼程序。

最终，我方通过过硬的专利实力和辛勤的付出，一揽子解决了某蔻公司与某司公司之间的侵权纠纷，保障了当事人某蔻的合法权益，同时避免了某司公司再利用上述专利大量起诉国内同行企业，保障了国内美甲行业的健康发展。

【争议焦点】

在专利无效结果不理想的情况下，如何使用“禁止反悔”原则来认定被控侵权产品的技术特征与涉案专利的技术特征不构成等同?

【案例评析】

针对第一起案件，我方采用专利无效结合禁止反悔的诉讼策略，先通过专利无效的手段无效对方发明专利，在无效对方发明专利不成功的情况下，再利用专利审查信息和专利无效信息，通过禁止反悔原则来主张不构成等同侵权，从而给案件上了双保险，确保案件能够最终获得胜诉。

针对第二起案件，由于被诉侵权产品构成等同侵权，我方采用了专利无效的诉讼策略，通过创造性条款成功地使对方据以起诉的发明专利的 14 个权利要求无效，包括 3 个独立权利要求。

【专家点评】

本案通过将专利授权、专利确权和专利维权三个阶段有机结合，综合考量，制定行之有效的诉讼策略，对于在专利维权中如何利用专利授权和专利确权阶段进行有效抗辩，具有一定的借鉴意义。

1. 要综合考量专利授权、专利确权和专利维权三个阶段的相关修改和意见陈述对专利权保护范围的意见，在确保专利有效的前提下，尽量拓宽专利的保护范围。

2. 在专利侵权诉讼中，专利无效作为一种常用的诉讼手段，要擅加利用，即使不能成功无效掉对方专利，也要想方设法通过专利无效迫使对方通过修改或意见陈述缩小专利的保护范围，以在专利侵权诉讼中钳制对手。

3. 在专利侵权诉讼中，要注重对专利审查文档的分析研究，以合理确定专利的保护范围，防止专利权人在专利审查和专利诉讼中两头得利。

（点评人：程跃华，广东三环汇华律师事务所律师、广州市律师协会专利法律业务专业委员会主任）

通过增加地域特征解决因历史原因共存的"香港荣华"商标案

董咏宜　张满兴　李亚强*

【内容提要】

一般情况下，若两个商标的主体部分相同或者近似，在后的商标申请往往会被驳回，这也是本案诉争商标在之前的商标申请、驳回复审、一审、二审等程序均得不到行政机关及法院支持的原因，但本案是由于历史原因导致的共存，通过增加"香港"这个地域特征，使得两者有一定的区别，最终法院的判决体现了能动司法、注重纠纷的实质解决，不仅有利于解决双方历时二十多年的商标争议，为双方划清商业标识之间的界限，为双方的发展指明了方向，也有利于法院为审判此类因历史原因形成的商标确权案件提供审判思路。

【基本案情】

（一）案情事实

荣华公司及其关联企业在1950年开始生产、销售"荣华月饼"，经过荣华公司的广泛使用和宣传，以及荣华月饼皮薄馅靓、颜色亮泽均匀、味道清香诱人，因此深受广大消费者的喜爱，在中秋时节，"荣华月饼"成为送礼佳品。伴随国内改革

* 董咏宜、张满兴，广东三环汇华律师事务所律师；李亚强，北京恒都（广州）律师事务所律师。

开放，早在20世纪70年代末80年代初香港荣华月饼被珠三角地区的许多消费者高度认可，该事实得到了多份生效裁判文书的确认，荣华公司的荣华月饼在中国内地依法享有在先使用权。

但由于荣华公司的荣华月饼没有及时注册“荣华”商标，当其提交申请时，案外人山东沂水县永乐糖果厂（以下简称永乐糖果厂）已经于1989年11月14日在“糖果、糕点”两个商品上申请注册第533357号“”商标，并于1990年11月10日被核准注册，由于两者的主要识别部分均为“荣华”二字，导致荣华公司申请“荣华”商标被驳回。

2008年6月23日，荣华公司转换思路，在“荣华”商标前面加上其地域“香港”，申请注册第6799828号“香港榮華”商标（香港榮華），该商标申请被驳回，其中原商标评审委员会作出了《驳回复审决定书》，认为“香港榮華”商标构成2014年《商标法》第10条第2款的情形，即县级以上行政区划的地名不得作为商标；同时引证佛山市顺德区勒流苏氏荣华食品商行（以下简称顺德荣华商行）名下的第533357号“荣华加圈”商标（），认为两者构成近似商标，违反了2014年《商标法》第30条规定，驳回了“香港榮華”商标的注册。

第6799828号诉争商标	第533357号引证商标
香港榮華	

（二）处理过程

针对该驳回复审决定荣华公司向北京知识产权法院提起了行政诉讼，该案经过一审、二审依然不支持荣华公司的主张。

荣华公司没有放弃，通过代理律师及时向最高人民法院提起再审申请，代理律师结合最新的司法动态及相应的司法判例向最高人民法院详细论述荣华公司的主张。最后，最高人民法院决定提审，并在2020年9月30日作出（2020）最高法行再178号行政判决书。

（三）裁判理由与结果

最高人民法院认为：根据《最高人民法院关于审理商标授权确权行政案件若干

问题的规定》第6条的规定，“商标标志由县级以上行政区划的地名或者公众知晓的外国地名和其他要素构成，如果整体上具有区别于地名的含义，人民法院应当认定其不属于商标法第十条第二款所指情形。”本案中“香港榮華”商标的申请人荣华公司是在我国香港特别行政区注册和经营的公司，虽然诉争商标“香港榮華”含有申请人荣华公司所在的县级以上行政区划地名“香港”，但其同时包含文字“榮華”，因此，诉争商标“香港榮華”整体上已经具有区别于地名的含义，具有显著特征，诉争商标“香港榮華”的申请注册不构成《商标法》第10条第2款规定的情形。

最高人民法院同时认为，“香港榮華”与顺德荣华的“”两者不构成同一种或者类似商品上的近似商标，其共存不会导致相关公众的混淆误认。本案中，诉争商标“香港榮華”与引证商标“”虽然均含有文字“荣华”，但是，诉争商标中的“榮華”是繁体字，引证商标中的“荣华”是经过艺术加工后的字体，被整体置于一个圆圈中，诉争商标“香港榮華”与引证商标“”的构成要素和整体视觉效果均有明显不同。诉争商标“香港榮華”在“榮華”文字之外还包含“香港”文字，与引证商标的呼叫不同，进一步凸显了诉争商标“香港榮華”与其申请人荣华公司的联系，并增强了诉争商标与引证商标的可区分性。

此外，根据最高人民法院查明的事实，荣华公司的“荣华”商标在引证商标申请日之前已经在我国香港特别行政区长期实际使用，并且在引证商标于1997年被核准转让前在珠三角地区大量实际使用，而引证商标“”在1997年之前并无使用证据，上述实际使用情况形成的稳定市场秩序，在客观上使相关公众能够区分诉争商标“香港榮華”与引证商标“”。因此，诉争商标与引证商标不构成同一种或者类似商品上的近似商标，其共存不会导致相关公众的混淆误认，诉争商标的申请注册不构成《商标法》第30条规定的情形。被诉决定和一审、二审判决的相关认定存在错误，最高人民法院予以纠正。

至此，自2008年申请的“香港榮華”商标，历时12年，最高人民法院终审定性“香港榮華”商标应予以核准注册。

【争议焦点】

1. 诉争商标含有“香港”二字，是否违反了《商标法》第10条第2款“县级以上行政区划的地名不得作为商标”的情形？

2. 诉争商标与引证商标均有“荣华”二字，是否违反了《商标法》第30条“申请注册的商标，凡不符合本法有关规定或者同他人在同一种商品或者类似商品上已经注册的或者初步审定的商标相同或者近似的，由商标局驳回申请，不予公告”的规定？

【案件评析】

（一）本案准确把握商业标识授权确权的条件，妥善审理对于历史原因形成的商标共存案件，为此类案件的审判指明考量因素。

对于因历史原因造成的两商标共存的案件，应当视案件具体情况，尊重历史和维护已形成的市场秩序，在考虑历史因素和使用现状的基础上，公平合理地判断两标识的近似程度是否会构成混淆误认，而不宜简单、机械地认定两者构成近似。对于在先使用、长期使用、善意使用，为相关公众所知悉，具有一定知名度的商标，允许通过增加地域标识使得两者更具有区分度，应当准予注册。

此类型案件中，最高人民法院认定商标是否准予注册的考量因素包括如下主要因素：1. 诉争商标与引证商标之间是否具有可区分度；2. 诉争商标的使用情况，是否在先使用、善意使用；3. 引证商标的使用情况，是否有实际使用、善意使用等情况；4. 诉争商标与引证商标共存是否会构成相关公众混淆误认。

四个考量因素在本案中的体现：1. “香港榮華”与“荣华加圈”（ ）两者不属于相同商标，两者的标识明显不同，本身具有一定区分度；2. 荣华公司一直是在先使用、长期使用、善意使用，有非常高的知名度和美誉度，为相关公众所熟知；3. 引证商标 在顺德荣华受让前并无实际使用，顺德荣华在受让引证商标 后，其实际使用存在搭荣华公司便车、攀附荣华公司商誉的不正当行为，不具有正当性；4. 荣华公司经过自1950年以来的长期使用，已经形成了稳定的市场秩序，在客观上使相关公众能够区分诉争商标“香港榮華”与引证商标“”。

最高人民法院在本案及相关案件中确认荣华公司于1987年9月至1989年9月对“荣华”的使用已经扩展到中国内地，早于第533357号“荣华加圈”注册商标的申请日即1989年11月14日。

而顺德荣华受让第533357号“荣华加圈”商标后却不使用，反而以荣华公司的字体及特有的花好月圆图案结合使用繁体的荣华商标，正好说明荣华公司通过长期使用形成了稳定的使用价值，荣华公司一直是在先使用、善意使用，而一直存在恶意使用、搭便车的反而是受让第533357号“荣华加圈”商标的顺德荣华。

本案最高人民法院以诚实信用为基本原则，结合荣华公司一直在先使用、善意使用、持续使用“荣华”标识，没有机械理解法律及对标识进行简单比对，而是坚持以诚信为本，考虑谁在先，谁开拓了荣华月饼的市场，并且通过增加地域，划清两个争议已久的“荣华”商标之间的界限，注重纠纷的实质解决，为双方的发展指明了方向。

（二）本案中法院发挥能动司法、服务大局的积极作用，注重案件争议的实质性解决。

《关于加强知识产权审判领域改革创新若干问题的意见》强调“充分发挥知识产权司法保护主导作用”，既是对司法在知识产权保护体系中主导作用的充分肯定，又是对司法保护知识产权主导作用发挥程度、深度和广度的进一步期许。

本案是司法发挥知识产权审判职能、司法保护知识产权主导作用的案件。最高人民法院关注到“香港榮華”与顺德荣华的“荣华加圈”之间关于“荣华”品牌二十多年的纷争不断，充分考虑到历史原因造成了“香港榮華”与顺德荣华的“荣华加圈”这两个“荣华”商标共存在月饼市场上，且荣华公司一直是在先使用、长期使用、善意使用“榮華”商标，具有极高的知名度，已经形成自己稳定市场，得到广大消费者的认同和赞誉。

因此最高人民法院并没有机械地比对“香港榮華”和“荣华加圈”商标的近似度，而是发挥知识产权审判能动性，从服务大局角度出发，注重案件争议的实质性解决，并以诚实信用为基本原则，尊重历史和现状，全面、审慎、客观地考量各种因素，尽可能地以划清商业标识之间的界限为指引，作出“香港榮華”商标与“荣华加圈”商标可以区分，两者共存不会导致相关公众混淆误认的认定，“香港榮華”商标应当核准注册这一公平、合理的裁判结果。

【专家点评】

（一）出海布局，商标先行

从本案案情可知，香港荣华公司是在先使用“荣华”商标的，但由于没有及时注册，导致不但不能获得注册，反而处于被诉侵权的囧地。为此，各类企业都要先做好知识产权布局，特别是商标及专利的布局。

（二）司法动态，随时掌握

在商标近似一般审查标准对荣华公司不利的情况下，最终最高人民法院同意“香港荣华”核准注册，是因为在对于保护注册在先，还是使用在先的问题上法律及司法政策在不断调整及完善。而主办律师准确把握了司法动态的变化，并且有效运用到案件当中，最终实现诉讼逆转。

（三）诚实信用、坚持不懈

知识产权的案件有些历时较长，如本案“香港榮華”商标历时 12 年才获准注册。不禁让人想起诗句“雄关漫道真如铁，而今迈步从头越”。复杂疑难知识产权案件，需要办案律师具有顽强的毅力，刻苦的精神，攻克各种法律适用问题，即便遇到难题，秉持不畏困难，迎难而上，心中坚持正义，才能为客户品牌保护闯出一条开阔大道。

（点评人：王广华，广东省律师协会知识产权专业委员会主任）

某公司诉社会保障局行政给付案

陈婉华*

【内容提要】

《广东省工伤保险条例》第55条第1款规定："用人单位依照本条例规定应当参加工伤保险而未参加或者未按时缴纳工伤保险费，职工发生工伤的，由该用人单位按照本条例规定的工伤保险待遇项目和标准向职工支付费用。"该条款对社保基金支付范围作出了除外规定，职工未依法缴纳工伤保险发生工伤的，工伤保险待遇由用人单位支付。判断职工是否参加工伤保险的时间基准点是发生工伤时。司法实践中，职业病的工伤认定一般将职业病诊断作出的时间作为发生工伤的时间，但是实际上职业病具有隐匿性、迟发性等特点，发生工伤的时间不是职业病诊断作出的时间，而是接触职业病危害因素、从事职业病危害作业的时间段。

【案情简介】

（一）基本事实

李某于2017年5月16日入职佛山A公司，从事抛光工作，工作过程中有接触粉尘并佩戴口罩防护，2017年12月，李某在佛山A公司组织的在岗职工健康检查中，检出疑似尘肺病。自2018年1月起，佛山A公司将李某调整至包装工岗位（不再接触粉尘）。2017年7月至2018年2月，佛山A公司已为李某缴纳工伤保

* 陈婉华，广东胜伦律师事务所律师。

险。李某转岗之后由广东 B 公司发放工资和缴纳社会保险，直至 2018 年 5 月 31 日李某因个人原因离职，广东 B 公司为李某缴纳社会保险至 2018 年 6 月。

2018 年 7 月 9 日，佛山市职业病防治所出具《职业病诊断证明书》，其中职业病危害接触史中，李某自述“2007 年之前在家中务农，无接触职业病危害因素，2007 年 2 月至 2014 年 2 月在湖南省郴州市私人公司从事搬水泥工作，每天工作 9 小时（每周工作七天），工作中接触粉尘，有佩戴防尘口罩防护；2014 年 2 月至 2017 年 5 月，在湖南省郴州市私人煤矿从事井上运煤工作，每天工作 9 小时（每周工作七天），工作中接触粉尘，有佩戴一次性口罩防护。李某与佛山 A 公司共同确认的职业病危害史为：2017 年 5 月至 2017 年 12 月在佛山 A 公司从事抛光工作，每天工作 8 小时（每周工作六天），工作中接触噪音、粉尘，有佩戴口罩、耳塞保护。诊断结论为：职业性其他尘肺二期；2018 年 8 月 24 日，李某向佛山市南海区人力资源和社会保障局申请工伤认定。2018 年 10 月 23 日佛山市南海区人力资源和社会保障局作出《认定工伤决定书》，明确李某受伤害的时间为 2018 年 7 月 9 日，查明事实如下：“李某是佛山 A 公司的员工，2017 年 5 月至 2017 年 12 月，李某一直在公司抛光车间从事抛光工作，在工作中接触噪音、粉尘，有佩戴口罩、耳塞防护。2018 年 7 月 9 日经佛山市职业病防治所鉴定为职业性其他尘肺二期。李某患职业病，符合《广东省工伤保险条例》第 9 条第 4 项之规定，属于工伤认定范围，现予以认定为工伤。2019 年 9 月 6 日，佛山市劳动能力鉴定委员会出具了《初次鉴定结论书》：明确发生工伤或被诊断、鉴定为职业病的时间为 2018 年 7 月 9 日。劳动功能障碍四级，停工留薪期为 2018 年 7 月 9 日至 2019 年 7 月 8 日。

2020 年 3 月 19 日，李某向佛山市南海区劳动人事争议调解仲裁委员会（以下简称南海劳仲）申请劳动仲裁，请求：佛山 A 公司支付一次性伤残补助金 90300 元；一次性医疗补助金 51600 元；伤残津贴 387000 元（暂计算十年）；交通费 2000；营养费 5000 元；评残费用 99 元；停工留薪期工资 51600 元；残疾赔偿金 588924 元；被抚养人生活费 181912. 5 元；精神损害抚慰金 70000 元，共计 1428435. 5 元。南海劳仲于 2020 年 5 月 26 日作出终局裁决，裁决佛山 A 公司向李某支付停工留薪期工资 51600 元、劳动能力鉴定费 99 元、一次性伤残补助金 90300 元、从 2019 年 10 月起按月支付伤残津贴 3225 元直至李某死亡。随后，佛山 A 公司向佛山市中级人民法院申请撤销仲裁裁决，李某向佛山市南海区人民法院起诉一审。

2020年4月21日，佛山A公司向佛山市南海区社保基金管理局申请支付李某的工伤待遇损失，2020年4月27日，南海区社保基金管理局以用人单位未参加或未按时缴纳工伤保险费为由，认为李某工伤认定之日或职业病确认之日佛山市A公司没有为其缴纳社会保险，因此，社保基金管理局不应担支付工伤待遇，于是作出《行政服务中心项目答复单》明确不予支付相关待遇。

佛山A公司委托律师随后向顺德区人民法院提起诉讼，要求南海区社保基金管理局重新作出行政行为，向佛山A公司核发李某的一次性伤残补助金和伤残津贴等。同时就劳动争议案件，向佛山市南海区人民法院申请中止审理，佛山市南海区人民法院于2020年7月29日作出裁定书：本案在审理过程中，查明佛山A公司作为原告、以佛山市南海区社会保险基金管理局作为被告已经向佛山市顺德区人民法院提起行政诉讼，主张佛山市南海区社会保障基金管理局对佛山A公司向该局提出的由工伤保险基金支付李某工伤待遇的申请重新作出行政行为并向佛山A公司核发李某的一次性伤残补助金和伤残津贴等诉讼请求，佛山市顺德区人民法院已于2020年7月14日立案受理，法院经审查认为，该行政案件现尚未审结，而该行政案件查明的事实和审理结果将会影响本案的审理结果，故本案应依法中止诉讼，待上述行政案件审理终结后再恢复诉讼。

本案最为蹊跷的是李某在入职仅短短五个月的时间，即查出尘肺病二期，且李某在入职佛山A公司之前，有长达10年的职业病危害接触史。代理律师怀疑李某在入职公司之前已经患尘肺病，甚至可能已经在其他地方享受职业病的工伤保险待遇。在立案之后，代理律师第一时间向南海区人民法院、顺德区人民法院申请了律师调查令并赴李某之前就业的郴州市的疾病预防控制中心、职业病诊断鉴定委员会、人力资源和社会保障局、劳动能力鉴定委员会等相关部门调查李某是否曾经做过职业病的检查或诊断，尽力排查李某重复申请社保待遇的可能，把案件做到极致，最后相关部门都回复，因为时间久远，当时没有联网，找不到相关资料，所以只能作罢。

（二）代理人观点

本案处理的关键是要证明佛山A公司并不存在应当缴纳社会保险而未依法缴纳的情形。代理律师将李某的劳动关系作切割（2017年5月至2018年2月，李某是与佛山A公司建立的劳动关系，受佛山A公司的用工管理，佛山市A公司已经依法为李某缴纳了工伤保险。2018 年 3 月至 2018 年 5 月，李某是与广东 B 公司建立的劳动关系，受广东 B 公司的用工管理，没有从事接触职业病危害作业，且广东 B 公司已经依法为李某缴纳了工伤保险），并证明李某发生工伤（2017 年 5 月至 2017 年 12 月从事职业病危害作业）时，佛山 A 公司已经依法为其缴纳了工伤保险费，不存在任何应当缴纳社会保险而未缴纳的情形，李某的工伤待遇应当由社保基金支付。

1. 本案中，虽然工伤认定书、职业病诊断证明书、劳动能力鉴定结果均认为发生工伤的时间是诊断出职业病的时间，即 2018 年 7 月 9 日。而南海区社保基金管理局认为，该时间公司已经没有为李某缴纳工伤保险，因此拒绝支付李某的工伤待遇。但是，代理律师认为，“发生工伤”，是指发生意外伤害或罹患职业病时，强调的是事故发生的时间点或从事职业病危害作业的时间段，并非工伤认定之日或职业病确认之日。本案发生工伤时应当以李某从事职业病危害作业的时间段为准，即 2017 年 5 月至 12 月。《认定工伤决定书》明确李某在公司接触粉尘的时间为 2017 年 5 月至 12 月，李某在 2017 年 12 月体检时首次检测出疑似尘肺病，从 2018 年 1 月起，李某调整至包装工岗位，直至离职再也没有接触粉尘，无患职业病风险。因此，李某受伤的时间应当认定为 2017 年 12 月，而不是职业病的鉴定时间 2018 年 7 月 9 日。

2. 李某发生工伤时，佛山 A 公司已经为其缴纳了工伤保险费，李某的工伤待遇应当由被告支付。尘肺病的形成需要一个缓慢的过程，2017 年 7 月原告开始为李某缴纳工伤保险费时并不存在疑似职业病，至 2017 年 12 月发现李某疑似职业病（发生工伤时），原告已经为李某连续依法缴纳了 5 个多月的工伤保险费，完全符合《广东省工伤保险条例》第 65 条“用人单位为职工办理工伤参保手续次日起……该参保职工发生工伤的，由工伤保险基金按照本条例规定的工伤保险待遇项目和标准向职工支付费用”的规定。

3. 2018 年 3 月起李某的劳动关系转移至广东 B 公司，由广东 B 公司缴纳社会保险。2018 年 3 月前原告已经为李某依法缴纳工伤保险，本案符合《广东省劳动和社会保障厅关于进一步完善我省工伤保险制度有关问题的通知》第 2 条规定的患职业病人员的认定和待遇支付办法，应由被告支付相关工伤待遇费用。李某自 2018 年 1 月开始转移至包装工岗位，包装工业务是广东 B 公司的组成部分，自 2018 年 3

月开始由广东 B 公司对其进行用工管理、发放工资，劳动关系转移至广东 B 公司，并由其缴纳社会保险直至李某因个人原因离职时止符合法律规定。

（三）裁判结果

法院认为：本案中，李某于 2017 年 5 月至 12 月在佛山 A 公司处工作接触粉尘，于 2018 年 7 月 9 日经佛山市职业病防治所诊断为职业性其他尘肺二期（首次诊断），后被认定为工伤。虽然李某在离开工作岗位后才被诊断为职业病，但相隔时间较短，且无证据反映李某自离职后有再从事接触职业病危害作业，故李某可以自诊断、鉴定为职业病之日起一年内申请工伤认定。李某所患职业病被认定为工伤，佛山 A 公司作为职业病诊断证明书中明确的用人单位，在李某从业期间即 2017 年 5 月至 12 月已经为其缴纳工伤保险费，按照《工伤保险条例》的规定，分别由工伤保险基金和用人单位支付工伤保险待遇。至于李某 2017 年 5 月、6 月的工伤保险费是否事后补缴并不影响佛山 A 公司已经为其参加工伤保险的事实判定。南海区社保基金管理局认为应以李某诊断为职业性其他尘肺二期的时间作为其发生工伤的时点，进而作出李某“应当参加工伤保险而未参加”的事实判断，未考虑职业病存在隐匿性、迟发性的特点，也与上述法律法规的规定不符。南海区社保基金管理局在错误判断案件事实的基础上适用《广东省工伤保险条例》第 55 条规定作出《答复单》，不同意支付李某的相关工伤保险待遇，属于认定事实不清，适用法律错误，依法应予撤销。

佛山 A 公司要求撤销南海区社保基金管理局作出的《答复单》并责令南海区社保基金管理局重新作出行政行为的诉求理由成立，本院予以支持。

【争议焦点】

1. 李某发生工伤时，佛山 A 公司是否依法为其缴纳了工伤保险，社保基金管理局能否拒绝支付工伤待遇？

2. 工伤发生时究竟应该指工伤认定之日或职业病确认之日，还是员工从事职业病危害作业的时间段？

【案例评析】

本案代理律师在办案的时候争取把案件做到极致，巧用律师调查令排除李某入职前已经患职业病并且已经享受工伤保险待遇的各种可能。

李某在入职公司之前，隐瞒了曾经担任十年矿工的事实，在入职的时候逃脱了入职前的体检，仅入职 7 个月，便被诊断出尘肺病二期。公司怀疑，李某在入职前已经患职业病，可能在外地做过检查，或者在外地做过工伤认定，甚至可能已经享受了工伤待遇。于是代理律师通过向法院申请调查令的方式前往李某曾任职的单位所在地的疾病预防控制中心、职业病诊断鉴定委员会、人力资源和社会保障局、劳动能力鉴定委员会等相关部门调查李某是否曾经做过职业病的检查或诊断，尽力排查李某重复申请工伤待遇的可能，把案件做到极致，从而获得委托人的充分信任。

南海区社保基金管理局在判断应否支付工伤保险待遇的时候，法律依据是《广东省工伤保险条例》第 55 条第 1 款规定："用人单位依照本条例规定应当参加工伤保险而未参加或者未按时缴纳工伤保险费，职工发生工伤的，由该用人单位按照本条例规定的工伤保险待遇项目和标准向职工支付费用。"但在法律适用的过程中，应该结合事实和立法目的，工伤保险的设立，是为了在工伤发生时，更好地保障用人单位和职工的权益。法律的适用应当更加灵活，不应当将法律条文僵化。本案中，如果是突发意外伤害的工伤，很容易确定受伤的时间，但是对于职业病这种存在隐匿性、迟发性特点的工伤，从根源上来讲，职工发生工伤的时间不应当是作出职业病诊断的时间，而应当是职工接触职业病危害因素，从事职业病危害作业的时间段，只要在这个时间段，公司已经为员工缴纳了工伤保险，社保基金管理局就应当支付工伤保险待遇。

律师在代理案件的过程中，不应当被行政机关出具的鉴定书或者认定书所确认的案件事实束缚，当发现这些文书所确定的内容有失偏颇的时候，应该根据案件的事实，抓住事物产生的根源和本质，对行政机关作出的错误认定予以纠正。

【专家点评】

本案的代理律师在对劳动者是否在入职之前已经患职业病、是否已经在省外享受工伤保险待遇提出疑问之后，通过律师调查令的方式不辞辛苦到省外各机构予以核实，体现了律师兢兢业业的服务精神。

本案《工伤认定书》中将作出职业病诊断时间确定为工伤发生的时间，社保基金管理中心认为工伤发生时，用人单位没有依法为员工缴纳社会保险拒绝支付工伤待遇。代理律师通过层层说理，从实际用工管理的角度将劳动者前后两段劳动关系进行切割，证明前后两家用人单位都是依法缴纳社保，并在此基础上对“工伤发生时”进行重新定义，认为“工伤发生时”应当是从事职业病危害作业的时间段，从而证明用人单位在员工发生工伤时已经依法缴纳工伤保险，法院最终采纳了代理律师的观点，撤销了南海区社保基金管理局作出的《答复单》并责令南海区社保基金管理局重新作出行政行为，切实维护了用人单位和劳动者的权益。

（点评人：曾跃，广东省律协劳动与社会保障专业委员会副主任）

“百伦”商标确权再审案

——美国新某公司诉国家知识产权局、周某商标无效宣告请求行政纠纷

董宜东*

【内容提要】

“百伦”“新百伦”系列商标争议案、商标侵权案、不正当竞争案是近年来为数不多的在社会上有较大影响的疑难复杂案件之一，受到广泛关注。本案“百伦”商标确权案是上述系列案件中最基础的案件，该案的审理判决影响着整个“百伦”“新百伦”系列案件的审理和判决方向。

本案中，第三人除了逐一反驳申请人美国新某公司的无效宣告理由之外，更主要的是从法理的角度论证了作为一项受法律保护的权利，合法性是其受到法律保护的前提，知名度、贡献率不是确定商标权归属的唯一依据。经过反复多次论证，最高人民法院最终判决认定了诉争商标的合法有效性，从而维持了诉争商标的注册。

【案情简介】

1994 年 8 月 25 日，周某以自己名字中的“伦”为基础，寓意为百年品牌之意设计了“百伦”商标，以家族企业潮阳市某公司鞋帽公司递交注册申请，于 1996 年 8 月 21 日获准注册，注册号第 865609 号，指定使用商品第 25 类服装；鞋；帽；

* 董宜东，广东太平洋联合律师事务所律师。

袜等商品。该商标获准注册后转让至周某名下。周某将该商标分别授权给广州某鞋业有限公司和广州市某服饰有限公司使用。上述公司在全国多家大城市的高档百货商城开设了“百伦”品牌专柜，亦在“天猫”网站开设了“百伦旗舰店”，销售该品牌鞋类商品。同时，周某在全国范围内对“百伦”商标进行了大力宣传，在行业内及相关消费者中都具有很高的知名度和影响力。

2012年，周某发现美国新某公司在其实体专卖店、网上专卖店、视频广告等多处对“新百伦”标识进行商标性使用，使相关公众误认为该“新百伦”标识是美国新某公司的注册商标，致使周某在其生产、销售的鞋类产品上使用“百伦”“新百伦”注册商标时被误认为假冒美国新某公司的商品。周某遂向广州市中级人民法院提起民事诉讼，请求美国新某公司停止侵犯周某“百伦”和“新百伦”注册商标专用权的行为。

法院经审理认为，美国新某公司在同种商品上使用了与周某“百伦”“新百伦”注册商标相同或者近似的“新百伦”标识，侵害了周某的“百伦”“新百伦”注册商标专用权。2015年4月21日，广州市中级人民法院作出（2013）穗中法知民初字第574号民事判决书，判决美国新某公司的NEW BALANCE运动鞋在中国销售过程中因使用“新百伦”标识侵犯周某“百伦”“新百伦”注册商标专用权，赔偿周某经济损失人民币9800万元。该案当时被称为中国商标侵权赔偿第一案。

美国新某公司收到一审判决后，在对民事案件提起上诉的同时，对周某的“百伦”“新百伦”等系列注册商标提起无效宣告申请，以求从根本上消除周某的所有商标权利基础。

2015年7月17日，美国新某公司针对周某持有的第865609号“百伦”商标向商标评审委员会提出无效宣告请求。理由是：1. 美国新某公司作为全球知名的运动鞋生产商，是“NEW BALANCE”商标的所有人，该商标经美国新某公司长期使用和宣传已获得较高知名度和影响力，请求认定第175153号“NEW BALANCE”商标为使用在鞋商品上的驰名商标。2. “百伦”商标是对美国新某公司驰名商标的翻译、摹仿，与“NEW BALANCE”商标已构成使用在相同或类似商品上的近似商标。3. “百伦”商标与美国新某公司商号“NEW BALANCE”近似，“百伦”商标的注册侵犯了美国新某公司的在先商号权，且在“百伦”商标注册申请日前，“NEW BALANCE”已成为美国新某公司知名商品的特有名称，“百伦”商标的注册亦侵犯美国新某公司的在先知名商品特有名称权。4. 周某申请注册“百伦”商标的行为违背了诚实信用原则，将造成不良社会影响。请求对“百伦”商标宣告无效。

周某答辩称，1. “百伦”并非“NEW BALANCE”的法定必然翻译，二者间不存在联系，且“百伦”商标在中国的使用时间远远早于美国新某公司“NEW BALANCE”商标在中国的使用时间，“百伦”商标与“NEW BALANCE”不构成使用于同一种或类似商品上的近似商标，且“NEW BALANCE”在“百伦”商标注册申请日前并未构成驰名商标，“百伦”商标并非对美国新某公司驰名商标的复制、摹仿，因此，申请人关于诉争商标违反2001年《商标法》第13条2款、第28条的第1项和第2项理由不成立；2. “百伦”商标的注册未侵犯美国新某公司在先商号权及知名商品特有名称权，且该请求已超过法律规定的五年期限，申请人关于诉争商标违反2001年《商标法》第31条的第3项理由不成立；周某申请注册“百伦”商标属于拓展业务需要，主观上不存在恶意，不会造成不良社会影响，申请人关于诉争商标违反2001年《商标法》第8条、第41条的第4项理由不成立。

在此基础上，原国家商标评审委员会于2016年9月20日作出商标无效宣告裁定，裁定对美国新某公司上述主张不予支持。

美国新某公司不服该裁定，先后向北京知识产权法院和北京市高级人民法院提起一审和二审行政诉讼，请求法院判令撤销被诉裁定，并责令国家知识产权局重新作出裁定。一审和二审均判决驳回美国新某公司的诉讼请求。美国新某公司不服，遂向最高人民法院申请再审。

美国新某公司申请再审称，1. 周某持有的第865609号“百伦”商标的注册违反2001年《商标法》第13条第2款的规定：就不相同或者不相类似商品申请注册的商标是复制、摹仿或者翻译他人已经在中国注册的驰名商标，误导公众，致使该驰名商标注册人的利益可能受到损害的，不予注册并禁止使用。2. “百伦”商标的注册违反了2001年《商标法》第41条第1款的规定：已经注册的商标，违反本法第十条、第十一条、第十二条规定的，或者是以欺骗手段或者其他不正当手段取得注册的，由商标局撤销该注册商标；其他单位或者个人可以请求商标评审委员会裁定撤销该注册商标。综上，请求法院再审本案，撤销一审、二审判决及被诉裁定，判令国家知识产权局重新作出决定。

本案的特别之处就在于，申请人美国新某公司的“NEW BALANCE”商标有比较长的历史，且有比较高的知名度，诉争商标确实存在着被误解为摹仿、抢注申请人商标的情形，申请人抓住诉争商标人注册人早年申请商标方面的一些瑕疵，将诉争商标的注册违反《商标法》第41条的规定，属于恶意抢注不正当注册的商标作为重点的申请理由，同时，将申请商标的注册违反2001年《商标法》第13条2款的规定，属于对申请人驰名商标“NEW BALANCE”商标的摹仿复制作为另一个理由。

根据本案特殊的案情和特点，第三人有针对性的答辩如下：1. 诉争商标不违反2001年《商标法》第13条第2款的规定。一是申请人在案证据不能证明引证商标在诉争商标申请时已经达到驰名程度。根据申请人提交的证据，发生在1994年8月25日诉争商标申请日之前证明其知名度的证据只有两份其自制的在境外获得奖项的清单，该两份证据且不论其真实性，仅就内容来讲，没有一份奖项发生在中国境内，不能证明引证商标在中国的使用和知名度。除此之外，申请人的其他证据没有一份形成于诉争商标申请日1994年8月25日之前，不能证明其引证商标在诉争商标申请日之前在中国有任何的使用和宣传推广，更谈不上有任何的知名度。申请人主张的其引证商标在诉争商标申请人之前已成为公众熟知的驰名商标不成立。二是诉争商标的申请注册不具有恶意。诉争商标“百伦”由第三人周某根据自己名字中的“伦”字，寓意百年品牌之意创立，并非对引证商标的摹仿、翻译，其注册申请不具有恶意。诉争商标不构成对引证商标的摹仿、翻译。引证商标“NEW BALANCE”的意译是“新平衡”，音译可以有各种译法，再审申请人最初将“NEW BALANCE”音译为“纽巴伦”，且引证商标“NEW BALANCE”由两个单词组成，诉争商标“百伦”与引证商标没有直接对应关系，没有必然联系，不构成对诉争商标的摹仿、翻译。在再审申请人第一次侵权使用“新百伦”标识的近十年前，诉争商标已经开始使用，并已具有很高知名度。根据第三人提交的证据，诉争商标早在1994年就已经开始投入使用。1994年9月，周某在杭州隆重召开大型“百伦95系列皮鞋信息发布暨订货会”，正式开拓国内市场，新闻媒体对订货会进行了隆重报道。随后，“百伦”产品进入全国各大商场销售，并通过电视等媒体进行了大量的广告宣传。早在再审申请人2003年11月第一次侵权使用“新百伦”标识之前，诉争商标就已经有很高的市场知名度，“百伦”品牌先后获得2002年度“银泰百货华东地区第一名、全国第五名”的领头羊奖、2003 年度大客户联谊会展示奖、杭州大厦 1999 年度最佳销售供货商、2001 年度最佳合作供应商、2002 年度最佳销售供货商及 2003 年度优秀供货商、东北地区 2003 年度男皮鞋市场综合占有率十强品牌等奖项，并被银泰百货、杭州大厦等商家与耐克、阿迪达斯、BELLE、BALLY 等品牌一起登在当时的报纸上，在美国新某公司最早使用“新百伦”商标的 2003 年 11 月之前，周某的“百伦”商标已具有较高的市场知名度。第三人从未模仿再审申请人的产品和包装装潢。第三人的产品主要是正装皮鞋产品和休闲鞋产品，再审申请人的产品主要是运动鞋产品和慢跑鞋产品，二者产品风格不同，没有可比性，第三人在经营过程中从未也没有必要模仿再审申请人的产品和包装装潢。诉争商标的注册不构成对申请人在先商号权和知名商品特有名称权的侵犯。综上，本案提出无效宣告的时间距诉争商标获准注册日已超过了五年的时间，在案证据不能证明诉争商标申请及获准注册时存在恶意注册的情形，也不足以证明引证商标在诉争商标申请时已达到驰名的程度，因此，诉争商标的申请注册不违反 2001《商标法》第 13 条第 2 款的规定。

2. 诉争商标不违反 2001 年《商标法》第 41 条第 1 款规定。2001《商标法》第 41 条第 1 款涉及的是撤销商标注册的绝对事由，所规定的“其他不正当手段取得注册”的情形，一般是指损害公共秩序或者公共利益，或者妨碍商标注册管理秩序的商标注册行为。本案中，在案证据不能证明诉争商标的注册有任何损害公共秩序或者公共利益，或者妨碍商标注册管理秩序，或者以其他方式谋取不正当利益的情形。至于再审申请人提到的第三人的关联主体曾经申请过的伊利、伊顿等商标的事实，一方面，各注册商标之间是独立的权利，这些商标的注册与本案诉争商标的申请注册没有直接的关系。另一方面，诉争商标由第三人根据自己的名字设计创立，与引证商标没有任何关联性，在再审申请人 2003 年 11 月侵权使用“新百伦”标识之前就已经具有较高知名度。诉争商标由第三人自行创设并依法提出注册申请，不是对他人知名商标的抢注。且再审申请人没有任何证据证明诉争商标的注册会扰乱商标注册秩序、损害公共利益、不正当占用公共资源或者以其他方式谋取不正当利益。因此，诉争商标的申请注册，不构成 2001 年《商标法》第 41 条第 1 款规定的“不正当手段取得注册的”情形。

最高人民法院经审理认为，“百伦”商标与“NEW BALANCE”商标的音、形、义等并不构成近似。本案证据不能证明"百伦"商标申请注册时存在恶意。因此，美国新某公司主张的"百伦"商标的注册违反2001年《商标法》第13条第2款的规定，法院不予支持。根据2001年《商标法》第41条第1款的规定，已经注册的商标是以欺骗手段或者其他不正当手段取得注册的，由商标局撤销该注册商标；其他单位或者个人可以请求商标评审委员会裁定撤销该注册商标。本案证据并不能证明"百伦"商标的申请注册系采取了欺骗手段或者其他不正当手段，美国新某公司的相关申请再审理由不能成立，据此，最高人民法院裁定驳回了美国新某公司的再审申请。

【争议焦点】

1. 诉争商标"百伦"是否违反2001年《商标法》第13条的规定，属于以复制、摹仿或者翻译手段将申请人已经在中国驰名的商标申请注册、误导公众、致使驰名商标注册人的利益可能受到损害的情形？

2. 诉争商标"百伦"商标是否违反2001年《商标法》第41条1款之规定，属于以欺骗手段或者其他不正当手段注册的情形？

【案例评析】

就第一个争议焦点而言，第三人主要从引证商标不构成驰名商标、诉争商标和引证商标不构成近似、诉争商标的申请不具恶意三个方面进行了抗辩。其中，关于诉争商标和引证商标近似的问题，申请人除了对二者的比对，重点强调了其将"NEW BALENCE"作为企业名称的字号、知名商品的特有名称等方面与中文"新百伦"一起长期使用、二者已建立固定联系的角度，论证了诉争商标与引证商标的近似。对此，如果第三人只是一般性的比较两商标的区别以及其英文"NEW BALENCE"和中文"新百伦"是否建立固定联系方面抗辩，显然力度不够，为此，第三人重点从申请人使用中文"新百伦"标识的合法性方面进行了论证，把合法性作为申请人将其行为作为主张在先权利的前提，从根本上否定了申请人主张权利的依据，最后被法院采纳，申请人的主张没有得到支持。

关于第二个争议焦点，由于申请人的商标确实有一定的知名度，社会上确实存在着对争议商标注册的误解，因此，第三人没有简单仅从未违反2001年《商标法》第41条1款的规定，不属于该条规定的情形进行答辩，而是在此基础上，重点论述了争议商标注册的整个过程，目的是说明争议商标注册的正当性，这些事实能让法官更加了解争议商标的注册的正当性，更加坚定法官关于诉争商标的注册不但合法，而且合情、合理的观点。最终法官采纳了第三人的观点，申请人的再审申请被驳回。

“百伦”商标确权案从法理上把合法性作为确定权利冲突的基础，同时，案件涉及的“在先使用”“商标性使用”等法学理论和司法实践问题，对商标确权案件中如何解决同类问题具有较强的参考作用。

【专家点评】

商标确权案件往往涉及比较复杂的法律关系：商标与商标之间、商标与企业名称、商品名称、著作权、专利权等权利之间的冲突问题，包括权利的先后、知名度、合法性、会否造成混淆等问题。解决权利冲突不应仅看商标知名度的高低、企业规模的大小，最基本的原则应该保护合法的在先权利。

本案的难点在于申请方美国新某公司的“NEW BALANCE”商标确实有一定的历史，且有较高的知名度，而涉案商标“百伦”在国内也有一定知名度，且注册的时间也比较早。如何厘清两者之间的关系，成为案件作出正确判决的关键。本案法官通过分析申请方商标与涉案中文商标之间的关系、涉案商标是否存在不正当注册等问题，最终得出涉案商标注册合法有效的结论，从法理上把合法性作为确定权利冲突的前提，是为数不多的在申请方商标具有较高知名度的情况下，诉争商标仍然得以维持的典型案例，对商标确权案件中如何解决同类问题具有典型的指导和借鉴意义。

（点评人：关永红，华南理工大学法学与知识产权学院教授、
广东省法学会知识产权法学研究会会长）

劳动者超过法定期限申请工伤认定，用人单位是否承担损害赔偿责任

陶坤玲*

【内容提要】

劳资关系中，为劳动者建立工伤保险关系是用人单位的法定义务。但是现实中，因为工伤保险费用需要与其他社会保险费用一起缴纳，往往用人单位为了节省开支，不给劳动者缴纳社会保险费用。在劳动者发生工伤事故时，用人单位也基于害怕承担工伤责任而拒绝主动为劳动者申请工伤认定。此时，就可能会有部分劳动者不懂得在法定期限内，也就是在工伤事故发生之日起一年内，通过申请工伤认定来维护自己的合法权益。劳动者如果超过法定期限申请工伤认定，行政部门一般都不予受理。此时，劳动者无法以工伤保险待遇纠纷向用人单位主张权利，那么劳动者是否可以以生命权、健康权、身体权纠纷为由向用人单位主张权利呢？答案是肯定的。

【案情简介】

（一）原告受伤过程

原告陈某某于2013年10月入职被告广州某皮具有限公司，任职板房车位岗

---

* 陶坤玲，广信君达律师事务所律师。

位，被告从未为原告购买社保，也没有与原告签订劳动合同。2015 年 8 月 17 日 19 时左右，原告在制作手工皮包的过程中，被用于装订手工皮包的锥子挫伤了左眼。原告经同事送至医院治疗，被诊断为左眼挫伤、角膜裂伤、外伤性白内障。该事故发生后，原告与被告双方均未及时申请工伤认定。因左眼挫伤，原告分别于 2015 年 8 月 17 日、2015 年 8 月 21 日、2015 年 11 月 23 日、2016 年 12 月 28 日、2017 年 1 月 10 日、2018 年 6 月 27 日进行了 6 次手术治疗，其间部分医药费由被告支付。

（二）律师处理过程

自 2018 年春节后，原告在进行第 6 次手术前，与被告协商医药费的事宜，被告见原告的治疗似乎为无底洞，便拒绝为其继续支付医疗费。原告在多次与被告协商无果的情形下，不知如何维权，遂委托律师代为办理维权事宜。律师在研究了相关的法律、法规规定及全国范围内的判例的基础上，认为原告因工受伤已经超过近 3 年，很难按照工伤的程序进行索赔，但是全国范围内的一些先进案例，并不排除在劳动者无法循工伤索赔途径情形下，以生命权、健康权、身体权纠纷为由向人民法院起诉，最后人民法院支持了原告的诉求。律师没有搜索到广东省内有类似判例，但检索到广东省高级人民法院联合广东省劳动人事争议仲裁委员会在 2012 年发布的《广东省高级人民法院、广东省劳动人事争议仲裁委员会关于审理劳动人事争议案件若干问题的座谈会纪要》中第 4 条规定“用人单位未为劳动者建立工伤保险关系，且用人单位以及受到事故伤害或者被诊断、鉴定为职业病的劳动者或者其近亲属、工会组织均未在法定期间申请工伤认定，以致社会保险行政部门不受理工伤认定申请，劳动者或者其近亲属请求用人单位支付工伤保险待遇的，劳动人事仲裁机构或人民法院应驳回劳动者或者其近亲属的申请或起诉，并告知其可另行主张人身损害赔偿，但用人单位对构成工伤无异议的除外”。于是，律师决定于 2018 年 7 月 10 日代理原告向广州市花都区人力资源和社会保障局提出工伤认定申请。而后，广州市花都区人力资源和社会保障局以原告超过工伤认定申请的法定时间而作出不予受理决定书。笔者即代理原告以生命权、健康权、身体权纠纷为由起诉被告，要求被告赔偿原告含医药费、住院伙食补助费、交通费、营养费、误工费、护理费、残疾赔偿金、被扶养人生活费、精神损害抚慰金在内共计近 50 万元。诉讼中，经原告申请，人民法院选定第三方司法鉴定机构对原告的伤残等级进行鉴定。经鉴定，鉴定机构评定原告伤残等级为八级。

（三）原告的主张及被告的抗辩

庭审中原告主张被告作为用人单位，没有为被告购买工伤保险，违反法律、法规强制性规定；在原告发生工伤事故后，被告也没有及时为原告申请工伤认定，违反法定义务。被告认为原告自己没有及时申请工伤认定，导致行政部门作出不予受理决定，原告现在无法按照工伤索赔程序主张权利完全系原告的过错导致，且原告在工作中存在重大过错，被告不应当承担责任。一审法院经调查认定，原、被告均认可双方为劳动关系。原告的岗位为板房车位，具体工作内容为纯手工制作皮包，在 2015 年 8 月 17 日 19 时左右，原告在用锥子装订手工皮包的时候，被锥子挫伤了左眼。被告主张系原告工作不细心，用力粗暴过猛导致的受伤，构成重大过错；原告主张被告不能举证原告存在违反操作规定，安全生产制度的情形，被告也没有证据证明其尽到了安全监管，提供了充分的安全防护用具和安全培训，被告存在重大过错。

（四）原告一审主张

律师从《工伤保险条例》《广东省工伤保险条例》立法宗旨和具体规定出发，主张被告作为用人单位，没有为原告建立工伤保险关系，即使双方均在法定期限内申请工伤认定，行政部门作出工伤认定决定书后，工伤保险待遇的全部责任也应当由被告承担。用人单位在发生工伤事故后，是具有为劳动者申请工伤认定的法定义务的，而本案的被告并没有为原告申请工伤认定，存在重大过错。原告作为劳动者，本身处于被管理者地位或弱势地位，因为不清楚法律规定的或者说没有法律意识而错过了工伤认定申请的法定期限，同时，在工伤事故发生后，被告一直同意支付原告的医药费，这也导致原告主观以为被告会承担起其应当承担的责任。而《工伤保险条例》《广东省工伤保险条例》对于劳动者申请工伤认定程序的规定具体为“可以”申请。故对于没有申请工伤认定，导致在超过法定期限后申请工伤认定被不予受理，用人单位的过错是远远高于劳动者的过错的。

律师主张，原告和被告本身为劳动关系，具有管理和被管理的关系。那么，依据《劳动法》《劳动合同法》的具体规定，被告作为用人单位、具体用工单位，应当为劳动者提供符合安全生产条件的工作环境和劳动保护，应当根据工种、岗位提供相应的安全防护用具和安全培训。依据 2004 年《最高人民法院关于审理人身损害赔偿案件适用法律若干问题的解释》第 2 条的规定，对于人身损害赔偿案件，赔偿义务人自身存在故意或重大过失致人损害，而受害人只有一般过失的，不减轻赔偿义务人的赔偿责任。本案中，被告均没有证据证明其尽到了安全监管，提供了充分的安全防护用具和安全培训的用工主体责任，作为具体用工单位，被告存在重大的过失。且被告也没有证据证明原告的行为是违反了操作规程，或者存在故意或重大过失的情形。因此，本案的赔偿责任应当由被告承担100%的责任。

最终一审法院采纳了原告方的主张，判令被告承担100%的责任，即赔偿原告430003.38元。

（五）二审裁判结果

被告不服一审判决，上诉至广州市中级人民法院。广州市中级人民法院开庭审理并重点调查原告以人身损害纠纷为由起诉被告是否成立以及原告没有经过劳动争议仲裁程序，直接以人身损害纠纷起诉，其程序是否得当。律师在坚持一审意见的基础上，重点陈述被告在一审答辩及上诉状中实际对双方构成工伤是有异议的，依据《广东省高级人民法院、广东省劳动人事争议仲裁委员会关于审理劳动人事争议案件若干问题的座谈会纪要》第4条的规定，只有用人单位对认可构成工伤的情况下，才需要先行申请劳动仲裁，且为了节约司法资源，在被告明确否认原告受伤构成工伤的，原告直接以人身损害纠纷为由起诉被告应当是符合程序性规定的。最终二审法院在得到被告明确否认工伤的答复后作出判决书，判令被告承担100%的责任，即赔偿原告366079.38元。

【争议焦点】

1. 原告受伤系工伤，在工伤事故发生一年以后才申请工伤认定，行政部门作出不予受理决定，原告无法循工伤索赔途径主张权利后以人身损害赔偿纠纷为由起诉被告是否成立，是否具有法律依据？

2. 如果被告需要赔偿原告，被告的过错责任应如何认定？

3. 原告没有经过劳动仲裁程序，直接以人身损害赔偿纠纷为由起诉至人民法院是否符合程序性规定？

【案例评析】

本案突破了工伤保险法律关系，在本为工伤法律关系，但由于用人单位没有为劳动者购买工伤保险，劳动者受伤时，用人单位没有在规定期限内为劳动者申请工伤认定，导致劳动者无法遵循工伤索赔途径维护合法权益。2004 年《最高人民法院关于审理人身损害赔偿案件适用法律若干问题的解释》也规定了雇佣关系中，雇员在雇佣活动中受伤，雇主应当承担的责任，即是保护非劳动关系中，雇员因工受伤，应当明晰责任主体，由直接侵权的第三人承担赔偿责任或者由雇主承担赔偿责任。综合该解释和《劳动法》《劳动合同法》《工伤保险条例》的规定，立法的宗旨就是保护劳资关系、雇佣关系中处于弱势一方的人身权，健康权和生命权。因此，在本案中，原告无法循工伤索赔途径主张权利，且被告具有违反法定义务的重大过错情况下，人民法院最终准予劳动者以人身损害赔偿纠纷为由向用人单位主张权利，凸显了法律的公平正义，全面保障了受害人的人身权，健康权和生命权的合法权益。也给了用人单位企图逃避其应有的法定责任一个警告，对于社会主义法治建设和文明进步具有重要的意义。同时也彰显了司法审判机关在适用法律面前不是简单的机械主义，始终贯彻了依法审判，执法为民，让每一位公民在每一个案件中感受到公平正义的裁判理念。

本案中，原被告本为劳动关系，故对于被告的过错认定，笔者认为应当遵循从严原则。首先，被告没有为原告购买工伤保险，已经违反了法律法规的强制性规定，被告存在重大过错。其次，在工伤事故发生后，被告未依据《工伤保险条例》第 17 条的规定，履行其应尽的义务，未在法定期限内为原告申请工伤认定，被告亦存在重大过错。再次，被告作为用工主体，应当依据《劳动法》《劳动合同法》的规定，提供劳动保护和劳动条件，应当制定完善的操作规程，提供相应的防护用具和安全培训，但是被告均未尽到上述义务，被告亦存在重大过错。最后，本案的原告，在工作中受伤时的行为并不存在故意或者重大过失的情形。因此，人民法院认定被告应当承担 100% 的赔偿责任。该认定既符合 2004 年《最高人民法院关于审理人身损害赔偿案件适用法律若干问题的解释》的具体规定和立法本意，也没有一味要求用人单位承担所有责任，在综合了用工主体应当承担的法定义务及原告受伤时的具体情形下，综合裁判，体现了公平、公正的裁判原则和理念。

【专家点评】

该案例体现了人民法院在裁判中贯彻了依法审判，执法为民，让每一位公民在每一个案件中感受到公平正义的裁判理念，确实保障了劳动者的合法权益。该案例也给广大企业敲响警钟，作为用人单位，处于劳资关系的有利地位，更应该主动履行法定义务，为劳动者缴纳各项社会保险费用。事实上，给劳动者缴纳各项社会保险费用，是企业降低用工风险的最有效措施。法律是公平的，用人单位履行法定义务也是在保护自己的权益。如果企业没有履行法定义务，当风险来临时，想要逃避责任是无处遁形的。该案例也给我们办理同类型案件提供了示范，劳动者在工作中受伤，即使不能循工伤索赔途径主张权利，但《民法典》规定自然人享有生命权、身体权、健康权的民事权利；《最高人民法院关于审理人身损害赔偿案件适用法律若干问题的解释》也不乏对雇佣关系、劳务关系在用工活动中受损害的规定；《民事案件案由规定》中也有“生命权、身体权、健康权纠纷”“工伤保险待遇纠纷”“用人单位责任纠纷”“提供劳务者受害责任纠纷”的案由规定，说明对于在用工关系中，劳动者在从事用工活动中受到损害的，立法宗旨是尽可能全面的保障处于弱势地位的劳动者的合法权益，因此劳动者以生命权、身体权、健康权纠纷为由主张权利，是具有请求权基础的。

（点评人：王晓华，广东广信君达律师事务所主任）

反倾销税免征收调查和应对

王　燕　彭　波　陈立宏*

【内容提要】

2018 年 7 月 23 日，商务部对原产于欧盟等国家的进口不锈钢钢坯和不锈钢热轧板/卷进行反倾销调查，自 2019 年 3 月 23 日起采取临时反倾销措施，自 2019 年 7 月 23 日起征收反倾销税。

2020 年 11 月 9 日，中国某海关向 B 公司发出了稽查通知书。固法律师接受 B 公司委托，系统梳理公司面临的海关稽查问题，进一步明晰公司进口产品特性以及就公司进口的争议产品不属于反倾销征税的范围进行分析，最终帮助 B 公司实现免征反倾销税的法律效果，保障其持续经营，应属广州企业成功免征反倾销税的典型案例。

【案情简介】

（一）个案事实

2018 年 6 月 22 日，某不锈钢股份有限公司（以下简称申请人）代表国内不锈钢钢坯和不锈钢热轧板/卷产业，向商务部提起对原产于欧盟等地的进口不锈钢钢坯和不锈钢热轧板/卷进行反倾销调查的申请。商务部审查了申请材料，认为该申请符合《反倾销条例》第 11 条、第 13 条和第 17 条有关中国国内产业提出反倾销

* 王燕、彭波、陈立宏，广东固法律师事务所律师。

调查申请的规定。

根据上述审查结果及《反倾销条例》第16条的规定，调查机关于2018年7月23日发布公告，决定对原产于欧盟等地的进口不锈钢钢坯和不锈钢热轧板/卷进行反倾销立案调查。倾销调查期为2017年1月1日至2017年12月31日。产业损害调查期为2014年1月1日至2018年3月31日。

在调查过程中，欧盟等有关利害关系方主张，本案被调查产品范围过于宽泛，包括数个不同的产品，价格也存在差异，请求排除一个或多个产品以限定调查范围，或分为多个调查。初裁后，有关利害关系方仍继续主张不锈钢钢坯、不锈钢热轧板/卷存在差异，调查机关应区分不同产品进行分别评估。

调查机关认为，第一，不锈钢钢坯、不锈钢热轧板和不锈钢热轧卷均是主要以铁水、铬、镍和不锈钢废钢为原料，根据要求加入少量铌、铜、钛、锰等合金元素，通过连铸设备浇铸成坯，基本物理化学特性相同。第二，具有连续生产能力的企业生产不锈钢钢坯、不锈钢热轧板/卷进入最终消费市场，另有部分企业购入不锈钢钢坯后经热轧工序制成不锈钢热轧板/卷进入最终消费市场。第三，由于不锈钢钢坯和不锈钢热轧板/卷的物理形态上存在差异，导致价格合理差异。此外，产品归属于不同的分类标准并不代表可以据此作为独立判定产品之间是否属于同一产品的标准。

经进一步审查，调查机关还发现，不锈钢热轧板/卷的物化特性、技术指标等都是由炼钢环节中不锈钢钢坯的物化特性所决定的，基本内在特性不存在实质性差别，物理形态上的差异不能否定三者基本特性相同的事实。不锈钢钢坯和不锈钢热轧板/卷的最终流通市场和用途是一致的。虽然二者在某些具体细分用途和客户上存在差异，但这属于同一类产品中细分规格导致的合理差异。因此，调查机关在终裁中维持初裁认定，不锈钢钢坯和不锈钢热轧板/卷属同一类产品，可以整体进行评估。

2020年11月9日，中国某海关向案涉B公司发出了稽查通知书。

案涉B公司登记于广州市某区市场和质量监督管理局，为有限责任公司（台港澳与外国投资者合资），经营范围为金属表面处理及热处理加工；模具制造；切削工具制造；机械零部件加工；汽车零部件及配件制造（不含汽车发动机制造）。

本次争议涉及的产品钢号为A。据调查，A属于塑料模具钢，主要用途：耐腐蚀、高硬度、超镜面塑料模具；透明树脂模具；医疗器械用模、化妆品容器用模、食品窑器用模。

（二）处理过程

固法律师在接受委托后，对商务部关于不锈钢钢坯和不锈钢热轧板/卷的反倾销调查措施的情况进行了解与研究，并就案涉B公司进口的争议产品是否落入反倾销征税的范围进行了分析。

1. 关于商务部相关反倾销公告中的产品范围理解

根据商务部2019年第31号公告，调查机关在终裁中维持初裁认定的主张，即

产品范围：原产于欧盟等国的进口不锈钢钢坯和不锈钢热轧板/卷；

产品名称：不锈钢钢坯和不锈钢热轧板/卷；

英文名称：Stainless Steel Billet and Hot – rolled Stainless Steel Plate（Coil）；

产品描述：不锈钢钢坯和不锈钢热轧板/卷是指除了冷轧以外的，按重量计含碳量在1.2%及以下，含铬量在10.5%及以上的合金钢，不论是否含有其他元素。不锈钢钢坯为矩形（正方形除外）截面，或其他不锈钢半制成品。不锈钢热轧板/卷是由不锈钢钢坯经过热轧等工序后制得，呈卷状或板状，不分宽度和厚度；

主要用途：通常有两种用途，一种是作为冷轧不锈钢的原料，经过冷轧工艺处理后制成冷轧不锈钢产品；另一种是作为最终产品直接销售，主要应用于船舶、集装箱、铁路、电力、石油、石化等行业；

产品归在《中华人民共和国进出口税则》：72189100、72189900、72191100、72191200、72191312、72191319、72191322、72191329、72191412、72191419、72191422、72191429、72192100、72192200、72192300、72192410、72192420、72192430、72201100、72201200。

在最终裁定中，调查机关对于纳入反倾销税征收的产品也进行了详细的描述。其中调查机关对国内生产的不锈钢钢坯和不锈钢热轧板/卷与被调查产品的物理和化学特性、原材料和生产工艺流程、产品用途、销售渠道、客户群体和消费者评价等因素进行了调查。

（1）物理和化学特性

证据显示，国内生产的不锈钢钢坯和不锈钢热轧板/卷与被调查产品在物理和化学特性上相同，都是指除了冷轧以外的，按重量计含碳量在1.2%及以下，含铬

量在 10.5% 及以上的合金钢，不论是否含有其他元素。不锈钢钢坯为矩形（正方形除外）截面，或其他不锈钢半制成品。不锈钢热轧板/卷是由不锈钢钢坯经过热轧等工序后制得，呈卷状或板状，不分宽度和厚度。

（2）原材料和生产工艺流程

证据显示，国内生产的不锈钢钢坯和不锈钢热轧板/卷与被调查产品使用的原材料和生产工艺基本相同。主要以铁水、铬、镍和不锈钢废钢为原料，根据要求加入少量铌、铜、钛、锰等合金元素，通过连铸设备浇铸成坯，经过热轧机制得不锈钢热轧板/卷。

（3）产品用途、销售渠道、客户群体和消费者评价

证据显示，国内生产的不锈钢钢坯和不锈钢热轧板/卷与被调查产品用途基本相同，主要应用于船舶、集装箱、铁路、电力、石油、石化等行业。国内生产的不锈钢钢坯和不锈钢热轧板/卷与被调查产品销售渠道基本相同，主要通过直销，部分产品通过贸易商代理在中国市场进行销售。二者存在相同的客户群体，且在市场上存在竞争。

综上，调查机关在初裁中认定，国内生产的不锈钢钢坯和不锈钢热轧板/卷与被调查产品在物理和化学特性、原材料和生产工艺、产品用途、销售渠道和客户群体、消费者评价等方面基本相同，具有相似性和替代性，国内生产的不锈钢钢坯和不锈钢热轧板/卷与被调查产品属于同类产品。

结合目前实践，以上终裁中关于产品的相关描述是判定争议产品是否落入反倾销征税范围的依据，应对产品描述的项目进行全面考虑判定，不应认为就单独某个项目符合即属于落入征收反倾销税的产品范围。

判定争议产品是否落入反倾销税产品的范围，应充分举证争议产品在物理和化学特性、原材料和生产工艺、产品用途、销售渠道和客户群体、消费者评价等几个方面的不同，达到争议产品与应征税产品客户群体不同的目的。

2. 争议产品与反倾销政策产品描述特征的不符点分析

本案中，审查争议产品是否应该加征反倾销税，主要在于该产品是否落入征收反倾销税的产品范围，因此，固法律师结合商务部调查裁决中对于“不锈钢钢坯/不锈钢热轧板/卷”的产品描述，从产品名称、产品的物理和化学特性、产品的生产工艺、产品的最终用途和终用户、销售的渠道等方面来综合判断，进行了初步对

比差异。

3. 提出法律建议

基于对上述产品范围的理解，固法律师从以下几个方面指导公司收集与A系列产品相关的技术资料，进一步论证不锈钢A热锻产品不属于钢坯且A热锻产品有别于热轧产品。在给予海关的书面答复中，固法律师指导公司从产品描述、生产工艺、产品用途、终端用户以及税则号列申报等方面就应税产品与A产品进行差异性对比以及答复。

（1）提供资料证明不锈钢A热锻产品不属于钢坯，且A热锻产品有别于热轧产品。

目前的关于“坯”的抗辩的出处不明，需要梳理更多资料并形成更具专业性和权威性的反馈意见，如需求模具协会出具的专业意见，查找相关国家/行业标准等。

（2）进一步细化不锈钢A热锻产品相关信息。

由于B公司关于A的产品手册并没有突出锻造和轧制工艺的区分，根据B公司提供的信息来看，A包含的范围较为广泛，除了不锈钢产品，合金钢（圆形截面）产品也属于该项下。需要补充和热轧产品材质的差异资料，提供关于B公司进口的A产品的详细资料进一步说明。

目前为了进一步支持不锈钢A产品不属于争议产品的主张，需要B公司提供生产相关的进一步资料信息，包括且不限于生产设备、生产工艺、原料采购、物理与化学特性、用途等信息。

（3）厘清海关报关材料。

设法找出不锈钢轧制产品和锻造产品在海关报关上的差异依据，搜集其他相关辅证（如其他企业报关实践资料）。

特别地，需要将2019年11月后进口的锻造产品和11月前进口的轧制产品进行详细的比对，挖掘单据中的差异性信息。

（4）厘清产品生产、供应和销售的全流程信息，提供用途和客户差异的辅证资料。

进一步收集关于A不锈钢产品详细信息，提供A与争议产品用途（两种用途，一种是作为冷轧不锈钢的原料，经过冷轧工艺处理后制成冷轧不锈钢产品；另一种是作为最终产品直接销售，主要应用于船舶、集装箱、铁路、电力、石油、石化等行业）的明细对比资料，进一步抗辩产品差异性。

（三）处理结果

最终，B 公司与海关稽查人员就调查结果达成一致意见，认定 B 公司进口的 A 产品不属于反倾销税的征收范围。

【业务难点】

如何论证 B 公司进口的 A 热锻产品不属于反倾销税征收的产品范围（不锈钢钢坯，不锈钢热轧板/卷）以及税则号适用问题。

【案例评析】

本案属于反倾销税调查项目，不但要求主办律师对反倾销税的相关法律十分熟悉，还对主办律师关于反倾销税征收产品范围的理解提出了相当高的要求。长期以来，反倾销业务集中在北上，广州律师对此业务参与程度不高。本案的成功办理，将有利于广州律师进一步开拓反倾销调查的业务，提升广州律师在反倾销税调查的实务能力，堪称典范。

本案突破点在于如何正确理解商务部关于应税产品的描述。审查争议产品是否应该加征反倾销税，主要在于判断它是不是涉案产品，而判断一个产品是否属于涉案产品的最根本依据在于调查裁决中对于被调查产品的文字描述。此外，基于产品描述，判断一个产品是否属于被调查产品，最终考虑的因素包括产品的物理和化学特性、产品的生产工艺、产品的最终用途和最终用户、销售的渠道等。

【专家点评】

反倾销税征收调查的业务目前仍处于一片蓝海，有待广州律师的进一步开发。随着国家进一步的对外开放以及对于国内重点产业的扶持和发展，外国企业向国内出口相关产品或国内外资企业在进口相关产品时面临更多政策性的管制，此时则需要律师除精通法律外，更要具备一定的技术背景，才能为公司提供最佳的法律分析意见，帮助公司持续良好运营。

本案的成功办理，对于广州本地企业而言有着重要而积极的意义。此案不但彰显出广州执法机关办案的透明度，更进一步表明广州在营商环境的建设方面处于国内领先地步，这对于维护正常的市场环境，保障公平贸易方面都具有深远的意义和作用。在本案中，案涉企业充分运用法律手段维护自身合法权益，对于其他企业而言是可供借鉴的最好例子。

此外，与反倾销税相关的法律服务对竞争法理论与实践的分析判断要求较高。在本案例中，经办律师能够抓住案件重点，带领团队充分调研商务部针对进口钢材征收反倾销税的初裁和终裁，最终总结出反倾销税征收的产品范围，并指导客户就应税产品与被调查产品进行反复对比，为本案的成功办理奠定了扎实的基础。

（点评人：郭宗杰，暨南大学法学院副院长、教授，广东省反垄断执法合作基地、暨南大学竞争法与产业发展研究中心主任）

收购上市公司控制权经营者集中反垄断审查案

黄永新　马伊娜　周鹏程*

【内容提要】

2020年7月至2020年12月，黄永新、马伊娜、周鹏程律师接受A集团公司委托，就A集团公司收购B公司、C公司两家上市公司股权并取得控制权项目，代理经营者集中反垄断审查申报，获得国家市场监督管理总局反垄断局（以下简称反垄断局）审查通过，促成并购交易顺利开展，取得了良好经济效益和社会效果。

【案情简介】

（一）经营者及其集中业务

本次反垄断审查申报，参与集中的经营者为并购交易的收购方和被收购方。

收购方A集团公司，是某市国资委独资企业，主营业务包括港口航运、物流供应链、能源环保、港城建设、航运金融五大板块，其中能源环保板块的发电业务为经营者集中涉及的业务。

被收购方B公司，是深交所上市公司，主要从事大型铸锻件产品的研发、制造及销售，其中发电业务为经营者集中涉及的业务。

被收购方C公司，也是深交所上市公司，主要从事风机塔架及相关产品的制造和销售，以及新能源（风力、光伏）发电项目的开发投资、建设和运营业务，其中

* 黄永新、马伊娜、周鹏程，广东南国德赛律师事务的律师。

发电业务、风机塔架业务为经营者集中涉及的业务。

（二）经营者集中情况

2020 年 7 月，A 集团公司拟通过受让股权、认购上市公司非公开发行股票等方式收购 B 公司合计不超过 7.76 亿股股份。交易完成后，A 集团公司将持有 B 公司不超过股份 7.76 亿股，占 B 公司总股本的 20%。

2020 年 11 月，A 集团公司还拟通过受让股权、认购上市公司定向发行股票等方式收购 C 公司合计不超过 4.56 亿股股份。交易完成后，A 集团公司将持有 C 公司股份不超过 4.56 亿股，占 C 公司总股本的 29.90%。

根据《反垄断法》的相关规定，收购是经营者集中的常见形式，参与集中的所有经营者上一会计年度在全球范围内营业额合计超过 100 亿元人民币或在中国境内的营业额合计超过 20 亿元人民币，并且其中至少两个经营者上一会计年度在中国境内的营业额超过 4 亿元人民币，即达到《国务院关于经营者集中申报标准的规定》规定的经营者集中反垄断审查申报标准。显然，本次交易已达申报标准，通过经营者集中反垄断审查，是本次收购的必要条件和必经程序，而两次收购因受收购标的及时间顺序的影响，需分别进行申报。

（三）反垄断申报分析

根据《反垄断法》《经营者集中审查暂行规定》等法律法规的规定，准确界定相关商品市场和地域市场，全面分析经营者集中对市场竞争的影响是反垄断审查申报项目的关键和难点。

本案经办律师通过交易调查、市场分析、行业调研、专家访谈、机构走访、协会核查、文献检索、数据归集等工作，并在分析集中各方和相关竞争者的主营业务、主要产品、业务模式、技术路径、行业地位等因素的基础上，界定收购交易涉及的相关商品市场和地域市场。A 集团公司收购 B 公司案，仅涉及横向重叠关系，相关商品市场为发电市场，相关地域市场为中国市场，交易双方所占市场份额之和小于 15%。A 集团公司收购 C 公司案，既涉及发电市场这一横向重叠关系，交易双方所占市场份额之和小于 15%；还涉及风机塔架市场和发电市场存在的上下游纵向关系，相关地域市场均为中国市场，交易双方在上下游各自市场所占份额均小于 25%。

本案经办律师通过协会核查、市场调查、文献检索等方式取得了集中双方及主要竞争者的市场经营及其份额数据，并在广泛了解参与集中的经营者所处行业产业发展状况后，对本次申报涉及的发电市场、风机塔架市场的竞争状况进行了详细分析，认为本次收购交易不会对相关市场产生排除、限制竞争的效果。

市场界定和竞争影响分析后，案件经办律师按照申报文件标准制作了经营者集中反垄断审查申报的全套文件，并于反垄断局审查过程中，答复其提出的监管审查意见，逐项落实审查建议，直至完成全部申报审查工作。

（四）反垄断审查结果

反垄断局于2020年8月作出《经营者集中反垄断审查不实施进一步审查决定书》，批准A集团公司收购B公司股权案，于2020年11月作出《经营者集中反垄断审查不实施进一步审查决定书》，批准A集团公司收购C公司股权案。随后A集团公司对B公司、C公司的股权收购均顺利开展。

【业务难点】

1. 如何准确界定相关商品市场和地域市场？
2. 如何全面分析经营者集中对相关市场的竞争影响？

【案例评析】

（一）准确界定相关商品市场和地域市场

相关市场，是指经营者在一定时期内就特定商品或者服务（统称商品）进行竞争的商品范围和地域范围。反垄断执法实践中，通常需要界定相关商品市场和相关地域市场。相关商品市场，是根据商品的特性、用途及价格等因素，具有较为紧密替代关系的一组或一类商品所构成的市场。这些商品表现出较强的竞争关系，在反垄断执法中可以作为经营者进行竞争的商品范围。相关地域市场，是指需求者获取具有较为紧密替代关系的商品的地理区域。这些地域表现出较强的竞争关系，在反垄断执法中可以作为经营者进行竞争的地域范围。当生产周期、使用期限、季节性、流行时尚性或知识产权保护期限等已构成商品不可忽视的特征时，界定相关市场还应考虑其时间性。在技术贸易、许可协议等涉及知识产权的反垄断执法工作中，可能还需要界定相关技术市场，考虑知识产权、创新等因素的影响。

本案经办律师深入研究本次交易所涉各项影响竞争的因素后，准确界定交易所涉的相关商品市场和地域市场。A集团公司收购B公司股权案，相关商品市场为发电市场，相关地域市场为中国市场。A集团公司收购C公司股权案，相关商品市场为发电市场（横向重叠及下游市场）、风机塔架市场（上游市场），相关地域市场均为中国市场。相关市场的准确界定是反垄断申报案件的基础工作，相关市场界定准确与否不仅直接影响申报能否及时获得受理，还影响审核效果，同时也是进行下一步市场竞争影响分析的前提。

（二）全面分析经营者集中对相关市场的竞争影响

经营者集中竞争影响，是指经营者集中交易是否产生或加强了相关经营者在同一市场上单独或共同排除、限制竞争的能力、动机及其可能性，又或者在上下游市场或关联市场上是否具有或可能具有排除、限制竞争效果。对于经营者集中反垄断审查申报案件，主要从以下几个方面进行竞争影响分析：1. 参与集中的经营者在相关市场的市场份额及对市场的控制力；2. 相关市场的市场集中度；3. 经营者集中对市场进入、技术进步的影响；4. 经营者集中对消费者和其他有关经营者的影响；5. 经营者集中对国民经济发展的影响；6. 应当考虑的影响市场竞争的其他因素等。

本案办理过程中，经办律师深入调查参与集中的经营者所处行业及产业链的发展状况、竞争形态，准确了解经营者的市场地位与份额信息，全面分析了经营者集中对相关市场的竞争影响。A集团公司收购B公司股权案中，对交易双方在发电市场上存在的横向重叠关系从市场份额、竞争状况、替代程度等维度进行了竞争影响分析。A集团公司收购C公司股权案中，不仅对交易双方在发电市场上存在的横向重叠关系进行了竞争影响分析，还就风机塔架市场与发电市场存在的上下游纵向关系进行了竞争影响分析。经过综合分析，认为案涉股权收购交易双方在各相关市场上的市场力量有限，且交易后仍将面临众多强劲竞争者的激烈竞争，本次交易不会对市场产生排除、限制竞争的效果。

【专家点评】

经营者集中反垄断申报审查作为反垄断执法的事前监管手段，防止通过集中扭曲市场竞争结构，产生排除、限制竞争效果，是反垄断执法机构强化竞争政策基础地位和防止资本无序扩张的重要抓手。经营者集中反垄断审查申报过程中，如何准确界定相关市场，如何全面分析集中对相关市场的竞争影响，是律师的重点工作内容，也是影响案件审查效率和结果的关键。本案交易既涉及横向重叠，又涉及纵向上下游关系，经办律师开展了大量调研工作，准确界定相关市场并全面分析集中对市场的竞争影响，助力市场主体顺利通过了经营者集中反垄断审查，案件办理取得了良好效果。本案也是国有企业收购民营上市公司控制权的典型案件，案件的顺利办理，体现了经办律师对反垄断法的充分把握和执业技能，以及对国有资产监管法、证券法的准确理解和适用，充分发挥了法律业务专长，对类似法律服务项目具有一定的参考意义，是广州律师在反垄断法这个极具挑战和前沿的细分法律服务市场取得的良好业绩。

（点评人：卢旺盛，广州市律师协会证券法律专业委员会主任）

第四章
涉外及海事海商

综合运用诉讼、仲裁、执行程序解决争议

——某公司商事合同纠纷案

胡桂芬*

【内容提要】

本案为涉外商事合同纠纷，并存主体关系复杂、法律关系多重、诉讼与仲裁交叉等难题。其中主要涉及主合同约定了明确的仲裁条款，从合同却仅存在概括性表述的情况下，应以仲裁抑或诉讼程序启动解决争议的矛盾焦点。现行的《仲裁法》中对此并无明确规定，而在司法实践中，这种情况往往会导致案件迟迟无法进入实体审理的僵局。在分析选择了基础法律关系后，本案代理律师果断对仲裁条款并入问题作出判断，采用了诉讼与仲裁相结合的方式解决争议。另外，代理律师亦巧妙地结合庭外商事谈判等多元解决纠纷手段，避免因机械处理案件导致当事人无法实质维护合法权益，为当事人最终解决争议，实现债权清偿的经济效果。

【案情简介】

一、个案事实

本案为涉外商事合同纠纷，华某某公司借款到期后无力偿还，遂与浩某公司签订《项目转让合同》，约定以在建的不动产项目抵债，并将项目交付给浩某公司。浩某公司历时两年处置在建项目的房屋，因项目存在超红线等问题导致无法办理大

* 胡桂芬，广东法丞汇俊律师事务所律师。

确权。随后浩某公司与华某某公司签订协议进行项目回转和结算，并由华某某公司的同一实控人企业顺某公司等对结算退款提供保证担保，从而形成作为主合同的《项目终止合同》，以及作为从合同的多个担保合同。

由于当事人主从合同的主体不完全一致，主合同约定为仲裁管辖，从合同则概括性表述“本补充协议未作约定的，均按照原合同执行”。为避免仲裁立案后需递交给财产所在地基层人民法院进行财产保全的程序拖延，尽快进行财产保全，代理人首先选取诉讼进行全案立案，并完成财产保全。

案件全案在广州市中级人民法院受理后，主审法官发现合同部分当事人约定有仲裁条款，代理人经多番争取仍未能说服主审法官一并审理，并在开庭时问询约定有仲裁条款一方是否同意变更仲裁条款由法院管辖的做法。故代理人只能就约定有仲裁条款的当事人另行向仲裁委员会提起仲裁。

二、处理过程

（一）诉讼启动与和解

接受本案委托后，代理律师认真梳理了华某某公司与浩某公司近十年来形成的关于借款、担保、不动产项目销售回款抵债等所有合同、会议纪要、附随项目资料文件等法律文件，并调取了不动产项目在国土资源部门的存档资料。在对本案涉及的多重主体关系及其法律关系对比剖析后，从主体经济能力、证据完善程序、对方的抗辩因素等多方面权衡考虑，建议当事人采用《项目终止合同》作为基础法律关系解决争议。

起初，区级人民法院完成诉讼保全后审查案卷，发现了案件具有涉外因素，故报请上级的广州市中级人民法院确定管辖。在境外的被告暗中与委托人协商，得知财产保全影响到其在建地产项目的融资贷款。因此委托人主动多次谈判并适当让利，与主债务人达成和解，代理律师则及时从法律手段方面提出运用司法调解的方式确定和解条款，以便将来执行。在经过了多次针对性商业谈判后，最终固定了对方履行能力和意向，成功达成和解。

（二）代理思路

经过代理律师对案件事实的梳理及法律适用的研究，形成了如下代理思路：

1. 案涉的《项目终止合同》无论是从形式上还是内容上均没有违反法律法规的禁止性规定，合法有效，各方应当诚信履行。

首先，《项目终止合同》（以下简称《终止合同》）均有三被告印章及法定代表人签名，且在三被告及主债务人华某某公司的办公场所签署，在形式上对三被告具备完整的法律约束力。而且三被告及主债务人华某某公司均为《终止合同》另一保证人周某某实际控制的主体，三被告及周某某共同为主债务人的债务提供连带责任担保合情合理。

其次，被告顺某公司在签署《终止合同》时，其股东即为被告一和被告二的法定代表人，均同意顺某公司向原告提供连带责任担保。足可以见顺某公司签署《终止合同》向原告提供连带责任担保是其真实意思表示，没有违反《公司法》的相关规定，更不会损害公司其他股东的利益。故顺某公司主张其担保行为没有经过股东会表决而担保无效于法无据。

最后，被告顺某公司在庭审时述称其公章由债权人银行保管，但没有证据予以证明。且即使债权人保管其公章，亦不会发生该债权人的债权优于原告债权的法律效果，不足以对抗、抵销原告的诉请。更何况，《终止合同》不仅盖有顺某公司印章还有顺某公司时任法定代表人周某某签名，法定代表人的职务行为代表公司，法律后果亦由公司承担。

2. 三被告所担保的主债权已经经过生效仲裁文书确认。

由于主债务人华某某公司与原告曾有概括约定的仲裁条款，主债务合同关系由仲裁管辖，并在立案受理后，基于原告采取有效诉讼保全的紧迫性，主债务人与担保人周某某、三被告同时与原告达成一致的调解条款，分别向受理的仲裁机构和法院申请确认。其中，主债务人及担保人周某某与原告的仲裁调解协议已经经过仲裁庭确认出具调解书。

3. 被告某田公司、重某某公司已经与原告达成调解协议，且不损害其他当事人合法权益，依法应予以确认。

参照《最高人民法院关于适用〈中华人民共和国民事诉讼法〉的解释》（2020年修正）第412条①“部分当事人到庭并达成调解协议……调解协议内容不违反法律规定，可以在判决主文中予以确认”之规定，被告某田公司、重某某公司作为本案的其中两被告，已经与原告达成调解协议，恳请法庭予以确认。而顺某公司在

① 现为《最高人民法院关于适用〈中华人民共和国民事诉讼法〉的解释》（2022年修正）第410条。

2019 年 1 月已经与浩某公司和其他原审被告达成调解协议的情况下，违背诚信否定此前的陈述，在本案诉讼过程中多番拖延，明显损害其他当事人合法权益。

4. 被告顺某公司在开庭前已经与原告达成调解协议，庭审时亦承认原告诉讼请求，确认了调解的效力，如果其反悔不签收调解，请法庭依法判决。

被告顺某公司与主债务人及本案其他被告同时达成调解条款，被告顺某公司的时任法定代表人周某某已经签署且到庭如实陈述。这些条款应当对顺某公司产生法律约束力，后果应当由顺某公司承担。被告顺某公司代理律师在庭审时亦陈述称顺某公司新股东知悉该调解事项，亦同意调解，只是债权人银行不同意。可见，顺某公司关于调解条款的签署，意思表示是真实和完整的，也没有违反法律的规定。顺某公司已经承认了原告的诉讼请求。另外，原告在调解条款中给予被告顺某公司履行宽限期及违约资金占用费的减免均是在被告顺某公司同意履行调解条款的前提下进行，假设被告顺某公司拒收调解书，原告恳请法庭及时判决，支持原告的诉讼请求。

（三）执行程序

受经济下行和疫情的双重影响，债务人的项目建设没有如期完成，假如立即强制执行并查封在建工程，将使项目陷入“烂尾”，委托人也不能快速收回债权。因此代理律师亲自参与债务人寻求各大地产商融资合作等商务谈判，协助委托人掌握债务人的履行能力和节点信息。在时机成熟时，将委托人促成的案外担保人，依照 2018 年最高人民法院细化后颁布的执行和解制度司法解释，把案外担保人加入本案执行程序，经法院裁定作为执行担保人。如债务人无法履行债务，委托人将可以申请法院直接执行担保人的财产，免于再次诉讼。而债务人也获得喘息机会，项目建设开发顺利推进，回款分期支付给委托人。

三、裁判理由与结果

（一）裁判理由

1. 关于管辖问题。广州市中级人民法院经审查认为，《最高人民法院关于明确第一审涉外民商事案件级别管辖标准以及归口办理有关问题的通知》第 1 条规定：“关于第一审涉外民商事案件的级别管辖标准，北京、上海、江苏、浙江、广东高级人民法院管辖诉讼标的额人民币 2 亿元以上的第一审涉外民商事案件；直辖市中级人民法院以及省会城市、计划单列市、经济特区所在地的市中级人民法院管辖诉讼标的额人民币2000万元以上的第一审涉外民商事案件……”，第4条规定：“涉及香港、澳门特别行政区和台湾地区的民商事案件参照适用本通知。”本案涉案标的额人民币超过5000万元，且被告周某某为我国香港特别行政区永久性居民，依照上述规定，本案依法应由广州市中级人民法院管辖。

2. 关于广州市中级人民法院诉讼管辖的部分。广州市中级人民法院经审查认为：首先，《民事诉讼法》第99条［现为《民事诉讼法》（2021年修正）第102条］规定，调解未达成协议或者调解书送达前一方反悔的，人民法院应当及时判决。本案中，原告向本院提供了其与三被告签署的调解协议，但被告顺某公司在本院庭审过程中明确表示其不认可该份调解协议的内容。根据上述规定，无论在签署调解协议时代表顺某公司签名的周某某是否有权代表顺某公司，在本院依据上述调解协议制作调解书并送达各方当事人之前，因顺某公司不认可该调解协议内容，原告请求本院按照调解协议制作调解书并调解结案，不符合上述法律规定，本院不予支持。其次，关于原告主张三被告应对华某某公司的债务承担连带清偿责任的问题。各方签署《转让项目合同之终止合同》，是各方当事人的真实意思表示，内容不违反法律法规的禁止性规定，合法有效，各方当事人均应按约履行。现华某某公司作为主债务人未按照上述合同的约定履行付款义务，原告就此提起仲裁并提起本案诉讼主张三被告对华某某公司在上述合同项下的债务承担连带清偿责任，符合法律的规定，本院予以支持。且因原告和华某某公司之间的主债务已经经过仲裁委员会调解书的认定，遂作出本案判决。

（二）裁判结果

1. 委托人与主债务人华某某公司、实际控制人周某某达成调解，仲裁委出具调解书。

2. 广州市中级人民法院判决三被告对仲裁调解书确定的华某某公司的债务在本金和按照年利率24%的标准从2016年9月22日起计算至实际清偿日止的资金占用费的范围内向原告浩某公司承担连带清偿责任。

3. 保证人同意为被执行人分期履行加入执行担保，如被执行人不按和解协议履行，申请执行人可申请恢复强制执行直接执行担保人的财产。

本案最终以分期付款方式和解结案。结案时经被执行人确认，涉案结算款本息合计超8000万元，而目前对方也在陆续分期履行中。

【争议焦点】

1. 主从合同的主体不一致、在主合同约定了明确的仲裁条款，在从合同中概括性表述“本补充协议未作约定的，均按照原合同执行”的情况下，应当如何确定管辖？

2. 各方当事人在庭外达成和解，但在开庭时反悔，法院能否以调解方式结案？

3. 主债权经仲裁调解书确认，在与从债务人的诉讼过程中是否仍需对主债权进行实质性审查？

4. 执行程序中执行担保人加入担保，并达成和解协议，应如何确认和解协议的法律效果和执行担保人的法律地位？

【案例评析】

1. 选对基础法律关系，有效进行财产保全，奠定争议解决的基础

本案案件主体关系复杂、法律关系多重、涉外送达和执行难、诉讼与仲裁交叉和被执行人的财产无法强制变现等特点，使代理律师在代理过程中承受巨大的压力和挑战。稍有取舍不当，将导致案件走向死胡同，委托人的利益将无法实现。所幸，有赖委托人的充分信任和及时沟通配合，代理律师得以针对实际情况采取恰当的业务技巧，在委托人的商业地位高压和代理律师的法律手段高压下，案件代理取得了良好的经济效果。

本案中代理律师分析梳理的委托人关于该案的全部历史档案，从主体经济能力、证据完善程序、对方的抗辩因素等多方面权衡考虑，对比挑选出适当的基础法律关系启动诉讼。

2. 准确判断管辖争议，运用诉讼 + 仲裁 + 和解的方式解决争议，避免程序拖延

委托人当年签订的后续合同对管辖条款考虑不周，导致主从合同的主体不一致、管辖条款不一致，在司法实践中应当如何处理存在巨大争议，也存在立案受理的风险。代理律师在委托初期都忽略了主体涉外这一因素，而向区级法院立案，区

级法院完成诉讼保全后审查案卷，才发现涉外因素，报请上级的广州市中级人民法院确定管辖。涉外的被告在送达上也遇到困难，但暗中又联系委托人协商，委托人获知财产保全影响到其在建地产项目的融资贷款，多次谈判并适当让利，与主债务人达成和解，代理律师及时从法律手段方面提出运用司法调解的方式确定和解条款，以便将来执行。

关于主从合同的管辖约定不一致的情形下，应当如何确定管辖的问题，在现行《仲裁法》和《民事诉讼法》中均没有明确的规定。最高人民法院在多份司法管辖复函中均形成较为一致的处理指引，即“涉案提单仅在其背面记载有关租约中仲裁条款并入的格式条款，不能产生租约仲裁条款并入提单的法律效果”。

客户基于对专业人士的信任，全流程委托，是对律师的业务技能全方位考验。律师设计处理方案必须从一开始就要考虑到最后的执行。法庭是诉讼律师的主战场，律师不仅要考虑管辖、主体、证据，请求权基础、要件事实，裁判结果的可能性，还要考虑如何执行实现。通过本案的办理，我们更深刻认识到，徒法不足以自行，法律是在司法实践中维护公平正义，律师是法律的践行者之一。

【专家点评】

本案例事实涉及金融借款与担保、以物抵债、不动产回购与保证等多重基础法律关系，涉及境外当事人，主合同存在仲裁协议，而担保关系的从合同却没有明确的仲裁条款，代理律师娴熟掌握并运用诉讼与仲裁相结合的方式，将主合同的争议通过仲裁解决，并成功与被申请人达成和解，同时对从合同的争议提起诉讼并进行财产保全，避免财产转移，为执行阶段实现债权打下良好基础。

本案例的实践价值在于厘清仲裁条款并入的理解和适用，难点在于如何判断概括性合同条款是否必然发生仲裁条款并入的法律效果。仲裁协议是仲裁制度的基础。主从合同关系中，当事人在主合同约定了明确的仲裁条款，而在从合同中概括性表述“本补充协议未作约定的，均按照原合同执行”，这种表述没有对仲裁条款的要件作出明确、具体的约定，在仲裁或诉讼受理时都将发生巨大争议，导致案件迟迟无法进入实体审理。本案代理律师果断对仲裁条款并入问题作出准确判断，分别采用诉讼与仲裁相结合的方式解决争议，维护当事人的合法权益，具有社会意义和一定的行业影响。

本案例所反映的情况已引起国家立法机关和仲裁实务界的高度关注，在此次《仲裁法》（修改意见稿）中已对此进行了积极回应，若主合同所约定的争议解决方式为仲裁的，即使从合同约定的争议解决方式为诉讼或未明确约定争议解决方式的，从合同的争议解决方式应与主合同的争议解决方式保持一致。

（点评人：马占军，澳门科技大学社会和文化研究所访问教授、博士生导师）

中国船舶油污损害赔偿基金申请补偿案

许光玉　潘晓兰*

【内容提要】

2013 年 8 月，A 轮船在广东省珠海小万山岛以南 1.5 海里附近海域沉没漏油，此事故导致几百户渔民和养殖单位生产、经营遭受巨大损失，海洋渔业资源损失惨重，国家海事行政机关为此组织应急处置，产生巨额成本损失。船东设立海事赔偿责任限制基金，仅使以上受损方遭受的损失少部分得到赔偿。代理律师穷尽司法救济，启动国家油污基金赔偿机制，在向基金申请索赔通过后获得了赔偿。

【案情简介】

2013 年 8 月，受台风影响，某海运有限公司（以下简称海运公司）所属的散货船 A 轮船在广东省珠海小万山岛以南 1.5 海里附近海域倾斜沉没，造成大量燃油泄漏，污染附近海域。根据《轮船沉没事故调查报告》查明，A 轮船上载有 54750 吨镍矿和 796.064 吨存油，其中燃油（重油）686 吨，燃油（柴油）57 吨，滑油 53.064 吨，而本次事故泄漏油量达到 610.938 吨。事故发生后，珠海海事局组织清污人员和船舶到现场设立沉船浮标并进行监控、清污、防污工作，使油污损害得到有效的控制，产生相应应急处置损失。事故导致几百户渔民和养殖单位生产、经营

* 许光玉，广东海建律师事务所主任，广东省律师协会海事海商法律专业委员会副主任；潘晓兰，广东海建律师事务所律师。

遭受巨大损失，海洋渔业资源损失惨重。

但因船东依法可以引用海商法享受责任限制，故海运公司作为A轮船所有人在广州海事法院设立了A轮船海事赔偿责任限制基金（以下简称基金），基金数额为5474000元特别提款权及利息。

代理律师受受损方（珠海海事局、原广东省海洋与渔业厅及279位渔民和单位）委托，向广州海事法院申请债权登记并提起确权诉讼。代理律师接受委托后，多次向受损方了解损失情况并指导案件证据的收集工作。在案件的庭审中，结合相关证据，着重阐述了受损方索赔损失的合法性、合理性，庭后多次参与广州海事法院组织的调解会，与承办法官、船方律师进行沟通，维护了受损方的合法利益，为此系列案的成功和解奠定了坚实的基础。

广州海事法院组织了5个合议庭，调动了13名资深法官公平、公正审理了此系列案件。法官在充分听取双方代理律师对复杂、繁多证据的质证和代理意见后，在查清事实的基础上，协调各利益方，提出相应的和解方案，促使此系列案调解成功。2016年3月11日，在各方的协调努力下，279位渔民和单位、广东省海洋与渔业厅与船方达成和解协议。历经一年斡旋，2017年4月27日，珠海海事局也与船方达成和解协议，281宗系列案全部调解成功。其中，279位渔民和单位、广东省海洋与渔业厅同意在海运公司设立的非人身伤亡海事赔偿责任限制基金折合人民币5000万元（包括本金和利息）内参与分配。因基金金额远小于损失，各方均以索赔金额按比例参加基金分配。经统计，279位渔民和单位、广东省海洋与渔业厅参与分配金额共计137074540.11元，受偿共计55096779元。其中，279位渔民及养殖单位（统称养殖户）参与分配金额共计29754547.90元，仅受偿11433408元。

为使受损方的损失得到补偿，代理律师穷尽司法救济，启动国家油污基金的赔偿机制，代表包括珠海海事局、原广东省海洋与渔业厅及涉案279位渔民和养殖单位向中国船舶油污损害赔偿基金申请索赔，中国船舶油污损害赔偿基金依法受理了该案。经过审核，基金认为珠海海事局的损失在海事赔偿责任限制外获赔，不属于基金赔付范围（基金赔付因船东享受海事赔偿责任范围而使受损方不能足额获偿的部分），故予以驳回。而涉案200余位渔民捕捞损失的索赔也因不属于直接经济损失，而被认为不符合基金赔付范围，予以驳回。因向国家油污基金索赔为广东乃至全国之先例，没有经验可循，代理律师也只能摸着石头过河，踏踏实实走好每一步路，通过扎实举证并与基金充分交流法律意见、邀请基金工作人员前来实地考察，让基金对事故受损情况有深刻的了解，经过不懈努力，基金认同代理律师有关养殖渔民损失的主张，最终由中国船舶油污损害赔偿基金管理委员会审核通过赔付决定。至今，有 279 位养殖户获得 12020000 元补偿款。

【争议焦点】

本案的争议焦点是养殖户的损失能否得到国家油污基金赔偿问题，本案扎实的证据为此奠定基础。由于损失金额巨大，船东设立的责任限制基金远不能满足包括养殖户在内的受损方的损害赔偿，虽然在广州海事法院主持下分配了基金，但其所遭受的损失仅有少部分得到赔偿，如果按以往的做法，剩余损失无从索赔就此了案。但代理律师穷尽司法救济，利用国家油污基金的赔偿机制，向中国船舶油污损害赔偿基金申请索赔。代理律师通过走访养殖户、了解养殖损失情况、调查水产品市场价格等方式，最终确定证据组织方式，具体量化损失。最终，国家油污基金基本支持养殖户的损失补偿请求。

【案例评析】

本案的难度是显而易见的。通过律师充分的举证、大量的交流法律意见、实地考察等工作，中国船舶油污损害赔偿基金最终受理了该案，并由中国船舶油污损害赔偿基金管理委员会审核通过赔付决定。

本案为广东首例中国船舶油污损害赔偿基金补偿案，开辟了由于船东限制赔偿金额、污染受害方无法足额赔偿的情况下向基金索赔成功的先河。本群体性案件中，大量的渔民养殖遭受损失，船东设立海事赔偿限制赔偿责任基金后如何保护渔民等弱势群体的合法权益，是值得探讨和总结的问题。本案具有相当的典型意义和价值。这个案件对保护污染受害者和弱势群体，解决污染损害纠纷，维护社会稳定开辟了一条新路。

【专家点评】

船舶油污损害赔偿纠纷案是海事案件中较为复杂且处理难度较大的一类案件，其复杂及难度通常体现为：（1）案涉标的额较大，办案周期长，影响范围广，社会关注度高，案件的处理过程中往往掺杂诸多法外因素；（2）损失索赔主体众多，涉及普通民事主体及行政主体，法律关系复杂，涉及多方利益博弈，处理不当易引起群体性事件；（3）举证难度大，特别是对于船舶油污造成的海洋渔业资源损失及渔民养殖户损失通常难以举证和量化；（4）案件处理过程中通常会触发海事赔偿责任限制基金设立特别程序案及系列确权诉讼案件。

但在2013年8月A轮船漏油事故引发的系列案中，本案办案律师首先通过走访养殖户、了解养殖损失情况、调查水产品市场价格等方式稳扎稳打，最终确定证据组织方式并使得各方损失得以量化，其次又采取边诉讼边调解双管齐下的纠纷解决机制，并通过高超的协调和斡旋能力最终成功促成280多位债权人友好参与分配A轮船设立的海事赔偿责任限制基金，使得全案以和解方式软性解决，办案社会效果较好。

更为难得的是，在A轮船海事赔偿责任限制基金分配完毕，按通常情况本可就此了案的情况下，本案办案律师选择了进一步穷尽司法救济措施，充分利用国家油污基金的赔偿机制，就诸多债权人剩余未受偿部分损失向中国船舶油污基金提出了申请索赔，并且在克服基本案件事实不利、在广东乃至全国无先例可供参考的困难情况下，成功说服中国船舶油污损害赔偿基金管理委员会审核通过赔付决定，最大限度弥补了各债权人的经济损失，开创了广东乃至全国范围内申请国家油污基金赔偿的先河，为类似案件处理提供了指导和借鉴意义。

（点评人：黄晖，广东恒运律师事务所主任律师，广州市律师协会海事海商、航空及涉外法律专业委员会主任）

占用巨额贷款没有合法根据，构成不当得利

许光玉　李　昱*

【内容提要】

本案为具有涉外因素的巨额商事不当得利案件。根据《涉外民事关系法律适用法》第47条规定，本案适用不当得利发生地法律，即我国法律，处理本案纠纷。我国法律规定，没有合法根据，取得不当利益，造成他人损失的，构成不当得利。但是，具体实践中涉及复杂的事实及法律关系，案件相对方会提出各种理由抗辩其获得款项具有依据。如何证明相对方获得利益没有合法依据，是案件的难点和重点。在处理商事不当得利案件中，应该对案件事实与背景充分了解，准确分析法律关系，采取多种方式调取证据，向法院进行充分举证，充分反驳相对方主张获得款项的理由，有利于不当得利的主张被认定支持。

【案情简介】

一、案件基本事实

2011年12月，珠海某航运公司（以下简称航运公司）为融资经梁某介绍，向深圳某银行（以下简称银行）贷款人民币2亿元。贷款发放当日，梁某以将部分贷款拿去使用并代为偿还利息为理由，安排其业务人员杨某将4560万元贷款转给了

* 许光玉，广东海建律师事务所主任，广东省律师协会海事海商法律专业委员会副主任；李昱，广东海建律师事务所律师。

深圳市某投资有限公司（以下简称投资公司），将1568万元贷款转给了深圳市某贸易有限公司（以下简称贸易公司）。事后，因到期债务未还，银行起诉航运公司偿还贷款，航运公司发现梁某没有履行承诺代为偿还银行贷款利息，遂要求梁某返还两笔款项4560万元及1568万元，但遭到拒绝，引发纠纷。

二、案件代理处理过程

广东海建律师事务所受航运公司委托，代理其以不当得利为由起诉梁某、投资公司及贸易公司，诉讼请求为要求判令梁某和投资公司连带赔付4560万元及利息，要求判令梁某和贸易公司连带赔付1568万元及利息。深圳市中级人民法院（以下简称深圳中院）受理两案一审，在第74号案中，航运公司主张：1. 梁某收取案涉款项4560万元没有合法依据。2. 梁某声称"为航运公司对外融资、摆脱经营困难做了大量工作，故航运公司同意支付案涉报酬"没有事实依据。3. 梁某控制航运公司账户划付案涉款项至投资公司，出具《委托书》委托投资公司代其占有款项，应视为梁某已收取案涉款项。在第93号案中，航运公司主张：本案证据充分证明梁某指示贸易公司收取案涉款项1568万元，梁某关于其未占有案涉款项的主张没有证据支持。案件两审经过长达八年时间，航运公司的诉讼请求最终获得判决支持。

三、裁判理由与结果

1. 第74号案

深圳中院一审认定，梁某主张航运公司同意向其支付费用的《委托函》应该是梁某利用掌控航运公司公章期间自行加盖的，不采信梁某有权收取费用的主张。投资公司、梁某收取案涉4560万元，没有合法根据，应共同承担向航运公司的返还责任，并支付相应的利息。依照《涉外民事关系法律适用法》第47条、《最高人民法院关于适用〈中华人民共和国涉外民事关系法律适用法〉若干问题的解释（一）》第19条、《民法通则》（已失效）第92条的规定，判决：投资公司、梁某共同向航运公司返还不当得利款项人民币4560万元及其利息（以4560万元为本金，按照中国人民银行同期一年期存款基准利率从2011年12月15日起，计算至实际清偿之日止）。一审案件受理费由投资公司、梁某负担。

二审时，广东省高级人民法院（以下简称广东高院）认定：关于投资公司收取案涉款项是否受梁某委托问题。经查，梁某于2012年6月16日出具的《情况说明》中确认其委托投资公司收取垫付资金及有关费用4560万元。并且，梁某在一审庭前证据交换和第一次开庭时已经明确认可系其委托投资公司向航运公司收取4560万元。投资公司在一审中亦认可梁某所述事实。故本案应认定投资公司受梁某委托收取案涉4560万元。

关于梁某是否有权收取案涉款项和应否返还该款项问题。梁某主张其收取案涉4560万元款项的主要依据是加盖了航运公司公章的《委托函》，其中载明委托梁某代为向L公司偿还附加费用、罚息和其他费用。但是，航运公司签订《借款担保合同》时约定将公章提交梁某保管，2012年4月19日形成的印鉴移交确认表显示移交方是梁某，即出具《委托函》期间航运公司的印章处于梁某保管之下，单凭公章真实尚不足以证明《委托函》系航运公司的真实意思表示。并且，依据《委托函》记载，梁某有权收取款项的前提是梁某、航运公司及L公司相互之间就委托贷款合同约定之外的利息和其他费用问题达成合意，且梁某已经实际按约定向L公司支付了相关款项，但梁某提供的证据不足以证明该事实存在：1. 梁某主张航运公司就向L公司支付综合费用问题形成股东会决议，但不存在就综合费用形成的股东会决议。2. 梁某对4560万元款项的性质和用途说法不一。梁某在一审中主张该费用是航运公司书面承诺向其支付的融资介绍费用，二审中又称其与航运公司之间不存在费用约定，投资公司收取的款项是L公司收取的，其未收取任何款项。但梁某未能证明各方就案涉委托贷款事项存在关于其他费用的约定，以及费用的名目及金额。3. 梁某二审提交了L公司于2017年6月29日出具的《情况说明》称，L公司确认通过投资公司收到融资附加费用4400余万元，但没有证据能与之相印证，故《情况说明》的真实性无法确认。4. 从案涉4560万元款项的流向看，梁某主张其未收到任何款项，案涉款项已经由投资公司转给L公司，但是，投资公司所提供的转款凭证均未指向L公司，不足以认定投资公司向L公司支付了案涉款项，也无法证明梁某主张的L公司收款事实。综上，梁某委托投资公司向珠海航运公司收取案涉4560万元款项，缺乏合法依据，根据《民法通则》（已失效）第92条规定，梁某应向航运公司返还该4560万元款项。

关于投资公司是否应向航运公司承担返还款项责任问题。投资公司系受梁某委托收取案涉款项，投资公司未能提供证据合理说明其收取的4560万元款项的流向，应视为投资公司仍占有案涉款项，投资公司占有该款项亦无依据，应共同向航运公司承担返还款项的责任。综上，一审判决认定事实清楚，适用法律正确，应予维持。

二审判决驳回上诉，维持原判。二审案件受理费由投资公司、梁某负担。

2. 第93号案

深圳中院一审认定，案涉1568万元是航运公司受梁某委托由航运公司账户转至贸易公司账户，贸易公司是该款项的直接收款人和直接受益人，梁某是该笔款项的实际受益人。案涉款项经梁某指示付款至贸易公司账户是为了偿还航运公司拖欠L公司和银行利息，现根据已经生效的判决，航运公司并未清偿L公司和银行的利息，即案涉款项支付至贸易公司账户的理由并不存在，梁某和贸易公司占有该笔资金无合理依据，构成不当得利。根据《涉外民事关系法律适用法》第47条、《最高人民法院关于适用〈中华人民共和国涉外民事关系法律适用法〉若干问题的解释（一）》第19条、《民法通则》（已失效）第92条，《民事诉讼法》第144条的规定，判决：梁某、贸易公司应于判决生效之日起十日内支付航运公司人民币1568万元及逾期付款的利息（从2011年12月15日开始，按照中国人民银行同期人民币贷款利率计算至实际清偿之日止）。一审案件受理费由梁某和贸易公司负担。

二审时，广东高院作出认定：关于航运公司是否根据梁某的指令向贸易公司转出案涉款项问题。航运公司提交左某的证人证言，主张案涉1568万元系受梁某指示支付，用于偿还L公司和银行的利息。本院认为航运公司的主张具有高度盖然性，予以采信，具体理由如下：1. 航运公司向H公司借款、向L公司借款均是在梁某的促成下进行，梁某是航运公司与H公司借款合同中指定的公章管理人，是案涉2亿元借款的保证人，梁某对案涉借款具有直接的利害关系。梁某在珠海市公安局调查阶段以及另案审理过程中均多次明确表示为案涉借款，航运公司委托其支付利息和其他费用，与左某作证所称的梁某要求使用6128万元余款，用以偿还L公司和银行利息能够相互印证。2. 账户预留的印鉴显示航运公司的会计负责人为杨某、出纳为余某，账户款项的汇出必须同时具有“航运公司财务专用章”和“杨某印”才能完成。杨某为投资公司员工，而梁某堂弟为投资公司当时的股东。一审法院当庭连线杨某，杨某表明案涉借款的事情要找梁某，能够印证案涉款项的流转是在梁某的控制下完成。认定杨某系代表梁某对账户进行监管符合客观情况。3. 案涉2亿元借款于2011年12月13日发放至账户，同日及次日，从账户转账给某公司650万元、转账给投资公司4560万元，并转账给贸易公司1568万元，该转账均系在左某与杨某的办理下完成，则左某和杨某均主张是在梁某的指示下才办理转账，梁某对 650 万元和 4560 万元转账均有所主张，仅对 1568 万元转账表示不知情，其主张不合理。

航运公司系根据梁某的指令将款项汇入贸易公司账户，梁某应举证说明该款项的用途。梁某主张航运公司就向 L 公司支付综合费用问题形成股东会决议，但并不存在就综合费用形成的股东会决议。梁某提供的证据不足以证明系 L 公司收取案涉 1568 万元款项。梁某未能提供证据证明其收取该款项具有合法根据的情况下，根据《民法通则》第 92 条规定，梁某应向航运公司返还案涉 1568 万元款项及其利息。综上，一审判决认定事实清楚，适用法律正确，应予维持。二审判决驳回上诉，维持原判。二审案件受理费由上诉人梁某负担。

【争议焦点】

第 74 号案件争议焦点为：1. 投资公司收取案涉款项是否受梁某委托？2. 梁某、投资公司收取案涉款项是否具有合法依据？3. 是否应向珠海航运公司返还该款项？

第 93 号案件争议焦点为：1. 航运公司是否根据梁某的指令向贸易公司转出案涉 1568 万元款项？2. 梁某、贸易公司收取案涉款项是否具有合法依据？3. 是否应向航运公司返还该款项？

【案例评析】

两案具有涉外因素，涉及金额巨大，航运公司主张不当得利向梁某及投资公司、贸易公司索赔，如果诉讼被驳回请求，航运公司将蒙受重大经济损失。

本案首先需解决法律适用问题。梁某是澳门特别行政区居民，根据《最高人民法院关于适用〈中华人民共和国涉外民事关系法律适用法〉若干问题的解释（一）》第 19 条的规定，应参照《涉外民事关系法律适用法》确定准据法。本案为不当得利纠纷，根据《涉外民事关系法律适用法》第 47 条规定，当事人没有协议选择适用的法律的，适用当事人共同经常居所地法律；没有共同经常居所地的，适用不当得利发生地法律。本案各方当事人没有协议选择适用的法律，也没有共同经常居所地，不当得利发生地在中华人民共和国内地，故应适用我国内地法律为准据法。

根据案件审理时生效的法律，主张不当得利的法律依据是原《民法通则》第92条规定："没有合法根据，取得不当利益，造成他人损失的，应当将取得的不当利益返还受损失的人。"两案的焦点即梁某收取案涉款项是否有合法依据。广东海建律师事务所代理案件，准确分析了两案相关事实与法律关系，认为梁某及投资公司、贸易公司获得巨额款项没有合同依据，梁某称航运公司支付款项是基于对梁某帮助贷款的劳务报酬没有事实依据，本案的事实是航运公司已经将贷款本金及利息还付完毕，本案并无证据证明存在梁某所称的向其支付的巨额酬劳，而梁某主张其代为偿还利息的事实也没有依据。因此，梁某获得巨额款项没有合法依据，构成不当得利，应予返还。广东海建律师事务所代理案件时充分对相关事实进行举证，将贷款背景、梁某掌握航运公司公章及指示人员为其划款并占有案涉款项的事实充分举证，对梁某的各种答辩理由给予有力驳斥并提供了反驳的证据。在审理案件过程中，法院采用灵活多样的取证方式，如向案件证人当庭电话联系，向公安机关调取相关案件材料、查看相关主体工商登记档案等方式，促进了案件事实查明。由于两案为涉外案件，审理时间较长。但最终深圳中院在两案一审支持了航运公司的全部诉讼请求，案件经过广东高院二审维持原判。两案获得支持的款项及利息高达8000多万元人民币，充分地维护了当事人的合法权益。在处理商事不当得利案件中，应该对案件事实与背景充分了解，准确分析法律关系，采取多种方式调取证据，向法院进行充分举证，充分反驳相对方主张获得款项的事由，有利于不当得利的主张被认定支持。

【专家点评】

本案中，被告梁某参与了原告的融资过程，梁某收取、占用了原告获得的银行借款，却未按照承诺代为偿还银行借款本息，损害了原告利益。如何正当地主张权利，要求梁某退还款项，需要找准法律依据。梁某通过安排其人员直接控制原告贷款账户转走巨额借款，但是，并没有相应的合同权利依据，其获得款项没有合法理由，构成不当得利。代理人适用法律正确，为案件索赔奠定了基础。

不当得利案件中，被告会提出各种理由抗辩其取得款项有理。本案涉及多方主体，涉及多种法律关系，案情复杂，原告需要将各方法律关系厘清，充分组织证据，才能有力地反驳被告提出的抗辩。为此，原告代理律师组织了大量证据：一是将案涉背景材料举证，帮助法院查明被告获得案涉款项没有合法依据；二是对被告举证《委托函》主张其有权获得案涉款项，代理律师则将印章移交的证据及有关协议举证，向法院证明被告持有原告公章，因此，所谓《委托函》其实是被告自己所盖，而非原告真实意思表示；三是代理律师在案件中采取申请多位证人出庭、调取工商档案、调取银行开户资料、向相关案件公安机关调取证据等多样、灵活的取证方法，获得证据，以形成完整的证据锁链。功夫不负有心人，扎实的取证，最终使原告的诉讼请求获得法院支持。

（点评人：宋万俊，广州市律师协会民事法律专业委员会主任）

船舶碰撞损害责任纠纷案例争议焦点与代理思路

李振海*

【内容提要】

船舶之间发生碰撞事故，严重时会导致船舶沉没，可能引发船员人身伤亡赔偿、货损赔偿、保险赔偿、油污损害与赔偿、应急打捞、海事赔偿责任限制等一系列问题，有些索赔涉及双方船东连带责任，有些索赔则涉及某一方船东可能主张赔偿责任限制问题。在事故发生后，如何厘清事故责任，通盘考虑以上法律问题，快速解决上述纠纷，尤其是船员人身伤亡赔偿，避免诉累和不必要的损失，是当事人委托律师处理船舶碰撞事故损害赔偿纠纷的根本目的所在。

【案情简介】

2017 年 3 月 28 日，巴拿马籍滚装船 A 轮从中国广州驶往韩国群山途中，在广州港水域，与从中国深圳驶往东莞的内河散货船 B 轮发生碰撞，事故导致 B 轮及所载货物沉没，该船 4 名船员死亡、一人伤残，A 轮受损（以下简称碰撞事故）。海事部门调查后，认定 A 轮存在以下过错：1. 疏忽瞭望，未正确判断碰撞危险，违反了《1972 年国际海上避碰规则》第 5 条和第 7 条第 1 款的规定；2. 未使用安全

---

* 李振海，广东海建律师事务所合伙人。

航速，违反了《1972 年国际海上避碰规则》第 6 条的规定；3. 未及时驶回出港航道或沿清爽的航道西侧出港航行，未尽量靠近其右舷该水道或航道的外缘行驶，违反了《1972 年国际海上避碰规则》第 9 条第 1 款的规定；4. 在通航环境复杂的条件下，强行追越 C 轮，未尽到当时特殊情况所需求的谨慎，违反了《1972 年国际海上避碰规则》第 2 条第 1 款的规定；5. 对遇局面情况下，未积极采取有效的避让措施，违反了《1972 年国际海上避碰规则》第 14 条和第 8 条第 1 款的规定；6. 在船舶操纵避让的关键时刻，水手连续操反舵，大幅减少了两船会遇距离，延误了避让行动时间，也迫使 B 轮驾驶员采取向左让进行避让，导致两船避让不协调，碰撞最终不能避免；7. 该轮大副到驾驶台海图室后，驾引人员未履行监舵的职责，违反了该轮安全管理手册的要求。认定 B 轮存在如下过错：1. 疏忽瞭望，未正确判断碰撞危险，违反了《1972 年国际海上避碰规则》第 5 条和第 7 条第 1 款的规定；2. 未使用安全航速，违反了《1972 年国际海上避碰规则》第 6 条的规定；3. 在航行中与其他同向进港的船舶未能保持适当的安全距离，未尽到当时特殊情况所要求的谨慎，违反了《1972 年国际海上避碰规则》第 2 条第 1 款的规定；4. 对遇局面情况下，未积极采取有效的避让措施，违反了《1972 年国际海上避碰规则》第 14 条和第 8 条第 1 款的规定；5. 值班水手未经过相关培训，未持有船员服务簿，驾驶值班安排不能满足《内河船舶船员值班规则》第 7 条第 2 款的要求。最终海事部门认定 A 轮负事故主要责任，B 轮负事故次要责任。

【争议焦点】

1. 在事故责任未明的情况下，如何快速解决船员人身伤亡赔偿纠纷？

对于我方——B 轮 4 名船员死亡、1 名船员伤残的赔偿责任问题，为尽快安抚死者家属，促成我方与对方船东达成协议，在碰撞责任不清的情况下，各按 50：50 预赔给船员家属。并且，因我方资金困难，成功申请我方保险公司预赔，在签署协议后立即按约定付款。

2. 在船舶登记所有人和实际所有人不一致时，如何向责任方或保险人索赔，维护我方当事人合法权益问题？

由于我国法律规定船舶需要具有经营资质的船务公司才能登记经营，在实务中，存在登记船舶所有人与实际所有人不一致的情形。经详细询问我方当事人投保时是否已披露当时船舶登记与实际所有人不一致的情况，并提供相关船舶挂靠协议、造船合同、支付船款凭证等证据以及船舶登记所有人的共同授权，最终让对方船东和我方保险人认可我方的索赔资格。

3. 在主管机关只认定事故主次责任的情况下，如何进一步确定具体责任比例？

由于船舶航行受海况、船舶惯性、操纵难度等因素的影响，海上交通事故责任认定比例相比道路交通事故责任认定要复杂困难得多。结合海事部门认定的各方过错，经多次协商，各方首先就碰撞责任比例达成7：3的一致意见，为最终协商解决涉案纠纷打下基础。

4. 在船员配备不足的情况下，是否构成船舶不适航，保险公司是否可以拒赔？

船舶配员不足，是否构成保险公司拒赔的理由，取决于该船舶配员不足与碰撞事故的发生是否具有因果关系。B轮虽然配员不足，但并非当时船舶驾驶人员，而是一名机工，该船舶配员不足与碰撞事故的发生不具有因果关系，不构成保险公司的除外责任。

5. 在各方长期协商无果，各自向法院提起诉讼，如何通过诉前调解制度来维护自身合法权益？

船舶碰撞事故的诉讼时效与一般民事纠纷的时效不同，其诉讼时效为2年，且需提起诉讼、提交仲裁或者被请求人同意履行义务才中断诉讼时效，如请求人撤回起诉、撤回仲裁或者起诉被裁定驳回的，则时效不中断。

涉案事故2年内，经多次协商，各方未能达成一致意见。后各方为保诉讼时效，均在2年诉讼时效届满前向法院提起诉讼。考虑各方差距不大，我方通过诉前联调制度，让法院主持，向各方当事人剖析利害关系和法律利害关系，最终促成和解，避免产生不必要的费用。

【案例评析】

本案碰撞事故为近几年来罕见的涉外水上交通事故，事故死亡人数为4人，总损失金额达数千万元，涉及的法律问题较多，因各方争议较大，在事故发生2年内未达成和解，后均向广州海事法院起诉。起诉后，代理律师通过诉前联调制度，抓紧时间与法院、其他方代理律师联系，据理力争，并最终促成我方与对方船东之间的相互索赔、我方向保险公司的索赔、广州海事局代表相关单位向双方船东的索赔达成和解，不仅避免发生诉讼费、鉴定费等巨额费用，也快速获得了赔偿款项，替我方当事人挽回了巨额经济损失。

【专家点评】

船舶碰撞纠纷属于海事侵权纠纷中普遍、专业性强且审理难度较大的一类案件，国际公约和我国海商法都对船舶碰撞问题专门作出了规定。本案为一宗典型的案涉船舶互有过失的船舶碰撞责任纠纷，在碰撞事故发生之前，两艘案涉船舶均有操作上的过错，且两船船员在应急处置以及船员配备方面也各有不规范之处，由此导致船员人身伤亡、船舶受损的严重后果。

本案碰撞事故发生后，综合把握案件处理思路，快速厘清案件争议焦点，高效处理案件在实践层面所面临的棘手问题是本案最终取得圆满结果的关键，以上操作不仅考验委托律师的专业技能，也对同类型案件有很大的参考意义。相比较同类型案件的处理经验而言，在事故责任未明的情况下，各方容易对船员人身伤亡赔付比例方面出现互相推诿的情形，且在海事部门认定各方过错后，各方也会对碰撞责任的责任承担比例各执己见，保险人也可能基于种种原因拒赔，以上问题均为同类型案件所面临的困难点。然而，本案通过各方良好的协商及周旋，及时地解决了以上棘手问题并使得案件在未正式审判前达成和解，不但减轻各方当事人的负担，也进一步节省了司法资源。

综上，本案综合体现了代理律师在案件处理过程中针对船舶碰撞典型法律问题以及代理思路的良好把握，具有较高的类案参考价值。

（点评人：黄晖，广州市律师协会海事海商与航空法律专业委员会主任、广东省航运法学研究会副会长）

集装箱租赁合同与破产财产取回法律问题探析

黄 晖 张 帆 陈晓玲*

【内容提要】

近两年受疫情影响，部分企业陷入困境。在此环境下，企业申请重整和进入破产程序的案件数量呈上升趋势。而在该部分企业进入破产程序前，相关债权人可能已就其债权对破产企业提起普通民事诉讼，这就导致破产程序的优先性与普通民事诉讼程序之间交错和冲突。

对于债务人占有的不属于债务人的财产，债权人是否可申请法院对这些财产采取查封扣押措施？在债权人已向法院提起诉讼请求返还的情况下，债权人是否能依据《企业破产法》及相关司法解释的规定同时向破产管理人提出司法取回该财产的申请？在破产程序和普通民事诉讼程序交错情况下，如何通过全局把握将案件推向当事人有利的方向发展？本案例对前述问题给出了新的思路分析。

【案情简介】

一、基本案情

2017 年，港口 A 公司（以下简称 A 公司）与海运 B 公司（以下简称 B 公司）签署《集装箱租赁合同》，并于同年先后签署两份《补充协议》，约定 B 公司向 A 公司租赁海运集装箱。2019 年，因 B 公司欠付海运集装箱租金，A 公司作为原告在

* 黄晖、张帆、陈晓玲，广东恒运律师事务所律师。

广州海事法院对B公司提起诉讼，要求解除租赁合同、B公司返还租赁的集装箱、支付租金、支付逾期付款违约金及解除合同违约金等共计人民币4.258427亿元。

二、案件处理过程

（一）通过听证落实保证金抵扣欠付租金

本案自2019年提起诉讼后，广州海事法院进行了两次开庭审理。而在本案审理期间，B公司进入破产重整程序，因此案件代理人还参加了债权人会议及重整计划表决等破产重整程序。

代理律师接受A公司委托后，及时建议和成功促成A公司留置其已占有的6000个B公司案外集装箱，达到向B公司施压及掌握主动权的理想效果。

在深入了解和调查B公司进入破产重整程序后的偿债能力后，为降低A公司债权无法得到全部清偿的风险，代理律师成功将B公司在合同履行过程中支付的保证金用于抵扣欠付租金并通过海事法院组织听证的程序予以落实和变现，降低A公司资金压力的同时，为案件后续谈判协商打好基础。

（二）向法院提出保全和扣押涉案集装箱，向破产管理人提出司法取回涉案集装箱

代理律师通过深入研判《企业破产法》与《海商法》《海事诉讼特别程序法》等相关法律规定，尤其是法律规定发生交叉重合之处，以涉案集装箱非B公司的财产为由，向广州海事法院提出了保全和扣押涉案集装箱的申请，同时向破产管理人提出了司法取回涉案集装箱的申请。通过此种对同一标的物同时采取两种并行不悖的法律救济途径而对债务人予以极限施压的创新思路，案件一步步朝着有利于A公司的方面发展。具体法理分析如下：

1. 向法院提出保全和扣押涉案集装箱申请。

1.1 关于涉案集装箱采取保全措施的主要法律依据。

（1）涉案集装箱属于《民事诉讼法》及其相关司法解释所规定的可予采取保全措施的财产。

依照《民事诉讼法》（2017年修正）第100条第1款及第102条[①]的规定，A公司向法院提起的本集装箱租赁合同纠纷之诉系请求B公司返还涉案集装箱的给付

① 2022年1月1日，《民事诉讼法》（2021年修正）实施，现为第103条第1款及第105条。

之诉，涉案集装箱系本案的争议标的之一，属于前述法律规定的可予采取保全措施的对象。

（2）对涉案集装箱所采取的保全措施不应受到B公司进入破产重整程序的影响。

依照《最高人民法院〈关于审理企业破产案件若干问题的规定〉》第71条和《最高人民法院关于适用〈中华人民共和国企业破产法〉若干问题的规定（二）》第2条的规定，涉案集装箱是A公司依据涉案集装箱租赁合同及其补充协议出租给B公司使用和经营，并非B公司所有的财产，也不应被认定为“债务人财产”和“破产财产”。

进而，《企业破产法》第19条“人民法院受理破产申请后，有关债务人财产的保全措施应当解除，执行程序应当中止”的相关规定在本案中并不适用，广州海事法院依法应根据A公司的请求对涉案集装箱采取保全措施具有当然性和合法性。

1.2 关于涉案集装箱采取保全措施的合同和事实依据。

（1）本案中，B公司已构成根本违约，A公司有权解除合同并要求其返还全部集装箱。

本案中B公司未按时、足额地向A公司支付合同项下集装箱租金，截至本案第二次开庭之时，B公司所欠付的集装箱租金已高达人民币2000多万元，已经远远超出所有租赁的集装箱一个月租金。根据涉案《集装箱租赁合同》的约定，B公司已经构成根本违约。

B公司因自身经营不善和拖欠运费，已经导致其自有/租赁的集装箱被案外公司扣留，B公司事实上已经违反了合同关于承租人应妥善保管集装箱的合同义务，构成根本违约。

根据调查和不完全统计，目前B公司涉诉/执行案件累计高达约260起，B公司的相关财产及权利被没收、抵押、征用和查封的更是数不胜数，B公司已经明显不具备继续履行涉案合同的能力，属于涉案合同约定的根本违约情形。

鉴上，由于B公司以上严重违约和根本违约行为，A公司有权依据涉案《集装箱租赁合同》的规定解除合同，并要求B公司返还涉案集装箱及承担违约赔偿责任。

（2）包括部分涉案集装箱在内的B公司自有/租赁的集装箱已经被其他债权人

采取了扣押/留置措施，鉴于B公司被申请破产重整的事实，已经可以预见势必有其他债权人在获悉这一情况之后，正在或者即将，甚至是已经采取了对包括涉案集装箱在内的B公司的财产的保全/留置措施。同时，也不能排除在B公司被裁定进入重整之前，已经有部分债权人提前获知B公司经营状况不良而已经采取了对B公司的财产保全/留置措施。换言之，涉案集装箱面临被其他债权人扣押/留置的巨大风险已实际存在，如果在A公司依法提出保全申请之后、在广州海事法院依法实施保全措施之前，涉案集装箱被B公司的其他债权人提前扣押/留置，则A公司将遭受无法挽回的巨额经济损失。

（3）涉案集装箱仅占B公司目前总体流转运营箱量的7%；在2020年航运市场因全球性的新冠肺炎疫情影响而出现下行趋势的经济大环境下，B公司继续保有同期常量的集装箱运营业务已经不具备可能性和可行性。故A公司对涉案集装箱申请扣押并不会影响和动摇B公司的盘活计划，亦不会对其正常经营产生实质性影响。

2. 关于向破产管理人提出司法取回涉案集装箱的申请。

即便A公司已经提起诉讼并诉请返还集装箱，但并不影响A公司依照《企业破产法》及其司法解释的相关规定行使取回财产的权利。

（1）关于取回财产的申请：A公司依照《企业破产法》第38条、第76条，《最高人民法院关于审理企业破产案件若干问题的规定》第71条，《企业破产法》《最高人民法院关于适用〈中华人民共和国企业破产法〉若干问题的规定（二）》第2条等规定，向破产法院指定的管理人申请取回集装箱，请求管理人依法予以审查认定并同意其取回目前由B公司实际控制和占有的集装箱租赁合同及其补充协议项下的集装箱。

（2）关于返还财产的诉讼请求：A公司在广州海事法院提起的海运集装箱租赁合同纠纷一案中诉请返还集装箱，是基于A公司和B公司之间的集装箱租赁合同及其相关补充协议项下之约定和《合同法》第94条、第97条（现为《民法典》第563条、第566条）及其相关法律及司法解释的规定，请求法院判决确认合同解除、并随之产生合同解除后恢复原状、返还财产的法律效力。

（3）鉴上，虽然A公司向管理人申请取回集装箱与A公司向法院提起诉讼请求法院责令B公司返还集装箱，均为针对同一标的物，但该两项权利和救济途径是并行不悖的，二者的审查裁判依据、标准和对象也是不同的，并非只能择一、非此即彼的关系；因此，不存在“管理人对取回权的审查认定结果与法院最终作出的生效法律文书中的判决结果不一致的情形”。

三、本案的疑难复杂点

首先，A 公司租赁给 B 公司的约 15000 个集装箱（总价值约 2.7 亿元），实际是其从案件第三人 C 公司租赁而来，A 公司作为中间人与 B 公司及 C 公司实际签署的是两份背靠背合同。因此在 B 公司对 A 公司违约逾期支付集装箱租金的情况下，A 公司实际也已对 C 公司发生违约逾期支付租金行为。且鉴于两份租赁合同约定的管辖法院不同，很可能出现在本宗诉讼案件中 A 公司的部分诉讼请求无法得到法院支持，但相反地在 C 公司将来对 A 公司提起的诉讼案件中，C 公司的相类似诉讼请求得到其他法院的支持的风险。

其次，案件标的巨大且诉请较为复杂，8 项诉讼请求互相牵连、递进甚至貌似矛盾，究竟是继续履行还是坚决主张解除集装箱租赁合同，逾期履行违约金与迟延支付违约金的各自法律性质如何审查判断和能否同时被支持，合同约定的集装箱重置价与市场实际行情差距较大等各种问题，当地政府部门和相关领导听取案件代理律师汇报案情和到 A 公司现场办公并作出重要批示，方方面面各种声音无疑对案件代理律师提出了更多全局把控和综合研判能力的更高要求。

最后，本宗案件审理过程中，B 公司进入破产重整程序，这使得破产程序的优先性与本宗案件的普通民事诉讼程序之间交错和冲突，租赁合同项下的集装箱是否属于破产财产、A 公司能否设法取回，非租赁合同项下的集装箱又能否被扣押、留置和由 A 公司主张债权和受偿，凡此种种各类法律问题交叉重叠。无不使案件经办律师必须面对复杂问题和疑难法律解析、综合适用的局面和挑战。并且，由于 B 公司是国内集装箱运输行业的龙头民营企业之一，其进入破产重整程序后，申报债权的债权人数量多达千人，总申报债权金额高达上百亿元，因此作为 A 公司的代理律师，还需厘清 A 公司在租赁合同项下的债权与其他债权人的债权孰先孰后的法律问题，同时需持续关注 B 公司的破产重整进展情况和发展方向，从而及时调整把控本宗集装箱租赁合同案件的合理走向，以便其诉求能得到法院支持的同时，还能最终实际实现债权得到最大限度清偿的目的。

四、裁判结果

经过代理律师的努力，本案 A 公司与 B 公司达成和解协议，案件以调解方式结案，A 公司的诉请全部得到法律支持。该调解结果同时得到法院的认可，并由该法院裁定确认 A 公司的所有合法债权金额，使得 A 公司的全部确认债权成功通过以股抵债方式全部得到清偿。与此同时，代理律师亦以本宗案件的调解为契机，成功促成破产管理人及时认定 A 公司的兄弟公司的债务为共益债务，使得兄弟公司债务得到全额现金清偿，并且同时成功促成 A 公司与案件第三人 C 公司达成和解协议，使得有关涉案集装箱背靠背关联租赁合同系列纠纷得到一揽子解决，也彻底免除了 A 公司的后顾之忧。

【争议焦点】

本案所涉争议焦点主要有：

第一，合同约定的集装箱重置价与市场实际行情差距较大的情况下，是否应该按照合同约定计算集装箱重置价？

第二，集装箱占用费与集装箱重置费的诉请能否同时被支持？

第三，对于合同解除后按照合同剩余期限计算的违约金是否能被支持？

第四，在普通民事诉讼程序中已向法院诉请返还申请人所有的集装箱时，能否以集装箱非属于破产财产为由向破产管理人提出司法取回集装箱的申请？

【案例评析】

本宗案件向我们指引了一条新的法律思路，即便债权人已在普通民事诉讼程序中请求返还非债务人所有的标的物和申请法院进行保全和扣押，债权人仍然有权依据《企业破产法》第 38 条、第 76 条，最高人民法院《关于审理企业破产案件若干问题的规定》第 71 条，《企业破产法》《最高人民法院关于适用〈中华人民共和国企业破产法〉若干问题的规定（二）》第 2 条等规定向破产管理人申请司法取回该标的物。虽然该两个请求所指向的系同一标的物，但此二者之间的审查裁判标准、法律依据和裁判指向的对象是完全不同的，故该两项权利和救济途径是并行不悖的，并非只能择一、非此即彼的关系，更不存在“管理人对取回权的审查认定结果与法院最终作出的生效法律文书中的判决结果不一致的情形”。

本宗案件代理律师所采取的财产保全申请和取回申请实质是从法律层面拓宽了债权人的救济途径，也能对债务人起到相当的施压效果。在目前因疫情影响部分企业陷入破产困境的大环境下，申请重整和进入破产的案件数量呈上升趋势，债权人如何通过法律手段尽可能保障自身的合法权益，本宗案件的创新处理思路对同类型案件处理具有重要的借鉴意义。

同时，本宗案件代理律师在案件处理过程中所巧妙采取的诉讼策略及大局观念也为我们以后处理同类型海事海商集装箱租赁案件提供了借鉴，具体为：(1) 在案件处理过程中，可以考虑通过留置我方已占有的对方自有或租赁的集装箱及申请法院保全案内集装箱的方式向案件对方当事人施加压力并取得案件解决之主动权。(2) 在海事海商集装箱租赁案件中，可能存在集装箱的真正所有权人为案外第三人的情况，此时，作为索赔方的代理律师，可以考虑建议客户将涉案集装箱真正所有权人拉入案件解决中，通过利用司法程序与和解协商相互配合、相互促进的策略去促成客户与集装箱真正所有权人之间集装箱租赁合同纠纷、客户与案件对方当事人之间集装箱租赁合同纠纷两份合同纠纷得以一揽子解决。(3) 在对方当事人已进入破产程序后，代理律师应充分调查并研判处于破产重组程序中的对方当事人的偿债能力，在对方当事人还有盘活机会的情况下，可以尝试推进“债转股”的清偿债务方式。(4) 对于已进入破产程序但盘活机会较大的对方当事人，对于是继续履行还是坚决主张解除集装箱租赁合同，代理律师可以从逾期履行违约金与迟延支付违约金的各自法律性质、能否同时被支持等法律问题方面入手给客户提供法律意见，以供客户做出更有利于其权益的决定。

【专家点评】

海运集装箱租赁合同纠纷案在海事海商纠纷案司法实践中是十分常见的一类案件，但本案在案件复杂程度、案件社会影响力等方面均远远超出一般案件，具体表现为：(1) 法律关系错综复杂，牵涉当事方众多，包括集装箱出租方、转租方、承租方及其他诸多利益相关方，相互利益既有重叠又有冲突；(2) 案件标的额巨大，涉及约 1.6 万个动态周转中的集装箱，财产保全及执行等操作难度大；(3) 海事海商纠纷中牵涉企业破产重组程序，涉及《海商法》《海事诉讼特别程序法》与《企业破产法》《民事诉讼法》等跨领域法律与司法程序的冲突与衔接；（4）社会关注度高，除法律因素外，案件之解决还涉及诸多社会因素。

但A公司代理律师在处理本案纠纷中通过其高超的案件把控能力、创新的案件解决思路、娴熟的诉讼及谈判技巧，最终促成案件获得完美解决并取得了多赢的结果。

可以说，本宗案件的成功解决取得了很好的法律与社会效果，其创新性处理思路极具参考价值，为同类型案件的处理树立了典范，值得同行们更深入的学习和研究。

（点评人：李天生，大连海事大学法学院海商法系教授）

合法拥有的权益岂能随意放弃

——成功代理美国 A 公司诉广州 G 公司财产损害赔偿纠纷案

慕亚平*

【内容提要】

广州某飞机维修公司（以下简称广州 G 公司）与泰国某航空公司（以下简称泰国某航）通过约定对包括涉案飞机在内的多架飞机提供海关保税维修服务，但泰国某航却未支付维修等费用，引发了广州 G 公司提起申请仲裁。在得知我国公司维权后，美国某航空公司（以下简称美国 A 公司）以案涉飞机的所有权人身份，要求返还飞机，甚至提起财产损害赔偿诉讼。代理律师凭借国际航空纠纷领域丰富经验，始终抓住案件的关键点：广州 G 公司是基于维修合同而合法占有，原、被告并不存在合同关系，美国 A 公司并不能直接向广州 G 公司主张权利，本案不存在广州 G 公司的违法行为与损害事实，原告不能有效证明其所有权人的身份等关键性问题，帮助广州 G 公司取得了圆满胜诉结果，成功保护了公司资产；也为我国国际航空纠纷解决增添了经典成功案例。

【案情简介】

2013 年 4 月 22 日，美国 A 公司与泰国某航就波音 767 飞机 HS－BKE 签署《飞机租

* 慕亚平，广东广信君达律师事务所高级合伙人，中山大学法学院教授，中国法学会国际经济法研究会副会长，广东省国际法研究会副会长。

赁协议》，将 HS－BKE 飞机租赁给泰国某航。2017 年 1 月 15 日双方签署了补充协议。

2016 年 7 月 18 日，泰国某航与广州 G 公司签署《通用条款协议》，其后双方又签订了《附函协议》约定由广州 G 公司对包括涉案飞机 HS－BKE 在内的五架飞机提供保税维修服务，涉案飞机 HS－BKE 等通过中国海关进口货物申报。在广州 G 公司依约提供了维修服务之后，在合同履行过程中，还应泰国某航请求为其垫付了人员酒店费用、广州机场收取的飞机停场费等费用，但泰国某航一直未能清偿上述费用。自 2018 年 6 月起泰国某航就不再与广州 G 公司进行任何沟通。

2018 年 12 月 3 日，广州 G 公司向中国国际经济贸易仲裁委员会提起仲裁申请，要求确认泰国某航对涉案飞机在内的五架飞机在广州 G 公司的债务关系及金额。仲裁裁决全面支持了广州 G 公司主张的 5000 多万元的债权的要求。

就在仲裁案件进行的同时，美国 A 公司对广州 G 公司向广州市中级人民法院提起财产损害赔偿的诉讼，声称其为涉案 HS－BKE 飞机的所有权人，并以所有权人身份向广州 G 公司提出归还该飞机的要求，指责广州 G 公司扣押其所有的飞机，侵犯了其对飞机的所有权，主张理应返还涉案飞机，并称广州 G 公司明知美国 A 公司为飞机所有权人却仍然扣留飞机，其具有主观恶意与明显过错，扣押行为构成了对美国 A 公司的侵权，应当赔偿损失。

美国 A 公司向法院提出了三点诉讼请求：1. 判令被告返还处于适航状态下的 HS－BKE 飞机；2. 判令被告向美国 A 公司赔偿损失人民币 3500 万元；3. 请求判令广州 G 公司承担全部诉讼费用。

该案件的发生令广州 G 公司感觉非常吃惊和不解，因为其并未对涉案飞机采取任何限制措施，尚未留置，美国 A 公司与广州 G 公司之间并没有直接关联，也没有存在可以提出诉讼的事实和法律关系，美国 A 公司的诉请并无任何事实或法律依据，其所主张的损害事实并不存在。但对方毕竟是国际大型航空公司，在这种情况下，广州 G 公司委托了国际法专家、广信君达高级合伙人慕亚平律师作为首席代理律师，委托叶辉伦作为代理律师。广州 G 公司法务负责人张经理，全面支持和配合律师团队的代理工作。慕亚平律师团队在接受该案委托之后，全面分析案件背景情况，各方当事人之间的关联性，与本案相关的法律事实，相关法律原理及法律规定，对案件有了较为准确的预判和对策。

律师团队明确了代理方向：

1. 广州G公司占有涉案飞机HS－BKE是基于飞机维修合同，属于合法占有，尤其是在美国A公司对广州G公司提起诉讼时，广州G公司并没有对该飞机采取任何法律措施。甚至在2019年7月17日，广州G公司以裁决书为依据，将拖欠飞机维修款项而对泰国某航送修的四架飞机进行留置时，都没有将涉案飞机HS－BKE纳入留置之列。本案被告基于维修合同而合法占有并保管该飞机，属于合法占有，原告声称被告“恶意扣留飞机”缺乏事实依据。广州G公司合法占有涉案飞机，因此原告主张的侵权及损失赔偿，以及返还原物请求权不能成立。被告基于与第三人的飞机修理合同而占有飞机，也不存在任何违法行为与损害事实，原告也未提供证据证明损害事实及所谓“侵害行为”的因果关系，原告的主张无法满足侵权行为的构成要件。

2. 原告与被告之间并不存在飞机维修的合同关系，美国A公司并不能就合同关系向广州G公司主张权利和义务；飞机并非由其送修的，美国A公司无权要求被告返还涉案飞机。又因为《通用条款协议》由被告与第三人泰国某航空所订立，与美国A公司无关。因而，美国A公司援引原《物权法》第234条要求被告将涉案飞机维修至适航状态，完全缺乏法律与合同依据。其完全混同了物权关系与合同关系的区别，其诉讼主张是错误的，其在本案中无诉权，因此，其作为原告缺乏主体资格。再者，广州G公司根据法律规定及其与第三方达成的《通用条款协议》的规定，有权利也有义务占有并保管好飞机，而不是要将飞机归还给所有权人。原告美国A公司要求被告将涉案飞机修理至适航状态并返还，缺乏法律与合同依据。

3. 返还原物请求权的请求主体为所有权人，由于未有直接证据证明美国A公司为涉案飞机的所有权人，因此不成立返还原物请求权。无论是美国A公司或是美国A公司的关联公司，均未能有效证明其所有权人的身份，原告所提供的“泰国某航同意函”也并未抄送泰国某航，真实性未得到确认。美国的飞机所有权登记需要在FCA注册并提供飞机来源证明，但原告提供的泰国民航局注销登记信息也只是复印件而非原件。原告提供的所有证据只证明原告曾经于2011年取得涉案飞机，故原告以返还原物请求权要求被告返还飞机，于法无据。

4. 美国A公司从未清偿第三人泰国某航所负的债务。原告所支付的22万美元仅仅是更换涉案飞机起落架的对价款，而第三人应当支付的价款及费用数额巨大，原告未能支付第三人的全部欠款，不符合第三人代为清偿债务的要件。

广州市中级人民法院于 2020 年 12 月 31 日下达《民事判决书》，驳回了原告美国 A 公司的所有诉讼请求，案件诉讼费用全部由美国 A 公司承担。

在该胜诉判决中，法院全面采纳了律师团队的主张和观点。判决书陈述了主要观点：

本案属于财产损害赔偿金纠纷，属于侵权纠纷案件。美国 A 公司应当对广州 G 公司的违法行为、损害后果、违法行为、与损害后果之间的因果关系以及主观过错进行举证。

广州 G 公司系基于其与泰国某航之间的维修合同关系合法占有 HS – BKE 飞机，广州 G 公司并不存在主动向合同相对方返还飞机的义务。对于美国 A 公司提出的返还原物请求权，也不适用于本案。

美国 A 公司至今未能向广州 G 公司实际支付涉及 HS – BKE 飞机的维修、保管等费用，广州 G 公司曾修理属于第三人泰国某航送修的五架飞机，又为其垫付了其他支出。因此美国 A 公司事实上未能支付涉案飞机的全部费用。现有证据亦无法证实泰国某航对飞机返还事宜的态度。

至今尚无证据证明涉案飞机被扣留，即便广州 G 公司留置飞机，也不足以证实广州 G 公司行为违法，美国 A 公司要求返还涉案飞机的义务主体应当是泰国某航而非广州 G 公司。

最后，法院指出：美国 A 公司要求广州 G 公司直接向其发还处于适航状态的 HS – BKE 飞机并赔偿损失的请求缺乏依据，法院不予支持，从而驳回其诉讼请求。

【争议焦点】

律师团队认为本案的争议焦点主要集中在以下几个方面：

1. 美国 A 公司基于什么法律关系对广州 G 公司提起诉讼？应当基于物权关系还是基于合同关系？其有没有权利对广州 G 公司起诉？其原告身份适格不适格？

2. 广州 G 公司是否存在违法行为？如果有，违反了什么法律？

3. 广州 G 公司有没有权利占有该飞机？其占有依据是什么？

4. 美国 A 公司能否向广州 G 公司请求返还处于适航状态 HS – BKE 飞机并承担

取回飞机一切费用的问题。

【案例评析】

这个胜诉案例是律师团队近年来经办的有影响的国际航空纠纷系列案之一，该案的代理取得了圆满成功的结果，成为律师团队成功代理的维护国有资产又一典型案例。本案经典之处主要在于：

1. 面对在国际航空界具有巨大影响的航空公司，律师团队不畏强敌，不畏压力，面对自称飞机所有权的美国大公司，冷静应对，精确地把握住原告的身份并非合同相对人，强化广州 G 公司对涉案飞机的占有系依据约定的有权占有，从而提出美国 A 公司向广州 G 公司侵权的物权主张缺乏事实和法律依据的观点，提出其作为原告并非适格的诉讼主体，其提出的返还原物请求权亦不应得到支持。法院也采纳了律师团队的意见，认为美国 A 公司要求返还涉案飞机的义务主体应当是泰国某航而非广州 G 公司，从而正确地描述了本案的客观事实和法律关系。

2. 精准而奇妙的运用代理涉外案件及国际航空法的专业知识和技巧，律师团队向法院提出原告美国 A 公司不具有涉案飞机的所有权的质疑：运用涉外证据转递的规则和要求，明确指出了美国 A 公司关于其所有权人身份的举证，不符合我国涉外诉讼举证规则的主张，强调美国的飞机所有权登记需要在 FCA 注册并提供飞机来源证明，原告无法提供 FCA 注册登记的证据，从而否定了原告对飞机所有权的主张。

3. 帮助中国公司成功回避了与国外大公司冲突、对垒的情形，将本案涉案的飞机置身于宣告留置权之外，使中国公司处于完全有利的地位和处境上。

纵观全案代理，面对泰国某航陷入严重财务危机，随时可能破产清算，以及美国 A 公司就泰国某航所滞留飞机向广州 G 公司提出损害赔偿之诉等难题，律师团队依据良好的法律功底，与广州 G 公司紧密联系、配合，凭借先前经办国际航空纠纷案件的成功经验，有礼有节地阻却了美国 A 公司所提出的无理诉求，合理运用规则，高效、合法地避免了广州 G 公司财产的损失。

【专家点评】

我国民航业自21世纪以来发展迅猛，目前已是仅次于美国的全球第二大航空客运市场。在我国航空业不断发展，越来越多的航空纠纷开始受到关注，这对我国律师的法律素养及综合能力提出了新的要求。面对国际航空纠纷这块少有我国律师问津的复杂领域，本案律师团队顶住了压力和挑战，针对国际航空大鳄提出我方侵权与损害赔偿的主张无所畏惧、沉着应对，勇于突破法律难题，熟练运用法律、规则，采用法律手段维护我国企业的合法权益，最终得以圆满化解矛盾。这起案件的胜诉，不仅成功维护了我国企业的合法权益，为我国解决国际航空纠纷增添了成功案例，也有助于促进国际民用航空制度和规则的完善。

（点评人：罗剑雯，中山大学教授）

浅议突破“物权公示原则”之难

何倩丽*

【内容提要】

人民法院在审理涉及不动产权属纠纷案件时，有时会拘泥于既有不动产权证书或房地产权证书的限制，将不动产权证书载明的权属人认定为不动产的物权人。而在现实生活中，存在不动产权证书或房地产权证书上记载的法律权利人与事实权利人不一致的情况。当有充分证据能够证明法律权利人（登记权利人）与事实权利人（实际权利人）不符时，人民法院应本着以事实为依据、以法律为准绳的原则，依法确认真正的权利人。

【案情简介】

一、案件原一审、二审情况

本案原告谭某某（美国籍）诉称，依据其所持有的《房地产权证》，主张其为位于广州市某路14号房屋的产权人。向一审法院起诉请求：1. 刘某某、某某食品店及其同住人员立即迁出位于广州市某路14号首层房屋，并将房屋腾空交还给谭某某；2. 刘某某、某某食品店及同住人员支付自谭某某取得产权证之日起至实际迁出之日止的房屋使用费。

本案被告刘某某、某某食品店答辩称，案涉房屋原业主是谭某，自1946年开

* 何倩丽，广东蕴德律师事务所律师。

始，由谭某的儿子谭某某作为管业人出租给刘某某的祖父刘某宏作商铺使用，双方因此订立了租约。签订租约后，刘某宏一直依约缴纳租金，直至1949年9月。其后，谭某某一家到了美国，案涉房屋由政府代为管理。直至1953年谭某某从美国写信委托李某某代为办理案涉房屋的登记手续，房屋重新登记于谭某某的父亲谭某名下。到了1974年，房管部门对案涉房管进行撤管，刘某宏作为案涉房屋代理人领取房屋租金结余款项。也就是说，案涉房屋自1946年至今，一直由刘某某一家合法使用。由于历史的原因，谭某、谭某某等均从未露面对案涉房屋主张权利。据悉，谭某、谭某某等均已去世。本案原告的身份情况与谭某某严重不符，是其通过非法手段，冒名顶替办理了案涉房屋的继承登记手续，向刘某某、某某食品店要求腾空房屋，缴纳房屋使用费的诉求，于法无据，依法应驳回起诉。

2017年6月13日，一审法院作出民事判决：1. 刘某某（含同住人员）、某某食品店应于判决发生法律效力之日起九十日内，将广州市某路14号首层房屋腾空交还给谭某某；2. 刘某某、某某食品店应于判决发生法律效力之日起十日内，向谭某某支付2015年10月20日起至判决发生法律效力之日止的广州市某路14号首层房屋使用费（参照房管部门公布的同时期同地段同类房屋租金参考价计算，但每平方米不得超过430元）；判决发生法律效力之次日起，刘某某、某某食品店应按上述标准逐月向谭某某支付房屋使用费起至将房屋腾空交还给谭某某时止。及后，二审法院于2017年11月27日对本案作出民事判决：驳回刘某某、某某食品店的上诉，维持原判。

二、案件再审情况

刘某某对上述原审判决结果不服，向广东省高级人民法院依法提起再审申请。

刘某某申请再审认为，原审判决认定事实的主要证据系通过不法手段伪造的，且在本案的申请再审期间被相关部门全部撤销，本案依法应予再审。原审法院无视申请人提供的一系列并非谭某某本人的证据及被申请人证据上的诸多疑点，仅凭借问题重重的《房地产权证》即认定原告系案涉房屋的产权人，机械适用法律，存在严重逻辑瑕疵。现原审判决认定事实的主要证据：原告据以证实其主体身份的一系列公证书已于2018年7月26日被广东省广州市南方公证处以自查方式作废或撤销；同时，原告据以证实其为案涉房屋产权人的《房地产权证》亦被广州市国土资源和规划委员会于2018年10月9日公告作废。申请人在申请再审期间，已将上述证据提交法院。申请再审主要观点是：第一，原审判决认定事实的主要证据系通过不法手段伪造的，且在本案的申请再审期间被相关部门全部撤销，本案依法应予再审。第二，原审法院并未依法调取重要证据，本案依法应予再审。第三，原审法院并未审查被申请人的主体资格，以《房地产权证》为判断主体资格的唯一标准，属事实认定错误。第四，原告并非谭某某，事实清楚、证据充分。第五，申请人占有、使用案涉房屋系基于合法事由。第六，原告团伙已涉嫌触犯伪造证据、虚假诉讼、诈骗、侵占等多项罪名，法院应依法追究其相关法律责任。因此，原审判决关于原告作为案件原告适格主体的认定，以及原告是案涉房屋产权人的认定，均已失去了事实依据，依据《民事诉讼法》第200条第1项、第2项、第3项、第12项之规定，本案应予再审。

2019年4月25日，广东省高级人民法院裁定，指令广州市中级人民法院再审本案。

2020年4月9日，广州市中级人民法院作出再审裁定认为，首先，原告依据《房地产权证》提起本案诉讼，其确认是通过公证继承方式取得涉案的房产证。而2018年7月26日、7月27日，南方公证处分别作出06号、07号、08号决定书：撤销145号、146号、147号《公证书》，上述公证书自始无效。2018年10月9日，广州市国土资源和规划委员会发出《关于粤房地权证穗字第××号作废的公告》，已将上述房产证公告作废。因此，没有证据表明提起本案诉讼的谭某某与案涉房屋之间存在利害关系。其次，本案谭某某是不是案涉房屋所有人谭某的儿子谭某某，高度存疑。1. 广州市税捐征收处规定租簿（正、副本），可以证实1946年谭某某已是涉案房产的管业人，与刘某某的祖父刘某宏签订了案涉房屋的租约，而谭某某的护照以及公证书均显示其出生日期为1950年4月26日，即在1946年还未出世。2. 无论是办理涉案房产证的转委托人陈某坚，还是诉讼委托代理人郑某均未见过谭某某。谭某某在办理案涉房屋的公证继承手续中从未出现过，均是通过委托代理人的转委托人办理相关的手续，在本案的诉讼过程中也从未露面；公证部门在要求相关人员补办缺漏认证手续时，均没有得到回复，起诉状中的签名也是由委托代理人郑某代签。3. 从房管部门留存的谭某某于1953年以信函方式委托李某某办理案涉房屋的登记手续可知：谭某某在1953年已经具备完全民事行为能力并具备书写能力；该信函谭某某的签名为：譚某某。涉案公证书中谭某某委托林某濯以及谭某某委托郑某的签名均为简体谭某某。4. 谭某某的出生日期为1950年4月，而据其提供的公证书显示其父亲谭某出生日期为1904年11月，母亲陈某某出生日期为1901年9月，即生育谭某某时，谭某46岁，陈某某49岁，而谭某和陈某某又只生育了一个儿子，对于所处年代及当时的医学水平，有明显不合理之处。综上，由于再审出现新的事实，足以推翻原审处理结果，再审法院予以纠正，最终裁定撤销原审民事判决，驳回谭某某的起诉。

【争议焦点】

本案中，双方争议焦点与广州市中级人民法院再审的裁判观点相一致。广州市中级人民法院再审认为，根据《民事诉讼法》第119条第1项规定，原告需是与本案有直接利害关系的公民、法人和其他组织。本案的争议焦点在于谭某某是否具有本案的原告主体资格。

【案例评析】

本案的诉讼过程之所以如此曲折，前后经历了三级法院的裁判、长达5年时间才有了最终的结果，究其根本，是原告利用涉外民事主体身份公证、认证等程序的漏洞，冒名顶替取得案涉房屋的房地产权证书，而原审法院对于“物权公示原则”的机械理解与适用所导致的。不动产权证书或房地产权证只是一种物权公示的方式，并不具有绝对的权属证明力和最终的确权效力，应充分认识物权公示原则的适用存在例外的情形。

一、不动产或房地产登记仅具有物权公示和权利推定的效力

由于不动产或房地产登记机构的职权和条件所限，没有能力对行政登记背后的民事关系进行审查，无权组织利害关系人进行质证，因此登记机构对当事人提交的申请材料只作形式审查——核对申请人提交的有关申请材料和证明文件是否齐全及其所记载的事项是否符合相关登记管理法律法规的规定。最终是否予以登记，取决于当事人提交的申请材料是否符合法律规定的条件，一般来说，只要形式上符合法定条件，即予以登记。至于当事人申请登记的产权取得是否合法，相关事实是否真

实，则不在审查之列。

因此，不动产或房地产登记的性质，是登记机构受理申请人的申请，对当事人已经取得的物权权利进行书面记载的行为，而不是对当事人及其利害关系人的待定权利进行确权或裁决。行政机关的核实、登记，在相对人的民事权利上叠加了一层官方认可的色彩，但并不构成民事权利取得与变动的直接动因。从本质上说，不动产或房地产行政登记行为所体现的是国家对民事权利主体享有的不动产物权的一种行政确认和证明，本身并不创设权利，并非一种确权行为。登记机构的登记行为并不意味着对房屋权属状态的真实性、合法性予以确认，登记所产生的仅仅是公示和公信的效力，在没有强有力的相反证明时，可以推定房地产权证上登记的权利人即是真正的权利人。但是，这一行政确认并不具有绝对的证明力。

二、司法判决才是对物权权利的最终确认

根据上面的分析，登记记载的权利人在法律上被推定为真正的权利人。既然是推定，当然可以被推翻。在利害关系人提出异议后，法院可以根据当事人之间的实体法律关系来确认真正的权利人，行政登记中据以认定权属来源的基础性文件形成的法律关系和法律事实可以被反驳推翻。法院可以将登记机构的证明文书作为诉讼证据来对待，虽然这种登记文书具有极强的证明力，但在与当事人民事权益的客观分布情况相违背，或者法院查明的事实和法律关系与登记确定的事实和法律关系互相矛盾时，法院仍然可以对其效力不予认可，对民事权利的归属作出自己的判断。

原《物权法》第 19 条第 2 款规定，“不动产登记簿记载的权利人不同意更正的，利害关系人可以申请异议登记。登记机构予以异议登记的，申请人在异议登记之日起十五日内不起诉，异议登记失效”。第 33 条规定，“因物权的归属、内容发生争议的，利害关系人可以请求确认权利”。这两条规定明确地反映出，对房屋的司法确权才具有最终效力。《民法典》颁布施行后，也同样在第 220 条第 2 款规定：“不动产登记簿记载的权利人不同意更正的，利害关系人可以申请异议登记。登记机构予以异议登记，申请人自异议登记之日起十五日内不提起诉讼的，异议登记失效。异议登记不当，造成权利人损害的，权利人可以向申请人请求损害赔偿。”因此，法院在审理不动产权属纠纷时，不能拘泥于既有权利证书的限制，而应当通过审查其基础关系的效力来确定权利归属或事实状态。

在现实生活中，不动产权证或房地产权证上记载的法律权利人与事实权利人不一致的情况大量存在。当有证据能够证明法律权利人（登记权利人）与事实权利人（实际权利人）不符时，人民法院应本着以事实为依据、以法律为准绳的原则，依法确认真正的权利人，使房地产登记记载的信息与事实相符。

三、不动产权证或房地产权证并非唯一合法凭证

我国采取登记生效主义的不动产物权变动模式，不动产物权变动原则上以登记完成为生效要件，但是，不动产物权变动登记生效是一般原则，只针对“依照法律规定应当登记的”情形，“法律另有规定的除外”。

法律另有规定的情况，可分为三类：一是物权种类的例外，即法律明确规定某些不动产物权种类的变动不实行登记生效原则。二是导致物权变动的法律事实例外，非法律行为的法律事实直接导致不动产物权变动的，物权变动自该法律事实发生时发生，如原《物权法》第 29 条、第 30 条、第 70 条等规定的内容。三是法律规定人民法院、仲裁委员会等有权机关的法律文书、征收决定可以直接变动物权。原《物权法》第 28 条规定：“因人民法院、仲裁委员会的法律文书或者人民政府的征收决定等，导致物权设立、变更、转让或者消灭的，自法律文书或者人民政府的征收决定等生效时发生效力。”《民法典》第 229 条规定：“因人民法院、仲裁机构的法律文书或者人民政府的征收决定等，导致物权设立、变更、转让或者消灭的，自法律文书或者征收决定等生效时发生效力。”也作出了与《物权法》的基本一致的规定。

综上，不动产权证书或房地产权证书不是认定不动产或房地产物权的唯一依据。也就是说，持有不动产权证书或房地产权证书的人也不一定是真正的权利人，不持有不动产权证书或房地产权证书也不一定就不是真正的权利人。

在本案原一审、二审程序中，被告已提交了大量证据足以证实原告的主体资格存疑，并指出原告据以取得案涉房屋的房地产权证的相关继承公证文件存在诸多有违常理的问题。但原审法院仅仅秉持着“物权公示原则”，认为原告有案涉房屋的产权证明就足以掩盖所有的问题，导致被告进入了漫长的维权、应诉之路。

本案虽然最终驳回了原告的起诉，依法维护了被告的合法权益，但是原告这种利用涉外民事主体公证、认证程序漏洞，伪造身份证明文件，继而取得继承公证文书及房地产权证书的行为，甚至隐藏在本案背后的整个非法利益集团，均应予以依法制裁。另外，针对涉外民事主体公证、认证程序上的漏洞，法院也应在审理该类涉外案件的过程中，严格核实当事人主体资格问题，在有相反的证据证实当事人主体资格存疑的情况下，应要求当事人出庭，或通过补充提交身份证明文件、微法院视频委托认证等方式进一步核实其主体是否适格的问题，堵塞涉外民事主体公证、认证程序上的漏洞，进一步保障程序正义。

【专家点评】

本案是一起涉外物权保护纠纷案件，案件中由于原告身份真实性存疑等问题，导致案涉房屋的不动产权证书及原审判决最终被依法撤销，原告的起诉被再审驳回。本案被告代理律师通过认真、全面地审查证据，发现原告身份存在伪造的嫌疑，并以此为切入点，锲而不舍地为当事人争取合法权益，值得肯定。

本案前后经历了区、市、省三级法院的审理、长达 5 年时间。法院在审理物权纠纷案件中，“物权公示原则”一直以来有着难以撼动的地位，在此情况下，即使当事人已提出充分证据证实原告存在冒名顶替嫌疑，法院依然没有行使司法裁判权否定不动产权证书的效力。本案对于“物权公示原则的突破”以及“涉外民事主体身份认定”等法律问题都具有一定的启示和参考作用。

（点评人：吴清发，广州市律师协会涉外法律专业委员会副主任）

涉外诉讼中财产保全损害责任纠纷案

吴碧琪 陈健斌*

【内容提要】

财产保全制度是一把双刃剑，在给予申请人权益保障的同时，也可能损害被申请人权益，由于不管是诉前还是诉中保全，法院都只对保全申请进行形式审查，因此保全错误的情形在现实中时有发生。然而，从目前公开的裁判文书大数据分析可知，通常法院认定财产保全申请人不需承担损害责任的比例高于需要承担损害责任的比例，反映出被申请人想要赢得因申请财产保全损害责任纠纷之诉的难度是较大的。

本案例就是一起保全被申请人就保全申请人因其财产保全错误进而造成被申请人损失，因此向法院诉请要求申请人及其担保公司赔偿损失的典型案例，重点解决了如何论证保全申请错误以及如何证明被申请人因此遭受的损失明细等问题，对同类型案件有一定的参考意义。

【案情简介】

本案是我国香港地区企业东某公司作为原告在广州市中级人民法院（以下简称广州中院）起诉阿联酋企业 A 公司、阿联酋企业沙某公司及另外三家国内化工公司合计五名被告的国际货物买卖合同纠纷案（以下简称 31 号案）的后续案件，是沙某公司对东某公司在 31 号案中的错误财产保全措施而提起的因申请诉中财产保

---

* 吴碧琪、陈健斌，广东卓信律师事务所律师。

全损害责任纠纷之诉，因此本案与31号案之间存在着极其紧密的联系。

2014年7月，东某公司曾与A公司协商购买顺丁橡胶、一乙醇胺及三乙醇胺三批易燃易爆危险化工品，并与A公司签订了三份形式发票。因交易细节出现分歧，前述三份形式发票被取消，改由沙某公司介入，A公司作为卖方于随后重新与沙某公司签订了三份形式发票，而在沙某公司向A公司付清货款后，A公司指示将三批货物的提单原件释放给沙某公司，沙某公司合法取得三批货物的提单原件并依法享有三批货物的所有权。2014年8月，沙某公司与东某公司分别签订了三份买卖合同，约定沙某公司作为卖方向东某出售前述三批货物，并约定合同适用法为瑞士法及提交国际商会仲裁的争议解决条款。由此，三方达成了由A公司将三批货物卖给沙某公司、再由沙某公司转卖给东某公司的合意。

买卖合同签订后，东某公司却一直用各种借口拖延付款，始终未能依照合同约定的付款方式将信用证提供给沙某公司，鉴于国际石油市场价格大幅度下降，货物本身的保质期短、仓储物流成本高，而且三批货物已经陆续从伊朗运达至国内广州、天津、青岛三地港口等待清关提取，在东某公司严重违约的情况下，沙某公司为避免进一步扩大自身损失，只能寻找国内其他下游买家将货物再次进行出售。

但此时，东某公司仍企图在未能付清货款的情况下非法获得货物所有权，一方面东某公司以向仓储机构、代理机构发函恐吓、报警阻挠等手段阻止沙某公司及其下游买家提取货物的合理要求，并在国内化工市场上到处散布涉案货物所有权存在争议的谣言，另一方面则为自身争取到充足的时间，故意隐藏其与沙某公司签订的三份买卖合同，并伪造了一份沙某公司从未签署的担保代理协议作为证据，于2015年2月向广州中院提起31号案，请求法院判决三批货物的所有权属东某公司所有、判令五被告将三批货物交付给东某公司及连带赔偿其经济损失。在起诉的同时，东某公司以担保公司出具的担保函作为担保，向法院申请诉中财产保全措施，得以紧急查封了三批货物，由此正式拉开了本系列案件的法律程序。

笔者作为沙某公司的代理人，在收到31号案的应诉材料后向法院依法提出管辖权异议并提交了沙某公司与东某公司之间签订的买卖合同及货物提单作为证据，主张沙某公司才是三批货物的所有权人，而东某公司通过伪造证据的方式骗取广州中院对本无管辖权的沙某公司与东某公司之间的买卖合同纠纷进行立案受理，并根据东某公司的申请采取了错误的财产保全措施，遂请求广州中院裁定驳回东某公司对沙某公司的起诉并申请解封货物。广州中院在审理沙某公司的管辖权异议的过程中多次召开庭询，鉴于货物的自身性质、仓储成本、第三方费用等问题，案涉公司双方均多次向广州中院申请对货物进行变卖，以减少货物日益增长的滞纳金、仓储费用及存储风险，但彼时广州中院对于在查封期间拍卖或变卖货物是存在众多疑虑的，在沙某公司提起管辖权异议申请及提交相关证据后，广州中院认识到其对沙某公司与东某公司之间的买卖合同纠纷极有可能缺乏管辖权，但若在查封期间对涉案货物进行拍卖或变卖，则货物处置后由法院保管的货款在其被最终认定为没有管辖权的情况下，广州中院应如何处理货款的归属权问题将涉及对 31 号案进行实体认定（尤其是对涉案货物所有权的争议），而该争议本应根据双方间的买卖合同由涉外仲裁机构进行认定，届时法院的该实体认定与其依法缺乏管辖权之间的矛盾将陷广州中院于两难。因此，在长达超过半年的查封期间内，广州中院始终未处置三批货物，只能任由三批货物的各项费用及成本继续扩大，最终于 2015 年 9 月决定先作出驳回东某公司对沙某公司起诉的管辖权裁定书，随着该管辖权裁定书的生效而顺利裁定解封涉案货物，由事实上的货主（沙某公司）自行处置解封后的货物，避免了缺乏管辖权的广州中院对涉案货物权属的实体认定难题。

在货物查封期间，天津发生一起危险品火灾爆炸事故，而涉案一乙醇胺系易燃易爆危险品且案发时正存放于事故发生所在港口的集装箱内尚未清关，虽然货物幸运躲过了爆炸，但此后的仓储问题成为巨大的隐忧，地方政府亦向广州中院来函要求限期将货物提离或清运，而案涉货物的提离、清运势必需要货主结清相当数额的滞纳金、仓储费用以及承担后续的运输费用。因此，广州中院在审理管辖权事宜期间便以公共安全为由解除了对该批货物的查封措施。

尽管广州中院在 31 号案中最终支持了沙某公司的管辖权异议并解封全部三批货物，而沙某公司最终也得以艰难地成功处置了货物，然而此前长期的错误财产保全措施致使沙某公司遭受巨额损失，货物亦因长达九个月的查封措施而过期变质导致严重贬值。沙某公司作为采取财产保全措施时一乙醇胺和顺丁橡胶两批货物的所有权人，委托笔者于 2016 年 3 月向广州中院起诉东某公司及为其财产保全申请出具担保函的明某公司因申请诉中财产保全损害责任纠纷一案（以下简称 128 号案或本案），请求法院判令东某公司向沙某公司赔偿合计超过 1120 万元的直接经济损失、货物贬值价差、差旅费用、利息损失等，并请求明某公司承担连带赔偿责任。

128号案由广州中院受理后，不仅历经了东某公司及明某公司提出的管辖权异议及管辖权异议上诉阶段，而且与31号案类似，还历经了法院中止诉讼后恢复审理的曲折过程，导致该案证据交换及开庭审理时间一再被拖延。中止诉讼的原因是，东某公司临时清盘人于2017年4月向广州中院发来信函，告知关于东某公司早在2016年11月底就已被香港地区高等法院颁布清盘命令并被委任了共同及个别临时清盘人一事，而此前一直代表东某公司参加31号案及128号案诉讼的代表人、也是东某公司的董事王某，其权力早已于香港地区高等法院颁布该清盘命令之日起便失效，故东某公司共同及个别临时清盘人请求广州中院暂停本案诉讼，直至其获得香港地区破产管理署授权并以东某公司名义继续本案诉讼。因此，直到2017年10月，在东某临时清盘人取得香港破产管理署署长许可以东某公司名义或代表东某公司继续本案诉讼后，广州中院才恢复本案的审理。

本案的主要难点则在于如何证明东某公司申请财产保全的过错、沙某公司因此遭受的损害事实及损失金额，以及两者之间的因果关系等，鉴于该案涉及海量的域外证据及外文证据，作为本侵权案件原告的沙某公司的举证责任也非常繁重，共提交了数十份证据。我们从代理31号案之时，就亲身参与并帮助沙某公司尽可能地收集充分的证据，为提起128号案做足准备，尤其是我们曾前往天津港口协助沙某公司提取货物及要求有关部门出具货物在查封期间被滞留港口而产生的众多类别滞纳金的书面证明；对于形成于域外的海量外文证据，我们也指导沙某公司做好域外证据在阿联酋、伊朗等国的公证认证工作，针对部分因客观原因无法完成公证认证的程序性要求或者无法提供直接证明的证据，我们也尽可能通过东某公司自认证据、第三方证明来做到我方观点和证据之间的互相印证，从而使部分形式上有瑕疵的证据最终也被法院采纳接受。

广州中院于2017年12月对128号案作出一审判决，判决东某公司应向沙某公司赔偿经济损失合计约11万美元及人民币80万元，且判决明某公司对此承担连带保证责任。该案也是广州中院于2017年10月才挂牌成立的涉“一带一路”建设案件专业合议庭进行审理并审结的代表性案件之一。广州中院在一审判决中认为，市场价格波动是商事主体需要面临的经营风险，并不认可东某公司在31号案中的保全措施与沙某公司遭受的货物贬值损失之间存在必然联系，从而并未支持沙某公司主张的这一部分货物贬值损失，沙某公司委托我们针对一审判决向广东高院提起上诉。同时，在东某公司已清盘且未提起上诉的情况下，作为连带保证人的明某公司仍提起上诉。

广东高院最终于2020年10月作出本案二审判决，判决驳回上诉、维持原判。一方面，广东高院认同广州中院的观点，认为东某公司申请保全涉案货物妨害了沙某公司行使实体权利，因此沙某公司作为本案原告适格；另一方面，对于沙某公司上诉的涉案货物贬值损失的问题，广东高院认为我国法律已赋予沙某公司包括申请复议及置换被保全财产等救济措施，而沙某公司并未采取相应救济手段，同时认为沙某公司也未在法院解封时申请法院委托相关机构对货物价值进行评估，再者沙某公司委托的第三方检测报告也不具有取样完整性，从而难以证明货物价值发生明显贬损，最后是认为沙某公司的证明内容缺乏充分的事实依据。故最终广东高院仍不予支持沙某公司请求东某公司及其担保公司赔偿涉案货物贬值损失的上诉请求。

【争议焦点】

1. 沙某公司作为原告主体是否适格？

沙某公司是否具有原告的主体资格，关键在于其是否为争讼实体法律关系的主体，以及是否享有实体请求权。广东高院认为，东某公司申请保全涉案货物妨害了沙某公司对货物进行处分的实体权利，因此有权向东某公司主张权利。

2. 沙某公司因财产保全所受损失如何计算？

广东高院最终判决驳回上诉，维持一审判决，即支持了沙某公司主张的直接损失，但未支持货物贬值损失的诉请。

【案例评析】

财产保全制度设立的目的是保障申请人的生效判决得以执行，防备被申请人转移财产规避执行。但为了防止申请人滥用诉权侵害被申请人合法权益，《民事诉讼法》第105条也针对申请人的错误财产保全行为应承担相应的赔偿责任作出了规定。而保全是否错误，不是以败诉与否来判定的，而是以申请人主观是否存在错误来判定。对于财产保全损害责任的构成要件，一般要从以下三个方面进行论证：主观过错、损害事实、行为与损害事实之间的因果关系。

在本案中，我们作为代理人严格紧扣上述三个方面，并且通过详细的证据链、合理的解释尽可能完善本方的论点和论据，其中对于委托人提供的证据，在案件伊始就需要对全案做出综合、全面的分析，充分的审阅和筛选证据，并指导委托人完成必要的公证认证手续。

总体来说，虽然广州中院及广东高院并未支持我方的全部诉讼请求，但其认定了东某公司作为财产保全申请人的主观过错、损害事实的存在、持续性侵权行为与损害结果之间的因果关系，以及支持了我方相对复杂的直接损失明细等，对于其他同类型财产保全损害责任纠纷案件也是具有一定参考价值的。当然，本案对于我们代理人也有一定的启发，从被采取财产保全措施的一方当事人角度来说，为减少自身损失，都应当更及时、更积极、采取尽可能多的救济途径，如申请复议、提供反担保、就是否存在超额查封等情形进行抗辩，而非完全依赖于日后向申请财产保全的当事人主张因其侵权行为而遭受的损失。

【专家点评】

本案是涉外诉讼中的财产保全损害责任纠纷，在中国代理涉外诉讼的案件中具有典型性。

涉外诉讼案件往往时间跨度大，法律关系相对复杂，证据分散在不同国家，举证难度也相对较大。处理涉外案件，需要律师在精通诉讼业务之余，还要熟悉相关的公证认证程序和举证规则，具备协调外方全面沟通的外语能力。

本案中，经办律师代理原告，在诉讼过程中充分收集证据，做足诉讼准备，及时对域外证据做好公证认证，形成完整证据链，使得本案有充分依据证明待证事实，最终大部分诉讼请求得到法院支持，充分维护外国客户的合法权益，也得到外国客户的充分认可，实属不易。

本案展现了经办律师的专业服务，代表着广州涉外律师的优秀水平。

（点评人：张由，广州市律师协会涉外法律专业委员会主任）

企业 APP 海外运营的数据合规风险与整改

杨　杰　冯清清　杨治东*

【内容提要】

某互联网科技公司（以下简称 A 公司）拟将旗下 APP 及其课程产品面向海外用户群体推广，主要推广运营地区为美国和欧盟，主要目标群体为当地华人。考虑到现有的数据保护措施与美国和欧盟地区严格的用户数据保护要求存在较大差距，为保证能够长期稳定进行海外业务拓展及合规运营，A 公司特委托我们以美国和欧盟为目标区域，以美国《加州消费者隐私法案》（CCPA）、美国《儿童线上隐私保护法案》（COPPA）和欧盟《通用数据保护条例》（GDPR）为主要法律法规依据，结合美国和欧盟的其他重要法律监管政策，对 APP 在美国和欧盟开展业务的数据治理合规要求进行分析，对目前公司数据治理工作存在的主要风险进行提示，并提出合规建议。

【案情简介】

根据 CCPA、COPPA 以及 GDPR 的相关监管要求，海外数据合规工作重点包括数据保护影响评估、数据收集、数据安全和保护、问责及治理、隐私合规五大方面。

---

* 杨杰、冯清清、杨治东，广东广悦律师事务所律师。

（一）重要事项检查清单

为帮助了解A公司并更好地遵照监管要求，我们围绕上述五个重点问题总结了用以评估公司产品在美国和欧盟地区运营所涉数据治理合规的重要事项检查清单，如下表所示。

核查项目	事项描述	广悦建议
数据保护影响评估		
数据保护影响评估	1. 拥有大于或等于250名员工或进行高风险数据处理的组织必须保持一份最新的和详细的"处理活动清单"，并准备应要求向监管机构出示该清单。 2. 证明符合GDPR监管合规的最佳方式是使用"数据保护影响评估"，无论是否强制性。员工人数少于250人的机构也应进行评估，因为这将使该机构更容易遵守GDPR的其他要求。	建议公司制定数据处理活动相关清单或制度文件，并在文件中确定以下事项： ·处理数据的目的； ·处理数据的类型； ·在公司内部可以访问该数据的人员； ·可访问该数据的任何第三方（以及他们的所在地）； ·公司所采取的数据保护措施（例如加密处理）； ·公司计划删除数据的时间。
数据收集		
提供法律依据	1. 根据GDPR，处理数据是非法的，除非公司能根据第6条所列六个条件之一来证明它的合理性。如前所述，第7条－11条中还有与儿童和特殊类别个人数据有关的其他规定。 2. 如果公司选择"同意"作为处理数据的合法依据，则对应承担额外的义务，包括持续性地给予数据主体撤销同意的机会。	建议公司取得用户关于处理数据的明确同意，列明收集数据的具体类别及收集目的，并持续性地给予用户选择撤销同意的权利。

续表

核查项目	事项描述	广悦建议
明确告知	根据 COPPA，收集儿童信息前应强制性地告知用户： 1. 在网站上披露收集儿童信息的内容以及如何使用这些信息； 2. 在收集、使用或披露儿童的信息之前，先征得其父母或监护人的同意； 3. 为父母或监护人提供合理的途径查看从儿童收集到的信息的内容，并允许父母或监护人拒绝允许其运营方进一步使用或维护其收集到的信息； 4. 不以儿童参与游戏、提供奖品或其他活动的方式诱使儿童超出合理范围披露自己的个人信息； 5. 建立和运营合理的程序来保护从儿童方收集到的个人信息的安全性和保密性； GDPR 第 12 条、第 13 条、第 14 条同样规定应以简明扼要、透明、易懂、容易获取的形式向用户充分履行告知义务。	1. 建议公司按照 COPPA 及 GDPR 的监管要求，完善强制性告知事项。 2. 提请公司特别注意，在业务推广中避免使用以儿童参与游戏、提供奖品或其他活动的方式诱使儿童超出合理范围披露自己的个人信息。
不同场景下的告知义务	根据 COPPA，针对不同的信息收集的场景类型，对应向儿童父母或监护人的告知信息应包含哪些内容，作出了明确规定。	建议公司完善用户协议，根据 COPPA 的规定区分不同的数据收集场景，并按要求履行告知义务。
儿童用户信息收集前的家长同意	COPPA 及 GDPR 均要求在收集儿童用户的信息时先征得其监护人的明确同意。	建议公司完善用户年龄和身份识别设置，以区分用户是否为儿童，并采取合理手段（如邮件确认等）确认用户的监护人身份。 在收集、处理、出售儿童用户信息之前，应获得儿童监护人的明确同意。
数据安全和保护		
自设计开始的数据保护	1. 遵循“自设计开始和默认数据保护”的原则，包括实施“适当的技术和措施”来保护数据； 2. 采取包括加密措施或匿名处理的技术手段，并应该删除不再需要的数据。	建议公司明确制定默认数据保护的适当技术和措施，并将该等技术和措施贯穿于产品设计和产品更新迭代中。

续表

核查项目	事项描述	广悦建议
制定内部安全政策	制定内部安全政策，以确保机构成员清晰地了解数据安全具体要求。	1. 建议公司制定内部安全政策，该等政策应该包括有关电子邮件安全、密码、双重身份验证、设备加密和 VPN 的指引； 2. 建议公司对有权访问个人数据的技术员工和非技术员工，安排与 GDPR 和 CCPA 等监管要求相关的额外培训。
在数据泄露的情况下进行通知	如果出现数据泄露，公司需要在 72 小时内通知辖区内的监管机构和相关用户。	建议公司准备一份英语版本的通知模版，以便在发生数据泄露时，可以及时通知以英语为工作语言的机构及个人，该通知应包含以下内容： · 对于所泄露的个人数据的性质进行描述，包括相关数据主体以及数据记录的种类和大致数量； · 监管机构及相关用户可获取更多信息的联系方式，包括联系方名称、联系电话及邮箱等； · 描述个人信息泄露的可能情况； · 描述采取的或者计划采取的措施，包括在适当情况下能够减轻可能的负面影响的措施。
问责及治理		
指定确保遵循 GDPR \ CCPA \ COPPA 合规监管的人员	自“设计开始和默认的数据保护”的另一要求是确保机构中有专门人员对监管合规性负责。	建议公司指定一位具有英语技能的人员来履行遵循 GDPR、CCPA 及 COPPA 合规监管的相关职责。

续表

核查项目	事项描述	广悦建议
重新修订并签署与负责处理个人数据的第三方机构之间的协议	第三方包含任何处理数据主体的第三方，包括分析软件、电子邮件服务和云服务器等。	1. 建议公司与第三方机构重新协商是否可提供符合 GDPR、CCPA 及 COPPA 相关监管要求的服务协议版本； 2. 如可，建议签署新版本服务协议；如否，则进一步协商可否修改完善现有协议相关条款；比如，应有处理者就其资质或对数据处理采取足够安全保障的声明及保证，应有相关赔偿条款。
指定一名代表	当不在欧盟（或欧洲经济区）设立的企业想为欧盟的用户提供商品或服务，或监控其行为时，企业有义务以书面方式在数据主体所在的成员国内指定一名代表。	建议公司以书面方式在数据主体所在的成员国内指定一名代表。
委任数据保护专员	有三种情况下需要委任一名数据保护专员。（DPO）	尽管公司暂时无须委任数据专员，但随着业务规模拓展，用户数量持续增加，建议公司委任数据保护专员。
隐私合规		
用户可以简易地访问数据	1. 方便用户请求和接收信息； 2. 用户有权查看机构拥有哪些个人数据以及如何使用这些数据； 3. 用户有权知道机构打算存储他们的信息多长时间，以及保持这些信息时长的原因。	建议公司按照能够遵守用户要求的方式处理和保存数据。
删除数据的权利	用户有请求删除数据的权利。	公司应确保在用户提出请求后及时删除数据。
停止处理的权利	数据主体可以在某些情况下请求限制或停止处理其数据——主要发生在对处理的合法性或数据的准确性存在争议时。	尽管处理受到限制，公司仍可以继续存储其数据，但在再次开始处理数据之前，必须通知数据主体。
提供数据副本	用户可以要求贵方发送一份通用的且可读的附件（如表格）给他们或他们指定的第三方。	建议公司制定该等数据副本的通用模板，使员工明确提供数据副本的标准。

（二）项目处理过程

1. 以多元方式了解公司数据治理具体情况及实际需求

在委托工作确定后，我们根据数据合规工作的一般要求，拟定并向公司发送需要收集、整理的前期资料清单，据此材料对公司的数据治理现状有了基础了解。

此外，项目成员还购买、使用了海外手机号码，完整体验了海外地区用户注册APP的全过程并录像保存，对A公司在数据收集的前端环节有了更加深入和具体的认知。

2. 出具工作联系函，就工作进展、公司需求进行沟通讨论

在对公司数据治理现状有了基础了解后，我们与公司相关负责同事以专项会议形式进行了深入沟通，明确了公司海外重点运营地区及重点关注的合规场景，了解了其在海外地区具体的营销范围和环节以及数据处理的具体方式，并以工作联系函的形式将上述沟通情况与A公司进行确认，就每阶段的工作进度、所发现的问题及下一阶段的工作计划，与A公司进行同步。

3. 根据监管要求，结合公司数据治理现状，出具专项工作报告

完成前期尽职调查后，我们对公司业务推广情况和数据治理的现状有了完整、清楚的认知。在此基础上，项目组成员对欧盟地区和美国联邦及各州的法律监管规定进行了系统梳理，从数据收集、数据存储和传输、数据处理/共享/披露、数据删除等数据合规的各个环节，细致分析了GDPR、CCPA及COPPA的监管要求，结合公司的业务实际和数据治理现状，对其数据治理的情况进行了合规分析。

在此基础上，我们为A公司出具了专项合规报告，向其提示了当前存在的数据合规风险及可行的合规建议。

4. 项目汇报及报告现场解读

报告出具后，为帮助公司更好地阅读报告，协助其开展海外数据合规工作，我们与A公司以会议形式进行沟通，对报告内容进行了专门解读，集中解答疑问，并结合报告内容，与其一道对后续数据保护合规制度的建立和完善工作进行了规划。

5. 后期配套协议审核

会议后，我们基于合规报告的内容及公司具体需求，对A公司的《用户隐私政策》《儿童隐私政策》，以及《APP注册服务协议》等重大合规文件进行了全面的修改完善。

（三）项目结果

通过三个月的时间，我们完成了项目工作，系统梳理了美国及欧盟地区有关数据治理的监管要求，帮助 A 公司核查了内部数据治理中存在的疏漏、完善了数据治理制度、优化了配套协议等重大文件，解决了 A 公司关注的重点问题，助力其合规运营。

【业务难点】

本项目核心问题是美国和欧盟对于个人信息保护的合规要求。进一步而言，企业通过 APP 载体在美国和欧盟开展业务时，应当遵守的数据合规监管规则。

【案例评析】

以下以美国地区用户数据的收集合规为例进行评析。

目前美国联邦立法机构以及个别州立法机构对个人数据保护以及隐私保护均出台了相关法律。结合 APP 主要服务于儿童的产品特性，以及部分监管政策的特殊适用范围，我们认为与 A 公司在美国推广运营 APP 及相关课程产品密切相关的法律法规主要有两个，第一为美国联邦层级的 COPPA，第二为加利福尼亚州的 CCPA。

在确认适用的监管规则后，我们对数据收集的合规要求进行了系统梳理，明确了在用户数据收集过程中，公司应重点注意数据收集的范围和告知义务。

（一）数据收集的范围

COPPA 与 CCPA 对“个人信息”的界定范围有所不同，对比如下：

COPPA	CCPA
1. 个人姓名； 2. 住址信息； 3. 线上个人联系信息； 4. 带有个人联系信息的设备截图或用户名； 5. 电话号码； 6. 社会保险号码； 7. 永久标识符，可用于不受时间限制在不同的网站或在线服务来识别用户。此类永久标识符包括但不限于 Cookie 中持有的 A 公司编号，互联网协议（IP）地址，处理器或设备序列号或唯一设备标识符； 8. 任何包含儿童的照片或声音的图像、录像或声音文件； 9. 能够用于识别城镇名称或街道名称的地理信息； 10. 运营方在线收集到的儿童与儿童的父母的有关信息，并与该定义中所述的标识符结合在一起。	1. 真实姓名，别名，邮政地址，唯一的个人标识符，在线标识符，互联网协议地址，电子邮件地址，账户名，社会安全号码，驾驶执照号码，护照号码或其他类似的标识符； 2. 可能指示出消费者的相关信息的州名、地名、街道名称等地理信息； 3. 加利福尼亚或联邦法律规定的受保护分类的特征； 4. 商业信息，包括个人财产、购买、获得或者考虑购买的产品或服务的记录，或其他购买或消费记录； 5. 生物信息； 6. 互联网或其他电子网络活动信息，包括但不限于浏览历史记录、搜索历史记录，以及消费者与网站、广告、应用程序的互动信息； 7. 地理数据； 8. 音频、电子、视觉、散热、嗅觉或类似信息； 9. 专业相关信息或雇佣相关信息； 10. 教育信息，即《美国教育权利和隐私权法案》中规定未公开提供的个人身份信息。 从细分标识中得出的任何的推论，以创建有关消费者的个人信息档案来反映消费者的偏好、特征、心理趋势、倾向、行为、态度、智力、能力和才能。

相较而言，CCPA 中有关“个人信息”的界定范围更广，规定也更严格细致。

（二）数据收集时的告知义务

根据美国《儿童线上隐私保护法案》（COPPA）第 312 条的规定，公司在收集儿童（注：指 13 周岁以下的自然人）的信息前应履行特定的告知义务，即应首先以可以认证的方式确认儿童的父母或监护人的身份，如向用户的父母或监护人的邮箱发送确认邮件，通过信件或者电话确认父母或监护人的身份等；此外，公司还应提供合理的渠道使其父母或监护人能够知悉及同意公司收集、使用、披露儿童的所有个人信息。

同时，公司必须强制性地告知用户以下事项：

1. 在网站上披露收集儿童信息的内容以及如何使用这些信息；

2. 在收集、使用或披露儿童的信息之前，先征得其父母或监护人的同意；

3. 为父母或监护人提供合理的途径查看从儿童收集到的信息的内容，并允许父母或监护人拒绝允许其运营方进一步使用或维护其收集到的信息；

4. 不以儿童参与游戏、提供奖品或其他活动的方式诱使儿童超出合理范围披露自己的个人信息；

5. 建立和运营合理的程序来保护从儿童方收集到的个人信息的安全性和保密性。

此外，COPPA 还针对不同的信息收集的场景类型，对应向儿童父母或监护人的告知信息应包含哪些内容，作出了明确规定，归纳如下：

征求监护人同意收集儿童的个人信息的情况下	组织儿童的线上活动，但不包括收集、使用或披露个人信息的情况下	需向儿童提供多次在线联系的情况下
1. 在监护人同意的前提下收集未成年人或监护人的姓名，监护人的联系信息等； 2. 在父母或监护人的同意的前提下收集、使用或披露儿童的信息； 3. 需要收集或披露儿童的其他信息的，同样需要其父母或监护人的同意； 4. 能供父母或监护人点击查看内容的告知链接，具体内容在 d 条； 5. 收集、使用、披露其信息的途径或方法。 监护人或父母不同意收集的，运营方须删除其已经收集到的相关信息。	1. 运营方已经收集了父母或监护人的线上联系信息用于向儿童发送网站或在线服务的相关通知； 2. 父母及其监护人的线上联系信息不会用于其他用途或因其他原因被披露； 3. 父母及其监护人有权拒绝允许儿童参加网站或在线服务组织的活动，也有权要求运营方删除其收集到的线上联系信息； 4. 提供可供查看该告知信息的超链接。	1. 运营方已经从儿童方获得了用于向儿童提供多次在线联系的相关信息； 2. 运营方已经从儿童方收集了父母或监护人的在线联系信息，用于通知父母或监护人儿童已经注册接受运营方的多次在线联系； 3. 从儿童方收集的线上联系信息不会基于其他目的被使用或被披露； 4. 父母或监护人有权拒绝运营方与儿童进一步联系，并要求删除父母或监护人与孩子的线上联系信息，以及运营方应当告知父母这样做的方法； 5. 能够查看该告知内容的超链接。

受新冠肺炎疫情冲击和全球贸易局势多变影响，许多国家和地区对于海外资本的进入提出了更为严格的监管要求，与公共利益相关的合规要求也日益提高。中国企业走出去面临的全球合规环境较为复杂，受到国际性、区域性，以及目标国等多个层面的法律法规监管。其中，数据合规和个人信息保护构成的数据治理挑战，是中国企业出海面临的主要合规难点。

本案中，A 公司作为互联网科技企业，得益于全球互联网的快速发展和联通、科技行业的蓬勃发展，在全球新冠肺炎疫情大环境下，业务迅猛发展，用户数量不断攀高。但面对庞大的用户群体，如何收集、使用、存储用户数据，保证用户数据的安全和用户隐私权益不被侵害，符合域外的监管要求，是一个巨大的挑战。

作为 A 公司海外数据合规的法律顾问，我们以过往在数据治理领域积累的项目经验，结合 GDPR、CCPA 及 COPPA 的相关规定，为 A 公司在美国和欧盟产品运营提供了具有操作性的合规建议，并协助相关合规方案落地，受到 A 公司高度评价。

通过本项目，我们积累了进行域外数据治理合规专项的经验，并对欧盟及美国地区有关数据治理的监管法律进行了系统梳理，梳理的内容形成了过程文件和研究备忘录，进一步提升了我们办理数据合规项目的实务经验。

【专家点评】

近年来，得益于全球互联网的全面普及与科技行业的蓬勃兴起，中国互联网科技公司取得巨大发展。面对庞大的海外客户群体，如何合规收集、使用、存储、删除用户数据，保证数据安全和用户个人信息权益不被侵害，是一个不小的挑战。本案中，广悦律师团队通过对欧盟《通用数据保护条例》（GDPR）美国《加州消费者隐私法案》（CCPA）数据监管要求的系统梳理，结合对企业数据治理现状的深度尽调，向客户揭示了当前存在的数据治理合规风险，提出切实可行的合规建议。在中国企业出海的背景下，本案有助于企业实现域外数据合规，助力企业“走出去”，对帮助企业控制 APP 海外运营的数据合规风险，具有较强的实务参考价值。

（点评人：马颜昕，华南师范大学法学院研究员、
数字政府与数字经济法治研究中心主任）

在新冠肺炎疫情期间以专家证人身份帮助中国死者家属跨境继承新加坡遗产案

李 纲 卢雨森*

【内容提要】

外国法律查明，是指一国法院在审理涉外民商事案件的过程中，如依据本国的冲突规范应适用某一外国实体法，对如何证明该外国法的存在和确定其调整当事人具体权利义务的内容予以确定。外国法律查明在处理跨境商事纠纷及婚姻继承案件的司法实务中尤为重要。

本案为中国公民在新加坡境内跨境继承中国籍死者新加坡动产遗产的典型案例，根据新加坡的相关法律规定，新加坡法官在审理本案的过程中需要查明中华人民共和国有关动产遗产继承的法律规定及具体分配规则。

本案主办律师根据中国法律获得律师执业资格且通过律师年度考核备案，具备新加坡法律所规定的相关资格要求，向新加坡家事法院所出具的法律意见宣誓书（Affidavit of Foreign Law）作为本案协助法官查明中国法律的重要专家证人意见符合新加坡《家事法律审判规则（Family Justice Rules）2014》的相关规定。

新加坡家事法院最终完全采纳了本案主办律师的专家证人意见，向中国死者家属颁发相关法律文书，让其可以依法办理后续继承事宜。

* 李纲，广州金鹏律师事务所主任、高级合伙人；卢雨森，广州金鹏律师事务所律师。

【案情简介】

2019 年 11 月，远赴新加坡工作的中国公民王某因工作意外在当地去世，留下一笔价值 30 万新币的死亡赔偿金作为遗产。王某有中国籍妻子及一名未成年的儿子在新加坡，而父母却身处中国。

根据新加坡的相关法律规定，本案法官在审理过程中需要查明中华人民共和国有关动产遗产继承的法律规定及分配规则。因此，正值新冠肺炎疫情肆虐的 2020 年年初，专责处理涉外业务的广州涉外律师团队经过对案件进行内部讨论、分析及论证后，决定正式接受委托并着手开始整理资料，以中国法律专家证人身份出具全英文的法律意见宣誓书（Affidavit of Foreign Law），作为本案协助法院查明中国法律的重要证据之一。

2020 年 3 月，因新冠肺炎疫情在全球暴发，新加坡开始进入封关状态，导致身处中国的死者父母无法以法定继承人的身份亲自前往新加坡办理相关手续。为了不耽误中国公民在新加坡办理继承手续的时间，本案主办律师积极与新加坡律师、死者父母及新加坡驻中国广州总领事馆进行协调沟通，同时根据新加坡方面的要求为死者父母草拟一系列符合新加坡法律程序的全英文法律文书，并协助安排其前往新加坡驻中国广州总领事馆，在新加坡领事专员的见证下，主办律师现场向死者父母解释法律文书的内容并指导其签署相关法律文件。

本案主办律师为确保所提交的法律文书符合新加坡法院的要求，与新加坡律师方展开多次电话讨论，并仔细分析新加坡证据规则的相关法律规定，最终于 2020 年 6 月完成法律意见宣誓书的定稿文件。主办律师随即亲自前往新加坡驻中国广州总领事馆，在新加坡领事官员的见证下签署法律意见宣誓书，由新加坡律师作为本案查明中国法律的主要证据提交至法院。

最终，经过主办律师与新加坡律师八个多月的共同努力，新加坡家事法院完全采纳了本案主办律师的专家证人意见，于 2020 年 10 月向王某家属颁发遗产管理书（Grant of Letters of Administration），这意味着王某家属可以依法向新加坡保险公司办理死亡赔偿金的后续继承事宜。

【业务焦点】

1. 如何解决作为遗产受益人的死者父母无法亲自前往新加坡办理遗产管理申请的问题?

2. 中国律师应当如何有效协助新加坡法官查明中国法律并确保所出具的法律文书符合新加坡证据规则相关规定的要求?

【解决思路】

(一)解决死者父母无法亲自前往新加坡办理遗产管理申请且不耽误本案入禀法院的期限

由于本案死者的父母、妻子及儿子均有资格向新加坡家事法院提出遗产管理的申请,故原则上需要上述四个主体共同提出申请。但受限于全球新冠肺炎疫情暴发的特殊原因,身处中国的死者父母客观上无法亲自前往新加坡办理相关手续。

为解决新冠肺炎疫情造成的不便问题,且不耽误本案遗产受益人向新加坡家事法院提出遗产管理书的申请(申请期间自死者死亡之日起六个月内),经办律师在接受委托后,积极与新加坡律师、死者父母及新加坡驻中国广州总领事馆进行协调沟通,在充分征求死者父母的意见后,决定让其签署法律文书放弃申请遗产管理书的权利,让身处新加坡的死者妻子直接作为唯一遗产管理人向法院提交申请。

与此同时,经办律师根据新加坡方面的要求为死者父母草拟一系列符合新加坡法律程序的全英文法律文书,并协助安排其前往新加坡驻中国广州总领事馆,在新加坡领事专员的见证下,向其解释法律文书的内容并签署相关法律文件,使本案得以继续推进,最终解决了第一个难题。

(二)确保所出具的法律文书符合新加坡证据规则相关规定的要求,力求让法院采纳中国律师出具的法律意见

新加坡作为适用英美法系制度的国家,对于法律程序及证据适用的要求非常严苛,故中国律师所出具法律文件稍有不慎便有可能不被新加坡法官采纳认可。

本案主办律师为确保所提交的法律文书符合新加坡法院的要求,与新加坡律师

方展开多次电话会议讨论，仔细分析新加坡证据规则及《家事法律审判规则（Family Justice Rules）2014》的相关规定，并多次前往新加坡驻中国广州总领事馆与领事专员沟通，再三确认中国律师出具的文书在新加坡领事官员见证宣誓的情况下，符合新加坡的相关法律规定并可以被新加坡法院认可。

最终，新加坡法院采纳并认可了本案主办律师出具的法律意见宣誓书，案件得到了完美的解决。

【相关法律规定解读】

（一）关于本案动产遗产分配规则的法律适用规定

新加坡《无遗嘱继承法（Intestate Succession Act）》（Cap. 146）第 4 条第（1）款规定，死者于新加坡的动产遗产应当按照死者死亡时经常居住地所属国家或地区的法律规定进行分配。该条款属于案件法律适用情形的规定，在本案中，由于王某为中国籍公民，故其死亡时的经常居住地即为中国。因此，如何查明中华人民共和国法律有关遗产继承分配规则的相关规定成为新加坡家事法院在审理本案过程中的必要环节。

（二）关于本案有权向新加坡法院申请遗产管理的主体

新加坡《家事法律审判规则（Family Justice Rules）2014》第 227 条第（1）款（a）、（b）项规定，当死者的经常居住地在新加坡境外的情形下，根据死者经常居住地有管辖权的法院授权管理遗产的人或根据死者经常居住地法律规定有资格管理遗产的人，可有权向新加坡家事法院提出遗产管理书的申请并获得授权。本案中，死者经常居住地为中国，故应当根据中国法律的相关规定判断哪些主体具备适格条件向新加坡家事法院提出申请。由于本案在处理时我国《民法典》尚未生效施行，根据《继承法》的相关规定，我国暂时没有严格法律意义上的“遗产管理人”概念，因此，在本案死者生前没有订立遗嘱或遗赠抚养协议的情况下，死者的第一顺位法定继承人均有管理死者遗产的资格，即死者的父母、妻子及儿子均可向新加坡家事法院提出申请。

（三）关于本案有资格向新加坡法院出具法律意见的主体

新加坡《家事法律审判规则（Family Justice Rules）2014》第 218 条第（1）款

规定，如在新加坡家事法院申请获授批准文件时需要新加坡以外国家的法律作为证据支持的，则在该国执业或曾执业为律师并熟悉该国法律的人所作出的宣誓书，可获得接纳。本案中主办律师根据中国法律依法获得中国律师执业资格且通过律师年度考核备案，具备新加坡法律所规定的相关资格要求。

【案例评析】

根据新加坡的法律规定，由于本案死者是中国的公民，故“查明中国法律”将无可避免地成为新加坡家事法院在审理本案中的必要环节。中国律师作为有资格陈述、解释中国法律的专家证人，如何有效协助新加坡法官查明中国法律并确保所出具的法律文件符合新加坡证据规则相关规定的要求，是直接影响本案最终结果的关键。

本案主办律师经过多轮的论证分析，准备了全英文法律意见宣誓书作为专家证人意见，向新加坡法院充分阐述了中国现行有效的继承法律制度及相关规定，最终协助新加坡法院查明中国法律，成功帮助中国死者家属取得遗产管理书并办理后续继承事宜。至此，广州涉外律师团队临危受命，在新冠肺炎疫情最为严峻的时刻挺身而出，成功帮助中国死者家属跨境继承新加坡遗产，本次涉外法律服务工作取得圆满成功。

本案作为中国律师“走出去”参与“一带一路”沿线国家跨境法律事务的典型事例，一方面，凭借中国律师自身专业的法律及外语能力，作为专家证人参与到外国法院的案件当中，维护中国公民的合法权益；另一方面，在新冠肺炎疫情这一特殊背景下，中国律师勇敢站出来作为我国公民家属、新加坡律师及新加坡驻中国广州总领事馆的沟通桥梁，力求在艰难的环境下处理我国公民所迫切需要解决的法律问题。

本案主办律师对案件的专业处理能力，直接反映出随着我国法律服务业的蓬勃发展以及律师素质的不断提升，中国律师在参与“一带一路”建设的过程中将发挥着越来越重要的作用，未来中国公民及企业在境外遭遇法律问题时，中国律师将有能力为其提供坚实的支持。

【专家点评】

本案主办律师作为涉外律师，一方面深入研究中国与新加坡两国的法律法规，并利用自身外语优势及法律知识储备发表专业的法律意见宣誓书，为新加坡法院查明中国法律提供重要的专家证人意见；另一方面在新冠肺炎疫情肆虐导致全球各国封锁出入境的特殊背景下，主办律师作为中国公民家属、新加坡律师及新加坡驻中国领事馆的沟通桥梁，力求在艰难的环境下处理我国公民在境外所迫切需要解决的法律问题，维护我国公民在海外的合法权益。本案为我国涉外律师参与“一带一路”沿线国家跨境法律实务的典型案例，具有广泛的社会影响力。

（点评人：张由，广州市律协涉外法律专业委员会主任）

第五章
刑　　事

刑法视角下公民个人信息保护范围的延伸思考

张伟伟 张颖慧*

【内容提要】

基于刑法谦抑性原则和罪刑法定原则，刑法对个人信息的保护不是没有边界且可肆意的。本案的争议点产生的原因是在认定具体信息是否属于刑法意义上“公民个人信息”时，模糊了其与普通信息之间的界限与差别。本案当事人 W 泄露的信息属于单位内部信息，一般人难以读取识别，且不能依据信息独立对应特定个人并对相关人形成人身或财产方面的威胁；此外，证明本案涉案信息外传方式的证据明显不充分。基于此，作者从法律适用和事实行为层面论证，本案当事人 W 所披露的信息并非刑法意义上的“公民个人信息”，也没有充分证据能够证实本案当事人 W 的行为与信息泄露产生的社会影响之间存在因果关系。最终，公诉机关以犯罪事实不清、证据不足为由撤回起诉，且法庭准予撤诉。

【案情简介】

（一）基本案情

W 系某金融机构金融市场部员工。2019 年 2 月 2 日，W 在工作中冒用其营业部同事 A 的工作账户、密码登录单位批量处理系统，在未获授权的情况下，下载了一份涉及人员姓名、银行卡号、年终奖与月工资总金额等信息（2500 余条）的文

* 张伟伟、张颖慧，北京大成（广州）律师事务所律师。

件放在自己的工作电脑内。

次日，W 通过单位内部聊天软件将该文件发给 B，B 于同日用相同软件发给 C；W 又于同日用相同软件发给 D，后 D 用微信发给 E。10 日后，W 使用内部聊天软件又将该文件发给 F，F 于同日用相同软件发给 G。随后，该文件在单位内部扩散，H 用微信将该文件发给 J，J、X 于次日用微信发给 K、P（H 为该单位离职员工，其余人员均为单位在职员工）。

2019 年 2 月 15 日，W 向公安机关自首，同日公安机关对 W 采取刑事拘留措施，后于 2019 年 2 月 28 日变更其强制措施为取保候审。本案经公安机关侦查终结，于 2019 年 4 月 23 日移送检察院审查起诉。在审查起诉期间，本案被退回公安机关补充侦查一次。2019 年 7 月 29 日，检察院经审查，认为系 W 将获取到的含有个人信息的文件发送给单位其他职员，使该文件泄露，遂以涉嫌侵犯公民个人信息罪对 W 提起公诉。

（二）辩护策略

作者受 W 委托，担任其在本案一审阶段的辩护人。接受委托后，作者经依法会见、充分阅卷，在梳理事实与研究证据的基础上，进一步展开深入的法理理论与司法判例研究，并由此发现本案涉案信息的性质、涉案信息的泄露路径均有较大辩护空间。

1. 涉案信息的性质探究

在本案办理过程中，作者发现本案的涉案信息与一般公民个人信息不同，在未经当事人释明的前提下，甚至无法确定其中的部分信息。因此，作者将涉案信息内容及其性质的分析作为本案办理的第一重点。通过研读法律法规及大量的理论文献、司法判例，作者发现虽从表面上看，涉案信息确实包含了《最高人民法院、最高人民检察院关于办理侵犯公民个人信息刑事案件适用法律若干问题的解释》（以下简称《解释》）第 1 条所列举“公民个人信息”的个项，但从实质上看，无论是以个别抑或组合形式，涉案信息都因不具有刑法上的保护价值而不构成侵犯公民个人信息罪意义上的公民个人信息。

具体而言，本案涉案信息包括姓名、银行卡号、年终奖及月工资总金额三项。

作者认为前两项姓名与银行卡号信息并不存在利用风险。首先，该信息本身并无法单独识别到特定的个人，即便将二者结合，也必须在单位内部不公开的资料库内，或经特定权限机关进一步提供资料的情况下方能照合、连结出特定的个人。其次，该信息不包含诸如密码、口令等可用于确认用户操作权限的数据，即便被不法分子获取，也无法据此查询到特定个人的联系方式、对应的账户密码、财产状况等足以影响公民的生活安宁权或人身、财产安全的信息。在此情况下，涉案信息实际上很难对公民个人产生实质性影响，不应将其纳入刑法保护范畴。

最后一项年终奖及月工资总金额信息，由于该信息金额的字符串进行了加密处理，在未经行为人特别说明且载明涉案信息的表格中亦并无表头等相关提示字眼的前提下，一般人难以对该字符串进行读取识别，更别说是加以利用继而对信息对应的特定个人形成人身或财产方面的威胁。换言之，该金额信息虽属于公民不愿为他人所知或扩散的个人信息，但因其存在形式使其不具有利用价值，而不具备刑法上的保护意义。

同时，作者通过与《解释》第 5 条所列除其他情况外的九项具体入罪信息类型逐一进行比对，发现本案涉案信息并不属于其中任一类别。而鉴于本案涉案信息涉及姓名、银行卡号、年终奖及月工资总金额，故而对于本案涉案信息性质的认定的较大争议点在于其是否属于财产信息或交易信息。首先，关于财产信息的认定，最高人民法院人员撰写的《〈最高人民法院、最高人民检察院关于办理侵犯公民个人信息刑事案件适用法律若干问题的解释〉的理解与适用》中提到："对于财产信息，可以根据案件具体情况把握：既包括银行账户、第三方支付结算账户、证券期货等金融服务账户的身份认证信息（一组确认用户操作权限的数据，包括账户、口令、密码、数字证书等），也包括存款、房产等财产状况信息。"也就是说，财产信息必须是能够通过一组确认用户操作权限的数据直接或间接查询到用户个人的财产状况或是直接含有财产状况的信息。本案中，姑且不讨论部分数据加密处理的因素，仅就姓名、银行卡号、年终奖及月工资总金额三项内容来看，无法通过读取前述信息进而查询对应人员的银行卡余额等财产状况，而所涉金额信息也仅能反映出对应人员该年份的年终奖及该月份的工资的总金额，客观上亦无法反映其财产状况。因此，涉案信息显然不符合《解释》所列的财产信息。其次，关于交易信息的认定，本案所涉信息的内容既未反映出公民个人的交易记录、交易习惯等情况，也不会对公民的人身、财产安全构成任何潜在性威胁，无论在"交易信息"本身内涵或是程度相当性层面，均不属于《解释》所列的信息。

2. 涉案信息泄露路径的还原

作者经与当事人会面与充分阅卷后发现，涉案信息的泄露过程存在断层，为了更直观地还原涉案信息传播途径，作者运用可视化图表对该重要事实进行了分析，并制作了图示模型。

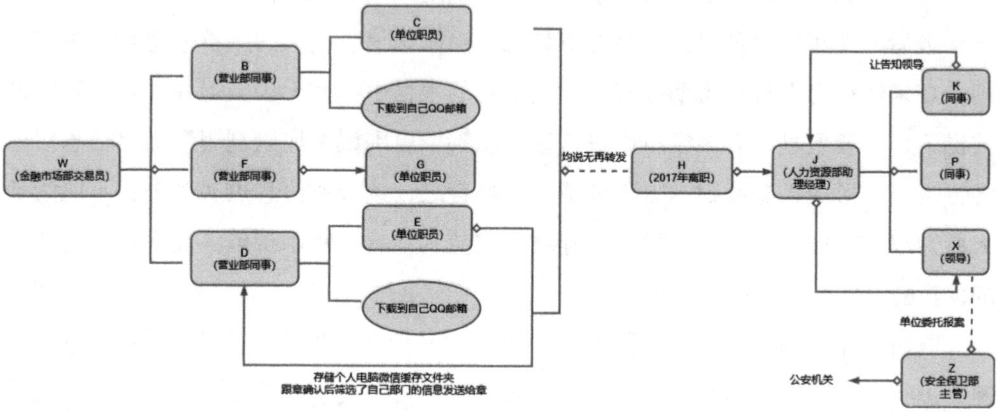

如图所示，W 下载载有涉案信息的内部文件后，提供给了 B、F、D 三人，该三人又分别将文件转发给 C、G、E 三人，而作者通过分析本案证人提供的证言及相关证据后发现，涉案信息仅在该部分人员范围内进行传播，并未对外扩散，且在案证据无法证明 H 获取的信息来源于 W，即没有充足证据能够证实涉案信息的传播链条前端（W－B－F－D－C－G－E）与后端（H－J－K－P－X）存在必然的联系。具体体现在：其一，传播链条前端人员均表示其未向其他人传播涉案信息；其二，W 提供的载有涉案信息的文件名称与 J 从 H 处获取的文件名称不一致，且作者经逐一比对上述两份文件的具体内容，发现其所含信息存在较大差异，大量信息无法重合，文件同一性无法确认。在此情况下，结合该单位内部其他人员亦有权浏览、下载涉案信息的情况，无法排除本案所泄露的信息来源于除 W 以外的人员的可能性，故而认为，对于该文件外传所造成的扩大性影响不应由 W 承担法律责任。

3. 无罪辩护思路的确定

在对涉案信息的性质以及涉案信息的泄露路径进行明确后，作者综合考虑本罪的定性、当事人 W 的主观意图（系基于好奇心与友人间的信任，并无侵犯他人信息安全或利用该信息谋取经济利益的目的，主观上并未主动追求法益侵害结果），以及证明本案关键事实的证据明显不足等情况，确定了无罪辩护思路。

（三）裁判结果

2019 年 9 月，本案一审开庭，在庭审过程中，辩护人充分发表了无罪辩护观点。后经合议庭审理、合议、审委会审议，本案公诉机关于 2020 年 4 月 14 日以事实不清、证据不足撤回起诉。2020 年 4 月 21 日，法院根据《最高人民法院关于适用〈中华人民共和国刑事诉讼法〉的解释》第 242 条[①]的规定，认为公诉机关要求撤回对 W 的起诉符合法律规定，故依法予以准许。

【争议焦点】

1. 本案涉案信息，即包含姓名、银行卡号、年终奖与月工资总金额的信息，是否属于刑法意义上的公民个人信息？

2. 本案涉案信息的泄露与当事人 W 的行为有无直接因果关系？

【案例评析】

进入大数据时代以后，公民个人信息已从简单的自然人身份识别符号转变为具有重要市场价值的基础性资源。由于大数据技术特有的数据海量化、来源多样化、分析处理快速化等技术特征，加之有效监管不足，导致个人信息不当采集行为增多，个人信息泄露现象频发，公民个人信息安全受到较大威胁。基于此，我国近些年一直不断加强对侵犯公民个人信息行为的规制和打击力度，并通过刑法这一打击违法行为的最后一道防线去惩处侵犯公民个人信息的犯罪行为。

而恰恰因为刑法制裁手段的严厉性，我们更应该严守罪刑法定原则、坚持刑法的谦抑性，同时，为了实现个人信息保护与有序利用、自由流通的平衡，基于个人信息保护与信息披露的冲突与制衡，刑法对个人信息的保护也必须保持一定的限度。因此，不能将个人信息的刑法保护绝对化，应从实质违法性的角度出发，将刑法意义上的个人信息限缩在具有危害公民个人尊严与个人自由的信息范畴之内，从

① 现为第 296 条。

而将重点放在信息的利用风险上。换言之，刑法意义上的公民个人信息应当具有较高的价值度，即公民个人主观上不想被扩散，客观上也具有保护价值。本案所涉信息虽包括公民个人不想被扩散的信息，但由于加密处理、一般人无法读取识别等综合特性而使其难以对公民个人的人身、财产安全产生实质性影响，由此便失去了刑法意义上的保护价值，从而不能成为侵犯公民个人信息罪的犯罪对象。

此外，作者认为，对于本罪的适用，需要实质考虑的是行为是否侵害公民的合法权益以及对公民个人法益危害的程度，这种法益侵害的判断需要结合涉案信息的数量标准与情节标准、行为人的主观恶性、法益受侵害程度等进行综合判断，避免机械地适用法律，从而无限制地扩大入罪标准。

【专家点评】

《民法典》对自然人个人信息的定义和处理作出了一般性规定，《个人信息保护法》对自然人个人信息的概念、处理及责任进行了明晰。《刑法修正案（七）》首次针对侵犯公民个人信息的行为设立犯罪，《刑法修正案（九）》进一步修正该罪名。司法解释亦对刑法意义上的公民个人信息及犯罪构成要件作出了解释。尽管如此，由于公民个人信息融合了人身权、财产权、隐私权以及生活安宁权等权益，实践中仍然存在对侵犯公民个人信息罪侵犯法益之争。法益考量对刑法解释具有方法论指导意义，只有明确所要保护的法益，才能对犯罪构成要件作出符合刑法目的的解释。本案所引发的思考恰恰体现在如何把握刑法设立该罪名所要保护的法益类型，而法益类型的精准确定，对该罪构成要件的完善和发展具有重要意义，也是正确贯彻执行《个人信息保护法》的应有之义。

（点评人：许永盛，广州仲裁委员会专家咨询委员会成员、
广州市律协财税法律专业委员会主任）

非法收购、出售珍贵、濒危野生动物类型案件的无罪辩护新视角

——从人工繁育切入

欧泽明 祝志成*

【内容提要】

在办理非法收购、出售珍贵、濒危野生动物类型案件时，除了须综合案件情节，从当事人的客观行为、主观故意及犯罪对象的性质进行辩护，还应充分考虑新形势下对野生动物保护的新要求及国家野生动物保护主管部门的新制度、新实践，结合最高人民法院、最高人民检察院以及社会公众对于人工繁育动植物处理立场的观点变迁及司法机关对人工繁育与野外种群的重新审视和区分，本着罪刑法定、疑罪从无的司法原则，从社会和法律效果最大化层面展开辩护。

【案情简介】

（一）基本案情

汤某因购入 5 只黄缘闭壳龟（以下简称黄缘龟）及 11 只黄喉拟水龟（以下简称黄喉龟）（均被列入《濒危野生动植物种国际贸易公约》附录Ⅱ）并在网上平台发布销售信息，被公安机关以涉嫌“非法收购、出售珍贵、濒危野生动物”为由拘

* 欧泽明、祝志成，北京德和衡（广州）律师事务所律师。

留、逮捕。律师介入后，提出了无罪辩护意见，检察机关经审慎考量，最终采纳了律师的意见，以现有技术无法明确涉案黄缘龟、黄喉龟属于野生种源还是人工繁育为由，对汤某作出不起诉决定。

（二）案件处理过程与思路

首先，黄缘龟、黄喉龟均未列入2000年《最高人民法院关于审理破坏野生动物资源刑事案件具体应用法律若干问题的解释》（以下简称《野生动物司法解释》）刑事立案数量标准的附表中，且该附表中仅有陆龟科一种，并无与黄缘龟、黄喉龟等同科（淡水龟科）野生动物可供参照适用，对该两类淡水龟缺乏明确的刑事立案标准，根据罪刑法定原则，对汤某进行刑事追责缺乏明确的规范依据。

《野生动物司法解释》附表中并无黄缘龟、黄喉龟的数量认定标准，且附表中列入的四爪陆龟、凹甲陆龟均属于陆龟科，而黄缘龟、黄喉龟属于淡水龟科，两者既不同科也不同属，自不应依据上述解释参照附表中与其同属或同科的数量认定标准。可见，法律及司法解释均未规定收购黄缘龟、黄喉龟行为的追诉起点，也未制定出明确的数量认定标准，无可参照的标准，无法认定汤某在本案中的行为达到“情节严重”的标准，根据罪刑法定的基本原则，对汤某收购黄缘龟、黄喉龟行为予以刑事追诉，缺乏对应规范依据。

其次，《野生动物司法解释》中对适用该司法解释所依据的国家野生动物保护主管部门制定并公布的野生动物保护对象已经更新并修正，即2018年国家农业农村部统一制定的《〈濒危野生动植物种国际贸易公约〉附录水生动物物种核准为国家重点保护野生动物名录》中，列入修正后目录中的仅限“野外种群的黄缘龟、黄喉龟”，换言之，人工繁育的黄缘龟、黄喉龟已不属于案涉犯罪构成要件指向的国家重点保护野生动物，若经查证仍未能确定涉案黄缘龟、黄喉龟均为野外种群的，则汤某的购买行为缺乏刑事可罚性，不应予以追诉。

2018年11月28日，农业农村部办公厅发布《关于规范濒危野生动植物种国际贸易公约附录水生动物物种审批管理工作的通知》，明确了人工繁育种群不再视为国家重点保护野生动物，易言之，人工繁育的黄缘龟、黄喉龟已不是刑法所保护的对象。

2019年7月29日，农业农村部发布《人工繁育国家重点保护水生野生动物名录（第二批）》（见附件5），将黄喉龟、黄缘龟列入《人工繁育国家重点保护水生野生动物名录》。该名录系主管部门对黄喉龟、黄缘龟已被普遍人工养殖的社会现象从行政规范立法上给予了正式承认。

中央电视台第七频道、第十七频道在2013年至2019年播出了11集黄缘龟以及黄喉龟的相关养殖节目，节目中提及的人工养殖的黄缘龟与黄喉龟市场价格与本案汤某购买的价格基本相符，而且节目中也提及了人工养殖的黄缘龟、黄喉龟的主要销售市场正是本案汤某购买的地点。事实上，市面上绝大部分的黄喉龟、黄缘龟均是人工养殖的。故案涉黄喉龟、黄缘龟极可能属于人工种群，而不是野外种群，退一步说，不能排除其属人工种群的合理可能。

最后，自2000年以来，随着野生动物保护的新形势发展及野生动物主管部门对其实施分类保护、分类管理、规范利用的不断实践，历时近二十年，最高人民法院、最高人民检察院对于人工繁育的野生动植物的刑法处罚立场已出现根本性转变，从立法、执法乃至司法，已明确将人工繁育的野生动植物排除在刑法处罚对象范围之外。

自《最高人民法院关于被告人郑建和非法收购珍贵、濒危野生动物、珍贵、濒危野生动物制品罪一案的批复》、2018年“深圳鹦鹉案”至今，对于人工繁殖的野生动物的刑事处理立场从立法到司法实践，已经发生根本性改变，对人工繁育的野生动物不再一律列入刑事处罚的范畴，以确保相关案件裁判的法律效果与社会效果的有机统一。

2018年最高人民法院在“深圳鹦鹉案”中对全国人大常委会法工委的复函中明确表示“已经启动新的野生动植物资源犯罪司法解释制定工作，拟明确规定对于涉案动物系人工繁育的要体现从宽的立场，以实现罪责刑相适应，确保相关案件裁判法律效果与社会效果的有机统一”。

国家林业局森林公安局致函最高人民法院研究室《关于商请对非法收购、运输、出售部分人工驯养繁殖的珍贵濒危野生动物适用法律问题予以答复的函》提出建议：对2000年《关于审理破坏野生动物资源刑事案件具体应用法律若干问题的解释》进行修改，提高收购、运输、出售有关人工驯养繁殖的野生动物的定罪量刑标准。①

《最高人民法院、最高人民检察院关于适用〈中华人民共和国刑法〉第三百四十四条有关问题的批复》明确："根据《中华人民共和国野生植物保护条例》的规定，野生植物限于原生地天然生长的植物。人工培育的植物，除古树名木外，不属于刑法第三百四十四条规定的'珍贵树木或者国家重点保护的其他植物'。"

可见，全国人大常委会、最高人民法院、最高人民检察院、国家林业局一致认为，《野生动物司法解释》中关于将人工繁育的珍贵、濒危野生动物一律定义为案涉罪名的保护对象已经不能适应野生动物保护的新形势发展要求，不符合"分级保护、规范利用、严格监管"的基本原则，特别是在 2016 年、2019 年国家已先后制定《人工繁育国家重点保护水生野生动物名录》，正确区分人工与野外种群，专门设立人工繁育名录，对人工繁育野生动物实施不同于野外种群的管理制度，进行规范利用以来，将人工繁育的野生动物等同于野外种群的野生动物，一律定义为刑法保护对象的做法，其滞后性、不合理性更加凸显。

从上述个案中的针对性批复、在制定新的司法解释中对人工繁育野生动物区别对待、野生动物主管部门对与案涉同一种野生动物的执法实践、直至《最高人民法院、最高人民检察院关于适用〈中华人民共和国刑法〉第三百四十四条有关问题的批复》中"珍贵树木或者国家重点保护的其他植物"中明确移除人工培育的植物等可见，"两高"对于人工繁育的野生动植物是否给予刑法保护已明确给出了否定性意见，相应地，对收购人工繁育的野生动植物也不宜再予以刑事追诉。

此外，汤某主观上对其购买案涉野生动物的行为缺乏必要的刑事违法性认识，客观上也未造成实质性损害后果，情节显著轻微，可依据野生动物主管部门的执法惯例对其予以行政处罚即可。据汤某陈述，其在购买案涉野生动物时，卖方已明确告知其涉案的黄缘龟、黄喉龟均系人工养殖的，购买价格也不高，与市面上人工养殖的黄喉龟、黄缘龟价格基本相符，且是通过公开合法的市场公开购买，并非隐蔽

---

① 2022 年 4 月 6 日，最高人民法院、最高人民检察院联合发布《关于办理破坏野生动物资源刑事案件适用法律若干问题的解释》（法释〔2022〕12 号），其中第 13 条第 2 款规定，涉案动物系人工繁育，具有下列情形之一的，对所涉案件一般不作为犯罪处理；需要追究刑事责任的，应当依法从宽处理：（一）列入人工繁育国家重点保护野生动物名录的；（二）人工繁育技术成熟、已成规模，作为宠物买卖、运输的。

的私下交易。而汤某也不是专门研究黄缘龟、黄喉龟的野生动物专家，不能当然苛求他作为一介普通人仅从外表就能看出该龟属于野生的还是人工养殖的，也不可能苛求其作为普通消费者在购买之前就先去做野外族类鉴定。因此，从案情与常理看，汤某缺乏明知或者应当知道涉案黄喉龟、黄缘龟属于野外族群的国家重点保护动物而购买的主观故意。

（三）裁判理由和结果

经区检察院退回二次补充侦查并上报上级检察院讨论，最终认为公安局认定的汤某非法收购、出售珍贵、濒危野生动物罪的事实不清、证据不足，不符合起诉条件，决定不起诉。

【争议焦点】

无法查明确系野生种群的黄缘龟、黄喉龟能否作为非法收购珍贵、濒危野生动物及其制品罪的犯罪对象？

【案例评析】

该案秉持刑法谦抑原则，对于人工繁育的野生动物（或无法确定为野生种群的受保护动物）是否为《野生动物司法解释》第 1 条的保护对象严格按照国家主管部门颁布的现行有效规范进行认定，在《濒危野生动植物种国际贸易公约》附录已于 2018 年将案涉野生动物修正为国家二级保护的野生动物（仅野外种群），且相关司法鉴定无法排除涉案野生动物为人工繁育的情况下，没有认定其属于非法收购、出售珍贵、濒危野生动物罪的规范保护对象。

随着经济社会的不断发展，越来越多的人选择购买饲养宠物，而且不再局限于猫、狗等常见动物，珍贵、濒危野生动物凭借其珍稀性和独特性渐入宠物商家的眼帘，掀起了人工繁育珍贵、濒危野生动物的浪潮，同时也造成了非法收购珍贵、濒危野生动物及其制品罪案件数量的大幅度上升。该案的处理方式对于司法机关审查类似案件、辩护律师的辩护方向具有重要参考意义，有助于降低该类案件的羁押率、提高不诉率。

更为重要的是本案为以后类似案件的有效辩护提供了一个新视角，通过详尽论证野生动物保护方面立法、司法、社会公众观念的变迁，以及司法机关对人工繁育与野外种群的重新审视和区分，也可以达到良好的辩护效果。

【专家点评】

首先，野生动物犯罪多系行政犯，作为刑法保护对象的野生动物，无论是猎捕，还是出售、收购、走私等，都是指已列入国务院野生动物保护主管部门颁布的目录中的动物。作为行政主管部门制定和调整的目录规范，本身并非刑法规范，却直接影响相关刑法罪名的适用，因此，司法部门在涉及野生动物保护刑事案件的追诉与定罪时，要重视对前置行政性规范的掌握及运用，区分罪与非罪，确保符合刑法规范目的。

该案辩护律师准确地抓住了案件关键，从犯罪对象的规范性质出发，结合刑法及相关司法解释的规定，根据罪刑法定原则、无罪推定原则，对公安机关的指控从根本上做出了否定性评价，在法理上得到了充分的理论支撑，最终取得不起诉的辩护效果。

其次，从处理结果来看，该案较为圆满地解决了重点保护野生动物刑事立法相对滞后的问题。

近年来，野生动物保护的状况已经不是二十年前可比拟的，人工繁育方面获得了重大进展，刑法规范依据的社会现实已出现了重大变化，对应的行政规范也已随之调整。在此情况下，司法机关与时俱进，精细把握社会发展及观念变迁的脉络，秉持法律精神，通过个案处理确保裁判法律效果与社会效果的有机统一，有效解决了立法滞后问题。

（点评人：苗波，中山大学法学院副教授、博士生导师）

郭某某涉嫌合同诈骗案

——数额巨大，运用合规不起诉辩护思路获不诉

陈育炽*

【内容提要】

涉嫌骗取政府补贴款的合同诈骗案，数额巨大，无罪辩护存在重重阻碍。辩护人抓住证据体系漏洞，同时在企业合规不起诉的司法文件尚未出台之时就率先运用合规不起诉辩护思路争取行政机关谅解，终获不起诉。

【案情简介】

（一）案件背景

2014年7月17日，佛山市某金融办公室（以下简称金融办）与广东沃某网络科技有限公司（以下简称沃某科技）签订合作合同，由沃某科技出资成立广东沃某科技股份有限公司（以下简称沃某公司），金融办向沃某公司发放办公场地租金补贴。合同约定如沃某公司2015年年交易量没有达到650亿元人民币，应全额无息退还已收取的租金补贴，交易量以中国银联股份有限公司出具的有效证明文件为准。沃某公司成立后，由郭某某担任法定代表人，负责公司全面事务。

2015年11月，沃某公司申请领取2015年9月至2016年2月租金补贴939288元。金融办审核申请材料后，根据合同约定要求郭某某补充沃某公司2015年在银

* 陈育炽，北京市康达（广州）律师事务所律师。

联平台的交易额证明，从而判断沃某公司是否有领取租金补贴的资格。郭某某明知沃某公司2015年交易额未达650亿元，为不退回已领取的租金补贴，继续领取新的租金补贴，于2016年2月向金融办提交伪造的加盖有“中国银联股份有限公司合同专用章”的网页截图、交易额证明，伪称沃某公司2015年总交易额达75939085190.39元，骗领了租金补贴939288元。

公安机关认为，犯罪嫌疑人郭某某以非法占有为目的，伪造有关文件，骗取补贴款项939288元，数额巨大，构成合同诈骗罪，遂移送检察机关审查起诉。

（二）辩护工作

1. 第一阶段：分析证据材料，研究和拟订辩护方案

辩护人接受委托后迅速阅卷，并与办案人员就案情进行沟通。本案办理困难重重，且事实、材料复杂，最重要的是还牵涉其他行政部门的态度，无罪辩护难度极大。

主要有以下三点不利情况：

第一，在签署合作协议过程中，确实存在不利于犯罪嫌疑人无罪辩护的条款，证据材料中亦确实存在对于犯罪嫌疑人制作虚假流水的指控，这就使得初期展开辩护工作困难重重；第二，犯罪嫌疑人被羁押期间，公司负债累累，无法马上偿还涉案补贴款项；第三，辩护工作展开伊始，辩护人提出的先行取保候审，争取退赔的辩护方案并没有得到办案人员的认可，公安机关的指控事实与认定理由显然对办案人员影响较深。

辩护人综合全案证据材料并对合同诈骗罪的罪名进行深入研究后，拟定了三方发力的辩护策略。

2. 第二阶段：多次提交辩护意见，考量多方立场分别发力

辩护人经查阅大量的案件资料以及多次会见后，充分考量行政机关、检察机关等的立场和顾虑，具体从以下三个方面分别发力，展开辩护工作。

（1）辩护工作一：针对案卷关键证据材料缺失问题展开证据之辩，并结合合同约定将郭某某的行为定性为民事违约行为。

①证明犯罪嫌疑人郭某某本人实施犯罪行为的证据不足。辩护人对案卷材料进行多轮深入分析后，认为：金融办并不能构成合同诈骗罪的相对方，虚假流水既无证据证实为郭某某所制作、提交，也非合同诈骗罪规定中所要求的“担保”之用，

不能仅凭单张虚假流水票据就无法律依据地对郭某某定合同诈骗之罪。

②梳理合同条款，提出本案的定性应当为经济合同纠纷。侦查机关同时认定在签订合同前和履行合约过程中犯罪嫌疑人皆没有能力达到约定条件，后续甚至存在减资行为，因此存在非法占有的故意。

辩护人通过梳理合同关键条款，提出：根据合同约定，双方当事人对于具体的优惠和违约条款均作出了明确的约定。可见，合同对于平等双方的权利均作了规定，现在沃某公司未能达到合同里约定的条件，实则是属于违约行为。此时按照合同约定退还租金补贴及相关奖励即可，用“诈骗”的犯罪行为去评价该行为实属不公。

此外，辩护人指出，沃某公司在领取政府补贴金之前，是通过金融办考察、报批、财政划拨等行政环节，这个过程需要非常严谨的考察审批手续，应与普通的行政行为相区别。例如申请牌照，并非由企业递交一定的资料即可完成审批，而是需要经过多部门的联合审批、实地考察。如果沃某公司存在欺诈的行为，那么金融办在签订合同之时，则可能存在重大的失职行为。如果国家机关工作人员滥用职权或者玩忽职守，致使公共财产、国家和人民利益遭受重大损失的，亦构成渎职罪。

③辩护人综合梳理全案证据材料，认为没有足够的证据证实犯罪嫌疑人郭某某存在合同诈骗的行为与故意。

首先，辩护人对沃某公司降低注册资本的行为进行说明。增资与减资是企业经营中的正常现象，不可能因为减资而构成犯罪。沃某公司违约的行为应属于普通民事合同纠纷，不属于合同诈骗中的法律界定。

其次，辩护人提交了大量材料证明沃某公司收到政府补贴后依法依规使用，不存在挪用行为。沃某公司在收到政府的补贴后，支付公司租金、支付员工工资等均为企业正常的经营行为，这是按照规定专款专用，并且会计师事务所的鉴定报告亦证明了这点。

最后，辩护人结合案卷材料并提交证据，证明犯罪嫌疑人曾积极主动地跟金融办协商沟通，希望能够努力地履行合约内容，且此前一直是在正常运营。

虽然沃某公司没有取得第三方支付牌照，但是其依然可以通过其他融资渠道去支撑公司的经营发展，与此同时，沃某公司积极主动地跟金融办协商沟通，提出各种解决方案，希望能够努力地履行合约内容，种种迹象表明，郭某某从未存在欺骗和非法占有的故意。同时，沃某公司一直在正常经营，并且犯罪嫌疑人投入大量的人力物力持续开展公司业务，投资金额过千万元，没有骗取939288元租金的动机。

通过数次深入分析本案第一次和第二次退查后所有的案卷材料，并不断提交新材料并与办案人员进行沟通，辩护人围绕本案构成合同诈骗罪的证据不足的角度展开了翔实的辩护，也使得公诉人意识到本案证据体系确实存在漏洞，无法直接认定犯罪嫌疑人伪造变造有关证明文件的客观行为，为下一步工作的展开奠定了基础。

（2）辩护工作二：提交大量的公司运营情况证据，结合保护民营企业家的刑事司法政策，帮助犯罪嫌疑人争取先行取保候审，同时由犯罪嫌疑人取保后及时退赔涉案金额。

辩护人提交关于公司在前期运营的投入、取得的技术成果以及目前进展的项目，充分说明公司若因犯罪嫌疑人羁押而遭受不可逆转的后果，可能产生社会影响。

辩护人结合最新的刑事政策，认为如果将此等合同纠纷行为定义为严重的犯罪行为，必将打击企业落户决心，有违政策初衷。《最高人民法院关于充分发挥审判职能作用为企业家创新创业营造良好法治环境的通知》第二部分提及“依法保护企业家的人身自由和财产权利，严格执行刑事法律和司法解释，坚决防止利用刑事手段干预经济纠纷。对于在合同签订、履行过程中产生的民事争议，如无确实充分的证据证明符合犯罪构成的，不得作为刑事案件处理”。

基于以上观点，辩护人再次提出为犯罪嫌疑人先行取保候审、争取及时退赔的请求，得到了办案人员的同意。而犯罪嫌疑人及时退赔的意愿，也为其争取行政机关的谅解、进而获得不起诉处理留下了空间。

（3）辩护工作三：结合犯罪嫌疑人退赔涉案补贴款项的意愿，率先启用企业合规不起诉的思路，终获不起诉。

通过前述刑事辩护工作，成功动摇了办案人员内心对证据体系的确信；辩护人再接再厉，通过提出退赔的方式合理修补犯罪嫌疑人对于法益造成的损害，在企业合规不起诉政策出台之前就利用此思路帮助犯罪嫌疑人处理危机，争取谅解，最终获得了检察机关的认可。

（三）判决结果

检察院、有关行政机关采纳辩护人的意见，先行对郭某某取保候审，在退赔部分补贴款项并签署还款计划后，作出不起诉决定。

检察院认为郭某某“犯罪情节轻微”，依据《刑事诉讼法》第177条第2款的规定，决定对郭某某不起诉，并作出《不起诉决定书》。

【争议焦点】

1. 是否有足够证据证明犯罪嫌疑人确实存在合同诈骗的行为和动机？

2. 本案涉及补贴款的使用，是否应当定性为刑事犯罪、能否通过退赔的方式修补被损害的法益？

【案例评析】

在本案的办理过程中，辩护人对所有证据材料进行梳理，并多次向主办检察官提出证据的审查意见，认为无法直接认为是犯罪嫌疑人的行为，从而为取保候审赢得空间。随后，辩护人提交关于公司在前期运营的投入、取得的技术成果、目前进展的项目，充分说明公司若因犯罪嫌疑人羁押而遭受不可逆转的后果，可能产生社会影响。经过对关键证据体系的辩护、提交大量的公司运营情况证据，结合保护民营企业家的刑事司法政策，并结合退赔涉案补贴款项的意愿，最终获得不起诉的理想结果。

虽然2019年还没有企业合规不起诉的司法文件，但辩护人的思路与合规不起诉的思路不谋而合。辩护人结合案件本身的证据之辩，取得了非常圆满的效果，挽救了公司的实际控制人，也挽救了正在高速发展的科技创新型企业。

从个案的特点出发，为每个案件制定不同的辩护策略，是本案成功辩护的关键。涉嫌合同诈骗罪的案件千千万万，如何立足于在办案件，抓住案件中最重要的突破口，确定进退有余的辩护空间，是刑辩人需要不断打磨的内功。

在办结本案后，辩护人收到了委托人的感谢信，体会到法律专业人员的自豪与价值。

【专家点评】

本案辩护非常成功，取得了法律效果和社会效果的统一，不仅成功避免了办案机关在证据不充分的情况下继续推进案件，也挽救了一个希望正当经营的企业，同时还修复了被损害的法益，让遭受损失的行政机关成功挽回了损失。

合规不起诉是一个非常重要的创新制度，对于涉企刑事案件来说，打击犯罪只是其中一个目标，更重要和长远的目标是修复法益，维护市场公平竞争，营造法治营商环境。在这个意义上，合规不起诉制度同时也是一种教育制度，在办案过程中，使企业和企业经营人员深刻理解法治精神，建立合规经营的重要理念。本案主办律师在办案过程中，能够敏锐地意识到这个关键点，没有片面地从证据不充分的角度，与办案机关正面对抗，而是灵活提出了法益修复、企业合规等角度的辩护意见，争取到了办案机关的理解和支持，最终促成了全案不起诉，具有重要的参考价值。

（点评人：叶竹盛，华南理工大学法学院副教授、企业法律合规研究中心主任）

合同诈骗主观明知的认定

谢冰蓉*

【内容提要】

嫌疑人作为非实际参与人，涉嫌合同诈骗金额数千万元、报案人遍布全国各地，且由于同案人采取伪造相关国家领导人的题字、伪造过百亿元的巨额银行存款单行骗，案件立案之时便备受关注，被列为公安部督办案件。辩护人在嫌疑人被羁押5个月、案件已经进入审查起诉阶段后介入，通过会见及阅卷仔细研究案情后，不惧压力多次约见检察官，并提交多份法律意见书，据理力争，最终检察院在二退三延后做出不起诉决定，李某乙得以无罪释放。

【案情简介】

李某甲和李某乙是父子关系，分别是某贸易公司的董事长和总经理。同时，李某乙还兼任某贸易公司的关联企业某建设公司的法定代表人。

《起诉意见书》认定：201×年×月至201×年××月，李某甲、李某乙二人涉嫌合谋伪造“某某亭”项目，并在《人民公安报》《警察技术》《中国政府采购报》等影响力大的杂志上发布虚假广告，招商引资；还一起伪造“国家安全防范报警系统产品质量监督检测中心（北京）与公安部安全与警用电子产品质量检测中心”相关文件。更为恶劣的是，二人还涉嫌伪造国家领导人的题字、过百亿元的巨

* 谢冰蓉，北京盈科（广州）律师事务所律师。

额银行存款单及捐款单据，营造大慈善家外表，并进行虚假宣传，迷惑大众。

二人通过上述手段骗取了陈某某等数十人的信任，与他们签订生产某某亭的合同，并收取保证金。经过初步统计，通过李某甲名下银行账户收取的保证金累计2000多万元，但该款项没有实际投入经营某某亭项目，反而被二人用于购买房产等以满足自己的私欲。因此，侦查机关认定李某甲、李某乙构成合同诈骗罪，且数额特别巨大。

然而辩护人通过阅卷和会见后发现：嫌疑人李某乙虽与嫌疑人李某甲是父子关系，李某乙在某贸易公司也挂职总经理头衔，但就实质工作层面而言，李某乙只是曾经负责某贸易公司办公场所的装修及在李某甲出事后回某贸易公司帮忙处理一些日常的善后事宜，某贸易公司正常运作期间李某乙则很少回公司，也很少接触公司的某某亭项目，没有实际参与推广、洽谈、合同签订、收款等核心事务，也未曾实施发布虚假广告，悬挂伪造的相关国家领导人的字画，伪造检测文件、巨额存款单、捐款单据、宣传册等造假行为，依法不应当将其认定为合同诈骗罪的共犯，据此为李某乙作无罪辩护。

检察院在审查起诉期间，以事实不清、证据不足为由将本案两次退回侦查机关补充侦查，并进行三次延期审查起诉，最终经检委会讨论后认为侦查机关认定的李某乙合同诈骗犯罪事实不清、证据不足，不能证实李某乙有合同诈骗的犯罪事实，不符合起诉条件，根据《刑事诉讼法》第175条第4款的规定作出不起诉决定。

【争议焦点】

1. 李某乙有无实施合同诈骗的客观行为？

2. 李某乙任职的广州某建设公司承接了某某亭的基座安装，该行为是否属于合同诈骗行为的帮助行为？

【案例评析】

（一）本案涉嫌合同诈骗金额特别大，作案手段相当嚣张，易被贴上敏感标签，一定程度上影响辩护人进行无罪辩护的决心

就《起诉意见书》内容而言，本案是一起报案人遍布全国各地、伪造相关国家领导人题字及过百亿元的巨额银行存款单行骗、公安部督办的合同诈骗案，嫌疑人可谓胆大包天，故此案一出便引起社会的高度关注。毕竟一般人不敢相信会有人拿着假的国家领导人的字画行骗，几乎所有的商户都以为结识了“贵人”，纷纷争取签约机会，某贸易公司轻轻松松就收到了2000余万元的定金。故在辩护人介入之前，李某乙的家属为其聘请的律师均未坚定作无罪辩护，且曾建议李某乙认罪认罚。

（二）紧扣证据，确定无罪辩护方案

辩护人在李某乙被羁押5个月后介入此案，深知无罪辩护的难度与时间的紧迫性，通过首次阅卷发现：在整个某某亭项目的推广过程中，实质参与某某亭项目工作的都是某贸易公司的其他员工。而李某乙是项目开展半年之后才到来，那个时候某某亭项目已进入如火如荼阶段，且没有直接证据指向李某乙具体参与过生产某某亭的工作。

辩护人再结合卷宗材料发现的相关问题，通过与李某乙会见了解详细情况，在征得其本人的同意后，确定了本案无罪辩护思路。

（三）善用补充侦查，取得更多对辩方有利的证据

辩方需要通过补充侦查取得更多对李某乙有利的证据。案件即将退查前，辩护人经过谨慎考虑，向检察机关提出了建议对相关具体事项进行补充侦查的法律意见。通过补充侦查，证实李某乙只是某贸易公司的挂名总经理，其在公司正常运作期间很少回公司，只是在公司出事前，代替李某甲回公司帮忙处理了相关日常事务。

（四）充分运用横向比较法，“举重以明轻”，成功说服承办人

某贸易公司尚有至少9名员工有参与某某亭项目的相关工作，但根据相关员工的陈述，他们在工作期间并不清楚李某甲的很多骗人行为，故相关员工自始至终并

未被采取强制措施。“举重以明轻”，对李某乙这个非项目参与人员更不应该追究刑事责任。

当然针对这一点，承办人认为身为儿子的李某乙不可能不知情，何况李某乙不仅是某贸易公司的总经理，事后李某乙也帮忙进行了相关善后工作。针对承办人的质疑，辩护人强调推定当事人的主观明知应该根据法定标准，既不能依据血缘关系进行推定，也不能因行为人有事后帮助善后之行为就反推其事前知情，否则便会制造冤案。

庆幸的是，本案在经历两次退查重报，三次延期审查起诉后，检察院最终对李某乙作出了不起诉决定，并于当日将其释放。

【专家点评】

合同诈骗犯罪是目的犯，必须以行为人具有非法占有目的为构成要件。对于此类案件的办理，重点在于判断：主观上，行为人在签订、履行合同过程中是否以非法占有为目的；客观上，是否存在通过虚构事实或者隐瞒真相的方法实施侵占他人财物的客观行为。始终坚持主客观相统一的原则，避免单纯根据损失结果客观归罪。本案中，当事人李某乙虽为同案人员李某甲的儿子，但李某乙并不参与涉案公司的日常经营管理，也未实际参与到签订及履行案涉合同的过程中，在案证据也不足以证明李某乙与李某甲之间存在实施合同诈骗行为的共谋。经办律师在办理此案时，坚信司法公正，研究案情及相关证据，设定无罪辩护策略，同时进行同类案件的案例检索，积极与办案机关沟通。在经办律师的努力下，该案最终取得了检察院存疑不起诉的无罪结果。本案例对于诈骗类案件的办理具有较高的参考价值，其实践意义在于，对于合同诈骗罪中“明知”的认定，应该以证据事实为基础，而不应单凭当事人之间的亲缘关系而作出有罪类推。

（点评人：潘星丞，华南师范大学法学院教授、兼职律师）

工程纠纷被控合同诈骗，多管齐下终获不予起诉

张文明 刘 健*

【内容提要】

合同诈骗罪的成立，需行为人在签订、履行合同过程中，客观上实施虚构事实、隐瞒真相，骗取对方当事人财物的行为，主观上存在非法占有的目的。在认定合同诈骗时，应当根据合同签订的背景、行为人的资质、行为人履行合同的诚意和努力、款项的去向和用途等方面综合判断行为人是否存在隐瞒真相、虚构事实的客观行为和非法占有的主观目的，不能简单因行为人的行为存在违法或不当，就直接认定其构成合同诈骗罪。

在合同相对方提出控告的情况下，应当严格遵照犯罪构成理论分析控告理由是否成立，妥善处理，可以通过民事途径进行救济，在一定程度上可挽回损失的，不宜轻易降低标准而认定为合同诈骗罪，这也符合刑法的谦抑性原则。

【案情简介】

2014 年 10 月，珠海市斗门区某市政配套工程 BT 项目（以下简称案涉项目）公开招标，湖南某公司、深圳某公司、某设计院三家公司组成投标联合体中标案涉项目。2014 年 11 月，投标联合体与招标业主珠海市斗门区某公司（以下简称珠海斗门公司）签订《市政配套工程投资建设合同》，成立项目公司即珠海公司，具体

* 张文明，北京市盈科（广州）律师事务所律师；刘健，北京市盈科（广州）律师事务所律师。

负责案涉项目的投资建设工作。

2015年6月，珠海公司因资金短缺，意欲寻找合作单位。2015年12月，自称珠海公司实际控制人的乙某介绍广州公司实际控制人、股东甲某与珠海公司法定代表人认识，双方达成合作意向。2016年1月25日，珠海公司与广州公司签订《市政配套工程BT项目工程内部承包合同》（以下简称《内部承包合同》），主要条款约定：珠海公司将11条市政道路工程（造价约5.53亿元）转包广州公司，广州公司应于2016年1月28日前向珠海公司支付履约保证金4000万元。

2016年1月26日，广州公司通过案外人的银行账户向珠海公司支付200万元履约保证金。2016年1月27日，广州公司因融资不能及时到位，与乙某口头协商，将履约保证金降至2000万元。之后，广州公司陆续通过银行转账、支票等方式向珠海公司支付履约保证金1800万元（其中800万元履约保证金以支票方式直接支付给乙某个人）。2016年2月6日，乙某向广州公司出具《收据》，确认收到履约保证金2000万元，但该《收据》仅有乙某签名，未加盖珠海公司的公章。

《内部承包合同》签订后，广州公司积极进行施工准备工作，多次协商进场施工时间，并租赁珠海市斗门区某大厦整层作为项目办公室，进行装修，购置办公家具。2016年5月6日，乙某又通知广州公司，要求广州公司再支付100万元用于协调关系，甲某立即通过其个人账户向乙某转账100万元。

2016年6月，在等待进场施工期间，广州公司与丙某签订《市政配套工程BT项目工程——桥湖路联营承包合同》（以下简称《联营承包合同》），主要条款约定：双方合作实施案涉工程，丙某应向广州公司支付履约保证金800万元；广州公司占项目路段60%股权，丙某占项目路段40%股权，双方按股权比例享受利润、承担亏损。《联营承包合同》签订后，丙某陆续向广州公司支付500万元履约保证金。广州公司收到履约保证金后，将其中200多万元用于偿还借款利息；200多万元用于租赁、装修项目办公室，购置办公家具；此外尚有39万元用于投资甲某的酒楼。

2016年7月5日，鉴于珠海公司迟迟未能依约安排进场施工，广州公司委托律师向珠海斗门公司、珠海公司签发《律师函》，要求珠海公司尽快安排进场施工，否则应退还履约保证金。2016年9月5日，广州公司又向深圳某公司签发《律师函》，要求深圳某公司督促珠海公司尽快妥善处理此事。在此期间，甲某也一直当面或通过电话、微信等方式与珠海公司、乙某沟通，要求尽快安排进场施工。在此期间，丙某也多次催促甲某尽快安排进场施工。

2017 年 3 月，乙某终于通知广州公司可以进场施工，但广州公司和丙某到达施工现场后却发现已经有人在施工，遂与珠海公司发生争执并报警。2017 年 3 月 27 日，广州公司向公安机关报案，控告珠海公司涉嫌合同诈骗罪，公安机关未予刑事立案。2017 年 5 月至 7 月，珠海公司陆续退还广州公司 1200 万元履约保证金，并支付 100 万元利息，但否认收到另外 800 万元履约保证金。2017 年 9 月 27 日，乙某向广州公司出具《与乙某对数情况》，确认尚欠广州公司履约保证金 800 万元。

因被珠海公司和乙某欺诈，广州公司遭受了巨大经济损失，在退还丙某部分履约保证金后，短时间内无法筹集资金退还剩余履约保证金。双方协商未果，丙某向公安机关报案，控告甲某涉嫌合同诈骗，公安机关刑事立案，甲某被刑事拘留。

在本案侦查阶段，珠海公司称，乙某并非珠海公司的实际控制人；珠海公司并未与广州公司协商降低履约保证金至 2000 万元；珠海公司仅收到广州公司支付的 1200 万元履约保证金；因广州公司未能依约支付 4000 万元履约保证金，珠海公司已于 2016 年 3 月通知广州公司解除《内部承包合同》，广州公司并无案涉项目的承包和施工权限。珠海公司的陈述，让本案更加扑朔迷离，也让甲某面临巨大的刑事风险。同时，丙某因情绪偏激，不断向各机关单位信访，尤其是甲某被取保候审后，丙某扬言要进京上访，当地政府也努力协调双方纠纷，但丙某态度强硬，协调效果不佳。

辩护律师介入后，对案情进行分析，认为本案属于民事纠纷，不构成合同诈骗罪，应当进行无罪辩护。在确定辩护思路后，一方面，辩护律师梳理案件证据，撰写多份法律意见书提交检察官，从案涉项目的真实性、广州公司的资质、《内部承包合同》的状态、广州公司和甲某的履约诚意和努力、款项的去向和用途等方面详细论述甲某不存在虚构事实、隐瞒真相的客观行为和非法占有的主观目的，不构成合同诈骗罪；另一方面，辩护律师积极采取适当的反制措施，应对丙某的无理控告，让其放弃欲通过刑事途径快速解决纠纷的错误幻想，逐渐回到理性解决问题的路径上来，同时“刚柔并济”，耐心与其进行协商谈判，最后达成和解协议，解除了检察官的后顾之忧。

最终，检察官逐渐接受并认可了辩护律师的辩护意见，丙某也在和解协议上签字，不再无理闹访。在本案刑事立案一年半之后，检察院对甲某作出不起诉决定。检察院在不起诉理由中指出，本案现有证据不足以证实甲某客观上实施了虚构事实、隐瞒真相，骗取对方当事人财物的行为和主观上具有非法占有的故意，且本案丙某的损失可以通过民事途径进行救济，双方已经签署和解协议，无进行刑事处罚的必要性。

【争议焦点】

（一）客观上，甲某是否实施了虚构事实、隐瞒真相，骗取丙某财物的行为？

1. 《内部承包合同》是否已于2016年3月解除；

2. 甲某是否在明知《内部承包合同》已经解除的情况下，与丙某签订《联营承包合同》。

（二）主观上，甲某是否存在非法占有丙某财物的故意？

1. 甲某是否欺骗丙某签订《联营承包合同》而收取500万元履约保证金；

2. 甲某在收取500万元履约保证金后，是否存在恶意挥霍、违法使用、隐匿逃逸等情形。

【案例评析】

（一）高质量的法理分析是本案无罪辩护的基础

本案经多次、认真分析研讨，辩护律师坚持认为甲某不构成合同诈骗罪。根据《刑法》第224条的规定，构成合同诈骗罪，需行为人在签订、履行合同过程中，客观上实施虚构事实、隐瞒真相，骗取对方当事人财物的行为，主观上存在非法占有的目的。本案中，甲某的行为无论在客观上还是在主观上均不符合合同诈骗罪的构成要件，因此不构成合同诈骗罪。在确定辩护思路后，辩护律师认真细致地梳理案件脉络和案件证据，并在此基础上形成了《甲某不构成合同诈骗罪法律意见书》《请求公安机关撤销案件法律意见书》《立案监督申请书》等多份高质量的法律文书，对本案进行详细、全面的分析、论述，为检察机关最终作出不起诉决定提供了有力的法理支撑。

（二）积极的反制措施是本案无罪辩护的助力

甲某与丙某之间本是普通的经济纠纷，但因丙某不断信访、无理控告，给司法机关造成一定的办案压力，如果任由丙某继续“闹”下去，将非常不利于本案的走向。辩护律师采取了以下反制措施：首先明确向丙某表示，不会对其无理控告行为妥协，要求其通过民事途径解决纠纷；其次向公安机关提出申请，要求依法追究丙某无理取闹、诬告陷害和违法上访等行为的行政责任和刑事责任；最后积极与政府、政法委、维稳办等沟通，要求相关部门坚持原则、依法处理、不“和稀泥”。事实证明，上述措施打消了丙某欲通过刑事控告解决纠纷的幻想，让其有所收敛，为检察机关最终作出不起诉决定提供了积极的帮助。

（三）和解协议的签订是本案无罪辩护的保障

辩护律师在与检察官沟通过程中，意识到检察官对甲某不构成合同诈骗罪的辩护意见比较重视。鉴于此，辩护律师决定“刚柔并济”，向丙某释放出愿意在法律框架内协商的诚意，并有理有据与丙某谈判。最终，在相关部门的协调下，经反复、多次沟通协商，终于说服丙某作出让步，双方签署和解协议，妥善解决经济纠纷，也解除了检察官的后顾之忧，为其最终作出不起诉决定提供了有力的保障。

回顾思考，本案最终取得较为圆满的结果，一方面是由于辩护律师坚定的辩护思路、充分的辩护观点和得当的辩护策略；另一方面，更得益于检察官耐心听取辩护意见，勇于摒除案外压力，严格遵守法律规定，依法审查和认定案件性质，最终做出不起诉决定。本案积极践行了中央关于切实保障民营企业家合法权益的倡导和指示，是优化营商环境、推动法治进步的典型案例。

【专家点评】

本案是一起发生在建设工程领域的刑事案件，建设工程领域涉及的法律关系较为复杂，刑事风险高发、频发。本案广州公司和甲某在承包、转包工程项目的过程中，确实存在一些不当甚至违法的情形，但不能简单认定其构成合同诈骗罪。认定是否构成合同诈骗罪，应基于犯罪构成理论，结合本案事实，从客观行为和主观目的两个方面进行综合分析。辩护律师的辩护观点明确，辩护意见充分，具有较强的逻辑性和体系性。

此外，本案还存在一个不可忽视的重要因素，即丙某不断地控告、信访，这给当地政府和司法机关带来比较大的压力。能否妥善处理这个问题，是本案能否成功辩护的关键。辩护律师一方面采取适当措施应对丙某的控告、信访，另一方面也做了大量耐心、细致的沟通工作，说服丙某达成和解协议，很好地化解了社会纠纷，为本案的辩护工作创造了有利的条件。

近几年来，中央多次强调优化营商环境，保护民营企业家的合法权益。最高人民法院、最高人民检察院也多次发布文件和指导案例，针对司法领域保障民营企业家合法权益作出指示、指导。本案的成功辩护，也是响应和践行中央政策方针的具体体现。应当说，本案辩护律师的工作，使得本案最终取得了不起诉的结果，实现了社会效果和法律效果的统一，是一起非常典型的成功案例。

（点评人：聂立泽，中山大学法学院教授）

林某某非法收购珍贵、濒危野生动物案

——因收购人工繁殖野生动物涉刑的案例评析

何兆彬 王宇虹*

【内容提要】

对人工驯养繁殖的鹦鹉等野生动物进行收购、运输、出售的行为是否构成刑事犯罪以及如何定罪量刑的问题，在司法实践中争议巨大。本案中，林某某非法收购了17只人工驯养繁殖而来的鹦鹉，按照现行的法律规定，林某某的行为已构成非法收购珍贵、濒危野生动物罪，且属于情节特别严重的情形，依法应当对其适用“十年以上有期徒刑，并处罚金或者没收财产”的量刑幅度予以处罚。法院在审理后采纳了辩护律师的意见，决定对林某某在法定刑以下量刑，并依法报请最高人民法院核准，林某某最终被判处有期徒刑一年六个月并处罚金2万元。该案件的处理结果体现了法院目前对人工繁殖野生动物的处理标准及态度，对同类型案件具有极高的借鉴意义。

【案情简介】

新冠肺炎疫情期间，全国各地都在重点整顿、严厉打击涉野生动物违法犯罪活动，林某某犯非法收购珍贵、濒危野生动物罪一案是警方在“飓风2020”专项行动中破获的一起涉野生动物的重大案件，社会关注度较高且具有较大的普法教育意

* 何兆彬、王宇虹，北京市盈科（广州）律师事务所律师。

义。公安局在“警方严厉打击涉野生动物违法犯罪活动”的新闻报道中也详细通报了该案件的具体情况，并提醒广大市民切勿滥购野生动物，共同营造全社会爱护、保护野生动物的良好氛围。

根据检察院指控：2017 年 2 月起，林某某通过网络论坛向网友非法收购红领绿鹦鹉、彩虹吸蜜鹦鹉等珍贵、濒危野生动物，并在其住处进行饲养。2020 年 6 月 16 日，公安机关抓获林某某并在其住处查扣 17 只鹦鹉，其中有 2 只被列入《国家重点保护野生动物名录》，为国家二级重点保护珍贵、濒危野生动物；其余 15 只鹦鹉均被列入《濒危野生动植物国际贸易公约》（CITES）附录Ⅱ；经鉴定，上述 17 只鹦鹉共价值人民币 155000 元。

检察院认为林某某犯非法收购珍贵、濒危野生动物罪，情节特别严重，于 2020 年 9 月 15 日向法院提起公诉。在诉讼过程中，检察院主张林某某危害野生动物资源，损害社会公共利益，故向法院提起附带民事公益诉讼，请求判令林某某支付生态环境损失人民币 77500 元以及在省级以上媒体上公开道歉。

北京市盈科（广州）律师事务所接受林某某的委托，指派何兆彬、王宇虹律师担任林某某的辩护人暨诉讼代理人为其提供法律帮助。何兆彬、王宇虹律师经会见林某某、查阅案卷材料后提出如下辩护意见：第一，被告人林某某所收购的鹦鹉为人工驯养繁殖而来，收购人工驯养繁殖鹦鹉的主观恶意及社会危害程度与收购纯野生鹦鹉有较大差别，故应受到的相应处罚程度亦需要有所区分，应对其采取相对轻缓化的刑事政策。第二，对人工驯养繁殖的鹦鹉进行收购是否构成刑事犯罪问题，争议巨大，在其他同属“情节特别严重”的类似案件中，法院普遍的做法是在报请最高人民法院核准后对被告人大幅度减轻处罚并在法定刑以下量刑。第三，被告人林某某以欣赏的目的收购涉案的鹦鹉，其犯罪意图并不明确，犯罪的主观恶意较小。第四，本案中公诉机关指控的 17 只鹦鹉尚存活并已经得到妥善安置，被告人林某某的行为情节较轻且没有造成严重的后果。第五，林某某所收购的鹦鹉属人工繁殖，根据相关的野生动物价值评估方法的规定，应按照司法鉴定中心认定的涉案动物价值的 50% 执行，即 77500 元。第六，被告人林某某在本案中真心认罪悔罪，其自愿全部履行公诉机关提起的公益诉讼的要求，自愿赔偿生态环境损失和赔礼道歉。与此同时，林某某也愿意在回归社会以后投身于保护野生动物相关方面的公益活动，利用自己对鹦鹉的热爱来服务社会、回报社会，真正实现惩治效果和社会效果相互统一。第七，被告人林某某是家庭的经济支柱，其家庭情况困难，整个家庭都需要其照顾。

在确定涉案鹦鹉是否属于人工驯养繁殖鹦鹉的问题上，辩护律师在庭审过程中将其作为一个重点问题向法院详细阐明。辩护律师提出：一方面，现场扣押鹦鹉的图片可以显示涉案的 17 只鹦鹉均佩戴着脚环，这完全符合人工繁殖鹦鹉的特征，而涉案的鹦鹉在林某某收购时还属于幼鸟，若鹦鹉幼鸟长大了后，脚环就难以再套上去，实践中也鲜有从野外捕抓鹦鹉再来套脚环的情形，这充分证明涉案的鹦鹉是人工驯养繁殖而来。另一方面，辩护人也检索了相关科学材料，涉案的鹦鹉大部分自然分布在遥远的非洲大陆，而在我国很少有自然分布。因此涉案的大部分鹦鹉不可能千里迢迢从非洲大陆自然迁徙到中国。考虑到安检、过境以及十几个小时飞机长途跋涉等因素，刚出生的鹦鹉幼鸟不可能有机会活着从非洲被人为带回中国，同时我国海关等部门必然会对入境生物进行严格检查，故涉案的鹦鹉应被认定为人工驯养繁殖而来。

法院经审理认为，被告人林某某非法收购国家重点保护的珍贵、濒危野生动物，情节特别严重，其行为已构成非法收购珍贵、濒危野生动物罪。此外，被告人林某某的行为危害野生动物资源，损害社会公众利益，应承担民事侵权法律责任。结合现场的照片显示，涉案的鹦鹉佩戴着脚环，在现有证据不能证明涉案鹦鹉为纯野生鹦鹉的情况下，可以综合认定涉案鹦鹉为人工驯养繁殖而来，故涉案鹦鹉的价值应按照鉴定价值的百分之五十计算，即人民币 77500 元。对被告人林某某的行为，依法应当适用“十年以上有期徒刑，并处罚金或者没收财产”的量刑幅度予以处罚。鉴于被告人林某某归案后如实供述其犯罪事实，自愿认罪认罚，其确有悔罪表现，以观赏为主要目的通过网络购买涉案鹦鹉，且涉案鹦鹉均为活体并在案发后全部收缴，社会危害性较小，法院采纳辩护人的相关辩护意见，决定对被告人林某某在法定刑以下量刑，并依法报请最高人民法院核准。综合本案的犯罪情节、损害后果、被告人的悔罪态度，经法院审判委员会讨论决定，被告人林某某犯非法收购珍贵、濒危野生动物罪，被判处有期徒刑一年六个月，并处罚金人民币 2 万元。同时，被告人林某某需要支付人民币 77500 元用于生态环境损失修复工作及在省级媒体上公开道歉。

法院作出判决后，公诉机关未提起抗诉，被告人林某某也未提起上诉，本案判决依法报请最高人民法院核准，被告人林某某目前已重获人身自由。

【争议焦点】

1. 如何确定林某某所收购的涉案鹦鹉属于人工驯养繁殖而来？
2. 能否对林某某在法定刑以下进行量刑并判处较轻的刑期？

【案例评析】

《最高人民法院、最高人民检察院关于办理破坏野生动物资源刑事案件适用法律若干问题的解释》（以下简称法释〔2022〕12号文）施行以前，《刑法》与相关司法解释对非法收购、运输、出售珍贵、濒危野生动物罪的规定较为严苛，犯罪对象是鹦鹉的，入罪标准很低，1只即可定罪；6只以内对应的法定刑是五年以下有期徒刑或者拘役；6只到10只，法定刑是五年以上十年以下有期徒刑；而10只以上则是十年以上有期徒刑。本案发生在法释〔2022〕12号文公布施行前，根据最高人民法院2000年制定的《关于审理破坏野生动物资源刑事案件具体应用法律若干问题的解释》①（以下简称法释〔2000〕37号文）第1条规定，对于人工驯养繁殖的野生动物种群与野外种群同等保护，因此，旧司法解释并不区分野生动物是否属于人工驯养繁殖，这一规定直接导致了大量涉人工繁育野生动物的案件在司法实践中罪责刑不相适应。结合林某某在本案中非法收购17只鹦鹉的情节，其有可能面临十年以上有期徒刑的刑罚，一旦其被判处十年以上有期徒刑，林某某的家庭将"天塌地陷"。

本案已有充足的证据证明林某某非法收购的鹦鹉为人工驯养繁殖而来，一方面是涉案的17只鹦鹉均佩戴着脚环，符合人工繁殖鹦鹉的特征；另一方面是涉案的鹦鹉大部分自然分布在遥远的非洲大陆，在中国鲜有自然分布，其难以从千里迢迢的非洲大陆自然迁徙到中国。对此，辩护律师在本案中一直强调涉及人工繁育动物的案件，应综合评估社会危害性，确保罪责刑相适应，本案对林某某的行为应当在

① 法释〔2022〕12号文自2022年4月9日起施行，法释〔2022〕37号文同时废止。

法定刑以下量刑，理论的依据为《刑法》第 63 条第 2 款的规定：犯罪分子虽然不具有本法规定的减轻处罚情节，但是根据案件的特殊情况，经最高人民法院核准，也可以在法定刑以下判处刑罚。同时，辩护人也提供了大量的案例供法院参考并提出判决应当符合公众的合理预期。值得欣慰的是，法院最终采纳了辩护律师的意见，决定对林某某在法定刑以下量刑，使得其可以尽快回归社会和家庭。法院的判决不仅挽救了林某某支离破碎的家庭，也贯彻了《刑法》第 5 条所规定的罪责刑相适应原则，做到了罚当其罪，避免了轻罪重罚。从“有期徒刑十年以上”的法定量刑到法院最终对林某某判处“有期徒刑一年六个月”的判决结果，既体现了法院对野生动物的严格保护，也突出了司法机关对人工繁殖野生动物的从宽处理；既体现了法院审判委员会、经办法官的严谨务实的作风和态度，也充分肯定了辩护人在本案付出的艰辛劳动和取得的工作成效。

值得注意的是，最高人民法院、最高人民检察院、公安部、司法部于 2020 年 12 月 18 日联合制定《关于依法惩治非法野生动物交易犯罪的指导意见》。其中第 9 条规定：在认定是否构成犯罪以及裁量刑罚时，应当考虑涉案动物是否系人工繁育、物种的濒危程度、野外存活状况、人工繁育情况、是否列入国务院野生动物保护主管部门制定的人工繁育国家重点保护野生动物名录，以及行为手段、对野生动物资源的损害程度、食用涉案野生动物对人体健康的危害程度等情节，综合评估社会危害性，确保罪责刑相适应。相关定罪量刑标准明显不适宜的，可以根据案件的事实、情节和社会危害程度，依法作出妥当处理。

上述指导意见印发时间在本案判决前（判决时间：2020 年 12 月 25 日），也为林某某获得大幅度减刑带来了契机及政策支持。我们认为，本案的判决结果坚持了法理、照顾了情理，做到了法律效果和社会效果相统一，体现了法院从善如流、坚持司法公正和勇于担当的精神，是一份值得称道的司法判例。

【专家点评】

律师要守法，但异于法官的中立和被动，要在适法范围内最大化地保护己方当事人，本案两位律师做到了。本案没有铁定的法定减轻和感人的酌定减轻，一般律师也就只能陪审了。但他们全心投入，搜遍同类案例，急被告之所急，想到了主观方面的自己饲养和个人观赏、客观方面的人工繁殖和自然野生的差别等；想一般律师所未想，想到了呈报最高法院核准减轻的特别规定、学界和司法界的诸多争论等。

本案的律师辩护及代理或可：第一，推动同案同判的司法。既然引起最高人民法院及时颁发文件，那么就此编发指导性案例也是可能的。第二，推动环境民事公益诉讼。在国家日益重视环保的趋势下，刑事附带民事公益诉讼、检察院提起民事公益诉讼都成新兴热点。第三，推动普法教育。连专家都须鉴定才能得知是不是珍贵、濒危动物，这就警醒猎奇胆大的人倍加小心，也体现了普法教育的重要性。

（点评人：朱金高，广东工业大学政法学院法律系副教授、中国民事诉讼法学研究会理事、广东省诉讼法学研究会常务理事）

53 人认罪认罚后律师独立辩护成功

——律师有效辩护两罪变一罪

丁一元*

【内容提要】

司法实践中，认罪认罚案件中检察主导已成为实然状态，不乏检察机关不允许律师为认罪认罚的当事人作无罪辩护，或只要律师作无罪辩护就撤回对被告人的量刑“优惠”。那么认罪认罚从宽制度是否存在无罪辩护的空间？2018 年 10 月 26 日，认罪认罚从宽制度被正式确立为法律制度；2019 年 10 月 11 日，《最高人民法院、最高人民检察院、公安部、国家安全部、司法部关于适用认罪认罚从宽制度的指导意见》明确了办理认罪认罚案件要严格坚持证据裁判原则，防止因犯罪嫌疑人认罪而降低证据要求和证明标准，对犯罪嫌疑人认罪认罚，但证据不足的，不能认定其有罪。如何更好地做到罪责刑相适应？本案当事人刘某中与辩护人本保持一致的无罪辩护意见，却在最后关头选择妥协，签署认罪认罚具结书，辩护律师在庭审上又如何才能有效行使独立辩护权，最大限度地维护当事人的合法利益？真正做到宽严相济、罚当其罪是值得法律人共同努力的目标！

【案情简介】

2019 年 3 月 5 日傍晚，某网络科技公司门口人群涌动，公司上下 50 多人被悉

* 丁一元，北京市盈科（广州）律师事务所律师。

数带上车。此后，当地警方以涉嫌侵犯公民个人信息、诈骗两罪，对老板刘某中及其公司全体员工进行了刑事拘留。

公诉机关指控，从2018年3月至2019年3月，第一被告人刘某中向他人购得各证券公司客户的身份信息，组织公司员工冒充各证券公司客服人员每天拨打几百个电话，谎称为回馈客户而成立的“股民交流群微信群”，诱骗被害人进群，微信群人数达到150人后，公司职员退群，刘某中以每个群2万元至3万元价格卖给后端团伙实施诈骗。微信群内由后端团伙人员发送虚假盈利图、包装成指导老师等讲解股票知识，引诱被害人在平台投资炒股，通过被害人在平台进行交易等，获取被害人的手续费及亏损金。至案发时止，刘某中等人共贩卖公民个人信息17万余条并从中获利26万元，伙同他人（后端黄某胜等5人）参与诈骗金额108万元，达到诈骗数额特别巨大标准，刘某中等人构成诈骗罪与侵犯公民个人信息罪两罪。

作为第一被告刘某中的辩护人，自接受委托开始至出庭辩护，便承受着来自各方的压力。在侦查阶段，接受委托后，因委托人举棋不定逾期支付第二笔律师费，该案曾一度陷入可能终止委托的尴尬境地；在审查起诉阶段，检察院与其他同案人签订认罪认罚具结书，提供量刑建议后，因当事人对指控诈骗罪、侵犯公民个人信息罪两罪且十一年以上的量刑建议心灰意冷，曾在会见时质疑辩护人“我委托资深的律师辩护到底能帮我什么呢?”就此当事人与辩护人的关系降至冰点；审判阶段，开庭前，辩护人与公诉人就指控罪名、量刑交换意见，辩护人与公诉人的沟通也因一度僵持没有效果。

（一）辩护思路与过程

1. 找准辩点，灵活出击

面对此类棘手案件，作为执业30年的律师，也是通过本案获得了“新”的诉讼经验。由于本案在审查起诉阶段两次退查均未发现构成共同诈骗的有力指控证据，在证据不足但检方又要强诉诈骗罪的情况下，辩护人立马转变战略，多次通过电话或面见主办法官和助理法官阐述观点并提交审前辩护意见。

公诉机关指控的所谓“诈骗行为”，主要涉及三个问题：第一，后端核心诈骗行为与前端辅助欺骗行为之间有无共同意思联络；第二，欺骗行为与被害人认识错误之间是否具有因果关系；第三，欺骗行为是否直接导致被害人对财产处分的意识。通过透析以上三点，才能顺利厘清“隐瞒事实，虚构真相”与“基于错误意识交付财产”之间的逻辑关系。综上，为使沟通效果达到最优化，辩护人主要从以下几个方面输出观点。

首先，刘某中组织员工拉人进群的目的仅是卖微信群获利，盈利模式为：取得他人信息—将客户拉进微信群—将微信群卖出，与后端诈骗无关。

其次，客户进入微信群并不意味着就丧失财产。刘某中组织他人冒充证券公司员工打电话拉人进群的行为虽有一定的欺骗性，但行为后果仅仅是使得他人加入微信群，并没有导致他人财产损失，不符合诈骗罪的构成要件。

再次，刘某中等人的行为与本案后续实施的诈骗行为之间没有刑法意义上的因果关系。公司员工认为自己构成诈骗罪只是因为他们错误认为冒充证券公司的客服是属于刑法上的诈骗行为，实际上刘某中及其公司员工组群后并不参与后端微信群的股票分析及炒股活动，将微信群卖出后即退群撤出，并不知所谓的诈骗者、诈骗方法及被害人。

最后，即便后端存在诈骗行为，也无法认定被告人刘某中明知他人用微信群来实施诈骗行为，在案证据显示侦查机关亦无法查明微信群里被害人投资的平台是否合法，那么刘某中作为普通人，更无法明确后端是否使用虚假平台进行诈骗。而起诉书指控黄某胜等人诈骗行为所涉 7 名被害人与刘某中公司员工拉入微信群中的当事人亦不能一一对应，没有因果关系存在。不能牵强附会、李代桃僵认定刘某中等人构成帮助犯。

功不唐捐，第一次与法院交流意见便初见成效——法院建议公诉机关退回补充侦查。

2. 抓紧时机，积极沟通

成功，不能靠等待。在公诉机关退回补充侦查之际，辩护人与法院第二次交流意见。辩护人认为，公诉机关将买群、卖群的行为指控为两种犯罪属于重复评价。当事人刘某中只存在一个行为，却被指控两个罪名，有违刑法禁止重复评价原则。刘某中购买公民信息的最终目的是建微信群后卖出盈利，无论是被告人购买公民信息建群再卖群或从上家引进公民信息，后转手卖群，两者的动机是一样的，均是为了牟利，其行为性质都是一致的，即侵犯公民信息。

尽管刘某中购买的仅是公民的电话信息，并不涉及身份证号码、家庭住址等更为隐私的个人信息，与刑法规制意义上的侵犯公民个人信息罪的危害程度存在一定差异，但理论与实践并不能够完全衔接，所以刑辩律师在探讨法律理论层面时也要立足事实层面，学会抓大放小，选择轻罪、量刑辩护。

3. 被告人迫于现实，无奈认罪

公诉机关尽管在法院建议退查后仍然没有找到确实充分的证据，但在开庭前两天致电辩护律师再次沟通认罪认罚与量刑建议。事实上，本案公司员工为早日释放均已签署认罪认罚具结书，而刘某中则是在考虑旗下员工等各方因素的情况下，才签署认罪认罚具结书。

尽管《最高人民法院、最高人民检察院、公安部、国家安全部、司法部关于适用认罪认罚从宽制度的指导意见》第6条规定了承认指控的主要犯罪事实，仅对个别事实情节提出异议，或者虽然对行为性质提出辩解但表示接受司法机关认定意见的，不影响“认罪”的认定。然而，实践中的情况往往不是刑法教科书上的非黑即白，非此即彼。实践中，因绝大多数犯罪嫌疑人签署认罪认罚具结书时在押，所以如果审前签署认罪认罚具结书能够换取早日自由，被告人一般会从现实利益出发，选择“违心”认罪，这也是约束辩护律师开展工作的“枷锁”。

4. 重视审前辩护，迎来曙光

作为刑辩律师，势必是矢志不渝，越挫越勇。虽然当事人在罪名与量刑的权衡下做了认罪认罚，但法律赋予了律师独立辩护的权利，法庭亦应严格按照证据裁判原则独立裁判。最高人民法院刑一庭审判长杨立新法官，在2020年12月19日第九届“刑辩十人”论坛上回应了认罪认罚实践中备受关注的问题，其中对于律师独立辩护应予保障作出了阐述，澄清了不认罪即从严等误区，总结了刑事诉讼追求实质真实的原则没有改变。

本案辩护人能够在当事人认罪认罚之后仍坚持独立辩护的另一个重要原因是重视审前辩护，坚持与法官有效沟通。开庭当天，辩护人依然在庭前与法官探讨不构成诈骗罪的无罪观点，并附上最高人民法院的刑事审判参考指导案例和自己曾办理过的两起与本案类似的被指控诈骗、最终法院生效判决均认定为非法经营罪的案例供参考。居中裁判的法官庭审时允许辩护人充分发表无罪观点。

庭上，尽管53名被告人均认罪认罚，但他们认为自己构成犯罪是基于办案人员告诉他们冒充证券公司工作人员打电话拉人进群构成诈骗犯罪的“诱导”。在本案中，公司员工甚至集体在法庭上辩解，“签署认罪认罚具结书是为了能早点判决，早点出去”。此时，辩护人紧抓证据瑕疵，继续延伸发问并在法庭辩论环节及时加以总结，攻破公诉机关的诈骗罪证据链条。

（二）裁判理由与结果

该案在审查起诉阶段历经两次退回补充侦查，审判阶段建议检察院补充侦查，十多次与检察官、法官沟通及经历两次四天庭审后终于尘埃落定。法院认为，关于刘某中的行为定性问题，根据现有证据，刘某中及其员工的行为与实施诈骗没有刑法意义上的因果关系，也没有证据证明刘某中等人与购买微信的人有共同实施诈骗的故意，公诉机关认为后端公司涉嫌诈骗，故认定作为前端公司的人员是诈骗罪帮助犯的证据不足；关于刘某中被指控两个罪名是否属于重复评价的问题，刘某中的行为既构成侵犯公民信息罪又构成帮助信息网络犯罪活动罪，根据刑法规定应择一重罪处罚。经过一年多的努力，终于在 2020 年 12 月 5 日收到了法院的《刑事判决书》，认定刘某中仅构成侵犯公民个人信息一罪，判处与第二被告人丁某同样的有期徒刑六年。公司其他员工的诈骗罪名均不成立，以帮助信息网络犯罪活动罪判处三年以下不等有期徒刑，有的适用缓刑，刑责均有所减轻。

宣判后，检察机关没有提出抗诉，被告人均未提起上诉，至此本案判决生效。

【争议焦点】

1. 刘某中等人的行为定性——仅购买公民个人信息后拉人进群炒股，后端涉嫌诈骗被害人，前端行为是否为后端实施诈骗提供了帮助？

2. 在全案 53 人认罪认罚的情况下，作为本案第一被告人的辩护人是否还独立行使辩护权，坚持诈骗无罪辩护？

【案例评析】

本案法官居中裁判，严格依照证据裁判原则，在本案构成诈骗罪证据不足的情况下，排除案外因素独立审判，是对《最高人民法院、最高人民检察院、公安部、国家安全部、司法部关于适用认罪认罚从宽制度的指导意见》精神的充分体现。对认罪认罚从宽的刑事案件的认定，同样要坚持证据裁判原则。按照证据裁判原则的要求，有犯罪事实但没有证据或者证据不足，不得定罪。我国《刑事诉讼法》明确规定，对一切案件的判处都要重证据，重调查研究，不轻信口供。只有被告人供述，没有其他证据的，不能认定被告人有罪并处以刑罚；没有被告人供述，证据确实、充分的，可以认定被告人有罪并处以刑罚。对确实、充分的条件，《刑事诉讼法》也进行了细化规定，明确了证据的证明标准不能因犯罪嫌疑人（被告人）认罪认罚而予以降低。

无罪辩护难，何况是认罪认罚后的无罪辩护。尽管法律赋予了律师独立辩护的权利，《最高人民法院、最高人民检察院、公安部、国家安全部、司法部关于适用认罪认罚从宽制度的指导意见》也细化了不影响“认罪”的认定范围，但实践中的情况往往不是刑法教科书上的非黑即白，非此即彼。现阶段，认罪认罚从宽制度在某些情况下会变成犯罪嫌疑人为谋求权益最大化而进行司法“博弈”的工具，原因是一些行为人本身对于其行为究竟是否构成犯罪并不十分清晰，甚至他们内心确认自己是不构成犯罪的，但在认罪认罚从宽制度之下，这部分行为人为了在司法后果“不确定”的情况下追求一种“确定性”，而“承认”了自己的所谓“罪行”，以“换取”从轻处罚甚至不起诉的结果。这或许在事实清楚、证据确凿，被告人明显构成犯罪的案件中并无不妥，但在一些事实模棱两可的案件中，同案从犯的认罪认罚可能对案件的审判形成错误的引导，并对同案其他犯罪嫌疑人（被告人）的法律评价造成负面影响，这些对于案件整体的定罪量刑都是极为不利的。所以，此时律师的辩护技巧及方式显得尤为重要。

首先，本案在经过合理分析并得到当事人认同后，辩护人选择采用两段式的辩护策略：第一，当事人在事实层面仍然如实供述，至于法律层面是否构成犯罪及构成什么犯罪则由辩护律师根据在案证据予以判断，但服从法院的认定并接受认罪认罚；第二，律师提出罪名认定所存在的问题（事实层面、法律适用层面），进行独立辩护，并按照辩护进展酌定是否退一步展开辩护，即如果法院仍然认定当事人构罪的，则应当考虑从轻、减轻的量刑情节及社会危害性程度。这种策略看似相互矛盾，但事实上是有法律依据并且是一个行之有效的辩护方案，也是现在认罪认罚制度之下较接近“辩诉交易”的法律状态。

其次，在控辩双方对被告人的定罪量刑情节有重大分歧的情况下，律师应选择与法官进行沟通、探讨。基于本案辩护人认为不构成诈骗罪的机会比较大，故在庭前探讨观点时不仅提交法律意见，还附上最高人民法院的刑事审判指导案例和自己曾办理过的两起与本案类似被指控诈骗、最终法院生效判决均认定为非法经营罪的案例，加大辩护力度。

最后，庭审时仍需有技巧性地进行发问、“套话”，有针对性地对公诉人指控构罪的证据进行质证，找出破绽，并且在法庭辩论环节稍作引申和及时加以总结，破解公诉机关的证据链条。

【专家点评】

《律师法》规定，辩护人的职责是根据法律和事实提出对被告人、犯罪嫌疑人无罪或罪轻的材料和意见。换言之，在现有法律框架内，追求当事人利益最大化。

本案对于刑事辩护律师工作有两点引领作用：

（1）审查起诉阶段，在和检察官进行认罪认罚讨论时，不是简单听从公诉方意见，而是通过“拉锯式”的实质性磋商，将刑期有效降低。这充分证明了辩护律师在审查起诉阶段一样可以发挥实质性作用，而并非走过场似的在具结书上签字。

（2）审判阶段，既能保持独立辩护权，又能推动法庭进行实质化庭审。一方面，和委托人明确庭审的各自工作，即当事人讲事实、表态度认罪；另一方面，积极发表法律适用意见，即厘清罪与非罪、此罪与彼罪、数罪与一罪之关系。

丁一元律师既巧妙运用了自己丰富的办案经验，又通过其对认罪认罚制度精神以及庭审实质化要旨的通透理解说服了法官，最终使法庭作出了正确理性的判决。

（点评人：陈瑞华，北京大学法学院教授、博士生导师）

陈某诈骗罪

——认定主观上不具有非法占有的故意，存疑不起诉

蔡晓燕*

【内容提要】

本案涉嫌的罪名为诈骗罪，犯罪嫌疑人陈某被公安机关指控以能为他人找到有编制的工作为由，参与12起诈骗案件，涉案金额740488.88元，非法获利192000元。该案经过两次退回补充侦查、两次延长审查起诉期限，最终公诉机关认为现有证据无法证明陈某在主观上具有非法占有的目的，作出存疑不起诉的决定，陈某被无罪释放。

【案情简介】

（一）基本案情

2019年3月至11月，何某某宣称自己为××合作区某领导司机，同时虚构××合作区管委会综合办主任“柯某”等人物，以能为他人找到有编制的工作、开工作证明等理由，伙同陈某骗取被害人钟某某、李某某、曾某某等12人财物，共作案12起，合计诈骗金额为740488.88元，案发前已退还159854元。陈某在本案中被指控积极为何某某介绍人员，非法获利192000元。后因工作长期无法得到安置，受害人遂报案，指认何某某、陈某共同诈骗，导致案发。

---

* 蔡晓燕，北京市盈科（广州）律师事务所律师。

本案涉嫌犯罪的嫌疑人为两人，辩护律师为犯罪嫌疑人陈某的辩护人。犯罪嫌疑人陈某2020年1月21日被刑事拘留，2020年2月25日被批准逮捕，在辩护律师介入后，案件两次退回公安机关补充侦查，两次延长审查起诉期限，2020年8月21日，历经7个月，检察院认定，现有证据无法认定陈某在本案中具有非法占有他人财物的主观故意，事实不清，证据不足，作出了存疑不起诉的决定，并于2020年8月21日释放陈某。与此同时，同案犯何某某被移送审查起诉。

本案公安机关指控陈某的具体犯罪行为：1. 该案所涉及的全部被害人12人，均由陈某积极介绍，且被害人都指认陈某；2. 陈某在本案中截留、收受受害人款项合计192000元，具有非法占有他人财物的主观故意的嫌疑；3. 直接帮助何某某与受害人沟通及推进安排工作事宜，带领受害人前往××合作区等地点参观宿舍、组织饭局；4. 谎称何某某为××合作区某领导的司机，在自身还未入职的情况下，宣称自身已经入职××合作区，以稳定其他受害人的心理状态。

（二）办案过程及辩护意见

辩护律师在介入该案时，认为该案具有众多的疑问及压力：1. 该案涉及12名被害人，人数众多，受害人集体报案，在××合作区具有巨大的公众影响力，对社会秩序造成一定的影响，检察院承受着巨大的舆论压力；2. 该案已经批准逮捕，且经过两次退回补充侦查，两次延长审查起诉期限，陈某已经被关押7个月，如该案件不予起诉，将导致约6个月的国家赔偿；3. 在陈某已经截留、收受受害人约192000元的款项情况下，证明其主观上不具有非法占有他人财物的故意，难度极大；4. 陈某尚未入职××合作区，却向其他被害人宣称其已经入职××合作区，如何才能证明陈某未虚构事实，隐瞒真相；5. 陈某向所有受害人宣称同案犯何某某为××合作区某领导司机，如何证明其不存在虚构他人身份及未帮助何某某虚构身份以达到诈骗目的；6. 如何证明陈某在2019年3月至2019年11月，长达半年的时间内，没有实际去××合作区上班，且对何某某诈骗一事并不知情，亦没有放任何某某诈骗的故意。

带着上述疑问，辩护律师经过多次会见犯罪嫌疑人，进行多次沟通及阅卷后，确认了以下辩护策略。

1. 基于以下理由，辩护律师确认了无罪的辩护方向。

第一，本案有证据可以证明陈某在主观上没有非法占有的故意，该案有机会得到无罪的判决或不起诉的结果；第二，陈某虽然已经被批捕，辩护难度增加，但其涉嫌诈骗的金额为740488.88元，已经达到数额特别巨大的档次，将面临10年以上有期徒刑的判决结果，辩护律师告知陈某上述法律规定及量刑档次后，犯罪嫌疑人坚持自身无罪的意愿。

2. 通过调查取证、提交证据证明陈某主观上没有非法占有的主观故意。向公安机关提交陈某的入职申请表、体检表、陈某的流水记录、陈某与何某某等人的聊天记录及陈某的手机录制视频。

3. 从本案部分受害人处得知，陈某在收受款项时不具有诈骗的故意，其本意只想收受“中介费”，让该部分受害人书写证人证言以辅助证明陈某在本案中不具有诈骗的主观故意。

4. 推动本案谅解工作的进行，最终取得了8位受害人的谅解书。

5. 通过提交聊天记录及查阅笔录，梳理所有能够证明陈某不具有诈骗的主观故意的笔录向公诉机关提交，通过组织归纳笔录及聊天记录得出以下事实、辩护观点：陈某主观上并没有与何某某共同诈骗的故意，即陈某从未与何某某共谋诈骗之事。第一，何某某承认其没有告诉陈某其对于“帮忙找工作”的策划、骗局。第二，何某某本身虚构微信人物，欺骗陈某，使得陈某相信何某某有为他人安排工作的能力。第三，陈某一直在催促何某某为已交费用的受害人安排工作，其主观目的是想帮助他人找工作，而非占有他人财物。第四，陈某从未虚构何某某的身份，而是何某某虚构其本人的身份使陈某相信其为××合作区某领导的司机，陈某同样是本案的受害人。第五，陈某并未虚构其是某领导的秘书的身份，而是基于何某某的欺骗行为使其本人认为其已经处于在职状态了，才会对其他受害人声称自己已入职，并且主动推动何某某为其他人安排工作。第六，陈某对于部分款项的截留，是出于打点事情的目的及自己辛苦推动进程的补偿，其目的并非欺骗受害人，该工作介绍费非诈骗所得，仅仅可以被认定为“中介费”，当其知道何某某无法为受害人安排工作后，已经陆续将自身截留的款项退回各被害人了。因此，陈某主观上不具有非法占有他人财物的故意。

6. 本案证据存疑，无法查清陈某主观上是否具有犯罪故意，从疑罪从无的角度论述该案应当不起诉，并获得公诉机关的采信。根据《刑法》第266条的规定，诈骗罪所保护的法益是财产利益，打击的是侵犯公民财产利益的犯罪行为。陈某所参与的活动都不基于“骗”的主观目的，而基于其也因受骗而陷入错误认识，导致向其他被害人传达了其认为真实的信息，其本身的行为无法认定是在“行骗”，因此在没有直接证据能突破陈某本身为“受害者”的身份，也无法合理解释陈某在案发前仍为自己及其他受害人交纳党费的行为的情况下，不能认定陈某在主观上有“欺骗他人及帮助他人行骗的”主观故意，应当按照疑罪从无的原则，不予起诉。

最终，公诉机关采信了辩护人的辩护意见，认为在案证据无法查清陈某是否具有非法占有他人财物的犯罪故意，事实不清，证据不足，作出不予起诉的决定，陈某被认定无罪。

【争议焦点】

现有证据是否可以推定陈某主观上具有诈骗的故意及陈某主观上是否具有放任何某某诈骗行为的间接故意?

【案例评析】

该案涉嫌的罪名为诈骗罪，根据共同犯罪理论，该涉案金额已达到了特别巨大的档次，根据《刑法》第266条的规定，诈骗公私财物，数额特别巨大或者有其他特别严重情节的，处十年以上有期徒刑或者无期徒刑，并处罚金或者没收财产，因此陈某所面临的法定刑是非常高的。在刑法理论中，犯罪构成讲究主客观相统一，要构成诈骗罪，必须主观上具有非法占有的故意，客观上实施了行骗的行为，而主观的意识，在司法实践中往往是说不清道不明的，只能通过犯罪嫌疑人在事前、事后的客观行为来加以论述、推断。本案中，辩护律师充分关注到陈某亦为受害者的事实，从该事实出发调取了大量能够证明陈某对于何某某诈骗不知情的事实证据，如何某某虚构的聊天记录、陈某的体检记录、陈某入职申请表、陈某的老婆亦交纳介绍费的事实，通过梳理上述证据加以论述陈某主观上对何某某诈骗一事并不知情，不构成帮助犯的观点。该案中，所有的受害者都是通过陈某介绍而认识何某某，随之被诈骗而遭受经济损失的，在一定程度上，陈某对受害人的损失具有一定责任，其行为具备一定的社会危害性，但该危害性是否需要运用刑法去加以打击，是值得商榷的。本案的所有辩护意见，都围绕陈某在主观上是否有非法占有的目的加以论述，继而证明陈某截留款项的行为仅仅是为了获取“中介费”而非诈骗行为，最终该辩护意见亦得到了检察院的采信，该案确是司法实践中不能客观归罪的典型案例。

【专家点评】

陈某涉嫌诈骗罪一案共有 12 名被害人指认其具有诈骗意图，涉嫌诈骗。客观上，陈某截取了部分款项，获利 192000 元，具有收受款项的实际行为。该案通过辩护，获得存疑不起诉的结果，最终以不能认定“主观上具有非法占有目的”，存疑不起诉。

该案最终存疑不起诉，是讲究主客观相统一，不能客观归罪的典型案例，具有极大的参考意义。“主客观相统一”是刑法的基本原则，但在司法实践中，认定主观上是否具有犯罪故意是极有难度的，原因在于人的思想无法实际透视，仅能从客观的行为反推犯罪嫌疑人在当时的情境中的主观状态。

本案中，辩护律师通过调查取证、对比和印证证人证言、逻辑推导的方式，从陈某的实际行为出发结合案发时的情境，进而反推出陈某不具有主观故意的辩护结果，使得犯罪嫌疑人免受 10 年的牢狱之灾。该案的辩护成果进一步明确了经济纠纷与犯罪之间的界限，避免了刑法打击范围过宽的结果，在保障公民的财产利益的同时贯彻了疑罪从无的刑法理念。

（点评人：孟国碧，广东财经大学法学院教授、法学院副院长）

十年陈案，迟来的正义

——覃某被故意伤害刑事控告案

扶宗元　吴　阳*

【内容提要】

对亲属、邻里间因民间纠纷引发的故意伤害案，遵循化解矛盾、解决纠纷的原则，依据公安机关办理治安案件和刑事案件的相关规定，即便达到轻伤，但符合情节显著轻微、危害不大，不认为是犯罪的标准，公安机关可以组织调解，达成调解协议并履行完毕的，不再处罚。

本案是使用硫酸毁容的故意伤害案，起因于情感纠纷。受害人首次鉴定结果是轻伤，但系受伤初期伤情尚不稳定之时所做的鉴定。而办案机关对鉴定结果未审慎对待，更无视被告人特别残忍的犯罪手段，在受害人意愿存疑的情况下与被告人达成了和解，后未追究被告人的刑事责任。

毁容类法医临床司法鉴定应在伤口愈合后进行，受伤初期的鉴定结果无法反映真实伤情，经律师提出刑事控告后，受害人被补充鉴定为重伤，推动了侦查程序重启，被告人最终获刑十年。

* 扶宗元，上海锦天城（广州）律师事务所律师；吴阳，北京市盈科（广州）律师事务所律师。

【案情简介】

（一）基本案情

覃某早年丧夫，带着两个年幼的孩子相依为命，后经村里人介绍认识了宪某，双方按照当地风俗举行了婚礼，但未登记结婚，此后以夫妻名义共同生活。之后几年间，覃某外出打工，宪某待在老家，无所事事，双方聚少离多，矛盾渐渐产生。

2009 年 1 月 20 日晚，刚从广州打工回到老家的覃某与宪某发生争吵，后覃某提出分手。第二日清晨，宪某使用事先准备好的一桶硫酸泼向正在熟睡的覃某面部、上肢、腰部等部位。经报案，公安机关立案侦查，覃某被鉴定为轻伤，在公安机关的主持下，伤情严重且意识尚模糊的覃某与宪某达成和解，宪某随后被释放。多年来，宪某不仅未履行和解协议约定之内容，对覃某亦不管不顾，还屡屡威胁恐吓，甚至企图侵占覃某前夫遗留下来的财产。

（二）处理过程

两位律师接受委托后，通过实地调查研究、广泛搜集证据材料，在准备极为充分的前提下，采取避免与办案机关发生直接冲突，却点其要害的策略，促使公安机关时隔近十年重启案件侦查程序。

1. 经过两位律师初步调查研判，并咨询医学专家，认为受害人的伤情无论是案发时还是现在，都不可能仅仅是轻伤，原受案机关可能存在违法办案的情形。

2. 鉴于案发至今已九年多，为确认刑事追诉期是否经过，立即联系鉴定机构进行伤残鉴定，最终鉴定结果为中度毁容达六级伤残，由此基本能判定量刑起点在十年以上。

3. 为准备充分的证据材料，两位律师前往案发地，向被害人、案件知情人调查取证，并制作了刑事调查询问笔录及询问视频，前往被害人从案发至今就诊过的所有医疗机构调取病历。

4. 考虑到当年轻伤的鉴定结果是由分局作出，和解亦由其所辖派出所主持，为避免冲突，采取仅要求再次刑事立案的策略。如果不立案，则向检察院申请立案监督作为救济途径。

5. 在确定策略并准备充分后，律师前往当地公安机关提交刑事控告书和相关证据，要求出具接收材料回执。在反复要求之下查阅了当年的卷宗后发现：虽然公安机关进行了刑事立案，但未对宪某采取任何刑事强制措施；覃某首次鉴定时，检材病历资料显示覃某头、颜面部和全身多处酸烧伤，已经属于重伤，但却被错误鉴定为轻伤。经过和当地公安机关的反复沟通，点其要害，促使原办案机关对案件重启侦查程序，并对宪某网上追逃。

6. 在案件进入审判阶段后，为避免诉讼时效经过的风险和诉讼费用的支出，经过和覃某协商，提起刑事附带民事诉讼。

（三）裁判理由与结果

法院认为，被告人宪某故意非法损害他人身体健康，致人重伤，其行为确已触犯《刑法》第 234 条第 2 款之规定，构成故意伤害罪。被告人宪某用硫酸泼向被害人，致被害人覃某容貌中度毁损达六级伤残，应认定为“以特别残忍手段致人重伤造成严重残疾”，依法应当判处十年以上有期徒刑、无期徒刑或者死刑。公诉机关指控被告人宪某犯故意伤害罪成立。被告人宪某主动投案，如实供述主要犯罪事实，是自首，依法可以从轻处罚。由于被告人宪某实施犯罪行为致使附带民事诉讼原告人覃某遭受经济损失，被告人宪某除依法应承担刑事责任外，还应承担民事责任。就附带民事诉讼原告人覃某的诉讼请求，法院支持了医疗费 143884. 78 元、住院伙食补助费 4380 元、误工费 48216 元、营养费 21900 元、护理费 3499 元、后续医疗费 193910 元，共计 415789. 78 元，扣除宪某抚养覃某孩子的费用 5 万元，宪某还应支付覃某 365789. 78 元。为维护社会秩序，保护公民的人身权利不受非法侵害，打击刑事犯罪，经法院审判委员会讨论决定，依照《刑法》第 234 条第 2 款、第 67 条第 1 款、第 36 条第 1 款之规定，判决如下：

被告人宪某犯故意伤害罪，判处有期徒刑十年（刑期从判决执行之日起计算。判决执行以前先行羁押的，羁押一日折抵刑期一日，即自 2018 年 10 月 27 日起至 2028 年 10 月 26 日止）。

被告人宪某赔偿附带民事诉讼原告人覃某经济损失共计人民币 415789. 78 元，扣除已支付的人民币 50000 元，尚需支付人民币 365789. 78 元。赔偿款限在本判决发生法律效力后 30 日内给付附带民事诉讼原告人覃某。

【争议焦点】

覃某时隔近十年所做第二次伤情补充鉴定能否采信？

【案例评析】

根据《治安管理处罚法》第9条，《公安机关办理伤害案件规定》第29条、第30条和《公安机关执法细则》第39－01条的规定，情侣、亲属、邻里间因民间纠纷引发的故意伤害案件，可以本着化解矛盾的原则，即便伤者伤情达到轻伤，但如果符合情节显著轻微、危害不大，不认为是犯罪的标准，公安机关通常会组织双方调解，达成调解协议并履行完毕的，就不再进行处罚。

对于毁容类的法医临床司法鉴定、检验，应当在伤口愈合后（通常是受伤后3个月至4个月）进行，受伤初期进行的司法鉴定结果无法真实、完整地反映伤者的实际伤情。

使用硫酸毁容的故意伤害案件，多由失恋、情感不和、第三者出现等两性纠纷引发，即便伤者被鉴定为轻伤，但属于手段特别残忍的犯罪行为，犯罪情节不可能被评价为显著轻微，因此，公安机关不应比照民间纠纷引发的故意伤害案件的处理方式调解结案。

在本案中，经办派出所虽进行了刑事立案和侦查，取得了案发现场的关键性证据和口供，但在被告人到案后，未对被告人采取刑事强制措施，仅因双方签署了和解协议，被告人承诺照顾被害人，就将其无罪释放。经办派出所的处理方式，看似平息了双方的矛盾，实际上是对被告人犯罪行为的纵容、对受害人的二次伤害，客观上对被告人之后不履行和解协议起到了推波助澜的作用，导致双方的矛盾不仅未化解，还让本应受到刑罚惩处的被告人逍遥法外近十年之久。

此外，在受害人的首次伤情鉴定中，受害人头部、面部和全身多处酸烧伤（S10% Ⅲ°）这一指标已经达到重伤标准，却被错误鉴定为轻伤，为经办派出所错误释放被告人提供了依据。

代理律师在办理案件初期，并不知晓经办派出所曾对本案进行过刑事立案，考虑到案发将近十年，为避免刑事追诉时效经过的风险，直接向经办派出所提出刑事控告，同时考虑到经办派出所曾将被告人无罪释放这一情况，亦准备向检察院申请立案监督。

随着对案情研究的不断深入，经办派出所和鉴定机构存在的问题得以显现，代理律师面临申请检察院对经办派出所曾经的侦查行为进行监督，还是向经办派出所申请补充或重新鉴定的抉择。经过和委托人的深入沟通，了解到经办派出所人员构成已经发生变动，让其自我纠错的阻力已经消失，最终采取了对各方均影响较小、较为平和的诉讼策略，在点其要害的同时，也给予其改正的机会，最终推动公安机关补充鉴定，重启刑事侦查程序，将被告人抓获归案。

【专家点评】

司法是维护社会公平正义的最后一道防线。每一个案件都承载着一份社会对法律的信仰。每一个错案的铸成，也能让信仰产生裂痕。因此，让公众在每一个案件中都感受到公平正义，至关重要！

本案从案发到最终结案，整整跨越十一年。由于最初案发时办案机关的草草处置，一件并不复杂的伤害案件竟然长期沉冤难洗，犯罪人一直逍遥法外。十年后，得益于办案律师的慎重介入、细致调查、强力推动，案件得以重启，并依法侦查、起诉、审判，最终让施暴者受到刑罚的制裁，受害者的合法权益得以重新维护，公平正义得到完美实现。

本案律师在办案过程中，信念坚定、态度严谨、工作细致、方法正确，围绕事实与证据展开了充分的调查与研究，为案件的重启和推进做出了非常专业而十分艰辛的努力。从结果上看，该案件办理效果良好、社会反响强烈。在维护受害人的合法权益、保护弱势群体的利益方面具有很好的示范意义，值得大力宣传和肯定！

当然，公正也需要“及时”。如何构建完善健全的司法救济渠道，维护司法系统的高效透明运转，使人民群众的诉求得到及时回应、充分落实，仍然是需要我们深入思考与践行的方向。每一位律师在每一个具体的案件中，都负有让每一个委托人感受到公平正义的神圣使命。

（点评人：黄立，华南师范大学法学院教授、广东省法学会犯罪学研究会会长）

无罪辩护之法不溯及既往

罗志威*

【内容提要】

刑法的溯及力，是指新的刑事法律生效后，对以前发生的未经审判或者判决未确定的行为是否适用的问题。如果适用，新的刑法就具有溯及力；如果不适用，新的刑法就不具有溯及力。我国《刑法》第12条规定的“中华人民共和国成立以后本法施行以前的行为，如果当时的法律不认为是犯罪的，适用当时的法律；如果当时的法律认为是犯罪的，依照本法总则第四章第八节的规定应当追诉的，按照当时的法律追究刑事责任，但是如果本法不认为是犯罪或者处刑较轻的，适用本法”，决定了我国以法不溯及既往为基本原则、以有利追溯为补充原则。本案例的作者依据法不溯及既往原则，提出被告人被指控的犯罪行为发生时刑法并未对此行为做出入罪规定，从而达到无罪辩护的效果。

【案情简介】

（一）个案事实

中共中央、国务院于2018年1月份发出《关于开展扫黑除恶专项斗争的通知》。该通知指出，为深入贯彻落实党的十九大部署和习近平总书记重要指示精神，保障人民安居乐业、社会安定有序、国家长治久安，进一步巩固党的执政基础，党

* 罗志威，广东伯方律师事务所律师。

中央、国务院决定，在全国开展扫黑除恶专项斗争。

广东省S市是全国扫黑除恶的重点地区，该地区存在以某Z姓家族为首的黑恶势力犯罪团伙。该家族长期盘踞在某县城区域内，垄断煤气经营，以强迫交易、敲诈勒索、寻衅滋事、故意毁坏财物等手段，非法获取巨额经济收入，并以此作为主要经济来源。

2005年至2011年，Z姓家族数位成员倾向于经营房地产生意，而当时大面积的土地交易大多以拍卖的形式进行流通、买卖。为了能顺利拿下标的土地，Z姓家族成员要求拍卖行工作人员提供必要的便利帮助或者胁迫其提供帮助。

随着扫黑除恶专项斗争的有效进行，Z姓家族的犯罪事实受到广东省公安厅的高度重视。2018年8月，广东省公安厅将Z姓家族的案件列为督办案件，S市公安局成立专案组侦办。经过缜密侦查，2018年9月，S市公安局一举抓获了Z姓犯罪团伙多名犯罪嫌疑人。公安机关经过调查，发现S市拍卖行经理陈某涉嫌在2010年两处土地拍卖过程中与Z姓团伙勾结，泄露竞买人的个人信息，导致竞买人在拍卖前夕遭到Z姓犯罪团伙的恐吓、威胁，部分竞买人放弃竞买。同时，陈某还涉嫌在他人竞得拍卖物后，串通Z姓团伙违规更改竞买人资料，将实际竞得者的身份更改为拍卖受托人，将Z姓团伙找来有意高价购买标的土地的买家改为最终竞得者以及实际竞得者的拍卖授权委托人。基于上述侦查的事实，公安机关认为陈某的行为属于“强迫他人参与或者退出投标、拍卖”，涉嫌强迫交易罪，因此于2019年6月6日将陈某刑事拘留。

（二）处理过程

陈某被刑事拘留数日后，陈某的家属委托本律师为陈某进行辩护。本律师经过会见后，根据陈某所陈述的情况和经过，依照事实和法律，从案件事实、证据、法律适用等方面向公安机关、检察机关提出以下法律意见。

1. 陈某没有向竞买人吴某透露竞买报价的信息，也没有证据证明陈某具有透露该信息的行为。报价流程中的多个环节中很多人都具有获得该信息的机会，无法排除他人透露该信息的可能。

拍卖行接受竞买报价的流程是：意向竞买人先交纳保证金，然后到拍卖行的业务室填写《竞买人登记审批表》、待拍卖行经理审批同意后再填写《报价单》等资料。在此过程中，拍卖行的财务人员、业务室的其他人员、办理竞买登记的其他人员等都在场，都有获得报价信息的机会。因此，无法排除他人透露报价信息的可能性。

2. 按照拍卖行的拍卖公告，最高竞买报价只是作为拍卖的起拍价格，其他竞买人在此基础上仍然具有竞买的权利。因此，最高竞买报价并不是竞得标的的条件。即使吴某获取了其报价之前的最高报价信息并进行报价，其同样需要在拍卖中以最后的最高报价才能竞得标的。即便陈某确实存在泄露拍卖信息的行为，该行为也只是违反职业规范，不具有刑法上的违法性，不构成犯罪。

3. 竞买人和拍卖行形成的是民事上的买卖合同关系。当吴某向拍卖行表明其是竞买受托人，竞买委托人是张某时，双方在平等协商一致且不违反法律的情形下，有权对合同主体等进行变更。拍卖行按照竞买人吴某的要求将竞买人变更为张某是履行职责的行为，该行为也是一种合法的民事法律行为。拍卖行对竞买人或者委托关系只负有形式上的审查义务。拍卖行在变更竞买人之前已经审查了竞买人吴某提供的委托书、委托人张某和受托人吴某的身份等证明存在委托关系的材料，拍卖行已经尽到了必要的审查责任。

4. 吴某代理张某和拍卖行所签订的《拍卖成交合同书》具有法律效力。委托人张某在《拍卖成交合同书》签订后以个人的名义支付了土地款项，也表明其认可吴某的代理行为和《拍卖成交合同书》的法律效力。

5. 指控陈某涉嫌强迫交易罪没有刑法依据。

1997 年《刑法》第 226 条关于强迫交易罪的规定自《刑法修正案（八）》施行后修改为："以暴力、威胁手段，实施下列行为之一，情节严重的，处三年以下有期徒刑或者拘役，并处或者单处罚金；情节特别严重的，处三年以上七年以下有期徒刑，并处罚金：（一）强买强卖商品的；（二）强迫他人提供或者接受服务的；（三）强迫他人参与或者退出投标、拍卖的；（四）强迫他人转让或者收购公司、企业的股份、债券或者其他资产的；（五）强迫他人参与或者退出特定的经营活动的。"而在《刑法修正案（八）》施行之前，强迫交易罪规定在 1997 年《刑法》第 226 条："以暴力、威胁手段强买强卖商品、强迫他人提供服务或者强迫他人接受服务，情节严重的，处三年以下有期徒刑或者拘役，并处或者单处罚金。"因指控陈某涉嫌强迫交易罪的两宗拍卖发生时间为 2010 年 1 月 7 日、2010 年 12 月 30 日，均在《刑法修正案（八）》施行（2011 年 5 月 1 日）之前，根据法不溯及既往的原则，本案强迫交易罪应适用 1997 年《刑法》第 226 条。1997 年《刑法》并未将“强迫他人参与或者退出投标、拍卖”列为强迫交易罪的一种行为。因此，退一步讲，即便认定陈某串通涉恶人员实施了“强迫他人参与或者退出投标、拍卖”的行为，由于当时《刑法》并未将该行为列为犯罪行为，对陈某涉嫌强迫交易罪的指控也因无法律依据而不成立。

2019 年 6 月 17 日，本律师向 S 市公安局提出取保候审申请，但 S 市公安局认为陈某仍构成犯罪，并认为陈某“涉共同犯罪案件，到案后存在不如实、不全面供述犯罪事实的情形，并有串供可能，存在社会危害性”，决定不予变更强制措施。2019 年 7 月 13 日，S 市人民检察院认为陈某构成强迫交易罪，批准逮捕。

陈某被逮捕后，本律师多次会见陈某，就陈某不构成犯罪的法律意见与陈某进行了深入沟通。陈某表示，希望本律师继续为自己辩护，就算案件到了审判阶段，也会继续坚持自己无罪。

2019 年 8 月 13 日，S 市公安局侦查终结，将案件移送 S 市人民检察院审查起诉。本律师经阅卷，认为指控陈某涉嫌强迫交易罪除了事实不清、无法律依据外，还存在证据不足的问题。2019 年 8 月 26 日，S 市人民检察院将案件指定下辖某县人民检察院办理。

审查起诉期间，本律师多次向经办检察官提交陈某不构成犯罪、应不予起诉的法律意见。但是，经办检察官并未采纳本律师的法律意见，其认为依据 1997 年《刑法》关于强迫交易罪的规定，陈某强迫他人退出拍卖的行为应当也属于“以暴力、威胁手段强买强卖商品、强迫他人提供服务或者强迫他人接受服务”的一种。陈某在与本律师进行充分沟通后，未签署《认罪认罚具结书》。案件经两次退回补充侦查，L 县人民检察院于 2020 年 3 月 5 日以陈某涉嫌强迫交易罪向 L 县人民法院提起公诉。

L 县人民法院受理后，本律师第一时间与经办法官取得联系，就陈某不构成强迫交易罪提出书面法律意见，重点提出 2011 年 5 月 1 日施行的《刑法修正案(八)》才将“强迫他人参与或者退出投标、拍卖”的行为入罪，而在此之前《刑法》并未具体规定，不能笼统、机械地将“强迫他人参与或者退出投标、拍卖”评价为“以暴力、威胁手段强买强卖商品、强迫他人提供服务或者强迫他人接受服务”的一种方式。合议庭仔细研究本案法律适用问题后，认为应当适用 1997 年

《刑法》的规定，并且不能强行将《刑法修正案（八）》中的“强迫他人参与或者退出投标、拍卖”的情形强行解释为1997年《刑法》中规定的“以暴力、威胁手段强买强卖商品、强迫他人提供服务或者强迫他人接受服务”的一种。

经办法官在案件开庭前主动联系经办检察官，对陈某涉嫌强迫交易罪一案法律适用问题进行沟通。

（三）裁判理由与结果

2020年5月11日，L县人民检察院申请撤回对陈某的起诉，L县人民法院于2020年6月11日裁定准许撤回起诉。

2020年6月15日，L县人民检察院经审查认为，陈某的行为在《刑法修正案（八）》施行之前不认为构成强迫交易罪，根据《刑法》第12条、《刑事诉讼法》第177条第1款之规定，决定对陈某不起诉，将被采取刑事拘留超过一年的陈某无罪释放。

【争议焦点】

1. 指控陈某构成强迫交易罪是适用1997年《刑法》还是适用2011年《刑法修正案（八）》？

2. 1997年《刑法》关于强迫交易罪“以暴力、威胁手段强买强卖商品、强迫他人提供服务或者强迫他人接受服务”的行为是否应当包含《刑法修正案（八）》新增“强迫他人参与或者退出投标、拍卖”的行为？

【案例评析】

本案中，L县人民检察院根据《刑法》第12条认为陈某的行为在《刑法修正案（八）》施行前不构成犯罪，属于适用法律正确。因为陈某被指控的行为发生在《刑法修正案（八）》施行之前，在此之前刑法不认为“强迫他人参与或者退出投标、拍卖”属于犯罪行为，故陈某不构成犯罪。

《刑法》第12条位于刑法总则之中，是刑法关于刑法效力规定的条文。该条文主要解决行为人某一特定行为应当被评价为罪与非罪、罪轻罪重时在新旧不同刑法规定中如何适用的问题。对于某一罪名，新旧刑法若存在不同的规定，依据《刑法》第12条，可以从有利于行为人的价值判断标准出发，对其行为进行正确的刑法评价。

从法理上的关系来看，法律作为国家调整社会关系的工具，其调节功能的发挥主要是通过对一种行为是否具有社会危害性、社会危害性大小进行评价，进而对具有社会危害性的行为进行惩罚。社会关系总在不断地变化，基于此产生的评价标准、法律评价及相应的惩罚自然也会随之而变。这些变化，在法律上的表现就是国家对法律的修改。正是由于法律的修改，实践中才会出现新旧法律冲突问题，才有法的溯及力问题。出于对国民合理信赖利益的保护，法不溯及既往原则在刑事实务中显得格外重要，不得以新法加重的规定去惩处行为人在旧法施行时施行的行为。

在立法目的上，《刑法》第12条的立法目的在于罪刑法定，实际上是遏制刑事打击犯罪的功能力，避免刑事法律过度刑罚化。刑事法律的目的并不全是惩罚犯罪，也是为了维持刑罚权的公正，同时起到预防犯罪的教育作用，保护国民合理的信赖利益。

通过本案例，本律师认为在以后办理的刑事案件中，首先应查阅当事人涉嫌的罪名的相关规定，包括罪名是否修改过、是否有相关的司法解释出台。如果存在上述情况，经办律师需要仔细研究法律适用问题，寻找对当事人有利的法律规定，并与经办司法人员进行充分沟通。

【专家点评】

法不溯及既往是现代法治社会的一项基本原则，具体表现在国家不能用现在制定的法律去评价、指导人们过去的行为，更不能用现在的法律去惩处人们过去实施的在当时是合法而现在是违法犯罪的行为。该原则避免刑事法律过度刑罚化，维护社会秩序的稳定性，保护国民期待的信赖利益。

本案的司法程序发生在扫黑除恶专项斗争期间。中央开展扫黑除恶专项斗争是一项正确的决策，具有重大而深远的现实意义。中央多次强调，司法机关在打击涉黑涉恶犯罪的同时，也要严守严格执法、公正司法的法治原则，把好每个案件的事实关、证据关、程序关和法律适用关，严禁刑讯逼供，防止出现执法上的偏差。

本案例作者首先通过法规检索发现当事人涉嫌强迫交易罪的罪名规定存在修改的情况，进而找到当事人实施被指控的行为时刑法并未对此类行为进行入罪规定，一年内不断向公、检、法部门提交陈某不构成犯罪的法律意见，最终得以使检察机关在案件开庭前撤回起诉并且作出不起诉决定，达到无罪辩护的效果。

法不溯及既往，要求刑事案件做到罪刑法定。司法机关在办理刑事案件，切勿先入为主，进行有罪推定。司法机关应当严格依据刑法及司法解释规定，做到每个刑事案件法律适用正确，努力让人民群众在每一个司法案件中感受到公平正义。

（点评人：张友好，华南理工大学法学院教授）

因古董交易涉嫌诈骗终获无罪的辩护思考

郜 超 王 宇*

【内容提要】

涉古董类诈骗案属于诈骗案中较难辩护的类型，主要原因在于往往要面对不利的鉴定意见或结论不同的鉴定意见。由于部分古董依靠鉴定人长期积累的经验进行判断，这就对鉴定人的专业水平和职业操守提出了极高的要求，但司法实践中往往只看鉴定资质、鉴定程序是否合法，而对鉴定意见的结论全盘采纳。如何在鉴定意见不利的情况下，将案件的庭审焦点锁定在案件发生时被告人是否具有非法占有的主观故意、是否具有虚构事实、隐瞒真相的行为，并围绕该焦点展开辩护且达到预期的效果，本案的辩护历程为此类案件的辩护提供了一个成功的范例。

【案情简介】

（一）公诉机关指控的事实

2011 年 7 月 1 日，肖某某和姚某桂签订《合作投资协议》，约定由姚某桂出资 400 万元人民币进行股票投资，由肖某某全权操作，无论投资盈亏多少，肖某某均需固定付给姚某桂 15% 的利润作为投资回报，并归还本金，合作期限为两年。2013 年 7 月 3 日，协议到期后姚某桂要求肖某某支付 529 万元。肖某某因投资失败无力支付，提出延长合作期限，被姚某桂拒绝。二人经商议决定以肖某某收藏的文物抵

* 郜超，广东东方昆仑律师事务所律师；王宇，北京浩天（广州）律师事务所律师。

债，姚某桂表示同意。最终以肖某某收藏的“清雍正年代的青花海水龙纹大盘”（2010 年 1 月，首都博物馆研究院王某城曾给出收藏价值不大的意见，2011 年 8 月，故宫博物院器物部研究馆员吕某龙曾给出收藏价值不大的意见）和“清雍正年代的清花釉里红花鸟纹长颈瓶”（2011 年 8 月，故宫博物院器物部研究馆员吕某龙曾给出收藏价值不大的意见）抵销 529 万元债务，姚某桂另行支付 46 万元，同时肖某某赠送一对“康熙民窑小花瓶”。2013 年 9 月，姚某桂认为四件瓷器为假古董，要求肖某某退货，被肖某某拒绝。2015 年 1 月 15 日，姚某桂向公安机关报案。2016 年 3 月 23 日，湖南省文物鉴定中心对上述四件瓷器进行鉴定，鉴定结果为：清花釉里红花鸟纹长颈瓶为现代工艺制作品，市场价人民币 10000 元；青花海水龙纹大盘为现代工艺制作品，市场价人民币 15000 元；青花花鸟纹纸槌瓶为现代工艺制作品，市场价共计人民币 6000 元（两件）。公诉机关认为，肖某某以非法占有为目的，隐瞒真相，以假文物骗取他人财物，共计人民币 575 万元，数额特别巨大，其行为触犯了《刑法》第 266 条之规定，应当以诈骗罪追究其刑事责任。

（二）辩护要点

肖某某不认罪，辩护人做无罪辩护。

1. 肖某某并无非法占有的主观故意

肖某某自始至终从未否认过因合作投资协议而产生的对姚某桂的债务，古董抵债是双方经过友好协商后的真实意思表示，对于涉案古董的交易方式和最终交易价格的确定，双方遵循的都是古玩行业的行规。综上，肖某某并非想利用其珍藏的古董非法占有姚某桂的财物，其主观上只是希望通过出售珍藏多年的古董偿还姚某桂的欠款。

2. 肖某某并无隐瞒真相的行为

涉案的两件古董均是肖某某花费巨资从古董收藏者处购得，其自始至终均认为涉案的两件古董为真品。按照古玩界行规，肖某某没有义务详细说明古董的来源、价格以及与此相关的情况，同是古董收藏爱好者的姚某桂在交易时也未要求肖某某说明上述情况。

3. 控方提供的鉴定意见不能证实涉案古董为假

古董鉴定有其特殊性，专业仪器鉴定能力有限，鉴定的真实性、准确性多依赖于鉴定人员的专业水平、经验、品德，所以不能仅凭鉴定意见就认定涉案的古董为假。而王某城和吕某龙对涉案瓷器的鉴赏只是个人行为，并不是鉴定行为，他们给出的意见只是个人意见，仅能作为参考。同时，姚某桂将两件涉案瓷器拿到保利拍卖公司估价时，拍卖公司的专业人员也未说涉案瓷器为假，而是给出了每件三四十万元的估价，高于肖某某的买入价。

4. 古董成交价的确定具有特殊性

古董成交价受市场、交易双方的认知等多方面因素的影响。肖某某在2006年、2008年购入涉案瓷器时，正是古董市场最低迷的时候，2011年后古董价格飞涨，因此，在市场低迷时“捡漏”，价格飞涨时卖出，符合市场经济规律。对于通过拍卖方式成交的古董，拍卖公司的评估价只是起拍价，不等于最后成交价，在实践中，成交价是起拍价的几倍甚至十几倍的例子比比皆是。姚某桂在拍卖公司未说涉案瓷器为假的情况下，仅仅因为拍卖公司的评估价低于其从肖某某处购买的价格就认为古董是假，并向公安机关报案，属于以刑事手段解决经济纠纷。

5. 公诉机关的指控属于有罪推定

（1）公诉机关认为王某城、吕某龙曾当着肖某某的面给出过收藏价值不大的意见，就推定肖某某一定因此认为涉案瓷器为假或者怀疑瓷器为假，这种推定与常识及本案证据不符。

（2）公诉机关推定肖某某一定是觉得涉案瓷器有问题才卖给姚某桂，理由是姚某桂要求退货时肖某某拒绝退货，这明显与市场经济基本的契约精神不符，也与古玩交易的行规不符，属于典型的有罪推定。

综上所述，本案与典型的使用假古董骗取他人财物的案件有着本质区别。肖某某的涉案古董来源合法，姚某桂也收藏古董多年，具有相当的鉴别能力，肖某某与姚某桂的交易是古董收藏爱好者之间的合法交易，遵循该行业的惯例，古董交易存在因“打眼”而受到损失的风险，只要不存在刻意隐瞒事实或者欺诈的情形，完全可以在古玩行规框架下协商解决，无法协商也可以通过民事诉讼解决。因此，肖某某既无非法占有姚某桂财物的主观故意，也没有向姚某桂隐瞒真相骗取其财物的行为，公诉机关指控被告人肖某某构成诈骗罪的事实不清、证据不足，应当依法判处肖某某无罪。

（三）处理过程

肖某某因涉嫌诈骗罪于2016年1月13日被羁押，一审被判决无罪，于2017年

5 月 23 日被释放，后检察机关抗诉，二审发回重审。重审后再次被判无罪，检察机关再次抗诉，二审驳回抗诉，维持原判。

（四）裁判理由与结果

重审二审法院认为，现有证据不足以证实肖某某以非法占有为目的，虚构事实、隐瞒真相骗取他人财物，起诉书指控肖某某犯诈骗罪证据不足，罪名不成立。

1. 关于鉴定意见是否应予采纳的问题

本案由湖南省文物鉴定中心、广东省文物鉴定站对涉案四件瓷器进行鉴定，均作出涉案瓷器为现代仿品的鉴定意见，上述鉴定意见系公安机关依法委托具有鉴定文物资质的鉴定机构及鉴定人员作出的，且其对于关键部分的鉴定结论具有一致性，依法应予以采信。

2. 对于现有证据能否认定肖某某主观具有非法占有故意的问题

经查，肖某某在签订该以物抵债协议之前，虽然有两位行业专家曾对涉案瓷器给出过反面意见，但根据在案证据，无法证实肖某某在签订协议时明知其用于抵债的瓷器系现代仿品，亦无法推断其主观具有非法占有的故意。

（1）涉案瓷器均为肖某某案发前较早时间购买，且直至案发都作为珍贵藏品在家中收藏。

（2）涉案瓷器均来源于正常古玩交易途径。本案中，涉案的青花海水龙纹大盘系肖某某在广州古玩城的古玩商铺花 20 万元购得，该商铺店主徐某光及徐某光上一手卖家江某辉均证实青花海水龙纹大盘来源系通过古玩市场的正常途径，且多次流转亦通过正常古玩价格交易，卖家徐某光曾亲自将该青花海水龙纹大盘送到惠州，并出示“到代保证书”，保证不到清雍正年底可退货。涉案的清花釉里红花鸟纹长颈瓶，系肖某某从著名收藏家马某某妻子名下的古玩店以 18 万元购得，古玩店系合法工商登记，具有经营资质，且购买时马某某出具了亲笔签名的品质保证书证实该瓶为清雍正年代。由此可知，上述瓷器来源、交易价格均符合古玩市场正常情形，肖某某有一定理由相信其应当是古董且具有升值空间。

（3）现有证据不足以证实两名专家的意见改变了肖某某的主观认知。肖某某自身具有一定的古瓷器知识和收藏经验，在案亦提交其个人针对涉案瓷器的判断分析意见，虽然 2010 年、2011 年两名专家先后给出过“不对”或“价值不大”的评价，但其供述对两位专家的意见持否定态度，与其事后行为、表现相符。证人陈某武、刘某森证实2010年1月肖某某听到专家王某城对其青花海水龙纹大盘作出评价“不对”后反应较大，有当面顶撞及事后辱骂王某城的行为，且证人李某海证实其在2010年中秋节与姚某桂到肖某某家中，肖某某仍介绍青花海水龙纹大盘是其珍藏的贵重古董，在卖家出具过到代保证书的情况下，肖某某并未找过卖家退货，而专家吕某龙在2011年8月对清花釉里红花鸟纹长颈瓶作出“不具收藏价值”的评价后，直至案发肖某某一直将涉案古董摆放在家中，未作鉴定也未找马某某退货。故现有证据无法证实专家的评价对肖某某的主观认知产生实质性影响，不能据此推定肖某某明确知道涉案瓷器为现代仿品，与被害人签订以物抵债协议时具有非法占有的故意。

3. 对于现有证据能否证实肖某某虚构事实、隐瞒真相的问题

本案中，肖某某供述及被害人陈述均证实，双方签订协议时肖某某提出古董抵债，被害人出于对肖某某的信任并且对涉案古董有一定了解，并未要求肖某某说明古董来源及其他情况，而肖某某在并不认同两位专家评价的前提下，未详尽将专家的不同看法告知被害人，系一种消极的不作为，不能据此认定肖某某对被害人隐瞒真相。

4. 关于本案是否适用古董交易规则的问题

对于抗诉机关提出本案系明确以物抵债，不适用古董行业“打眼”“捡漏”的相关意见，原审被告人及其辩护人提出本案应当遵循古董市场交易规则，存在因“打眼”而受到损失的风险等辩解、辩护意见。经查，双方签订以物抵债协议时以古董真品为前提进行交易，但经鉴定证实涉案古董均为现代仿品，双方因该以物抵债协议所发生冲突应当在民事法律关系中依照相关法律规定解决，是否适用古董市场交易规则不影响本案起诉书指控罪名的犯罪构成。

综上所述，在案证据不能证实肖某某主观上具有非法占有的故意，亦不能证实其客观上实施了虚构事实、隐瞒真相骗取他人财物的行为，肖某某不构成诈骗罪。

【争议焦点】

1. 鉴定意见是否能作为认定涉案瓷器真假的唯一依据？
2. 肖某某是否具有非法占有的主观故意？

3. 肖某某是否具有虚构事实、隐瞒真相的行为？

4. 本案是否适用古董交易规则？

【案例评析】

本案属于古董交易中产生纠纷而引起的刑事案件。被害人通过以物抵债，耗费巨资从被告人处购得涉案瓷器，本希望通过拍卖大赚一笔，不料拍卖行给出的起拍价远低于其购买价，遂要求被告人退货，被拒绝后便到公安机关报案被诈骗。检察机关认为本案构成诈骗罪的主要理由有：第一，涉案瓷器经鉴定是现代工艺制作品，因此一定是假古董；第二，业内专家给出过“不对”的意见，被告人在交易前一定明知涉案瓷器为假古董，却以高价卖给被害人，属于诈骗罪中的隐瞒真相；第三，被害人要求退货，被告人不退，其具有非法占有的主观故意。辩护人认为，本案的关键点在于被告人和被害人达成以涉案瓷器抵债协议时，被告人是否具有向被害人虚构事实和隐瞒真相的行为，以及此时被告人是否具有非法占有被害人财物的主观故意，过于纠结鉴定意见或申请重新鉴定对于案件并无绝对的益处，反而会转移庭审焦点。以此为出发点，通过强调被告人和被害人均为古董收藏爱好者，被害人具有一定的古董鉴别能力，在交易时遵循行规，未要求被告人说明瓷器来源和入手价格，被告人亦无义务主动讲明，证明了被告人并无虚构事实和隐瞒真相的行为，又通过强调涉案瓷器均可溯源，且购买价格远高于鉴定意见给出的价格以及被告人在得知专家给出的意见后的反应和态度，来论证被告人自始至终都认为涉案的瓷器为真，同时在庭审中反驳“不退货即诈骗”的观点，证实了被告人并无非法占有的主观故意，从而在无法完全推翻鉴定意见的情况下，获得了法院对于该部分辩护意见的采纳，取得了无罪的判决结果，达到了辩护目标。本案为涉古董类诈骗案的辩护提供了一个成功的范例，具有较高的指导意义。

【专家点评】

本案一审宣告无罪，检察机关抗诉，二审发回重审，重审再次宣告无罪，检察机关再次抗诉，重审二审驳回抗诉、维持原判，属于真正意义上的无罪。虽然案件当事人肖某某被错误羁押十六个月后已重获自由，但其历经四次庭审，历时五年有余，才最终获得真正的身心自由，辩护人功不可没。两位辩护人介入时已是一审审判阶段，面对当事人被羁押、涉案金额特别巨大、鉴定意见结果极为不利的局面，经过认真研究案卷材料，坚定无罪的辩护方向，确定了最佳的辩护策略。在质疑鉴定意见的基础上，强调本案交易发生的背景，围绕诈骗罪的构成要件，注重细节，抽丝剥茧，淡化鉴定意见对于案件的影响，将案件的焦点引向案件发生时当事人是否具有非法占有的主观故意以及是否具有虚构事实和隐瞒真相的行为，并围绕该焦点展开详细论述。面对检察机关两次抗诉，坚持辩护方向和辩护策略，并对抗诉意见进行了针对性的补充辩护，辩护意见细致入微，逻辑严密，重点突出，取得了极佳的效果，体现了辩护人极高的专业功底和职业素养，也将辩护人在刑事案件中的价值体现得淋漓尽致。

（点评人：蒋银华，广州大学法学院教授）

网络删帖行为涉嫌非法经营罪之无罪辩护

车　冲*

【内容提要】

本案例所代表的类型化事实是行为人以营利为目的，接受具有“网络舆情管理”需求的客户的委托，通过“网络删帖”或发布“虚假信息”的方式提供有偿服务的涉嫌非法经营罪的行为。

该类行为按照《刑法》非法经营罪的相关司法解释规定，属于违反国家规定，以营利为目的，通过信息网络，扰乱市场秩序的犯罪行为。

本案例解决的问题：

1. 合法经营的数额和非法经营的数额在无法区分的情况下，能否认定非法经营罪构成的问题；

2. 是否有证据证明行为人存在明知是虚假信息而仍然有偿发布的事实认定问题；

3. 除“有偿删除信息”和“明知虚假信息而有偿发布”以外的“网络舆情管理”类行为是否构成非法经营罪中的“网络删帖”类犯罪。

---

* 车冲，广东法丞汇俊律师事务所律师。

【案情简介】

（一）个案事实

2015年11月24日，于某成立拓某公司，在未取得增值电信业务经营许可，无物联网数据传送业务或国际数据通信业务相关资质的情况下，以“网络优化”“舆情监控”为名，通过互联网为客户提供有偿编纂、发布虚构信息，以跟帖回复形式下沉原有信息等提供删除负面信息服务，至2020年6月，向多家客户公司收款273640元。同时，于某还以人民币25元至35元每枚的价格伙同他人伪造多个公司印章，合计236枚。

（二）处理过程

1. 初次会见，于某满腔委屈，律师进行法律答疑及了解案情

律师接受于某父亲的委托之后，尽早确定了初次律师会见的时间。刚一见面，律师表明身份以后，于某就控制不住自己的情绪，失声痛哭起来。

通过会见，辩护律师了解到了以下案件事实：（1）拓某公司的主要经营业务是网络营销优化、竞价推广业务，盈利模式是按月向客户收取费用，赚取的主要是差价和服务费，营销优化费用的流水大约是130万元，竞价收入的流水约有300万元；（2）营销优化的主要内容是发布新闻、整理稿件、发视频、通过论坛和手机端分类信息、处理负面信息；（3）处理负面信息主要是通过投诉、灌水的方式进行，处理负面信息一般不单独收费，主要包含在客户每月支付的网络营销优化费用中；（4）在从事以上业务的过程中，存在为了签署合同方便找他人刻制客户公司印章的行为（暂时尚未追究伪造公司印章罪的刑事责任）。

2. 通过会见，辩护律师向其讲解了“网络删帖”相关的法律法规，“委屈”消散

于某之所以在会见之时委屈地痛哭，原因在于她作为在广州创业多年的外省户籍人员认为她所从事的业务是现实生活中非常常见的业务模式，多年来一直勤勤恳恳，好不容易事业有了起色，却没想到面临“牢狱之灾”。于某并没有意识到具有涉嫌刑事犯罪的风险，她表示，如果早知违法，根本不可能从事这一行。

律师通过通俗易懂的方式向于某详细地讲解了法律和司法解释的相关规定，让

其很快了解了相关的法律条文，并且明确提出自己的大部分业务都是合法业务的观点。

3. 后续会见，敲定初步辩护思路

在后续的多次会见过程中，辩护律师主要围绕于某的业务模型进行梳理，辩护律师经过与其家属联系，取得了一些拓某公司与其他客户开展业务合作时签署的合同，有一份材料在服务清单中有“免费公关”的字样，而且该字样与包删帖吧位置相近，可能属于针对负面信息进行删除但是并不存在“收费”的情形。同时，也清晰地了解到公司后台集成发布新闻推广、竞价的行为不属于本案非法经营范畴。

因此，明确了初步的辩护思路：第一，于某存在并未针对信息删除进行收费的可能，不属于以营利为目的、通过信息网络有偿提供删除信息服务；第二，明确提出集成后台发稿、网络营销优化及竞价推广服务不涉嫌非法经营罪；第三，明确提出本案的合法收入和非法收入应在调查后予以区分，进而确定准确的非法经营数额。

基于以上辩护思路，辩护律师撰写了相关的法律意见书（取保候审申请等）递交至相关办案单位。

4. 细致阅卷，辩护思路向更精准的方向迈进

虽然辩护律师在侦查阶段通过家属提供的部分资料了解了部分业务细节，但是有碍于无法查阅卷宗的实际困难，等到审查起诉阶段，辩护律师才得以及时查阅卷宗材料和《起诉意见书》。

根据《起诉意见书》的内容，辩护律师发现，侦查机关错误地将调整 SEO（SearchEngine Optimization，搜索引擎优化）权重、干扰搜索引擎收录、跟帖回复下沉百度词条、为客户申诉等行为均一概认定为非法经营行为，虽然将大部分竞价推广等合法业务从涉案金额中剔除，但是仍然存在扩张认定“非法经营”行为的情形。

律师通过仔细查阅卷宗，明确了如下主要辩护思路：第一，本案并无证据证实于某及其公司存在“明知”是虚假信息，仍然通过信息网络有偿提供信息发布服务的扰乱市场秩序的行为；第二，侦查机关指控的干扰搜索引擎收录情形、跟帖回复形式下沉百度词条等平台确认的行为不属于非法经营罪规制的行为，与指控的非法经营罪无关；第三，侦查机关指控的非法牟利 310140 元缺乏证据证实全部均与非

法经营行为相关，该金额将部分不属于非法经营数额的款项计算在内；第四，本案的删除信息的犯罪行为由拓某公司实施，建议对于某按照拓某公司负责人的身份追究责任。

在审查起诉阶段，通过递交法律意见书和申请检察官听取意见的方式充分表达辩护律师的立场和观点，最终《起诉书》对《起诉意见书》中的部分指控进行了修改，不仅减少了入罪情形也使一些明显与案件无关的金额从非法经营数额中剔除。

5. 审判阶段，辩护方向再调整——公正的司法裁判助力粤港澳大湾区良好营商环境建设

由于审查起诉阶段的沟通，《起诉书》中指控的入罪情节主要围绕“编纂、发布虚构信息”和“跟帖回复”方式删除负面信息，与涉案非法经营金额关联的客户数量也减少了两个。

因此，辩护律师再次调整，使辩护思路更加具有针对性，同时提出了金额未达到非法经营罪“入罪”门槛的辩护意见：检方指控的非法经营数额为273640元，但是辩护律师主张合法金额与非法经营数额难以区分应按照“有利于被告人”的原则予以扣减，涉案金额为85550元，由于又属于单位犯罪，应当适用单位犯罪的非法经营数额“十五万元”的入罪标准，因此从金额的角度达不到追究刑事责任的门槛，最终法院认定非法经营罪不成立。虽然并未使得伪造公司印章罪不被认定，但是不予认定非法经营罪的结果已经足以让于某满意。

（三）裁判理由与结果

1. 裁判理由

一审法院经过审理认为，于某伪造公司印章罪的犯罪行为事实清楚，证据确实充分，支持该项指控；对于非法经营罪的指控，公诉机关提供的现有证据不足以证实作为拓某公司负责人的于某明知是虚假信息，还通过互联网为客户提供编撰、发布虚构信息的事实；关于跟帖回复形式下沉原有信息的问题，法律并未明确禁止用此种方法处理互联网上的信息，更不能将之与“通过信息网络有偿提供删除信息服务”等同，两者的内涵完全不同；对于非法经营数额的指控，因该数额包含了拓某公司从事正常合法经营业务的数额，公诉机关亦没有明确拓某公司因“删除负面信息服务”而收取的客户款项金额，因此认定于某不构成非法经营罪。

2. 裁判结果

（1）伪造公司印章罪的指控事实清楚，证据确实充分，予以认定；（2）非法经营罪的指控事实不清、证据不足，不予支持。最终判处于某犯伪造公司印章罪，判处有期徒刑一年六个月，并处罚金人民币五千元。

【争议焦点】

1. 被告人合法经营的数额和非法经营的数额，需要公诉机关举证区分，否则要承担举证不能的结果。

2. 公诉机关有证据证明行为人存在“明知”是虚假信息而仍然有偿发布的事实，是认定被告人的该种“明知”虚假信息而发布的行为是否构成犯罪的必备要素。

3. 构成非法经营罪的“网络删帖”类犯罪行为是否包含“有偿删除信息”和“明知虚假信息而有偿发布”这两类行为之外的行为类型?

【案例评析】

本案的法律适用，主要是围绕“网络删帖”相关司法解释条文中规定的构罪情形的理解来展开。

1. 被告人合法经营的数额和非法经营的数额，需要公诉机关举证区分，否则要承担举证不能的结果

在该焦点问题中，构成“网络删帖”类的非法经营罪，要求个人非法经营数额在5万元以上，因此法院在审理过程中关注了公诉机关是否有足够的证据对于非法经营数额予以举证的问题。在公诉机关的举证逻辑中，并没有将合法经营业务金额和非法经营业务金额予以区分，导致在证实于某非法经营数额时无法确定具体金额，导致该非法经营数额的举证存在不足。最终由公诉机关承担该部分指控举证不能的责任，法院的该部分认定，完全遵循了《刑事诉讼法》的相关证据规则和采信规则，此种严格依照法律既有证据和采信规则的做法，为未来其他同类案件的侦查、公诉和审理提供了良好案例。

2. 公诉机关有证据证明行为人存在“明知”是虚假信息而仍然有偿发布的事实，是认定被告人的该种“明知”虚假信息而发布行为是否构成犯罪的必备要素

根据该罪相关司法解释的规定，对于发布虚假信息的情形，明确要求行为人具有“明知”的情形，即要求行为人主观上明知是虚假的信息仍然发布才有可能构成非法经营罪。从司法解释条文中可以推测，对于立法者而言，并非所有的客观上发布虚假信息的行为均涉嫌非法经营，为了“限缩”刑事打击的范围，明确了“明知”虚假信息的条件。一审法院注意到了“明知”这一构成犯罪的条件，为办理同类案件，如何理解和适用该部分条文提供了案例。

3. 构成非法经营罪的“网络删帖”类犯罪行为是否包含“有偿删除信息”和“明知虚假信息而有偿发布”这两类行为之外的行为类型

该部分内容是法院严格遵守“成文法”进行裁判的样板。在判决书中，法院明确指出司法解释中没有明文规定“以跟帖回复形式下沉原有信息”的行为属于法律所禁止的行为，而且也指出不能将该类行为理解为“删除”信息，因为跟帖下沉的内涵和“删除”的内涵完全不能等同。

本律师认为从该案例中可以提炼出一个办理案件的重要规则或方法：一定要注重在法律条文和案件事实之间的“来回跳转”，通过提炼案件事实和法律规定，将案件事实和法律条文中明确犯罪构成予以“比对”，才能明确某一行为是否为法律条文所禁止，是否符合某个犯罪的构成要件，进而才能制定出正确的辩护思路。

【专家点评】

该案例虽然只是一个伪造公司印章罪和非法经营罪的“小”案件，与其他犯罪事实多、人数众多的刑事案件不同，但是仍然向我们揭示了一个不容忽视的“网络删帖”刑事责任的认定过程中可能面临的疑难问题。

本案例首先明确了公诉机关的指控在未区分合法与非法经营数额的情形下，需要承担举证不能的不利后果的证据规则，该做法为公诉机关在办理刑事案件中更加注重证据的审查和事实认定提供了明确的方向；其次，严格按照司法解释的条文内容将“明知”存在与否作为认定“发布虚假信息”是否涉嫌非法经营罪的必备要素，有利于该类非法经营罪范围的“限缩”，符合立法目的；最后，明确将“以跟

帖回复形式下沉原有信息”的行为排除在有偿“删除”信息涉嫌非法经营罪的范围之外的做法，进一步明确了“网络删帖”的刑事责任边界。

本案例的“网络删帖”犯罪行为的区分和认定，进一步明确了合法和犯罪的边界，为该行业的从业人员如何合法经营提供了参考，一定程度上起到了在行业内普及法律知识的作用，能够为该行业未来合法的发展提供正确的司法导向。

（点评人：胡桂芬，广州市律协教育法律专业委员会副主任）

农村集体土地租赁合同转让不构成非法转让、倒卖农村集体土地使用权罪

彭　歆*

【内容提要】

本案涉及广东地区较为常见的农村集体土地的开发利用问题。村集体与非集体成员的社会力量签订租赁协议后，承租人对外转让租赁合同的行为，是否构成非法转让、倒卖农村集体土地使用权，是本案的核心问题。

实际上无论是潘某某还是后续的刘某斌、张某琼等人，与A村村集体之间并非单纯的土地租赁关系，而是一种“社会力量出资、村集体出地”的合作建设关系，并不改变土地的使用权性质。

该案检察机关最终的决定彰显了司法机关在该类型案件中的担当和勇气，也为刑事辩护提供了正向的肯定与激励。

【案情简介】

广州市番禺区甲街道A村（以下简称A村）有一块面积为6620平方米的村集体商业用地，由A村对外出租多年。

2005年6月24日，潘某某从前任承租方处接手该出租合同，并与A村重新签

* 彭歆，广东法纳川穹律师事务所律师。

订《土地及房屋租赁合同》，约定潘某某以 6 元/平方米/月的价格向 A 村支付租金，每 2 年租金上涨 10%，租期 20 年，并约定 A 村委托潘某某建设一栋商业中心。建造房屋的所有报建手续由潘某某以 A 村的名义办理，商业中心建成后由潘某某经营管理。同日，潘某某与 A 村另签订一份《土地及房屋租赁补充协议》，约定租赁期满后继续由潘某某承租 10 年。

合同签订后至 2012 年，A 村村集体与潘某某多次向有关部门报建，因新光路规划、亚运城建设等原因，均未获施工许可。由于未能办妥施工许可证，潘某某承租后 7 年未对项目进行开发建设，仅进行了场地平整、规划设计方案出具等工作。

2012 年年初，刘某斌欲投资建造商业地产项目，经与罗某商量后，由罗某物色投资地块，最终罗某看中潘某某承租的土地。罗某通过中间人李某强、高某钗夫妻二人找到时任 A 村村委会主任的高某健，希望从潘某某手中将涉案土地的承租权转让至自己名下。高某健表示，只要潘某某同意转让，村集体内部由其负责解决。

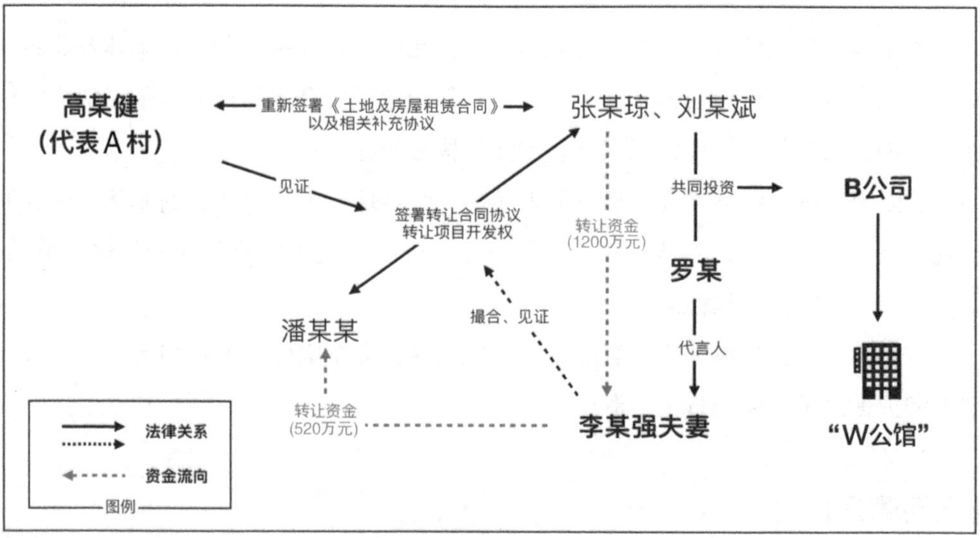

（本案核心法律关系图）

2012 年 3 月，在李某强、高某钗夫妻二人的居中介绍下，罗某、刘某斌、岑某某、张某琼等人与潘某某达成合同转让意向。2012 年 3 月 26 日，岑某某转账人民币 100 万元给潘某某作为定金。2012 年 3 月 31 日，潘某某和刘某斌、张某琼二人签订《合同转让协议书》，并由高某健在见证人处签名盖章确认。

双方签订协议后，从2012年4月13日至2012年12月17日，刘某斌、林某莹夫妻二人先后多次共转账人民币1100万元给居中介绍人高某钗（加上之前的人民币100万元定金，共转账人民币1200万元给高某钗账户）。从2012年3月26日至2013年5月10日，高某钗先后多次共转账人民币520万元给潘某某。

刘某斌、张某琼等人获得涉案土地承租权后，成立B公司开始实施项目的开发建设。在未取得规划、建设许可情况下，B公司直接开展了违章开发建设。规划国土部门经过调查后，前后多次向项目建设方下达了责令停工的行政指令。但B公司对于行政部门停工通知置若罔闻，并于2017年开始将建成的“W公馆”项目公开对外销售，销售金额上亿元，涉及购房小业主200余户。

2015年开始，A村村民自发向上级部门反映“W公馆”违规建设问题，并多次在项目开发现场聚集，以拉横幅等形式向B公司及相关开发者表达不满，因维权活动多次被媒体报道，“W公馆”事件造成了比较恶劣的社会影响。

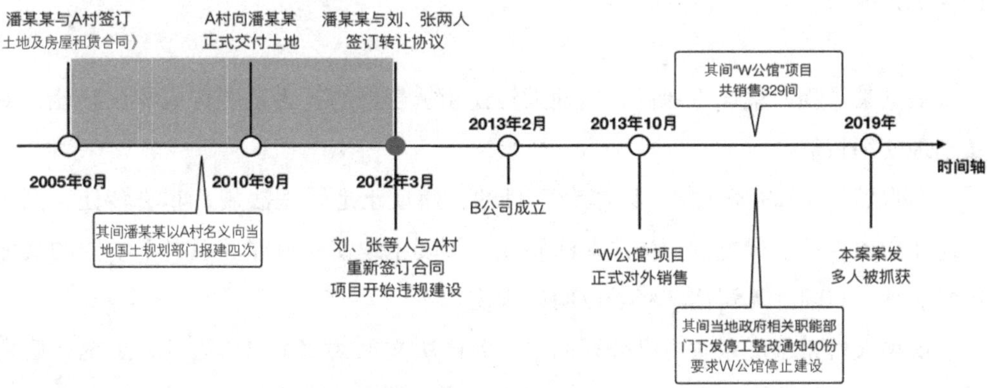

（本案时间发展线）

2019年4月，番禺区公安分局以涉嫌非法转让、倒卖土地使用权罪对潘某某刑事拘留。同年5月23日番禺区人民检察院不予批准逮捕。

2019年8月23日，番禺区公安分局将本案移送至检察院审查起诉，仍指控潘某某涉嫌非法转让、倒卖土地使用权罪。

经过审查起诉阶段两次退回补充侦查后，2020年3月6日，广州市番禺区人民检察院最终认定潘某某的行为不构成犯罪，并做出了无罪的不予起诉决定。

实际上，在潘某某与A村村集体签订租赁合同后的7年间，项目均未能通过施工许可。但潘某某对于项目具有开发建设的真实意图，一直积极筹备开发建设，并多次向当地规划、建设部门申请报建，且为此支付了大量资金。即使潘某某本人对项目开发建设的意愿如此强烈，也并没有违反土地管理的法律法规进行违法开发建设。潘某某并没有通过与村集体签订合同来圈住土地的投机目的，与“以低价获得土地使用权，后视行情高价卖出”的倒卖行为有本质区别。

从2005年承租村集体土地，到2012年无奈转让合同权利的整个过程可以看到，潘某某承租村集体土地的目的是进行商业开发建设，其承租后多次进行报建未果，并且为此耗费了大量的资金，投入了大量的精力。无论是取得开发建设权，还是转让承租权，对于潘某某来说仅仅是一种商业投资行为，都没有改变土地的性质，不属于土地使用权的变更或变相倒卖。

【争议焦点】

潘某某承租村集体土地后，向他人转让租赁合同的行为是否构成非法转让、倒卖土地使用权罪。

《刑法》第228条规定，以牟利为目的，违反土地管理法规，非法转让、倒卖土地使用权，情节严重的，构成非法转让、倒卖土地使用权罪。但对于本罪的具体构成罪状，目前并无司法解释予以明确规定。

辩护人检索了广东省内已公开的本罪名已决文书共254起，通过人工统计后发现：在涉及农村土地的案件中，构成非法转让、倒卖土地使用权罪的主要集中在以下两点：第一，未经土地管理部门批准，村委会擅自将集体土地中农用地发放给村民，用于宅基地建设；第二，未经土地管理部门批准，村委会擅自将集体土地转让给他人，用于非农建设。这些行为导致的结果要么改变土地使用性质（农用地变为其他非农建设）；要么改变土地使用权权属，即直接买断，改变村集体对土地的所有权。而在这些涉及农村集体土地案件中，仅18宗涉及土地租赁行为被认定构成本罪。对此18宗案例进行具体分析后发现，因租赁行为定罪的案件中，构罪主体70%是村集体中担任村委干部的人员，承租人无论是否涉及违章建设，均未以本罪追究刑事责任。而且其涉及的土地租赁行为主要表现为被告人利用自己村委干部的身份，在未取得国土资源部门的批准情况下，通过村民自治表决的形式，将村集体的农业用地（其实包括基本农田）出租给他人，用于非农建设。而且这种土地出租的期限大部分突破了20年的法定期限，实际上是以租赁的形式掩盖了非法转让的目的。而且80%的案件中集体土地被用于非农建设，出现土地固化、无法复耕等严重后果。

而反观本案，无论潘某某取得集体土地承租和使用权，还是与张某琼、刘某斌等人所签订的转租合同都是对原合同权利义务的转让，均不属于土地使用权的变更或变相倒卖。辩护人认为，本案中潘某某的行为并不涉及土地使用权的非法转让或倒卖，其转让租赁合同的行为只是正常的商业活动，构成犯罪的可能性极小。

【案例评析】

本案案发的根本原因是“W公馆”项目在没有取得建设施工许可的情况下违章建设，在政府国土规划和建设部门常年多次要求停工的情况下，仍然完成建设并对外销售，社会影响十分恶劣。潘某某作为“W公馆”所在地块原建设开发者，因在2012年转让地块的建设开发权而涉案。

在整个案件中，潘某某个人可能涉及构成转让、倒卖土地使用权罪的行为集中在两个时间点：一是2005年6月，取得涉案地块项目建设开发权；二是2012年3月，将涉案地块项目建设开发权整体转让给刘某斌、张某琼等人。

2005年6月，潘某某与A村签订《土地及房屋租赁合同》，双方明确约定自行筹措资金开发建设，租赁期满后，土地与委托建设的房屋需归还给村集体。该合同最大的特点是潘某某向A村所谓租赁使用的房屋在签署租赁合同时尚未建设，潘某某需要自筹资金、自主建设后方可实现对房屋及土地的使用。

事实上，这在本质上是一种在珠三角地区集体土地开发过程中常见的合作模式，即村集体拿出集体建设用地，投资人负责全部的开发、建设和运营管理并承担全部的投资资金，约定的合作期限届满后，投资人无偿将建设好的建筑物及土地使用权归还给村集体。因此，潘某某与A村之间的合作关系不是单纯的土地使用权的租赁关系，而是一种类似“合作建房”——村集体保留权属，潘某某在合同期限内通过经营项目实现投资回报的一种合作关系，潘某某取得的是涉案土地的开发建设以及建成后的房屋经营收益权，本质上并不涉及村集体土地使用权的转让或者变化。这样的项目开发模式在珠三角地区中是非常常见的，也是盘活农村集体建设用地的一种方式。在不改变村集体土地使用权性质的前提下，引进社会资本开发建设非住宅的商业项目，租赁期限内由社会资本运营，租赁届满后建设物权属归村集体所有和使用。该合同本质上是承建加租赁的双重合同，是村集体吸收社会资本进行开发建设的一种方式，土地使用有明确的期限，而土地使用权一直牢牢掌握在A村村集体手中，该次交易不涉及土地使用权的流转。

2012年3月，潘某某将涉案地块项目建设开发权整体转让给刘某斌、张某琼等人时，涉案的土地承租合同的转租系李某强主动向潘某某提起，A村主任高某健亦向潘某某建议将涉案土地进行转租。

起初潘某某均明确表示拒绝，但李某强仍然不断游说。潘某某本人因该项目前期投入巨大且一直无法报建，加之2011年家中突逢巨变，无暇顾及其他，无奈同意将合同的权利义务进行转让。在2012年租赁合同转让后，转让方即开始施工建设，潘某某收取相应的转让款后，与该项目完全脱离，未参与后续土地开发及违建工作。

构成非法转让、倒卖土地使用权罪，关键是违反土地管理法规，非法转让、倒卖土地使用权。回归本案，涉案土地是集体土地，集体土地使用权的管理处分主要依据《土地管理法》《土地管理法实施条例》等相关法律法规。根据《土地管理法》的相关规定，村集体将土地发包给非本村村民时，需经村民会议三分之二以上成员或者三分之二以上村民代表的同意，并报乡（镇）人民政府批准。究竟是村民大会还是村民代表会议表决，法律没有明确规定，则需要审查村集体的内部议事规程和村规民约中的具体规定。

但在本案中，无论通过村民大会还是村民代表会议表决，这都是A村村集体内部的事务，潘某某作为非A村村民是无法直接参与和知晓的。而且，从实际情况来看，转让合同签订的同时，潘某某已经委托李某强全权代表在A村办理租赁合同转让手续，并且不再过问合同转让手续的具体办理进度和结果。因此，无论本次租赁合同转让过程中是否存在违反土地管理法规的行为，作为非村民的潘某某无法控制策划，亦未实际参与，并无实施任何违反土地管理法相关规定的行为。

【专家点评】

本案涉及农村集体土地开发建设的现状问题，以及在珠三角地区非常普遍的集体土地上违建项目的法律性质认定。

实践中村集体与社会力量签订租赁合同，借助社会力量开发建设在珠三角地区非常常见，其间因为政策原因、资金原因等多种原因，开发建设过程中常常出现合同主体更换，甚至违章违规建设的情况。但这些行为本身并不改变农村集体土地的权属性质，不足以因租赁合同转让行为而构成犯罪。

该案办理过程显示了承办律师较强的业务素养、对于复杂法律关系的准确把握，以及对于刑事、民事法律知识综合运用的能力。而且在办案过程中，承办律师熟练运用法律检索、可视化等工具和思维，取得了良好的办案效果。

该案检察机关最终的决定也彰显了司法机关在该类型案件中的担当和勇气，也对刑事辩护给予了正向的肯定与激励。

（点评人：李晓月，广州市律协经济犯罪刑事法律专业委员会主任）

企业家被控骗取贷款罪无罪辩护之路

陈 亮 赖 芃*

【内容提要】

骗取贷款的刑事案件多发生在中小型民营企业，由于中小型民营企业融资难，企业为了继续维持生产经营活动、盘活资金，在向银行申请贷款的过程中往往存在提供虚假购销合同和财务资料的情形，而部分银行为了商业利益不进行实质审查便决定发放贷款。在这种情况下，贷款银行明知贷款人提供的贷款材料存在瑕疵仍然决定放贷。银行等金融机构并未因贷款资料的瑕疵而陷入错误认识，因此不存在被“欺骗”的情形。而且，如果贷款人对贷款提供了真实、足额的担保，在未给银行造成损失的情况下，即便行为人申请贷款的资料存在瑕疵，或者存在逾期还贷的情形，一般也不应作为犯罪处理。

【案情简介】

当事人李某一系粤西某市商会监事长，当事人李某二系李某一的同胞兄弟，两人均系某省级高新技术企业股东。该企业因经营需要曾向某商业银行贷款约 1.3 亿元。贷款合同到期后，该企业因经营不善不能及时归还贷款本息，涉案银行遂向法院提起民事诉讼，又以当事人骗取贷款为由向公安机关提出刑事控告。办案机关以当事人涉嫌骗取贷款罪对其刑事拘留、逮捕。我们担任两当事人的辩护人。经仔细

* 陈亮，广东法制盛邦律师事务所律师；赖芃，广东法制盛邦律师事务所律师。

研究本案案情后，我们认为当事人李某一、李某二的行为不构成骗取贷款罪，并多次向办案机关提交如下无罪辩护意见。

（一）本案借贷双方的行为系典型的民事合同行为，借款人不存在所谓“骗取贷款”行为，贷款银行也不存在发放贷款时有错误认知。

事实上，本案贷款银行发放贷款的关键依据是担保人（该企业）等主体提供的真实足额、合法有效的财产作为抵押担保物。如果没有这些真实有效的抵押物，贷款银行不会与借款人签订借款合同，更遑论发放涉案贷款。因此，本案既不存在借款人的所谓“骗取贷款”行为，也不存在贷款银行因借款人所提供的真实经营状况和相关资料而陷入错误认识并发放贷款的情形。

（二）本案客观上并不存在贷款银行信贷资金产生损失的结果。

尽管贷款银行已将相关贷款纠纷以民事诉讼形式起诉到法院，但至今并无证据表明涉案贷款的抵押物不能覆盖银行债务，更无证据证明涉案贷款的借款人、担保人等全部不能清偿相应债务。部分贷款的民事诉讼案件尚在法院审理过程中，本案也不存在经法院依法强制执行而无法执行的情况。因此，本案客观上不存在贷款银行信贷资金的损失，不符合骗取贷款罪应具备的导致银行信贷资金发生重大损失的危害后果。

（三）在有真实足额的担保前提下，不应推定案涉借款人具有“骗取贷款”的犯罪故意。而且，两当事人也并非涉案贷款的借款人。

与“空手套白狼”不同，案涉贷款均有担保人提供真实、足额的不动产作抵押，且抵押率远低于抵押时的市场交易价值。显然，如果涉案贷款不能归还，必将发生涉案抵押财产被强制低价执行的后果，这显然不是该企业所希望追求或者放任发生的。因此，本案借款人等债务主体不存在“骗取”贷款的主观故意，更不存在希望或放任“骗贷”结果发生的主观心态。此外，两当事人并非涉案贷款的借款人，更不能认定其具有骗取涉案贷款的故意心态。

（四）本案涉案贷款均用于正常生产经营，没有挥霍或者用于违法犯罪。

本案没有任何证据可以证明案涉贷款被用于挥霍、高消费、炒股等非生产经营活动，更无证据证明被用于违法犯罪活动。

（五）对类似本案的民营企业的正常融资及生产经营行为进行严厉打击，不利于社会经济发展，也与中央领导的相关要求不符。

习近平总书记在 2018 年 11 月 1 日的民营企业座谈会上，就如何维护民营企业和企业家的合法权益，指出要“解决民营企业融资难问题”。最高人民法院、最高人民检察院等均召开专门会议对此作出了要求，强调要严格落实罪刑法定、疑罪从无等法律原则；对于企业家合法经营中出现的失误失败应给予更多的理解、宽容；对于企业经营、融资等经济行为，一般不得按违法犯罪行为处理。

最终，在本案审查起诉阶段，检察院采纳了辩护人提出的当事人不构成犯罪、应不予起诉的法律意见，对两当事人作出不起诉决定。两当事人在被羁押 9 个多月之后终获自由。

【争议焦点】

1. 借款人通过提供虚假的购销合同、财务资料等申请贷款，银行等金融机构在明知或者应当知道前述贷款材料存在瑕疵的情况下，为了商业利益仍然批准放贷，该种情况是否符合贷款诈骗中的“诈骗”行为？

2. 借款人虽然提交了具有瑕疵的贷款审批材料，但其为该贷款提供了真实、足额的担保，其行为是否能认定为具有“骗取贷款”的故意？

【案例评析】

骗取贷款罪是 2006 年《刑法修正案（六）》增设的罪名，是指以欺骗手段取得银行或其他金融机构贷款，给银行或者其他金融机构造成重大损失或者其他严重情节的行为。根据骗取贷款罪犯罪构成要件，行为人的骗贷行为必须具有“金融机构人员基于对行为人提供的虚假资料陷入错误认识从而发放贷款”及“给银行或其他金融机构造成了重大的损失或者具有其他严重情节”才能构成犯罪，且重大损失或有其他严重情节应建立在行为人的骗贷行为损害了银行或其他金融机构信贷资金安全的基础上。

律师在办理骗取贷款罪等同类案件的过程中应注意，在实践中，中小企业基于生存发展、经营的需要，多数情况下会通过提交虚构部分事实的资料，来提升自身的信用度，目的在于获取贷款来投入生产经营、挽救企业。如果在申请贷款的同时，进行了部分甚至足额的担保，则说明该中小企业及其负责人对银行或者其他金融机构的贷款具有归还能力以及归还的可能性。那么该中小企业及其负责人即使存在虚构事实、骗取贷款的行为，但并没有想要造成银行或者其他金融机构重大损失或有其他严重情节的主观故意。而根据骗取贷款罪的主观构成要件，行为人对重大损失或者其他严重情节至少要持间接故意的主观心态，在此情况下，行为人并不存在间接故意。因此，若行为人仅仅虚构部分事实，但提供足额担保或完全按照规定时间正常还款的情况下，即使贷款数额巨大，也不应认定其具有其他严重情节，不构成骗取贷款罪。

经检索查阅骗取贷款罪的相关法律法规、理论研究及生效判决，笔者总结出骗取贷款罪的几个有效的无罪辩护观点，供其他律师在办理同类案件时予以参考。其一，贷款银行对贷款人贷款资料存在瑕疵均明知，同时，无证据表明银行对贷款申请资料进行了实质审查，无法认定银行因此陷入错误认识而发放贷款，则贷款人不构成骗取贷款罪。其二，贷款人虽然在获得贷款后改变了贷款的用途，但依旧将贷款用于生产经营，并未挥霍，且在贷款存续期间一直按照约定偿还贷款利息，后又全额归还贷款本金，并没有给贷款银行造成任何损失和风险的，不能认定贷款人有骗取贷款的行为。其三，贷款人虽然提供了虚假的贷款资料，但是为银行提供了充足的担保，并未给银行造成实际损失，也未利用贷款进行非法活动，则贷款人不构成骗取贷款罪。其四，案发时，还未到贷款的到期还款日，且不具有其他严重情节，或者银行与贷款人达成合意续贷，银行并未遭受实际的损失，贷款人不构成骗取贷款罪。

【专家点评】

民营企业“融资难”是一个普遍存在的问题。在现实生活中，民营企业一般通过向银行等金融机构进行贷款以缓解资金难题，银行在放贷过程中为实现商业利益，存在积极放贷、仅对贷款材料进行形式审查的情形。事后，一旦企业贷款合同违约，就存在被追究骗取贷款罪刑事责任的风险。在此前的司法实践中，该罪在刑事立案上片面地放大借款人提供虚假贷款材料之“欺骗行为”，并未综合考虑该欺骗行为是否具有造成银行资产流失的法益侵害性，因此该罪往往容易被扩大适用。但是，2021年3月1日颁布施行的《刑法修正案（十一）》对该罪的入罪标准进行了修改，明确规定未给金融机构造成重大损失的骗贷行为，依法不构成骗取贷款罪。

本案正是企业家涉嫌骗取贷款罪的无罪辩护典型案例，辩护人在本案中详细论证了贷款银行在明知借款人提交的贷款资料存在瑕疵的情况下仍然发放贷款的行为，不属于被“骗取”；且借款人提供真实、足额的担保，不存在给银行造成资金损失的情形，因此该行为并未侵害骗取贷款罪所保护的法益，依法不构成犯罪。我们认为，本案辩护人的辩护思路恰好契合了《刑法修正案（十一）》关于骗取贷款罪的立法修改，体现了辩护律师对“法益侵害性”这一犯罪构成的本质把握，也取得了良好的无罪辩护效果，为律师对该类案件乃至其他刑事案件进行有效辩护提供了具有现实意义的指引作用。

（点评人：王水明，华南师范大学法学院刑法学教授）

对法院已查封的财产办理抵押登记不构成非法处置查封的财产罪

李什康 王潇潇*

【内容提要】

《刑法》第3条明确规定了罪刑法定原则，即法律明文规定为犯罪行为的，依照法律定罪处刑；法律没有明文规定为犯罪行为的，不得定罪处刑。正确理解与贯彻执行罪刑法定原则，对于促进立法完备、强化执法观念、提高司法水平、强化法治意识以及我国民主法治的全面进步有着至关重要的意义。本篇所涉的“李某涉嫌非法处置查封的财产罪”一案就是准确理解并严格适用了罪刑法定原则的典型案例，具体区分了涉案罪名适用应限于隐藏、转移、变卖、故意毁损已被司法机关查封、扣押、冻结的财产，而对于将被司法机关查封、扣押、冻结的财产办理抵押登记情形，不应扩大理解而纳入定罪范畴。

【案情简介】

2009年9月，何某投资设立了佛山市某公司，之后李某入职该公司并担任销售人员。2015年1月，何某与何某2共同投资设立佛山某卫生用品公司（以下简称涉案公司），并购买了两条婴儿纸尿裤生产线及一条卫生巾生产线。涉案公司成立过

---

* 李什康、王潇潇，广东法制盛邦律师事务所律师。

程中，何某要求当时在佛山市某公司工作较为积极的人员李某、肖某挂名登记为涉案公司的股东，其中李某同时担任涉案公司的法定代表人。

2017 年 10 月，李某从涉案公司离职，其间多次要求变更股东及法定代表人的登记。

2016 年至 2018 年，涉案公司因拖欠工人工资、供应商货款等导致被多个工人及供应商诉至法院，且相关生产设备被多家法院根据财产保全的申请而予以查封。其中与本案存在密切关联的查封及执行案件包括：1. 佛山市某区法院 1 于 2016 年 10 月 13 日查封涉案公司所有的两条纸尿裤生产线、一条卫生巾生产线。2017 年 12 月 28 日，该院裁定解除于 2016 年 10 月 13 日对涉案公司所有的两条纸尿裤生产线的查封。2. 佛山市某区法院 2 于 2018 年 7 月 3 日裁定拍卖涉案公司的两条婴儿纸尿裤生产线及一条卫生巾生产线。此外，涉案公司在明知法院存在财产查封的情况下将已查封的生产设备财产向第三方办理了抵押登记。

对于生产设备的拍卖处置，最终因佛山市某区法院 2 司法拍卖的流拍，无法成交用于清偿各债权人的款项，且各债权人考虑到涉案公司的生产设备遭遇失窃尚未破案的情况以及场地使用费和看管人员费用不断增大等原因，由申请执行人、被执行人（涉案公司）等协商一致，同意通过变卖的方式保障具有优先受偿的工人工资、债权，并申请佛山市某区法院 2 解封。佛山市某区法院 2 为此于 2019 年 3 月 15 日组织并制作了相关系列案的《执行谈话笔录》，同日，涉案公司与买方、欠薪工人代表在佛山市某区法院 2 的执行员的见证下共同签订了《变卖财产协议》。之后，佛山市某区法院 2 于 2019 年 3 月 20 日作出《执行裁定书》，裁定解除对被执行人（涉案公司）所有的两条婴儿纸尿裤生产线及一条卫生巾生产线的查封措施。

但之后，佛山市某区法院 1 以公司涉嫌非法处置查封、扣押、冻结财产罪而移送由佛山市某区公安局予以刑事立案处理，佛山市某区公安局遂根据法院移送情况进行刑事立案并对涉案公司法定代表人李某实施刑事拘留措施。

辩护人接受委托后，通过多次会见犯罪嫌疑人李某、了解涉案公司的涉诉情况及整理涉诉案情，并综合以往涉案公司涉及的多个民事判决书、执行笔录等内容，在此基础上形成《关于李某涉嫌非法处置查封的财产罪一案无罪辩护的法律意见》（以下简称《无罪辩护的法律意见》）提交至佛山市某区公安局，并与经办民警就涉案事实、法律适用问题深入交换意见。辩护人主张李某无罪的理由主要包括抵押登记行为不属于涉案罪名的适用范畴、行为后果不属于达到涉案罪名应追究刑事责任的程度、犯罪主体的确定等方面，具体内容简要概括如下。

（一）涉案公司将已查封的财产进行抵押登记，不构成“非法处置查封的财产罪”规定的犯罪情形，依法不应认定涉案公司构成犯罪，并据此追究李某的刑事责任，否则违反“罪刑法定原则”，且不符合刑法的“谦抑性原则”。

根据《刑法》第314条“隐藏、转移、变卖、故意毁损已被司法机关查封、扣押、冻结的财产，情节严重的，处三年以下有期徒刑、拘役或者罚金”的规定可知，对于已被司法机关查封、扣押、冻结的财产，须存在“隐藏、转移、变卖、故意毁损”四种行为情形才构成犯罪，除此之外，不能因存在抵押的行为而追究刑事责任。

此外，根据上述规定，即使作出隐藏、转移、变卖、故意毁损已被司法机关查封、扣押、冻结的财产的行为，司法机关亦应在达到“情节严重”的情况下才能追究相关刑事责任。

（二）涉案公司在佛山市某区法院2作出执行裁定准许解封并进行监督的情况下变卖三条生产线并且将变卖款项全额交由该法院分配处理，即使三条生产线的设备存在其他法院的查封，也并不能认定涉案公司及作为挂名法定代表人、股东的李某构成非法处置查封的财产罪。

综合前文“对于生产设备的拍卖处置”段落所阐述的内容，涉案公司对于三条生产线设备资产的变卖处置，系在佛山市某区法院2已通过司法拍卖而未能成交，且经具有优先受偿权的工人同意，同时根据该院的生效裁定文书所实施的行为，最后在该院的见证下签订《变卖财产协议》，并在该院的监督下完成变卖三条生产线设备资产，同时将所得的120万元款项悉数交由该院依法分配处理，涉案公司的该变卖处置行为完全具有合法性，不对司法机关的正常活动造成任何侵害。

即使上述财产变卖处置后，在其他法院存在查封、具备抵押权的优先受偿债权或其他普通债权人，如认为可参与分配的，完全可通过其申请的执行法院向佛山市某区法院2提出分配申请，或自行对分配方案提出执行分配异议等程序，从而参与该院的执行分配，保障自己的权益。由此可见，涉案公司的变卖行为亦未侵犯任何债权人的权益。

（三）本案中不应将李某作为刑事犯罪主体，即使司法机关认为应当继续追究涉案公司或行为人的刑事责任，在责任主体方面也不能简单认为必然追究工商登记的法定代表人李某的责任，而应当追究直接责任人员（实际控股股东）何某与何某2的责任。

根据佛山市某区法院2的多份执行谈话笔录内容，以及该院于2020年5月29日作出的《民事判决书》载明的内容可知，法院认定何某2、何某为涉案公司的实际投资人和控制人，何某2、何某与李某、肖某之间为实际股东与名义股东的关系。由此可知，对于涉案公司涉及的所有诉讼及资产变卖、办理抵押等，均由何某与何某2决策及处理，李某完全不知情。但对于办理财产变卖、办理抵押登记时需要作为工商登记的法定代表人签名配合的，则由何某与何某2盖涉案公司印章后通知李某配合签字。因此，即使认为本案应当继续按刑事犯罪处理，但因李某并没有主观犯罪故意，依法也不应当追究李某的刑事责任。而应当以何某与何某2作为责任主体予以追究刑事责任。

根据《刑法》第30条“公司、企业、事业单位、机关、团体实施的危害社会的行为，法律规定为单位犯罪的，应当负刑事责任”以及第31条“单位犯罪的，对单位判处罚金，并对其直接负责的主管人员和其他直接责任人员判处刑罚。本法分则和其他法律另有规定的，依照规定”的规定可知，由于本案系涉案公司的资产处置引发，应当追究直接负责的主管人员和其他直接责任人员的责任，并非追究法定代表人的责任，即应当追究何某与何某2的刑事责任。

结合本案案情以及法律规定，辩护人向佛山市某区公安局提交了《无罪辩护的法律意见》并附上主张无罪的证据材料，后佛山市某区公安局最终根据《刑事诉讼法》第163条之规定，决定撤销此案，并根据《刑事诉讼法》第96条之规定，对李某予以释放。

本案例中，律师的辩护工作有力地维护了当事人的合法权利，侦办案件部门亦严格恪守了罪刑法定原则，法律共同体之间的良性互动切实践行了法律应有的公平正义。

【争议焦点】

1. 将已查封的财产进行抵押登记是否构成《刑法》第314条规定的非法处置

查封、扣押、冻结的财产罪的犯罪情形？

2. 在涉及多个诉讼情况下，由于存在不同法院的财产保全、执行查封过程，其中一个法院解封而其他法院未解封，李某在作出解封裁定的法院协助下处理了被查封的财产，是否可据此认定为犯罪？

【案例评析】

罪刑法定原则是世界各国刑法理论与实践中普遍接受的一项基本原则，也是在刑法各项基本原则中处于首要地位的核心原则。本案例将涉案的抵押登记行为与法条列举的“隐藏、转移、变卖、故意毁损”四种行为明确作出区分，最终处理结果为撤案处理，表明本案例的侦办部门对司法机关查封、扣押、冻结的财产实施办理抵押登记行为不认定为犯罪行为，这是一次践行罪刑法定原则的充分体现。

但值得我们注意的是，本案例中罪与非罪的界限在于，如办理了抵押登记后，因抵押人与抵押权人之间的债权债务产生纠纷而私自处置了司法机关查封、扣押、冻结的财产，则行为人可能涉嫌《刑法》第314条规定的非法处置查封、扣押、冻结的财产罪而被追究刑事责任。

因此，本案例中反映的涉案行为罪与非罪之间，实质在于行为人对财产是否作出资产转移、隐瞒或权利转移或故意毁损的行为，而不在于对被司法机关查封、扣押、冻结的财产基础上设置了担保权利。

本案例对社会的警示意义，其一是社会活动中员工代持股权及兼任法定代表人存在的法律风险认知不应局限于公司涉讼执行阶段被公布为失信被执行人名单信息及被法院实施信用惩戒层面，更应上升为刑事法律风险的认知；其二是对待法院移送处理的刑事案件，仍应秉承客观公平、罪刑法定的原则及理性态度，避免基于案件移送形式特殊而导致有罪推定办案心理。

在现实生活中，为保障企业的经营生产，法院可能会对企业的生产设备等动产实施活封的方式处理，因动产的查封（活封）方式时常不存在权利查封登记记录，因此不同法院之间针对同一财产实施的查封及处置情况在某种程度上更依赖于被查封人主动披露，本案例中被查封的财产所有权人，亦应主动披露或告知执行法院及其余实施查封的法院，并进行合理沟通，可以在一定程度上避免司法机关在未全面了解事件的情况下误认为行为人涉嫌刑事犯罪的风险。

【专家点评】

本篇非法处置查封、扣押、冻结的财产罪案例的典型意义在于准确理解并严格适用了罪刑法定原则，彰显了“努力让人民群众在每一个司法案件中感受到公平正义”的司法内涵。同时点评人注意到本案例涉及以下细节内容：一是本案系由佛山市某区人民法院以公司涉嫌非法处置查封、扣押、冻结财产罪而移送由佛山市某区公安局予以刑事立案处理；二是犯罪嫌疑人系公司员工且为代持股人员兼任公司法定代表人；三是犯罪嫌疑人涉罪行为事实系将法院已查封的公司设备财产进行办理抵押登记于第三方名下。

点评人认为，本案例的内容有助于提升社会各界在对待法院移送公安机关办理的刑事案件问题上更趋于理性及树立公平立场，有助于警醒社会经济活动中员工代持股份及兼任法定代表人的潜在刑事法律风险，也有助于厘清对《刑法》第 314 条规定的非法处置查封、扣押、冻结的财产罪的正确理解及严格适用情境。

（点评人：张锡海，高级律师，广州仲裁委员会仲裁员）

排除非法证据规则的灵活运用
——以谭某涉嫌受贿无罪案为例

杜均品*

【内容提要】

在职务犯罪中，被告人的供述和证人证言都是指控犯罪的重要证据，审查证据三性是影响定罪的重中之重。《刑事诉讼法》中对非法证据的排除规则、证人证言法庭质证原则都已有明确的规定，辩护律师通过被告人提供的证据审查是否存在非法取证的情形，并向法院申请排除非法证据。对于证人证言的三性，辩护律师可在庭前会议、庭审过程中列明引起合理怀疑的理由，让法官对证人证言产生怀疑，进而达到使证人出庭目的，以便能当面发问，使案件事实更清晰。

【基本案情】

（一）案情简介

2016 年 6 月 8 日上午 10 时，谭某被人民检察院工作人员带走，2016 年 6 月 11 日经人民检察院批准立案，同日检察院审讯谭某三次并制作了笔录，当天下午谭某被取保候审；后经人民检察院反贪局侦查，于 2017 年 7 月 6 日移送审查起诉；人民检察院于 2018 年 7 月 11 日提起公诉。

公诉机关指控，2010 年到 2015 年，被告人谭某作为国家工作人员，利用职务

---

* 杜均品，广东格士律师事务所律师。

便利，收受廖某、王某、陈某贿赂共计人民币 3 万元，应当以受贿罪追究刑事责任。

谭某在 2016 年 6 月 11 日三次讯问笔录中，供认收受廖某、王某、陈某贿赂共计人民币 3 万元；案件移送审查起诉后，谭某供述没有收受廖某、王某、陈某贿赂款项，因被连续审讯，身体不好，另检察人员答应供认就可以取保候审，才作了违心的供述。

（二）处理过程

辩护律师在审判阶段接受谭某的委托后，经会见谭某了解案件情况并查阅案件证据材料，认为本案侦查阶段的供述不具有合法性，属于非法证据，依法应当予以排除；涉嫌行贿的关键证人、询问地点等缺乏合法性，证言内容属于推测性言词，缺乏真实性，证据不足，所指控的受贿罪不能成立。为此，辩护律师一方面申请召开庭前会议，排除非法证据；另一方面，先后起草了多份关于申请证人出庭作证、调取证据的申请书以及调取讯问同步录音录像申请书，提交法院并争取说服法官采纳。

本案召开了两次庭前会议，并单独安排律师观看讯问的同步录音录像和后期询问证人的录音录像；在 2019 年 7 月 29 日和 2019 年 12 月 6 日先后两次开庭审理本案。

（三）代理意见

1. 谭某庭前供述属于非法证据，应当予以排除。

（1）谭某侦查阶段的供述不具有合法性，不能作为证据使用，应当予以排除。办案机关未经正当手续，将被告人持续羁押三天，严重超过法定期限的行为不符合法律规定，属于非法限制人身自由。采用非法限制被告人人身自由的方法取得供述，应当予以排除，不得作为诉讼证据使用。

（2）连续审讯四天三夜，并导致谭某送医院抢救，属于变相刑讯逼供。

（3）本案存在的违法取证行为即超期羁押、变相刑讯逼供与刑事立案后形成的言词供述存在因果关系，立案后所获供述也不具有合法性，应该予以排除。

（4）首次及整个讯问过程，均没有告知谭某诉讼权利内容，违背“中国式米兰达”规则。

2. 检察院制作两份前后矛盾的《归案经过》，企图掩盖其非法羁押的事实。

辩护律师在审查起诉阶段阅卷时，检察院提供了第一份《归案经过》，证实谭某是6月10日主动到检察院反映情况，也就是说6月10日检察院已接受谭某到案，在对其进行问话，办案部门是检察院；辩护律师在法院阶段阅卷时，检察院移送了第二份《归案经过》，该份材料反映，6月8日至10日是纪委在办谭某一案，6月11日纪委将谭某移送检察院立案侦查。显然，这两份《归案经过》互相矛盾。

为此，辩护律师多次提出申请侦查人员出庭作证进行解释，但法院没有同意，于是建议法院向纪委核实本案另一份材料：纪委出具但没有经办人签名的《情况说明》，纪委是否对谭某立案？案号是多少？经办人是谁？查清其真实性、合法性。法官是否去纪委核实，辩护人不得而知，但从结果来看，法官内心应该是存疑了。

3. 行贿证人的言词不具有真实性，申请证人出庭对质。

证人所述均是代他人转送信封，对于信封内是不是人民币，以及数额是多少均属于猜测，缺乏证明力；公诉人询问证人的录音录像均反映证人言词前后矛盾，刚开始时明确否认，之后在公诉人诱导之下，又供述有转送信封，不具有真实性。

（四）判决结果

检察院以事实不清、证据不足为由，向法院提出撤回起诉，人民法院予以准许。

检察院以证人未能精确供述行贿具体金额，犯罪事实不清、证据不足，不符合起诉条件，决定对谭某不起诉。

【争议焦点】

1. 被告人谭某在侦查阶段的供述是否属于非法证据？

2. 本案证人证言是否具有真实性、合法性？

【案例评析】

（一）非法证据的认定

根据2012年《最高人民法院关于适用〈中华人民共和国刑事诉讼法〉的解释》第95条的规定，使用肉刑或者变相肉刑，或者采用其他使被告人在肉体上或者精神上遭受剧烈疼痛或者痛苦的方法，迫使被告人违背意愿供述的，应当认定为《刑事诉讼法》第54条规定的“刑讯逼供等非法方法”。本案中，被告人谭某于2016年6月8日10时30分至6月11日16时45分，在长达78个小时的时间里，留给被告人休息的时间总共才近8个小时，导致审讯期间被告人出现胸闷气短的症状，甚至发生一度昏厥送医抢救的情形，应当认定为“刑讯逼供等非法行为”。因此，本案既存在超出法定传唤期限非法限制被告人人身自由的情形，也存在刑讯逼供的情形，办案单位违反了刑事诉讼法的相关规定，被告人的供述应当予以排除，不能作为诉讼证据使用。

（二）受贿案件中言词证据合法性和真实性的审查判断

我国刑事诉讼法等相关法律明确规定，不得以暴力、威胁等非法方法收集证人证言。证人证言非法收集手段主要有威胁、诱导等形式，因此在审查证人证言时需重点关注询问的方式，善用常识、常情、常理来判断证人证言的真实性、合法性。受贿案件中，证人证言是关键的定罪量刑依据，本案三名证人取证时间均发生在谭某非法取证之后，其中两名证人的证言相似度极高，与常理不合。在接到当事人委托查阅案卷材料后，辩护律师第一时间向人民法院递交《通知证人出庭作证申请书》，虽然最终法院未采纳，但是检察院对三名证人再次进行询问，并同步录音录像，后在庭审时播放。该录音录像均反映证人言词前后矛盾，刚开始时明确否认，之后在公诉人诱导之下，又供述有转送信封等言词，不具有真实性。

对受贿案件证人证言进行真实性审查，需要注意证人主体情况，以及与本案是否有利害关系等，善于运用证据印证规则，综合判断。由于受贿案件本身的特殊性，证人证言在受贿案件中就显得非常重要，为查明案件，需使事实建立在“确实、充分”的证据之上，并达到了“排除合理怀疑”的证明标准。辩护律师可在庭前会议、庭审过程中列明引起合理怀疑的理由，让法官对证人证言产生怀疑，进而达到使证人出庭目的，使案件事实更清晰。

【专家点评】

在案材料反映，谭某涉嫌受贿案最终能获无罪判决的结果，一方面是由于辩护律师执着敬业，不断坚持申请排除非法证据，不断要求法官允许证人出庭作证，不断向法官展示在案证据之间的矛盾、提示控方证据不能形成封闭链条，不断说服法官确信，控方证据不能证明案件事实；另一方面是由于法官坚守公正裁判的职业操守，坚守证据裁判规则，坚守“以审判为中心”的司法原则，坚守以自己的内心确信来作出裁判，勇于、敢于承担责任。正是这两方面的原因，才使得本案成为经典之作。

（点评人：邵维国，广东省刑法学研究会副会长、广州市刑法学
研究会会长、广东省人民检察院专家咨询委员、
广州大学法学院教授）

论非法证据排除在危险驾驶罪中无罪辩护的运用

李建国*

【内容提要】

犯危险驾驶罪会被判处拘役，并处罚金。危险驾驶罪有四种情形：追逐竞驶，情节恶劣的；醉酒驾驶机动车的；从事校车业务或者旅客运输，严重超过额定乘员载客，或者严重超过规定时速行驶的；违反危险化学品安全管理规定运输危险化学品，危及公共安全的。其中醉酒驾驶机动车的案件最多，根据最高人民法院公布的全国法院审判执行数据，从 2019 年起，在审结的刑事案件中，危险驾驶罪首次超越盗窃罪，位居第一；这当中，与激增的醉驾型危险驾驶犯罪案件有很大关系。醉驾型危险驾驶犯罪案件会被判处一个月以上六个月以下的拘役，并处罚金，在现实中一般会适用缓刑。当血液中的酒精含量达到 80 毫克/100 毫升以上的，属于醉酒驾驶机动车。

【案情简介】

2020 年 7 月 2 日 1 时许，李某醉酒后驾驶一辆机动车与银行铁门发生碰撞，造成车辆及铁门损坏的道路交通事故。民警接到指令后到达现场处理，发现驾驶员李某涉嫌酒驾，于是将其带到医院抽取了血液样品保存，并告知其在限定时间内到交警中队接受处理。李某涉嫌危险驾驶一案，由公安机关于 2020 年 7 月 8 日受理并

* 李建国，广东格士律师事务所律师。

立案侦查；李某于2020年7月10日被取保候审；2020年8月10日案件侦查终结并移送检察院审查起诉。

起诉意见书称经依法侦查查明：2020年7月2日1时许，李某醉酒后（由于当事人身体不适无法进行酒精呼气测试，后将其带至医院进行抽取血液样品）驾驶一辆机动车与银行铁门发生碰撞，造成车辆及铁门损坏的道路交通事故。经司法鉴定中心对李某的血液检验酒精含量测试结果为196.2毫克/100毫升，李某的行为属醉酒驾驶。

认定上述犯罪事实的证据如下：犯罪嫌疑人李某的供述和辩解、抓获经过、司法鉴定中心检验报告。上述犯罪事实清楚，证据确实、充分，足以认定。犯罪嫌疑人李某自愿认罪认罚。综上所述，犯罪嫌疑人李某醉酒驾驶机动车上道路行驶，其行为触犯了《刑法》第133条之一第1款第2项之规定，涉嫌危险驾驶罪。鉴于该案犯罪事实清楚，证据确实、充分，依照《刑事诉讼法》第162条之规定，现将此案移送审查起诉。

李建国律师担任李某涉嫌危险驾驶案的审查起诉阶段的辩护人。辩护律师认真仔细地查阅了该案的有关案卷材料，同时询问了李某，对有关本案的情况进行了深入的了解，提出了以下辩护意见。

（一）本案送检的血液样本抽血时所用消毒液有可能是酒精

1. 根据本案诉讼案卷第28页当事人血样（尿样）提取登记表显示，消毒液名称有明显涂改的痕迹，最开始的消毒液名称已经看不清楚，而消毒液名称是本案至关重要的内容。李某在2020年7月10日的讯问过程中也对消毒液是什么提出了质疑，怀疑当时用的消毒液名称是酒精，因为抽血时闻到有酒精味，但在讯问笔录中没有相关记录。依据公安部发布的《道路交通执法人体血液采集技术规范》中的明确要求：提取血液样本时，皮肤消毒剂宜使用不含醇类的聚维酮碘、0.1%苯扎氯铵溶液、0.1%苯扎溴铵溶液、1.0%醋酸氯己定溶液、双氧水（20%）及不含乙醇的碘伏溶液，不应使用含醇类或其他挥发性有机物的消毒剂。如果消毒液是酒精，所抽血液样本不能作为定罪证据，应该严格按非法证据排除规则要求予以排除。

2. 根据本案诉讼案卷第28页当事人血样（尿样）提取登记表显示，被提取人（签名）栏李某的签名，与案卷其他李某的签名存在明显的差异，本辩护人就这一问题询问过李某，他明确表示当事人血样（尿样）提取登记表上被提取人（签名）

栏不是本人的签名。

综上，这样至关重要的内容在涂改后没有本人的签名确认，我们有合理理由怀疑当时用的消毒液是酒精，而根据公安部发布的《道路交通执法人体血液采集技术规范》的相关规定，对违反该规范要求作出的“血液中酒精含量”检测结论予以排除。

（二）申请对诉讼案卷第 28 页当事人血样（尿样）提取登记表李某的签名进行笔迹鉴定

李某明确否认诉讼案卷第 28 页当事人血样（尿样）提取登记表被提取人（签名）栏是本人签名，而影响到案件定性的重要内容作出修改后没有本人的签名，应当严格按非法证据排除规则要求果断予以排除。恳请法院慎重考虑，予以批准笔迹鉴定申请。

（三）在公安机关的执法视频中没有对送检血样进行签名确认的视频

在公安机关的执法视频中，辩护人没有看到对送检血样进行签名确认的画面，也没有李某不配合公安机关拒绝签名的画面。所以诉讼案卷第 28 页当事人血样（尿样）提取登记表被提取人（签名）栏的签名很可能不是李某本人签名。

（四）在执法过程中见证人、执法人员不符合法律规定

根据李某的陈述及执行视频，在抽血送检执法整个过程中只有五人，分别是抽血的护士、李某、1 名警察、2 名辅警。根据《治安管理处罚法》第 88 条的规定：检查的情况应当制作检查笔录，由检查人、被检查人和见证人签名或者盖章。故在上位法律明确规定了应当有见证人的情况下，应当优先适用上位法。见证人在刑事诉讼中的现场勘验程序中所处的地位是独立的第三方，只忠实于现场取证的客观情况，从而达到监督侦查人员依法取证目的，其作用不容忽视。缺少见证人的见证，勘验程序就不合法，这种证据就不应被采纳。故不能以检查人员（医务人员）的独立性替代见证人的独立性。而本案中，没有合法的见证人及合法的执法人员（辅警不能作为见证人及执法人员），故本案中所抽血样的送检结果不能作为定罪量刑的证据。

检察院在慎重考虑辩护人的法律意见后，于 2020 年 9 月 21 日将案件退回公安机关补充侦查，公安机关于 2020 年 10 月 13 日补充侦查完毕，重新移交检察院审查起诉。

根据公安机关补充侦查的结果，抽血时用的消毒液含有酒精成分。因此，不能作为定罪、量刑的依据。检察院于2020年10月13日最终认为公安机关认定的犯罪事实不清、证据不足，不符合起诉条件，依照《刑事诉讼法》第175条第4款的规定，决定对李某不起诉。

【争议焦点】

对违反《道路交通执法人体血液采集技术规范》要求作出的“血液中酒精含量”检测结论，是否应该严格按非法证据排除规则要求予以排除？

【案例评析】

本案中，检察官将违反《道路交通执法人体血液采集技术规范》要求作出的“血液中酒精含量”检测结论，严格按非法证据排除规则要求果断予以排除。由于李某查获时身体不适无法进行酒精呼气测试，再排除“血液中酒精含量”检测结论，这样的醉驾案件，就算是起诉到法院，也是不能定罪量刑的。检察院依照《刑事诉讼法》第175条第4款的规定，决定对李某不起诉，这是符合法律程序的。人民检察院审查案件，对于需要补充侦查的，可以退回公安机关补充侦查，也可以自行侦查。对于补充侦查的案件，应当在一个月以内补充侦查完毕。补充侦查以二次为限，其立法目的就是防止检察机关无限制地退回补充侦查，让案件不能结案，所以法律明文规定，对于二次补充侦查的案件，人民检察院仍然认为证据不足，不符合起诉条件的，应当作出不起诉的决定。有了法律规定的程序保障，就限制了公安机关、检察机关滥用权力，把权力关在法律的笼子里。

本案中，要在“实体正义”与“程序正义”之间做出选择，这是一个艰难的选择；但本案检察官勇于担当，选择了“程序正义”，严格遵守法律规定，作出不起诉的决定。

【专家点评】

本案律师在检察院审查起诉时介入，通过认真查阅案卷、询问当事人，提出专业法律意见书，及时与办案检察官沟通，取得了良好的效果。就公安机关在取证时的不规范提出了质疑，从退回补充侦查的结果来看，也证实了律师“提取血液样本时使用的消毒液含有酒精成分”的猜测。这时，检察官面临两难，坚持起诉，可能会因证据不足而被法院判无罪；不起诉，但心中已确信李某违反了法律。本案给公安机关的警示意义是一定要按照法律程序取证，如果是委托第三方机构取证，也要告知第三方机构按照公安部门规定取证，否则会导致证据不能用的后果。

人民检察院审查起诉时，也应该严格按照《刑事诉讼法》的规定来办理。人民检察院认为证据不足，不符合起诉条件的，应当作出不起诉的决定。人民检察院对本案的处理是值得肯定的，在明显证据不足、不符合起诉条件的情况下，果断作出不起诉决定，让当事人回归正常的社会工作生活。

（点评人：郭天武，中山大学法学院教授）

当事人从涉嫌诈骗罪、参加黑社会性质组织罪到最终不起诉的辩护之路

郭艺圃*

【内容提要】

李某因涉嫌诈骗罪于2018年9月11日被珠海某侦查机关刑事拘留，同年10月17日被逮捕。侦查机关在《起诉意见书》中认为李某“涉嫌诈骗（3.3亿元）、参加黑社会性质组织罪（积极参加）”，辩护人在家属和嫌疑人本人的支持下，坚持作无罪辩护，多次向侦查和检察机关提交无罪辩护意见。案件被移送到珠海市检察院后，涉嫌罪名改为“非法转让、倒卖土地使用权罪”分案下放到珠海某区检察院，后起诉至法院，此案未开庭，某区检察院向法院申请撤诉，法院准予撤诉，检察机关重新作出了证据不足不起诉的决定，嫌疑人获释。

在集中打击某类犯罪中，如何最大限度地避免牵连无辜，即“拔出萝卜时少带泥”是一个值得法律人深刻思考的问题。

【案情简介】

2018年9月10日，广东省公安厅调集珠海、肇庆等地警力，打掉省扫黑除恶办督办的以陈某湖、莫某森等人为首的特大涉黑恶违法犯罪团伙，涉及团伙成员达

* 郭艺圃，广东格士律师事务所律师。

60 多名。

嫌疑人李某，香港特别行政区永久性居民，且为美国留学归国的金融高级人才，正是上述扫黑除恶大案要案之中的一员。

李某于 2016 年经人介绍认识了陈某湖，两人一起创办了基金公司，并办理了基金公司所需要的一切合法执照。李某在基金公司担任总经理，这是他被人称为“李总”的唯一原因。李某在陈某湖处工作的主要目的是想利用自己的金融专业知识，运营好基金公司，获得事业成功的合理经济报酬，也能为家乡肇庆做点自己的贡献。但基金公司成立后，因为国家政策发生变化，导致基金公司虽然洽谈了业务，却无法运作下去。李某在去留彷徨间，就遇到了本案所涉及的“诈骗”。

案件的导火索是陈某湖为××地产集团拿到肇庆市 102 地块，在拿地过程中，陈某湖对村干部及其他国家工作人员行贿，对村民则利用黑社会人员打击报复、威胁，以非法手段先控制土地，再对外招揽有实力的开发商拿地。这确实是非常严重的黑恶犯罪，但对于李某来说，他不但不是加害村民的人，反而是个毫不知情的“受害人”。

陈某湖在李某前来为他工作之前，已经非法控制了地块。李某到其公司本来是利用金融专长从事金融工作，因事不凑巧，金融方面的工作未能如计划展开。恰此时，陈某湖招揽到××地产这一潜在买家，于是借着李某帅气高大上的香港人且留美归来的高级人才形象，为其站台，在其与××集团谈判合作期间作为信使，转递李某丝毫不懂的房地产相关文件。辩护人了解真相之后，不断地向侦查、公诉和审判机关提出取保候审、羁押必要性审查、不构成犯罪、建议不起诉，相关意见如下。

（一）李某没有犯罪的动机

李某的家庭出身和教育背景良好，幼年随家人取得香港特别行政区永久性居民身份，后去国外读书和工作。他从北京回到肇庆的想法就是创办基金公司。

李某在陈某湖处工作的目的在于运作基金公司，当陈某湖出事时，李某拿了基金公司的资料回到广州的父亲家里，等待警察上门，因为怕别人销毁资料，对自己不利，根本没有想到是因为竞拍地块出了问题。

陈某湖“搞定”村民是在认识李某之前，李某根本不知道，更无从参与这些事。

（二）李某在陈某湖诈骗的案件中没有任何获利，与其他同案犯有本质区别

李某在陈某湖处的收入是每月工资3万元人民币，除此外，没有其他。这个工资也不是他一开始到了基金公司就有的，是后来才领的，这都可以查证。李某在北京工作时也是这个工资水平，3万元对于一个基金公司的经理来说并不高，在陈某湖收到3亿多元中介费后，有功的参与人员纷纷获得奖金，但李某一分钱也没有得到。至于陈某湖自己在口供里说的“准备事成后给李某分个几十万元，也没有跟李某讲过会给他钱”，这简直是无稽之谈！事情已成，其他人已经分到钱，少的几万元，多则几百万元，偏偏就没有李某的。这恰恰真实反映了李某在陈某湖心中的地位不值一提，也反映了其在中介活动中的可有可无。

得到资金的是陈某湖多年的心腹、帮他“摆平”村民的相关人士，这些人才是与陈某湖同流合污的犯罪分子，李某不是。

（三）李某的行为虽有不当之处，但社会危害性显著轻微，不构成犯罪

李某行为的唯一欠妥之处是按照陈某湖的指示，参与了用拆迁补偿这种方法来“避税”，万幸的是，陈某湖案发，地块交易不成功，整个诈骗未遂，李某尽管参与了一点，但其主观和客观上的危害性都极小，与刑法所要求的相去甚远。该案先以诈骗和参加黑社会性质组织罪名立案，市检察院先对李某与陈某湖等分案处理，李某不再涉黑和诈骗。案件下放到香洲区检察院后，于2020年2月4日以非法转让、倒卖土地使用权罪对李某提起公诉。

2020年7月21日区检察院向法院申诉撤诉，法院予以准许后，区检察院于2020年8月4日作出了不起诉决定，此案以李某证据不足被释放而结案。

【争议焦点】

嫌疑人李某是否构成诈骗罪、参加黑社会性质组织罪或者非法转让、倒卖土地使用权罪？

【案例评析】

辩护人认为李某在主观上和客观上均不构成犯罪。李某之所以去陈某湖的公司

工作，其目的在于运作基金公司，并且实际上也成立了基金公司并拿到了基金牌照，只是因种种原因无法按原计划开展基金公司的运作。

陈某湖让李某为自己与大型地产企业合作“站台”，充当“信使”的行为是客观存在的，但李某因未参与对地块的提前“掌握”及缺乏基本的房地产方面的知识，行为不可能有犯罪所要求的故意，对李某来说，这只是老板安排的正常工作，没有额外的意义，更无额外的报酬。相关的交易合同和文件，亦不是出自李某之手，反而是××公司运作多年，已经有成熟的合同版本和套路，对李某的行为作刑法上构成犯罪的评价明显是不当的。其行为应当不能单独构成犯罪，其也不是其他犯罪的从犯。

此案的成功辩护，除了辩护人的辛苦工作外，也体现了扫黑除恶案件特别是涉及多人案件的特点。检察机关和审判机关在案件的后半程发挥其法定职责对于防止和减少错案是十分必要的。

即使嫌疑人没有取保候审，也不代表有罪。辩护人应当坚持案件事实，坚持自己的辩护意见，努力实现辩护目的。

集中打击某一类犯罪是非常有必要的，但新的时代对公安机关的侦查工作提出了更高的要求，侦查应当尽可能获取更多的证据，更应该注意收集不构成犯罪的证据。对于涉及团伙众多的案件，应当慎抓，对于符合取保候审条件的嫌疑人，应当尽可能地采取取保候审的措施，尽量避免伤及无辜。侦查和公诉机关理应更重视辩护人的“反对”意见，才能把案件办成“铁案”。

本案从接受委托到结案，经历了大约两年，时间跨度很大。此案虽起诉到法院后未开庭，即以检察院主动撤诉并作出不起诉决定而结案，但辩护人付出的努力却非常大，仅会见嫌疑人就达27次之多，更别提其他与各办案机关的沟通和提出辩护。

嫌疑人在羁押期间也十分难熬，辩护人多次鼓励其相信事实、相信依法治国的精神。最终，案件取得圆满结果。无论任何时候，刑法均应当保持谦抑性。

【专家点评】

该案是类案集中打击行动中的一个典型的“拔出萝卜带出泥”的例子，生动说明了“若公权力运用不当，较易发生错误打击”的情况。作者作为辩护律师，能全面地了解案情，把握了案件发生的真实事实，并结合犯罪构成的理论和法律规定，准确分析了嫌疑人行为的法律意义，揭露了嫌疑人的“行为”不构成犯罪的本质，加上辩护律师多达27次会见的辛苦工作，在嫌疑人及其家属的支持下，坚持作无罪辩护，最终取得了良好的辩护效果，是一个比较典型的成功案例，值得肯定。包括侦查、公诉、审判和辩护等在内的法律人，值得好好反思类案集中打击行动中存在的重收集有罪证据、不取保的做法，多听取其他办案机关，特别是辩护人的意见，对于防止冤假错案是很有必要的。

（点评人：陈建清，广东财经大学教授）

货物购买人因经营不善无力还债不构成合同诈骗罪

丁子塔　岳明霞*

【内容提要】

合同诈骗是指以非法占有为目的，在签订、履行合同过程中，通过虚构事实、隐瞒真相、设定陷阱等手段骗取对方财产的行为。犯合同诈骗罪会被判处有期徒刑或者拘役，并处或者单处罚金；合同诈骗罪有以下五种情形：（1）以虚构的单位或者冒用他人名义签订合同的；（2）以伪造、变造、作废的票据或者其他虚假的产权证明作担保的；（3）没有实际履行能力，以先履行小额合同或者部分履行合同的方法，诱骗对方当事人继续签订和履行合同的；（4）收受对方当事人给付的货物、货款、预付款或者担保财产后逃匿的；（5）以其他方法骗取对方当事人财物的。其中第三种和第四种情形在现实生活中最易与民事合同相混淆。针对此类情形，首先要明确当事人在签订、履行合同过程中，有无以非法占有为目的。若当事人在履行合同过程中，因自身经济能力问题无法偿还，则不构成合同诈骗罪，应属于民法调整范畴。

【案情简介】

2019 年 2 月至 5 月，卫某与林某合伙挂靠“上海某商贸有限公司”（以下简称

* 丁子塔、岳明霞，广东格士律师事务所律师。

"某公司"）向"广州某鲜生网络科技有限公司"的某鲜生门店供应海鲜货物，卫某与林某采取先拿货后付款的方式向广州市荔湾区黄沙水产交易市场的海鲜档主拿货并运送到某鲜生门店，某鲜生门店每十五天与某公司结算一次货款，某公司扣除挂靠费后将货款支付给卫某与林某，卫某与林某再将货款支付给黄沙水产交易市场的海鲜档主。

在经营过程中，由于每天的海鲜价格均是由某鲜生门店定价，导致卫某的进货价格时常会高于某鲜生门店所定的销售价格，因此导致亏损，且缺口不断加大，故而卫某与林某于2019年5月底即与某公司结束挂靠关系，并停止向某鲜生门店供货。卫某与林某在收到某公司的尾款后，将大部分货款用于个人开支和偿还其他债务。在尚欠被害人郑某、海某、林某、姚某等海鲜档主的货款人民币247557元的情况下，卫某与林某离开广州市，不再与上述档主联系。

2019年7月29日海鲜档主郑某到广州某公安局内港派出所报案，称卫某、林某骗取了其海鲜货物货款后，在未关闭手机时通过故意不接电话、不回复短信或者微信等方式逃避支付货款的责任，最后关闭手机并搬离在广州暂住的出租屋逃匿。

公安机关即以林某、卫某涉嫌合同诈骗罪进行刑事立案，并于2019年10月将林某抓获归案，卫某得知林某被抓后即投案自首。

辩护人接案后，全面了解了案件情况，即向广州某公安局提出不构成合同诈骗罪的法律意见及申请取保候审申请书，广州某公安局认为林某、卫某以非法占有为目的，通过"现货现款"先履行小额合同的方式骗取被害人的信任，进而再与被害人口头达成"先货后款"的交易模式，最后又虚构、隐瞒收回货款的事实，存在主观诈骗目的而做出《不予变更强制措施通知书》的决定。

故而，辩护人在本案移送广州市黄埔区人民检察院批准逮捕之际，向黄埔检察院提出嫌疑人卫某不构成犯罪，应当不予批捕的法律意见书。辩护意见如下：

1. 嫌疑人卫某、林某的行为不构成合同诈骗罪，且无诈骗被害人的主观故意。

（1）卫某、林某与某公司的挂靠合作是真实的，每半个月结算一次货款的情况也是客观真实的。

①前期之所以与被害人通过"现货现款"的模式进行交易，基于两点原因：第一，刚开始，卫某、林某做的是比较低端便宜的海鲜，如花甲、小鱼、小虾类的海产品，金额不大，但利润较高；第二，由于刚入行，去海鲜市场拿货与被害人不熟

悉，不可能赊账。

②后期之所以与被害人通过“先货后款”的模式进行交易，是因为某鲜生门店与原高档海鲜的供应商终止合作，该业务交给卫某、林某负责，但由于二人经验不足而导致亏损。第一，卫某与某公司采取用“先货后款”的模式，且挂靠给付点数过高，达9.5%；第二，高档海鲜成本高，价格波动大，利润薄，且没有定价权，导致进货价持平或高于销售价格，在这种情况下，卫某、林某不但没赚到钱，还直接亏损应付9.5%的挂靠费用；第三，卫某、林某由于自身资金有限，为了弥补亏损则多次找亲戚朋友或用信用卡借款等方式进行运营，但即便如此仍无法扭亏为盈；第四，为了止损与某公司终止挂靠合作关系。

（2）卫某、林某于每期收到某公司回款后即按约定分批分次向被害人支付货款，因此，他们主观上并没有以非法占有为目的，骗取被害人财物的主观故意。

（3）卫某、林某与某公司终止合作后，因暂时没有找到合适的生意，为了节约开支，其与同案林某退租，搬到亲戚家借住，且退租期间卫某仍向各被害人偿还了10000元货款。

（4）卫某、林某拒接被害人电话的情况问题。由于卫某、林某暂无找到其他生意可做，暂无收入来源，但被害人多人多次打电话给他们，因为他们没钱还，被害人说话比较偏激，并多次谩骂他们，搞得他们心情比较烦躁，致使他们不敢接听他们电话。

2. 嫌疑人卫某、林某家属已代其将拖欠本案被害人的货款全部还清，并取得本案全部被害人的谅解，相当于将社会危害性修复或者说已降到最小的危害程度。

3. 嫌疑人卫某、林某没有犯罪前科，由于生意亏损，家庭经济困难，子女尚小需要抚养等。

综上所述，根据《刑法》第224条及《全国法院审理金融犯罪案件工作座谈会纪要》第三段关于认定“具有非法占有目的”的规定可知，卫某、林某并非有钱不还或者恶意骗取被害人货款后逃匿，而是因生意亏损导致无力偿还，更无隐匿财产等非法占有行为和目的，生意失败属于正常的商业行为，若是通过事后评价的方式推定当事人无力还债或者拒接电话即可转化为合同诈骗，明显与合同诈骗罪的构成要件及立法精神相违背。因此，公安机关将本案定性为合同诈骗罪的依据值得商榷，但本案属于经济犯罪，并非暴力性犯罪，不会有社会危险性，而且卫某、林某家属已代为偿还了被害人的全部债务，并取得被害人谅解，受到破坏的社会关系得以修复，社会危害性得以化解；故而，恳请检察机关对嫌疑人卫某、林某依法做出不予批准逮捕的决定，并变更强制措施为取保候审。

黄埔检察院最终采纳了辩护人的意见，对卫某、林某做出不予批捕决定，并于2019年11月15日依法对其取保候审。

2020年3月31日广州某公安局侦查终结并向广州市黄埔区人民检察院移送审查起诉。起诉意见书认为，犯罪嫌疑人林某、卫某以非法占有为目的，通过“现货现款”先履行小额合同的方式骗取被害人的信任，再与上述被害人口头达成“先货后款”的交易模式，骗取四名被害人价值共24万多元水产品后，向四名被害人虚构未收回货款、隐瞒已收回了全部货款的事实真相，为故意躲避被害人多次追讨货款、逃避履行合同义务，中断与报案人信息、电话联系，拉黑报案人的手机和微信，并逃匿，将本应偿还被害人的货款用于偿还个人债务和个人消费等，数额巨大，其行为已触犯《刑法》第224条之规定，涉嫌合同诈骗罪。依照《刑事诉讼法》第162条之规定，现将此案移送审查起诉。

审查起诉阶段丁子塔辩护人向黄埔检察院提交卫某不构成合同诈骗罪的法律意见书。具体辩护意见如下：

1. 卫某、林某与某公司挂靠合作、15天结一次款情况是客观真实的。

2. 卫某、林某向某鲜生门店供货，涉及海鲜定价、货款结算周期等均无话语权，卫某、林某向与被害人拿货并约定15天结算一次完全是基于他们与某鲜生门店、上海商贸公司的约定；所以，关于一开始用“ 现货现款”到熟悉后的“ 现货后款”的交易模式问题，并非是合同诈骗的手段，而是行为人在正常的商业活动协商出来的结果，再说，像这种交易习惯、交易模式目前是普遍存在于农贸市场、水产市场、建材市场中的。

3. 卫某、林某收回货款后，并没有携款逃匿或无故挥霍，而是将款项分配偿还因生意上亏损的借款及货款债务，与一般普通民众的处事逻辑相符。

综上所述，公安机关以事后评价的方式定性卫某、林某涉嫌构成合同诈骗罪的事实不清，证据不足，且目前并无证据可证明卫某、林某在签订、履行合同过程中对货款有产生非法占有的故意。恳请贵院对卫某做出不予起诉的决定。

检察机关经过退查，最后采纳了辩护人的辩护意见，作出不起诉决定书。

【争议焦点】

在签订、履行合同过程中，行为人经营不善无力偿债的情况下，如何评价行为人有无非法占有的目的？

【案例评析】

本案中，公安机关认为，犯罪嫌疑人卫某、林某以非法占有为目的，通过“现货现款”先履行小额合同的方式骗取被害人的信任，再与被害人口头达成“先货后款”的交易模式，骗取被害人货款后，向被害人虚构未收回货款、隐瞒已收回全部货款的事实真相，为故意躲避被害人追讨货款、逃避履行合同义务，中断与报案人信息、电话联系，拉黑报案人的手机和微信，并逃匿，将本应偿还被害人的货款用于偿还个人债务和个人消费等，数额巨大，其行为已涉嫌合同诈骗罪。

本案主要涉及当事人在签订、履行合同的过程中是否对货款产生非法占有目的问题，纵观本案卫某、林某在合同签订、合同履行的过程中，主观上都没有以非法占有为目的的故意，更没有采取虚构事实、隐瞒真相的手段使对方免除其债务，更无逃匿等非法占有行为，至于后期无力偿还货款的问题，完全是因为卫某、林某在供货环节未能有效把控风险及经验不足等造成亏损，而暂无能力偿还部分债务，而其将后期收回的货款根据自身缓急分配偿还借款债务及货款债务，其中货款债务也包括部分偿还了被害人的货款，在此种情况下，公安机关简单地以卫某虚构未收回货款、隐瞒已收回了全部货款并没有接听被害人电话连续起来推定为具有非法占有目的，明显不符合客观事实；而且这种定性完全是一种事后评价，与立法精神相违背，同时对卫某而言也是明显不公平的。

目前，农贸市场、水产市场、建材市场对一开始采用“现货现款”，熟悉后再约定“先货后款”的交易情形是非常普遍的，这也是一种民间交易习惯，如果一出现购买方拖欠货款或者没有能力还款，货主一方即报警控告购买方合同诈骗，公安机关即以合同诈骗立案，将会造成法治灾难。因此，公检法机关对正确理解法律条文与把握罪与非罪的尺度非常重要，一个错误的理解与适用可能影响的就是当事人一生或一个家庭。本案中，公诉机关坚持以事实为根据，以法律为准绳，在公安机关退查仍证据不足的情况下，依法做出不起诉决定是非常正确的。

【专家点评】

合同诈骗罪的司法认定，首先取决于对行为人非法占有目的的认定，而在司法实践中如何把握行为人看不见、摸不着的主观心理状态，存在很大的难度。但作为有意识、有理性的人，其主观心理状态决定行为，其行为又能反映心理状态。因此，司法实践中对行为人是否具有非法占有目的的认定，应根据行为人的行为予以推定，这种推定是建立在行为人的客观行为基础上的，应由行为人的客观行为来推断其主观意图。

最高人民法院于2001年印发的《全国法院审理金融犯罪案件工作座谈会纪要》明确指出，“在司法实践中，认定是否具有非法占有目的，应当坚持主客观相一致的原则，既要避免单纯根据损失结果客观归罪，也不能仅凭被告人自己的供述，而应根据案件具体情况具体分析”，并具体规定，“根据司法实践，对于行为人通过诈骗的方法非法获取资金，造成数额较大资金不能归还，并具有下列情形之一的，可以认定为具有非法占有的目的：（1）明知没有归还能力而大量骗取资金的；（2）非法获取资金后逃跑的；（3）肆意挥霍骗取资金的；（4）使用骗取的资金进行违法犯罪活动的；（5）抽逃、转移资金、隐匿财产，以逃避返还资金的；（6）隐匿、销毁账目，或者搞假破产、假倒闭，以逃避返还资金的；（7）其他非法占有资金、拒不返还的行为”。

由此可见，认定是否具有非法占有的目的，首先要坚持主客观相一致的原则，同时，还要分析行为人获取资金后的用途，对于行为人采取欺骗的手段不断与他人签订合同，“拆东墙补西墙”归还欠款最终造成损失的，应当认定为行为人具有非法占有的目的。同时，对于行为人获取资金后予以挥霍或者进行非法活动，而丧失归还能力的，也应认定为具有非法占有的目的，但对于行为人在签订合同时有履行能力，只是在履行合同过程中，由于客观原因丧失履行能力，造成无力归还他人财物的，不应以合同诈骗罪论处。

结合本案辩护律师提出卫某不构成合同诈骗罪的法律意见，公诉机关出于审慎态度，将本案退回公安机关补查仍无法证明卫某在签订、履行合同过程中对货款产生非法占有的故意的情况下，依法做出不起诉决定，不但节约了诉讼资源，同时也体现了法律正义，这是法治的进步也是时代的进步。

（点评人：杨开湘，中南大学法学院教授）

涉嫌骗取出口奖励金案件财务负责人员的无罪辩护思考

黄佳博*

【内容提要】

诈骗案件非主干人员的主观明知认定问题必须坚持证据裁判原则。诈骗共犯成立诈骗罪要求行为人主观上对诈骗事实处于“明知”的状态，“明知”包括知道和应当知道，虽然我们允许“明知”的认定可适用推定原则，但并不能因此降低证明标准，而应当坚持证据裁判原则，结合全案的证据对明知的状态和明知的程度进行综合判断。

【案情简介】

伍某某因涉嫌诈骗罪于2019年8月14日被拘留。

经广州市公安局越秀区分局移送审查起诉认定：犯罪嫌疑人郑某应、郑某顶于2013年至2017年经营广东××贸易有限公司期间，为满足广州市商贸为推出的可获取01×9旅游购物贸易补贴（以下简称01×9）的企业需求，在没有为每间企业实际租赁独立的办公场所以及实际聘请员工的情况下，陆续成立了11家公司，并借壳广州某多企业服务有限公司，以上述12家公司为申报主体，由郑某应垫资，

* 黄佳博，广东广强律师事务所律师。

在郑某顶的具体安排下，由公司操作部员工对相关业务报关单据进行拆单，通过虚报货物价格等方式向海关报关，以此虚假的出口额向市、区两级商贸委申请01×9项目补贴款，由公司财务经理伍某某办理对补贴款的对外支出和使用的出纳管理工作，经司法会计审核，12家公司自2014年7月至2019年9月领取补贴金额共计162334590.30元，扣除发票列示的成本费1581815.00元后，所得金额160752775.30元，占收划财政补贴的99.03%。

黄佳博律师于2019年9月27日接受伍某某及其家属的委托，自侦查阶段介入，担任其辩护人。介入案件后，辩护人于2019年9月28日至2020年7月17日会见伍某某十三次，并于2019年10月15日、2019年10月17日向越秀公安分局申请取保，于2019年10月7日向越秀区人民检察院申请羁押必要性审查，案件移送广州市人民检察院管辖后，于2020年3月15日向其提交《恳请贵院对涉嫌诈骗罪一案的伍某某进行羁押必要性审查之申请书》，申请羁押必要性审查。2020年5月16日，提交《不起诉法律意见书》，2020年2月至2020年8月14日，多次与承办检察官沟通法律意见，2020年8月14日，广州市人民检察院对伍某某作出不起诉决定。

在辩护人提交的法律意见书中，主要陈述了两个观点。

第一，在案证据显示伍某某的工作职责是根据公司制度规定以及郑某顶、郑某应的安排进行财务支出，除此之外，伍某某未参与01×9项目的其他工作，其客观上不存在“虚构事实或隐瞒真相”的诈骗行为，未参与实施诈骗活动。

首先，在案证据显示伍某某及其所在部门并未参与广州某森贸易有限公司（以下简称某森公司）通过调整货物出口价格以骗领补贴的环节，未直接参与虚假申报出口货物的行为。

其次，在整个流程中，伍某某所在财务部的涉案行为包括注册公司、统计报关数据、做账、领取补贴等，但是，这些工作的负责人和具体实施者均是财务副经理胡某婷，伍某某并未参与。

最后，具体到伍某某个人来说，其不具备财务会计专业背景，也并不熟练掌握财务会计的相关知识，虽然因较早进入公司且为人老实等获得老板信任得以担任财务经理一职，但其在公司所扮演的实际角色是出纳。在案证据显示其工作职责仅是根据公司制度规定，按照郑某顶、郑某应的安排进行01×9项目的财务支出，其严格按照公司章程及上级的要求进行财务支出的行为只是在履行工作职责，这一行为与涉案公司虚假申报01×9项目扶持资金不存在关联，也并未让任何受害人或单位陷入处分财产的认识错误，不属于虚构事实、隐瞒真相的诈骗行为。

第二，伍某某事前未与郑某顶、郑某应共谋实施诈骗，事中对某森公司的具体诈骗手段也不知情，主观上缺乏实施诈骗犯罪的共同犯罪故意。

在案证据显示伍某某事前并未与郑某顶、郑某应共谋实施诈骗。根据本案三名犯罪嫌疑人的口供和多名证人的证言，能够厘清涉案公司申报01×9项目政府扶持资金的全过程。在上述人员的陈述中，没有证据显示伍某某参与01×9项目的事前筹备，基于存疑有利于被告的原则，应认定伍某某未与郑某顶、郑某应共谋实施诈骗。

在案证据显示对于涉案公司的具体诈骗手段，伍某某并不“明知”。纵观全案证据，伍某某涉案行为体现为其在担任财务经理期间，将公司收入的出口扶持资金通过转账、提现的方式交给郑某应、郑某顶使用，除此之外，伍某某并未实施其他可能涉案的行为。但是，从三名犯罪嫌疑人的口供可以了解到，伍某某实施上述行为完全是按照老板郑某应、郑某顶的指示，且郑某应和郑某顶并未告知其转账和提现款项的来源和用途。涉案书证也可以证实伍某某进行转账和提现操作完全是按照公司规定的财务流程进行，由此可见伍某某对涉案公司的具体诈骗手段并不明知，主观上缺乏实施诈骗犯罪的共同犯罪故意。

最终，检察机关采纳了上述法律意见，在《不起诉理由说明书》中阐明了对伍某某作出不起诉决定的理由：现有证据无法证实伍某某参与涉案公司的虚假申报行为，也不能证明伍某某实施转账、提现的行为是在主观上明知涉案公司收入的出口扶持资金系通过诈骗所得的情况下进行。

【争议焦点】

1. 涉案公司在办理01×9项目的过程中采用虚假方式向海关申报出口货物，并依照虚假申报出口的金额申领政府出口扶持资金，伍某某作为公司财务经理是否直接参与了虚假申报的行为?

2. 伍某某按照老板郑某应、郑某顶的指示将公司收入的出口扶持资金通过转账、提现的方式交给郑某应、郑某顶使用时是否明知出口扶持资金系公司采用诈骗方式所得?

【案例评析】

近年来，诈骗案件高发，非主干人员主观明知的认定成为司法实务适用难题。党的十八届四中全会首次提出要推进以审判为中心的诉讼制度改革，其中一项核心要求就是全面贯彻证据裁判原则，要求司法机关认定案件事实必须以证据为根据。基于证据裁判原则，对于此类案件涉案人员主观明知的认定应结合在案证据进行综合判断，本案犯罪嫌疑人的口供和证人的证言能够相互印证，证实伍某某并未参与涉案公司虚假申报政府出口扶持资金的诈骗过程，三名犯罪嫌疑人的供述、书证、证人证言也能相互印证，证实伍某某主观上对诈骗行为处于不明知状态，通过其他在案证据也无法直接认定以及推定伍某某客观上参与实施诈骗、主观上具有诈骗故意。基于此，伍某某得以无罪释放，广州市人民检察院坚持以事实为依据，以法律为准绳，严格公正司法，是法治的胜利，也是贯彻中共中央全面推进依法治国战略方针的重要体现。

【专家点评】

在共同诈骗犯罪中，共犯的成立必须以行为人主观上对诈骗事实处于“明知”状态，这也是本案的争议焦点。辩护人通过多次会见和仔细阅卷，从在案证据中分析得出：行为人不知道所经手处理的款项系诈骗所得，也没有参与实施诈骗行为的观点。通过多种形式与检察官充分沟通，使得辩护人的观点被检察官采纳，从而使行为人获得不予起诉的结果，充分体现了辩护人的专业能力和敬业精神，也充分体现了检察官以事实为依据，以法律为准绳，严格公正司法。

本案的办理充分体现了罪刑法定、疑罪从无的刑法原则，达到了政治效果、法律效果和社会效果的有机统一，展现了公开、公平和公正的司法理念，让每一位老百姓都能在案件中感受到公平和正义。

（点评人：钟其胜，广州市律协普通刑事犯罪法律专业委员会主任）

行为人的部分行为跟“套路贷”重合时如何做无罪辩护

周湘茂*

【内容提要】

本案中，犯罪嫌疑人李某多次高息出借款项，与借款人事先商定要收取利息、中介费、服务费，多次索债，有砍头息及“套路贷”中的部分行为。随着“套路贷”案件的多发以及社会危害性的增大，最高人民法院、最高人民检察院、公安部、司法部于2019年2月28日出台了《关于办理“套路贷”刑事案件若干问题的意见》，自此，“套路贷”违法犯罪行为成为刑事司法打击的重点。同时，部分司法人员认为：只要有“套路贷”行为，即意味着构成犯罪。因此，很多“套路贷”案件的被告人被定罪，其中还有一部分共同犯罪嫌疑人被认定为黑恶势力犯罪团伙或黑社会性质组织。但“套路贷”的部分行为不代表其一定是犯罪行为。本案即通过这种思路进行辩护，最终说服了办案人员，李某被释放并取保候审，之后公安机关进行了撤案处理。

【案情简介】

（一）基本案情

李某案发前一直经营A公司，长达十几年。

---

* 周湘茂，广东广强律师事务所律师。

谭某某以其在 B 地开公司急需资金购买设备为由，通过邓某某向李某借款。李某当时因为与谭某某不熟，多次拒绝。之后谭某某依然给李某打电话，希望李某借款给自己。谭某某还带李某去自己的公司和家中参观，表示自己有公司有房，公司正常营业，有还债能力，还提供了公司的营业执照等资料。李某最终决定借款给谭某某。李某只负责提供借款，除此之外，其他的事情（包括跟谭某某商量利息、借款期限、催还借款等）都由邓某某与谭某某谈，也都是邓某某单独决定的。李某和邓某某商定借款给谭某某的利息收入五五分成。在借款前，邓某某跟谭某某约定好利息、中介费以及服务费。之后李某先后多次共计借给谭某某几十万元。谭某某在前款没有还清的情况下，继续向李某借款，还了又借，借了又还，同时还多次逾期。李某没有介绍其他平台或出借人给谭某某，没有恶意垒高债务，没有制造虚假给付痕迹，也没有毁匿还款证据。

谭某某从 2016 年至今，先后多次向多家机构和李某借钱，但不清楚其借来的钱是用于所称的公司经营，还是个人挥霍，或用于拆东墙补西墙进行庞氏诈骗。如果是后两者，那么谭某某则涉嫌诈骗犯罪。

（二）处理过程

2019 年 12 月 30 日，甲市某区公安局民警带走李某，并将其刑事拘留。

2020 年 1 月 6 日，周湘茂律师接受李某的家属委托，介入本案，为李某提供辩护。

公安局将该案定性为黑恶势力的“套路贷”团伙犯罪案件，情况不容乐观。

很快，律师去会见了李某，详细了解事情的具体经过。经过思考和分析，律师认为李某的行为是正常的高利贷，而不是“套路贷”类的诈骗犯罪。随后律师提交申请取保候审并进行无罪辩护的法律意见书，约见办案民警，民警没有当场答复，但在第三天作出不予变更强制措施的决定。

接下来，律师又去会见了当事人四次，同时，跟民警沟通多次，然后根据会见和与民警沟通的情况，修改法律意见书并递交给民警。此外，律师前往检察院控申部门，递交了法律意见书，申请立案监督；还多次前往检察院案管部门，询问公安机关是否已提请批准逮捕李某，还邮寄了《恳请检察官对不构成诈骗罪的李某做出不批准逮捕的法律意见书》给检察院对应部门的负责人，希望其重视此案。此外，律师跟检察官进行了多次见面和电话沟通。最后，民警终于同意变更李某的强制措施为取保候审，李某在除夕的前一天即2020年1月23日重获自由，回家过年。

（三）裁判理由与结果

公安机关在2020年1月23日以证据不足为由释放李某，变更强制措施为取保候审，之后于2020年12月对李某进行了撤案处理。

律师在进行无罪辩护时，主要的无罪辩点在以下几个方面。

1. 李某跟谭某某之间的行为是利息比较高的民事借贷行为，而不是诈骗犯罪。

（1）双方基于真实意思而形成借款合同关系，李某没有虚构事实、隐瞒真相的行为，谭某某也没有陷入任何错误认识，更没有因为错误认识而去借款，李某不构成诈骗罪。在李某借款给谭某某之前，邓某某跟谭某某谈好了利息和中介费、服务费。谭某某在明知有这些费用的前提下，依然自愿决定向李某借款。李某从未虚构事实，也没有隐瞒真相，谭某某也没有陷入任何错误认识。就刑法因果关系层面而言，被害人处分财产的行为必须基于欺骗，若非因“上当受骗”而实施处分财产的行为，即使遭受损失，行为人也不构成合同诈骗罪。

（2）李某没有非法占有的目的，本案是利息比较高的民间借贷纠纷，而李某也并非职业放贷人。本案中，谭某某和李某在自愿的基础上成立民间借贷关系，对于高于法定利息的部分，谭某某可以通过民事途径解决。李某没有想占有除利息之外的其他利益的目的和故意。

（3）面对民事经济纠纷，应秉持刑法的谦抑性原则，坚持民事优先。刑法的最后手段性要求是对于市场经济活动中发生的纠纷，如果未造成严重危害后果，可以通过民事诉讼方式有效处理的，原则上不应动用刑罚这一最后救济手段；同时，对于即使造成严重后果，但形式上缺乏构成要件符合性的行为，也不得使用刑法予以解决。

（4）李某的行为不是“套路贷”犯罪行为：第一，李某没有以低息等为诱饵去吸引谭某某借款，相反是谭某某主动找李某借款，一再请求李某借款给自己。第二，李某没有制造资金走账流水等虚假给付事实，李某都是按照实际的借款金额转款给谭某某的，没有采用毁灭还款痕迹、故意隐匿还款等虚假手段。第三，李某没有以设置违约陷阱、制造还款障碍等方式，故意造成被害人违约或者肆意认定违约。李某希望谭某某尽快归还本息，这样自己也能得到他想要的利息收益。第四，李某没有恶意垒高借款金额，没有安排其所属公司或者指定的关联公司、关联人员为被害人偿还“借款”，也没有与被害人签订金额更大的虚高“借贷”协议或相关协议。第五，李某在谭某某逾期的情况下，没有借助诉讼、仲裁、公证的手段，更没有采用暴力、威胁手段向谭某某索取债务，而是通过邓某某采用合法和平的方式向谭某某追债。

（5）“套路贷”行为本身不等于诈骗犯罪行为。认定是否构成诈骗罪，只能根据诈骗罪的法律规定和犯罪构成。如果不符合诈骗罪的构成要件，那么不管是否属于“套路贷”行为，都不能认定为诈骗犯罪。张明楷教授在《不能以“套路贷”概念取代犯罪构成》一文中也明确指出：“一部分‘套路贷’只是一般违法行为，而不是说任何‘套路贷’都构成诈骗罪。”“刑法中的任何一个法条都没有‘套路贷’概念，任何一个犯罪的成立都不以行为属于‘套路贷’为前提，即使属于‘套路贷’也不一定构成犯罪。”“‘只要是套路贷就构成诈骗罪’的观点，是缺乏罪刑法定主义观念的典型表现，司法工作人员不能以‘套路贷’概念取代刑法规定的犯罪构成。”“并非因为是‘套路贷’就直接构成诈骗罪”。

（6）李某有正当职业，案发前一直经营 A 公司，不是职业放贷人。他借钱给谭某某的行为具有偶然性，没有把高利借贷当作谋利的职业或谋生的手段。

2. 李某在本案中只是出于偶然借了几次钱给谭某某，以帮其解决公司的资金困难。除此之外，李某没有参与其他的行为或活动，也不认识除邓某某和谭某某之外的其他人。李某只提供出借款项，其他的事项都是邓某某决定并跟谭某某交涉的。因此，李某不属于任何犯罪团伙，也没有参与任何犯罪活动。

3. 谭某某等借款人的陈述、同案人邓某某的供述均不具有可信度，因为他们是案件当事人，跟本案具有直接的利害关系，所以不可信。

（1）这些人都与本案有直接的利害关系，难以保持客观中立，因此其言词证据可信度低。谭某某作为报案人，跟本案有直接的利害关系，其欠了很多外债，不断地拆东墙、补西墙。因此其有借刑事报案去逃避李某的民事债务的动机。邓某某作为同案人，跟本案有利害关系，为了逃避或减轻自己的责任，有说假话将责任推给李某的动机。

（2）这些言词证据都不是事发过程中形成的证据，也不是客观证据，而是事后形成的主观言词证据，必然受到自己利益和情感的影响。同案人出于减轻自己责任的目的，借款人出于赖账的目的，都可能会作出对自己有利的、违背事实的陈述。

（3）需要审查这些言词证据中反映出来的跟李某有关的情况到底是言词证据提供人亲眼看到的，还是推断性、评论性言论，还是其听别人说的。如果是后两者，那么难以作为证据使用。不管是报案人，还是被控告人，他们都只能对自己在案发时亲眼看到的情况作证，只有这样，他们的陈述才具有亲历性、直接性和可信度。同时，根据《最高人民法院关于适用〈中华人民共和国刑事诉讼法〉的解释》第88条第2款的规定，证人的猜测性、评论性、推断性的证言，不得作为证据使用。此外，如果这些人说出来的情况都是从别人那里听说得来的，那么这些证据就属于传来证据。传来证据的证明力很弱，其是否真实可信取决于该传来证据的来源是否真实可信。

4. 刑事案件认定李某构成犯罪的证据标准是事实清楚、证据确实充分，能排除一切合理怀疑。如果民警收集的证据不足以排除李某与谭某某之间为民事借贷关系和经济纠纷这个合理怀疑，那么就不足以证明李某有罪。

5. 本案的报案人谭某某涉嫌以拆东墙补西墙的方式进行庞氏诈骗犯罪，恳请贵院依法查处。

综上，李某主观上仅是为了获取高额利息，并不具有非法占有他人财物的目的，客观上不存在虚构事实、隐瞒真相的行为，其行为不构成诈骗罪，是正常的高利贷行为。

【争议焦点】

1. 李某的行为是否构成套路贷和诈骗罪？
2. 李某有部分行为跟“套路贷”的行为重合，这是否一定构成诈骗罪？
3. 判断是否构成“套路贷”类型的诈骗罪的核心是依据诈骗罪的构成要件还是依据是否有“套路贷”的部分或全部行为？

【案例评析】

本案中，公安机关一开始认为被告人李某构成套路贷类型的诈骗罪，最终以证据不足为由释放李某，并在数月之后撤案。而在案证据确实只能证明本案为利息比较高的民事借贷案件，没有证据证明李某有虚构事实、隐瞒真相的诈骗行为，也没有证据证明李某构成其他犯罪。虽然其中有“套路贷”中的部分行为，但不意味着一定构成犯罪，因为这些行为只属于民事范畴，并不符合诈骗犯罪或其他犯罪的构成要件。所以，公安机关最后作出的撤案决定是合法客观的。

从这个案例也可以看出，判断是否构成犯罪，只能依据刑法所规定的犯罪构成要件，而不能是其他；当刑法规定和司法解释对同一个罪名的规定和理解存在出入时，以刑法规定为准；即使是国家重点打击的犯罪案件，依然需遵循罪刑法定原则；司法机关出台关于套路贷案件的司法解释的目的是更明确地指导该类案件的办理，准确认定罪与非罪，其前提依然是遵循罪刑法定原则。

不管是办案机关，还是律师，只要抓住最关键的要点，便能拨开迷雾，办好案件。

【专家点评】

“套路贷”是对以非法占有为目的，假借民间借贷之名，诱使或迫使被害人签订“借贷”或变相“借贷”“抵押”“担保”等相关协议，通过虚增借贷金额、恶意制造违约、肆意认定违约、毁匿还款证据等方式形成虚假债权债务，并借助诉讼、仲裁、公证或者采用暴力、威胁以及其他手段非法占有被害人财物的相关违法犯罪活动的概括性称谓，其实质是披着民间借贷外衣进行诈骗。司法机关在处理这类案件时容易将合法的或一般性违法的民间借贷当作诈骗犯罪进行打击。辩护人在本案中抓住了这类案件辩护的重点，有理有据地分析了李某的借款行为并非诈骗行为、未参与任何犯罪团伙的事实，指出了谭某某等被害人陈述、同案人邓某某供述的证明力缺陷，这对帮助公安机关纠正自己的行为起到了关键的作用，也有效预防了一起可能出现的错案，维护了公安机关的形象。

本案的成功撤案，有利于营造理性司法环境，辩护人展现出来的良好职业素养、深厚的法学功底、锲而不舍的精神给律师形象增添了光辉。

（点评人：李蓉，湘潭大学法学院教授）

不予偿还"套路贷"不构成合同诈骗罪

张王宏　李　伟*

【内容提要】

胡某因涉嫌合同诈骗罪一案被刑事拘留于深圳市南山看守所，辩护人于本案嫌疑人逮捕后经家属委托介入案件。

经过审查起诉阶段律师与检察官的不断沟通，检察院认为现有证据无法起诉，将本案退回公安机关补充侦查。第一次退回补充侦查期满后，辩护律师又不断与检察官沟通，阐述自己的辩护意见，此案再次退回补充侦查。最终，深圳市南山区人民检察院作出不予起诉决定。

【案情简介】

胡某涉嫌合同诈骗罪一案，深圳市公安局南山分局移送审查起诉认定，胡某为了获取不当得利，在深圳宝安、南山区经营多家美发店，通过客户充值以及出让美发店股份的方式骗取投资人钱财。胡某隐瞒自己的美发店亏损且自己欠债200万元，在明知自己无偿债能力的情况下，仍然与报案人庄某签订投资入股协议，一个月后，胡某获得庄某50万元投资款，未履行合同，将理发店关闭，便逃到新疆哈密，涉嫌构成合同诈骗罪。

但是，经辩护人会见胡某，深挖本案实质，发现胡某之所以会与庄某签订以投

* 张王宏，广东广强律师事务所律师；李伟，广东广强律师事务所律师。

资股权为名的借贷协议，是因为案外人张某一手操纵、策划。张某是高利放贷者，诱使胡某多次向其以高利息借贷，又没有书面借贷合同，只是通过口头不断循环借贷。事实上，胡某向其偿还的贷款远远高出实际借款本金，此点也被后来调取的银行流水所证实。而庄某与胡某并不熟悉，之所以出借款项就是张某一人策划的，目的就是转单平账，继续虚增借款金额。所以，本案仍然是张某布套路贷的局，胡某实际是“套路贷”的受害者。

【争议焦点】

1. 通过“套路贷”获得的债权能否受法律保护？
2. 不予偿还被“套路贷”而设下的债务能否成立合同诈骗？

【案例评析】

“套路贷”案件为当下中国司法重点治理对象，国家相继出台司法解释予以规制。我们在办案的过程中，发现了许多当事人的合法权益，被披着“民间借贷”合法外衣的“套路贷”非法侵害。

“套路贷”与“高利贷”本质的区别在于：“套路贷”是以“借款”为名行非法占有被害人财物之实，而“高利贷”出借人则希望借款人按约定支付高额利息并返还本金，目的是获取高额利息。“套路贷”的实质是一个披着民间借贷外衣行诈骗之实的骗局。

张某是以放“高利贷”为业的人，假借“民间借贷”之名，一开始诱使胡某不断订立口头“借贷”协议，之后又迫使胡某与庄某签订所谓的“股权转让协议”（实为变相“借贷”协议），不断虚增借贷金额，形成虚假债权债务，采用威胁以及其他手段非法侵占胡某的合法财产，同时还使胡某陷入合同诈骗的刑事犯罪中，这种以非法方式获得的债权利益不应当受到法律的保护。

【专家点评】

本案辩护人在嫌疑人被逮捕后介入案件，在当事人不愿意签署控告书（控告张某），自愿认罪认罚的情况下，精准分析案件的本质法律关系为被“套路贷”，不是以非法占有为目的故意逃避借款，不构成合同诈骗罪。进而多次通过提交书面法律意见书以及口头方式，就案件事实、证据与检察官进行细致的沟通讨论。在经过两次补充侦查后，检察官坚守法治底线，采纳辩护人意见，认为犯罪事实不清、证据不足，不予起诉。

本案成功解除了对胡某合同诈骗罪的指控，对于合同诈骗、套路贷等案件的司法实践有比较重要的指导意义，彰显刑法打击犯罪的不枉不纵，保障了司法的公信力。

（点评人：黄志勇，暨南大学法学院教授）

财务人员被列为犯罪组织成员如何破局

——共犯的无罪辩护

罗 翔 杨 澜*

【内容提要】

在共同犯罪案件的辩护中，对不同嫌疑人的行为性质的把握是关键。由于生产、销售伪劣产品类案件大多系以公司组织形式实施违法行为，因此涉案人数较多、金额较大。需积极地对证据进行整理和收集，通过认真审查案卷来综合评价嫌疑人的行为性质。以本案为例，嫌疑人被指控转移公司资金，需要核实案卷中公司、嫌疑人、同案其他嫌疑人的银行流水和公司财务记录，结合嫌疑人讯问笔录内容来判断其行为性质。判断行为人主观方面意图，除其本人讯问笔录外，更重要的是找寻能够印证的客观证据和符合一般理性人认知的逻辑推论。要从行为本质上加以深入剖析，站在法律效果和社会效果相统一的高度来评判行为是否损害了刑法保护的法益。只有将事实与法律相结合进行辩护，才能取得有效辩护结果。

【案情简介】

2000 年，广州巨某公司登记设立，主要经营范围系药品生产、销售业务。2005 年 2 月起，巨某公司开始申请 GMP 认证，同年获得《药品 GMP 证书》。此后巨某公司违反药品生产质量管理规范，私设非 GMP 认证车间，改变生产工艺，违规对

* 罗翔、杨澜，广东环球经纬律师事务所律师。

药品辐照灭菌，编造生产记录，套用生产批号制药对外销售。毕某自 2010 年开始担任巨某公司财务负责人，根据非法生产情况分立财务账册，协助公司资金流动。

2019 年 10 月 9 日，广州市某区药品监督管理局发现巨某公司违法行为。经广东省药品监督管理局认定，巨某公司违规生产的药品应按劣药论处。经审计，2006 年 1 月以来，巨某公司销售金额达人民币 207726415. 9 元。

侦查机关认为毕某系公司财务负责人，分立财务账册，协助转移公司资金，属于参与共同犯罪，构成生产、销售伪劣产品罪的共犯。

笔者系毕某辩护人，通过多次会见及认真审查案卷，确认本案辩护方向为无罪辩护。辩护人认为，侦查机关指控毕某共同参与巨某公司生产、销售伪劣产品的证据不足。为维护毕某的合法权益，笔者从毕某供述、辩解、同案人供述、辨认笔录、辨认录像以及其他相关证据出发，发现证据之间存在矛盾：（1）毕某每月领取固定工资，工资组成与巨某公司销售业绩无关联性，无犯罪动机；（2）毕某作为巨某公司内唯一的财务人员，根据公司老板陈某及其家属戴某安排进行转账，并按照公司供货、销售人员提供的单据进行账户支出，公司有销售行为时正常进行开票与记录，进行收支与开票行为均是依照实际的单据发生，属于正常履行财务人员的工作内容；（3）以毕某的专业水平来看，其不具有药学医学专业知识，不能苛责其验证药品和对 GMP 认证具有准确认识；（4）毕某任职的巨某公司具有生产、销售药品的营业执照与认证证书，毕某无法得知与预见该公司存在生产、销售伪劣产品行为。综合毕某始终陈述其对涉案公司生产、销售伪劣产品的情形不知情，并积极配合侦查机关侦查的表现，辩护人认为，在案证据反映毕某仅是巨某公司的一名普通员工，按照公司老板要求与职务内容进行工作，老板也不会向其解释说明工作安排原因。毕某无非法获利，无法得知也不能预见其任职公司在生产、销售伪劣产品，主观上没有生产、销售伪劣产品的犯罪故意。

在案证据反映毕某无生产、销售伪劣产品的行为，也无对生产、销售伪劣产品提供重要帮助或放纵行为：（1）该案其他嫌疑人笔录相互印证显示毕某在公司听从陈某安排发放工资，公司外聘会计刘某负责报税。毕某仅进行财务工作，包括依据其他公司员工提供的实际单据进行付款收款开票；按照公司老板规定发放员工工资等，未参与其他工作；（2）同案嫌疑人陈某在讯问笔录中供述药监部门对公司稽查时，毕某等员工未回公司上班，毕某不清楚财务账册去向，由此可见，毕某未参与协助公司逃避检查，也对公司违规生产不知情；（3）毕某本人患有乙肝，其不能进入公司生产区域，不参与生产、销售涉案药品；（4）毕某为涉案公司开具的票据均是真实发生，没有任何虚开与隐瞒。其任职公司具有正规从业营业执照和认证证书，除生产、销售部分违法套批药品与辐照药用原料或半成品外，依旧有正规“GMP 认证”车间生产的合规药品，毕某对所有销售药品全都如实记录开票，对产品销售数量与金额不作隐瞒和修改，不能认定其对违法生产销售提供了便利，对生产、销售伪劣产品做出帮助。仅凭老板要求其将正常开具的票据依照标记分开放置的行为也不能认定为对违法生产提供重要帮助。

毕某无任何非法牟利，巨某公司的销售额与毕某无关，侦查机关指控其参与销售金额达一亿八千万余元的依据不足：（1）毕某任职时按照老板陈某要求帮公司转账，对转账原因不知情。毕某账户收到由公司或陈某及其家属转入金额时，便随即转出，仅作中转账户，无任何盈利，此操作也系财务正常协助工作范围；（2）毕某仅对公司经营行为开票记录，无任何证据显示毕某进行了生产与销售行为，指控的销售金额与毕某无关。

综上，辩护人通过全面了解案情，认为在打击犯罪、维护产品质量监督管理秩序与广大消费者合法权益的同时，应当考虑《刑法》第 140 条所体现的立法精神，保证刑法的谦抑性，不能扩大打击面，才能既不放纵某些犯罪，也不殃及那些确实不“明知”的行为人。本案中，毕某仅是一名打工者，不具有任何犯罪故意，无任何非法牟利，也未参与生产、销售行为，其主动配合公安机关侦查，如实阐述所知，不应让其蒙受不白之冤。

最终，承办本案的检察院经二次退查后，全面采纳了辩护人意见，对毕某作出不起诉决定。检察院在不起诉理由说明书中写道：“根据现有证据可以认定，毕某于 2010 年进入巨某公司负责财务、出纳工作，根据现有证据不足以认定毕某协助转移公司资金，也不足以认定毕某有直接参与药品生产、销售的相关环节。根据现有证据无法认定毕某是否具备药品生产、销售的相关知识，是否知晓药品生产、销售的规范流程。涉案药品被认定为劣药的原因在于生产程序违法，要认定行为人有参与生产、销售伪劣产品的故意，前提是行为人知道或者应当知道药品生产、销售的规范程序要求。根据现有证据无法认定毕某存在参与生产、销售伪劣产品的主观故意。综上，认定毕某构成生产、销售伪劣产品罪的事实不清、证据不足。”

【争议焦点】

1. 毕某是否具有犯罪故意，是否对涉案犯罪行为知情。

2. 毕某是否有参与涉案产品的生产、销售环节，是否对共同犯罪提供协助。如果实施，具体是在哪个环节，是积极参与、起主导作用还是根本没有证据证明其参与。

3. 毕某是否具有非法获利，涉及其参与犯罪的动机和对犯罪结果的期待性。

【案例评析】

生产、销售伪劣产品罪，系严重扰乱社会主义市场经济秩序，危害人民群众身心健康的犯罪。司法机关为了维护人民群众的生命安全、身心健康，为了维护社会主义市场经济秩序，对此类犯罪均严厉打击，从严管理。

在涉及具体个案时，无论是司法机关还是辩护律师，均应以事实为依据、以法律为准绳，避免打击面扩大化，在惩治犯罪的同时做到尊重和保障人权。

本案系一起持续时间长、涉案人数众多、涉案金额巨大、应予以严厉打击的重大违法犯罪活动。巨某公司控制人为获得高额利润，私自违规生产药品，利用辐照等违规手段灭菌，并采用套用生产批号等手段长期规避检查，违规生产药品数量巨大，一经流入市场，将造成严重后果。

笔者认为，在对危害人民群众身体健康等重大犯罪活动严惩的同时，需要注意审慎认定此类犯罪活动中的共犯，合理适用打击力度。对于该类型案件，通常存在多人合作、相互分工、合谋犯罪的情况，同时在一系列生产、销售过程中，也可能存在一些不知情且仅仅辅助正常生产行为的工作人员，对于他们是否参与相关的犯罪行为一定要进行区分和辨别。需要对不同行为人具体负责的工作内容、所拥有的权限、所能认知的范围以及从中实际获利的情况来进行综合分析从而区分其在共同犯罪中的地位或是否具有犯罪行为。

笔者认为，在共同犯罪辩护中，应当在审核犯罪构成前提的基础上，及时剥离和单独分析相关人员的具体行为。针对犯罪的参与程度、实施犯罪存在的因果关系以及相关人员口供的逻辑性等提出相关法律意见系重中之重。

本案中，笔者通过毕某的工作职位、收入构成以及认知和参与程度，结合全案证据形成无罪辩护策略，并明确地向公诉机关提出了毕某不构成犯罪的辩护意见，有理有据地提出了“疑罪从无”的处理原则。办案机关在穷尽侦查手段和侦查期限后，最终根据查实证据的情况，认同了笔者提出的辩护意见，对毕某作出了事实不清、证据不足、不予起诉的决定。毕某及其家属对笔者的辩护工作及结果，给予了充分肯定。

【专家点评】

假冒伪劣商品的生产、制作和销售对于扰乱社会经济秩序具有极大的破坏作用，特别是未授权、有毒有害食品、药品的生产、销售更是对老百姓的身心健康带来重大危害，必须予以坚决打击。一直以来中央对于提升老百姓的生活质量、生活幸福指数十分重视，公检法机关对于破坏市场经济秩序，扰乱市场氛围、危害老百姓身心健康的相关犯罪都予以坚决打击，但是也一直强调打击犯罪与尊重和保护人权并重。严格贯彻依法办案的方针政策，充分保障被告人享有的合法权利以及辩护律师的合法辩护权。同时最高人民检察院也倡导办案机关在面对相关证据时，严格准确审视证据的真实性、合法性和关联性。在毕某涉嫌生产、销售伪劣产品案中，其被指控的犯罪事实最终因事实不清、证据不足不予认定，这充分体现了辩护人在该案辩护过程中所发挥的积极作用。辩护人通过认真阅读证据、梳理证据的“三性”，积极与办案人员反馈、阐述相关法律意见，促使、帮助公诉机关把好证据关，对于案件作出了准确、适宜的处理结果，充分尊重了法治，维护了法治的尊严，也保障了毕某的合法权利，还其自由之身，实现了打击和公平的双赢。

（点评人：苏丽云，广州市律协普通犯罪刑事法律专业委员会副主任）

聚众斗殴案中，帮助犯的行为是否必然起帮助作用

陈俊先*

【内容提要】

聚众斗殴案不仅涉及当事人的人身权益，还涉及不特定公众的安全法益。司法实践中，针对聚众斗殴案应区分各行为人在斗殴事件中的主观故意和行为定性，司法机关应严格适用罪责刑相适应原则，客观评价行为人是否应负刑事责任。

【案情简介】

2019 年 1 月 31 日 3 时 30 分许，张某某、区某某、刘某某和江某某等人在广州市越秀区沿江中路某酒吧门口等出租车时，因张某某挑逗江某某时被在附近行走的同某某、方某某、吴某某等人（均另案处理）看见，吕某某遂冲过去打了张某某脸部一拳，区某某与刘某某遂上前和对方理论，继而双方发生争执。争执过程中，刘某某一直劝阻、隔离双方人员。后该两方人员再次发生争执，继而双方人员混战并相互打斗。斗殴过程中，刘某某为阻止对方人员袭击己方，与对方发生肢体接触。斗殴结束时，双方人员各有损伤并各自离开斗殴现场。

辩护人于该案审查起诉阶段、审判阶段分别向检察院和法院提出辩护意见，具体如下。

1. 综合全案证据证明，刘某某事发过程中从无主动殴打对方，相反，视频等

* 陈俊先，广东广信君达律师事务所律师。

证据可证实刘某某一直在劝阻打斗。刘某某主观上不具有聚众斗殴的故意。

事发中，监控3时33分31秒至3时33分37秒显示，对方一名头戴白色帽子、身穿长袖白衣的男子与吕某某、吴某某等人冲过马路殴打刘某某等人。3时33分38秒，刘某某企图把吴某某拉开，不让其打自己同伴。

事发后，结合接警记录可印证，3时34分刘某某用自己的手机拨打110报警，可见刘某某希望警方能处理。

2. 刘某某在整个事件中仅起到被动的作用，不是聚众斗殴的积极参加者。刑法规定聚众斗殴罪仅对首要分子和其他积极参加者处刑。而本案中多位证人证言及被告人供述均可印证，刘某某事前、事中均无主动挑起、召集聚众打架斗殴。相反，结合视频能证实，刘某某在本案中仅起到被动和辅助作用，不是聚众斗殴的积极参加者。

3. 刘某某事发后积极参与出资赔偿受害人。经过一审法院开庭审理后，检察院向法院申请撤回对刘某某的起诉。一审法院裁定准许撤回起诉。随后检察院对刘某某作出不起诉决定。

【争议焦点】

1. 在聚众斗殴案中，刘某某为阻止事态发生或恶化，通过肢体阻止对方向己方人员的施害，是否构成正当防卫？

2. 刘某某通过肢体阻止对方向己方人员的施害，对己方人员是否构成心理帮助作用？

【案例评析】

（一）先判断行为人是否属于首要分子或积极参加者

刑法规定的聚众斗殴罪，一般是指双方各纠集三人以上进行斗殴的行为。聚众斗殴罪要区分首要分子和积极参加者。对主纠集人员，或者在斗殴时负责组织、指挥的，应认定为聚众斗殴的首要分子。纠集多人斗殴的，提供斗殴凶器的，接送多人赶赴、离开斗殴现场的，在斗殴时行为积极的，一般应认定为聚众斗殴的积极参加者。如果行为人既不是纠集人员，也没有组织指挥人员或提供器械、接送人员等帮助行为的，则不应被认定为首要分子或积极参加者。

（二）判断行为人的行为对同案人是否有心理帮助作用

心理帮助作用虽在刑法中没有明确规定，但据刑法共同犯罪及帮助犯的理论可知，心理帮助作用须建立在各行为人之间符合共同犯罪的构成要件的基础上。共同犯罪，指行为人间共同实施犯罪时具有事前、事中共谋，既包括行为人之间明确的语言表示，也包括行为人之间虽没有明确的语言表示，但各自分工配合的行为（如一人盗窃，另一人望风，事后一同分赃）。本案中，有观点认为刘某某的行为，对己方人员行为产生心理帮助作用。但笔者认为，刘某某的行为对同伙是否有心理帮助作用，应结合刘某某等事前、事中对公众安全的法益是否有共同犯意，是否有共谋的过程进行判断。本案中，刘某某一直劝阻双方不要纠缠和打斗，可见其不具有实施斗殴的犯意，更谈不上与他人共同犯意。因此，刘某某的行为不具有心理帮助作用。

（三）考虑行为人的行为是否具有正当性或合法性

2020 年 11 月，最高人民检察院发布 6 起正当防卫不捕不诉典型案例后，正当防卫适用范围逐步增多。正当防卫，是指为了使国家、公共利益、本人或者他人的人身、财产和其他权利免受正在进行的不法侵害，而采取的制止不法侵害的行为，对不法侵害人造成损害的，属于正当防卫、不负刑事责任的行为。正当防卫要求防卫行为目的具有正当性、起因具有合法性、对象具有适当性、时机具有紧迫性、手段具有必要性和有限度性。

笔者认为刘某某在己方人身安全受威胁时，采取措施目的正当、起因合法、对象适当和时机紧迫，并且刘某某把对方吴某某拉开并阻止其殴打自己同伴的行为，没有超过必要限度，具有合法性。

聚众斗殴事件中，正确区分行为人的行为定性，鼓励公民对现时、紧迫、严重的侵害自身合法权益的行为，采取必要限度的防卫措施，对今后预防、化解聚众斗殴犯罪行为的发生和损害的扩大具有积极意义。

【专家点评】

心理帮助是共犯认定中帮助犯的概念的延伸，也是实践中争议最大的问题，理论界尚缺乏完全自洽的学说，司法实务处理亦差距显著。支持存在心理帮助一方，可能存在以下观点：1. 帮助行为为实行犯强化犯意；2. 正犯已经做出决定，帮助者劝说其打消疑虑，最终使正犯犯意升高；3. 在现场为正犯助势，壮胆且有随时参与犯罪的可能性。

本案中，认为存在心理帮助的一方可能会认为：刘某某在现场为正犯助势、壮胆且有随时参与犯罪的可能性。但我们亦要考虑，实践中有否认存在心理帮助的几种因素：1. 帮助犯提供帮助，但正犯因故未着手实施；2. 在预备阶段提供了物理帮助，但正犯通过其他方式既遂，帮助未起作用；3. 案件中行为人通过自身行为体现排斥，防止危害的结果发生或损失扩大。

刑法既是善良公民的大宪章，也是犯罪人的大宪章。然而聚众斗殴罪是一个常见的“套用”罪名，在以往司法实践中，互殴中，只要各行为人在现场有肢体接触，往往会被“套用”在该罪名中。本案的意义在于，对于常见的互殴行为，今后应结合科技手段，更准确地界定互殴中各个行为人的行为性质，以体现刑法的谦抑性。

（点评人：李晓月，广东宋氏律师事务所执行主任、广州市律协公司经济犯罪刑事法律专业委员会副主任）

苏某某贩卖、运输毒品死刑复核改判案

洪树涌*

【内容提要】

在苏某某贩卖、运输毒品死刑复核案（公安部督办的案件）中，当事人苏某某因贩卖、运输毒品一审、二审均被判处极刑，形势极为不利。律师通过对案件的深入研究以及与当事人多次会见后，在约见最高人民法院法官时提出：1. 本案部分犯罪事实不清、证据不足；2. 苏某某不应被判处极刑，苏某某在犯罪中处从属地位，有认罪、悔罪表现；3. 苏某某系初犯，无任何收益，不应与同案主犯同罪同罚。最终其中部分意见为最高人民法院所采纳，在最后的死刑复核判决书中，同案被告人被核准判处死刑，剥夺政治权利终身，并处没收个人全部财产，而苏某某则被最高人民法院予以撤销二审裁定和一审判决，并以贩卖、运输毒品罪，判处死刑，缓期二年执行，剥夺政治权利终身，并处没收个人全部财产。

【案情简介】

湖南省某市中级人民法院审理被告人苏某某贩卖、运输毒品一案，于 2017 年 5 月 11 日认定被告人刘某、苏某某犯贩卖、运输毒品罪，陈某犯贩卖毒品罪，分别判处死刑，剥夺政治权利终身，并处没收个人全部财产。宣判后，刘某、陈某、苏某某均提出上诉。湖南省高级人民法院经依法开庭审理，于 2017 年 12 月 26 日以

* 洪树涌，广东广信君达律师事务所高级合伙人。

（2017）湘刑终 307 号刑事裁定驳回上诉，维持原判。

经最高人民法院复核确认：2014 年 2 月至 6 月间，被告人刘某多次通过广东省广州市的被告人苏某某经张某、江某（同案被告人，均已判刑）向被告人陈某或他人购买甲基苯丙胺及其片剂等，张某、江某将购得的毒品交由苏某某通过长途客车运输至湖南省某市交给刘某以及同案被告人鲁某（已判刑），后刘某分别伙同鲁某及同案被告人刘某某（已判刑）予以贩卖。刘某贩卖、运输甲基苯丙胺 21922.65 克、海洛因 164.62 克、甲基苯丙胺片剂 379.32 克、氯胺酮 3000 克；陈某贩卖甲基苯丙胺 17922.65 克、甲基苯丙胺片剂 189.66 克、氯胺酮 3000 克；苏某某贩卖、运输甲基苯丙胺 19922.65 克、甲基苯丙胺片剂 379.32 克、氯胺酮 3000 克。

2014 年 2 月，被告人刘某与广东省广州市的同案被告人张某电话约定购买甲基苯丙胺 2000 克及其片剂 1000 粒，商定甲基苯丙胺每克 31 元、甲基苯丙胺片剂每粒 28 元。同月 19 日，刘某汇款 2.1 万元到张某账户，并让苏某某与张某联系，由苏某某将购得的毒品通过长途客车运至湖南省某市。张某购买并与苏某某一同将毒品藏匿在水果箱内，苏某某联系后经长途客车运至某市。刘某在某市收到毒品后陆续贩卖给他人，尾款 7 万余元经银行转账给张某或由苏某某交给张某。

2014 年 5 月，被告人刘某与同案被告人张某电话约购甲基苯丙胺 2000 克及其片剂 1000 粒，价格与前次相同。同月 18 日，刘某汇款 4 万元到张某账户。张某购买并与苏某某将毒品藏匿在水果箱内，经长途客车运至湖南省某市。刘某在接到毒品后陆续贩卖给他人，尾款 2 万余元经银行转账给张某。

2014 年 5 月底，被告人刘某再次与同案被告人张某电话约购甲基苯丙胺 2000 克，商定 1000 克 2.9 万元。同月 29 日，刘某汇款 4 万元至张某账户。张某即向陈某求购，约定每 1000 克 2.6 万元，并汇款 5 万元至陈某指定的银行账户上。陈某按要求将毒品送到张某家中。张某将毒品伪装在水果箱内，通过长途客车运至湖南省岳阳市。刘某在接到上述毒品后陆续贩卖给他人，尾款 1.8 万余元经银行支付给张某。

2014 年 6 月初，同案被告人张某因吸毒被强制戒毒期间，被告人刘某联系张某的情人、同案被告人江某约购甲基苯丙胺 5000 克，商定 30 元一克。刘某于同月 9 日、10 日分别汇款 9.5 万元、2 万元到被告人苏某某和江某持有的张某账户上。江某向被告人陈某求购，并商定 1000 克 2.6 万元。江某、苏某某分别将上述购毒款付给陈某。后陈某将毒品送到苏某某住处附近，江某验货后，由苏某某伪装并经长途客车运至湖南省某市。刘某在接货后陆续贩卖给他人。

2014年6月中旬，被告人刘某到广东省广州市被告人苏某某家中，向同案被告人江某约购甲基苯丙胺5000克、氯胺酮3000克。约定甲基苯丙胺每克29元、氯胺酮每克12元。刘某将存有10万元的工商银行卡交给江某，江某将陈某提供的户名为吴某梅的卡号发给刘某。刘某返回湖南省某市后，汇款7.55万元到该银行卡上，并要求苏某某监督江某发货。江某向被告人陈某求购毒品，并将购毒款汇给陈某。陈某按要求将毒品送到苏某某家中。江某、苏某某验货后，苏某某将毒品藏入水果箱后交由长途客车运至湖南省某市。刘某和同案被告人鲁某接货后，将该批氯胺酮卖给下线，下线以质量差为由将氯胺酮退回，刘某遂将3000克氯胺酮退给江某。其余毒品被刘某贩卖。

2014年6月底，被告人刘某再次向同案被告人江某求购甲基苯丙胺6000克及其片剂189.66克，约定甲基苯丙胺每千克2.6万元，甲基苯丙胺片剂每粒25元。同月29日、30日，刘某安排他人两次分别汇款10万元、4万元到江某提供的沈某军的银行账户上。江某向被告人陈某求购，并于同月30日先后两次从沈某军账户上分别汇款3万元、6.5万元给陈某指定的吴某某的农行账户上。陈某按要求将毒品藏匿在"怡宝"矿泉水纸箱内送到被告人苏某某家中。江某验货后交给苏某某，苏某某通过长途客车运至湖南省某市。7月1日凌晨，刘某和同案被告人鲁某接货后，驾车返回途中被抓获。公安人员从该车中查获甲基苯丙胺6包，净重5922.65克，含量78.8%；甲基苯丙胺片剂10包，净重189.66克。在刘某的租房内查获甲基苯丙胺21.39克及其片剂51.45克、海洛因145.62克。同月30日，江某被抓获，公安人员从江某身上查获甲基苯丙胺片剂0.7672克。

2014年6月中旬，被告人刘某在湖南省某市劳动局附近以每克350元的价格向熊某（另案处理）贩卖海洛因9克。次日，熊某再次向刘某求购，刘某安排同案被告人鲁某在某市晓朝宾馆附近向熊某贩卖海洛因20克，后因质量问题熊某退给刘某10克。

2014年5月，许某（另案处理）与被告人刘某联系购买甲基苯丙胺。刘某安排同案被告人刘某某在湖南省某市水泥厂附近加油站，向许某贩卖甲基苯丙胺10克。一个月后的一天，许某向刘某某求购毒品。刘某某在上述地点再次将刘某提供的甲基苯丙胺10克贩卖给许某。

经综合分析本案证据与认定的事实，辩护律师认为原判对本案部分事实的认定证据明显不足，对苏某某在本案中的作用、地位评判错误，直接导致对苏某某错误适用死刑立即执行，具体如下。

1. 本案部分犯罪事实不清，证据不足。本案除了与江某的第3次毒品交易中查获毒品实物，对毒品数量等关键问题没有疑问外，其余几次证人的供述和银行记录等在案证据所反映出的毒品数量、单价、总价、汇款金额、现金金额、交易日期等重要内容上都混乱不堪，无法相互印证。

2. 本案中侦查机关在毒品提取、扣押、称重、封装过程中存在程序不合法问题。

3. 苏某某不应适用死刑。在本案中刘某、陈某的作用比苏某某大。苏某某虽然因在与刘某的共同运输毒品中较为积极而与刘某一样被认定为运输毒品罪的主犯，但即便是同为运输毒品罪的主犯，苏某某与刘某在本案中的作用仍有很大差别。苏某某与刘某在共同运输毒品问题上有分工，刘某遥控指挥，苏某某是受刘某安排和指挥的。陈某作为本案毒品在广州的来源，刘某作为本案毒品到某市的直接收货人，这两人作为本案毒品流转的两端，作用十分重大。而苏某某的涉毒量首先比他们低2千克，其作用也仅仅是在中间帮助刘某购买和运输，且非居中倒卖，作用显然不能与他们相比。

苏某某比江某作用小。在本案中，同案人江某在共同犯罪中所起的作用均远远大于苏某某，江某既是累犯又是再犯，江某在一审、二审中被判处死缓，苏某某的刑罚不应该比江某重。

4. 苏某某愿意积极认罪、悔罪。在一、二审中，苏某某一直拒不认罪，被视为认罪态度不好，也是其在一、二审中被从重量刑的一个重要原因。而江某则被认定为如实供述，系坦白，认罪态度较好，被从轻处罚。在二审后，辩护人去某县看守所会见苏某某时，苏某某已表示非常后悔，愿意积极认罪悔罪，如实供述自己的所有犯罪事实。

5. 苏某某是从犯、初犯，苏某某主观恶性很小。苏某某在共同犯罪中起到次要的作用，应被认定为从犯。本案贩卖毒品无论是提议还是毒资的筹集均不是苏某某所为，苏某某因与刘某是情侣关系才帮忙托运，苏某某并未起到积极的作用。根据我国《刑法》第27条的规定，在共同犯罪中起次要或辅助作用的，是从犯。对于从犯，应当从轻、减轻处罚或者免除处罚。

最终最高人民法院认为，被告人刘某、苏某某贩卖、运输甲基苯丙胺等毒品，其行为均已分别构成贩卖、运输毒品罪。刘某、苏某某贩卖、运输毒品数量大，陈某贩卖毒品数量大。在共同犯罪中，刘某系贩卖、运输毒品的主犯；陈某罪责突出，且拒不供述，认罪态度极差；苏某某在贩卖毒品犯罪中系从犯，在运输毒品中系主犯，均应依法惩处。第一审判决、第二审裁定认定刘某、苏某某的犯罪事实清楚，证据确实、充分；认定陈某参与第一起、第二起犯罪证据不足，应予纠正；对刘某、陈某的量刑适当、定罪准确、审判程序合法。苏某某受指使参与犯罪，罪责相对较小，判处死刑可不立即执行。

最终最高人民法院直接改判为苏某某犯贩卖、运输毒品罪，判处死刑，缓期二年执行，剥夺政治权利终身，并处没收个人全部财产。

【业务难点】

在市级、省级两级法院坚持对运输、贩卖毒品案的苏某某判决死刑的情况下，辩护律师能否在最高人民法院的死刑复核程序中精准“刀下留人”?

【案例评析】

该案件中，苏某某跟同案人陈某和刘某相比较，无论是地位和作用都较小，都不应该被判处极刑，本案辩护律师也秉承忠于事实、实事求是的原则，力求证明苏某某在案件中的从属地位。最终在最高人民法院核准的过程中，法官也采纳了辩护律师的意见，予以被告人苏某某区别于同案主犯的判决结果，使其成为在本案死刑复核程序中唯一得到改判的当事人。无论每一次法院的判决如何，辩护律师都应该坚持以事实为根据，为当事人的合法权益辩护。正如本案中，一审、二审法院都判处苏某某极刑，但正是因为辩护律师一再坚持其从属地位，一再强调其证据问题，最终在最高人民法院死刑复核程序上，法官采纳了辩护意见，也使得当事人取得了应有的、与其罪行相适应的判决。众所周知，在一审、二审程序中作出的极刑判决，基本上很难在死刑复核程序上有所改变，但本案在律师的努力下，最终使当事人得到了难得的死缓判决。

【专家点评】

对于一审、二审均被判处极刑的案件，一般刑事律师的第一反应是没有什么辩护空间，不要轻易接手。因为这种案件往往罪大恶极，即使有一丝辩护空间，也早已在一审、二审的激烈对抗中消耗殆尽。

在苏某某贩卖、运输毒品死刑复核案中，在当事人苏某某因贩卖、运输毒品一审、二审均被判处死刑的极端情况下，洪树涌律师仍然知难而上，这不但需要过人的勇气，更需要的是长期的业务能力积累和咬定青山不放松的耐心。无论每个判决最终的结果会是怎样，辩护律师都应该忠于事实、实事求是，为当事人的合法权益竭尽全力。

此次的辩护工作前期准备充分、辩护过程合法有序，所有的辩点都能全部罗列，并且都能够在案卷中得到证据支持。这体现出洪律师对辩护过程的完美驾驭以及合适的辩护效率。用证据和事实打动法官，这才是刑事辩护律师的终极目标，洪树涌律师用他的专业素养和职业耐心做到了这一点，一名刑事辩护律师最大的快乐，也应该就是这些了。

（点评人：林志明，广东蕴德律师事务所律师、广州市律师协会经济犯罪刑事法律专业委员会主任）

居间介绍者在毒品犯罪中的定性辩护

黄昭湖*

【内容提要】

本案首先确定被告人朱某龙处于居间介绍者的角色，然后结合朱某龙与其他同案人的联系紧密程度判断其是哪一方的居间介绍人，再结合交易主体来确定朱某龙是贩毒者的共犯还是购毒者的共犯，以界定他在整个犯罪过程中的作用和性质，从而准确厘定刑责，达到罪责刑相适应。

众所周知，毒品犯罪相对隐蔽，居间介绍者的涉毒案件也比较多发，为实施精准打击、准确定罪、依法量刑，重视区别贩卖毒品罪与非法持有毒品罪，本案例多少能有一些启发作用。

【案情简介】

公诉机关指控，2018 年 12 月 27 日，卢某某向被告人朱某龙联系购买毒品，后朱某龙联系被告人陈某，陈某再通过“小国”联系被告人薛某购买毒品。

2018 年 12 月 28 日凌晨 1 时许，被告人朱某龙、陈某、薛某居间介绍被告人吴某妗，在广州市番禺区大石街某超市门口和卢某某进行交易。被告人吴某妗、薛某、陈某、朱某龙以人民币 6080 元的价格，将用透明塑料袋装的白色晶体 1 包卖给卢某某后被当场抓获（经检验，净重 15. 75 克，检出甲基苯丙胺成分）。

* 黄昭湖，广东国智律师事务所律师。

公诉机关认为被告人吴某妗、薛某、陈某、朱某龙的行为均已构成贩卖毒品罪，提请法院判处，并列举了相关证据。

本案历经两次庭审，并于2020年3月7日由一审法院进行宣判，判决书采纳了辩护人的辩护意见，没有认定被告人朱某龙构成贩卖毒品罪（如果被认定“贩卖毒品罪”，将面临四年以上有期徒刑），而构成非法持有毒品罪，理由是：根据朱某龙本人、同案人及证人的言词证据可以证明，朱某龙在本案中只是受购毒者卢某某委托，向卢某某介绍了上家陈某，并一同去了交易现场，目的也只是担保卢某某的买家身份可靠。而朱某龙并未与毒品卖家进行联系，没有替毒品卖家转达交易地点、价格等信息，客观上未对毒品卖家的贩卖行为起到帮助作用。再结合卢某某同意购买的毒品数量为甲基苯丙胺16克，未明显超出合理的吸食量。现有证据也无法证实朱某龙明知卢某某购买毒品的目的是用于贩卖。故综合评价朱某龙的行为仍属于受购毒者卢某某委托，为其介绍联络贩毒者，其行为应认定为非法持有毒品罪。同时，从朱某龙的居间介绍地位和次要辅助作用，又认定其系非法持有毒品犯罪的从犯，对其从轻处罚。

最终朱某龙被判处有期徒刑一年五个月，并处罚金人民币2000元。

【争议焦点】

1. 本案对朱某龙涉嫌犯罪的定性，到底是贩卖毒品罪还是非法持有毒品罪？
2. 被告人朱某龙在本案中的犯罪地位和作用，到底属于主犯还是从犯？

【案例评析】

关于本案的定性，笔者除了从相关司法解释中寻找突破口外，也从两个纪要里找到依据：《全国部分法院审理毒品犯罪案件工作座谈会纪要》对居间介绍实施毒品犯罪行为的定性作了原则规定：“明知他人实施毒品犯罪，而为其居间介绍、代购代卖的，无论是否牟利，都应以相关毒品犯罪的共犯论处。”《全国法院毒品犯罪审判工作座谈会纪要》对此加以细化：1. 居间介绍者的基本特征是不以牟利为要件，在毒品交易中处于中间人的地位，发挥介绍联络作用，通常与交易一方构成共同犯罪；2. 居间介绍者受以吸食为目的的购毒者委托，为其联络介绍贩毒者，毒品数量达到《刑法》第348条的最低数量标准的，一般与购毒者构成非法持有毒品罪的共同犯罪；3. 居间介绍者一般应认定为从犯。居间介绍者实施了为毒品交易主体提供交易信息、介绍交易对象等帮助行为，对促成交易起次要、辅助作用，应当认定为从犯。

有了这两份纪要的明确规定，笔者继而提出了被告人朱某龙不构成贩卖毒品罪的辩护观点。

1. 被告人朱某龙作为居间介绍者，主要受卢某某委托，仅与卢某某存在意思共谋，且仅与卢某某有密切的联络交易行为，即使后面认定朱某龙构成犯罪，那也仅是与卢某某构成共同犯罪。而朱某龙与卢某某是在2016年一起吸毒认识的，朱某龙并不知道且卢某某也从没说过购买毒品是为了贩卖给其他人。况且卢某某作为本案的特情人员，实际上也不可能将购买的毒品再贩卖出去。换言之，卢某某只有购买毒品并持有毒品的意图和现实可能性。

2. 根据被告人朱某龙的认知，他还停留在卢某某只是吸毒的印象中，加上卢某某购买的毒品数量是16克，没有明显超出合理吸食量。而客观上，朱某龙只是受卢某某委托，为其介绍贩毒者，他并没有对吴某妗、薛某的贩毒行为起到帮助作用，不能因为朱某龙的行为客观上促进了贩毒者的贩卖行为而将其简单认定为贩毒者的共犯，一般仍应认定为购毒者的共犯，即与本案购毒者卢某某构成非法持有毒品罪的共犯。

否则，如果将提出购买要求、出资和实际拥有毒品的购毒者（如卢某某），因其购买的毒品仅供吸食而认定为非法持有毒品罪，却将受委托帮助购买仅供吸食的毒品的居间介绍者（如朱某龙）认定为贩卖毒品罪，则容易造成处罚失衡。

发表完朱某龙不构成贩卖毒品罪的定性辩护意见后，出于辩护的全面性，笔者也提出了量刑辩护意见：1. 本案是处于监控下的毒品交易，系在控制下交付，涉案毒品没有也不可能流出社会，社会危害性较低；2. 从整个案发过程来看，被告人朱某龙只是居间介绍者，即使与卢某某构成共同犯罪，其也仅起到次要帮助作用，宜认定为从犯；3. 被告人朱某龙到案后一直稳定如实供述，具有坦白情节，庭审中又自愿认罪，且认罪态度好，依法可以从轻处理；4. 被告人朱某龙主观恶性较小，而且本案还存在犯意引诱和数量引诱，依法可从轻处理。

以上意见大部分被经办法院所采纳。经办法院根据主客观相统一和罪刑责相适应的原则，结合行为人的主观目的，充分考虑行为人的犯罪情节、犯罪地位，准确定性，准确量刑，这不仅是打击犯罪的需要，也是依法保障犯罪嫌疑人、被告人的应有之义，真正做到“努力让人民群众在每一个司法案件中感受到公平正义”！

【专家点评】

本案是一宗法律援助的指定辩护案件。印象中，类似法援案件，有些辩护律师只是从形式上履行辩护职能而已。而本案辩护律师并没有因不是委托辩护律师而马虎应付，而是认真分析，研制定罪量刑证据和司法实务的实际操作规范，从主客观相一致原则出发，抓住本案定性的关键所在，开展切实有效的辩护，从而实现了被告人由被控重罪（贩卖毒品罪）到被判轻罪（非法持有毒品罪）的公正判决，实属难能可贵，真正体现了人民律师为人民，于细致之处见真章的专业素质和专业技能，诠释了律师“维护当事人的合法权益、维护宪法和法律的实施、维护社会公平正义”的职能作用。

（点评人：王志军，广东省刑法学研究会副会长）

毒品贩卖与代购行为定性辩护一案

王楚豪 黄昭湖*

【内容提要】

在司法实务中，对于贩卖毒品罪，实体上除对犯罪嫌疑人客观行为、涉案毒品数量进行查明外，在认定犯罪时还应严格遵守主客观相一致标准，对犯罪嫌疑人的主观意图这一关键因素进行查明。

程序上应当重视审前辩护，从事实、法理出发，结合案例与办案单位充分进行沟通，运用好认罪认罚程序，进行有效抗辩，争取当事人合法权益最大化。

【案情简介】

林某偶尔吸食毒品，因吸毒人员王某的举报被抓获。公安机关认为其以贩养吸，根据从林某手机提取的微信聊天记录和转账记录，认定其自2020年1月至被抓获期间，先后多次向吸毒人员汤某贩卖10克冰毒、向宋某贩卖2克冰毒、向王某贩卖17克冰毒，共计贩卖29克冰毒。其中2克是经王某举报后，由侦查机关在快递柜查获。经鉴定，快递柜查获的毒品中含有甲基苯丙胺成分。

审查起诉阶段，公诉机关出具起诉意见书，认为林某贩卖甲基苯丙胺（冰毒）10克以上并具有向多人多次贩卖毒品的情节，因此构成贩卖毒品罪，拟建议判处有期徒刑四年至四年六个月。

---

* 王楚豪、黄昭湖，广东国智律师事务所律师。

而辩护人认为，林某仅有代购行为，没有牟利目的，除了在控制下交付而被查获的2克冰毒外，其余购买毒品、交付毒品的行为既不构成贩卖毒品罪也不构成非法持有毒品罪，而对控制下交易的2克毒品，由于存在“犯意引诱”，应当依法从轻处罚，具体理由如下。

（一）林某系与其他三名吸毒人员“搭单”（拼单）购买毒品，该行为本质上是代购行为

1. 其他吸毒人员向林某转账时间早于林某向上家购买毒品的时间。王某等人均是通过微信方式先向林某转款，林某再向上家下单购买毒品，而不是林某先向上家购买毒品再向王某等三人出售毒品。

2. 从林某与王某之间多次的微信聊天记录截图等证据可以得出因上家不卖散货，林某与王某等人共同“搭单”（拼单）向上家购买毒品的事实，故林某的行为为代购而非贩卖。

3. 被告人的供述也显示仅存在代购行为。林某曾于2020年8月7日和8月28日供述，其有将冰毒给过他人，但没有牟利，只是代为收取款项，再转给上家代购毒品，而上家发货时也会按照他们购买的数量分开独立包装，且上家发货既有寄到林某住址也有分别寄到王某、汤某各自地址的情况。

4. 王某、汤某的证言不足以证实林某存在贩卖毒品的行为。虽然王某、汤某在《询问笔录》中均称毒品系从林某处购买，但是他们的证言均未提及“搭单”购买毒品的事实。因此，上述两人的证言未能如实陈述事实真相，其指控与聊天记录相悖，不能作为证明林某贩卖毒品的依据。

（二）在案证据无法证明林某在代购过程中有牟利行为

1. 在案没有林某向上家购买毒品的转账记录和聊天记录，没有证据证明林某存在低买高卖的牟利行为。相反，却有林某与王某之间的聊天记录反映出林某属于无偿的代购行为。

2. 通过阅卷可以发现，林某与另外三人（王某、汤某、宋某）均是普通吸毒人员，由于上家对购毒有数量要求（5克起），而他们吸食量较少，根本不需要那么多毒品，彼此间又是相识较长时间的朋友，因此相互之间形成共同出资拼单购买毒品的主观意愿，并由林某一人代购的客观事实。王某等人的证言也未反映林某从中牟利。

（三）根据相关法律规定，对于不以贩卖、牟利为目的的代购行为或接收毒品行为，不应以贩卖毒品罪论处

2008 年最高人民法院《全国部分法院审理毒品犯罪案件工作座谈会纪要》指出：有证据证明行为人不以牟利为目的，为他人代购仅用于吸食的毒品，毒品数量超过《刑法》第 348 条规定的最低数量标准的，对托购者、代购者应以非法持有毒品罪定罪（即不应以贩卖毒品罪论处）。

2015 年最高人民法院《全国法院毒品犯罪审判工作座谈会纪要》规定：购毒者接收贩毒者通过物流寄递方式交付的毒品，没有证据证明其是为了实施贩卖毒品等其他犯罪，毒品数量达到《刑法》第 348 条规定的最低数量标准的，一般以非法持有毒品罪定罪处罚。代收者明知是物流寄递的毒品而代购毒者接收，没有证据证明其与购毒者有实施贩卖、运输毒品等犯罪的共同故意，毒品数量达到《刑法》第 348 条规定的最低数量标准的，对代收者以非法持有毒品罪定罪处罚。

（四）林某不构成贩卖毒品罪的同时，亦不构成非法持有毒品罪

因非法持有毒品罪的客观要件要求行为人每次持有海洛因或者甲基苯丙胺 10 克以上或者其他毒品数量较大，而本案证据显示林某等人每次购买的冰毒数量均未达到 10 克以上，因此林某不构成非法持有毒品罪。

（五）控制下交易的 2 克毒品存在“犯意引诱”，应当从轻处罚

从王某的证言及视听资料中清晰显示王某向林某购买 2 克毒品的整个过程均在侦查人员的控制之下，连用于购买毒品的钱款也是侦查人员给他的，本案明显存在特情诱惑的情况。2008 年最高人民法院《全国部分法院审理毒品犯罪案件工作座谈会纪要》指出：行为人本没有实施毒品犯罪的主观意图，而是在特情诱惑和促成下形成犯意，进而实施毒品犯罪的，属于“犯意引诱”。对于“犯意引诱”实施毒品犯罪的被告人，根据罪刑相适应原则，应当依法从轻处罚。

在审查起诉阶段，辩护人主动和公诉人联系启动认罪认罚程序，通过电话及约见方式多次与公诉人交流，就本案的定性及量刑充分交换意见，争取对林某从轻处罚。辩护人向公诉机关提交了书面法律意见及一份最高人民法院的刑事审判参考指导案例供公诉人参考并建议刑期为有期徒刑八个月至十个月。后收到公诉机关的回复，经公诉机关研究，辩护人的辩护意见被采纳了。基于这种情况，被告人同意认罪认罚并签署了认罪认罚具结书。

本案由一开始公诉机关建议量刑有期徒刑四年至四年六个月，再到后来采纳辩护人的法律意见，改变量刑建议为有期徒刑九个月，而法院也最终判决林某犯贩卖毒品罪，判处有期徒刑九个月，并处罚金三千元。

【争议焦点】

1. 本案林某的行为是贩卖毒品还是无偿代购毒品？
2. 如林某的行为不构成贩卖毒品，是否构成非法持有毒品？

【案例评析】

在本案审查起诉的最初阶段，检察机关保留侦查机关的起诉意见，指控林某构成贩卖毒品罪，涉案毒品数量达到 29 克且具有向多人多次贩卖毒品的加重情节，拟提出有期徒刑四年至四年六个月的量刑建议。辩护人经过多次会见、详尽阅卷，结合本案毒品犯罪的特征，确立根据林某主观意图及实际客观行为，对涉案毒品交易情况进行归纳分类，厘清林某在所指控的 29 克毒品之中不同的行为性质的辩护策略。以在案微信聊天记录、转账记录等关键证据为突破口，提出除了控制下交易的 2 克毒品外，林某仅存在拼单、无偿代购毒品的行为，不构成贩卖毒品罪亦不构成非法持有毒品罪的辩护意见并以存在“犯意引诱”情节请求从轻判处。

辩护人从证据出发，注重审前辩护，厘清案件事实，积极与公诉机关沟通，提出法律意见及引用刑事审判参考指导案例进行有效抗辩，促使检察机关采纳辩护意见，变更量刑建议，而当事人对辩护效果亦表示认可，自愿作出认罪认罚，最终法院亦对林某判决有期徒刑九个月，取得了各方满意的良好辩护效果。

本案的成功，既来源于辩护人的专业和尽职，亦来源于办案单位对辩护权的尊重和保障。刑事审判的目的在于“让无罪的人免予起诉、让有罪的人得到公正审判”，而这一目的的实现，有赖于控辩审三方正确适用法律的专业精神、“让人民群众在每一个司法案件中感受到公平正义”的职业操守，以及相互尊重的沟通机制。辩护律师作为法律共同体的一员，在办理具体案件时，应充分发挥专业素养，既维护当事人的合法权益，也维护法律的正确实施和社会的公平正义。

【专家点评】

细致、认真研究案件，从主客观相一致的角度出发甄别定罪量刑的关键证据，从而选择有效辩护的攻击点，加之积极主动的沟通工作，促使公诉机关采纳辩护意见，取得了良好的辩护效果。本案的成功辩护经验有三：1. 审查证据专业、细致，从被告人的相关微信聊天记录入手改变了侦查机关、公诉机关原来对被告人基本犯罪事实的不当认定；2. 坚持主客观相一致的原则，用证据说话，正确区别拼单、无偿代购毒品与故意贩卖毒品的行为界限；3. 主动沟通扎实有效，促使公诉方、被告人、辩护人对本案的事实认定和依法处理达成共识，从而发挥了辩护职能，实现了个案的司法公正，促进了法律职业共同体的建设。

（点评人：王志军，广东省刑法学研究会副会长）

从一起“无罪辩护”案看刑事诉讼证据规则

李锐敏*

【内容提要】

检察院指控被告人周某以非法占有为目的，虚构其有能力“解救”谭某（涉嫌违法犯罪），骗取谭某的朋友郑某财物 50 万元，构成诈骗罪。根据《刑法》第 266 条的规定，诈骗公私财物，数额特别巨大或者有其他特别严重情节的，处十年以上有期徒刑或者无期徒刑。如果周某被认定诈骗他人 50 万元将面临十年以上有期徒刑的判罚。在案件代理中，辩护人提出：1. 周某无非法占有郑某 50 万元财产的主观故意，周某收到的 50 万元款项实际上是偿还周某出借谭某 47 万元借款的本息；2. 本案证人证言、证据缺乏真实性；3. 认定周某构成诈骗罪的证明标准无法达到“证据确实、充分”等意见均被公诉机关及审判机关采纳。最终，公诉机关以证据不足、不符合起诉条件为由，向法院提出撤回对被告人周某的起诉。

【案情简介】

（一）个案事实

周某因涉嫌诈骗罪于 2019 年 2 月 22 日被公安局刑事拘留，同年 3 月 6 日被逮捕，后羁押在看守所。

该案侦查终结，于 2019 年 5 月 30 日移送检察院审查起诉。审查起诉期间两次

* 李锐敏，广东合众拓展律师事务所律师。

退回补充侦查，并延长审查起诉期限。后于 2019 年 11 月 5 日向法院提起公诉。

公诉机关指控：2017 年 8 月，谭某因涉嫌违法犯罪被司法机关抓获，其前妻文某于 2017 年 8 月 17 日凌晨把郑某叫到其居住小楼下商量如何“解救”谭某之事。在文某住处楼下，文某打通了被告人周某的手机，并让郑某与周某通话，通话中周某提出“解救”谭某需要人民币 100 万元作活动费用，双方最后商定费用为人民币 50 万元，周某提供其司机庄某的银行账户给郑某，郑某分三次通过银行转账的形式将 50 万元转给周某指定的账号。郑某汇款后的第二天就拨打周某的手机打听“解救”谭某的相关情况，周某以在电话中说话不方便为由，叫郑某到深圳市见面详谈，双方在周某深圳的公司二楼见面商谈“解救”事宜。几天后，郑某、文某分别用手机联系周某询问办理谭某事情的进展情况，但周某此后不再接听或回信息给二人，微信也联系不上。案发后，周某被公安机关抓获。

主要指控证据：转账银行流水、文某与谭某的结婚和离婚证、关于谭某案件相关情况（其涉嫌受贿罪、行贿罪）；证人彭某、文某、谭某、林某、庄某、周某光的证言；被害人郑某的陈述；被告人的供述及辩解；47 万元借据的鉴定意见书等。

本案于 2020 年 4 月 24 日开庭审理。被告人周某在庭审中供述，谭某在 2014 年向其借款本金 47 万元，并有谭某亲笔签名的两张《借据》，其明确告知文某先偿还谭某借款本息 50 万元后再帮忙了解谭某涉嫌犯罪的相关情况。同时，50 万元的收款账户是由周某直接给文某的。

（二）处理过程

1. 本案的关键性证据是谭某亲笔签名的两张《借据》，辩护人多次与公诉机关电话沟通并约见经办检察官提交书面的《法律意见书》，阐述本案应当定性为“经济纠纷”而非刑事犯罪。特别是根据公安局经济犯罪侦查大队委托公安司法鉴定中心对落款时间为 2014 年 3 月 3 日及 2014 年 7 月 20 日的两张《借据》中的指印及谭某的身份证复印件签名处的指印进行鉴定，鉴定结论确定《借据》上的指纹捺印与谭某的指印相互吻合，证实周某与谭某于 2014 年就存在借款的事实。

2. 辩护律师经会见周某，了解到 2014 年谭某向周某借款时，周某光在现场打印《借条》，并多次向谭某、文某催款。辩护律师将此情况反映给侦查机关。后侦查机关通知周某光进行询问，其证人证言对涉案应当定性为经济纠纷至关重要。

3. 充分保障辩护律师对被告人的会见权。从 2019 年 9 月 26 日起，看守所拒绝安排辩护律师会见周某。辩护律师立即向检察院驻看守所检察室及检察院刑事执行监察科进行投诉。根据刑事诉讼法的规定，辩护律师持律师执业证书、律师事务所证明和委托书即可会见在押的犯罪嫌疑人，本案犯罪嫌疑人周某涉嫌诈骗罪，辩护律师只要持“三证”，看守所就应当及时安排会见。故看守所拒绝安排辩护律师会见周某的行为，已经严重违反法律规定。在辩护人的努力下，看守所纠正错误并依规安排律师会见，让辩护律师的会见权利得到充分保障。

（三）裁判理由与结果

2020 年 6 月 28 日，检察院以证据不足，不符合起诉条件为由，向法院提出撤回对被告人周某的起诉。法院认为，在判决宣告前，公诉机关以证据不足、不符合起诉条件为由提出撤回起诉，理由充分，且符合法律规定，应予准许，故裁定准许湛江经济技术开发区人民检察院撤回对被告人周某的起诉。

2020 年 7 月 3 日，历时 497 天，周某终被无罪释放。

【争议焦点】

1. 周某有无非法占有他人（郑某）50 万元财产的主观故意？

2. 周某与谭某之间是否存在真实的借贷关系？

3. 认定周某构成诈骗罪的证据的证明标准是否达到“证据确实、充分”的证明标准，是否能够排除可能存在的合理怀疑？

【案例评析】

本案公诉机关指控周某以非法占有为目的，虚构其有能力“解救”谭某，骗取他人财物，构成诈骗罪，依据公诉机关的指控意见，辩护人就诈骗罪的主客观要件及刑事证据证明规则辨析如下。

（一）被告人周某无非法占有被害人郑某 50 万元财产的主观故意

辩护人认为，涉案 50 万元是文某指示郑某转账，用以偿还谭某拖欠被告人周某借款 47 万元的本息。谭某分别于 2014 年 3 月 3 日、2014 年 7 月 20 日向周某借款 20 万元、27 万元，合计 47 万元，该事实有谭某签字指纹捺印的《借据》为证。公安局经济犯罪侦查大队委托公安司法鉴定中心对落款时间为2014年3月3日及2014年7月20日的两张《借据》中的指印及谭某的身份证复印件签名处的指印进行鉴定，鉴定结论确定《借据》上的指纹捺印与谭某的指印相互吻合，即借款事实于2014年已确定存在。且根据关键证人周某光在侦查机关的询问笔录，更加证实涉案应当定性为经济纠纷而非刑事犯罪。

（二）公诉机关指控被告人周某通过虚构其有能力“解救”谭某，骗取他人财物的事实不清，证据不足

公诉机关以彭某、郑某、文某、林某的证人证言指控被告人构成诈骗罪，但上述证人证言互相矛盾，该证言不应被采信。公诉机关在《起诉书》所述查明的“郑某到周某深圳市公司见面商谈解救谭某事宜”以及“郑某、文某分别用手机联系周某询问办理谭某事情的进展情况，但周某此后不再接听或回信息给二人，微信也联系不上”无书面证据佐证。

（三）本案存在事实不清、证据不足，且不符合常理的情况

被告人周某自2019年1月25日被刑事拘留后，经过侦查机关侦查终结移交公诉机关审查起诉，其间退回侦查机关补充侦查两次，后案件进入法院审理阶段，仍然存在事实不清、证据不足的情况进行补充侦查。该案基本已经穷尽刑事侦查措施，仍然没有证据证实被告人周某诈骗他人财产的事实。同时本案还存在多处事实不清或不符常理的情况，例如：被告人周某是否承诺或如何解救谭某事实不清；郑某称其于2017年8月17日被周某诈骗50万元，之后联系不到周某，那为何在意识到被诈骗的情况下不选择立即报警；本案主要指证周某诈骗郑某50万元的证词来源于彭某、林某、郑某，这三人均因涉嫌犯罪被监察委或公安立案侦查，是否存在为了“立功”捏造事实诬陷周某的可能。

（四）一切案件的判处都要重证据，不轻信口供

在只有口供的情况下，不能轻易定罪。本案在没有证据证明郑某被周某诈骗，且无法排除周某要求文某代谭某偿还借款这一合理怀疑的情况下，不能认定周某有罪。

（五）疑罪从无原则

由于现有证据既不能证明被追诉的被告人的犯罪行为，也不能完全排除被告人实施了被追诉犯罪行为的嫌疑，应当作出有利于被告人的判决。因此，在本案缺乏

严谨的证据链条证实郑某被周某诈骗50万元，且存在谭某向周某借款47万元未归还的事实，应当判决被告人周某无罪。

经审理，上述辩护意见被采纳，法院裁定准许检察院撤回对被告人周某的起诉。

本案历时497天，虽案件画上句号，当事人已恢复了自由，但造成的损失和影响无法衡量。辩护人认为造成本案的主要原因有二：其一，侦查机关及检察机关没有正确把握诈骗罪的主客观构成要件，有罪推定的主观意识严重；其二，检察机关审查、判断证据没有做到客观、全面。

正确认定事实的过程实际上就是审查、判断证据的过程。首先，每个据以定案的证据都需具备证据能力和证明力。这是对单个证据转化为定案依据的基本要求。任何证据唯有同时具备证据能力和证明力，方可转化为定案依据。也就是说，只有每一项证据都同时具有真实性和关联性，其证明力得到验证，同时每一项证据的合法性都是毋庸置疑的，也不属于非法证据排除规则的适用对象，才具备转化为定案依据的条件。其次，证据之间相互印证、证据与案件事实之间不存在矛盾或者矛盾得到合理排除。最为理想的司法证明结果当然是证据之间形成完整、闭合的证据链条，证据与案件事实一一印证。但是在司法实践中，证据之间以及证据与案件事实之间存在一定的矛盾，是证据审查中的常态。对于这些矛盾或不一致之处，只有通过合理的解释和说明加以排除，才能认定对待证事实的证明达到了法定证明标准。如果两个证据彼此之间存在着不可排除的矛盾，或者无法对证据与案件事实之间存在的矛盾给出合理解释，那么，这就等于证据之间出现了证明方向不一致或证明效果相互抵消的情况，它们之间的矛盾就未得到合理排除。最后，根据证据得出的事实结论具有唯一性。公诉机关对犯罪嫌疑人犯罪事实的证明须达到排除其他可能性的程度，也就是将其他各种可能性逐一排除，而只有犯罪嫌疑人构成犯罪这一结论是可信的。如果综合全案证据仍然认为本案存在其他可能性，该证据就未达到确实充分的证明标准。

就本案而言，公诉机关最终以证据不足、不符合起诉条件为由撤回起诉，实际上就是遵循了《刑事诉讼法》第176条的规定，认定有罪的证明标准必须是“证据确实、充分”，而《刑事诉讼法》第55条对这一标准的内涵作了规定，具体包括以下三项：（1）定罪量刑的事实都有证据证明；（2）据以定案的证据均经法定程序查证属实；（3）综合全案证据，对所认定事实已排除合理怀疑。辩护人在代理案件过程中就被告人周某在主观上不具有非法占有他人财产的主观故意，客观上并未实施诈骗行为以及就公诉机关指控被告人诈骗罪所依据的证人证言之间存在矛盾，同时，本案证据无法排除合理怀疑即存在借款催款事实的情况下，成功对本案进行无罪辩护。

【专家点评】

青年律师李锐敏经办的周某被控诈骗一案，经过人民法院开庭审理，最终由人民检察院撤回起诉，当事人无罪获释。在当前无罪案件比例较少的情况下，这起案件的成功办理确属不易。

辩护律师成功把握了证据裁判原则，坚持运用在案件中形成的有利客观证据，娴熟地应用了《刑事诉讼法》中的证明规则，使“证据确实充分并且排除合理怀疑”的证明标准在实践中得到很好的运用。诈骗犯罪作为常见的犯罪类型，当事人的主观犯意较难调查，如何在这类案件中准确运用客观证据反推主观意图，在实践办理中较难把握。客观证据的大胆运用是本案取胜的关键，形成于2014年的两份《借据》经侦查机关鉴定，查证属实，属于有利于被告人的客观证据，对这类证据的大胆运用在刑事辩护中至关重要。有些律师“惧证、畏证”使案件没有取得较好结果。

努力让人民群众在每一起司法案件中感受到公平正义，是新时代人民律师为人民的使命担当。认真履行好辩护职责，防止冤假错案是新时代刑事辩护律师的基本要求，通过每个成功个案的办理，使自己成为一名遵守职业道德纪律，精通法律业务，维护公平正义的人民律师。

（点评人：肖文齐，广东省人大立法咨询专家、中国廉政法制研究会理事）

在黑社会性质组织实施“套路贷”犯罪案件中的有效质证及“疑罪从无”辩护

蒋昌有*

【内容提要】

“套路贷”犯罪组织长期以“公司”为载体，通过设置大小合同、虚假流水、网签公证、制造违约、转单平账等环节，分工合作，多次实施诈骗、敲诈勒索、故意伤害、寻衅滋事、非法拘禁等违法犯罪活动。该组织规模大，有明确组织者、领导者，骨干成员基本固定，以暴力、威胁等非法手段攫取巨额违法收入，造成群众心理恐慌和安全感降低，严重影响当地民间借贷行业的正常秩序，严重破坏经济、社会生活秩序，符合黑社会性质组织的四个特征，应认定为黑社会性质组织。对该组织首要分子及积极参加者、一般参加者按照其在组织中的不同地位、作用以及实施的具体犯罪，分别定罪量刑。

【案情简介】

检察院起诉称，2010 年 10 月，被告人陈某某、江某某、陈某（另案处理）成立广州市某咨询有限公司（以下简称该咨询公司），租赁某酒店一个房间为办公地点，以经营民间借贷业务为幌子，实施“套路贷”违法犯罪行为。陈某某、江某

* 蒋昌有，广东环球经纬律师事务所律师。

某、陈某以亲友为纽带，发展神某某等人股该咨询公司，该咨询公司内部成立了负责联系借款人的客服部、负责审核借款人资料的风控部，负责给借款人办理手续的业务部、负责向借款人收账、平账的财务部、负责催促借款人还款的催收部和追账部、负责监督公司业务员的内部监察部、负责设计借款合同和民事诉讼的法律部等部门，为了扩大组织势力，增强犯罪活动能力，谋取更高非法利益，该咨询公司在本市越秀区、海珠区投资发展多家子公司，并与多家中介机构结成紧密合作关系以实施违法犯罪活动，逐步建立以陈某某、江某某、陈某为组织者、领导者，以神某某等为骨干分子，以李某某等人为积极参加者，以付某等多人为一般参加者的组织稳定、层级结构明确、人数众多、势力庞大的黑社会性质组织。该组织的组织者、领导者之一江某某是在职民警，对组织成员进行培训，传授“套路贷”作案手法及如何规避公安机关打击，并在组织成员被司法机关查处后利用其身份疏通关系、充当“保护伞”。

该组织以经营民间借贷业务的财务公司作幌子，以低息、无抵押等广告吸引有资金需要的人员前来公司借款，再实施签订大小合同、约定高额利息、制造虚假银行流水、故意制造违约、转单平账，不断恶意垒高借款金额和利息，索取高额违约金。当借款人无力还款时，该组织通过向法院提起虚假诉讼、查封保全借款人房屋财物等手段，以强占房屋、非法拘禁、殴打辱骂、贴大字报、泼红油、堵锁眼、拉横幅等暴力、软暴力手段相配合，大肆聚敛巨额财产。陈某某、江某某为维系组织的生存和发展，在组织成员因实施违法犯罪活动被司法机关处理时提供补偿和请托“捞人”。该黑社会性质组织实施“套路贷”违法犯罪活动，严重破坏了广州地区的社会秩序和经济秩序，危害人民群众生命财产安全，损害了司法公信力，造成了极其恶劣的社会影响。

其中，被告人李某某被指控是该黑组织的积极参加者，并涉嫌对被害人邹某某、孙某某、苏某某、杨某夫妇实施诈骗、寻衅滋事、非法拘禁以及非法侵入住宅等犯罪行为。

笔者在侦查阶段即接受嫌疑人李某某家属委托作为李某某的辩护人，经过多次会见、仔细阅卷，笔者认为，公诉人指控李某某系该黑社会性质组织成员的证据不足，即使其系该黑社会性质组织成员，也不是积极参加者，仅为一般参加者，且其并未参与该组织大部分的犯罪活动，在少数个案犯罪中发挥的作用小，与公诉机关指控的犯罪事实、罪名大部分不符，为维护李某某的合法权益，笔者从被告人李某某供述、辩解、同案人供述、被害人询问笔录、辨认笔录、辨认录像以及其他相关证据出发，分析证据之间的矛盾。发现：1. 李某某并非案涉公司及其分公司或关联公司的投资者、管理层、普通员工，没有参与分红，也没有领取工资等报酬，不是该黑社会性质组织的成员；2. 李某某涉嫌参与“邹某被非法拘禁、诈骗一案”以及“苏某被诈骗一案”均仅有被害人询问笔录，而欠缺被害人辨认录像，辨认笔录没有见证人，也无证人证言等其他证据佐证，且李某某亦没有参与该宗犯罪活动事实的供述；3. 李某某涉嫌参与“杨某夫妇被诈骗、寻衅滋事、非法侵入住宅一案”，虽有被害人询问笔录，但被害人对李某某的辨认程序不合法，没有同步辨认录像，亦无见证人。而同案人高某虽然供述李某某参与该宗犯罪事实，但是其前后的供述并不一致，且自相矛盾，本案亦无其他证据与被害人陈述相印证。为此，笔者综合分析本案全部证据，向法院提出李某某并不构成检察院指控的参加黑社会性质组织罪、诈骗罪、非法拘禁罪、寻衅滋事罪、非法侵入住宅罪的辩护观点，即使构成相关犯罪，也仅是从犯，应该减轻处罚。

一审法院认为，以陈某某、江某某为首的组织具备《刑法》第294条第5款规定的黑社会性质组织的组织特征、经济特征、行为特征以及危害特征，该组织为黑社会性质组织，陈某某、江某某是该组织的组织者、领导者，神某某等6人为骨干成员，高某某等9人为积极参加者，李某某等29人是一般参加者。公诉机关指控李某某为积极参加者的意见未得到法院支持。

关于“套路贷”问题。法院认为，《最高人民法院、最高人民检察院、公安部、司法部关于办理套路贷刑事案件若干问题的意见》中所规定的“套路贷”与平等主体之间基于意思自治而形成的民事借贷关系存在本质区别，民间借贷的出借人是为了到期按照协议约定的内容收回本金并获取利息，不具有非法占有他人财物的目的，也不会在签订、履行借款协议过程中实施虚增借款金额、制造虚假给付痕迹等行为。本案中，各被告人以涉案公司组织为载体，以民间借贷为幌子，以无抵押借贷为诱饵，诱使被害人在部分内容空白的格式借款合同、借条、收条等书面资料上签字，以“行业惯例”名义虚增借贷金额，扣除“砍头息”“保证金”“服务费”等各种名义的额外费用，并以提现及不同银行账户返还等方式刻意制造被害人已经取得合同载明的全部借款的假象，虚增债务；在被害人逾期未支付或无力支付时，肆意认定或故意制造违约，采用暴力或软暴力等方式达到非法侵占被害人财物的目的，其行为符合前述意见所规定的套路贷行为特征，并非一般高利贷，故应认定各被告人实施的是“套路贷”违法犯罪活动。

对于李某某被指控的个案犯罪，一审法院采纳了辩护人大部分的观点，认定李某某因事实不清、证据不足，不构成非法拘禁罪、寻衅滋事罪、非法侵入住宅罪。在涉嫌多起诈骗犯罪事实中，仅认定了“孙某某被诈骗一案”（诈骗未遂金额为7.28万元），对其他涉嫌的诈骗犯罪事实均未认定。最终一审判决被告人李某某犯参加黑社会性质组织罪，判处有期徒刑一年六个月，并处罚金人民币二万元；犯诈骗罪，判处有期徒刑一年六个月，并处罚金人民币一万元。数罪并罚，决定执行有期徒刑二年六个月，并处罚金人民币三万元。李某某服判，未提起上诉。其他相关被告人虽提起了上诉，但二审维持了对李某某的原判内容。

【争议焦点】

1. 李某某是否属于该黑社会性质组织成员，如果属于，是检察院指控的积极参加者，还是应被认定为一般参加者?

2. 李某某是否实施了被指控的诈骗罪、非法拘禁罪、寻衅滋事罪、非法侵入住宅罪的全部犯罪事实，如果实施了某些犯罪事实，在犯罪行为中又处于什么地位、起到何种作用，是否应该减轻、从轻或免除处罚?

【案例评析】

黑社会性质组织犯罪，有个从初级到高级的犯罪过程，且成员多、时间久、被害人数多、危害大，对当地社会治安、经济社会发展影响深远，对周边群众的安全感造成巨大影响。党中央、国务院立足社会长治久安，以维护社会经济健康发展，为人民群众营造良好生活环境的根本目的出发，开展扫黑除恶，统一部署、上下同心，取得了人民群众认可的成绩，得到了广大人民群众的支持。

在涉及具体案件时，无论是司法机关还是辩护律师，均应以事实为依据、以法律为准绳，严格依法办案。

本案涉及黑社会性质组织实施“套路贷”违法犯罪活动，该组织不仅具备《刑法》第294条第5款规定的四个特征，而且在“行为特征”上，还有其自身的特点。正如判决书所认定的：“套路贷”团伙的犯罪行为方式具有极强的威慑力和现实侵害性，对被害人造成强烈的心理压制，该组织假借公司名义开展业务，利用被害人急需借款的心态，以行规、按时还款不以虚假数额追债为诱饵，与被害人签订大小合同、制造虚假流水、签订授权处置房产的合同以及约定不平等条款、恶意转单平账等，过程中既垒高虚假债务、拆分链条、掺杂证据，规避被发现的风险并提高司法机关侦查和打击的难度，又肆意认定或恶意制造违约，催收时又以之为据，辅以虚假诉讼，而上述“套路贷”手段是该组织从上到下一以贯之的主要攫取利益的模式，辅以暴力滋扰、直接暴力威胁等手段，令被害人难以反抗、救济无门。

笔者认为，在为“套路贷”案件辩护时，应根据该类案件的特点，“量身定制”辩护思路和策略。因实施“套路贷”的黑社会性质组织成员众多，在实施“套路贷”催收债务涉及具体个案时，并非一两个固定成员实施犯罪，往往由组织、领导者或骨干成员分批次地安排不同成员实施违法犯罪行为，组织成员有些彼此之间并不熟悉，甚至还不认识，而被害人也因为案发时间久远，往往亦难以清晰回忆案发场景。所以，在具体辩护时，应认真梳理、甄别各言词证据的矛盾、真伪。如果被告人供述、同案人供述以及被害人陈述、证人证言相互矛盾且并无其他证据消除这些矛盾，对被告人的辨认程序违法，辨认结果又不足以采信时，可有理有据且大胆提出“疑罪从无”的处理原则，建议公诉机关、审判机关以事实不清、证据不足不予认定被告人所涉及的存疑犯罪事实。从本案而言，这样的辩护策略取得了应有的辩护效果。

一审判决后，李某某服判，未提起上诉。被告人及其家属对辩护人的辩护工作及结果非常满意，给予了充分肯定。

【专家点评】

黑恶势力是经济社会健康发展的毒瘤，是人民群众深恶痛绝的顽疾，必须坚决依法予以打击。在中央“扫黑除恶”专项斗争的统一部署下，本轮扫黑除恶斗争有力打击了盘踞各行各业的黑恶势力，净化了社会风气。“扫黑除恶”专项斗争中，应坚持打击犯罪与尊重和保障人权并重的理念，严格贯彻依法办案方针，充分保障被告人享有的辩护权以及辩护律师的会见权。本案中，李某某部分被指控的犯罪事实因证据不足不予认定，这充分体现了辩护人在刑事程序中所能发挥的积极作用，辩护人通过认真梳理证据，去“伪”存“真”，以促使、帮助审判机关把好证据关，为正确适用法律、公正审判提供了建设性意见。作为审判机关，能严格把关，认真听取控辩双方的意见，对于犯罪事实的认定达到了证据确实充分，排除合理怀疑的标准，做到了不轻易放过罪犯又使无罪或罪轻的被告人接受公正审判的法治要求。

（点评人：苏丽云，广州市律协普通犯罪刑事法律专业委员会副主任）

涉嫌盗窃证据不足疑罪从无

宣承永*

【内容提要】

被害人徐某在网吧上网，其两台苹果手机被窃，经鉴定价值人民币5900元。公诉机关认定该案的证据主要有：被害人陈述、价格鉴定报告、证人网吧收银员的证言及辨认笔录、监控录像（比较模糊且看不清犯罪嫌疑人的正面）、监控图像司法鉴定意见书等。司法鉴定意见书显示监控录像与被告人的面相相似度高达99%以上，能否作为认定被告人有罪的依据呢？

【案件经过】

程某涉嫌盗窃罪一案，由广州市公安局白云区分局立案侦查，广州市人民检察院提起公诉。广州市白云区人民法院作出一审判决，判决被告人程某犯盗窃罪，判处有期徒刑一年，程某不服，遂向广州市中级人民法院提起上诉。程某上诉期间，本律师接受广州市法律援助处的指派，担任其二审的辩护人。辩护人经阅卷及会见上诉人，发现该案有诸多疑点，在上诉人不认罪的基础上做无罪辩护。二审期间，广州市中级人民法院以证据不足为由，将该案发回重审。发回重审一审期间，被告人程某向广州市白云区法律援助处指定本律师继续担任其辩护人，本律师继续做无罪辩护。后广州市白云区人民检察院以证据发生变化为由提出对被告人程某撤回起

* 宣承永，广东金桥百信律师事务所律师。

诉，经广州市白云区人民法院准许撤诉。

【争议焦点】

被告人拒不认罪及被告人的近亲属均指认监控视频不是被告人，而象征着现代科学侦查技术手段的司法鉴定报告却鉴定被告人的面相相似度高达99%以上，另被告人现在的体态特征及动作习惯与监控视频中的人物存在着较大差别。在关键证据相互矛盾、证据存疑的情况之下，能否认定被告人有罪成了本案的争议焦点。

【案例评析】

本案中，辩护人会见上诉人程某，了解到上诉人在侦查阶段其家属未曾委托律师会见，侦查机关通知上诉人程某妹妹及母亲分别做笔录，并叫她们辨认监控视频中的人物是否为程某。程某两位家属皆表示监控中的犯罪嫌疑人不是程某，理由是程某的走路姿势与监控录像中的人物走路姿势不一样，而且监控录像中犯罪嫌疑人的衣服程某平时从来没有穿过。辩护人进一步了解到，程某的妹妹已经出嫁，跟母亲分开居住。辩护人分析：首先，程某的母亲及妹妹曾朝夕相处，对程某的穿衣风格、体态及走路姿势等会比普通人更熟悉；其次，程某妹妹及其母亲分开居住，其两人串通做伪证的概率较低；最后，如果程某在羁押过程中认罪，其家属做伪证将变得毫无意义，而且还有可能会因为做伪证而受到法律的追究。

另外，上诉人程某是广州本地人，案发地点距居住地较远。程某家附近有网吧，去这么远的地方上网，不符合常理。上诉人使用的手机陈旧，功能极其少，可以推断出其平时几乎不上网。程某有妻室，事发第二天要接送小孩上学，在外面通宵上网亦不符合常理。

针对本案的主要证据，辩护人质证意见如下：1. 关于人像对比鉴定，辩护人认为鉴定意见不足以认定视频中的人就是被告人。根据一审的庭审笔录，鉴定人出庭接受质证时亦表示没有绝对的把握认定结论的真实性，所得出的结论是根据大数据分析，不能排除特例的存在，且脸像鉴定受环境、场景等因素的影响。2. 关于证人网吧收银员的证言及辨认笔录，辩护人认为证人张某的证言及辨认笔录不应予以采信。2017 年 6 月 27 日案发到上诉人 2017 年 10 月 21 日被拘留，中间隔了将近 4 个月，对于一个陌生人，对其容貌可以清晰记得如此深刻亦不符合常理。3. 关于价格鉴定报告，作为证据的三性不确认。第一，被害人无法提供购机发票，被盗的手机一直没有找到。在没有发票佐证，只有被害人口供的情况下，辩护人认为，不能评估被盗的手机型号、价值等。第二，价格鉴定意见书并没有实物鉴定，标的物的外表、损害程度等都会影响价格的鉴定。且即使有盗窃行为，数额达不到 2000 元，也不能以犯罪论处。

【专家点评】

这是一个逆转了人工智能读脸结合专家鉴定证据的案例。

程某涉嫌盗窃罪一案，一审法院判决被告人程某犯盗窃罪，判处有期徒刑一年，程某不服，提起上诉，辩护人接受广州市法律援助处的指派，担任其二审辩护人。

辩护人经过全面分析案件材料，会见上诉人，敏锐地发现本案存在的证据疑点，围绕本案司法鉴定意见书展开工作，针对鉴定意见肯定现场监控视频文件中出现的嫌疑人与被抓获的被告人程某为同一人的结论，提出仅根据人像对比鉴定就认定被告人为作案人员，不符合《刑事诉讼法》关于证据方面排除合理怀疑的要求，不能排除有特例存在，因为脸像鉴定受环境、场景等因素影响，辩护人还提出本案作案时间、地点存疑，及涉案金额认定缺乏证据支持等辩护观点。二审法院认为原审判决认定事实不清、证据不足，裁定发回重审。在原审法院重审期间，公诉机关以证据发生变化为由，提出对被告人程某撤回起诉，原审法院裁定准许撤回起诉。辩护人代理涉案人提出国家赔偿并获得赔偿。

本案历经一审判决有罪、二审发回重审、公诉机关申请撤回起诉、法院裁定允许撤回起诉、公诉机关决定不起诉、国家赔偿等环节，具有学习和借鉴价值。

宣律师接受法律援助处指派，担任程某辩护人后，勤勉尽责，依照事实和法律，围绕核心证据，依法进行辩护，维护了委托人的合法权益，取得良好的法律效果。能让无罪的人获得自由和清白，是律师有效履行职责的体现，也是律师职业的社会价值的体现。此案，值得办案律师自豪。

（点评人：陈永忠，广东金桥百信律师事务所律师、高级合伙人、董事、业务管理委员会主任、刑事法律事务部主任，广东省律师协会经济犯罪业务专业委员会副主任，广东省法学会法律风险管理研究会常务副会长）

走私毒品犯罪中的“明知”如何认定

——以外国留学生涉嫌走私毒品案做无罪辩护为例

陈 丽*

【内容提要】

走私毒品罪，是指明知是毒品而故意实施走私行为。本罪在主观方面表现为故意，即明知是毒品而走私，过失不构成本罪。如果行为人主观上不明知是毒品，而是被人利用而实施了走私行为，则不构成本罪。

本案中，当事人在侦查阶段表示自愿认罪认罚，且其携带毒品入境的行为看似符合“应当知道”的条件，但通过与当事人沟通复原案件事实、分析证据间的逻辑关系，可以对其认罪表述作出合理解释，并攻破原有证据体系。

在处理外国人走私毒品案件中，首先应当克服语言文化差异，帮助当事人准确表达；其次要全面分析证据，就本案而言，包括当事人是否有吸毒习惯、是否收取报酬、是否有聊天记录证明其明知携带物品中有毒品、前来取行李的朋友证言是否真实可信等；最后结合证据进一步分析当事人不明知其携带行李中有毒品。

【案情简介】

（一）基本案情

广州某海关缉私分局移送审查起诉认定：2018 年 10 月 6 日，W 某（埃塞俄比

* 陈丽，广东金桥百信律师事务所律师。

亚籍）从广州入境，过海关时走无申报通道，未申报任何物品。开包查验前当事人确认行李为其本人所有，经查验，在其行李中查获夹藏在食物中用黑色塑料袋包裹的植物状物品一包，经初步化验为大麻，毛重250克，遂移交广州某海关缉私分局立案侦查。侦查人员依法对上述行李物品进行搜查，从一紫色手提包搜查到一包用黑色塑料袋包裹的植物干状物品，疑似毒品大麻。经对上述可疑植物干状物品进行提取、称量（净重190.68克）并取样送广州海关缉私局司法鉴定中心鉴定，检材检出四氢大麻酚。经讯问，W某供述，其女性朋友A某（埃塞俄比亚籍，2017年11月至2018年11月在桂林某大学学习汉语）委托一埃塞俄比亚籍男子在亚的斯亚贝巴机场将上述藏有大麻的紫色手提包交给W某携带至中国。W某称不知道紫色手提包里有大麻，但其又称自愿如实供述罪行并接受处罚。经询问A某，A某称W某没有帮其带东西，不知道紫色手提包是谁的。

2018年10月6日，W某因走私毒品罪被广州某海关缉私分局刑事拘留，2018年11月8日经广州市人民检察院决定不批准逮捕，同日被广州某海关缉私分局取保候审。2019年7月31日，本案移送广州市人民检察院审查起诉。

2019年9月10日，广州市法律援助处指派陈丽律师担任W某涉嫌走私毒品罪审查起诉阶段的辩护人。

（二）辩护工作

在阅卷过程中，辩护人发现：一方面，W某虽然一直坚称自己是帮朋友带手提包到中国，不知道手提包中有毒品，但供述多次不一致、前后矛盾，对其极为不利；另一方面，W某又表示自愿如实供述其罪行并愿意接受处罚。情况复杂，迷雾重重。

鉴于W某已被取保候审，辩护人和W某约定于2019年9月20日在律所见面。W某系埃塞俄比亚人，母语为阿姆哈拉语，由于语言、文化、法律制度存在较大差异，第一次会面过程十分艰辛。通过充分的沟通，辩护人了解到，W某在侦查阶段作出的矛盾供述，是由于语言表达和翻译的误差造成的。辩护人通过反复核对，对本案案情有了基本了解。

1. 根据W某的供述，陈律师对案件背景作出复盘如下：据W某供述，其于2017年到中国留学，2018年10月6日案发时是武汉某高校大二学生。A某是W某的朋友，两家住在埃塞俄比亚的同一座城市，彼此父母认识，因两人都在中国留学，经父母介绍交换了联系方式，但未曾谋面，通过电话、telegram 进行联系。埃塞俄比亚时间 2018 年 10 月 2 日，W 某添加 A 某的微信，聊天中提及自己将于周五去中国，A 某遂要求 W 某帮她带些东西（洗发水、护发素、食物等）到中国，W 某答应了。埃塞俄比亚时间 2018 年 10 月 5 日，W 某飞机起飞前，A 某的朋友 B 某到机场将一个紫色手提包交给 W 某。北京时间 2018 年 10 月 6 日，W 某从广州入境。后该手提包中查出藏有毒品。

2. 对因翻译问题造成侦查阶段供述不一致的情况作出解释，包括：（1）W 某和 A 某是朋友，是 A 某让 W 某帮忙带东西到中国。（2）W 某不认识 B 某，和 B 某不是高中同学，案发后 W 某才了解到，B 某和 D 某是同一个人，A 某和 B 某（D 某）可能是男女朋友关系。（3）K 某是 A 某的哥哥，A 某和 W 某说可能是 B 某或者 K 某来机场给他送东西，但最后是 B 某联系 W 某并到机场把手提包交给 W 某的，W 某没有和 K 某联系过。（4）A 某在 W 某到中国的那天和他联系了五次，并不是和他说过五次"Hasheshe"能给人带来满足感，A 某和 B 某都没有和 W 某说过"Hasheshe"的事情。（5）W 某不认识 M 某，也没有和 M 某联系过。（6）案发前，W 某不知道 A 某是否吸毒，更不知道 B 某是否吸毒。

3. 指出 A 某证词中存在的矛盾和不实之处，包括：（1）2018 年 11 月 22 日，广州海关缉私局对 A 某进行尿检，结果显示大麻阳性，A 某解释说，是在 2018 年 10 月底一个周五晚上在桂林的生日聚会上吸了水烟，水烟里可能含有大麻。A 某称吸水烟的时间和接受尿检的时间相隔一个月，解释明显不合理，A 某很有可能有吸食大麻的习惯。（2）A 某说她没有让 W 某带东西到中国，但从 A 某和 W 某的微信聊天记录中可以看出，A 某明确要求 W 某帮她带东西到中国。（3）A 某说是 M 某要 W 某帮忙带东西到中国，她将 W 某的手机号码给了 M 某，不知道 W 某和 M 某怎么联系，但现有证据不能证明 W 某和 M 某之间存在任何关联，W 某本人也说并不认识 M 某，没有和 M 某联系过。（4）A 某证词中提到，2018 年 12 月 11 日（案发后两个月），W 某在微信里第一次问她 M 某是谁，也说明 W 某此前不知道 M 某这个人。

4. 提出以下不构成犯罪的辩护意见：（1）证人证言中存在许多矛盾和不实；（2）指控 W 某故意走私毒品证据不足；（3）W 某不知道所携带物品中含有毒品；（4）W 某没有收取任何报酬；（5）W 某不具有走私毒品的犯罪故意符合逻辑、符合客观证据。

（三）裁判理由与结果

2020 年 1 月 2 日，广州市人民检察院作出不起诉决定书，认为某海关缉私分局认定的 W 某走私毒品的犯罪事实不清、证据不足，不符合起诉条件，依照《刑事诉讼法》第 175 条第 4 款的规定，决定对 W 某不起诉。

（四）案件后续

W 某获不起诉后，因语言不通，在处理解除出入境限制、签证时效等问题上遇到困难，在 W 某的请求下，陈律师多次与出入境管理处、海关缉私分局等部门联系和沟通，继续为 W 某提供无偿帮助。2020 年 1 月 W 某顺利回到了阔别两年的家乡。回国后，W 某向陈律师表达了来自全家人的感谢，并发来感谢信。

【争议焦点】

1. 在案证据能否证明 W 某明知（或推定 W 某明知）其携带入境的行李中含有毒品？

2. W 某在侦查阶段作出自愿认罪认罚的表述，能否作为本案定罪证据？

3. W 某在侦查阶段多次供述不一致、前后矛盾，能否作出对其不利的解释？

【案例评析】

根据《最高人民检察院、公安部关于公安机关管辖的刑事案件立案追诉标准的规定（三）》的规定，在走私毒品罪中，“走私”是明知是毒品而非法将其运输、携带、寄递进出国（边）境的行为。“明知”指行为人知道或者应当知道其所实施的是走私行为。“应当知道”的情形包括：执法人员在口岸、机场、车站、港口、邮局和其他检查站点检查时，要求行为人申报携带、运输、寄递的物品和其他疑似毒品物，并告知其法律责任，而行为人未如实申报，在其携带、运输、寄递的物品中查获毒品的。

本案中，W 某入境时走无申报通道，未向海关申报任何物品，查验行李前确认行李是其所有，在行李中查出毒品，看似完全符合“应当知道”的情况，但“应当知道”的法定情形存在一个前提、一个但书：前提是“结合行为人的供述和其他证据综合审查判断”，但书是“有证据证明确属被蒙骗的除外”，这就引出了两条辩护思路。从在案证据分析，难以证明 W 某确属被蒙骗，因此须结合 W 某的供述和其他证据综合审查判断。W 某在侦查阶段自愿认罪认罚，到审查起诉阶段又坚称不知道手提包内有大麻，供述前后矛盾，对其十分不利。辩护人认为，首先要解决 W 某自愿认罪认罚、供述前后矛盾的问题，其次才能就 W 某不明知手提包内含有毒品进行分析。

本案是外国人涉嫌走私毒品案，语言文化、社会背景差异巨大，辩护人先确认侦查阶段供述是否真实，对前后供述矛盾之处一一更正，对更正后的供述进行逻辑分析和说明，确定更正后的供述更符合客观证据和逻辑习惯，同时指出证人证言的不实和漏洞，说服检察院采纳 W 某在侦查阶段认罪是由于语言文化差异和翻译误差造成的观点，并帮助检察院复原案件事实。完成案件事实复原后，根据在案证据进一步分析 W 某不明知手提包内含有毒品，也未收取任何报酬。检察院采纳了辩护人的意见，本案无罪辩护取得了成功。

W 某因本案影响被退学，虽然被取保候审，但一年多的时间里，没有经济来源、语言不通、居无定所、思念亲人而不得见，耗尽了 W 某的耐心，律师是其最后的救命稻草。辩护期间辩护人向 W 某反复解释中国刑事案件的基本流程和期限，安抚其情绪，曾多次接到埃塞俄比亚驻广州领事馆官员的电话，向相关官员说明情况，还和检察院保持良性互动，了解案件进展的同时给予检察官充分的办案空间。

本案是法援案件，检察院作出不起诉决定后，辩护人在处理解除出入境限制、签证时效等问题上继续为 W 某提供无偿帮助，使 W 某得以安全返乡，也体现了我国法律援助的人文关怀。

【专家点评】

本案是一起成功的涉外刑事辩护无罪案例。我认为该案亮点表现在以下四个方面。

一是刑事无罪案件不容易。众所周知，刑事无罪案例是刑事辩护皇冠上的明珠，获得不起诉抑或是判决无罪是相当不容易的。能够说服检察官作出不起诉决定，而且本案是绝对不起诉，对律师的水平经验以及意志力都是极大的考验，非对中国司法公正信仰高度坚定者，不能持之以恒地坚持无罪辩护并取得成功。

二是涉外刑事案件不常见。因为涉外刑事案件对律师的专业性、外语水平及案源获取能力提出了较高的综合要求。陈丽律师不但取得了案件的成功，而且是在涉外刑事领域获得的成功，实属不易，填补了广州市涉外刑事法律服务在某种意义上的空白，值得鼓励和肯定。

三是涉毒无罪案件不简单。毒品类犯罪行为一直是我国司法实践中的严厉打击对象，有从重从严办理的传统。相对于其他罪名的犯罪行为，无论是审查起诉机关和审判机关都会保持格外的审慎。本案作为一起涉嫌走私毒品罪案件，陈丽律师能够始终坚持以事实为依据、以法律为准绳，坚持客观归罪标准，严格审阅侦查机关的材料，从蛛丝马迹中着眼，发现并坚定坚持为犯罪嫌疑人作无罪辩护，体现了相当的勇气和内心的自信，也是对法律公平正义的信仰，非常值得肯定。

四是法援案件无罪了不起。法律援助制度是中国特色社会主义法律制度的重要组成部分，是刑事案件辩护全覆盖政策下维护当事人合法权益的重要抓手。年轻律师参与法援案件既是锻炼自己能力的有效方式，也是直接参与承担社会责任的重要举措。陈丽律师在法援案件中投入相当精力研判案件并取得无罪的良好结果，体现了极高的责任心，作为一名青年女律师，是十分难能可贵的。

（点评人：颜勇，北京合弘威宇（广州）律师事务所主任、
广州市律协经刑委副主任）

违法建设出租不应构成犯罪

——以某“小产权房”出租涉嫌非法经营罪为例

郑　然*

【内容提要】

随着城镇化建设以及经济社会的高速发展，在城市的快速扩张中大量的农村集体土地不可避免地成为城市的一部分。城中村既是城市治理的重点难题，又是给城市带来大量劳动人口的重要活力因素，而基于一线城市房价畸高的原因，大量游走在法律边缘的“小产权房”开始出现。

本案例主要涉及“小产权房”租赁的违法性质定性，对于此类现象存在较多争议。在我国刑法中，非法经营罪的主要行为均在刑法或司法解释中有明确的释明，而对于“小产权房”长租此类刑法未明确规定的行为，即使存在行政违法，也不宜直接以非法经营罪论处。本案例目标在于解决“小产权房”涉及非法经营罪的问题，同时考量了非法经营罪的界限，以及政府、公安、法院（民事）各自的权力边界。

【案情简介】

（一）基本概况

广州市番禺区“某公馆”项目系由广州甲有限公司（以下简称甲公司）及股

* 郑然，广东隽博律师事务所律师。

东投资建设的商业出租项目，位于广州市番禺区某繁华地铁站出口旁，该地块为面积6620平方米的村集体商业用地，此前已由村社集体对外出租多年，为此甲公司与村社集体签订租赁协议，并约定为村社集体建成该房屋后出租给甲公司的两名股东使用。该地块用地性质为商业金融业用地，用地性质代码为C2，后经广州市控制性详细规划调整，将涉案《建设用地规划许可证》的可建设用地套入上述控规单元，“某公馆”现状为有部分位于生产绿地控制范围内，无法报建。由于资金已大量投入，甲公司一边进行开发建设，一边进行相关的报建手续，但因新光路规划、亚运城建设等原因，均未获施工许可。经广州市规划和自然资源局番禺分局认定，某公馆所属地块的土地利用总体规划在2011年至2014年3月为农用地，其后，甲公司于2019年对广州市规划和自然资源管理局提起了行政诉讼（该案最终判决认定为涉案建筑属于无法采取改正措施消除对规划实施影响的违法建设）。

“某公馆”于2014年建成后，甲公司以长租形式（20年）对外出租，并一次性收取租金。2019年4月16日，公安机关以非法经营罪将该公司的股东进行了刑事拘留；其后，由检察院批准逮捕。进行上述措施的原因之一是认为甲公司存在“以租代售”非法销售“小产权房”的行为。

（二）承办思路及法律问题

1. 承办思路

本案承办律师接受该公司股东之一Z股东亲属的委托后，仔细查阅公安机关制作的证据材料以及鉴定报告，比对各证人的证言以及相关供述辩解，认为本案Z股东不构成非法经营罪。

本案的涉案房屋在本质上属于违建出租还是违建销售，将涉及需要评价的“经营行为”的范围。承办律师认为本案涉案房屋的租赁双方均对房屋事实清楚，且明确签订的是租赁合同，及双方均没有进行过产权转移的意愿，承租方亦清楚本案不存在产权移交问题，在此情况下，即使长租合同超过20年部分不受法律保护，也不应直接认定为“以租代售”，因此本案的核心问题还是应当聚焦于违建出租部分。

需要注意的是“小产权房”并非法律概念，与违建并非绝对等同，本案中“某公馆”最终未能办理报建具有一定的特殊性，本文中也会根据论述的需要使用上述两种称呼。

2. 法律问题

从法律的角度来看，本案主要有以下几个方面的法律问题。

（1）非法经营罪应当是法律明确规定的事由，在Z股东及甲公司其他股东没有明确的犯罪事实的情况下，不能随意使用非法经营罪作为兜底罪名。非法经营罪是指违反国家规定，有下列非法经营行为之一的犯罪：未经许可经营法律、行政法规规定的专营、专卖物品或其他限制买卖的物品的；买卖进出口许可证、进出口原产地证明以及其他法律、行政法规规定的经营许可证或者批准文件的；未经国家有关主管部门批准，非法经营证券、期货或者保险业务的，或者非法从事资金结算业务的；从事其他非法经营活动，扰乱市场秩序，情节严重的行为。

从甲公司出租违建的行为性质来看，并不符合上述前三项要点，而第四项的“其他非法经营活动”作为一种兜底形式之罪名，应全面考虑社会影响。在最高人民法院、最高人民检察院发布的《关于办理非法放贷刑事案件若干问题的意见》中对于高利放贷定性为非法经营罪的认定，仍非常谨慎地使用了“对于本意见施行前发生的非法放贷行为，依照《最高人民法院关于准确理解和适用刑法中“国家规定”的有关问题的通知》（法发〔2011〕155号）的规定办理”［该规定的内容为：“各级人民法院审理非法经营犯罪案件，要依法严格把握刑法第二百二十五条第（四）的适用范围。对被告人的行为是否属于刑法第二百二十五条第（四）规定的‘其它严重扰乱市场秩序的非法经营行为’，有关司法解释未作明确规定的，应当作为法律适用问题，逐级向最高人民法院请示”］的条款。从该条款的精神来看，非法经营罪的兜底使用应当是谨慎的，而本案面对的是违法建筑出租的社会性问题，番禺区公安机关和检察机关如直接将违建出租认定为非法经营罪，将严重违背现有的法律体系精神。

（2）本案亦不属于“其他非法经营活动”。非法经营活动的法律含义应当是包括经营行为的违法，应当是国家禁止或者有限制，如烟草专营等，但房屋的租赁不属于国家强制性规定进行限制的内容，依法不应被纳入“非法”的范围。“小产权房”涉及的合同是否为无效合同，或者超过20年的租赁部分不受法律保护等问题，也只是私权是否得到保护的问题，与经营行为无关，非法经营罪重点审查的仍是“经营”行为。

例如，从事非法运输、销售香烟，如果是假烟，则构成销售伪劣产品罪，如果是真烟，则构成非法经营罪，非法经营罪的重点仍在于经营行为，而本案最终作出的不起诉决定书中最终提到的“本院认为，没有证据证明Z股东违反刑法及土地管理法等法律、司法解释的规定实施非法经营”，也印证了上述观点。

（3）本案是否存在严重扰乱市场秩序的问题。“小产权房”乃至违建出租在番禺区是存在已久的问题，是否属于扰乱市场秩序，应考虑本案是属于市场经济本身的一部分还是本案对当地或者一段范围的市场经济造成影响，从历史成因来看本案所涉及的相关事宜并不足以对市场秩序造成严重影响。

（4）本案具有的特殊性质，应考虑历史原因及土地提供者的情况。本案的涉案地块土地性质曾因政府规划调控发生变化，存在特殊因素致使无法报建，因此在非法经营问题的认定上应相对一般的违法建设更为慎重；同时，本案的地块系由村社集体出租的土地，如果甲公司构成非法经营罪，那么作为土地提供者，在明知该公司存在违建出租的情况下依然为其提供便利（包括出具授权、证明等），是否成为非法经营罪的共犯？但根据《利用集体建设用地建设租赁住房试点方案》的规定，村集体甚至有权建设租赁住房，如在此基础上针对土地问题进行刑事追责，又有违非法经营的犯罪认定逻辑——非法经营罪的前提是违反法律规定。

本案所涉及的违建出租问题，包括了政府的行政功能、租户的民事纠纷等内容，不应直接由刑事介入。无论本案的项目是否属于违建，都应由人民政府依职权进行处理，也应允许相关企业提起行政诉讼，而不应直接对公司股东进行刑事追责。

由于本案存在多项争议点，且并未达到刑事上犯罪的标准，因此，辩护律师的代理意见为Z股东不构成非法经营罪，经过与委托人商议，综合全案的相关证据，采取了无罪辩护的策略。

（三）案件处理过程中追求法律效果与社会效果的有效统一

公安机关及检察机关直接将本案的违建出租定性为刑事犯罪，既是对人民政府处理行政案件的越权，也是对人民法院民事案件审判的越权，将对社会的正常生活秩序造成混乱，并产生重大舆情问题。

首先，本案如果直接定性为非法经营罪，在番禺乃至广州地区来看，将成为极为严重的选择性执法问题。2017年8月21日，《利用集体建设用地建设租赁住房试点方案》明确广州作为城市开展利用集体建设用地建设租赁住房试点。随着国家鼓励集体用地进一步进入市场进行商业行为，较为发达地区的村集体大多成立了村集体公司，并将村集体所有的、经合法审批的土地进一步利用，盘活集体经济，像“某公馆”项目在番禺地区数不胜数，而此类建筑部分被作为违建处理，但更多的是作为历史遗留问题一直未作处理。如果本案唯独针对“某公馆”进行刑事追责，对于附近的其他违建项目不予处理或是另行进行违建拆除处理而不被追究刑事责任，将存在严重的选择性执法问题。

其次，如果避免选择性执法问题，将面临番禺乃至广州地区大量的“小产权房”都会被刑事追责的局面，亦意味着大批量的房屋被拆除，大量的出租屋经营者被刑事追责，除了会造成大量经济上的损失之外，还会进一步引起大量民众的不安。

再次，如果将违建出租定性为非法经营罪，将严重破坏市场经济活力。目前在较为发达地区，随着城市的不断扩大，城中村数量增长极快，其中大多数的建筑均存在违建出租的情况，也因房租的低廉承载了市场大量的劳动力主体，如果将违建出租定性为非法经营罪，那社会经济的活力将进一步萎缩，也有违广州千年商都的历史形象，与广州的城市文化不符。

最后，目前人民法院审理的违建出租问题数不胜数，关于此类案件最高人民法院曾出台各项民事规定，甚至包括因违建被认定租赁合同无效后，出租人依然可以向承租人主张房屋占用费等司法解释，本案公安机关、检察机关的行为相当于越权管辖了应由人民法院审理的案件。如果本案被定性为非法经营罪，那以后社会上发生的违建纠纷将都可以通过报案进行处理，公安机关的案件将大量增加，社会矛盾也将进一步加剧，社会舆论也会进一步发酵，不利于社会的稳定。

为此，承办律师认为案件的办理应追求法律效果与社会效果的有效统一，不以刑事手段进行处理，并不意味着行政功能的丧失，我们仍应尊重政府的行政执法权，只有在行政执法权受到侵害（如妨碍公务等）的情况下才使用刑事手段进行保护。为此承办律师在案件办理过程中与检察机关进行多次沟通，检察机关接纳了包括法律意见在内的多项意见。

（四）裁判理由与结果

经过审查，检察院认为没有证据证明 Z 股东违反刑法及土地管理法等法律以及司法解释的规定实施非法经营的犯罪事实，依照《刑事诉讼法》第 177 条第 1 款的规定，决定对Z股东不起诉。

【争议焦点】

1. 甲公司对外长租（20年）房屋的性质是否属于变相出卖？
2. 甲公司长租性质（20年）的行为是否属于非法经营罪的客观表现？

【案例评析】

本案是一起典型的带有行政执法性质的错误羁押案件。违建出租作为特殊事件特殊产物（尤其是在广州发展初期的各种城中村、城乡接合部等地区），具有其历史性。甲公司是基于该地块用地性质为商业用地才进行承租，并为此进行了筹备建设，在发现地块性质存在问题后没有选择行政诉讼或是民事诉讼解决问题，而是直接进行了违法建设，确实存在错误，但并不代表必然承担刑事责任。

从本案的办理来看，依据的法律原则仍是“罪刑法定原则”，最终的不起诉结果是法定不起诉而非存疑不起诉，在罪与非罪的问题上还是相对明确的。法律罪与非罪的判定，首要前提是法律的明文规定，在无明文规定的情况下，直接以刑事犯罪进行处理，最大的隐患在于司法机关存在越权问题。刑辩律师的出发立场是保障犯罪嫌疑人的合法权益，但并非天然与办案单位存在对抗性，在一些影响较大的社会问题上，对罪与非罪问题的探索，实际上是存在共同目标的，即避免错案的诞生，亦是对司法机关权威的维护。

非法经营罪的立法本意是规范社会主义市场经济，在此情形下众多新事物的出现是否仍应由该罪名进行约束？如果社会的一种普遍现象需要用到兜底条款去进行规制，往往意味着立法已经滞后于实践的需求，在此情形下应慎用非法经营罪的兜底条款（“其他非法经营活动”），避免过度打击市场经济的活力，进而有违立法的本意。对于非法经营罪这一法条，仍应保持刑法的谦抑性原则，谨慎适用，避免带来不良的社会影响。

违建出租是社会大发展时期的特殊产物，随着社会的不断发展与法律的不断完善，各种“小产权房”现象已经逐步减少，但社会的发展建设是一个稳步前进的过程，不可能依靠刑事案件快速推动。依法治国、依法执政、依法行政是一个有机整体，关键在于党要坚持依法执政、各级政府要坚持依法行政。要坚持依法治权，用宪法和法律法规设定权力、规范权力、制约权力、监督权力，把权力关进法律和制度的笼子里。因此，各级司法机关应恪守本职，严格依法，不能创设性地使用刑事手段解决行政问题、民事纠纷。

【专家点评】

在本案中，甲公司及股东在被变更为农用地的土地上进行房地产开发，后又以20年长租的形式对外经营，后来公司股东被公安机关以非法经营罪采取强制措施。本案事实是我国城市化建设过程中大量存在的一种情况，所涉及的法律问题具有一定的代表性和普遍性，值得法律实务界和理论界重视和关注。

辩护律师从出租方与承租方都清晰认识到长期租赁行为的事实出发证明了该行为的法律关系是租赁合同关系，进而否定了该行为属于销售行为。此外，辩护律师从非法经营罪的构成要件、成立范围、前提依据等方面着眼，对该行为是否符合非法经营罪进行了详细的论证，进而否定了该行为构成非法经营罪。

综上所述，本案关于“小产权房”以租代售行为是否构成非法经营罪问题的认定和辩护律师的辩护意见具有一定的指导意义和参考价值。

（点评人：肖扬宇，广东技术师范大学法学与知识产权学院副教授、博士）

认罪认罚从宽制度在涉黑案件中的适用

——以卢某、王某参加黑社会性质组织等罪案为例

林运伟　严惠升*

【内容提要】

2018 年 1 月 23 日，中央政法委召开全国扫黑除恶专项斗争电视电话会议，为期三年的全国扫黑除恶专项斗争正式开始。“黑”是指黑社会性质的组织，具有较稳定、人数多、有明确组织者的组织特征；具有通过不正当手段获取利益，有经济实力的经济特征；具有用暴力、威胁等手段，多次为非作恶的行为特征；具有严重破坏经济、社会生活秩序的危害性特征。其中，非法高利放贷、暴力讨债的黑恶势力，是扫黑除恶专项斗争打击的重点。

【案情简介】

（一）一审定性涉黑，刑罚沉重

一审阶段，检察院指控本案被告人卢某、王某在 2015 年 5 月至 2018 年 5 月，为牟取高额经济利益，组织其他被告人从事高利放贷的违法活动。在被告人卢某、王某等人的领导下，该组织通过一系列软硬暴力兼施的方式进行非法讨债，严重侵害了三明市、南平市两地区多县市群众的人身以及财产安全，严重破坏了当地群众的生产、生活秩序。法院经公开开庭审理，一审判决被告人卢某、王某分别犯组织

* 林运伟、严惠升，广东连越律师事务所律师。

领导黑社会性质组织罪、寻衅滋事罪、非法拘禁罪、非法侵入住宅罪、故意毁坏财物罪、破坏生产经营罪，均合并执行有期徒刑十二年，剥夺政治权利三年，没收个人全部财产。

（二）家属倾注心血托付，二审成为最后的曙光

两名被告人家属得知一审判决结果后，分别找到了广东连越律师事务所的林运伟律师和严惠升律师。此时是 2019 年 4 月 29 日，距离上诉最后期限还剩三天。为了确保万无一失，在法定期限内向法院递交刑事上诉状，两位律师当即决定分别接受家属委托，争取在 2019 年 4 月 30 日这一天完成初步的上诉工作。

（三）初赴三明，与时间赛跑，用专业奋战，顺利上诉

2019 年 4 月 30 日凌晨 3 点，经过一晚上的舟车劳顿，林律师和严律师到达福建省三明市。此时的他们，已经顾不上疲惫。他们知道，要在一天之内完成与上诉人家属见面、会见上诉人、递交上诉状等工作，几乎是不可能完成的任务。但是，越是艰难，越是前行，两位律师抱着强大信念，通宵达旦，看一审判决、分析案情、找相关法条、查同类判例、拟写刑事上诉状。

2019 年 4 月 30 日早上 9 点，林律师和严律师分别见到了上诉人卢某、王某的家属。在进一步了解案情后，两位律师将一审指控的事实和认定的罪名一一向家属释明，并告诉她们要有积极乐观的心态，配合律师在二审的工作。

2019 年 4 月 30 日下午 2 点，林律师和严律师来到永安市看守所分别会见了上诉人，充分与之沟通，核对案件细节，耐心解答疑问，告知二审程序以及重点。上诉人也均签署了刑事上诉状。此时，已经接近法院下班时间了。

2019 年 4 月 30 日下午 5 点 15 分，林律师和严律师终于赶到永安市人民法院大堂导诉台，在说明来意后，工作人员收取了上诉材料。法院工作人员感叹道，离下班还有十五分钟，你们再来迟点可能就无法提交上诉材料了。两位律师通过一天一夜的努力，与时间赛跑，终于如期完成了上诉工作。

（四）再赴三明，与经办法官充分沟通，递交书面意见

2019 年 7 月 11 日，林律师和严律师再赴三明，查阅了二审卷宗材料，与经办法官进行工作沟通，交换法律意见，递交书面材料。同时，两位律师再次会见上诉人，一方面抚慰他们日渐焦虑的情绪，另一方面也告知他们案件的进程。

（五）三赴三明，案件迎来转机

时间一天天过去，案件经福建省高级人民法院和最高人民法院批准，各延长审限两个月。凭借敏锐的直觉和丰富的经验，两位律师认为，案件不断延期，意味着辩护工作是有效果的，可能会迎来转机。

2019 年 11 月 10 日，两位律师三赴三明，会见上诉人，及时告知案件最新的进展和律师的专业分析，这无疑让上诉人对二审的判决结果充满期待。

（六）努力终有回报，二审乾坤扭转，成功改判

不出所料，2020 年 3 月，好消息接踵而至。在两位律师的努力下，上诉人卢某、王某依法签署了认罪认罚具结书，公诉机关出具了相应的量刑建议，三明市中级人民法院也采纳了两位律师的部分辩护意见，认为卢某、王某只是黑社会性质组织的积极参加者，并非组织者、领导者，不应承担组织者、领导者的责任。因此，卢某不构成故意毁坏财物罪、破坏生产经营罪，王某不构成非法拘禁罪。

最终，三明市中级人民法院判决卢某犯参加黑社会性质组织等罪，决定合并执行有期徒刑七年二个月，并处罚金人民币十万元；王某犯参加黑社会性质组织等罪，决定合并执行有期徒刑六年十个月，并处罚金人民币十万元。

【争议焦点】

1. 卢某、王某是否构成组织、领导黑社会性质组织罪？
2. 卢某是否构成故意毁坏财物罪、破坏生产经营罪？
3. 王某是否构成非法拘禁罪？

【案例评析】

这是福建省永安市首起重大涉黑案件，当地媒体也有相关报道。一审判决卢某、王某犯组织领导黑社会性质组织等罪，均合并执行有期徒刑十二年，剥夺政治权利三年，没收个人全部财产。辩护人在二审阶段才开始接手本案，可想而知，办案压力和改判难度无疑是巨大的。

二审中，在犯罪事实方面几乎没有辩护空间的情况下，辩护人敢于担当，尽最大努力，三赴三明，紧紧围绕涉黑定性的问题，充分与法官、检察官交换意见，积极促成本案适用认罪认罚从宽制度。因本案重大复杂，经三明市人民检察院建议，延期审理一次，经福建省高级人民法院和最高人民法院批准，各延长审限两个月。所以，二审经历了漫长的时间，在这期间，辩护人从未放弃，始终兢兢业业与办案单位保持良好沟通，提出极其专业的辩护意见，主要为：1. 同案人卢某军是本案黑社会性质组织的创始人，对组织的运作起着决策指挥作用，应承担领导责任；2. 卢某、王某作为放贷催债小组骨干成员积极参加违法犯罪活动，应承担参加者的责任；3. 卢某构成故意毁坏财物罪、破坏生产经营罪以及王某构成非法拘禁罪的证据不足。最终，福建省三明市中级人民法院也采纳了辩护人的部分辩护意见，二审成功改判，使得卢某、王某的自由刑降低五年左右，财产刑由没收财产改判为罚金十万元。

二审成功改判，律师出色地完成了这“几乎不可能的辩护”，这既是律师、上诉人、家属共同努力的结果，也是法官、检察官对“努力让人民群众在每一个司法案件中感受到公平正义”的回应，更是刑事诉讼法“使有罪之人罚当其罪，使无罪之人不受刑事追究”的应有之义。守得云开见月明，不放弃就会有希望，刑事诉讼的道路上，有我们刑辩律师的一份坚守。

【专家点评】

在扫黑除恶的严打态势下，涉黑案件的辩护工作普遍具有高难度、空间窄的特点。在这种前提下，辩护人如何充分运用专业知识，发挥主观能动性，创新辩护思路，与办案机关进行充分有效的沟通，极其考验辩护人的刑事辩护技能。这也体现出林律师、严律师具有扎实的刑事诉讼基本功以及丰富的实务经验，能精准地捕捉到案件的核心辩护要点，突破案件疑难问题，以高水平的专业意见达到有效辩护的效果。最终，本案作为典型的涉黑案件，因为辩护人的敢于担当，专业辩护取得良好效果。

当前，我国扫黑除恶的重心已经由开展专项斗争慢慢转变为常态化的监管督导。本案启发我们，即使是敏感、重大、复杂的案件，也要严格遵守“以事实为依据，以法律为准绳”的刑事标准，梳理清楚黑恶势力各骨干分子的参与程度，严格区分主从犯，做到准确定罪量刑，既要严打犯罪，也不能矫枉过正。这就是本案对扫黑除恶工作起到的积极参考作用。

（点评人：张经中，广东省律师协会经济犯罪辩护专业委员会副主任）

同案人庭审翻供系孤证，不能采纳作为定罪依据

——以某公司单位行贿案为例

李金宏*

【内容提要】

公诉案件中，被告人有罪的举证责任由人民检察院承担；对一切案件的判处都要重证据、重调查研究，不轻信口供；法院根据已经查明的事实、证据和有关的法律规定，认为证据不足、不能认定被告人有罪的，应当作出证据不足、指控的犯罪不能成立的无罪判决。本案中检察院指控阳江市某房地产开发有限公司（以下简称某公司）犯单位行贿罪，但公诉机关提交的证据无法证实某公司主观上有获得不正当利益的故意，客观上有向国家工作人员行贿的行为，明显证据不足，因此人民法院根据《最高人民法院关于适用〈中华人民共和国刑事诉讼法〉的解释》第55条的规定作出某公司不构成单位行贿罪的判决完全符合该司法解释的精神。

【案情简介】

检察院指控某公司犯单位行贿罪，于2018年9月28日向人民法院提起公诉，指控的内容有：

2013年至2016年，被告人关某在某集团董事长黄某、总经理江某、副总经理李某的帮助下，通过在指定招标文件时增加实力评分环节向关某挂靠的广州某公司

---

* 李金宏，广东联策律师事务所律师。

倾斜，从而使广州某公司先后中标了某自来水公司的四个工程。为感谢黄某、江某、李某在招标过程中给予的帮助，被告人关某在 2013 年至 2015 年，代表某公司送给黄某共 5 万元人民币；送给江某共 8 万元人民币；送给李某共 4 万元人民币。

2007 年，被告人关某与时任某市副市长周某（已起诉）认识。在周某的帮助下，被告人关某的某公司及其挂靠的广州某公司先后中标了四个工程；其公司所承建的某楼盘调整的规划设计方案在市城市规划委员会得到通过。2007 年至 2017 年，被告人关某代表其公司先后 18 次送给周某共 130 万元人民币和 9 万元港币。

2019 年 5 月 16 日，阳江市江城区人民法院作出一审判决，认定阳江市某公司构成单位行贿罪。阳江市某公司不服一审判决向阳江市中级人民法院提起上诉；阳江市中级人民法院于 2019 年 9 月 10 日裁定撤销一审判决，发回阳江市江城区人民法院重新审判。

阳江市江城区人民法院于 2020 年 1 月 8 日再次开庭重审此案，并于 2020 年 6 月 1 日作出判决，其中判决书指出：关于本案的定性。被告人关某在侦查阶段一直供述稳定，其中 2007 年至 2017 年，在与周某交往中，先后 18 次向周某行贿 130 万元人民币和 9 万元港币，其供述送钱给周某刚开始是联络感情，让周某关照他，后来是希望周某在工程项目上能够关照他，在 2013 年后多次送给周某大额钱款是因为在周某的帮助下中标了某自来水公司的供水网工程，关某亦供述了所送周某的钱是他自己的钱。此外，关某还供述了周某帮助其两个女儿安排工作，及帮助某公司所承建的某楼盘调整规划设计方案的事实，同案人周某的供述印证了关某的供述，本案中现有证据不能证实被告单位某公司在主观上因承建的某楼盘调整规划设计方案而向周某行贿的主观故意，也没有实施支付行贿款的客观事实，且某公司于 2009 年 2 月成立，在此前关某行贿周某更与某公司无关。另，虽然关某通过周某帮助某公司调整某楼盘规划设计方案，但也不能推定被告人关某的行贿行为代表某公司行贿。关某在周某的帮助下，黄某、江某、李某通过制定招标文件，通过增加实力评分标准，让关某挂靠的公司中标某自来水公司的四项工程，关某因此获得个人利益，其行贿黄某、江某、李某属于个人行贿，关某亦供述行贿的钱款是其个人的钱，因此，关某行贿黄某、江某及李某共 17 万元人民币，应认定是关某个人行贿，与被告单位无关，也没有证据证明关某为某公司谋取利益而行贿黄某、江某、李某等人及行贿的钱款来源于某公司。综上，本院认为关某在 2007 年至 2017 年行贿给周某130万元人民币和港币9万元，行贿给黄某、江某、李某17万元人民币，是其个人行贿，构成行贿罪，被告单位某公司不构成单位行贿罪。公诉机关指控被告单位某公司和被告人关某的行为构成单位行贿罪不成立。应依照《刑事诉讼法》第200条第3项“证据不足，不能认定被告人有罪的，应当作出证据不足，指控的犯罪不能成立的无罪判决”的规定，被告单位及其辩护人称指控某公司不构成单位行贿罪的辩护意见成立，本院予以采纳。被告人关某及其辩护人认为关某是代表某公司的行贿行为的意见不成立，本院不予采纳。本院认为，被告人关某为谋取不正当利益，向多名国家工作人员行贿，情节严重，其行为已构成行贿罪。应依照《刑法》第389条、第390条之规定予以处罚。公诉机关指控被告人关某犯单位行贿罪不准确，应予变更为行贿罪，公诉机关指控某单位犯单位行贿罪的证据不足，指控不成立。应依照《刑事诉讼法》第200条第3项的规定宣布被告单位某公司无罪。关某被采取强制措施期间，如实供述了办案机关尚未掌握的其本人罪行，以自首论，可以减轻处罚。被告人关某在本案审理期间，因提供敖某某有吸毒行为，使侦查机关循线抓获贩毒人员，虽不构成立功，但可对关某从轻处罚。关某的辩护人辩护称关某有立功情节，请求适用缓刑的意见，本院不予采纳。根据被告人的犯罪事实、性质、情节以及社会危害性，依照《刑法》第389条、第390条、第47条、第52条、第53条、第67条第2款，《最高人民法院、最高人民检察院关于行贿刑事案件适用法律若干问题的解释》第7条第2款第1项、第19条，《刑事诉讼法》第76条、第237条、第200条第3项，《最高人民法院关于适用〈中华人民共和国刑事诉讼法〉的解释》第325条、第326条、第327条之规定，经本院审判委员会讨论决定，判决如下：一、被告单位某公司无罪；二、被告人关某犯行贿罪，判处有期徒刑二年，并处罚金12万元。（刑期自判决执行之日起计算，判决执行以前先行羁押的，羁押一日折抵一日，指定监视居住二日折抵刑期一日，共应折抵183日，即从2019年4月23日起至2020年10月21日止；罚金限在本判决生效之日起十日内缴纳。）

重审后，被告人关某在上诉期内未上诉，该判决发生法律效力，被告单位某公司无罪事实得到法律认可。

【争议焦点】

1. 起诉书指控被告单位某公司构成单位行贿罪的主观故意是否有证据证明被告单位某公司有获得不当得利的主观故意?

2. 客观上被告单位某公司是否有向国家工作人员行贿的行为，关某行贿的钱款来源于何处? 是否有证据证实关某行贿的所有钱款均向被告单位某公司报销或者被告单位某公司直接支付?

3. 关某在庭审时的翻供是否能获得认可，有没有客观证据可以证实其所翻供的内容的真实性?

4. 被告人关某向国家工作人员行贿到底是个人行为还是单位行为?

5. 被告人关某是否有立功、自首等情节，是否适用缓刑?

【案例评析】

本案系典型的公诉机关指控单位构成单位行贿罪但所指控的事实不清、证据不足而被法院判决为无罪的案件。公诉机关认定单位构成单位行贿罪而据此提供的证据材料严重不足，仅凭本案被告人关某在庭审的翻供来认定事实，明显形成孤证，法院难以采信。单位行贿罪的本质特征是单位主观上有获得不正当利益的故意，客观上有向国家工作人员行贿的行为。辩护人主要从以下几个方面进行了辩护: 1. 起诉书指控被告单位构成单位行贿罪属于认定事实错误，构成单位行贿罪的证据不足；2. 本案认定的行贿的147万元人民币和9万元港币系被告人关某的个人行为，与被告单位无关；3. 关某在多次庭审时的翻供不能获得认可，也没有客观证据可以证实其所翻供的内容的真实性；4. 公诉机关以被告适用《刑法》第393条规定从而认定被告单位某公司犯单位行贿罪明显错误；5. 本案经过贵院一审认定被告单位某公司构成单位行贿罪，二审以“原审判决认定的部分事实不清，证据不足”而撤销贵院的一审判决而发回贵院重审，说明了贵院原一审判决是错误的，恳请贵院重新组成的合议庭作出公平、公正的判决。同时，辩护人通过对被告人关某在侦查机关的口供，通过列表方式将其在行贿黄某、江某、李某以及周某他们之间对于行贿、受贿时的被告人陈述、证人证言一一罗列出来；另外将被告人口供中交代其行贿所用钱款的来源也进行了列表；将其四个中标工程所获利润进行了列表，这样形成了完整的证据链，同时也让合议庭成员对此一目了然。被告人关某在开庭时的翻供认为其是代表某公司向四个国家工作人员行贿的说法形成了孤证，加上侦查机关及被告人关某也无法提交其行贿的钱款来源于某公司，而且该案已经经过二审发回重审，最终阳江市江城区人民法院判决某公司无罪的可能性非常大。

【专家点评】

本案辩护律师在代理刑事案件过程中，能够充分从证据入手，紧密结合犯罪构成要件法学理论，实现了改判无罪的辩护目标。本案系单位行贿案，辩护律师抓住了单位行贿罪的基本构成要件，从单位犯罪的基本特征入手，充分论证了本案证据中关于单位犯罪的相关要件存在严重证据不足的情况，从而促使二审法院和重审法院做出涉案企业构成单位犯罪事实不清、证据不足的认定，实现了二审发回重审，重审改判无罪的判决结果。在本案辩护意见中，辩护律师通过列表的方式，使经办法官可以了解涉案被告人在不同阶段的口供，以及庭审时的翻供是否合理，促使法官对证据有了更为直观的把握，最终也取得了预期的辩护效果。改判某公司不构成单位行贿罪的辩护结果保障了涉案企业不被刑事处罚，不留下刑事记录，有利于企业继续经营开展业务。该案的社会效果显著，且具有代表意义。

（点评人：陈彪，广州市律协职务犯罪刑事法律专业委员会副主任）

杨某某寻衅滋事罪相对不起诉案

张雨佳*

【内容提要】

相对不起诉考察的核心应为起诉是否有特定的公益，在不同的历史时期与社会背景中，“特定的公益”有不同的考量因素。在涉疫案件的辩护中，应密切关注刑事司法政策的变化，随机应变，寻求最佳的辩护方案。

【案情简介】

2020 年 2 月 10 日晚 11 时许，杨某某在位于广州市白云区某村新冠肺炎疫情防控卡点，拒不配合该村治保会工作人员的防控措施强行入村，在遭到防控工作人员阻止并发生争执后，持随身携带的一把剪刀划伤防控工作人员宋某某、黄某某、张某甲、张某乙。经鉴定，黄某某的伤势属于轻微伤。

律师介入后，做了如下工作：1. 在案件审查批捕期间提交了《不予批准逮捕申请书》，但由于疫情防控需要等客观原因，当事人仍然因涉嫌寻衅滋事罪被批准逮捕；2. 在批捕后的侦查阶段提交《羁押必要性审查申请书》，检察机关立案审查后建议公安机关变更强制措施为取保候审；3. 与当事人所在的学校、医院取得联系，获取学校出具的《在校生证明》、医院出具的《情况说明》；指导家属积极向本案被害人赔礼道歉，制作相应的《谅解书》等文件，并将上述文件作为法律意见

* 张雨佳，广东明思律师事务所律师。

书的附件提交给检察机关；4. 在案件审查起诉阶段多次与经办检察官沟通认罪认罚事宜，提交《相对不起诉法律意见书》。白云区人民检察院请示广州市人民检察院后，最终作出了相对不起诉的决定，不起诉决定书指出：被不起诉人杨某某实施了《刑法》第 277 条第 1 款规定的行为，构成妨害公务罪，但犯罪情节轻微，且积极履行赔偿义务获得谅解，根据《刑法》第 37 条的规定，不需要判处刑罚。依据《刑事诉讼法》第 177 条第 2 款的规定，决定对杨某某不起诉。

【业务难点】

1. 本案属于“涉疫案件”，充分体现了新冠肺炎疫情防控时期刑事案件办理的特点，需要对国家在疫情时期的刑事司法政策有精确而快速的判断；

2. 本案属于批捕后最终作出相对不起诉的案件，辩护难度较大，最终通过羁押必要性审查的方式成功取保候审，为检察机关作出相对不起诉决定做好铺垫；

3. 本案案由为“口袋罪”——寻衅滋事罪，而“口袋罪”在实践中较难辩护，本案最终以相对不起诉的方式得到解决，为“口袋罪”的辩护提供了一个可行的思路。

【案例评析】

本案涉及刑事司法实践中的诸多问题，值得研究与分析，下举几例。

（一）关于相对不起诉的适用问题

相对不起诉的核心在于检察机关的自由裁量权，而行使自由裁量权时应重点考察起诉是否存在公益性。恰如辩护人所说的，“特定的公益是检察机关在行使相对不起诉裁量权时的核心考量”，若对某个案件决定不起诉所能达到的社会效果优于起诉带来的社会效果，则检察机关应积极行使相对不起诉的自由裁量权，作出不起诉的决定。

起诉是否存在特定的公益，应通过具体而综合的分析来判断。在“杨某某寻衅滋事罪不起诉案”中，辩护人主要是从杨某某的个人情况、国家疫情防控形势的变化、被害人的态度等角度综合考虑。在此思路之下，辩护人先后拿到了杨某某的

《在校生证明》、南方医院出具的《感谢信》、被害人出具的《刑事谅解书》等材料，终于说服检察机关作出不起诉决定。值得一提的是被害人出具的《刑事谅解书》，里面有一段是这么写的："2020 年的新冠肺炎疫情，对社会来说是一场深重的灾难，从这个意义上讲，每个中国人都是受害者，而我们也不愿因一些人为的因素继续加深这种灾难……杨某某既已深刻反省自己的过错，我们愿意谅解他，给他一次改过自新的机会，并请求公安司法机关免予追求其刑事责任。"在涉疫案件一律从严处理的大环境下，这段话反其道而用之，直击国人对新冠肺炎疫情的种种情绪，从反面契合了疫情防控时期刑事司法政策的核心。

（二）羁押必要性审查

已经批捕的刑事案件，要想取得不起诉的结果，必须想尽办法通过《羁押必要性审查》变更强制措施为取保候审。否则，羁押越久，不起诉的可能性越低，此为不起诉类案件办理的客观规律。从这个规律出发，我们便能明白羁押必要性审查的重要性。羁押必要性审查成功了，不起诉便成功了大半。本案羁押必要性审查成功后，辩护人与检察机关沟通不起诉事宜，经办检察官便说，"既然我们已经同意了他的取保候审，说明这个案子有可能不起诉的"，由此可见批捕案件中羁押必要性审查与不起诉的重要联系。

羁押必要性审查并非传统的法律文书，而是在"降低审查羁押率"的刑事诉讼改革进程中逐渐出现的，当前已经成为刑事案件有效辩护的重要工具，值得我们认真研究。

（三）与检察机关的沟通

上述提及，相对不起诉的核心在于起诉是否有"特定的公益"，而要寻找此种"特定的公益"，需要律师进行诸多的尝试，争取更多对当事人有利的材料。但当这一切准备妥当后，我们必须面对的是如何把我们掌握的材料与法律观点，有效地传递给检察机关，这便涉及沟通问题。基于此种思路，辩护人斟酌再三，决定在事实列举与法律论证之余，于《相对不起诉法律意见书》的末尾加上一段："司法的基本要求是正确适用法律，但在此之上，司法也许还有更高的追求。恳请检察机关能在百忙之中抽出时间关注本案的特殊情况。本案无论起诉或是不起诉，都是合理合法的，也都是人民检察院为人民服务的表现。但对于杨某某个人而言，这也许会改变他的一生。"我们认为，与歇斯底里的呐喊相比，此种充满换位思考与互相理解的表达，会让人阅读起来更加舒服，可以争取经办检察官的好感，增加辩护成功的概率。

【专家点评】

律师办理刑事案件取保候审难已是共识，在犯罪嫌疑人已经被公安机关逮捕的情况下申请取保候审，更是难上加难。本案通过承办律师的努力，不仅羁押必要性审查申请获得检察院认可，并促成将已经逮捕的犯罪嫌疑人变更为取保候审，而且最终收获了检察院（相对）不起诉的良好效果。本案的成功办结有几点经验可以总结。

1. 一般认为，在侦查机关逮捕前，也即通常所说的“黄金 37 天”争取取保候审比较有可能。但是，逮捕后依然存在变更强制措施，成功取保候审的可能。作为办案律师在侦查、审查起诉，甚至在审判阶段都可以适时进行申请取保候审的尝试，不应因难成功而不为。

2. 争取取保候审的意义不仅在于使当事人早日获得自由，更重要的是取保候审成功，能大大增大在审查起诉阶段争取不起诉以及在审判阶段争取缓刑甚至免予刑事处罚的可能性。因为担心错案追究，一旦逮捕尤其是羁押时间较长，司法机关往往更不愿意选择不起诉或不追究的结果。

3. 逮捕前后的各个阶段应注重加强与检察院的沟通，从多角度尝试提出羁押必要性审查申请，尤其是收集一些具有说服力的材料。比如本案中的《在校生证明》、南方医院出具的《感谢信》、被害人出具的《刑事谅解书》等材料，既讲法也谈情。通过当面及书面沟通，力争达成共识，同时也让检察官感受到律师的辛勤付出及认真严谨的工作态度，不致产生职业抵触。

4. 关注刑事政策变化，比如检察系统近年推行的降低审前羁押率的举措就是争取取保候审的良好契机。当然，学会换位思考，尤其在当事人行为已构成犯罪的情况下，站在检察官的立场所提出的意见比一味针锋相对的意见更容易受到采纳。比如本案承办律师提出的“司法的基本要求是正确适用法律，但在此之上，司法也许还有更高的追求。恳请检察机关能在百忙之中抽出时间关注本案的特殊情况。本案无论起诉或是不起诉，都是合理合法的，也都是人民检察院为人民服务的表现。

但对于杨某某个人而言，这也许会改变他的一生”。这样的表态或许对本案最终获得不起诉的诉讼结果发挥了重要作用。

最后用一首打油诗作为结尾：虽然过了黄金期，力争取保不放弃；成功取保获自由，后期有望不追究；加强沟通很重要，力所能及搜材料；关注政策新变化，借势讲情收效大。

（点评人：邢克波，广东工业大学法学院副教授）

“双套引诱”下贩卖毒品争取从宽处罚

——以蔡某某贩卖毒品案为例

冯小玲*

【主题摘要】

“双套引诱”情况下控制交付的毒品犯罪案件不能当然认定犯罪嫌疑人具有贩卖毒品的主观故意，进而直接按照贩卖毒品罪定罪处罚。毒品类犯罪案件因其犯罪特点以及社会危害性，为了加大打击力度，引入了“特情引诱”侦查手段。虽然实务中，该类案件特情引诱侦查手段使用较为普遍，但“双套引诱”因其上下线同时进行引诱的特征，极易造成冤假错案。最高人民法院印发《全国部分法院审理毒品犯罪案件工作座谈会纪要》就明确规定了：“行为人在特情既为其安排上线，又提供下线的双重引诱，即‘双套引诱’下实施毒品犯罪的，处刑时可予以更大幅度的从宽处罚或者依法免予刑事处罚。”针对这类案件的辩护应着重结合其他证据，排除主观贩卖毒品故意，从而实现无罪辩护目的。

【案情简介】

2019年9月20日晚，犯罪嫌疑人蔡某某（刚满18周岁）在广州市P区某酒吧上班时被一名自称“阿J”的青年男子搭讪并主动添加微信好友。当晚，蔡某某收到一女生头像的微信好友添加申请，备注为“同行”，该微信实际是“阿J”控制。

* 冯小玲，广东诺臣律师事务所律师。

双方添加微信后，该微信账号就主动向蔡某某推销开心水，并一直承诺开心水属于壮阳药，销售开心水不违法，并多次以价格优惠吸引蔡某某，引诱其参与贩卖开心水，但是蔡某某一直不为所动。与此同时，阿J开始展开情感套路，在此后的几周时间内经常光顾蔡某某所在的酒吧，并以关照蔡某某生意为由找蔡某某开台，偶尔还约蔡某某一起出去吃宵夜。蔡某某因为年龄小，社会阅历少，很快就陷入阿J的情感圈套，把阿J当成知心大哥一样信任。

阿J取得蔡某某信任以后，便开始实施双套引诱行为，先是用另一女生头像微信（上线卖家）主动联系蔡某某询问是否有朋友需要购买开心水，表示自己有渠道，并且价格优惠。后又多次在吃饭时向蔡某某表达生活无聊，想要找点刺激，请求蔡某某帮其购买开心水刺激一下。最初，蔡某某明确拒绝其购买开心水的请求，表明自己没有接触过开心水。但是没有达到引诱目的的阿J不甘放弃，多次以兄弟情义逼迫蔡某某为其购买开心水。蔡某某基于朋友情义不得已联系了本案上线卖家的微信，也即阿J的另一个微信账号。

2019年10月12日，蔡某某通过微信联系阿J另一个微信询问开心水价格，后双方商定以450元一瓶的价格成交并约定次日在酒吧门口的花坛交易。阿J通过微信转账250元给蔡某某让其转给卖家，剩余200元约定好交易当天现金交易。交易当晚，蔡某某按照约定来到指定的花坛取卖家事先放好的开心水交给阿J时被警方抓获，当场缴获开心水一瓶，毒资人民币200元（派出所提供给线人阿J的引诱毒资）。至此，阿J自编自导的一个贩卖开心水的毒品犯罪案件正式被公安机关立案侦查。

辩护律师在蔡某某被批准逮捕后才接受家属委托介入案件，此时已过37天黄金救援期，错过了取保候审的最佳时机，侦查阶段想要变更强制措施几乎不可能，只能寄希望于审查起诉阶段提交羁押必要性审查申请。虽然家属委托有点晚，但是辩护律师在取得授权委托资料后，还是第一时间预约会见，向蔡某某了解案件经过。蔡某某一直强调自己根本不知道开心水属于毒品，自己没有贩卖毒品的故意，一直认为开心水属于壮阳药。此外，通过与蔡某某核实微信交易过程发现，上线卖家与下线买家阿J几乎是同一天同一时刻添加蔡某某微信，又先后互相诱导蔡某某贩卖开心水，并且每次聊天以后都要求蔡某某删除聊天记录。上下游的这一行为太过巧合，引起了辩护律师注意，不同的两个微信账号竟然提出一样的要求，辩护律师有理由怀疑两个微信账号是同一人控制。最后，因为蔡某某偷偷截取了其与上线卖家和下线买家的微信聊天记录保留在手机相册中，并在提审时主动要求公安机关核实聊天记录，辩护律师根据执业经验判断蔡某某这一反常行为应当是不知道开心水属于毒品，其主观上不具有贩卖毒品的主观故意。

辩护律师会见以后发现案件可能存在问题，届时案件刚好移送检察院审查起诉，辩护律师便及时通过广州微检察系统申请听取意见取得与经办检察官电话沟通的机会。初步沟通以后，补充提交了书面的法律意见书，提出以下法律意见：蔡某某贩卖开心水的主观故意是由上游卖家和下游买家引起，其本身不知道开心水属于毒品，不具有贩卖毒品的主观故意；本案属于典型的特情侦查案件，且不能排除存在“双套引诱”的情形，应当采取技术手段恢复蔡某某 9 月与上游卖家和下游买家的微信聊天记录，以确定蔡某某是否具有贩卖毒品的主观故意；蔡某某不是单纯为了获利而贩卖开心水，而是因为朋友义气而代为购买，非法获利较低，应当区别于一般的贩卖毒品行为；蔡某某在“双套引诱”情况下实施贩卖毒品犯罪，其年龄较小且无前科，到案后如实供述案件事实，悔罪态度较好，应当对其减轻或者免除刑事处罚，依法做出不起诉决定。

此外，结合阅卷发现的证据问题，辩护律师还提出了补充侦查要求：辩护律师怀疑上线卖家与下线买家可能是同一人，因此要求补充侦查核实上下线卖家与买家是否均为阿 J；为了还原案件真实情况，要求侦查机关采取技术手段恢复上下线与蔡某某的全部微信聊天记录，排除蔡某某主观具有贩卖毒品的故意。

经过多次沟通，辩护律师的辩护意见和补充侦查意见得到了检察官的重视，经过排查，经办检察官发现检察院有相当一批贩卖毒品案均与蔡某某案件类似，且报案线人均是阿 J，这一现象引起了检察院的重视，遂决定将该批案件上报广州市检察院批准处理。与此同时，经办检察官主动给蔡某某办理了取保候审手续，至此，蔡某某在被羁押三个月后重新获得了自由。

因该案件上报广州市检察院批复，处理周期较长，等到 2020 年 7 月广州市检察院出具批复函，最终检察院对蔡某某作出不起诉决定。该案件从委托初期到最终不起诉的过程也如十月怀胎一般辛苦，但是痛苦过后是迎接新的人生的喜悦，一个 18 岁的青年，前途一片美好，不起诉对于他意义深远，关乎其后半辈子的前途命运。

【争议焦点】

1. 蔡某某主观是否明知“开心水”属于毒品?
2. 蔡某某主观是否具有贩卖毒品的故意?
3. 本案是否存在“双套引诱”的情况?
4. 蔡某某的行为是否构成贩卖毒品罪?

【案例评析】

刑事案件的辩护，包含事实认定、定罪、量刑三个方面，有效辩护就是紧紧围绕这三点寻找突破点。有无犯罪事实，罪名是否恰当以及是否存在减轻、从轻等法定或者酌定量刑情节是一个刑事案件辩护的全部要件。事实的认定需要结合案件证据进行分析，罪名的确定需要紧扣犯罪构成要件进行论证。

本案属于控制交付下的贩毒案件，显然犯罪事实是存在的，开心水属于新型毒品，从形式上看贩卖开心水构成贩卖毒品罪是没问题的。但是否入罪不仅要做形式审查更要进行实质审查，也即逐一判断是否具备犯罪构成要件。就本案而言，蔡某某是否具有贩卖毒品的主观故意是辩护的突破点。

本案辩护的重点是从微信聊天记录入手，先通过分析蔡某某与上线卖家的聊天记录证明其不知道开心水属于毒品，再结合蔡某某的年龄、社会阅历以及到酒吧工作的时间等，侧面印证其确实没有接触过开心水，不知道开心水属于毒品是符合常理的。此外，通过分析上线、下线与蔡某某的聊天记录，论证本案可能存在上线和下线为同一人的情况，也即存在“双套引诱”情形，进而排除蔡某某主观具有贩卖毒品的故意，从而实现无罪辩护的目的。

当然，本案的成功辩护离不开检察官的专业、负责，在与其沟通案件过程中，检察官及时回应了辩护律师提出的质疑，积极退回补充侦查完善相关证据，在发现案件存在问题后及时上报院级领导审核并上报市级检察院批复处理，充分展现了当代法治社会公诉人尊重事实和法律、客观公正指控犯罪的职业本色。

司法改革推动法治进步，法律职业共同体的建立具有现实意义。律师、公诉人、法官树立共同的司法理念、形成趋同的法律思维、培养一致的法律观点、确认公认的法律规则，将大大提高刑事辩护的效率与效果。

提高国民的法律意识是减少犯罪的根本途径，蔡某某因为自身法律意识淡薄，未及时识别开心水属于毒品进而被他人引诱实施犯罪行为。加强普法宣传，尤其是针对黄、毒、赌等严重危害社会的犯罪行为的宣传普法教育，提高每一位公民对犯罪行为的甄别能力，特别是新型毒品的鉴别能力，从而实现减少犯罪的社会效果。

【专家点评】

辩护律师在案件辩护过程中坚持从事实认定、定罪、量刑等方面入手，紧紧围绕案件证据、犯罪构成要件进行辩护说理，做到了专业、负责。此外，辩护律师在辩护过程中及时会见、高效沟通，通过抽丝剥茧的证据分析成功找到辩护突破点，并成功说服检察官采纳辩护意见，真正做到了有效辩护，这点非常值得肯定与赞同。刑事辩护承担责任之重，关乎他人自由甚至生命，每一位刑辩律师都应敬畏职业，认真负责。

实现有效辩护迫切需要构建法律共同体，在传统辩护模式下，律师与公诉人长期处于控辩对抗的角色，既不利于双方沟通交流也不利于实现刑罚的社会效益。随着经济的发展，刑事犯罪类型发生巨大变化，犯罪方式新颖少见，控辩双方及时、有效沟通对于认定犯罪事实、定罪量刑具有现实意义。

蔡某某得以不起诉离不开辩护律师认真、专业的辩护工作，每个案件都有自己的特点，不能模板化办案，更不能机械复制辩护思路。本案作为成功案例具有一定的示范意义，辩护突破点“双套引诱”可以作为毒品类犯罪案件的一个常规辩点，但随着规范办案的要求，侦查手段会越来越规范。刑事辩护万变不离其宗，紧扣证据和构成要件，认真梳理每一个案件的证据资料，是辩护长久之道。

（点评人：姜敏，西南政法大学法学院教授）

刘某涉嫌非法经营不起诉案

——因出租经营未取得《建设工程规划许可证》房屋涉刑的无罪辩护评析

石伟民 张 亮*

【内容提要】

出租经营未取得《建设工程规划许可证》的房屋，是否构成非法经营罪？刘某作为公司股东，投资建设房屋时没有经过城乡规划主管部门审核批准，在未取得《建设工程规划许可证》的情况下建设房屋，竣工后出租经营。房屋建设未取得《建设工程规划许可证》，建成后被城乡规划主管部门依法认定为违法建设，刘某作为公司股东，涉嫌构成非法经营罪被批准逮捕。在审查起诉阶段，经办律师与检察机关多次沟通，提出的无罪辩护意见被检察机关采纳，在退回补充侦查两次后，检察机关对刘某涉嫌非法经营罪一案，依法作出不起诉决定。本案是一起典型的行政违法与刑事犯罪交叉案件，须明确区别行政违法行为与严重刑事犯罪行为的界限。在司法实务中，司法机关要准确认定非法经营罪的规制范围，坚守罪刑法定原则，保持刑法的谦抑性，维护公民的合法权利。

《刑法》第225条规定的非法经营罪，将部分没有取得国家法定许可的特定违规市场经营行为界定为犯罪，其立法目的是维护国家特定行业市场经营秩序。刘某所在的公司将违法建设房屋用于出租经营的行为，确实存在行政违法，但房屋出租经营，本身并不是非法经营罪规制的特种市场经营行业范围，《刑法》第225条第

* 石伟民，广东诺臣律师事务所律师；张亮，广东智洋律师事务所律师。

4 项规定的“其他严重扰乱市场秩序的非法经营行为”，也不应当作扩大解释。

【案情简介】

本案涉及 A 村一宗集体经济发展留用地的开发，涉案房屋在未取得《建设工程规划许可证》的情况下进行建设，有复杂及久远的原因。A 村早年因政府大规模征地，按 10% 的征地面积的标准，政府返还了大量的经济发展留用地，包括 B 地块。

在 2000 年左右，A 村就取得了 B 地块的《建设用地规划许可证》和《集体土地使用证》，用途为商业类的建设用地。按照土地管理法等相关土地法律法规明确要求，征地后政府返还的经济发展留用地，必须同步返还建设用地。随着城市经济的高速发展，A 村所属区域的建设用地指标非常紧缺。每年新增建设用地指标均优先用于市政建设和招商引资项目，如城市道路或房地产项目等。A 村的 B 地块虽然办理了商业用途的《建设用地规划许可证》和《集体土地使用证》，但建设用地指标被挪用，B 地块被调整为农用地，城乡规划主管部门不受理 A 村就 B 地块的开发报建申请。B 地块因长期闲置，不能正常开发，A 村村民对此意见极大，不停地到相关政府部门进行上访。A 村在与政府部门多次沟通后，B 地块在政府部门默许的情况下，采取边开发边补办手续的方式，引入投资商进行开发建设，刘某则是投资商公司的股东之一。2015 年左右，投资商在 B 地块上建成一栋商业楼出租经营，主要用途为办公楼、公寓和酒店。

在涉案房屋投入使用几年后，2019 年 3 月，政府部门以涉案房屋是违法建设为由，作出行政处罚，要求拆除涉案房屋，投资商不服，遂对行政处罚提起行政诉讼，双方矛盾进一步激化。2019 年 4 月 16 日，刘某作为涉案房屋投资商的股东之一，因将未取得《建设工程规划许可证》的违法建设房屋用于出租经营，被侦查机关以涉嫌非法经营罪刑事拘留。2019 年 8 月 23 日，侦查终结，以刘某涉嫌非法经营罪移送检察院审查起诉。

经办律师在查阅本案全部的证据材料后，根据本案事实及证据，结合相关法律和司法解释、最高人民法院司法文件，在参考了类似个案批复以及案例的基础上，分析认为，刘某不构成非法经营罪，本案应作无罪辩护，主要理由有如下三点。

其一，房屋出租行业不是国家特许经营行业，将房屋出租给他人使用是房屋所有权人的天然民事权利，不以国家法定许可为前提。国家相关法律法规也没有将房屋出租经营行为界定为特种行业，要求必须办理行政许可方可经营。

其二，房屋未办理《建设工程规划许可证》涉嫌规划方面行政违法，引起的法律责任是行政处罚，但不能将未办理《建设工程规划许可证》扩大化理解为未办理市场经营许可，也不能将违反《城乡规划法》的行政违法行为，等同于非法经营的刑事违法。

其三，相关法律法规一直很明确非法经营罪的兜底条款，不能任意作扩大解释。2010 年，《最高人民法院关于个人违法建房出售行为如何适用法律问题的答复》，明确违章建筑出售经营的，不宜以犯罪追究。2011 年，《最高人民法院印发〈关于个人违法建房出售行为如何适用法律问题的答复〉的通知》，再次转发上述 2010 年答复重申违法建房出售，不宜作犯罪处理。同年，《最高人民法院关于准确理解和适用刑法中“国家规定”的有关问题的通知》，明确“各级人民法院审理非法经营犯罪案件，要依法严格把握刑法第二百二十五条第（四）的适用范围。对被告人的行为是否属于刑法第二百二十五条第（四）规定的‘其它严重扰乱市场秩序的非法经营行为’，有关司法解释未作明确规定的，应当作为法律适用问题，逐级向最高人民法院请示”。此外，2016 年，广东省高级人民法院刑二庭《关于非法经营罪司法适用有关问题的调研报告》对全省非法经营罪判例进行了系统的分析和梳理，即便涉及无房地产开发资质经营房地产的案件，观点也十分明确：非法经营罪不应无限扩张，必须是明确的违反“国家规定”和市场经营中的“特许经营”管制。

在部分同案人侦查阶段就已选择缴纳高额保证金，适用认罪认罚从宽制度换取取保候审的不利情况下，经办律师经过和刘某充分沟通，决定继续坚持无罪辩护的策略。在审查起诉阶段，经办律师先后以《羁押必要性审查申请书》《不起诉法律意见书》等书面形式，以及电话与承办检察官沟通等多种方式，向检察机关阐明刘某将违法建设房屋用于出租经营的行为，不构成《刑法》第 255 条规定的非法经营犯罪。最后，在退回补充侦查两次的情况下，检察机关根据本案事实及证据情况，采纳了经办律师对本案作无罪辩护的意见，依据《刑事诉讼法》第 177 条第 1 款的规定，对刘某作出法定不起诉的决定。

【争议焦点】

1. 出租经营未取得《建设工程规划许可证》的房屋，是否属于非法经营行为？

2. 一般行政违法，与刑事犯罪行为的界限应如何区分？

【案例评析】

《刑法》中的罪名众多，特别是法定犯，基于立法技术等原因，无法精准概括归纳所有社会生活现象，在罪状描述时，避免不了部分使用兜底条款。因此，在司法实务中，如何正确适用这些兜底条款，在有效打击犯罪行为的同时，避免错误追究刑事责任，一直是难点，也多有争议。如寻衅滋事罪、非法经营罪，往往因此而被称为“口袋罪”，饱受学界和律师界的诟病。

《刑法》第225条对非法经营罪表述为：违反国家规定，有下列非法经营行为之一，扰乱市场秩序，情节严重的，处五年以下有期徒刑或者拘役，并处或者单处违法所得一倍以上五倍以下罚金；情节特别严重的，处五年以上有期徒刑，并处违法所得一倍以上五倍以下罚金或者没收财产：（一）未经许可经营法律、行政法规规定的专营、专卖物品或者其他限制买卖的物品的；（二）买卖进出口许可证、进出口原产地证明以及其他法律、行政法规规定的经营许可证或者批准文件的；（三）未经国家有关主管部门批准非法经营证券、期货、保险业务的，或者非法从事资金支付结算业务的；（四）其他严重扰乱市场秩序的非法经营行为。虽然有兜底条款，但是从列举式罪刑条款进行同类解释，也可以得出结论，其他违法行为的危害性质，应当与前三项类似，且违法性质应当是一样的，即冲击了国家进行特别管制的市场行业秩序的非法经营行为。

本案以非法经营罪追究违法建设房屋出租经营的公司股东刑事责任，在已经批准逮捕、羁押较长时间，且部分同案人选择认罪换取取保候审的情况下，辩护人依法坚持无罪辩护意见，最终检察院充分听取了辩护意见，坚持罪刑法定原则，作出没有犯罪事实的法定不起诉决定，嫌疑人刘某重获自由，也依法获得了国家赔偿。

非法经营罪虽然有兜底条款，但其规制的非法经营行为有明确的指向，即违反国家规定而违法经营的行业，属于国家严格管控的专营行业，违法行为冲击了相关专营行业的市场秩序，不能任意作扩大解释。本案的辩护人基于细致地研究，选择并坚持无罪辩护，最终为嫌疑人争取到没有犯罪事实的法定不起诉，再一次验证了罪刑法定原则在刑事辩护中的重要作用。对于刑法条文规范不明确，相关司法解释也没有明确界定为犯罪的行为，应当坚持罪刑法定原则，有理有据地提出无罪的辩护意见，维护嫌疑人的合法权益。

【专家点评】

此案案件不大，意义非凡。办理行刑交叉案件，知易行难。

近年来，因城市建设发展，类似“违建小产权房”的行政违法建设的案件的社会综合治理，屡见报端，本案即一宗公司经营“小产权房”引起的行刑交叉案件，因行政执法拆违行动受阻，而关联启动了刑事诉讼程序。

一般的行政违法，和刑法中的非法经营行为，虽然也有梯次衔接，但并不是每个行政违法行为都必然构成刑法上的非法经营行为；按照常识理解，房屋出租经营，也不是非法经营罪立法本意所指向的特种市场经营行业，而最高人民法院的相关司法解释也明确非法经营罪的兜底条款不能任意作扩大解释。

本案辩护人在有同案人选择认罪的不利情况下，与当事人达成一致，坚持作无罪辩护，承担了相当的刑事辩护风险，值得庆幸的是，法治之路不乏同修，办案人员最终接受了辩护律师的无罪辩护意见，坚守罪刑法定原则。在审查起诉阶段，嫌疑人被以非法经营罪批准逮捕羁押较长时间的情况下，仍正确适用法律，以没有非法经营犯罪事实为由，作出不起诉决定，肩负压力，共同维护了司法公正，实在难能可贵。

此案辩护律师工作扎实，研究深入透彻，正确理解了法律，且勇于提出并坚持无罪的辩护意见，凸显了法律精神的充盈和坚守。

（点评人：陈永忠，广东省律协经济犯罪业务专业委员会副主任，广东金桥百信律师事务所高级合伙人，业务管理委员会主任）

陈某涉嫌诈骗土地获两审无罪判决案

——以受骗主体和受骗过程为辩护切入点

陈 征*

【内容提要】

诈骗罪，是指以非法占有为目的，通过虚构事实或者隐瞒真相的方法，骗取数额较大的公私财物的行为。

公诉机关指控被告人犯诈骗罪，除了应当查明被告人实施欺骗行为以外，还应当查明被害人是否基于被告人的欺骗行为而产生错误认识，且被害人基于这种错误认识而交付财物造成损失，并进行充分、确实的举证，排除合理怀疑。否则，基于“无罪推定”原则以及“疑罪从无”的司法精神，人民法院应当判决被告人无罪。

公诉机关如无法查明并举证证明被害人基于被告人的欺骗行为产生错误认识进而交付财物，则辩方可以就相关事实和证据提出合理质疑，使法庭对公诉机关的指控内容产生怀疑，达到无罪辩护的效果。

【案情简介】

（一）基本事实

1993 年 1 月，K 公司从某市国土局通过出让的方式取得涉案土地。同年 2 月，

* 陈征，广东启源律师事务所律师。

K 公司与被害人黄某实际控制的 R 公司签订转让合同，约定：K 公司将涉案土地转让给 R 公司，土地转让款为人民币 6824790 元。R 公司按合同约定全额支付了转让款，但涉案土地未过户登记至 R 公司或黄某名下，而为确保 R 公司和黄某可以实际使用涉案土地，黄某持有涉案土地的《建设用地批准书》原件。

1999 年 11 月，黄某因没钱治病，遂用涉案土地的《建设用地批准书》原件为质，向被告人陈某借款。被告人李某（另案处理）得知该情况后，以“借地融资”为由，唆使陈某趁与黄某共同外出之机，在两张白纸上偷盖由黄某保管的 R 公司公章，其中一张写上“K 公司：我公司（R 公司）已将涉案土地转让给 D 公司（案外人）、H 公司（案外人），请将涉案土地过户给 D 公司、H 公司”，另外一张写上“某市国土局：我公司（R 公司）已遗失涉案土地的《建设用地批准书》，请予补办”的内容。陈某一时糊涂，听信李某之言，偷盖 R 公司公章并伪造上述两份文件，并将该两份伪造的文件以及黄某质押的《建设用地批准书》原件一并交给李某。

2000 年，K 公司与案外人 D 公司以及 H 公司签订土地转让合同，在没有收到该两公司支付土地转让款的情况下，将涉案土地切割分别过户给该两公司。

2014 年，经黄某劝说，陈某向公安机关投案，如实供述当年偷盖 R 公司公章并伪造文件的行为。经公安机关委托鉴定，涉案土地在案发时（1999 年）的价值为人民币 7255208 元。

（二）公诉机关指控

根据以上事实，公诉机关提出指控，认为陈某伙同李某以偷盖 R 公司公章的方式伪造两份文件，再利用黄某质押的《建设用地批准书》原件，骗取涉案土地过户至案外人 D 公司以及 H 公司名下，造成 R 公司及黄某损失，陈某的行为构成诈骗罪，且数额特别巨大。同时，公诉机关认为陈某是自首。

（三）辩方意见

陈某对公诉机关提出的指控无异议，承认控罪。

辩护人经阅卷并询问被告人，发现：陈某虽然投案认罪，客观上也确实偷盖 R 公司公章并伪造了两份文件，但涉案土地最终过户给案外人 D 公司以及 H 公司而不是 R 公司，此结果是否必然因陈某偷盖 R 公司公章伪造两份文件的行为所致，如此关键的事实并没有任何证据反映，这是一个非常大的疑点。

因此，经被告人知情并同意，本辩护人基于独立辩护权，在尊重被告人认罪意愿的前提下，提出以下三点主要辩护意见：第一，本案没有形成完整证据链证明K公司将涉案土地过户给D公司以及H公司是陈某偷盖R公司公章伪造两份文件的行为所致，且有相关证据证明涉案土地的过户与陈某伪造的两份文件无关。第二，本案没有适格的受骗人，不符合诈骗罪的犯罪构成。首先，没有证据证明K公司或K公司的人员受骗；其次，即便K公司受骗，本案也不构成三角诈骗，因为K公司处分的是登记在K公司名下的土地；再次，被害人黄某受骗也不成立，因为黄某没有因受骗而处分涉案土地；最后，本案无论认定谁是受骗主体，都不符合诈骗罪的刑法逻辑，经不起推敲。第三，公诉机关没有查明并举证证明涉案土地交易过户等细节，仅以推测的方式构建“诈骗过程”，无法排除涉案土地因“一地多卖”“他人作梗”而过户给案外人D公司以及H公司等诸多合理怀疑。

（四）一审裁判

广州市某区人民法院考虑控辩双方意见后，采纳辩方的意见，认为：公诉机关指控的基础事实存在极大疑点，是在关键事实不清的情况下所作的合理推测，但这样的猜测不足以完成控方的举证责任，更不能成为认定事实与犯罪的依据，刑事诉讼不应且不能在关键事实不清、证据不足的情况下，草率地根据推测作出裁判，公诉机关指控陈某犯诈骗罪事实不清、证据不足，指控的犯罪不能成立。

一审判决被告人陈某无罪。

（五）公诉机关抗诉

一审判决后，公诉机关提出抗诉。

主要抗诉意见包括：第一，案发时，涉案土地虽然通过合同约定转让给R公司，但一直登记K公司名下，K公司之所以将涉案土地转让并过户给案外人D公司以及H公司，此结果最合理且唯一的解释，就是陈某和李某将偷盖R公司公章并伪造的两份文件交给K公司，K公司错误相信两份文件是R公司的真实意思表示，故启动了过户手续，将涉案土地过户给案外人D公司以及H公司。第二，K公司将涉案土地转让并过户给案外人D公司以及H公司，虽然过户过程、操作人等事实无法查明，但不影响诈骗罪成立，因为涉案土地最终没有过户给已支付土地转让款的R公司，即被害人的损失事实已经发生，诈骗犯罪行为已经完成。第三，本案符合诈骗罪的犯罪构成，K 公司受到欺骗，误以为 R 公司已将涉案土地转让给案外人 D 公司以及 H 公司，因此启动了过户程序，处分了 R 公司的财产，造成 R 公司损失。

综上，抗诉机关请求二审法院改判陈某犯诈骗罪。

（六）辩方二审意见

被告人陈某同意一审判决。

辩护人认为，公诉机关的抗诉意见没有法律依据，且违反诈骗罪认定逻辑，主要理由包括：第一，公诉机关构建的“诈骗过程路线图”是：K 公司收到了陈某伪造的两份文件，然后产生了“R 公司已将涉案土地转让给案外人 D 公司以及 H 公司”的错误认识，最后将涉案土地过户给 D 公司以及 H 公司。然而，如此关键的定罪事实，却只是公诉机关主观推断出来的所谓“最合理且唯一的解释”，不仅缺乏证据支持，而且不能排除诸多合理怀疑。第二，公诉机关根据“涉案土地过户给没有支付土地转让款的案外人 D 公司以及 H 公司”的最终结果，从而“倒推”此交易过户过程中存在诈骗行为，认为“涉案土地最终没有过户给 R 公司，说明存在诈骗，至于此过程中谁负责交易、怎么交易、为何进行交易都只是形式，不影响诈骗犯罪成立”。但在刑事诉讼中，公诉机关不能以推测代替举证，本案必须查明，当时具体是哪个自然人代表 K 公司进行交易，此人是否基于受骗而产生错误认识，以及是否因受骗而代表 K 公司作出错误决策，如此才能证明“诈骗行为”的存在。第三，本案中认定“K 公司受骗”的客观证据为零，K 公司在 2000 年与案外人 D 公司以及 H 公司签订合同并过户涉案土地的原因，虽然有可能是基于相信陈某伪造的两份文件而作出错误决定，但也不排除是为了利益而“一地二卖”，或是因人事变迁不知情而重复出卖，或是有关人员为谋取私利而故意从中作梗等合理怀疑，抗诉机关的指控无法排除以上合理怀疑。第四，本案没有适格的受骗主体，受害人也不是基于受骗而处分自己的财产，不符合诈骗罪的犯罪构成：首先，单位不可能成为受骗人，单位（法人）只是虚拟的人格，因此，诈骗行为人不可能直接对单位本身实施欺骗行为，只有通过对单位的决策者或处分人实施欺骗行为，才能骗取单位的财产，在没有查明 2000 年由谁代表 K 公司操作涉案土地过户的情况下，认为 K 公司受骗没有依据；其次，R 公司和黄某也没有因受骗而处分涉案土地，因为黄某将涉案土地的《建设用地批准书》原件交给陈某是借款质押，两份伪造的文件是陈某偷盖 R 公司公章所形成，黄某并不知情，谈不上错误意思表示。

（七）二审裁判

二审法院考虑控辩双方意见后，采纳辩方的意见，认为：被告人陈某伪造文书的行为，并非涉案土地被过户、被害人被骗的唯一原因，仅凭被告人陈某的有罪供述及两份文件认定陈某与李某共同诈骗，事实不清、证据不足，抗诉机关指控的犯罪事实存在矛盾与疑点，不足以证实陈某和李某以诈骗的手段非法占有涉案土地，根据疑罪从无原则，依法应作无罪判决。

二审裁定驳回抗诉，维持原判。

【争议焦点】

仅根据以上事实，是否足以认定陈某以诈骗方式非法占有涉案土地？

【案例评析】

本案与传统的诈骗案件不同，要认定陈某构成诈骗罪，必须解决两个核心问题："谁被骗"以及"如何被骗"。

首先，大部分诈骗案件中，受害人与受骗人是一致的，且是自然人，认定受骗主体和受害人并无难度或争议。但本案中，可能是单位作为诈骗罪的受害人或受骗人，如此则对公诉机关的举证有更高要求。因为单位（法人）不是真正意义的人，诈骗者不可能直接对单位本身实施欺骗行为，只有通过对单位的决策者或处分行为人实施欺骗行为，才能骗取单位的财产。当人们说单位受骗时，实际上只是单位的决策者或者是其他可以处分财产的人受骗。如果不能查明是单位中哪个具体的自然人受到欺骗，从而代表单位作出错误意思表示，则不能确定受骗主体以及是否存在受骗情况。其次，诈骗罪的犯罪构成是"行为人实施欺诈行为→受骗人产生错误认识→受害人基于错误认识处分财产"，公诉机关必须严格按照此构成要件顺序进行举证、认定事实，而不能以推测的方式进行指控，更不能仅以受害人失去财物的损害结果来"倒推"存在诈骗行为。

本案中，客观而言，公诉机关的指控并非毫无根据，其推测的诈骗事实也有一定合理性，被告人陈某偷盖公章伪造文件的行为也确实应该受到谴责，然而，刑事诉讼事关被告人的人身自由甚至生命，绝不允许如此轻率地定案。公诉机关必须提出完整且充分的证据链，证明涉案当事人是如何受骗、如何产生错误认识，并排除合理怀疑。仅凭一个相对合理的推断，并不足以完成控方的举证责任。

综上，辩护人认为，本案中，公诉机关的指控并不是根据完整证据链而作出的事实认定，只是根据零星证据碎片而作出的"有罪推测"，而且还不能排除诸多合理怀疑，如此显然不符合刑事诉讼法的定罪规则。两审法院没有降低案件证据证明标准，均坚持客观证据裁判原则，对公诉机关的指控和举证进行严格审查把关，依法采纳辩方的无罪辩护意见，是体现"罪刑法定""无罪推定"两大原则的经典判例。

【专家点评】

本案是一宗较为特殊的诈骗案件，与常见的"电信诈骗""推销诈骗"等诈骗案件明显不同，在各个认定环节上均有一定难度，对控辩审三方的专业水平都有较高的要求。

公诉机关的指控中，受骗主体、被害主体均为公司，但公诉机关既没有查明公司中哪个自然人具体经办此事、是否被骗或如何被骗，也没有查明土地过户的具体原因，只是推测"由于陈某伪造文件而导致K公司产生错误认识处分土地"，如此不足以排除合理怀疑，不足以完成控方的举证责任。在被告人陈某投案认罪的前提下，辩护律师没有轻率地随之而作罪轻辩护，而是认真审查事实和证据，发现案件疑点后，坚持独立辩护原则，提出的无罪辩护意见有理有据。

平心而论，公诉机关的指控并非空中楼阁，也有一定的事实和证据支撑，从自由心证的角度，审判人员或许会相信存在公诉机关指控犯罪事实。但以审判为中心的刑事诉讼制度，不但要求人民法院强化罪刑法定、疑罪从无等理念，而且要求人民法院全面贯彻证据裁判原则，即所有定罪的事实证据都要经得起法律检验，指控的犯罪是否成立，不是被告人认罪就可以定罪，而是由事实和证据决定，事实不清或证据不足，依法应作无罪判决。本案两审法院作出无罪判决的裁判结果，均是严格贯彻以审判为中心原则和证据裁判原则，符合《刑事诉讼法》第55条关于定罪的规定，属于教科书式的案例。

（点评人：钟宇明，广东启源律师事务所律师、广州市律师协会经济犯罪刑事法律专业委员会副主任）

骗取贷款犯罪中居间人构成共同犯罪的主观要件分析

杨文彪*

【内容提要】

对于骗取贷款犯罪中在借贷人间充当居间人或中介的犯罪嫌疑人，司法机关应提供证据证实中介与借贷人有共同的故意。对于共同故意的认定也不排除可以采取推定的方式，但是，无论采取直接证据还是推定的方式认定，都必须有证据事实作支撑，借贷方和中介方在法律地位上互相独立，对于借贷方在贷款过程中是否实施虚假行为，由于中介方没有实质审查义务，不能当然认定或推定中介方主观上是知情的，进而认定两者属于共同犯罪，中介构成骗取贷款罪。

【案情简介】

2016 年 12 月末，邮储银行某省分行在对某支行核查中发现，某农商行购买该支行理财的资金被挪用，由此暴露出该支行原行长以邮储银行某市分行名义，违法违规套取票据资金的案件，涉案票据票面金额 79 亿元，非法套取挪用理财资金 30 亿元。

案发后，银监会高度重视，经过立案、调查、审理、审议、告知、陈述申辩意

* 杨文彪，广东启源律师事务所律师。

见、复核等一系列法定程序，银监会统筹协调相关银监局依法查处了邮储银行某支行违规票据案件，对涉及该案的12家银行业金融机构共计罚没2.95亿元。并对33名相关责任人作出行政处罚，其中，取消3人高管任职资格，禁止1人从事银行业工作。

这是一起由银行内部员工与外部不法分子内外勾结、私刻公章、伪造证照合同、违法违规办理同业理财和票据贴现业务、非法套取和挪用资金的重大案件，牵涉机构众多，情节十分恶劣，严重破坏了市场秩序。

其中，犯罪嫌疑人李×、符××涉嫌骗取贷款罪，公安机关于2017年2月27日成立专案组立案侦查，李×、符××因涉嫌骗取贷款罪分别于2018年10月和11月被刑事拘留，之后均被检察院批准逮捕。

公安机关移送审查起诉认为：犯罪嫌疑人符××于2016年3月为收回×××集团公司所欠某银行的巨额逾期票据款，并获取非法利益，指使犯罪嫌疑人李×出面，联系潘某波、×××集团公司，以出具"三无票据"进行虚假贴现、转贴现的方式，骗取金融机构巨额资金用于填补其担任领导的某银行到期票据款，并指使李×以其实际控制的××公司名义，从×××集团有限公司收取巨额好处费。案发时，×××集团公司共还票据款3.04743亿元，剩余1.95257亿元未偿还。

骗取贷款罪是2006年《刑法修正案（六）》增设的罪名，立法意图是有效维护金融安全和管理秩序，弥补贷款诈骗罪在刑事司法中难以搜集证据证明"非法占有目的"的缺陷。根据我国《刑法》第175条之一的规定，以欺骗手段取得银行或者其他金融机构贷款、票据承兑、信用证、保函等，给银行或者其他金融机构造成重大损失的，处三年以下有期徒刑或者拘役，并处或者单处罚金；给银行或者其他金融机构造成特别重大损失或者有其他特别严重情节的，处三年以上七年以下有期徒刑，并处罚金。本案如果罪名成立，因本案给金融机构造成了特别重大损失，被告人须判处三年至七年有期徒刑。

【争议焦点】

骗取贷款犯罪中，在借贷双方充当居间或中介人是否当然与借贷方构成共犯？如何认定该居间或中介人与借贷方有共同犯罪故意？

【案例评析】

辩护人自犯罪嫌疑人李×被刑事拘留后介入该案，会见10余次，历经2次退查，延长审查起诉3次，犯罪嫌疑人被羁押长达18个月，辩护人多次申请约见公安、检察院经办人员听取意见，并出具书面法律意见等文件。

本案中，犯罪嫌疑人李×实际是作为借款方、融资方的中介出现，居中撮合，赚取中介费。借款中，融资方出具“三无票据”给借款方，进行虚假贴现、转贴现，骗取金融机构巨额资金。

侦查机关搜集了涉案资金损失相关证明材料、另案处理的被告人张×（2018年7月5日讯问笔录，其为邮储银行某支行员工）、王××（2018年3月31日讯问笔录，其为邮储银行某支行原行长）、潘某波及×××集团公司相关工作人员作出的关于出具“三无票据”进行虚假贴现、转贴现的相关供述，证据种类和内容较多，可以充分证实金融机构巨额资金被非法骗取，但这些人员在供述中均明确不认识犯罪嫌疑人李×，虚假贴现、转贴现的过程文件也未见李×参与的痕迹。

根据《刑法》第175条之一的规定，在司法实务中对骗取贷款罪主要从以下三个方面进行认定：资金是否来源于金融机构、是否给银行或者其他金融机构造成重大损失或者有无其他严重情节、是否具有骗取银行贷款的主观故意。

辩护人提出三个核心辩护观点：1. 没有证据证明犯罪嫌疑人李×与×××集团公司、潘某波双方存在“预谋”骗取贷款的基本事实；2. 没有证据证明开设虚假同业账户、虚假背书、虚假贴现是犯罪嫌疑人李×实施，也不能证明与其有关；3. 证据证实犯罪嫌疑人李×仅在涉案的贷款业务中充当中介角色，其职责仅是撮合×××集团公司、潘某波双方，以赚取中介好处费，而中介方对于借款方、融资方在借贷活动中是否实施了虚假行为，所提供的材料和印章是否真实，无实质审查义务。在没有证据证实李×主观上明知或应知借款方、融资方有骗取贷款主观恶意的情况下，公安机关仅以李×是借贷的中介方而认定其与×××集团公司、潘某波有共同犯罪的主观恶意，属于骗取贷款罪的共犯，明显证据不足、事实不清。

检察院最终采纳了上述辩护意见，于2020年4月7日以事实不清、证据不足，不符合起诉条件为由，决定对李×不起诉。

【专家点评】

该案涉案金额高达数十亿元，涉案人数多达三十余人，数额特别巨大，情节特别严重，受到银监会高度重视，社会影响巨大。经过辩护人的成功辩护，公诉机关对作为骗取贷款罪居间介绍人的犯罪嫌疑人李×作出不起诉决定，辩护效果明显。

本案成功辩护的关键是以骗取贷款共同犯罪中的主观方面为突破口，指出犯罪嫌疑人李×虽然为借贷双方提供了居间介绍服务，且获得了居间介绍费，但没有证据证明犯罪嫌疑人李×对借贷双方的虚假贴现、转贴现等骗取贷款行为知情。不能仅因为案件数额和社会影响巨大，或者因为居间介绍人获得了利益，就想当然地推定居间介绍人与借贷双方存在共同的骗取贷款故意。

本案对于辩护人在重大影响案件中，通过冷静、理性地分析案情，把握犯罪构成中是否具有共同主观故意的关键，从而达至最佳辩护效果，具有指导意义。同时，对于骗取贷款犯罪中居间介绍人因居间介绍获得的利益如何定性，对居间介绍人是否与借贷一方或双方构成骗取贷款共同犯罪具有重要意义，辩护人应予重视。

（点评人：陈满平律师，广东省律师协会职务犯罪辩护专业委员会副主任，
广东启源律师所事务所管委会主任）

《药品管理法》背景下境外药品的司法认定

——以李某某销售假药罪不予起诉案为例

邓青青　祁建雄*

【内容提要】

《药品管理法》于2019年8月26日进行了修订，重新明确了假药、劣药的范围。刑法中的生产、销售假药罪以药品管理法中对假药、劣药的规定作为认定标准，故该罪的入罪标准也随之变更。在本案中，李某某售卖的药品属于国外上市药品，以往市场监督管理局对境外药物的鉴定只需查明是否在国内合法上市，如果查明未在国内合法上市即可作出案涉药品为假药的鉴定结论。修订后的《药品管理法》不再将少量销售未经批准进口的境外合法上市药品直接以假药论处，办案机关以往的办案经验已不再适用，新法实施后如何判定此类境外药品是否仍旧属于假药、药品，是否已在境外合法上市成为新的办案难点。

【案情简介】

李某某为某医院肿瘤科医生，患者邓某某因身患癌症，需服用相应的抗癌靶向药。因国内上市的正版索拉非尼价格昂贵，邓某某家庭无力购买，2018年12月，其家属向李某某提出购买两瓶境内并未上市的印度版“索拉非尼片（多吉美）”的要求。同月，李某某将购置的两瓶印度版多吉美交给患者家属，家属向其支付了代

* 邓青青、祁建雄，北京市炜衡（广州）律师事务所律师。

购费用。患者因服用该药之后有发烧反应，在服用了半瓶后就未再服用，于2019年8月29日死亡。2019年9月，患者家属向公安机关报案称李某某涉嫌销售假药。

2019年9月27日，李某某被广州市公安局某区分局以销售假药罪立案侦查，同年9月29日被取保候审。李某某被立案侦查时，新《药品管理法》尚未生效，2019年9月24日，某区市场监督管理局依据修订前《药品管理法》第48条规定："……有下列情形之一的药品，按假药论处：（一）国务院药品监督管理部门规定禁止使用的；（二）依照本法必须批准而未经批准即生产、进口，或者依照本法必须检验而未经检验即销售的；……"，认为案涉药品并未在国内合法上市，根据《药品管理法》的规定应当认定以假药论处，于是出具了涉案药品为假药的鉴定意见书。2019年12月30日某区公安分局将该案移送检察院审查起诉。

检察院审查起诉期间，新修订的《药品管理法》于2019年12月1日生效，辩护律师接受委托后，查阅案卷并与李某某进行详细沟通，核实了李某某的销售行为是偶发的，仅是基于老乡情谊及同情心理才为其代购了案涉药品，在此之前从未替他人代购过境外药品，案涉药品涉及的金额不足以构成非法经营罪、走私罪等罪名。在此情况下，辩护人确定了本案的辩护思路：以生产、销售假药罪的核心概念即假药的定义来进行辩护，市场监督管理局出具的鉴定意见能否作为本案的入罪依据及涉案药品能否认定成假药是本案的关键。因新《药品管理法》已经将"境外合法上市的药品"一律按假药论处的规定删除，在此情况下辩护人需要证明案涉药品为境外合法上市的药品。为此，辩护人向检察院提出意见，认为某区公安分局递交的鉴定结论及程序存在明显错误，其并未对案涉药品进行实质鉴定，请求依法退回补充侦查对案涉药品进行重新鉴定。

检察院听取辩护人的意见后，认为涉案药品的鉴定结论及程序存在瑕疵，将案件退回公安机关补充侦查，要求某区公安局补充提供药品相应的鉴定结论。补充侦查期间，辩护人为更加了解案涉药品，查阅了相应的期刊书籍及拜访了医药领域的相关专家。辩护人了解到案涉药品为德国制药专业拜耳公司研制，对治疗不能手术的晚期肾细胞癌、肝细胞癌有较好的疗效，但在国内的售价较为高昂，普通家庭难以承受。因该药在印度被授予了强制专利许可，案涉药品无须向拜耳公司支付高额的专利使用费，能保证在药品成分与国内药品完全一致的情况将价格下降至不到国内正版药物的十分之一。正是因为印度仿制药品价格低廉，成为国内大量癌症患者及家属的续命稻草。本案中李某某也正是基于同情及患者的家庭情况方面的考虑才同意为患者家属代购，新《药品管理法》实施后已不再将国外合法上市药品视为假药。

在了解了上述信息的基础上，辩护人积极收集案涉药品在境外合法上市的证据，包括该药品已经在境外取得了合法的登记许可以及该药品确属在境外购买至国内的证据。在此思路指引下，辩护人首先通过查询印度的官方药品监督管理局的网站（CDSCO），了解到案涉药品于2012年在印度上市，并且该药品是印度知识产权局首个授予药品强制许可的药品，在法学及医学论文期刊中都曾多次提及，辩护人随后通过中国知网及医学期刊中查询到了大量的论文及文献，辩护人因此确认案涉药品已在印度合法上市。但辩护人在向李某某核实案涉药品如何从境外购买至国内的过程中遇到了困难，因为李某某并不是直接向印度药商购买的案涉药品，而是通过中间代购人购买的。李某某已无法提供中间代购人的任何联系方式，因此不能通过邮寄记录、支付凭证等直接证明案涉药品是从印度购买的。虽然与李某某多次沟通核实确认案涉药品不可能为假药，且部分人群因体质原因在服用药品后也会存在发热现象，辩护人仍担心公安机关可能会以服药后产生发热反应为突破口，以案涉药品无法核实是否在境外购买并造成了人体损害而认定其为假药。在此情况下，辩护人咨询了医药相关领域的专家，提出可以通过药品鉴别与含量测定法来核实药物的真实性，即让鉴定机构对案涉药品相关指标检测予以鉴定，如果药品的成分与国内拜耳公司上市的正版药物成分一致即可认定为境外合法购买。

此时，某区公安局将第一次补充侦查的材料移送至某区检察院，辩护人阅卷后发现食品药品犯罪侦查支队未核实该药品是否在境外合法上市，而是直接将案涉药品提供给某测试分析研究所要求鉴定案涉药品是否存在有毒有害物质。测试分析研究所在接受委托后发现鉴定事项无法鉴定，回函称案涉药品检测药品范围太大无法提供鉴定。辩护人在了解上述情况后，主动与经办检察官沟通，向其提供了我方核实案涉药品已在境外合法上市的方法，并向检察官提出了对案涉药品不应鉴定其是否存在有毒有害物质，而是应当以药品鉴别与含量测定法来核实药品的是否属于印度仿制药品，且目前公安机关的证据无法适用新药品管理法的规定，认定案涉药品属于假药。检察院听取代理律师的意见后，第二次将案件退回补充侦查，补充侦查后公安机关向广东某司法鉴定所提供材料同样要求鉴定是否存在有毒有害物质，鉴定机构仍以案涉药品检测药品范围太大为由回复无法提供鉴定。在此期间，公安机关曾将案件调查方向改为查明李某某是否长期售卖药品以及售卖药品的金额，但两者均不足以认定成与之对应的非法经营罪及走私货物罪。

在第二次审查起诉期间，辩护人结合在案证据，认为根据《刑法》第140条生产、销售假药罪的规定，明确了需要按《药品管理法》的规定来认定假药和按假药处理的药品、非药品。而2019年12月1日起实施的《药品管理法》删除了旧“药品管理法”第48条第3款第2项规定，即不能仅凭该已删除条款所作出的《关于涉案样品鉴定意见》认定涉案药品属于假药。根据刑法“从旧兼从轻”的原则，市场监督管理局依据“已删除的旧法条款”所作出的鉴定结论不应作为本案证据使用。另外，《最高人民法院关于审理生产、销售伪劣商品刑事案件有关鉴定问题的通知》第2条规定：“根据《解释》第三条和第四条的规定，人民法院受理的生产、销售假药犯罪案件……均需有‘省级以上药品监督管理部门设置或确定的药品检验机构’和‘省级以上卫生行政部门确定的机构’出具鉴定检验结论。”而本案中，公安机关经过补充侦查，移送审查起诉的证据中，并未有任何一个鉴定机构出具鉴定结论认定或证实涉案药品为假药。因此，辩护人认为根据现有在案证据，涉案药品无法确认为假药，认定李某某构成销售假药罪证据不充分，且本案存在新旧法交替期间的法律适用问题，于是向人民检察院提交建议对李某某不起诉的法律意见书。

辩护人提交建议不起诉法律意见书后，经与检察官充分沟通，数次讨论，检察官告知辩护人基于本案的特殊性，且没有在先案例予以参考，已将本案提交至检察委员会讨论。2020年9月28日，检察院邀请了辩护律师、药学教授、法学专家、鉴定机构及人民监督员等进行了公开听证会，辩护律师从案件显著轻微、案涉药品不应认定成假药、新旧法适用等方面发表了辩护意见。参与听证的药学教授也就报案人提出的问题发表了专业意见，表明多吉美（索拉非尼）在治疗的过程中前期可能出现如疲劳乏力、发热、虚弱、疼痛等流感样症状，这是常见的反应，而且也不能排除该发烧是由于癌症抑或其他感染引起的，且如为假药一般会造成肝脏损害，但现无证据证明患者存在肝部的损伤。经充分讨论，专家学者一致认为现有证据无法充分证明李某某构成销售假药罪。

2020年10月30日，检察院认为李某某构成销售假药罪犯罪事实不清、证据不足，不符合起诉条件，依照《刑事诉讼法》第175条第4款的规定，决定对李某某不起诉。

【争议焦点】

案涉药品是否属于假药?

【案例评析】

案件情况与2018年上映的电影《我不是药神》类似,患者家属因无力购买国内售价高昂的正品药物,只能委托医生购买售价较低的印度版仿药进行治疗。与电影中不同的是,《药品管理法》于2019年8月26日进行了修订,本案正是处于新法刚发布的时间点,可以说是《药品管理法》实施后的首案,案涉药品如按照修订前《药品管理法》中规定应认定为假药,按照新法则不属于“假药”的范畴。

本案中案涉药品是否属于假药,一直是辩护人与公诉机关辩论的焦点,在新《药品管理法》实施后,以往通过市场监督管理局查询案涉药品是否在国家药典的方式来判定假药的方式已经失效,而因新法刚刚生效,本案处理之前也无其他案例可供办案机关参考。在此情况下,公诉机关通过何种方式来核实案涉药品的性质成了本案的难点,同时也决定了本案是否构成犯罪。辩护人通过查询印度药典、询问相关领域的专业人士、阅读专业论文等方式收集案涉药品属于境外合法上市的药品的证据,并向公诉机构提供了相关材料来加深公诉机关对案涉药品的认识。但因本案购买链条的缺失,案涉药品仍需通过鉴定来判定是否属于假药。公安机关在补充侦查期间虽然委托了两家不同的鉴定机构来进行鉴定,但均是以药品中是否存在有毒有害物质作为委托鉴定的内容。公安机关的思路是按国内的假药案件来处理,通过查明药品是否存在有毒有害物质,是否足以损害人体健康作为认定假药的标准。辩护人在二次补充侦查期间向公诉机关反应公安机关要求鉴定的内容存在失误,不应以药品中是否存在有毒有害物质作为委托鉴定内容,应根据本案的药品是国内合法上市药物的仿制药品这一特殊属性,直接通过鉴定案涉药品与国内正版药品的药物成分是否一致来判定是否属于假药。“是药三分毒”,药品中其实存在多种有效成分,某些成分单独来看虽然含有一些毒性,但同时也能治疗相对应的疾病,故即使公安机关在第二次委托的鉴定机构认定了案涉药品存在有毒有害物质,辩护人也会就有毒有害物质的认定标准、是否能以含有有毒有害物质来判定属于足以损害人体健康、是否与患者的死亡存在因果关系的等方面针对鉴定结论提出异议。

值得庆幸的是，检察院虽未采纳辩护人提供的鉴定方式来对药物进行鉴定，但是邀请了药学教授、法学教授、鉴定机构等专业人士来进行听证，在听取专业人士及辩护人的意见后，检察官认为根据在案证据不足以认定李某某构成销售假药罪，最终作出了不起诉决定。

【专家点评】

一方面，本案中李某某作为医务工作者，出于同情以及救人的心态为患者提供了印度生产的药品，虽然出发的本意是好的，但依然违反了国家的药品管理制度，损害了国家的利益，是不应得到提倡的。随着我国医保制度的完善，相信以后会有更多人可以用得起药，看得起病，不用再通过代购海外药品的方式来治疗自身的疾病。本案的嫌疑人经历此次案件后，也深刻认识到了自身行为的错误，相信他可以在以后的职业生涯中继续挽救生命，为社会作出自己的贡献。

另一方面，《刑法修正案（十一）》已重新将“足以损害人体健康”的标准作为生产、销售假药入罪条件，司法也应当完善相应的司法制度来指引办案机关如何判断是否已经达到上述标准。自2009年5月27日起施行的《最高人民法院、最高人民检察院关于办理生产、销售假药、劣药刑事案件具体应用法律若干问题的解释》第1条对上述标准分别从实体、程序两个方面作了规定，但该司法解释已于2014年废止，新的司法解释并未列明“足以严重危害人体健康”的认定标准。希望司法机关能够尽快确立完善的医药鉴定制度，包括药品的鉴定程序、鉴定标准、鉴定机构等，防止司法实践过程中因鉴定机构、鉴定专家不同而存在的多样化标准。

（点评人：周辉，广州市律协医药法律专业委员会主任）

受贿案件办理的道与术

——以孙某某涉嫌受贿无罪辩护案为例

骆勇坚 黄燕加 刘镇东[*]

【内容提要】

受贿案件的证据一直以来都是困扰司法实践的一个突出问题。因为受贿犯罪的特殊性，所指控的犯罪事实大部分都是在行贿人和受贿人之间单独进行，很少有第三人的参与，而且没有太多的物证和书证。即使有物证和书证，一般也是间接证据。在受贿案件中，主要还是依据被告人的供述和辩解以及行贿人的证人证言对案件事实进行查明，所以在受贿案件中对言词证据的审查显得至关重要。因此，对于受贿案件的办理，应当尤为注重对于言词证据的审查，可通过可视化的方式对在案言词证据进行充分剖析及梳理。必要时，还可以通过申请证人出庭作证的方式促使合议庭全面查清案件事实，依法公正作出裁判。

【案情简介】

（一）指控事实

2018 年 3 月 22 日，广州某检察院指控：2012 年至 2015 年，广州市 A 广告公司（民营企业，以下简称 A 公司）先后从广州 B 文化广告公司（国有企业，以下简称 B 公司）取得广 × 线动车、广 × 港线动车、× 海车站等广告代理权。为了在合

* 骆勇坚、黄燕加、刘镇东，广东胜伦律师事务所律师。

同履行中能得到关照，A 公司总经理刘某分多次贿送时任 B 公司总经理的孙某某好处费 500 余万元。2015 年 7 月，在 B 公司上级集团纪委对孙某某进行立案调查期间，孙某某的妻子李某在家里退还刘某 500 万元现金。在调查处理结束后，2016 年 12 月，孙某某以购买房子需要资金为由，再次向刘某要回 500 万元。刘某又分三次将 500 万元现金交给李某的妹妹李某 2，用于购买广州市番禺区某房产。基于上述事实，广州某检察院依照《刑法》第 163 条第 3 款、第 385 条、第 386 条之规定，以孙某某涉嫌受贿罪向广州某法院提起公诉。

（二）处理过程

1. 拆分指控事实，通过可视化的方式开展各点击破式辩护

针对公诉机关的指控，经办律师在辩护过程中将指控事实拆分为三个阶段，开展各点击破式辩护。

第一阶段：2012 年至 2015 年，A 公司与 B 公司开展经营合作期间，为了得到时任 B 公司总经理孙某某的关照，刘某分多次送给其好处费 500 余万元。关于上述指控，辩护人通过详细阅卷后发现，公诉机关仅提供了刘某、于某两人的言词证据，但两人的证言中，对每次行贿的具体时间、具体数额均不能确认，刘某所称从 A 公司取出的行贿款也无法在 A 公司的现金账目中得到印证。因此，辩护人认为公诉机关对于第一阶段的指控事实不清，证据不足。

第二阶段：2015 年 7 月，孙某某妻子李某在家里退回刘某 500 万元现金。针对上述指控，辩护人通过详细阅卷后发现，公诉机关只提供了刘某和于某两人的证言、刘某和于某个人银行账户的存款记录等证据，但并未提交对孙某某、李某当时家中进行现场勘验、对涉案保险柜进行查验的证据，而孙某某、李某对此均予以否认。公诉机关提交的证据无法证明李某在家中退还刘某 500 万元现金的事实，以及刘某和于某两人银行账户存入 599 余万元的存款记录，亦无法证实上述款项就是李某所退钱款。因此，辩护人认为公诉机关对于第二阶段的指控事实不清，证据不足。

第三阶段：2016 年 12 月，孙某某以购买房子需要资金为由，再次向刘某要回 500 万元。刘某又先后将 180 万元、120 万元、200 万元共计 500 万元现金交给李某 2，用于购买广州市番禺区某房产。

（1）公诉机关认定第一笔受贿款为 180 万元，由刘某、于某银行取款的 165 万

元及家中15万元现金组成。通过可视化分析可知，指控证据主要为刘某、于某的证言以及两人分别于2016年11月1日银行取款65万元、11月10日取款10万元、11月17日取款20万元、12月5日取款70万元的银行取款记录、售房者曹某某的证言及收据。然而，上述165万元的银行取款历时一个多月，公诉机关也未能调取此165万元与曹某某所收取的180万元钱款的冠字号进行比对，且15万元的备用现金，除刘某、于某两人的证言外，并无其他任何的客观证据予以印证，无法证实曹某某收到的180万元购房款与刘某所述称行贿的180万元具有同一性。

（2）公诉机关认定第二笔受贿款为120万元，由刘某、于某银行取款的120万元组成。通过可视化分析可知，指控证据主要为刘某、于某的证言、12月8日取款40万元、80万元银行取款记录、曹某某的证言及收据。虽然刘某、于某的取款数额与曹某某的收款数额均是120万元，但刘某两次取款分别是40万元、80万元；而曹某某两次收款均为60万元，两者的金额并不一致；而且刘某取款的时间与曹某某收款的时间相隔数天，资金走向也没有明确的对应关系，无法证实曹某某收到的120万元购房款与刘某所述称行贿的120万元具有同一性。

（3）公诉机关认定第三笔受贿款为200万元，由刘某、于某银行取款的100万元以及100万元现金组成。通过可视化分析可知，指控证据主要为刘某、于某、房地产中介人员陈某、曹某某的证言、银行取款记录、于某与李某2的通话记录。曹某某的证言及收据显示，曹某某在于某2016年12月26日取款前便已收到了100万元的购房款，故曹某某在2016年12月19日所收到的100万元购房款与指控的其中100万元行贿款之间并无关联性。此外，刘某、于某在12月26日取款的100万元与曹某某于同日收取的100万元购房款之间也无同一性：刘某、于某述称交给李某2的100万元现金是用“双肩包”装载，与陈某述称收取现金房款的“双肩包”无论从颜色、款式、品牌、尺寸等细节均无法匹配，公诉机关更没有对该“双肩包”进行核对。公诉机关未能调取刘某、于某所取的100万元与陈某存款的100万元的冠字号进行对比，不能认定上述两笔100万元具有同一性。公诉机关未调取刘某、于某所称的向李某2交款地点的监控视频等证据，不能证明双方发生交款的事实；且关于交款的具体时间，仅有于某的证言称是在12月26日下午5点左右。而根据证人刘某2、余某、王某等人的证言，无法排除在于某所称的该时段内，李某2正在公司开会或送余某等人去往高铁站的路上，不可能前往收款地点的合理怀疑。

因此，辩护人认为公诉机关对于第三阶段的指控事实不清，证据不足。

2. 通过申请证人出庭作证的方式，敦使合议庭全面查明案件事实

公诉机关用以指控孙某某涉嫌受贿罪的证据主要是证人证言，但是被告人一直否认受贿的犯罪事实，同时在案证据中也缺乏相关客观证据对于证人证言予以印证。在此情况下，经办律师先采取可视化的方式，将言词证据中所暴露出的相关疑点向合议庭呈现后，立马提交书面申请，充分阐明证言笔录真实性存疑且可能直接影响合议庭对于指控事实的认定，必须由相关证人出庭作证，最终向合议庭申请七名证人（包含控方证人）出庭作证，全部得以准许。经办律师通过在庭上对证人进行有针对性的系统发问以及由被告人与证人进行对质后，促使合议庭对证人庭前所做证言笔录的真实性进行重新审视。也正是因为证人出庭作证，促进合议庭能够更加客观、公正地查明本案事实，依法作出孙某某不构成受贿罪的判决。

3. 面对检察院抗诉时，仍可结合案件事实、证据情况争取上级检察院庭前撤回抗诉

当重审一审判决作出后，原审公诉机关依法提出抗诉，经办律师继续结合案件事实、证据情况积极与支持抗诉的上级检察机关进行充分沟通，并递交了《不予支持抗诉法律意见书》，详细论述了原审公诉机关指控孙某某涉嫌受贿罪明显事实不清、证据不足，原审法院对于孙某某涉嫌受贿犯罪不予认定的裁判结果合法、客观，理应维持等相关意见。最终，支持抗诉的上级检察机关采纳了经办律师的意见，决定撤回抗诉。

（三）裁判理由与结果

2020 年 6 月 18 日，广州某法院作出判决，认定公诉机关指控孙某某受贿 500 万元，事实不清，证据不足，指控罪名不能成立，对于被告人及辩护人提出孙某某不构成受贿罪的辩解及辩护意见予以采纳；认定孙某某犯国有公司人员失职罪，判处有期徒刑三年六个月。上述判决作出后，孙某某上诉、检察院抗诉。

检察院提出抗诉后，在审理过程中，上级检察机关认为抗诉不当，向法院撤回抗诉。2020 年 10 月 9 日，法院作出裁定，准许检察院撤回抗诉。同日，法院作出判决，决定维持一审判决中关于孙某某的定罪部分，但撤销一审判决中关于孙某某的量刑部分，认定孙某某犯国有公司人员失职罪，改判为有期徒刑三年五个月，并当庭释放。

【争议焦点】

在案证据是否达到确实、充分，排除一切合理怀疑的证明标准，足以证实孙某某的行为构成受贿罪？

【案例评析】

（一）律师可通过可视化方式，向合议庭还原案件事实以及呈现证据漏洞

刑事辩护律师全部业务活动的实质就是说服。说服的方式可以是口头形式，也可以是书面形式。可视化表达属于书面形式的一种特殊方式，即通过图表、图形或者视频来代替主要文字的表述，从而将己方意志传达给对方。从传播学角度来看，这样的信息传递方式更容易被人接受。

实践中，一些疑难复杂案件，事实情节丰富，证据烦琐，卷宗累牍，言词证据交错，仅依靠传统文字陈述案件事实、表述意见，难免“长篇大论”，显得冗长，极有可能造成承办人员“审美”疲劳，不利于对辩护律师的意见进行吸收采纳。若通过图表、图形等可视化方式进行表达，既能直观地展示信息内容，即更加清晰地梳理案件事实脉络、发表辩护意见；又能节约办案人员阅读时间，增强视觉效果，从而提高辩护意见被采纳率。本案正是利用可视化的方式，向合议庭清晰还原案件事实以及系统呈现证据上的漏洞，最终促使合议庭能够全面采纳辩护意见，实现了判决认定孙某某受贿无罪的辩护效果。

（二）对于证言笔录真实性存疑且可能直接影响到人民法院认定指控事实的案件，要善于申请证人出庭作证

《刑事诉讼法》已确立了“控辩式”庭审方式，要求控辩双方当庭举证、通过控辩双方的法庭调查、辩论，当庭查清事实，确认罪责。为了贯彻“对抗求证”这一当事人主义诉讼的基本精神，防止剥夺当事人对原始证人的询问和反询问权，赋予了证人出庭作证的权利与义务，接受以交叉询问方式进行的质证，从而使合议庭能够更为客观地辨别证言的真伪。

虽然当前刑事审判证人出庭率总体非常低，证人出庭作证需要同时符合“有异

议、有影响、有必要”三个条件，而“有必要”的要求实际上赋予法官绝对的自由裁量空间，这无疑在立法层面增加了证人出庭的难度。但是，作为刑事辩护律师，不应具有畏难情绪，仍应当有理、有力、有节地向合议庭反映案件事实的焦点以及指出证据层面存在问题，有针对性地指出若本案所申请的关键证人不出庭，将对本案审理造成很大的负面影响，容易导致案件出现程序不公和实体上的错误。本案合议庭依法准许经办律师所申请的七名证人出庭作证，经办律师在庭上对证人进行盘问以及被告人与证人进行对质，向合议庭充分反映相关证人庭前所作证言存在的种种不能自洽的漏洞，进而使合议庭得以全面查清案件事实，依法作出不予认定孙某某受贿 500 万元犯罪事实的判决。

（三）面对检察院抗诉的案件，仍可结合案件事实、证据情况与经办检察官进行充分沟通，争取检察院庭前撤回抗诉

当检察院认为法院判决被告人无罪不当，对被告人量刑畸轻或畸重以及审判程序存在重大违法等情况时，检察院就会行使抗诉权，要求二审法院纠正一审判决的“错误”。因检察院抗诉案件，不受“上诉不加刑”原则的限制，辩护律师面对此类案件往往会产生巨大的辩护压力。但是，对于检察院的抗诉事项明显事实不清，证据不足，提出的抗诉明显不当的案件，在案件进入二审程序之前或二审审理过程中，辩护律师仍可尝试向支持抗诉的上级检察机关针对抗诉事实提出法律意见，争取支持抗诉的上级检察机关能够撤回抗诉。

在本案中，经办律师在公诉机关提出抗诉后，坚持认为指控孙某某涉嫌受贿罪的证据零散、破碎，相关证据的证据能力存疑，证明力弱，无法形成完整、闭合的证据链条，不足以证实孙某某存在受贿事实。故经办律师依法申请约见了支持抗诉的经办检察官并提交书面的法律意见，请求不予支持抗诉。最终，检察官采纳了经办律师的意见，依法向法院撤回抗诉并被裁定准许。

【专家点评】

由于受贿案件本身的特殊性，往往出现用以指控犯罪的主要证据均为言词证据的情形，故辩护律师对受贿案件言词证据进行审查时，不能错过笔录中任何一个细节，必须使案件事实认定建立在“确实、充分”的证据之上，并达到“排除合理

怀疑”的证明标准。

在本案例中，经办律师能够运用证据印证规则对于在案证据进行全面审查及综合判断，通过制作可视化图表的方式，将全案言词证据进行“抽丝剥茧”式的分析与梳理，进而向合议庭清晰展现了言词证据中所存在的漏洞及矛盾之处。在此基础上，经办律师能够有理、有力、有节地向合议庭归纳出案件事实的争议焦点以及证据层面上所存在的问题，有针对性地指出证人出庭作证的必要性，向合议庭申请七名证人出庭作证均被予以准许，这在刑事审判证人出庭率总体较低的当下，实在难能可贵。本案也正是由于证人得以出庭作证，接受以交叉询问方式进行的质证，才使合议庭能够客观辨别证言的真伪，全面查明案件事实，依法对于公诉机关所指控孙某某涉嫌受贿 500 万元的事实作出无罪认定，本案例对于同类受贿犯罪案件的办理极具参考价值。

（点评人：李进一，暨南大学管理学院副教授）

从温某某涉嫌受贿罪、非法持有枪支、弹药罪一案看程序性辩护的重要价值

宋福信　李晓月*

【内容提要】

程序正义在维护法治公平、构建法治社会中起到至关重要的作用，坚定地遵守严格的法律程序，是实现每个人在法律面前平等享有正义的重要保证。

现行法律对于排除合理怀疑以及排除非法证据都有着明文规定：《刑事诉讼法》第55条规定，对一切案件的判处都要重证据，只有综合全案证据，对所认定事实已排除合理怀疑，才可以认定被告人有罪和处以刑罚。第56条规定，收集证据不符合法定程序，可能影响司法公正的，对证据不能补正或作出合理解释的，对该证据应当予以排除。

在证据收集、提取过程中，一些细小却不可逆转的错误，往往会成为一个案件出入罪的关键。本案辩护人重点针对程序辩护，紧紧围绕程序上排除合理怀疑以及排除非法证据两个关键点，坚守程序正义，最终在程序的瑕疵中寻得突破点，得到了法院的支持，以此保障了被告人的合法权益，为以程序细节决定出罪的相关案例处理提供了良好的典范。

* 宋福信、李晓月，广东宋氏律师事务所律师。

【案情简介】

检察院指控，2011 年至 2013 年，被告人温某某在担任广州市某区某局办公室主任期间，利用负责该局办公设备采购的职务便利，为承接该局办公设备采购业务的广州某信息科技有限公司总经理邵某某（另案处理）提供帮助，分三次收受邵某某赠送的现金共计人民币 60000 元。

2014 年 5 月 31 日 13 时许，公安机关接群众报警后，去到被告人温某某位于广州市某楼 3011 房内，现场缴获仿真六四式手枪 1 支、信号枪 1 支、六四式子弹 90 发、信号弹 7 发、运动长弹 40 发、五四式子弹 1 发。经鉴定：编号为 WHJ140188 –1 号检材属于以火药为动力发射枪弹的非制式枪支；编号为 WHJ140188 –2 号检材属于以火药为动力发射枪弹的非制式枪支：WHJ140188 –3 号检材的 128 发枪弹物品属于制式枪弹，10 颗属于非制式枪弹。另经鉴定：在某某楼 3011 房的六四式枪支的保险按钮处的擦拭子上检出的生物成分来自被告人温某某的可能性大于 99.999999%。

温某某在侦查阶段承认自己收受邵某某 6 万元，但表示对枪支并不知情。

审查起诉阶段，温某某否认收受邵某某通过水果箱赠送的 5 万元，提出自己有罪供述是侦查人员刑讯逼供而来。

2016 年 6 月 13 日，法院作出一审判决，对于公诉机关指控被告人温某某构成非法持有枪支、弹药罪是否成立的问题，法院作出如下评判：对于被告人温某某及其辩护人所提的涉案的仿“六四式”手枪因受到污染，故不能将相关法医物证鉴定意见书（DNA 鉴定）作为该枪支为温某某持有的证据。经查，出庭作证的警察潘某某的证言及相关现场勘查笔录、现场照片等证据相互印证证明，刑事勘验警察到现场勘验前，涉案的枪支、弹药已从第一藏匿地温某某的办公柜抽屉转移放置至温某某的办公桌面。其中仿“六四式”手枪的部分枪体已与桌面接触。在随后的现场勘查中，负责勘验的警察又在对该仿“六四式”手枪进行拍照时，将该手枪的保险朝下直接置于温某某办公室的地面。从公安人员对涉案的枪支的取证操作来看，该操作未严格隔离作为检材的手枪、弹药与温某某的办公桌面及办公室地面的接触，不能排除检材手枪被温某某残留在办公桌面、办公室地面的生物成份污染的可能性，故鉴定单位从该仿“六四式”手枪检出温某某DNA的法医物证鉴定意见，不足以证明该枪属温某某个人持有。综上，温某某及其辩护人的上述意见成立，本院予以采纳。

由于法医物证鉴定意见书（DNA鉴定）不能证明被告人温某某是涉案枪弹的持有人，经审查公诉机关就该指控所举的其他证据，本院认为，其中证人简明、蒋立新的证言与现场勘查笔录，并不能直接证明温某某持有涉案的枪弹。上述证据必须与其他证据组成完整的证据锁链才能排除合理怀疑地证明公诉机关指控的温某某非法持有该枪弹的案件事实。现本案只有上述证据，缺乏其他证据与之佐证，加之温某某从未供认该枪弹为其本人持有、藏匿，再考虑到涉案的枪弹存放地为有多人使用的私密性不强的办公室，且存放地的抽屉也没有加锁，故现有证据未能排除指控的枪弹为他人持有的合理怀疑，未达确实、充分的刑事证明标准。综上所述，公诉机关指控该枪弹由温某某持有的证据不足，本院不予支持。温某某及其辩护人的上述意见成立，本院予以采纳。

因此，法院一审判决认为证据不足，温某某不构成非法持有枪支、弹药罪；仅认定其受贿三万元，判处有期徒刑两年一个月。

温某某对构成受贿罪不服，遂提起上诉。

2017年11月24日，二审法院认为事实不清、证据不足，发回重审。

2020年8月20日，重审法院作出发回重审一审刑事判决，对于一审认定的受贿罪，评判如下：1. 对于被告人温某某的有罪供述是否属于应予排除的非法证据的问题。经查，侦查人员在讯问时曾对温某某说：“案件牵涉你妻子，如果你态度不好，则你与妻子都要被追究责任，送进看守所拘留，届时患有子宫癌的妻子及本人在看守所的环境中很难生存好，且你们的小孩也没有人管。”之后被告人温某某作出受贿6万元的供述。而根据2018年1月1日试行的《最高人民法院关于人民法院办理刑事案件排除非法证据规程》第1条的规定，采用以暴力或者严重损害本人及其近亲属合法权益等进行威胁的方法，使被告人遭受难以忍受的痛苦而违背意愿作出的供述，应当予以排除。本案侦查人员于2014年5月21日对温某某讯问的确存在对其家属合法权益进行威胁的情形，且侦查人员作出的讯问笔录中存在未如实记录温某某已翻供的情况，多次讯问笔录不完整，不能完全反映温某某在侦查期间的供述与辩解，故被告人温某某的有罪供述属于非法证据，予以排除。温某某及其辩护人的相关意见本院予以采纳。

2. 关于被告人温某某的受贿数额问题。对于公诉机关指控的另外从同案人邵某某处受贿5万元的事实，经查，由于被告人温某某当庭否认此事实，且同案人邵某某的供述及证人黄某某的证言对认定此事实也不能形成证据链条，故公诉机关指控被告人温某某从同案人邵某某处受贿5万元证据不足。温某某及其辩护人的相关意见本院予以采纳。

本案历时六年，最终法院作出全案无罪判决。

【争议焦点】

1. 涉案枪支上检出被告人温某某的DNA，但现有证据显示侦查人员取证过程中可能导致枪支被污染，在没有其他证据可以支持枪支属于被告人温某某所有的情况下，这样的客观证据是否能够排除合理怀疑，作为定案依据？

2. 被告人温某某的有罪供述及其妻子黄某某的证言是否属于非法取证得来？是否应当被排除？

3. 在一审认定被告不构成非法持有枪支、弹药罪，被告人仅就受贿罪上诉被二审法院发回重审时，公诉人可否就非法持有枪支、弹药罪继续指控被告人？

【案例评析】

该案辩护之所以能够取得成功，主要在于如下几点原因，为其他刑事案件的办理提供了非常有益的经验。

（一）非法持有枪支、弹药案

1. 辩护人利用侦查人员取证过程的失误，成功排除DNA客观证据

法医物证鉴定意见显示在一把涉案仿“六四式”手枪的保险栓处检出了被告人温某某的DNA，这是公诉机关认定枪支属于被告人的关键证据。

辩护人详细核实后发现，勘验笔录中两张照片显示，涉案手枪被侦查人员先后放置于被告人平时使用的办公桌和办公室地上进行拍照。辩护人根据相关科学知识指出，侦查人员的失误行为足以导致检材（手枪）被污染，沾上被告人遗留在桌面

和地上的DNA。该份报告不能作为被告人触碰过枪支的依据。辩护人随即向法院申请两位侦查人员出庭作证，通过法庭询问，证实了以上侦查人员取证失误的事实。

2. 辩护人通过调查取证，指出不能排除的合理怀疑

辩护人通过调查了解，指出几个存在疑点的事实。

（1）侦查机关认为被告人曾经是警察，所以有非法持枪嫌疑。辩护人经过背景调查，发现被告人同办公室其他同事中有两名是退伍军人，其中一名也曾是警察。

（2）被告人被检察院带走之后，检察官曾经搜查其办公室，但是未发现枪支弹药，且放置于办公室的柜子钥匙下落不明。

（3）发现枪支的柜子，不仅被告人使用，其他同事也可以打开。

因为关键物证被排除，且不能排除合理怀疑，法院对于非法持有枪支、弹药罪作出无罪判决。

（二）受贿案

1. 辩护人通过比对审讯录像、提讯证、笔录，成功非法证据排除。被告人在侦查阶段有12次认罪笔录，但到了审查起诉阶段提出有罪供述均是在侦查人员刑讯逼供、以近亲属相威胁的情形下作出的，属于非法证据。要排除非法证据，必须提供非法取证的线索，为此辩护人调取了被告人全部讯问的同步录音录像，发现侦查人员在提审时用抓其妻子黄某某、黄某某患有子宫癌、女儿无人照顾等言语威胁。

同时辩护人将录音录像比对提讯证、笔录，发现侦查人员多次提审不制作笔录、不同步录音录像、提审时间远长于笔录时间等非法取证的问题，制作对比表格提交法庭，成功排除被告人有罪供述。

2. 辩护人通过法庭辨认，证明有罪供述虚假，最终达到受贿罪无罪的结果。辩护人发现案件卷宗里缺少了行贿人邵某某对被告人妻子的辨认材料，以此为突破口，申请行贿人邵某某、证人黄某某出庭接受询问。行贿人邵某某当庭确认，收受水果篮的人并非黄某某，而是另一名不认识的年轻女性（与黄某某年龄相差十多岁）。

法院据此认定该次受贿犯罪证据不充分，不予支持。

但因无法作出两罪均不成立的判决，故一审勉强认定被告人受贿三万元。经过二审、发回一审，最后终于无罪。

3. 辩护人通过运用法学理论，阐明了上诉不加刑的特殊适用情形，阻却了公诉人在一审对非法持有枪弹罪认定无罪，二审发回重审后，想再次将非法持有枪弹罪定罪的观点。

本案一审认定被告人不构成非法持有枪支、弹药罪，被告人就构成受贿罪上诉，认为受贿罪也应当无罪。检察院并未抗诉。二审法院经审理后，认为事实不清、证据不足，发回重审。在重审审判中，公诉人继续指控温某某构成非法持有枪支、弹药罪，要求法院定罪处罚。辩护人认为对于原一审认定无罪的罪名，公诉机关并未抗诉，发回重审阶段任何定罪量刑行为都将违背上诉不加刑原则。最终发回一审法院并未支持公诉人的观点。

【专家点评】

本案在两个罪名的辩护方面都非常具有典型意义。

第一，在受贿罪无罪的辩护中，本案通过非法证据排除，排除了被告人多达12次的认罪笔录。在此过程中，辩护人做了大量工作，包括调取同步录音录像并逐字逐句以文字形式呈现，提取其中文字内容与笔录、提讯证一一比对，并通过表格方式一目了然体现，这些工作虽然繁重，但是能将案件的疑点充分展现给法官，让法官更加清晰、快速查明案件事实，是一次非常成功的排除非法证据实例。

第二，在非法持有枪支、弹药罪的辩护中，辩护人在几十卷案卷中细致发现了枪支摆放接触地面被污染的一张照片，并通过申请侦查人员出庭清晰展现了取证的程序错误，直接以涉案枪支被污染的理由成功排除DNA客观证据，是一个非常精彩的程序辩护成功案例。

程序正义是看得见的公正。“正义不仅应得到实现，而且还要以人们看得见的形式实现。”案件的处理过程其实是对案件事实还原的过程，因侦查手段的制约性及时空的局限性，几乎不可能完整还原案件的客观真实情况，只能通过正确的方法和步骤用现有的证据来得出法律所认可的案件事实。通过正义的程序得出的结论，更具有稳定性，更容易为被告人、社会大众所接受，能更好地维护法律的权威性。

（点评人：朱天芳，广州市律协职务犯罪刑事法律专业委员会主任）

相互斗殴还是正当防卫

——从黄某涉嫌故意伤害罪无罪案谈起

王洁娴　周泳秀*

【内容提要】

在我国司法实践中，相互动手通常被认定为互殴，因相互动手导致对方受伤或死亡的一方很容易被定性为故意伤害，其中受到伤害或受伤较重甚至死亡的一方最终会被定性为受害者，而看似吃亏的一方却可能是侵害者，这样直接定性为互殴的故意伤害案件，压缩了正当防卫或防卫过当的认定范围。

为了切实纠正这种"谁死伤谁有理""谁伤重谁有理"的错误倾向，2020 年 8 月 28 日《最高人民法院、最高人民检察院、公安部关于依法适用正当防卫制度的指导意见》第 9 条明确规定，准确界分防卫行为与相互斗殴，应当综合考量案发起因、对冲突升级是否有过错、是否使用或准备使用凶器、是否采用明显不相当的暴力、是否纠集他人参与打斗等客观情节，准确判断行为人的主观意图和行为性质。本案是正确适用该条文规定的典型案例。

【案情简介】

2019 年 12 月，职校学生黄某骑行自行车前往兼职地点时，一位同向骑行的唐某扭头吐出一口口水，正好吐在了黄某身上。黄某拦住唐某，要求其道歉。唐某拒

---

* 王洁娴、周泳秀，广东宋氏律师事务所律师。

绝道歉，两人发生争执并互吐口水，气急败坏的唐某挥手殴打黄某脸部，双方在自行车上拉扯。在拉扯过程中，骑坐在自行车上的唐某跌倒在地。倒地后，黄某挥拳殴打了被害人唐某脸部三下。

后经法医鉴定，唐某左股骨粉碎性骨折，属轻伤一级，公安机关以涉嫌故意伤害罪对黄某进行刑事立案，后广州市荔湾区人民检察院对黄某移送起诉。

庭审之后，公诉机关撤回起诉，荔湾区人民法院于2020年12月30日作出裁定，同意公诉机关撤回起诉，并驳回唐某附带民事诉讼的起诉。

案件结束后，中央政法委、最高人民法院等司法机关的官方媒体将该案定义为"广州口水案"，作为宣传正当防卫制度的全国性典型案例，在全国引起了广泛的正面效应，中央电视台《法治深壹度》栏目对该案作了专题的跟踪报道。

【争议焦点】

1. 黄某的行为是正当防卫还是故意伤害?
2. 黄某的正当防卫是否超过必要限度?

【案例评析】

街头一口随意的口水引发的互殴案，看起来是一件很小的案件，实则是一个争议很大的案件，究竟是故意伤害还是正当防卫?

（一）辩护律师正确解释法律，指引被告人作出影响人生的正确选择。

当黄某找到辩护律师的时候，案件已经移送审查起诉，黄某满腹委屈地问辩护律师，"我只是希望老人道歉，我做错了吗?"

此时，检察官提出，如果黄某愿意认罪并且赔偿，可以考虑对黄某作出罪轻不起诉决定，黄某面临矛盾的选择。

辩护律师通过正确解释法律，认为黄某的行为属于正当防卫，给黄某提供了一个正确的方向，黄某决定拒绝"妥协式"的认罪，要求进行无罪辩护。

（二）各执一词的肢体冲突经过，辩护律师利用科学手段，逐帧分析案发现场监控视频，最终解开隐藏在监控视频里的真相。

公诉机关之所以认为黄某构成故意伤害罪，一个重要的原因是在被害人倒地之后，已经失去了继续攻击的能力，黄某依然对着被害人的脸部殴打了三拳。

黄某解释当时是因为被害人用嘴巴咬住了自己的手指，因为疼痛而殴打被害人，被害人被打之后才松口。一开始，辩护律师细观看现场监控视频，并未看到被害人咬住黄某的镜头。后来，通过安装视频播放软件，逐帧慢镜头播放监控视频，终于显示出了被害人咬住黄某的画面，还原了案件真相。辩护律师在法庭上当庭播放解释，让法庭查清了事实。

（三）积极找寻目击证人，还原事实经过。

本案发生在热闹街头，人流量较大，民警只对现场其中一名目击证人做了笔录，然而该笔录相对简单，没有清楚描述事件经过。为了还原事实经过，辩护律师走访了案发现场，找到了某烧腊店的员工、目睹全过程的街坊李某等其他证人，通过调查取证，证实了是被害人有过错并且先动手殴打黄某等情节。

（四）辩护律师充分运用正当防卫的司法解释，融合法理、情理，论证黄某的行为构成正当防卫，得到了法院的支持。

此前的相互斗殴的案件都难以被认定为正当防卫，而仅仅认为被害人有过错，对被告人予以减轻处罚。辩护人根据刚刚出台的关于正当防卫的司法解释，综合分析了案发原因、冲突升级的对错，以及黄某在当时处境下的心态等，运用正当防卫制度的刑法理论论证黄某构成正当防卫，并指出了该案对于适用正当防卫制度的社会意义，得到了法官的认可和支持。

【专家点评】

这个案件虽小，却很有普遍意义，它可能随时发生在我们每个人身上。辩护律师准确定性、积极调查取证、细致阅卷、发现关键细节，有效地维护了当事人的最大权益。司法机关通过观点鲜明的判决，切实矫正了“谁死伤谁有理”的错误倾向，捍卫了“法不能向不法让步”的法治精神，给当事人、也给整个社会一个正确的价值导向和行为指引，是一堂公开的法治课。

（点评人：李晓月，广州市律师协会经济犯罪刑事法律专业委员会副主任）

如何认定危险废物

——以谢某等人涉嫌污染环境案为例

赖建东 周泳秀 王洁娴 罗凯翀 陈丹丹*

【内容提要】

污染环境罪的认定中，废油漆桶、废油漆渣如不具有毒性、腐蚀性，则不属于危险废物。对不明确是否具有危险特性的废物，应当经过司法鉴定进行确定。经鉴别不具有危险特性的，不属于危险废物。

【案情简介】

（一）指控的事实

根据广州市××区环保水务局的认定，涉案废油漆桶、废油漆渣均属于危险废物，广州××有限公司的行为涉嫌污染环境罪。广州市××区环保水务局将犯罪线索移送公安机关。

公安机关经侦查发现，2017年4月，时任广州××有限公司物资部经理邱某、副经理倪某、仓储管理室主任凌某在明知××公司没有危险废物处置资质的情况下，由凌某指示下属拟定废旧物资处置协议，并逐级层报至该公司副总经理谢某审批通过后，以人民币200元每吨的价格与××公司签订处置废油漆桶的协议。××公司三次为广州××有限公司清运废油漆桶共计18.92吨，并将上述废油漆桶运到广

* 赖建东、周泳秀、王洁娴、罗凯翀、陈丹丹，广东宋氏律师事务所律师。

州市××区××废品站，使用破碎机将油漆桶粉碎成铁粒，与油漆渣分离，将铁粒进行销售，油漆渣露天堆放在上述场地。根据广州市××区环保水务局的认定，广州××有限公司交由××公司处置的废油漆桶、××公司位于××区的处置地点堆放的废油漆桶、废油漆渣均属于危险废物。该处置地点未采取防扬散、防流失、防渗漏等污染防治设施，未采取雨污分流措施，未设置事故应急池、初期雨水收集池等池体，未配套水污染防治设施，雨污水直接从场区低洼处排向外环境；未配套粉尘、有机废气处理设施；未配套噪声污染防治措施。该处置不符合《危险废物贮存污染控制标准》（GB18597—2001）相关要求，不具备危险废物收集、贮存、处理的环境保护条件，在危险废物废油漆桶的破碎处置过程中产生了环境污染。

据此，××区人民检察院指控广州××有限公司副总经理谢某、物资部经理邱某、副经理倪某、仓储管理室主任凌某涉嫌污染环境罪。

（二）辩护观点

辩护人认为，××区人民检察院认定谢某等人实施污染环境的行为，缺乏客观证据予以支持，涉案废旧油漆桶经过检测不符合危险废物的标准，应对谢某等人不予起诉，具体理由如下。

1. 公安机关认定谢某等人涉嫌污染环境罪的依据是司法解释中的“非法处置危险废物三吨以上”

公安机关认定谢某等人违规委托没有相关资质的××公司处置废油漆桶 18.92 吨，辩护人对该事实没有异议。根据公安机关、环保部门的意见，谢某等人构成污染环境罪的依据是《最高人民法院、最高人民检察院关于办理环境污染刑事案件适用法律若干问题的解释》第 1 条第 2 项“非法排放、倾倒、处置危险废物三吨以上”的规定。故涉案油漆（油漆桶）是否都属于法律规定的危险废物，是本案认定是否构成犯罪的关键。

2. 并非所有的油漆（油漆桶）都属于法律上的危险废物

根据《国家危险废物名录》的规定，与油漆（油漆桶）相关的危险废物类别有三个：

（1）HW12（染料、涂料废物），废物代码为 264－013－12，原文为“油漆、油墨生产、配置和使用过程中产生的含颜料、油墨的有机溶剂废物”，危险特性为含有毒性（T）。但根据《国家危险废物名录》的规定，该类别危险废物的行业来源是“涂料、油墨、颜料及类似产品制造”，指的是在制造过程中产生的废物。涉案广州××有限公司和××公司均不符合该行业的要求，没有涂料等产品的生产制造能力和经营范围，所产生的涉案油漆（油漆桶）不属于这一种类危险废物。

（2）HW12（颜料、涂料废物），废物代码为 900－299－12，原文为“生产、销售及使用过程中产生的失效、变质、不合格、淘汰、伪劣的油墨、染料、颜料、油漆”，危险特性为含有毒性（T）。只有“失效、变质、不合格、淘汰、伪劣”的油漆，才有可能属于危险废物。在使用期限内、合格、达标的油漆，并未被定义为危险废物。

（3）HW49，废物代码为 900－041－49，原文为“含有或沾染毒性、感染性危险废物的废弃包装物、容器、过滤吸附介质”，危险特性为含有毒性（T）、感染性（In）。

该类别指的是容器在含有或沾染了危险废物的情况下，才被认定为危险废物的情况。故本案的油漆桶是否认定为危险废物，还是取决于桶内油漆是否属于危险废物。

3. 环保部门认定涉案油漆（油漆桶）为危险废物的依据存在问题，也相互矛盾。

（1）两份说明对于废油漆的危险种类和标准认定不一致。广州××有限公司了解到，广州市××区环保水务局在 2018 年 6 月 18 日出具的《关于广州××有限公司非法转移处置的废油漆桶是否属于危险废物的说明》中，认定本案涉及的废油漆属于列入名录的危险废物，类别为 HW12（染料、涂料废物），废物代码为 264－013－12，即“油漆、油墨生产、配置和使用过程中产生的含颜料、油墨的有机溶剂废物”，危险特性为毒性（T）；而广州市××区环保水务局在 2018 年 7 月 18 日出具的《关于广州××有限公司外运处置废油漆桶的情况说明》中，认为涉案的废油漆属于 HW12（颜料、涂料废物），废物代码为 900－299－12，即“生产、销售及使用过程中产生的失效、变质、不合格、淘汰、伪劣的油墨、染料、颜料、油漆”，危险特性为毒性（T）。

通过这两份说明可知，环保部门对于涉案油漆（油漆桶）采用了两个不同的标准，是存在矛盾的，无法确定是哪一种危险废物。

（2）环保部门的两种认定结论均存在问题。通过对《国家危险废物名录》的比对，我们发现本案中××区环保水务局的两种认定结论均存在不符合名录对危险废物来源和特性的描述的情况。

第一种 HW12（染料、涂料废物），废物代码为 264－013－12，即“油漆、油墨生产、配置和使用过程中产生的含颜料、油墨的有机溶剂废物”，危险特性 T（毒性）。该种危险废物的行业来源应该是“涂料、油墨、颜料及类似产品制造”，而本案中不管是广州××有限公司还是××公司，均不符合该行业的要求，没有涂料等产品的生产制造能力和经营范围。

第二种 HW12（颜料、涂料废物），废物代码为 900－299－12，即“生产、销售及使用过程中产生的失效、变质、不合格、淘汰、伪劣的油墨、染料、颜料、油漆”，危险特性 T（毒性）。该种危险废物行业来源为非特定行业，但《国家危险废物名录》同时明确规定，只有“失效、变质、不合格、淘汰、伪劣”的油漆，才属于危险废物。

环保部门的认定中并未对涉案油漆是否属于“失效、变质、不合格、淘汰、伪劣”进行论证，直接认定为危险废物，与《国家危险废物名录》的规定不符。

4. 难以确定是否属于危险废物时，应当委托专业鉴定机构进行鉴定；本案涉案的油漆（油漆桶）已经过鉴定，不具有毒性、腐蚀性，不属于危险废物。

根据《最高人民法院、最高人民检察院关于办理环境污染刑事案件适用法律若干问题的解释》第 14 条的规定，对案件所涉的环境污染专门性问题难以确定的，依据司法鉴定机构出具的鉴定意见，或者国务院环境保护主管部门、公安部门指定的机构出具的报告，结合其他证据作出认定。故在难以确定涉案油漆（油漆桶）否属于危险废物时，应当以鉴定机构的鉴定意见为准。

本案中，广州市××区环保水务局（环保监察大队）于 2018 年 6 月委托××测试中心，对涉案的油漆桶、油漆渣进行检测，××测试中心于 2018 年 7 月 10 日出具《环境监测报告》。报告显示，××测试中心在涉案油漆桶、油漆渣中采集了 5 个样品，分别来源于固废堆上层、中层、下层，按照《危险废物鉴别标准　腐蚀性鉴别》（GB5085. 1—2007）及《危险废物鉴别标准　浸出毒性鉴别》（GB5085. 3—2007），对涉案固体废物是否属于危险废物进行了检测。检测结果显示，5 个样品均不具有腐蚀性、也未浸出毒性，故涉案的油漆、油漆桶不属于法律意义上的危险废物。

5. 固体废物能否认定为危险废物，应当符合危险废物的概念和相应标准；随着化工技术的发展，目前多种油漆已经符合国家环保标准，将来也会有越来越多的油漆不再符合危险废物的标准。

《国家危险废物名录》第2条对应“危险废物”有明确规定：具有腐蚀性、毒性、易燃性、反应性或者感染性等一种或者几种危险特性的固体废物，属于危险废物。同时第6条对于如何判断是否属于危险废物，也有明确的标准：对不明确是否具有危险特性的固体废物，应当按照国家规定的危险废物鉴别标准和鉴别方法予以认定。经鉴别不具有危险特性的，不属于危险废物。因此，在判断涉案物品是否属于危险废物时，既要参照《国家危险废物名录》，更要紧扣危险废物的特定和鉴定标准。当根据《国家危险废物名录》难以确认时，更应当严格按照鉴定标准进行鉴定，才能准确辨别是否属于危险废物。

虽然在日常经营活动中，很多用剩的油漆（油漆桶）都参照危险废物管理，这是由于早期的油漆环保技术落后，为了更好地保护环境，才以更高的标准来管理。故在日常监管中形成了油漆、废旧油漆、油漆桶等同于危险废物的错误认识。实际上，随着技术的发展，很多油漆已经符合国家环保标准了。尤其是随着水性漆的普及，越来越多的油漆将不再具有危险废物的特性，不具备认定为危险废物的条件。

6. 涉案油漆（油漆桶）经鉴定，不具有毒性和腐蚀性，不应认定为危险废物。广州××有限公司的油漆（油漆桶）部分是船东自己购买的，部分是公司自行购买的，都来自国内外知名品牌，因此本身不排除本案涉案油漆在生产时就符合国家环保标准，不具有为危险废物的腐蚀性、毒性等特性的可能性。经过××测试中心鉴定后，更加确定不属于危险废物。

（三）结果

最后，本案在审查起诉阶段，检察院采纳了辩护律师的意见，对四名犯罪嫌疑人都作出了不起诉的决定。

【争议焦点】

1. 如何认定危险废物？
2. 废油漆、废油漆桶是否等同于危险废物？
3. 可否仅凭废油漆、废油漆桶处置场地的土壤中具有危害成分，认定废油漆、废油漆桶属于危险废物？

【案例评析】

本案属于中央督办的环境污染案件，办案难度较大。本案的亮点在于辩护律师积极取证，提供了涉案废油漆、废油漆桶不属于危险废物的关键证据，改变了行业认识的误区，否定了环保部门对于危险废物的行政认定，最终说服检察机关作出了不起诉决定。

1. 本案的客观事实和证据存在一定的“迷惑性”，辩护律师发现环保部门和涉案公司均陷入了认识误区。危险废物的认定标准复杂，专业术语多，大量案例也显示废油漆属于危险废物。在此情况下，很容易陷入“废油漆”等同于“危险废物”的误区。在本案中，环保部门也陷入了相同的误区，行政部门在涉案废油漆桶的处置场地的土壤中检测到了危害成分，便作出了涉案废油漆桶属于危险废物的认定结论。辩护律师经过详细的研究，发现了这个认识的误区。

2. 辩护律师仔细审查环保部门的危险废物认定报告，发现漏洞。辩护律师研究了大量的危险废物相关法规、案例及论文，发现并非所有的油漆都属于危险废物，只有在满足“失效、变质、不合格、淘汰、伪劣”的条件下，油漆才能被认定为危险废物。同时，辩护律师经仔细审查，发现环保部门在未对涉案油漆进行专业鉴定的情况下，直接将其认定为危险废物，不符合认定危险废物的标准及规定。

3. 辩护律师经过深入调研油漆行业的特点和发展情况，发现了早期和后期生产的油漆的不同标准，影响是否属于危险废物的认定。随着技术的发展，很多油漆已经符合国家环保标准了，尤其是水性漆的普及，越来越多的油漆将不再具有危险废物的特性，不具备认定为危险废物的条件。本案中，涉案企业购买的油漆桶均来自国内外知名品牌，在生产时就符合国家环保标准，极可能不具有为危险废物的腐蚀性、毒性等特性。

4. 辩护律师委托专业鉴定机构，对涉案的油漆、油漆桶进行鉴定，证明其不属于危险废物，否定了环保部门的认定结论。辩护人通过调查取证，确定了涉案公司在本案中所使用的油漆品牌和类型，然后通过委托专业的鉴定机构，依照法定程序对油漆进行了抽样检测鉴定，鉴定结果显示，涉案油漆的各项成分都是达标的，不具有毒害性，不符合认定为危险废物的标准。

5. 辩护律师督促涉案公司修复生态环境，为争取不起诉创造条件。虽然辩护律师找到了可能不构成犯罪的有力证据，但是毕竟对环境造成了一定程度的污染，而且该案属于上级环保部门督办的典型案例，为了减少辩护压力，辩护人建议涉案公司积极出资数百万元修复了被破坏的生态环境，为争取不起诉创造了有利的条件。

【专家点评】

该案辩护之所以能够取得成功，主要在于辩护人深入研究法律规定，打破废油漆等同于危险废物的固有思维，且积极取证，利用证据缺陷说服检察官，属于污染环境类刑事案件具有典型意义的无罪案例。

本案律师的辩护工作，不仅依靠法律，实现法律上的公平正义，还充分考虑环境生态的保护。在辩护律师建议、推动下，涉案企业主动、积极修复生态环境，出资建设生态保护园，为保护生态环境贡献了重要的力量。

最终，涉案企业以实际行动修复生态环境，检察机关也依法对涉案企业作出的公正的处理，充分实现了个案处理与社会公共利益的平衡。

（点评人：李晓月，广州市律师协会经济犯罪刑事法律专业委员会副主任）

涉嫌参加黑社会性质组织、故意伤害罪被释放辩护之路

陈奕荣*

【内容提要】

本案为犯罪嫌疑人涉嫌参加黑社会性质组织罪、故意伤害罪的案件。根据2000年12月10日《最高人民法院关于审理黑社会性质组织犯罪的案件具体应用法律若干问题的解释》第3条第2款的规定以及《最高人民法院、最高人民检察院、公安部办理黑社会性质组织犯罪案件座谈会纪要》的规定，主观上并无加入意图，客观上也不受犯罪组织领导和管理，因被纠集、雇佣、收买、威逼或者受蒙蔽为黑社会性质组织实施违法犯罪活动或者提供帮助、支持、服务的人员，不应以参加黑社会性质组织罪定罪处罚。

【案情简介】

犯罪嫌疑人邓某某从2003年开始在英德市某镇一带非法开采稀土矿，并逐渐形成了以邓某某为组织领导，邓某蕊等为成员的相对固定组织架构。犯罪嫌疑人杨某等老板看中某当地的稀土资源，借助当地邓某某黑社会性质组织的力量，相互勾结、相互利用，以保护矿山运作，防止村民阻碍开采稀土矿。

* 陈奕荣，广东穗南律师事务所律师。

2011 年 4 月 7 日，英德市某镇林某保、林某滚等村民认为杨某等人在开采麻竹笼矿山过程中存在超越承包范围的情况，遂前往矿山要求赔偿，杨某指使的矿山管理人员杨某 2、邓某某指派的管理人员在场与村民协商。4 月 8 日上午，林屋村林某保等数十名村民手持镰刀、锄头等工具上矿山聚集，再次要求赔偿。邓某某指派数名管理员到场参与殴打。陈某军是杨某司机，当天杨某让陈某军去看看现场情况，陈某军一个人开车去矿山，去到矿山的时候，就看到山顶上站了当地的村民，山腰也站了一些人。陈某军把车放在山脚的路边，然后走到矿山脚和杨某 2 聊天，邓某某等人在附近，现场还有其他村民、矿上的人、当地政府人员和派出所民警。之后双方打起来，陈某军由于害怕就在路边捡了一根棍子拿在手上继续往停车的方向走去，上车前把木棍随手丢在路边后就开车回去和杨某汇报情况。本次打斗造成林某保重伤死亡，其他村民 6 人轻伤，3 人轻微伤。

2018 年 11 月 14 日陈某军因本案被刑事拘留，并于 12 月 21 日被执行逮捕。律师接受代理后，认真审阅案卷，反复斟酌案件定罪证据，认为公安机关现有的证据不足以认定陈某军构成参加黑社会性质组织罪、故意伤害罪。另外，结合陈某军的自身情况，认为未达到逮捕的条件。确定基本辩护思路后，代理律师撰写了《不予逮捕法律意见书》《关于陈某军涉嫌参加黑社会性质组织罪、故意伤害罪法律意见书》等材料提交至检察院，并将卷宗里全部涉及陈某军在场的笔录内容按陈述人、时间先后顺序截图后整理成卷，最大限度地还原现场，让检察官看完材料一目了然，现有所有证据都无法证实陈某军参与打架斗殴。

代理律师法律意见如下。

（一）陈某军不构成参加黑社会性质组织罪。理由是：第一，陈某军并无参加黑社会性质组织的主观故意。一方面，陈某军担任杨某的司机，在入职时杨某是公司的老板，在陈某军看来，自己仅从事一份普通的司机工作，并不会产生社会危害性。另一方面，其作为杨某的司机在日常工作中也并不能认识到这是一个黑社会性质组织，因为杨某的生意均和采矿有关，涉及人员较多，但是该组织平时都是在进行采矿的工作，没有拉帮结派欺负百姓。另外，司机的职责决定了陈某军只需在杨某出行时履行开车的职责或做其他简单的辅助性工作。因此，陈某军根本没有参加黑社会组织的主观故意。第二，陈某军客观上未实施参加黑社会性质组织的行为。陈某军作为杨某的司机，属于正当打工，一直按市场价格领取工资。杨某除了向陈某军提出要开好车、帮忙看看矿上情况、接待客人时要回避这三项正常的工作要求之外，并无任何与黑社会性质组织有关的纪律、训诫和约束，也从不给陈某军交代去做其他的违法犯罪工作，这说明杨某对陈某军的定位也仅仅是一个驾驶员，根本不希望陈某军参与到他的其他活动中去。除了司机工作的正常报酬之外，陈某军并没有在该组织中获得经济利益，也没有参与经济利益的再分配，从案涉人员对他的印象也只停留在杨某司机上、关系都不熟就可以看出。《最高人民法院关于审理黑社会性质组织犯罪的案件具体应用法律若干问题的解释》第 3 条第 2 款规定，对于参加黑社会性质组织，没有实施其他违法犯罪活动的，或者受蒙蔽、胁迫参加黑社会性质的组织，情节轻微如参加黑社会性质组织后虽有不良行为或者一般性的违法活动但危害不大的，可以不作为犯罪处理，以及《最高人民法院、最高人民检察院、公安部办理黑社会性质组织犯罪案件座谈会纪要》规定，主观上并无加入意图，客观上也不受犯罪组织领导和管理，因被纠集、雇佣、收买、威逼或者受蒙蔽为黑社会性质组织实施违法犯罪活动或者提供帮助、支持、服务的人员，不应以参加黑社会性质组织罪定罪处罚。陈某军因雇佣关系作为杨某的司机，从事的活动没有任何的加害行为，其客观上也并没有参加黑社会性质组织的行为。

（二）陈某军不构成故意伤害罪。理由是：第一，此次案件言词证据存在严重矛盾，且在整个案件发生过程，没有有效的监控、物证等证据证明犯罪嫌疑人陈某军有故意伤害的行为。查看案卷材料可知，陈某军和杨某的供述始终是稳定和相互印证一致的：2011 年 4 月 8 日上午，杨某跟陈某军说矿山有村民在闹事，让其去看看情况，陈某军便一人开车去矿山，到矿山时其看到山顶上站了当地的村民，山腰也站了一些人。陈某军把车放在山脚的路边，然后走到矿山脚和杨某 2 聊天，邓某某等人在附近，现场还有其他村民、矿上的人、当地政府人员和派出所民警。之后双方打起来，陈某军由于害怕就在路边捡了一根棍子拿在手上继续往停车的方向走去，上车前把木棍随手丢在路边后就开车回去和杨某汇报情况，其并未冲上山参与打斗。此案卷宗中涉及陈某军参与本次斗殴的只有政府人员卷一中出警人员的询问笔录以及邓某某的讯问笔录，其中当时在场的出警人员询问笔录中均表示陈某军在现场，但未实际见到其冲上山参与殴打，而陈某军也承认自己在现场是事实。询问结束后，侦查机关也没有组织相关出警人员对陈某军进行辨认，因此该证据也不足以证明陈某军有实施殴打的行为。一方面，邓某某自己的供述前后矛盾，一时说看到陈某军冲上山参与打斗，一时说不记得是否在现场，其离陈某军几十米远，双方开始殴打的时候场面极为混乱，也没有看到他有殴打村民的行为。根据常识，邓某某所处位置根本无法看清整个案发经过，故其证言的真实性无法认定，不应采信。另一方面，不管是出警人员的询问笔录还是邓某某的供述都是间接证据，只能证明案件事实的一个片段。故本案存在证据不全面，没有形成完整、充分的证据链的情况，不能证明陈某军有参与打架斗殴。第二，该案已过了追诉时效，此案的主要人员已经归案，假使犯罪嫌疑人陈某军构成故意伤害罪，量刑也不会超过三年。而案发至今已 8 年，早已过了追诉时效。当时案发后，涉案主要人员均没有提及陈某军有参与本次案件的打斗，也没有警察带陈某军回去做笔录。这 8 年多来，陈某军一直安分守法，不存在“追诉时效无限延长”的情形，依法不应该再追究陈某军的刑事责任。第三，即使法院认定陈某军有参与殴打，其行为也属于情节显著轻微，不构成故意伤害罪，应当免予起诉。根据《刑法》第 234 条之规定，故意伤害是指故意伤害他人身体的行为，且实践上必须构成轻伤才能定罪。而此案的现有材料中，并没有人指出陈某军有殴打他人导致他人重伤或者轻伤的行为，即没有有效的证据证明陈某军的行为与本案被害人的受伤结果有因果关系。根据《刑事诉讼法》第 16 条第 1 项的规定，情节显著轻微、危害不大，不认为是犯罪的，不追究刑事责任，已经追究的，应当撤销案件，或者不起诉，或者终止审理，或者宣告无罪。情节显著轻微，意味着犯罪嫌疑人的违法行为存在但不够上起刑点，也就是说并非所有危害社会的行为都是犯罪，只有危害社会达到一定的程度，才被认为是应受刑罚处罚的犯罪行为。即使法院认为陈某军有参与殴打，其行为也只是属于一般的违法行为，不够上起刑点。

此次案件中，检察院经过审查并退回二次补充侦查，仍然认为公安机关认定的犯罪事实不清、证据不足，不符合起诉条件。最终于 2020 年 1 月 20 日，根据《刑事诉讼法》第 175 条第 4 款之规定对陈某军作出不起诉的决定。

【争议焦点】

陈某军作为黑社会性质组织中杨某的司机是否涉嫌参加黑社会性质组织罪，在仅有言词证据的情况下且言词证据之间存在严重矛盾无法证明整个案件发生过程的打架斗殴中是否涉嫌故意伤害罪？

【案例评析】

本案在犯罪嫌疑人是否涉嫌参加黑社会性质组织罪方面，从犯罪构成要件入手，分析犯罪嫌疑人并无参加黑社会性质组织罪的犯罪故意和犯罪行为。而且犯罪嫌疑人仅是黑社会性质组织中其中一人的司机，即提供服务的人员，并无参与黑社会性质组织的违法犯罪活动。在涉嫌参加黑社会性质组织罪的个案中，应当综合全案了解犯罪嫌疑人在其中的角色，以及是否有犯罪故意及实施了超越角色的工作、是否存在虽作为一个服务角色却收获与其市场价格不相匹配的薪资的现象、是否遵从黑社会性质组织的指令实施了违法犯罪行为、所实施的行为是否产生社会危害性等，从这些角度出发综合分析犯罪嫌疑人是否构成参加黑社会性质组织罪。

本案在犯罪嫌疑人是否涉嫌故意伤害罪方面，综合全案证据材料，从现有证据入手，仔细研究后发现其中仅有言词证据，且该言词证据前后矛盾，不能相互印证，无法证明整个案件发生过程。除此之外，并无其他有效监控、物证等证据证明犯罪嫌疑人存在故意伤害的行为，现有证据并不能形成一个不互相矛盾、能够相互印证且能够证明案件事实的证据链。根据《刑事诉讼法》的相关规定，需犯罪事实清楚、证据确实充分才能认定有罪和处以刑罚。而证据确实充分需要定罪量刑的事实都有证据证明、据以定案的证据均经法定程序查证属实、综合全案证据，对所认定事实已排除合理怀疑这三个条件。证据对于案件的重要程度不言而喻，无论是本案所涉嫌故意伤害罪还是其他的刑事犯罪，均需达到犯罪事实清楚，证据确实充分才能予以定罪处罚。

【专家点评】

此案厘清了涉嫌参加黑社会性质组织罪方面罪与非罪的界线，明确了主观上并无加入意图，客观上也不受犯罪组织领导和管理，因被纠集、雇佣、收买、威逼或者受蒙蔽为黑社会性质组织实施违法犯罪活动或者提供帮助、支持、服务的人员不构成参加黑社会性质组织罪，对今后同类型的案件具有一定的示范及引领作用。而关于涉嫌故意伤害罪检察院以证据不足而不予起诉的决定，展现了定罪量刑所需的犯罪事实充分、证据确实充分的条件，给予犯罪嫌疑人最大限度地人权保障，体现了检察机关在侦查阶段的法律监督职能，客观上也起到审判前分流案件、提高诉讼效率、节约司法资源的作用，也彰显了刑法的严肃性。

（点评人：张永忠，华南师范大学法学院院长、教授）

李某来过失致人重伤案

——因乘客跳车致驾驶员涉刑的无罪辩护评析

陈　彪　胡堉颖*

【内容提要】

当今社会运输服务中乘客跳车事件频频发生，本案系出租车客运服务中因乘客跳车致驾驶员涉刑被控后成功辩护无罪的典型案例。出租车在客运服务过程中，驾驶员与乘客之间即使存在纠纷，但在无充分证据证明行车过程中驾驶员存在危险驾驶或违反交通法规的行为，在驾驶员主观上不具有应当预见危害结果的过失，客观上没有实施直接致乘客受伤的行为，其驾车行为与乘客的损伤结果之间不存在刑法上因果关系的情况下，驾驶员无须承担刑事责任，不构成交通肇事罪或过失致人重伤罪。本案判决对于此类乘客跳车事件中客车驾驶员是否构成刑事犯罪的这一广泛性争议具有重要参考和指导意义，对运输行业尤其是客运行业具有重大影响。该案亦作为“案例精选”被发布于最高人民法院主管的《人民法院报》中。

【案情简介】

2016 年 7 月 20 日凌晨，邓某铭和朋友陈某伟酒后搭乘李某来驾驶的出租车。在到达目的地马路对面后，李某来向邓、陈二人索要车资，邓、陈二人质疑车资过高拒绝支付并下车，李某来下车阻拦并拨打“110”电话报警，后邓、陈二人要求

---

* 陈彪、胡堉颖，广东粤通律师事务所律师。

到指定地点，李某来则称将二人送回始发地。邓、陈二人再次坐上李某来的车后，李某来驾车掉头并自北往南行驶，在途经某路路口时，邓某铭要求下车并拉开右后方车门，被陈某伟阻止，李某来继续驾车，邓某铭再次要求下车，李某来没有理睬继续行驶，当车辆行驶至交通灯前约十米处，邓某铭遂从车右后方玻璃处跳车，陈某伟发现后要求李某来停车，李某来驾车继续行驶几百米后停下让陈某伟下车，自己驾车随即离开。经鉴定，邓某铭损伤程度属重伤二级。次日，李某来接到交警部门通知后自行到案接受处理。

事发后，侦查机关交警部门先以交通肇事罪立案侦查，案件移送检察院审查起诉后，检察院以过失致人重伤罪向法院提起公诉。

辩护律师接获白云区法律援助处指派，担任本案被告人李某来一审审判阶段的辩护人。在一审审理过程中，辩护律师经过分析，提出了以下无罪辩护观点：李某来主观上没有致邓某铭重伤的过失，客观上没有实施任何致使邓某铭受伤的行为，邓某铭的重伤是其自己跳车所致，本案无充分证据证实李某来有疏忽大意或过于自信的过失，邓某铭重伤的损害结果与李某来的驾车行为之间不存在刑法上的因果关系，不构成过失致人重伤罪；李某来在驾车过程中没有任何危险驾驶或违反交通法规的行为，也不构成交通肇事罪。

一审法院经审理后采纳了辩护律师的无罪辩护意见。一审法院认为，根据现有证据证实本案的引发系因被害人邓某铭拒绝支付车资所起，邓某铭的损伤亦是其自行从车后座车窗跳出所致；本案并无证据证实被告人李某来有危险驾驶或违反交通法规的行为，被告人李某来主观上不具有过失，客观上没有实施直接致被害人受伤的行为，其驾车行为与邓某铭的损伤结果之间不存在刑法上的因果关系，故公诉机关指控李某来犯过失致人重伤罪不成立。一审判决李某来无罪。

一审判决后，公诉机关不服该判决遂提起抗诉，上级检察院审查后支持抗诉，两级公诉机关的抗诉意见均认为“李某来主观上具有过失，李某来应该预见邓某铭具有跳车的可能性，而因疏忽大意或过于自信没有预见到；李某来的拒不停车行为与邓某铭的重伤结果之间具有刑法上的因果关系，李某来构成过失致人重伤罪”。

辩护律师再次接受被告人李某来的委托，担任其二审审判阶段的辩护人。在二审审理过程中，辩护律师就公诉机关的抗诉意见予以有力回应，由此展开精准的事实、证据和法理分析，进一步有效论证了一审时的无罪辩护意见，并在此基础上提供了更为深入和翔实的无罪辩护观点。二审法院历经一年的审理，最终全部采纳了辩护人的观点，且直接引用辩护律师的无罪辩护意见作为判决的法院说理部分，并作出了“驳回抗诉，维持李某来无罪”的二审生效判决结果。

【争议焦点】

1. 李某来主观上是否存在过失？
2. 李某来不停车的行为和邓某铭重伤的结果之间是否具有刑法上的因果关系？

【案例评析】

本案中，被告人李某来与邓某铭因车资引发纠纷，在邓某铭多次要求停车但李某来拒不停车的过程中，邓某铭自行跳车导致重伤，李某来不应当对邓某铭重伤的后果承担刑事责任。

本案关于李某来不构成刑事犯罪的关键在于李某来对邓某铭跳车重伤的结果不存在主观上的过失，李某来拒不停车的行为与对邓某铭重伤的后果不具有刑法上的因果关系。本案经两级法院审理，最终采纳了辩护律师的无罪观点，作出了对李某来宣告无罪的判决结果。

（一）李某来不存在主观上的过失

本案中公诉意见认为李某来主观上具有过失：当李某来驾驶的出租车已经到达邓某铭指定的停车地点后，邓某铭多次通过拍打车窗等方式要求下车，提出不停车就跳车，其间邓某铭还打开车门作出跳车举动。李某来作为出租车司机，明知邓某铭等人处于醉酒的状态，情绪失控，当其驾驶的出租车已经到达指定停车地点后，不仅没有减速停车，还继续加速行驶，在主观上应当预见到其如果继续驾车行驶，邓某铭可能会通过车窗或者打开车门等方式跳车，而其因为过于自信的过失没有预见到，故主观上存在过失。

就该公诉意见，辩护律师辨析如下：

1. 公诉意见提出的“李某来应当预见其不停车可能导致邓某铭跳车，跳车导致了邓某铭重伤”这一观点违背了刑法规定的实际含义，将跳车这一邓某铭自身的行为当成了一种危害结果，属于偷换概念，而这一可能性应当预见也不符合事实和逻辑。具体如下：

（1）邓某铭是否醉酒不能作为李某来应当预见邓某铭跳车的必要条件。公诉意见提出“醉酒的人会出现不同寻常的举动，所以李某来应当可以预见邓某铭具有跳车的可能性”这一观点缺乏法律的逻辑性。首先，不同寻常的举动自然不可以预见。要求一个意识清醒的人来预判一个酒醉之人的后续行为，这是缺乏合理逻辑的。刑法理论中没有要求正常人存在对一个酒醉者的行为负责的额外义务，公诉意见则要求一个正在驾驶车辆的驾驶员要保障、防止一名酒醉乘客做出伤害自己的行为，该意见缺乏基本的逻辑合理性。现实生活中，时有看到有公交车乘客要求下车未遂而干扰甚至伤害驾驶员的事件（如重庆万州公交车坠江事件），如按照上述逻辑，刑法不能追究乘客的责任，反而要认定驾驶员没有预见到乘客的失控行为，是驾驶员存在过失，责任在驾驶员。这明显是不合理的。其次，多数醉酒之人在出租车上可能会呕吐、吵闹，甚至会干扰驾驶员，但跳车不可能是会正常发生的行为。这样的偶发行为要求李某来能够预见到，显然是强加于他的。连后排同乘车的另一乘车人陈某伟都无法预见到邓某铭的跳车行为，对于坐于前排驾驶座，专注于驾驶汽车的李某来更不可能预见得到。

（2）邓某铭有跳车的言行不能作为李某来应当预见邓某铭会跳车的必要条件。关于邓某铭“不停车就跳车”的言语，系在其醉酒状态下的言辞，作为驾驶员的李某来是无法判断其实际意义的，且李某来也陈述其在驾驶过程中并没有注意到该言辞，且认为后排有同乘人员会制止邓某铭。事实上在邓某铭第一次开车门的时候，李某来是有刹停车辆的行为，但观察到同乘的陈某伟已经对邓某铭进行了制止并关闭了车门，所以才继续开车行驶。所以在后座既有同乘乘客且关闭了车门的情况下，李某来是不可能预见到邓某铭会再次通过钻出车窗的方式跳车。

（3）公诉意见提出“乘客要求停车，则李某来作为司机有停车的义务”这一观点违背了基本的驾驶原理。是否停车、在何处停车的主导权应在驾驶员，而不是乘客，尤其是两名醉酒的乘客。乘客有停车的要求，驾驶员不一定就要停车，对于驾驶员来说，就乘客的意愿停车应该是一个选择，而不是一个义务，驾驶员有不停车的决定权。

（4）公诉意见提出“李某来有义务观察车内乘客行为”这一观点同样违背了

基本的驾驶规范。作为驾驶员，李某来主要负有的是安全文明驾驶的义务，理应注意的是自身车辆行驶状况、路况、车况以及周遭的行车环境，而不是后排乘客的举止。作为一个驾驶员，如果还要对其强加义务来注意后面乘客的举止，那么行车安全就无从保证了。相反，李某来作为驾驶员，在明知后排有两名乘客的情况下，主观上系存在着两名乘客会相互照看，制止不当行为的合理信赖更为符合正常的逻辑。

2. 邓某铭的跳车行为属于违法行为，不能要求李某来对此违法行为承担可以预见的义务。根据我国《道路交通安全法实施条例》第77条第4项关于乘坐机动车时，在机动车行驶中，不得干扰驾驶，不得将身体任何部分伸出车外，不得跳车的明确规定，邓某铭的跳车行为属于违法行为，不应得到保护，也就不能要求李某来对此违法行为承担责任以及可以预见的义务。

法院最终采纳和引用了辩护人的观点，认为李某来主观上不存在过失：李某来作为一名出租车司机，有安全文明驾驶的义务，当然也有应乘客要求停车的义务，司机按照乘客的意愿随时停车并不是法定义务，出租车司机不能违反道路交通管理法规随自己或乘客的意愿随意停车。李某来作为一名出租车司机，在驾驶车辆的时候需要注意的是周围的行车环境和道路的车辆行驶状况，这是一个司机应尽的安全驾驶义务，其没有随时关注坐在车辆后座乘客状况的义务，因为其首要的义务是安全驾驶；在车后门正常关闭的情况下，按照正常人日常生活中的普遍一般规律，其不可能预见到被害人会通过车窗跳出车外这一情况，同时预见也必须符合正常的逻辑，要求出租车司机预见一个处于醉酒的状态的乘客可能随时会从车窗处跳出车外，明显是强人所难，不符合日常生活的正常逻辑。因此，本案中李某来不具有主观上的过失。

（二）李某来的行为与邓某铭的重伤结果之间不具有刑法上的因果关系

1. 刑法上的因果关系是一种事实因果关系，也就是说某一行为必然导致某一结果的发生。本案中，李某来的行为是乘客要求停车而拒不停车的行为，以及不存在危险驾驶或违反交通法规的驾车行为。本案的危害结果是邓某铭重伤。上述李某来的驾车行为以及没有应乘客要求停车的行为都是不会导致邓某铭重伤这一结果的。公诉意见将邓某铭跳车重伤结果当成一个单一结果来看是错误的。本案中是邓某铭跳车的行为导致了重伤的结果，跳车是邓某铭的一个自身行为，不能将跳车和重伤混同成一个结果。李某来的行为仅是一个关联性行为，关联性行为与结果之间不具有刑法上的因果关系。

2. 本案中，仅邓某铭的跳车行为与重伤结果之间存在因果关系。而邓某铭的跳车行为与李某来的驾车行为之间是不存在因果关系的。邓某铭在乘车过程中是醉酒状态，其是在意识不清醒的状态下，无视车辆还在行驶过程中这一情况，主动肆意地做出从车窗翻出的跳车行为，与李某来的驾车行为并无必然联系。导致邓某铭跳车的前置原因是其醉酒的状态，而不是任何外在因素。

3. 本案中，李某来与邓某铭因车资引发争吵，在邓某铭不支付正常车资的情况下，李某来说了“送你回始发地不要钱”的话并继续开车，该言行不足以对车内的邓某铭造成身体的实际伤害，也未将其身体与生命置于危险状态，且车内还有邓某铭的朋友陈某伟同行，邓某铭并非处于弱势地位。实际上是邓某铭自己的跳车行为将自己处于危险状态，即使邓某铭处于醉酒状态，其认识和判断能力在一定程度上有所降低，但仍可以预见强行跳车可能会造成受伤甚至死亡的后果。李某来的言行并未对邓某铭产生精神上的强制，邓某铭可以自由选择跳车或者不跳车，故李某来的行为与邓某铭的重伤结果之间不具有刑法上的因果关系。邓某铭基于自由意思选择跳车并导致了重伤的结果，其应当对自己的行为承担责任。

（三）被告人李某来不具有阻止邓某铭自行跳车的可能性

被告人李某来作为一名出租车司机，与邓某铭之间形成了承运关系，对乘客负有安全保障义务，但不能因片面强调司机对乘客的义务，而忽视了乘客亦负有支付车资的义务。李某来选择不停车的原因，是邓某铭不支付车资，并在报警未能有效维护自己权益的情况下采取的私力救济行为。邓某铭通过拍打车窗要求停车未果的情况下，打开车门自行下车，被同行的朋友制止，与此同时李某来亦反锁了车门。从常理来看，在无法打开车门的情况下，邓某铭再次跳车的可能性很小。当邓某铭再次从车窗跳车时，同坐车后排的陈某伟都未发觉，却要求李某来在安全驾驶的同时，时刻留心邓某铭的行为并保障其安全，这种要求未免太过苛责。在当时的情况下，李某来难以发现邓某铭从车窗跳车而予以制止，不应当承担刑事责任。

（四）认定李某来的行为不构成犯罪更符合公众的一般心理预期

案件判决结果也应综合考虑社会因素，为了合理明确刑法处罚范围，对于涉及罪与非罪、重罪与轻罪边缘的行为，应适当结合一般人的生活和社会常理作出判断更为合理。李某来的行为并未直接造成邓某铭轻伤以上的后果，亦没有产生对身体造成侵害的现实风险，甚至与邓某铭的身体没有直接接触，邓某铭有选择是否跳车的自由，对仅具有关联性的行为定罪处理将会扩大刑法的处罚范围，压缩社会公众的自由空间，无罪处理更能获得社会认同。

【专家点评】

随着近几年来打车软件在生活中的普及，案件中的相似情节已经上升至一个社会频发的热点现象。本案虽然只是一个法律援助案件，但经办律师并未因此有所懈怠，而是能够紧密抓住涉案罪名的主要构成要件，围绕被告人主观是否存在过失、被告人行为和被害人结果之间是否存在刑法上的因果关系，结合有效的证据展示、刑法理论对犯罪构成进行多重论证，从常理和法理分析被告人不构成犯罪的结论。同时，可以看到的是二审法院直接采纳和引用了辩护人的论证观点。本案的成功辩护意义重大，取得良好的法律效果和社会效果，特别是被告人这类型的底层工作者，涉刑不仅会令其失去工作，其家庭也失去了重要的经济来源。可喜的是，这一切因为成功辩护的无罪结果得以改变，被告人又重新回到出租车司机的工作岗位，一家人的生活已回到正轨，也避免了高额的人身损害赔偿责任。因此，本案也充分体现了“一个刑事案件决定了一个人乃至一个家庭的人生”的刑事辩护现实意义。本案无罪辩护的成功，还有利于遏制“过错受害人”无理取闹的有违社会主义诚信价值观现象的蔓延。

（点评人：王学沛，广东财经大学法学院教授、广东省法学会刑法学研究会会长）

朱某合同诈骗案

——以无罪辩护促民营企业家不批捕不起诉

肖文齐 林清城*

【内容提要】

本案系最高人民检察院发布的《关于办理涉民营企业案件的11条执法司法标准》、广东省委关于保护民营企业案件的相关会议精神以及广东省人民检察院于2018年12月12日印发《关于充分发挥检察职能依法服务保障民营经济健康发展的意见》规定对于涉及民营企业负责人的刑事案件应当认真贯彻宽严相济政策，严格审查是否符合法律规定的逮捕、起诉条件后，辩护律师紧紧围绕犯罪嫌疑人的主观方面、因果关系等犯罪构成要件，对正常经济行为与经济犯罪行为进行区分，促使该名民营企业家得以不批捕、无罪不起诉，有效维护了当事人的合法权益和企业的经济利益。

【案情简介】

朱某因涉嫌合同诈骗罪被广州某公安局侦查并于2019年7月2日被刑事拘留，同年8月6日取保。广州市某区人民检察院于2019年8月6日作出不批捕决定并变更朱某强制措施为取保候审后，广州某公安局继续侦查并于同年12月18日侦查终结，移送广州市某区人民检察院审查起诉。公诉机关审查起诉期间退回补充侦查一

* 肖文齐、林清城，广东粤通律师事务所律师。

次，并延长审查起诉期限。广州某公安局再次重报审查起诉后，广州市某区人民检察院于2020年11月18日作出不起诉决定。

侦查机关移送审查起诉认为：B公司从未与A公司签订过《节能效益分享服务合同》，也没有《节能效益分享服务合同》项下的节能工程、解除合同、补偿协议等。A公司庞某、马某及李某提供给报案人的所有本项目工程合同等材料中盖有“B公司”的印章与B公司所使用的公章不一致、材料涉及的相关人员签名也与其本人签名不符，合同材料内容是由A公司庞某、马某等人拟定、盖好“A公司”公章的，“B公司”的印章是马某按庞某要求授意李某私刻的假印章所盖，B公司人员的签名均是由李某冒签，编造一系列虚假材料的目的是骗取投资人款项。B公司总经理刘某、副经理吴某等相关人员均不认识朱某、庞某、马某和李某等人，从未与A公司签订过任何工程项目合同、解除合同、补充协议及上述一系列材料。刘某、匡某（隧道所所长）也从未委托马某等人向梁某借款。朱某为了能收回前期应庞某之邀损失的50万元投资款并从中获利，伙同庞某、马某和李某等人利用《节能效益分享服务合同》的虚假工程项目故意提高安装费用（朱某还企图私分安装费，要求马某将其中25万元转入由其指定的潘某、王某的账户，后被梁某发现，不得不原路转回）、转卖虚假股份等手段先后骗取被害人梁某共计人民币486.978万元。朱某在明知上述虚假项目、合同不可能履行的情况下利用该虚假项目提高灯具安装费用、编造已通过关系证实项目是真实的谎言等手法取信梁某后，以120万元的价格将其所持有上述虚假项目不具任何价值、虚假的股份转卖给梁某并从中获利。

辩护律师在接受委托后，通过会见听取了朱某对事实的陈述和辩解，认为该案中朱某不构成合同诈骗罪，随即向经办检察院提交了朱某无罪不予批捕的法律意见。广州市某区人民检察院经审查后认为事实不清、证据不足，遂于2019年8月6日作出不批捕决定，侦查机关变更朱某强制措施为取保候审。

侦查机关移送审查起诉后，辩护律师通过查阅案卷，深入分析证据和法理，认为本案中朱某不构成犯罪，并提出无罪辩护意见：1. 朱某在某种程度上也是受骗者，与两名犯罪嫌疑人之间没有共同犯罪的故意；2. 朱某是成为案涉公司股东后才认识被害人梁某，且梁某比朱某更早参与、也更了解案涉项目，不存在被朱某欺骗的可能性；3. 股权转让协议是被害人梁某先提出，是双方真实的意思表示，符合合同法的规定；4. 侦查机关存在当事人被拘 24 小时内没有通知家属、对当事人进行连续且长时间讯问、要求当事人按照模板抄写《自述笔录》的违法行为。

广州市某区人民检察院最终采纳辩护律师的无罪辩护意见，以朱某构成合同诈骗罪的事实不清、证据不足，不符合起诉条件为由，依据《刑事诉讼法》第 175 条第 4 款的规定，决定对朱某不起诉。

【争议焦点】

朱某对投资项目的股权进行转让，是普通的经济活动行为还是合同诈骗的共犯？

【案例评析】

本案的辩护关键在于朱某没有共同的犯罪故意，其转让股权的行为与梁某被诈骗钱财没有因果关系，依法不应认定为合同诈骗，而应按普通民事经济纠纷来处理，具体理由如下。

（一）朱某主观上没有非法占有他人财物的故意，客观上没有实施《刑法》第 224 条所规定的各项具体行为，其对自己的投资份额进行转让的行为依法不构成合同诈骗罪。

2019 年 7 月 2 日，广州某公安局以涉嫌合同诈骗罪为由，直接到 C 公司将法定代表人朱某刑事拘留。根据证据表明，本案系朱某投入自有资金收购马某和彦某等人所拥有的 D 项目后，又将项目权益转让给内部股东梁某所致。本案中，朱某作为 C 公司的法定代表人，用自有资金投入项目又将项目转让的行为，完全是一种正常的商业投资和收益行为，因为客观上朱某对案涉项目的投入高达人民币 50 万元，其主观上完全不可能有非法占有他人财物的目的。在司法实践中，诈骗和合同诈骗是一种涉财型的犯罪，是以占有某一财物为犯罪对象的谋财犯罪。实践中没有一项诈骗是犯罪分子自己投入大量资金的诈骗行为，最高人民检察院的多项文件指出，实践中应当严格区分民营企业的正常投资行为和经济犯罪的本质区别。本案中，朱某从项目合同的签订到资金的投入，再到项目的合同的解除和退出合作，均是以自己的真实姓名签订和履行合同，用50万元出资投入项目的费用，不可能存在骗取他人财物的行为，我国《刑法》第224条规定，以非法占有为目的，在签订和履行合同过程当中，骗取对方当事人财物，有下列情形之一的，构成犯罪：（一）以虚构的单位或者冒用他人名义签订合同的；（二）以伪造，变造或者作废的票据，或者其他虚假产权证明提供担保的；（三）没有实际履行能力，以先履行小额合同或者部分履行合同的方法，诱骗对方当事人继续履行和签订合同的；（四）收受对方当事人给付货物、货款、预付款或者担保财产后逃匿的。根据法无明文规定不为罪的刑罚理论，行为人除符合上述法定情形外，并不构成合同诈骗罪。纵观朱某在本案中的行为，没有一项符合上述构罪规定。因此，不管是从主观方面的理解，还是对行为人的客观评价，均不能认定朱某的行为构成合同诈骗罪。

（二）朱某在本案中的客观行为完全是一种正常交易的民事权利转让行为，并没有违反法律的强制性规定，依法应当予以保护。即使对其转让合同的民事效力存疑，也只能是属于民事调整的范围。

依据本案的书面证据和朱某的陈述可知，朱某系C公司的法定代表人，C公司是一家大型综合投资公司，业务范围广泛。2015年7月至8月，该公司原有员工马某和彦某先后找到朱某，声称其二人所在的A公司拥有B公司的《节能效益分享服务合同》项目的权益，经洽谈，二人有意将项目并入朱某所在的C公司进行运作，双方遂于2015年9月7日签订了《公司业务合并协议》，随后朱某于2015年9月9日将35万元人民币汇往彦某的账户用于项目的投资，同日，彦某出具《收条》确认收到该款项。此举证实朱某在投入项目时，并不知晓项目的情况涉假，否则其本人不会投入巨额资金作为项目费用。如果本案现有证据能够证明案件项目或有涉假，始作俑者应当是李某，以及积极推动该项目卖给朱某的马某和彦某等人，事实上朱某也是本案的受害者。由于D项目实际运作人是马某和彦某，朱某投入资金成为项目股东后，并未参与该项目的实际具体经营。随后，由于召开股东会，朱某才认识了本案所谓的被害人梁某，在各方随后的股东沟通中，本案四方当事人签订了《四方协议》，载明D项目由梁某来主导推动，朱某继续投入15万元至梁某的外甥沈某（梁某的财务负责人）的账户中。至此，朱某在D项目中共投入人民币50万元。后来各方在公司合作过程当中，由于追加投入等问题，朱某同时又提出查账的问题引发合作各方的不同意见，才导致后来股东之一梁某主动带律师找到朱某协商股权转让事宜，由一方持有和另一方退出。经双方协商，最终由梁某主动收购朱某的股权，涉案转让合同的内容也是由梁某带来的律师一方起草，最后双方确认由梁某出资人民币 120 万元收购朱某的股权，朱某获得项目转让补偿后完全退出。上述一系列的交易行为表明，本案完全是一起民事权利的转让合同行为，朱某与梁某之间于 2018 年 1 月 17 日签订的《退出合作协议》，系由梁某一方主动提出并起草和出具。该协议符合双方交易的目的，符合合同法的规定，并未违反法律的强制性规定，合法有效，朱某的权利应当受到法律的保护。上述行为是公民之间正常的民事法律行为，不能动辄用刑事行为来界定和追索某一方的损失。

（三）本案侦查机关在侦查阶段存在明显违反《刑事诉讼法》有关规定的行为。

本案由广州某公安局侦查，公安机关出具拘留证后，直接将朱某拘留，但并未依照《刑事诉讼法》的规定，在 24 小时内通知其家属，故意拖延了当事人的知情权。在随后的一系列侦查行为当中，更体现了侦查机关对本案有用刑事手段插手经济纠纷的嫌疑。根据朱某的陈述，被拘留当天（2019 年 7 月 2 日）在广州某公安局立即被审讯至当晚十时许才送至广州市第一看守所，由于突然遭遇拘留变故致整晚无法入眠，精神状态极差；第二天早上（2019 年 7 月 3 日），又从上午九时连续提审至当天下午四点半，至此已经精神恍惚；第三天早上（2019 年 7 月 4 日），继续从上午十时提审至下午六时许；在随后的最后一次提审（2019 年 7 月 23 日），从中午一时提审到晚上的十时，中间没有安排当事人的休息时间。侦查机关的上述行为严重侵犯了当事人的合法权利，违反了《刑事诉讼法》的有关规定，在上述违法侦查行为中所做的笔录属于非法证据，应当予以排除。朱某甚至提到，公安机关将已经写好的自述笔录交由其抄写，要求按照公安机关的写好的文件要求抄写成自己的《自述笔录》，其请求审查机关调取当天审讯录像，以证明自己的陈述。上述情形所致的法律后果是侦查机关所作的笔录、取得的证据是非法证据，在检察机关审查案件时应当予以排除。

【专家点评】

本案的成功辩护在于为维护当事人的合法权益，辩护律师注重从细节入手，从实体正义与程序正义两个角度切实为当事人考虑，坚持为当事人作出无罪及民营企业家应得到从轻处理的辩护思路。正是由于辩护律师的坚持、对案件的及时跟进及良好的沟通，才能使得本案在审查批捕阶段取得有效进展，并将本案消化在审查起诉阶段，让当事人在被羁押不到37日内获得自由，避免了长期羁押和最终被起诉的命运，令本案获得了不起诉的无罪辩护效果。该案件的成功办理取得了良好的法律效果和社会效果，保护了民营企业家的合法权益，践行了习近平总书记提出的“努力让人民群众在每一个司法案件中感受到公平正义”的伟大目标。

（点评人：王学沛，广东财经大学法学院教授、广东省法学会刑法学研究会会长）

马某伟、苏某讦敲诈勒索、非国家工作人员受贿案

——市场管理人员收费行为涉刑涉恶的无罪辩护评析

刘 涓　陈 彪　林清城　胡堉颖*

【内容提要】

本案涉及的是敲诈勒索罪与非国家工作人员受贿罪在侦查、审查起诉、一审法院阶段能否互相转化，同一犯罪事实在不构成敲诈勒索罪时能否认定为非国家工作人员受贿罪予以刑事处理的问题。本案辩护的难点在于涉及多个被害人或行贿人的交叉供述能否作为关联证据予以印证从而盖然性认定为被告人构成非国家工作人员受贿罪。辩护律师通过对每一个被害人向两被告人缴纳的款项性质进行一质一证，促使证据无法达到互相印证，最终认定事实不清、证据不足，达到了无罪辩护成功的效果。

【案情简介】

被告人马某伟、苏某讦因涉嫌敲诈勒索、非国家工作人员受贿罪于 2019 年 10 月 15 日被广州市公安局某区分局刑事拘留，立案时定性为涉恶涉黑犯罪行为。辩护律师在马某伟及苏某讦被刑事拘留后接受委托。侦查机关以涉嫌敲诈勒索罪及非

---

* 刘涓、陈彪、林清城、胡堉颖，广东粤通律师事务所律师。

国家工作人员受贿罪两个罪名提请广州市某区人民检察院批准逮捕，经辩护律师提交本案不属于涉恶涉黑犯罪以及不构成敲诈勒索的辩护意见，2019 年 11 月 21 日，广州市某区检察院采纳辩护律师的辩护意见，仅以涉嫌非国家工作人员受贿罪批准逮捕。该案于 2020 年 1 月 19 日移送广州市某区人民检察院审查起诉后，该院以被告人马某伟、苏某讦犯非国家工作人员受贿罪于 2020 年 7 月 22 日向广州市某区人民法院提起公诉。

广州市某区人民检察院起诉认定事实如下：马某伟于 2011 年 5 月入职惠某公司负责广州某服装批发市场北楼五、六层三百余间商铺的秩序管理、招商及收费。同案人苏某讦于 2011 年 6 月入职惠某公司，负责配合马某伟进行秩序管理、招商及收费。

两人从 2013 年起，利用负责招商工作的职务之便，在新商户承租商铺时，或旧的商铺租赁合同期满需要续租时，以“茶水费”“改名费”的名义索要财物以换取商铺的承租权、续租权。经张某某、陈某涛等十六名被害人陈述，被告人马某伟、同案人苏某讦以牟取非法利益为目的共计索取 86800 元人民币。经查证，被告人马某伟、同案人苏某讦无权与商铺承租者签订租赁合同，仅负责房租及管理费用的代收。

被告人马某伟、同案人苏某讦从 2013 年起，指使手下保安人员多次将被害人放置在公共区域的货物扣押，并威胁被害人支付每件货物 50 元人民币才能将货物赎回，或者缴纳每月 1000 元作为“占道费”换取服装市场公共区域的使用权，否则就会将被害人的货物扣押。经核实，惠某公司及广州某服装批发市场并无“占道费”的相关规定，马某伟、苏某讦也无权扣押被害人所有的货物。被告人马某伟、同案人苏某讦于 2018 年 3 月、4 月、5 月、8 月以该理由胁迫高某某向其缴纳 1000 元人民币，共计 4000 元人民币；于 2015 年 9 月以该理由胁迫陈某某向其缴纳 1000 元人民币；于 2018 年以该理由胁迫舒某某向其每月缴纳 2000 元人民币，共计 10000 元。

本案由广州市某区人民法院一审公开审理，经过两次庭审，法院采纳辩护律师无罪辩护意见，同意检察院撤回起诉，后法院作出撤回起诉裁定。其后，检察院认为，广州市公安局某区分局认定的犯罪事实不清、证据不足，不符合起诉条件，依照《刑事诉讼法》第 175 条第 4 款的规定，决定对马某伟、苏某讦不起诉。

【争议焦点】

1. 敲诈勒索罪与非国家工作人员受贿罪是否可以互相转化？

2. 多名行贿人多次向两被告人缴纳的款项性质如何认定，多名行贿人的供述是否能够适用盖然性的证据推定认定款项性质为非法利益？

【案例评析】

本案是一起由多名“被害人”共同报案的敲诈勒索及非国家工作人员受贿罪案件。辩护律师通过证据的分析并对敲诈勒索及非国家工作人员受贿犯罪进行犯罪构成解析，认为本案不具备敲诈勒索罪的构成要件，在审查批捕阶段促使检察机关仅认定非国家工作人员受贿罪，成功令侦查机关终止了对敲诈勒索这一涉黑涉恶罪名的侦查。

辩护律师认为，“以事实为依据，以法律为准绳”是办理所有刑事案件的基本准则，本案中认定两被告人构成犯罪缺乏事实依据，证据不充分。在行受贿职务犯罪案件中，认定构成犯罪的普遍标准为受贿人、行贿人一一对应、相对稳定的供述，而能够证明犯罪事实的客观证据较为少见，本案的成功辩护正是基于行受贿犯罪的证据特性、本案的款项的特殊性，以及本案多名“行贿人”“被害人”的陈述自行矛盾。据此，辩护人紧紧围绕“行贿人”“被害人”询问笔录细节问题进行提问，质疑证据的真实性，申请检察院退查、补查，向法院提出一质一证，打破公诉机关对多名所谓行贿人供述的盖然性归纳，从而达到疑罪从无的辩护效果。

在本案的侦查过程中，由于无法查阅案卷材料，辩护律师从有利于犯罪嫌疑人的角度出发，将案件定性从敲诈勒索罪及非国家工作人员受贿罪两个罪名改变为国家工作人员受贿罪一个，最大限度地降低了犯罪嫌疑人的量刑档次，及其后期可能面临的重刑风险。在案件移送审查起诉阶段之后，辩护律师能够查阅全案卷宗，在详细研究本案证据之后，提出本案事实不清、证据不足的辩护方向。

本案在检察官坚持移送法院审查起诉后，辩护人利用庭审的精细化辩护，将证据进行一质一证，使本案的证据无法达到互相印证，法官最终全盘采纳辩护人提出的事实不清、证据不足的辩护意见，对本案作出撤回起诉的裁定，由检察院作出不起诉决定，获得无罪不起诉的有效辩护效果。

（一）涉案行为是否可以认定为敲诈勒索罪，与非国家工作人员受贿罪应如何区分。

本案中马某伟、苏某讦基于被害人需要获得承租权续租权的事由以“茶水费”“改名费”名义索取财物的行为不应认定为敲诈勒索罪。

敲诈勒索客观方面表现为行为人采用威胁或者要挟的方法，迫使被害人交付数额较大的公私财物的行为。非国家工作人员受贿罪，是指公司、企业或者其他单位的工作人员在经济往来中，利用职务上的便利，违反国家规定，收受各种名义的回扣、手续费，归个人所有的行为。从两项罪名的表述中不难看出，行为人主观上均具有以非法占有为目的的犯罪故意，通过一定犯罪手段以达到获取公私财物的犯罪目的。而二者的重要区别显然在于犯罪手段的不同。敲诈勒索行为是通过对他人实行威胁或者恐吓“索取”财物，而非国家工作人员受贿行为是利用职务上的便利，收取财物。从表面上看，敲诈勒索罪和非国家工作人员受贿罪的犯罪手段具有明显的差异，不易造成定性上的困扰，但在司法实践中当犯罪行为既有职务行为又有威胁恐吓的时候，对犯罪行为的定性就会产生分歧。正如本案中马某伟和苏某讦的行为，既有职务上的行为又有“威胁”被害人的恐吓行为，那么，被告人马某伟和苏某讦的行为究竟应如何定性呢？

辩护律师通过分析法律构成要件认为，应从以下两个方面对此类行为进行考量：一是犯罪手段的不同。敲诈勒索罪中获取他人财物的主要手段是威胁行为，是为了使他人交付财产而对他人实行胁迫；而非国家工作人员受贿罪中获取他人财物的主要手段在于其本身的身份即职务行为。二是被害人交付财产的动机不同。敲诈勒索罪中，行为人实施威胁行为是为了使对方产生畏惧而交付财产。交付财产的原因是被害人对行为人具有将对自己产生不利后果危险性的认识。而非国家工作人员受贿罪中行为人的职务行为能使对方主动或者被动交付财产，即必须具备职务上的便利。

本案在审查逮捕过程中，辩护律师在获悉侦查机关以敲诈勒索罪与非国家工作人员受贿罪两罪移送审查时，考虑敲诈勒索罪的涉黑涉恶性质，基于马某伟、苏某讦不具备敲诈勒索罪的犯罪构成要件的研判，向检察机关提出“马某伟与苏某讦虽从被害人手中获取财物，但被害人并不是基于被威胁或恐吓的心理交付，而是基于马某伟、苏某讦的职务上的便利，被害人自身产生了错误认识，不应以此认定马某伟与苏某讦存在威胁行为才使其交付财物，故两人不构成敲诈勒索罪”的辩护观点。因此，检察机关采纳了辩护律师的辩护意见，但仍认为马某伟及苏某讦利用职务便利获取财物，因此以两人构成非国家工作人员受贿罪决定逮捕并移送起诉。

（二）通过一证一质的质证方法，将原有的证据链条打破，使公诉机关试图通过适用盖然性的证据证明方法指控被告人构成犯罪的基础不复存在，最终促使本案认定为事实不清、证据不足。

本案在公诉机关指控过程中，试图以多名行贿人的供述及部分证据交叉印证来进行高度盖然性的事实认定，以此认定被告人收取的款项为各种名目的手续费。面对公诉机关通过多个行贿人的供述及书证进行交叉印证的证据证明手法，辩护律师坚持向法庭要求进行一质一证，促使每个行贿人的证据均不能够相互印证，也给此类案件提供了一个新的辩护方向。

本案中通过一质一证的辩护方法，促使以下几个方面存疑。

1. 被告人马某伟和苏某讦是否存在向商户索取续租时的好处费缺乏确实充分的证据予以证实。对于这部分指控，本案中只有部分商户的陈述，并未得到马某伟和苏某讦的确认，也未有其他证据予以印证：（1）关于商户的陈述，本案中行贿人的陈述均是相互独立的，行贿人之间的证言是无法相互印证。而且行贿人的证言也无其他证据相互印证，甚至证言与其提供的证据材料自相矛盾，因此，该部分在案证据未达到“事实清楚、证据确实充分”的标准。（2）马某伟和苏某讦对该部分事实也并未予以确认，且供词前后矛盾，依法不能作为定案依据使用。

2. 马某伟和苏某讦是否存在向商户索取占道的好处费缺乏确实充分的证据予以证实。

3. 公诉机关指控的金额仅是商户即行贿人的陈述，既未得到马某伟和苏某讦的确认，也仅有部分的交易记录可以提供，且相关交易记录所体现的款项也未经过核实，是否为马某伟和苏某讦额外收取的款项并无充分证据予以证实：（1）公诉机关指控的金额的来源不明。公诉机关无法提供详细的明细以及来源何处并向法庭予以说明。（2）既然无证据证实这些款项是违法收取的，就应该认定为合法收取的款项。

（三）被告人没有实施《刑法》第163条第1款规定的非国家工作人员“利用职务上的便利……为他人谋取利益”的行为。

综合比对涉案惠某公司三人的陈述，均能确定马某伟与苏某评没有签订合同的权力，不存在利用职务上的便利，为他人谋取利益。商户对商铺是否续签均根据其自身的经营状况，可以向惠某公司现场人员等人确定意向。惠某公司授权现场管理人员马某伟进行招商跟收取商户确定档口的定金。至于档口的确定及租金、管理水电费的价格、租赁合同的签订系由惠某公司确定，且合同的签订需要公司法定代表人进行签名并盖章。被告人马某伟不存在可以为他人谋取利益的职务行为，不构成非国家工作人员受贿的客观要件，不应认定为非国家工作人员受贿。

被告人也没有实施《刑法》第163条第2款规定的“公司、企业或者其他单位的工作人员在经济往来中，利用职务上的便利，违反国家规定，收受各种名义的回扣、手续费，归个人所有的”的行为。被告人马某伟与苏某评在招商过程中，根据商户的意向，续租的收取档口定金，通过财务的陈述可以确认，向商户收款的行为是某物流公司收取定金、租金、管理费、水电费等款项，集中在2019年8月前后收取款项是为招商抢客户的需要，且该些款项系需要与惠某公司进行对账，现因涉及敲诈勒索被广州市某区公安分局刑事立案羁押至今，尚未对该部分款项进行对账。

除此之外，惠某公司出于消防、管理的考虑，不同意商户将货物堆放在商铺以外的过道等公共区域。因商户提出付费在公共区域堆放货物的要求，马某伟征求惠某公司意见，惠某公司同意马某伟所在的现场管理保安队在正常工作范围外，额外为商户看管、搬运在商铺外公共区域的货物，所收取的劳务报酬，作为保安队的劳动补贴，由马某伟所在的保安队根据现场的面积及堆放的数量灵活收取。故被告人马某伟向商户收取看管、搬运管理费系劳动报酬，不属于收受各种名义的回扣、手续费等费用，不应认定构成非国家工作人员受贿罪。

【专家点评】

本案可作为无罪辩护成功的经典案例。经办律师在当事人面对涉黑案件并以两个罪名报请批捕的较为严重的局面下，以逐一进攻的方式，首先争取否定涉黑性质，再进而争取否定较为明显不构成的敲诈勒索罪的指控，成功争取到检察机关对公安机关申请的两项指控的否认，仅以非国家工作人员受贿罪批捕。在审判阶段，又坚持疑罪从无的辩护方向，耐心争取到了法庭质证采取一质一证的技术方法，使得本案各证据缺乏互相印证的重大缺陷暴露无遗，最终迫使公诉机关撤回起诉，作出不起诉决定。经办律师的专业经验和工作细致、深入是成功的基础。

（点评人：王学沛，广东财经大学法学院教授、广东省法学会刑法学研究会会长）

精细化辩护在案件中的作用
——以钟某涉恶案件为例

罗学源　郭秀琴*

【内容提要】

钟某任法定代表人的某混凝土公司未取得《建筑业企业资质证书》即生产混凝土的行为，仅是应受行政处罚的行为，而不构成非法经营罪。虽然刘某犯罪集团符合恶势力特征中的人员数量，但钟某并没有与刘某纠集在一起，也未在两年内共同故意实施三次以上犯罪行为，因此钟某根本不构成刘某犯罪集团的成员。钟某所参与的犯罪活动，虽然对社会秩序造成了一定的危害，但对象仅是同行，且采取的手段只是轻微的阻拦、砸玻璃的行为。钟某的行为远远谈不上为非作恶、欺压百姓的程度，不能因为其实施了恶势力常见的行为就认定必然构成恶势力。对于恶势力的认定标准既不能降低，也不能拔高。

【案情简介】

钟某系江西省赣州市某混凝土有限公司的法定代表人。钟某与他人于2014年共同投资创办了该混凝土公司，但在经营的几年中，因种种原因，未办理妥当《建筑业企业资质证书》。在公司经营的过程中，外地的混凝土公司也进入本地市场，因生意的竞争，钟某与其他混凝土公司偶有发生小摩擦。扫黑除恶工作开展以后，

* 罗学源、郭秀琴，广东增泰律师事务所律师。

钟某因受刘某犯罪团伙的牵连，于2019年3月14日被赣州市某区公安机关以涉嫌寻衅滋事罪刑事拘留。辩护人在侦查阶段接受委托，会见钟某后认为其供述的几起事件均事出有因，情节也比较轻微，不构成寻衅滋事罪。辩护人遂提交了《关于请求对钟某涉嫌寻衅滋事一案不予批准逮捕的法律意见书》。

赣州市某区人民检察院以寻衅滋事罪和非法经营罪批准逮捕了钟某。钟某本人及家属对此非常悲观。因为根据《刑法》的规定，非法经营罪情节特别严重的，处五年以上有期徒刑，并处违法所得五倍以下罚金。公司这几年经营额达数千万元，如果该罪名成立，肯定构成“情节特别严重”，那么钟某单这一个罪名便面临五年至十年的刑期，并且法院对公司判处的罚金足以让公司倒闭。辩护人也认为钟某不构成非法经营罪，提交了《关于某公司及其法定代表人钟某不构成非法经营罪的辩护意见书》。

某区公安局向全区发出《关于征集刘某犯罪团伙违法犯罪线索的通告》，将钟某列为刘某犯罪团伙的二号人物，家人更为担心。

辩护人认为，虽然该事件在某区传得沸沸扬扬，但一切还未有定论。随后辩护人分别向赣州市南康区委政法委书记、公安局局长、法制科负责人、经办民警、批准逮捕的经办检察官寄去辩护意见书。

在向检察院提交法律意见书的同时，辩护人同时提交了《羁押必要性审查意见书》。之后，辩护人又提交了《羁押必要性审查补充申请书》。检察院未对羁押必要性申请作出处理。

案件移送至检察院审查，公安机关的《起诉意见书》显示其采纳了辩护人的意见，不追究钟某及公司非法经营罪。至此，第一阶段的辩护工作初战告捷。

公安机关移送审查起诉时撤销了非法经营罪，但增加了强迫交易罪，以钟某涉嫌强迫交易罪和寻衅滋事罪两个罪名移交检察院审查起诉。

辩护人撰写了《钟某涉嫌寻衅滋事、强迫交易一案辩护意见书》，内附三组证据。主要观点为：1. 幼儿园罗某被寻衅滋事案是由许某实施的，与钟某无关；2. 农科所建筑工地被寻衅滋事案构成强迫交易罪，而不构成寻衅滋事罪，其他事件只是一般违法行为，且情节也不属于特别严重，又取得了被害人的谅解；3. 钟某的犯罪只是单个犯罪，而不属于恶势力犯罪团伙，公安机关指控钟某为骨干成员，成为以刘某为首的犯罪集团成员，这是不符合事实的；4. 公安机关为把钟某定性为刘某犯罪集团的骨干成员，采取威逼利诱的手段对钟某非法取证，恳请检察机关启动非法证据排除程序，对钟某于2019年7月18日所作的有关对刘某参与吴某被强迫交易案的口供予以排除。

之后，辩护人又与经办检察官取得联系，请求按照《刑事诉讼法》的规定，当面听取辩护人的辩护意见，检察院随即安排了当面听取辩护人的时间。

最终，检察机关采纳了辩护人部分意见，不再认为钟某属于恶势力，而以强迫交易罪和寻衅滋事罪移送人民法院起诉，量刑建议为三年至三年半。同时，检察机关将《起诉意见书》中三起认定为犯罪的事件降格成一般违法事件。

2020年1月21日，法院作出了判决，认定钟某犯寻衅滋事罪，判处有期徒刑一年三个月；犯强迫交易罪，判处有期徒刑十个月，并处罚金十万元，决定执行有期徒刑一年九个月，并处罚金十万元（已缴纳）。

从判决来看，法庭辩护再次取得了成果。1. 公诉机关对幼儿园寻衅滋事事件撤回起诉，仅指控农科所建筑工地这一起事件；2. 虽然法院没有采纳钟某不构成寻衅滋事罪的辩护意见，但也没采纳公诉机关的量刑建议。法院对钟某犯强迫交易罪的量刑是极轻的，两起强迫交易事件，强迫交易金额达186900元，仅判处十个月。

该案从被刑事拘留至判决，共历时九个多月，辩护人共会见了钟某十多次，出具了各种法律文书12份，成功摘掉了钟某恶势力的帽子，并获得法院较轻的量刑。

【争议焦点】

1. 钟某任法定代表人的混凝土公司未取得《建筑业企业资质证书》即开始生产混凝土，并且在当地经营达5年之久，是否构成非法经营罪？

2. 钟某偶尔纠集刘某，带人采取阻挠施工、砸搅拌车玻璃的暴力行为，是否构成恶势力？

【案例评析】

本案系当地影响比较大的扫黑除恶案件。刘某犯罪团伙盘踞在当地多年，涉足混凝土、砂石、屠宰等行业，在当地的关系错综复杂。钟某在经营过程中与刘某存在交集，虽然存在违法犯罪行为，但是否属于刘某恶势力犯罪集团的成员，尚存在争议。

本案中争议最大的焦点无疑是钟某及其混凝土公司是否构成非法经营罪，该罪名如果成立，不但企业要被处以数倍于经营额的罚金，而且钟某及其他股东均会被追究刑事责任。辩护人介入案件比较及时，得知检察机关批捕的罪名中有该罪时，即进行了多方位的研究，以并列式的方法，从《刑法》、《建筑法》、最高人民法院和最高人民检察院司法解释的规定、最高人民法院非法经营罪的指导性案例、国家的政策规定五个方面对非法经营罪进行了详细的论述。最高人民法院第19批指导性案例第97号《王某军非法经营再审改判无罪案》明确了《刑法》第225条非法经营罪第4项的适用问题：对于虽然违反行政管理有关规定，但尚未严重扰乱市场秩序的经营行为，不应当认定为非法经营罪。

虽然辩护人提交给公安机关的辩护意见未得到正面回应，但从移送检察院审查起诉的结果来看，公安机关采纳了辩护人的辩护意见，未以非法经营罪追究钟某及混凝土公司的刑事责任。根据《刑事诉讼法》的规定，辩护人并非只有到了法院才能有所作为，实际上在公安侦查阶段、检察院审查起诉阶段，辩护人均可以全方位地介入，甚至早介入比晚介入能更早获得信息，更加主动出击，更加全面掌握案情。可以想象，如果该罪不是在公安阶段就提出辩护意见，而是等到审查起诉阶段或者审判阶段再来辩护，无疑难度将大大增加。

第二个争议焦点即钟某虽然实施了恶势力常见的行为，但需要明确该行为是否具备构成恶势力所需的完整特征，如果具备恶势力的完整特征，钟某即成为刘某恶势力犯罪集团中的成员，如果不具备，则构不成恶势力。

《最高人民法院、最高人民检察院、公安部、司法部关于办理黑恶势力犯罪案件若干问题的指导意见》第15条规定，恶势力犯罪集团是符合犯罪集团法定条件的恶势力犯罪组织，其特征表现为：有三名以上的组织成员，有明显的首要分子，重要成员较为固定，组织成员经常纠集在一起，共同故意实施三次以上恶势力惯常实施的犯罪活动或者其他犯罪活动。具体到本案，钟某没有经常与刘某纠集在一起，也未在两年内与刘某共同故意实施三次以上犯罪行为，只是偶发性的对竞争对手实施了轻微的暴力行为。所以钟某根本不构成刘某犯罪集团的成员。钟某所参与的犯罪活动，虽然对社会秩序造成了一定的危害，但对象仅仅是针对同行，且采取的手段只是轻微的阻拦、砸玻璃的行为。所以钟某的行为远远谈不上为非作恶、欺压百姓的程度，不能因为其实施了恶势力常见的犯罪就认定必然构成恶势力。

在经过公安侦查阶段、检察院审查起诉两个阶段取得成果后，面对公诉人出具的量刑建议，辩护人在审判阶段仍然穷追不舍，继续努力辩护，针对检察机关指控的一起事件进行了据理力争。结果检察机关对该起事件撤回起诉，再次取得成果。

【专家点评】

两位律师从侦查阶段开始介入钟某的案件，以认真负责的态度进行了精细辩护。在侦查阶段论证钟某不构成非法经营罪时，进行了全方位多角度的研究，层次分明地提出五个观点；在审查起诉阶段论证钟某不构成恶势力时，从恶势力的特征入手，条分缕析，还约见了检察官面谈。

钟某作为一个民营企业家，确实有过一些不规范的经营行为。钟某的行为虽构成犯罪，但只是普通的犯罪，公安机关将其作为恶势力打击，显然是有所拔高。

扫黑除恶案件虽然政策性强，但并不是铁板一块，密不透风。律师只要依法依规，充分运用扎实的理论功底和辩护技巧，还是大有可为的。整个辩护过程中，两位律师面对疑难不畏惧，迎难而上，抽丝剥茧，研究透彻案件事实，查找清楚法律法规，深入思考逻辑关系，寻找案件突破口，写出了那么多有理有据的法律文书，取得了卓有成效的辩护效果。

（点评人：余安平，广东省律师协会刑事法律专业委员会委员、广东省律师学院讲师团成员、华南师范大学律师学院导师、惠州市律师协会刑事法律专业委员会副主任）

杨某谱涉嫌“套路贷”诈骗被从轻处罚案

——从共同犯罪及无效鉴定意见的角度辩护谈起

李桐样 闫耀起*

【内容提要】

被告人杨某谱在无合法工商登记、无金融许可的情形下对外从事无抵押“零用贷”小额贷款业务，假借民间借贷之名诱使被害人签署与实际金额不符的借款合同，并进行暴力催收，符合“套路贷”的法律特征，应构成诈骗犯罪。但侦查机关在侦查时，将在同一办公大楼抓获的、分属不同“套路贷”公司的全部犯罪嫌疑人作为同一犯罪组织进行追诉，明显错误。这一做法，使得被告人所涉的犯罪数额不当升高，对被告人的量刑造成巨大影响。本案中有据可查的被告人涉案金额仅为7000多元，但加上其余不同公司被告人的涉案数额，犯罪金额激增至百万元以上，远超“数额特别巨大”标准，相应的量刑起点即为十年有期徒刑，对被告人严重不公。

【案情简介】

被告人杨某谱自2017年9月开始，伙同同案人耿某青、臧某军等人在广州某广场以“一某公司”为名义，在无合法工商登记、无金融许可的情况下对外从事违规无抵押“零用贷”小额贷款业务，在操作过程中，以“行业惯例”为由，诱使

* 李桐样、闫耀起，广东正大方略律师事务所律师。

被害人签署内容大量留空或虚高于实际借款金额的格式合同、借条、收条，在实际支付借款时扣取“砍头息”，并在借款人还款时人为制造各种归还障碍从而认定被害人违约以收取高额违约金，放任被害人向其他公司“借新还旧”垒高债务。当被害人无力偿还时，使用暴力或“软暴力”手段进行催收。

2018 年 1 月，其中一名借款人刘某报案，2018 年 7 月 25 日，公安机关根据前期侦察，在广州、东莞、深圳、清远等多地抓获多名同案人，杨某谱即于同日被抓获，刑事拘留。

本案批捕时，广州市某区扫黑除恶专项斗争领导小组对本案情况进行了主动通报，《南方日报》等多家有影响力的媒体进行报道。

案件侦查完毕后，广州市某区人民检察院指控：包括本案被告人杨某谱在内的 25 名被告人，陆续在某广场等地租用场地，在无合法工商登记、无金融许可证的情况下违规经营小额贷款业务，对外以“一某公司”等多家“零用贷”公司名义，假借民间借贷之名，开展“套路贷”业务，诱使被害人签订借贷协议，通过虚增借贷金额、肆意认定违约、收取高额中介费用、恶意垒高借款金额等手段诈骗他人财物。属于“零用贷”公司的相关中介人员带领被害人到上述“零用贷”公司借款，并收取借款金额的 5% 作为中介费用，然后上述“零用贷”公司利用客户急需资金周转的心理，以无抵押、快速放款为诱饵，吸引被害人借款，诱使被害人签订大小合同（一份合同的金额为实际借款金额，另一份合同的金额则大于实际借款金额）或直接签订大额合同（合同金额超出实际借款金额），继而以行规需要收取手续费、平台费、押金为由，放款给被害人后，立刻要求被害人转回借款金额的 20% ~ 25%，致使被害人实际到手的借款只有 75% ~80%，同时设置一周为还款周期，周利息为 3.8‰ ~4‰的短期高额利息，以及逾期费用每日 100 元至 200 元等条件致使被害人难以按期还款，在被害人逾期还款时便以超出实际借款金额的大额合同进行催收，要求被害人偿还虚假债务。在被害人无法还款时，各公司通过中介人员再次将被害人带至其他“零用贷”公司借款，并再次签订虚假合同，恶意垒高债务，并从中获取非法利益。在被害人未偿还虚假债务时，被告人臧某军、杨某钿、赵某山、刘某则通过暴力、威胁、虚假诉讼等手段向被害人索要非法利益，在某广场形成了一个以金融借贷为名，严重影响经济、社会、生活秩序的恶势力犯罪组织。经司法审计，被告人杨某谱所在“一某公司”共诱骗 17 名被害人签署大小合同，非法获利66000元，加上其余被告人所在公司非法获利金额，总额在百万元以上。

对于上述指控，辩护人经仔细阅卷后，在开庭之前形成了基本的辩护思路。

（一）指控杨某谱等25名被告人共同形成了一个以金融借贷为名的恶势力犯罪组织的证据明显不足，应当以各被告人所在的公司为单位独立认定违法犯罪行为。

本案被告人共25人，分属“一某公司”“同某公司”“双某公司”“福某公司”“盈某公司”“祥某公司”等多家不同小额贷款公司。各被告人归案之后，在公安机关的主持之下对涉案人员进行辨认，辨认结果显示：在某广场租用场地、经营小额贷款业务的涉案人员，彼此之间并不相识，绝大多数涉案人员无法辨认出除本“公司”以外的人员，即使可以，也只能辨认出长相，而无法叫出具体姓名。凭现有证据，已足以作出“在某广场租用场地、经营小额贷款业务的各被告人之间互不相识”的结论。根据《最高人民法院、最高人民检察院、公安部、司法部关于办理恶势力刑事案件若干问题的意见》第6条的规定，恶势力一般为3人以上，纠集者相对固定。纠集者，是指在恶势力实施的违法犯罪活动中起组织、策划、指挥作用的违法犯罪分子。既然本案中的各经营者之间根本不认识，自然无法找出一个“组织、策划、指挥”整个广场内所有涉案小额贷款公司的违法犯罪行为的组织者。同时，在案证据也不能证实25名被告人之间或者各个小贷公司之间统一实施或者分工实施了违法犯罪行为，亦即本案缺乏各被告人“经常纠集在一起”的证据。公诉机关指控25名被告人属于同一个“以金融借贷为名的恶势力犯罪组织”，没有事实和法律依据，对各被告人应当以其所在的公司为单位独立认定相应的违法犯罪行为。

（二）杨某谱虽构成诈骗罪，但作为犯罪数额认定依据的司法鉴定意见属于无效证据，不应作为定案的证据使用。

本案中为查明所谓“杨某谱恶势力组织”的犯罪数额，公安机关委托广东某会计师事务所有限公司，以在抓捕现场提取到的部分《借款协议》《债权转让协议》、收据、借据，以及嫌疑人的《讯问笔录》、多名被害人接受公安机关询问的《询问笔录》、部分被害人提供的部分相关银行流水、微信转账截图、支付宝转账截图为依据进行司法会计鉴定，并以《专项审计报告》的鉴定结论作为认定犯罪数额的依据。对此鉴定意见，辩护人认为不能作为有效证据使用。根据《人民检察院司法会计工作细则（试行）》第24条第2项的规定，鉴定意见不得依据犯罪嫌疑人供述、被害人陈述、证人证言等非财务会计资料形成。但案涉《专项审计报告》在“送审资料”一栏中，明确将“广州市公安局某区分局提供的《询问笔录》”作为审计的资料之一。送审资料中除了部分内容系通过在案的《借款协议》《债权转让协议》及转账记录、银行流水作出之外，其余内容完全依据嫌疑人的供述、被害人的单方陈述作出，没有任何合同、收据、借据等资料作为审计的依据，违反了《人民检察院司法会计工作细则（试行）》的前述规定。根据2012年《最高人民法院关于适用〈中华人民共和国刑事诉讼法〉的解释》第85条第6项的规定，鉴定过程和鉴定方法不符合相关专业的规范要求的，鉴定意见不得作为定案的依据，故该鉴定意见不能作为定案的证据。此外，涉案《借款协议》《债权转让协议》及转账记录、银行流水所反映的内容只是本案中涉案事实的极小一部分，《专项审计报告》的送审材料缺乏基本的完整性，理应排除其作为鉴定意见的证据效力。

在庭审中，辩护人以存在明显瑕疵的涉案鉴定意见作为突破口，在质证环节通过指出四大重点瑕疵而否认该鉴定意见的证据效力：其一，鉴定意见全文以口供作为重要材料依据，违反鉴定过程与方法的规范要求；其二，侦查机关未能提取到全部涉案银行流水、借款合同等材料，鉴定意见的送审材料缺乏基本完整性，不能反映真实情况；其三，审计机构犯有“张冠李戴”错误，将不属于“一某公司”的合同当作“一某公司”处理；其四，若将主要依据被害人陈述作出的鉴定意见作为定案证据，将使得被害人陈述未经庭审质证被作为定案证据，违反法定程序。

除重点指出鉴定意见的证据效力外，辩护人还详细梳理了包括“一某公司”在内全部9间涉案公司的在案银行流水状况，重新核算各自的犯罪数额，提交给法院。

在否认了鉴定意见的效力后，辩护人在法庭辩论阶段结合该案审理时最高人民法院发布的多份司法解释及法律规定，指出公诉机关将涉案的25名被告人认定为同一恶势力犯罪组织不当，应当按照被告人所在公司为单位分别认定其犯罪数额。

最终，一审法院未认定公诉机关指控的“本案涉案人员整体属于共同犯罪”的事实，认可了辩护人所提出的本案的“各被告人不属于同一犯罪组织应当以其所在公司为单位分别定罪量刑”的辩护意见，且未采纳《专项审计报告》作为定案的证据。辩护人成功地将杨某谱的诈骗罪犯罪数额由百万元以上降低至7000元，一审法院以诈骗罪仅判处其有期徒刑一年七个月，加上其所犯的寻衅滋事罪、非法拘禁罪两罪，数罪并罚之后决定执行的刑罚也仅为四年六个月有期徒刑，取得了良好的辩护效果。

【争议焦点】

1. 检察机关在起诉书中将同案抓获的“一某公司”以外的多名被告人作为同一恶势力犯罪组织处理，使得涉案金额由有证可查的7000元激增至百万以上，是否适当？

2. 本案绝大多数涉案合同、银行转账记录均未提取，审计机构以嫌疑人的供述及被害人的陈述作为司法鉴定的重要依据，其《专项审计报告》能否作为定案的证据？

【案例评析】

本案的核心辩护内容其实只有一点：侦查机关将抓获的25名犯罪嫌疑人错误地认定为同一犯罪组织，这使得被告人的犯罪数额激增至百万元以上，对被告人的量刑造成巨大影响。如果按照公诉机关的指控进行量刑，则势必达到十年以上，无论是被告人还是家属都是难以接受的。

为了降低被告人的刑期，就要推翻涉案司法鉴定意见。辩护人为达到这一目的，以该案鉴定意见的各项瑕疵为突破口，最终排除了该鉴定意见的证据效力。

辩护人在拟定辩护策略时，对法院排除该鉴定意见是不敢抱过高期望的。也正因如此，辩护人付出了大量精力，重新对涉案材料进行了仔细的梳理和统计，指出了鉴定意见中犯罪数额鉴定错误之处，即便法院不排除该证据，也可以降低被告人的犯罪数额。

本案被告人杨某谱于2018年7月被捕，检察机关于2019年8月6日正式向法院提起公诉。在本案的侦查及审查起诉期间，恰逢最高人民法院、最高人民检察院、公安部、司法部四机关一连发布了四部司法解释，当时正是舆论对惩处“套路贷”“零用贷”的热情高涨时期，尤其是在本案破获时，得到了广州市某区扫黑除恶专项斗争领导小组公开通报。公允地说，在本案的办理过程中，无论是辩方还是控方，乃至审判机关，都或多或少地感受到了社会压力。

然而，本案的客观情况就是办案机关所提取的证据不足，侦查机关对涉案的多个“公司”都只提取到了残缺的合同、银行流水。在这种情形下，辩护律师如何发挥能辩、敢辩、善辩的精神，努力使被告人获刑恰如其分，是考量经办律师业务能力、经验、勇气担当的重要课题。

本案最终的判决排除了存在严重证据瑕疵的《专项审计报告》，并依据在案证据对被告人判处了一个适当的刑期（涉及诈骗罪的部分被判处有期徒刑一年七个月，数罪并罚被判处有期徒刑四年六个月）。辩护人为经办法官的勇气与担当喝彩，同时也为自己在承载着社会重压的个案中能够成功辩护而感到欣慰，这充分体现了我国的司法工作的公正和透明。

【专家点评】

本案的核心问题有二：第一，应当如何在个案中认定涉案人员是否属于同一“犯罪组织”或构成共同犯罪；第二，在司法过程中，尤其是在审判环节，如何正确看待“审计报告”的效力。

我国《刑法》第 26 条第 2 款对犯罪组织作出了非常明确的定义。本案中公诉机关仅凭涉案人员同时在某个特定地点进行犯罪活动，就主观地认定为涉案人员均属同一恶势力犯罪组织，这种认识是失之偏颇的。辩护律师援引《关于办理恶势力刑事案件若干问题的意见》对这种不正确的观点进行了批驳，是值得肯定的。

至于第二个问题，本案中辩护律师以最高人民检察院发布的《人民检察院司法会计工作细则（试行）》为依据，推翻了涉案《审计报告》的有效性，主要的理由是鉴定意见不得依据犯罪嫌疑人供述、被害人陈述、证人证言等非财务会计资料形成，而这一点在刑事案件的司法鉴定中也绝非个例。但该《人民检察院司法会计工作细则（试行）》毕竟只是检察系统内部文件，在效力上还是有所欠缺的，希望在未来能有更具权威性、效力性的文件出台，以扫清司法认定上的迷雾。

[点评人：戴兴才，北京市炜衡（广州）律师事务所律师、广东省律师协会刑事法律业务专业委员会副主任]

对于犯罪行为的认定应坚持主客观相统一的原则

姜先杰*

【内容提要】

当事人将本人的银行卡出借后，在不知情的情况下，犯罪分子将该银行卡用于收取犯罪赃款。因当事人主观上并不知道他人正在实施犯罪或预谋实施犯罪，双方没有共同实施犯罪的合意，故当事人的行为不构成犯罪。

【案情简介】

2011 年，陈某经朋友介绍入职广东×××药业有限公司，担任市场销售助理一职。

2013 年至 2014 年，公司法定代表人林某某向陈某表示，用公司基本账户转账，手续烦琐很不方便，希望陈某帮个忙，以自己个人的名义办一张银行卡给公司使用。碍于公司领导的情面，陈某不便拒绝，于是开设一张新的银行卡，并按照公司法定代表人林某某的指示，将银行卡、U 盾、银行卡密码，统一交由公司财务部门保管使用。此后，陈某便专注于自己的市场销售工作，没有再过问该银行卡的使用情况。

2017 年 7 月，陈某拟从广东×××药业有限公司离职。在离职前，陈某特意找到林某某，要求取回本人的银行卡，林某某同意后，陈某取回银行卡并将其注销。

* 姜先杰，广东正大方略律师事务所律师。

2020 年，广州市某区公安分局在查办一起虚开增值税专用发票案的过程中，根据另案犯罪嫌疑人的银行转账记录，发现陈某的银行账户（曾经提供给公司使用的银行卡）收取了大量的涉案赃款。公安机关随即将陈某列为虚开增值税专用发票案的犯罪嫌疑人。2020 年 11 月 5 日，广州市某区公安分局以陈某涉嫌虚开增值税专用发票罪为由，将其刑事拘留。

陈某被刑事拘留之后，辩护人接受委托后第一时间会见了当事人，详细了解了事情的经过。经仔细分析，辩护人认为当事人陈某的陈述具有较高的可信度，其行为不构成犯罪。之后，辩护人便将本案的律师意见书提交给公安机关，申请对陈某予以释放或办理取保候审。

（一）现有证据无法认定涉案的银行卡的真正使用人是陈某

《公安机关办理刑事案件程序规定》第 133 条规定，对有证据证明有犯罪事实，可能判处徒刑以上刑罚的犯罪嫌疑人，采取取保候审尚不足以防止发生某些社会危险性的，应当提请批准逮捕。第 134 条规定：有证据证明有犯罪事实，是指同时具备下列情形：1. 有证据证明发生了犯罪事实；2. 有证据证明该犯罪事实是犯罪嫌疑人实施的；3. 证明犯罪嫌疑人实施犯罪行为的证据已有查证属实的。

根据上述规定可知，公安机关提请批准逮捕的前提，必须符合“有证据证明该犯罪事实是犯罪嫌疑人实施的”，具体到本案中，首先，有切实的证据证明陈某明知对方在实施虚开增值税专用发票犯罪，还提供银行卡；其次，有切实的证据证明，陈某在知晓对方犯罪的情况下，依然操作银行卡，帮助犯罪分子收取及转移赃款。而据陈某陈述，其是遵循公司老板的指示而将新开设的银行卡交给公司的，本人并未实际使用涉案的银行卡。

辩护人认为，如果陈某所述属实，则涉案银行卡的交易记录中应当包含大量的电脑端网银操作使用记录，而陈某作为销售部门的工作人员，不可能有机会大量接触、操作公司财务部门的电脑。此外，如果涉案的银行卡是陈某本人使用的，该银行卡与陈某的日常消费或其他银行卡之间应有密切的联系。因此通过对交易流水的分析，能够判断出涉案银行卡的操作并非来自陈某。

（二）陈某所任职的是销售助理而非财务，不曾参与任何开具发票的工作

据陈某陈述可知，其在 2011 年至 2017 年在广东 × × × 药业有限公司工作期间，担任的一直都是销售助理一职，隶属于销售部门，主要的工作内容是根据医院

的计划清单通知司机供货，与财务是两个不同部门，其不曾参与任何财务，或者开具发票的工作。而公司的开票事宜都是由财务人员负责的。

对于陈某的上述陈述，辩护人认为可信度较高。因为按照常理，公司设立的销售、财务等部门，为的就是分工明确、各司其职。而且从陈某的教育背景来看，其根本不具备财务会计方面的专业知识，既无法胜任，公司也不会委任其财务相关的工作。因此，陈某关于“并未参与公司财务方面的工作，也不曾开具任何的发票或增值税专用发票”的陈述，具有事实基础，符合常理判断。辩护人认为，陈某参与实施虚开增值税专用发票的行为，应当可以排除。

3. 陈某主观上并不知道他人正在实施犯罪或者将要实施犯罪，其完全是在不知情的情况下，被他人所利用

据陈某分析，本案的问题有可能出在其将银行卡借给公司使用这件事情上。2013 年至 2014 年，公司老板曾找到陈某，说公司对他非常的信任，故而希望他能以自己的名义办理银行卡，提供给公司使用。陈某因碍于公司老板的面子，故而遵照执行了。在办理好银行卡之后，陈某将银行卡、密码、网银、U 盾等全部物品交给了公司老板，由公司使用。

辩护人认为，陈某的上述陈述具有一定的可信度。因为现实生活中，公司私账公用的情形普遍存在。如果公司或者公司的相关人员确实在实施虚开增值税专用发票的话，极有可能是为了躲避侦查，甚至是栽赃陷害，而利用他人的银行卡从事违法犯罪活动。陈某作为一个不知情的人员，被公司合法的外衣所蒙蔽，被老板假意的“信任”所欺骗，无意中自己的银行卡成了他人的犯罪的工具，自己也成了“替罪羊”。

分析整个过程可知，陈某在开卡给公司使用的过程中，根本不知道对方已在实施犯罪或者将要实施犯罪，他也未意识到身边犯罪行为的存在，主观上不可能产生与犯罪分子合作，或者向犯罪分子提供帮助的想法。

4. 陈某未在虚开增值税专用发票中获利，该情形也可佐证其未参与犯罪

据陈某陈述，2011 年入职公司之初，工资只有 1200 元左右，至 2017 年离职的时候，工资也仅有 2000 元左右。显然，陈某的工资收入处于较低的水平。

虚开增值税专用发票作为一种经济犯罪，高额的经济利益自然是每一个参与者首要的目标。如果陈某真的参与其中，那么又怎会甘心做这种高风险、零收益的事

情呢，而且持续的时间长达六年之久。这明显不符合常理，唯一的解释只能是陈某并未参与犯罪。需要向公安机关反映的是，2016 年陈某及丈夫买房之时还向亲戚借款 9 万元，该笔借款至今尚未还清，家中经济拮据情况可见一斑。

辩护人在第一次提交法律意见书及释放（或取保候审）申请书之后，公安机关并未批准申请。在此情形下，辩护人据理力争继续向公安机关第二次提出释放（或取保候审）申请，最终公安机关采纳了辩护人的观点，认为不应对犯罪嫌疑人陈某追究刑事责任，予以释放。

【争议焦点】

1. 涉案银行卡、U 盾的实际操作使用人究竟是不是当事人陈某本人？

2. 如果涉案银行卡不是当事人本人在使用，那么当事人在借出银行卡之时，主观上是否知道他人正在实施犯罪，或预谋将要实施犯罪？

【案例评析】

犯罪分子在实施犯罪的过程中，借用他人的银行卡收取赃款，对于出借银行卡的当事人，其行为应如何认定？针对这个问题，法律及司法解释一般以当事人主观上是否“明知”为标准，分别按以下两种情形进行处理。

第一种情形，如果当事人在明确知道或应当知道其银行卡将被用于犯罪活动的情况下，还继续出借银行卡的，则应以共犯论处或按照法律规定进行处理。《最高人民法院、最高人民检察院、公安部关于办理电信网络诈骗等刑事案件适用法律若干问题的意见》第 4 条第 3 款规定，明知他人实施电信网络诈骗犯罪，具有下列情形之一的，以共同犯罪论处，但法律和司法解释另有规定的除外：1. 提供信用卡、资金支付结算账户、手机卡、通讯工具的……5. 提供互联网接入、服务器托管、网络存储、通讯传输等技术支持，或者提供支付结算等帮助的……《最高人民法院、最高人民检察院关于办理非法生产、销售烟草专卖品等刑事案件具体应用法律若干问题的解释》第 6 条规定，明知他人实施本解释第一条所列犯罪，而为其提供贷款、资金、账号、发票、证明、许可证件，或者提供生产、经营场所、设备、运输、仓储、保管、邮寄、代理进出口等便利条件，或者提供生产技术、卷烟配方的，应当按照共犯追究刑事责任。《刑法》第 287 条之二规定，明知他人利用信息网络实施犯罪，为其犯罪提供互联网接入、服务器托管、网络存储、通讯传输等技术支持，或者提供广告推广、支付结算等帮助，情节严重的，处三年以下有期徒刑或者拘役，并处或者单处罚金。

第二种情形，如当事人确实不知道对方在实施犯罪，则不应被追究刑事责任。《刑法》第 25 条规定，共同犯罪是指二人以上共同故意犯罪。《最高人民法院、最高人民检察院、公安部关于办理电信网络诈骗等刑事案件适用法律若干问题的意见（二）》第 11 条规定，明知是电信网络诈骗犯罪所得及其产生的收益，以某些方式之一予以转账、套现、取现，符合刑法第三百一十二条第一款规定的，以掩饰、隐瞒犯罪所得、犯罪所得收益罪追究刑事责任。但有证据证明确实不知道的除外。

分析以上两种情形可知，当事人的客观行为都是相同的，均是将自己的银行卡出借给他人，然后被用于犯罪活动中，但导致罪与非罪的不同结果，原因就在于当事人的“主观故意”截然不同。在第一种情形中，当事人已经明确认识到犯罪行为的发生，但依然持故意的态度；而第二种情形中，当事人不知道犯罪行为的存在，根据“无犯意的行为不为罪”的刑法原则，该种情形自然不应当被追究刑事责任。

【专家点评】

刑事拘留期在刑事案件中一直被视为“黄金救援期”。在该时间段内，如果辩护律师所提出的无罪释放或取保候审的意见未被办案单位采纳，往往意味着案件要经历侦查、审查起诉以及审判阶段，无形当中不仅增加了案件辩护难度，同时也给案件的结果带来了诸多不确定的因素。

本案是对我国刑法中主客观相统一原则最好的诠释。根据该原则，对犯罪嫌疑人、被告人追究刑事责任，必须同时具备主客观两个方面的条件。本案在客观方面，当事人的银行卡确有收取犯罪赃款的记录，这一事实无法否认，但当事人主观方面是不是“明知故犯”，则须进一步予以论证。而本案辩护人正是紧紧围绕当事人的主观要件展开辩护，向办案单位提出“当事人主观上没有犯罪故意，也没有共犯的合意，其完全是在不知情的情况下，被他人所利用”等观点。最终，办案单位采纳了辩护人的观点。

值得一提的是，辩护人在第一次向办案单位提出释放申请时，办案单位是明确拒绝的。在此情形下，辩护人不言放弃，第二次继续向办案单位提出释放申请，最终获得办案单位的同意。辩护人坚韧不拔的精神，也是本案成功的因素之一。

（点评人：蒋石平，广东财经大学法学院教授）

对走私案件中数额及共同犯罪地位认定的成功辩护

——何某走私普通货物罪案

易学超 苏燕仪*

【内容提要】

本案属海关总署、广东分署的统一部署和指挥协调下开展打击非设关地走私红色柴油（俗称红油）“使命 2019－09”专项案件，某走私团伙，逃避海关监管，多人分工合作长期从我国香港地区走私红油入境，案涉金额达 2.97 亿元，偷逃应缴纳税额 0.98 亿元，属数额特别巨大。何某在侦查阶段、审查起诉阶段均被列为排名第二的主犯，其行为已构成走私普通货物罪。辩护人通过深入了解案情、反复研读证据卷宗后，认为本案的辩护重点为：1. 何某的具体行为及作用在共同犯罪中不应是主犯；2. 何某的偷逃税款金额应以其被雇请之后起算；3. 被告具有坦白、悔罪、认罪态度好等从轻、减轻处罚的情节；4. 何某拒绝签署认罪认罚具结书不影响认罪态度。最终，辩护人提出的绝大部分辩护意见均被法院采纳。

【案情简介】

（一）基本案情

2015 年 12 月，被告人史某与陈某（已死亡）购买了一艘船号不明的渔船。2017

* 易学超、苏燕仪，广东正大联合律师事务所律师。

年3月至2019年5月，史某、陈某伙同被告人何某等五人中的部分人员先后又购买了七艘渔船，并雇人驾驶上述渔船从我国香港地区运载红油入境，在位于东莞中堂、麻涌等地由被告人刘某、“肥仔”（身份不详）等人控制的非设关地码头上货。

在从我国香港地区运输红油入境过程中，被告人史某系走私团伙负责人，主要负责联系境外的红油卖家、国内买家，联系码头泵油人员安排卸货等工作；陈某根据史某安排，主要负责船只管理与维护、记账等工作；何某于2017年年底受史某雇用，协助陈某负责船只管理与维护、收付货款、协助船员处理船只违章等工作，其余多名被告也在不同程度上参与了走私红油的工作。

2019年5月19日、23日，阳坡02××号、汕尾01××号渔船分别被海警部门查获，当场抓获被告人黎某、莫某（另案处理）等多人。

（二）处理过程

1. 案件背景

2019年12月，辩护人受何某家属的委托，从案件审查起诉阶段介入，为何某涉嫌走私普通货物罪一案提供法律服务。本案是在海关总署、广东分署的统一部署和指挥协调下共同开展的代号为“2019-09”大规模打击非设关地走私红油的专项查缉行动，案涉走私红油案值金额高达2.97亿元人民币。

2. 公诉意见

检察院认为，史某伙同何某等人先后购买七艘渔船并雇人驾驶该七艘渔船从我国香港地区运载红油入境，经统计，被告史某、何某等人走私红油41736.22吨，偷逃应缴税额人民币97720014.78元，认定史某、何某等人逃避海关监管，非法将红油走私入境，偷逃应缴税额特别巨大，应当以走私普通货物、物品罪追究刑事责任。在审查起诉过程中，辩护人多次与公诉人沟通，公诉人均认为何某在共同犯罪中属地位高、作用大的主犯，在何某未签署《认罪认罚具结书》的情况下，对何某的量刑建议是无期徒刑，签署《认罪认罚具结书》的量刑建议为有期徒刑十四年。何某在辩护人全面分析案情后，毅然选择不签署《认罪认罚具结书》。

2020年6月，检察院法院提起公诉，指控被告人史某、何某等13人犯走私普通货物罪，其中何某被列为排名第二的主犯。

3. 辩护意见

法院受理后，依法组成合议庭，于2020年9月11日公开开庭审理，辩护人提出以下辩护意见。

第一，何某在以史某、陈某为核心所组织的走私普通货物共同犯罪当中，仅是听从于史某、陈某的指使、安排，协助陈某进行一些极为简单机械的行为，应认定为起辅助作用的从犯，依法应当减轻处罚。首先，何某是在史某、陈某走私红油两年后才加入犯罪团伙，并非犯意发起者；其次，走私成本投入方面，是为收回陈某处的欠款，陈某在其份额当中仅分给何某深南 33 × × 渔船 10% 的分红权，应区别于主动投资的情形；再次，走私红油实质上属于海运绕关走，此类走私的共同犯罪行为具体包括红油的采购、运输、销售三个环节，主要涉及走私行为组织者、领导者、船长、普通船员、境内外搬运、装卸、望风人等多种角色，何某在团队中仅是听从于史某、陈某的指使、安排，协助陈某进行维修船只及协助部分收款工作、偶尔搭载船员去处理违章一些极为简单机械的行为，可替代性强，根本未参与到走私行为的关键环节；最后，何某所享有的分配利益极低，且主要是接受陈某雇用而领取工资。因此，何某应认定为从犯，依法减轻处罚。

第二，史某、陈某在 2015 年年底就开始走私红油，而何某是在 2017 年年底才开始帮陈某打工，因此何某参与进来之前的走私红油数额依法不应计入何某名下。

第三，何某是初犯，2017 年年底在不知情的情况下参与，主观恶意较小；自被侦查机关立案侦查以来，一直积极配合侦查机关，如实供述所知道的案件情况，为本案的侦办起到非常积极的作用，具有深刻的悔罪表现，依法可以从轻、减轻处罚。

综上所述，何某属于本案犯罪团伙中的从犯，且认罪态度良好，具有坦白情节，依法应减轻处罚。

4. 法院意见

第一，辩护人提出何某只是为收回欠款而被迫投资，因此占了一艘渔船 10% 的股份。经法院查明，辩护人的辩护意见与事实相符，法院予以采纳。

第二，辩护人提出何某在 2017 年年底才被史某雇用，晚于涉案渔船开始走私的时间，对何某参与之前的走私偷逃税款部分不应算入何某名下。经法院查明，辩护人的辩护意见与事实相符，予以采纳，对于能够明确区分的走私偷逃税款部分，依法予以扣除，对不能区分的部分，认定为何某的偷逃税款金额，但在量刑时酌情予以从轻处罚。

第三，辩护人提出何某只是被动出资涉案一艘渔船共 10 万元，只是受雇史某协助渔船管理及维护、部分首付款、协助处理船只违章的工作，何某在共同犯罪中仅起辅助作用，并没有直接参与走私的关键环节，应认定为从犯并减轻处罚。经法院查明，认为辩护人的辩护意见于法有据，并认定何某在走私普通货物共同犯罪中起辅助和次要的作用，依法认定为从犯，应减轻处罚。

第四，辩护人提出何某归案后如实供述，具有坦白情节，经法院查明，认为辩护人的辩护意见与事实相符，于法有据，予以采纳。

最终，法院采纳了辩护人提出的绝大部分辩护意见，并将何某从第二被告的地位变更为第五被告，综合认定：何某经审查，符合走私普通货物罪的定罪条件，偷逃应缴税额在二百五十万元以上，属于“偷逃应缴税额特别巨大”，依据法律规定应处十年以上有期徒刑或者无期徒刑，并处偷逃应缴税额一倍以上五倍以下罚金或者没收财产。鉴于何某在本案中属于从犯，且具有坦白情节，依法予以减轻处罚。

5. 判决结果

判决何某犯走私普通货物罪，判处有期徒刑八年，并处罚金人民币一百万元，刑期从判决执行之日起计算。判决执行以前先行羁押的，羁押一日折抵刑期一日，即自 2019 年 5 月 24 日起至 2027 年 5 月 23 日止。罚金应在判决生效之日起一个月内，一次性向法院缴纳，上缴国库。

【争议焦点】

1. 何某在走私普通货物罪共同犯罪中属主犯还是从犯？该如何认定？
2. 何某的出资额、犯罪数额如何认定？
3. 何某拒绝签署认罪认罚具结书是否认罪态度不好？

【案例评析】

（一）走私普通货物罪的概念和构成要件

走私普通货物罪，是指违反海关法规，逃避海关监管，运输、携带、邮寄除武器、弹药、核材料、假币、文物、贵重金属、珍贵动物及其制品、珍稀植物及其制品、淫秽物品、固体废物、液态废物、气态废物、毒品、制毒物品等国家禁止进出口的货物、物品外的其他普通货物、物品进出国（边）境，偷逃应缴税额较大或者一年内曾因走私被两次行政处罚后又走私的行为。本罪构成要件有四个：一是本罪侵犯的客体是国家对普通货物、物品进出口监管、税款征收的制度；二是本罪的客观方面表现为违反海关法规、逃避海关监管，运输、携带、邮寄普通货物、物品进出国（边）境、偷逃应缴关税税额较大或者一年内曾因走私被两次行政处罚后又走私的行为；三是犯罪的主体为一般主体，自然人和单位均可构成本罪主体；四是主观方面由故意构成，过失不构成本罪，即行为人应“明知”自己的行为构成犯罪。

本案中何某明知从我国香港地区走私红油入境是犯罪行为，而实施海上走私入境、买卖、泵油、运输和脱色等行为，其行为已构成走私普通货物罪，予以认定。

（二）共同犯罪地位作用的认定

关于走私罪主从犯的认定，也是本案争议最大的焦点，侦查机关、检察机关均认定何某属于积极参与全部走私活动的主犯，在法院审理阶段如何以“从犯”对何某进行辩护是重中之重。关于走私案件，司法实践中主流观点认为“造意者、组织者、指挥者、主要实行者、主要出资人和主要获利者可以认定为主犯；犯意的附和者、起次要作用的教唆犯、次要实行者、次要出资者、次要获利者、帮助犯和胁从犯可以认定为从犯”。共同走私犯罪案件在区分主从犯时，应当结合走私犯罪的特殊情况，重点考察行为人与走私犯意的发起、走私成本的投入、走私活动的控制、走私行为的实施和走私利益的分配五个方面的关联程度，综合判断行为人在共同走私犯罪中的地位和作用，准确区分主从犯，实现量刑均衡。

本案中被告人史某、陈某等人自 2015 年年底即开始走私活动，并在之后陆续拉人入伙，属于走私犯意的发起者，且投入了多艘渔船，负责涉案走私大部分工作，对其他人进行管理，享有绝大多数的走私利益，属于典型的主犯。而何某是为收回陈某的欠款而被迫投资，占一艘渔船 10% 的股份，其成本投入占比低，且缺少主观犯意。另外，何某只是受雇于老板，听命行事，并非团伙的管理人，主要从事辅助性、可替代性强的工作，因此属于从犯。

（三）走私普通货物罪涉案数额的认定及定罪量刑的数额标准

根据我国相关法律法规规定，在办理走私普通货物、物品刑事案件中，对走私行为人涉嫌偷逃应缴税额的核定，应当由走私犯罪案件管辖地的海关出具《涉嫌走私的货物、物品偷逃税款海关核定证明书》，本案中起诉书指控各被告人涉嫌偷逃应缴税额均经《核定证明书》认定，法院予以确认，故何某被笼统认定的偷逃应缴税额为93710938.04元。但法院认为对于被告人何某加入走私之前的走私偷逃税款部分，因被告人何某2017年年底才被雇请，均晚于涉案渔船开始走私的时间，对能够明确区分的走私偷逃税款部分，依法予以扣除，对不能区分的部分，认定为被告人的偷逃税款金额，而在量刑时酌情予以从轻处罚。

（四）认罪态度的认定

何某归案后能如实供述，积极配合侦查，悔罪深刻，从侦查阶段、审查起诉阶段、审理阶段均明确认罪，依法应认定为认罪态度较好。

但何某拒绝签署公诉机关的《认罪认罚具结书》是否会影响认罪态度？这个问题应坚持认罪与认罚区别独立的原则加以正确认定。如前所述，对何某而言，最大的争议是主从犯的问题，如接受公诉机关认定的“主犯”地位，即便认罪态度再好，也依法只能从轻处罚，若同意检察机关的量刑意见并签署具结书的案件，其量刑幅度必然在十年以上有期徒刑；若不接受认罪认罚，即面临公诉机关“无期徒刑”的量刑建议。

在我国当前刑事诉讼的司法实践当中，认罪认罚制度虽总体上可以降低司法诉讼成本、更好更快地推进案件办理，但被告人及辩护人还是应根据实际情况，综合分析是否认罪认罚，不可违背客观事实无原则认罪认罚。何某在审查起诉阶段未能被正确认定为“从犯”的前提下，只能面临有期徒刑十四年和无期徒刑的选择，在辩护人全面分析案情后，决定不签署《认罪认罚具结书》，虽不“认罚”但事出有因，不影响其“认罪态度好”的事实。

（五）量刑情节

本案中何某在共同犯罪中作为从犯，依法可减轻处罚，也即可在法定刑十年以下进行判处；何某是初犯，在被动归案后，如实供述自己所知的案件情况，有坦白情节，积极配合侦查，悔罪深刻，依法予以从宽处罚。

（六）本次辩护获得巨大成功

本案涉案案值金额特别巨大，属于中国海关的专案，根据《刑法》的有关规定走私货物偷逃应缴税款特别巨大，处十年以上有期徒刑或无期徒刑。辩护人从审查起诉阶段开始介入，通过多次会见何某，深入研究、反复研读证据卷宗，反复查找相关法律规定及相关案例，通过对证据链的分析，逐一推翻公诉机关的观点。辩护人提出的绝大部分辩护意见均被法院采纳，法院最终认定何某为从犯并减轻处罚。从公诉机关指控何某为主犯，最终被法院认定为从犯；从公诉机关对何某量刑建议为无期徒刑，最终被判处有期徒刑八年；辩护人在从轻、减轻辩护中取得了重大胜利，更重要的是为何某争取到了罪刑相适应的结果，维护了何某的最大利益，使得何某获得公平公正的审判结果。

【专家点评】

从具体情节和性质来看，该案件无疑是一宗辩护非常成功的典型案例。何某所涉案件，属于海关总署、广东分署统一部署和指挥开展打击非设关地走私红油专案，具有涉案数额特别巨大、偷逃税额特别巨大、走私时间跨度长、团伙参与人员众多、案卷材料多等特点。而公诉机关认为何某是主犯，给当事人作出量刑十四年的认罪认罚建议，否则将建议判处无期徒刑。在此情形下，作为何某的辩护人面临巨大的压力。但辩护人能细致研阅卷宗材料和认真核实事实，作出准确、大胆的判断，在与当事人沟通后，拒绝接受认罪认罚建议；并于审判阶段，为当事人作出其为从犯、受雇用参与时间短等罪轻的辩护。最终法院认定何某为从犯，判处有期徒刑八年。

该案辩护成功之处在于，一是辩护律师能以过硬的能力，在多方沟通交流，公诉机关坚持己见的情况，勇于拒绝不合理的认罪认罚建议，这值得行业借鉴。二是抓住案件的要点，全面论述何某非主犯并得到法院的支持，最终得以轻判，体现出一位负责律师的专业水准。该案的辩护策略和成功之经验，属行业中具有引领、示范之典范。

（点评人：吴炳波，广东省律职务犯罪辩护专业委员会副主任、
广东正大联合律师事务所主任）

合法合规行使律师调查取证权取得关键证据

——梁某涉嫌参加黑社会性质组织罪不予认定案

黄晓东　刘　洁*

【内容提要】

扫黑除恶是弘扬社会正义，保障人民安居乐业、社会安定有序、国家长治久安的有力武器。在扫黑除恶专项斗争的背景下，近年来，全国各地都取得了良好的成效，有效遏制了刑事犯罪高发，净化了社会空气，维护了社会正义。但历史的经验和教训提醒我们，扫黑除恶的过程中必须严格遵守法律规定，强化证据意识，一切行动都“依法”，按照法律程序，在法治轨道和法律框架内进行扫黑除恶，这也是依法治国的根本遵循。梁某涉黑案从组织、领导者到骨干成员到积极参加者再到审判阶段笔者大胆配合家属取证，获得了关键性证据，最终成功为其摘掉“涉黑”的帽子，这也正是国家在打击涉黑犯罪时依法依规，遵循证据裁判原则的典型体现。

【案情简介】

2003 年开始，梁某某等人先后拉拢腐蚀时任某村书记梁某邦、第二某合作社社长梁某、第某经济合作社社长被告人赵某，垄断了某村属、二社的建筑工程和承接了十社的部分建筑工程，并在相关工程建设完毕后通过梁某某和梁某民共同经营的广州某康物业管理有限公司、广州市某方物业管理有限公司和梁某民实际参加控

* 黄晓东、刘洁，广东秉甲律师事务所律师。

制的广州某海置业有限公司，对大部分物业进行管理或承租，积累了大量经济资本。梁某某由此慢慢在某村累积声势，先后聚集了 24 名被告人。2008 年至 2010 年，被告人梁某伙同上述同案人经合谋，利用职务便利，将某二社大火工业区厂房工程、某楼工程及五某大道 1000 红门工程交予梁某某承建，并收受梁某某贿送的好处费共计 80 万元。

2019 年 3 月 28 日，最高人民检察院印发《关于建立健全省级检察院对涉黑和重大涉恶案件统一严格把关制度的通知》，明确在扫黑除恶专项斗争中，既要从严打击黑恶势力犯罪，又要严格遵循罪刑法定、证据裁判、非法证据排除、程序公正等法治原则，依法规范办案，既不降格处理，也不人为拔高，确保扫黑除恶专项斗争是在法治轨道上推进，经得起历史和法律检验。而梁某被指控涉嫌参加黑社会性质组织罪正是非涉黑人员作为涉黑人员处理的典型案例。

梁某涉嫌参加黑社会性质组织罪一案辩护律师自侦查阶段即介入，在侦查阶段多次会见梁某，但其坚持不认罪，认为自己根本不存在涉黑的犯罪行为。而辩护律师向公安机关了解的却是梁某涉嫌组织、领导黑社会性质组织罪，这个罪名则非同小可。辩护律师对此十分疑惑，那么案件事实真相究竟是什么？在黄金救援的“37 天”内，辩护律师深知无取保候审可能，于是采取退而求其次的方法，提出梁某并不是组织、领导者，并根据梁某供述提供了相关事实。检察机关在批捕时采纳了辩护律师的法律意见，变更罪名为参加黑社会性质组织罪（骨干成员）。到了审查起诉阶段，辩护律师经过阅卷，心中的谜团渐渐解开，也更加坚定地认为指控梁某参加黑社会性质罪的事实不清、证据不足，反而有证据证明其行为性质属正常履职，并非提供经济支持。但由于本案属于涉黑类型的犯罪，基于案件的特殊性，在审查起诉阶段想要将涉黑罪名去除几乎没有可能，于是辩护律师决定先提出梁某并不属于涉黑活动的骨干成员，仅是一般参加者的法律意见，并多次与检察官沟通，再次出具 5000 多字的法律意见，提起公诉时，成功使得梁某由原先指控的积极参加者转变为一般参加者，这也为后续辩护律师提出的无罪辩护打下良好的基础。辩护律师始终坚持认为梁某不存在涉黑行为，决定在审判阶段为其作无罪辩护。

众所周知，刑事案件中自行调取证据存在较大执业风险，更何况是涉黑案件。要在审判阶段进行无罪辩护的难度和风险可想而知，但我们始终坚信法律是公平正义的。尽管辩护律师曾多次要求侦查机关、检察院、法院调取《会议纪要》等相关证据，申请对涉案工程的造价进行评估鉴定，却迟迟没有等来答复，而案件的审理期限马上就要到来，不能一直被动地等待。于是辩护律师主动出击，大胆依法配合家属调取并聘请第三方机构对涉案承租房产作《资产评估报告书》，以证实涉案工程的造价符合市场价格，甚至是低于市场价格的，没有侵害集体资产。梁某没有为该黑社会性质组织提供经济支持的情形。同时《会议纪要》则完整再现将工程给予梁某某承建是经过村集体讨论决定的，符合表决程序。通过提交以上关键性证据，结合其他证据和证言，最终辩护意见为法院采纳，成功为梁某摘掉涉黑的帽子，仅仅认定非国家机关工作人员受贿一罪。

法院经审查认定：鉴于在案涉黑犯罪事实，梁某没有一起参与且无同案人指证，对于被告人梁某的辩护人提交的涉案三个工程的会议记录、资产评估报告书、广州市建筑工程2008年至2012年参考造价，法院酌情予以考虑。公诉机关提供的现有证据，被告人梁某虽然收受被告人梁某某的贿赂，为梁某某等人承接工程提供帮助，但现有证据不能证实梁某参与了公诉机关所指控的组织犯罪，故不对其作为参加黑社会性质组织罪处理。公诉机关指控被告人梁某参加黑社会性质组织罪证据不足，本院不予认定。

【争议焦点】

1. 梁某虽与梁某某相识，但本案的证据能否证明梁某受梁某某的领导或指挥，为梁某某涉黑组织的成员？

2. 将涉案三个工程交由梁某某承建是否经过合法程序表决，交由梁某某承建是否属于正常的商业行为，是否存在侵害集体资产？

3. 涉案工程的造价当时是否符合市场价格，梁某对于工程利润有无分成，双方有无利益输送关系？

【案例评析】

辩护律师在代理梁某被指控参加黑社会性质组织罪一案后，通过仔细研读全案卷宗发现，梁某并没有参与梁某某涉黑组织的任何一项犯罪行为却被认定为涉黑社会组织的参与人员，主要是基于梁某作为某村二社的社长将所在社的三个涉案工程交由梁某某承建，因此被认定为梁某某涉黑组织的发展壮大提供了经济扶持。找到指控梁某涉嫌参加黑社会性质组织罪的症结所在以后，辩护律师针对以上所指控的犯罪事实，对症下药，从立法目的、法律适用以及法理等多角度、全方位逐一攻克。

对于认定涉黑组织的成员，法律是有明确规定的，而本案中梁某的行为究竟能否认定为黑社会组织的成员，应当结合法律规定以及案件事实予以综合评析。根据《最高人民法院、最高人民检察院、公安部办理黑社会性质组织犯罪案件座谈会议纪要》的规定，认定涉黑性质组织成员应当坚持主客观一致的原则。第一，是否参与了实施黑社会性质组织的违法犯罪活动，这是表明被告人与黑社会性质组织之间存在关系的重要标志。因此，这一点自然是判断参加行为的重要依据。第二，与黑社会性质组织之间有无相对固定的从属关系。如果在黑社会性质组织中找不到对应的位置，就说明被告人与该犯罪组织没有从属关系；如果与黑社会组织某一成员之间没有服从和被服从、管理和被管理关系，就不能认定被告人有参加黑社会性质组织的行为。结合本案，从客观行为而言，首先，以梁某某为首的涉黑组织涉嫌聚众扰乱社会秩序、破坏生产经营、故意伤害、寻衅滋事等多起违法犯罪事实，经办案机关查实，梁某没有参与任何一起犯罪事实。其主观上也没有成为梁某某涉黑组织成员的意愿，不存在听从该涉黑组织的指挥和安排的行为。根据本案众多同案人的供述，梁某某在参与村内换届选举时，存在向村社人员买票的情形，而梁某也是其中被贿选的人员之一，如果梁某为该组织的成员，作为涉黑组织的领导人员怎可能向自己的手下进行贿选，这显然不符合常理。案件不论是从客观行为还是主观意识两个方面来看，都没有证据证实梁某参与了梁某某涉黑组织，与该组织之间也不存在从属关系。更何况公诉机关指控另一罪名为非国家机关工作人员受贿罪，如果梁某某系黑社会组织领导者，而梁某如为其下属，直接吩咐即可，何须行贿？这明显存在逻辑性错误。

其次，关于公诉机关最为关注的梁某将三项涉案工程交由梁某某承建，为梁某某涉黑组织的发展壮大提供经济扶持的问题。对此，通过家属提交的《会议记录》清晰记载，三项工程交由梁某某来承建都是按照当时的合法流程，经过村干部集体讨论一致决定，并非由梁某一人说了算，并且当时低于市场价交由梁某某承建，属于正常的商业行为，不存在侵害集体资产，利益输送的关系。按照当时既有的流程规章，工程的承建是不需要经过招投标的，而是可以直接由社里的成员通过集体讨论一致同意进行决定，而梁某等人也是按照既有程序进行办理，并不存在私下自行决定将工程交由梁某某承建的情形，此点从同案人的口供中均可以体现。

最后，根据家属所提交的《资产评估报告书》，可以显示涉案的工程以低于当时的市场价格交由梁某某承建，梁某通过更低的成本价格修建工程以提高经济效益，对于二社而言是有利的。同时，梁某等人将三项工程交由梁某某时是要求梁某某以带资的形式进行承建，案卷中众多的支付流水和相关报销凭证进行汇总和整合可以发现，其中某火工业区（2007 年 10 月施工完毕）和某街（2009 年 5 月施工完毕）的工程款项直至 2018 年才陆陆续续付清，距离施工完毕已经长达 9 年至 10 年的时间，而某海置业的工程款直至案发都尚未支付完毕（2011 年 9 月施工完毕）。若按照指控的犯罪事实，系梁某为梁某某的涉黑组织提供经济扶持，怎么可能要求梁某某带资高达 40% ~70% 承建工程，这显然不是提供“经济扶持”该有的表现。

本案中恰恰是《会议记录》以及《资产评估报告书》对摘掉涉黑罪名起到了关键性的作用。关于办理涉黑案件的有效辩护经验可以归纳为以下几点。

（一）重视侦查阶段的会见，摸清侦查思路，及时与办案机关沟通，第一时间还原事实。

很多辩护人都认为侦查阶段除会见外，没有什么可作为。其实这是一种误解，恰恰在这前三个多月，是最佳取保候审和变更罪名的时机，我们必须经过多次会见，了解案件每一个细节，还原案件事实，及时向办案机关反馈。而涉黑案件往往存在涉案人员众多、关系复杂，案卷烦琐，涉及罪名繁多等特征，案卷甚至多达百卷，查阅起来往往费时又吃力。在阅卷的过程中，为了更好地提高阅卷效率、便于循环往复查阅案件事实、了解涉案人员的关系及指控罪名，建议通过思维导图、制定案件审查报告等形式对涉案人员的罪名和人物关系、涉及的犯罪事实进行科学化的梳理和归纳。在了解完指控的案件事实以后及时与办案机关沟通案件情况，了解办案人员的办案思路，制订辩护思路和方案。

（二）在做好执业风险防范基础上，大胆依法依规取证，最大限度地维护当事人的合法权益。

虽然《刑事诉讼法》第 41 条明确规定律师享有调查取证权，但是出于对执业风险的防范，辩护律师往往较少行使自身依法享有的调查取证权。在公安机关没有固定对当事人有利的证据时，辩护律师的调查取证权显得尤为重要。在保护自身的前提下，合法合规地行使律师调查取证权，往往是案件得以成功办理的关键。本案中，辩护律师配合家属提交的《会议记录》《房产评估报告》等证据材料恰恰是本案出现转机的关键证据。

“求木之长者，必固其根本，欲流之远着，必浚其泉源。”扫黑除恶专项斗争自2018年启动，到2019年攻坚，2020年建立健全长效机制，反映的是党中央、国务院保障人民安居乐业、保障社会安定有序、保障国家长治久安的坚定决心。在扫黑除恶的过程中，要坚持罪刑法定、证据裁判、非法证据排除等法治原则，勿枉勿纵，才能将法治真正落于实处。作为办案律师，要时刻坚定公平正义的信念，不畏艰难，深入研究案情，关注案件细节，勇于发现和查找案件事实真相，找准案件的辩护策略和思路，方能取得成效。

【专家点评】

“法治兴则国兴，法治强则国强”，扫黑除恶专项斗争是我国践行依法治国、以人民为中心思想的重要举措，因此，涉黑涉恶案件的办理应当严谨地尊重事实和证据。

两位辩护律师在办理梁某涉黑案过程中，充分运用律师的调查取证权，调取了《会议纪要》这一客观书证，证明将工程交给梁某某承建是村集体通过合法流程讨论的结果，符合表决程序。同时，依法聘请了第三方机构作出《房产评估报告》，证实涉案工程造价符合市场价格。通过以上关键证据，证明梁某并没有为涉黑组织发展壮大提供经济扶持，其本人也没有参与实施其他任何黑社会性质组织的违法犯罪活动，最终，法院采纳了全部辩护意见，是辩护人努力付出的结果，值得肯定！

（点评人：钟其胜，广州市律师协会普通犯罪刑事专业委员会主任）

行为发生时无法律规定为犯罪的，应依罪刑法定原则以无罪处理

谢振华*

【内容提要】

介绍他人借取高利贷款或自己经办高利放贷业务，虽然触及“高利贷”，但是否属于“套路贷”构成诈骗罪，还需看行为人在客观行为上是否无对价地占有了他人的财物、欺骗行为是否致使他人处分财产并造成财产损失。在案件审查中，应尊重客观证据，以事实为依据，重点查明行为人在办理借款业务的过程中是否具备欺骗的特征，以及行为相对方在借款前后中的认知情况。本案例重点解决高利贷行为与“套路贷”中构成诈骗罪的行为的区分问题。

【基本案情】

2018年7月25日，被告人黄某于广州天河区某广场某零用贷款公司从事贷款中介工作，因涉嫌诈骗与23名同案人一同被抓获。辩护律师接受黄某家属委托，为黄某提供辩护，并向侦查机关提交了变更强制措施申请，侦查机关不予批准。审查逮捕期间，辩护律师提交了请求不予批准逮捕的律师意见书。2018年8月30日，经公诉机关批准，黄某被逮捕。2019年1月30日，侦查机关依法将本案移送公诉

* 谢振华，广州金鹏律师事务所律师。

机关。在审查起诉的过程中，辩护律师三次向公诉机关提交律师意见书，同时也就适用认罪认罚的问题征求当事人及承办检察官的意见，因各方分歧较大，未适用认罪认罚程序。公诉机关经两次退回补充侦查后，于2019年8月6日向人民法院提起公诉。公诉机关指控称：从2017年6月开始，被告人杨某1、耿某、黄某1、黄某2、严某、卢某、杨某2、李某、朱某、孙某、林某、刘某等人在天河区某广场租用场地，在无合法工商登记、无金融许可的情况下违规经营小额贷款业务，对外以多家零用贷款公司名义，开展“套路贷”业务，诱使被害人签订借贷协议，通过虚增借贷金额、肆意认定违约、收取高额中介费用、恶意垒高借款金额等手段诈骗他人财物。被告人黄某及李某2、徐某、杨某3、李某3作为中介人员带领被害人到零用贷公司借款，并收受借款金额的5%作为中介费用，然后零用贷公司利用客户急需资金周转的心理，以无抵押、快速放款为诱饵，吸引被害人借款，诱使被害人签订大小合同（一份合同的金额为实际借款金额，另一份合同的金额则大于实际借款金额）或直接签订大额合同（合同金额超出实际借款金额），继而以行规需收取手续费、平台费、押金为由，放款给被害人后，立刻要求被害人转回借款金额的20%~25%，致使被害人实际到手的借款只有75%~80%。同时设置一周为还款周期，周利息为3.8‰~4‰的短期高额利息，以及逾期费用每日100元至200元等条件致使被害人难以按期还款，在被害人逾期还款时便以超出实际借款金额的大额合同进行催收，要求被害人偿还虚假债务。在被害人无法还款时，各公司通过中介人员再次将被害人带至其他零用贷公司借款，并再次签订虚假合同，恶意垒高债务，从中获取非法利益。在被害人未偿还虚假债务时，同案被告人臧某、杨某3、赵某、吴某、唐某、林某、刘某七人则通过暴力、威胁、虚假诉讼等手段向被害人索要非法利益，在广州市天河区某广场内形成了一个以金融借贷为名，严重影响经济、社会、生活秩序恶势力犯罪组织，造成恶劣的社会影响。公诉机关认为黄某与23名同案人无视国家法律，诈骗他人财物，数额巨大，行为触犯了《刑法》第266条规定，犯罪事实清楚、证据确实充分，应以诈骗罪追究刑事责任。被告人臧某、杨某3、赵某、吴某、唐某、林某、刘某七人无视国家法律，恐吓他人、情节恶劣；非法拘禁他人，其行为均分别触犯了《刑法》第293条、第238条规定，犯罪事实清楚、证据确实充分，应以寻衅滋事罪、非法拘禁罪追究刑事责任。被告人臧某、杨某3、赵某、吴某、唐某、林某、刘某七人在判决宣告以前一人犯数罪，根据《刑法》第 69 条的规定，均应当数罪并罚。根据《刑事诉讼法》第 176 条的规定，提起公诉。

本案发生于 2018 年，根据《最高人民法院、最高人民检察院、公安部、司法部关于办理非法放贷刑事案件若干问题的意见》第 8 条的规定，2019 年 10 月 21 日前的非法放贷行为依照《最高人民法院关于准确理解和适用刑法中“国家规定”的有关问题的通知》（法发〔2011〕155 号）的规定办理。而根据法发〔2011〕155 号文的规定，非法放贷行为在 2019 年 10 月 21 日前不以非法经营罪入刑，故本案考察的重点在于：黄某是否和其他同案人构成共同犯罪？若不构成共同犯罪，其自身行为是否单独构成诈骗罪？

辩护律师根据会见黄某的情况及详细的证据分析后认为：

首先，黄某与其余 23 名同案人不构成共同犯罪。案涉的 24 名被告人除了均在天河区某广场办公及有同一个微信业务群提供一些行业信息之外，相互间大多不认识，甚至从未合作。据黄某供述，其作为一个独立于各零用贷款公司的个人，仅在 2017 年间在某广场从事中介业务及在“某诚”公司工作数月，对各零用贷款公司的风评并不了解，也不掌握零用贷款公司内部的操作情况。其余案件证据也未反映其参与到被害人的签约过程中：各贷款公司从业人员或私人放贷者在供述或证言中均未提及黄某，在辨认笔录中也没有辨认出黄某；被害人陈述或证人证言中也没有提及黄某与这些贷款公司从业人员或私人放贷者认识，更未有提及黄某有虚构利息、本金、还款方式、违约情况等信息骗取被害人的信任以实施诈骗；没有聊天记录或其他客观证据反映黄某与其他同案人有合谋，知悉借款人系“借新还旧”等事宜，密谋进行“套路贷”。辩护律师认为，公诉机关认定黄某与其余 23 名同案人为共同犯罪较为牵强，更不宜认定 24 名被告人为恶势力犯罪组织。

其次，黄某介绍他人借取贷款或在自己工作的贷款公司经办放贷业务，虽有涉及超额利息，但并没有采取“阴阳合同”“虚构银行流水”“虚假违约”等手段开展“套路贷”，故不构成诈骗罪。本案中，没有任何一名借款人称黄某有虚构事实、捏造贷款金额使其陷入错误认知进而处分财产的情况。虽然黄某在其任职“某诚”公司时，曾向其中一名被害人刘某提供贷款，约定借款利息超于年利率 36% 的合法范围，签署的借款合同与借条金额不一致，但根据被害人陈述及证人证言的综合反映，该被害人没有陷入错误认知，其知悉借款金额、利息，借条、收据金额是事先签署的，并非空白借条、收据；黄某没有虚构收据或银行流水，没有要求刘某提供担保，也没有虚构刘某违约；而且，黄某本人也以个人名义向该被害人提供了借款，计核数额后与被害人的收据基本一致，且黄某事后向该被害人追偿欠款时也仅追偿本金，没有计核利息。尽管黄某的行为触及“高利贷”，但并非“套路贷”，其个人的行为并不符合诈骗罪的构成要件。

最后，本案中，有多项证据反映个别被害人因资金短缺，长期处于“借新换旧”“拆东墙补西墙”的状态，甚至有为借款存在虚构、夸大财产情况并隐瞒其他借款的情形。从被害人的陈述来看，他们对于自身借款的详细情况，基本处于记忆模糊、混乱的情况，对于借款的细节、签署的资料等情况也没有具体说明，大多仅称通过了哪些零用贷款公司借款。没有充分、客观的证据反映被害人是处于错误的主观认知下进行借款、还款，更不能排除被害人实际知悉借款利息较高、属“高利贷”但依然借款的合理怀疑。毫无疑问，“高利贷”危机国家金融安全，理应取缔，但案发时，没有法律规定“高利贷”业务属于犯罪行为，在严格的罪刑法定原则的基础上，黄某等人的行为不宜扩张认定为诈骗罪。为此，辩护律师在审判阶段中为黄某作无罪辩护。

由于本案被告人有二十余人，证据繁多，案情复杂，人民法院组织了连续三天的庭审后，宣布休庭。2020 年 7 月 19 日，人民法院裁定准许检察院撤回对被告人黄某的起诉。检察院于 2020 年 7 月 28 日，以“经本院审查并退回补充侦查，仍然认为黄某诈骗的犯罪事实不清、证据不足、不符合起诉条件”为由，对黄某作出不起诉决定。

【争议焦点】

黄某是否与其他被告人构成共同犯罪？若否，黄某其自身行为是否直接构成诈骗罪？

【案例评析】

首先，对于共同犯罪的认定，不宜仅以犯罪发生的空间或犯罪所涉业务是否有联系进行评价。虽然本案中所涉的零用贷款公司均开设于天河区某广场内，但是，选择共同经营场所并不意味着各被告人在该案存在事前的合谋或事中的犯意联络。相反，从我们的日常生活常识可知，同一业务在特定地区、范围内“成行成市”，主要原因是为形成一定知名度，使潜在客户比较容易聚集，从而实现经营目的，这是市场经济下经营者的自然选择。另外，现代商业发展过程中，生产分工和产业分工进一步得到强化，从而促使了整个行业的细分，在这一背景下，极大部分的行业都存在着独立的渠道（中介）服务，渠道方和服务（商品）提供方间存在合作关系，却并不掌握彼此间的生产要素或生产信息，一方拥有客户，另一方拥有资金，业务过程彼此独立又相互合作，这是当代市场经营的常态。因此，在同一经营场所内并不意味着各被告人存在事前合谋或事中的犯意联络。即使某广场内的零用贷款公司确实存在诈骗行为，对黄某的中介行为也宜认定为刑法意义上的“中立的帮助行为”，且从社会相当性的角度来看，其行为未超出案发当时社会伦理秩序所容许的范围。综合前述情况，不宜因办公场所一致，业务有关联，就认定黄某与本案其他同案人构成共同犯罪。

其次，诈骗罪的认定应以行为人实施欺骗行为及对方（受骗者）产生（或继续维持）错误认识作为必备的构成要件。参考《最高人民法院、最高人民检察院、公安部关于办理“套路贷”刑事案件若干问题的意见》，“套路贷”中具有显著诈骗性质的行为主要是：（1）制造民间借贷假象；（2）制造资金走账流水等虚假给付事实；（3）故意制造违约或者肆意认定违约；（4）恶意垒高借款金额。但本案中，黄某无论是提供借款中介服务还是以“某诚”公司或自身提供借款的情况中，均无前述情况。而从常理看，借款人一般不具备向银行贷款的条件（如无担保、被列入失信执行人、银行贷款未偿还等）才向零用贷款公司借款，借款人完全不知晓零用贷款公司提供借款时利息较高甚至有“高利贷”情况的可能性较低。因此，若借贷过程中无前述具有显著诈骗性质的行为，宜谨慎查明借款时出借方或中介提供的借款信息以及借款人当时的认知情况，除通过多名借款人综合反映出借方的业务情况外，还应该搜集借款人借款前、借款中及借款后相互沟通的情况，如微信聊天记录、短信记录、电话录音等。如果借款人在借款时已明知借款金额将与实际放款金额不一致，包含了“砍头息”的，则在刑法意义上不宜直接认定借款人是在被欺骗的情况下错误处分财产，该情况更宜评价为“高利贷”（如今的非法经营行为）

而非诈骗行为。在没有充分、确实的证据反映行为人有实施欺骗行为及行为相对方陷入错误认识的情况下，不宜将高利贷行为径行推定为“套路贷”，更不宜由此认定行为人构成诈骗罪。

最后，本案发生于“套路贷”专项打击活动之前，部分涉案人员实际上并未充分认识到民间借贷业务的违法性问题，在整个犯罪活动中没有共同犯意，是被别有用心的部分民间借贷经营者所利用，若将共犯概念过度延展，对这部分涉案人员的行为以刑事手段追责，确实有失偏颇。司法机关最终尊重客观证据，以事实为依据，对黄某作出不起诉决定，符合人民群众的预期，也保障了黄某的权益。

【专家点评】

近年来，司法实践中因非法放贷引发的刑事案件较为常见，是否构罪的争议也较大。辩护律师在办理黄某涉嫌诈骗罪一案的过程中，找准依据，在排除本案涉及的非法放贷行为不以非法经营罪入刑的基础上，进一步对黄某的主客观行为展开分析。

其一，通过客观证据明确黄某与其他同案人没有共同犯意，在本案中不构成共同犯罪；其二，通过分析黄某在介绍他人借取贷款或经办放贷业务过程中的具体行为，证实其并没有采取“阴阳合同”“虚构银行流水”“虚假违约”等手段，客观上不存在虚构事实、隐瞒真相的行为，不仅摘下了黄某“套路贷”的帽子，也论证了即使对黄某进行单独评价，其仍然不构成诈骗罪。辩护意见逻辑清晰、抽丝剥茧，最终成功获得检察机关先撤回起诉，随后不起诉的结果，充分保障了当事人的合法权益，维护了社会的公平正义。

（点评人：钟其胜，广州市律协普通犯罪刑事专业委员会主任）

“套路贷”型诈骗案中民间借贷的界定及诈骗共犯的认定

姚晓斌　钟浩荣*

【内容提要】

在“套路贷”型诈骗犯罪案件中，犯罪主体通常具有组织性、集团性的特征，成员间互相配合，通过包装成小额贷款公司等形式对外放贷，以标榜借款具有低息、无抵押、放款快等特点的方式共同欺骗和诱使受害人循环借款或连续借款，在借款发放后，又以各种名目胁迫受害人支付各种费用以实现非法占有受害人财产的目的。针对“套路贷”出台的相关司法解释也明确将明知他人实施“套路贷”犯罪仍协助制造虚假给付记录、协助办理不动产过户等的，作为相关犯罪的共犯论处。

本案辩护人论证和解决了民间借贷与“套路贷”型诈骗的区别、准确判断嫌疑人是否具有参与犯罪的共同故意及其涉案行为能否被认定为“为‘套路贷犯罪’提供具体协助”等问题。

【案情简介】

（一）案情描述

犯罪嫌疑人何某（化名）因涉嫌诈骗罪于2020年1月被广州市公安局某区分

* 姚晓斌、钟浩荣，广州金鹏律师事务所律师。

局刑事拘留，该局移送审查起诉时，对本案有如下认定。

2017年1月至2018年1月，受害人阮某A陷入吴某A（另案处理）的"套路贷"陷阱，共签订了五次借款合同，累计阴合同金额320万元，阳合同金额160万元，扣除头息、手续费后阮某A实得123.3万元。2018年3月，借款到期后，吴某A介绍阮某A向李某（另案处理）借款还债，李某和黄某、徐某（均另案处理）共同垫资228万元还给吴某A，李某通过吴某B（另案处理）联系何某，安排阮某A向何某借款340万元，李某扣下利息、手续费等费用57.3万元，将余下的58.3万元交给阮某A。阮某A无力偿还利息后，李某联系苏某（另案处理）将阮某A、阮某B（以下简称两受害人）的房屋（经鉴定价值676万余元）以520万元出售给胡某、罗某（均另案处理），并伙同吴某B巧立名目，收取阮某A"违约金"共39万余元。胡某、罗某伙同苏某、龙某通过制造虚假流水、虚构收费项目的方式欺骗阮某A，从而少支付阮某A购房款39万余元。

在案证据还反映，何某作为业务辅助人员就职于甲公司，上级领导为周某（化名），甲公司的日常业务包括小额贷款。实际上，李某通过吴某B联系一直有业务往来的周某为两受害人提供借款以偿还旧债。何某在公司以及上级领导周某、同事庄某（周某的下属）的安排和指使下，充当名义借款人与两受害人签订了相关借款合同、抵押合同等文件，配合相关人员办理了房产入押和抵押手续，同时提供了其个人账户用于发放和回收借款本金。何某收取固定工资，待遇与业务收入无关，不存在提成等收入。

（二）处理过程

辩护人接受委托后，通过多次会见、阅卷，认真梳理案件经过后发现，何某对本案涉嫌"套路贷"的行为并不知情，缺乏主观故意，且在整个涉案行为中参与程度极低，故认为何某不构成诈骗罪。在侦查阶段，辩护人就已经提交了多份家属提供的证据线索以证明何某所涉及的仅为民事纠纷性质的民间借贷行为；在审查起诉阶段证据开示后，辩护人通过可视化图表，将案件证据清晰呈现，并针对证据瑕疵，提出了多份法律意见和相关证据线索，申请办案机关继续调查取证，协助检察院在"两退三延"期间充分查明事实，最后成功扭转证据劣势，为何某争取到不起诉决定。

1. 从诈骗罪的犯罪构成入手，论证何某的行为不构成本罪

（1）有无非法占有的目的直接决定罪与非罪的判定，本案从嫌疑人所在组织的

成员职务架构、嫌疑人的具体工作、工作收益等多个维度，论证其没有非法占有他人财物的目的。

本案中，如果只表面地看到何某具体签订了借款合同、通过个人账户实施了放款和收款行为并亲自办理抵押手续，很容易误判其就是实际的违法收益获得者，具有诈骗他人的故意。

但实际上，证人周某、庄某的陈述以及何某的供述能够相互印证，证实何某在涉案行为中只参与了一些基础性、程序性的工作，何某签订合同、办理抵押手续等工作均是公司安排的，其涉案行为对借款的发生及相关收益的产生没有任何决定作用，其只是按照公司安排协助具体操作，并没有按照比例获得借款收益作为提成的预期目的，故何某在整个涉案行为中，并没有非法占有他人财物的目的。

（2）当基础证据反映的案件事实模糊、笼统且对嫌疑人不利时，辩护人需详细揭示证据瑕疵并提出相关调查取证的建议，将案件事实证据具体化、细节化，最大限度地还原案件事实，以证明何某没有实施虚构、捏造事实的诈骗行为，两受害人并没有因为何某的涉案行为而产生错误认识。

具体到本案中，何某虽然根据公司安排协助实施了相关程序性事项，但并没有就借贷和抵押等实质性事项与两受害人接洽，且对前述文件没有审核、决定权限，即并没有具体实施虚构、捏造事实的诈骗行为，两受害人并没有因为何某的涉案行为而产生错误认识。为此，辩护人通过申请补充侦查及利用已有证据，通过全案证据分析重点提出以下意见。

第一，何某的供述反映其并不认识两受害人且在涉案事件中与两受害人几乎没有接触，并不清楚与两受害人之间的具体借贷事实，也没有参与整个借贷行为的商议过程，与两受害人没有任何合意的内容，两受害人的证言可予以印证。

第二，在案书证《公证书》显示证人庄某将吴某 B、周某等人的微信对话置顶设置，反映其于 2019 年 8 月 8 日一直在请示周某能否安排相关人员（包含何某）签署债权转让协议、向周某核实是否收到涉案借款中的 340 万元，由此证明该笔借贷业务一直都是周某负责复审、决定，庄某负责对接客户、初审等具体业务的办理（包括指引何某签订相关合同，办理抵押、解押手续）。

第三，李某的供述反映受害人偿还的利息都是通过吴某 B 的银行卡收取的，且当受害人无法按时还息时，其还根据两受害人的要求把苏某介绍给受害人，让苏某安排其他金主借款给受害人实现再次转押。

上述证据一致反映，两受害人对于具体借贷内容明确知悉，所有相关合同文件，抵押手续办理事宜均由两受害人本人参与和实施，其二人对涉案事实与经过是知悉的。另外，上述证据还一致反映了并非由何某与两受害人对接具体的借贷业务，即何某与受害人没有任何合意，且可证实该笔业务是由吴某A、李某、吴某B甚至是周某、庄某等人合谋共同操作完成的。因此，辩护人认为，何某并没有实施诈骗行为，两受害人也并没有因为何某的涉案行为而产生了错误认识。

（3）犯罪的成立需要实行行为与犯罪结果之间存在因果关系，对于该因果关系的认定也需相应地根据具体行为进行分析。

具体到本案中，已有证据无法证明两受害人基于何某的涉案行为产生的错误认识而交付了财物、发生了损失，且何某并没有因为涉案行为而获得任何非法收益。

两受害人与何某签订相关合同文件之前已经与吴某A、李某、吴某B、周某、庄某等人充分协商一致，需特别指出的是，李某和吴某B的供述一致反映，关于两受害人就何某签署的借款合同对应的借款，是向吴某B偿还利息并由吴某B进行分配的。因此，即使两受害人在还款的过程中因为多还款或者多支付了违约金、手续费等名目的费用而产生了损失，也不是因何某的涉案行为产生了错误认识导致的，而是两受害人与吴某A、李某、吴某B、周某、庄某等人协商的结果。另外，何某只是领取固定的工资，并没有从涉案借贷业务中获取任何的收益。吴某B的供述也明确，其收取利息后将1.8%的利息转入何某所在公司的财务人员账户，而并非转给何某，何某并未从中获得任何收益。

故已有证据无法证实何某的涉案行为存在捏造、隐瞒事实的情形而导致两受害人产生了错误认识并由此而发生了财产损失，无法证实何某在涉案行为中非法占有了两受害人的财物、获得非法收益。因此，辩护人认为何某的涉案行为不构成诈骗罪。

2. 通过证据具体化分析，证实李某、吴某A与吴某B共谋，实施了骗取两受害人财物的行为，协助办案机关查明案件事实

本案前期的证据中，吴某B的供述、周某的证言中关于嫌疑人何某与两受害人接触、审核和同意放款、决定非法收益流向等内容的描述漏洞百出，严重影响了办案机关对案件以及嫌疑人何某的罪责判定。为此，辩护人通过家属积极搜集证据，

结合已有证据，重点论述该两人的言词证据不可采信并同时揭示李某与吴某 A、吴某 B 之间的共谋关系，反向证明嫌疑人何某的上述无罪论点。

第一，上述李某的供述、阮某 A 的陈述一致反映，是由吴某 B 直接联系和对接阮某 A，并且由吴某 B 收取阮某 A 偿还的利息，且李某明确其通过吴某 B 找到愿意放款 340 万元给两受害人的人。

第二，受害人阮某 A 和阮某 B 的陈述完全没有提及其曾与何某共同考察涉案抵押物以及协商借款 340 万元的事项，所指认的相关行为实施人均是吴某 B。

第三，上述庄某所作的证据保全《公证书》反映，周某对罗某接手 340 万元债务的事项起审核、决定作用，庄某负责具体操作，这与周某指控何某为实际决定者和操作者的陈述是完全矛盾的。

辩护人通过证据整理及时提出相关意见，认为主要由李某、吴某 A 与吴某 B 共谋，通过其各自的行为，共同将何某以及其他犯罪嫌疑人涉及的各个环节串联起来，共同实施了骗取两受害人财物的行为，协助办案机关进一步查明事实。

相应地，也同时证明何某的涉案行为无论在主观上还是在客观行为上，都不具备诈骗罪或者其他犯罪行为的构成要件，因此认定何某的涉案行为不构成犯罪。

（三）案件结果

本案《不起诉决定书》载明，广州市某区人民检察院经过“两退三延”的审查，仍然认为广州市公安局某区分局认定的犯罪事实不清、证据不足，不符合起诉条件。依照《刑事诉讼法》第 175 条第 4 款的规定，决定对何某不起诉。

【争议焦点】

1. 何某以及其所在公司参与的民间借贷环节是否属于“套路贷”性质的犯罪行为？

2. 何某的行为应如何定性？

【案例评析】

“套路贷”不是罪名，而是针对近年来出现的假以民间借贷之名非法占有他人财物的类型化违法犯罪行为的统称。为加大对“套路贷”行为的打击力度，保护公私财物，《最高人民法院、最高人民检察院、公安部、司法部关于办理黑恶势力犯罪案件若干问题指导意见》虽然没有详尽定义“套路贷”行为，但从犯罪构成、处置方式等方面对“套路贷”作出了一定程度的概括性规定。《最高人民法院、最高人民检察院、公安部、司法部关于办理“套路贷”刑事案件若干问题的意见》则规定了“套路贷”的概念，进一步明确了“套路贷”常见的客观表现形式。但在打击“套路贷”违法犯罪的过程中，依然要把握“以事实为依据，以法律为准绳”“罪行法定”的原则，严把证据链条关，慎防刑事诉讼之触手过宽，既要防止刑事诉讼程序干预民事纠纷，也要让有罪之人得到罪责刑相适应的认定和处置。

具体到本案中，要评价犯罪嫌疑人何某的行为，实际上依然需要从诈骗罪的犯罪构成，即从非法占有的目的、捏造或者隐瞒事实的行为、诈骗行为与受害人损失之间的因果关系等因素上入手，才能在涉案行为外在形式之上准确界定嫌疑人何某只是在履行职务行为过程中实施了普通的民间借贷行为，避免了“套路贷”现象容易导致办案人员产生在整个套路借贷链条中的行为人均属于为犯罪嫌疑人提供帮助等固定办案思路的不利影响，既维护了何某的合法权益，也依法依规地保障了人民的财产安全。

在处理类似案件中，需要加强法律适用研究，准确界定“套路贷”与职业放贷、高利贷等行为，严格区分刑事犯罪和民间借贷。“套路贷”案件涉及借款金额较大，款项交易较复杂，辩护律师应及时会见犯罪嫌疑人，并通过犯罪嫌疑人的陈述及现有证据，尽力将辩护工作做在刑事诉讼程序的起始阶段，以“最大限度还原和反映案件事实”为原则，针对无罪和罪轻证据向侦查机关提出具体、可行的调证法律意见，在证据开示后，仔细核实涉案借款的全流程、涉案资金的具体流向等与犯罪嫌疑人行为间的因果关系，灵活运用可视化图表，将案件证据清晰呈现，针对准确、客观反映嫌疑人行为时的主观状态、实行行为中是否存在欺诈的表现等方面向公诉机关提出法律意见，协助公诉机关全面、客观审查和处理案件。

【专家点评】

近年来，“套路贷”违法犯罪案件因其对社会秩序及人民财产的严重危害被列为司法机关的打击重点。但从严治理并不意味着法定证据标准的降低，更不意味着犯罪构成要件的减少。尤其在涉及多人的共同犯罪中，如何有效区分主从犯、准确判断是否具有参与犯罪的共同故意，一向是困扰司法实践的难题。

该案例中，辩护人在详尽梳理指控证据的基础上，全面分析了不利证据中存在的明显矛盾，并在此基础上积极运用调查取证权，主动提出并积极协助办案机关核实存在争议的重要事实，相关的申请材料言之有据，引起了办案机关的高度重视。也基于此，办案机关及时、全面地查明的案件事实，最后正确区分了犯罪参与人和无共同犯罪故意的人员，做到了法律适用的公平、公正，有效地保障了被不起诉人的合法权益。该案例真正做到了共犯辩护与犯罪构成要件的有效结合，对共同犯罪案件（尤其是“套路贷”案件）的辩护思路及实操方法有着较好的借鉴作用。

（点评人：李伟东，广东省律协刑事法律专业委员会副主任）

轻微刑事案件辩护策略的选择

王 烨*

【内容提要】

因民间纠纷引发的故意伤害类案件大多是轻微刑事案件，在司法机关注重诉讼效率，并推进案件分流、轻微刑事案件快速办理机制以及认罪认罚从宽处罚制度的大环境下，此类案件进入审判程序的概率大大增加。通过检索发现近年来全国范围内的故意伤害致他人轻伤的案件中，起诉、判刑的比例非常高。辩护人如何在快速流转的刑事诉讼程序中深挖案件细节，选择合适的辩护思路，与检察机关进行有效沟通，将案件拦截在批捕、起诉之前，需要更多的专业知识和经验，以及付出更多的时间和精力。

【案情简介】

2020 年 8 月 22 日 2 时许，犯罪嫌疑人王某和被害人何某、证人李某在广州市黄埔区某大排档一起吃宵夜。王某和何某因琐事发生纠纷，随后双方发生打斗。何某使用大排档的凳子砸向王某，王某用拳头击打何某的面部致其受伤。经鉴定，何某所受伤为轻伤二级。

* 王烨，泰和泰（广州）律师事务所律师。

【争议焦点】

1. 王某的行为是否构成正当防卫，依法不应当承担刑事责任？

2. 王某的行为如构成故意伤害罪，是否情节显著轻微，可不予追究刑事责任？

【案例评析】

维护社会和谐，修复社会关系是司法的本质和追求的价值所在，综合本案的前因后果，我们不难区分是非曲直：被害人有过错在先，嫌疑人防卫在后，且并不过当，本是一件不该进入司法程序的案件却被以故意伤害犯罪推入刑事诉讼的程序之中，不仅有违法律的规定，也有悖于人民群众的公平正义观念。希望检察机关能够立足防卫人防卫时的意识状态、具体情境，环境，结合一般人在类似情境下的可能反应，准确认定嫌疑人王某在本案中防卫的正当性、及时性以及必要性，认定其构成正当防卫，对其作出不起诉决定。

王某具有自首、赔偿以及获得被害人谅解等法定从轻、减轻情节，同时本案属于熟人之间因醉酒后引发的伤害案件，虽然造成一方轻伤的结果，但是被害人存在过错，动手在先，嫌疑人因防卫而致伤对方，主观恶性较小；本案发生在深夜的大排档，仅限于小范围之间，社会危害性较小；嫌疑人认罪态度好等酌定从轻情节，因此，本案可认定为情节显著轻微的情形，应当免予刑事处罚。

本案虽然是一起简单的故意伤害案件，但在中国裁判文书网上对类案（故意伤害、谅解、轻伤二级等关键词）进行检索，有罪判决率非常高，且刑期集中在有期徒刑六个月到两年、缓刑等，仅有个别案件被判处免予刑事处罚。在当前认罪认罚从宽处罚制度全面铺开的司法大环境下，快捕快诉快判成为这一类案件的处理模式。但是辩护人通过对案件的分析，撰写辩护意见，并且提供法律法规依据，提交免予刑事处罚的类案检索报告和案例多份。为公诉人提出两个路径选择，其一，本案符合正当防卫的情形，作绝对不起诉处理；其二，考虑到本案已经由检察机关作出批捕决定，绝对不起诉的机会相对较小，但因本案具有诸多可以减轻、从轻处罚的情节，属于情节显著轻微的情形，可以作相对不起诉的处理。辩护人提交了辩护意见和羁押必要性审查后，申请约见检察官。在与经办检察官面对面沟通后，第二种观点被采纳，王某很快被取保候审，并于一个月后作出不起诉决定。

对于看似简单的故意伤害案件，在进行辩护的过程中选择合适的思路非常重要，否则案件极有可能直接进入认罪认罚从宽处罚程序而快速起诉。司法实践中，公检法对于正当防卫的认定比较谨慎，尽管本案从证据上来看，辩护人认为是符合正当防卫的构成要件，但是鉴于本案嫌疑人在辩护人代理之前已被检察机关批捕，从侧面也反映出检察机关对本案性质的认定态度，如果坚持作“犯罪嫌疑人符合正当防卫，不构成犯罪”的辩护思路，势必遇到更大的阻力；而选择“情节显著轻微，不追究刑事责任”的辩护路径，不仅绕开了罪与非罪这一棘手的问题，同时也可以充分利用案件本身所具有的自首、退赔等法定量刑情节，为当事人追求到宽缓的处理，更能为检察官所接受。

【专家点评】

刑事辩护中，辩护策略的选择决定了总的方向，思路正确，辩护就成功了一半。本案中辩护律师选择以“情节显著轻微，不追究刑事责任”为辩护路径，不再执着于“犯罪嫌疑人符合正当防卫、不构成犯罪”的思路，有效避开了“罪与非罪”这个刑事辩护中非常棘手的问题，为本案的成功辩护奠定了基础。

当然，辩护策略、辩护方向的正确选择源于刑辩律师对案件的认真研判。案件不论大小，刑辩律师在执业过程中都要深究案件细节，对案件内外环境进行综合判断，从而选择正确的辩护路径。本案中，辩护律师综合分析当前的司法环境和相似判例的判决结果，认真研究个案情节，充分利用“自首、退赔”等法定量刑情节，在法律允许的范围内为当事人争取宽缓处理。对案件认真研判是实现有效辩护的保证。

正所谓殊途同归，不论如何选择辩护策略，在查清案件事实的同时，实现对犯罪嫌疑人利益的最大化保护是刑事辩护的意义所在。

案件本身无所谓“大小”，能以小见大，促进法律工作者进一步思考的案件，就具有其典型意义。如多年前的“许霆案”，看似“小案”，最终却成为推动中国法治进程的里程碑式的重要案例。本案也为刑事辩护律师在从事刑辩业务时如何确定辩护策略提供了重要的参考。

（点评人：张英，广东技术师范大学法学与知识产权学院副教授）

辨析过度维权与敲诈勒索刑民交叉的法律问题

曾展强 向 昆*

【内容提要】

信访工作的目的是保持各级人民政府同人民群众的密切联系，信访是保持“上下”交流渠道通畅的重要途径。实践中部分群众对信访程序不太熟悉，甚至信访理由缺乏依据确属正常。如果信访人请求事实缺乏法律和事实依据，信访手段和方式不当，相关部门应做好解释工作，对于过度维权的群众，司法机关应该准确区分维权与敲诈勒索的行为界限，在行为人与被害方存在正当民事权利义务关系的前提下，行为人存在使用威胁手段并索要权利范围内的相关财物，即使数额超常，也应视为民事争议。刑法具有谦抑性，面对具有正当权利基础的行为，不能动辄以犯罪处理，应根据案件具体情况，考虑信访的国情实际，恰当处置。

【案情简介】

何某是一个村民小组长，为了村民的集体利益而上访，因为当地政府未能解决相关问题而逐级上访。但由于上级部门又将何某上访的问题返回当地政府处理，所以问题一直未能得到解决，何某因而继续上访。

接受委托后，辩护人通过多次会见当事人，了解案件详情：2019 年 2 月，何某与母亲曾某兰、朋友罗某华、何某江一行四人自驾到石家庄探望亲戚，政府工作人

---

* 曾展强、向昆，国信信扬律师事务所律师。

员得知何某等人驾车北上，误认为何某等人去外地上访，遂前往石家庄并在酒店大门口劝返，推搡中还将曾某兰的左手拉伤，经医院诊断为拟左尺骨冠突陈旧性撕脱性骨折，后在宾馆房间里，经过双方协商，区政府工作人员主动提出可以对何某等人的损失进行赔偿，让他们回去后拟出赔偿清单，同时政府工作人员还答应将何某的汽车以及行李运回，随后，何某一行四人乘高铁回家。后来何某发现自己的汽车损坏较明显，随即同其他三人向政府提交了《索赔申请书》，要求对给他们四人造成的损失予以赔偿。在《索赔申请书》提交后，区某镇随即拒绝其索赔要求，并向镇派出所报案，随后何某、罗某华被公安机关以敲诈勒索罪为由刑事拘留。

两辩护人在介入本案时当事人已被检察机关批准逮捕，辩护人迅速开展工作，多次会见何某并向公安机关提交法律意见，后本案被移送区检察院审查起诉，辩护人在综合阅卷和会见的信息后认为：何某的行为不构成敲诈勒索罪，随即向检察机关提出以下法律意见。

（一）作为侵犯财产罪的一种，敲诈勒索罪要求必须具有“非法占有为目的”，而且必须是直接故意。在本案中，何某向政府索赔是一种行使民事赔偿请求权的合法行为，仅仅是基于自身权利受侵害后的维权行为，根本不具有“非法占有他人财物”的故意。

1. 何某向政府索赔依据是基于政府人员先行行为，具有明确的事实和法律根据，属于合法行使权利，并非“敲诈”。

纵观整个事件，区政府工作人员在没有充分了解事件原委的情况下影响何某等人正常的自驾游，并在劝返的过程中造成了财产受损和曾某兰身体受伤。可见本案是一个有“前因”的特殊案件，案件的发生、发展也经历了较长的时间过程。只有完整地审视全部案件事实，才能正确判断本案性质。本案中，仅就侵权行为产生的民事赔偿责任而言，区政府工作人员的行为，的确给何某等人造成了人身、财产和精神上的损失。根据《民法典》第 1179 条、第 1182 条的规定以及《最高人民法院关于审理人身损害赔偿案件适用法律若干问题的解释》第 1 条等规定可知，基于政府人员的侵权行为，在双方当事人之间产生了一个明确的债权债务关系，据此何某等人依法享有了对政府的民事赔偿请求权，区政府相关部门有义务赔偿因自己的行为给对方造成的人身、财产和精神损害。

2. 何某等人提出的索赔项目和索赔金额具有一定合理性，即使部分超出法律支持的范围也不能认定其构成敲诈勒索罪。

就赔偿项目来看，何某等人提出了4人北京旅游费、住宿费、曾某兰医疗费、误工费、车辆损耗费、高速过路费、精神损失费等索赔项目。其中，大部分项目是基于实际损失而提出的，具有合法的索赔理由。虽然部分项目如“精神损害赔偿”在立法及司法层面未必一定能够得到支持，但并不能因此否定何某等人有提出该主张、要求对方进行赔偿的权利。

如此，考虑到何某等人事实上财产受损、身体受伤的事实，向政府部门索赔13.8万余元，显然具有事实和法律根据，4人人均索赔仅3万余元并非漫天要价，更不是恶意敲诈。不管现行司法是否支持13.8万余元的索赔请求，何某等人都依法享有提出该主张的权利，不能以索赔数额的大小，来判断被告人是否具有非法占有的目的。作为人身、财产权被侵害的一方，根据自己所遭受的各种损害情况，提出相应的赔偿数额，这是当事人行使赔偿请求权的体现。如前所述，无论现行立法及司法是否实际支持，作为权利受侵害的一方，都有提出索赔主张的权利。对于具体赔偿金额，双方完全可以自行协商，也可以通过诉讼、仲裁等途径解决。根据民法上的意思自治原则，无论权利受侵害一方提出多少赔偿数额，只要对方自愿接受，就不违反任何法律规定。

本案中，区政府工作人员主动提出可以对何某等人的损失进行赔偿，让他们回去后拟出赔偿清单，可见区政府有协商处理的意思。既然是协商，就会有一个反复交涉、讨价还价的过程，不能因为现行司法可能不支持13.8万余元的索赔要求，就认为何某等人提出的索赔请求不具有合法性、正当性。同理，也不能说索赔金额超出了立法和司法实际支持的范围，就属于“非法占有他人财物”。如果这样认定，则实践中出现的大量索赔金额高于法定标准或者高于法院认定金额的维权案例，都可以被扣上“敲诈勒索”的帽子，都可以因而被判刑事责任，这岂不荒唐！因此，权利受到侵害的一方提出较高数额的索赔请求，完全是其行使合法权利的体现，不能因为索赔数额高于实际损失就认定其具有“非法占有的目的”。

综上，何某的索赔行为仅仅是基于自身合法权利受侵害后的维权行为，主观上没有非法占有他人财物的故意。

（二）被告人客观上并没有采用故意捏造、虚构事实等非法手段来“威胁”或“要挟”，也没有迫使他人交付财物。敲诈勒索罪的客观方面，是采用威胁或者要挟的方法使被害人产生惧怕，逼使对方交出财物的行为。本案中，何某等人虽然在《索赔申请书》上一度声明要“上访”，但该行为并不属于敲诈勒索意义上的“胁迫或者要挟”。

何某等人在维权过程中采用的手段平和，既没有在政府机关无理取闹也没有对政府工作人员过度纠缠，虽在提交的《索赔申请书》声称不赔偿就要“上访”带有轻微要挟的意思，但与敲诈勒索罪中“胁迫”有质的区别，何某等人的行为是自己权益遭到侵犯后的合法维权行为，即便声称是以“上访”的方式索赔，此种程度的行为也不足以使作为国家机关的区政府因恐惧被迫交出财物，何某等人索要较高的赔偿金充其量属于维权过度但绝不是敲诈勒索，过度维权行为自有民事法律规制。

（三）将维权行为定性为敲诈勒索犯罪，不符合刑法的谦抑精神，而且会产生消极的社会影响和社会效果。

综合本案全部事实，被告人的行为基本上属于自身权利遭受非法侵犯后、所进行的正当维权行为，在手段和目的上均具有合法性、正当性。至于赔偿数额，也完全取决于双方的协商。从法律性质上说，在民事上合法的行为，不仅不具有违法性，而且也不具有社会危害性，从而根本不可能构成刑事犯罪。对于这种有“前因”的维权案件，即使权利遭受侵害的一方在维权过程了实施了一定的“过度”行为，甚至实施了一定程度的“威胁或者要挟”，刑法立法和刑事司法也应秉承其谦抑精神，谨慎介入，不应轻易入罪。

如前所述，由于本案被告人在主观上不具有“非法占有目的”，客观上没有实施敲诈勒索意义上的“威胁或要挟”，因而完全不符合敲诈勒索罪的构成要件，不应入罪。如果强行入罪，则于法无据，违反罪刑法定原则。

另外，如果判处本案被告人有罪，还将会产生极大的消极社会影响。广受关注的“黄某敲诈勒索某公司案”，最终以检察机关不起诉而告终，该案被认为是为“维权”正名、伸张了正义，因而受到各界赞赏。本案的处理如果反其道而行之，则必然引起更大的关注和争议，损害司法机关的公正形象。

此外在本案的办理过程中，辩护人向经办部门书面提出调查取证申请，调取相关证据。同时向办案部门提出《羁押必要性审查申请书》，申请召开有关案件的听证会，申请上级相关部门进行督办本案，辩护人多次和经办案件的检察官交流辩护意见……在辩护人的努力下，最终，区检察院在最后的审限内作出了《不起诉决定书》，同时向何某作出了《刑事赔偿决定书》，给予赔偿国家赔偿金人民币114662.75元并给予何某消除影响，恢复名誉。本案画上了一个圆满的句号。

【争议焦点】

1. 何某等人的行为如何定性，是敲诈勒索还是过度维权?
2. 政府部门能否作为敲诈勒索罪的被害人?

【案例评析】

正确区分敲诈勒索行为与过度维权行为是本案的核心问题，过度维权行为在实践中广泛存在，过度维权常见类型有：一是手段过度，不采取正常反映诉求的方式，而是缠访闹访甚至以制造极端事件等方式相威胁，制造压力；二是数额过度，索要的利益从性质上虽属合法权利范围，但要求赔偿或补偿的数额远远超过通常状况下可能获得的数额。敲诈勒索罪就是与过度维权行为紧密关联的常见罪名。结合本案，笔者认为，区分过度维权与敲诈勒索罪主要应考虑以下几个因素。

（一）过度维权具有正当的权利基础

双方之间存在真实、合法的民事权利义务关系，是区分过度维权与敲诈勒索罪前提因素，即行为人行使的基础权利具有正当性，则不能认为其具有非法占有的目的。本案中何某等人被区某政府部门侵权在先，自然与侵权人产生了侵权与被侵权的民事关系，其主张赔偿就有合法的权利基础，不能认为具有非法占有目的。

（二）过度维权民事协商过程的不确定性

在过度维权行为中，实践中存在基础权利受损或应予补偿的数额是否确定的问题。如果权利范围不明确，数额不确定，如侵权赔偿、精神损失费、拆迁补偿等，即便行为人提出了很高的数额，甚至在达成赔偿协议后不满又再次索要赔偿的情况下，是否认定为敲诈勒索罪需要持谦抑审慎的态度，因为双方关于赔偿数额等进行的商议，对高低的博弈，是基于民商事领域的意思自治。在此种情况下，由于不能辨别其具备非法占有目的，即使索取价格过高或者采取要挟的手段，也只是维权的一种行为，不应划入犯罪范畴。

本案另一个问题是区政府部门能否作为本案的被害人，根据罪刑法定的原则，符合相应罪名构成要件是定罪前提，以威胁或者要挟的方法对数额较大的公私财物进行强行索取是敲诈勒索罪的客观要件，在这个客观条件中，强行索取公私财物与威胁或者要挟的方法二者之间是具有一定的关联性的，被害人是因为受到威胁或者胁迫，才会被迫交付大额财物。政府掌握强大的公权力，不可能成为被要挟、被勒索财物的对象。另外政府作为一个国家机构，没有人身权利，不存在在精神上被强制从而产生恐惧感和压迫感的可能。本案中，何某等人的索赔对象明确为区政府部门，其行为不符合敲诈勒索罪的客体要件。何某所声称的“不赔偿就去上访”并不是刑法意义上的敲诈勒索行为，也不可能使区政府部门产生恐惧心理，属于对象不能犯。

此外，在敲诈勒索罪中，无论是制度层面还是道义层面，我们对政府及其工作人员和对普通公民、民间组织都是具有不同的要求标准的，行政法中规定了行政行为必须有法律依据，在此行为中政府及其工作人员应遵循法无授权不可为的规则，也即政府只可能基于法律依据交付财物，而不可能基于恐惧交付财物，因此，政府及其工作人员不能构成敲诈勒索罪中被害人的行为主体。

【专家点评】

本案是一个典型的刑民交叉案件，稍有不慎，当事人将被追究刑事责任。辩护律师善于跟办案部门沟通交流案件的法律意见，能够从细节入手，层层突破，化刑为民，这是本案成功的一大法宝。在办理刑事案件中本案具有很强的借鉴性，一个刑事案件的罪与非罪一定要用证据说话，这样才能真正维护当事人的合法权益和法律的权威。

（点评人：翁作熙，国信信扬律师事务所党委书记，广东省律师协会刑事法律专业委员会副主任）

从冉某职务侵占再审改判无罪案看职务侵占罪的客观构成要件

唐承奎　王宪锋*

【内容提要】

职务侵占罪的犯罪主体为特殊主体，必须是非国有公司、企业或者其他单位的人员。判定被诉主体是否为前述单位的人员，需考察双方是否存在事实上的劳动关系，包括单位是否支付工资、缴纳社保费用，有无对员工进行考核、工资绩效评价等劳动管理实质性内容。否则，被诉主体要件就不具备，不存在应负该罪之刑事责任问题。

职务侵占罪在客观方面表现为利用职务上的便利，侵占本单位财物，在主观方面必须具有非法占有的故意。单位未承担被诉主体经营成本费用，对被诉主体占有溢价销售款并用于摊销经营成本的行为长期持默许态度。从责权利相一致原则和法益保护原则来看，被诉主体的行为并不侵害单位的财产权。

【案情简介】

2008年，被告人冉某经人介绍，与昌某十年红某酒业有限公司（以下简称十年红公司）董事长相识。为了方便开展业务，十年红公司虚设广东办事处，授权冉

* 唐承奎、王宪锋，国信信扬律师事务所律师。

某为驻广东办事处主任。

自2008年下半年开始，广东办事处由冉某自主经营，独立核算，自负盈亏。2009年9月1日，冉某以广东办事处名义与客户杨某签订经销合同，在合同履行期间，冉某通过低价从十年红公司、李某处购买葡萄酒再溢价销售给杨某的方式，从中赚取溢价款。

2010年，冉某被十年红公司举报侵吞其货款。经一审法院审理，冉某被认定侵吞十年红公司葡萄酒款二十余万元，构成职务侵占罪，判处有期徒刑5年11个月。宣判后，冉某提起上诉。二审法院于2012年1月作出刑事裁定，驳回上诉，维持原判。冉某服刑期间，因记功奖励、表扬奖励减刑1年，服刑4年11个月后于2016年1月刑满释放。

2018年，辩护律师接受冉某委托进行再审无罪辩护，本案由最高人民法院指定广东省高级人民法院再审。接受委托后，律师积极与法院承办人员沟通，申请重新阅卷。阅卷后，指导、协助冉某搜集、提交新的无罪证据，如冉某2008年至案发前银行交易流水、冉某聘请职工的证人证言等，并申请法院从其他单位调取关联民事案件庭审笔录。

本案经历两次庭审。2019年2月第一次庭审中，律师通过行使发问权，为冉某对案件事实进行复盘创造条件，引导冉某陈述其无罪关键事实、关键证据，赢得公诉人的信任，公诉人亦赞同我方无罪辩护意见，经过此次庭审，法院认为需要前往河北省昌黎县询问案件证人。

2019年6月至7月，法官前往河北省昌黎县询问证人十年红公司董事长、员工等人，收集了《2019年5月份工资表》等证据，并通知异地证人前往法院接受询问。后法院将该等证据副本送达给辩护人。该等证据对冉某非常不利，律师针对新证据与冉某多次沟通，并详尽列明了证人证言中的虚假言词以及自相矛盾、相关冲突言词，并模拟了庭审过程。

2019年10月，本案第二次庭审中，公诉人改变第一次庭审时支持冉某无罪的观点，指控冉某构成职务侵占罪，认为原审判决、裁定事实清楚、法律适用准确。律师充分发表辩护意见，针对公诉人的控诉意见逐一反驳，采用“正向判断规则”与“反向检验规则”强化辩护观点。主要辩护观点如下：1. 广东办事处是由冉某独立经营、自负盈亏的单位。虽然广东办事处系经冉某与十年红公司法定代表人董某协商同意设立，且未经注册，但广东办事处实际由冉某独立经营、管理和控制。2008 年下半年至涉案款物发生交易期间，广东办事处的人员薪酬、办公以及运营成本等费用，实际上由冉某从广东办事处溢价销售的利润中摊销。2. 涉案 489212 元款物交易系广东办事处从李某、十年红公司采购后，转卖给商户与杨某、蔡某的；该款项的交易实际上由广东办事处与杨某直接发生，广东办事处与十年红公司、杨某之间均系购销合同关系。3. 冉某、十年红公司之间除了 2010 年 4 月以外并不存在劳动关系。劳动关系中的劳动者和用人单位之间存在从属性和有偿性，认定冉某与十年红公司是否存在劳动关系，应当从这两个角度出发进行审查。案涉款物交易过程中，广东办事处租赁房屋、招聘员工、支出办公费、水电费、开拓市场费用、开拓业务等都是由冉某决定，与十年红公司没有关系；冉某、广东办事处也不受十年红公司规章制度、考勤制度管理和约束；冉某在经营广东办事处期间，未从十年红公司获取过劳动报酬，十年红公司也没有为冉某缴纳过社会保险、住房公积金或者代缴个人所得税。十年红公司也未能提供该期间冉某劳动合同、支付冉某报酬的任何凭证或转账记录、缴纳五险一金或个人所得税的证据材料。4. 冉某并未侵占十年红公司的财物。若冉某系十年红公司员工，其所经营的广东办事处员工工资、房租、水电费、办公用品费用、差旅费、客户招待费等应由十年红公司承担，然而十年红公司并未承担过前述任何费用。原审法院并未查明前述费用支出情况及金额，直接从交易额 489212 元中扣除已付十年红公司的货款 150369 元、已付李某的货款 33450 元，以及应付冉某提成 97842. 4 元，将未支付给十年红公司的款项 207550. 6 元认定为侵占金额，属于事实认定错误。

再审法院经综合评析认为：现有证据不足以认定冉某具有非法占有涉案款项的故意和行为。鉴于广东办事处系独立核算、自负盈亏的经营主体，冉某从十年红公司低价进货后高价卖给杨某夫妇的行为，是两个独立的购销关系，在交易过程中，冉某控制并支配溢价销售款，用于经营费用等支出，得到了十年红公司的默许，也符合交易习惯，即便冉某未足额向十年红公司支付提货款，其拖欠货款的行为亦不宜认定为构成职务侵占罪。因此，根据现有证据证明的事实评判，冉某与十年红公司关于葡萄酒货款的纠纷未超出民事纠纷的范畴，冉某的行为不符合职务侵占罪的犯罪构成。原审裁判认定原审被告人冉某构成职务侵占罪的事实不清、证据不足。原审被告人冉某及其辩护人关于冉某不构成职务侵占罪的意见成立，本院予以采纳。

再审法院判决如下：（一）撤销河北省秦皇岛市中级人民法院（2012）秦刑终字第23号刑事裁定和河北省昌黎县人民法院（2011）昌刑初字第296号刑事判决。（二）原审被告人冉某无罪。本判决为终审判决。

【争议焦点】

1. 被告人冉某是否为十年红公司的员工？
2. 被告人冉某是否具有非法占有涉案款项的故意和行为？

【案例评析】

冉某在经营“广东办事处”期间，未对该办事处进行工商登记。“广东办事处”是冉某作为十年红公司员工经营，还是冉某独立经营、独立核算、自负盈亏，两种经营模式的后果截然不同，直接关系到双方的经济利益，以及实际经营者是否非法侵占的问题。若冉某作为十年红公司员工经营该“广东办事处”，那么该办事处应接受十年红公司的管理，相关营业收入应归十年红公司所支配，员工非法占有该等款项就涉嫌职务犯罪；探究“广东办事处”的经营模式，实质上是由冉某独立经营、独立核算、自负盈亏，与企业法人独立经营的模式无异。

本案无证据证实十年红公司向广东办事处支付经营费用，而在案证据可以证实冉某支付了广东办事处办公场所部分租金和市场费用，可以认定十年红公司广东办事处系由冉某自主经营、独立核算、自负盈亏，冉某将溢价销售款用于广东办事处日常经营支出。从责权利相一致原则和法益保护原则来看，既然涉案交易发生之时十年红公司并不承担广东办事处的经营成本，冉某在十年红公司董事长默许的情况下，自己持有溢价款并用于摊销广东办事处经营成本的行为，并不侵害十年红公司的财产权。冉某既非十年红公司员工，也未故意非法占有涉案款项，应认定未触犯职务侵占罪。

【专家点评】

职务侵占罪的主体身份必须是非国有公司、企业或者其他单位的工作人员以职务的便利实施了侵占公司利益的行为。而判定主体是否系公司、企业或其他单位的工作人员，双方之间有无实质的劳动关系，除需要从双方是否签订劳动合同、签发聘书等形式上判断外，还需考察是否存在事实的劳动关系，包括单位是否支付工资、缴纳社保费用，并对员工进行录用、考核、工资绩效评价等劳动管理等实质性内容。本案中，相关证据已证明，冉某并非十年红公司的员工，十年红公司也没有为冉某提供必要的工作条件，相反，十年红公司广州办事处房租、工作人员工资等费用都由冉某个人承担。职务侵占罪的客观行为方面必须是侵害公司的利益，在本案中，冉某从十年红公司采购红酒，自行支付进货成本，然后自行组建销售团队销售，自行承担相关人工和费用，赚取价差，并非由十年红公司承担红酒成本，因此，从犯罪主体身份和客观行为两个方面论证，本案均不符合职务侵占罪的犯罪构成要件，这也是最高人民法院裁定再审和广东省高级人民法院判决冉某无罪的原因。

党的十八届四中全会提出“推进以审判为中心的诉讼制度改革”，中央深改组第二十五次会议通过《关于推进以审判为中心的刑事诉讼制度改革的意见》，标志着以审判为中心的刑事诉讼制度改革全面启动。伴随着改革的不断深入，从侦查、起诉、辩护、审判等各个方面明确切实提出做到客观归罪、疑罪从无，切实防范冤假错案的产生。

我们有理由相信，在未来，随着司法改革的不断深入、庭审实质化建设的不断加强，“让人民群众在每一个司法案件中感受到公平正义”的目标一定会得到实现。

（点评人：曾祥生，广东财经大学疑难案件研究中心执行主任、法学教授）

图书在版编目（CIP）数据

广州律师业务成果奖优秀案例汇编.2020. 下册 / 广州市律师协会编.—北京：中国法制出版社，2022.8

ISBN 978-7-5216-2791-6

Ⅰ.①广… Ⅱ.①广… Ⅲ.①法律-案例-汇编-中国 Ⅳ.①D920.5

中国版本图书馆 CIP 数据核字（2022）第 128703 号

责任编辑：李宏伟　　　　封面设计：周黎明

广州律师业务成果奖优秀案例汇编（2020）下册

GUANGZHOU LÜSHI YEWU CHENGGUOJIANG YOUXIU ANLI HUIBIAN（2020）XIACE

编者/广州市律师协会

经销/新华书店

印刷/北京虎彩文化传播有限公司

开本/710 毫米×1000 毫米　16 开　　　　印张/38.25　字数/465 千

版次/2022 年 8 月第 1 版　　　　2022 年 8 月第 1 次印刷

中国法制出版社出版

书号 ISBN 978-7-5216-2791-6　　　　定价（上下册）：248.00 元

北京市西城区西便门西里甲 16 号西便门办公区

邮政编码：100053　　　　传真：010-63141600

网址：http://www.zgfzs.com　　　　**编辑部电话：010-63141804**

市场营销部电话：010-63141612　　　　**印务部电话：010-63141606**

（如有印装质量问题，请与本社印务部联系。）